DROIT DU TRAVAIL
DROIT VIVANT

Jean-Emmanuel RAY
Professeur de droit à l'université Paris I – Sorbonne et à Sciences Po

DROIT DU TRAVAIL
DROIT VIVANT

30e ÉDITION

Directeur de la collection : Jean-Emmanuel RAY

Wolters Kluwer
7, rue Emmy Noether – 93400 Saint-Ouen

Éditions Liaisons

ISBN 978-2-37148-213-5

DÉJÀ PARUS DANS LA MÊME COLLECTION

Le nouveau droit de la négociation collective (6e édition)
Gilles Bélier, Henri-José J. Legrand et Aurélie Cormier Le Goff, janvier 2018

Les relations individuelles de travail
Jean-Emmanuel Ray, septembre 2015

La mobilité des salariés
Jean-Emmanuel Ray, octobre 2014

L'état de santé du salarié (3e édition)
Michel Blatman, Pierre-Yves Verkindt et Sylvie Bourgeot, février 2014

Pouvoirs du chef d'entreprise et libertés du salarié
Philippe Waquet, Yves Struillou et Laurence Pécaud-Rivolier, janvier 2014

Les restructurations (3e édition)
Emmanuel Bénard et Aurélie Cormier, septembre 2014

Réforme des retraites et emploi des seniors (2e édition)
Pierre-Yves Verkindt et Elisabeth Graujeman, décembre 2012

Discriminations et inégalités de traitement
Christophe Radé, septembre 2011

L'entreprise à l'épreuve des risques psychosociaux
Françoise Pelletier et Karine Bézille, septembre 2011

Sommaire

PARTIE 3 RESTRUCTURATIONS À FROID

PARTIE 4 RUPTURES DU CONTRAT À DURÉE INDÉTERMINÉE

TITRE 2 LES RELATIONS COLLECTIVES DE TRAVAIL

PARTIE 1 LE DROIT SYNDICAL

PARTIE 2 INSTITUTION(S) REPRÉSENTATIVE(S) DU PERSONNEL

PARTIE 3 CONFLITS ET NÉGOCIATION

Avant-propos

« Rien ne peut se faire sans un minimum d'enthousiasme. »
Voltaire

Pour le non-juriste, faire du droit est souvent assimilé à faire ses dents de sagesse : long, pénible voire carrément douloureux.

S'intéresser au droit du travail paraît alors téméraire, tant cette matière est considérée comme complexe, changeante, et politisée.

Même au village du droit privé, elle a parfois mauvaise réputation. Alors pour les jeunes juristes, et *a fortiori* les non-juristes...

Cet ouvrage voudrait inspirer le sentiment inverse.

Délibérément accessible au non-spécialiste, il se propose de montrer le caractère utile mais surtout passionnant de ce jeune droit qui règle la vie quotidienne des dix-neuf millions de salariés français et de leur famille, refondé en 2017-2019 puis un peu chahuté en 2020-2021 lors de l'épidémie C19.

Que l'on soit cadre ou chef d'entreprise, salarié ou étudiant, on ne peut ignorer les règles du jeu social : embauche, salaire, mobilités, licenciements, négociation d'entreprise, grève...

Connaître les règles, soit.

Mais « *le Droit n'est pas donné, il est construit* ».

Donc comprendre aussi le « pourquoi », évoquer son application concrète parfois bien éloignée des prescriptions du Code du travail. Souligner ici des pratiques fort différentes, là une réelle ineffectivité, et souvent une utilisation tactique des règles par les partenaires sociaux.

Sur un ton résolument vivant et concret, faire entrer le lecteur dans le droit du travail, droit du quotidien.

Lui faire *connaître*, mais surtout *comprendre* cette matière vivante et si attachante, aujourd'hui confrontée à la fois au tsunami de la Révolution numérique et aux nécessités de la Transition écologique.

Jean-Emmanuel RAY
Professeur de droit à l'université Paris I – Sorbonne et à Sciences Po

Introduction

1 **« Le Droit à la paresse »** : dans son ouvrage paru en 1880, le gendre de Marx, Paul Lafargue, s'étonnait de « *cette étrange folie qui frappe la classe ouvrière : la passion furibonde du travail* ».

Jusqu'à une époque récente, ce terme n'a pas bénéficié d'une image très valorisante. Le travail était hier l'apanage de l'esclave, et il trouve son étymologie dans le *tripalium*, instrument de torture à trois pieds, avant de devenir une « *machine servant à pratiquer des opérations chirurgicales* » *(Littré)*. Une « femme en travail » enfante souvent dans la douleur, une dent qui nous travaille est source de désagréments lancinants. Il en va de même dans le domaine de l'esprit quand une idée « nous travaille » : car contrairement aux bras que nous commandons facilement, nos neurones n'en font qu'à leur tête.

Le comédien ou le musicien mis à part (ils travaillent quand ils jouent), l'opposition travail/vraie vie a longtemps dominé. L'épanouissement personnel se réalisait forcément à l'extérieur de l'entreprise, lieu de domination sinon d'exploitation, bien dans la ligne de la malédiction divine : « *Tu gagneras ton pain à la sueur de ton front.* »

Cette vision punitive s'est heureusement atténuée : car comme le remarquait La Fontaine en 1681, le travail est un trésor individuel, mais aussi collectif. Et trois siècles plus tard, l'irruption d'un chômage structurel a fait redécouvrir la valeur individuelle, mais aussi collective du travail. La très large démocratisation du télétravail à la suite de l'épidémie C19 a enfin montré qu'un nouvel équilibre vie privée / vie professionnelle était possible.

2 **Sentiment de « bien faire » son travail = Bien-être au travail.** Quel que soit son emploi, à l'évidence plus ou moins valorisant, avoir un travail (mieux : un métier, avec le « jugement de beauté » de ses pairs sur le travail « nickel-chrome ») ne se résume pas à la somme figurant en bas à droite de la fiche de paie : la vie professionnelle est souvent déterminante dans l'épanouissement personnel, *a fortiori* en France où domine la « logique de l'honneur ».

Le travail, y compris salarié, a toujours été source d'autonomie : les ex-chômeurs parlent de dignité retrouvée. Surtout dans notre société salariale où le droit du travail impacte toute la société (ex. : les 35 h), on ne peut donc le résumer à une vision exclusivement monétaire, et *a fortiori* celle dévalorisante du seul « *coût du travail* » : 74 % des français disent aimer leur travail.

3 **Make our job great again !** Alain Supiot a raison de rappeler que « *le travail ne disparaît pas, il mute ; ce sont les formes d'emploi qui évoluent* ». Les défenseurs de « la fin du travail » restent obsédés par la suprématie du travail *salarié* qui, dans l'Histoire, sera considéré demain comme une phase de notre organisation sociale.

Car au-delà de la bien réelle crise de l'emploi, n'existe guère de « crise du travail » chez les indépendants ou dans les TPE. Mais dans nombre de grandes organisations, du fait de la normalisation généralisée associée à la financiarisation avec la pression des résultats à court terme, de plus en plus de collaborateurs se demandent à quoi sert leur travail, et à quoi ils servent eux-mêmes : quelle est leur « *raison d'être* »... évoquée pour les entreprises, personnes morales par la loi du 22 mai 2019. Y compris car la société de l'innovation exige confiance et investissement réciproques.

Comme nous y a incité le tsunami organisationnel généré par le C19, et comme l'avait fait la loi du 22 mai 2019, il faut donc repenser la place des entreprises dans la société, y compris car 86 % des Millenials pensent que la réussite d'une entreprise ne se mesure pas seulement par ses indicateurs financiers. Ainsi de l'article 1833 nouveau du Code civil : « *La société est gérée dans son intérêt social, en prenant en considération les enjeux sociaux et environnementaux de son activité* ».

4 Malgré notre croissance qui repartait depuis 2019, **le droit de l'emploi**, de l'emploi à tout prix supplante parfois le droit du travail protecteur du salarié sous CDI. Car sans même parler du choc du C19 de 2020-2021, dans notre passage d'une société industrielle de main d'œuvre à une société de l'immatériel et de l'innovation, les destructions d'emplois salariés (avec les caisses automatiques, *quid* des 200 000 emplois de caissières ?) apparaissent, comme d'habitude, toujours plus visibles que les créations d'emploi.

5 **Nos structures productives, mais aussi intellectuelles** étant restées à la société hiérarchique « militaro-industrielle » des Trente Glorieuses et sur l'opposition valeureux salarié sous CDI / travailleur indépendant auto-exploité ne nous permettent pas de tirer parti de la Révolution de l'immatériel. Avec leur volonté de faire converger les statuts de salarié et de travailleur indépendant (assurance-chômage avec le prise en charge de certains démissionnaires, protection sociale avec la disparition du RSI, etc.), les textes de 2017 puis la loi du 5 septembre 2018 « *pour la liberté de choix de son avenir professionnel* » destinée à « *sécuriser les mobilités sur le marché du travail en allant vers plus de sécurisation sur les personnes et non pas sur les statuts* » veulent amorcer ce délicat passage vers une économie de l'innovation, où le travailleur sera amené à passer d'un emploi à l'autre, d'un secteur d'activité à l'autre, d'un statut à un autre. **Avec une protection sociale nécessairement de plus en plus universelle** pour faciliter ces transitions ; mais ce qui est facile, sinon naturel pour des hauts niveaux de qualification, aujourd'hui si recherchés, l'est beaucoup moins pour l'ouvrier non qualifié de 55 ans...

Après une longue période Dickens-Cosette-Zola, le travail qui occupe un tiers de notre vie a enfin trouvé sa place...

Et le droit du travail, un intérêt renouvelé. Mais qu'est-il exactement ?

6 **Le droit du travail, c'est d'abord du Droit.** Cette vérité d'évidence soulève rarement chez les non-juristes un grand enthousiasme, car ils ont de la science juridique une vision descriptive et factuelle. Mais si le Droit devait se résumer à la connaissance de tous les Codes et des derniers arrêts de la Cour de cassation, un logiciel bas de gamme avec mise à jour automatique sur Internet remplacerait déjà ce soi-disant

« juriste » avec sa tête en forme de Code. Et sa disparition serait programmée avec l'irruption de l'intelligence artificielle.

Faire du droit, c'est trouver des réponses adaptées à des problèmes bien concrets : l'employeur avait-il le droit de licencier Mme X ? Si ce n'était pas le cas, que va-t-il se passer ? Que peut faire concrètement Mme X ?

Plus généralement, la connaissance d'un minimum de Droit fait désormais partie de la *culture générale du citoyen d'aujourd'hui*, lui permet de comprendre notre société qui, hélas, se *juridicise* chaque jour (davantage de règles juridiques : les mailles du filet se resserrent), mais aussi se *judiciarise* à l'excès (montée du contentieux) : d'où les légitimes réformes de 2008-2019 voulant contenir cette judiciarisation.

La connaissance de ce plus grand commun dénominateur de la vie en société permet aussi de réfléchir sur ses valeurs : entre le candidat à un emploi et le chef d'entreprise, « *Qui dit contractuel dit juste ?* »

7 Faire du droit, c'est *connaître mais surtout comprendre les règles du jeu social*. Toute collectivité génère des règles : à la maternelle, savoir qui a gagné lorsque les deux billes sont à équidistance ; en famille, qui va débarrasser la table ; entre joueurs, que faire lorsque la règle est imprécise ou incomplète : selon les familles, comparer par exemple les pratiques – et les incidents – en matière de « Case Départ » au Monopoly.

Dans une société où les règles de morale ou de religion sont de plus en plus diversifiées, le plus grand commun dénominateur dans notre société d'individus est devenu le Droit. Il n'en demandait pas tant.

Dans l'entreprise, le droit *du travail* pose les règles officielles fixant les rapports entre « l'employeur » et ses « salariés » : il constitue un minimum. Beaucoup d'autres normes de comportement, au moins aussi importantes au quotidien, existent : la courtoisie, la loyauté la plus élémentaire. Mais la violation du Droit est sanctionnée par la Société.

8 Le droit *du travail* : publicité mensongère ? Car il ne s'applique pas à tous les travailleurs mais seulement aux *salariés* qui, comme leur nom l'indique, perçoivent un *salaire* dans le cadre de l'exécution d'un contrat *de travail*. En le signant, ils se placent volontairement sous la ***sub/ordination*** de leur *employeur*.

Reprenant la définition de Gérard Lyon-Caen, on peut définir le droit du travail comme « *l'ensemble des règles juridiques applicables aux relations individuelles et collectives qui naissent entre les employeurs privés et les salariés qui travaillent sous leur autorité, moyennant une rémunération appelée salaire* ».

Sont donc exclus du droit du travail subordonné les 870 000 artisans, 451 000 exploitants agricoles, 730 000 commerçants, 845 000 professions libérales et autres travailleurs indépendants ou « free-lance » : soit environ 12 % de la population active en France, en légère hausse depuis cinq ans. Car pour lutter contre le chômage, il ne faut plus exclusivement compter sur l'emploi salarié lorsqu'il est plus facile de trouver des clients qu'un employeur (*cf.* les chauffeurs VTC, souvent discriminés à l'embauche).

Et un gros tiers des 952 000 auto-entrepreneurs *actifs* en 2020 (43 % ont moins de 30 ans) donc *a priori* indépendants, sont à côté salariés, fonctionnaires ou retraités...

Sont enfin exclus, car couverts par un statut de droit public, les fonctionnaires de l'État (2,3 millions), territoriaux (1,8) et hospitaliers (1,1). Restent tout de même soumis au volumineux Code du travail français les 19 millions de salariés du secteur privé : soit 88 % de la population active en comptant les fonctionnaires, contre moins de 50 % en 1910. Les rythmes de notre société sont donc salariaux : ainsi de l'impact sociétal majeur des 35 heures, ou du travail à distance pratiqué par six millions de salariés lors de la crise sanitaire.

9 **Critère du contrat de travail : la « subordination juridique permanente » ... de l'ouvrier métallo de la Révolution industrielle ?** Existe-t-il un contrat *de travail*, ou s'agit-il d'un autre type de contrat (civil, commercial) évacuant la protection du droit du travail ? Le Conseil constitutionnel a rappelé le 20 décembre 2019 que la qualification de « salarié » relevait du seul législateur.

« *Le lien de subordination est caractérisé par l'exécution d'un travail sous l'autorité d'un employeur qui a le pouvoir de donner des ordres et des directives, d'en contrôler l'exécution et de sanctionner les manquements de son subordonné* », rappelle depuis 1996 la Cour de cassation (étymologie d'« employer » : *implicare*, « plier dans »), qui refuse depuis 1931 la seule « dépendance économique » comme critère principal. Position officiellement confirmée le 4 mars 2020 dans son arrêt Uber (V. *infra*).

Dans l'immense majorité des cas, la question ne se pose guère car la subordination du travailleur est évidente : horaires et lieu de travail identiques depuis des années, hiérarchie, ordres, matériel fourni, sanctions disciplinaires, exclusivité des services...

Mais pour certaines activités, qui se multiplient avec le numérique permettant de travailler n'importe où et n'importe quand, une recherche s'impose : indépendants ou subordonnés ? Ainsi du médecin vacataire, du conférencier extérieur à l'entreprise, du créateur de logiciel qu'on voit dans les bureaux une fois par mois, du chauffeur VTC... Leur subordination juridique (« *permanente* » précise le Code) n'est pas évidente ; or la réponse à cette question a également d'importantes incidences *en matière de protection sociale* (tout salarié est affilié au très protecteur régime général de la Sécurité sociale), et *fiscales*.

10 **En cas de contestation,** et après avoir vérifié que cette catégorie professionnelle ne bénéficie pas d'une *présomption de salariat* édictée par le Code du travail (journalistes, VRP, artistes, etc.), il faudra examiner *concrètement*, en déroulant sa vie de tous les jours, s'il est *juridiquement* subordonné grâce à la méthode du faisceau d'indices : reçoit-il des ordres et sont-ils contrôlés dans leur mise en œuvre ? Est-il inclus dans un service organisé ? Est-il soumis à des horaires, dans un lieu précis de travail, avec un matériel fourni par l'entreprise ? Peut-il prendre des congés quand il veut ? Avec cette technique, **peu importe le contrat qui a pu être signé** : issu de la pratique, le droit du travail *s'attache à la réalité concrète et quotidienne*, démasquant ainsi les fraudes au nom de l'ordre public de protection.

Tout en n'ignorant pas, comme hélas parfois nos juges, que pour produire collectivement un bien ou un service, *une « organisation » est indispensable* : avec nécessairement un centre de décision et des contraintes, qui ne transforment pas pour autant toutes les personnes physiques participant à cette production en salariés.

11 Faux artisan, faux auto-entrepreneur mais vrai salarié. Ainsi en droit du travail, l'employeur est responsable de la sécurité dans son entreprise : en cas d'accident, il risque de passer devant le tribunal correctionnel et d'être pénalement sanctionné. Pour éviter ce risque mais payer aussi moins de charges sociales, des employeurs du Bâtiment avaient demandé à leurs salariés (plâtriers, plombiers-zingueurs) de démissionner puis de s'inscrire très officiellement comme artisans *indépendants*. Leur travail resterait le même, les horaires identiques, et ils toucheraient non plus un salaire mais une rémunération, d'ailleurs supérieure puisqu'ils devraient faire face eux-mêmes à leur protection sociale. Ce qui fut fait, au nom de l'indépendance retrouvée.

Mais les mêmes causes (la loi de la pesanteur) produisant hélas les mêmes effets quel que soit le statut juridique, l'un d'eux fit une chute (comme le « coursier à vélo indépendant » de Take Eat Easy de l'arrêt du 28 novembre 2018, voir *infra*). Lorsque l'inspecteur du travail vint constater les faits, le chef de chantier indiqua que M. X était artisan, donc *indépendant* comme le démontrait son inscription tout à fait régulière au Registre des métiers. Lui-même ne pouvait donc pas être déclaré responsable de cet accident, qui n'était donc pas un accident *du travail*.

Or l'enquête menée par l'inspecteur montra que, *dans les faits*, ces nouveaux artisans (en plus ex-salariés !) avaient les mêmes conditions de subordination qu'auparavant : même chef de chantier, mêmes horaires, matériel toujours fourni par l'entreprise, etc. Dans l'arrêt Guégan du 29 octobre 1985, la chambre *criminelle* de la Cour de cassation a donc indiqué que « *la seule volonté des intéressés est impuissante à soustraire le travailleur au statut social qui découle nécessairement des conditions d'accomplissement de son travail, dans une matière d'ordre public comme le droit du travail* ». L'entreprise de bâtiment fut déclarée responsable de l'accident, malgré cette mise en scène juridique.

12 Ordre public de protection et principe de réalité. Le droit du travail déjoue donc les éventuelles fraudes en appliquant le principe de réalité. Au-delà du contrat formel, le juge va analyser la réalité quotidienne : « *L'existence d'une relation de travail ne dépend ni de la volonté exprimée par les parties ni de la dénomination qu'elles ont donnée à leur convention, mais des conditions de fait dans lesquelles est exercée l'activité des travailleurs* » (Ass. plén., 4 mars 2003). L'accord exprès du « salarié » n'est donc pas déterminant puisqu'il s'agit d'une matière placée sous le signe de *l'ordre public de protection* s'opposant à la liberté (contractuelle) du renard libre dans le poulailler libre : il faut travailler pour vivre.

Ainsi de certains franchisés, curieux commerçants « *dont l'unique fournisseur fixait les conditions d'exercice de cette activité et le prix de vente des marchandises* » (CS, 8 févr. 2005). Et *a fortiori* des vendeurs d'une librairie ayant démissionné mais effectuant le lendemain le même travail comme auto-entrepreneurs : « *En faisant appel volontairement à trois personnes déclarées sous le statut d'auto-entrepreneur, la société a cherché à s'exonérer de toutes les obligations liées au contrat de travail, mais aussi du paiement des charges sociales* » (Cass. crim., 10 janv. 2017 : délit de travail dissimulé).

TROIS SANCTIONS CUMULATIVES EN CAS DE REQUALIFICATION JUDICIAIRE DE QUOI DÉPOSER LE BILAN POUR UNE TPE (LA START-UP DEVENANT START-DOWN)

1 – Conseil des prud'hommes (si le travailleur a démontré qu'il était salarié)

- Rappels de salaires sur maximum trois ans, sur la base du SMIC ou des minima conventionnels, en tenant compte de la nouvelle ancienneté (ex : prime d'ancienneté)
- Éventuelles heures supplémentaires + Primes diverses avec l'application rétroactive des conventions collectives de branche et d'entreprise à compter de la date fixée par le juge pour la requalification
- en cas de rupture, ce qui est fréquent : indemnité de congés payés + de préavis + légale ou conventionnelle de licenciement
- \+ Indemnité pour licenciement sans cause réelle et sérieuse
- Indemnité pour travail dissimulé : six mois de salaire (art. L. 8223-1)
- Toutes les sommes de nature salariale sont désormais garanties par l'Assurance de Garantie des Salaires : rien à voir avec le pauvre créancier qui n'a qu'un statut d'auto-entrepreneur

2 – URSSAF / Cotisations de sécurité sociale

Art. L. 8221-6 : en cas de condamnation pénale pour travail dissimulé, l'entreprise est tenue au paiement des cotisations et contributions sociales afférentes, calculées sur les sommes versées aux travailleurs au titre de la période pour laquelle la dissimulation d'emploi salarié a été établie.

3 – Tribunal correctionnel pour délit de travail dissimulé par dissimulation d'emploi salarié

Art. L. 8224-1 : jusqu'à trois ans d'emprisonnement et 45 000 euros d'amende, quintuplée pour l'entreprise, personne morale (225 000 €).

13 **Gentils contre Méchants** ? Mais à l'instar du droit de la consommation, lui aussi placé sous le signe de l'ordre public de protection mais parfois devenu droit de défiance à l'égard des professionnels, le droit du travail ne doit pas ériger la méfiance et le dolorisme en système de pensée, avec un employeur a priori suspect de fraude permanente ne pensant qu'à exploiter puis licencier au plus vite ses collaborateurs, face au pauvre salarié, mineur social incapable de comprendre où sont ses intérêts.

LES « TACHERONS 3.0 » DES PLATEFORMES DE MOBILITÉ SALARIÉ, INDÉPENDANT... OU AUTRE ?

Tout beau, tout nouveau ? Pas vraiment ! Depuis 80 ans, une bonne partie du contentieux parisien en requalification émane de chauffeurs de taxis employés par quelques grandes compagnies (G7, Taxis Bleus) : artisans-taxis ici, locataires-taxi là (à 500 € la semaine), ou auto-entrepreneurs. L'emblématique contentieux Uber pourrait donc aussi faire tache (d'huile).

Le changement ? La révolution numérique et la banalisation du travail à distance depuis la crise sanitaire créent des emplois se prêtant mieux au statut d'indépendant que celui de vendeuse de grand magasin ou de l'ouvrier sur chaîne... Mais de là à construire un modèle économique reposant sur le refus global du salariat et des cotisations sociales afférentes (et l'optimisation fiscale)... Trop facile !

Comment réguler ? Par la loi ? Par le marché ? Si les consommateurs boycottent les plateformes les moins disantes sur le plan social... Seule certitude aujourd'hui : c'est paradoxalement le juge, national ou communautaire, qui fixe aujourd'hui les règles de la nouvelle économie.

Acte I. L'arrêt Uber rendu par la **CJUE** le 20 décembre 2017 (aff. C-434/15, *Asociación Profesional Elite Taxi*), sur lequel s'est calée la Chambre sociale le 4 mars 2020, annonçait dans les 28 États membres, le glas du modèle économique de ce type de plateforme si elle n'évolue pas.

La question posée ne concernait pas le droit du travail, mais de savoir s'il s'agissait d'un « *service de la société de l'information* », au sens de la directive n° 98/34/CE (un service effectué contre rémunération, à distance et par voie électronique, à la demande individuelle d'un destinataire), ou un « *service dans le domaine des transports* » au sens de l'article 58 du Traité, donc soumis au droit national.

Reprenant l'analyse globale proposée par l'avocat général, la CJUE a constaté que Uber-Espagne ne se limitait pas à mettre en relation des chauffeurs et des clients, mais avait créé, organisait et animait une activité de transport englobant ce service d'intermédiation : « *Un service d'intermédiation qui a pour objet, au moyen d'une application pour téléphone intelligent, de mettre en relation, contre rémunération, des chauffeurs non professionnels utilisant leur propre véhicule avec des personnes qui souhaitent effectuer un déplacement urbain, doit être considéré comme étant indissociablement lié à un service de transport et comme relevant, dès lors, de la qualification de "service dans le domaine des transports" : cette qualification entraîne l'application de la législation locale* ».

Mais la CJUE ayant fondé une grande partie de sa décision sur la vie quotidienne des chauffeurs d'Uber, et constaté leur étroite dépendance : sélection, fourniture des clients et des outils nécessaires à la prestation (l'application), rémunération établie et versée par la plateforme, pouvoir de direction : ça sentait déjà le roussi.

Comme d'habitude, notre Cour de cassation n'a pas été insensible à cette évolution.

ACTE II. ARRÊT SOCIÉTÉ UBER, CS, 4 MARS 2020... FINALEMENT PEU DISRUPTANT

Après quelques années de tâtonnements judiciaires, le modèle économique de certaines plateformes de livraisons reposant sur l'évitement du droit du travail et des cotisations sociales a été remis en cause par la Cour de cassation une première fois le 28 novembre 2018 avec l'arrêt Take Eat Easy requalifiant en salarié un livreur cycliste.

Mais c'est l'arrêt Uber du 4 mars 2020 qui a obligé les plateformes, puis le législateur à bouger...

Protéger les coursiers, ces tâcherons 3.0 corvéables à merci, bien sûr. Mais aussi éviter une concurrence déloyale, avec le risque d'une contagion générale à la baisse : car ici comme ailleurs, « *la mauvaise monnaie chasse la bonne* ». À quoi bon payer les cotisations sociales et d'assurance-chômage liés au salariat, respecter de stricts horaires et des rémunérations légales et conventionnelles contrôlés par l'inspection du travail si le concurrent employant des micro-entrepreneurs peut les faire travailler sur commande au-delà de treize heures par jour, la nuit ou le dimanche, pour moins que le SMIC ? Commençons par citer le communiqué de la Cour en date du 4 mars 2020, qui se veut pédagogique en définissant successivement le travail salarié, puis le « travail indépendant » : c'est-à-dire non dépendant.

« *Sans modifier en quoi que ce soit la jurisprudence établie depuis l'arrêt Société générale de 1996, la Cour de cassation a approuvé la cour d'appel d'avoir requalifié la relation de travail d'un chauffeur de VTC avec la société Uber en contrat de travail.*

En effet, le critère du lien de subordination se décompose en trois éléments :

- *le pouvoir de donner des instructions ;*
- *le pouvoir d'en contrôler l'exécution ;*
- *le pouvoir de sanctionner le non-respect des instructions données.*

Quant au travail indépendant, il se caractérise par les éléments suivants : la possibilité de se constituer une clientèle propre, la liberté de fixer ses tarifs, la liberté de fixer les conditions d'exécution de la prestation de service.

Or la cour d'appel a notamment constaté :

1°) que ce chauffeur a intégré un service de prestation de transport créé et entièrement organisé par cette société, service qui n'existe que grâce à cette plate-forme, à travers l'utilisation duquel il ne constitue aucune clientèle propre, ne fixe pas librement ses tarifs ni les conditions d'exercice de sa prestation de transport ;

2°) que le chauffeur se voit imposer un itinéraire particulier dont il n'a pas le libre choix et pour lequel des corrections tarifaires sont appliquées si le chauffeur ne suit pas cet itinéraire ;

3°) que la destination finale de la course n'est parfois pas connue du chauffeur, lequel ne peut réellement choisir librement, comme le ferait un chauffeur indépendant, la course qui lui convient ou non ;

4°) que la société a la faculté de déconnecter temporairement le chauffeur de son application à partir de trois refus de courses et que le chauffeur peut perdre l'accès à son compte en cas de dépassement d'un taux d'annulation de commandes ou de signalements de « comportements problématiques ».

La Cour de cassation a en conséquence approuvé la cour d'appel d'avoir déduit de l'ensemble de ces éléments l'exécution d'un travail sous l'autorité d'un employeur qui a le pouvoir de donner des ordres et des directives, d'en contrôler l'exécution

et de sanctionner les manquements et d'avoir jugé que, dès lors, le statut de travailleur indépendant du chauffeur était fictif».
L'existence en l'espèce d'un lien de subordination lors des connexions du chauffeur de VTC à l'application Uber est ainsi reconnue, la Cour de cassation ayant exclu de prendre en considération le fait que le chauffeur n'a aucune obligation de connexion, et qu'aucune sanction n'existe en cas d'absence de connexions quelle qu'en soit la durée (à la différence de ce qui existait dans l'application Take Eat Easy).
En effet, la Cour de justice de l'Union européenne retient que la qualification de « prestataire indépendant » donnée par le droit national n'exclut pas qu'une personne doit être qualifiée de « travailleur », au sens du droit de l'Union, si son indépendance n'est que fictive, déguisant ainsi une véritable relation de travail, et que le fait qu'aucune obligation ne pèse sur les travailleurs pour accepter une vacation est sans incidence dans le contexte en cause (CJUE, 13 janv. 2004, *Allonby*, préc., point 72). »
Puis un curieux constat, en forme de souhait ? « Tandis qu'un régime intermédiaire entre le salariat et les indépendants existe dans certains États européens, comme au Royaume-Uni (le régime des "workers", régime intermédiaire entre les "employees" et les "independants"), ainsi qu'en Italie (contrats de "collaborazione coordinata e continuativa", "collaborazione a progetto"), le droit français ne connaît que deux statuts, celui d'indépendant et de travailleur salarié ».

Un troisième statut, une bonne idée ?
Pas sûr, pour trois raisons...
1. La frontière salariat / travail indépendant est déjà poreuse (avec des allers-retours de plus en plus fréquents pour le travailleur en cause, mais aussi la pluriactivité : un non salarié sur quatre a eu une activité salariée dans l'année), voire incertaine. Avec la création d'un troisième statut et donc désormais deux frontières, ces incertitudes seraient multipliées par deux, avec des effets de bord.
2. Avant que la Chambre sociale (qui voit des salariés partout, y compris dans le « Tentateur » de l'Île de la Tentation) et la Chambre commerciale qui n'a pas du tout cette vision panoramique s'entendent clairement sur cette nouvelle *double* frontière, trois ou quatre ans d'attente ?
3. Et surtout, cette nouveauté destinée à régler le cas d'au maximum 300 000 travailleurs au statut douteux pourrait remettre en cause celui des 19 millions de salariés. Car ce statut de « salarié low cost » mais aussi « low law » pourrait donner des idées à nombre de chefs d'entreprise ne voulant pas se voir appliquer l'ensemble du Code du travail, et cotiser au Régime général de Sécurité sociale.
Avec ces arrêts Take Eat Easy puis Uber, la Chambre sociale a donc créé un contrat de travail original, où l'employeur n'est pas tenu de fournir du travail, et ce « salarié » *new look* pas à se tenir à sa disposition, ni à exécuter ses directives. Sans même parler de la lettre du Code du travail évoquant une subordination juridique « *permanente* » : c'est pour contourner cette précision que le très créatif avocat du chauffeur avait plaidé devant la cour d'appel de Paris l'existence de 2032 « micro-contrats à durée déterminée » successifs (un par course) exécutés du 12 octobre 2016 au 7 avril 2017 ; le tout se métamorphosant évidemment en CDI.

Existe donc désormais un contrat de travail avec une subordination juridique *permanente*... en pointillé.

Mais l'arrêt *Uber* n'a guère « fait jurisprudence » puisque deux cours d'appel importantes (Paris et Lyon) ont résisté à cette vision panoramique de la subordination centrée sur un service très organisé. Comme elles le constatent :

1. Toute production de biens ou de services génère nécessairement des contraintes de temps et de lieu, de quantité et de qualité.
2. Pour ces travailleurs inscrits comme « indépendants », il leur appartient de détruire la présomption simple de non salariat, et pas seulement d'énoncer des grandes généralités sur leurs contraintes.

Tout indépendant inclus dans une « organisation » = un salarié ?

Dans une affaire il est vrai très particulière, la CJUE a mis le 22 avril 2020 un coup d'arrêt à la requalification systématique en Europe des travailleurs des plates-formes de mobilité. S'agissant de la plate-forme Yodel, où le livreur peut se faire remplacer (ce qui se passe en France pour d'autres plates-formes, mais de façon souvent illégale), travaille avec son propre véhicule et téléphone portable, est libre de choisir le moment et la route à emprunter pour la livraison et n'est pas obligé d'accepter le moindre colis *: « Il résulte de l'ensemble des considérations qui précèdent que la directive 2003/88 s'oppose à ce qu'une personne engagée par son employeur présumé sur le fondement d'un accord de services précisant qu'elle est entrepreneure indépendante soit qualifiée de "travailleur" au sens de cette directive, lorsqu'elle dispose des facultés ; de recourir à des sous-traitants ou à des remplaçants pour effectuer le service qu'elle s'est engagée à fournir ; d'accepter ou de ne pas accepter les différentes tâches offertes par son employeur présumé, ou d'en fixer unilatéralement un nombre maximal ; de fournir ses services à tout tiers, y compris à des concurrents directs de l'employeur présumé ; de fixer ses propres heures de "travail" dans le cadre de certains paramètres, ainsi que d'organiser son temps pour s'adapter à sa convenance personnelle plutôt qu'aux seuls intérêts de l'employeur présumé. Dès lors l'indépendance de cette personne n'apparaît pas fictive et il n'est pas permis d'établir l'existence d'un lien de subordination entre ladite personne et son employeur présumé ».*

Espagne, Angleterre... requalifications en marche

En Espagne, le décret-loi du 11 mai 2021 a créé une présomption simple de salariat en faveur des travailleurs des plates-formes de mobilité.

Et la Cour Suprême de Londres a requalifié le 19 février 2021 un chauffeur Uber inscrit comme travailleur indépendant en « worker » : ce troisième statut, à mi-chemin entre « salarié » et « indépendant », pour les travailleurs dits « parasubordonnés » car n'ayant aucune marge de négociation, et dont le cocontractant n'est pas le client. Avec une protection spécifique : salaire minimum, durée du travail, congés payés... Mais ni congés maladie ou maternité, ni indemnités de licenciement ou de chômage, ni retraite financée.

Mais Uber-UK a décidé immédiatement de passer tous ses chauffeurs sous le statut de « worker ».

Pourquoi cette différence par rapport à la France ? 1. Avec la « règle du précédent », cet arrêt de la Cour suprême s'imposait aux juges inférieurs ; 2. le sondage immédiatement fait par la plateforme a montré que l'immense majorité des chauffeurs allait assigner en requalification : avec des coûts financiers, et médiatiques exorbitants ; 3. *last but not*... Cette requalification volontaire d'un mi-chemin évite donc à la filiale britannique 60 000 procès en requalification en *salariés*, statut autrement plus contraignant ; 4. Uber-UK a revendiqué haut et fort ce progrès social remarquable... et invité les autres plateformes à faire de même. Ce qui lui permettra, si ce n'est pas le cas, d'attirer les meilleurs chauffeurs. Et si c'est le cas, lui évitera un dumping social....

Mais le diable se cache dans les détails. En jugeant également que le livreur est « au travail » dès qu'il se connecte et attend une course, la Cour suprême britannique a surtout remis en cause l'avantage compétitif au cœur de la Gig Economy : l'exceptionnelle flexibilité de sa foule de main-d'œuvre due à sa disponibilité permanente... et non rémunérée. Le retour de la subordination juridique « permanente » ?

Rechercher une subordination, une grande victoire ?

Au pays de la Liberté et de l'Égalité, sans même évoquer Karl Marx et son « abolition du salariat », faut-il crier victoire car un chauffeur d'Uber s'est vu reconnaître le statut de salarié car il ne correspondait pas aux critères d'un travailleur « indépendant » ? Et qu'il sera donc désormais subordonné à son ex-donneur d'ordre devenu son employeur, qui va pouvoir lui fixer des jours de travail et des horaires, percevoir toutes ses recettes et lui en reverser une partie ?

Seul point qui fasse l'unanimité chez les spécialistes, les responsables d'associations et syndicats constitués pour les représenter : ce n'est pas du tout la préoccupation première de ces travailleurs à la mentalité d'indépendants et tenant à la liberté de leur « emploi du temps ». Comme l'a montré la pandémie de 2020, malgré une comparaison radicalement défavorable au travail indépendant en termes de protection (en particulier avec l'activité partielle), ils récusent toute **subordination** mais veulent une meilleure protection sociale : accident de travail, arrêt maladie et allocations chômage en particulier. Avec un « revenu décent », qui leur permette bien sûr de vivre, mais aussi payer les cotisations sociales destinées à assurer ces risques. Co-fondatrice de la coopérative Coopaname, Noémie de Grenier propose ainsi de « réhabiliter le salariat mais sans ses excès, pour conserver une protection sociale pour les travailleurs, tout en permettant l'exercice de plus de liberté et de citoyenneté dans les entreprises ».

Peu importe l'ivresse (la protection) pourvu qu'on ait le flacon (un statut) ?

Plutôt que de se battre sans fin sur le régime juridique du travailleur, voire en créer un troisième ne faut-il pas inverser la problématique et partir des besoins essentiels des travailleurs au sens large ?

A fortiori depuis l'irruption du télétravail au domicile pendant la pandémie 2020-2021, pour trois raisons :

1. Travailler à distance ? Oui, mais à quelle distance ? À Strasbourg ? À Saint-Pétersbourg ? À Singapour ou Bengalore ? Avec des coûts de main-d'œuvre

bien différents, incitant à la délocalisation de certains postes, bien au-delà des actuels centres d'appels à Casablanca ou Tananarive.

2. S'agissant de télétravail *qualifié* en France, l'obligation de moyens du salariat disparaît alors au profit d'une obligation de résultat : que le travail soit rendu en temps et en heure. De quoi faire réfléchir des entreprises au statut de certains de leurs collaborateurs, ayant eux-mêmes goûté aux joies d'un travail en toute autonomie horaire et géographique.

3. Cette uberisation pourrait être enfin être renforcée par l'inadaptation radicale de nos règles relatives à la durée de travail au télétravail à domicile. Comme nous le verrons *infra* dans le chapitre afférent, l'employeur doit pouvoir justifier à la minute près du respect du temps de repos, sous peine de lourdes sanctions pénales. Ce qui se révèle parfois impossible s'agissant d'un collaborateur travaillant sur le lieu de l'intimité de sa vie privée.

Un droit du travail inadapté peut creuser sa propre tombe en incitant des employeurs de bonne foi à se soustraire à ses règles inapplicables...

14 Alors une Grande Loi relative aux plateformes ?

Difficile **à concevoir :** car quoi de commun entre Leboncoin, Groupon, Airbnb, Mechanical Turk, Uber... et Auchan Direct ou Amazon avec leurs salariés classiques ?

Intitulé à l'origine « Instituer de nouvelles libertés et de nouvelles protections pour les entreprises *et les actifs* » (donc pas seulement les salariés), pour « *les travailleurs **indépendants** recourant pour l'exercice de leur activité **professionnelle** à une ou plusieurs plateformes de mise en relation par voie électronique* », la loi du 8 août 2016 avait renoncé, comme la loi Mobilités du 24 décembre 2019, à une présomption irréfragable de non salariat, seule solution permettant d'écarter tout procès en requalification, mais socialement et politiquement impensable.

Mais elle a créé au sein du Code *du travail*, (ce qui est curieux s'agissant a priori de travailleurs *indépendants*) un commencement de début de « ***responsabilité sociale des plateformes*** » donneuses d'ordre.

Article L. 7342-1. « *Lorsque la plateforme détermine les caractéristiques de la prestation de service fournie ou du bien vendu et fixe son prix, elle a, à l'égard des travailleurs concernés, une responsabilité sociale qui s'exerce dans les conditions prévues au présent chapitre* ».

Article L. 7342-2. « *Lorsque le travailleur souscrit une assurance couvrant le risque d'accidents du travail ou adhère à l'assurance volontaire en matière d'accidents du travail (...), la plateforme prend en charge sa cotisation, dans la limite d'un plafond* ».

La « travaillisation » en cours du travail indépendant. « Relative aux modalités de représentation des travailleurs *indépendants* recourant pour leur activité aux plateformes et aux conditions d'exercice de cette représentation », l'ordonnance du 21 avril 2021 reproduisant le système de représentation des salariés dans une entreprise classique, ce qui semble un peu court, sera examinée dans le Titre IV.

Le 24 février 2021, la Commission de Bruxelles a lancé une phase de consultation avec les partenaires sociaux européens qui pourrait déboucher sur une directive.

Et une autre consultation vise à adapter les règles communautaires de concurrence (la prohibition des ententes défini à l'article 101 TFUE) afin qu'elles n'entravent plus les négociations collectives des travailleurs indépendants.

15 Opposer, ou faire converger les statuts ? Vers les droits fondamentaux de l'actif (2016-2020)

Constatant les allers-retours de travailleurs de plus en plus nombreux entre le salariat et l'indépendance, mais aussi la banalisation du cumul d'activités (deux auto-entrepreneurs sur trois), pour nous préparer au Grand Chambardement du Numérique, les lois de 2017-2020 ont voulu faire converger les protections : ainsi du congé maternité, de la formation ou du *chômage* total ou bien sûr du massif recours à l'activité partielle ayant bénéficié à plus de 10 millions de *travailleurs* en 2020-2021.

D'une société de l'emploi salarié à celle des activités. Ainsi la loi du 5 septembre 2018 « pour la liberté de choisir son avenir professionnel » veut « *sécuriser les mobilités en allant vers plus de sécurisation sur les personnes, non sur les statuts* » : qu'elle soit en effet auto-entrepreneure, agricultrice ou salariée, une accouchée a besoin de repos indemnisé. Depuis le décret du 29 mai 2019 relatif à « l'amélioration de la protection sociale des indépendants », les 20 000 travailleuses indépendantes devenant chaque année maman bénéficient des mêmes seize semaines du congé maternité qu'une salariée.

À terme est visée une protection sociale universelle facilitant les transitions dans une économie de l'innovation, où le travailleur passe d'un statut à l'autre. Par exemple donner aux indépendants l'accès au CPF pour accompagner leur reconversion professionnelle, ou leur ouvrir le dispositif « Transitions collectives » de 2021 pour ceux souhaitant se reconvertir vers le salariat.

POUR ALLER PLUS LOIN...

– Voir le rapport issu de la Commission présidée par Jean-Yves Frouin, ancien Président de la chambre sociale de la Cour de cassation à laquelle appartenait l'auteur de ces lignes remis au Premier ministre le 2 décembre 2020 : « Réguler les plateformes numériques de travail ».
– Pour éviter le « Tout nouveau, tout beau » (ou « Tout moche »), « *En quoi le capitalisme des plateformes numériques est-il singulier ?* », André Gauron, sur l'excellent site Metis, 15 décembre 2017.
– Le numéro spécial de la « Chronique internationale de l'IRES » (mars 2020), en particulier « *La régulation du travail des chauffeurs de VTC : disruption et résistance par la voie du droit* » (*Rodrigo CARELLI, Donna KESSELMAN) :*
– « *L'économie des plateformes : enjeux pour la croissance, le travail, l'emploi et les politiques publiques* », Dares, Document d'études n° 213, août 2017 soulignant les quatre caractéristiques distinguant l'économie collaborative de l'économie marchande classique : externalisation poussée de la production ; multitude de producteurs indépendants ; utilisation des technologies numériques ; producteurs n'étant pas nécessairement des professionnels, mais aussi des particuliers.
– Marie-Cécile Escande-Varniol : « L'ubérisation, un phénomène global : regard de droit comparé » : « *Les premières réponses juridiques montrent*

un repli sur les mécanismes existants. Cependant, on peut penser qu'à long terme, le droit du travail devra se réinventer pour passer de l'ère industrielle à l'ère du numérique. Et s'en tenir à Uber risque de cacher la forêt des travailleurs précaires du digital » (RDT, mars 2017, p. 171).

– Mathilde Julien et Emmanuelle Mazuyer : « Le droit du travail à l'épreuve des plateformes numériques » RDT 2018 p. 189, s'intéressant enfin aux millions de *crowdworkers* (ex. : Mechanical Turk), ces travailleurs sur la chaîne numérique, et évoquant une « subordination algorithmique » : « l'analyse prédictive et les messages d'alerte sur l'évolution des conditions de marché, la géolocalisation, le système de notation orientent et déterminent l'exécution de l'activité de chaque travailleur ».

18 Les TIC cassent le Code (du travail salarié)...

Ambivalence des TIC. Les « nouvelles technologies » sont comme l'électricité il y a un siècle : une technique nouvelle, dont les usages bouleversent le monde, mais personne ne sait encore vraiment comment. Et comme le droit du travail, elles sont ambivalentes. Levier de créativité touchant tous les domaines, les sciences comme les arts, elles peuvent favoriser l'engagement gratuit et la recherche du bien commun : Wikipédia, circuits courts coopératifs. Mais aussi créer un ultra-capitalisme prédateur fonctionnant à la marge du droit social et fiscal (Airbnb, avec ses 400 000 offres de logement en France, y avait payé 92 944 € d'impôt sur les sociétés en 2016 : moins que le seul impôt sur le revenu d'un couple de cadres supérieurs), et en creusant de radicales inégalités. Si certaines encouragent le goût de la participation à un but collectif (la « réciprocité créatrice » de Monique Dagnaud *in* « Le modèle californien : comment l'esprit collaboratif change le monde » O. Jacob, avr. 2016), d'autres favorisent les mouvements grégaires et la recherche de son « quart d'heure de célébrité » en allant toujours plus bas. En ligne avec la culture des jeunes générations en créant ici davantage d'autonomie, elles génèrent là une sur-subordination (ex. : géolocalisation des routiers).

Entre nos 3,6 millions de chômeurs et l'« uberisation » de notre économie (Uber ou Mechanical Turk ne produisent aucun bien ou service nouveaux, mais organise grâce au Web une économie nouvelle de la prestation de services, leur modèle reposant sur le non salariat et l'optimisation fiscale), le travail salarié classique 1. N'est plus le Graal des jeunes générations, signant par ailleurs un CDI à 26 ans ; 2. n'est plus l'alpha et l'oméga du développement économique ; 3. ni de la lutte contre le chômage. Or le numérique ne pourra créer massivement des emplois que s'il en a le droit. Et le travail non salarié ne peut plus être réduit à l'opposition conférenciers de haut vol sur-rémunérés / travailleurs sur-précarisés ; 4. on peut s'étonner des difficultés pour améliorer la protection sociale des travailleurs indépendants : l'exercice est certes techniquement extrêmement complexe vue leur diversité ; mais les syndicats de *salariés* souhaitant également privilégier le statut de leurs membres ne sont pas non plus très allant...

La robotisation n'est pas vraiment nouvelle (dix fois plus productives, les machines à tisser Jacquard ont conduit à la révolte des Canuts lyonnais en 1830), ni forcément négative car elle permet aussi de diminuer les travaux répétitifs ou pénibles tout en augmentant la compétence du collaborateur. Voire de permettre, *a fortiori* après le très pénible épisode C19, la relocalisation d'entreprises en étant plus près des consommateurs : un robot tournant 24/6 à Romorantin coûte aujourd'hui beaucoup moins cher (quantité + qualité + coûts du transport) qu'un salarié chinois, tout en créant sur place des emplois de maintenance. L'entreprise textile *chinoise* Tianyuan Garments Company a ainsi ouvert aux États-Unis une usine de 330 robots produisant 23 millions de tee-shirts par an pour Adidas ou Reebok : aucun ouvrier-tisseur, mais 400 techniciens.

Quand les robots s'éveilleront, les émergents trembleront, car la Chine risque de ne plus être l'Usine du monde. Selon l'OCDE, la robotisation en cours pourrait impacter directement les 2,4 millions d'emplois substituables, et un travailleur sur trois devra faire face à un changement de la nature de son travail ; mais chaque emploi de haute technologie entraînerait la création d'environ cinq emplois complémentaires.

19 ***« Une crise ? Non, une métamorphose de tout notre appareil productif. »*** Le droit d'un travail militaro-industriel doit s'adapter aux nouvelles structures, économiques et idéologiques, et aux nouveaux travailleurs. D'où ses réformes successives, en particulier entre mai 2004 et mai 2018, avec leur choix de la décentralisation de la négociation collective, au plus près du terrain : l'entreprise.

- **Entre 1919 et 1975, il s'était construit sur le modèle Renault-Billancourt,** une forteresse ouvrière de plusieurs milliers de salariés, sur des chaînes dans l'industrie lourde, où les « centrales syndicales » bénéficiaient d'une solide tradition, particulièrement chez les ouvriers masculins les plus qualifiés. Encore très présent dans les mentalités, cet ouvriérisme est en train de disparaître dans les faits : il y a aujourd'hui en France plus d'employés que d'ouvriers (mais encore 5,1 millions, dont 80 % d'hommes), et les bastions syndicaux (mines, textile, sidérurgie...) ont été les plus touchés par les restructurations : ce qui n'arrange guère la CGT ayant donc perdu sa première place en 2017. Le tertiaire, au contraire, se développe régulièrement : deux salariés sur trois (11 millions), et 80 % des emplois créés depuis dix ans.
- Quelques chiffres éclairants : en 1960, pic des Trente Glorieuses, 48 % des emplois étaient dans l'industrie ou les BTP, 31 % dans le tertiaire et 21 % dans l'agriculture. En 2021 ? 17 % / 80 % / 3 % ...
- **Un salarié sur cinq travaille dans le million de TPE de moins de 10 salariés** (soit autant que dans les entreprises de plus de 5 000), et 51 % (8,5 millions) dans une entreprise ou un établissement de moins de 50 personnes, seuil fatidique pour l'implantation de syndicats et d'un comité social et économique. Si l'on ajoute que les trois quarts de ces employés sont des employées, on comprend mieux le désarroi des syndicats. Car ces derniers sont absents des PME et *a fortiori* des TPE (entre 1 et 10 salariés : 4,2 millions de salariés), véritables déserts syndicaux. Et leur adhérent type des années 1960, l'ouvrier d'industrie masculin qualifié qui avait commencé à travailler à 14,5 ans (20 ans aujourd'hui) n'a qu'un lointain rapport avec la nouvelle collaboratrice : une jeune femme travaillant à temps partiel dans un magasin, parfois sous contrat à durée déterminée.
- **Depuis 1975, le nombre de cadres salariés a doublé :** quatre millions aujourd'hui, (55 % à Bac + 5, et 38 % de femmes contre 14 % en 1975), mais

de plus en plus secrétarisés. À la classique obligation de moyens s'est souvent substituée celle de résultat pour ces « cadres » qui, pour un tiers d'entre eux, n'encadrent personne (experts, consultants...). « *Travailler où l'on veut, quand on veut* » ? Pour l'ouvrier, la loi de la pesanteur l'empêchait physiquement d'emporter une porte de voiture pour la terminer à la maison, et aujourd'hui encore le télétravail lui est en principe fermé. S'agissant en revanche d'activités de plus en plus intellectuelles, jamais finies car toujours améliorables, avec le haut débit à la maison et le Cloud pour tout le monde, le bonheur patronal est dans la souris. Au-delà de la « distanciation sociale », la pandémie de 2020-2021 a largement accéléré la numérisation de nos sociétés, banalisant dans nombre de secteurs le travail à distance. Mais créant aussi des tensions au sein de la même entreprise entre les premiers de *cordée* souvent en télétravail, et les premiers de *corvée* se levant tôt pour « aller au travail » et qui rentrent tard, après un long temps de trajet (en voiture).

20 **Mais le « modèle social français » est-il soutenable avec notre faible croissance ?** Si la croissance économique à 5 % des Trente Glorieuses avait permis au droit du travail (mais aussi à notre protection sociale, puissant amortisseur des chocs économiques représentant un tiers du PIB) d'avancer à un rythme régulier, la crise de 1974 puis surtout la grande mutation de notre économie ont amené le législateur à réagir en deux temps.

Les « lois Auroux » (1982) avaient parachevé le modèle Billancourt (encore plus de délégués, d'heures de délégation, de structures de représentation...) sans vraiment tenir compte de la profonde métamorphose en cours : le chant du cygne. Mais ce qui s'est révélé positif dans les 2 800 grandes entreprises françaises de plus de 500 salariés n'a jamais vu le jour dans les PME, et le fossé s'est élargi. Si les lois de 2017-2019 ont légitimement pris en compte les spécificités des TPE/PME, cette ineffectivité largement due à son ahurissante complexité pour un droit du quotidien – pas celui des successions, où intervient tous les 60 ans un homme de l'art : le notaire – reste préoccupante. En attendant l'application de la règle (une règle nouvelle = suppression de deux règles anciennes), le « choc de simplification » n'a pas encore atteint notre droit du travail se stratifiant chaque année un peu plus, dans notre « société de défiance » (ex. : notre logique perdant / gagnant), obérant notre compétitivité

LOI DU 22 MAI 2019 : MARIER L'ÉCONOMIQUE ET LE SOCIAL POUR DÉPASSER LA « SOCIÉTÉ » DU CODE CIVIL ET PENSER « L'ENTREPRISE » DU XXIe SIÈCLE

Trois siècles après Jean de la Fontaine et sa belle fable sur « Le Loup et le Chien », pour des raisons autant culturelles (« l'individualisme coopératif » des jeunes générations) que sociétales ou technologiques, « *la subordination à vie n'est pas un idéal insurpassable* » (A. Supiot).

Et le professeur au Collège de France de poursuivre : « *Réfléchir à la réforme du droit du travail n'a rien de choquant. La révolution permanente des modes d'organisation de production et des techniques prend en défaut les systèmes de protection des travailleurs hérités de l'ordre antérieur, et oblige à les repenser sans cesse. Encore faut-il, dans une perspective progressiste, avoir en tête l'idée d'un monde meilleur et plus juste, que l'on va s'employer à faire advenir démocratiquement. C'est cela qui fait la grandeur et la difficulté de l'action politique, toujours menacée de dégénérer en simple réaction aux signaux venus des marchés ou d'institutions non démocratiques. Pour obéir à leurs injonctions, on détricote le droit du travail au lieu de s'efforcer de le repenser* ».

Une fois n'est pas coutume : les « lois Macron » de 2017-2019 (ordonnances du 22 septembre 2017 + loi du 5 septembre 2018 sur la formation professionnelle + réforme de l'assurance chômage s'ouvrant un peu aux démissionnaires et demain aux indépendants) ne se contentent pas de rajouter une rustine ici ou là.

Réguler le passé ne prépare pas l'avenir

Le véritable « capital social » d'une entreprise étant par ailleurs constitué aujourd'hui de la somme des cerveaux de ses collaborateurs, les seuls détenteurs de capitaux ne doivent plus en être « seuls maîtres à bord » : « *Si l'entreprise appartient à toutes ses parties prenantes, alors elle n'a pas pour but de maximiser l'intérêt d'une seule de ces parties. Repenser la propriété de l'entreprise est donc fondamental car le discours sur la propriété de l'entreprise induit le discours sur le pouvoir dans l'entreprise, ainsi que la finalité même de celle-ci* » (O. Favereau).

Prenant acte de l'évolution du niveau de formation des travailleurs (pourcentage de bacheliers dans une génération : 1921 : 2 % ; 1951 : 5 % ; 1971 : 21 % ; 1991 : 47 % ; 2016 : 79 %), le nouveau « Conseil d'entreprise » créé le 22 septembre 2017 nous rapproche du *Betriebsrat* et de la co-détermination allemande. Remplaçant les trois instances représentatives du personnel actuelles, mais dépassant le « Comité social et économique », ce nouveau « CE » peut avoir (au minimum) un véritable droit de veto sur la formation. La loi du 22 mai 2019 favorise l'actionnariat salarié, et renforce la représentation des salariés dans les organes dirigeants des sociétés... redécouvrant le préambule de la Constitution du 27 octobre 1946 : « *Tout travailleur participe, par l'intermédiaire de ses délégués, à la détermination collective des conditions de travail ainsi qu'à la gestion des entreprises* ».

Sur l'ensemble de la question, voir le n° spécial de la revue Esprit, mars 2018, « Démocratiser l'entreprise », en particulier la contribution d'Alain Supiot : « De la citoyenneté économique » p. 52 concluant « *le management doit être mis au service de la démocratie, et non la démocratie au service du management* ».

Mais cette louable réforme ne traite pas de la balkanisation des groupes en une myriade de sociétés (particulièrement en France avec ses 35 000 groupes et sa moyenne de... 65 salariés par société), permettant une gestion judiciairement prudente (autant de coupe-feux en cas de mise en cause de la responsabilité), et de faciliter les opérations d'investissement et de désinvestissement.

Mais où le cadre juridique de l'emploi ne correspond plus à l'entreprise ni à la collectivité de travail, malgré la forte montée en puissance des accords de groupe en 2016-2020.

21 **Incertitudes.** Au-delà de chocs totalement inattendus à défaut d'être imprévisibles (*cf.* le C19 qui, pour le seul mois d'avril 2020, avait augmenté de 22 millions le nombre de chômeurs américains), la caractéristique de ce début du XXIe siècle est la fin des certitudes, qui n'épargne pas le droit du travail : les frontières idéologiques sont moins nettes, comme celles séparant travail salarié / travail indépendant avec la poly-activité qui croit, voire travail / non-travail (retraité, par ailleurs auto-entrepreneur). Alors que l'on pouvait hier encore opposer salarié à chômeur, il existe aujourd'hui une multitude de situations intermédiaires : stages en entreprise, apprentissage, formations en alternance, congé de mobilité externe. Parfois le demandeur d'emploi est aussi un peu salarié, et un peu auto-entrepreneur. La lutte contre le chômage a obligé le législateur à faire feu de toute loi pour permettre la *mise au* travail des jeunes, et le *maintien ou le retour* au travail des *seniors*. Leur situation au regard du droit du travail est souvent très complexe (l'employeur n'est pas toujours celui qui rémunère, contrats et horaires très particuliers) et cela n'est pas sans conséquence sur leur protection sociale. Car le droit de la Sécurité sociale s'était lui aussi développé sur le modèle Billancourt du contrat à durée indéterminée à temps plein ; il a tendance, lui aussi, à se détacher du droit du travail (*cf.* la Bible : J.-J. Dupeyroux, M. Borgetto et R. Lafore, *Droit de la Sécurité sociale*, Précis Dalloz, 2021).

22 **Salariés sans subordination (portage salarial, coopérative économique et sociale salariant des travailleurs indépendants...), « indépendants » très dépendants**. Comme l'écrit Sempé, « *Rien n'est simple* »... si l'on se poste aux marges du monde du travail. Car 84 % des salariés restent aujourd'hui titulaires du bon vieux contrat de travail à durée indéterminée, et **4 millions sont par ailleurs actionnaires** de leur entreprise. Version *newlook* de l'association capital/travail brouillant encore un peu plus les cartes... tant que la Bourse atteint des sommets. Sinon, comme lors de l'effondrement boursier de 2008, l'ex-actionnaire salarié se redécouvre salarié-actionnaire, et parfois hélas chômeur ruiné.

23 Le thème de cet ouvrage étant défini, il convient dans un titre liminaire de procéder à une présentation générale du droit du travail.

POUR ALLER PLUS LOIN...

Il existe un quotidien du droit social (Liaisons sociales, voir le site www.liaisons-sociales-quotidien.fr), de très nombreux mensuels (Droit social, Revue de jurisprudence sociale, Revue de droit du travail, Bulletin Joly Travail) ou hebdomadaires spécialisés : Semaine juridique sociale, dite JCP (S), et la Semaine sociale Lamy, toujours à la pointe de l'actualité. Mais aussi d'excellents sites publics et gratuits, avec toutes les sources du droit du travail à jour : en particulier www.legifrance.fr (codes, JO, Cour de cassation...), qui depuis novembre 2017 a un petit frère incluant tous les accords d'entreprise signés (ce qui incite au *benchmark* social), et depuis le 1er janvier 2020 le « Code du travail numérique » piloté par la DGT (V. encadré *infra*) : https://code.travail.gouv.fr/

Mais aussi des sites payants mais très réactifs : la très complète revue hebdomadaire des Éditions législatives (www.actuEL-RH.fr) ou l'agence de presse AEF (« Emploi » ou « RH ») : www.aef.info

Pour un panorama européen et international

- Le site http://www.irshare.eu avec son partage d'informations et de compétences pour les managers RH et les représentants du personnel. Le bimensuel Liaisons sociales Europe, avec son site « Planet Labor » (planetlabor@planetlabor.com), sans oublier l'excellent car très ouvert et fort réflexif https://www.metiseurope.eu
- Côté syndical, la CGT publie un mensuel « Droit Ouvrier », et la CFDT son trimestriel « Action Juridique CFDT » : deux titres, et tout un programme. Et bien sûr les études, y compris internationales, de l'Institut de recherches économiques et sociales (www.ires.fr) : voir par exemple le numéro spécial de mai-juin 2019 : « *Europe sociale : dynamiques, acteurs et enjeux* ». Et celui de mai 2020 : « *Le secteur de transport individuel de personnes en milieu urbain à l'épreuve des plateformes numériques* », Chronique internationale de l'IRES n° 168. Sans oublier son « Observatoire Européen des Plateformes » listant les collectifs : https://digitalplatformobservatory.org/

Pour suivre l'actualité des TIC

Outre les chroniques juridiques de l'auteur à Droit social (« Question sociale du XXIe siècle et télétravail », décembre 2017, « **De l'ANI du 26 novembre 2020 sur le télétravail à l'avenir du travail à distance », mars 2021**), les commentaires de la « Fondation Internet Nouvelle génération » (fing.org) et Internet Actu (http://www.internetactu.net)

Sans oublier les passionnantes chroniques d'Hubert Guillaud (www.internetactu.net/author/hubert) et de Martin Richer (http://management-rse.com), en particulier « Comment travaillerons-nous demain ? », 24 juin 2018.

Enfin, sur les interactions Droit / Économie, suivre le séminaire « Politiques de l'Emploi » organisé par la Direction générale du Trésor et la Direction générale du Travail :

http://www.tresor.economie.gouv.fr/Seminaire-Politiques-de-lemploi

24 Depuis le 1er janvier 2020, un « Code du travail numérique » : https://code.travail.gouv.fr

L'ordonnance du 22 septembre 2017 voulait « donner accès à un droit du travail numérique clair, accessible et compréhensible, répondant aux questions concrètes que se posent les chefs d'entreprise et les salariés, notamment dans les petites entreprises ».

Les services de la DGT ont donc en 2018 procédé à l'indexation des principales conventions collectives, des articles du Code du travail dans sa partie législative et réglementaire. Mais accords collectifs d'entreprise (disponibles par ailleurs, V. *infra*) et jurisprudence ne sont pas encore pris en compte, ce qui en limite la portée pratique.

Sont également accessibles gratuitement à partir du même site un calculateur des indemnités de licenciement (ex. : indemnité légale ou conventionnelle de licenciement en cas d'inaptitude), des modèles de courrier et un simulateur d'embauche présentant le salaire total chargé, le salaire brut, le net, etc.

Au-delà de la simple information, l'employeur ou le salarié qui se prévaut des informations ainsi obtenues en ligne « *sera, en cas de litige, présumé de bonne foi* ».

Mais comme l'a rappelé Laurent Vilbœuf, adjoint au Directeur général du travail, « *le numérique n'a pas vocation à se substituer aux agents. Il ne remet pas en cause le maintien du service de renseignements dans les unités départementales, car il existe un public qui n'ira jamais sur le Code du travail numérique* ».

Open droit du travail conventionnel

Les conventions de branche étendues sont disponibles sur :

https://www.legifrance.gouv.fr/initRechConvColl.do

Et les accords de groupe, d'entreprise et d'établissement (sauf les accords de performance collective pour des raisons de confidentialité) sont versés dans une base de données nationale : https://www.legifrance.gouv.fr/Bases-de-donnees/Contenus/Accords-collectifs

Titre liminaire

PRÉSENTATION GÉNÉRALE DU DROIT DU TRAVAIL

24 « ***L'Histoire est le laboratoire expérimental de la législation.*** » Plus encore que les autres branches du droit, le droit du travail de chaque Nation est profondément marqué par ses origines historiques : elles ont engendré un système spécifique de relations sociales, rendant aléatoires de trop rapides comparaisons internationales, et spécieuse l'idée même de « modèle » à dupliquer. Sans même parler d'un « modèle français » de droit du travail qu'aucun autre pays ne veut à vrai dire importer, si les « bonnes pratiques » des uns peuvent légitimement inspirer les autres, le social est vernaculaire : ni exportable, ni importable tel quel.

Pour *comprendre* les relations sociales, il ne faut donc jamais du passé faire table rase : comme chaque personne humaine, chaque droit du travail – le droit de la personne au travail – a ses propres racines, culturelles et historiques, qui éclairent son contenu *(Chapitre 1)*.

Il convient ensuite d'étudier ses sources *(Chapitre 2)* pour constater une double évolution : le « petit Droit » (conventionnel) a pris en 2016-2018 une éclatante revanche sur le « grand Droit » (légal).

Les instances de contrôle du droit du travail *(Chapitre 3)* ont enfin un rôle de plus en plus délicat (1).

QUELQUES CHIFFRES CLEFS EN 2019 (INSEE, 2021)

- Population active : 30 millions, chômeurs compris (projections : 30,4 en 2040, 31,2 en 2070)
- 19 millions de salariés, dont 4,8 millions à temps partiel
- 1,4 million dans la Construction, 3,1 dans l'Industrie, 14,7 millions dans le Tertiaire
- 7,3 millions d'employés, 5,1 d'ouvriers, 4,9 de cadres
- 23 % des salariés dans les établissements de moins de 10 salariés
- 28 % dans des établissements de 10 à 49 salariés (donc plus d'un salarié sur deux dans une petite entreprise de moins de 50 salariés, qui a bien du mal appliquer un droit du travail foisonnant et conçu pour les grandes, avec présence syndicale et comité social et économique)

1) Ancien Professeur associé à l'Université de Montpellier, Paul-Henri Mousseron avait rédigé, dans les deux premières éditions, les chapitres « Contrats atypiques », « Hygiène et sécurité », « Rémunération », « Suspension du contrat », « Transferts d'entreprise ».

- 28 % dans des établissements de 50 à 249 salariés
- 21 % dans des établissements de plus de 249 salariés
- 2,1 millions de très petites entreprises (TPE de moins de 10 salariés, 3 en moyenne)
- 140 000 petites et moyennes entreprises (PME, de 10 à 250 salariés)
- 287 entreprises de plus de 5 000 salariés, qui emploient 29 % des salariés

Chapitre 1

Un peu d'histoire pour comprendre le droit du travail d'aujourd'hui

25 « ***Pour savoir où l'on va, il faut savoir d'où l'on vient.*** » Omniprésent aujourd'hui, le droit du travail est comme le salariat lui-même : une création récente. La « législation *ouvrière* » de la fin du XIXe siècle visait les cinq millions d'ouvriers de l'époque, sur un mode peu éloigné des lois de police. Les prolétaires étant exclus de la société française *(« Classes laborieuses, classes dangereuses »)*, il convenait tout autant de maintenir l'ordre public dans la rue ou les manufactures (loi du 22 Germinal, an XI : création du livret ouvrier, compétence du commissaire de police pour connaître des litiges du travail) que de leur assurer la possibilité de se nourrir, se loger, se vêtir, eux et leur famille. Vivre, c'était ne pas mourir.

26 **Les femmes et les enfants d'abord**. La première « loi sociale » du 22 mars 1841 révèle toute **l'ambivalence du droit du travail**. Suite à la parution du *Tableau physique et moral des ouvriers employés dans les manufactures de coton, de laine et de soie*, publié en 1840 par le docteur Villermé, l'opinion s'émeut : comment accepter que des enfants de 6 ans travaillent dix heures par jour ? Le ministère de la Guerre intervient dans le même sens : comment faire face à l'ennemi si huit conscrits sur dix venant de l'industrie sont devenus physiquement inaptes à « porter les armes » ? Ce consensus paradoxal aboutit à l'interdiction du travail des enfants de moins de 8 ans dans les usines de plus de vingt ouvriers ; et à une durée quotidienne maximale de douze heures pour ceux de 12 à 16 ans.

En raison de l'inégalité économique existant entre l'employeur (le « maître » selon le Code civil) et celui qui doit lui vendre sa « *force* de travail » (sinon sa personne : de l'esclavage au servage puis aux débuts du salariat, la rupture n'est pas nette), l'État doit intervenir dans le sens évoqué en 1835 par l'avocat devenu dominicain Henri Lacordaire : « *Entre le fort et le faible, entre le maître et le serviteur, c'est la liberté qui opprime et la loi qui affranchit.* »

Car l'individualisme et l'égalité magnifiés par la Révolution ne peuvent s'appliquer facilement à ce que le Code civil de 1804 appelle « *le contrat* de louage *des domestiques et ouvriers* ». Les parties ne sont pas égales, et le travail humain n'est pas une marchandise : *il engage la personne* même du travailleur qui, à cette époque, se remémore la fable du renard libre dans le poulailler libre : le « marché du travail » n'est pas celui du pétrole ou des pommes de terre. Qu'il s'agisse du salaire minimum légal ou de durée maximum du travail, le droit du travail constitue donc une entrave délibérée à la loi du marché afin de protéger la dignité du « travailleur » subordonné à autrui.

27 **Qui dit contractuel ne dit pas forcément juste,** comme l'a reconnu le Code civil le 1er octobre 2018, voulant mieux protéger les personnes ayant signé un « contrat d'adhésion », car comportant « *un ensemble de clauses non négociables, déterminées à l'avance par l'une des parties* ».

Il convenait donc de limiter les éventuels abus patronaux, particulièrement sur les plus faibles. En application de l'ordre public de protection, c'est l'époque des interdictions visant l'intégrité physique (âge d'accès, durée du travail) dont le respect sera assuré par les premiers inspecteurs du travail (1874), alors réclamés par les entreprises respectueuses du Droit et voulant donc limiter le dumping social créé par celles qui le violent.

Après que les ouvriers soient devenus électeurs, le droit du travail se construit avec l'abolition du délit de coalition (1864) puis, après la Commune, la liberté d'association professionnelle de Waldeck-Rousseau (1884) destinée à limiter les éventuels débordements, tout en sachant à qui s'adresser s'ils intervenaient tout de même : les nouveaux syndicats doivent fournir le nom de leurs *responsables*. Après cette phase soutenue par l'Église (*cf.* l'encyclique *Rerum Novarum* de 1891, bombe politique évoquant un système « *imposant un joug presque servile à l'infinie multitude des prolétaires* »), l'inégalité *individuelle* inhérente au contrat de travail doit être contrebalancée par l'égalité *collective* (employeur/collectivité du personnel).

Après les troubles sociaux dans les usines d'armement en 1916-1917 où il fallut désigner, littéralement, des « délégués du personnel » pour négocier avec la direction, naît en 1919 la « convention collective ». Le Front populaire en permettra l'extension à toutes les entreprises de la branche concernée, créera les congés payés et la semaine de 40 heures : lois très vivantes dans l'inconscient collectif des Français.

28 **Droits « nécessaires à notre temps ».** Après la Seconde Guerre mondiale, le Préambule constitutionnel de 1946 évoque les « *principes économiques et sociaux particulièrement nécessaires à notre temps* », et crée des droits de nature collective : grève, liberté syndicale et son corollaire le droit à la participation et donc à la négociation collective : droits littéralement « fondamentaux » en droit du travail, figurant au visa d'arrêts de cassation. Nait également le « comité d'entreprise » qui, en ces temps de reconstruction, « *coopère avec le chef d'entreprise* ». Première tentative de démocratie industrielle, de rapprochement entre le capital et le travail que relancera le général de Gaulle à partir de 1958 avec la « participation » longtemps limitée au seul domaine financier, avant l'irruption de l'actionnariat salarié puis la désignation d'administrateurs salariés dans les organes de direction relancée en 2016-2018.

L'alternance politique de 1981 modifiera profondément le Code du travail, les textes les plus connus étant les quatre « lois Auroux » votées en 1982. Ces textes d'inspiration unique, chant du cygne du droit du travail des Trente Glorieuses, ne furent pas remis en cause avant 2017 : car le débat public s'était recentré sur l'emploi, l'emploi à tout prix. Or ce nouveau droit *de l'emploi*, qui vise l'insertion des *outsiders* (près d'un demandeur d'emploi sur deux est aujourd'hui inscrit à Pôle emploi depuis plus d'un an, et plus de 800 000 depuis plus de trois ans : fracture + facture sociales), a une logique fort différente du droit du travail classique protecteur des *insiders* sous CDI, créé et financé pendant les années de forte croissance.

29 L'ambivalence du droit du travail. L'image de crémaillère sociale (« *Toujours plus !* ») qu'il avait acquise depuis 1946 grâce aux Trente Glorieuses (forte croissance, accrue par la grande illusion de l'inflation = + 15 % par an) ne correspond plus à la réalité. Certes le Code du travail est essentiellement unilatéral : il impose un nombre considérable de contraintes à l'employeur, et logiquement 98 % des procès prud'homaux sont intentés par des salariés.

Cela veut-il dire que le droit du travail s'oppose aux intérêts patronaux ? Il n'en est rien : il crée aussi des règles du jeu social communes à toutes les entreprises, donc favorables à une concurrence loyale : ainsi des salaires minima de branche, maintenus par les ordonnances 22 septembre 2017. De façon plus subtile, il apaise les tensions sociales, individuelles ou collectives : procédure de licenciement et indemnisation de la rupture permettent, par exemple, une séparation moins conflictuelle. De la même façon, l'article L. 1224-1 obligeant le repreneur d'une société à garder le personnel qui avait pourtant signé son contrat avec l'ancien employeur peut se révéler coûteux ; mais il assure également la continuité de la production, des salariés habitués aux postes de travail se trouvant immédiatement opérationnels.

30 Une nécessaire force d'interposition. Le droit du travail cherche donc à compenser *l'inégalité économique* employeur-salarié en créant une *inégalité juridique* destinée à éviter à l'*homo faber* de subir de plein fouet la loi du marché, bref la loi de la jungle. Une personne qui travaille et fait vivre une famille n'est pas une chose : le droit du travail, droit de la personne au travail, et *nécessaire force d'interposition* entre la dignité de la personne humaine et la violence de la loi du marché. Mais le collaborateur d'aujourd'hui n'est plus Cosette ou le mineur de Germinal : il doit par exemple être *acteur* de sa propre employabilité... ou de son droit à la déconnexion !

Ce jeune droit restera dans l'avenir un droit de protection et de progrès social : produire n'est pas une fin en soi, et le nouveau fondamentalisme du tout-économique (économétrique) un non-sens humain.

UN PEU D'OXYGÈNE... PROTECTION DES FAIBLES ET PROTECTIONNISME DES FORTS

Droit du travail, droit de la concurrence et concurrence par le droit

N'en déplaise à ceux aimant les films en noir et blanc, le droit du travail est donc profondément *ambivalent* : s'il protège le salarié, c'est également afin de permettre un développement harmonieux de l'entreprise, voire de la Société tout entière (exemple : la progression du SMIC comme soutien de la demande). Le droit légal du

travail instaure en France des règles de concurrence économique loyales, contrairement à d'autres pays où la firme qui donne des conditions de travail et des rémunérations inférieures à ses concurrents s'en trouve favorisée pour la vente de ses produits.
Et la convention nationale *de branche* (ex. : chimie) étendue permet certes de prévoir des améliorations favorables aux salariés (minima d'embauche, primes), mais cette avancée est collective : elle évite ainsi une concurrence (à la baisse) entre entreprises du même secteur, mais aussi entre salariés. Problème : quid de la PME en difficulté et ne pouvant plus respecter ces minima de branche ? Ne pouvant payer moins, elle licenciera des collaborateurs : d'où la relative flexibilité par accord d'entreprise créée le 22 septembre 2017.
Ainsi le travail le dimanche est d'abord un problème de droit de la concurrence, les procès intervenant parfois à l'initiative de petits commerçants de centre-ville directement menacés, ou de leurs syndicats patronaux.
Sans parler de la lutte contre le travail au noir, destinée à protéger les entreprises socialement et fiscalement transparentes : le droit de la concurrence, et les 40 milliards d'euros annuels qu'ils coûtent au fisc, à l'Urssaf et à l'Unedic expliquent davantage la lutte engagée par tous les gouvernements que la protection de ces travailleurs. Mais il faut aussi veiller à ne pas le rendre trop attractif en augmentant systématiquement charges sociales et impôts : le travail au noir, c'est aussi l'expatriation interne des sans-grades.

Trade et trade-unions

La création à Versailles en 1919 de l'Organisation internationale du travail répondait avant tout à un souhait universel (« Plus jamais ça »), à une volonté de faire se rencontrer les ex-belligérants, de mieux protéger les travailleurs de tous les pays pour réduire les conflits. Mais de la part des pays développés, n'était-ce pas également l'occasion de créer les règles d'une concurrence internationale égalitaire que d'harmoniser par le haut les conditions d'emploi travail ? Cynisme ou réalisme ? La hausse de plus de 30 % obtenue par les salariés de Renault-Roumanie en avril 2008 avait été applaudie par les syndicats français... un peu rassurés sur d'éventuelles délocalisations. Mais les coûts salariaux du site roumain ayant augmenté de 160 % entre 2008 et 2015 (950 €, contre 340 à Tanger), l'automatisation du site est programmée...
Enfin, que la Chine ne respecte ni la liberté syndicale ni le droit à la négociation collective, pourtant droits fondamentaux de l'OIT, lui permet de vendre ses produits à bas prix : cette attitude remet en cause les efforts des ONG dans l'ensemble de la région pour améliorer les conditions de travail.
Source d'un dumping social sans fin et sans fond, le « darwinisme normatif » (A. Supiot) a hélas de beaux jours devant lui.

31 Malgré les critiques régulières dont il est l'objet, et qui portent davantage sur sa redoutable complexité que sur les normes de protection elles-mêmes, le droit du travail se porte bien. S'il protège le salarié, aucun employeur réaliste ne souhaite sa disparition car il protège également l'entreprise, et structure le « marché du travail »... qui va devoir évoluer en raison de la nécessaire transition énergétique.

TRANSITION ÉNERGÉTIQUE ET DROIT DU TRAVAIL

Sujet socialement sensible, car elle atteint nombre d'entreprises dans leur cœur de métier : moteur thermique dans l'automobile, forages dans le pétrole, voyages en avion pour tout l'aérien…

Et pour les autres, l'examen de conscience environnemental peut conduire à des choix difficiles : « *mutations de métiers ; cessions pour renoncer progressivement à une part de chiffre d'affaires lorsque l'activité est jugée controversée ; changements de fournisseurs ; réorganisation interne des fonctions* ».

Du très lourd par les temps qui courent : « *Si le choix pour sauver la planète, c'est de perdre son boulot, le discours syndical va être compliqué* », confiait le 20 janvier 2020 le secrétaire général de la CGT se rapprochant d'Attac et de Greenpeace, ce qui ne passe pas facilement en interne.

Car il faut remettre en cause le bon vieux « compromis fordiste » des Trente Glorieuses qui a façonné nos relations sociales et notre droit du travail : les syndicats avaient renoncé à contester la subordination et des conditions de travail éprouvantes, contre une augmentation régulière des rémunérations, pour des salariés dont l'emploi était garanti. Ce compromis interne a très longtemps ignoré les externalités négatives de ces industries particulièrement polluantes, en termes de santé mais aussi environnementales. D'où le reproche fait à nos syndicats par certaines ONG aux mains pures : avoir sacrifié l'environnement au profit des intérêts de leurs adhérents.

Car comme d'habitude, on voit beaucoup plus vite les destructions d'emplois que les créations d'emplois verts ; et au moment des choix, c'est souvent le pouvoir d'achat de chaque ménage qui tranche. Ayant commencé sur une augmentation du prix du gasoil, l'épisode « Gilets Jaunes » à 15 milliards d'euros est là pour nous rappeler.

Mais bonne nouvelle : l'environnement est un thème qui fait sens pour 80 % des collaborateurs, tous les partenaires de l'entreprise pouvant donc s'y retrouver. Du moins s'il n'est pas instrumentalisé par des AgitProp Verts, dans l'anathème, le « Jamaizassez » et les postures à la manichéenne pureté jouant sur l'émotion. Car une personne responsable doit tenir les deux bouts : fermer toutes les usines automobiles européennes fabriquant des voitures Diesel n'est techniquement pas compliqué, mais… Et prôner une forte décroissance, quand on connaît les chiffres de notre protection sociale, avec une population vieillissante et le coût du Risque Dépendance…

Donc à éviter : les grands débats, bien clivants, si prisés des Français. Partir au contraire de problèmes locaux et bien concrets : où en est-on avec le plastique, le parc automobile ? Que deviennent les consommables de l'entreprise ? Et les choix à la cantine ? L'alimentation est en France un sujet intergénérationnel, et très porteur…

Car il paraît impensable que la politique de transition énergétique tombe d'en haut, sans embarquer salariés, CSE et syndicats volontaires dans cette aventure nécessairement collective qui ne doit pas rester l'apanage du service Communication.

En utilisant le « droit d'expression directe et collective » et les forums ad hoc des messageries internes, mais aussi les suggestions de la commission santé sécurité, conditions de travail... et pourquoi pas « Développement durable » créée au sein du CSE. Avec la participation de salariés non élus mais connaissant bien le sujet, dans des groupes de travail composés de volontaires de tous niveaux, et pas seulement de cadres des grandes agglomérations. De quoi aider à embarquer les autres collaborateurs.

Côté Comité social et économique, au-delà par exemple de la déclaration de performance extra-financière (DPEF) obligatoire pour les sociétés de plus de 500 salariés, on ne part pas d'une page vierge. Et désormais, chaque loi nouvelle ajoute une couche verte à ses attributions, hélas éparpillées dans différents codes.

Ainsi du projet de loi « portant lutte contre le dérèglement climatique » voté à l'été 2021, avec son chapitre II intitulé « *Adapter l'emploi à la transition écologique* », les « enjeux environnementaux » figurent systématiquement parmi les attributions du CSE.

La base de données d'informations que l'employeur met à sa disposition doit désormais inclure des données sur les conséquences environnementales de l'activité de l'entreprise. Les missions de l'expert-comptable auquel peut recourir le CSE sont élargies aux données environnementales nécessaires à la compréhension des orientations stratégiques de l'entreprise, de sa politique sociale, des conditions de travail et de l'emploi. Enfin, la formation économique, sociale et syndicale ouverte aux membres du CSE peut couvrir aussi les questions environnementales. Reste à mobiliser les représentants du personnel sur ce sujet, qui depuis 2018 s'ajoute à beaucoup d'autres.

Quant aux 11 milliards de dépenses annuelles des CSE... Au-delà des chèques-spectacles, chèques-livres et chèques-cadeaux faisant douter beaucoup d'élus de leur utilité, pourquoi ne pas renouer avec le rôle historique des comités d'entreprise de 1946 en utilisant une partie pour financer des actions ou des formations en faveur de la Planète ?

Chapitre 2

Les multiples sources du droit du travail

32 **Fleuve parfois capricieux** (alternances politiques 2002 / 2012 / 2017 mais aussi sociales : alliance FO-CGT au printemps 2016, disparue en 2017), le droit du travail a deux sources : celles *imposées* aux partenaires sociaux *(Section I),* mais de plus en plus celles *négociées* par eux, *a fortiori* depuis 2016-2018 *(Section II)*. Évoquer « *la hiérarchie* des normes en droit du travail » est forcément réducteur : vrai s'il s'agit des sources internationales et étatiques nationales, communes à toutes les branches du Droit. Mais faux s'agissant des sources négociées, où l'ancienne *hiérarchie* centrée sur le « principe de faveur » a fait place à une complexe *articulation* reposant sur la subsidiarité (faveur à la norme de proximité) et donc la supplétivité (de la norme encore qualifiée de « supérieure »).

La jurisprudence de la chambre sociale de la Cour de cassation joue enfin un rôle essentiel : « *l'esclave de la loi* » s'est lui-même affranchi.

SECTION I Les sources imposées

33 **Par son histoire et sa vieille tradition centralisatrice**, le droit du travail français a longtemps privilégié les sources imposées, « hétéronomes » (le grec fait plus chic). De plus en plus hétéronomes d'ailleurs, puisque Bruxelles en est un acteur essentiel : direct (règlements, CJUE) ou indirect (directives) ; la Cour de Strasbourg du Conseil de l'Europe n'hésitant pas pour sa part à donner de rudes leçons de droit social aux États eux-mêmes.

C'est ici la raide « hiérarchie des sources » qui est la seule applicable, et évidemment pas « l'ordre public social » ou le « principe de faveur », propres au droit du travail. Et ni la loi du 8 août 2016, ni les ordonnances du 22 septembre 2017, ni les lois et ordonnances de 2020-2021 ne peuvent rien y changer.

Au-delà de ce qui « constitue » la Nation française, la Constitution (*§ 1*), et des traités ratifiés classiques (OIT, Convention européenne de sauvegarde des droits de l'Homme du Conseil de l'Europe), infra-constitutionnels mais supra-légaux (*§ 2*), une place particulière doit être faite au droit communautaire (§ 3) dont l'intensité normative dépasse toutes les autres. Où l'on constate que nos lois françaises (*§ 4*), tout en bas de cette hiérarchie, ne sont plus ce qu'elles étaient.

34 **Des ordres et désordre.** Cette multiplication des ordres juridiques (*mondial* avec l'OIT et l'OMC ; *européen* avec la créative Cour européenne des droits de l'Homme de Strasbourg et la Charte sociale européenne ; *communautaire* avec la CJUE de Luxembourg, et enfin français avec sa hiérarchie Constitution/Lois/Règlements) finit par faire un peu désordre lorsque seuls d'excellents juristes sont capables de répondre à des questions basiques comme la licéité d'une discrimination par l'âge pour favoriser l'embauche de jeunes, ou du port du voile en entreprise...

Surtout si chaque ordre juridique veille à préserver son pré carré. Dans son avis du 18 décembre 2014, la CJUE a ainsi prudemment constaté que le projet d'accord de 2009 portant adhésion de l'UE à la convention EDH n'était pas compatible avec les traités européens, car « *susceptible de porter atteinte aux caractéristiques spécifiques et à l'autonomie du droit de l'Union* » ; ce qui lui évite de devoir se placer un jour sous l'autorité de la CEDH, qui parfois revire sans regret (*cf.* Aff. *Barbulescu,* sur le contrôle patronal des communications électroniques des salariés : un « oui » franc et massif le 12 janvier 2016, mais en Grande Chambre le 5 septembre 2017, « non, sauf »...).

***A fortiori* car ces textes internationaux évoquent des concepts bien différents** des nôtres, bien que portant le même nom : « convention collective », « loyauté » ou « vie privée » ont des contenus juridiques très différents pour un américain, un allemand ou un français. Or plaideurs et avocats les invoquent pour tenter de contredire la loi française, et la Cour de cassation les utilisent très volontiers. Mais certains n'ont pas été ratifiés (Déclaration universelle des droits de l'Homme de 1948) et/ou n'ont pas d'effet direct en droit interne (Cass. crim., 3 févr. 2016 : « *Les directives ne peuvent produire un effet direct à l'encontre des particuliers* »).

35 **Mais cette immense diversité quantitative et qualitative** donne aux juges français, et en particulier à la Cour de cassation, une immense liberté. Selon la solution qu'elle souhaite apporter, elle peut jouer sur tel texte ou tel autre : une loi française contournée au nom d'une vision panoramique d'une convention de l'OIT, une autre « *interprétée à la lumière* (sic) *de la directive Y* », etc.

(Sur l'articulation de ces multiples textes, *in fine* assurée par les multiples juges, voir le numéro spécial de « Droit social », mai 2017 : « *Des ordres juridiques et des juges : complémentarité, hiérarchie, articulation* ? »)

§1 La Constitution

36 **Elle a un rôle important en droit du travail,** car à chaque loi sociale le Conseil constitutionnel est saisi par l'opposition du moment.

Repris en 1958 et souvent visé par les arrêts de la Cour de cassation, le Préambule de 1946 a consacré pour la première fois des droits *collectifs :* droit syndical, droit de grève, principe de participation à travers les représentants du personnel, qui a inspiré la loi du 22 mai 2019 sur la présence de salariés au conseil d'administration des grandes entreprises, ou depuis 2018 l'ébauche d'une co-détermination si un « Conseil d'entreprise » est créé.

Le Conseil constitutionnel cherche à concilier ces droits collectifs avec d'autres libertés de valeur identique, mais d'inspiration fort différente, extraites ou inspirées de la très individualiste Déclaration des droits de l'Homme de 1789 : droit de propriété, liberté du travail, liberté d'entreprendre ou de choisir ses collaborateurs. En application de l'article 62 de la Constitution, « *les décisions du Conseil s'imposent aux pouvoirs publics et à toutes les autorités administratives et juridictionnelles* ».

L'article 34 de la Constitution de 1958 réservant au législateur le droit de fixer « *les principes fondamentaux du droit du travail, du droit syndical et de la Sécurité sociale* », le pouvoir réglementaire dispose en principe d'une large compétence. Mais il ne s'en sert que rarement, car le législateur méfiant se comporte comme un chef de bureau, entrant dans un grand luxe de détails dans cette matière sensible. Seule une loi pouvant modifier une loi, rectifier un simple délai exige alors la saisine du Parlement : inflation législative garantie et sentiment d'instabilité, donc d'insécurité juridique.

Régulièrement affirmé par le Conseil constitutionnel, le rôle essentiel conféré aux partenaires sociaux agissant comme pré-législateur ou quasi-pouvoir réglementaire a été confirmé par l'emblématique loi sur « la modernisation du dialogue social » du 31 janvier 2007 ayant créé l'article L. 1 (voir *infra*).

37 **QPC.** Depuis le 1er mars 2010, la question prioritaire de constitutionnalité (QPC) remporte un réel succès. Mais en amont la Chambre sociale de la Cour de cassation filtre légitimement fort (85 %), chiffre proche du Conseil d'État. Mais refuse toujours de soumettre sa propre interprétation aux Sages : étrange immunité autoproclamée.

Le Conseil constitutionnel saisi doit ensuite statuer dans les deux mois, et ne se prend légitimement pas pour le législateur, en effectuant un contrôle restreint : deux tiers de décisions de conformité.

Mais il n'exclut heureusement pas la censure des approximations d'un législateur confondant bonne loi et bons sentiments. Ainsi de sa légitime décision du 4 mai 2012 censurant la « définition » du harcèlement sexuel de 2002 *(« Le fait de harceler autrui dans le but d'obtenir des faveurs de nature sexuelle »,* sic), parfaite tautologie bien peu compatible avec le principe de base d'une démocratie : la légalité des délits. Le Conseil, parfois parfait bouc émissaire.

38 **Ascension de la liberté d'entreprendre.** Motif de censure le plus prévisible des lois du travail centrées sur la protection des salariés, mais oubliant parfois qu'il n'y pas d'employés sans employeur : la liberté d'entreprendre. Ainsi du rejet global des contestations des requérants dans la décision fleuve n° 2018-761 DC du 21 mars 2018 relative à la loi de ratification des ordonnances de septembre 2017 : « *Il incombe au législateur de poser des règles propres à assurer le droit pour chacun d'obtenir un emploi, tout en permettant l'exercice de ce droit par le plus grand nombre. Il lui* *incombe également d'assurer la mise en œuvre de ce droit tout en le conciliant avec les libertés constitutionnellement garanties, au nombre desquelles figure la liberté d'entreprendre qui découle de l'article 4 de la Déclaration de 1789* ».

39 Ou encore celle du 27 mars 2014 censurant (comme prévu) une partie de la « loi Florange », ses dispositions « *conduisant le juge à substituer son appréciation à celle du chef d'une entreprise, qui n'est pas en difficulté, pour des choix économiques relatifs à la conduite et au développement de cette entreprise* ».

40 La décision du 5 août 2015 a enfin légitimement élevé la lutte contre le chômage en but d'intérêt général : « *En aménageant les conditions dans lesquelles la responsabilité de l'employeur peut être engagée, le législateur a entendu assurer une plus grande sécurité juridique et favoriser l'emploi en levant les freins à l'embauche, et ainsi poursuivi des buts d'intérêt général* ». Idée reprise pour légitimer le barème légal d'indemnisation dans sa décision du 7 septembre 2017 : « *En fixant un référentiel obligatoire pour les dommages et intérêts alloués par le juge en cas de licenciement sans cause réelle et sérieuse, le législateur a entendu renforcer la prévisibilité des conséquences qui s'attachent à la rupture du contrat de travail. Il a ainsi poursuivi un objectif d'intérêt général* ».

§2 Les traités (ratifiés) classiques (OIT, Conseil de l'Europe)

41 **Supra-légaux, ils ont acquis une importance de plus en plus grande** en raison de l'existence de l'Organisation internationale du travail (OIT). Mais surtout depuis le Traité de Rome ayant créé la Communauté *économique* européenne devenue Union européenne, sans parler du Conseil de l'Europe avec sa créative, sinon envahissante Cour de Strasbourg.

Cette accumulation de textes internationaux d'époques et d'inspirations fort différentes enserre le droit français dans des mailles toujours plus étroites : si elle fait les délices des marchands de complexité, la sécurité juridique n'en sort pas grandie. **Mieux, et cas unique au monde ou presque** : n'importe quel plaideur pouvant invoquer ces sources supranationales à l'occasion de n'importe quel contentieux, n'importe quel conseil des prud'hommes ou juge de première instance peut alors, au titre de ce « contrôle de conventionnalité », écarter de lui-même une loi française contraire : insécurité assurée, mais aussi effacement symbolique du législateur : « *La loi française devient une sorte de paillasson sur lequel n'importe quel juge, à l'invitation de n'importe quel justiciable, peut s'essuyer les pieds* » (Guy Carcassonne).

42 **L'Organisation internationale du travail, une centenaire assoupie.** « *Une paix universelle et durable ne peut être fondée que sur la justice sociale. La non-adoption par une nation quelconque d'un régime de travail réellement humain fait obstacle aux efforts des autres nations désireuses d'améliorer le sort des travailleurs dans leurs propres pays* ».

L'OIT est née en 1919, au sein du Traité de Versailles...mais aussi juste après la Révolution russe de 1917. Organisme tripartite (États, mais aussi premières « ONG » : représentants des organisations des employeurs et des salariés, avec les premiers problèmes de représentativité), cette agence des Nations unies siège à Genève. Son organe permanent, le BIT, publie des études remarquables (*cf.* www.ilo.org). Depuis 2012, il est dirigé par Guy Ryder, syndicaliste britannique ne maniant plus la lourde langue de bois habituelle, qui a réuni pour le Centenaire une commission mondiale de 27 membres ayant publié en février 2019 son rapport « Travailler pour bâtir un avenir meilleur » (www.ilo.org/global/lang--en/index.htm).

43 Mais en nos temps de mondialisation, cette institution mondiale (des 42 États de 1919 à 187 aujourd'hui) et tripartite, à l'inertie donc redoutable, n'est pas hélas devenue l'organe d'une indispensable régulation sociale : ce sont les économiquement puissants et bien relayés FMI ou OMC qui font la loi. Comment instaurer une solidarité entre États jouant le jeu des règles de l'OIT ? « *Que les États ayant ratifié une convention de l'OIT puissent s'y référer pour interdire à un État n'ayant pas souscrit à cette convention l'accès à leur marché intérieur* » propose A. Supiot.

En avril 2019, la Corée du Sud a ainsi été rappelée à l'ordre par la Commission de Bruxelles sur son non respect de la clause sociale de l'accord de libre-échange signé en 2010, sous peine de suspension des tarifs préférentiels. Elle a donc ratifié en mars 2021 les conventions sur la liberté syndicale (n° 87), la négociation collective (n° 98) et le travail forcé (n° 29).

44 **L'OIT élabore des « conventions »** que les États peuvent ensuite ratifier s'ils acceptent d'en appliquer les règles. Or sur les 189 conventions existantes, le taux de ratification est extrêmement variable parmi les 187 États-membres : si la France, phare auto-proclamé des libertés dans le monde, en a ratifié 127 (2e place, derrière l'Espagne), l'Angleterre 87 et l'Allemagne 85, ce chiffre tombe à 47 pour le Japon et 14 pour les États-Unis : ce qui ne signifie d'ailleurs pas que ces derniers pays ne les appliquent pas. Et le phénomène s'aggrave : sur les vingt dernières conventions, trois ont fait l'objet d'une ratification par plus de 20 États.

Et reste à vérifier qu'ils les appliquent vraiment. D'où la réflexion entamée en juin 2016 pour trouver d'autres façons de réguler, en touchant directement les acteurs économiques : ainsi des accords-cadres, qui vont au-delà de la *soft law*. Mais si les entreprises françaises, allemandes ou des pays latins sont pour, les sociétés américaines craignant du contentieux s'y opposent, et celles des pays en développement s'en méfient.

Le 29 mars 2006, la Cour de cassation a jugé que certains articles des conventions de l'OIT étaient « *d'application directe devant les juridictions nationales* », s'alignant sur l'arrêt rendu le 19 octobre 2005 par le Conseil d'État à propos de feu le « Contrat nouvelles embauches ». Principe toujours repris depuis : ainsi dans l'arrêt du 26 mars 2013, la Chambre sociale censure une période d'essai d'un an au titre de la convention n° 158 et de ses « *dispositions impératives* » sur la « *durée raisonnable* » de l'essai.

Si l'application directe de *certains* articles dits « auto-exécutoires » des conventions de l'OIT est évidente, leur interprétation l'est beaucoup moins. Ainsi du feuilleton français 2018-2021 sur la compatibilité de la Convention n° 158 avec le plafonnement des dommages-intérêts dus en cas de licenciement fautif issu de l'ordonnance du 22 septembre 2017 : si la réparation ne doit pas forcément être « *intégrale* », elle doit être « *adéquate* », réservant donc aux États une marge d'appréciation (avis de la Cour de cassation du 17 juillet 2019), des cours d'appel ayant pris en 2021 des positions parfois diamétralement opposées (V. *infra*).

Lors de la conférence de juin 1998, a été adoptée une « Déclaration solennelle des droits fondamentaux des travailleurs » constituant le socle d'un droit social universel. Mais comme l'a constaté le BIT en mai 2013, plus de la moitié de la population mondiale vit dans des pays qui n'ont pas ratifié les conventions de l'OIT sur la liberté syndicale et la négociation collective, ajoutant que « *la ratification ne s'accompagne pas toujours du respect des droits, et non-ratification ne signifiant pas nécessairement qu'on ne les respecte pas.* »

45 Déclaration relative aux principes et droits fondamentaux du travail (OIT, juin 1998)

En juin 1998, l'OIT a adopté une « Déclaration solennelle des droits fondamentaux des travailleurs » constituant le socle d'un droit social universel.

La Conférence internationale du travail :

Déclare que l'ensemble des membres, *même lorsqu'ils n'ont pas ratifié les conventions en question, ont l'obligation, du seul fait de leur appartenance* à l'Organisation, de respecter, promouvoir et réaliser, de bonne foi et conformément à la Constitution, les principes concernant les droits fondamentaux qui sont l'objet desdites conventions, à savoir :

- a - la liberté d'association et la reconnaissance effective du droit de négociation collective ;
- b - l'élimination de toute forme de travail forcé ou obligatoire ;
- c - l'abolition effective du travail des enfants ;
- d - l'élimination de la discrimination en matière d'emploi et de profession.

Souligne **que les normes du travail ne pourront servir à des fins commerciales protectionnistes et que rien dans la présente Déclaration et son suivi ne pourra être invoqué ni servir à pareilles fins** ; en outre, l'avantage comparatif d'un quelconque pays ne pourra, en aucune façon, être mis en cause du fait de la présente Déclaration et son suivi.

À l'occasion du Centenaire en juin 2019, la 106e Conférence a proposé d'y ajouter un cinquième : « des conditions de travail sûres et salubres ».

Mais comme le soulignait Guy Ryder le 7 juin 2019 : « *L'influence normative des normes de l'OIT passe aussi par d'autres leviers. D'autres organisations internationales s'y réfèrent : ainsi les banques de développement dans leurs politiques de financement et de prêt. Les normes sociales sont également discutées dans les négociations commerciales internationales bilatérales. Enfin de plus en plus d'entreprises multinationales s'engagent à respecter ces normes dans leurs politiques internes et dans leurs chaines d'approvisionnement* ». Sans parler du travail souterrain : peu de pays développés ont par exemple envie de faire l'objet d'une publicité négative, suite par exemple à une plainte.

UNE AUTRE RÉGULATION SOCIALE ?
RSE ET MARKÉTHIQUE

En nos temps du Web 3.0, d'Instagram, Twitter et autres groupes Facebook avec ses 2,8 milliards de contacts, l'évolution la plus délicate à gérer pour les grandes entreprises (mais aussi pour leurs syndicalistes parfois désintermédiés) vient de notre société de la grande consommation, et donc de la réputation.

Sur le marché désormais mondial de la vertu, il faut être moral et transparent, bref « sympa ».

Car pour des sociétés grand public, internationales et médiatisées en féroce concurrence tant à l'égard des clients que vis-à-vis des collaborateurs les plus talentueux, la réprobation morale des consomm-acteurs, se donnant bonne conscience en achetant « *de l'éthique sur l'étiquette* », peut en pratique se révéler beaucoup plus efficace que les 8 990 articles de l'actuel Code du travail, limité à la France. Et séduire les agences de notation extra-financières, dont l'impact augmente depuis la loi Pacte de mai 2019 : gagner un capital de sympathie pour gagner la sympathie du capital en ces temps de nécessaire transition énergétique.

E-réputation : un actif essentiel

Dans une dynamique qui n'est pas sans rappeler la loi de Tocqueville en matière d'égalité (« *Le désir d'égalité devient toujours plus insatiable à mesure que l'égalité progresse* »), ce développement mondialisé de principes éthiques, non pas sous la classique pression des syndicats ou d'organismes publics mais celle de l'opinion, d'ONG extrêmement diverses ou de l'investissement socialement responsable, conduit à un niveau d'exigence toujours plus fort. Il contraint l'entreprise à réorienter son action sur des critères moins exclusivement économiques, « *vers une conformité croissante à des exigences croissantes de ces nouveaux acteurs, véritables sentinelles avec qui elle établit des rapports étrangers à la logique classique* ».

Peu appréciés du juriste français classique ne voyant de bonne régulation que dans le droit légal pénalement sanctionné, mais qualifiés par l'OIT de « *fait nouveau important en matière de relations professionnelles* » la centaine d'accords mondiaux signée entre de grands groupes (majoritairement français : L'Oréal, EDF, Carrefour, Solvay, Danone, Accor, EADS, Air France, Renault, PSA...) et des fédérations syndicales mondiales reprennent très souvent le socle de ses quatre droits fondamentaux.

- **Ces codes de bonne conduite en forme de *soft law*,** venant souvent de pays où la réglementation est beaucoup moins contraignante qu'en Europe, ont l'immense avantage de vouloir couvrir l'ensemble de la chaîne de production, y compris les sous-traitants sur lesquels le donneur d'ordres peut (pour une fois) exercer une pression *vertueuse*, souvent critiquée par le directeur des achats recherchant des coûts toujours plus bas. Mais ces « codes » sont pour l'essentiel unilatéraux et doublement sélectifs : ils ne concernent finalement que très peu d'entreprises, et sur des aspects médiatisés (travail des enfants), oubliant parfois liberté syndicale et droit à la négociation collective.

- **La vogue mondiale de la « responsabilité sociale des entreprises »** (RSE : « intégration volontaire par les entreprises de considérations sociales et environnementales, en dehors des prescriptions légales et des obligations contractuelles ») aux pratiques extrêmement diversifiées trouve désormais de larges échos au sein de l'Union européenne. Mais comme le remarque la Confédération européenne des syndicats : « *Adopter la RSE relève de l'intérêt sur le long terme des entreprises : à l'heure où les consommateurs du monde entier gagnent une conscience croissante, elle améliore leur image et leur permet de gagner de nouveaux clients. Mais la RSE ne doit pas être un simple exercice de relations publiques, mais un effort soutenu et continu. Elle ne doit pas permettre d'éviter le dialogue avec les travailleurs organisés en syndicats, et ne constitue pas une alternative à la législation sur le travail ou la négociation collective. Il serait en effet paradoxal qu'une entreprise qui n'applique pas les conventions collectives ou ne respecte pas les termes d'un contrat soit considérée comme socialement responsable.* »

À l'évidence, le sort des enfants pakistanais ou des salariés lointains du sous-traitant mérite protection. Mais la RSE doit-elle se passer des représentants du personnel du siège ou locaux ? Ou commencer à produire ses premiers effets à plus de 5 000 kilomètres du siège social ? La crise C19 a constitué ainsi une épreuve de vérité : ne pas licencier des salariés belges malades, négocier en France un accord de *vraie* GPEC et donc continuer à former les plus de 50 ans, chercher de véritables alternatives à des licenciements économiques en Grande-Bretagne est à coup sûr beaucoup moins médiatique et fera moins vibrer agences de notation et médias : mais n'est-ce pas le témoignage proche et concret d'une véritable RSE ?

Comme le remarquait l'agence française de notation sociale Vigéo Eiris dans son rapport de juin 2018 (« *Social dialogue : a corporate social responsibility "blind spot"* »), sur les 2 400 sociétés cotées analysées, 4 % seulement s'engageaient à mener un dialogue social avec les représentants des salariés.

Risques d'une RSE markéthique

Plus l'entreprise communique sur sa propre RSE, plus elle est vulnérable sur ce terrain : médias et réseaux sociaux bruissent rapidement de son « baratin », et ONG ou syndicats des « mensonges éhontés » faits par la direction. La mise en place d'une politique de RSE est donc excellente en interne (pour attirer les meilleurs candidats, fidéliser les présents, donner du sens voire de la fierté) et à l'externe (entreprise exemplaire car soucieuse de son environnement physique et sociétal)... si elle est attentivement suivie : commission paritaire si accord ; experts

indépendants qui vont vraiment contrôler sur place, si possible sans prévenir deux mois avant.
Sinon, mieux vaut s'abstenir : terrible effet boomerang.

De la soft law à la hard law

Pour éviter la réitération de drames comme celui de l'effondrement en 2013 du Rana Plaza au Bangladesh et ses 1 132 morts, la loi du 21 février 2017 « relative au devoir de vigilance des sociétés mères et des entreprises donneuses d'ordre » – une première dans le monde – a obligé les entreprises employant au moins 5 000 salariés en France ou 10 000 salariés dans le monde à mettre en place un « plan de vigilance » devant couvrir les sociétés contrôlées, mais aussi leurs sous-traitants et fournisseurs partout dans le monde. Cette « vigilance » pour prévenir les manquements éthiques ou environnementaux concerne en particulier le travail des enfants et la sécurité, avec un système d'alerte pour signaler des dysfonctionnements.

Transposant in extremis la directive de 2014 sur la notation extra-financière des grandes sociétés, l'ordonnance du 19 juillet 2017 est passée du brave car descriptif rapport RSE sur les conséquences sociales et environnementales de l'activité de l'entreprise à l'obligation d'information sur ses risques sociaux, environnementaux et en matière de droits de l'homme, insistant sur les procédures raisonnables à mettre en œuvre pour les prévenir.

Problème : si les indicateurs financiers sont identifiables et quantifiables, n'existe aucun « plan comptable RSE » universel couvrant l'ensemble des thèmes avec des critères souvent qualitatifs, et un suivi relatif.

Signe bien concret que les choses avancent : depuis 2019, 10 % de la rémunération variable des dirigeants de la société Hermès est soumise à des critères RSE : consommation d'énergies industrielles, initiatives en faveur de l'égalité hommes/femmes, ancrage territorial des sites. Mais...

RSE, bonne conscience, conformité et conformisme

Comme le remarque fort justement notre collègue P.Y. Gomez : « *Des progrès évidents ont eu lieu pour abroger des pratiques injustes ; mais aussi une concentration sur certains thèmes à l'exclusion d'autres et une aseptisation des discours éthiques, qui ne sont pas toujours en cohérence avec la réalité vécue dans l'entreprise. Comme dans le domaine de l'art, les éléments de langage sont automatisés et on donne des gages de vertu en cochant des cases correspondant aux normes socialement imposées.*

Ces constats suggèrent que les exigences éthiques envers l'entreprise suivent une évolution en trois temps : un effet perturbant mais positif d'abord, lorsque l'entreprise est sommée de modifier des pratiques intolérables : c'est le temps du combat. Puis se met en place une normalisation des règles de la « bonne » conduite : c'est le temps de la conformité. Enfin, le politiquement correct étouffe l'authenticité et conduit à de nouvelles intolérances. C'est l'étape du conformisme. Les acteurs de la RSE doivent être conscients de ce cycle s'ils ne veulent pas être réduits au rôle de ***bureaucrates de la bonne conscience*** » (Le Monde, 11 juin 2019).

POUR ALLER PLUS LOIN...

- I. Desbarats, *La RSE à la française : où en est-on ?*, Dr. soc., juin 2018, p. 525
- A. Supiot, *Un nouveau self-service normatif : la responsabilité sociale des entreprises*, Études offertes à J. Pélissier, Dalloz, 2004, p. 541
- F. Laronze, *La norme ISO 26000, une source de droit en matière sociale ?*, Dr. soc., avr. 2013, p. 345
- J.-E. Ray, *Du dialogue social interne au dialogue sociétal externe*, Dr. soc., mars 2013
- Et les sites : www.orse.org ; www.rsenews.com ; www.novethic.fr

§3 Droit du travail communautaire et Europe sociale

46 **« L'Europe *sociale* » existe-t-elle** après la crise de l'euro en 2014, des réfugiés en 2015, l'interminable Brexit puis la cacophonie C19 en 2020-2021 ?

L'Union est aussi un combat : de profondes divergences politiques et l'immense hétérogénéité de la structure des populations actives comme des niveaux de vie expliquent qu'à désormais 27, le plus petit commun multiple soit souvent préféré au plus grand commun dénominateur : en témoigne la portion très congrue laissée au social dans le « Mini-Maxi Traité » de Lisbonne.

Même s'il faut rappeler que l'actuel *UE-Bashing* émanant des deux extrêmes est médiatiquement plus porteur que la mise en avant de ses avancées. Directive du 20 juin 2019 sur le contrat de travail, ou arrêt de la CJUE du 14 mai 2019 rappelant le caractère fondamental de la protection de la santé, et donc un décompte précis de la durée du travail mais aussi le ferme respect des temps de repos : car « *la protection efficace de la sécurité et de la santé des travailleurs ne saurait être subordonnée à des considérations purement économiques* ». Sans parler des travailleurs polonais, roumain ou hongrois, qui ont constaté très, très concrètement les avancées que représentait l'application du droit social communautaire.

47 **Une Union très hétérogène.** Systèmes de relations professionnelles profondément différents, syndicats aux structures et à l'idéologie souvent opposées (d'où le grand d'écart permanent de la Confédération européenne des syndicats), cultures et systèmes juridiques divergents (ex. : le *lock-out* constitue ici un droit, là une faute contractuelle voire un délit pénal), taux d'activité 15-64 ans très variables (51 % en Pologne, 68 % en France, 71 % en Grande-Bretagne et 76 % au Danemark), comme le taux d'emploi des 55-64 ans (56 % en France contre 52 % en moyenne pour l'UE-28), taux de chômage de 1 à 5 (avant le C19 : Allemagne, RU, Pologne : 3,2 %... mais Grèce : 22 %, Espagne : 14 %, Italie : 10,2 %, France : 8,8 %, moyenne UE : 6,4 %). Enfin une couverture par des conventions collectives variant de 20 % (Hongrie, Lituanie, Estonie...) à 96 % (France... malgré ses 7 % de syndiqués dans le privé : situation *incompréhensible* vue de l'étranger).

48 **Une sexagénaire ankylosée.** La création de la Communauté *économique* européenne le 25 mars 1957 était destinée à créer un « Marché commun », à six : à cette époque des Trente Glorieuses, ses fondateurs pensaient que la croissance économique ainsi facilitée ferait naturellement progresser le social. Mais comment penser que 50 ans plus tard, l'intégration en une fois de dix pays aux salaires neuf fois inférieurs que dans la « vieille Europe » ne conduirait pas à un *dumping* social interne ? On n'ose imaginer que c'était délibéré...

Car le coût horaire d'un salarié varie en 2021 de 1...à 9 (contre 11 en 2013), même s'il faut tenir évidemment compte de la productivité et du coût de la vie locale : de 4,9 euros en Bulgarie, 6,3 en Roumanie et 8 en Lituanie à 43 euros au Danemark, 38 euros en Suède et 36 euros en France : 5e place mais 1re pour les cotisations sociales (33 %), devant l'Allemagne : 33 euros (22 %). Mais le Droit n'est pas une baguette magique : si l'ingestion à marches forcées de « l'acquis communautaire » par les nouveaux entrants peut être *statistiquement* satisfaisante (*cf.* les coups de clairon de la Commission sur « la transposition de 35 directives en 6 mois »), le corps social a besoin de s'approprier ces règles, de les faire « entrer dans les mœurs » : ce qui, en matière sociale, exige cinq à dix ans.

49 **Croissance économique et donc progrès social.** Après l'âge d'or de l'harmonisation européenne (1974-1985) qui a vu se multiplier les directives importantes (licenciement collectif, transferts d'entreprise, garanties contre l'insolvabilité de l'employeur), le vent bruxellois a fait apparaître le droit du travail comme un frein au développement économique, un empêcheur de libéraliser en rond... Avant le Brexit, qui pourrait avoir quelques effets politiques positifs sur ce terrain, mais économiques négatifs sur le budget communautaire : l'Angleterre était l'un des principaux contributeurs nets. Bref une entorse au fondamentalisme économétrique régnant aujourd'hui en maître. Malgré l'évolution tout à fait considérable des droits du travail français, espagnol ou italien des dix dernières années, le « vieux droit du travail » de la « vieille Europe » doit se *moderniser*, nous répète la Commission. Mais c'est quoi, être « moderne », en matière sociale ? Ambiguïté fondamentale : développer les compétences sociales de l'Union n'aboutira plus forcément à des progrès, *a fortiori* en France où le droit du travail reste particulièrement protecteur.

De façon astucieuse, au « règlement » uniforme percutant la culture sociale de chaque État, Bruxelles a toujours privilégié la « directive » permettant son acclimatation sociale à travers sa « transposition » par chaque État. Dernière en date : celle du 20 juin 2019 « *relative aux conditions de travail transparentes et prévisibles* », à transposer dans les trois ans, et qui devrait nous obliger à raccourcir notre période d'essai (6 mois maximum selon la directive, contre 8 mois pour nos cadres, voir *infra*).

CHARTE DES DROITS FONDAMENTAUX DE L'UNION EUROPÉENNE

Cette Charte a « la même valeur juridique que les traités ». L'un de ses sept chapitres (« Solidarité ») est consacré aux droits économiques et sociaux.

Article 16 : Liberté d'entreprise
La liberté d'entreprise est reconnue conformément au droit communautaire et aux législations et pratiques nationales.

Article 27 : Droit à l'information et à la consultation des travailleurs au sein de l'entreprise
Les travailleurs ou leurs représentants doivent se voir garantir, aux niveaux appropriés, une information et une consultation *en temps utile*, dans les cas et conditions prévus par le droit communautaire et les législations et *pratiques nationales*.

Article 28 : Droit de négociation et d'actions collectives
Les travailleurs et *les employeurs* ou leurs organisations respectives ont, conformément au droit communautaire et aux législations et pratiques nationales, le droit de négocier et de conclure des conventions collectives aux niveaux appropriés et de recourir, en cas de conflits *d'intérêts*, à des actions collectives pour la défense de leurs intérêts, y compris *la grève* (*article très décoiffant pour un Français : la grève des employeurs*)

Article 30 : Protection en cas de licenciement injustifié
Tout travailleur a droit à une protection contre tout licenciement injustifié, conformément au droit communautaire et aux législations et pratiques nationales.

Article 31 : Conditions de travail justes et équitables
1. Tout travailleur a droit à des conditions de travail qui respectent sa santé, *sa sécurité et sa dignité*.
2. Tout travailleur a droit à une limitation de la durée maximale du travail et à des périodes de repos journalier et hebdomadaire, ainsi qu'à une période annuelle de congés payés.

50 **Les partenaires sociaux européens.** Regroupées au sein de BusinessEurope (40 fédérations patronales interprofessionnelles dans 34 pays, présidé depuis août 2018 par P. Gattaz), du CEEP (entreprises publiques) et de l'UEAPME, les organisations d'employeurs, craignant une avalanche de textes communautaires, ont signé en 1992 avec la Confédération européenne des syndicats, présidée par L. Berger depuis juin 2019 (CES, regroupant 89 syndicats nationaux de 39 pays, soit environ 50 millions d'adhérents, 70 % de son budget provenant de l'UE) une déclaration commune adoptant une nouvelle version du principe de subsidiarité, dite horizontale, dont s'est inspirée la loi française sur la « négociation légiférante » du 31 janvier 2007. S'ils aboutissent à un accord, les partenaires sociaux, se posant donc en décideurs sociaux au niveau communautaire, peuvent de facto imposer leurs vues aux instances communautaires (Commission et Parlement) : car en pratique, ces très subtils accords européens ne sont pas modifiés par ces instances.

51 Mais aujourd'hui le dialogue social européen est moribond : entre les problèmes politiques et économiques de l'euro, les conséquences du Brexit et les effets de la pandémie, les 27 ont la tête ailleurs... avant la Présidence française du premier semestre 2022 ?

52 **La vraie Cour suprême : la CJUE.** Le droit du travail français a été profondément marqué par le droit communautaire, et en particulier la créative jurisprudence de la Cour de justice de l'Union européenne (CJUE ; voir son site : www.curia.europa.eu), composée de 27 juges (un par État) et de 11 avocats généraux...avec 24 langues officielles et donc 552 combinaisons linguistiques (601 juristes-linguistes).

Saisie essentiellement de recours en interprétation (« Question préjudicielle », c'est-à-dire « préalable au jugement ») lorsqu'une juridiction nationale a un doute sur **l'interprétation** d'un texte communautaire, la Cour de Luxembourg – à ne pas confondre avec la CEDH spécialisée de Strasbourg ! – ne tranche pas le litige : elle répond simplement en termes abstraits à la question posée par un juge national sur le sens à donner à un texte communautaire. En 2019, sur les 641 QP réglées, soit 66 % de son activité totale (Allemagne : 114, Italie : 70, France : 32, Belgique : 38, mais Danemark : 1), seules 41 relevaient du droit social.

Et son interprétation s'impose non seulement au juge ayant posé la question et donc sursis à statuer, mais aussi dans tous les États-membres. Générale, sa portée est donc équivalente à celle d'un règlement communautaire, sur des sujets sociaux voire sociétaux parfois extrêmement sensibles et n'ayant aucune chance d'obtenir à Bruxelles un consensus suffisant en raison de ses conséquences politiques ou économiques : ainsi du port du voile en entreprise (sur ses deux arrêts de Grande Chambre du 14 mars 2017 conduisant à celui de la Cour de cassation du 22 septembre 2017, V. *infra*, le licenciement). Le droit social européen avançant aussi à coup d'arrêts, nos amis britanniques n'ont jamais eu d'affection particulière pour ce « jurislateur ».

Car cette seule Cour *vraiment suprême* (avec la CEDH de Strasbourg, d'où des tensions entre elles) adopte parfois une position très créative, mettant à mal des pratiques nationales, voire des hiérarchies bien établies. Dans un arrêt du 2 août 1993, elle avait souligné la primauté absolue du droit communautaire sur tout autre système juridique, qu'il soit national ou *international*. Le 15 juin 2004, le Conseil constitutionnel français a pris acte de cette suprématie communautaire, et posé le 4 avril 2013 sa première question préjudicielle à la CJUE, qui lui a répondu le 30 mai suivant : « *Le fait pour un État-membre d'invoquer des dispositions de droit national,* fussent-elles d'ordre constitutionnel, *ne saurait affecter l'effet du droit de l'Union sur le territoire de cet État.* » Est-ce clair ?

Plus généralement, le droit économique fondateur du « Marché commun » voulu par la « Communauté *économique* européenne » de 1957 (droit de la concurrence, libertés d'établissement ou de circulation des personnes et des capitaux) s'oppose parfois au droit social. Certains arrêts de la CJUE et d'autres projets de la Commission font craindre que le « social » continue à n'être qu'un sous-produit de « l'économique » dans une Europe de plus en plus hétérogène, où il reste en principe de la compétence de chaque État.

Si l'on y ajoute l'emprise des pays du Nord et la vague du « politiquement correct », cette insoutenable lourdeur de l'être venue d'outre-Atlantique trouvant un fort écho au Parlement de Strasbourg grâce à l'action de puissants lobbies centrés sur leur objet social mais oubliant l'intérêt général, des dérives sont à craindre. Ainsi la directive du 5 juillet 2006 censée traiter de la nécessaire « égalité *de traitement entre hommes et femmes en matière d'emploi et de travail* », mais y ajoutant dans une joyeuse salade niçoise la *discrimination* (notion pourtant bien différente), et le *harcèlement moral* ou *sexuel*, défini comme « *un comportement* non désiré *s'exprimant verbalement ou non verbalement* ». En attendant l'inévitable « droit au désir » répondant à ce désir de Droit, on attend avec impatience la définition du « non désir » par la CJUE, saisie par une juridiction suédoise, puis italienne.

Il est donc heureux que dans de nombreux États-membres, des voix autorisées s'élèvent pour rappeler quelques fondamentaux, politiques ou juridiques : présomption d'innocence en droit pénal, comportement présumé de personne prudente et avisée, donc non présumée fautive en droit civil, etc.

Considérée comme venant de très, très haut à notre époque de proximité et de décentralisation, l'Europe sociale semble entrée dans une période de glaciation. Mais quand la paralysie de la Commission est patente, c'est *in fine* la CJUE qui « fait la loi » par ses réponses aux questions préjudicielles.

POUR ALLER PLUS LOIN...

- Liaisons sociales Europe, et son site « Planet Labor » (planetlabor@planetlabor.com), qui tient au courant ses lecteurs de l'actualité communautaire et internationale, ce qui se prépare à Bruxelles, mais aussi des pratiques des groupes mondiaux : une veille juridique vitale pour les sociétés internationales. À l'instar de l'excellent site www.irshare.eu dirigé par F. Turlan, agence de partage d'informations et de compétences pour les managers RH et les représentants du personnel
- Ouvrage de référence : P. Rodière, *Droit social de l'Union européenne*, LGDJ, avr. 2014. Et ses deux articles parus à la Semaine sociale Lamy des 6 et 13 mai 2019 : « Europe Sociale : Quelles refondations sociales en perspective ? »
- F. Kessler et J.-P. Lhernould assurent la très réactive chronique de droit social communautaire à la Revue de jurisprudence sociale
- F. Biltgen (juge à la CJUE), *Le dialogue des juges et l'articulation de la jurisprudence de la CJUE avec les normes du droit international social*, Dr. soc., mai 2017.

§4 La loi reste la source essentielle du droit du travail français

57 **Pour des raisons *juridiques* d'abord.** Elle seule pouvait interdire au XIXe siècle à *toutes* les entreprises l'emploi des enfants de moins de 12 ans, ou des durées de travail manifestement excessives. Elle seule permettait d'imposer à tous les employeurs un statut minimal pour tous les salariés : repos hebdomadaire, puis congés payés. Elle seule peut enfin édicter des sanctions *pénales*.

Pour des raisons *politiques* ensuite : outre sa préférence historique pour la loi, verticale, générale et impersonnelle, la France a dû faire face entre 1946 et 1969 à un blocage remarquable de ses rapports sociaux, contrairement à la majorité des pays développés. Seul le législateur pouvait donc agir pour améliorer la protection des salariés, protection alors financée par une croissance forte. Vision cependant un peu schématique car les lois sociales étaient souvent le résultat des négociations officieuses entre, puis avec les partenaires sociaux, mais qui ne voulaient pas en endosser la responsabilité politique.

La *loi* (art. **L.** 1224-1) est souvent accompagnée de *règlements* (art. **R.** 5429-3), soit d'application concrète de celle-ci (ex. : augmentation du SMIC), soit pour les matières où une intervention législative n'est pas nécessaire.

58 **Aujourd'hui qui fait vraiment la loi (du travail) ?** La place centrale du législateur français est aujourd'hui doublement remise en cause.

D'en haut, avec le droit communautaire : la « transposition », devenue « transcription » de directives de plus en plus précises, mais aussi la volumineuse jurisprudence de la CJUE s'imposant aux États, sans oublier celle de la Cour de Strasbourg centrée sur les libertés de l'individu, souvent au détriment du collectif.

D'en bas, par les partenaires sociaux *français* à qui la loi Larcher de 2007 permet une « négociation légiférante » : ainsi de l'accord national interprofessionnel du 11 janvier 2013, transposé par la loi du 14 juin 2013. Mais depuis 2016, leurs divisions en forme parfois de brutale opposition (ex : CGT / CFDT) entrave manifestement leur créativité, tout en n'encourageant guère les salariés français à adhérer.

SECTION II L'irrésistible montée en puissance des sources négociées (1982-2018)

59 **La revanche du « Petit Droit »** (le droit conventionnel) **sur le « Grand Droit »** (les sources imposées avec leur verticalité) est aujourd'hui éclatante : non seulement pour des raisons de politique interne française, mais aussi du fait de l'influence du droit communautaire. Car depuis fort longtemps, nombre de pays de l'UE considèrent que la régulation-consensus par les partenaires sociaux, meilleurs connaisseurs du terrain que les décideurs politiques, est plus adaptée et donc mieux appliquée que la réglementation étatique tombant d'en haut, générale et impersonnelle,

Les sources dites « autonomes » (*cf.* l'accord d'entreprise presque auto-*norme* depuis septembre 2017) sont au nombre de trois : les conventions collectives, les usages et enfin le contrat de travail.

§1 Un droit des conventions collectives refondé par les lois de 2008 (les acteurs) puis 2018 (les accords)

60 **De la hiérarchie à l'articulation.** Révolutionné par la loi du 20 août 2008 visant à mieux légitimer les acteurs mais aussi les accords, le droit de la négociation collective fait l'objet de la troisième partie, mais aussi d'un ouvrage spécifique dans la présente collection rédigé par G. Bélier, A. Cormier et H.J. Legrand, paru en janvier 2018, à jour des ordonnances du 22 septembre 2017.

Rappelons simplement que, depuis 1919, existent en France des conventions d'un type très particulier puisqu'elles s'appliquent, voire s'imposent à une collectivité. Ainsi dans une entreprise *française*, la signature d'un accord par un seul syndicat majoritaire n'empêche pas cet accord d'être immédiatement applicable à 100 % du personnel, syndiqué ou non : ce qui n'incite guère à l'adhésion, expliquant en partie nos 8 % de syndiqués.

Les principales catégories de conventions collectives sont l'**ANI** (Accord national interprofessionnel), nos 357 CCB (**Convention collective nationale de branche,** véritable loi sociale et économique de la profession), l'accord de **groupe** (Danone), l'accord d'**entreprise** (ex. : Renault), et enfin l'accord d'**établissement** (Renault-Flins). À chaque niveau, les partenaires sélectionnés en fonction de leur représentativité dans le périmètre en cause fixent des règles qui, en principe, ne peuvent être moins favorables que *la loi*, mais peuvent depuis 2004 et *a fortiori* 2017 être différentes de la convention collective supérieure, à travers deux techniques bien différentes.

Déroger à... À la classique possibilité de « **dérogation** », mais au sein du champ conventionnel depuis mai 2004, les ordonnances de septembre 2017 ont ajouté la priorité de l'accord d'entreprise avec son refrain : « *L'accord collectif d'entreprise ou, à défaut, une convention de branche peut également...* »,

Supplétif de... Bref, la **double subsidiarité** (de la convention collective de branche, et en son absence, des règles minimales fixées par la loi) avec ses règles supplétives en l'absence d'accord, fixées par la loi ou un décret. Cette technique est devenue la règle depuis les ordonnances du 22 septembre 2017 (V. troisième partie, et *infra*, de l'ordre public à la supplétivité).

§2 Usages

61 **L'inertie patronale, source d'obligation.** L'usage est une source autonome en régression : lorsque le droit du travail n'existait pas, un avantage accordé par l'employeur sur une très longue période (veille de Noël chômée, prime de maternité, majoration pour travail de nuit) créait une habitude, puis un véritable « usage » au sens juridique. Pour les salariés, ils devaient bénéficier de ce droit ne figurant par définition dans aucun document écrit car « *depuis toujours, on a toujours fait comme ça.* » L'habitude patronale plus favorable aux salariés crée des droits opposables à l'employeur.

Le développement du droit *légal*, mais surtout du droit *conventionnel* du travail a réduit le rôle de ces usages : le législateur les a parfois consacrés (jours légalement fériés), et les syndicats ont cherché à les intégrer dans les conventions collectives pour assurer leur pérennité. Aujourd'hui encore, une pratique fixe (pas aléatoire), générale et répétée (« *Une fois n'est pas coutume* ») de l'employeur (ex. : versement d'un treizième mois depuis dix ans) peut devenir pour lui source d'obligation : il devra ainsi, la onzième année, continuer à verser cette prime. Les entreprises soucieuses de ménager l'avenir veillent donc à éviter de créer un tel usage : non-versement pendant un an, variation considérable dans le montant. Si « *une erreur répétée de l'employeur ne caractérise pas sa volonté de créer un usage* » (CS, 9 juin 2017), ce dernier reste entièrement soumis à l'ordre public social : il doit être plus favorable que la source supérieure, sinon il disparaît automatiquement.

62 **Fin de l'usage.** Deux solutions opposées, et bien à tort souvent confondues, pour mettre fin à un usage.

1. Le consensus : la remise en cause par accord collectif signé sur le même thème. La prudence invite à bien énoncer noir sur blanc que « *le présent article met un terme à l'usage concernant la prime d'ancienneté des ouvriers, et le vendredi de l'Ascension chômé mais payé* ». Avantage : la rapidité puisque l'accord d'entreprise s'applique huit jours après sa signature.

2. La déclaration de guerre sociale : la dénonciation. En respectant un préavis proportionné afin de permettre l'ouverture d'éventuelles négociations (parfois plus d'un semestre pour une importante prime annuelle), l'employeur informe de la fin de l'avantage en cause : collectivement, le comité social et économique avec inscription de cette question à son ordre du jour, mais aussi les délégués syndicaux qui justement pourront négocier une solution alternative ; et enfin tous les salariés présents dans l'entreprise à la date de cette dénonciation.

63 Dans les deux cas, et si bien sûr les règles jurisprudentielles ont été scrupuleusement respectées, « *l'avantage résultant d'un usage n'étant pas incorporé au contrat de travail* » :

- les salariés ne pourront plus en obtenir l'exécution puisqu'il ne s'est *pas incorporé* au contrat individuel de travail. À moins bien sûr qu'un salarié bien informé ne l'ait fait contractualiser pour lui tout seul...
- l'employeur pourra supprimer l'avantage nécessairement *collectif* en question sans que le salarié ne puisse y voir une modification de son contrat *individuel* : une prise d'acte de la rupture sur ce motif serait par exemple assimilée à une démission.

§3 Le contrat individuel de travail

64 **Tout en bas.** Il est naturel que le contrat de travail, simple contrat d'adhésion, soit la plus modeste source du droit du travail placé sous le signe de l'ordre public de protection.

Si l'on reprend schématiquement l'ensemble des sources, on arrive à la pyramide suivante :

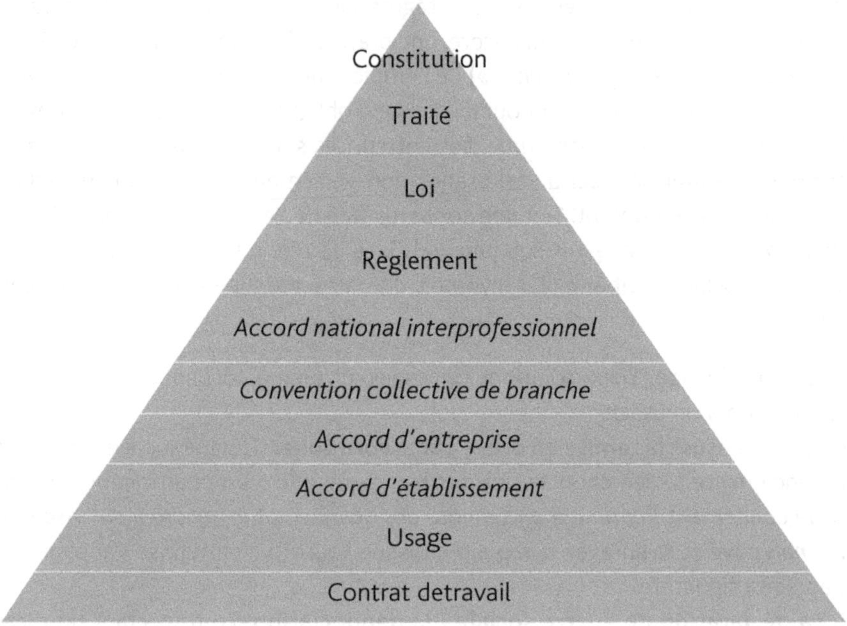

65 Que faire si l'une de ces sources est en contradiction avec une autre ?

« L'incroyable inversion des normes » dont on nous a rebattu les oreilles au printemps 2016 puis fin 2017 relève du brave slogan car, évidemment : 1. les sources internationales demeurent tout en haut ; 2. c'est toujours la loi qui fixe les règles relatives aux conventions collectives, qu'il s'agisse hier de dérogation, aujourd'hui de supplétivité ; 3. le contrat individuel de travail ne peut déroger à quelle que source supérieure que ce soit.

Mais applicable aux seules sources conventionnelles, le principe « *plus on descend dans les sources, plus les avantages montent pour le salarié* » est aujourd'hui largement remis en cause.

SECTION III Contractualisation et complexification des sources du droit du travail français

C'est aujourd'hui l'Himalaya du droit du travail : ne commencez donc pas la lecture de cette Section si vous n'êtes pas en pleine possession de vos moyens…

Si l'ordre public *absolu* est marginal en droit du travail *(§ 1)*, l'ordre public *social (§ 2)* est en constante régression s'agissant des accords collectifs : car la négociation

« dérogatoire » créée en 1982 et élargie en 2004 a bouleversé tout l'édifice *(§ 3)*, avant que la « supplétivité » ne fasse une entrée remarquée dans le champ conventionnel le 8 août 2016 avant de devenir la règle le 22 septembre 2017 (§ *4*).

§1 L'ordre public absolu

66 **Argument d'autorité, et antithèse de la liberté contractuelle,** l'ordre public absolu peut être comparé à un feu rouge : « *c'est comme ça, et pas autrement.* » Au nom de l'intérêt général, donc supérieur aux intérêts privés en jeu, personne ne peut négocier une autre norme, ni individuellement ni collectivement, ni dans un sens favorable au salarié *(« in melius »)*, ni dans un sens défavorable *(« in pejus »)*. Ainsi la compétence de l'inspecteur du travail, celle des conseils de prud'hommes ou l'étendue d'une infraction pénale ne peuvent faire l'objet d'aucun accord, d'aucune sorte, par qui que ce soit : l'ordre public le frapperait de nullité, tout comme l'indexation de salaires conventionnels sur l'indice des prix, ou les règles tenant à la santé ou à la sécurité.

Deux exemples jurisprudentiels :

- **individuel :** une prime pouvant mettre en cause la sécurité des salariés ou des tiers. Même si le chauffeur-routier ou le livreur de pizzas sont très satisfaits de leur « prime de rapidité de livraison », celle-ci est nulle car les incitant à prendre des risques pour eux, mais aussi à l'égard des tiers en dépassant les vitesses autorisées. Même si l'inspecteur du travail exigeant légitimement sa suppression n'est alors guère populaire…
- **collectif :** la loi du 20 août 2008 avait tranché : seuls les syndicats ayant obtenu plus de 10 % des suffrages exprimés aux dernières élections dans l'entreprise ont accès à la table des négociations. Mais pour que ce pauvre René, délégué syndical FO tombé à 9,9 % le reste, employeur et autres syndicats peuvent-ils par accord collectif (plus favorable pour lui), même unanime, retenir un seuil de 9,8 % ? Non, le but de cette loi étant de mieux légitimer les négociateurs. *Idem* pour le seuil de validité d'un accord collectif : c'est 50 % au minimum. *To have, or not to have* 10 % ou 50 %.

Mais l'ordre public absolu est aujourd'hui restreint : instrument de protection mais aussi de promotion du statut social du salarié, le droit du travail reposait avant 1982 entièrement sur l'ordre public *social*.

§2 L'ordre public social (art. L. 2251-1) : une règle en régression

67 ***« Plus on descend, plus ça monte »*.** L'ordre public *social* est bien sûr étranger aux sources imposées (OIT, UE, Constitution, Loi…) où la hiérarchie habituelle s'impose. Mais permet de résoudre les conflits entre sources : en l'absence de possibilité de dérogation à la loi ou à la convention collective supérieure, **la source inférieure doit être plus favorable au salarié que la norme supérieure**. Ainsi pour les salaires

minima (pas les primes) : au 1er septembre 2021, le SMIC légal était de 1 555 euros mensuels bruts pour 35 heures. En application de l'ordre public social, *qui ici demeure*, les normes inférieures (conventions collectives, contrat de travail) doivent donc prévoir des minima d'embauche supérieurs, ou au moins égaux (ex. : convention collective de branche : 1 590 €, accord d'entreprise : 1 632 €, contrat individuel : 1 647 €).

La métaphore couramment employée est celle de la maison à plusieurs étages que les partenaires peuvent construire au-dessus du plancher *légal*, en accordant des *avantages* supplémentaires au salarié, à l'époque financés par les Trente Glorieuses. Mais il n'était pas question qu'ils puissent valablement lui opposer des normes moins favorables.

L'ordre public social, c'était aussi le progrès social des années 1945-1975 et le « sens naturel » du droit du travail (toujours plus de protections pour le salarié), financé par une exceptionnelle croissance avec donc seulement 350 000 chômeurs.

68 Principe « de faveur » pour résoudre les conflits de normes

Aujourd'hui, un quart des salaires minima d'embauche des conventions de branche reste, sur le papier, inférieur au SMIC faute de renégociations récentes : ils ne sont donc plus applicables, et c'est la source au niveau le plus élevé – parfois le SMIC ! – qui se substitue automatiquement à eux.

Le principe de faveur retient donc la norme la plus favorable au salarié, que l'employeur doit appliquer « *en vertu du principe fondamental du droit du travail selon lequel la situation des salariés doit être régie, en cas de conflit de normes, par celle qui est la plus favorable au salarié* » avait indiqué le Conseil d'État le 22 mars 1973, le Conseil Constitutionnel refusant cependant le 20 mars 1997 de donner valeur constitutionnelle à un principe aussi mal défini. Mais si l'employeur obtient une lettre de renonciation individuelle, expresse et motivée du collaborateur, elle n'a aucune valeur.

69 Dérogations en chaîne : *quo descendet* ? Mais depuis 1982, un accord collectif peut « déroger » à la *loi* (Acte I). Et depuis mai 2004, l'accord collectif inférieur pouvait « déroger » à *l'accord supérieur* (Acte II). Cette dynamique ne nous entraîne-t-elle pas vers un Acte III, l'*« opt-out »* individuel qui permettrait au *contrat individuel* de déroger « de gré à gré » aux normes conventionnelles et qui gagne aujourd'hui du terrain au niveau communautaire ? Pour l'instant, non. Mais il a fait son apparition en Hongrie en mars 2020…

Mais au nom de la flexibilité interne plutôt qu'externe, le principe de faveur a vu son champ d'application se restreindre réforme après réforme : des accords « dérogatoires » de 1982 à la « supplétivité » érigée en principe par les ordonnances du 22 septembre 2017.

Outre les usages, une seule source reste fin 2021 entièrement soumise à l'ordre public social : le contrat de travail. Mais en principe aussi les treize matières relevant exclusivement de la convention de branche depuis l'ordonnance n° 1 du 22 septembre 2017 (*cf.* art. L. 2253-1 nouveau : salaires minima, classifications, mutualisation des fonds de financement du paritarisme ou des fonds de la formation professionnelle, renouvellements de la période d'essai ou du CDD...).

Sur ces treize sujets, les stipulations de la convention de branche prévalent sur celles de l'accord d'entreprise conclu antérieurement ou postérieurement... « *sauf lorsque la convention d'entreprise assure des garanties au moins équivalentes* ».

ÉVITER LES GB (GROSSES BOURDES)

1 – « **Déroger** » ne veut pas dire retenir une norme forcément moins favorable mais, conformément à son étymologie, simplement *différente* de la norme en cause. Opposer ordre public social forcément « *in melius* » à « dérogation » forcément « *in pejus* » est donc pédagogique, parfois même politiquement astucieux mais **techniquement faux.** Un exemple ? Les journalistes ou cadres autonomes des banques ayant obtenu 21 jours de repos suite à leur passage au très dérogatoire forfait-jours : combien estiment que ce système est un chemin de croix social horriblement défavorable par rapport à la norme des 35 heures ?

2 – « **Supplétivité** » ne doit pas être confondu avec caractère **facultatif** : car une règle supplétive devient obligatoire si la règle supérieure fait défaut. Ainsi du délai de carence entre deux CDD fixé depuis septembre 2017 par la Branche. Mais l'ordonnance a décidé qu'en son absence, la règle légale supplétive d'un tiers s'appliquerait. Elle n'est alors en rien facultative car si elle n'est pas respectée, il y a requalification en CDI.

Problème aujourd'hui : ces deux techniques se superposent voire s'entrelacent, rendant difficile pour le néophyte... et l'étudiant la connaissance de la situation exacte d'un salarié en 2021, dont la convention de branche a utilisé toutes les possibilités données par les ordonnances du 22 septembre 2017 avec ses trois blocs, mais dont un accord d'entreprise portant par exemple sur l'emploi à la suite de la pandémie C19 vient d'être signé (V. *infra*).

§3 La fin du sens unique et obligatoire lié à l'ordre public social : la négociation collective « dérogatoire » (1982 + 2004)

70 **Le séisme de janvier 1982.** La négociation « dérogatoire » est née en janvier 1982, dans une discrète ordonnance relative à la durée du travail ; et depuis plus rien n'est comme avant. Pour donner aux entreprises une meilleure *flexibilité* interne (plutôt qu'externe, *i.e.* licenciements économiques), il fut décidé que, dans la limite d'un contingent de 130 heures supplémentaires annuelles, l'inspecteur du travail n'aurait plus à donner son autorisation. Mais le texte précisait aussi que les partenaires sociaux pourraient *négocier eux-mêmes* un contingent « *dérogatoire* » car différent : inférieur certes (ex. : métallurgie, 94 heures) en application de l'ordre public social, mais le cas échéant *supérieur* (donc en principe moins favorable pour le salarié), exclusivement par accord *collectif*.

Or depuis sa fondation, le droit du travail permettait certes à la convention collective de déroger à la loi, mais seulement ***in melius***.

Depuis 1982 donc, et contrairement à tout ce qui était enseigné et pratiqué depuis 1950, les partenaires sociaux peuvent donc négocier une norme *différente* (étymologie de *déroger*), et donc parfois de facto moins favorable que celle fixée par la loi, **si** celle-ci l'y autorise expressément.

Ils ne sont donc plus forcés de construire exclusivement au-dessus du plancher légal : mais peuvent creuser à côté, voire en dessous de véritables galeries, remettant en cause la stabilité de l'ensemble de l'édifice. Ce tremblement de terre normatif de 1982 a conduit aux répliques sismiques des lois du 20 août 2008 puis aux ordonnances du 22 septembre 2017, qui ont voulu donner priorité à l'accord d'entreprise majoritaire et donc plus légitime pour déroger à la norme supérieure, mais aussi pour imposer sa loi au contrat individuel de travail.

71 **Les répliques sismiques de mai 2004 et août 2008.** Depuis la loi Fillon du 4 mai 2004, donc bien avant septembre 2017, *entre conventions collectives* – et entre elles seulement (ex. : accord d'entreprise/convention de branche) – la *hiérarchie* avait déjà cédé la place à l'*articulation :* la convention inférieure ne devait plus forcément être plus favorable que le niveau supérieur : elle pouvait y *déroger*, à moins que ce dernier n'en dispose expressément autrement, et hors des quatre hypothèses où la loi l'interdisait.

Ainsi, un accord d'entreprise pouvait contenir des stipulations *différentes*, et donc parfois moins favorables que celles de la branche si cette dernière ne l'interdisait pas. Au sein du champ conventionnel, ce n'était donc plus désormais le principe *de faveur* qui jouait, mais notre nouvelle religion de la **proximité** (police de/justice de), et l'adage « *specialia generalibus derogant* » (« les règles spéciales dérogent aux règles générales ») : l'accord d'entreprise pouvait déroger... dans tous les sens.

72 **Disruption.** Mais cette technique de l'***accord dérogatoire au niveau supérieur*** maintenait une hiérarchie au sein des sources conventionnelles, car la branche pouvait décider de verrouiller. Discrètement inaugurée en 2008 s'agissant – là encore – de durée du travail, la ***subsidiarité*** de l'accord de branche en présence d'un accord d'entreprise est radicalement différente : si depuis la loi du 4 mai 2004, l'accord d'entreprise pouvait « déroger à » la convention de branche, depuis le 22 septembre 2017, cette dernière est en principe « subsidiaire de » l'accord d'entreprise.

§4 Ordonnances du 22 septembre 2017, ratifiées le 29 mars 2018 : proximité, subsidiarité et supplétivité

73 **Principe de proximité.** La loi du 20 août 2008 avait déjà retenu la *primauté* de l'accord d'entreprise voire d'établissement sur l'accord de branche dans trois petits domaines *relevant de la durée du travail.*

Dans ce même domaine nécessairement proche du terrain, la loi du 8 août 2016 en a fait le principe avec son refrain sur les dizaines de thèmes relatifs au temps de travail et au temps de repos, chaque article étant composé de trois paragraphes : « § 1. *Ordre public* » (indérogeable *in pejus*) ; « § 2. Champ de la négociation collective : "*En application de l'article L. xxxx-xx, un accord d'entreprise ou d'établissement ou, à défaut, un accord de branche, peut définir...* » ; « § 3. *Dispositions supplétives* » (fixées par la loi) : « *À défaut d'accord...* ».

UN EXEMPLE EMBLÉMATIQUE : LA RÉMUNÉRATION DES HEURES SUPPLÉMENTAIRES DEPUIS LA LOI TRAVAIL DU 8 AOÛT 2016

Ordre public (s'imposant donc aux négociateurs de tous niveaux)
Article L. 3121-27 : « *La durée légale de travail effectif des salariés à temps complet est fixée à trente-cinq heures par semaine* ».
Article L. 3121-28. « *Toute heure accomplie au-delà de la durée légale hebdomadaire est une heure supplémentaire qui ouvre droit à une majoration salariale ou, le cas échéant, à un repos compensateur équivalent (...)* ».

Champ de la négociation collective (large ouverture, et en principe supplétivité de la convention de branche car l'accord d'entreprise est prioritaire)
Article L. 3121-33. I. « *Une convention ou un accord collectif d'entreprise ou d'établissement ou, à défaut, une convention ou un accord de branche prévoit le ou les taux de majoration des heures supplémentaires accomplies au-delà de la durée légale ou de la durée considérée comme équivalente.*
Ce taux ne peut être inférieur à 10 % (...) ».

Dispositions supplétives (minimum légal en l'absence d'accord, mais dont le niveau a un impact sur la négociation : s'il est très protecteur, les syndicats ont moins intérêt à signer. S'il ne l'est pas, ce sont les entreprises qui ne vont pas se précipiter)
Article L. 3121-36. « *À défaut d'accord, les heures supplémentaires accomplies au-delà de la durée légale hebdomadaire donnent lieu à une majoration de salaire de 25 % pour chacune des huit premières heures supplémentaires. Les heures suivantes donnent lieu à une majoration de 50 %* ».
Le nouvel équilibre du 22 septembre 2017 : subsidiarité convention collective de branche/si accord d'entreprise majoritaire à plus de 50 % des syndicats signataires. Seuil qui légitime aussi le rude sort fait aux salariés refusant l'application d'un accord collectif impactant leur contrat de travail (ex. : passage à 39 heures payées 35 depuis l'accord de performance collective créé par la loi du 29 mars 2018 : licenciement individuel sui generis, avec cause réelle et sérieuse préconstituée).

74 Obscure clarté. Cette contractualisation en chaîne entraîne donc une complexification des normes finalement applicables (loi/convention collective de branche/accord d'entreprise). La licéité de certains accords d'entreprise dérogeant fortement à la fois à la loi mais aussi à leur propre convention de branche est parfois incertaine, rendant plus difficile mais également moins légitime le travail des instances de contrôle (à l'inspection du travail : « *On s'est arrangé, et c'est très bien comme ça, merci Mme l'inspectrice !* »).

75 Le cœur des réformes de 2017-2018 : inverser les rapports convention de branche / accord d'entreprise : « les trois blocs »

Ils figurent dans l'ordonnance n° 2017-1385 du 22 septembre 2017 « relative au renforcement de la négociation collective », dans son Titre I (« Place de la négociation collective »), chapitre 1 (« *Rapports entre accords d'entreprise ou d'établissement et accords couvrant un champ territorial ou professionnel plus large, notamment de branche* »).

- **Bloc 1 : le nouvel « ordre public conventionnel » (ou « professionnel » car lié à un secteur économique, art. L. 2253-1)**

Ici, la branche décide et garde donc la main, la liste passant même de six thèmes en 2016 à treize en 2017 : contrepartie accordée aux partenaires sociaux, vent debout à l'été 2017 contre l'absolue suprématie prévue de l'accord d'entreprise.

Article L. 2253-1 – *La convention de branche définit les conditions d'emploi et de travail des salariés.* Elle peut en particulier définir les garanties qui leur sont applicables dans les matières suivantes :

1 - **Les salaires *minima hiérarchiques* ;**
2 - **Les classifications ;**
3 - *La mutualisation des fonds de financement du paritarisme ;*
4 - La mutualisation des fonds de la formation professionnelle ;
5 - Les garanties collectives complémentaires ;
6 - *Les mesures relatives à la durée du travail, à la répartition et à l'aménagement des horaires ;*
7 - *Les mesures relatives aux contrats de travail à durée déterminés et aux contrats de travail temporaire énoncées aux articles L. 1242-8 et L. 1242-13 ;*
8 - *Les mesures relatives au contrat à durée indéterminée de chantier énoncées à l'article L. 1223-8 du présent code ;*
9 - L'égalité professionnelle entre les femmes et les hommes ;
10 - *Les conditions et les durées de renouvellement de la période d'essai mentionnés à l'article L. 1221-21 du Code du travail ;*
11 - *Les modalités selon lesquelles la poursuite des contrats de travail est organisée entre deux entreprises lorsque les conditions d'application de l'article L. 1224-1 ne sont pas réunies ;*
12 - *Les cas de mise à disposition d'un salarié temporaire auprès d'une entreprise utilisatrice mentionnés aux 1° et 2° de l'article L. 1251-7 du présent code ;*
13 - *La rémunération minimale du salarié porté, ainsi que le montant de l'indemnité d'apport d'affaire, mentionnée aux articles L. 1254-2 et L. 1254-9 du présent code »*.

« GAME » et autorité finalement relative de la CCB. Car même dans ce bloc 1, « *les stipulations de la convention de branche (...) prévalent sur la convention d'entreprise conclue antérieurement ou postérieurement à la date de leur entrée en vigueur, sauf lorsque la convention d'entreprise assure des* ***garanties au moins équivalentes*** » (G.A.M.E.) : donc pas forcément « *plus favorables* » au sens de l'ordre public social.

Mais la loi de ratification du 29 mars 2018 ayant ajouté que « *cette équivalence des garanties s'apprécie par ensemble de garanties se rapportant à la même matière* », on se rapproche de l'ordre public social : la très large liberté conventionnelle initiale (ex. : dix jours de congés supplémentaires par accord d'entreprise contre suppression de la prime de branche de 900 euros pour des jeunes collaborateurs ne voulant pas perdre leur vie à la gagner) est réduite à pas grand-chose : un salaire minimum mensuel inférieur aux minima de branche, mais compensé par une prime garantissant une rémunération annuelle supérieure...

Sans même parler de GAME en matière d'égalité professionnelle, car le Tribunal Correctionnel pour discrimination n'est pas loin...

Et étaient déjà interdits de GAME les domaines relevant de par la loi exclusivement de la Branche : durée minimale du travail à temps partiel, taux de majoration des heures complémentaires, conditions et durée des renouvellements de la période d'essai, durée totale des CDD et nombre des renouvellements...

Conséquence prévisible : quatre ans après la création de ces « garanties au moins équivalentes », très, très peu d'entreprises ont signé des accords en application de ce texte... qui figure cependant dans le Code du travail et peut donc se déployer demain.

- **Bloc 2 : la branche *peut décider* de garder la main, si... (art. L. 2253-2)**

Sur quatre thèmes, nettement moins emblématiques que les salaires minima ou les classifications du Bloc 1 voulant éviter tout dumping social entre entreprises du même secteur, **la branche peut ici garder la main, mais il faut qu'elle le dise expressément : 21 cas fin 2020.** « Dans les matières suivantes, lorsque la convention de branche le stipule expressément, la convention d'entreprise conclue postérieurement à cette convention ne peut comporter des stipulations différentes de celles qui lui sont applicables en vertu de cette convention ***sauf lorsque la convention d'entreprise assure des garanties au moins équivalentes*** :

« *1° La prévention des effets de l'exposition aux facteurs de risques professionnels* (ex-pénibilité) *;*

« *2° L'insertion professionnelle et le maintien dans l'emploi des travailleurs handicapés ;*

« *3° L'effectif à partir duquel les délégués syndicaux peuvent être désignés, leur nombre et la valorisation de leurs parcours syndical ;*

« *4° Les primes pour travaux dangereux ou insalubres.* »

Mais là encore, par accord d'entreprise, des GAME (V. *supra*) sont censées permettre de fixer des règles différentes de la Branche. Quatre ans après, succès nul.

- **Bloc 3 : Last but not least, le nouveau principe, *in fine* : primauté de l'accord d'entreprise, et supplétivité de la convention de branche (art. L. 2253-3 nouveau)**

« *Dans les matières autres que celles mentionnées aux articles L. 2253-1 et L. 2253.2, les stipulations de la convention d'entreprise conclue antérieurement ou postérieurement à la date d'entrée en vigueur de la convention de branche* ***prévalent*** *sur celles ayant* *le même objet prévues par la convention de branche. En l'absence d'accord d'entreprise, la convention de branche s'applique* ».

Donc en dehors des 13 + 4 = 17 thèmes limitativement énumérés dans les deux articles examinés *infra*, dont certains sont certes essentiels (salaires minima de branche) mais d'autres nettement moins (mutualisation des fonds de financement du paritarisme, primes pour travaux dangereux...), « *les stipulations de la convention d'entreprise* ***prévalent*** *sur celles ayant le même objet prévues par la convention de branche* ».

Là réside la seule « inversion des normes » des trente dernières années : pour les éléments essentiels de la vie d'un salarié, c'est l'accord d'entreprise désormais largement auto-norme qui fait la loi, « *quelle que soit la date d'entrée en vigueur* » de la convention de branche.

76 Quelles conclusions tirer de cette nouvelle organisation des normes conventionnelles ?

- **1. En matière sociale, un texte nouveau n'entraine pas toujours les conséquences (rapides) prévues par ses auteurs**

La loi du 4 mai 2004 autorisant déjà l'accord d'entreprise à *déroger* à sa convention de branche n'avait ainsi donné lieu qu'à très, très peu d'accords dérogatoires : chiffon rouge pour les syndicats que cette sortie de la loi économique et sociale de leur profession, et peu attractifs pour les employeurs ne voulant pas passer pour les Thénardier de la profession.

Et l'entrée dans nos mœurs sociales de textes aussi novateurs prend beaucoup plus de temps que son apparition sur le site www.legifrance.fr. Il faut que les partenaires sociaux les connaissent, se les approprient, puis souhaitent négocier et conclure, sur des thèmes parfois fort sensibles (ex. : renouvellement ou délai de carence des contrats précaires).

- **2. La complexité de ces trois nouvelles articulations branche/entreprise**

Elle fait dans un premier temps la joie des marchands de contentieux, puis donne aux juges sociaux une place essentielle dans l'application de la réforme.

- **3. Et depuis la loi de ratification du 29 mars 2018**

- En droit, l'éventuel contestataire de l'accord d'entreprise signé devra vite agir devant le Tribunal judiciaire (art. L. 2262-14 : dans les deux mois de la publication de l'accord), et il lui appartiendra d'en démontrer l'illégalité : en cas de doute du juge, il sera donc validé (art. L. 2262-13 nouveau).
- En fait, on peut imaginer que si cet accord vraiment majoritaire car forcément à plus de 50 % depuis le 1er mai 2018 a été signé, le personnel plébiscitait cette évolution. En cas d'annulation judiciaire (qui n'est plus forcément rétroactive, art. L. 2262-15), ce délégué aura donc des comptes à rendre à ses petits camarades très remontés...

Légalité et légitimité en droit du travail : vaste mais si vieille question !

Chapitre 3

Les instances de contrôle du droit du travail

77 **L'étude des acteurs du droit du travail** relève davantage du sociologue ou de l'historien que du juriste : ce dernier s'intéresse avant tout à l'application des textes dans l'entreprise... s'ils sont appliqués. Car plus encore que d'autres branches du droit privé, le droit du travail souffre d'une réelle ineffectivité, proportionnelle à sa croissance continue en forme de stratification, et surtout à sa redoutable complexité.

Quand il s'agit de sauvegarder l'intégrité physique des salariés, le consensus est général et les mesures de contrôle ou les sanctions relativement faciles à mettre en œuvre. Mais comment vérifier – et sanctionner le cas échéant – l'application quotidienne des 9 964 articles de l'actuel Code du travail dans toutes les entreprises, de PSA-Sochaux à la *start-up* ou encore l'entreprise familiale agricole ? Par définition générale et impersonnelle, la loi ne peut concrètement s'appliquer de la même façon dans un grand établissement où les syndicats sont bien implantés et les juristes en droit social nombreux pour éviter les bévues, et dans l'usine de son sous-traitant où l'effectif ne doit pas atteindre 50 salariés. Certes les textes récents, et en particulier les lois de 2017-2020 ont voulu tenir compte du réel particularisme des TPE et des PME, qui sont aujourd'hui la principale source de création d'emplois. Mais le droit du travail, *légal et conventionnel*, a été et reste conçu pour des entreprises de taille importante bénéficiant des précieux conseils de juristes et RH spécialisés, voire de leur propre service juridique en droit social.

Or un salarié français sur quatre travaille dans un établissement de moins de dix salariés, et un sur deux dans une entreprise de moins de cinquante : peu ou pas de délégués, et *a fortiori* de juriste en droit social.

TPE-PME : L'INÉGALITÉ DES ENTREPRISES FACE AU CODE ET AUX JUGES

Small was not beautiful. Notre droit du travail restait conçu pour les grandes entreprises dotées d'un Service juridique pointu lisant chaque jour le quotidien du droit du travail (Liaisons Sociales), et pouvant dans l'instant faire appel aux meilleurs avocats.

Or de la *start-up* à nos 400 000 artisans, une Très Petite Entreprise (TPE de moins de 11 salariés, 3 en moyenne) n'est pas une grande entreprise en miniature, avec de Très Petits Directeurs financier + Commercial + Juridique. Multi-fonctions par nécessité, le « petit patron » pratique moins la gestion économique des risques juridiques des sociétés du CAC 40 que la réaction en temps réel. Ne disposant pas en direct de Service juridique ou d'avocat spécialisé s'il n'appartient pas à un groupe, il commet des erreurs et était donc assigné plus souvent qu'à son tour devant les prud'hommes, jurant, mais un peu tard... qu'il n'embauchera plus.

Exemple : fallait-il pousser des cris d'orfraie à l'idée d'un plafonnement d'indemnisation en cas de défaut de cause réelle et sérieuse ?

Si l'on comprend bien que côté salarié licencié, le préjudice est équivalent pour lui et sa famille, c'est ignorer la situation réelle d'un petit patron, et laisser penser que sa préoccupation permanente est de se débarrasser illégalement de collaborateurs qu'il côtoie au quotidien ; alors qu'il a beaucoup de mal à en trouver, et cherche plutôt à les fidéliser...

On ne peut donc oublier que le seuil d'effectifs change tout. Car pour ces entreprises à la trésorerie précaire, douze mois de dommages-intérêts peuvent représenter la moitié ou un tiers de leur masse salariale et conduire au licenciement de collègues, voire au dépôt de bilan. Cette condamnation ayant ensuite un effet désastreux en termes d'embauche, qui se diffuse rapidement dans l'entourage professionnel. Sans même parler de leur banque...

Si la violation de la loi était délibérée, la question serait réglée. Mais « *le Droit est une toile d'araignée qui capture les mouches, mais laisse passer guêpes et frelons* » (J. Swift).

Au-delà du doute profitant au salarié (ex. : grave incident en tête-à-tête : parole contre parole), la frontière entre licite et illicite est enfin souvent incertaine (ex. : retards), parfois mouvante.

Que faire ?

- 1. La France a moins besoin de contrôleurs que de créateurs d'entreprise. Et surtout de moins de défiance et plus de confiance à l'égard de celles et ceux qui travaillent en moyenne 51 heures par semaine et emploient un salarié sur cinq : d'où la bonne idée du « droit à l'erreur » (mais une seule fois, et de bonne foi) créé le 10 août 2018, ou de la possibilité pour l'entreprise de préciser les motifs d'un licenciement déjà prononcé.
- 2. À l'instar des ordonnances du 22 septembre 2017, chercher à sécuriser la vie quotidienne de nos petits patrons... et des startups divorçant du droit du travail salarié en lorgnant du côté du si flexible « travail indépendant ». *A fortiori* depuis la démocratisation du travail à domicile , où le contrôle du temps de travail exigé par le code n'est pas vraiment aisé, même pour un employeur de bonne foi.

78 **L'ineffectivité du droit du travail** est souvent due à un comportement involontaire du chef d'entreprise ou du manager. Cette situation explique la relative mansuétude des instances de contrôle ; ainsi des inspecteurs du travail *(Section I)* évoquant une « application négociée » du code, et dont la majorité des rares PV ne donnait lieu en justice, deux ans plus tard qu'à de rares sanctions. D'où la création des sanctions administratives, rapides et rentables.

Car les juges du droit du travail *(Section II)* n'ignorent pas eux-mêmes la redoutable complexité de certains textes qui, au-delà des alternances politiques, font fréquemment l'objet de modifications : modifications dont les années récentes furent friandes. En 2022, il faut rappeler à nos Gaulois décideurs qu'alternance *politique* ne signifie pas forcément alternance *juridique*, et qu'elle ne doit pas forcément commencer par mettre automatiquement à la poubelle ce qu'ont fait leurs prédécesseurs.

SECTION I L'inspection du travail

79 **« Les funambules du travail : pratiques de l'inspection du travail ».** Ce titre reflète bien les efforts d'équilibriste auxquels doit se livrer ce corps spécialisé créé sur demande patronale le 19 mai 1874, après que tout le monde eut constaté que la loi de 1841 protégeant les femmes et les enfants n'avait pas été respectée faute de contrôle dans les entreprises, créant entre elles des distorsions de concurrence.

Limitée à l'origine à l'hygiène et à la sécurité, la mission de l'inspecteur du travail français a été considérablement élargie depuis : qu'il s'agisse des rapports individuels ou collectifs de travail, il exerce aujourd'hui une véritable magistrature sociale, ce qui le différencie de ses collègues européens, souvent cantonnés au noyau dur de la sécurité (*cf. Le système d'inspection du travail en France*, T. Kapp, P. Ramackers et J.-P. Terrier, Éditions WKRH-Intefp, mars 2019).

Côté entreprise, on doit donc bien réfléchir à cette omnicompétence avant par exemple de faire un recours hiérarchique contre l'une de ses décisions (ex. : refus d'autorisation de licenciement de représentant du personnel), ce qui l'amènera à devoir se justifier devant sa hiérarchie ; ou lors d'un procès en Correctionnel, le mettre en difficulté par avocat interposé ou *a fortiori* évoquer la partialité de ses PV. Car demain, il faudra travailler avec lui...

80 **2008-2021 : Administration du travail : le retour.** Entre l'homologation des ruptures conventionnelles depuis la loi du 25 juin 2008, son contrôle des PSE avec celle du 14 juin 2013, puis des nouvelles et attractives « ruptures conventionnelles collectives » de mars 2018, l'administration du travail a vu son rôle se renforcer. Mais moins l'inspecteur du travail que son supérieur au niveau régional : la Direccte (Direction régionale des entreprises, de la concurrence, de la consommation, du travail et de l'emploi), **devenue Dreets en 2021**.

Recrutés au même niveau universitaire que l'ENA ou l'ENM (sujet de culture générale 2019 : « *Doit-on redouter les conséquences des nouvelles technologies de l'information et de la communication sur la société ?* » ; en 2020 : « *Les enjeux de l'aménagement du territoire aujourd'hui* ». Et en droit du travail : « *Évolutions et enjeux des différentes formes de représentation des personnels* »), les 120 inspecteurs-élèves recrutés en 2021 vont suivre une scolarité de dix-huit mois à l'Institut national du travail à Lyon (www.intefp.travail-emploi.gouv.fr/) puis choisissent, en principe selon leur rang, leur affectation. Soit dans l'une des 790 sections d'inspection regroupées dans des unités territoriales, soit dans les ex-Direccte devenues les douze Dreets (Direction régionale de l'économie, de l'emploi, du travail et des solidarités) le 1er avril 2021, où ils sont en charge de l'emploi.

Depuis 2021, en dessous des Dreets régionales (avec leurs quatre pôles : politique du travail, concurrence, consommation, répression des fraudes et métrologie ; économie, entreprises, emploi, compétences, solidarités et lutte contre les exclusions), les DDTES (Directions départementales de l'emploi, du travail et des solidarité), puis les 232 UC (unités de contrôle), avec 1 952 agents de contrôle en 2021 (moyenne d'âge : 49 ans, 60 % de femmes). Sur le terrain, chacune des 843 *sections d'inspection* (432 en Île-de-France) couvre en moyenne 23 200 salariés, chaque agent contrôlant en moyenne 822 établissements et 8 700 salariés. Ils disposent d'une remarquable indépendance à l'égard du pouvoir politique, garantie par la convention n° 81 de l'OIT ; mais aussi dans la gestion de leur temps, liberté particulièrement appréciée au quotidien par les jeunes générations.

Cependant leur traitement (financier et social) reste modeste par rapport aux amis de faculté ou d'IEP passés par l'ENA ou devenus magistrats : l'image du « shérif en 2 CV » reste exacte. Travail énorme, *a fortiori* en période de pandémie, et psychologiquement usant pour une rémunération très inférieure à celle qu'ils toucheraient dans le privé, d'où le départ croissant des meilleurs. Mais aussi une crise des vocations : au premier concours de **2010,** 28 postes : 2419 candidats inscrits, 655 présents ; 39 postes en **2019** : 934 inscrits, 204 présents.

Malgré le « plan de modernisation et de développement de l'inspection du travail », la France manque d'inspecteurs du travail ; ce qui ne se révèle pas forcément favorable aux entreprises, car si les visites sont rares, elles vont au plus pressé : les contrôles pénalement sanctionnés, au détriment du rôle d'accompagnement légitimement évoqué par l'article 3-2 de la convention OIT : « *fournir des informations et des conseils techniques* aux employeurs et aux travailleurs *sur les moyens les plus efficaces d'observer les dispositions légales* ».

81 **« Portant code de déontologie du service public de l'inspection du travail »,** le nécessaire décret du 12 avril 2017 commence par rappeler que « *les agents bénéficient pour l'exercice de leurs missions d'une garantie d'indépendance les préservant des influences extérieures indues. Cette garantie conditionne la qualité du service rendu au public et la confiance des usagers dans le service public de l'inspection du travail.* »

Outre le rappel des bien classiques obligations de discrétion, de secret puis de confidentialité, deux articles veulent garantir cette si légitime confiance, parfois hélas mise à mal par quelques inspecteurs davantage militants politiques ou syndicaux que fonctionnaires impartiaux, renvoyant à l'opinion l'image déplorable d'un corps partisan.

Article R. 8124-18. « *Les agents exercent leurs fonctions de manière impartiale, sans manifester d'a priori par leurs comportements, paroles et actes. Ils font bénéficier les usagers placés dans des situations identiques, quels que soient leur statut, leur implantation géographique et leur activité, d'une égalité de traitement.* »

Article R. 8124-19. « *Dans l'exercice de leurs missions, les agents s'abstiennent de toute expression ou manifestation de convictions personnelles, de quelque nature qu'elles soient. En dehors du service, ils s'expriment librement dans les limites posées par le devoir de réserve. Ils ne peuvent notamment tenir des propos de nature à nuire à la considération du système d'inspection du travail* ».

L'inspecteur du travail français a une triple mission.

§1 Missions de contrôle

82 Les inspecteurs du travail en section d'inspection sont chargés de **veiller à l'application du droit du travail légal, mais aussi conventionnel.** D'abord en répondant, souvent par téléphone, aux demandes de renseignements : entre 500 000 et 700 000 par an, 90 % émanant de salariés, dont la moitié travaille dans des TPE de moins de 11 salariés. 66 % des interventions en 2020 ont d'ailleurs eu lieu dans des entreprises de moins de 250 salariés : 26 % dans la construction, 17 % dans l'industrie, 14 % dans le commerce , et 6 % dans les transports.

83 Ils sont chargés, concurremment avec les agents de police judiciaire, de constater les infractions à ces dispositions. L'article L. 8112-1 évoque la mission la plus vieille et la plus classique, le contrôle de l'application dans l'entreprise des textes applicables : loi, règlements, mais aussi conventions collectives, étendues ou non. Concrètement, cette mission peut s'exercer grâce à trois droits bien particuliers reconnus aux inspecteurs : droit de *visite* (art. L. 8113-1), qui permet de pénétrer sans autorisation ni avis préalables dans tout lieu où travaillent des salariés (240 367 visites en 2020, dont plus du quart sur des chantiers, avec 4 864 décisions d'arrêt immédiat d'activité ou de chantier : *extrêmement* dissuasif en amont) ; droit de *communication* des registres, obligatoirement tenus par le chef d'entreprise, et de tout document *existant* (ex. : fiche de notation dans le cadre d'une enquête sur une éventuelle discrimination). Enfin, plus théorique que pratique, droit de prélèvement en matière d'hygiène et de sécurité (ex. : produits toxiques, art. L. 8113-3).

Un employeur refusant de laisser entrer un inspecteur, ou lui donnant volontairement des renseignements inexacts, par action ou par omission (ex. : « *l'abstention de fournir les informations qui lui étaient demandées sur les heures supplémentaires* », Cass. crim., 25 mars 2017), sera poursuivi et condamné en correctionnelle pour *délit d'obstacle* à l'accomplissement des missions de l'inspection (2 000 observations et 300 PV annuels, un an d'emprisonnement et une amende multipliée par dix en avril 2016 : 37 500 €). Délit à ne pas confondre avec celui visant les *outrages ou les violences* (art. L. 8114-2, environ 50 et 30 PV par an, avec des poursuites systématiques).

84 **De l'éventuel PV au très éventuel procès.** Si l'inspecteur constate des illégalités à l'occasion d'un contrôle, il peut dresser un procès-verbal qui fera foi jusqu'à preuve contraire, la seule dénégation de l'employeur ne suffisant pas (art. L. 8113-7). Après avis du responsable départemental intégré aux Dreets chargé des relations avec les services judiciaires, le PV sera – ou non – transmis au Parquet : devant faire face à une délinquance plus visible, c'est le Procureur qui décidera des suites à donner : entre 20 % et 40 % de classements sans suite, très variables selon les départements.

Mais dans l'immense majorité des cas, l'inspecteur ayant constaté une infraction demandera d'abord à l'employeur d'y mettre bon ordre, soit officieusement, soit officiellement : en 2020, 148 388 lettres d'observations ont enjoint l'entreprise de se conformer à la loi. Et une mise en demeure préalable est obligatoire en matière d'hygiène et sécurité. En 2020, 401 mises en demeure (sur un total de 4 663) ont été notifiées aux entreprises sur la base de la lutte contre le C19 (respect des principes généraux de prévention), le délai d'exécution moyen étant de six jours. Dissuasif.

85 **Trois PV par inspecteur et par an.** Selon les chiffres publiés en avril 2019 (avant la crise C19) sur les 819 017 infractions constatées dans les établissements visités une infime minorité a donné lieu à rédaction d'un PV souvent précédé d'une mise en demeure (4 964 PV en 2018, 5 395 en 2019 et **4 028 en 2020**) pour 1 952 agents de contrôle. Puis transmis à la justice : 40 % travail illégal, 35 % santé-sécurité, 20 % contrat de travail : durée du travail, embauche, salaires, 3 % relations collectives de travail. Le PV est en effet l'*ultima ratio*, lorsque tous les moyens de persuasion (*cf.* les **148 388 « lettres d'observations » de 2020**) auront été utilisés, ou que l'infraction est grave.

Les suites données au PV, très variables selon les procureurs, ont parfois de quoi décourager les inspecteurs ayant passé plusieurs jours à constater puis détailler l'infraction : une sur deux sont suivis de poursuites judiciaires, les Parquets en classant sans suite un bon quart avec, comme dans d'autres domaines, de très forts écarts types entre TJ.

Et elles n'aboutissent pas toujours à des condamnations rarement d'emprisonnement (surtout avec sursis) : donc pour l'essentiel des peines d'amendes (70 %). Pourquoi ?

86 **Déperdition facilement explicable.** Submergé par la grande délinquance, le Parquet hésite à poursuivre un employeur n'ayant pas respecté telle règle très technique relative à la durée du travail ou ayant remis entretemps aux normes des machines défaillantes. Le tribunal de police (contraventions) ou les juges du tribunal correctionnel (délits) hésitent ensuite à soumettre à une très forte amende, et *a fortiori* à envoyer en prison le responsable d'une entreprise locale pourvoyeuse d'emplois. De quoi démotiver l'inspecteur du travail ayant passé son week-end à rédiger son PV, et qui lors de sa prochaine visite dans l'entreprise verbalisée va se heurter à des sourires amusés côté direction, mais atterrés côté salariés puisque qu'une infraction dûment constatée par ses soins va rester impunie.

D'où la montée en puissance en 2016-2020 des plus rapides, mieux recouvrées et donc plus efficaces amendes administratives : « *l'hyper-pénalisation apparente du droit du travail masquait une hypo-répression* » (L. Gamet, Dr. soc, mai 2017, p. 439).

ORDONNANCE DU 7 AVRIL 2016 ET DÉCRET DU 25 AVRIL 2016

Des sanctions moins visibles, mais plus effectives

▮ ***Amendes administratives (art. L. 8113-7 et s.)***

L'inspecteur du travail a parfois le choix, mais il est irrévocable : dresser un PV, ou rédiger un rapport à destination du Dreets. Si ce dernier envisage une amende administrative, une procédure contradictoire sera respectée (un mois). Pour l'employeur le spectre du procès public s'éloigne : mais son directeur financier pourrait regretter cette évolution car les taux, qui varient bien sûr selon la gravité de l'infraction et le comportement passé de son auteur, sont dissuasifs : 2 000 euros (maximum) par salarié, et 4 000 en cas de réitération dans l'année s'agissant des très classiques infractions sur les durées maximales de travail ou le repos quotidien et hebdomadaire. Cinq ans plus tard, le premier bilan fait regretter aux entreprises le bon vieux PV : la moitié des sanctions notifiées – sans possibilité de recours hiérarchique – concernent la durée du travail et un tiers la santé – sécurité. Et en quatre ou cinq mois, l'amende administrative est recouvrée (art. L. 8115-5) : rien à voir avec les aléas du steeple-chase judiciaire d'antan. **En 2019, 2 270 sanctions administratives ont été prononcées avec un total de 12 millions d'euros d'amende (montant moyen : 910 €).**

La loi du 10 août 2018 « pour un État au service d'une société de confiance » a instauré un « droit à l'erreur » en cas de première méconnaissance, involontaire, d'une règle, et permet de graduer le niveau de sanction administrative susceptible d'être notifié par le Dreets. Lorsque le manquement est établi, ainsi que la bonne foi de l'employeur, ce dernier pourrait ne pas prononcer d'amende administrative, mais notifier à l'auteur du manquement un avertissement (une seule fois...).

▮ ***Transaction pénale homologuée par le Parquet***

Article L. 8114-4 : « *Tant que l'action publique n'a pas été mise en mouvement, l'autorité administrative compétente peut transiger avec les personnes physiques et les personnes morales sur la poursuite d'une infraction constituant une contravention ou un délit* ». Une fois le PV de l'inspecteur transmis au Dreets, ce dernier peut, au lieu de transmettre ce procès-verbal au Parquet, décider d'opter pour une proposition transactionnelle : mais il n'y est jamais obligé. Et sont exclues les infractions les plus graves : celles punies d'une peine supérieure à un an.

« *La proposition de transaction est déterminée en fonction des circonstances et de la gravité de l'infraction, de la personnalité de son auteur ainsi que de ses ressources et de ses charges* » (art. L. 8114-5). Si l'employeur l'accepte, elle est soumise à l'homologation du procureur de la République, qui se sera bien sûr concerté en amont avec son « référent » à la Dreets pour définir ensemble une politique pénale cohérente. Sinon, le chef d'entreprise prend le risque d'un procès public, à la sanction officiellement dissuasive avec ses peines de prison (qui sauf travail illégal restent

exceptionnelles, mais terrorisent les employeurs étrangers), et personnellement souvent dévastateur pour le dirigeant... ou son délégataire de pouvoir.
En 2018, 11 % des procédures pénales soit 490 transactions ont été proposées aux Parquets : 52 % relatives à la santé ou à la sécurité, le taux d'exécution étant de 96 %.

POUR ALLER PLUS LOIN...

- L. Vilboeuf, Adjoint au DGT, *Les amendes administratives en droit du travail*, Dr. soc., mai 2017, p. 432, évoquant « une véritable révolution dans le domaine des sanctions » grâce à « ces outils juridiques adaptés et efficaces pour la recherche permanente de l'effectivité de la norme », et répondant à la question essentielle : « le droit pénal constitue-t-il la voie de contrainte exclusive car suffisante pour assurer l'application du droit du travail ? »
- L. Gamet, *Inspection du travail et répression*, Dr. soc. mai 2017, p. 439
- P. Auvergnon et T. Kapp, n° spécial de Droit social, juill.-août 2017, p. 657 : « De nouveaux rapports entre le système d'inspection du travail avec le Parquet et les juges » évoquant l'omniprésent « regard du Parquet »
- Pour un bilan général, le rapport sénatorial publié le 25 septembre 2019 « L'inspection du travail : un modèle à renforcer », rapport d'information n° 743, http://www.senat.fr/rap/r18-743/r18-743_mono.html

87 En matière d'hygiène et de sécurité (V. le chapitre *infra*), lorsqu'il existe « *un risque sérieux d'atteinte à l'intégrité physique d'un travailleur* », l'inspecteur peut saisir le TJ statuant en référé afin que ce dernier ordonne l'immobilisation *immédiate* de la machine dangereuse. Si cette procédure judiciaire reste exceptionnelle (quelques dizaines par an), sa seule évocation suffit généralement à convaincre l'employeur de le faire avant que la justice ne le lui ordonne sous astreinte. Il en va de même dans le BTP, où l'inspecteur du travail peut ordonner lui-même l'arrêt du chantier, urgence vitale oblige (4 864 décisions en 2020).

§2 Décisions administratives

88 L'inspecteur du travail prend aussi des **décisions administratives** (32 939 en 2020) Ainsi peut-il exiger le retrait immédiat d'une clause illégale d'un règlement intérieur, refuser tel aménagement du temps de travail, enfin et surtout délivrer, ou non, une autorisation de licenciement d'un représentant du personnel (25 000 décisions en 2018, taux moyen d'autorisation supérieur à 80 %, V. troisième partie). Ces décisions qui font grief peuvent faire l'objet d'un recours *gracieux* auprès de l'inspecteur du travail lui-même, puis *hiérarchique* auprès du ministre du Travail (entre 5 % et 10 %), recours gratuit et dont les effets sont relativement rapides : si, dans les quatre mois, aucune réponse ne parvient du ministère, le recours est rejeté. Mais dans la plupart des cas, une réponse explicite intervient dans ce délai.

Un recours *contentieux* est enfin possible dans les deux mois de la notification de la décision administrative, devant le tribunal administratif puis éventuellement la cour administrative d'appel, et enfin le Conseil d'État en cassation. Cette voie contentieuse est cependant longue (environ quatre ans si le Conseil d'État statue), en pratique coûteuse (avocat non obligatoire mais vivement conseillé), et aux effets indirects car le juge administratif ne fait qu'annuler une décision administrative.

Pour éviter le recours au juge judiciaire, dont la décision, en forme de tout ou rien, arrivait plusieurs mois après avec des effets souvent rétroactifs ingérables en pratique, la loi du 14 juin 2013 a confié à la Dreets le très délicat contrôle des plans de sauvegarde de l'emploi, puis l'ordonnance du 22 septembre 2017 celle des ruptures conventionnelles collectives, avec *in fine* une décision administrative faisant grief. Rude tâche en période de restructurations, mettant désormais l'administration du travail en première ligne (V. *infra* le chapitre sur le licenciement économique). Mais le succès est là : ainsi mieux contrôlés en amont des licenciements, seulement 6 % des PSE donnent aujourd'hui lieu à contentieux (administratif), contre 30 % auparavant devant le TJ.

§3 Assistance et conseil réaffirmés en 2017-2020

89 Troisième mission de l'inspection du travail : **l'assistance**, sinon **le conseil** aux salariés, mais également aux employeurs qui le demandent, dans les conditions d'impartialité fixées par le décret du 12 avril 2017 « *portant code de déontologie du service public de l'inspection du travail* » (V. *supra*). Alors que le Code du travail est de plus en plus complexe, l'inspecteur apparaît comme « *la personne qui dit le droit du travail* ». Les permanences qu'il tient chaque semaine sont très chargées (539 500 entretiens ou appels téléphoniques en 2020), et en cas de conflit collectif portant sur une question juridique (ex. : calcul d'une prime), son intervention sera déterminante. Car il sera parfois choisi par les parties comme médiateur officieux voire officiel, si par exemple le TJ est saisi d'une demande en ce sens, par exemple en cas d'occupation des locaux. Plus généralement, l'administration du travail se voit confier un rôle essentiel en matière d'emploi (PSE, rupture conventionnelle collective) mobilisant une grande partie de ses effectifs.

90 ***« État moderne, État modeste » :*** le titre de l'ouvrage du regretté Michel Crozier paru en 1987 reste révélateur du malaise que connaît le corps de l'inspection du travail, dont la légitimité est moins bien perçue par des partenaires sociaux estimant, surtout depuis la loi du 20 août 2008, pouvoir tout négocier *(« On s'est arrangé, Madame l'inspectrice »).*

Travaillant dans des conditions matérielles parfois difficiles, avec un emploi du temps surchargé (conflits collectifs sur l'emploi et enquêtes sur les accidents du travail, parfois difficiles à assumer sur le plan humain, ne préviennent pas), il fait l'objet de fréquentes critiques lorsqu'il est amené à prendre des décisions. Car dans les entreprises, les colonels en retraite ont été remplacés par des juristes spécialisés ou de jeunes RRH excellemment formés au droit du travail (1) à qui le contentieux ne fait pas peur, et qui se révèlent parfois de savants contradicteurs puisque anciens condisciples de faculté ou d'IEP.

91 Mais pour des étudiants soucieux d'indépendance et d'efficacité au quotidien, ce métier en forme de vocation reste attirant, bien qu'il connaisse aujourd'hui une double crise : de *recrutement* malgré les remarquables efforts de la Direction générale du Travail (exemple : troisième concours destiné à des cadres du secteur privé et du monde syndical... y compris d'ex-délégués après la fusion DP+CE+CHSCT dans l'unique comité social et économique après 2018), mais aussi *d'identité* : la fonction « Chevalier Bayard » de l'inspecteur n'est plus celle des années 1960 (*cf.* J. Bessière, *L'activité de l'inspection dans un contexte de fortes évolutions*, *Dr. soc.*, nov. 2011, p. 1021), l'emploi devenant déterminant. L'emploi à tout prix.

SECTION II Les multiples juges du droit du travail

92 **Contentieux, tactiques et stratégies judiciaires.** Le contentieux est la forme pathologique du droit, et l'immense majorité des différends du travail ne parvient heureusement pas jusqu'au juge, soit parce que l'une des parties cède (un salarié en cours de contrat n'a guère intérêt à assigner son propre employeur), soit grâce à une solution amiable toujours préférable : ainsi l'éclatant succès de la rupture conventionnelle homologuée : 430 000 en 2020, soit plus de deux fois le nombre de licenciements économiques, et qui depuis sa naissance a fait nettement baisser les recours aux prud'hommes.

Mais si le contentieux ordinaire (droit du logement, divorce) cherche à faire trancher par le juge une question précise, son utilisation est *parfois* différente en droit du travail : outre une forme de travail de deuil professionnel pour un licenciement personnel, **le rapport de droit peut aussi y servir d'arme lourde dans le rapport de force, individuel ou collectif**.

Ainsi la menace de « traîner en correctionnelle » l'employeur pour délit d'entrave ou discrimination est de nature à le rendre plus ouvert aux propositions syndicales. Ainsi la saisine du juge des référés par la CGT d'Amazon, le 10 avril 2020 lors de l'épisode C19, visait moins un résultat judiciaire que créer un puissant rapport de force pour négocier avec la direction, dans cette entreprise en guerre sociale avec les syndicats.

À l'inverse, lorsque l'entreprise porte plainte pour vol ou séquestration à l'occasion d'un conflit collectif, elle ne souhaite pas nécessairement que ces salariés soient condamnés six mois plus tard : le retrait de la plainte fera l'objet d'une négociation. Ce qui est évident sur le plan collectif est également vrai dans les rapports individuels :

1) Par exemple, le remarquable Master 2 professionnel en apprentissage « Développement des ressources humaines et Droit Social » de l'École de management de Paris I-Sorbonne (m2drh-ems@univ-paris1.fr), avec son Association des anciens : https://fr-fr.facebook.com/m2drh.sorbonne

la seule évocation d'une assignation devant le conseil des prud'hommes suffit parfois à obtenir un rendez-vous avec son contradicteur : en témoigne la moitié des assignations prud'homales ne donnant finalement lieu à aucun jugement (*cf.* J.-E. Ray, *L'utilisation du juge judiciaire dans les rapports de travail, in Stratégies juridiques des entreprises*, dirigé par Antoine Masson, Larcier, 2013 ; et le très complet n° spécial de la Semaine juridique (Social) n° 21-22 du 28 mai 2019 : « *Les contentieux du travail* »).

93 **L'*éclatement* (relatif) du contentieux du travail** est une seconde spécificité. Pratiquement tous les juges français ont à traiter un jour ou l'autre un litige du travail : le juge *civil* à l'évidence, et particulièrement le juge naturel du droit du travail qu'est le Conseil des prud'hommes, mais aussi les ex-tribunaux d'instance et tribunaux de grande instance (fusionnés en « **Tribunal judiciaire** » depuis le 1er janvier 2020). Mais également le juge *répressif* (de police pour les contraventions, correctionnel pour les délits) car le Code du travail édicte souvent des sanctions pénales : ainsi des multiples délits d'entrave, qui ne peuvent donner lieu à transaction pénale.

Le juge *administratif*, enfin, est loin d'être absent puisqu'il est amené à statuer après un recours contentieux dirigé contre une décision administrative prise par l'inspecteur du travail ou la Dreets (PSE, rupture conventionnelle collective). Certes n'est-il pas juge des décisions patronales comme le juge judiciaire. Mais son intervention est loin d'être négligeable si l'on envisage les effets de ses arrêts : l'annulation d'une décision de licenciement d'un représentant du personnel entraîne pour l'entreprise l'obligation très concrète de réintégrer immédiatement le délégué qui le demande.

94 **Cette atomisation du contentieux**, certes relative puisque 90 % reste prud'homal, conduit dans les cas extrêmes à des dénis de justice : le justiciable peut-il accorder quelque crédibilité à un système juridictionnel qui, parfois, d'incompétence en renvois préjudiciels, peut demander jusqu'à huit ou dix années de procès ? Légitimement attentive au « délai raisonnable de jugement », la CEDH a ainsi condamné la France le 9 janvier 2007 pour une procédure ayant dépassé dix ans : « *Dans les litiges du travail, une diligence particulière s'impose en raison de leur importance capitale pour la situation professionnelle de la personne.* » Car le droit du travail n'est pas le droit des successions : c'est un droit d'application quotidienne, qui ne bénéficie pas de la présence d'un juriste spécialisé et met en jeu, à court terme, les revenus d'une famille. Ainsi, les arrêts très attendus concernant les conditions de validité de la rupture conventionnelle née le 25 juin 2008 sont intervenus le 23 mai 2013. Cinq années pour simplement savoir comment la règle va être précisément appliquée... La création du nouveau Comité social et économique a entrainé en 2019-2021 un fort contentieux : il faut féliciter la chambre sociale de la Cour de cassation de s'y être préparée en amont, puis de statuer rapidement afin que les partenaires sociaux aient rapidement son interprétation.

95 **Le droit du travail français avance (aussi) à coups d'arrêts.** Il faut en effet souligner l'importance de la jurisprudence des cours d'appel, mais surtout de la Chambre sociale de la Cour de cassation (V. encadré *infra*). Le droit légal du travail ne brillant pas toujours par la clarté de ses définitions (ex. : « cause réelle et sérieuse » d'un licenciement ; « exercice normal du droit de grève »), c'est elle qui crée une partie du droit du travail... si elle est saisie. Par un arrêt de principe, elle peut éclairer tous les magistrats de France sur le sens exact à donner à une loi nouvelle : ce qu'elle a fait avec brio en 2009-2014 en interprétant, en temps réel ou presque, la loi refondatrice du 20 août 2008 pour faciliter le travail des partenaires sociaux.

Mais si la loi est souvent modifiée (chaque année entre 2015 et 2021) ce rôle disparaît puisque l'arrêt rendu trois ans après les faits doit l'être en fonction de la loi applicable à l'époque : le rôle utile pour les praticiens de la Cour de cassation disparaît lorsque les textes sont trop souvent remaniés (durée du travail : les arrêts essentiels visant la RTT négociée de janvier 2000 ont été rendus le 15 mars 2006, époque où RTT signifiait plutôt *rallongement* du temps de travail), ou lorsque elle-même n'a pas de politique jurisprudentielle stable (V. encadré *infra*).

96 **Contenir la judiciarisation.** Tous les textes récents cherchent à limiter le contentieux judiciaire envahissant le droit du travail : rupture conventionnelle homologuée à l'exceptionnel succès (2008), plans de sauvegarde de l'emploi relevant de l'Administration (2013) et sécurisation des plans de départs volontaires évitant tout le droit du licenciement économique avec la rupture conventionnelle collective (2017), recherche d'une conciliation en amont (avec un régime fiscal avantageux), plancher-plafond de dommages-intérêts en cas de licenciement non fondé incitant les parties à négocier ; enfin délais de prescription plus courts : douze mois pour les actions relatives à la *rupture* du contrat (donc pas seulement les licenciements constituant 90 % du contentieux prud'homal, mais aussi démission et prise d'acte), en principe deux ans pour celles relatives à son *exécution*, et trois ans pour les salaires.

97 Seront successivement examinés le conseil de prud'hommes reconfigurés en 2015-2017 *(§ 1)*, juge d'exception mais naturel du contrat de travail. Mais d'autres juges judiciaires sont amenés à statuer *(§ 2)*, et parfois le juge administratif *(§ 3)*.

§1 Le juge naturel, le « conseil » des « prud'hommes »

98 **Premiers juges de proximité.** Ces 14 512 preux juges auraient-ils vocation à conseiller les parties ? À l'origine (Lyon, 1806), cette juridiction spécifique au droit du travail était composée de juges élus dans un monde artisanal, où la femme était peu présente, où les règles de l'art et les usages locaux étaient les seules normes applicables. Ces magistrats non professionnels devaient donc surtout faire preuve d'équité et de discernement *(prudentia)*, en cherchant d'abord à concilier les parties plutôt que trancher un litige en désignant un vainqueur et un vaincu qui auraient ensuite du mal à travailler ensemble : en 1890, 85 % des affaires étaient conciliées.

Deux siècles plus tard, l'institution a évolué en 2015-2019, mais pas fondamentalement changé malgré un changement de monde : généralisée à tout le territoire

(210 CPH) et pour toutes les professions, elle demeure peu ordinaire. Composée de juges non professionnels *désignés* par les syndicats, elle doit en principe, avant de juger, chercher à concilier les parties (« bureau de conciliation et d'orientation »), et en cas d'échec passer au « bureau de jugement ».

99 ***« Servat et conciliat » ?* Cette permanence d'inspiration est-elle encore adaptée ?** Si elle a d'incontestables avantages (proximité professionnelle avec le justiciable), elle faisait siéger des employeurs et des salariés qui n'avaient souvent aucune formation juridique : si 36 jours de formation par mandat leur sont proposés, en pratique seulement 12 étaient utilisés avant 2017. Alors que le droit du travail se complexifie (Code du travail en 1967 : 800 articles ; Code du travail 2020 : 9 960 articles + dérogations par convention de branche, et d'entreprise + supplétivité en 2016-2018), il était indispensable de rendre cette formation obligatoire, et si possible commune aux deux collèges : la langue du Droit n'est pas divisible. Ce qui a été fait avec la loi du 6 août 2015 : cinq jours au titre de la formation *initiale*, avec démission d'office si elle n'est pas suivie.

100 **90 % du contentieux prud'homal** est aujourd'hui lié au licenciement, contre 50 % en 1990 ; et pour l'essentiel au licenciement pour motif personnel avec sa charge affective *(« J'irai jusqu'au bout ! »*... avec 60 % d'appel). Or depuis le 13 juillet 1973, ce dernier donne lieu à une procédure dans laquelle un entretien préalable est obligatoire, où des délais de réflexion sont imposés à l'employeur, afin qu'il ne prenne aucune décision à la légère. Si le salarié conteste, des négociations informelles ont souvent lieu en amont (conversion en rupture conventionnelle homologuée, intervention des avocats, transaction). Bref, si l'employeur est assigné aux prud'hommes, c'est qu'aucune solution d'apaisement n'a pu être trouvée *auparavant* ; il n'est donc pas certain que le passage en conciliation (surtout s'il dure six minutes TTC) soit aussi utile que par le passé (taux passant de 85 % en 1850 à 50 % en 1960, puis à 10 % en 2018, avec il est vrai de forts écarts types : 5 % à Paris, mais 35 % à Toulouse), alors que la procédure s'en trouve allongée de plusieurs mois.

Il est enfin intéressant de noter que l'essentiel du contentieux prud'homal met en scène des TPE/PME où les rapports sont plus personnels mais les juristes absents, et donc les erreurs fréquentes.

Qu'il soit très déséquilibré (98 % des demandes émanent des salariés, obtenant satisfaction dans 70 % des cas) ne saurait en revanche surprendre. Le droit du travail reste unilatéral (il protège la partie la plus faible), et l'employeur bénéficie souvent du privilège du préalable : prenant la décision de licencier ou de ne pas payer les heures supplémentaires, il oblige le salarié contestant cette mesure à saisir la justice.

101 **Art. L. 1411-1 :** *« Les conseils de prud'hommes règlent par voie de conciliation les différends qui peuvent s'élever à l'occasion de tout contrat de travail (...) entre les employeurs et les salariés qu'ils emploient. Ils jugent les litiges à l'égard desquels la conciliation n'a pas abouti. »*

Seront successivement envisagées : la composition revue le 31 mars 2016 *(1.1)*, la compétence *(1.2)*, puis la procédure revue en août 2015 puis par le décret du 16 novembre 2016 *(1.3)* relatives à cette juridiction d'exception spécifique au droit du travail, saisie de 240 572 affaires en 1998 mais de 119 801 en 2018 : moitié moins en vingt ans.

Baisse augmentée depuis 2016 : chute de 18,5 % en 2016, puis encore de 15 % en 2017 avec 127 000 affaires. Baisse voulue par la réforme de 2015, et qui s'accentue avec la création en septembre 2017 des six modèles de lettre de licenciement, et surtout du barème de dommages-intérêts en cas de licenciement, constituant l'essentiel du contentieux : car saisir les prud'hommes quand le plafond est de 3,5 mois de salaire pour un salarié ayant entre deux et trois ans d'ancienneté...

102 **Déjudiciarisation.** Mais partout en Europe, tout est aujourd'hui fait pour limiter le contentieux du travail : modes alternatifs de règlement des litiges, raccourcissement des délais de saisine et de prescription, alourdissement des règles relatives à l'assignation, plafonnement des dommages-intérêts, régime fiscal plus attrayant en cas de conciliation...

« *Le législateur, qui a entendu réduire le nombre des litiges soumis au juge, a poursuivi l'objectif de valeur constitutionnelle de bonne administration de la justice* » (Cons. const., 21 mars 2019) : une telle politique de déjudiciarisation, particulièrement visible dans les ordonnances du 22 septembre 2017 mais aussi avec la loi du 23 mars 2019 « de programmation et de réforme pour la justice », n'emporte pas l'adhésion naturelle des Barreaux, qui le font savoir.

Nature des contentieux devant les prud'hommes de 2004 à 2018

Source : Ministère de la Justice, 2020

	2004		2009		2014		2018	
	effectifs	%	effectifs	%	effectifs	%	effectifs	%
Total des demandes	207 770	100,0	228 901	100,0	189 283	100,0	119 801	100,0
Demandes liées à la rupture du contrat	191 887	92,4	214 839	93,9	177 695	93,9	110 361	**92,1**
Contestation du motif de licenciement	142 551	68,6	166 520	72,7	151 405	80,0	95 735	79,9
Contestation du motif de la rupture du contrat de travail : motif personnel	137 820	66,3	161 645	70,6	149 193	78,8	93 807	**78,3**
Contestation du motif économique	4 731	2,3	4 875	2,1	2 212	1,2	1 928	1,6

	2004		2009		2014		2018	
	effectifs	%	effectifs	%	effectifs	%	effectifs	%
Pas de contestation du motif de licenciement	49 336	23,7	48 319	21,1	26 290	13,9	14 626	12,2
Demandes en l'absence de rupture du contrat	5 851	2,8	5 647	2,5	3 403	1,8	3 964	3,3
Demandes d'annulation d'une sanction	1 182	0,6	587	0,3	485	0,3	330	0,3
Demandes de remise de documents	3 291	1,6	2 858	1,2	1 990	1,1	1 517	1,3
Demandes en paiement de créances salariales	1 326	0,6	2 170	0,9	922	0,5	2 111	1,8
Demandes formées par un employeur	1 963	0,9	1 209	0,5	2 263	1,2	2 246	1,9

On notera la baisse tout à fait considérable des saisines : 172 577 au fond et 45 084 en référé en 2010, mais 99 147 et 20 654 en 2018. Avec le C19, les chiffres 2020 devraient largement confirmer cette tendance.

A. - Composition du conseil des prud'hommes

103 Juges de proximité, désignés depuis 2017. Ces juges spécialisés en droit du travail doivent être proches du justiciable, donc connaître ses problèmes quotidiens.

L'ordonnance du 31 mars 2016 a prévu la désignation, paritaire H/F, des conseillers prud'hommes à la proportionnelle selon l'audience des syndicats de salariés et patronaux déclarés représentatifs en juin 2017, et demain sur les scores publiés en juillet 2021. « *Le renouvellement des conseillers prud'hommes a lieu tous les quatre ans, à l'issue du cycle de mesure de l'audience syndicale et patronale (...). Les sièges de conseillers prud'hommes sont répartis en fonction de leur audience au niveau départemental par organisation, section, collège et conseil de prud'hommes, par arrêté conjoint du ministre du Travail et du ministre de la Justice* ». Délicat travail d'affectation pour la CFDT qui, avec sa première place de 2017, a gagné environ 550 postes, la CGT rétrogradée n° 2 en perdant environ 800.

Avis de gros temps pour les prud'hommes. Les désignations pour 2018-2021 ont eu lieu fin 2017, et le renouvellement a été considérable : 8 101 conseillers, soit plus de 60 %, étaient nouveaux donc sans expérience judiciaire. Mais ils ont dû appliquer les nombreux et très volumineux textes de 2017-2019, sur lesquels la Cour de cassation n'avait pas encore parfois donné son interprétation...

104 **Professionnalisation et formation.** Sachant que le taux d'appel a été de 64 % en 2018 (contre 21 % pour les décisions de TGI, 6 % les TI, et 15 % pour les tribunaux de commerce) et que le contentieux social représente 34 % de l'activité de nos 36 cours d'appel, il fallait professionnaliser les futurs conseillers. La loi du 6 août 2015 était donc carrée : « les conseillers suivent une formation initiale à l'exercice de leur fonction juridictionnelle (...). Tout conseiller qui n'a pas satisfait à cette obligation est réputé démissionnaire ».

Légitimement commune aux employeurs et salariés pour parler la même langue (juridique), cette formation initiale obligatoire est organisée par l'École nationale de la Magistrature (10 000 stagiaires en 2018). Au programme, cinq jours de formation théorique et pratique : trois d'e-formation à distance et deux en présentiel, dans des ateliers en régions : absence parfois compliquée pour les petits patrons. Avec un programme très chargé : organisation judiciaire, règles de déontologie (impartialité, interdiction du mandat impératif), principes directeurs du procès, processus de conciliation et rédaction des jugements. Cette formation initiale commune sera – en principe – complétée par une formation continue de six semaines par mandat, souvent ici dans un cadre syndical.

105 **Proximité professionnelle.** Chaque conseil de prud'hommes est divisé en *cinq sections* autonomes, qui renforcent la proximité juge/justiciable ; section de l'industrie (19 % du contentieux), du commerce (36 %), et de l'agriculture (1,7 %, et bien peu à Paris). Selon l'activité de son employeur, le demandeur (trois sur cinq des hommes, âge moyen 41,5 ans, 31 % de 50 ans ou plus) sera jugé des professionnels (parfois retraités) proches de de sa vie quotidienne. Relevant de la Section Commerce, une vendeuse de grand magasin licenciée aura par exemple en face d'elle une autre vendeuse et une caissière (retraitée), et côté employeurs un commerçant et un DRH (retraité) connaissant sa vie quotidienne et les clients infernaux.

Les deux dernières sections sont plus particulières :

- avec le chèque emploi service, CESU et autres services aux particuliers, la section « *Activités diverses* » est en pleine expansion : 5,1 millions d'inscrits et 24 % des affaires. Elle rassemble tout ce qui n'entre pas dans les trois catégories précédentes (ex. : secrétaire d'un médecin, et surtout employées de maison).
- Créée sous la pression de la CGC en 1979, la section « *Encadrement* » est particulière puisqu'elle prend en compte le niveau hiérarchique du justiciable, peu important alors son secteur d'activité. Les trois millions de cadres électeurs de cette section ne souhaitent guère être jugés, dans tous les sens du terme, par des ouvriers ou des employés syndiqués. Dans cette section si particulière, au contentieux très concentré (20 % en moyenne nationale, mais 52 % des affaires aux prud'hommes de Nanterre qui statuent sur les affaires des sièges sociaux de La Défense), où 90 % des salariés sont assistés par un avocat.

Les 14 512 conseillers prud'hommes bénéficient d'une protection spécifique contre le licenciement (art. L. 1442-19). Leur employeur doit les laisser s'absenter pour exercer leurs fonctions, ou suivre leur formation initiale (obligatoire) et continue.

B. - Compétence (art. L. 1411-1)

106 **Monopole des litiges individuels.** Présidé alternativement par un juge salarié ou employeur, le conseil des prud'hommes est compétent pour tous les litiges *individuels* (les litiges collectifs relevant du Tribunal judiciaire) nés à l'occasion de l'exécution d'un contrat de travail. Si ce dernier existe (ce qui exclut artisans, indépendants, PDG et autres mandataires sociaux), le conseil a une compétence exclusive ; peu importe la nature ou le montant du litige (art. L. 1411-4). Ce monopole est d'ordre public : ni la convention collective, ni le contrat de travail ne peuvent l'écarter.

À côté des cinq sections, doit être mise en place une formation commune de référé (art. L. 1423-1) toujours paritaire, qui statue dans les nombreux cas d'urgence (20 657 affaires en 2018, en nette baisse depuis la loi de 2015), avec tout de même une durée moyenne de deux mois pour obtenir une ordonnance. Mais ici les trois quarts des demandes concernent la simple délivrance de pièces (certificat de travail).

C. - Procédure (art. L. 1453-1 et s.)

107 **Gratuite et orale,** elle se veut proche du justiciable, qui n'est pas obligé de faire appel à un avocat. Mais créé en 2015, un « défenseur syndical » agréé peut exercer des fonctions d'assistance ou de représentation, y compris devant la cour d'appel.

Depuis 2016, sous peine de radiation le demandeur doit rédiger une requête très détaillée (formulaire de 6 pages, Cerfa n° 15586), avec exposé des motifs, demandes chiffrées et explications de celles-ci, sans oublier les preuves nécessaires à l'appui de sa demande, récapitulées sur un bordereau annexe : conditions exigeantes ayant fait nettement chuter les saisines.

La machine judiciaire se met alors en marche, même si près de la moitié des affaires sera finalement abandonnée avant jugement au fond (45 % : renoncement, transaction, radiation...). Convocation des deux parties devant le « bureau de conciliation et d'orientation » (1 + 1), le public n'y étant pas admis afin que la discussion soit plus libre. En cas de conciliation totale (6 % en moyenne, mais ici moins de 2 %, là plus de 40 %), la procédure est terminée. Sinon, le bureau de jugement (2 + 2 en principe) tranchera, dans un délai moyen de 17 mois entre le dépôt de l'assignation et le prononcé du jugement (selon l'encombrement du rôle, entre 2 et... 40 mois, avant la paralysie de février à septembre 2020).

QU'ONT CHANGÉ LA LOI DU 6 AOÛT 2015 ET LE DÉCRET DU 25 MAI 2016 ?

Choc des cultures

Suite au rapport Lacabarats de 2014 évoquant dans certains Conseils « *des manquements manifestes à l'obligation d'impartialité* », cette loi a d'abord voulu faire des conseillers prud'hommes des magistrats judiciaires... comme les autres : formation initiale obligatoire de cinq jours, interdiction de tout mandat impératif, de tout mouvement collectif de blocage de la juridiction, règles déontologiques plus précises avec instance disciplinaire particulière... Mais si l'idée semble naturelle puisqu'ils sont magistrats, leur formation, leur culture et surtout leur mode de désignation en font des magistrats différents. Mais si rien n'avait bougé, c'est la Cour de Strasbourg qui pourrait prononcer l'arrêt de mort des Prud'hommes français, au nom de l'impartialité subjective (« *l'absence de parti pris ou de préjugé* »).

Accélération des procédures

L'ex « BC » (« bureau de conciliation ») devenu « bureau de conciliation et d'orientation » (BCO) garde évidemment sa fonction de conciliation, et assure la mise en état des affaires. Mais en cas d'échec, outre le renvoi classique au bureau de jugement classique (quatre juges), il dispose de deux autres possibilités (art. L. 1454-1-1).

▌*1. Circuit court*

Si le litige porte sur un licenciement ou une résiliation judiciaire, il peut avec leur accord, renvoyer les parties devant le bureau de jugement dans sa composition restreinte (deux juges), qui doit alors statuer dans les trois mois.

▌*2. Le début d'un échevinage futur ?*

Si les parties le demandent, mais aussi si la nature du litige le justifie, le BCO peut les renvoyer directement devant le bureau de jugement présidé par le juge départiteur, juge professionnel appartenant au TJ. Il peut donc y avoir départage sans partage préalable, mais une très forte probabilité de...

Si les conseillers prud'hommes ne se sont logiquement pas jetés sur cette solution de recours à un tiers, elle reste utile lorsqu'un départage futur est certain en fonction des pratiques locales : ainsi d'une question de principe (côté employeur : réintégration forcée d'un salarié), ou de pratique Ponce-Pilate (l'onéreuse affaire met en cause une entreprise locale au bord du dépôt de bilan).

108 **Conciliation en baisse, départition en hausse : problème.** En cas de partage des voix (moyenne nationale de 13 % ; mais de 1 % à Cherbourg ou Chalons, 3 % à Aix-les-Bains à 43 % à Bobigny voire 62 % à Calais), il sera fait appel au juge départiteur, magistrat professionnel appartenant au TJ, mais loin d'être toujours un spécialiste de droit du travail (sauf dans les grandes villes : 7 magistrats spécialisés à Paris, 2 au Conseil de Nanterre). Mais le délai moyen du jugement au fond augmente alors de neuf mois... Soit 35 mois à Nanterre, 36 à Béziers...et zéro à Saint-Omer où n'existe aucun partage des voix.

109 **Le salarié devra enfin faire exécuter la décision.** Or l'employeur condamné n'y met pas toujours beaucoup d'empressement : avantage de la transaction en amont dans l'entreprise, ou de la conciliation en aval, parfois après le bureau de conciliation : l'exécution est mieux assurée. Si le chiffre total est inférieur à 5 000 euros, cas rare pour un contentieux centré sur le licenciement, le jugement est rendu « en dernier ressort » et seul un pourvoi devant la Chambre sociale de la Cour de cassation est possible (mais juge du seul droit).

Au-delà de 5 000 euros, jugement « en premier ressort », donc appel possible. Problème : cela a été le cas pour 64 % des jugements rendus en 2018 (contre 15 % pour les tribunaux de commerce, eux aussi composés de juges non professionnels et 21 % pour les décisions de l'ex-TGI), et constitue 34 % du contentieux total à ce niveau ; contrôle du droit + des faits : 28 % de confirmation totale mais 29 % d'infirmation totale. Puis ultérieurement, le cas échéant, un pourvoi en cassation contre l'arrêt rendu par ce second degré de juridiction.

Car les délais de jugement augmentent régulièrement : **de 2004 à 2018, la durée moyenne de la procédure est passée de 12 à 19 mois, qui double presque en cas de départage : 34 mois.** *Idem* pour les référés : 2,1 mois, mais 6,7 en cas de départage. Avec des pics inquiétants dans les Conseils surchargés : 31 mois en 2016 à Nanterre, dont relèvent les entreprises de La Défense : 6 000 affaires par an, dont 50 % pour la section Encadrement.

Entre les 19 mois en moyenne du conseil des prud'hommes statuant au fond, les 16 mois de l'arrêt d'appel (20 mois pour Paris et Aix-en-Provence, traitant à elles seules un quart des affaires), et les 17 mois pour la Chambre sociale de la Cour de cassation un plaideur acharné (mais tous ne le sont pas) peut donc attendre 4 ou 5 ans une décision définitive... s'il n'y pas eu in fine renvoi après cassation devant une autre cour d'appel.

Et la pandémie 2020-2021 n'a guère arrangé les choses...

110 Dernières réformes avant disparition ? Procédure gratuite, juges non professionnels et absence de constitution obligatoire d'avocat : les plus vieux « juges de proximité » géographique et professionnelle que sont nos conseils des prud'hommes restent parfois submergés en raison de leurs faibles moyens : 13 210 affaires au CPH de Paris avec ses 832 conseillers, et 30 000 dossiers en stock à la cour d'appel de Paris.

Il est donc parfois proposé d'avoir recours à *l'échevinage* : un magistrat professionnel présiderait en permanence le conseil des prud'hommes, et rédigerait les jugements. Mais les partenaires sociaux ne tiennent guère à perdre leur autonomie, et le ministère des Finances guère à cette dépense (création de postes). Or elle pourrait entraîner moins d'appels puis de pourvois en cassation, donc *in fine* de réelles économies.

Mais la technicité croissante du droit du travail (contractualisation = complexification, *a fortiori* depuis 2017), les problèmes récurrents posés par les Prud'hommes, plus le coût de leur désignation + le fort taux d'appel malgré ces réformes successives laissent penser qu'elles pourraient être les dernières avant un prévisible basculement vers le nouveau « Pôle social » du « Tribunal judiciaire ».

POUR ALLER PLUS LOIN...

Lire le très complet et actualisé n° spécial de la Semaine juridique (Social) n° 21-22 du 28 mai 2019 : « *Les contentieux du travail* »

§2 Autres tribunaux judiciaires compétents

Il s'agit des tribunaux *civils*, mais également des juridictions *répressives*.

A. - Tribunaux civils classiques

111 Unification du contentieux. Depuis le 1er janvier 2020, l'ex-tribunal d'instance (TI) et tribunal de grande instance (TGI) ont fusionné dans un unique « Tribunal judiciaire ».

Outre le tribunal *de commerce* ayant à connaître du sort des entreprises pudiquement dites « en difficulté », le tribunal judiciaire est compétent en matière d'élections professionnelles, si importantes pour la représentativité d'un syndicat depuis la loi du 20 août 2008, ou les listes électorales du Comité social et économique depuis 2018.

Il est également compétent pour tous les litiges collectifs (2 500 par an, mais la moitié des TGI statuait sur moins de cinq contentieux sociaux par an) : désignation de l'expert-comptable du comité d'entreprise, interprétation des conventions collectives de travail... mais plus les plans de sauvegarde de l'emploi passé sous le contrôle de l'administration.

Juridiction de droit commun en matière civile, le tribunal judiciaire statue rarement au fond en droit du travail. Il est souvent saisi en référé, pour prévenir un dommage imminent (après dépôt d'un préavis de grève illégal pour le 15 août à la SNCF, par l'inspecteur du travail en cas de danger immédiat pour la sécurité...) et surtout faire cesser un trouble manifestement illicite : expulsion des grévistes occupant l'entreprise, non-versement par l'employeur de la contribution au CSE, demande d'enlèvement d'une affiche syndicale jugée diffamatoire... Il appartient alors au demandeur de prouver qu'il y a urgence à obtenir *l'ordonnance* demandée.

112 Le rôle essentiel de la Chambre sociale de la Cour de cassation

« Le juge esclave de la loi ? » Pas vraiment à la lecture de l'introduction du Rapport 2011 : « La Chambre sociale a poursuivi le travail de construction normative entrepris les années précédentes, ajoutant petit à petit, au fil des espèces soumises à son examen, des pierres à l'édifice de sa jurisprudence. »

L'esclave (de la loi) s'est en effet affranchi.

La Chambre sociale compte 25 conseillers pleins et 17 référendaires. Elle est l'une des plus chargées de la Cour : 3 008 arrêts rendus en 2019 avec des progrès considérables sur la durée moyenne : de 707 jours en l'an 2000 à 561 en 2019.

Mais avec, pour le juge du droit, un singulier doublement du taux de cassation en quinze ans : de 20 % en 2002 à 33 % en 2010 puis 44 % en 2017 et 45 % en 2019 (dont 4 % sans renvoi), contre une moyenne de 31 % pour l'ensemble des chambres civiles. Et 22 % d'arrêts de rejet (27 % pour la 1re civile, 39 % pour la chambre commerciale), mais aussi 33 % de décisions de non-admission, lorsque le pourvoi ne soulevait aucun moyen sérieux.

Sa jurisprudence est particulièrement importante à connaître car, en droit du travail, il n'est pas exagéré de dire que si le législateur propose, le juge dispose dans les très nombreux cas où les textes sont imprécis (« cause réelle et sérieuse de licenciement » ; « exercice normal du droit de grève »), ou nouveaux et d'interprétation difficile. Ainsi de la loi refondatrice du 20 août 2008 : soucieuse de ne pas laisser entreprises et partenaires sociaux dans l'incertitude, la Chambre sociale a su pousser ses feux pour donner son interprétation le plus rapidement possible : en neuf mois voire parfois deux, lorsque la question posée pouvait remettre en cause tout le système (CS, 15 nov. 2012). *Idem* en matière de rupture conventionnelle : légitimement sourde aux objurgations des marchands de complexité déçus par ce mode consensuel de rupture, la Chambre sociale a évité de créer de multiples chausse-trappes sources de juteux contentieux futurs.

Idem avec la création du comité social et économique à compter de 2018, et donc un fort contentieux en 2020-2021. Mais là encore, la Cour de cassation s'y était préparée et a pu rendre très rapidement des arrêts en forme de nouveaux modes d'emploi, extrêmement utiles sur le terrain pour les partenaires sociaux.

Bravo, la Chambre sociale pour cette prise en compte des besoins de ses usagers !

Et pour ses très pédagogiques « notes explicatives » accompagnant désormais ses arrêts les plus importants, immédiatement mis en ligne sur www.courdecassation.fr. Et bien sûr pour la Lettre de la Chambre sociale (LCS), qui tous les deux mois fait le point sur les principaux arrêts, permettant de mieux comprendre la solution rendue, et donc de mieux en mesurer la portée.

La créativité jurisprudentielle étant immense, entreprises et salariés doivent donc suivre attentivement ses évolutions : d'abord en s'abonnant à la Lettre de la Chambre sociale (en ligne), Droit social, le JCP social, la Revue du droit du travail, la Revue de jurisprudence sociale ou le Bulletin Joly Travail publient le mois suivant les plus importants, commentés par d'éminents spécialistes. Sur le Web, commentaire en temps réel sur www.liaisons-sociales.fr ou www.lexbase.fr

Les syndicats ont pris la juste mesure de cette évolution capitale en élaborant de véritables stratégies juridictionnelles (*cf.* « La politique judiciaire de la CFDT », *in* Action Juridique CFDT, mai 2001 ; J.-E. Ray : « Stratégies juridictionnelles en droit du travail », *in* Dictionnaire de la Justice, sous la direction de L. Cadiet).

Le droit social français avance donc aussi à coup d'arrêts, avec les problèmes de rétroactivité de fait que pose tout revirement : si la loi elle-même « ne dispose que pour l'avenir », en France, le juge dispose de facto d'un pouvoir supérieur à celui du législateur. Ainsi ses revirements ont un effet de facto rétroactif. Et l'annulation de clauses de conventions collectives (ex. : forfait-jours), *a fortiori* de branche, entrainait des conséquences ingérables dans les entreprises (876 cadres revenus, sur 3 ans, aux 35 heures ?).

D'où l'excellente idée du l'article L. 2262-15 issu de l'ordonnance du 22 septembre 2017 : « En cas d'annulation par le juge de tout ou partie d'un accord ou d'une convention collective, celui-ci peut décider, s'il lui apparaît que l'effet rétroactif de cette annulation est de nature à emporter des conséquences manifestement excessives en raison tant des effets que cet acte a produits et des situations qui ont pu se constituer lorsqu'il était en vigueur que de l'intérêt général pouvant s'attacher à un maintien temporaire de ses effets, que l'annulation ne produira ses effets que pour l'avenir ou de moduler les effets de sa décision dans le temps, sous réserve des actions contentieuses déjà engagées à la date de sa décision sur le même fondement. » Opportunité réaliste que la Cour de cassation a appliqué dans ses deux importants arrêts du 13 janvier 2021, avec un commentaire en ligne.

113 Existe-t-il une politique jurisprudentielle en matière sociale ?

Sur le principe, elle est nécessaire car le juge du droit ne doit pas seulement rendre une suite d'arrêts d'espèce. Mais la Cour de cassation semble aussi vouloir maintenir un haut niveau de protection pour les salariés malmenés par la crise, à un moment où la défense collective (syndicats en particulier) est très affaiblie et les lois moins protectrices car soucieuses d'emploi.

Mais il faut éviter que cédant au syndrome de la citadelle assiégée, elle estime c'est la Loi qui opprime, et la Cour qui libère.

En particulier depuis le calamiteux épisode du CNE en 2006-2008.

Car existe désormais un troisième tour politique et social : l'instrumentalisation judiciaire de normes internationales de portée fort différentes, interprétées de façon panoramique (ex. : assimiler réparation « appropriée » et « intégrale »), avec extrapolations créatives d'avis successifs de divers comités. Bilan général : la loi de la République devient « *une sorte de paillasson sur lequel n'importe quel juge, à l'invitation de n'importe quel justiciable, peut s'essuyer les pieds* » (G. Carcassonne).

Au Royaume des aveugles... Suite à un procès-phare où le juge est parfois bien choisi, ou à des procès de masse comme en 2019-2021 sur le barème de dommages-intérêts de 2017, seront médiatisées les « *bonnes décisions* ». Si elle « *va dans le bon sens* » (sinon, elle sera « *timide* » ou « *timorée* »), cette décision désormais réellement « virale » grâce aux réseaux sociaux parviendra jusqu'aux organes de presse généraliste où, les connaissances juridiques étant optionnelles, seront repris les propos les plus virulents ou les plus simples : la pensée Twitter n'incite guère à la finesse d'analyse. En donnant à la décision prud'homale la portée d'un arrêt de Grande chambre de la CEDH avec une diffusion exceptionnelle et répétitive donnant l'impression d'un raz-de-marée, avec le commentaire volontiers moralisateur qu'il faut. À la fois présentée comme objective (« *normal, car comment faire autrement ?* »), sur un ton admiratif (« *décision courageuse* », sinon elle devient « *frileuse* »), cette décision dans le vent de l'Histoire émane de petits juges (David contre Goliath) qui, confondant leurs rêves politiques avec les rudes réalités juridiques, « *font de la résistance* », nous permettant enfin d'espérer « *la promesse de l'Aube* » côté Cour de cassation.

Mais n'est pas Jean Moulin qui veut.

Le juge du droit n'a rien à gagner à devenir acteur de la vie sociale, et donc être traité comme tel. Comme l'avait rappelé son président Jean-Yves Frouin en septembre 2017, il est d'abord « *l'écho de la loi (mais pas un écho servile), alors qu'il a pu être en avant-garde* ». Il n'a pas en effet à être en « *avant-garde* », ni en « *arrière-garde* » : il doit être à sa place, en consolidant un État de droit surplombant les passions politiques et sociales du moment. Si un texte légal s'avère inadéquat ou inéquitable, *il n'appartient pas au juge d'en juger, mais au législateur d'en changer*.

Sécurité juridique ? Si, comme l'énonçait Jean Carbonnier, « la sécurité juridique est le besoin juridique élémentaire, presque animal », elle a parfois le dos fort large. Car en droit du travail, « l'insécurité juridique » est davantage due à l'instabilité des lois qu'à la créativité jurisprudentielle. Plus généralement, on en vient à conclure que c'est l'ordre public de protection qui rend insécures des contrats (illégaux), et que le recours au juge est en lui-même source d'insécurité pour des entreprises revendiquant parfois un pouvoir discrétionnaire depuis longtemps refusé à l'administration censée agir dans l'intérêt général.

POUR ALLER PLUS LOIN...

- « *Très libres propos autour du contentieux du travail* », J.-E. Ray, JCP (S) du 28 mai 2019 p. 19.

POUR COMPRENDRE...

...tant le fonctionnement interne que les arrêts essentiels de la Chambre sociale :

- P. Waquet, *L'officieux et le non-dit*, Dr. soc., mai 2009, p. 511
- Numéro spécial des Petites Affiches du 25 janvier 2007 : « Le sens des arrêts de la Cour de cassation », en particulier les articles de P. Waquet (p. 47) et J.-Y. Frouin (« La technique de cassation », p. 53)
- Le site de la Cour (www.courdecassation.fr), où les arrêts les plus importants avec leur commentaire, et la Lettre de la Chambre sociale, mais aussi le rapport annuel sont mis en ligne

B. - Tribunaux répressifs

114 **Le droit pénal du travail** ne connaît pas de *crimes* spécifiques, mais existent en revanche de très nombreuses contraventions (ex. : infraction à la durée du travail) jugées par le tribunal de police, généralement après PV dressé par l'inspecteur du travail : aucune peine de prison n'est alors envisageable.

Le tribunal correctionnel (TJ statuant au pénal) est souvent saisi soit suite à un PV de l'inspection, soit par citation directe car les *délits* propres au droit du travail ne manquent pas : nombreux délits d'entrave relatifs aux institutions représentatives du personnel, et *a fortiori* en cas de travail illégal ou dissimulé. Mais aussi harcèlements, à l'instar du très médiatique procès , puis jugement du 20 décembre 2019 devant le tribunal correctionnel de Paris suite aux suicides chez France Telecom en 2007-2009 mettant en cause l'ex-PDG de France Telecom, son adjoint et le DRH, déclarés coupables de harcèlement moral institutionnel et condamnés à un an d'emprisonnement dont huit avec sursis et 15 000 euros d'amende.

Si le tribunal de police statuant sur les contraventions peut multiplier le nombre des amendes par le nombre des infractions constatées (ce qui peut aboutir à des sommes astronomiques), il n'en va pas de même pour les délits : la sanction habituellement prévue est de 3 750 euros d'amende et/ou deux mois à un an d'emprisonnement, la peine maximale pouvant être doublée en cas de récidive.

Mais avec les amendes administratives et la transaction pénale, issues de l'ordonnance du 7 avril 2016, le redouté car infâmant procès public s'éloigne.

115 Le procès pénal : faible sanction judiciaire mais forte sanction sociale. Hors travail clandestin ou grave accident de travail, il est exceptionnel qu'une peine de prison soit prononcée (quelques centaines, dont l'immense majorité avec sursis, sur les 4 000 à 5 000 PV transmis chaque année à la justice), même si l'illégalité commise est flagrante : le risque objectif est donc faible, les peines d'amendes étant le plus souvent payées par les entreprises elles-mêmes, et non par le dirigeant condamné. La peine effective, à l'issue du procès (simple amende souvent), n'est donc *financièrement* guère dissuasive.

Et pourtant l'instruction puis le procès pénal sont particulièrement redoutés des cadres et des chefs d'entreprise : car malgré leur banalisation actuelle en droit des affaires, ils constituent en fait la vraie sanction, surtout si les médias et autres forums sur Facebook l'ont relayé sur un sujet sensible pour l'opinion publique. Même si elle n'aboutit pas à des condamnations, en interne cette action peut être habile en nos temps de guerres intersyndicales ; et à l'extérieur un syndicat à 4 % mais par ailleurs très présent dans les médias (ex. : SUD), peut espérer une publicité répétée et gratuite d'Insoumis grâce à cette pugnacité judiciaire.

Si le délit est très grave, une instruction aura lieu, avec le cas échéant convocation au poste de police pour audition, ou avec des gendarmes venus vérifier avec leur belle voiture bleue à gyrophare quelques détails dans les locaux. On ne fixe plus un rendez-vous : on se rend à la convocation de la police judiciaire, où de jeunes lieutenants n'ont pas toujours l'exquise crainte révérencielle des subordonnés habituels, voire pratiquent la lutte des classes. Une garde à vue n'est alors pas impensable : elle laisse un souvenir toujours cuisant à celui qui ne s'y était pas bien préparé : pas de chaussures à lacets ni de pantalon à ceinture, boules *Quiès* pour la nuit...

116 Le (très rare) passage en correctionnelle laisse enfin un goût très amer au dirigeant, entouré de délinquants sur le banc des prévenus, et interrogé comme un voleur à la tire. Un malheur n'arrivant jamais seul, des journalistes seront là (« Un PDG en correctionnelle » fait vendre) et donneront à l'événement une publicité dont lui-même, sa famille et son entreprise se seraient volontiers passé dans notre société de la réputation, particulièrement en région. Même si une relaxe est prononcée, la véritable sanction – sociale mais d'une redoutable efficacité – sera déjà intervenue, sans parler de la contre-publicité faite à l'entreprise, y compris désormais sur les réseaux sociaux : le pilori du Moyen Âge... mais sans le moindre jugement préalable, où sont quotidiennement foulés au pied présomption d'innocence et droits de la défense.

La simple menace de poursuites pénales constitue donc une arme de poids dans les négociations, mais peut également radicaliser l'affrontement employeur/syndicats lorsque ce sont ces derniers qui portent plainte, au nom de l'intérêt collectif de la profession.

Terrorisant les entreprises étrangères, certaines peines d'emprisonnement ont été légitimement remises en cause par la loi du 6 août 2015 voulant séparer comportements ouvertement délictueux (ex. : refus d'organiser les élections, licenciement sans autorisation d'un représentant du personnel : un an de prison et 7 500 € d'amende) et simples erreurs de procédure (ex. : délai de convocation du comité social et économique) ne donnant lieu qu'à des peines d'amende (7 500 €).

117 Responsabilité pénale des entreprises, personnes morales. Le Code pénal de 1994 a rendu pénalement responsables les personnes *morales* et donc les entreprises, qui répondent de l'ensemble des infractions commises dans leur intérêt *par leurs organes ou leurs représentants* (en droit du travail, le délégataire de pouvoirs), avec des sanctions spécifiques (Danone ou PSA en prison...), mais dissuasives : quintuplement de l'amende prévue pour les personnes physiques, voire peine de mort avec la dissolution de la société. Malgré la lettre du texte évoquant le cumul des responsabilités, il semble que lorsque l'entreprise (personne morale) est condamnée, la *pratique* judiciaire épargne davantage la personne physique : l'employeur ou le DRH (*cf.* A. Cœuret et E. Fortis, *Droit pénal au travail*, 6e éd., Litec, 2017).

§3 Le juge administratif

118 Séparation des autorités. Sauf habilitation légale et spéciale (ex. : contentieux de l'homologation de la rupture conventionnelle par la loi du 25 juin 2008), la séparation des pouvoirs interdit au juge judiciaire de se prononcer sur la validité d'une décision administrative : seul le juge administratif peut le faire (tribunal administratif, puis éventuellement cour administrative d'appel, enfin Conseil d'État en cassation).

Or de nombreuses décisions sont prises par l'inspecteur du travail (retrait d'une clause de règlement intérieur, autorisation de licenciement d'un représentant du personnel...) ou la Dreets (ex. : homologation d'un PSE, ou d'une rupture conventionnelle collective). Ces actes administratifs font nécessairement grief, soit au salarié, soit à l'employeur ; chacun peut donc saisir la juridiction administrative.

Deux recours sont possibles : le recours pour excès de pouvoir (REP), visant à obtenir l'annulation de la décision prise qui disparaîtra alors rétroactivement. Beaucoup plus rares sont les recours de plein contentieux (RPC) : le demandeur souhaite ici obtenir réparation du préjudice qu'il a subi du fait de l'action ou de l'inaction administrative. Si par exemple les forces de l'ordre refusent, pour des raisons d'intérêt général, d'expulser des grévistes occupant une entreprise malgré une ordonnance judiciaire, le chef d'entreprise pourra, dans certains cas, obtenir des dommages et intérêts. De même, si un refus d'autorisation de licenciement d'un délégué délivré par un inspecteur s'avère illégal, l'employeur pourra obtenir remboursement des salaires qu'il a dû verser.

119 Spécificités. Mais l'intervention statistiquement non négligeable du juge administratif (plus de 350 arrêts annuels pour le seul Conseil d'État) pose en pratique de redoutables problèmes au non-spécialiste. Le salarié, et dans une moindre mesure l'employeur connaissent mal la justice administrative et hésitent donc à la saisir : plaider contre l'État désarçonne et donc dissuade. C'est ainsi que, depuis 2013, le passage du contrôle des PSE du TJ à l'Administration, puis éventuellement au juge administratif, a comme prévu éteint le volumineux contentieux devant les TJ. Et il y a très peu de recours devant le juge administratif (6 % des PSE), depuis les arrêts du Conseil d'État du 22 juillet 2015 ayant donné le mode d'emploi.

Cette défiance est renforcée par la durée du procès et surtout le peu d'effet immédiat que l'on peut en attendre. Si, après 2,5 années de procédure (moyenne en 2020 : tribunaux administratifs = 11 mois + cours administratives d'appel = 12 mois avec un taux de confirmation de 79 % + Conseil d'État = 7 mois), un arrêt du Conseil intervient en faveur du salarié, il est exceptionnel que celui-ci puisse en profiter immédiatement car le juge administratif ne s'est prononcé que sur la décision de l'inspecteur du travail : le procès prud'homal (réintégration, indemnisation) reste à faire.

APRÈS LE MENSONGE PAR ACTION ET PAR OMISSION
LA TROISIÈME FORME DU MENSONGE : LA STATISTIQUE ?

« *Cela doit être beau, car je n'y entends goutte* » (Le Médecin malgré lui). Pour les nombreux juristes fâchés avec les mathématiques depuis le CE2, les statistiques sont littéralement *incontestables*. Or il faut les manier avec prudence car elles permettent souvent aux initiés de démontrer ce qu'ils veulent, surtout dans notre domaine (le social) où les préoccupations politiques sinon partisanes (« *Les convictions sont des ennemis de la vérité plus dangereux que les mensonges* », Nietzsche), mais aussi les raisonnements Café du commerce sont légion.

Au-delà de la caricature des accidents du travail (un chômeur ou un travailleur à domicile ou en activité partielle totale ne pouvant par définition en avoir, leur chiffre baisse automatiquement avec la montée du chômage, comme en 2020 : est-ce une bonne nouvelle ?), et des accidents de trajets (beaucoup, beaucoup moins pendant les périodes de confinement) trois exemples parmi beaucoup d'autres.

1. 87 % de précaires ?

Il est facile de faire pleurer Margot en évoquant les 87 % d'embauches faites par contrat à durée déterminée en 2019, contre 76 % en l'an 2000. Plus de quatre salariés français sur cinq vivraient sous statut précaire ? Non, puisque ce chiffre vise les flux, et non les stocks : 85 % des salariés du secteur privé restent aujourd'hui sous CDI, 14 % sous contrat précaire (CDD : 9 % + TT : 4 % + 1 % apprentissage). Et surtout du fait de la multiplication des CDD de très, très courte durée : de 1,5 million par trimestre en 2000 à 4 millions en 2017, un sur trois étant signé pour une seule journée (audiovisuel, restauration) contre 8 % euros en 2011 : or cette rotation rapide, en termes de flux d'embauche... La possibilité ouverte par la loi du 5 septembre 2018 de conclure un seul CDD pour remplacer plusieurs salariés

(X en maladie, puis Y en maternité, puis Z en congé parental) dans des secteurs définis va par exemple faire baisser le taux de recours au CDD...
Quant au « CDI en béton », proche de la fonction publique ? Plus d'un sur trois (52 % dans la restauration) est rompu dans les douze premiers mois, majoritairement par le salarié.

2. Temps de travail à Rome et London
Les statistiques européennes indiquent une durée moyenne hebdomadaire montrant que les Italiens (38 heures) travaillent plus que les Anglais (36 heures) : *tea, of course*. Toutefois, si l'on retire le temps partiel (ou les « *mini-jobs* » allemands) très développé au Royaume-Uni mais très limité en Italie, puis les fêtes chômées (8 en Grande-Bretagne, 13 en Italie), les salariés à temps plein travaillent en rythme annuel un mois de plus à Londres qu'à Rome. À supposer que le décompte du temps de travail soit le même dans tous les pays, faut-il inclure artisans et professions libérales travaillant plus de 45 heures ? Et les arrêts-maladie (en France, 29 jours en moyenne en 2018) ? Les chômeurs qui ne travaillent pas du tout ? Dans les systèmes déclaratifs, la réponse est souvent biaisée par le politiquement correct : les Allemands déclarent ainsi 3,7 semaines de congé, alors que leur comptabilité en constate 5,8. Et la collecte des données doit être fiable car homogène : problème essentiel en matière de comparaison internationale, *a fortiori* à 27 (*cf.* la durée du déjeuner à Londres et à Madrid : de 1 à 5).

3. Lutte contre le travail illégal
Les sommes recouvrées par l'Urssaf pour travail dissimulé ont décuplé en quinze ans : de 59 millions d'euros en 2005 à 185 en 2010, 320 en 2013 puis 606 millions en 2020 : les entreprises ont-elles fraudé dix fois plus ? Non, mais grâce au numérique en particulier (ex. : *data mining*), les contrôles administratifs sont mieux ciblés : agriculture, BTP (51 % des redressements), hôtels, cafés, restaurants, spectacle... En 2018, 85 % des 50 749 actions ont ainsi abouti à un redressement.

120 **Chef d'entreprise, pas forcément employeur.** Une entreprise a besoin de main-d'œuvre ; comme cinq millions de travailleurs en France chaque année, un salarié en poste dans une autre société ou un demandeur d'emploi va répondre à cette demande. Mais est-il certain que le chef d'entreprise souhaite devenir employeur ? Avec les plateformes de services par exemple, on voit qu'il n'en est rien : le modèle économique d'Uber reposait même sur le non salariat. Surtout avec le développement du télétravail au domicile où c'est le résultat qui compte, pas le présentéisme au bureau, ne va-t-il pas préférer le free-lance, le travail temporaire voire la sous-traitance ? À supposer qu'il décide d'embaucher, le fera-t-il par contrat à durée indéterminée ?

Dans un titre premier, il convient d'examiner la question du choix du contrat... de travail ?

Une fois embauché, le salarié sera soumis au pouvoir de direction et au pouvoir disciplinaire de l'employeur ; celui-ci pourra par exemple lui demander, au cours de l'exécution du contrat, de modifier ses horaires ou son lieu de travail. Malgré les dispositions prises en matière de santé et de sécurité, un accident du travail peut intervenir : qui est responsable ? Enfin, employeur et salarié accordent une grande importance à la rémunération, directe ou indirecte. Pouvoirs patronaux, durée du travail, hygiène et sécurité, rémunération : **la partie 2 sera consacrée à l'exécution du contrat de travail.**

Mais dans la vie professionnelle, tout peut évoluer : le salarié comme l'employeur peuvent être empêchés d'exécuter leurs obligations respectives (de la maladie à la mise en chômage technique, pardon : « en activité partielle ») ; le salarié souhaite une promotion, l'entreprise lui propose une mutation à 450 kilomètres : la mobilité, qu'elle soit géographique ou professionnelle, est une ardente obligation. **La partie 3 sera relative à l'évolution de la relation de travail.**

Si près de 90 % du contentieux prud'homal est relatif aux licenciements, d'autres modes de rupture existent : de la démission fort peu réglementée à la retraite, en passant par la rupture conventionnelle homologuée individuelle (2008) ou collective (2018), ou la très à la mode « prise d'acte ». Il conviendra donc d'étudier avec attention **les divers modes de rupture du contrat de travail (partie 4)**.

Titre 1

LA RELATION INDIVIDUELLE DE TRAVAIL

Partie 1

LE CHOIX DU CONTRAT DE TRAVAIL

121 **Le CDI, produit des Trente Glorieuses.** Entre le jeune diplômé cherchant aujourd'hui du travail et son équivalent des années 1960, guère de points communs. Le premier risque de rejoindre pour quelques mois nos millions de demandeurs d'emploi avant que ne lui soit proposé un contrat à durée déterminée, voire un « parcours d'insertion » composé de multiples « stages », « jobs » puis « petits boulots » en CDD, qui constitue aujourd'hui le mode le plus courant de mise au travail. C'est à 26 ans en moyenne qu'il signera son premier CDI.

Son alter ego de 1960, époque où 10 % d'une génération avait le niveau Bac contre 68 % aujourd'hui, ne connaissait guère de chômeurs : moins de 500 000 en France, niveau incompressible de chômage frictionnel. Afin de fidéliser une main-d'œuvre rare, l'entreprise lui avait donc proposé un contrat de travail à durée *indéterminée*, et à temps *plein* afin qu'il n'aille pas voir ailleurs.

Du métier à l'emploi, puis au job : à compter des années 1970 et la restructuration de notre outil productif, les entreprises ont profondément modifié leurs pratiques en matière d'embauche. La situation économique devenant précaire, l'emploi allait s'aligner : même si leur taux reste raisonnable, contrats à durée déterminée (CDD : 9 % de l'emploi salarié, mais de plus en plus courts) et contrats de travail temporaire (CTT : 3 %) ont triplé depuis 1982, les chefs d'entreprise souhaitant pouvoir embaucher pour la durée de la commande.

Mais certains ont voulu aller encore plus loin : ne plus être employeur pour éviter l'application d'un droit du travail qu'ils jugent trop coûteux (y compris avec le régime général de sécurité sociale allant avec), trop rigide (durée du travail conçue pour l'usine métallurgique) et excessivement complexe, surtout côté TPE/PME.

122 **Emplois sans employeur.** C'est l'une des causes du succès du travail temporaire et autres techniques « d'extériorisation de l'emploi », qui se sont multipliées dans toute l'Europe, mais aussi du re-développement récent, mais qui reste statistiquement limité, du travail indépendant de la part d'ex-salariés et autres *crowdworkers* ou 260 000 « travailleurs du clic » : auto-entrepreneurs, en réalité surtout auto-employeurs (*self employment*). Liées *conjoncturellement* à la crise des années 1980, précarité et extériorisation de l'emploi constituent aujourd'hui un mode *structurel* de gestion de la main-d'œuvre. Dans un grand consensus employeur / *insiders* sous CDI adhérents de nos grandes confédérations syndicales, ces précaires travaillent dur, et sont les premiers à devoir partir en cas de problèmes économiques.

123 **Plan.** Après avoir brièvement résumé les aspects juridiques du recrutement d'un salarié *(Chapitre 1)*, il faudra constater que si en droit du travail la norme demeure le contrat à durée indéterminée *(Chapitre 2)*, les contrats de plus en plus atypiques *(Chapitre 3)* restent, en termes d'embauche, très majoritaires malgré les efforts réitérés du législateur.

Chapitre 1

Le recrutement, aspects juridiques

124 **Un acte aussi important qu'incertain.** *Important,* car pour l'entreprise et particulièrement celles du secteur quaternaire, « *il n'est de richesses que les hommes* » : toute erreur coûte cher, immédiatement et à terme (coût financier, mais également psychologique).

Incertain, car aucun pays au monde ni aucune entreprise, même assistée par l'IA, n'a trouvé la formule miracle, *a fortiori* depuis que la capacité du candidat à faire face au changement est devenue une vertu essentielle, que le savoir-être avec son équipe de travail (particulièrement important en cas de travail à distance) ou les clients est souvent plus important que le savoir technique en constante évolution. Pour une entreprise du savoir, l'essentiel de son capital social est le cerveau de ses collaborateurs : il lui faut donc attirer les meilleurs, puis les fidéliser.

125 **L'embauche étant un pari sur l'avenir**, il n'est pas surprenant que beaucoup d'entreprises ne se cantonnent pas aux aptitudes techniques actuelles du candidat. S'il va de soi qu'aucune discrimination (race, sexe, religion, V. art. L. 1132-1 *infra*) ne peut intervenir, une nécessaire sélection doit se faire parmi les nombreux candidats, postulant de plus en plus en ligne ou s'inscrivant sur les réseaux sociaux. Aujourd'hui, dans l'ordre, Pôle emploi : 325 000 offres d'emploi, Leboncoin : 300 000 offres de proximité, qui restent en moyenne 13 jours, Facebook et Google désormais avec *Google Hire* et *Google for Jobs*, LinkedIn (660 millions de membres, dont 19 millions en France), Monster, Viadeo, Twitter... qui ont rendu le « marché du travail » plus réactif beaucoup plus transparent. Mais aussi élargi de façon exponentielle le nombre de candidats, avec une compétition accrue. *A fortiori* depuis 2021, avec la banalisation du travail à distance qui permet de recruter des talents à Bordeaux ou Marseille, qui ne viendront à Paris qu'une fois par mois. Permettant aussi, grâce au profil présenté puis quelques mails avant l'éventuel entretien, un discret contrôle *a priori* de leurs diplômes (*cf.* « *Check-it* », entreprise de « *global screening* » pour 30 €).

Mais tous les moyens sont-ils permis ? Afin de lutter contre des pratiques de plus en plus douteuses émanant de certains cabinets de recrutement ridiculisant la profession, la loi du 31 décembre 1992 avait voulu rendre l'acte de recrutement moins subjectif *(Section I)* : mais la personnalité d'un candidat n'est pas réductible à ses diplômes, aujourd'hui vite obsolètes. L'embauche faite, le chef d'entreprise doit formaliser par écrit la relation de travail : contracter c'est prévoir *(Section II)*.

SECTION I Rendre le recrutement moins subjectif

126 **Liberté de choisir ses collaborateurs.** Si le Conseil constitutionnel a légitimement reconnu le 20 juillet 1988 à l'employeur « *la liberté de choisir ses collaborateurs* » (recruter, c'est choisir), cette liberté ne peut être absolue. Or le nombre de candidats à l'embauche, associé à la quête du salarié zéro-défaut, avait amené certaines entreprises ou cabinets de recrutement à utiliser des techniques de sélection de plus en plus créatives (logiciels de recrutement peu transparents, mais également astrologie, numérologie et autre psycho-morphologie), ou à poser au candidat des questions portant gravement atteinte à sa vie privée *(« Donnez-vous satisfaction à votre compagnon ? »)* comme aux libertés publiques *(« Citez les associations auxquelles vous appartenez »)*. Sans aller jusqu'aux pratiques américaines (tests génétiques, interdits dans l'entreprise par la loi française), ces méthodes fort contestables avaient amené le ministre du Travail à demander à Gérard Lyon-Caen, professeur à Paris I, un rapport (« Les libertés publiques et l'emploi », Documentation française, mars 1992), qui servit de base à l'élaboration de la loi du 31 décembre 1992. Largement inspiré par la loi Informatique et Libertés ce texte édicte quatre principes qui s'appliquent à toute personne procédant à un recrutement : nécessaire transparence collective *(§ 1)*, loyauté individuelle dans la collecte des informations *(§ 2)*, principe de pertinence des informations demandées, surtout depuis le 25 mai 2018 et l'application du RGPD *(§ 3)*, sans évidemment oublier l'interdiction des pratiques discriminatoires *(§ 4)*.

§1 Transparence collective sur les méthodes de recrutement

127 **Dissuasion.** Afin de dissuader autant que possible le recours à certaines techniques aussi ésotériques que méprisantes pour le candidat qui n'est guère en position de force pour protester, l'article L. 2312-38 oblige d'abord l'employeur à « *informer le Comité social et économique, préalablement à leur utilisation, sur les méthodes ou techniques d'aide au recrutement, ainsi que sur toute modification de celles-ci* ». Il n'est pas certain que le CSE des sociétés où le service Recrutement commence par *googleliser* leurs candidats en aient été informés...

Mais cette simple information, préalable et collective, peut se révéler plus efficace qu'une interdiction vite contournée : face à des délégués souvent militants syndicaux, il n'est pas certain que le chef d'entreprise qui y avait auparavant recours ose indiquer que les Scorpions ascendant Capricorne ou chiffre 8 (numérologie) sont exclus de tout recrutement… à l'instar d'ex-étudiants avinés au QI numérique proche de zéro s'affichant ainsi sur Instagram. Or si le CSE n'est pas consulté, l'utilisation (officielle) de ces techniques est désormais exclue, sans oublier un éventuel délit d'entrave.

Mais la loi de 1992 avait un but *plus pédagogique que normatif*, cherchant à convaincre plutôt qu'à contraindre : aucune sanction n'est prévue. Ce qui apparaît tout à fait justifié dans un domaine où la subjectivité garde une place importante : les plus hauts concours de la fonction publique ne donnent-ils pas légitimement un fort coefficient au « Grand Oral » destiné à évaluer la personnalité du candidat et ses compétences relationnelles, à côté de la vérification des connaissances techniques ?

§2 Loyauté individuelle dans la collecte des informations

128 **Article L. 1221-8 :** « *Le candidat à un emploi est expressément informé, préalablement à leur mise en œuvre, des méthodes et techniques d'aide au recrutement utilisées à son égard. Les résultats obtenus sont confidentiels.* » À l'égard des tiers bien sûr, non à l'égard du candidat lui-même.

Article L. 1221-9 : « *Aucune information concernant personnellement un candidat à un emploi ne peut être collectée par un dispositif qui n'a pas été porté préalablement à sa connaissance* ».

Cette volonté de transparence est issue de la loi Informatique et Libertés de 1978, complétée par la loi du 20 juin 2018 relative à la protection des données personnelles adaptant le RGPD du 27 avril 2016 : en 2020, la CNIL a reçu 13 585 plaintes (dont 10 % concernent le secteur Travail : visionnage à distance d'images issues d'une vidéosurveillance, géolocalisation permanente, refus de communication du dossier personnel.

Ses sanctions peuvent désormais être très lourdes (amende administrative ne pouvant excéder 10 millions d'euros ou, s'agissant d'une entreprise, 2 % du chiffre d'affaires annuel mondial total de l'exercice précédent), mais sont souvent ignorées des recruteurs allant faire un petit tour sur des réseaux professionnels comme LinkedIn (500 millions de membres, dont 11 millions en France), mais aussi Google voire Facebook en s'y présentant sous un pseudo, ou grâce à la stagiaire. Mais la *googlelite* aiguë des recruteurs est facilement explicable : perquisition virtuelle, gratuite, rapide et discrète car ces données sont souvent en accès libre. Or il n'y a que dix ans que ces réseaux dits « sociaux » tournent vraiment en France : demain, chaque CV sera systématiquement comparé à l'identité numérique du candidat récoltée partout sur le Net (avec vérification automatique des diplômes), où tout reste gravé dans le marbre numérique, où les « murs » ont des yeux, des oreilles, et une mémoire d'ordinateur… Un pseudo obligatoire pour les mineurs ?

§3 Pertinence des informations demandées et des techniques de sélection

129 **Article L. 1221-6 :** « *Les informations demandées, sous quelle que forme que ce soit, au candidat à un emploi ne peuvent avoir comme finalité que d'apprécier sa capacité à occuper l'emploi proposé ou ses aptitudes professionnelles. Ces informations doivent présenter un lien direct et nécessaire avec l'emploi proposé ou avec l'évaluation des aptitudes professionnelles.* »

Article L. 1228, 3ᵉ alinéa : « *Les méthodes et techniques d'aide au recrutement ou d'évaluation des candidats à un emploi doivent être pertinentes au regard de la finalité poursuivie* ».

Cette volonté d'objectivation est certes naturelle et louable pour certains postes d'exécution ; mais pour s'intégrer à une équipe, et *a fortiori* pour des managers destinés à évoluer dans différentes fonctions tout en encadrant d'autres salariés, il paraît difficile de s'en tenir à la vérification des diplômes et à des tests, de droit du travail pour le futur RRH par exemple. À côté de ces nécessaires « hard skills », les « soft skills » ont pris beaucoup d'importance, en particulier avec le travail à distance : or ils sont beaucoup moins faciles à acquérir, et à évaluer que des connaissances techniques.

En cas de contestation d'un candidat évincé, litige rarissime relevant des Prud'hommes (ex : contestation test de graphologie) il appartiendra au juge d'examiner « *le lien direct et nécessaire avec l'emploi proposé* ». S'agissant par exemple d'un salarié destiné à l'expatriation dans une base-vie, une question relative à sa vie privée (conjoint, enfants) peut alors lui être posée : mission délicate.

Principe général de protection des données personnelles. Lors du recrutement comme ensuite, le principe général de protection des données personnelles oblige l'employeur à ne traiter que des données pertinentes, collectées de manière loyale et licite, pour des finalités déterminées, explicites et légitimes. Et le nouveau principe de minimisation dans la collecte lui interdit de demander au candidat des informations sans utilité à ce stade : ainsi du numéro de sécurité sociale. Mais une fois l'embauche faite, les informations indispensables comme son état-civil, sa situation familiale ou son domicile, nécessaires à la gestion du personnel, pourront être exigées

Et *a fortiori* éviter la collecte de données sensibles expressément interdites par le RGPD : opinions politiques, philosophiques ou religieuses, appartenance syndicale...ou de santé avec la pandémie C19.

130 **Côté salarié.** « *Le candidat est tenu de répondre de bonne foi à ces demandes d'informations* »... si elles correspondent aux critères examinés, indique le 3ᵉ alinéa de l'article L. 1221-6. *A contrario* donc, à question idiote (« *Je suppose que mariée depuis trois mois, vous comptez avoir bientôt des enfants ?* »), réponse mensongère possible (« *Je hais les chiens et les enfants !* », H.G. Wells).

Mais quels débuts calamiteux pour une relation contractuelle !

Licencié pour comportement mensonger voire dolosif... à l'embauche ? Oui, si... S'agissant d'un directeur régional des ventes ayant menti à trois reprises sur son passé professionnel à son futur employeur, la Chambre sociale a indiqué le 25 novembre 2015 que *« la présence alléguée du salarié dans cette entreprise ayant été déterminante pour l'employeur, l'existence de manœuvres dolosives pouvait justifier un licenciement »* (pour faute grave).

§4 Interdiction des discriminations

131 **Les 24 discriminations illégales fin 2021.** Créé par la loi du 4 août 1982, l'article L. 1132-1 a connu depuis une immense fortune devenue obésité. Il vise l'embauche, donc un processus de sélection faisant nécessairement beaucoup de mécontents, mais aussi l'exécution ou la rupture du contrat de travail.

Le refus de toute discrimination fait partie des fondements de la République française : ainsi le critère du « respect des valeurs républicaines » s'appliquant à tout syndicat inclut cette règle fondatrice, a rappelé la Cour de cassation le 16 décembre 2016. Quelles sont aujourd'hui les 24 discriminations prohibées ? Elles sont d'importance extrêmement variable.

Article L. 1132-1. « *Aucune personne ne peut être* ***écartée d'une procédure de recrutement ou de l'accès à un stage ou à une période de formation en entreprise****, aucun salarié ne peut être sanctionné, licencié ou faire l'objet d'une mesure discriminatoire, directe ou indirecte, notamment en matière de rémunération, au sens de l'article L. 3221-3, de mesures d'intéressement ou de distribution d'actions, de formation, de reclassement, d'affectation, de qualification, de classification, de promotion professionnelle, de mutation ou de renouvellement de contrat...*

...en raison de son origine, de son sexe, de ses mœurs, de son orientation sexuelle, de son identité de genre, de son âge, de sa situation de famille ou de sa grossesse, de ses caractéristiques génétiques, de la particulière vulnérabilité résultant de sa situation économique, apparente ou connue de son auteur, de son appartenance ou de sa non-appartenance, vraie ou supposée, à une ethnie, une nation ou une prétendue race, de ses opinions politiques, de ses activités syndicales ou mutualistes, de ses convictions religieuses, de son apparence physique, de son nom de famille, de son lieu de résidence ou de sa domiciliation bancaire, ou en raison de son état de santé, de sa perte d'autonomie ou de son handicap, de sa capacité à s'exprimer dans une langue autre que le français ».

132 **Faisant l'objet de rigoureuses sanctions pénales** (art. L. 225-1 : 45 000 euros et trois ans de prison), ce long catalogue s'allonge d'année en année sur des critères de plus en plus pointus (« domiciliation bancaire », « capacité à s'exprimer dans une langue autre que le français »...), et par ailleurs évolutifs : « L'apparence physique » visait à l'origine la couleur de la peau, et protège aujourd'hui les personnes en surpoids. « L'état de santé » visait les personnes malades : aujourd'hui il s'agit d'un salarié refusant de se faire vacciner et faisant l'objet d'une mise à l'écart.

L'article L. 1131-2 dispose enfin que les collaborateurs chargés du recrutement dans les entreprises de plus de trois cents salariés, ou dans toute entreprise spécialisée dans le recrutement, doivent recevoir une formation à la non-discrimination à l'embauche au moins une fois tous les cinq ans. Et pour le robot d'intelligence artificielle chargé de la pré-sélection ?

133 **Droit et éducation.** En juin 2017, J.-C. Sciberras, DRS de Solvay et ancien président de l'ANDRH ayant piloté à la demande du gouvernement deux groupes de travail sur ce sujet, soulignait « *le contraste entre l'arsenal juridique français particulièrement développé, et la persistance d'un sentiment de discrimination au sein de la société* », s'interrogeant sur « *la capacité du cadre juridique existant à endiguer les causes profondes des pratiques discriminantes sur le marché du* travail » (www.tresor.economie.gouv.fr/16113_seminaire-emploi-n-21).

SECTION II Contracter, c'est prévoir : l'ardente nécessité d'un écrit

134 D'abord pour lutter contre le travail illégal, toute relation de travail doit être formalisée par écrit. Et devant la multiplication des formes de plus en plus atypiques d'emploi, l'UE a adopté le 20 juin 2019 la directive « relative à des conditions de travail transparentes et prévisibles », afin de permettre à chaque partie de connaître ses obligations exactes.

Écrit *en français*, le document, qui peut être une lettre d'embauche ou un véritable contrat, doit préciser l'identité des parties, le lieu de travail qui reste en principe une simple *information* et non une *contractualisation* sauf clause précise et personnalisée, le titre et/ou la description sommaire du travail, le début et le cas échéant la fin du contrat, le montant et la structure de la rémunération, la durée journalière et hebdomadaire et les éventuelles heures supplémentaires.

L'employeur doit enfin donner au nouvel embauché une information précise sur son statut conventionnel, qui peut contenir des avantages, mais aussi des sujétions non évoquées dans le contrat (ex. : clause de mobilité, de dédit-formation).

135 **Contracter, c'est prévoir.** Ce contrat faisant ensuite loi entre les parties, sa rédaction doit faire l'objet de beaucoup d'attention, des deux côtés : ainsi du lieu de travail (problème de la mobilité géographique), de la description sommaire du travail (possible polyvalence), d'éventuelles primes d'objectifs (tout en évitant de figer les objectifs en les contractualisant), n'excluant pas d'autres clauses : essai, non-concurrence (V. *infra*). Il va de soi que ces indications minimales n'excluent pas des clauses de confidentialité ou d'exclusivité.

136 **Toutes ces clauses doivent respecter l'article L. 1121-1,** la Cour de cassation contrôlant très sévèrement leur justification et leur proportionnalité. Une clause d'exclusivité reste licite si « *elle est justifiée par la nature des fonctions confiées à l'intéressée touchant à des éléments essentiels et confidentiels de la vie de la société, indispensable à la protection des intérêts légitimes de la société, et proportionnée au but recherché* » (CS, 29 sept. 2016). Donc en la justifiant (ex. : *marketeur* / protection des intérêts commerciaux), et en précisant le champ d'application de la restriction (activités concernés). En respectant enfin la vie privée du citoyen, qui peut écrire des romans ou assurer bénévolement des cours d'alphabétisation.

[Sur la clause de non concurrence, voir chapitre conclusif sur les suites de la rupture]

Chapitre 2

La norme : le contrat de travail à durée indéterminée

138 Le CDI, le contrat normal. Comme le rappelle dans un style bien peu juridique l'article L. 1221-2 : « *Le contrat de travail à durée indéterminée est la forme normale et générale de la relation de travail.* » Mais il est issu de la directive du 28 juin 1999 sur le CDD : « *Les CDI sont la forme générale de la relation de travail, contribuant à la qualité de vie des travailleurs et à l'amélioration de la performance* ». Norme rappelée avec vigueur par la CJUE (« Le bénéfice de la stabilité de l'emploi est un élément majeur de la protection des travailleurs », CJUE, 14 sept. 2016) et par la Cour de cassation française, toutes deux veillant à ce qu'un emploi permanent soit occupé par un salarié permanent, donc sous CDI (normal).

Cette règle étant d'ordre public, le fait qu'un salarié signe de son plein gré une succession de CDD illicites ne lui interdit pas ensuite de saisir la justice : « *En raison de sa position de faiblesse par rapport à l'employeur, le travailleur est susceptible d'être la victime d'un recours abusif (...) Dès lors, il ne saurait être considéré que les CDD sont privés de protection au seul motif qu'ils ont consenti librement à la conclusion de relations de travail à durée déterminée successives* » (CJUE, 19 mars 2020).

139 Norme *juridique* donc ; mais aussi norme *sociale* puisque 85 % des salariés français continuent aujourd'hui à en bénéficier. S'il est vrai qu'en termes de flux, le travail précaire a pris une grande ampleur depuis vingt ans (76 % des embauches en 2000, mais 87 % en 2020), ces chiffres sont trompeurs : la courte – et de plus en plus courte – durée des contrats à durée déterminée et surtout de travail temporaire (un tiers dure une journée ou moins, et la moitié moins d'un mois) permet à un salarié d'en conclure beaucoup par an. Par ailleurs, il arrive qu'une embauche par CDD constitue en réalité une super-période d'essai.

SECTION I Le contrat à durée indéterminée, norme juridique (et sociale)

140 « **Contrat à durée indéterminée** » ? Il ne s'agit évidemment pas d'un engagement perpétuel ressuscitant le servage : chacune des parties peut y mettre fin à tout moment. Mais pas n'importe comment.

L'évolution du droit du travail a voulu garantir une grande stabilité au salarié embauché sous CDI. Or cette stabilité, supérieure à la moyenne européenne, n'empêche pas les Français d'avoir le sentiment d'insécurité le plus fort d'Europe, équivalant à celui de la Grèce : en particulier car le délai entre la perte d'emploi et la signature d'un autre contrat est supérieur à nos voisins.

141 **Flexicurité.** Raison pour laquelle la France veut importer la flexicurité portée par l'Union européenne, voulant atténuer le choc de la rupture : psychologiquement (la rupture conventionnelle), financièrement en assurant une meilleure prise en charge pendant les périodes de non-travail (orientation, formation...), avec le Compte personnel d'activité revivifié en 2018, sac à dos virtuel attaché à la personne, et non au type d'emploi.

Mais attention ! Comme l'explique l'économiste Bernard Gazier, « *la flexicurité, ce n'est pas assurer des transitions entre des périodes d'emploi instables, mais considérer que l'emploi est une réalité dynamique ayant été protégée jusqu'ici de manière statique. On passe d'une sécurité sur place à une sécurité qui, sans exclure de rester au même endroit, prévoit des étapes, des capacités à évoluer* ».

Titulaire d'un emploi permanent, le salarié sous CDI a (avait ?) vocation à faire carrière dans l'entreprise : son licenciement ne pourra être prononcé que pour une cause réelle et sérieuse étroitement contrôlée par le juge, et il aura droit à deux indemnités de rupture (préavis + licenciement).

Effet très concret de cette norme : si l'employeur a recours au travail précaire (CDD, TT) mais ne respecte pas scrupuleusement les très contraignantes dispositions légales (ex. : plus de deux renouvellements), le retour à la norme est acquis (CDI) s'il va en justice, sans parler des sanctions pénales (3 750 €, art. L. 1248-1).

UN CDI À DURÉE DE PLUS EN PLUS... INDÉTERMINÉE PLUS D'UN SUR TROIS ROMPU DÈS LA PREMIÈRE ANNÉE !

L'enquête Dares publiée le 23 janvier 2015 (www.travail-emploi.gouv.fr/IMG/pdf/2015-005.pdf) remet nettement en place l'opposition immense stabilité du CDI/précarité absolue du CDD. Car 36 % des CDI sont rompus avant leur premier anniversaire : 10 % durent moins d'un mois, 20 % moins de trois mois, 26 % moins de six (de 27 % dans l'industrie à 59 % dans l'hébergement ou la restauration). **Et dans 45 % des cas à l'initiative du salarié** ; 16 % des CDI sont rompus par démission, rupture d'essai pour 13 % (60 % des sorties des deux premiers mois), 3,3 % par un licenciement non économique, 1,7 % par une rupture conventionnelle,

enfin 0,4 % suite à un licenciement économique. Impact de la qualification : si 19 % des CDI de cadres sont rompus au bout d'un an, c'est le cas de 42 % des salariés qualifiés... et de 52 % des peu qualifiés, soit une majorité d'entre eux. Enfin de l'âge : 46 % pour les 18-24 ans.
Résultat : en raison de ces ruptures rapides, en 2015 la durée moyenne d'un CDI échu était de 7 mois dans la Restauration, 22 mois dans les Services, 32 mois dans la Construction, 56 mois dans l'Industrie : pas exactement le parallèle CDI = Fonction publique partout décrit. Mais sur l'ensemble des CDI, 46 % des salariés travaillent dans la même entreprise depuis 10 ans, et 66 % depuis au moins cinq ans.

SECTION II La période d'essai

142 **Précarité, mais réciproque.** Situation délicate pour le salarié que la « période d'essai » : le contrat de travail est signé, valide ; et pourtant à tout moment l'une des parties peut décider de le rompre sans motif, ni indemnité de rupture.

Mais avec un droit du licenciement jugé très contraignant, l'employeur peut être tenté d'allonger cette période de totale précarité pour le salarié, la rupture éventuelle de l'essai ne constituant *par définition* ni un licenciement ni une démission.

Trois questions : la définition de l'essai (§ *1*), sa durée (§ *2*), et son éventuelle rupture (§ *3*), après l'ordonnance du 22 septembre 2017 ayant confié à la convention collective de branche, et à elle seule, la possibilité de déroger *« aux conditions et durées de son renouvellement »*.

§1 Définition de l'essai

143 **Article L. 1221-20** : « *La période d'essai permet à l'employeur d'évaluer les compétences du salarié dans son travail, notamment au regard de son expérience, et au salarié d'apprécier si les fonctions occupées lui conviennent* ».

Côté employeur, l'essai ne peut donc être rompu que pour des motifs inhérents à la personne du salarié. Donc pas pour motif économique, ni pour remplacer un salarié parti en congé (CS, 15 déc. 2016, 7 200 € de dommages-intérêts).

ESSAI, OU PÉRIODE PROBATOIRE ?

L'arrêt fondateur du 30 mars 2005 a opposé les deux notions, à propos d'un attaché commercial promu directeur commercial trois mois après (!), mais avec une nouvelle « période d'essai » rompue au bout de deux mois : « *En présence de deux contrats de travail successifs entre les mêmes parties, la période d'essai stipulée dans le second contrat conclu à l'occasion d'un changement de fonctions du salarié* ne peut être qu'une période probatoire, *dont la rupture a pour effet* de replacer le salarié dans ses fonctions antérieures. »

Quelle que soit la formulation adoptée par les parties, il ne s'agit donc plus d'une période d'essai : l'éventuelle rupture devient un *licenciement* qui, en l'absence de notification motivée, est sans cause réelle et sérieuse. La période « probatoire » (le promu doit en effet faire ses « preuves ») à la suite d'une promotion est donc légitimée, si elle est notifiée auparavant au salarié.
Son échec peut-il « *replacer le salarié dans ses fonctions antérieures* », bref autoriser une rétrogradation ? Si la période probatoire n'est pas... probante, « *le salarié doit être replacé dans l'emploi qu'il occupait antérieurement* ».

§2 Durée de l'essai après l'ordonnance du 22 septembre 2017

144 **Article L. 1221-23 :** « *La période d'essai et la possibilité de la renouveler ne se présument pas. Elles sont expressément stipulées dans la lettre d'engagement ou le contrat de travail* ».

Son principe comme sa durée doivent donc figurer dans le contrat de travail, sinon pas d'essai. Et un simple renvoi à la convention collective où figure une période d'essai ne suffit pas non plus.

Point de départ : le commencement de l'exécution *du contrat*, pas de la tâche. Il ne peut être différé par les parties même si, pendant les premiers mois, le collaborateur n'est pas affecté au poste qui lui est destiné (ex. : cadre du marketing devant commencer par faire trois mois de route avec un VRP pour se frotter au terrain).

Date de rupture : le jour où l'employeur a *expressément* manifesté sa volonté d'y mettre fin : donc au jour *de l'envoi* de la lettre notifiant la rupture (CS, 20 juin 2020).

Report ? Le but étant de voir si le collaborateur fait l'affaire, une absence justifiée (ex. : grève, maladie, accident, mais aussi long, long chômage partiel total) reporte en principe d'autant la fin de l'essai. Mais faire grève en période d'essai n'est pas une excellente idée...

145 **Durée maximale de l'essai : 2-3-4 mois.** L'article L. 1221-19 fixe un maximum pour chaque catégorie professionnelle. Mais en pratique, cette durée maximale est devenue la norme : « *Le contrat de travail à durée indéterminée peut comporter une période d'essai dont la durée maximale est : 1° pour les ouvriers et les employés, de deux mois ; 2° pour les agents de maîtrise et les techniciens, de trois mois ; 3° pour les cadres, de quatre mois* ».

146 **Double consentement pour l'unique et éventuel renouvellement.** Il doit avoir été prévu dès la signature, et doit résulter d'un accord exprès des parties : il exige donc une manifestation de volonté claire et non équivoque du salarié. Et un renouvellement systématique, donc « *sans lien avec la qualité des professionnels concernés* (...) *avait donc été détourné de sa finalité* » (CS, 27 juin 2018, *licenciement* sans cause réelle et sérieuse).

147 Un renouvellement possible, par accord de branche étendu. Article L. 1221-21 : « *La période d'essai ne peut être renouvelée qu'une fois, et si un accord de branche étendu le prévoit. Cet accord fixe les conditions et les durées de renouvellement.*

La durée de la période d'essai, renouvellement compris, ne peut pas dépasser quatre mois pour les ouvriers et employés ; six mois pour les agents de maîtrise et techniciens ; huit mois pour les cadres. »

Dûment formalisé, un seul et unique renouvellement était donc possible, seulement en présence d'un accord de branche (pas d'entreprise), par ailleurs étendu par le ministre du Travail. Sauf accord de ce niveau (rare), un tel renouvellement était donc illicite. Et quoi qu'il arrive, la durée maximale absolue est de 4, 6 ou 8 mois : même avec l'accord écrit du salarié, un employeur ne pouvait donc plus stipuler une durée supérieure.

Dans son article L. 2253-1, 10°, l'ordonnance sur la négociation collective du 22 septembre 2017 a autorisé les conventions de **branche étendues**, et elles seules, à prévoir des stipulations pour « *les conditions et les durées de renouvellement de la période d'essai* ». Mais sa durée totale ne doit pas heurter les textes supranationaux, et en particulier la convention n° 158 de l'OIT.

§3 Ruptures de l'essai

148 Ni-ni. Fréquente (chaque mois, autant que de licenciements personnels), la rupture de l'essai ne constitue par définition ni un *licenciement* ni une *démission*. Le très rare contrôle judiciaire intervient concrètement dans trois situations :

- le salarié en conteste le motif... que l'employeur n'a pas, en droit, à formuler. Hypothèse rarissime vu sa faible ancienneté. Et sauf discrimination (V. *infra*), il est rare qu'il gagne.
- C'est la mise en œuvre de la rupture qui est abusive : « *Si l'employeur peut discrétionnairement mettre fin aux relations contractuelles avant l'expiration de la période d'essai, ce n'est que sous réserve de ne pas faire dégénérer ce droit en abus.* » Exemple : « *L'employeur avait subitement mis fin à l'essai du salarié sans lui donner la possibilité de s'adapter à son nouveau poste de travail* » (CS, 20 févr. 2013). *A fortiori* lorsque l'essai est rompu car le salarié a refusé une modification de son contrat, ce qui est son droit.
- Après plusieurs mois de travail, on annonce au collaborateur que sa période d'essai est rompue. Il saisit alors le conseil des prud'hommes (délai maximum : un an) en plaidant qu'il s'agit d'un licenciement car aucun essai n'était prévu, ou que la période maximale de sa catégorie professionnelle était dépassée. Si c'est le cas : procédure ? Cause réelle et sérieuse (rare car l'employeur n'a pas motivé la rupture) ?

Mais si le service Recrutement a bien fait son travail, le salarié recruté « fera l'affaire », et n'envisagera pas de quitter cette entreprise où il fait bon travailler.

149 Une fausse bonne idée : le « délai de prévenance ». L'article L. 1221-25 prévoit un délai de prévenance avant rupture. Excellente idée car le salarié ne quitte pas immédiatement l'entreprise, « comme un voleur » ; calamiteuse car au mieux ses compétences ont été jugées insuffisantes, au pire il a commis une faute grave, voire lourde... À l'instar du préavis de licenciement, il est toujours difficile de faire travailler quelqu'un dont le contrat va être rompu.

150 Délais différenciés et progressifs. En cas de rupture par le *salarié,* ce dernier doit respecter un délai de prévenance de 48 heures, mais 24 heures s'il travaille depuis moins de huit jours (art. L. 1221-26). S'il part immédiatement, il est fautif : mais l'employeur se contente souvent de ne pas lui payer ces 48 heures non travaillées.

Lorsque c'est *l'employeur* qui rompt, le salarié doit être prévenu dans un délai qui ne peut être inférieur à quarante-huit heures au cours du premier mois de présence ; deux semaines après un mois de présence ; un mois après trois mois de présence. Mais « *la période d'essai, renouvellement inclus, ne peut être prolongée du fait de la durée du délai de prévenance* » (risque de requalification de la rupture en licenciement).

151 Article L. 1221-25 : payer pour éviter une exécution délicate. Si pour respecter le délai de prévenance, l'employeur laisse le salarié travailler au-delà du terme de l'essai, il s'agit « *d'un nouveau contrat de travail à durée indéterminée, qui ne peut donc être rompu à l'initiative de l'employeur que par un licenciement* » (CS, 5 nov. 2014). Sauf faute grave, il faut donc dispenser le salarié de l'exécution du délai de prévenance (pas du « préavis » !), et lui payer immédiatement une indemnité équivalente au montant des salaires et avantages qu'il aurait perçus s'il avait accompli son travail jusqu'à son expiration, indemnité de congés payés comprise.

152 Procédure obligatoire en cas de faute disciplinaire. L'employeur peut en principe mettre fin à la période d'essai sans motif. Mais s'il invoque (bêtement) une faute, il doit respecter la procédure *disciplinaire* (convocation + entretien + notification motivée : V. *infra*) : mais surtout pas celle de licenciement !

153 Nullité des ruptures discriminatoires. La Chambre sociale sanctionne enfin toute rupture d'essai fondée sur un cas de discrimination évoqués par l'article L. 1132-1 (en pratique, surtout grossesse ou maladie : car grève ou activité syndicale en période d'essai...) par la nullité de l'acte discriminatoire évoquée par l'article L. 1132-4, par ailleurs pénalement sanctionné et au régime probatoire beaucoup plus favorable. Mais s'agissant d'une *rupture d'essai,* le salarié ne pourra prétendre au régime de la nullité du *licenciement* : ne seront donc pas versées les indemnités de préavis et de licenciement, et celle du licenciement sans cause réelle et sérieuse, mais des dommages-intérêts fonction du préjudice subi (CS, 12 sept. 2018 : 10 000 € tout de même).

Et comme pour toute rupture, le délai de prescription est de 12 mois.

Chapitre 3

Les contrats « atypiques »

154 **Le CDI à vie est mort.** De 1945 aux années 1970, la nécessaire fidélisation d'une main-d'œuvre rare avait imposé le « modèle Trente Glorieuses », financé par une forte croissance économique : le contrat à durée indéterminée à temps plein, devenu en 1990 norme juridique pour tous les membres de l'Union européenne. La mutation économique des « Quarante Pâteuses » (1976-2016) a mis fin à cette dynamique, et démultiplié les formes d'emploi salarié... et autres.

Si le contrat à durée indéterminée reste la norme juridique et sociale (85 % des salariés sont sous CDI), les politiques d'emploi des entreprises jouent désormais sur la différenciation des statuts, bref *l'individualisation* que connaît la société tout entière : contrats à durée vraiment déterminée ou à durée très indéterminée, à temps partiel, intermittents, travail temporaire, sous-traitance et autres opérations tripartites de prêt de main-d'œuvre (travail temporaire, portage salarial). Le législateur fait feu de toute loi pour lutter à tout prix – à n'importe quel prix – contre la montée du chômage... y compris en évitant de décourager l'activité non salariée (auto-entrepreneur). Tout en essayant d'assurer aux travailleurs économiquement dépendants un rapport de force moins défavorable : ainsi de la loi du 8 août 2016 créant *l'équivalent* du droit de grève pour les travailleurs (indépendants) des plateformes, ou de l'ordonnance du 22 avril 2021 sur « la représentation des travailleurs indépendants ».

155 **Flexicarité ?** Notre très rude compétition économique a sensibilisé les entreprises à la nécessité d'une gestion de plus en plus rigoureuse de leurs effectifs. Le numérique et les méthodes de direction (tableaux de bord et autre SAP) en ont fourni les moyens : le « Au rapport » de l'adjudant est devenu le permanent « *reporting* », éloignant à tous points de vue le manager de ses troupes. Parallèlement, la tendance à la diversification des situations individuelles et collectives s'est accrue (contrat senior dérogatoire, temps partiel, à l'année...). Les politiques publiques en faveur de l'emploi des jeunes des seniors, voire des deux (ex-« contrat de génération ») ou des chômeurs de longue durée y ont aussi concouru, multipliant les statuts de plus en plus hybrides.

156 **Les trois cercles.** Le résultat est une complexification croissante des formes d'emploi. Se concentrant sur ses fonctions essentielles (« le cœur de métier »), la grande entreprise tend à externaliser, voire à délocaliser les problèmes sociaux potentiels : une grève dans l'usine d'un sous-traitant bien peu écolo abime moins son image, et en cas de problèmes économiques ce sera aux sous-traitants de monter un bien peu médiatique plan de sauvegarde de l'emploi.

Aujourd'hui, les entreprises ont recours à **trois cercles** de main-d'œuvre :

- **l'emploi régulier, cœur du métier et donc noyau dur** de l'entreprise formé de salariés qualifiés sous CDI à temps plein, où ils ont vocation à faire carrière. C'est autour d'eux qu'a été et demeure construit notre droit du travail, le syndicalisme français ne s'intéressant guère aux précaires. Très attractives, les politiques destinées à ces *happy fews* (de plus en plus *happy*, mais de plus en plus *fews*) en assurent la motivation, la mobilité mais aussi la fidélité : avec des chaînes (clauses de non-concurrence, de dédit-formation), mais aussi des fleurs (*stock-options*, avantages en nature ou en ego : petits séminaires avec grandes stars, remise solennelle de *stock-options* par « Lui » Lui-même, le PDG...).
- **L'emploi sous statut précaire :** les personnes liées à l'entreprise par un contrat *de travail* « atypique » (emplois à durée déterminée, avec une durée moyenne de deux semaines). Mais le chef d'entreprise reste leur *employeur* et le Code du travail et les conventions collectives s'appliquent.
- **Chef d'entreprise, mais pas employeur :** ***l'emploi extériorisé*** rassemble les multiples formules par lesquelles l'entreprise fait assumer des tâches par des prestataires ou des entreprises extérieures. Ces derniers ne lui sont donc pas liés par un contrat *de travail* (c'est le but : l'évitement du droit du travail), mais par des rapports de droit commercial : intérimaires, portage salarial, coopérative d'activité ou d'emploi, groupement d'employeurs, auto-entrepreneurs « partenaires » d'Uber, salariés de sous-traitants souvent effectivement et littéralement « sous traités » par rapport aux CDI en poste, ou les 200 travailleurs en régie travaillant chez le client... Car en cas de baisse du carnet de commandes, ce sont eux qui seront les premiers touchés, sans que leur donneur d'ordres ne doive monter un bien peu médiatique plan de sauvegarde de l'emploi. Les précaires sont pénalisés en termes de salaire, les premiers à assumer les besoins de flexibilité impactant leur vie personnelle, travaillent plus dur (90 % des équipes de nuit chez PSA ou Renault), ont moins d'accès à la formation et sont davantage exposés aux accidents du travail. Sans parler d'une protection sociale souvent amoindrie du fait d'une faible ancienneté.

157 **Escargot.** Mais entre ces trois groupes, la césure n'est pas franche : il s'agit davantage d'une spirale que de trois cercles concentriques. Certains CDD et intérimaires ne sont en réalité que de futurs CDI soumis à une forme déguisée de super-essai, et le temps partiel peut tout aussi bien être un emploi subi de seconde zone qu'une facilité appréciée. Quant aux prestataires de services, il y a un monde entre le médiatique consultant à 23 000 euros HT la journée, et la technicienne de surface travaillant entre 21h00 et 4h00 du matin payée au SMIC depuis dix ans.

Constatons enfin que le régime du TT comme du CDD s'est considérablement amélioré depuis 1990, alors qu'à l'inverse le CDI devenait à durée de plus en plus... indéterminée, sinon fragile. Entre un CDD de quinze mois et un CDI avec longue période d'essai, clause de mobilité géographique et promesse de licenciement économique en cas de restructuration, lequel est aujourd'hui *objectivement* le plus avantageux ? Selon la Dares, les deux tiers des salariés précaires se disent bien intégrés dans l'entreprise, et ne pas assurer des tâches moins intéressantes que les CDI ; un travailleur temporaire sur cinq déclare d'ailleurs ne pas en souhaiter un (ex. : les étudiants).

Alors, le travail précaire : trappe à précarité ou tremplin pour une carrière ? Un peu des deux : seulement 47% des CDD sont sous CDI sept ans plus tard, dont 20 % chez le même employeur.

158 **Ambivalence des statistiques :** faut-il montrer la vertigineuse montée de la précarité ? « *Le travail temporaire a presque quadruplé entre 1990 et 2018 !* » Faut-il relativiser ? L'intérim est passé de 1 % à 4 % de la population salariée, et avec ses 19 millions de missions annuelles occupait fin 2019 l'équivalent de 820 000 équivalents temps plein (610 000 en 2000, mais 255 000 en 1990), soit une hausse de 12,5 % en un an : beau signe de reprise... avant l'effondrement lié au C19. Un quart des missions sont d'une journée au maximum, et la moitié de moins d'une semaine. Durée moyenne : moins de deux semaines.

159 **Frontières brouillées** en raison du passage d'un droit du travail classique à un droit de l'emploi : si pour un CDI un CDD relève d'un statut inférieur, pour un chômeur c'est un travail donc un revenu, mais aussi un lien avec une collectivité et une employabilité maintenu. Et pour la puissance publique et la collectivité, un cotisant de plus, et un chômeur en moins : d'où la permissivité des ordonnances du 22 septembre 2017. Sans parler des 700 000 « pluri-actifs » : 25 % des non-salariés ont en effet une activité salariée à côté (intermittence, saison) : 42 % des auto-entrepreneurs et 15 % parmi les non-salariés classiques.

Nous ne mettrons ici l'accent que sur les **principaux** problèmes posés par le développement du travail précaire *(Section I)* et certaines formes d'extériorisation de l'emploi, Uber l'ayant érigé en modèle économique avant que les juges ne rappellent à l'ordre ces faux donneurs d'ordre et ces (parfois) vrais employeurs *(Section II)*.

SECTION I Le travail précaire

160 **Couple à deux, ou à trois.** Le contrat à durée déterminée (CDD, à deux) et le travail temporaire (à trois : situation toujours plus compliquée) sont très différents. Le collaborateur sous CDD est un salarié de l'entreprise qui ne se singularise que par la durée limitée de son contrat. De plus en plus limitée d'ailleurs : aujourd'hui un CDD sur trois est signé pour une journée (8 % en 2011), et le nombre de CDD de moins d'un mois a triplé en vingt ans.

L'intérimaire est en revanche salarié de l'entreprise de travail temporaire, avec un « contrat de mission » : il n'a aucun lien contractuel avec l'entreprise utilisatrice, à la disposition de laquelle il est pourtant placé par son employeur dans le cadre d'un contrat commercial, le « contrat de mise à disposition » (CMD).

161 **Dissuasion.** Comme le CDI doit rester la norme, intérim et CDD font l'objet d'une réglementation dissuasive et donc (délibérément) complexe, à peu près identique bien que ne correspondant pas à la même logique : fluctuations rapides des marchés dans l'industrie pour le TT, alors que le CDD est surtout présent dans les services, avec une main-d'œuvre peu qualifiée. Mais tous les deux cumulent à la fois précarité de leur contrat et flexibilité maximum : sur les chaînes de production de l'automobile, l'essentiel des travailleurs de nuit sont par exemple des précaires.

162 Dans les deux cas, l'ordonnance du 22 septembre 2017 a voulu rendre plus souple le recours au CDD et TT, qui demeurent juridiquement l'exception mais font baisser les statistiques du chômage. Pas sur les cas de recours comme initialement prévu, mais sur leurs durées et leurs renouvellements, réservés aux conventions *de branche :* les effets de cette ordonnance n'ont donc été pas immédiats... car à moins de somptueuses contreparties, les syndicats ne souhaitent guère à ce niveau prêter la main à une flexibilisation de la précarité.

163 Pour éviter la multiplication des contrats précaires (sans grand succès), la loi a fait comme la Mairie de Paris pour éviter les embouteillages intra-muros : limiter les entrées.

§1 Limitation des cas de recours au travail précaire

164 **CDI, contrat de droit commun.** La directive du 28 juin 1999 (« *Le CDI contribue à la qualité de vie des travailleurs concernés et à l'amélioration de la performance des entreprises* ») et la loi française du 25 juin 2008 ont fait à juste titre du contrat à durée *indéterminée* le modèle de droit commun... sur lequel banquiers et bailleurs se sont alignés dans leurs exigences.

« *Quel que soit son motif* », l'emploi précaire ne peut donc « *avoir pour objet ou pour effet de pourvoir durablement un emploi lié à l'activité normale et permanente de l'entreprise* » (art. L. 1242-1). *A fortiori*, « *il ne saurait être admis que des CDD puissent être renouvelés aux fins de l'accomplissement, de manière permanente et durable, de tâches relevant de l'activité normale de l'entreprise* » (CJUE, 14 sept. 2016, aff. C-16/15).

Ce choix légitime s'agissant de projets familiaux (enfant) ou patrimoniaux (location, achat immobilier), est fermement appliqué par la Cour de cassation : l'employeur ne peut donc recourir à des CDD « *pour faire face à un besoin structurel de main-d'œuvre* ». Et la Chambre criminelle n'hésite pas à entrer en condamnation lorsque « *ces CDD, délibérément renouvelés pendant plusieurs années, n'étaient pas justifiés par des raisons objectives établissant le caractère par nature temporaire de l'emploi* » (Cass. crim., 11 mars 2014).

Il est enfin expressément interdit de recourir à des emplois précaires pour remplacer un salarié en grève, pour certains travaux particulièrement dangereux (art. L. 1242-6), ainsi que sur des postes ayant fait l'objet d'un licenciement économique dans les six mois précédents (art. L. 1242-5).

165 **CDD = exception.** La loi a donc fixé une **liste limitative** de cas de recours (art. L. 1242-2) correspondant à cinq grandes fonctions, chaque contrat ne pouvant viser qu'un seul motif de recours, dont la réalité et la légitimité devront le cas échéant être prouvées par l'employeur. L'ordonnance du 22 septembre 2017 ayant donné à la convention de branche étendue la possibilité d'élargir durée et renouvellements n'a pas touché aux cas de recours, chiffons rouges pour nos confédérations.

166 **Au-delà des vingt types de CDD** (!) existant aujourd'hui (du contrat-vendanges au CDD spécifique de cinq ans pour les sportifs) :

1 – Remplacement d'une personne absente nommément désignée (57 % des cas). Si l'employeur n'est pas tenu d'affecter le salarié recruté au même poste que celui occupé par l'absent, le recours à un seul CDD pour assurer le remplacement de plusieurs salariés successivement absents était illégal. Mais comme d'habitude, « *l'employeur ne peut recourir de façon systématique aux CDD de remplacement pour faire face à un besoin structurel de main-d'œuvre* » : d'où l'embauche, mais sous CDI, de « vendeuses volantes » dans les grands magasins, ou de « polyvalentes » ailleurs.

2 – Variations d'activité : commande exceptionnelle à l'exportation ; travaux urgents de sécurité ; mais surtout accroissement temporaire d'activité, même s'il n'est pas nécessaire que ce motif présente un caractère exceptionnel, ni que le salarié recruté soit affecté à la réalisation même de ces tâches.

3 – Le contrat saisonnier est le plus vieux contrat de travail du monde : agricole hier, touristique aujourd'hui (1 million par an). L'ordonnance du 22 septembre 2017 en a donné une définition : « *Emplois dont les tâches sont appelées à se répéter chaque année selon une périodicité* à peu près *fixe, en fonction du rythme des saisons ou des modes de vie collectifs* » (art. L. 1242-2, 3°). Le 5 décembre 2007, la Chambre sociale avait dû en effet rappeler à un industriel de la pizza surgelée prétendant « faire trois saisons de la pizza dans l'année » qu'il ne faut pas confondre les « Quatre Saisons » et un accroissement périodique de la production d'une « Quatre Fromages ».

Ce CDD très particulier peut en principe être renouvelé indéfiniment, pour le plagiste chaque été ou le moniteur de ski l'hiver : « *Il n'existe aucune limite au-delà de laquelle s'instaurerait une relation de travail à durée indéterminée. En l'absence de clause contractuelle ou conventionnelle de reconduction, le refus de renouveler le dernier contrat ne peut donc s'analyser en un licenciement.* »

4 – « CDD d'usage » : Emplois pour lesquels il est d'usage constant de ne pas recourir au CDI dans certains secteurs d'activité : hôtellerie, audio-visuel, instituts de sondage... La liste de ces secteurs est fixée par décret et peut être modifiée par accord collectif étendu : ainsi des intermittents du spectacle, ou employeur et salarié ont tous les deux parfaitement intégré l'alternance activité / chômage / activité.

Le juge saisi d'une éventuelle demande de requalification en CDI doit rechercher : 1° si l'usage existe dans *tout le secteur* d'activité ; 2° si cet usage de ne pas recourir au CDI s'applique à *l'emploi litigieux*, qui ne doit pas être lié à l'activité permanente de l'entreprise (ex. : secrétaire administrative pour un organisme de formation). Mais le recours au contrat d'usage *« ne dispense pas l'employeur d'établir un contrat écrit comportant la définition précise de son motif »* (CS, 15 mars 2017).

La multiplication des recours au très flexible et souvent très bref contrat d'usage, sans délai de carence ni indemnité de précarité, explique en grande partie la forte montée des CDD depuis quinze ans (30 % des CDD ne durent qu'une journée). Et donc le décret du 26 juillet 2019 appliquant un bonus/malus aux entreprises : les contrats courts conduisent à une « permittence » (permanence de l'intermittence) coûtant 3 milliards d'euros par an à l'Unedic.

5 – Incitations publiques à l'embauche (art. L. 1242-3). Il s'agit de l'infinie succession de contrats d'insertion des jeunes, des seniors, ou de réinsertion des chômeurs de longue durée démultipliés loi après loi depuis 1996 : incitations étatiques ayant d'ailleurs largement contribué à l'explosion des CDD. Ainsi du très dérogatoire « contrat seniors » permettant d'embaucher *sans cas de recours* un demandeur d'emploi de plus de 57 ans.

Mais contrairement à ce que pense parfois notre législateur encore souvent issu des services publics (un nouveau contrat va créer des emplois, en dehors des services contentieux), les entreprises ne font pas appel à des contrats, même très dérogatoires ou subventionnés, sans de nouvelles commandes.

167 Un écrit, remis à temps. Tous les contrats précaires doivent être conclus par écrit, et transmis dans les deux jours (ouvrables) de l'embauche pour signature du salarié, en mentionnant l'objet précis du recours et, le cas échéant, le nom et la qualification de la personne remplacée.

À défaut d'écrit, la requalification en CDI est acquise (CS, 25 nov. 2020 : fin du CDD donc requalifiée en licenciement, donc sans cause réelle et sérieuse).

Mais quoiqu'il arrive, le contrat doit être signé, et l'employeur doit y veiller sous peine de requalification : « *la signature d'un CDD a le caractère d'une prescription d'ordre public dont l'omission entraîne à la demande du salarié, la requalification en contrat à durée indéterminée ; il n'en va autrement que lorsque le salarié a délibérément refusé de signer le contrat de travail de mauvaise foi ou dans une intention frauduleuse* » (CS, 22 mai 2019).

§2 Durées du contrat à durée déterminée

168 CDD à durée certaine

Article L. 1242-8 : « *Une convention ou un accord de branche étendu peut fixer la durée totale du contrat de travail à durée déterminée. Cette durée ne peut avoir ni pour objet ni pour effet de pourvoir durablement un emploi lié à l'activité normale et permanente de l'entreprise* ».

Depuis le 22 septembre 2017, un accord de branche, étendu par le ministre du Travail, peut fixer la durée totale du CDD (qui peut donc dépasser les 18 mois légaux) ainsi que le nombre de ses renouvellements (pouvant donc dépasser deux renouvellements maximum). Mais comme prévu, il n'y a pas eu à une explosion d'accords car, à ce niveau, on voit mal des syndicalistes se précipiter pour renforcer la précarité, risquant par ailleurs de se heurter au droit communautaire : « *il ne saurait être admis que des CDD puissent être renouvelés aux fins de l'accomplissement, de manière permanente et durable, de tâches relevant de l'activité normale de l'entreprise* » (CJUE, 14 sept. 2016, aff. C-16/15). Et ici, l'accord d'entreprise ne peut qu'améliorer la convention de branche étendue.

D'où l'importance du nouvel article L. 1242-8-1 : subsidiarité légale. À défaut de convention de branche, la durée totale du CDD ne peut, en principe et comme avant, excéder dix-huit mois, incluant le cas échéant les deux renouvellements légaux.

Mais neuf mois maximum pour le contrat conclu dans l'attente de l'entrée en service effective d'un salarié recruté par CDI, ou pour la réalisation des travaux urgents de sécurité.

Mais vingt-quatre mois maximum lorsque le CDD est exécuté à l'étranger, ou conclu dans le cadre du départ définitif d'un salarié précédant la suppression de son poste de travail.

169 Le CDD à durée... incertaine, Dans un cas bien précis – remplacement d'un salarié lorsqu'aucune date de retour n'est prévisible (ex. : grave accident de la route pendant le week-end) –, il peut être conclu pour un terme imprécis, sans durée maximale. Ce curieux mais très utile CDD à durée incertaine (comme la Vie...), devra alors mentionner une durée minimale, et l'employeur devra rapporter la preuve de l'événement constitutif du terme : fin de la maladie ou hélas décès du salarié malade, retour de la jeune maman même si elle a enchaîné congé maternité et congé parental, le tout formant une seule absence. Attention donc au choix des termes, et à la preuve de l'échéance prévue en cas de contentieux sur une prétendue rupture *avant* terme (donc fautive), ou au contraire *après* le terme fixé (donc le licenciement d'un CDI).

En pratique, pour remplacer un salarié absent pour longue maladie par exemple, le chef d'entreprise a donc le choix : soit le peu recommandé contrat de date à date pour la durée de l'arrêt maladie, car renouvelable seulement deux fois ; soit un contrat à terme imprécis « *pour la durée de l'absence de M. X* », avec une durée minimale. Si M. X revient à la date prévue, il n'y a pas grande différence. En revanche, tout change si sa maladie se prolonge : en cas de contrat à terme imprécis, le contrat se poursuit normalement sans aucune limitation, ce qui est une facilité... mais aussi un gros risque si le CDD en question ne fait plus l'affaire après l'essai.

170 Renouvellements, modifiés par l'ordonnance du 22 septembre 2017

171 Article L. 1243-13 et suivants : « *Une convention ou un accord de branche étendu peut fixer le nombre maximal de renouvellements possibles pour un contrat de travail à durée déterminée. Ce nombre ne peut avoir ni pour objet ni pour effet de pourvoir durablement un emploi lié à l'activité normale et permanente de l'entreprise. Les conditions de renouvellement sont stipulées dans le contrat, ou font l'objet d'un avenant soumis au salarié avant le terme initialement prévu* ».

172 **Principe depuis septembre 2017 :** c'est donc à la convention de branche étendue de prévoir le nombre maximal de renouvellements possibles. À défaut d'une telle stipulation dans la convention de branche, le CDD est renouvelable deux fois, pour une durée déterminée (art. L. 1243-13-1). La durée du ou, le cas échéant, des deux renouvellements, ajoutée à la durée du contrat initial, ne peut excéder la durée maximale prévue par la convention de branche ou, à défaut, par l'article L. 1242-8-1 (donc 18 mois, sauf, sauf, et sauf...).

La convention des Industries pétrolières signée le 28 décembre 2018, après avoir souligné que « *le personnel en CDD, dès lors qu'il peut être convenablement intégré aux équipes de l'entreprise, se trouvera en situation privilégiée d'accès à un emploi en CDI* », a prévu une durée maximum portée à 30 mois. Dans cette limite, le CDD est renouvelable trois fois.

173 Les conditions de renouvellement sont stipulées dans le contrat ou font l'objet d'un avenant soumis au salarié, avant le terme initialement prévu. Par définition, les contrats **à terme imprécis** ne peuvent être renouvelés, puisque l'échéance est dès le départ incertaine (ex. : *retour* du salarié accidenté). Rappelons enfin que le salarié qui refuse la proposition de renouvellement de son CDD est considéré comme « involontairement privé d'emploi » au sens de la convention d'assurance chômage.

174 **Délai de carence : du « tiers vacant » au « quart vacant »**

Pour éviter les abus, la loi a encadré la succession de CDD ou de missions d'intérim sur un même poste ou un poste équivalent. Car la succession de contrats précaires – qu'il s'agisse du même salarié ou de salariés différents – est *a priori* douteuse en application de l'article L. 1242-1 : CDD et TT « *ne peuvent ni pour objet ni pour effet de pourvoir durablement un emploi lié à l'activité normale et permanente de l'entreprise* ». À l'expiration du CDD, il ne peut être en principe recouru, pour pourvoir le poste du salarié dont le contrat a pris fin, ni à un CDD ni à un CTT, avant l'expiration d'un délai de carence calculé en fonction de la durée du contrat incluant, le cas échéant, son ou ses renouvellements : mais c'est encore à la branche de fixer ce délai (art. L. 1244-3 nouveau), voire carrément de le supprimer. Depuis 2017 en effet, « *une convention de branche peut prévoir les cas dans lesquels le délai de carence n'est pas applicable.* » (art. L. 1244-4).

En principe d'un tiers de la durée du CDD initial lorsqu'il est supérieur à 14 jours (la moitié en dessous), ce délai de vacance du poste peut être modulé depuis l'ordonnance du 22 septembre 2017 : par exemple devenir un « quart vacant », comme dans l'accord Métallurgie du 29 juin 2018, ou la convention des Industries pétrolières signée le 28 décembre 2018. Voire être totalement supprimé.

Mais la ***succession*** de contrats précaires distincts (ex. : saison puis remplacement), autonomes les uns par rapport aux autres – à ne pas confondre avec des ***renouvellements*** – n'est pas soumise aux mêmes restrictions.

175 **À défaut de telle stipulation,** comme avant 2017 le délai de carence n'est pas applicable lorsque le CDD est conclu pour 1. assurer le remplacement d'un salarié temporairement absent, ou en cas de nouvelle absence du salarié remplacé ; 2. l'exécution de travaux urgents de sécurité ; 3. pourvoir un emploi à caractère saisonnier ; 4. ou pour lequel, dans certains secteurs d'activité où il est d'usage constant de ne pas recourir au CDI.

Mais aussi, fort logiquement, lorsque le salarié est à l'initiative d'une rupture anticipée du contrat, ou refuse le renouvellement de son contrat (art. L. 1244-4-1).

§3 Statut du salarié précaire

176 **Essai très bref.** Pour éviter une précarité au carré, la durée de l'essai est ici particulièrement courte, et doit donc faire l'objet de beaucoup d'attention pour les CDD de longue durée : un jour par semaine dans la limite de deux semaines pour les contrats de moins de six mois ; un mois au maximum au-delà.

Pour les intérimaires, de deux jours pour les contrats d'une durée inférieure ou égale à un mois, à cinq jours pour les contrats de plus de deux mois. Il va de soi que si deux CDD successifs intervienne sur un même poste (ici de vendeuse) « *l'employeur avait eu l'occasion d'apprécier les qualités professionnelles de la salariée* » : donc pas de second essai (CS, 5 oct. 2016).

177 **Égalité de traitement.** La directive du 19 novembre 2008 garantit aux intérimaires « *le même traitement que les travailleurs permanents dès le premier jour de travail, concernant la rémunération, le congé de maternité et les droits à congés, sauf si les partenaires sociaux en conviennent autrement* ».

Droit communautaire et loi française (art. L. 1242-15) posent donc un principe d'égalité de traitement entre CDD ou intérimaires, et salariés permanents de qualification équivalente occupant les mêmes fonctions. Ainsi en matière de rémunération : il ne faut pas qu'en étant moins onéreuse, la mauvaise monnaie (CDD ou TT successifs) chasse la bonne (le CDI). Elle ne saurait donc être inférieure à celle que percevrait un salarié sous CDI de même qualification, pour le même poste de travail, après *sa* période d'essai et s'il en remplit les conditions (art. L. 1242-15). Mais ce principe d'égalité de rémunération entre CDD et CDI n'interdit pas de tenir compte de l'ancienneté du salarié remplacé.

178 **IFC-CDD ou IPE-TT.** La précarité de leur situation est normalement compensée par l'octroi d'une indemnité de fin de contrat pour les CDD (« IFC »), et de précarité d'emploi pour les ETT (« IPE ») en principe d'un montant de 10 % de la rémunération *totale* brute. Celle-ci est cependant exclue dans certains cas de recours (saisonniers, contrats d'usage, contrats emploi-formation), lorsque la rupture est imputable au salarié (départ avant terme, faute grave), mais aussi et très logiquement lorsque le contrat précaire a été volontairement transformé en CDI par l'entreprise. Ce qui amène certains jeunes collaborateurs ayant programmé des vacances lointaines à refuser ce généreux passage à un CDI, à la stupéfaction de leur manager.

§4 Fin du CDD : stabilité dans la précarité

179 L'échéance contractuelle. TT et CDD prennent fin sans formalisme, au terme convenu : date précise, ou réalisation de leur objet pour les contrats à terme imprécis. La maladie, l'accident ou la grève, bref les cas de suspension du CDD ne peuvent faire échec à cette échéance programmée.

Hors période d'essai, un CDD ne peut être rompu avant l'échéance que dans des cas tout à fait exceptionnels. Article L. 1243-1 : « *Sauf accord des parties, le contrat à durée déterminée ne peut être rompu avant l'échéance du terme qu'en cas de faute grave* (de l'une ou l'autre des parties) *ou de force majeure.* ». Une rupture avant terme pour motif économique est donc exclue : ce qui a posé quelques problèmes lors de l'irruption du C19 en 2020-2021, par exemple dans l'Événementiel.

Sauf résiliation anticipée d'un commun accord (mais non de rupture conventionnelle homologuée, réservée au CDI) ou cas de force majeure (rarissime en droit du travail), le contrat peut d'abord prendre fin en cas de faute *grave* – ici exceptionnellement symétrique –, celle qui « *rend impossible la poursuite du contrat* » ; il faut alors respecter la procédure disciplinaire (V. *infra*). Si comme en matière de licenciement, son oubli « *n'affecte pas le bien-fondé de la rupture elle-même* » ce seuil est d'ordre public : les parties ne peuvent stipuler qu'une faute inférieure permette la rupture anticipée.

180 Côté salarié : deux cas de rupture anticipée :

- le salarié qui a trouvé ailleurs un emploi sous CDI peut rompre avant terme son CDD : il n'est pas fautif s'il respecte un préavis d'un jour par semaine programmée. Choquant en droit des obligations côté employeur, mais réaliste.
- S'il établit une faute grave de l'employeur, il peut également rompre avant terme. Il a alors droit à des *dommages-intérêts* d'un montant au moins égal aux rémunérations qu'il aurait perçues jusqu'au terme du contrat : mais il est rare que l'employeur, qui conteste toute faute grave, lui verse. Il lui faudra donc saisir les prud'hommes, avec résultat dans plus d'un an...

Hors faute grave, et comme il ne peut y avoir ni démission, ni prise d'acte de la rupture de la part d'un CDD, ni rupture conventionnelle homologuée, l'employeur peut réclamer devant le conseil des prud'hommes réparation du préjudice directement lié à cette rupture anticipée fautive : exceptionnel.

181 Rupture anticipée par l'employeur pour faute disciplinaire + grave (art. L. 1243-4). L'employeur qui rompt doit d'abord respecter la procédure disciplinaire, puis être en mesure de prouver la faute *grave* du collaborateur, qu'il doit forcément énoncer dans la LRAR de rupture – pas de licenciement ! – après l'entretien. La faute *grave* étant celle qui « *rend impossible le maintien du salarié dans l'entreprise* », la mise en œuvre de la rupture doit alors intervenir dans un délai très restreint.

Si le chef d'entreprise a rompu hors faute grave, la sanction est prévisible : à titre de dommages-intérêts, il sera tenu de verser au salarié un montant au moins égal aux rémunérations qu'il aurait perçues jusqu'au terme du contrat, plus l'indemnité de fin de contrat. Rompre un CDD dix mois avant l'échéance peut donc coûter très cher si l'employeur ne peut prouver une faute grave, même si le salarié retrouve du travail le lendemain ; il s'agit en effet d'une « réparation forfaitaire minimum » calculée sur la rémunération *brute*.

Mieux protégé qu'un CDI. L'insuffisance professionnelle, fût-elle caractérisée, ou un solide motif économique comme des pertes abyssales pour l'entreprise ne sont pas non plus un motif valable de rupture avant terme, alors qu'elles constitueraient certainement un motif réel et sérieux de licenciement pour un salarié sous CDI. *Idem* pour le « trouble objectif grave » (donc non disciplinaire) causé à l'entreprise par des faits de vie privée du salarié : s'il constitue une cause réelle et sérieuse de *licenciement,* il n'autorise pas la rupture anticipée d'un CDD.

182 **En matière de travail temporaire** où il s'agit d'une relation triangulaire, la solution est plus complexe. L'ETT est en principe tenue des mêmes obligations vis-à-vis des intérimaires, le contrat de mission étant à 99 % un contrat à durée déterminée : en 2020, le CDI intérimaire ne concerne que 60 000 salariés. Elle peut cependant mettre fin à une mission en proposant au salarié une autre mission équivalente dans un délai maximal de trois jours ouvrables.

L'entreprise utilisatrice (« client-roi ») convient donc parfois avec l'entreprise de travail temporaire (fournisseur-serf voulant continuer à fournir) du remplacement d'un intérimaire qui ne donne pas satisfaction, celui-ci étant affecté par l'ETT à une autre mission.

§5 Sanctions en cas d'utilisation irrégulière

183 **Requalification car retour à la norme, le CDI.** La violation des règles régissant le recours aux formes d'emploi atypique entraîne, en cas de procès victorieux, le retour à la norme : la requalification du contrat en CDI, jamais automatique mais forcément prononcée par le Conseil des prud'hommes, qui a en principe un mois pour statuer. Le salarié a quant à lui *deux* ans pour agir en requalification (CS, 29 janv. 2020).

CS, 14 FÉVRIER 2018 : FIN DE LA REQUALIFICATION POUR LES MULTIPLES CONTRATS *DE REMPLACEMENT* SUCCESSIFS ?

Pas moins de 104 CDD successifs en trois ans pour cette femme de service ayant assuré le remplacement de dizaines de salariés successivement absents (congés payés, maladie, maternité, stages de formation, etc.) et demandant donc la requalification en CDI.

104 CDD de remplacement ! La messe semblait dite...
Point du tout : « *Le seul fait pour l'employeur, qui est tenu de garantir aux salariés le bénéfice des droits à congés maladie ou maternité, à congés payés ou repos que leur accorde la loi, de recourir à des contrats à durée déterminée de remplacement de manière récurrente, voire permanente, ne saurait suffire à caractériser un recours systématique aux contrats à durée déterminée pour faire face à un besoin*

structurel de main-d'œuvre et pourvoir ainsi durablement un emploi durable lié à l'activité normale et permanente de l'entreprise ».

Pourquoi ce revirement ?
Pour s'aligner sur la CJUE qui avait jugé le 26 janvier 2012 (aff. Kücük, C-586/10) que « *le seul fait qu'un employeur soit obligé de recourir à des remplacements temporaires de manière récurrente, voire permanente, et que ces remplacements puissent également être couverts par l'embauche de salariés en vertu de contrats de travail à durée indéterminée n'implique pas l'absence d'une raison objective ni l'existence d'un abus* ».
Ce qui relève de l'évidence quand l'on connait la vie quotidienne d'un service RH d'une grande organisation devant, de façon souvent impromptue, faire face à des absences successives de personnes différentes, sur des postes différents. Et qui font alors naturellement appel à des salariés sous CDD qu'ils connaissent déjà et dont ils ont pu apprécier les qualités, avec des contrats successifs parfaitement réguliers.
Rien de nouveau donc dans le constat fait en mai 2021 par la Dares (« Les usages des contrats courts ») : deux tiers des entreprises recourant aux CDD très courts ont un vivier de salariés travaillant régulièrement pour elles, ce vivier augmentant avec l'intensité du recours à ce type de contrats.
L'arrêt du 14 février 2018 reprend ce louable pragmatisme : « Le seul fait pour l'employeur, qui est tenu de garantir aux salariés le bénéfice des droits à congés maladie ou maternité, à congés payés ou repos que leur accorde la loi, de recourir à des contrats à durée déterminée de remplacement de manière récurrente, voire permanente, ne saurait suffire à caractériser un recours systématique aux contrats à durée déterminée pour faire face à un besoin structurel de main d'œuvre et pourvoir ainsi durablement un emploi durable lié à l'activité normale et permanente de l'entreprise ».
Mais une trop longue succession de CDD de remplacement pourra le cas échéant continuer à être requalifiée, « en prenant en compte toutes les circonstances de la cause, y compris le nombre et la durée cumulée des contrats ou des relations de travail à durée déterminée conclus dans le passé avec le même *employeur* » (CJUE, 26 janv. 2012).
C'est ainsi que la chambre sociale a décidé le 29 janvier 2020 que les 322 CDD successifs signés par une aide-soignante, mais aussi, le 14 octobre 2020 les 489 CDD d'usage *du « trancheur de viande »* d'un restaurant « *avaient eu pour objet de pourvoir durablement un emploi lié à l'activité normale et permanente* ».
Côté entreprise, la requalification d'un CDD en CDI, rétroactive à la date du premier CDD irrégulier, peut entraîner des dégâts collatéraux non négligeables : ainsi la Chambre sociale a estimé le 6 novembre 2013 que le salarié était en droit « *d'obtenir reconstitution de sa carrière ainsi que régularisation de sa rémunération par l'effet de la requalification des contrats à durée déterminée, le salarié étant réputé avoir occupé un emploi à durée indéterminée depuis le jour de sa première embauche* ».
Voire, s'il devait se tenir à disposition de l'employeur entre ses multiples CDD, à un rappel de salaire au titre des périodes non travaillées séparant chaque contrat, les allocations chômage ne pouvant en être déduites.

184 **Indemnité de requalification** (art. L. 1245-2). S'il fait droit à sa demande, le juge lui alloue également une indemnité de requalification « *dont le montant ne peut être inférieur à un mois de salaire* » : mais s'il a subi 46 CDD, il ne touche pas 45 mois au minimum. Cette indemnité-sanction n'est pas due lorsque le CDD devient CDI du seul fait de la poursuite de la relation contractuelle après l'échéance du contrat initial régulier.

185 **Ordre public de protection** oblige, c'est au travailleur précaire, et à lui seul, de choisir son terrain (CDD ou CDI), en fonction de ses intérêts. Ni le juge, ni *a fortiori* l'employeur ne peut le faire à sa place : s'il a peu d'ancienneté mais un CDD de longue durée, il a donc tout intérêt à rester sur le terrain du CDD illégalement rompu (versement de dommages-intérêts / tous les salaires à courir + IFC).

186 **Suite de la requalification.** Mais si la requalification en CDI est acquise, *quid* alors de la lettre de licenciement obligatoirement motivée ? Et le préavis ? Peut-il s'ajouter à une indemnité de précarité d'emploi ? *A priori*, l'un exclut l'autre : car seul un CDD ou un salarié temporaire peut obtenir versement de l'indemnité de précarité si le contrat ne se poursuit pas ; et seul un CDI peut prétendre à une indemnité de préavis et de licenciement.

187 **Cause réelle et sérieuse ?** L'employeur de ce nouveau CDI rétroactif doit-il alors démontrer l'existence d'une cause réelle et sérieuse pour ce qu'il pensait être l'échéance normale du contrat, requalifiée en licenciement ? « *Le juge qui requalifie la relation contractuelle en un CDI doit rechercher si la lettre de rupture des relations contractuelles vaut lettre de licenciement, et si les motifs de rupture énoncés constituent des griefs matériellement vérifiables permettant de décider si ce licenciement a une cause réelle et sérieuse* » (CS, 20 oct. 2015, à propos de N. Canteloup : 16 ans de Guignols de l'Info, sous CDD mensuels d'usage). D'où l'intérêt de motiver la lettre, pouvant devenir ensuite lettre de licenciement.

À bon entendeur… pardon, employeur, salut !

Mais qu'il s'agisse de violation de la procédure disciplinaire ou du défaut de faute grave, la réintégration d'un CDD est exclue. Sauf en cas de violation d'une liberté fondamentale ? Grève, ou comme dans l'arrêt du 16 mars 2016, rupture directement liée à son action en requalification en CDI : « *Est nul comme portant atteinte à une liberté fondamentale le licenciement intervenu en raison d'une action en justice introduite par le salarié* », au visa de l'article 6-1 de la Convention de sauvegarde des droits de l'homme et des libertés fondamentales. Mais le 21 septembre 2017, la Chambre sociale a, au nom de la liberté d'entreprendre, refusé qu'un travailleur temporaire ayant agi en requalification soit réintégré sous astreinte : « *Le droit à l'emploi, qui résulte de l'alinéa 5 du préambule de la Constitution de 1946 n'est pas une liberté fondamentale, mais un droit-créance qui doit être concilié avec d'autres droits ou principes constitutionnels, tels que la liberté d'entreprendre qui fonde, pour l'employeur, le droit de recruter librement ou de licencier un salarié* ».

188 **Répression pénale.** La loi a enfin étendu à la violation des règles applicables aux CDD les sanctions pénales qui ne s'appliquaient qu'aux abus en matière de travail temporaire. Si les sanctions sont lourdes sinon disproportionnées, parfois même un délit correctionnel passible d'une amende de 3 750 euros, portée en cas de récidive à 7 500 euros et/ou emprisonnement de deux à six mois, elles sont rarement appliquées.

QUESTIONNAIRE D'AUTO-ÉVALUATION
LES CONTRATS PRÉCAIRES DANS LE SECTEUR PRIVÉ

1 – Le contrat à durée déterminée (CDD) est forcément de date à date
VRAI – FAUX
2 – Aucun salarié sous CDD ne peut rester plus de 18 mois dans l'entreprise, renouvellements compris
VRAI – FAUX
3 – En cas de difficultés économiques, les salariés précaires voient évidemment leur contrat rompu avant les CDI permanents
VRAI – FAUX
4 – En cas de faute grave du salarié, l'employeur peut rompre immédiatement le contrat à durée déterminée
VRAI – FAUX
5 – Et *a fortiori* licencier le travailleur temporaire gravement fautif
VRAI – FAUX
6 – Si l'employeur ne prouve pas la faute grave, le CDD obtiendra versement de tous les salaires à courir sous forme de dommages-intérêts, et même de l'indemnité de fin de contrat de 10 %
VRAI – FAUX
7 – Sauf bien sûr si son préjudice est inférieur : si, par exemple, il a retrouvé du travail le lendemain de la rupture
VRAI – FAUX
8 – L'indemnité de fin de contrat n'est pas due en cas de transformation du CDD en CDI, hors procédure judiciaire de requalification
VRAI – FAUX
9 – En cas de violation des règles relatives au CDD, ce dernier se transforme automatiquement en CDI
VRAI – FAUX
10 – Depuis les ordonnances du 22 septembre 2017, le CDD peut dépasser 18 mois
VRAI – FAUX

RÉPONSES

1 – FAUX en cas par exemple de remplacement d'un salarié malade, la fin prévue du contrat sera son retour (à une date non prévisible à l'embauche).

2 – FAUX pour les mêmes raisons : si le malade revient après la date prévue, l'employeur n'est pas fautif de garder le remplaçant au-delà des 18 mois maximum. Dans certains cas par ailleurs (contrats exécutés à l'étranger), le CDD de date à date peut aller jusqu'à 24 et parfois même 36 mois (contrat senior). Enfin depuis l'ordonnance du 22 septembre 2017, une convention de branche étendue peut permettre dépasser ce maximum légal.

3 – FAUX c'est le seul avantage d'être sous CDD : la stabilité dans la précarité. Si l'entreprise a commis une erreur de prévision, il ne lui est pas possible de rompre avant terme les CDD, des difficultés économiques ne constituant pas non plus un cas de force majeure. Les licenciements économiques ne pourront viser que les CDI, très surpris de cette curieuse priorité. Mais les éventuels renouvellements de CDD pourront ne pas être proposés (*cf.* Crise du C19)

4 – FAUX **Jamais** immédiatement ! Quel que soit le type de contrat, tout projet de sanction entraîne le droit pour le salarié de présenter sa défense à l'occasion d'un entretien préalable. La rupture pour faute grave constituant à l'évidence une sanction, il faut respecter cette procédure disciplinaire, évoquée *infra*. Mais il ne s'agit en aucun cas d'une procédure de *licenciement* !

5 – DOUBLE HORREUR Tout d'abord car le terme *licenciement* est à proscrire : il est réservé au contrat à durée indéterminée. Mais aussi et surtout car la faute grave entraîne la *remise à disposition* du travailleur temporaire à l'entreprise de travail temporaire, son seul et unique employeur.

6 – VRAI et donc dissuasif en amont.

7 – FAUX la sanction de la rupture avant terme par l'employeur est automatique et forfaitaire : même si le salarié sous CDD a trouvé du travail le lendemain et que son préjudice est faible, il obtiendra le versement évoqué ci-dessus.

8 – VRAI puisque le salarié n'est plus précaire. La même solution sera adoptée en cas de faute grave de sa part.

9 – FAUX car d'une part la requalification n'est jamais automatique : c'est au CPH saisi par le salarié de la prononcer. Et application de l'adage : « nul ne peut invoquer sa propre turpitude ». C'est donc au salarié précaire, et non à l'employeur, de choisir son terrain : il peut avoir intérêt à choisir celui du CDD, car par exemple, en raison de sa faible ancienneté, son licenciement lui donnerait droit à des sommes très inférieures.

10 – FAUX car c'était déjà le cas des contrats seniors ou des CDD de remplacement à durée incertaine. Mais il est vrai que depuis le 22 septembre 2017, un accord de branche étendu peut fixer une durée totale du CDD pouvant dépasser les 18 mois légaux, ainsi que le nombre de ses renouvellements, qui peut donc dépasser deux maximum. Mais les syndicats ne se précipitent pas.

SECTION II L'externalisation de l'emploi

189 **« Le cœur de métier ».** En France comme dans toute l'Europe, l'extériorisation de l'emploi (*i.e.* le chef d'entreprise ne voulant pas être employeur) prend des formes de plus en plus diverses : sous-traitance, contrats d'une autre nature (*franchising, merchandising*, mandataires), vrais-faux « indépendants » en expansion en France (mais surtout dans certains nouveaux État-membres : 44 % en Roumanie contre une moyenne de 17 % dans l'UE), mais aussi portage salarial, ce curieux salarié sans aucun lien de subordination avec son employeur, mais à qui il apporte lui-même de l'activité.

Ces montages font intervenir le personnel d'une autre entreprise, celui-ci restant sous l'autorité de son propre employeur (sous-traitance, prestations de services, infogérance dans l'informatique), ou faisant l'objet d'une mise à la disposition de l'entreprise utilisatrice sur le modèle de l'opération de travail temporaire. Ce qui permet aussi au donneur d'ordre d'échapper à la plupart de ses obligations d'employeur : convention collective de branche ou d'entreprise applicable, mais aussi montage d'un bien peu médiatique plan de sauvegarde de l'emploi si le vent économique tourne ; d'où l'impact considérable de la fermeture d'une petite usine en région : si elle comptait 232 salariés, ses sous-traitants locaux en faisaient travailler 213...

Hier marginale, l'extériorisation est devenue un mode de gestion de la main d'œuvre, partout en Europe. Dans la construction automobile allemande en 2019, l'IG Metall recensait 763 000 « salariés maison », mais aussi 100 000 intérimaires et 250 000 travailleurs sous contrat de prestation de service : presque un sur deux. C'est quoi aujourd'hui, une « entreprise » ?

Le droit sanctionne les abus manifestes (CS, 23 mars 2018 : les salariés d'une chaine d'abattage démissionnent, s'inscrivent comme auto-entrepreneurs... et poursuivent leur travail pour la même entreprise, dans ses locaux, sur la même chaîne, en utilisant la pointeuse de cette dernière...). Mais aussi de très sophistiqués montages, dont certains finissent par faire non pas sourire mais soupleurer : car si elle est avérée, « *la fraude corrompt tout* ».

HUMOUR JURIDIQUE : LE COURSIER DELIVEROO ? UN « PERSONNEL DE CONDUITE », ACCESSOIRE DE SA BICYCLETTE

Le coursier de Deliveroo n'est (évidemment) pas salarié. Alors quoi ?
Finalement un accessoire de son vélo, comme le note A. Fabre dénonçant « *une double dissimulation du travailleur : le contrat signé avec le prestataire a pour objet la location d'un "cycle avec personnel de conduite". Non seulement le coursier devient l'accessoire du vélo, mais le vélo disparait derrière le prestataire, désigné par une raison sociale ou une société commerciale.* » (RDT, mars 2017 p. 169). Mais après l'arrêt Uber du 4 mars 2020 ? La cour d'appel de Paris a refusé le 7 avril 2021 une telle requalification à un livreur Deliveroo, ce système nécessairement organisé de livraisons ne constituant pas un « lien de subordination juridique permanente » : l'existence d'une géolocalisation est par exemple « *inhérente au service demandé* », et « *à toute relation commerciale avec une plateforme digitale* ». Tous subordonnés : le rêve ?

190 Toujours le principe de réalité. Lorsque ces contrats sont conclus avec un « ***travailleur indépendant*** », la seule question qui se pose est en effet de savoir s'il est, au quotidien et dans les faits, quel que soit le contrat officiellement signé, en état de *subordination juridique* permanente par rapport à l'entreprise « donneur d'ordres ». Si tel est le cas (V. *supra* faux artisans et sous-traitants du bâtiment), la technique de la requalification d'ordre public permettra d'écarter l'artifice dissimulant la réalité du lien de travail, et de faire bénéficier le *travailleur* de l'ensemble des garanties liées à l'état de *salarié :* durée du travail, congés, droit du licenciement... mais aussi le très protecteur régime général de sécurité sociale.

S'agissant des ***auto-entrepreneurs*** (souvent en réalité des « auto-employeurs » car « entreprenant » finalement assez peu mais soumis à l'algorithme d'une plate-forme) une requalification n'est jamais automatique, mais pas impensable : caricature que les « flex-fixes », créatifs dans la Publicité, auto-entrepreneurs ayant des horaires et un bureau attitré mais n'osant pas aller en requalification car risquant d'être *blacklistés* ; et a fortiori ces ex-salariés licenciés pour motif économique avec aide spécifique pour ce reclassement externe, mais continuant à travailler exclusivement pour leur ex-employeur transfiguré en donneur d'ordre.

Voire d'un chauffeur Uber avec l'arrêt du 4 mars 2020, qui n'a guère fait jurisprudence puisque deux cours d'appel importantes (Paris et Lyon) ont résisté à cette vision panoramique de la subordination centrée autour d'un service très organisé. Comme elles le constatent, toute production de biens ou de services génère nécessairement des contraintes de temps et de lieu, de quantité et de qualité. Et pour ces travailleurs inscrits comme « indépendants », il leur appartient de renverser la présomption simple de non salariat.

Car plane toujours le judiciairement et médiatiquement menaçant article L. 8221-6-II : « *L'existence d'un contrat de travail peut toutefois être établie lorsque les personnes fournissent directement ou par une personne interposée des prestations à un donneur d'ordres dans des conditions qui les placent dans un lien de subordination juridique permanente à l'égard de celui-ci* ».

Le donneur d'ordres devenu employeur contre son gré devra par ailleurs s'acquitter de l'ensemble des responsabilités correspondantes : charges sociales, responsabilité en cas d'accident du travail...

A fortiori, le travail illégal (= « au noir ») fait l'objet d'une lutte croissante mais ambivalente : certes protéger les salariés non déclarés et ainsi leur assurer la rémunération normale de leur travail ; mais aussi garantir une concurrence loyale aux entreprises respectueuses de leurs obligations fiscales et sociales, tout en luttant contre l'immigration clandestine.

191 Sous-traitance et travailleurs « sous-traités ». Les montages faisant intervenir un « donneur d'ordres » tiers posent des problèmes plus délicats. Les entreprises concentrant leurs ressources propres sur leur « cœur de métier », ces formules d'externalisation de la main-d'œuvre se sont considérablement développées : cession de l'activité nettoyage, gardiennage, restauration, maintenance, services informatiques et même RH... Cette cession-externalisation, qui permet parfois de ne pas appliquer une convention collective favorable mais aussi d'éviter tout PSE en l'absence de tout licenciement économique, explique en partie la croissance statistique du secteur tertiaire au détriment du secteur secondaire. La jurisprudence et la loi en reconnaissent la licéité de principe, mais traquent la fraude. Hors travail temporaire et portage salarial, toute opération *à but lucratif* interposant un tiers entre le salarié et l'entreprise qui a recours à ses services peut faire courir au salarié un risque d'exploitation, cet intermédiaire ne pouvant se rémunérer que sur la plus-value du travail.

192 Le travailleur du sous-traitant est effectivement souvent littéralement « sous-traité » par le donneur d'ordre.

193 **Délit de marchandage.** Cette préoccupation est aussi vieille que le droit du travail, la prohibition du marchandage datant de 1848. *« Il faut éviter qu'entre le patron et l'ouvrier se glissent de rapaces intermédiaires qui, quelle que soit la bonne volonté du premier, fassent descendre les salaires au niveau marqué par la faim »* (Louis Blanc). L'article L. 8231-1 interdit donc « *toute opération à but lucratif de fourniture de main-d'œuvre qui a pour effet de* causer un préjudice au salarié qu'elle concerne *ou d'éluder l'application des dispositions de la loi, de règlement ou d'un accord collectif* ».

194 Il faut également éviter que des entreprises proposent le même service que les entreprises de travail temporaire sans en respecter ni les cas de recours ni les garanties sociales liées à l'intérim. L'article L. 8241-1 interdit donc aussi les **opérations à but lucratif ayant pour objet exclusif le prêt de main-d'œuvre**, effectuées hors du cadre légal du travail temporaire et du portage salarial.

195 Le recours au prêt de main-d'œuvre ayant parfois pour objectif de réduire le coût de personnel, en évitant d'appliquer à ces emplois extériorisés les avantages et garanties du personnel de l'entreprise utilisatrice (ex. : avantages conventionnels), ces opérations illégales tombent dans de nombreux cas sous le coup de ces *deux* dispositions pénalement sanctionnées.

196 **Reste à distinguer le licite de l'illicite.**

Pas de problème lorsque l'opération ne présente pas de but lucratif (art. L. 8141-2) : ainsi lors d'opérations de détachement au sein d'un groupe de sociétés. Ou depuis l'ordonnance du 22 septembre 2017, de la possibilité pour une entreprise de plus de 5 000 salariés de mettre avec leur accord des collaborateurs à disposition d'une PME ou d'une start-up comptant moins de 250 collaborateurs, pour une durée de deux ans maximum : apports techniques et organisationnels contre culture et agilité *start-up* : un échange gagnant-gagnant, pour lequel le groupe Cap Gemini a même créé une structure dédiée : Vice Versa.

Des entreprises en sureffectif temporaire ont également imaginé de « prêter » leur personnel à une autre entreprise pour éviter de le mettre en chômage partiel ou total : l'opération est licite si le prix du service reste égal ou inférieur aux frais de personnel de l'entreprise prêteuse.

Il est beaucoup plus délicat de trier le bon grain de la sous-traitance licite de l'ivraie du prêt de main-d'œuvre illicite. La question se pose surtout pour les opérations de sous-traitance ou de prestations de services exercées sur site, toujours risquée car dans l'aire d'autorité du « donneur d'ordres »... qui doit éviter d'en donner trop, *du moins directement*.

Le contentieux s'est beaucoup développé, la jurisprudence retenant trois critères essentiels :

1 - **Exercice du pouvoir de direction.** Dans la sous-traitance licite, l'entreprise prestataire assure la direction de son propre personnel (ex. : cadre sur place), souvent avec son propre matériel. Dans le prêt de main-d'œuvre, l'entreprise prêteuse se conduit en fait comme une simple entreprise de travail temporaire qu'elle n'est pas, se plaçant donc dans l'illégalité.

2 - ***Nature de la prestation :*** obligation de moyens ou de résultat ? Il y a prêt de main-d'œuvre si le salarié est mis à la disposition de l'entreprise utilisatrice sans que l'entreprise prêteuse prenne la responsabilité d'une activité économique bien définie. Il faut également examiner si la société sous-traitante se limite à fournir de la main-d'œuvre, ou si elle met en œuvre des équipements, du matériel, un savoir-faire qui lui sont propres.

3 - ***Mode de rémunération.*** La facturation au temps passé – et *a fortiori* à l'heure ! – laisse supposer qu'il y a simple prêt de main-d'œuvre (donc illicite), l'entreprise prestataire n'étant pas responsable de l'utilisation la plus productive de cette main-d'œuvre. Mais des opérations licites peuvent être facturées en régie pour des nécessités évidentes. Inversement, il serait trop facile de déguiser une opération de prêt de main-d'œuvre sous un prix global et forfaitaire correspondant simplement au prix du travail.

L'arrêt « Hôtel Park Hyatt Vendôme » du 4 mars 2020 visant la relation entre la salariée d'une société de nettoyage et un hôtel de luxe parisien constitue un véritable mode d'emploi. La Cour de cassation y écarte la qualification de prêt illicite de main-d'œuvre, mais aussi de marchandage invoquée par une agent de service affectée dans cet hôtel.

La société de nettoyage « *spécialisée dans l'activité de nettoyage des hôtels de luxe et palaces* :

1. avait un savoir-faire spécifique dans ce domaine ;

2. suivant un contrat de prestations de service prévoyant l'intervention d'un personnel qualifié ;

3. une permanence d'encadrement de ce personnel était assurée par le prestataire ;

4. la fourniture par celui-ci des produits et matériel nécessaires ;

5. et sa prise en charge de toutes les obligations incombant à l'employeur ».

Conclusion : « *Aucune pièce du dossier ne démontrait donc la réalité de l'existence d'un lien de subordination entre le salarié et la société hôtelière* ».

197 La situation actuelle est-elle satisfaisante ? S'il ne peut être question de tolérer les fraudes organisées, ces très lourdes sanctions civiles (requalification rétroactive) et pénales (jusqu'à 3 ans et 225 000 €) sont-elles aujourd'hui adaptées à la PME ou la start-up faisant, de bonne foi, appel à des free-lances dans des conditions limites ? La peur légitime face à cette double menace civile et pénale n'est-elle pas un frein considérable à leur développement ?

Car si nos juges sociaux ont une vision panoramique du salariat, c'est surtout pour faire bénéficier l'intéressé de la protection sociale et des allocations chômage allant avec ; avec les lois de 2017-2020, une légitime convergence (le droit de l'activité) est nécessaire, aussi pour calmer le contentieux en requalification.

Partie 2

L'EXÉCUTION DU CONTRAT DE TRAVAIL

198 **« SJP ».** Le critère du contrat de travail étant « la subordination juridique permanente », malgré l'évolution des mentalités comme des styles de « commandement » devenu « management » voire « leadership », quel que soit son niveau hiérarchique tout salarié se rend vite compte qu'il reste soumis au **pouvoir patronal** *(Chapitre 1)*.

Dans sa vie quotidienne, **la durée du travail** refondée en 2016-2018 a une grande importance *(Chapitre 2)*.

Pour des raisons légitimes (fidélisation) mais aussi plus prosaïques (« optimisation » fiscale et sociale particulièrement recherchée aujourd'hui), **la rémunération du travail** s'est enfin considérablement sophistiquée au cours des dernières années *(Chapitre 3)*.

Enfin le thème des premières lois du travail : l'hygiène et la sécurité, devenues **santé physique et mentale**, ce qui est tout autre chose. Sans même parler du pénible épisode C19 de 2020-2021...(*Chapitre 4*).

Chapitre 1

Le pouvoir patronal

199 **Du pater au patron.** En signant son contrat, le salarié accepte d'être, pendant le temps de travail, subordonné à l'employeur : cas exceptionnel en droit privé et singulier au pays de l'Égalité. En droit public, le terme « pouvoir » est très classique (pouvoirs publics, pouvoir de l'administration et donc contrôle par le juge administratif d'un éventuel « détournement de pouvoir »...) : il est normal que l'intérêt général prime sur les intérêts respectifs de chacun. Mais en droit privé ? Le fondement des pouvoirs du chef d'entreprise a évolué au cours des siècles.

Dans la petite entreprise agricole et familiale de l'Ancien Régime, le pater était tout naturellement le patron : puissance maritale et puissance paternelle s'exprimaient au sein du foyer comme dans la vie économique. Dans le même article ex-1384, le Code civil de 1804 a créé la responsabilité des parents et celle des commettants du fait de leurs préposés. Aujourd'hui encore, dans de nombreux pays en voie de développement, le droit du travail est d'ailleurs combattu par le droit de la famille : lien de subordination, de filiation ou bien naturelle entraide familiale ?

200 **Avec la « révolution industrielle » de la seconde moitié du XIXe siècle,** des millions de prolétaires n'ont plus vu dans leur employeur un pater/patron, même si certains développaient un paternalisme d'entreprise fort apprécié à l'époque : crèche, colonies de vacances, médecine du travail, ancêtre des activités sociales et culturelles de notre ex-comité d'entreprise devenu Comité social et économique. Le fondement du pouvoir patronal se trouve alors dans deux articles du Code civil : meubles et immeubles de l'entreprise appartiennent à l'employeur, qui peut « en jouir de la façon la plus absolue » (art. 544). Pour faire fonctionner ses machines, ce dernier recrute par un contrat de « louage de services » des salariés qui acceptent de se soumettre à son autorité. En l'absence d'un droit spécifique du travail, l'employeur disposait d'un pouvoir discrétionnaire (embauche, salaires, licenciement...).

RESPECT DE LA DIGNITÉ DU SALARIÉ...

À ceux qui refusent toute comparaison entre le travail d'aujourd'hui et celui décrit par E. Zola, A. J. Cronin ou S. Weil, des arrêts mettent les points sur les « i ».

Dignité : chambre criminelle, 4 mars 2003

Dans une entreprise de confection, « *le comportement des salariées pendant l'exécution de leur travail était étroitement limité par les interdictions de lever la tête, de parler et même de sourire*». L'employeur ne leur épargne rien : « *hurlements et cris, évoqués par la quasi-totalité des salariées entendues (...). Ces cris et hurlements répétés, alors qu'il s'adressait en public à certaines d'entre elles, étaient de nature à les abaisser, marquant une absence de considération pour leur personne et étaient humiliants non seulement pour celles à qui il s'adressait, mais pour l'ensemble de celles-ci qui, pendant ce temps, restaient rigidifiées dans l'exécution de leur travail. Pour imposer de telles conditions de travail aux salariés concernés, le prévenu a profité de leur situation de vulnérabilité sociale et économique résultant de leur absence de qualification et de la situation particulièrement difficile de l'emploi en milieu rural, notamment dans le secteur de la confection*».

Servage moderne : chambre sociale, 3 avril 2019
Un couple fait venir du Maroc une jeune fille âgée de 12 ans : elle a en charge « *en permanence et sans congés, la grande majorité des tâches domestiques, qui comportaient de surcroît des responsabilités sans rapport avec son âge, rétribuées seulement par un maigre argent de poche*». Au visa de la Convention OIT n° 138 et de la Convention de New York relative aux droits de l'enfant (voulant permettre leur « *plus complet développement physique et mental*», et à les protéger contre « *toutes formes de violence, d'atteinte ou de brutalités physiques ou mentales, d'abandon ou de négligence, de mauvais traitements ou d'exploitation*»), la Chambre sociale décide, au-delà de la répression pénale et sans s'appesantir sur un contrat de travail légalement inexistant, que « *la victime d'un état de servitude a droit à la réparation intégrale de son préjudice, tant moral qu'économique, ce préjudice étant aggravé lorsque la victime est mineure*».
Mais attention ! Si l'on veut que le terme « dignité », principe général du droit communautaire (CJUE, 14 oct. 2004) garde un sens, et sous peine de gravement desservir les véritables victimes de ces agissements, il convient aussi qu'à notre époque de victimisation, le juge ne voie pas, dans un ordre abrupt ou la remarque acide d'un manager, une atteinte à cette « dignité de la personne ».

201 Citoyens *de* l'entreprise ? Non, *dans* l'entreprise. En 1982, le ministre du Travail Jean Auroux avait évoqué « les citoyens de l'entreprise » ; très marketing social, cette expression a depuis fait florès. Mais si l'employeur doit respecter les droits du citoyen-salarié dans l'entreprise, cette dernière ne peut prétendre fonctionner comme une démocratie ; même dans une coopérative, une « entreprise libérée » voire « 3.0 », il faut qu'une direction soit fixée, et qu'une organisation soit mise en place : bref dans le meilleur des cas, une « entreprise 1.5 » !

Mais aujourd'hui, on préfère oublier le fondement classique des pouvoirs patronaux (droit de propriété + subordination juridique) pour mettre en avant, au-delà des modes successives de projets et autres cultures d'entreprise, la communauté d'intérêts unissant employeur et salariés : ainsi suite au C19, des accords majoritaires de performance collective voulant sauver l'entreprise, et donc sa collectivité de travail. Dans l'intérêt commun (pour le bien commun : encyclique Centesimo Anno, 1992), toute institution et même une « entreprise libérée » doit être dirigée : c'est l'employeur qui assume ce pouvoir fonctionnel. Mais sous peine de condamnation pour « détournement de pouvoir », il doit le faire exclusivement dans « l'intérêt de l'entreprise » écartant les règlements de compte personnels ou professionnels.

202 **Reste à savoir ce qu'est aujourd'hui une « entreprise »** : au-delà de son périmètre exact (sous-traitants, salariés mis à disposition, travailleurs temporaires, free lances...), si ce n'est qu'une société où les apporteurs de capitaux sont les seuls et uniques décideurs, ignorant les apporteurs de travail... cela ne fait pas société. Or aujourd'hui, la véritable capital d'une entreprise du quaternaire est-il la valeur des actions ou parts de ses propriétaires, ou son capital humain ? Est-il pensable que l'un se désintéresse de l'autre ? Et les deux de la nécessaire transition énergétique ?

LOI PACTE DU 22 MAI 2019 :
C'EST QUOI AUJOURD'HUI, UNE ENTREPRISE ?

« *Les deux choses les plus importantes de l'entreprise n'apparaissent pas à son bilan : ses hommes et sa réputation* ». En se remémorant la phrase prémonitoire d'Henry Ford il y a un siècle, lire « Penser le travail pour penser l'entreprise », sous la direction d'Olivier Favereau, Éditions des Presses de l'École des Mines, 2017. Et de Blanche Segrestin et Armand Hatchuel, « Refonder l'entreprise », Paris, Seuil, coll. « La république des idées », 2012 : « *Si l'entreprise appartient à toutes ses parties prenantes, alors elle n'a pas pour but de maximiser l'intérêt d'une seule de ces parties. Repenser la propriété de l'entreprise est donc fondamental car le discours sur la propriété de l'entreprise induit le discours sur le pouvoir dans l'entreprise, ainsi que la finalité même de celle-ci* ».
D'où la réforme du 22 mai 2019 : sous le titre « *Repenser la place des entreprises dans la société* », la nouvelle formulation du deuxième alinéa de l'article 1833 du Code civil : « *La société est gérée dans son intérêt social, en prenant en considération les enjeux sociaux et environnementaux de son activité* ». Mais on se méfie du juge : en cas de violation, cet ajout ne pourra conduire ni « *à la nullité de la société, ni à la nullité des actes et délibérations des organes de la société* » (C. civ., art. 1844-10 nouveau).

203 **Un pouvoir désormais très encadré.** Mais au quotidien, le salarié ne recherche pas si le fondement des pouvoirs patronaux est dans le contrat ou l'institution. Qu'il s'agisse du pouvoir de gestion, de direction ou disciplinaire, le pouvoir patronal est avant tout une réalité que la loi du 31 décembre 1992 a voulu encadrer par le finalement très explosif article L. 1121-1 voulant concilier libertés du citoyen et subordination du salarié, à notre époque d'affaissement de l'autorité tombée d'en haut et de magnification des droits subjectifs, comme l'avaient montré les « 61 principes essentiels du droit du travail » rédigés par la commission Badinter en janvier 2016, évoquant dans son **article 1** « *Les droits de la personne au travail* ». Au risque de faire éclater le collectif ?

204 **Concilier libertés du citoyen et subordination du salarié : le surplombant article L. 1121-1.** « *Nul ne peut apporter aux droits des personnes et aux libertés individuelles et collectives des restrictions qui ne seraient pas justifiées par la nature de la tâche à accomplir ni proportionnées au but recherché.* »

« **Nul** » : le premier mot surprend. Alors que le Code du travail vise généralement l'employeur, ce terme, choisi par le législateur car les cabinets de recrutement n'étaient pas employeurs, est aujourd'hui appliqué de façon panoramique par les juges.

Il vise d'abord l'ensemble des **acteurs** de l'entreprise : employeur bien sûr, qu'il exerce son pouvoir disciplinaire (ex. : refus de porter une blouse) ou son pouvoir de direction (ex. : mobilité géographique d'un jeune papa). Mais également le Comité social et économique (ex. : communication de la déclaration d'impôts pour fixer le prix des colonies de vacances), voire les syndicats (ex. : avantages réservés aux adhérents).

Plus inattendu : la jurisprudence l'a aussi appliqué à l'ensemble des **normes infra-légales** du droit du travail :

- les conventions collectives, de tout niveau : or leur légitimité est radicalement différente des actes unilatéraux de l'employeur ;
- le très unilatéral règlement intérieur, il est vrai dans le collimateur depuis la loi du 4 août 1982 ;
- le contrat de travail enfin : mais rien que de très normal s'agissant d'un contrat d'adhésion. Ainsi d'une clause contractuelle de résidence, a priori nulle en raison de l'atteinte excessive qu'elle apporte à la vie privée et familiale.

205 **État de droits.** À force d'avoir individualisé la relation de travail, l'entreprise trouve en retour des individus défendant avec pugnacité leurs droits et libertés individuelles, les contraignant ainsi à une délicate casuistique (ex. : signes religieux : CJUE, 14 mars 2017 puis CS, 22 nov. 2017, V. *infra*).

LIBERTÉS DU CITOYEN ET SUBORDINATION DU SALARIÉ

Du salarié citoyen au citoyen salarié

« *Le droit du travail est en train de changer de paradigme : il passe d'un droit des travailleurs aux droits de la personne au travail. Ce changement de modèle n'est pas seulement européen : pour des raisons d'évolution culturelle associées à la mondialisation, il est commun à tous les pays développés* ». Venu de Montréal porter un regard nord-américain au 29e colloque de « Droit social », le doyen Gilles Trudeau avait fort bien résumé les débats de cette journée « Vie professionnelle et vie personnelle » (n° spécial, janv. 2010).

Car lieu privé destiné à la production, l'entreprise n'est ni une place ni une plage publiques. Mais en franchissant ses portes, le salarié subordonné n'abandonne évidemment pas ses droits fondamentaux : d'où la nécessaire, mais souvent délicate conciliation qui doit être faite au quotidien, sous le signe de l'article L. 1121-1 : principe de non-atteinte aux libertés, mais restrictions possibles à la double condition énoncée. **Avec bien sûr l'exception des règles d'ordre public :** ainsi de la loi sur l'urgence sanitaire du 20 mars 2020 imposant le confinement et le télétravail au domicile : cette obligation *légale* s'imposait aux deux parties... mais exclusivement pendant cette période limitée.

Trois exemples, crescendo

▮ ***Liberté vestimentaire : le bermuda ou l'emploi ? (CS, 28 mai 2003)***

Vendeur de la Sagem, Cédric M. vient travailler en bermuda, qu'il porte sous sa blouse (!). L'employeur lui rappelle oralement puis, devant son inertie, par écrit l'obligation de porter un pantalon. Refus, suivi d'un licenciement pour faute grave. Cédric M. saisit alors le juge des référés prud'homal, invoquant le trouble manifestement illicite créé par son éviction et exige sa réintégration. « *Si, en vertu de l'article L. 1121-1, un employeur ne peut imposer à un salarié des contraintes vestimentaires qui ne seraient pas justifiées par la nature de la tâche à accomplir et proportionnées au but recherché, la liberté de se vêtir à sa guise au temps et au lieu du travail n'entre pas dans la catégorie des libertés fondamentales* », a énoncé le 28 mai 2003 la Cour de cassation. Les juges ont donc eu raison de ne pas ordonner en référé la « réintégration » de ce collaborateur mettant son bermuda au-dessus de son emploi. *A fortiori* dans des usines à risques (ex. : chimie), le règlement intérieur peut aussi obliger les salariés travaillant dans des zones dangereuses au port de charlottes, de gants ou de chaussures de sécurité, même si cela peut fâcher certaines *fashion victims* n'ayant pas bien compris les conséquences d'un jet d'acide nitrique sur la peau, ou d'une roue en mouvement sur leurs longs cheveux. Mieux vaut être chômeur que mort.

▮ ***Vie familiale et mobilités (CS, 14 oct. 2008, Stéphanie M.)***

Le retour de congé maternité est rarement un long fleuve tranquille pour la jeune maman. L'arrêt du 14 octobre 2008 constitue une caricature des pratiques de certaines sociétés exigeant un engagement total, pour lesquelles un cadre à temps partiel est partiellement un cadre, bref où une mère de famille (et *a fortiori* un papa) manifestant désormais d'autres centres d'intérêt que son centre de profit voit s'ouvrir toutes grandes les portes de Pôle emploi.

Basée à Marseille, notre consultante et désormais jeune maman Stéphanie M. avait eu en plus l'outrecuidance de demander un congé parental à temps partiel, puis refusé une mission de trois mois en région parisienne. Son contrat prévoyant très classiquement pour ce type de poste la « *possibilité de déplacements en France et à l'étranger, certaines missions pouvant justifier l'établissement temporaire de sa résidence sur place* », elle est licenciée pour faute. Alors que les magistrats (inamovibles) de la cour d'appel d'Aix-Marseille l'avaient déboutée de sa demande de dommages-intérêts pour licenciement sans cause réelle et sérieuse, la chambre sociale casse au visa apparemment paradoxal de deux articles à la logique bien différente : articles L. 1121-1 et 1134 du Code civil, reprochant aux juges d'Aix de « *n'avoir pas recherché si, comme le soutenait Mme M., la mise en œuvre de la clause contractuelle ne portait pas une atteinte au droit de la salariée à une vie personnelle et familiale, et si une telle atteinte pouvait être justifiée par la tâche à accomplir et était proportionnée au but recherché* ».

Énoncer que la situation personnelle du salarié peut avoir un impact sur sa mobilité géographique n'est pas vraiment un scoop. Et invoquer la bonne foi

de l'article L. 1222-1 comme dans les deux autres arrêts du 14 octobre 2008, c'est aller beaucoup moins loin que devoir systématiquement confronter nécessités de l'entreprise et droit de chaque salarié à sa « une vie personnelle et familiale ».
Car la formulation générale de la Cour, toujours reprise par la suite (CS, 23 mars 2011, à propos cette fois d'un papa « venant à la suite de son divorce de s'installer à plus de 60 kilomètres afin d'offrir de meilleures conditions d'accueil à ses enfants » : refus légitime, V. *infra*), va bien au-delà des clauses d'affectation ou de mobilité : en cas de contestation par le salarié, le juge doit désormais répondre à deux questions successives :
1. La mobilité envisagée porte-t-elle **gravement** atteinte au droit du collaborateur à une vie personnelle et familiale ? Ce qui signifie que l'employeur va devoir entrer dans la vie privée de chacun, quitte à se mettre en délicatesse avec l'article 9 du Code civil et surtout l'article L. 1132-1, pénalement sanctionné : « *Aucune personne ne peut (...) faire l'objet d'une mesure discriminatoire, directe ou indirecte en raison de sa situation de famille* ». Après l'ordre des licenciements, l'ordre des mutations ? Parmi les 23 consultants, pourquoi Sophie et pas Hervé (officiellement) célibataire ?
2. Si atteinte il y a, est-elle **justifiée** par la tâche à accomplir (par le salarié) et **proportionnée** au but recherché (par l'employeur) ?
Il va de soi que cet équilibre est réputé acquis lors de l'embauche, le salarié était censé avoir alors effectué cet arbitrage vie professionnelle/vie personnelle, y compris s'il s'agit d'un travail présenté comme exclusivement à distance lors de l'embauche. Mais quand le célibataire endurci sera père de trois enfants et devra s'occuper de son vieux père dépendant...
Comment faire dans la vraie vie ? 1. L'employeur exerce son pouvoir de direction et met par exemple en œuvre une clause de mobilité ; 2. C'est au salarié concerné d'évoquer alors l'article L. 1121-1, en montrant une atteinte excessive à sa vie privée et familiale ; 3. L'employeur décide alors des suites à donner : s'il estime l'atteinte minime, ou justifiée **et** proportionnée (*cf.* CS, 7 févr. 2018 : mutation à 400 km de la maman de deux adolescents de 12 et 17 ans : « *en raison de la réduction considérable et durable de l'activité à laquelle elle était affectée, l'atteinte à la vie familiale était justifiée par la tâche à accomplir et proportionnée au but recherché* »), il ordonnera la mobilité et en cas de refus, sanctionnera le collaborateur : il reviendra au juge prud'homal de décider si le licenciement pour faute était justifié, ou non.
Ainsi le 22 mai 2019, suite à une mutation refusée d'Angers à Cherbourg : 1. « *L'employeur, dont l'essentiel des activités se situait sur le secteur de la Manche, démontrait avoir mis en œuvre la clause de mobilité dans l'intérêt de l'entreprise en raison de la perte du marché d'Angers* ». 2. « *L'atteinte à la vie personnelle et familiale de l'intéressé était justifiée par la tâche à accomplir et proportionnée au but recherché* ».

▮ *Droit de grève*

Ce « droit à la modification du Droit » est fondateur du droit du travail, et a fait chuter des dictatures (Gdansk, Berlin-Est). Il est donc particulièrement protégé par la Constitution (seule la loi peut le réglementer) mais aussi par la Cour de cassation, qui a depuis 1990 créé un régime juridique très favorable aux grévistes : de l'absence au travail (hier) à l'exercice d'une liberté publique (aujourd'hui).

Est-ce à dire qu'il s'agit d'un droit absolu ? Ou qu'il ne serait pas soumis à l'article L. 1121-1 ? Comme le rappelle régulièrement la CEDH mais aussi le Conseil constitutionnel, « le droit de grève doit se concilier avec les droits de même valeur ». Ainsi de la sécurité des personnes (en quittant son poste, un gréviste ne peut faire courir un danger à un non-gréviste ou un usager), ou de la continuité propre aux services publics de transport (*cf.* loi du 21 août 2007).
Même dans les entreprises privées, certains salariés indispensables à la sécurité peuvent être réquisitionnés par le préfet dans ce but (cliniques privées, établissements pour handicapés). *A fortiori* dans les services publics, le droit de grève doit être concilié avec ceux des usagers, au nom de l'intérêt général inhérent à l'idée même de « service public ». Ce qui n'a manifestement pas été le cas à la SNCF en avril-juin 2018 puis fin 2019 en particulier pour les habitants de nos grandes banlieues ayant vécu trois mois de cauchemar (*cf.* J.-E. Ray, *Le droit de grève dans les services publics de transports : pour une conciliation des droits*, Dr. soc., juillet-août 2004, p. 747). Mais aussi, merci les cheminots : grâce à leurs grèves à répétition, des millions de salariés s'étaient ainsi préparés au télétravail au domicile des années 2020-2021.
À l'instar de la CJUE (11 déc. 2007, Laval, C. 341/05, à propos du blocus d'un chantier par des syndicalistes suédois : « Ces actions collectives, qui constituent des restrictions à l'article 43 CE relatif à la liberté d'établissement au sein de l'Union européenne, peuvent être justifiées à condition qu'il soit établi qu'elles sont aptes à garantir la réalisation de l'objectif légitime poursuivi, et ne vont pas au-delà de ce qui est nécessaire pour atteindre cet objectif »), l'article L. 1121-1 pourrait donc un jour conduire le juge français à examiner la proportionnalité entre l'action des grévistes et les éventuelles atteintes au droit des usagers ou clients.

206 Des sanctions dissuasives pour être crédibles

- **D'une logique d'indemnisation favorisant la gestion économique des risques juridiques...**

Avant l'arrêt Clavaud du 28 avril 1988, l'adage « pas de nullité sans texte » était strictement appliqué par la jurisprudence : le salarié licencié pour l'exercice d'une liberté publique (en l'espèce, une interview au journal L'Humanité) ne pouvait donc prétendre qu'à une indemnisation au titre de l'absence de cause réelle et sérieuse de son licenciement, jamais à sa « réintégration » dans son poste.

Ce qui encourageait côté patronal une gestion économique des risques juridiques : devoir à l'époque payer dans un an six mois de dommages-intérêts (7 500 € pour un Smicard) n'est guère dissuasif s'agissant par exemple du leader d'une grève coûtant 250 000 euros par jour, ou d'un syndicaliste actif. Fixant ainsi un coût à l'éviction illégale d'un salarié, cette logique conduisait à fixer le prix de la violation d'une liberté, permettant à l'employeur d'acheter indirectement l'exercice d'un droit constitutionnel.

Or certains juristes psychorigides continuent à penser que tout n'est pas à vendre.

- **À une nettement plus dissuasive logique de pouvoir : la nullité de l'acte**

En cas de violation d'une liberté fondamentale (ex. : liberté d'expression, CS, 18 févr. 2014 ; agir en justice, CS, 16 mars 2016, avec l'annulation systématique des licenciements-représailles : « Est nul comme portant atteinte à une liberté fondamentale le licenciement intervenu en raison d'une action en justice introduite par le salarié »), et uniquement dans ce cas (toutes les libertés ne se valent pas : ni la liberté vestimentaire, ni le droit de s'alcooliser dans l'entreprise, CS, 31 mars 2015), la loi du 31 décembre 1992 s'est alignée sur la jurisprudence de la chambre sociale, et a quitté cette **logique d'indemnisation pour une logique de pouvoir** : la nullité de l'acte, sans parler d'éventuelles poursuites pénales. Le salarié illégalement évincé de l'entreprise peut donc saisir le juge des référés prud'homal, et obtenir une ordonnance de « réintégration dans son poste » sous astreinte, ou plus exactement « *de poursuite du contrat de travail qui n'a pas été valablement rompu* » (en droit). Cette logique de pouvoir se révèle plus dissuasive pour un chef d'entreprise ne voulant pas être publiquement désavoué par un juge, ni perdre la face devant les autres salariés, voire les médias.

- **Mais cette belle évolution de principe ne correspond pas toujours à la pratique**

Car nombre de salariés pouvant exiger leur « réintégration » dans l'entreprise y pressentent un avenir bien peu radieux et ne souhaitent donc pas y revenir : ils demandent alors au conseil des prud'hommes une simple indemnisation. Même si la chambre sociale maximise le montant de cette peine privée (quelles que soient l'ancienneté du salarié et la dimension de l'entreprise : indemnisation pour défaut de cause réelle et sérieuse, plus indemnités de préavis et de licenciement), c'est malgré tout le retour à une logique d'indemnisation.

Et comme le niveau de l'indemnité, ici **expressément exclu du plafonnement** issu de l'ordonnance du 22 septembre 2017, reste largement apprécié par les juges prud'homaux n'ignorant pas la grave faute patronale initiale, ce montant élevé désincite finalement le salarié évincé à demander en justice sa réintégration... ce qui ne fâche pas son employeur : ne pas perdre la face a un coût (plancher minimum de six mois de dommages-intérêts depuis 2017), mais pas de prix.

Sur cette question toujours renouvelée (ex. : *Big Data*, tests génétiques, recherches Facebook, port du voile), l'ouvrage de référence est celui du très regretté Philippe Waquet, doyen honoraire de la Cour de cassation, Laurence Pécaut-Rivolier, conseiller à la chambre sociale de la Cour de cassation, et Yves Struillou, ancien directeur général du travail : Pouvoirs du chef d'entreprise et libertés du salarié, collection « Droit vivant », Éditions Liaisons, mars 2014.

SECTION I Pouvoir de gestion et liberté d'entreprendre du chef d'entreprise

207 **Propriétaire de ses machines et de ses bâtiments** au XIXe siècle, le chef d'entreprise pouvait, en application de l'article 544 du Code civil, les utiliser comme bon lui semblait (*usus*), en recueillir les fruits (*fructus*), voire les céder à qui il l'entendait (*abusus*).

La croissance du droit du travail à partir de 1946 a profondément modifié cette liberté de gestion, par ailleurs souvent passée aux mains de managers salariés, abonnés de volumineuses actions gratuites et autres stock-options destinées à leur faire privilégier le cours de l'action et le court terme en en faisant les solides alliés des actionnaires. Avec le succès que l'on sait sur le plaisir de travailler, et la qualité de vie au travail de leurs collaborateurs voulant que leur labeur quotidien ait un minimum de sens.

208 **Liberté d'entreprendre : jusqu'où ?** Jusqu'en 1986, les choix de gestion faits par le chef d'entreprise ne pouvaient être critiqués devant la justice, en dehors bien sûr du droit pénal des affaires, et des prérogatives limitées à la consultation des institutions représentatives du personnel. C'était la théorie de « l'employeur seul juge de la gestion » (CS, 31 mai 1956).

« *Il n'appartient pas au juge de contrôler le choix effectué par l'employeur entre les diverses solutions possibles* » : le 8 décembre 2000, l'Assemblée plénière de la Cour de cassation avait dû rappeler à des juges du fond croyant pouvoir jouer au chef d'entreprise la liberté constitutionnelle d'entreprendre figurant aussi à l'article 16 de la Charte des droits fondamentaux de l'UE. Mais les arrêts ultérieurs évoquent la nécessaire « sauvegarde de la compétitivité », qui devient avec les restructurations permanentes le cœur du débat économique d'aujourd'hui (*cf.* le chiffon rouge, des deux côtés : la définition du motif économique, revue par la loi du 29 mars 2018). Amenant donc le juge à s'immiscer dans la gestion, en examinant la nécessité et la pertinence des mesures alternatives, au nom du droit de l'emploi, figurant également dans le Préambule constitutionnel (V. chapitre *infra*).

Problème : existe bien des « patrons voyous », qui ferment la PME un vendredi soir en déménageant les machines, qui collectent pendant deux ans les subventions étatiques d'une région apeurée puis ferment sans états d'âme en laissant « sur le carreau » 675 salariés dont la moyenne d'âge est 52 ans, et une ancienneté de 29 ans.

Le Droit, y compris pénal, doit être là pour leur rappeler que « *le travail n'est pas une marchandise* » (OIT), et que les travailleurs ne sont pas des Kleenex à jeter une fois utilisés.

DROIT À L'EMPLOI DU SALARIÉ ET LIBERTÉ D'ENTREPRENDRE DE L'EMPLOYEUR : UN SUBTIL ÉQUILIBRE

Décision du Conseil constitutionnel (12 janv. 2002)

« Considérant qu'il incombe au législateur, dans le cadre de la compétence qu'il tient de l'article 34 de la Constitution pour déterminer les principes fondamentaux du droit du travail, d'assurer la mise en œuvre des principes économiques et sociaux du Préambule de la Constitution de 1946, tout en les conciliant avec les libertés constitutionnelles garanties. Que pour poser des règles propres à assurer au mieux, conformément au cinquième alinéa du préambule de la Constitution de 1946, le droit pour chacun d'obtenir un emploi, il peut apporter à la liberté d'entreprendre des limitations liées à cette exigence constitutionnelle, à la condition qu'il n'en résulte pas d'atteinte disproportionnée au regard de l'objectif poursuivi ;

Considérant, en premier lieu, que la nouvelle définition du licenciement économique résultant de l'article 107 de la loi déférée limite aux trois cas qu'elle énonce les possibilités de licenciement pour motif économique à l'exclusion de toute autre hypothèse comme, par exemple, la cessation d'activité de l'entreprise ;
Considérant, en deuxième lieu, qu'en ne permettant des licenciements économiques pour réorganisation de l'entreprise que si cette réorganisation est "indispensable à la sauvegarde de l'activité de l'entreprise" et non plus, comme c'est le cas sous l'empire de l'actuelle législation, si elle est nécessaire à la sauvegarde de la compétitivité de l'entreprise, cette définition interdit à l'entreprise d'anticiper des difficultés économiques à venir, en prenant des mesures de nature à éviter des licenciements ultérieurs plus importants ;
Considérant, en troisième lieu, qu'en subordonnant les licenciements économiques à « des difficultés économiques sérieuses n'ayant pu être surmontées par tout autre moyen », la loi conduit le juge non seulement à contrôler, comme c'est le cas sous l'empire de l'actuelle législation, la cause économique des licenciements décidés par le chef d'entreprise à l'issue des procédures prévues par le Code du travail, mais encore à substituer son appréciation à celle du chef d'entreprise quant au choix entre les différentes solutions possibles ;
Considérant que le cumul des contraintes que cette définition fait ainsi peser sur la gestion de l'entreprise a pour effet de ne permettre à l'entreprise de licencier que si sa pérennité est en cause ; qu'en édictant ces dispositions, *le législateur a porté à la liberté d'entreprendre une atteinte manifestement excessive au regard de l'objectif poursuivi du maintien de l'emploi* ; que, dès lors, les dispositions de l'article 107 doivent être déclarées non conformes à la Constitution. »
Ce qui donne, côté Chambre sociale : « *Si la faute de l'employeur à l'origine de la menace pesant sur la compétitivité de l'entreprise rendant nécessaire sa réorganisation est de nature à priver de cause réelle et sérieuse les licenciements consécutifs à cette réorganisation, l'erreur éventuellement commise dans l'appréciation du risque inhérent à tout choix de gestion ne caractérise pas à elle seule une telle faute* » (CS, 4 nov. 2020, *Société Pages Jaunes*).

209 **Le droit, science de l'équilibre.** Pourquoi le bon niveau du contrôle judiciaire est-il si difficile à trouver en matière de gestion d'une entreprise ? Pour au moins trois raisons :

1 - La « **cause** réelle et sérieuse » a été créée par la loi du 13 juillet 1973, à une époque où les licenciements économiques étaient rares : le législateur avait en tête la ***faute*** réelle et sérieuse, que le commun des mortels peut apprécier plus facilement. En revanche, apprécier la cause sérieuse du licenciement économique de Mme Y., prononcé à Belfort (France) par PSA, groupe de sociétés, par ailleurs international...
2 - Mais poussé jusqu'au bout, ce contrôle du sérieux permettrait au juge de se substituer a posteriori au chef d'entreprise sur les options de gestion mais aussi sur l'exacte proportionnalité entre les difficultés rencontrées et le nombre de postes supprimés. L'équilibre est donc difficile à trouver. À l'instar du Conseil d'État

concernant le contrôle de l'administration dans des domaines délicats, il paraît difficile d'aller au-delà de l'erreur manifeste d'appréciation (les fonctionnaires par ailleurs juristes, et l'économie d'aujourd'hui...). Or la chambre sociale n'hésite pas à aller beaucoup plus loin : ainsi dans l'arrêt du 6 mars 2007. La cour d'appel avait absous l'employeur « voulant rendre la prospection plus efficace et accroître ainsi la compétitivité de l'entreprise » ; cassation car « *cette meilleure organisation voulait privilégier le niveau de rentabilité au détriment de l'emploi* ». De quoi rassurer les salariés d'Air France ou Renault, mais chiffon rouge pour l'éventuel actionnaire français et le retraité californien : d'où le légitime recadrage des ordonnances du 22 septembre 2017. **Car il n'y a pas d'emplois (salariés) sans employeur.**

3 - Les licenciements économiques des années 1975-1995 touchaient pour l'essentiel des secteurs en pleine déconfiture, sinon en faillite. Si, par exemple, un puissant accompagnement était et reste nécessaire chez PSA-Aulnay face à ces méga-traumatismes sociaux individuels, collectifs, locaux voire régionaux, personne ne contestait vraiment les difficultés économiques majeures traversées par les Mines ou la Sidérurgie. Il n'en va pas toujours de même aujourd'hui ; au-delà des très médiatisés mais illégaux « licenciements boursiers », nombre de licenciements résultent aujourd'hui d'une « réorganisation liée à la sauvegarde de la compétitivité », de la bien française PME sous-traitante au groupe international.

210 Contrôle juridictionnel : oui, mais jusqu'où ? « *L'erreur du chef d'entreprise dans l'appréciation du risque inhérent à tout choix de gestion ne caractérise pas, à elle seule, la légèreté blâmable* » : il est heureux que la chambre sociale ait opposé le 14 décembre 2005 la faute impardonnable de gestion (ex. : absence d'amortissement) à la simple erreur de prévision. Une position différente aurait littéralement plombé les entreprises françaises dans le Far-West mondialisé d'aujourd'hui, où le patronus/bon père de famille prudent et avisé peut mener son entreprise à la faillite faute de réactivité – d'agressivité – suffisante. S'il reste l'un des plus sévères du monde, dépassant de très loin les exigences communautaires en se situant aux frontières de la liberté d'entreprendre, le contrôle judiciaire français se limite cependant à celui de la cause réelle et sérieuse du licenciement contesté. Comme le notait elle-même la Cour de cassation le 4 novembre 2020, « *quel que soit le motif économique du licenciement, et a fortiori lorsqu'il réside dans une réorganisation de l'entreprise rendue nécessaire par la sauvegarde de la compétitivité, la Cour reste vigilante à ce que, sous couvert d'un contrôle de la faute, les juges du fond n'exercent pas un contrôle sur les choix de gestion de l'employeur* ».

Sauf bien sûr en cas de délit pénal, ou de fraude organisée...

211 Légitime sanction pour le pillage éhonté d'une filiale par le groupe (CS, 24 mai 2018). Sur ordre du fond d'investissement Sun Partners Inc., la filiale Lee Cooper France « avait financé le groupe pour des montants hors de proportion avec ses moyens financiers » ; le droit d'exploiter la licence Lee Cooper « avait été transféré à titre gratuit à une autre société du groupe, mais les redevances dues au titre du contrat de licence étant facturées à la société Lee Cooper France », etc. La société-mère avait donc pris, « par l'intermédiaire des sociétés du groupe, des décisions préjudiciables dans son seul intérêt d'actionnaire qui avaient entraîné la liquidation partielle de la société Lee Cooper France ». Sun Capital Partners Inc. « avait donc, par sa faute, concouru à la déconfiture de l'employeur et à la disparition des emplois qui en est résultée » : pas co-emploi, mais responsabilité extracontractuelle, avec indemnisation des salariés pour la perte de leur emploi.

Sur l'ensemble de cette question, voir *infra* le chapitre sur le licenciement économique.

212 Plus de consensus, pour moins de conflits collectifs et de contentieux. Depuis 2013, les salariés et surtout leurs représentants (Comité social et économique, et désormais syndicats pour négocier un accord de performance collective ou une rupture conventionnelle collective) sont de plus en plus présents en cas de projet de licenciement économique. Mais l'employeur n'est pas juridiquement tenu de suivre leurs avis : information, consultation « en temps utile » nous dit le droit communautaire, c'est-à-dire en amont de la décision. Mais il ne s'agit ni de cogestion ni de codétermination à l'allemande, même si l'actionnariat salarié peut à terme changer la donne. C'est donc seulement en cas de faillite (redressement, liquidation judiciaires) que le droit commercial permet au tribunal de limiter le pouvoir de gestion du chef d'entreprise défaillant, afin de protéger l'emploi et permettre le paiement éventuel des autres créanciers.

213 Un pouvoir fonctionnel, pas discrétionnaire. Si l'employeur bénéficie d'une légitime car nécessaire liberté en matière de gestion, il doit user de ce pouvoir dans l'intérêt de l'entreprise : tout détournement (fermeture d'un établissement en riposte à une grève) ou discrimination (affectation sélective à des postes difficiles pour les militants syndicaux) pourront ainsi être sanctionnés par le juge. Précisons que cet « intérêt de l'entreprise » est dans un premier temps défini par son chef. Même si, dans leur domaine d'expertise, les cadres supérieurs semblent plus aptes à prendre certaines décisions et peuvent très légitimement faire état de leurs objections à tel projet, ils ne pourront jamais les imposer à l'employeur. Ce dernier pourra en revanche les licencier s'ils persistent ensuite dans des choix contestés par lui, même si la suite prouve que ces cadres avaient vu juste (sur la fin des « *Yes, Man* », voir CS, 14 déc. 1999, *Dr. soc.*, févr. 2000, p. 163).

SECTION II Le pouvoir de direction du chef d'entreprise

214 Il est souhaitable qu'un dirigeant dirige, et vital pour l'organisation qu'existe une seule « direction » à suivre. Dans un arrêt Société générale du 13 novembre 1996, la Cour de cassation avait donc rappelé que le contrat de travail est « caractérisé par l'exécution d'un travail sous l'autorité d'un employeur qui a le pouvoir de donner des ordres et des directives et d'en contrôler l'exécution ». Même « libérée », une entreprise est nécessairement une « organisation », pas un groupe d'atomes libres.

La nouveauté est l'exceptionnelle avancée de la négociation collective, en particulier s'agissant de durées du travail : si pour diriger, une personne suffit, pour signer il faut être au minimum deux. Un employeur voulant avoir accès à la flexibilité interne dépend aujourd'hui de ses partenaires sociaux (V. *infra*, chapitre « Durée du travail »).

215 Données à ne pas demander. Le RGPD et ses lourdes sanctions pénales surplombe aujourd'hui tout le pouvoir de direction, avec en particulier son principe de minimisation dans la collecte des données *personnelles*. Et *a fortiori* l'interdiction pour l'employeur d'avoir accès aux données de santé, y compris s'agissant d'une simple vaccination contre le C19 effectuée dans son entreprise par le médecin du travail. Mais la dictature des algorithmes, qui va bien au-delà des chauffeurs Uber ou Deliveroo ? En Espagne, le décret-loi royal du 11 mai 2021 a modifié le statut des travailleurs : « l'employeur doit informer chaque salarié des paramètres, règles et instructions sur lesquels se fondent les algorithmes, ou les systèmes d'intelligence artificielle qui affectent la prise de décision et peuvent avoir un impact sur les conditions de travail, l'accès et le maintien dans l'emploi, y compris le profilage ».

Trois exemples caractéristiques (*§ 1*), **puis quatre limites** (*§ 2*).

§1 Trois exemples caractéristiques

216 Évaluation des salariés

« *L'employeur tient de son pouvoir de direction né du contrat de travail le droit d'évaluer le travail de ses salariés, sous réserve de ne pas mettre en œuvre un dispositif d'évaluation qui n'a pas été préalablement porté à leur connaissance.* » L'arrêt du 10 juillet 2002 tire les conséquences du pouvoir de contrôle du chef d'entreprise : ce dernier peut évaluer le travail de ses collaborateurs, y compris par voie de la notation bien connue à l'Université, le collaborateur étant aussi noté de plus en plus par les clients (*cf.* Uber).

Mais cette « **évaluation** » ne doit pas être confondue avec les « **entretiens professionnels** » obligatoires fixé par le Code : ainsi tous les deux ans, celui consacré « à ses perspectives d'évolution professionnelle *notamment en termes de qualifications et d'emploi* » (art. L. 6315-1) ou lors du retour d'un congé maternité, d'une longue maladie voire de la fin d'un mandat syndical. Et pour les forfaits-jours, l'entretien annuel obligatoire portant sur la charge de travail et l'articulation entre son activité professionnelle et sa vie personnelle et familiale (art. L. 3121-65).

Gare aux évaluations fleuves ! Procès en discrimination (CS, 31 janv. 2007), en inégalité de traitement pour un simple salarié, ou un représentant du personnel permanent mal évalué de ce seul fait (CS, 11 janv. 2012), sanction pécuniaire illégale car amputation d'un bonus suite à un incident client qualifié de « faute impardonnable » par l'évaluateur (CS, 11 févr. 2009), licenciement pour insuffisance professionnelle : les managers devant évaluer leurs collaborateurs n'ont pas toujours conscience des conséquences juridiques de leurs annotations écrites et souvent « mises en mémoire ». Avec des stars (« *Hélas, M. X s'investit beaucoup plus dans son mandat syndical et ses multiples heures de délégation que chez nos clients* »), dont le patronyme reste généralement associé à un arrêt de la Cour de cassation. Car « *l'exercice d'activités syndicales ne peut être pris en considération dans l'évaluation professionnelle du salarié* » (CS, 23 oct. 2019).

Paradoxe : si l'employeur peut évaluer, il est très sévèrement encadré par des juges qui n'aiment guère l'être.

LES CONDITIONS D'UNE ÉVALUATION LICITE

Outre la question de *l'utilité* du fameux entretien annuel d'évaluation aujourd'hui remis en cause (un an, c'est trop long et stressant ; et les managers le vivent d'abord comme une contrainte)

Fond : article L. 1222-2

« *Les informations demandées à un salarié ne peuvent avoir comme finalité que d'apprécier ses aptitudes professionnelles. Elles doivent présenter un lien direct et nécessaire avec l'évaluation de ses aptitudes.* » Rien d'illégal si « les critères sont objectifs et matériellement vérifiables », nous répètent à l'envi nos juges, pourtant eux-mêmes recrutés sur de grands oraux où c'est légitimement la personnalité du candidat qui compte : un bon mais brave technicien du droit ne fait pas forcément un bon juge. « Autonomie », « Implication personnelle », « Disponibilité », « Capacité d'adaptation », « *Passion and energy* » et autres « *Courageous leader* » : si chère au cœur de la Chambre sociale, l'objectivité est-elle de ce monde, des deux côtés du bureau ? On se souvient de cette expérience américaine montrant des manageuses dinks (*Double incomes, no kids*) new-yorkaises évaluant extrêmement sévèrement les jeunes mamans arrivant parfois en retard, alors que, s'agissant exactement des mêmes collaboratrices, des cadres elles-mêmes mères de famille leur donnaient une note bien supérieure.

Si le simple *ranking* (classement des salariés en catégories) est licite, le *ranking* avec quotas obligatoires (ex. : chaque manager doit classer au moins 5 % de ses collaborateurs comme « faibles contributeurs », avec donc vue directe sur Pôle emploi) est en France illicite. Plus généralement, l'évaluation de la performance n'est qu'une partie de l'évaluation de l'efficacité professionnelle, qui par définition est collective dans une entreprise, *a fortiori* en nos temps de travail collaboratif. **Bref, « la méthode d'évaluation doit reposer sur des critères précis, objectifs et pertinents au regard de la finalité poursuivie »** (CS, 14 déc. 2015).

Forme : article L. 1222-3

« *Préalablement à leur mise en œuvre, le salarié est expressément informé des méthodes et techniques d'évaluation professionnelles mises en œuvre à son égard. Les résultats obtenus sont confidentiels.* » Confidentiels à l'égard des tiers, mais évidemment pas du salarié.

Lois « Informatique et Libertés », revus par le RGPD et la loi française sur les données personnelles du 20 juin 2018
Les sanctions administratives et pénales sont ici tout à fait disproportionnées : 3 ans de prison et 300 000 euros d'amende pour le fautif, et donc 1,5 million d'euros pour la personne morale en cas de collecte illicite ou de détournement de finalité. Un entretien d'évaluation collectant nécessairement des données à caractère personnel, application de l'article L. 1222-4 : « Aucune information concernant personnellement un salarié ne peut être collectée par un dispositif qui n'a pas été porté préalablement à sa connaissance. »
Et il sera prudent de prévoir des commentaires prérédigés afin qu'un manager excédé ne se lâche pas sur la fiche d'évaluation, avec des commentaires très personnalisés portant sur des « données sensibles » (santé, appartenance syndicale).

Double aspect collectif enfin
« *Tout traitement informatisé de gestion du personnel, comme toute modification de celui-ci* », doit faire l'objet d'une information préalable du Comité social et économique (art. L. 2323-32, 2e al.).
Et depuis l'arrêt Groupe Mornay du 28 novembre 2007 (« les modalités et les enjeux de l'entretien étaient manifestement de nature à générer une pression psychologique entraînant des répercussions sur les conditions de travail »), il faut y ajouter en amont une information préalable du CSE en cas de modification des méthodes d'évaluation.

217 Promotion au choix

« Le juge ne peut se substituer à l'employeur pour accorder au salarié un rappel de salaire au titre d'un avancement non obtenu. Le refus de faire bénéficier le salarié d'une promotion au choix ne peut donner lieu, en cas d'abus, qu'à une action en dommages-intérêts. » Respectueuse de la « liberté d'entreprendre » comme de celle de « choisir ses collaborateurs » énoncées par le Conseil constitutionnel, la Cour de cassation a interdit le 7 mai 2003 aux juges du fond de se substituer au chef d'entreprise en matière de promotion au choix. Si erreur il y a eu, la sanction ne sera pas la promotion automatique au risque d'évincer le nouveau titulaire, mais la réparation par versement de dommages-intérêts.

Sauf en cas de discrimination constatée par le juge, qui doit alors tirer toutes les conséquences de la nullité de l'acte (art. L. 1132-1, V. *infra*), et par conséquent ordonner le cas échéant le reclassement, devenu promotion judiciaire : « La réparation intégrale d'un dommage oblige à placer celui qui l'a subi dans la situation où il se serait trouvé si le comportement dommageable n'avait pas eu lieu » (promotion indiciaire obligée d'un salarié victime de discrimination syndicale, CS, 31 janv. 2007).

218 Fixation des horaires

C'est au chef d'entreprise qu'il revient de fixer les horaires collectifs, dans le respect des textes en vigueur (travail de nuit, pause au bout de 6 heures de travail...), mais aussi individuels. Mais depuis l'irruption de l'article L. 1121-1, le salarié pourra le cas échéant refuser cette modification si elle porte une atteinte non justifiée à sa vie personnelle et disproportionnée au but recherché. Exemple classique : la pause de midi passant de 1 heure 30 à 45 minutes, empêchant désormais un collaborateur de rentrer faire déjeuner ses enfants en bas âge, ou de plus en plus souvent un parent dépendant.

219 **Juges et chef d'entreprise.** La Cour de cassation rappelle régulièrement à certains juges du fond très créatifs que, sauf obligation légale en ce sens, ils ne peuvent obliger un chef d'entreprise à entrer en négociation avec les syndicats dans les domaines relevant de son pouvoir de direction (CS, 5 mars 2008).

Dans cette même logique, si en amont de la décision patronale chambre sociale et chambre criminelle veillent avec une attention croissante à ce que le Comité social et économique ne constitue pas une simple chambre d'enregistrement mais soit réellement informé et consulté en temps utile, les (parfois longues et coûteuses) procédures d'expertise qu'ils commandent ne doivent pas avoir pour objet ou pour effet de paralyser le pouvoir de direction : « La désignation d'un expert par le CSE ne suspend pas l'exécution de la décision prise par l'employeur jusqu'au dépôt du rapport d'expertise, et n'autorise pas le salarié à refuser de l'exécuter » (CS, 13 févr. 2008, à propos d'un commercial refusant, au nom du principe de précaution, d'utiliser un portable).

A fortiori les obligations patronales d'information-consultation « ne subordonnent pas l'exercice de son pouvoir de direction à l'accord des institutions représentatives du personnel » (CS, 5 mars 2008) : nous ne sommes pas en Allemagne avec sa codétermination. Mais on avance avec le « conseil d'entreprise » créé par l'ordonnance de septembre 2017 : créée par accord d'entreprise, cette instance représentative élue en forme de super-CSE a le monopole de la négociation collective, mais aussi un véritable droit de veto (un « avis *conforme* ») en matière de formation professionnelle.

§2 Quatre limites au pouvoir de direction

A. - Interdiction des discriminations directes, mais aussi indirectes

220 **Aucune mesure patronale,** mais aussi décision du Comité social et économique en matière d'activités sociales et culturelles par exemple, ne doit révéler une quelconque discrimination : exemples classiques d'un excellent salarié, subitement affecté à un poste pénible suite à sa participation à une grève, ou d'un représentant du personnel récemment élu et soudainement mal noté.

La sanction est alors la nullité de l'acte (« réintégration » dans l'emploi initial : « *Les dispositions du Code du travail ne font pas obstacle à ce que le juge ordonne le reclassement d'un salarié victime d'une discrimination prohibée, le principe de réparation intégrale d'un dommage obligeant à placer celui qui l'a subi dans la situation où il se serait trouvé si le comportement dommageable n'avait pas eu lieu* », CS, 10 avr. 2008), et des poursuites pénales envisageables (C. pén., art. 225-1).

Il est normal que ces atteintes aux fondements de notre société, interdit rappelé par les partenaires sociaux dans leur Position commune du 9 avril 2008 sur la représentativité syndicale (critère du « respect des valeurs républicaines », incluant « le refus de toute discrimination »), et repris par la loi du 20 août 2008, ne puissent donner lieu à une gestion économique des risques juridiques. Mais cette fin légitime n'autorise pas n'importe quoi (ex. : inverser la présomption d'innocence), fusse au nom des grands sentiments au Pays-Lumière-du-Monde depuis 1789.

221 La loi du 27 mai 2008 « portant diverses dispositions d'adaptation au droit communautaire dans le domaine de la lutte contre les discriminations » a, hélas dans un raisonnement à l'américaine venu des pays du Nord, mis sur le même plan discriminations directes et indirectes. Or ces dernières résultent souvent de phénomènes de société (ex. : temps partiel, massivement féminisé/discrimination en matière de rémunération, mais aussi de carrière), le cadre mis en cause n'ayant souvent aucune volonté discriminatoire. Afin que le brouillage conceptuel soit vraiment complet, le Code du travail français a dû accueillir dans un même article des notions aussi différentes qu'inégalité de traitement, discrimination et... harcèlements. Or « *une différence de traitement entre les salariés d'une même entreprise ne constitue pas en elle-même une discrimination illicite au sens de l'article L. 1132-1 du Code du travail* » : distinguo fondamental que celui énoncé par la chambre sociale, opposant légitimement discrimination (différenciation jusqu'alors toujours illégale car reposant sur un motif interdit : sexe, race, activités syndicales, grève...) à l'inégalité de traitement (pas forcément illicite, et qui exige une comparaison avec des situations identiques ou voisines : V. *infra* chapitre sur la rémunération).

Mais l'article L. 1133-1 laisse penser que Gérard Depardieu postulant pour jouer Blanche-Neige ne pourrait pas plaider la discrimination : « *L'article L. 1132-1 ne fait pas obstacle aux **différences de traitement**, lorsqu'elles répondent à une exigence professionnelle essentielle et déterminante et pour autant que l'objectif soit légitime et l'exigence proportionnée.* »

222 Régime probatoire très favorable à la présumée victime (art. L. 1134-1)

« Lorsque survient un litige (...), le salarié présente des éléments de fait laissant supposer l'existence d'une discrimination directe ou indirecte (...). Au vu de ces éléments, il incombe à la partie défenderesse (l'employeur) de prouver que sa décision est justifiée par des éléments objectifs étrangers à toute discrimination. Le juge forme sa conviction après avoir ordonné, en cas de besoin, toutes les mesures d'instruction qu'il estime utiles ».

- **Sur le plan civil**

Dans la pratique il ne s'agit plus « *d'aménagement de la charge de la preuve* », mais *de facto d'inversion* par rapport à la règle ancestrale selon laquelle « *chaque partie doit prouver les faits nécessaires au succès de ses prétentions* ».

Résumons : le demandeur peut se contenter, non plus « d'établir par des éléments graves et concordants » comme l'avait édicté le Conseil constitutionnel en 2002, mais de « ***présenter** des éléments de fait* », « *laissant* ***supposer*** » l'existence d'une « *discrimination directe ou indirecte* » : la discrimination – et depuis le 8 août 2016 les deux harcèlements – sont alors « présumés ». Au défendeur alors de « prouver » (*sic*) que « *sa décision est justifiée par des éléments objectifs étrangers à toute discrimination* ».

Bref, à lui de prouver que sur cette question aussi stigmatisante que médiatisée, il s'est comporté en bon citoyen, en bon professionnel ou employeur prudent et avisé : la « preuve diabolique » enseignée en première année de droit, dans une redoutable inversion du raisonnement. Car dans une société démocratique et civilisée, chacun d'entre nous n'est pas pré-jugé se comporter en mâle-faiteur, mais au contraire présumé se comporter en gentil-homme. Ah, les Petits-Si-Gentils contre le Trop-Gros-Trop-Méchants ! Au pays des Bisounours, il faut protéger à tout prix ces victimes irréfragablement présumées sympathiques, sans peur, sans reproche ni arrière-pensée, contre les sournois agissements de vilains cadres ou employeurs toujours prêts à discriminer ou à harceler.

« *J'avais une spécialité, les nobles causes : "la veuve et l'orphelin", comme on dit. Mais existent des veuves abusives et des orphelins féroces* » (A. Camus).

Le cœur et la raison font parfois sablier.

- **Sur le plan pénal**

« *Le présent article ne s'applique pas devant les juridictions pénales.* » Ajouté in extremis, ce dernier alinéa destiné à éviter d'encourir les légitimes foudres du Conseil constitutionnel voire de la Cour de Strasbourg (CEDH, art. 6-2), était symptomatique. Il rappelait tout simplement que depuis une Déclaration de 1789, existe en droit pénal français une présomption d'innocence, qu'il appartient au ministère Public de détruire à l'occasion du procès. La chambre criminelle a tout de même dû rappeler le 11 mai 2012 que « *le délit de discrimination syndicale n'instituant aucune dérogation à la charge de la preuve en matière pénale, et tout prévenu étant présumé innocent, la charge de la preuve de sa culpabilité incombe à la partie poursuivante* ».

B. - Le pouvoir de direction s'arrête là où commence l'atteinte à la santé physique ou mentale du salarié

223 ***Securitas omnia corrumpit*** « *L'employeur est tenu à l'égard de son personnel d'une obligation de sécurité de résultat qui lui impose de prendre les mesures nécessaires pour assurer la sécurité et protéger la santé des travailleurs. Dans l'exercice de son pouvoir de direction, il lui est interdit de prendre des mesures qui auraient pour objet ou pour effet de compromettre la santé (donc aussi mentale) et la sécurité des salariés.* » Certes rendu dans une affaire visant un établissement classé Seveso II, l'arrêt Snecma du 5 mars 2008 reste dans les mémoires comme une mutation génétique de l'obligation de sécurité de résultat, à l'origine créée pour faciliter la réparation des accidents de travail.

C'est d'une part un syndicat qui a obtenu en référé, et en l'absence de toute violation d'une obligation particulière de sécurité, de danger grave et imminent, de « risque grave » ou encore « sérieux d'atteinte à l'intégrité physique », bref en amont de la réalisation d'un risque professionnel, la suspension de la note de service mettant en place la nouvelle organisation. D'autre part, même lors de la pandémie de 2020, s'il semble raisonnable d'interdire au chef d'entreprise « de prendre des mesures qui auraient *pour objet* de compromettre la santé des salariés » lui interdire de prendre des mesures « qui auraient *pour effet* de compromettre la santé physique et mentale des salariés » mérite plus ample examen : au-delà de la conduite d'une voiture, un projet de PSE sur le plan collectif, ou de mobilité sur le plan individuel entraîne un fort stress familial et quelques insomnies, par ailleurs très variables selon les personnes concernées. À l'impossible, l'employeur n'est pas tenu.

224 **D'où le légitime retour à la raison des arrêts du 25 novembre 2015 puis du 1er juin 2016 : «** *Ne méconnaît pas l'obligation légale lui imposant de prendre les mesures nécessaires pour assurer la sécurité et assurer la santé physique et mentale des travailleurs l'employeur qui justifie avoir pris toutes les mesures prévues aux articles L. 4121-1 et L. 4121-2 du Code du travail* ». L'obligation de résultat porte d'abord sur les moyens mis en œuvre en amont, en particulier le plan de prévention des risques « dont la pertinence, la rationalité et l'adéquation pourront être appréciés par les juges ». Évolution positive, car incitant les entreprises à investir dans la prévention, et les cadres à s'investir dans la prévention des risques professionnels. Et en aval, sur la rapidité et l'efficacité de la réaction patronale : ainsi en matière de harcèlement sexuel ou moral.

Mais grand absent des lois récentes, le travail au quotidien s'est notoirement détérioré dans nombre de sociétés saisies par la financiarisation, avec sa gestion à court terme à coups d'indicateurs (le cadre-conducteur ne regarde plus la route, mais ses « tableaux de bord » au détriment du travail réel). Le sociologue François Dupuy évoque « *le taylorisme relooké des entreprises s'enfonçant dans un jeu perdant-perdant avec leurs salariés : délire des processus, des reportings et des indicateurs, qui distrait l'encadrement de ses fonctions managériales* » (*Lost in Management*, Seuil, 2011). D'où la réaction du corps social français : plaintes pour harcèlement moral, litanie des « risques psychosociaux » et autres « souffrances au travail ». Puis des pouvoirs publics n'acceptant plus, en ces temps de fortes restrictions des dépenses publiques, de devoir financer les multiples externalités négatives de ce management en perdition.

225 **Créé en janvier 2002 pour encadrer le pouvoir de direction, le harcèlement moral** devenu « harcèlement institutionnel » grâce à nos juges en 2009, a depuis connu un succès exceptionnel.

Exemple emblématique : le très médiatisé passage en Correctionnel en juin 2019 puis la condamnation du 20 décembre 2019 à des peines de prison ferme de trois des plus hauts dirigeants de France Télécom des années 2000-2008 personnellement mis en cause malgré de solides délégations de pouvoir.

C. - Pouvoir patronal et atteinte excessive aux libertés du salarié-citoyen

226 Comme examiné *supra*, toute décision patronale doit respecter l'article L. 1121-1 : si elle porte atteinte à une liberté, elle doit être « *proportionnée au but recherché et justifiée par la nature de la tâche à accomplir* ». Exemple : surveillance des courriels, géolocalisation par GPS, mais aussi tout simplement fouille des sacs personnels à la sortie : « *Sauf circonstances exceptionnelles, l'employeur ne peut ouvrir les sacs appartenant aux salariés pour en vérifier le contenu qu'avec leur accord, à la condition de les avoir avertis de leur droit de s'y opposer et d'exiger la présence d'un témoin* » (CS, 11 févr. 2009).

Mais à l'inverse, dans des situations très spécifiques, des sujétions *a priori* intolérables peuvent parfois être licites : si l'usage fait par le salarié de son domicile relève évidemment de sa vie privée, « *s'agissant d'un établissement spécialisé dans l'accueil de mineures en difficulté, l'interdiction faite aux membres du personnel éducatif de recevoir à leur domicile des mineures qui y sont placées constitue une sujétion professionnelle pouvant figurer dans le règlement intérieur. Cette restriction était justifiée par la nature du travail à accomplir, et proportionnée au but recherché* » (CS, 13 janv. 2009 : sanction justifiée).

***A fortiori* en cas de « circonstances exceptionnelles », actées par une loi de la République** sur « l'urgence sanitaire » : ainsi pendant la grave pandémie de 2020-2021. Un employeur peut alors imposer le télétravail au domicile, ou rappeler à un délégué qu'il doit respecter les règles de distanciation sociale quand il veut prendre contact avec le personnel : « *la liberté de circulation des représentants syndicaux doit s'apprécier dans le cadre de l'ordre juridique exceptionnel et provisoire résultant de l'état d'urgence sanitaire limitant de façon générale la liberté de circulation* » (Tribunal judiciaire de Saint-Nazaire, 27 avr. 2020), le juge devant alors tenir compte « *du caractère proportionné ou non de la restriction à cette liberté fondamentale par rapport au but de protection sanitaire des salariés* ».

D. - Abus de droit et détournement de pouvoir

227 **« Y'a de l'abus ! ».** Le pouvoir patronal doit exclusivement s'exercer dans l'intérêt de l'entreprise : muter une collaboratrice à l'autre bout de la France suite à sa rupture amoureuse avec son manager constitue donc un détournement de pouvoir (fautif). Et mettre en œuvre une clause de mobilité le vendredi matin pour le lundi suivant, un abus de droit : « *Le défaut de délai de prévenance et l'absence de bonne foi dans la mise en œuvre de la clause rendent sans cause réelle et sérieuse le licenciement prononcé au motif du refus de la salariée de sa nouvelle affectation* » (CS, 3 mai 2012).

Mais comme en droit civil, ainsi que l'énonce régulièrement la chambre sociale, « la bonne foi contractuelle étant présumée, il incombe au salarié de démontrer que la décision patronale a été en réalité prise pour des raisons étrangères à l'intérêt de l'entreprise, ou qu'elle a été mise en œuvre dans des conditions exclusives de la bonne foi contractuelle. »

Sauf comme toujours en cas de discrimination ou de harcèlements : ce qui incite le demandeur à se placer sur ce terrain, *a fortiori* depuis le 22 septembre 2017 lors d'un licenciement : le plafonnement des dommages-intérêts n'est alors plus applicable.

228 **Trésors de la langue française (art. L. 1321-6)** : Tout document comportant des obligations pour le salarié, ou des dispositions dont la connaissance est nécessaire pour l'exécution de son travail est rédigé en français. Tout comme le règlement intérieur, qui peut être accompagné de traductions en une ou plusieurs langues étrangères.

Mais ces dispositions ne sont pas applicables aux documents reçus de l'étranger, ou destinés à des étrangers.

SECTION III Le pouvoir disciplinaire de l'employeur

229 Article 1 : « *Piété, propreté et ponctualité font la force d'une bonne affaire.* »

Article 2 : « *La soif de tabac et d'alcool est une faiblesse humaine. Elle est interdite à tous les membres du personnel.* »

Article 3 : « *Les employées ne se laisseront pas aller aux fantaisies des couleurs vives, et ne porteront que des bas raccommodés.* »

Cet extrait du règlement intérieur d'une bonneterie de Chaumont datant de 1850 montre bien l'ancienne conception paternaliste de la discipline dans l'entreprise. Passant facilement d'un modèle militaire aux théories tayloriennes, elle a imposé à tous les mêmes contraintes, à l'époque lourdement sanctionnées : amende, rupture immédiate sans aucune indemnité, *a fortiori* de chômage.

230 **Du « petit chef » à « l'autorité horizontale ».** Le droit du travail (législateur et jurisprudence confondus) n'avait pas sensiblement évolué entre 1864 et 1946, date à laquelle le Préambule constitutionnel donne au salarié le droit de grève et la liberté syndicale, contrepoids collectifs efficaces à un pouvoir parfois envahissant. Mais il faudra attendre la loi du *4 août* 1982, cette date ne constituant pas une coïncidence, pour voir entrer le pouvoir disciplinaire dans le XXe siècle. Modifiant profondément la législation applicable au bon vieux règlement intérieur connaissant aujourd'hui un renouveau inattendu *(§ 1)*, cette loi a créé un très complet droit disciplinaire *(§ 2)* : mais attention : hors licenciement personnel, traité par celle du 13 juillet 1973 et donc examiné *infra*.

231 **Mais au XXIe siècle, cette évolution n'a plus la même portée** dans un monde où ce sont de plus en plus les neurones qui sont sollicités, où une obligation de résultat se substitue aux obligations de moyens.

Car au temps militaro-industriel de la *manu*-facture de Taylor-Ford, la discipline, fondement de toute productivité, se retrouvait dans l'autorité qui structurait la Famille, l'École et l'ensemble de la Société. Or non seulement ce modèle, que l'on retrouvait dans le système juridique avec la « hiérarchie des sources », ne fonctionne plus : il est même parfois devenu contre-productif, et pas seulement pour les jeunes générations. Pour un travailleur du savoir, c'est par exemple l'autonomie, la liberté qui est source de productivité, et ce n'est pas la peur d'un blâme qui fera fonctionner ses neurones à 150 %. Un chercheur ne trouve pas toujours : alors celui qui se sent contraint pratique discrètement le présentéisme contemplatif à 14 h 30, voire l'absentéisme moral...

Certes, certes... mais dans la grande distribution ou sur une chaîne de production, nos bonnes vieilles sanctions (avertissement, blâme, mise à pied voire rétrogradation) restent fréquentes !

§1 Une nouvelle conception du règlement intérieur

Deux idées avaient guidé le ministre Jean Auroux pour sa loi du 4 août 1982 : afin de relancer la négociation d'entreprise, il fallait purger le règlement intérieur, obligatoire dans les entreprises ou établissements d'au moins 50 salariés de tout ce qui était négociable *(A)*. En second lieu permettre un contrôle interne et externe efficace *(B)*.

A. - Le règlement intérieur purgé du négociable

232 **Contenu minimal pour favoriser la négociation.** La loi du 4 août 1982 est inséparable de celle du 13 novembre 1982 ayant créé la négociation collective annuelle obligatoire dans l'entreprise. Car pour donner du grain à moudre aux futurs négociateurs, il fallait empêcher que le chef d'entreprise ne fixe unilatéralement toutes ses règles dans le règlement intérieur, de l'embauche au licenciement en passant par la période d'essai ou les classifications. Inversant la logique, la loi du 4 août a donc drastiquement limité son contenu.

Le volume du règlement intérieur a donc considérablement diminué, l'employeur devant seulement fixer les règles d'hygiène, de santé et de sécurité, rappeler celles relatives à la discipline en fixant la liste précise des sanctions (celles n'y figurant pas seront inopposables au salarié), la procédure contradictoire légale (concrètement, recopier l'article L. 1332-2) et le cas échéant conventionnelle ; enfin les règles concernant le harcèlement sexuel et moral, et les agissements sexistes.

233 Toute disposition ne relevant pas de ces trois matières est exclue, ainsi que les amendes ou sanctions pécuniaires (art. L. 1331-2) : ainsi la privation d'une prime de fin d'année en cas de faute grave constitue une sanction pécuniaire annulable, et pénalement prohibée (amende de 3 750 €). Sanction *illégale,* mais qui n'exclue pas la mise en œuvre judiciaire de la *responsabilité civile* du collaborateur en cas de faute *dolosive*.

2016-2020 : RÈGLEMENT INTÉRIEUR, LE RETOUR !

Fait religieux

Issu de la loi du 8 août 2016, l'article L. 1321-2-1 veut lutter contre un communautarisme envahissant : « *Le règlement intérieur peut contenir des dispositions inscrivant le principe de neutralité et restreignant la manifestation des convictions des salariés si ces restrictions sont justifiées par l'exercice d'autres libertés et droits fondamentaux ou par les nécessités du bon fonctionnement de l'entreprise et si elles sont proportionnées au but recherché* ».

Dispositions renforcées par l'arrêt de la Chambre sociale du 22 novembre 2017 et repris par celui du 14 avril 2021 s'agissant du port du voile en entreprise : « *L'employeur, investi de la mission de faire respecter au sein de la communauté de travail l'ensemble des libertés et droits fondamentaux de chaque salarié, peut prévoir dans le règlement intérieur de l'entreprise (...) une clause de neutralité interdisant le port visible de tout signe politique, philosophique ou religieux sur le lieu de travail, dès lors que cette clause générale et indifférenciée n'est appliquée qu'aux salariés se trouvant en contact avec les clients* ». Reprenant ainsi les termes de la CJUE le 14 mars 2017 invitant les entreprises à créer « *une règle interne objectivement justifiée par un objectif légitime, tel que la poursuite par l'employeur, dans ses relations avec ses clients, d'une politique de neutralité politique, philosophique ainsi que religieuse, les moyens de réaliser cet objectif étant appropriés et nécessaires* » (V. *infra*, CJUE 15 juillet 2021, chapitre sur le licenciement pour motif personnel).

Application du RGPD

Entrée en vigueur le **25 mai 2018,** le RGPD a terrorisé les directions des systèmes d'information (DSI), qui ont exigé des ajouts au règlement intérieur afin de mettre en garde, et pouvoir sanctionner le cas échéant les collaborateurs peu sensibles à l'impérative protection des données personnelles : en particulier ceux des services RH en maniant énormément.

Exemples donnés par la CNIL (www.cnil.fr) : signaler au service informatique interne toute violation ou tentative de violation suspectée, ne jamais confier son identifiant/mot de passe à un tiers, ne pas installer, copier, modifier, détruire des logiciels sans autorisation, verrouiller son ordinateur dès que l'on quitte son poste de travail, etc.

Droit à la déconnexion

Il restait prudemment dans des Chartes ou des accords sur la qualité de vie au travail. Mais devant l'inertie des « fous du mail » (les 15 % envoyant 80 % des courriels), des règlements intérieurs incluent désormais cette faute disciplinaire de non respect des consignes (ex. : non envoi de courriels pendant les temps de vacances ou de repos). Mais avec modération car : 1. le mauvais exemple vient souvent de Haut ; 2. le collaborateur sanctionné pourrait être tenté de démontrer aux prud'hommes que son rythme infernal lui est dicté par ses objectifs, voire répondre par un contentieux en harcèlement managérial.

Lutte contre le C19 et autres pandémies : un très vaste sujet de santé-sécurité, pour le collectif de travail
Lors de la pandémie de 2020-2021, le contrôle de la température des personnes entrant dans l'entreprise a par exemple été rendue possible dans un but d'intérêt général, et le port du masque est devenu obligatoire sous peine de sanctions disciplinaires. De nombreux règlements intérieurs ont dû être modifiés, en respectant les conditions habituelles : préserver la dignité du collaborateur, conservation limitée des données, conséquences à en tirer pour l'accès au site.

234 **Restrictions aux libertés licites, mais si justifiées et proportionnées.** Les clauses du règlement intérieur ne peuvent porter atteinte aux libertés publiques. L'interdiction hier fort courante de quitter son poste sans autorisation de la hiérarchie doit par exemple disparaître, ou il faudra la compléter : « *Cette interdiction ne vise ni les grévistes, ni les délégués partant en délégation, ni les salariés exerçant leur droit de retrait en cas de danger grave et imminent* » : contre-productif.

Plus généralement, « *Le règlement intérieur ne peut contenir des dispositions apportant aux droits des personnes et aux libertés individuelles et collectives des restrictions qui ne seraient pas justifiées par la nature de la tâche à accomplir ni proportionnées au but recherché* » (art. L. 1321-3, 2e al.). Et bien sûr ne comporter, à capacité professionnelle égale, aucune discrimination directe ou indirecte : sexe, âge, état de santé, handicap, activités syndicales, etc. (art. L. 1321-3, 3e al.).

235 **« *Proportionné* » ? Tout le monde, tout le temps = Disproportionné = Illégal.** Le port obligatoire de la blouse dans les grands magasins pour *tout* le personnel est ainsi illégal car il ne peut être imposé qu'aux vendeuses, afin que les clients puissent facilement les reconnaître : les *geeks* du Marketing n'en ont pas besoin. Soumettre des chauffeurs routiers ou des conducteurs de machines à un alcootest peut être licite s'ils manifestent des signes d'ébriété, mais pas *tous* les salariés, de façon *systématique*. À l'inverse soumettre un pilote de Boeing 747 à un test de toxicomanie, ou un conducteur de bus scolaire à un éthylotest s'ils se présentent au travail dans un état second n'a pas de quoi scandaliser nos grands défenseurs des libertés publiques : la sécurité des voyageurs comme des tiers l'exige absolument.

A fortiori, une entreprise de BTP peut y prévoir des tests salivaires aléatoires de détection des produits stupéfiants réalisés par le supérieur hiérarchique : mais uniquement sur les salariés occupant des postes dits « hypersensibles drogue et alcool », ceux-ci ayant la faculté de demander une contre-expertise médicale (CE, 5 déc. 2016).

236 **Expurgé de tout ce qui est négociable** afin de le mettre au menu de la négociation annuelle obligatoire, le règlement intérieur peut parfois *encadrer* le pouvoir patronal (ex. : pas d'ouverture des mails *professionnels* hors de la présence du salarié). Mais ne peut comporter des clauses contraires aux sources du droit qui lui sont supérieures : lois, mais aussi conventions collectives (art. L. 1321-3, 1er al.) qui peuvent par

exemple édicter des délais plus importants, ou la comparution devant une commission disciplinaire.

237 La loi du 4 août 1982 a soumis cet acte réglementaire de droit privé à trois contrôles successifs.

B. - Le règlement intérieur sous très haute surveillance

Obligatoire dans tous les établissements et entreprises de plus de plus de 50 salariés depuis le 1er janvier 2020, le règlement intérieur, mais aussi toute modification de celui-ci est soumis à un triple examen.

238 **Consultation interne.** Le *projet* de règlement intérieur et ses éventuelles modifications, mais aussi les notes de service ou tout autre document comportant des obligations générales et permanentes en matière de discipline, doivent d'abord être soumis à l'avis du Comité social et économique. En l'absence d'avis rendu, le règlement ne sera pas opposable au salarié. Et le défaut de procès-verbal de la réunion concernant cette consultation obligatoire amènera l'inspecteur du travail à réagir.

239 **L'inspecteur du travail joue un rôle central** en matière de règlement intérieur (art. L. 1322-1 et s.). Il a le pouvoir d'exiger de l'employeur le retrait ou la modification des clauses qu'il juge illégales. Destinataire, après les réunions évoquées ci-dessus, du *projet* de règlement éventuellement modifié en fonction des remarques faites par les représentants du personnel, il prendra connaissance du procès-verbal du Comité social et économique, ce qui lui simplifiera la tâche car il ne connaît pas forcément tout de l'entreprise en cause : problèmes particuliers en matière de sécurité ou de courriel, convention collective applicable. Si rien ne lui paraît illicite, il n'a pas à répondre à l'employeur : le règlement s'appliquera un mois après son dépôt. Si, au contraire, certaines clauses lui paraissent illégales, il peut à tout moment, et donc même plusieurs années après (par exemple suite à une modification législative : masque C19), en exiger le retrait ou la modification par lettre motivée adressée à l'employeur, mais aussi pour information au Comité social et économique qui en suivra attentivement l'exécution.

240 **Le règlement intérieur doit enfin être doit être porté à la connaissance** des personnes ayant accès aux lieux de travail (art. R. 1321-1), par tout moyen. Et depuis 2016 plus forcément par affichage ; mais en cas de litige (le salarié sanctionné plaide l'inopposabilité), c'est à l'employeur d'en apporter la preuve. L'arrêt du 29 juin 2018 rappelle ainsi que la simple indication dans le règlement intérieur que ces formalités ont été réalisées est insuffisant : l'employeur doit justifier de leur accomplissement *effectif*.

241 **Troisième acteur, mais éventuel et indirect : le conseil des prud'hommes** (art. L. 1322-4), saisi par un salarié sanctionné en application d'une clause qu'il estime illégale : par exemple un salarié mis à pied pour avoir fumé dans sa voiture sur le parking, alors que cette interdiction ne semble justifiée qu'à l'intérieur des locaux (sauf il s'agit d'une entreprise de feux d'artifice !).

Le juge prud'homal ne peut ***annuler*** la *clause* litigieuse du RI : cela risquerait de créer une contrariété entre juge judiciaire et juge administratif statuant sur la décision de l'inspecteur du travail. Ce dernier ayant ici pleine compétence, le conseil des prud'hommes ***écartera*** simplement l'application de cette clause qu'il estime illégale, et du coup annulera la sanction puisque le comportement du salarié n'est plus jugé fautif.

Mais il enverra copie du jugement à l'inspecteur du travail en charge ; jugement qui ne fera pas toujours plaisir à son destinataire, à qui il est implicitement reproché d'avoir manqué de perspicacité. Si l'inspecteur n'est jamais forcé de demander à l'employeur de modifier la clause en question, il le fait souvent. À supposer qu'il ne le fasse pas, il peut s'attendre à une demande d'explications de la part du Comité social et économique, qui a reçu également copie du jugement, et l'a fait connaître dans l'entreprise.

242 **Comité social et économique + Inspecteur du travail + Éventuel conseil des prud'hommes.** Cette synergie semble devoir empêcher que nos règlements intérieurs, leurs avenants éventuels ou autres notes de service soumis à la même procédure comportent des illégalités.

Et de toute façon, les dispositions du RI ne lient pas le juge judiciaire. « *Tout vol entraînera le licenciement pour faute lourde du fautif* » ? Le juge peut décider que le vol d'un timbre ou d'un échantillon n'est même pas une cause de licenciement. Mais le RI lie son auteur, l'employeur lui-même (exemple calamiteux : « *aucun licenciement ne pourra intervenir sans deux avertissements préalables* » : le voleur de trois voitures ne pourra donc être licencié...).

243 **La montée en puissance des règles ISO** mais aussi des multiples chartes (droit à la déconnexion en août 2016, télétravail en 2021...) et autres Codes de bonne conduite posent de nouveaux problèmes, tout comme la banalisation des discrets logiciels de contrôle, du travail comme du courrier électronique. Mais pour être opposable sur le plan disciplinaire, un tel texte doit avoir fait l'objet de la même procédure qu'un avenant au règlement intérieur (CS, 5 mai 2021).

§2 Du pouvoir au droit disciplinaire (toujours hors licenciement)

244 **Loi du *4 août* 1982.** S'inspirant de la jurisprudence administrative concernant la discipline dans la fonction publique, cette loi a, après avoir adopté une définition panoramique de la sanction *(A)*, permis au salarié de se défendre *(B)*, puis confié au conseil des prud'hommes éventuellement saisi un rôle important *(C)*. Rappelons cependant que la plus importante des sanctions, à tous points de vue (le licenciement), est soumise à un régime tout à fait différent *(V. Titre infra)*.

A. - Définition panoramique de la sanction

245 *« Constitue une sanction, toute mesure autre que les observations verbales, prise par l'employeur à la suite d'un agissement du salarié considéré par lui comme fautif, que cette mesure soit de nature à affecter, immédiatement ou non, la présence du salarié dans l'entreprise, sa fonction, sa carrière ou sa rémunération* » (art. L. 1331-1).

Il semble difficile d'élargir davantage le domaine de la sanction disciplinaire, que la jurisprudence applique largement : ainsi l'évocation d'un fait fautif, avec la menace d'une sanction future (« *Je te préviens que si...* ») en cas de récidive, constitue un « avertissement », à la procédure certes allégée.

Si la mise à pied disciplinaire ou la rétrogradation ont depuis toujours constitué des sanctions, le défaut d'avancement ou la rupture d'essai ne sont pas toujours le résultat d'un comportement fautif. Selon que l'employeur évoquera, ou non, des fautes disciplinaires à cette occasion, il devra (ou non) respecter la procédure.

B. - Respect des droits de la défense (art. L. 1332-1 et s.)

246 **Contradictoire.** Toute sanction doit donner lieu à une procédure destinée à permettre au salarié de se défendre lors d'un entretien. Seule la plus minime des sanctions, l'avertissement, en est dispensée : une notification **motivée** au domicile suffira. Pour les autres, en l'absence de procédure, le salarié n'est pas censé avoir été sanctionné (ex. : droit d'accès à l'entreprise malgré une mise à pied disciplinaire).

Cette procédure en trois temps est proche de celle concernant le licenciement pour motif personnel : convocation – entretien – notification motivée.

Le salarié doit être convoqué par lettre remise en main propre contre décharge, ou envoyée par LRAR à son domicile. Elle indique que l'employeur *envisage* de prendre une sanction à son encontre et fixe la date et le lieu d'un entretien, sur temps et lieu de travail. Doit figurer également la mention suivante : « *Si vous le désirez, vous pouvez vous faire assister par une personne de votre choix appartenant à l'entreprise* », souvent un représentant du personnel mais pas forcément (sur le rôle important de cet assistant-témoin, V. *infra* chapitre sur le licenciement).

247 **Trois rigoureux délais.** Le législateur souhaitant que le salarié ne reste pas longtemps dans l'expectative, la lettre de convocation doit partir dans un délai maximal de **deux mois** à compter de la *connaissance* des faits fautifs. Mais si l'employeur a déclenché une enquête destinée à vérifier la réalité des fautes, ce délai court à partir du moment où il a eu pleine connaissance des faits reprochés.

Dans le même but, délai maximal **d'un mois** entre la date prévue pour l'entretien et la notification écrite de la sanction, sinon annulation sur ce seul motif.

Enfin un délai **minimum de deux jours ouvrables** entre l'entretien et l'envoi de la notification est fixé, pour permettre au chef d'entreprise de réfléchir à la sanction adéquate qu'il va finalement prendre en fonction des explications professionnelles, mais également parfois très personnelles (graves problèmes de santé, personnels ou familiaux) données par le salarié lors de l'entretien.

Cette notification est remise en main propre au salarié, ou envoyée par lettre recommandée avec AR. Elle doit être soigneusement motivée car cette énonciation écrite obligatoire de la faute, puis de la sanction (prévue au règlement intérieur) permettra un éventuel contrôle prud'homal, l'employeur étant définitivement lié par ce qu'il a écrit. Ce qui n'est plus le cas en matière de *licenciement* depuis l'ordonnance du 22 septembre 2017 ayant créé pour l'employeur une session de rattrapage.

C. - Un contrôle prud'homal approfondi (art. L. 1333-1)

248 **Tout, ou rien.** Le salarié contestant la sanction qui lui a été infligée peut saisir le conseil des prud'hommes afin d'en obtenir *l'annulation,* jamais la *révision*.

Quels sont en effet les **trois possibilités d'annulation** de la sanction prévus par l'article L. 1333-2, le doute profitant toujours au salarié ?

1 - La sanction *injustifiée* sera annulée par le juge : pas de faute, pas de sanction, la règle est ancienne. Dans cette hypothèse, il paraît évident que l'employeur doit en rester là (ex. : le soi-disant retard était en réalité la prise d'heures de délégation, ou un cas de force majeure).

2 - Si la procédure a été *irrégulière*, le juge *peut* également annuler la sanction : sévère sanction de fond, pour une irrégularité de forme. Est-ce à dire que, par exemple, l'absence de lettre *recommandée* de notification entraînera automatiquement l'annulation ? Il n'en est rien. Dans cette hypothèse comme dans les deux autres, le juge *peut*, et non *doit*, annuler ; seule une irrégularité ayant porté préjudice au salarié entraînera l'annulation : mais le juge n'est jamais forcé de la prononcer. Toutefois, s'il le fait, l'employeur pourra, cette fois après accomplissement de la procédure, infliger la même sanction : dissuasif... pour le salarié.

3 - La sanction *disproportionnée à la faute* pourra enfin être annulée. Il n'est donc pas demandé au juge prud'homal de statuer sur l'exacte *proportionnalité* de la faute à la sanction, quête impossible devant une juridiction paritaire, mais de sanctionner l'erreur manifeste d'appréciation du chef d'entreprise : ainsi cinq jours de mise à pied pour un retard de cinq minutes. Mais le juge prud'homal n'est pas l'employeur, et ne pourra donc en infliger une inférieure.

249 ***In*, or *out* : de la sanction à l'éviction.** Vous comprenez sans doute mieux pourquoi le contentieux disciplinaire (non lié au licenciement) reste faible : 0,5 % des affaires prud'homales, visant surtout des entreprises publiques, même pour un simple avertissement : contentieux de l'honneur professionnel. Car le salarié n'ignore pas qu'assigner son employeur en justice alors qu'il continue à travailler dans l'entreprise ne constitue pas vraiment une assurance de promotion, mais plutôt une option pour figurer dans le prochain plan de sauvegarde de l'emploi. Un autre facteur, plus sociologique, peut également expliquer cette stabilité. L'organisation militaire des industries du XIXe siècle exigeait une discipline forte. L'entreprise du XXIe siècle ne peut fonctionner sur la seule crainte de la sanction : soit le salarié qualifié apprécie son travail et la question ne se pose pas, soit il le fait à contrecœur et il risque alors d'être évincé.

CYBERSURVEILLANCE DES SALARIÉS FIN DE L'ÉQUATION LOYAUTÉ PROBATOIRE / IMPUNITÉ DU FAUTIF

Principe général de loyauté de la preuve

Au visa des articles 9 du Code de procédure civile et 6 § 1 de la CEDH, mais aussi du principe de loyauté dans l'administration de la preuve, l'Assemblée plénière a affirmé le 7 janvier 2011 que « *l'enregistrement d'une communication téléphonique réalisé à l'insu de l'auteur des propos tenus constitue un procédé déloyal rendant irrecevable sa production à titre de preuve* » en matière civile.

Ce que la Chambre sociale avait affirmé depuis bien longtemps dans les rapports contractuels : « *au nom de la loyauté qui doit présider aux rapports de travail* », elle écarte symétriquement les preuves obtenues déloyalement par l'employeur, mais aussi par les salariés : « *L'enregistrement de la conversation téléphonique en cause a été effectué par Mme X. à l'insu de son correspondant M. X., son chef hiérarchique, la cour d'appel en a déduit à bon droit que ce procédé était déloyal et rendait la preuve ainsi obtenue irrecevable en justice* » (CS, 29 janv. 2008).

***A fortiori* interdiction des stratagèmes**

Si l'huissier « *a eu recours à un stratagème pour confondre la salariée, le constat établi dans ces conditions ne peut être retenu comme preuve* » (CS, 18 mars 2008). Ou lorsque La Poste, inquiète par l'ouverture des lettres dans un centre de tri, inclut sans prévenir le personnel des missives laissant d'indélébiles traces bleues (CS, 4 juill. 2012).

Cybersurveillance, GPS, Internet des objets connectés...

▌ ***Big Brother = Bibliothèque rose***

Caméras vidéo, empreintes digitales pour les portables, biométrie, puces RFID, géolocalisation par le portable professionnel, logiciels de contrôle du courriel, des connexions Internet... et maintenant nanotechnologies. Avec l'informatique miniaturisée, où l'essentiel est invisible pour les yeux mais qui dispose d'une mémoire d'ordinateur, et demain l'IdO (l'Internet des objets : en 2021, chacun a en moyenne cinq objets connectés, donc autant de données personnelles à diffuser... ou à voler), tout est techniquement possible, mais tout n'est pas juridiquement permis, d'abord au nom de la bonne foi contractuelle (art. L. 1222-1).

Or nombre d'entreprises craignent que leurs salariés n'aillent longuement surfer sur Internet, cette télévision couleur interactive désormais posée sur chaque bureau, se consacrent largement à leur courriel privé, ou passent des heures sur le si inter-actif Facebook et donc si chronophage Web 3.0 : selon l'entreprise *de contrôle des connexions* Olfeo, 44 % de l'utilisation du Web en entreprise est à usage non professionnel, avec 59 minutes par jour. Top Ten : médias, blogs et forums, Facebook, streaming, vidéos et autre You Tube, Leboncoin, messageries. Cette évasion bien réelle est particulièrement mal ressentie au pays des 35 heures. De multiples méthodes de contrôle ont donc vu le jour pour rechercher et sanctionner les fautifs ; or c'est souvent l'entreprise qui se retrouve en difficulté devant le juge. Car en amont, elle doit avoir fait preuve d'une totale transparence.

▌ ***Loyauté des contrôles, ou l'employeur parfois arrosé***

Au-delà de la question de fond relative à la conciliation entre les droits du salarié (ex. : vie privée) et ceux de l'entreprise (ex. : sécurité informatique = son cœur nucléaire), les principes ont été fixés dès l'arrêt Néocel du 20 novembre 1991, et sa caméra cachée ayant surpris une caissière mettant discrètement un billet de 50 francs dans son sac, avec ce commentaire oral définitif : « *ça, c'est pour ma pomme !* ». Au nom de la « *loyauté qui doit présider aux rapports de travail* », mais aussi pour dissuader en amont les éventuels fautifs, le Code du travail oblige l'employeur à une double information préalable, sous peine de voir son unique preuve écartée par le juge, et donc la sanction annulée même si la faute est bien réelle.

• **Sur le plan individuel** et sous peine d'inopposabilité, « *aucune information concernant personnellement un salarié ne peut être collectée par un dispositif qui n'a pas été préalablement porté à sa connaissance* » (art. L. 1222-4).

Mais une fois cette mise en garde effectuée (ex. : sur la page d'accueil, avec nécessité d'un double-clic), les connexions établies par un salarié sur des sites Internet pendant son temps de travail grâce à l'outil informatique mis à sa disposition par son employeur pour l'exécution de son travail sont présumées avoir un caractère professionnel, de sorte que l'employeur peut les rechercher aux fins de les identifier hors de sa présence.

• **Sur le plan collectif,** « *le Comité social et économique est informé et consulté, préalablement à la décision de mise en œuvre dans l'entreprise, sur les moyens ou les techniques permettant un contrôle de l'activité des salariés* ». L'article L. 2323-47, que la Chambre sociale applique avec fermeté (inopposabilité), est source de quelques surprises de la part des illettrés technologiques que sont les non-informaticiens, et donc souvent les juristes ou les RH fâchés avec les maths depuis le CM1. Avec le tout-numérique et sa traçabilité automatique, tous les systèmes ou presque deviennent de petites boîtes noires permettant de contrôler les salariés… parfois à l'insu de la DJ (Direction Juridique) elle-même ; d'où la nécessité de toujours associer à ce type de projet la direction informatique et le DPO (« délégué à la protection des données personnelles »). Mais, à l'inverse, mettre en place un système de vidéosurveillance visant la clientèle, puis l'utiliser pour détecter les vols d'un salarié conduit inéluctablement, en l'absence de consultation du CSE, à rendre la vidéo inopposable au voleur salarié. Et constitue vis-à-vis un détournement de finalité pénalement très lourdement sanctionné, sanction disproportionnée et donc peu appliquée : cinq ans de prison, 300 000 euros d'amende.

Mais dans son arrêt du 17 octobre 2019, la CEDH de Strasbourg s'est révélée (pour une fois) nettement moins permissive. S'agissant de caissières espagnoles ayant monté un véritable système de vols organisés, elle a accepté que soit admise par le juge la preuve obtenue grâce à des caméras cachées, il est vrai à côté d'autres caméras déclarées : « *Si la Cour ne saurait accepter que, de manière générale, le moindre soupçon que des détournements ou d'autres irrégularités aient été commis par des employés puisse justifier la mise en place d'une vidéo-surveillance secrète par l'employeur, l'existence de soupçons raisonnables que des irrégularités graves avaient été commises et l'ampleur des manques constatés en l'espèce peuvent apparaître comme des justifications sérieuses* ». A fortiori « *dans une situation où le bon fonctionnement d'une entreprise est mis à mal par des soupçons d'irrégularités commises non par un seul employé, mais par l'action* *concertée de plusieurs employés, dans la mesure où cette situation a pu créer un climat général de méfiance dans l'entreprise*». L'instrumentalisation du droit probatoire assurant parfois l'impunité du fautif a donc des limites.

La Cour de cassation française l'a suivie avec l'arrêt Petit Bateau du 30 septembre 2020. *« Le droit à la preuve peut justifier la production d'éléments portant atteinte à la vie privée, à la condition que cette production soit indispensable à l'exercice de ce droit, et que l'atteinte soit proportionnée au but poursuivi. »*

En l'espèce, une cheffe de projet de l'entreprise Petit Bateau avait publié sur son compte privé Facebook, en avril 2014, des photos de la collection printemps-été 2015. Licenciée pour faute grave (manquement à son obligation contractuelle de confidentialité ; et surtout, parmi ses deux cents « amis » figuraient des concurrents), elle met en cause la loyauté du procédé, et l'atteinte à sa vie privée.

– *« En vertu du principe de loyauté dans l'administration de la preuve, l'employeur ne peut avoir recours à un stratagème »*, rappelle la Cour. Mais c'est l'une de ses « amies » qui avait *« spontanément communiqué »* une capture d'écran à l'employeur. Il en aurait été différemment si ce dernier avait invité une stagiaire, voire un huissier à se faire accepter comme « ami(e) » sur Facebook par l'intéressée.

– Atteinte à sa vie privée ? Évidemment oui. Mais ici justifiée car passée avec succès le très sélectif triple tamis jurisprudentiel : but légitime (*« l'intérêt de l'employeur à la confidentialité de ses affaires »*), nécessité (pas d'autre méthode pour démontrer la faute), enfin stricte proportionnalité, l'employeur n'avait eu accès qu'aux seules photos l'établissant.

L'arrêt Petit Bateau marque une inflexion, du raisonnement binaire habituel se voulant dissuasif en amont (preuve irrecevable en l'absence d'information préalable des salariés...), au très pragmatique principe de proportionnalité, casuistique donnant un immense pouvoir au juge.

Mais la rude loyauté probatoire ne conduit plus *automatiquement* à l'impunité d'un fautif bien conseillé.

D'un monde physique à un monde de données

▮ ***Les lois Informatique et Libertés***

Article 8 de la Charte des droits fondamentaux de l'Union européenne : « *Toute personne a droit à la protection des données à caractère personnel la concernant. Ces données doivent être traitées loyalement, à des fins déterminées et sur la base du consentement de la personne concernée, ou en vertu d'un autre fondement légitime prévu par la loi. Toute personne a le droit d'accéder aux données collectées la concernant et d'en obtenir la rectification* ».

Curieuse époque où, tels des Petits Poucets, nous laissons en tant que clients des traces partout, en particulier grâce à nos cartes à puce (Bleue, de péage, de fidélité ici, là, là et là, Navigo...). Mais, dans la pratique, elle pose aussi de redoutables questions aux entreprises employant dans le monde entier des milliers de salariés (voir le site de la CNIL).

Article 1 de la loi « pour une République numérique » du 7 octobre 2016 : « *Toute personne dispose du droit de décider et de contrôler les usages qui sont faits des données à caractère personnel la concernant, dans les conditions fixées par la présente loi* ».

Article 6, loi du 26 janvier 2016 : « *Les données sont collectées et traitées de manière loyale et licite. Elles sont collectées pour des finalités déterminées, explicites et légitimes, et ne sont pas traitées ultérieurement de manière incompatible avec ces finalités (...). Elles sont adéquates, pertinentes et non excessives au regard des finalités pour lesquelles elles sont collectées, et de leurs traitements ultérieurs. Elles sont exactes, complètes et, si nécessaire, mises à jour* ».

Chaque salarié joue au Petit Poucet... puis au Petit Chaperon Rouge

Lorsque chacun d'entre nous ouvre son ordinateur, son portable professionnel et *a fortiori* se promène sur Facebook ou le Net, sa petite boîte noire – dont il ignore lui-même les capacités exactes – collecte et enregistre automatiquement un nombre colossal de données souvent personnelles. Entre l'informatique naissante de la loi de 1978 et aujourd'hui le *surf* sur Internet très haut débit, mobiles 5G, Cloud et désormais IdO, la question a changé de nature car la traçabilité est inhérente à tous ces outils – en réalité ces mini-ordinateurs – devenus d'usage quotidien et que nous utilisons indistinctement au bureau, mais aussi à la maison. L'employeur n'a donc plus à interroger un agent de maîtrise coûteux, à la mémoire parfois défaillante mais prêt à beaucoup de micro-négociations pour que son service tourne : il lui suffit d'appeler toutes les données concernant le collaborateur en question. Si ce dernier savait tout ce qu'on peut trouver dans son dossier électronique (données téléphoniques, fax, photocopies, courriels, connexions Intranet mais aussi Internet les plus diverses, pages lues, imprimées...), dans la minute il deviendrait technophobe.

Et ce n'est qu'un début : pourrons-nous demain nous déconnecter vraiment de tous nos objets connectés 5G ?

SUR L'ENSEMBLE DE LA QUESTION

- En particulier l'ouverture de courriels personnels, voir *infra* le chapitre sur le licenciement personnel.
- Le rapport annuel de la CNIL, mai 2021 avec ses fiches très pédagogiques sur le recrutement, la géolocalisation, la vidéosurveillance, l'accès aux locaux et le contrôle des horaires : www.cnil.fr : « *la surveillance des salariés sur leur lieu ou pendant leur temps de travail, par des outils tels que la vidéosurveillance, la géolocalisation, les écoutes téléphoniques, génère toujours de nombreuses plaintes : 10 % des 13 585 reçues en 2020. En particulier la vidéosurveillance (750 déposées en 2020), notamment lorsque les caméras filment en permanence les postes de travail ou les lieux de pause, enregistrent le son, ou lorsque les images sont visibles à distance* ».

Chapitre 2

La durée du travail : du tout légal aux accords d'entreprise

250 **Première partout.** Objet de la première loi du travail en France (22 mars 1841), puis en 1919 de la convention n° 1 de l'OIT « *tendant à limiter à 8 heures par jour, et à 48 heures par semaine les heures de travail dans les établissements industriels* », la durée du travail a été l'une des premières revendications des salariés.

Le calcul par heure permettait aussi de sortir du travail à la pièce (« *sweating system* ») déterminant la rémunération finale. Et enfin de mesurer aussi la charge de travail (pondérale) de l'ouvrier : s'il transporte 400 kg par heure, pendant 8 h...

Mais au-delà de la fatigue source d'accidents de travail ou de burn-out, elle dessine aussi en creux le temps non contraint : la vie personnelle et familiale, les loisirs, bref le « temps libre ». « *Le temps retrouvé* » disent aujourd'hui certains télétravailleurs

251 **Une question de santé, physique et mentale.** La durée du travail a un impact sur la santé, physique (pause déjeuner : de 86 minutes en 1980 à 22 minutes aujourd'hui), mais aussi mentale. C'est d'ailleurs sur ce fondement de la santé-sécurité qu'ont été adoptées les directives de 1993 puis 2003, que la CJUE applique avec rigueur. Ainsi dans son arrêt du 14 mai 2019 : « *le droit de chaque travailleur à une limitation de la durée maximale du travail et à des périodes de repos journalier et hebdomadaire constitue une règle du droit social de l'Union revêtant une importance particulière* (...). *Les États-membres sont tenus de garantir que l'effet utile de ces droits soit intégralement assuré* ».

Problème : depuis 2003, il s'est passé quelques petites choses : Internet, *Cloud*, iPhone, réseaux sociaux internes et externes, smartphones, et surtout explosion du télétravail et arrivée de la 5G. S'il ne s'adapte pas à ces radicaux changements, notre droit du travail-autruche est en train de se suicider, en encourageant l'externalisation de l'emploi (V. *infra*).

252 **35 heures, mais de quoi au juste ?** « 35 heures » ? « 32 heures » ? « 39 heures » ? Certes : mais mesurées comment ? Et de quoi exactement ? Le temps pendant lequel le salarié « *est à la disposition de l'employeur et dans l'exercice de son*

activité ou de ses fonctions » (directive du 23 novembre 1993) ? Celui lié au travail, y compris les trajets s'ils sont exceptionnels ? Du « temps de travail *effectif* », comme s'il existait un travail ineffectif ? Du temps « *payé comme temps de travail* » ? Avec les pointeuses, du temps de présence dans l'entreprise ? Et pour le chirurgien ou l'animateur dormant dans une chambre confortable fournie par leur employeur : travail ? Repos ? Un peu des deux ? Selon la définition retenue, la journée de 8 heures peut ainsi devenir 10 heures de présence pour le salarié, 14 heures d'absence pour ses enfants qui l'attendent ou de présence à côté de ces « proches » beaucoup trop proches en cas de télétravail...

Sans parler du « présentéisme contemplatif » dans de nombreux bureaux vers 14 h 00, ou du « présentéisme virtuel » tout au long de la journée : 40 % du temps de connexion au bureau s'avère en effet personnel, avec conversations sur Insta et *streaming* sur YouTube...

Sans oublier que le **modèle économique d'Uber** et autres Mechanical Turk reposent d'abord sur la **disponibilité permanente** de cette foule de travailleurs, qui ne sera rémunérée qu'à la **tâche réellement effectuée**. Pour la « *Gig Economy* », l'aspect le plus impactant de l'arrêt de la Cour Suprême de Londres du 19 février 2021 ayant requalifié en « worker » un chauffeur Uber inscrit comme travailleur indépendant est donc... ses derniers paragraphes : le chauffeur y a été jugé « *au travail* » pendant « *toute la période pendant laquelle il est connecté à l'application, sur le territoire dans lequel il est autorisé à opérer, et disposé à accepter des courses* » . Règle remettant en cause l'avantage compétitif des plateformes : l'exceptionnelle flexibilité en forme de disponibilité permanente (non payée) de cette main-d'œuvre connectée jour et nuit... sur *plusieurs* plateformes. The problem.

253 La vraie révolution de la loi 35 heures de janvier 2000 : sa définition englobante du temps de travail. Article L. 3121-1 : « *La durée du travail effectif est le temps pendant lequel le salarié est à la disposition de l'employeur et se conforme à ses directives, sans pouvoir vaquer librement à des* ***occupations personnelles*** ». Y compris quand il travaille à son **domicile** ? Quiconque en a fait l'expérience sait que le travail est alors beaucoup plus fractionné qu'au bureau ou sur la chaîne de production.

Confirmée par la loi du 8 août 2016 ayant refondé notre droit de la durée du travail, cette définition exclut donc les temps de trajet, de restauration ou de pause... sauf si la subordination demeure : ainsi de l'opérateur devant surveiller sa machine pendant ses « pauses ». Ce passage du temps sur la machine au temps *à disposition* constitue une véritable bombe en nos temps d'ordinateurs portables, et aujourd'hui de banalisation du télétravail. La jurisprudence avait préparé le terrain, cherchant à réprimer les fraudes : « *les heures avaient été soit imposées par la nature ou la quantité de travail demandé, soit effectuées à la demande ou au moins avec l'accord implicite de l'employeur.* »

254 De la *porosité* à la *dissolution* des frontières vie professionnelle/vie personnelle : importation de la vie privée au bureau + Exportation du travail à la maison. Car à l'inverse de cette *exportation* de plus en plus importante du travail en dehors des temps et des locaux de travail (quel cadre n'écluse pas ses 65 courriels quotidiens pendant ses « vacances » ?), chaque collaborateur *importe* aussi largement sa vie personnelle au bureau : hier, longs coups de téléphone puis Minitel, Facebook, jeux et *streaming* aujourd'hui. Que devient le droit à la déconnexion (V. encadré *infra*) lorsque les frontières entre vie privée et vie professionnelle sont abolies ? Sur les réseaux sociaux par exemple, 55 % des salariés français sont « amis » avec des collègues, 16 % avec leur supérieur hiérarchique, et surtout 13 % avec des clients et 11 % avec des prestataires... Alors, même en oubliant les portables personnels permettant de s'y connecter quand même, « *blacklister* » Facebook ou Instagram au bureau pour éviter ce « vol de temps », est-ce bien raisonnable ? Le 5 septembre 2017, la CEDH avait décidé qu'une interdiction générale de toute connexion personnelle dans un règlement intérieur était disproportionnée. Mais nombre d'entreprises plaide aujourd'hui l'obligation de déconnexion... du portable *personnel* pendant le temps de travail.

LA FERME MISE AU POINT DE LA CJUE, 9 SEPTEMBRE 2003

En droit communautaire : travail, ou repos ? Un système binaire un peu primaire

« *Les notions de "temps de travail" et de "temps de repos" au sens de la directive ne doivent pas être interprétées en fonction des prescriptions différentes des États-membres. Elles constituent des notions de droit communautaire qu'il convient de définir selon des caractéristiques objectives* ». Seule une telle interprétation autonome est de nature à assurer à la directive sa pleine efficacité, ainsi qu'une application uniforme dans l'ensemble des États-membres (...). *La référence "aux législations et pratiques nationales" ne signifie pas que les États peuvent déterminer unilatéralement la portée de cette notion de temps de travail* ».

Rendu par la CJUE le 9 septembre 2003, l'arrêt Dr Jaeger a constitué un net rappel à l'ordre pour les nombreux États ayant défini des temps du troisième type selon leurs propres critères légaux ou conventionnels : astreinte à domicile, garde sur place, équivalences à la française... Le temps de travail relevant en France chaque année davantage de la négociation collective d'entreprise (*cf.* ordonnances du 22 septembre 2017), mais inscrit en droit communautaire sous le signe de la santé physique et mentale et des temps de repos, il était peu probable que la Cour de Luxembourg fasse preuve de laxisme. Elle applique au contraire sans états d'âme l'opposition binaire de la directive du 4 novembre 2003 : tout ce qui n'est pas du temps de travail (boulot) constitue donc du temps de repos (dodo), ce qui reste un peu primaire (ex. : métro).

Sommeil = Travail ?

Dans le cas du docteur Jaeger, les nuits passées dans sa confortable « chambre *de repos* » de l'hôpital de Kiel ont donc été intégralement requalifiées de temps *de travail.* Même dans son *Droit à la Paresse* paru en 1880, Paul Lafargue, gendre du Grand Barbu Allemand, n'avait pas osé imaginer qu'un jour le sommeil puisse constituer un temps de travail effectif.

Et afin que des mal-comprenants ne puissent comparer l'arrêt Jaeger à l'arrêt Simap du 3 octobre 2000 (un médecin urgentiste espagnol d'astreinte à son *domicile* par portable interposé considéré comme en repos), la CJUE précise : « *Par rapport à un médecin relevant du régime de l'astreinte à domicile, celui qui est obligé de se tenir à la disposition de l'employeur dans un lieu déterminé par celui-ci durant toute la durée de ses périodes de garde est soumis à des contraintes sensiblement plus lourdes puisqu'il doit demeurer éloigné de son environnement tant familial que social, et bénéficie d'une latitude moindre pour gérer son temps pendant que ses services professionnels ne sont pas sollicités* ». À l'instar de la Cour de cassation française, la localisation du salarié constitue donc un élément essentiel de la qualification de « temps de repos », alors qu'elle ne figure dans aucune des deux définitions.

Attente au domicile = Temps *de travail* (CJUE, 21 févr. 2018)
Un pompier volontaire belge tenu, lors des gardes à son domicile, de répondre aux appels de sa caserne dans un délai de 8 minutes a donc « *l'obligation de rester physiquement présent au lieu déterminé par l'employeur, ajoutée à la contrainte découlant, d'un point de vue géographique et temporel, de la nécessité de rejoindre le lieu de travail dans un délai de 8 minutes, elles sont de nature à limiter de manière objective les possibilités qu'un travailleur se trouvant dans cette situation a pour se consacrer à ses intérêts personnels et sociaux* ». Il s'agit donc de temps de travail, ce qui a totalement bouleversé la gestion de ces pompiers, pourtant volontaires. Solution confirmée par la CJUE le 9 mars 2021, demandant aux juges nationaux d'examiner au cas par cas « *si les contraintes de l'entreprise affectaient, objectivement et très significativement, la faculté du travailleur de gérer librement, au cours de ces périodes, le temps pendant lequel ses services professionnels n'étaient pas sollicités, et consacrer ce temps à ses propres intérêts.* »
Conçue pour l'industrie et son tout-collectif, la directive de 2003 est donc de plus en plus inadaptée à l'économie numérique et au travail à distance, comme l'ont hélas très bien montré les télé-travaux plus ou moins forcés de 2020-2021. Et incite à l'externalisation de l'emploi (*free lances*, auto-entrepreneurs), par exemple dans nombre de startups où temps de travail et temps de repos ne peuvent être précisément décomptés, entre le mélange vie professionnelle et vie personnelle dû au travail à distance... et les horaires très improbables des *talentueux geeks* pour qui l'idée de pointer tous les matins à 8 h 30 relève du « traitement inhumain et dégradant » condamné par la cour de Strasbourg.
En 2019, les **non-salariés** à temps complet déclaraient travailler 51,2 heures par semaine (2 379 heures par an), les salariés du secteur privé 39,1 heures (1 726 heures).

Quand « travaille » un travailleur *du savoir* ? Comment le mesurer exactement ? Et le contrôler en cas de télétravail ?

255 Premier constat : le travail intellectuel se joue des frontières de temps comme de lieu. « *Au bureau, je ne fais que réagir ; chez moi, je peux enfin vraiment travailler.* » Comme ont pu le constater certains télétravailleurs forcés (mais sans enfants) en 2020-2021, on travaille souvent plus efficacement chez soi, au calme, que dans le très *open* mais mini-*space* avec ses 987 sonneries quotidiennes, surtout si un téléphone 5G et un ordinateur portable obligeamment fournis par l'entreprise permettent de se déplacer partout avec tout son bureau virtuel.

La définition française de l'an 2000 constituait le chant du cygne d'une conception liée au travail manuel, où la loi de la pesanteur empêchait physiquement d'exporter tout travail à l'extérieur de l'usine. Sans parler de l'intérêt du travail qui change tout dans le vécu quotidien *(« Je n'ai pas vu le temps passer ! »)*, la tragi-comédie franco-gauloise des 35 heures a montré que la *durée objective* est aujourd'hui souvent moins importante que l'*intensité* du travail, ou que la *prévisibilité* des horaires, particulièrement pour les chargés de famille *(« Qui va garder Juliette samedi matin ? »)* ou pour les sports collectifs : l'absence de *goal* le dimanche matin...

256 Deuxième constat : sur quelle période de référence calculer la durée de travail ? Sur la journée, la semaine (principe dans l'UE), le mois (travail à temps partiel), l'année (congés payés depuis 1936, travail intermittent, annualisation, forfait-jours), voire la vie (obligation scolaire jusqu'à 16 ans, retraite possible à compter de 62 ans : un salarié travaille aujourd'hui moitié moins que son grand-père, mais se sent souvent « submergé ») ?

Dans tous les pays développés, deux tendances se dessinent : ***diversification*** des durées (temps partagé, temps partiel), et ***allongement* de la norme** de référence : de l'hebdomadaire aux rythmes mensuels et désormais annuels, banalisés tant par la loi que par les accords collectifs.

Sur le plan économique, ce *rythme annuel* paraît le plus apte, sinon le seul, à autoriser les comparaisons internationales car il inclut les heures supplémentaires (déclarées) mais aussi les repos hebdomadaires, fêtes chômées (14 en Espagne, 11 en France, 9 en GB) et autres congés. Soit environ 2 200 heures de travail effectif par an dans le Sud-est asiatique, 1 730 aux États-Unis et 1 600 heures en moyenne dans l'Union européenne, avec des écarts considérables : 1 558 heures en France, mais 1 658 en Allemagne, 1 680 en Italie, 1 705 aux Pays-Bas, 1 802 en Irlande, 1 832 en Slovénie, 1 840 en Pologne et 1 864 heures en Lettonie.

La durée moyenne effectivement travaillée dans l'UE est de 38,1 heures, là encore avec de très forts écarts : 40 heures en République tchèque, 42 heures en Lettonie, Pologne ou Slovaquie ; mais 31 heures aux Pays-Bas, 36 en Suède, Royaume-Uni et France, 37 en Allemagne, Irlande et Finlande.

Mais additionnant temps plein et temps partiel, privé et public, tous ces chiffres d'Eurostat signifient-ils quelque chose ?

Et toutes ces moyennes *officielles* correspondent-elles enfin à la réalité ? Tout le monde sait que les horaires affichés sont parfois très différents des horaires réels. Existe même parfois un véritable gouffre entre le régime légal et les pratiques de l'entreprise, qu'elles émanent de l'employeur (heures supplémentaires non déclarées, repos hebdomadaire tous les quinze jours, durée quotidienne extrêmement flexible) mais aussi des salariés : pauses officielles et pauses officieuses, surf au bureau sur des sites pas toujours professionnels, « fini-parti » pourtant expressément interdit pour des raisons de sécurité, tolérances nombreuses de la part du supérieur hiérarchique : le temps de travail est l'archétype de ces multiples micro-négociations aussi permanentes en bas qu'invisibles pour la hiérarchie... et parfois l'inspectrice du travail.

257 Troisième constat : du mille-feuille de la « législation » française issue de logiques différentes à la synthèse de la loi du 8 août 2016. Constatons d'abord que notre empilement de textes nationaux est soumis à la hiérarchie des normes, à commencer par les traités ratifiés (OIT, UE). Et ils ne manquent pas, comme le montre le visa trop long pour être vraiment honnête des arrêts de la Chambre sociale asphyxiant notre créatif mais indispensable forfait-jours : « *Vu l'article 151 du Traité sur le fonctionnement de l'Union européenne se référant à la Charte sociale européenne et à la Charte communautaire des droits sociaux fondamentaux des travailleurs, l'article L. 212-15-3 ancien du Code du travail, dans sa rédaction applicable au litige, interprété à la lumière de l'article 17, paragraphes 1 et 4 de la directive 1993-104 CE du Conseil du 23 novembre 1993, des articles 17, paragraphe 1, et 19 de la directive 2003-88 CE du Parlement européen et du Conseil du 4 novembre 2003 et de l'article 31 de la Charte des droits fondamentaux de l'Union européenne* ».

DURÉE DU TRAVAIL : DES LOGIQUES LÉGALES SUCCESSIVES ET PARFOIS CONTRADICTOIRES

Faucille près du marteau

Historiquement, le contrôle du temps de travail a été l'une des premières préoccupations *des employeurs du XIXe siècle*, inquiets des horaires trop élastiques pratiqués par des ouvriers souvent restés paysans à temps partiel (*cf.* « la St Lundi » : la faucille n'était jamais loin du marteau). Fondés sur deux principes d'origine militaire (standardisation + synchronie), les horaires de travail avaient pour fondement le tout-collectif, bien adapté aux nécessités industrielles de l'époque et au syndicalisme, et facile à contrôler pour l'inspection du travail.

Mars 1841 : future chair à canon

Mais l'excessive amplitude de la durée quotidienne (13 heures) et hebdomadaire (jusqu'à 80 heures) a amené le législateur à intervenir, avant tout pour des raisons d'hygiène et de sécurité. La loi du 22 mars 1841 fait suite au rapport du Dr Villermé, et à l'inquiétude du ministre de la Guerre concernant le très fort taux de conscrits rachitiques incapables de « porter les armes ». Émergeait aussi l'idée de partage d'un travail rare (les hommes excluant alors les femmes), refrain revenant périodiquement en cas de chômage massif (1936 / 40h, 2000 / 35h).

Juin 1936 : partage du travail

En 1936, il fut entendu qu'il fallait « travailler moins pour travailler tous ». Ce beau slogan aussi théorique que malthusien (le travail est un trésor individuel mais aussi collectif, qui donne à chacun son autonomie tout en étant source de lien social ; lui seul crée de la richesse, permettant entre autres de financer notre protection sociale) n'eut guère de résultats en termes d'embauche, malgré la politique drastique menée par Léon Blum à l'encontre des heures supplémentaires. Comme son alter ego de 1982 (« Mieux vaut un jeune retraité qu'un jeune chômeur »), il semblait oublier que les personnes – *a fortiori* les cadres, *a fortiori* dans les TPE-PME – ne sont pas interchangeables. Les statistiques, tant françaises qu'européennes, le montrent bien : les « 350 000 emplois créés ou sauvegardés » par les 35 heures entre juin 1998 et juin 2002 méritent une analyse critique : promesses ou embauches fermes ? Quels emplois : CDD ou CDI ? Part de l'effet d'aubaine ? Et surtout à quel coût social en termes de flexibilité, et financier global pour l'État ?

Février 1982 : échange réduction de la durée /flexibilité des horaires

Le début de la Révolution informatique des années 1980 reposa la question, mais en termes différents : la *réduction* de la durée du travail doit aller de pair avec *l'aménagement* du temps de travail pour contenir les coûts. Ce que fit la première ordonnance de J. Auroux en 1982, avec la création de la négociation collective dérogatoire à la loi.

Face à une demande de plus en plus diversifiée et exigeante en matière de délais, dans le tertiaire en pleine croissance, l'ancien mécanisme d'ajustement (stocks + heures supplémentaires ou chômage partiel) est apparu trop onéreux. Le système des flux tendus exige une capacité d'adaptation importante (« flexibilité ») qui peut certes passer par l'extériorisation (sous-traitance) ou les emplois précaires (autre forme de durée du travail, celle du contrat : travail temporaire, contrat à durée déterminée). Mais également par l'aménagement des horaires pratiqués dans l'entreprise pour faire face aux demandes du « client-roi », parfois consomm-acteur citoyen mais oubliant volontiers que les si appréciées « 24 h chrono » génèrent en amont travail de nuit et de week-end pour les salariés-serfs en cause. Le bonheur du client fait parfois le malheur du travailleur. Idem pour le client d'Uber, société dont le modèle repose sur la disponibilité permanente de milliers de chauffeurs toujours disponibles, mais (pour l'instant) payés à la tâche réellement effectuée.

8 août 2016 + 22 septembre 2017 : priorité au terrain

La loi du 8 août 2016 a voulu inaugurer la refonte du « Code du travail du XXIe siècle », en commençant par le droit de la durée du travail. Si les définitions n'ont guère changé, chaque nouvel article est, sur le modèle proposé par le rapport Combrexelle en 2015, constitué de trois paragraphes, résumés à l'article introductif L. 3111-3 : « *Le présent livre définit les règles d'ordre public, le champ de la négociation collective où la négociation d'entreprise est prioritaire par rapport à la Branche, et les règles supplétives applicables en l'absence d'accord.* » Cette priorité donnée à la négociation, au niveau de l'entreprise, a été consacrée par la première ordonnance du 22 septembre 2017 ratifiée le 29 mars 2018.

258 **Pour une flexibilité partagée.** Dans nos sociétés d'individus, qu'il s'agisse de durée comme d'horaires de travail, le tout-collectif semble dépassé sans que les salariés d'aujourd'hui, demandeurs de souplesse et d'horaires plus personnalisés voire de télétravail, y voient forcément une remise en cause intolérable de leur statut. Il n'apparaît par ailleurs guère choquant que la fameuse « flexibilité » ne soit pas unilatérale mais partagée équitablement, et une vie de famille garantie.

259 **« *Les temps ont changé* », l'arbitrage argent / temps aussi**. Les jeunes générations sont bien différentes de celles de leur grand-père, élevé dans la verticalité d'une France militaro-industrielle, avec la surplombante religion laïque du « devoir de travailler ». À commencer par leur niveau d'instruction : en 1960, 10 % d'une génération obtenaient le Bac, mais 26 % en 1980 et 69 % aujourd'hui.

Partout dans l'UE, la même évolution est constatée : les talents les plus prometteurs, ceux qui ont donc le choix, ne veulent pas « *perdre leur vie à la gagner* » mais garder un bon équilibre vie professionnelle/vie personnelle. Le travail dans des tiers-lieux est pour eux un droit naturel : ils ne veulent pas changer le monde, ils ont toujours travaillé comme cela. Et les entreprises refusant le télétravail leur envoient un signal définitivement négatif, *a fortiori* après les nouvelles habitudes prises en 2021.

260 **À la Deutsche Bahn** a été signé un accord proposant aux 100 000 cheminots de choisir entre une augmentation de 2,6 %, passer de 39 heures à 38 heures, ou six jours de congés supplémentaires : 58 % ont choisi les congés supplémentaires, 40 % la hausse salariale et 2 % la réduction hebdomadaire.

Dernier exemple, ponctuel mais emblématique : pour fidéliser 300 experts de haut niveau, la société allemande Bosch a signé fin octobre 2018 un accord leur donnant le choix entre la semaine de 35, 38 ou 40 heures (non compensées). Côté repos, ils peuvent prendre un congé sabbatique non rémunéré de vingt jours chaque année, et reporter d'une année sur l'autre dix jours de vacances. Ces ex-chasseurs de prime (lourdement imposés) peuvent donc libérer tous les deux ans deux mois pour leurs projets personnels. Individualisation complexe donc déprimante les RH, mais attirante pour ces hauts diplômés pouvant se permettre un tel arbitrage... Mais aussi fidéliser ceux en poste : car à l'instar du télétravail, quand on a bénéficié de telles marges de manœuvre, au travail et dans sa vie personnelle, le retour à la situation antérieure est impensable.

261 **En droit français, coexistent aujourd'hui deux types de normes**, issues de deux moments de l'Histoire : des normes légales, aujourd'hui marginalisées car se contentant désormais de fixer un cadre à la négociation collective (*Section I*) : l'aménagement conventionnel du temps de travail (*Section II*) est en pleine expansion dans toute l'Europe. En raison de la complexité encore abracadabrantesque du droit français de la durée du travail, particulièrement malvenue pour ce domaine du quotidien et de la fiche de paie mensuelle, seules les questions essentielles seront ici abordées.

NE PAS CONFONDRE...

Heures supplémentaires et heures de récupération

Il peut arriver qu'une entreprise travaille une semaine 43 heures, et que pourtant l'employeur ne verse ni majoration ni repos compensateur. Il s'agit simplement de récupérer les six heures perdues quelque temps auparavant à l'occasion par exemple d'une inondation, ou d'un volcan lointain... Parfaitement légal, ce simple *déplacement* d'horaires peut intervenir dans les douze mois après l'événement imprévisible (cause accidentelle, intempéries, force majeure) mais aussi dans les douze mois *précédant* la fermeture prévue de l'entreprise (inventaire, pont à l'occasion d'un jour férié). Mais les temps de grève et de *lock-out* ne peuvent donner lieu à récupération.

Heures supplémentaires et heures complémentaires

Le salarié à temps partiel peut être amené à travailler au-delà de la durée prévue au contrat ; ces heures ne sont pas juridiquement des heures *supplémentaires*, mais des heures *complémentaires* car elles demeurent en deçà de 35 heures.

Durées maximales et amplitude maximale du travail

« *La durée maximale de travail est déterminée sur la base du temps de travail effectif, et non sur celle des amplitudes horaires dont doit être déduite la part de l'activité qui ne correspond pas à du travail effectif* », a très logiquement indiqué la Chambre sociale le 12 mars 2014. En résumé, la durée normale maximale du travail (10 h par jour) doit se placer au sein de l'amplitude maximale de travail, déterminée par l'indérogeable règle des 11 heures de repos continu hebdomadaire : soit 13 heures d'amplitude maximale (24 h – 11 h = 13 h), qui comporte des temps de pause, de déjeuner voire d'usage privatif de Netflix. Sans même parler du papa en télétravail qui a été chercher ses enfants à la maternelle à 17 h, et a repris son travail après leur dîner, puis les histoires et le coucher à 20 h...

Ou comment une application aveugle du droit du travail militaro-industriel permet de mêler l'inutile au désagréable.

SECTION I Des normes légales encadrant la négociation collective

Fruit des conquêtes ouvrières (*cf.* la violente manifestation du **1er mai** 1886 aux États-Unis pour les huit heures par jour), elles ont beaucoup évolué, qu'il s'agisse du travail à temps plein *(§ 1)* mais surtout, en France, du temps de travail des cadres, avec la création du très créatif mais équitable et adapté forfait-jours pour les cadres autonomes (*§ 2*).

§1 Le travail à temps plein

262 **Ce rythme (curieux pour le commun des mortels :** 8 heures par jour = un tiers d'une journée) est encore celui de l'immense majorité des salariés. La norme sociale (85 % des salariés français) correspond ici à la norme juridique, le repos dominical puis

les 40 heures de 1936 ayant ancré dans l'esprit des Français un rythme *collectif hebdomadaire :* les 40 heures devenues 39 heures en 1982 puis 35 heures en janvier 2000. Les lois du 31 mars et du 2 août 2005, celles de 2007, 2008 puis 2016 ont lentement démantibulé, mais pas fait disparaître cette très idéologique et rare à l'étranger durée *légale*, maintenue en septembre 2017.

Il existe des durées légales *(A)*, et donc des heures littéralement « supplémentaires » *(B)*. Mais Candide aurait certainement posé la question de la réalité sociale, au quotidien, de ce maquis de réglementations. Même après les réformes de 2016, plus de 40 pages dans le code *Dalloz* 2021 pour les lois, et 30 pour les règlements avec moult renvois, bref pratiquement inexploitable car incompréhensible pour les entreprises sans service juridique.

Mais reconnaissons au droit de la durée du travail une part certaine dans la création d'emplois : les milliers d'embauches de juristes en droit du travail et autres RRH se nourrissant de sa complexité.

A. - Les durées légales de travail

263 Il convient de ne pas confondre durée *légale normale* (rare en Europe), durée *maximale* (norme communautaire), et *amplitude* de la journée de travail.

Durée normale : « *la durée légale du travail effectif des salariés à temps complet est fixée à trente-cinq heures par semaine* » (art. L. 3121-27). Cela ne veut pas dire que l'entreprise ne puisse aller au-delà de 35 heures (heures littéralement « supplémentaires »), ou en deçà : le *conjoncturel* « chômage partiel » devenu « activité partielle », légitimement très largement utilisée en 2020-2021 (coût : 32 milliards d'euros en 2020), ou le *structurel* « travail à temps partiel ». Mais c'est le chiffre de référence en matière de durée de travail. Depuis dix ans, la durée moyenne du travail à temps plein est stable en France : 36,1 heures par semaine... en mélangeant temps plein (39,1 heures) et temps partiel (23,3 heures). Contre 51,2 heures pour les non-salariés.

Durées maximales hebdomadaires : chaque semaine un salarié français ne peut en principe travailler plus de 48 heures (art. L. 3121-20) et pas plus de 44 heures sur 12 semaines consécutives : mais depuis 2016, un accord collectif peut porter ce dernier seuil à 46 heures (art. L. 3121-23). Dans des cas exceptionnels (ex : pandémie) l'employeur pourra enfin obtenir de l'administration du travail l'autorisation de faire travailler ses salariés plus de 48 heures, mais jamais plus de 60 heures.

Par jour, la durée maximale est fixée à 10 heures (art. L. 3121-18), et peut aller jusqu'à 12 heures en cas de dérogation administrative ou conventionnelle (art. L. 3121-19).

Depuis 2016, le dépassement de ces maxima peut entraîner condamnation de l'employeur à de rapides amendes administratives pouvant aller jusqu'à 2 000 euros, théoriquement appliquées autant de fois que de salariés concernés, volontaires ou non : de quoi faire regretter au DRS le bon vieux PV de l'inspectrice du travail.

MESURER LA DURÉE DU TRAVAIL... POUR GARANTIR LES REPOS UNE OBLIGATION PATRONALE

Le ferme rappel de la CJUE, 14 mai 2019, Grande chambre, aff. C-55/18

« Le droit de chaque travailleur à une limitation de la durée maximale du travail et à des périodes de repos journalier et hebdomadaire constitue non seulement une règle du droit social de l'Union revêtant une importance particulière, mais est aussi expressément consacré à l'article 31, paragraphe 2, de la Charte, à laquelle l'article 6, paragraphe 1, TUE reconnaît la même valeur juridique que les traités (...).

Dans ces conditions, il convient d'interpréter la directive 2003/88 en tenant compte de l'importance du ***droit fondamental de chaque travailleur à une limitation de la durée maximale du travail, et à des périodes de repos journalier et hebdomadaire (...).***

La détermination objective et fiable du nombre d'heures de travail quotidien et hebdomadaire est essentielle pour établir, d'une part, si la durée maximale hebdomadaire de travail définie à l'article 6 de la directive 2003/88 et incluant, conformément à cette disposition, les heures supplémentaires a été respectée (...), et, d'autre part, si les périodes minimales de repos journalier et hebdomadaire ont été respectées (...).

En conséquence, afin d'assurer l'effet utile des droits prévus par la directive 2003/88 et du droit fondamental consacré à l'article 31, paragraphe 2, de la Charte, les États membres doivent imposer aux employeurs l'obligation de mettre en place un système objectif, fiable et accessible permettant de mesurer la durée du temps de travail journalier effectué par chaque travailleur.

Cela étant, il incombe aux États membres, dans le cadre de l'exercice de la marge d'appréciation dont ils disposent à cet égard, de définir les modalités concrètes de mise en œuvre d'un tel système, en particulier la forme que celui-ci doit revêtir, et cela en tenant compte, le cas échéant, des particularités propres à chaque secteur d'activité concerné, voire des spécificités de certaines entreprises, notamment leur taille, et ce sans préjudice de l'article 17, paragraphe 1, de la directive 2003/88, qui permet aux États membres, dans le respect des principes généraux de la protection de la sécurité et de la santé des travailleurs, de déroger notamment aux articles 3 à 6 de cette directive, lorsque la durée du temps de travail, en raison des caractéristiques particulières de l'activité exercée, n'est pas mesurée et/ou prédéterminée ou peut être déterminée par les travailleurs eux-mêmes. » (V. le forfait-jours *infra*).

Reste à résoudre le délicat problème de l'oxymore du télé-*travail* (professionnel) au *domicile* (très personnel)...

264 Protéger la santé physique et mentale, mais aussi la vie familiale du salarié. « Vacances : temps de repos accordé aux employés » (Littré). Combien de cadres osent partir en « vacances » ou en week-end en laissant ostensiblement sur leur bureau ordinateur portable et leur iPhone ? Combien vont au contraire les emporter pour consulter plusieurs dizaines de fois par jour leur messagerie professionnelle ? Selon un sondage

APEC, 23 % des cadres français disent ne jamais se déconnecter, 22 % rarement... et 63 % que les TIC perturbaient leur vie personnelle et familiale... dès avant le C19.

Mais qui sont les adeptes de ces soirées ou vacances très laborieuses ?

Maître travailleur du savoir, sur son cerveau perché... Certes, quelques *workalcolics* incapables de se déconnecter de leur doudou d'adulte, des solitaires s'ennuyant chez eux, d'autres enfin souhaitant « rester au courant », en courant sans fin. Mais une majorité de collaborateurs veut tout simplement éviter que les deux premiers jours de la rentrée ne soient consacrés à la lecture des 65 courriels journaliers × 21 jours = 1 365 messages, dont 998 titrés « Très urgent » et 367 « Urgent ». Quant au « repos dominical »... le fameux « travail du dimanche » était déjà pratiqué par des millions de collaborateurs pour des raisons professionnelles (« boucler à temps le dossier Y ») : qui en a parlé à l'occasion de la loi du 8 août 2016 ? Bref la Toile, mais au sens arachnéen pour 39 % des salariés français qui, dès avant la crise C19, travaillaient de temps en temps ou régulièrement chez eux le soir, le week-end ou pendant les vacances. La Boétie, qui a si bien décrit la « servitude volontaire », ignorait que Bill Gates inventerait un nouveau « système d'exploitation ».

265 **Laisse électronique et repos.** Si la jurisprudence française distingue soigneusement travail effectif, astreinte et repos (CS, 16 mars 2016 : « *le salarié devant rester joignable pour résoudre les problèmes de l'entreprise en dehors des locaux de l'entreprise et de ses temps de travail, les périodes litigieuses constituaient des périodes d'astreintes* », inconnues du binaire droit communautaire), *quid* des 35 heures minimum (24 + 11) de *repos* hebdomadaire ? Si le salarié doit simplement être « *joignable* » – en clair *dérangeable* – pendant ce temps, s'agit-il encore de vie privée, c'est-à-dire précisément de pouvoir « *se soustraire aux sollicitations des tiers* » ? Même si, à l'évidence, une astreinte par portable à domicile n'est pas du travail, « *elle n'est pas de tout repos* », et ne peut donc être considérée comme un vrai temps de repos : si le salarié n'est pas *occupé*, il reste *préoccupé* par cette laisse électronique.

Ces temps du troisième type (ni vraiment travail/ni tout à fait repos) qui se banalisent expliquent, en France, le succès du forfait-jours pour les cadres autonomes (V. *infra*). Puisque le calcul du temps de travail à la minute près devient chaque année plus difficile, ne faut-il pas alors garantir au salarié un temps de repos continu, et lui aussi effectif ?

Le droit au repos, droit fondamental : mais les neurones se reposent-ils ? « *La directive a pour finalité de protéger de façon efficace la sécurité et la santé des travailleurs. Compte tenu de cet objectif essentiel, chaque travailleur doit notamment bénéficier de périodes de repos adéquates qui doivent non seulement être effectives, en permettant aux personnes concernées de récupérer la fatigue engendrée par le travail, mais également revêtir un caractère préventif de nature à réduire autant que possible le risque d'altération de la santé, que l'accumulation de périodes de travail sans le repos nécessaire est susceptible de présenter* » (CJUE, Jaeger, précité).

Refrain repris par le Conseil constitutionnel en 2008 puis la Chambre sociale le 24 avril 2013, censurant le régime du forfait-jours dans l'Informatique : « *Attendu que le droit à la santé et au repos est au nombre des exigences constitutionnelles. Attendu que toute convention de forfait en jours doit être prévue par un accord collectif dont les stipulations assurent la garantie du respect des durées maximales de travail ainsi que des repos, journaliers et hebdomadaires.* »

266 Veiller au respect des temps de *repos* plutôt que de créer des usines à gaz juridiques et technologiques pour calculer à la minute près le temps de *travail* est évidemment une bonne idée. Seul problème : c'est quoi, au XXIe siècle, être « au repos » ? Le cadre ouvrant son ordinateur professionnel le dimanche matin pour terminer un dossier qui l'intéresse est-il toujours en repos dominical ? Et la DRH tentant d'écluser son courriel professionnel tous les soirs à 21 heures, mais aussi le samedi et pendant ses « *congés* », y compris maternité, « pour rester dans la course » ? Si ce travail n'est pas directement ou indirectement *commandé* par l'employeur, pour le juriste ils sont au repos, vaquant ainsi librement à leurs occupations... professionnelles dans une subordination juridique pour le coup vraiment *permanente* ! Sans parler des questions qui « prennent la tête » le week-end, voire la nuit : car contrairement à nos bras que nous maîtrisons, nos neurones n'en font qu'à leur tête.

DU DROIT À *LA* DÉCONNEXION AU CHOIX *DE SE* DÉCONNECTER

Une hyper-connexion désastreuse pour tout le monde. Si Charlie Chaplin revenait, il réaliserait « Les Temps Modernes II ». À la place de Charlot et ses gestes mécaniques d'homme-robot, on verrait une cadre se levant la nuit pour regarder son portable, puis le consultant cent fois par jour : au volant, pendant les réunions de travail, sous la table lors du dîner familial. La scène d'anthologie ? Lorsqu'elle l'ouvre discrètement pendant un office religieux, surgit un SMS : « *Si un jour JE t'appelle, ce ne sera pas sur ton portable. Ferme-le ! Dieu* ».

À la fin du XIXe siècle, avec la Révolution de l'électricité l'insomnie du monde avait commencé. En ce début du XXIe, la Révolution numérique boostée par la pandémie C19 nous permet de tout suivre « *en temps réel* » : l'instantanéité est devenue la norme, et la connexion permanente, « *dans un espace sans distance et un temps sans délais* » (Francis Jauréguiberry). Et cette Grande Accélération ne touche pas seulement les *geeks* et les *startupers*, mais toute l'industrie et *a fortiori* les services avec le « client – roi ».

Droit pour le salarié *« de ne pas être connecté à un outil numérique professionnel en dehors de son temps de travail »*, le « *droit à la déconnexion* » a été repris dans l'ANI du 26 novembre 2020 sur le télétravail : « *Il a pour objectif le respect des temps de repos et de congé* », mais pas seulement : « *ainsi que la vie personnelle et familiale* ».

Déconnexion attitude. Car comme l'indique l'avant-projet de directive adopté par le Parlement européen le 5 janvier 2021, « *les employeurs ne doivent pas promouvoir une culture du « toujours connecté », dans laquelle les travailleurs qui renoncent à leur droit de déconnexion sont clairement favorisés par rapport à ceux qui n'y renoncent pas* ».

La loi française du 8 août 2016 a été la première du monde à intervenir sur ce sujet essentiel, en ajoutant un thème supplémentaire à la négociation collective obligatoire (art. L. 2242-17, 7e al.) : « *Les modalités du plein exercice par le salarié de son droit à la déconnexion et la mise en place par l'entreprise de dispositifs de régulation de l'utilisation des outils numériques, en vue d'assurer le respect des temps de repos et de congé ainsi que de la vie personnelle et familiale.*
À défaut d'accord, l'employeur élabore une charte, après avis du comité social et économique. Cette charte définit ces modalités de l'exercice du droit à la déconnexion et prévoit en outre la mise en œuvre, à destination des salariés et du personnel d'encadrement et de direction, d'actions de formation et de sensibilisation à un usage raisonnable des outils numériques ».
« *Les modalités du plein exercice par le salarié de son droit à la déconnexion* » : car si la loi s'était bornée à répéter qu'un salarié a le droit de ne pas travailler pendant ses temps de repos ou ses congés...

Tech-Addiction et French déconnexion
Notre droit (légal) « à la déconnexion » a suscité des commentaires très intéressés à l'étranger, et y a fait beaucoup de petits depuis l'explosion du télétravail en 2020-2021. Mais oblige à repenser une vieille nouvelle question, qui déborde largement le droit du travail.
Car il y a vingt ans, il fallait de la bonne volonté et un matériel haut de gamme pour se connecter. Aujourd'hui, à l'ère de la couverture 5G et de la banalisation du travail à distance, beaucoup de collaborateurs vivent connectés. Où qu'il soit dans le monde, un travailleur peut en effet se connecter grâce à son « portable » (qu'il emporte effectivement partout) qui n'est plus seulement un téléphone mais un puissant ordinateur avec dossiers et courriels + réveil + appareil photo + musique, etc. Et cela s'est révélé déterminant pour assurer du jour au lendemain la continuité de l'activité des entreprises lors de la crise C19.
A fortiori avec la génération Millénium, dès la Grande Section dotée d'un smartphone devenu sa troisième main. Elle ne se connecte plus mais vit connectée, dans un joyeux mélange professionnel/personnel. Pour cette génération, la déconnexion obligée relève d'un paternalisme désuet, et demain d'un traitement inhumain et dégradant. Les négociateurs souvent seniors des accords d'entreprise feront bien d'y songer s'ils veulent survivre aux prochaines élections : car les temps ont changé, et vont changer encore : avec l'Internet des Objets, demain nous ne serons plus jamais déconnectés.
Du « *droit à* » la déconnexion au « *droit de se* » déconnecter. Suite à des groupes de travail internes ayant fustigé les interdictions générales et impersonnelles, nombre d'entreprises préfèrent aujourd'hui évoquer une « connexion choisie ». L'accord TDF de 2018 incite les salariés « à ne pas consulter leur messagerie ou utiliser leurs outils numériques en dehors de leur temps de travail habituel » ; mais un chapitre est aussi consacré à la « connexion choisie » : « Il appartient aux salariés de décider de se connecter ou non en dehors de leurs périodes habituelles de travail (...) ; Il appartient à chacun d'informer les membres de son équipe sur son choix ».

ALORS, QUE FAIRE ?

1. D'abord savoir si problème, individuel ou collectif, il y a, et où ?

Car la situation est extrêmement diverse selon les entreprises, et leur secteur d'activité : entre les douze collaborateurs de la startup et ceux de la boucherie... Mais aussi au sein de celles-ci : certains services n'ont aucun problème d'hyperconnexion, pour d'autres c'est par période (bouclage des comptes). Mais certains sont en permanence en sur-tension (commercial, RH), avec des problèmes spécifiques : le mailer fou s'ennuyant chez lui le soir et inondant ses collègues. Les « incivilités numériques » ne se limitent pas à des titrages en majuscule.

Car ce droit individuel ne doit pas cacher le devoir collectif : l'hyper-connexion masque souvent des dysfonctionnements organisationnels ou un management défaillant, la solution à éviter étant la coupure des serveurs, pouvant certes éviter des condamnations pénales, mais déplaçant seulement le problème.

L'accord Orange du 27 septembre 2016 prévoit que chaque collaborateur pourra demander au DSI un bilan individuel de l'ensemble de ses communications professionnelles. Un peu téméraire pour l'entreprise, donnant ainsi des preuves de surconnexion fautive à un futur plaideur ? Mais les lois « Informatique et Libertés » le permettaient depuis fort longtemps.

2. Déconnecter de qui ? De quoi ?

Car déconnexion technique ne signifie ni **déconnexion intellectuelle, ni non-travail** : quand une idée « nous travaille », en dehors des temps et des lieux de travail, parfois même à notre domicile devenu un deuxième bureau... Ne pouvoir accéder aux systèmes d'informations de son entreprise ne paralyse donc ni le salarié passionné, ni celui sous pression qui travaillera hors connexion le week-end, ou grâce à une puissante clef USB (au mépris des plus élémentaires règles de sécurité).

Et déconnecté **de qui, et de quoi au juste** ? Car il ne s'agit plus seulement du bon vieux courriel du chef ou du collègue. Ce sont aussi les messages urgents et les SMS laissés par les clients, le fournisseur ou le sous-traitant sur le répondeur du portable et au bureau. Mais aussi sur la page Facebook, où des collègues voire des clients sont devenus des « amis » ; ou sur la communauté professionnelle privée (ex. : commerciaux) créée en dehors du magnifique réseau social interne de l'entreprise pour discuter plus librement, et à toute heure du jour et de la nuit. Les confinements successifs de 2020-2021 ont en effet démultiplié les canaux de communications : mails et textos, mais aussi conférences téléphoniques et autres visio-conférences professionnelles... parfois sur des lignes personnelles. Sans parler des techniques mises en œuvre à l'insu de l'entreprise : combien d'équipes ont tourné en 2020-2021 grâce à leur groupe WhatsApp ou Slack ?

3. Prendre le courriel par les cornes

Et comprendre que bloquer les serveurs le week-end ne sert à rien si le salarié doit faire face le lundi matin aux 323 mails entassés dans sa boîte.

Certaines entreprises ont par exemple : carrément supprimé les fonctions « Répondre à tous » et « Copie conforme » ; empêché l'envoi des courriels non titrés ; accompagné systématiquement les envois après 20 h 00 d'un pop-up

rappelant à l'expéditeur que cela peut être attendre le lendemain, et au destinataire (interne) qu'il n'a pas à y répondre immédiatement.
Dans son accord sur la qualité de vie au travail du 17 mars 2017, Pôle emploi en a tiré toutes les conséquences : « *Il est demandé à tout agent absent pour une période de plus de 5 jours d'activer un message d'absence indiquant à l'émetteur d'un courriel lui étant destiné que le message ne sera pas traité. Afin de faciliter l'activation de ce message, Pôle emploi s'engage à charger dans la messagerie un message pré-formaté* (...).
Afin de permettre à un agent, suite à une absence de plus de cinq jours ouvrés, de prendre connaissance des informations diffusées durant son absence et de gérer les mails reçus, il ne peut pas être, sauf nécessité de service, planifié la première demi-journée de son retour sur une activité d'accueil en flux ».
Bref, et comme l'indique la Charte Solvay « pour l'équilibre entre activité professionnelle et vie personnelle » envoyée en février 2016 aux 6 700 salariés français, il s'agit d'abord de « *promouvoir une culture, une organisation du travail, un mode de management et des comportements favorisant l'équilibre entre activité professionnelle et vie personnelle* ».

« *QUAND LE VENT SE LÈVE, CERTAINS CONSTRUISENT DES ABRIS, D'AUTRES DES MOULINS* »

Plutôt que rendre le numérique responsable de tous nos maux, commençons par voir ce qu'il nous apporte : avec le travail à distance qui explose, de radicales remises en cause de notre culture hiérarchique à la française, le cadre plus autonome travaillant peut-être plus, mais sans transports épuisants et dans des conditions qu'il a choisies : une flexibilité enfin partagée.
Alors comme nous ne sommes qu'au début de ce « Grand Chambardement », sortons du dolorisme travailliste voulant faire le bonheur des masses laborieuses à l'insu de leur plein gré, et constatons une évidence : vu son profil, **le salarié reste l'acteur principal de son droit de se déconnecter.** Exemple : ignorant le culte du présentéisme à la française, nombre de cadres ni forcément surchargés ni *workaholics*, mais ayant pris l'habitude de télétravailler lors de la crise sanitaire, coupent aujourd'hui leur temps de travail et – *horresco referens* – fractionnent leur temps de repos pour aller chercher leurs enfants à la sortie de l'école à 17 h 00, reprenant leur dossier de 21 h 30 à 23 h 00. Ils y trouvent leur équilibre vie professionnelle/vie personnelle, et n'ont pas le sentiment de rejouer Cosette réveillée la nuit par les époux Thénardier.
Mais fractionner le temps de repos, la Chapelle Sixtine du droit du travail ? Valjean, Lantier, revenez, ils sont devenus fous ? Et le vaillant travailliste, comme Coyote dans les films de Tex Avery continuant à courir bien au-delà de la falaise sans s'apercevoir du vide sous ses pieds : « *Cachez ces mails que je ne saurais voir !* »
S'il n'est pas question de reprocher au Code la date de sa naissance, en refusant de tenir compte des nouveaux travailleurs et des nouvelles formes de travail, faute de règles adaptées, notre droit du travail s'accrochant au modèle militaro-industriel est en train de se suicider en encourageant son ubérisation.

B. - Les heures « supplémentaires »

267 **De la dissuasion légale de 1936 à l'adaptation par la négociation de 2016.** Depuis toujours, les heures supplémentaires sont, avec le chômage partiel devenu « activité partielle », la première flexibilité interne. Le choix des 40 heures en 1936 s'était révélé en avance sur son temps : la « semaine anglaise » (8 heures × 5 jours) était pratiquement inexistante dans l'industrie et le commerce français, où l'on travaillait largement plus de 48 heures. Léon Blum dut donc se résoudre à accepter des dépassements, mais voulut fortement dissuader les entreprises d'y avoir recours. Toute heure dépassant l'horaire normal était donc en principe payée avec une forte majoration (accentuée par les charges sociales) : + 25 % pour les huit premières heures et + 50 % après : à défaut d'accord collectif. C'est encore la situation aujourd'hui.

Mais ce système se révéla peu dissuasif pour les employeurs, car il n'est pas question d'embaucher pour une commande de courte durée ; et très attractif pour des salariés endettés ou mal payés. Les entreprises n'ont guère de difficultés à trouver des volontaires pour effectuer des heures supplémentaires ; il faut parfois constituer des listes d'attente, du moins pour le personnel masculin

La loi du 8 août 2016 a entièrement refondu mais aussi harmonisé l'ensemble et, second miracle, les ordonnances de septembre 2017 ne sont intervenues qu'à la marge.

Depuis 2016, au-delà des textes d'ordre public, c'est à l'accord collectif d'entreprise d'abord, de branche subsidiairement, de fixer les règles applicables.

DURÉES DU TRAVAIL : LE TRYPTIQUE ISSU DE LA LOI 8 AOÛT 2016

Tout le droit français de la durée du travail (heures supplémentaires, astreintes, équivalences, mais aussi repos quotidien et hebdomadaire, congés...) est désormais fondé sur le tryptique : 1. *Règles d'ordre public*, s'imposant donc aux négociateurs ; 2. *Champ de la négociation collective* ; 3. *Dispositions légales supplétives*, applicables en l'absence d'accord d'entreprise ou de branche.

Prenons l'exemple (sensible) des heures supplémentaires.

1. Ordre public

Article L. 3121-27. « *La durée légale de travail effectif des salariés à temps complet est fixée à trente-cinq heures par semaine* ».

Aucun accord ne peut donc indiquer que les heures supplémentaires commenceront à partir de la 37e heure.

Article L. 3121-28. « *Toute heure accomplie au-delà de la durée légale hebdomadaire ou de la durée considérée comme équivalente est une heure supplémentaire qui ouvre droit à une majoration salariale ou, le cas échéant, à un repos compensateur équivalent* ».

Toute heure supplémentaire doit donner lieu à majoration ou repos compensateur : aucun accord ne peut prétendre se soustraire à cette règle impérative, même par exemple en cas de graves difficultés économiques.

2. Champ de la négociation collective
Article L. 3121-33. « *Une convention ou un accord collectif d'entreprise ou d'établissement ou, à défaut, une convention ou un accord de branche prévoit le ou les taux de majoration des heures supplémentaires accomplies au-delà de la durée légale ou de la durée considérée comme équivalente. Ce taux ne peut être inférieur à 10 %* ».
But de cette minoration de la majoration habituelle de 25 % : favoriser la flexibilité interne et la réduction du coût du travail. Mais aussi limite basse : pas moins de 10 %, car une majoration de 1 % supprime de facto la majoration des heures supplémentaires.
Mais à défaut d'accord d'entreprise ou de branche ? Retour à la situation de... 1936.

3. Dispositions légales supplétives
Article L. 3121-36. « *À défaut d'accord, les heures supplémentaires accomplies au-delà de la durée légale hebdomadaire fixée à l'article L. 3121-27 ou de la durée considérée comme équivalente donnent lieu à une majoration de salaire de 25 % pour chacune des huit premières heures supplémentaires. Les heures suivantes donnent lieu à une majoration de 50 %* ».

268 **À l'instar de l'activité partielle, classique ou de longue durée (APLD de 2021), les heures supplémentaires s'imposent au salarié**. Il ne peut refuser de les exécuter, ni *individuellement* (il ne s'agit pas d'une modification du contrat), ni *collectivement* (« grève des heures sup. »), *si* elles ont été légalement décidées : information et consultation préalable du comité social et économique, respect du contingent conventionnel.

C. - *Deux régimes probatoires distincts*

269 **Durée du travail *à rémunérer*.** « *En cas de litige relatif à l'existence ou au nombre d'heures de travail accomplies, il appartient au salarié de présenter, à l'appui de sa demande, des éléments suffisamment précis quant aux heures non rémunérées qu'il prétend avoir accomplies afin de permettre à l'employeur, qui assure le contrôle des heures de travail effectuées, d'y répondre utilement en produisant ses propres éléments. Le juge forme sa conviction en tenant compte de l'ensemble de ces éléments* ».... *au regard des exigences rappelées aux dispositions légales et réglementaires précitées* ». (CS, 8 avr. 2021). Donc l'article L. 3171-4 : « *En cas de litige relatif à l'existence ou au nombre d'heures de travail accomplies, l'employeur fournit au juge les éléments de nature à justifier les horaires effectivement réalisés* ». Bref à la fin, l'employeur perd à tous les coups, s'il n'a pas gardé trace des horaires précis effectués par le salarié... même s'il télétravaille à son domicile ? Les juristes en perdent leur latin ; les civilistes se remémorent la définition de la vie privée (*« pouvoir se soustraire aux sollicitations des tiers »*), et les travaillistes celle de la durée du travail : « *Temps pendant lequel le salarié est à la disposition de l'employeur et se conforme à ses directives,* ***sans pouvoir vaquer librement à des occupations personnelles*** »... chez lui ?

270 **Durées *maximales* du travail et *minimales* de repos.** « *La preuve du respect des seuils et plafonds prévus par le droit de l'Union européenne, et des durées maximales de travail fixées par le droit interne incombe à l'employeur* » (CS, 3 févr. 2021). S'agissant des temps de pause (20 minutes après 6 heures de travail) ou du respect des plafonds européens (qui garantissent en creux le temps *de repos*), la charge de la preuve repose alors sur le seul employeur.

Mais le tachygraphe des routiers s'est démocratisé, et les prud'hommes voient arriver des commerciaux avec les relevés de leur localisation par GPS ou des cadres en forfait-jours avec l'agenda électronique partagé du service, ou les heures de connexion de leur PC au serveur central : ce qui peut réserver quelques surprises en termes de travail de nuit ou de repos dominical. Mais s'agit-il toujours de travail « *directement ou indirectement commandé par l'employeur* » ? La passion, ou le plaisir de disposer de marges de manœuvre existe.

DEPUIS 2021 : UN BIEN FÂCHEUX TÉLESCOPAGE CONTRÔLE JURISPRUDENTIEL PLUS ÉTROIT / TÉLÉTRAVAIL AU DOMICILE

Après le choc organisationnel du printemps 2020 puis sa large banalisation en 2021, travailler à la maison est désormais installé dans nos mœurs sociales. Certes le travail à distance ne se résume pas au télétravail au domicile, qui cristallise les contradictions de ce nouveau mode d'organisation avec notre droit du travail conçu pour le « tout collectif » de l'usine métallurgique : lieu... et horaires de travail.

Les bureaux-satellites aux quatre coins de nos agglomérations, le bureau-nomade d'une agence pouvant accueillir ponctuellement les collaborateurs d'autres établissements, voire le *co-working* posent nettement moins de problèmes. Mais le double élargissement actuel (personnes concernées + nombre de jours télétravaillés) pose désormais frontalement la question du contrôle des temps. Même pour les cadres en forfait-jours... qui n'est ni un forfait-nuit, ni un forfait week-end.

ÉVITONS D'ASSOCIER L'INUTILE AU DÉSAGRÉABLE

N'en déplaise aux travaillistes soucieux de pérenniser la malédiction divine, évitons d'associer l'inutile au désagréable en contraignant (officiellement, sinon très hypocritement) le salarié à son domicile à respecter des règles rigides de la chaîne de production d'une Ford T noire, le privant ainsi de l'essentiel des avantages de ce mode d'organisation : de très appréciées marges de manœuvre. Comme le notait le Parlement européen dans son avant-projet de directive sur le droit à la déconnexion voté le 21 janvier 2021 : « *Il convient d'assurer aux travailleurs concernés une certaine autonomie, une certaine flexibilité et un certain respect de leur souveraineté en matière d'utilisation du temps* ». Allons ! Pas tout le monde pareil ? Au même endroit et au même moment ? La rupture de l'égalité à la française : horreur et damnation.

Le problème ? L'opposition croissante entre la réalité du travail au domicile – qui ne touche certes, au mieux, qu'un salarié sur trois – et nos règles, à la fois de preuve et de fond, relatives aux durées du travail et de repos s'agissant de salariés largement autonomes, et travaillant de plus en plus souvent, voire à temps plein dans le temple de l'intimité de leur vie privée, où personne ne peut avoir accès sans leur accord exprès, et à l'abri des regards des tiers (même en Visio).
L'arrêt emblématique ? Celui du 8 juillet 2020 mettant en scène un « Webmarketeur » travaillant chez lui, sans contrôle des horaires et ne semblant pas du tout, du tout s'en plaindre. Mais suite à son licenciement pour faute grave, il assigne en paiement de centaines d'heures supplémentaires, avec les repos compensateurs et congés afférents. Rejet par la Cour de Grenoble : « M. *G... verse aux débats des tableaux de type Word par lesquels il a récapitulé ses heures supplémentaires non vérifiables, sans verser d'autres éléments les corroborant, sachant que travaillant à domicile avant son recadrage, il n'était pas contrôlé dans ses heures de travail et de pause. Il ne fournit par conséquent pas les éléments suffisants pour étayer sa demande d'heures supplémentaires, et sera débouté* »... donc également de sa deuxième demande : une condamnation pour travail dissimulé. Mais depuis le revirement de la Cour de cassation du 18 mars 2020, plus besoin pour le salarié « d'étayer » une demande d'heures supplémentaires. Donc cassation : « *En cas de litige relatif à l'existence ou au nombre d'heures de travail accomplies, il appartient au salarié de présenter, à l'appui de sa demande, des éléments suffisamment précis (précis, mais qui peuvent se révéler inexacts, voire faux...) quant aux heures non rémunérées qu'il prétend avoir accomplies afin de permettre à l'employeur, qui assure le contrôle des heures de travail effectuées, d'y répondre utilement en produisant ses propres éléments* ».
Alors quid lorsque « *les tableaux annuels établis par le salarié indiquant le nombre d'heures supplémentaires travaillées pour chaque semaine ne fournissent pas un décompte jour par jour, mentionnant des dates précises et des horaires » ?* Ou lorsque « *la cour d'appel a estimé que les colonnes "Arrivée" et "Départ" ont été remplies de façon aléatoire* » ? (CS, deux arrêts du 2 juin 2021) . Paiement des heures supplémentaires sur trois ans.
Quand il s'agit de salariés travaillant dans un bureau ou une chaîne de fabrication, cette répartition de la preuve paraît légitime : l'employeur dispose alors des moyens (pointeuse, agent de maîtrise, collègues) pour répondre. Mais s'agissant d'un salarié travaillant chez lui, on voit mal comment l'entreprise pourrait démontrer que ces « *éléments* » sont faux. A moins de profiter d'une procédure de divorce pour faire témoigner l'ex-conjoint sur Netflix ? Certes, l'importation de la vie personnelle sur les horaires professionnels (hier, le téléphone pour échanger longuement sur les vacances) n'est pas nouvelle. Mais aujourd'hui cette importation intervient sur un lieu de vie privée, où par ailleurs les tentations sont nettement plus fortes que dans l'*open space* d'un triste centre d'affaires...
Alors interdire d'effectuer des heures supplémentaires, ou obtenir impérativement l'accord écrit de son manager ? Effet limité : « *Le salarié peut prétendre au paiement des heures supplémentaires accomplies, soit avec l'accord au moins implicite de l'employeur, soit s'il est établi que la réalisation de telles heures a*

été rendue nécessaire par les tâches qui lui ont été confiées » (CS, 14 nov. 2018).
Résumé : cette évolution jurisprudentielle est à contre-courant de celle de nos sociétés, faute d'éléments pour contrer les affirmations erronées du télétravailleur. Et à la fin... l'employeur perd à tous les coups (coûts ?)

D'autres solutions sont-elles possibles ? Toujours, avec les TIC : mais sont-elles légales, et surtout cette défiance réciproque opportune ?

Flicage illégal. A l'instar du contrôle technique de la pointeuse, ou visuel des collègues au bureau, que le salarié garde sa caméra ouverte pendant les heures contractuellement prévues par le Code du travail (sauf pendant la pause méridienne) afin de vérifier qu'il travaille ? Mieux : que le très précis GPS de son portable professionnel indique qu'il a quitté son domicile de 15 h 28 à 16 h 32 ?

Hypocrisie. Couper tout accès au serveur central à 19 h 00 ? Ou programmer la déconnexion automatique du cadre en forfait-jours ayant atteint le maximum de son amplitude journalière de travail (24 h-11 h = 13 h) ? Aussi hypocrite qu'insuffisant, car le salarié pourrait légitimement indiquer qu'il lui arrive de travailler non connecté.

Lorsqu'un droit devient dans les faits inapplicable pour un employeur de bonne foi, avec de lourdes sanctions civiles (CS, 17 févr. 2021 : 348 000 euros de rattrapage salarial) voire pénales (travail dissimulé), il cherche à éviter l'obstacle. Soit en faisant travailler des salariés hors UE : de Londres à Bengalore. Soit en n'embauchant plus de télétravailleurs *salariés* mais des free-lances, au coût global nettement moins élevé. Pleurnicher sur l'uberisation du droit du travail ? Et la faute de la victime ?

§2 Temps de travail et temps d'activité des trois cadres

Quels sont les enjeux du débat ? Quelles sont les radicales solutions retenues par la loi du 19 janvier 2000, recadrée par le 8 août 2016 puis la loi de ratification de mars 2018 ?

A. - *Les enjeux*

280 **Enjeux humains : l'encadrement n'est plus ce qu'il était.** Nombreux sont les cadres tenant un double discours : s'ils jugent volontiers dans l'entreprise que les 35 heures sont pour eux impossibles, mieux, impensables car « *un cadre ne compte pas son temps : c'est la mission qui compte* », en privé ils se disent souvent satisfaits que la loi puis la jurisprudence aient rappelé qu'il existe des limites à la subordination temporelle. Même si beaucoup de dirigeants, passionnés par un travail à tous points de vue valorisant, pensent qu'un cadre à temps partiel est partiellement un cadre puisqu'il ne s'engage pas totalement, beaucoup de collaborateurs, jeunes en particulier et souvent parmi les plus prometteurs, veulent, après avoir vu leur père « ré engeneeré » à 56 ans, pouvoir appliquer le proverbe chinois : « *Dans la vie, il faut marcher sur deux pieds.* »

Ancienne élite désormais banalisée voire secrétarisée, directement frappée par les restructurations *(« Que les hauts salaires lèvent le doigt »),* le cadre s'est redécouvert salarié : il hésite moins à saisir la justice (trois fois plus qu'un ouvrier) ou aller voir l'inspecteur du travail, voire à se syndiquer. Aux élections professionnelles, selon les résultats au niveau national de juillet 2021, la CFDT est le premier syndicat chez les cadres, techniciens et agents de maîtrise avec 27,5 % des suffrages devant la catégorielle CFE-CGC avec 20,7 %... CGT à 17,1 % et FO à 12,5 %.

Pour une redéfinition du cadre au XXIe siècle, voir le très, très général accord national interprofessionnel « *portant diverses orientations pour les cadres* » signé par tous les syndicats le 28 février 2020.

281 Enjeux juridiques. Le temps passé assis devant son ordinateur est-il l'étalon pertinent de la productivité d'un cadre ? Poser la question, c'est déjà y répondre. Il faut alors se demander comment décompter de façon à la fois efficace et équitable un temps de travail *stricto sensu,* mais aussi de déplacement, de formation, d'écoute indispensable des collaborateurs voire de répétitifs déjeuners d'affaires, ou encore de télétravail au domicile plus ou moins volontaire.

Pour des experts, consultants, mais aussi des magistrats ou les universitaires, cette course au décompte à la minute d'un temps de plus en plus fragmenté est tout simplement vaine : le travailleur du savoir fonctionne avec ses neurones, ses portables, Internet et le *Cloud* lui donnant le don d'ubiquité. En faisant souvent disparaître la frontière vie personnelle/vie professionnelle. *« Au bureau, je ne fais plus que réagir ; chez moi, je peux enfin travailler »* : le constat est aujourd'hui banal pour des cadres qui doivent répondre toute la journée au téléphone, aux 138 courriels tous forcément « Très urgents » et donc attendre le calme du bureau à 20 h 00 voire de la maison à 22 h 00 pour s'attaquer aux problèmes de fond (*cf.* F. Favennec et F. Schoenberger, *Temps professionnel et temps personnel*, Dr. soc., janv. 2010).

Ne faut-il pas alors inverser la problématique et garantir à cette population un temps de repos effectif lui aussi minimal (les 24 + 11 = 35 heures de repos hebdomadaire), de vrai repos sans astreinte officieuse ? (*cf.* P. Waquet, *Le temps de repos*, Dr. soc., mars 2000, p. 288, et l'arrêt du 10 juillet 2002 rappelant « *qu'est en repos le salarié totalement dispensé, directement ou indirectement et sauf cas exceptionnels, d'accomplir pour son employeur une prestation de travail »).*

282 « L'emploi du temps » de l'encadrement exigeait des solutions juridiques novatrices : tellement novatrices que la CJUE ou surtout la CEDH pourraient un jour remettre en cause notre fameux « forfait-jours », pourtant si bien adapté aux « cadres autonomes », de plus en plus nomades et télétravailleurs.

Demain, dans les entreprises du quaternaire, à quoi servira le bureau sinon à recréer une vie collective pour les SBF (sans bureau fixe) ? Rappelons qu'après le pénible épisode C19, nombre d'entreprises ont choisi comme norme d'organisation le travail hybride.

À la segmentation nécessaire des temps (travail, repos, trajets + temps du 3e type : astreintes, équivalences) correspond depuis l'an 2000 une segmentation tripartite de l'encadrement.

B. - Les trois classes de cadres

La loi du 19 janvier 2000, revue et corrigée par la loi du 8 août 2016, a divisé l'encadrement en trois populations d'importance très variable.

1° Les VVIP : les cadres dirigeants

283 **Article L. 3111-2 :** « *Sont considérés comme ayant la qualité de cadre dirigeant les cadres auxquels sont confiées des responsabilités dont l'importance implique une grande indépendance dans l'organisation de leur emploi du temps, qui sont habilités à prendre des décisions de façon largement autonome et qui perçoivent une rémunération se situant dans les niveaux les plus élevés des systèmes de rémunération pratiqués dans leur entreprise ou établissement* ».

« *Les cadres dirigeants ne sont pas soumis aux dispositions des titres II et III* ».

Jugée en l'an 2000 militante anti-35 heures par la Dame des 35 heures, cette population a donc été globalement sortie de *l'ensemble du droit de la durée du travail* (travail de nuit, le dimanche, astreintes...).

Ce régime très spécial s'inspire de la très permissive directive européenne de 1993, elle-même inspirée du « *leitender Angestellter* » allemand, *manager* assurant la responsabilité économique de l'entreprise. Comme elle, il exclut de l'application de tout le droit de la durée du travail ces salariés si peu subordonnés qui ont un rôle d'employeur, et le représente souvent en matière sociale : présidence du comité social et économique, responsabilité pénale...

284 **Une jurisprudence exigeante** « *dans une perspective de cantonnement de cette catégorie de cadres exclue de la réglementation de la durée du travail* » (Rapport de la Cour de cassation, juin 2017). La Chambre sociale veut aussi recadrer nos armées mexicaines où nombre de cadres supérieurs étaient subitement devenus « dirigeants » pour échapper au paiement d'heures supplémentaires (130 000 € réclamés par un expert-comptable dans l'arrêt du 30 mai 2018). Il faut donc se limiter au premier cercle : les cadres les mieux payés ayant une totale latitude dans leur domaine d'activité, y compris bien sûr en matière d'« emploi du temps ». Car il va de soi que l'intention du législateur n'était pas de viser tous les cadres qui « dirigent » un service et autres « chefs ».

Mais un « cadre dirigeant » ne dirige pas forcément toute l'entreprise : il peut n'en diriger qu'une partie : directeur d'un grand hypermarché, donc d'un simple établissement (CS, 5 mars 2014), responsable régional d'une entreprise de BTP (CS, 11 mai 2017).

L'intelligence consistant aujourd'hui à choisir entre de grands inconvénients, une autre solution était-elle concevable ? L'exemple du directeur financier prenant son Boeing 747 le dimanche à Roissy pour aller négocier un contrat à Rio le lundi après-midi avec retour le mardi dans la nuit montrait l'ampleur des dégâts collatéraux : infraction au repos quotidien, au repos hebdomadaire et dominical, aux durées maximales, au travail de nuit. Fallait-il monter une immense usine à gaz à l'inefficacité garantie ? Les trois critères cumulatifs restreignent considérablement cette catégorie : plus dirigeants que cadres.

2° Les cadres intégrés à une équipe

285 « *Les cadres (...) dont la nature des fonctions les conduit à suivre l'horaire collectif applicable au sein de l'atelier, du service ou de l'équipe auxquels ils sont intégrés sont soumis aux dispositions relatives à la durée du travail, au repos et aux congés.* » Catégorie hiérarchiquement opposée à la précédente, les « cadres intégrés » suivent le sort commun : l'ensemble du droit de la durée du travail et du repos leur est applicable, y compris les modalités de contrôle (décompte précis des horaires journaliers et hebdomadaires, pauses...) comme de RTT. Logique en droit, mais psychologiquement dévalorisant pour cette population souvent « sortie du rang ». Pour cette catégorie, si le cadre doit dépasser 35 heures de façon répétitive, le forfait ***salarial*** est possible mais avec une impérative référence horaire.

3° La classe Affaires : le cadre autonome

286 Les cadres qui ne sont ni dirigeants, ni intégrés ont une durée du travail qui peut être fixée par des conventions individuelles de forfait sur une base hebdomadaire ou mensuelle. Mais tout forfait *annuel* doit entrer dans le cadre d'un accord collectif préalable. Ce cadre pourra être soumis à l'un des deux régimes suivants, le premier étant manifestement destiné à être phagocyté à terme par le second, sans cesse élargi depuis 2000 et qui préfigure l'avenir, du moins si le Conseil de l'Europe le laisse vivre (V. *infra*).

287 **Régime classique : le forfait-heures** hebdomadaire ou mensuel : « *Tout salarié peut conclure une convention individuelle de forfait en heures sur la semaine ou sur le mois* » (art. L. 3121-56).

288 **Forfait-heures annuel.** Il est légitime que, pour un cadre, le législateur de 2000 ait écarté l'hypocrisie d'une bien théorique réduction journalière, et logique qu'il laisse subsister ici le contrôle en heures, sur une base nettement élargie.

Article L. 3121-56 : « *Peuvent conclure une convention individuelle de forfait* ***en heures sur l'année*** *(...) les cadres dont la nature des fonctions ne les conduit pas à suivre l'horaire collectif applicable au sein de l'atelier, du service ou de l'équipe auquel ils sont intégrés »... Et « les salariés disposant d'une réelle autonomie dans l'organisation de leur emploi du temps* ».

Article L. 3121-57 : « *La rémunération du salarié ayant conclu une convention individuelle de forfait en heures est au moins égale à la rémunération minimale applicable dans l'entreprise pour le nombre d'heures correspondant à son forfait* ».

Mais ce système n'a pas connu un grand succès, en raison de la nécessité d'une comptabilisation précise des heures effectuées, par auto-déclaration intranet ou par badgeuse, et donc d'éventuels contrôles d'inspectrices du travail redoutées des entreprises.

Mais surtout car il a un très sérieux concurrent.

289 **Le forfait-jours, idée astucieuse et équitable.** Novation franco-française et donc fragile côté Cour de Luxembourg ou de Strasbourg, le forfait-jours est attrayant

pour les entreprises comme pour les cadres autonomes pouvant ainsi réellement bénéficier d'un minimum de jours de repos. Elle concerne aujourd'hui 55 % des cadres, qui travaillent en moyenne 44,6 heures par semaine (DARES, juill. 2017).

Article L. 3121-58 : « *Peuvent conclure une convention de forfait en jours sur l'année (...) les cadres qui disposent d'une autonomie dans l'organisation de leur emploi du temps et dont la nature des fonctions ne les conduit pas à suivre l'horaire collectif applicable au sein de l'atelier, du service ou de l'équipe auquel ils sont intégrés* ».

290 Ce décompte en journée ou par demi-journée de travail, mais aussi de repos (car ces cadres savent par expérience que la RTT en heures est un leurre), résout en effet l'insoluble question des temps « ni-ni » (repas d'affaires, « obligations professionnelles » par définition hors temps normal de travail, temps de TGV et autre Air France) : ni vraiment temps de travail, ni tout à fait temps de repos pendant lequel le cadre a le sentiment « *d'être à la disposition de son entreprise* », celle-ci estimant au contraire qu'il peut « *vaquer à des occupations personnelles* ». *A fortiori* pour des télétravailleurs au domicile où le contrôle des horaires (non connectés) est problématique.

291 Jours, pas heures. Pour les entreprises, le décompte *par jour* semble par nature exclure les contrôles *des horaires* quotidiens ou hebdomadaires. Article L. 3121-62 : « *Les salariés ayant conclu une convention de forfait en jours ne sont pas soumis aux dispositions relatives : 1. à la durée quotidienne maximale de travail prévue à l'article L. 3121-18* (10 heures maximum) ; *2. aux durées hebdomadaires maximales de travail prévues aux articles L. 3121-20* (48 heures maximum) *et L. 3121-22* (44 heures sur 12 semaines) ; *3. à la durée légale hebdomadaire* (44 heures au maximum sur 12 semaines). Mais la jurisprudence conteste cette permissivité.

Pour les *cadres* en question, « *un tiens vaut mieux que deux tu l'auras* » : afin d'éviter le ratissage des jours fériés et/ou des congés supplémentaires tout en leur garantissant une RTT minimale, la loi a fixé un plafond de 218 jours travaillés. Ce chiffre qui allonge d'une semaine environ les congés classiques peut bien sûr être réduit, mais avec précision ; les accords collectifs signés prévoient entre 5 et 25 jours (!) ouvrables de congés supplémentaires, le seuil psychologique étant 10 jours ouvrables (2 semaines pour les vacances d'automne et de printemps...), la moyenne se situant à 212 jours.

292 Nécessité d'un accord collectif (art. L. 3121-63). Le forfait-jours peut être « *mis en place par un accord collectif d'entreprise ou d'établissement ou, à défaut, par une convention ou un accord de branche* ». Sans accord collectif, pas de recours au forfait-jours ! D'où l'importance des conventions de branche pour les TPE-PME dépourvues de négociateur syndicaux.

293 Contenu minimum impératif de l'accord (art. L. 3121-64). L'accord doit impérativement déterminer :

1 - les catégories de salariés susceptibles de conclure une convention de forfait ;

2 - la période de référence du forfait : l'année civile ou toute autre période de douze mois consécutifs ;
3 - le nombre de jours compris dans le forfait, dans la limite de deux cent dix-huit jours ;
4 - les conditions de prise en compte, pour la rémunération des salariés, des absences ainsi que des arrivées et départs en cours de période ;
5 - les caractéristiques principales des conventions individuelles, qui doivent notamment fixer le nombre de jours ;
6 - les modalités selon lesquelles l'employeur assure l'évaluation et le suivi régulier de la charge de travail du salarié ;
7 - les modalités selon lesquelles l'employeur et le salarié communiquent périodiquement sur la charge de travail du salarié, sur l'articulation entre son activité professionnelle et sa vie personnelle, sur sa rémunération ainsi que sur l'organisation du travail dans l'entreprise ;
8 - les modalités selon lesquelles le salarié peut exercer son droit à la déconnexion.

Ce à quoi la jurisprudence ajoute que ces dispositions conventionnelles doivent permettre « à l'employeur de remédier en temps utile à une charge de travail éventuellement incompatible avec une durée raisonnable, de nature à garantir que l'amplitude et la charge de travail restent raisonnables et assurent une bonne répartition, dans le temps, du travail de l'intéressé » (CS, 8 nov. 2017).

Un accord d'entreprise *ou* de branche suffit : mais si ce dernier renvoie pour les détails aux accords d'entreprise, leur absence interdit tout forfait-jours.

294 **Attractivité.** Malgré la politique très restrictive de la Chambre sociale, le système reste si intéressant pour l'entreprise en termes de simplification de tous ordres qu'elle est prête à beaucoup pour parvenir à un accord : ce nouveau rapport de force était bien sûr voulu par Martine Aubry. Et il paraît doublement dangereux pour elle de se montrer trop en retrait par rapport à ses principaux concurrents : les meilleurs salariés en poste, mais aussi les meilleur(e) s diplômé(e) s des meilleures écoles font désormais du *benchmark* social RTT + télétravail, *a fortiori* quand la pression fiscale devient confiscatoire, et leur temps libre un bien rare.

Afin d'éviter les dérives depuis longtemps constatées sur les forfaits de rémunération, lorsque le cadre en forfait-jours perçoit une rémunération manifestement sans rapport avec les sujétions qui lui sont imposées, il peut, nonobstant toute clause contraire conventionnelle ou contractuelle, saisir le Conseil des prud'hommes afin que lui soit allouée une indemnité calculée en fonction du préjudice subi, eu égard notamment au niveau du salaire pratiqué dans l'entreprise (art. L. 3121-61). Mais ne nous leurrons pas. Le cadre assignant son employeur sur cette base commet une double faute : assigner celui qui l'emploie, et se comporter comme un salarié comptant ses heures : il a donc quelque souci à se faire pour son avenir dans l'entreprise. Ce contentieux très limité mais parfois contagieux intervient donc suite à une rupture.

295 Première forfaitisation du *temps* (et pas seulement de la *rémunération* comme pour les forfaits avec référence horaire), le forfait-jours écarte le spectre des « Temps modernes » revisités : le retour de la pointeuse installée de plus en plus près du bureau, ou à la fin de la queue habituelle à la cantine et qui aurait certainement inspiré Charlie Chaplin. Mais fin 2021, la vraie question se situe moins sur le terrain du temps que sur celui de la *charge réelle* de travail (V. *infra*).

296 Ubiquité. Car avec les facilités qu'offrent les TIC en matière de travail au domicile en particulier, la charge de travail intéresse vivement la jurisprudence qui tient compte du travail *commandé :* ainsi du dossier urgent remis le vendredi soir pour le lundi matin, considéré par la Cour de cassation comme du travail effectif même s'il est accompli à la maison.

297 Mais le forfait-jours n'a fait que légaliser la réalité, et permet également aux cadres de maintenir une certaine opacité sur leur emploi du temps, source de flexibilité patronale sans doute, mais aussi personnelle.

Mais entre le « cadre dirigeant » qu'ils ne seront jamais et le « cadre intégré », c'est-à-dire rabaissé au niveau du lot commun et qui pointe duquel il aspire justement à se différencier, beaucoup de cadres autonomes ne veulent pas subir un audit ou devoir se justifier, le cas échéant, sur leur « emploi du temps ». Si les jours de repos sont suffisants pour compenser les jours de travail à longue rallonge qui ont toujours existé, ils considèrent que le système est équitable.

L'encadrement est d'ailleurs aujourd'hui la seule population vraiment satisfaite des 35 heures... alors qu'elle n'en bénéficie pas.

298 L'asphyxie jurisprudentielle du forfait-jours. Véritable E.T. du droit de la durée du travail, le forfait-jours a fait l'objet d'une lente asphyxie jurisprudentielle : chimie, commerce de gros, experts-comptables, Bâtiment, notariat, supermarchés, hôtels, cafés, restaurants... Sous son visa habituel de huit lignes, trop riche pour être vraiment honnête et additionnant des textes internationaux de portée différente en droit interne, la Cour a estimé 23 fois en sept ans que les stipulations d'une convention de branche – pourtant étendue par le ministère du Travail – n'étaient pas « *de nature à garantir que l'amplitude et la charge de travail restent raisonnables et assurent une bonne répartition, dans le temps, du travail de l'intéressé, et, donc, à assurer la protection de la sécurité et de la santé du salarié* ». Ajoutant le 19 mai 2021 « *qu'il appartient au juge de contrôler*, même d'office, *si les stipulations de l'accord collectif applicable sont de nature à les assurer* ». Le juge est-il mieux placé que les partenaires sociaux signataires pour l'apprécier ?

Ces censures successives, aux conséquences rétroactives ingérables pour des centaines de milliers de cadres (et ayant conduit les ordonnances de septembre 2017 à inviter le juge à ne pas faire forcément jouer la rétroactivité en cas d'annulation : art. L. 2262-15, appliqué par la Chambre sociale le 13 janvier 2021) ont fait grand bruit dans les entreprises se demandant si le forfait-jours était encore utilisable. Insécurité judiciaire qui peut finir par étouffer ce système adapté à la révolution de l'immatériel, initié et mis en œuvre par des syndicats représentatifs se voyant ainsi, négociateurs de branches et d'entreprises confondus, renvoyés au rayon des « idiots utiles » car sacrifiant par leur impéritie la santé des salariés.

299 Un mode d'emploi jurisprudentiel nettement plus contraignant que la loi. La Cour de cassation a donné le 22 juin 2017 son (toujours très prétorien) mode d'emploi du forfait-jours, encore et toujours placé sous le signe d'une grande défiance à l'égard des partenaires sociaux, décidément peu soucieux de la santé physique ou mentale des cadres autonomes... Le petit problème est qu'après la lecture de l'arrêt, on a des doutes sur cette « autonomie » autorisant justement le recours au forfait jours.

1 - « *Toute convention de forfait en jours doit être prévue par un accord collectif dont les stipulations assurent la garantie du respect des* ***durées maximales de travail*** *ainsi que des repos, journaliers et hebdomadaires* ». Or l'article L. 3121-62 indique que ces durées maximales de travail ne sont justement pas applicables au forfait-jours...

2 - « *Répond aux exigences relatives au droit à la santé et au repos, l'accord selon lequel ces personnels sont soumis à un forfait annuel en jours évalué à* ***deux cent neuf*** *jours par an, en ce qu'il prévoit que :*
- *les cadres sont* ***tenus de déclarer régulièrement*** *dans le logiciel « temps » en place dans l'entreprise le nombre de jours ou de demi-journées travaillées ainsi que le nombre de jours ou de demi-journées de repos et qu'une consolidation est effectuée par la direction des ressources humaines pour contrôler leur durée de travail ;*
- *au cours de* ***l'entretien annuel d'appréciation,*** *le cadre examine avec son supérieur hiérarchique la situation du nombre de jours d'activité au cours de l'exercice précédent au regard du nombre théorique de jours de travail à réaliser, les modalités de l'organisation, de la charge de travail et de l'amplitude de ses journées d'activité, la fréquence des semaines dont la charge a pu apparaître comme atypique ;*
- *toutes* ***mesures propres à corriger cette situation*** *sont arrêtées d'un commun accord ;*
- *s'il s'avère que l'intéressé n'est pas en mesure* ***d'exercer ses droits à repos****, toute disposition pour remédier à cette situation sera prise d'un commun accord entre le cadre concerné et son manager* ».

3 - « *Enfin, la cour d'appel a relevé que la mise en œuvre du forfait-jours avait fait l'objet d'un* ***suivi régulier*** *par l'employeur, et fait ressortir que celui-ci avait veillé à ce que la* ***charge de travail*** *de la salariée ne soit pas excessive* ».

La confiance nécessairement due à un cadre par définition « *autonome* » n'exclut donc pas la multiplication des contrôles patronaux ... contredisant nécessairement cette « autonomie ».

300 **Deux sanctions distinctes, selon la source de l'illicéité :**

1 - si les stipulations de l'accord (branche ou/et entreprise, l'un pouvant rattraper les vides de l'autre) ne sont pas conformes aux exigences jurisprudentielles, c'est irrattrapable (une note de service ne servira à rien) ; le forfait-jours signé est nul, rétroactivement : rattrapage des heures supplémentaires sur 36 mois, mais pas travail dissimulé faute d'élément intentionnel.

2 - Si c'est l'employeur qui n'a pas respecté les stipulations d'un accord collectif licite (ex. : entretien, suivi mensuel), la convention de forfait-jours est alors simplement « privée d'effet » (retour aux 35 heures et versement des heures supplémentaires) jusqu'à ce que l'employeur rentre dans les clous. Ainsi dans l'arrêt du 27 mars 2019, 46 363 euros d'heures supplémentaires pour ce Responsable Export « *dont l'employeur n'avait assuré aucun suivi de la charge de travail, faisant ainsi ressortir qu'il n'avait pas respecté les dispositions de l'accord collectif* ».

301 **Garantir par l'accord collectif des temps de repos effectif,** comme l'avait rappelé le Conseil constitutionnel dans sa décision du 29 juillet 2005. Dépasser l'amplitude maximale de 13 heures quotidiennes de travail ou envoyer des courriels comminatoires un peu tard ou très tôt est donc une bien mauvaise idée, même si le cadre au forfait jours travaille à son domicile

Idem pour le repos *hebdomadaire* communautaire d'au minimum 24 heures + 11 heures = 35 heures ; aucun travail, « *directement ou indirectement commandé* » (CS, 9 juill. 2020), ne peut y porter atteinte : ce qui écartera tout reproche sur les soi-disant 78 heures hebdomadaires de travail (13 heures x 6 jours).

Résumé : une semaine « charrette » à 51 heures, bon ; six semaines de suite, non.

***A fortiori* depuis l'arrêt de la CJUE du 14 mai 2019** soulignant « *l'importance du droit fondamental de chaque travailleur à des périodes de repos journalier et hebdomadaire* », l'inspection du travail qui a eu le sentiment d'être mise à la porte du contrôle de leur temps *de travail*, peut rentrer par la fenêtre grâce à celui des temps *de repos* qui, pour un cadre, nécessitent une période de refoulement du professionnel le samedi, jusqu'à l'émission *Capital* du dimanche soir sur M6 lui permettant de se reconnecter pour le lundi matin.

« CHARGE DE TRAVAIL » : LE ROI EST NU

Compteurs

La notion de « charge *mentale* » est beaucoup plus difficile à appréhender que la bonne vieille charge *pondérale* de l'ouvrier métallo ou du BTP que l'on retrouvait dans les critères de l'ex-Compte Pénibilité (*cf.* seuil de port de charges de « 7 500 kg/jour »). Or elle est omniprésente dans le nouveau régime du forfait-jours, et parfois aggravée par les pratiques collaboratives très chronophages démultipliées à l'occasion de la pandémie C19.

Article L. 3121-60 : « *L'employeur s'assure régulièrement que la charge de travail du salarié est raisonnable, et permet une bonne répartition dans le temps de son travail* ».

Mais c'est quoi, la « charge de travail » d'un cadre autonome ? Et *a fortiori* d'une manager devant, pendant les périodes de confinement, continuer à manager ses équipes à distance avec sept réunions Zoom et Slack par jour, tout en s'occupant de son petit dernier et en faisant la classe aux deux grands ? On comprend que ces télé-travaux forcés aient surtout laissé de mauvais souvenirs aux jeunes femmes en (triple) activité...

Objectivité du temps de travail, subjectivité de la charge mentale

Dans la conception *manu*-facturière sur laquelle s'est construit notre Code, c'est la durée du travail qui régule collectivement la charge de travail, toute exportation du travail étant alors physiquement impossible (loi de la pesanteur). Mais pour contrôler, il faut d'abord connaître. Or côté entreprise, il faut être courageux pour se lancer dans une Co-Opération Vérité sur ce concept explosif (« *charge* » : c'est du lourd, comme « *charges* sociales ») mais très médiatisé, du *burn-out* (sur-charge) au bore-out (sous-charge/placardisation).

BOÎTE DE PANDORE...

Car comme le montrent les remarquables travaux de l'ANACT, la charge de travail recouvre trois visions différentes, dont il faut faire la synthèse pour comprendre.

1. Vue « *Top* ». Le travail prescrit au titre du pouvoir de direction du chef d'entreprise, avec objectifs à atteindre, *process* et *reportings* : l'inverse de la vraie vie au quotidien.

2. Vue « *Down* ». Le travail réel effectué par le collaborateur ou l'équipe, tous les jours confronté à des problèmes « *pas marqués dans le manuel* ». À commencer par des défaillances dans l'organisation, humaines mais aussi techniques : par exemple des irritants liés à des outils inadaptés (le sommet : les *reportings* inutiles sur des fichiers informatiques incompatibles). Seuls les salariés et leur collectif de travail les connaissent vraiment. Ils pourront profiter de la relance du droit d'expression directe et collective voulue par la loi du 8 août 2016 avec sa négociation sur « *la mise en place de dispositifs de régulation de l'utilisation des outils numériques, en vue d'assurer le respect des temps de repos et de congé ainsi que de la vie personnelle et familiale* ».

3. Vue « *Moi* ». La charge de travail ressentie est différente selon chaque salarié : sa personnalité, sa formation, son écosystème personnel mais aussi professionnel : marges de manœuvre, soutien des collègues, charge cognitive ou communicationnelle vécue différemment par un Y grisé par la vitesse et un senior : l'effort intellectuel augmentant avec l'âge, la charge mentale aussi.

Sans parler du sens et de la reconnaissance, qui changent tout.

Il faut donc commencer par connaître : baromètre semestriel sur la qualité de vie, remontée des entretiens individuels, groupes d'expression sur le réseau social interne avec recherche sémantique informatisée...

Discuter plus que mesurer, car l'approche volumétrique oublie souvent la charge mentale.

SECTION II Le triomphe de l'aménagement conventionnel du temps de travail (1982-2020)

302 Renversement dont l'Histoire est friande. Hier, la durée du travail était considérée comme le noyau dur de l'ordre public de protection (« *les femmes et les enfants d'abord* » de la loi de 1841), et constituait la principale revendication des salariés à l'égard de leur employeur, mais également de l'État-gendarme. Or depuis 1982, elle est devenue le Cheval de Troie de la flexibilité dans l'entreprise, le laboratoire expérimental d'un nouveau droit du travail, les lois successives devenant toujours plus permissives avec le passage au secteur tertiaire puis quaternaire, aux horaires beaucoup plus aléatoires que le mineur de fond ou l'employé de bureau.

303 Phénomène commun à de nombreux pays d'Europe : les pouvoirs publics voulant privilégier la flexibilité interne pour éviter les licenciements, mais ne voulant pas revenir sur des lois historiques, la négociation (forcément collective, pas individuelle car sinon, dès l'embauche...) qui permet de déroger à celles-ci a été favorisée. Seconde surprise : alors que depuis leur naissance les conventions collectives avaient cherché à *limiter* le pouvoir patronal, les accords dérogatoires à la loi permettent depuis 1982 *d'élargir* celui-ci : travail par cycle, annualisation des horaires, forfaits annuels. Des PME se plaignant de ne pas disposer de délégués syndicaux afin de pouvoir signer un accord suscitent elles-mêmes des vocations syndicales : c'est le monde à l'envers, y compris pour les syndicalistes, qui doivent assumer cette très lourde responsabilité après avoir dû signer hier des accords liés aux PSE en particulier après l'épidémie C19, ou des accords de performance collective permettant de travailler plus (ex : 39 h au lieu de 35 h) pour un salaire mensuel identique afin de sauver des emplois.

Ou depuis la loi du 17 juin 2020, l'« Activité Partielle de Longue Durée » (APLD), succédanée du gigantesque chômage partiel qu'a connu la France en mars-avril 2020, est destinée à permettre, par accord collectif aux entreprises (ex : automobile, aéronautique, grandes sociétés mais aussi leurs sous-traitants) de reprendre graduellement leur activité sans perdre leurs compétences. L'État finance l'activité partielle, avec en contrepartie le maintien de l'emploi pendant la période de l'accord collectif (32 milliards d'euros pour 2020).

§1 De la *dérogation* par accord d'entreprise (1982) à la *supplétivité* de l'accord de branche (2017)

304 La norme juridique, mais de moins en moins sociale, reste en principe l'horaire légal collectif classique à 35 heures hebdomadaires. La dérogation (au sens étymologique : faire *différent,* pas forcément moins favorable, malgré l'opposition pédagogique mais spécieuse *in melius/in pejus, cf.* le forfait-jours) est donc soumise à des conditions préalables, mais à chaque loi de plus en plus permissives.

Mais, même après la loi du 8 août 2016 :

- la dérogation ne peut intervenir que lorsqu'elle a été prévue *par un texte légal,* l'autorisant expressément, et dans les limites fixées par ce texte. Si ce n'est pas le cas, l'employeur encourt des sanctions pénales, et l'accord n'est pas « très dérogatoire » mais frappé de nullité, avec retour rétroactif à la norme des 35 heures hebdomadaires. Le 24 janvier 2018, une multinationale de services informatiques n'ayant pas bien compris les exigences du forfait-jour a ainsi été condamnée par la cour d'appel de Toulouse à un rappel rétroactif d'heures supplémentaires de près de 10 millions d'euros...
- Un accord collectif doit permettre ce recours, la loi du 8 août 2016 ayant, sauf exception, donné ici priorité/primauté à l'accord d'entreprise, élargie par l'ordonnance du 22 septembre 2017. Mais le législateur ne pouvait ignorer que plus de la moitié des salariés français travaillent dans des PME dépourvues de délégués syndicaux. C'est la raison pour laquelle la plupart des dérogations peuvent intervenir à la suite d'accords de branche « d'accès direct » à la flexibilité. En l'absence de délégués, la PME de Cavaillon pourra annualiser ses horaires ou proposer à ses salariés autonomes et volontaires des forfaits-jours *si* le syndicat national des distributeurs de fruits et légumes a signé, avec un ou plusieurs syndicats représentatifs de la branche, un accord spécifique. Dans certains secteurs atomisés où les besoins de flexibilité sont justement très forts, la branche continue donc légitimement à occuper une place privilégiée, même après les ordonnances de septembre 2017. Mais aujourd'hui surtout préoccupées par leurs restructurations, les branches ne s'occupent guère de leur TPE (V. Titre 3).

§2 L'annualisation des horaires depuis 2016

305 **Pics, creux et diminution de la masse salariale.** Pour les entreprises de plus en plus nombreuses soumises à de forts pics et creux d'activité (le client-roi veut tout, tout de suite), l'annualisation constitue une solution financièrement très avantageuse. Faute d'accord en ce sens, elles doivent en période de forte charge multiplier les heures supplémentaires majorées qui succèdent à des creux, contraignant à une mise en activité partielle également coûteuse pour elles malgré les réformes récentes.

Si, en revanche, un accord « d'annualisation » est signé, la durée et la répartition des horaires restent identiques, les pics d'activité succédant toujours aux creux. Mais disparaissent, du moins si cette annualisation est bien gérée, toute rémunération différenciée des heures supplémentaires ou du chômage partiel (devenu « activité partielle » : un salarié sur trois en avril 2020, lors de la crise C19) repos compensateur et imputation sur le contingent annuel : gain financier considérable pour l'entreprise... et déception pour les salariés.

Seule contrainte : l'accord permettant d'y recourir doit prévoir des « contreparties » : augmentation de salaires, réduction du temps travaillé. Mais ce miracle économique financièrement défavorable aux salariés visés n'intervient que si, à la fin de l'année ou dans la période retenue par les partenaires sociaux, la moyenne des horaires hebdomadaires s'établit pour *chaque* salarié à 35 heures hebdomadaires ou 1 607 heures annuelles au maximum.

306 **L'idée est que, les pics ayant compensé les creux,** le salarié a (fictivement) accompli régulièrement 35 heures hebdomadaires sur les 47 semaines travaillées, et sera rémunéré sur cette base. Son salaire mensuel sera lissé (autre *dérogation* à la loi, car il ne correspond pas aux horaires réellement effectués) à un niveau unique équivalant à 35 heures par semaine, une régularisation éventuelle intervenant en fin d'année, en plus ou en moins. Bref, toujours des heures supplémentaires hebdomadaires... mais sans heures supplémentaires payées à l'année.

Même si la loi de 2016 a permis de se passer de l'accord exprès de chaque collaborateur visé, rarement ravi de perdre ses majorations pour heures supplémentaires, la gestion d'une annualisation reste d'une extrême complexité. Car elle s'applique à chaque salarié pris individuellement : que l'un soit malade et l'autre absent trois jours ou gréviste trois heures, les calculs nécessitent un puissant logiciel. Sans parler des salariés démissionnant avant la période haute à qui il faudrait demander un remboursement (en pratique, jamais), ou tout simplement de la météo ou d'une grève SNCF qui bouleversent fin novembre des plannings chèrement négociés avec les syndicats.

307 **Lieu habituel de la régulation sociale**, mais aussi instrument anti-*dumping* interne car une fois étendue elle s'applique à tous (y compris aux PME sans délégué syndical), la branche où l'équilibre de la négociation est mieux assuré est devenue subsidiaire depuis les ordonnances de septembre 2017. Chaque entreprise peut créer ses propres normes négociées, avec une diversification des règles entre entreprises d'un même secteur, et entre les TPE/PME et les plus grandes.

« Et moi, et moi, et moi » : il était prévisible que l'individualisation de notre société d'individus touche ensuite les entreprises voulant désormais être *auto-normes* : secréter leurs propres règles. Ce qui évidemment motive peu les inspecteurs du travail à se lancer dans un vaste contrôle exigeant un investissement considérable, pour une seule entreprise.

Mais : 1. N'était-ce pas déjà le cas auparavant ? 2. Nettement plus gênant : sur le terrain, dans la vraie vie et non celle rêvée de certains « petits juristes » (à l'instar du « petit chef » qui, comme l'inspecteur Javert ont perdu de vue le but du Droit), le monstre juridique qu'est notre « droit » de la durée du travail a-t-il encore une réalité sociale ?

308 **Car restant malgré les textes récents d'une abracadabrantesque complexité pour un droit d'application quotidienne**, le droit français de la durée du travail est aujourd'hui le siège d'un double paradoxe :

- la majorité des entreprises ignore par manque d'information, mais aussi car elles ne veulent pas remettre en cause l'équilibre politique, social et économique (allègement de charges) de leurs accords 35 heures, les immenses possibilités de flexibilité individuelle et collective désormais offertes par accord collectif ; *a fortiori* depuis les cinq lois qui ont fini par détricoter à peu près totalement les lois 35 heures depuis l'an 2000, sur lesquelles les gouvernements de 2012 puis 2017 ne sont pas revenus : lorsque par exemple les heures supplémentaires ne sont plus majorées que de 10 %...

- Tout ce droit repose encore sur la capacité de l'employeur à contrôler les « *horaires* » effectués. Or avec le développement du télétravail au domicile, les rudes méthodes de contrôle de Frédérick Taylor sanctuarisées en 2021 par la Chambre sociale semblent un peu décalées...

Un nouveau droit du travail, plus individualisé pour les salariés mais aussi plus contractuel côté entreprises, est en train de naître, *a fortiori* avec la priorité donnée à l'accord *d'entreprise* par les ordonnances du 22 septembre 2017.

Chapitre 3

Rémunérations du travail

309 « ***Salarium-ii : ration de sel, puis solde pour acheter du sel*** » **(Gaffiot).** Le salaire est le revenu essentiel d'une famille mais aussi, avec les cotisations sociales afférentes, l'un des principaux postes de charges pour l'entreprise. Ce thème cristallise donc tous les autres, quand il ne les dissimule pas : dans nombre de conflits collectifs, la revendication unifiante et mobilisatrice d'une augmentation masque parfois une contestation des conditions de travail.

Le caractère vital du *salarium*, élément substantiel par essence du contrat d'un *salarié*, conduit la Cour de cassation à donner de solides moyens au collaborateur voulant faire respecter ses droits. Outre l'interdiction légale de toute sanction pécuniaire (ex. : suppression d'une prime de 60 € suite à une faute disciplinaire) :

- individuellement : *« Le mode de rémunération contractuel constitue un élément du contrat qui ne peut être modifié sans son accord, peu important que le nouveau mode soit plus avantageux »* : le salarié peut prendre acte si on lui impose une modification ;
- collectivement : *« Le mouvement de grève était notamment motivé par le non-paiement des heures supplémentaires, et donc par un manquement grave et délibéré de l'employeur à ses obligations » :* il était donc non seulement licite, mais devait être intégralement payé (CS, 3 mai 2007).

310 **De la *« paie »* à la *« rétribution »* :** la politique des rémunérations joue un rôle majeur dans la politique sociale de chaque entreprise. Cette question était traditionnellement envisagée par nombre de juristes dans une optique réglementaire et protectrice, centrée sur le salaire *stricto sensu*. Mais l'évolution économique et RH l'a intégrée dans une approche plus globale d'attractivité puis de fidélisation. Si le salaire n'est pas, surtout pour les nouvelles générations, l'unique motivation du salarié (bien que l'argent aide à supporter la pauvreté), son caractère limité ou peu évolutif constitue un facteur de démotivation, particulièrement pour les meilleurs collaborateurs chassés par la concurrence et que l'entreprise doit au contraire chercher à attirer puis fidéliser...

SECTION I La réglementation du salaire

311 **Liberté contractuelle.** Comme l'avait rappelé le Conseil constitutionnel le 11 juin 1963, *« la fixation des rémunérations salariales... relève de contrats librement* *passés entre les employeurs et les salariés* ». Dans l'exercice de cette liberté, l'employeur doit tenir compte de l'ordre public général *(§ 1)*, de l'ordre public social *(§ 2)*, mais aussi de la nécessaire rigidité du lien contractuel en ce domaine.

§1 L'ordre public général

312 **L'ordre public général interdit les pratiques discriminatoires.** Les textes interdisant les *discriminations* (raciale, religieuse, syndicale...) visent expressément salaires et avantages sociaux (ex. : différence de rémunération fondée sur l'un des 24 motifs énumérés à l'article L. 1132-1). Malgré l'arrêt Ponsolle (V. *infra*), les politiques d'individualisation des salaires trouvent cependant leur légitimité dans l'exercice non discriminatoire du pouvoir de direction : « Gouverner, c'est choisir », et *différencier* n'est pas *discriminer*.

Les préoccupations d'ordre public économique ont justifié, pour lutter contre une forte inflation, des mesures allant jusqu'au blocage des salaires. Le principe de liberté l'a cependant emporté, et il n'en subsiste plus que les ordonnances de 1958 interdisant les clauses d'indexation : toute référence contractuelle ou conventionnelle au niveau général des prix ou au SMIC est interdite, la sanction de cette interdiction étant la nullité absolue de la clause d'indexation, mais pas du contrat ou de l'accord collectif.

313 **Prescription des salaires :** « *L'action en paiement ou en répétition du salaire se prescrit par trois ans à compter du jour où celui qui l'exerce a connu, ou aurait dû connaître, les faits lui permettant de l'exercer* » (art. L. 3245-1).

§2 L'ordre public social

Le principe d'ordre public social impose le respect de certains minima, ainsi que la limitation des conventions de forfait.

314 **UE : des minima légaux en expansion.** S'il existe dans de nombreux pays des salaires minima, la technique est souvent différente : aux pays du « *collective bargaining* » (Grande-Bretagne) ou de la « *Tarifautonomie* » (Allemagne), il revient d'abord aux partenaires sociaux de le fixer, ne serait-ce que pour montrer aux salariés l'immense avantage d'être syndiqué puisque dans ces pays seuls les travailleurs syndiqués bénéficient en principe des avantages conventionnels. Mais le nombre de salariés non couverts, les distorsions de concurrence et les poches de pauvreté que ce système pouvait engendrer ont fait basculer la Grande-Bretagne, puis l'Autriche, enfin l'Allemagne (qui a depuis 2015 un salaire minimum : 9,60 € au 1er juin 2021) dans le groupe des 21 États-membres ayant un *minimum salarial national* : solution permettant aussi de limiter le *dumping* social au sein de l'UE, relancé par l'arrêt Rüffert s'agissant de travailleurs détachés.

Faut-il aller plus loin, et créer *un* salaire minimum communautaire ? Unique et uniforme n'aurait pas de sens. Et les pays nordiques sont vent debout contre une telle mesure qui remettrait en cause leur système de négociation collective. En 2020, le minimum brut luxembourgeois était de 12,40 euros, britannique de 10, espagnol de 5,80, et bulgare de 1,90. Parfois en très forte augmentation ; **depuis 2004, le salaire minimum a progressé de 200 % en Pologne, 367 % en Bulgarie et 556 % en Roumanie.** Si la productivité, est parfois bien différente, l'écart reste de 1 à 7 en brut, et de 1 à 3 en tenant compte des niveaux de vie, Le nombre des salariés visés étant lui aussi fort différent : moins de 3 % en Espagne, au Royaume-Uni ou en Pologne, 10 % au Luxembourg ou en Roumanie et 11 % en France : 1,6 million.

Avec en France une répartition très variable : en 2020, 0,4 % des salariés de l'Énergie (EDF...), contre 35 % dans l'hébergement-restauration, 3 % dans l'assurance ou la finance contre 16 % dans la santé ou l'action sociale. Sachant que 25 % des travailleurs à temps partiel sont au SMIC : 59 % dans l'hébergement-restauration, et 31 % dans le commerce.

315 Un minimum légal injustement contesté : le SMIC. Quel que soit son statut sur le territoire français, tout salarié a droit à une rémunération minimale au moins égale au SMIC par heure effectuée, quel que soit le mode de rémunération pratiqué (même le travailleur à domicile, ou à la grande autonomie), quelles que soient les stipulations de son contrat. Si 16 % des salariés étaient au SMIC en l'an 2000, 13 % des temps plein le sont aujourd'hui... mais 30 % des travailleur(e)s à temps partiel.

Salaire minimum et dignité. Ce « salaire minimum interprofessionnel *de croissance* » (SMIC), qui n'a rien à voir avec le salaire *minimum garanti*, doit permettre d'assurer aux salariés dont les rémunérations sont les plus faibles « *la garantie de leur pouvoir d'achat et une participation au développement économique de la Nation* ». De très nombreux salariés étant payés au voisinage du SMIC, toute augmentation de ce dernier touche évidemment les 1,6 million de Smicards du champ concurrentiel, mais a des effets bien au-delà.

Au 1er septembre 2021, le montant du SMIC est de 10,25 euros bruts de l'heure, soit 1 555 euros bruts pour un horaire hebdomadaire de 35 heures. Mais pour le Smicard : 8,11 euros nets par heure, 1 231 euros nets mensuels après déduction de la CSG et de la CRDS. À 63 % des femmes, à 37 % des employés et 22 % des ouvriers *non qualifiés* : 27 % des femmes occupent des postes non qualifiés, contre 16 % des hommes. Et si 30 % des moins de 25 ans sont au SMIC, 40 % des Smicards ont plus de 40 ans.

316 Comment fonctionne le SMIC ? Il est automatiquement indexé sur l'indice des prix Insee, lorsque celui-ci augmente de plus de 2 %. Hier tous les trois mois...

Chaque 1er janvier ensuite, le gouvernement décide d'un réajustement, lui assurant au minimum une progression au moins égale à la moitié de l'augmentation du pouvoir d'achat des salaires moyens (dans SMIC, il y a « croissance »). L'objectif est d'éviter toute distorsion durable entre sa progression et l'évolution des conditions économiques générales et des revenus, qui avait abouti en juin 1968 à une augmentation en forme de rattrapage de + 33 %. Mais en pratique, cette revalorisation discrétionnaire du SMIC est très largement influencée par le contexte économique, et les préoccupations politiques du moment.

317 ***« Le cœur et la raison font sablier ».*** Par effet naturel de contagion, une forte augmentation du SMIC oblige alors beaucoup d'entreprises, et en particulier les TPE/ PME à augmenter leurs bas salaires (SMIC = voiture-balai, et donc police gouvernementale des salaires) jusqu'à 1,4 SMIC, tout en ne pouvant éviter un écrasement des bas salaires et une place plus réduite accordée à la négociation collective. Mais le coût *global* du SMIC français (salaire + cotisations sociales, de plus en plus réduites à ce niveau), le 5e en Europe, a également des effets pervers sur l'emploi, surtout celui des jeunes et des non-qualifiés : + 1 % du SMIC = – 1,5 % de Smicards. Plus d'un salarié sur quatre des entreprises des TPE (moins de 10 salariés) est enfin payé au SMIC : une augmentation rapide les frappe donc beaucoup plus que les grandes entreprises, où seulement 5 % des salariés sont smicards : 2 % dans la banque, mais 38 % dans l'hôtellerie et 43 % dans la Boulangerie. 26 % des temps partiels sont enfin au SMIC : le problème de ces « travailleurs pauvres » est moins le faible niveau du SMIC que le faible nombre d'heures qu'ils peuvent effectuer chaque mois.

318 **Des minima *conventionnels* de branche en principe impératifs**, même après les ordonnances du 22 septembre 2017 car ils appartiennent au bloc 1, où c'est la branche qui décide : « *La convention de branche peut définir les garanties applicables dans les matières suivantes : 1° Les salaires minima hiérarchiques* » (art. L. 2253-1), ce qui exclut par exemple les multiples primes.

Quatre plus tard, l'exception « G.A.M.E ». à cette prévalence de la Branche, visée par le dernier alinéa, (« *sauf lorsque la convention d'entreprise assure des **garanties au moins équivalentes** cette équivalence des garanties s'appréciant par ensemble de garanties se rapportant à la même matière* »), ne connaît guère de succès.

SECTION II Primes d'objectifs : éviter le tout contractuel

319 ***« On n'est pas aux pièces ! ».*** Rien de vraiment nouveau depuis la bonne vieille rémunération au rendement. Si le contrat de travail est caractérisé par une obligation de moyens, rien n'empêche d'intéresser financièrement le collaborateur à ses propres résultats ; ou plutôt à ceux de son équipe car, in fine, la performance d'une entreprise est nécessairement collective. Ainsi, Bosch-Allemagne a supprimé en 2016 les bonus individuels « *contraires à un travail qui fait du sens, s'effectue dans un environnement professionnel solidaire et participatif, où la conciliation vie privée / vie pro-*

fessionnelle est prise en compte ». Et de plus en plus d'entreprises fixent aujourd'hui à leurs dirigeants des primes objectifs sonnantes et trébuchantes en matière environnementale.

320 **Récompenser les meilleurs est légitime,** même s'il convient de faire attention aux multiples effets pervers de cette individualisation hier dans le vent, à commencer par la construction d'une immense usine à gaz à douze variables (pas si variables, V. *infra*) pour aboutir à la conclusion qu'elle est sans effet sur les performances des meilleurs, passionnés par leur travail, mais démobilise le gros de la troupe. Au-delà des trois grosses bourdes parfois commises, comment articuler cette indexation avec le désormais très rigide droit de la modification du contrat, particulièrement en matière salariale qui en constitue le noyau dur ?

§1 Les trois grosses gaffes (GG) à éviter

321 ***« Ce sont les meilleurs qui partent »*** : l'adage populaire se vérifie en cas de modification de la rémunération *contractuelle,* par exemple de commerciaux pour lesquels le marché est devenu très porteur. Leur accord individuel étant nécessaire et le recours au juge pour trancher un éventuel différend très théorique, n'est-ce pas leur offrir un droit annuel à la prise d'acte ? Car leur refus de vendre désormais des rollers à la place des trottinettes en raison d'un taux de commission contractuel différent ne peut constituer une faute, ni une cause réelle et sérieuse de licenciement pour motif économique, sauf si cette modification est le résultat d'un accord de performance collective (voir infra). Dans la même optique, « *la disparition de la partie variable constitue une modification du contrat nécessitant l'accord du salarié* » (CS, 8 juin 2016).

Un DRH néophyte provoquant le départ pour la concurrence de ses 56 meilleurs commerciaux, suite à la modification imposée par note de service d'une prime d'objectif, réunit les éléments de son propre licenciement pour insuffisance professionnelle (sur l'impact d'un défaut de résultat sur la rupture, V. *infra*).

322 **Interdiction des discriminations :** est-il nécessaire de rappeler qu'ici comme ailleurs, une « prime de choix » (!), différente dès l'embauche pour les hommes et les femmes, est à la fois civilement et pénalement fautive ? Ou qu'« *un représentant du personnel ne doit subir aucune perte de rémunération du fait de l'exercice de sa mission* », son salaire devant être le cas échéant reconstitué pour neutraliser ses absences au titre des heures de délégation ?

323 **Interdiction des sanctions pécuniaires :** en matière de rupture, l'insuffisance de résultat invite le juge à vérifier « *si les objectifs fixés étaient réalistes et si le salarié était en faute de ne pas les avoir atteints* ». Mais si l'entreprise se place sur le terrain disciplinaire pour réduire une prime, elle peut se voir reprocher une sanction pécuniaire illégale. Ainsi a été annulée la réduction d'une prime de rendement pour « *manque de motivation au travail* » et, de façon plus surprenante, le retrait d'une voiture de fonction, retrait pourtant contractuellement prévu en cas de non-réalisation d'un certain chiffre d'affaires : la Chambre sociale a une vision panoramique du très protecteur droit disciplinaire.

§2 Évolution de l'activité et rigidité du contrat

324 Fin de la contractualisation d'un pouvoir discrétionnaire : « *La clause par laquelle l'employeur se réserve le droit de modifier, en tout ou partie, le contrat de travail est nulle comme contraire aux dispositions de l'article 1134, alinéa 2 du Code civil, le salarié ne pouvant pas renoncer aux droits qu'il tient de la loi.* » Toujours repris depuis, l'arrêt du 27 février 2001 interdisant les clauses de variation discrétionnaires a autant surpris les directeurs commerciaux que conforté des directions juridiques jusqu'ici bien isolées. Objet déterminé ou déterminable du contrat (« Prime liée à l'existence de résultats jugés suffisants par la hiérarchie » : illicéité, CS, 27 juin 2000), clause purement potestative ou loi des parties ne pouvant être modifiée sans l'accord de tous. Mais alors, comment motiver financièrement des commerciaux vendant hier des milliers de trottinettes, alors que ce marché s'effondre ? Les arrêts du 2 mars 2011, où la Chambre sociale a rappelé l'opposition rigidité contractuelle/exercice du pouvoir de direction, ont sonné la mort de la contractualisation.

325 Décontractualiser les objectifs. Risquant donc de devenir un ticket-départ annuel, la bonne vieille contractualisation individuelle des objectifs appartient au passé. « *Les objectifs peuvent être définis unilatéralement par l'employeur dans le cadre de son pouvoir de direction* » ; l'arrêt du 22 mai 2001 a bouclé l'évolution jurisprudentielle (du tout-contractuel au tout-unilatéral) même si bien sûr une éventuelle signature peut faire croire non à une simple acceptation mais à une véritable contractualisation. Décontractualisation nettement encouragée côté entreprise par l'arrêt Néopost du 2 mars 2011 : « *Lorsque les objectifs à réaliser pour bénéficier d'une prime sont définis unilatéralement par l'employeur dans le cadre de son pouvoir de direction, celui-ci peut les modifier dès lors qu'ils sont réalisables* (situation du marché, conditions d'exercice de l'activité), *et qu'ils ont été portés à la connaissance du salarié en début d'exercice.* »

326 Six conditions cumulatives : 1. la prime d'objectifs doit être fondée sur des éléments… *objectifs et réalistes* ; 2. les objectifs fixés ne peuvent évidemment pas être modifiés en cours d'exercice (CS, 8 avr. 2021 : le salarié les avait atteints trop rapidement !) 3. Être indépendants de la *volonté* de l'employeur (CS, 9 mai 2019 : les honoraires servant de base de calcul étaient fixés par la direction) ; 4. il doit fournir au salarié les moyens de les réaliser ; 5. le calcul ne fait pas porter le *risque de l'entreprise* sur le collaborateur ; 6. n'a pas pour effet de réduire la rémunération en dessous des *minima légaux et conventionnels.*

Tout ça pour ça ? Car *in fine*, la performance d'une entreprise est collective.

SECTION III Différenciation licite, discrimination illégale et égalité de traitement en matière de rémunération

327 « *Il n'y a de discrimination que si le traitement défavorable infligé au salarié est fondé sur un des motifs prohibés par l'article L. 1132-1 du Code du travail* ». À juste titre, l'arrêt du 7 avril 2019 continue à séparer deux concepts souvent confondus de façon confondante au niveau communautaire, avec une contagion française depuis le curieux arrêt du 3 avril 2019.

1 – **La discrimination est en droit français une différenciation *toujours illégale*** car reposant sur un motif interdit par l'article L. 1132-1. Point n'étant donc besoin de se comparer à autrui : activités syndicales ou grève pour s'en tenir au droit du travail. Et en termes politiques, une discrimination porte atteinte à nos « valeurs républicaines », ce qui n'est pas le cas d'une inégalité de traitement entre Pierre et Paul.

2 – **Inégalité de traitement :** la comparaison avec des situations identiques ou voisines de collègues est ici un exercice obligé mais souvent délicat, car à travail inégal, salaire inégal.

Bref, à la discrimination, forcément illégale, s'oppose une inégalité de traitement pouvant être licite si elle est justifiée par « *des raisons objectives et matériellement vérifiables* ».

§1 Discrimination salariale femmes/hommes (art. L. 2242-5 et s.)

328 **C'est la plus vieille discrimination**, reposant sur l'idée que le salaire de la femme était un salaire d'appoint. Au-delà des craintes des maris de l'époque sur les mœurs nocturnes dans les usines, l'interdiction française du travail de nuit des femmes participait du même raisonnement, permettant de réserver aux hommes les primes allant avec.

Depuis plus de cinquante ans, textes européens, communautaires et français s'empilent régulièrement pour y mettre un terme : commencer par les appliquer éviterait gesticulation politique et nouvel effet mille-feuilles. Mais les très nombreux arrêts de la CJUE – l'essentiel des questions préjudicielles en matière sociale – ont fini par bousculer les habitudes des pays du Sud, même si la religion laïque de certains pays du Nord semblant confondre nécessaire égalité et totale identité n'est guère enthousiasmante : le « combat pour l'égalité » ne peut se résumer à une guerre anti-hommes.

Malgré la répression pénale existante, il reste du pain sur la planche : pour des salariés à temps complet, les écarts de rémunération seraient en France de 17 % : 6 % pour les employés, 19 % pour les cadres. Mais ces chiffres globaux ne tiennent pas compte des différences de secteurs économiques, ni des qualifications. Si dans l'UE les femmes gagnent *en moyenne* 15 % de moins que les hommes, plus de 40 % d'entre elles travaillent dans les secteurs de l'éducation, de la santé ou de l'administration publique (20 % d'hommes), et le travail à temps partiel (peu qualifié, peu de promotion) est féminisé à plus de 80 %.

En obligeant les listes syndicales (et les désignations prud'homales) à respecter une représentation H/F équilibrée, le droit va-t-il modifier le profil des négociateurs, et le résultat des négociations ? « *Il existe, aussi, une division sexuelle du travail militant* » (Yannick Le Quentrec, sociologue).

329 **Effets collatéraux.** Mais si l'on voit bien ce qui se passe pour deux collaborateurs du même service mais de sexe opposé, c'est la politique salariale elle-même qui pourrait être parfois remise en cause, selon la structure de l'entreprise (cadre/personnel d'exécution : le *plafond* de verre) mais surtout temps partiel/temps complet : les *parois* de verre, avec des secteurs très masculins ou très féminins : services à domicile, pour l'essentiel à temps partiel.

Une politique de non-discrimination peut enfin aboutir à remettre en cause des dispositions réservant des avantages aux mères (ex. : absences à cause d'un enfant malade, avantages de retraite par rapport aux hommes : voir CJUE, 17 juill. 2014). Bien des conventions collectives, mais aussi des usages d'entreprise ont dû être revus pour ce motif, la CJUE condamnant régulièrement la France sur ce terrain.

330 **Une discrimination *positive* licite** ? Ainsi de la prime octroyée par Renault aux femmes partant en congé maternité, « *destinée à compenser les désavantages professionnels qui résultent pour ces travailleurs de leur éloignement du travail* » (CJUE, 16 sept. 1999).

C'est sur cette même base, « *à la lumière de l'article 157 du traité sur le fonctionnement de l'Union européenne* », que la Chambre sociale a estimé le 12 juillet 2017 qu'un accord d'entreprise « *peut prévoir au seul bénéfice des salariées de sexe féminin une demi-journée de repos à l'occasion de la Journée internationale pour les droits des femmes* (le 8 mars), *dès lors que cette mesure vise à établir l'égalité des chances entre les hommes et les femmes en remédiant aux inégalités de fait qui affectent les chances des femmes* ». Les femmes seraient donc les seules à pouvoir aller manifester pour l'égalité, en sortant de l'entreprise où les hommes continuent à travailler ?

331 **Nécessaire au nom de l'égalité** mais aussi pour maintenir l'exceptionnel taux français de fécondité qui dynamise l'économie et financera nos retraites, la loi de mars 2006 a pris le taureau par les cornes en visant le retard salarial souvent pris par le(s) parent(s) prenant un congé maternité (ou paternité) : « *À la suite de ces congés, la rémunération est majorée des augmentations générales, ainsi que de la moyenne des augmentations individuelles perçues pendant la durée de ces congés par les salariés relevant de la même catégorie professionnelle ou, à défaut, de la moyenne des augmentations individuelles dans l'entreprise* » (art. L. 1225-26). Ce texte est le plus utile pour

limiter les décrochages en chaîne lorsque le 3e enfant paraît : au premier, le différentiel reste limité ; au troisième, il était rédhibitoire pour les mamans ayant enchaîné congés maternité et longs congés parentaux, avec des effets notoires sur le niveau ultérieur de leur retraite.

332 **Accord collectif ou plan d'action pour l'égalité.** Remanié par la loi du 5 septembre 2018, l'article L. 2242-8 prévoit une négociation annuelle sur l'égalité professionnelle entre les femmes et les hommes « *sur les objectifs et les mesures permettant d'atteindre l'égalité professionnelle entre les femmes et les hommes, notamment en matière de suppression des écarts de rémunération, d'accès à l'emploi, de formation professionnelle, de déroulement de carrière et de promotion professionnelle, de conditions de travail et d'emploi, en particulier pour les salariés à temps partiel, et de mixité des emplois* ». Et en l'absence d'accord relatif à l'égalité professionnelle, les entreprises d'au moins cinquante salariés sont soumises à une pénalité d'au maximum à 1 % des rémunérations et gains.

333 **L'index.** Depuis le 1er mars 2020, toutes les entreprises de plus de 50 salariés doivent publier chaque année des indicateurs relatifs aux écarts de rémunération, et en particulier avec un index sur 100 points calculé à partir de cinq indicateurs. Trois d'écarts : écart des rémunérations femme-homme, des augmentations individuelles, et des promotions. Puis deux autres indicateurs : nombre de salariées augmentées à leur retour de congé maternité, enfin nombre de personnes du sexe sous-représenté parmi les dix plus hautes rémunérations. Si le score obtenu par l'entreprise est inférieur à 75, elle doit se mettre en conformité dans un délai de trois ans. Après, si les résultats obtenus sont toujours en dessous, elle pourra se voir appliquer la pénalité financière. « *Plutôt que de donner cet argent au Trésor public, donnez-le aux femmes !* » (M. Pénicaud, 23 juin 2019).

Mais tant que la reproduction de l'espèce passera par les mamans, l'égalité de traitement en entreprise exigera un très solide volontarisme, y compris de la part des *manageures* elles-mêmes. Ce volontarisme sera-t-il aidé par la féminisation massive de la magistrature française (aujourd'hui, 80 % de femmes dans les promotions de l'ENM) ?

Sur « La lutte contre les discriminations au travail », voir n° spécial, Droit Social, avril 2020.

§2 Individualisation des rémunérations, pouvoir patronal unilatéral et égalité de traitement à la française

334 **Depuis le célèbre arrêt Mme Ponsolle du 29 octobre 1996**, où l'employeur n'avait pu avancer aucune explication (avouable) sur une curieuse différenciation entre deux assistantes de direction effectuant exactement le même travail, l'interdiction de toute discrimination salariale entre hommes et femmes entraînerait *a fortiori* une égalité de rémunération entre deux hommes, ou entre femmes : « *l'employeur est tenu*

d'assurer l'égalité de rémunération entre tous les salariés de l'un ou l'autre sexe, pour autant que les salariés en cause sont placés dans une situation identique... »

Ce glissement insidieux du principe de non-discrimination, forcément prohibé (art. L. 1132-1) et pénalement lourdement sanctionné à celui, ô combien plus large, d'égalité de traitement, est devenu arrêt après arrêt un toboggan jurisprudentiel au pays dont « *les citoyens sont animés par deux passions : celle de l'égalité, et celle du privilège* » (Ch. de Gaulle).

335 Or contrairement à une idée reçue, il n'est pas évident qu'existe en droit du travail un tel principe général d'égalité. La devise de la République vise l'égalité devant la loi, et le terme « égalité de traitement » de l'UE vise en réalité les discriminations : « *Le principe de l'égalité de traitement* (est) *l'absence de toute discrimination directe ou indirecte* » (refrain de l'article 2 des directives communautaires).

Côté Constitution enfin, quatre règles d'égalité n'ayant pas grand-chose à voir avec notre sujet : devant la loi, devant les charges publiques, d'accès aux emplois publics, entre les femmes et les hommes. Composée de fonctionnaires soumis à l'égalité aussi parfaite qu'hypocrite du majestueux statut de la fonction publique (tous égaux à l'euro près, sauf les primes dans les grands corps ou la magistrature, qui peuvent représenter la moitié de leur rémunération annuelle), la Chambre sociale avait voulu dans l'arrêt Ponsolle rendre plus transparente la fixation des salaires en sortant du seul contrôle, aussi nécessaire que légitime, des discriminations, une différenciation objective des rémunérations restant évidemment licite : « *Les augmentations individuelles ne peuvent être accordées de manière purement discrétionnaire : elles doivent correspondre à des critères objectifs et vérifiables* » (CS, 20 oct. 2001).

Face à l'individualisation à outrance et la concurrence interne instituée en système de gestion source de harcèlement managérial et de stress, remettre un peu de collectif dans cette guerre de tous contre tous n'est pas illégitime... à condition que ce ne soit pas en marchant sur les sources spécifiques du droit du travail.

336 Le toboggan de l'égalité. Car son principe d'égalité une fois posé, et comme c'était prévisible, la Chambre sociale a dû multiplier les exceptions. Au point qu'en 2014 le principe en question semblait faire figure d'exception. Mais rien que de très classique au pays dont « *les citoyens préfèrent l'égalité à la liberté* » (Tocqueville), surtout lorsqu'ils voient en pleine crise les écarts de rémunération passer de 1 à 100. Et là, pas de plafonnement.

337 Avantages issus du *pouvoir unilatéral* de l'employeur.

Dépassant la seule égalité salariale, la Chambre sociale exige ici que le juge ne se contente plus de « *raisons objectives et matériellement vérifiables* » : depuis l'arrêt du 15 mai 2007, « *la différence de traitement entre les salariés placés dans la même situation doit reposer sur des raisons objectives dont le juge doit contrôler concrètement la réalité et la pertinence* ».

La « ***réalité*** » pour éviter « la tête du client », bon.

Mais la « ***pertinence*** » ?

1 – La nécessaire comparaison doit se faire *individu par individu*, selon les fonctions effectivement exercées par chacun : la seule appartenance à la même catégorie professionnelle est sans portée. Mais à l'instar de la CJUE, l'arrêt du 6 juillet 2010 veut dépasser les titres au profit « des fonctions et des responsabilités » de chacun, dans les faits : en l'espèce *la* « RRH » siégeant au comité de direction comme les autres « directeurs » *(hommes)* a obtenu 87 400 euros de rattrapage.

2 – « *Le principe "à travail égal, salaire égal" n'a vocation à s'appliquer qu'à l'égard des salariés d'une même entreprise.* » Il ne s'applique donc pas au sein d'un groupe ou d'une unité économique et sociale, composée par définition de personnes juridiques distinctes.

3 – Mais entre établissements, si. Cependant la différence de traitement mise en place par un employeur entre les salariés d'un établissement situé en Île-de-France et ceux de Douai peut être justifiée par la disparité du coût de la vie, si elle est démontrée par l'entreprise (« *cause objective et pertinente* », CS, 14 sept. 2016).

338 Effet Toboggan – Tocqueville : « *Le désir d'égalité devient toujours plus insatiable à mesure que l'égalité progresse.* » Le 20 février 2008, la Cour de cassation avait fait son second Grand Bond en Avant, en sortant du principe « à travail égal, *salaire* égal » à propos d'un grand cabinet d'avocats, *a priori* social, qui avait accordé des Ticket-Restaurant (donc un avantage en nature) aux seuls non-cadres : « *La seule différence de catégorie professionnelle ne saurait en elle-même justifier, pour l'attribution d'un avantage, une différence de traitement entre les salariés placés dans une situation identique au regard dudit avantage : cette différence doit reposer sur des raisons objectives dont le juge doit contrôler la réalité et la pertinence* ».

Mais cette chasse jurisprudentielle aux pratiques patronales unilatérales, souvent jugées en France « à la tête du client » pouvait-elle concerner les différences issues de conventions collectives, âprement négociées et signées par nos partenaires sociaux en application de notre religion laïque de l'égalité ?

§3 *Avantages conventionnels* et égalité de traitement : du putsch judiciaire du 1er juillet 2009 au retour à la raison des arrêts du 27 janvier 2015

« *La royauté est anéantie, la noblesse et le clergé ont disparu, le règne de l'égalité commence* » (Maximilien de Robespierre, 30 septembre 1792).

A. - Acte I. Le putsch judiciaire de l'arrêt Pain, le bien nommé

339 « *Pour l'attribution d'un avantage, la seule différence de catégorie professionnelle ne saurait en elle-même justifier une différence de traitement entre les salariés placés dans une situation identique au regard dudit avantage, cette différence devant reposer sur des raisons objectives dont le juge doit contrôler concrètement la réalité* *et la pertinence* » (arrêt Pain, CS, 1er juill. 2009). Comme l'avait bien résumé Gérard Couturier, avec cet arrêt, « *on atteint le degré zéro de la liberté contractuelle : que le juge de l'accord collectif ait à dire si la répartition des avantages conventionnels est conforme à la justice distributive, c'est un peu comme si le juge du contrat avait à dire si les obligations contractuelles sont suffisamment équilibrées au regard de la justice commutative* ».

Dès la Libération, les classifications Parodi-Croizat avaient créé des catégories professionnelles qui allaient devenir la base des conventions collectives (de branche en particulier), avec des avantages bien distincts (indemnisation des absences maladie ou indemnité de licenciement, sans parler évidemment des régimes de retraite...). Circonstance aggravante : l'arrêt Pain a été rendu dix mois après la loi du 20 août 2008 ayant refondé le droit de la négociation collective, en renforçant la légitimité de ses acteurs et posant le principe d'un accord collectif majoritaire.

340 À quoi servent la liberté syndicale et son jumeau le droit à la négociation collective, constituant l'un des quatre droits fondamentaux posés en 1998 par l'OIT, repris par la CEDH et consacrés par la Charte des droits fondamentaux de l'Union européenne, si le principe de l'alignement général étant la règle, les partenaires sociaux – en fait le seul employeur – doivent en cas de contentieux venir s'expliquer devant papa-juge comme des enfants pris la main dans la confiture ? Que pouvait répondre le patron de la Boucherie Sanzot à ses six salariés exigeant un rattrapage sur 36 mois, au titre de l'alignement sur l'unique agent de maîtrise d'une prime existant depuis 28 ans dans sa convention collective de branche par ailleurs étendue ? « *On a toujours fait comme cela* » ? ; « *J'étais légalement tenu de leur donner, et je ne me suis jamais posé la question, excusez-moi* » ?

341 Jusqu'à son heureux revirement du 27 janvier 2015, la Chambre sociale analysait donc un accord collectif à l'aune d'une mesure patronale déguisée, ignorant deux différences pourtant fondamentales – car fondatrices du droit du travail – entre les deux : l'accord de volontés et l'échange qui en résulte nécessairement ; et surtout la vocation normative d'un accord collectif constituant l'une des principales spécificités du droit du travail. Si des permanents (branche) ou délégués syndicaux (entreprise) de syndicats représentatifs ont apposé leur signature, c'est qu'il leur a semblé conforme aux intérêts de leurs mandants. Ainsi de l'accord collectif sur le PSE, soumis à un contrôle plus light de l'Administration faisant a priori confiance aux partenaires sociaux.

Bien dans la ligne régalienne à la française, la Chambre sociale s'instituait seule juge de la légalité, ce qui est son rôle (ex. : discrimination, ce que personne ne conteste), mais aussi de la légitimité sociale (très contestable, y compris en termes constitutionnels, mais la Chambre prend soin de ne pas transmettre au Conseil les questions visant sa propre jurisprudence). Elle n'hésitait donc pas à remettre en cause des articles de conventions de branches étendues, ou d'accords d'entreprise, alors que les juges du fond, plus proches et mieux informés des réalités du terrain, n'avaient souvent rien trouvé à redire.

B. - Acte II. Présomption simple de légitimité des avantages conventionnels : l'indispensable revirement du 27 janvier 2015

342 **CS, 27 janvier 2015 :** « *Les différences de traitement entre catégories professionnelles opérées par voie de conventions ou d'accords collectifs, négociés et signés par des organisations syndicales représentatives, investies de la défense des droits et intérêts des salariés et à l'habilitation desquelles ces derniers participent directement par leur vote, sont présumées justifiées de sorte qu'il appartient à celui qui les conteste de démontrer qu'elles sont étrangères à toute considération de nature professionnelle* ».

Commentaire de la Cour de cassation : « *Par des arrêts du 8 juin 2011, la Chambre sociale avait jugé que le principe d'égalité de traitement s'oppose à ce que des différences d'avantage soient opérées entre catégories professionnelles, notamment entre les cadres et les non-cadres, à moins que ces différences ne reposent sur des raisons objectives dont le juge devait contrôler concrètement la réalité et la pertinence compte tenu des spécificités de la situation des salariés relevant d'une catégorie déterminée, tenant notamment aux conditions d'exercice des fonctions, à l'évolution de carrière ou aux modalités de rémunération. La règle avait vocation à s'appliquer à toute inégalité constatée, que celle-ci trouve sa source dans une décision unilatérale de l'employeur ou dans une convention ou un accord collectif. Mais dans le domaine du droit négocié, l'expérience a montré que cette exigence de justification se heurtait à des difficultés tenant notamment au fait qu'elle pesait le plus souvent sur un employeur pris individuellement, alors qu'était en cause une convention ou un accord conclus au plan national.*

Indépendamment de ces difficultés, il pouvait être soutenu que les négociateurs sociaux, agissant par délégation de la loi, devaient disposer dans la mise en œuvre du principe d'égalité de traitement, d'une marge d'appréciation comparable à celle que le Conseil constitutionnel reconnaît au législateur. *Aussi, par plusieurs arrêts du 27 janvier 2015, la Chambre sociale a modifié sa position en jugeant que les différences de traitement entre catégories professionnelles opérées par voie de conventions ou d'accords collectifs, négociés et signés par des organisations syndicales représentatives, investies de la défense des droits et intérêts des salariés et à l'habilitation desquelles ces derniers participent directement par leur vote, sont présumées justifiées de sorte qu'il appartient à celui qui les conteste de démontrer qu'elles sont étrangères à toute considération de nature professionnelle* ».

Cet arrêt en forme de retour à la raison était en ligne avec la jurisprudence de cette même Chambre sociale ayant magnifiquement accompagné la loi refondatrice du 20 août 2008 voulant relégitimer les acteurs de la négociation que sont les syndicats (avec le critère de leur audience électorale), mais aussi les accords eux-mêmes (seuil minimal de 50 % depuis la 1er mai 2018, d'ordre public absolu).

343 **Mais la Cour n'abandonne pas le principe même de son contrôle sur les avantages issus de conventions collectives,** au-delà bien sûr des principes d'ordre public (santé ou sécurité) et d'une véritable discrimination : ainsi le 9 novembre 2020 : « *Lorsque la différence de traitement résulte des stipulations d'un accord collectif, négocié et signé par des organisations syndicales représentatives, les stipulations concernées ne peuvent être présumées justifiées au regard du principe de non-discrimination* », en l'espèce l'état de santé. Normal.

Mais le contrôle au nom d'un principe général d'égalité créé par la Chambre sociale sur le contenu d'un « accord collectif », reste contestable. Car un avantage « conventionnel » étant forcément collectif, la fameuse « tête du client » ne peut pas jouer : cette différenciation est donc « objective ». Elle semble par ailleurs nécessairement « pertinente », puisque les partenaires sociaux à qui la loi a confié ce rôle avaient choisi cette solution.

344 **Mais la charge de la preuve est désormais inversée**, ce qui change tout. La présomption de licéité des avantages conventionnels catégoriels enfin affirmée par l'arrêt est une présomption simple : au salarié ou au syndicat qui conteste le bien-fondé des différences de traitement conventionnelles de démontrer qu'elles sont « *étrangères à toute considération de nature professionnelle* ». Or de quoi peut-il s'agir, s'agissant d'une convention collective de travail ? Pas d'un avantage logement réservé à des chefs d'agence (CS, 8 juin 2016), ni des frais de déplacement différents cadres/agents (CS, 28 juin 2017). Mais d'hypothèses très marginales et choquantes, comme des différenciations concernant la durée d'un congé pour enfant malade, pour mariage ou pour le décès d'un proche : en réalité des *discriminations* illégales, car reposant sur la situation de famille.

Associée au renversement de la charge de la preuve, cette démonstration était donc très difficile : mais c'était conçu pour... du moins avant l'arrêt du 3 avril 2019, qui nous fait presque revenir à la Case départ, à cause de l'instrumentalisation d'un brave mécanisme probatoire du droit de l'UE.

C. - Acte III. La rechute ? CS, 3 avril 2019

DÉFIANCE À L'ÉGARD DES PARTENAIRES SOCIAUX

« *La reconnaissance d'une présomption générale de justification de toutes différences de traitement entre les salariés opérées par voie de conventions ou d'accords collectifs, de sorte qu'il appartient à celui qui les conteste de démontrer que celles-ci sont étrangères à toute considération de nature professionnelle, serait, dans les domaines où est mis en œuvre le droit de l'Union, contraire à celui-ci en ce qu'elle ferait reposer sur le seul salarié la charge de la preuve de l'atteinte au principe d'égalité et en ce qu'un accord collectif n'est pas en soi de nature à justifier une différence de traitement.*

Dans ces domaines, une telle présomption se trouverait privée d'effet dans la mesure où les règles de preuve propres au droit de l'Union viendraient à s'appliquer. Partant, la généralisation d'une présomption de justification de toutes différences de traitement ne peut qu'être écartée». La chambre sociale écarte donc une telle reconnaissance...

Singulière rechute, alors que le juge judiciaire va bientôt devoir se prononcer sur les textes de 2017-2018 ayant fait du droit conventionnel, et en particulier de l'accord d'entreprise, le centre de gravité du droit du travail dans la droite ligne des lois depuis l'an 2000, alternance après alternance.

Et la solution retenue semble aussi alambiquée que l'arrêt, promettant une application concrète d'une grande complexité : entre les cinq importants domaines où la différence de traitement par accord collectif est présentée comme sanctuarisée (V. liste *infra*) et ceux « *où est mis en œuvre le droit de l'Union* » où une différence de traitement sera alors traitée comme une discrimination sur le plan probatoire...

...Sauf dans cinq domaines où elle s'était déjà prononcée, et qu'elle sanctuarise. Car restent présumées justifiées à l'ancienne les différences de traitement conventionnelles : 1. entre catégories professionnelles ; 2. entre salariés exerçant, au sein d'une même catégorie professionnelle, des fonctions distinctes ; 3. entre salariés appartenant à la même entreprise mais à des établissements distincts, opérées par voie d'accord d'établissement ; 4. entre salariés appartenant à la même entreprise mais à des établissements distincts, opérées par voie d'accord d'entreprise ; 5. entre salariés appartenant à la même entreprise de nettoyage mais affectés à des sites ou des établissements distincts.

En présence d'autres différences de traitement établies par le salarié, il appartient donc toujours à l'employeur de justifier de raisons objectives, dont le juge contrôlera concrètement la réalité et la pertinence.

345 Le non-dit de ce revirement ? L'avis rendu par l'avocat général – certes un simple avis, donné par un membre du Parquet général, qui ne juge pas – semble « *manger le morceau* » au sens historique (quand le suspect était enfin « *passé à table* »). Car il reprend, sans plus ample commentaire, un article de notre collègue E. Peskine : « *La distinction ainsi opérée entre la source des avantages catégoriels, selon qu'ils proviennent d'une décision de l'employeur ou d'un accord collectif, est d'autant moins pertinente que l'on assiste, précisément aujourd'hui, à un rapprochement du pouvoir et de l'accord collectif, ce dernier devenant comme un succédané de l'acte unilatéral ou plus généralement un mode de participation au pouvoir de l'employeur. À l'heure où cette cohabitation fusionnelle est constatée et même appelée par ceux qui se font les chantres d'une responsabilisation des syndicats, la différenciation du régime de l'égalité de traitement selon la source, conventionnelle ou unilatérale, paraît inconséquente* ».

346 « ***L'accord collectif, succédané de l'acte unilatéral* » ?** On se frotte les yeux, surtout à l'étranger. En pensant à tous ces délégués syndicaux, soit stipendiés par leur employeur, soit sympathiques « idiots utiles » trahissant les intérêts de leurs camarades et de leur syndicat, en signant les yeux fermés le texte imposé par leur employeur. Le roi est nu ? Il faut alors mettre bas les masques, et supprimer ces délégués syndicaux à la botte de leur patron. Au minimum les rétrograder comme représentants de section syndicale d'entreprise, donc privés du droit de négocier collectivement (V. 3e partie).

Revenant sur la présomption de confiance aux partenaires sociaux issue de l'arrêt du 25 janvier 2015, celui du 3 avril 2019 semble donc constituer une motion de défiance par rapport aux évolutions sur la répartition entre droit légal et du droit conventionnel depuis 1982, alternance politique après alternance politique. Arrêt dont la mise en œuvre est source d'une insécurité d'autant plus dommageable qu'elle vise des accords collectifs constituant un tout indivisible : ce que reconnaît le droit légal avec l'interdiction de la dénonciation partielle. S'agissant *a fortiori* d'accords souvent donnant-donnant portant sur l'emploi, surtout après la grave pandémie C19, c'est l'équilibre politique et/ou économique de l'ensemble de la convention qui se trouvera mis en cause.

POUR ALLER PLUS LOIN...

- N° spécial, Dr. soc., juin 2020, « Juges et accords collectifs »
- O. Dutheillet de Lamothe et L. Marquet de Vasselot, *Présomption de légalité des accords collectifs : une atteinte à la démocratie sociale ?*, Semaine sociale Lamy, 19 avr. 2019
- J.-E. Ray, *Une motion de défiance à l'égard de la négociation collective : à propos de l'arrêt Cass. soc., 3 avril 2019*, Dr. soc., juin 2019

347 « ***Dans la vie, chacun prend des tuiles ; mais certains les fabriquent eux-mêmes*** » (J. Renard, 1897, dans son merveilleux *Journal*). Le Gouvernement, lui, est tenu d'effectuer des études d'impact (certes rapides et un peu téléguidées) avant de légiférer ; la présence de femmes et d'hommes d'expérience issus de l'entreprise aurait sans doute évité à la Chambre sociale ses successifs chassés-croisés.

Sans évidemment pouvoir le proclamer, la Chambre sociale veut certes lutter contre l'individualisation excessive et la concurrence interne instituée en système de gestion. Remettre donc un peu de collectif et de fraternité n'est pas forcément illégitime... à condition que cela n'aboutisse pas à l'effet inverse.

Car Grande Peur en nos temps de restructuration : que profitant de cette magnifique occasion offerte par la jurisprudence, des entreprises en viennent à opérer une grande remise à plat des conventions collectives... Vive le contrat individuel ! Beau progrès que ce retour à 1919.

D. - Trois points pour conclure

348 **L'actionnariat salarial, relancé par la loi Pacte du 22 mai 2019**. Image employeur, motivation et implication des collaborateurs, attractivité de l'entreprise... Dans certaines entreprises, l'accumulation des mécanismes d'épargne collective fait de la collectivité du personnel l'un de ses plus gros actionnaires.

Et en Europe, la France est leader en matière d'actionnariat salarié : 5,3 % du capital des sociétés françaises est dans les mains de leurs salariés, avec trois millions d'actionnaires contre 700 000 en Allemagne. 20 % du capital de Bouygues est détenu par 52 000 salariés-actionnaires 26 % d'Ubisoft, 22 % d'Eiffage et 12 % chez Vinci. Cet actionnaire-Janus possède en moyenne 47 000 euros (+140 % par rapport à 2009), mais en réalité 28 000 euros si l'on écarte les dirigeants.

...Quand la Bourse va, tout va... mais quand la crise arrive : adieu veaux, vaches, et parfois retraite dorée malgré le large abondement de l'entreprise. Car ce qui s'intègre souvent dans une stratégie d'autocontrôle anti-OPA et de pacification sociale fait courir de gros risques en cas de déconfiture : licenciement + perte de capital.

349 **CIES.** Avec la création par quatre grandes confédérations (sauf FO) du « *Comité intersyndical de l'épargne salariale* » (CIES), labellisant les fonds favorisant les entreprises socialement responsables (en 2021, 20 milliards d'euros d'encours venant de deux millions de salariés) avec conseil de surveillance comprenant une majorité de représentants de salariés (fonds souvent relayés en interne par les syndicats ou le comité d'entreprise) : les syndicats ont pris acte des nouveaux rapports de force, comme de la puissance des médias.

350 **Les lois de 2003, 2006, puis du 22 mai 2019** ont permis le développement de nouveaux et alléchants outils d'épargne salariale : 19 milliards d'euros ont ainsi été versés en 2017 par les entreprises au titre des dispositifs de participation, d'intéressement ou d'épargne salariale, dont 8 milliards au titre de l'intéressement, en hausse moyenne de 250 euros.

Ils sont aussi destinés à inciter les salariés à se construire, à côté des régimes de retraite classiques par répartition, un régime spécifique à base de capitalisation, que n'aiment guère les syndicats et dont la crise de 2008 a montré les limites.

Mais lorsqu'en pleine remise en cause des retraites par répartition, les PERP (51 milliards en 2019) ou les PERCO, fonds de pension à la française (16 milliards d'euros sur les 125 milliards de l'épargne salariale) sont abondés à 300 % par l'employeur, même le délégué syndical SUD réfléchit : pour lui-même, mais aussi en pensant à son score aux prochaines élections.

Chapitre 4

De la sécurité physique à la santé mentale, de la « souffrance » à la « qualité de vie » au travail

351 **Le travail, c'est pas forcément la santé.** 280 millions d'accidents du travail et 2,5 millions de morts chaque année selon l'OIT, constatant aussi que les pays développés exportent volontiers vers le Sud nombre de leurs activités à risques et/ou polluantes.

Selon les chiffres publiés par la CNAM en novembre 2020, pour l'année 2019, 655 715 accidents du travail avec arrêt (manutentions manuelles : 50 %, chutes : 28 %) d'une durée moyenne de 50 jours, dont 33 204 graves, et 733 décès (121 dans les BTP, 76 dans les Transports). Avec au total 45,9 millions journées perdues. Et si les sinistres de moins de quatre jours représentent 27 % de l'ensemble, ils ne pèsent que 2 % des dépenses, alors que les plus de 150 jours, soit 7 %, en représentent 63 %.

Mais avec des progrès considérables : 120 accidents du travail pour 1 000 salariés en 1946, contre 33 en 2019.

Le nombre de **maladies professionnelles** a en revanche explosé, aussi du fait de l'élargissement du champ des maladies reconnues et d'une meilleure information des médecins comme des salariés : 13 500 en 1998, 36 871 en 2004, et 50 392 en 2019, avec 248 décès. 88 % des TMS (22 millions de journées de travail perdues, 39 % main, poignet, doigts ; 30 % épaule ; 21 % coude) ; et il n'est pas sûr que la banalisation du télétravail à domicile fasse baisser ces chiffres.

Enfin 89 890 **accidents de trajet** avec arrêt (55 % dû au risque routier), avec 283 décès et 7,1 millions de journées perdues.

Mais attention : toute crise économique, ou un passage massif au télétravail au domicile, entraînent mécaniquement une diminution des accidents du travail et de trajet ; et la lente disparition des mines ou d'industries lourdes une diminution des accidents graves (indice de gravité dans le BTP : 35 %, contre 4 % dans les banques et assurances).

Reste que malgré de très réels progrès, deux salariés meurent au travail chaque jour ouvrable en France.

352 La qualité de vie au travail, facteur de performance individuelle, mais aussi collective. Selon le Baromètre annuel de l'ANACT (« Pourquoi je vais travailler ? »), une large majorité des salariés français se déclare satisfaite de son travail : les points de satisfaction maximum sont les relations avec les collègues (92 %), l'autonomie et la sécurité sur le lieu de travail. Autre surprise en ces temps de « souffrance au travail », « *burn-out* », « *bore-out* », et autre procès en « harcèlement managérial » : les relations avec la hiérarchie sont bonnes pour huit salariés sur dix, et le climat social rencontre un jugement presque aussi favorable (71 %), très variable selon la taille de l'entreprise : plus elle est petite, plus le climat social est jugé positif.

Mais selon l'enquête de l'UE, la France arrive en 13e position pour les conditions de travail : 58 % de satisfaits, moyenne UE : 53 %, avec de très forts écarts-types ; de 87 % pour le Danemark et la Finlande, à 16 % pour la Grèce ou 20 % pour l'Espagne. Mais 89 % des Français sont satisfaits de l'intérêt de leur travail, 80 % de leur temps de travail et 76 % de l'équilibre vie professionnelle/vie personnelle.

353 Bien-faire son travail/Bien-être au travail. Avant d'évoquer ce qui ne va pas (harcèlements divers, accidents de travail, stress et autres tensions, sources d'absentéisme et de conflits individuels ou collectifs), il faut donc rappeler qu'en dehors de la vie professionnelle cauchemardée mise en scène par nombre de médias n'incitant guère les jeunes générations à rejoindre ce lieu de tensions et de harcèlements permanents, avoir un travail protège de la dépression et du suicide. Mais aussi que le chapitre ici abordé ne peut se résumer à des sanctions pénales ou aux procès devant les prud'hommes voire le tribunal correctionnel. Comme le montre l'enquête internationale annuelle « *Great Place to Work* », à la fiabilité très relative mais très médiatisée, il est « *des entreprises où il fait bon travailler, où le collaborateur a confiance dans son encadrement, est fier de son travail comme de son entreprise, et travaille dans une ambiance conviviale* ». Classement France 2020 pour les plus de 2 500 salariés : Mars, Décathlon, Ernst and Young, Worldline France. Où sont les entreprises françaises ?

Or pour attirer puis fidéliser les meilleur(e) s, surtout à notre époque de chasse aux talents qui constituent aujourd'hui le véritable « capital social » d'une entreprise (dans la société du savoir, le talentisme a remplacé le capitalisme), la qualité de vie au travail est essentielle, aujourd'hui plus qu'hier ; surtout pour la génération Y soucieuse de sens voire de plaisir au travail, davantage que pour ses aînés habitués au devoir. Mais à l'instar du Droit lui-même, cette qualité de vie n'est pas donnée : elle se construit tous les jours, avec tous les acteurs de l'entreprise.

LE TRAVAIL À DISTANCE
APRÈS LES TÉLÉTRAVAUX-FORCÉS DE LA PANDÉMIE C19

« ***Fait social total*** » dont nous avons peine à imaginer les conséquences à terme, la pandémie C19 n'a épargné aucune entreprise, et fait exploser en 2020-2021 le recours au travail à distance bien au-delà des habituels « postes télétravaillables » d'avant la crise : nécessité (sanitaire) fait loi.

Ce qu'aucune loi n'aurait pu faire avant dix ans, le C19 l'a fait dans la nuit du 16 mars 2020 : passer en télétravail à leur domicile cinq millions de salariés, dont les deux tiers n'avaient travaillé qu'au bureau ; sans période d'adaptation, sans formation spécifique ni pour eux ni pour leur manager, sans casque d'écoute ni hot line dédiée.

Et cette prouesse technologique mais aussi humaine fut mondiale : car dans quel état seraient aujourd'hui nos économies sans télétravail... ou si Internet avait déclaré forfait ?

L'essentiel : cette expérience brutale, mais grandeur nature, a fait tomber nombre de blocages voire de tabous côté chefs d'entreprise, mais aussi salariés. Et tous ont pu constater que télétravailler, du moins à son domicile, ce n'est pas simplement emporter un ordinateur à la maison, mais installer physiquement et psychologiquement un peu de l'entreprise dans ce temple de *l'intimité de* notre vie privée. Avec une porosité parfois désastreuse pour tout le monde, quand, au bout d'un an, on rentre « chez soi » en ayant l'impression de « revenir au bureau ».

Mais attention ! Les deux tiers des salariés français (et en particulier les premiers de *corvée*) ne sont pas concernés par le télétravail, pour l'essentiel concentré sur les cadres de nos grandes « agglomérations » (souvent premiers de *cordée*).

Dangereuse porosité qu'avait affrontée de façon prémonitoire le très regretté Doyen Philippe Waquet le 2 octobre 2001, sous la présidence duquel a été rendu, au visa de L. 1121-1 et 9 du Code Civil, l'arrêt fondateur Zürich-Assurances : « *Le salarié n'est tenu ni d'accepter de travailler à son domicile, ni d'y installer ses dossiers et ses instruments de travail* ». Peu importait déjà notre droit de la mobilité (clause de mobilité, secteur géographique), ou le caractère plus ou moins favorable de l'opération : la protection de *l'intimité de* la vie privée reste première, permettant à chaque salarié de pouvoir ainsi « *se soustraire aux sollicitations des tiers* » (J. Carbonnier).

Mais bien au-delà des habituels fai-néant et autres accros de Netflix, de plus en plus de collaborateurs étaient déjà à la recherche de marges de manœuvre et de flexibilité au quotidien : une flexibilité cette fois partagée. Et attendent aujourd'hui de leur entreprise une juste répartition des fruits de la Révolution Numérique.

Mais télétravailler au domicile = E.T. au Pays du Droit du travail, qui va devoir (enfin) bouger.

L'APRÈS C19 : LA RÉVOLUTION DE L'HYBRIDE

Sociétale peut-être, organisationnelle pour les entreprises, individuelle pour chaque collaborateur... mais aussi sa famille ? Car le télétravail doublement élargi (population visée + jours télétravaillés) va modifier la répartition géographique des tâches professionnelles (au bureau : collectives / à la maison : concentration), mais peut-être aussi notre rapport au travail (salarié), l'organisation familiale voire au sein des couples.

2022 : retour à l'anormal ? Si tout le monde s'accorde à penser qu'on ne reviendra à la situation d'avant 2020, le réflexe égalitariste bien français du « *Tout ou rien, pour tout le monde ou personne* » (5 jours, ou zéro jour par semaine chez soi ; tout le monde, ou personne en télétravail, etc.) est manifestement inadapté. Dans le monde entier, on s'oriente vers un mode hybride, et individualisé : fonction de la culture du pays (le collectif japonais n'est pas le collectif américain), et de l'entreprise en cause ; mais aussi de chaque collaborateur dont l'appétence pour le télétravail est plus ou moins forte, et les conditions de température (du conjoint) et de pression (des enfants en bas âge, ou du bas débit) à la maison extrêmement variables, voire totalement individualisées. Si l'on y ajoute la césure entre les premiers de *corvée* dont les postes sont rarement télétravaillables, même partiellement, et les premiers de *cordée* bien équipés ayant pris pendant 18 mois des habitudes de liberté et d'autonomie, maintenir un collectif de travail...
Mais attention : les télé-travaux forcés du printemps 2020, puis contraints de 2021 pour les millions de salariés passés du bureau à leur domicile parfois transformé en open-space + salle de cours + cour de récréation, doivent rester l'antithèse du télétravail classique.
Le préambule de l'accord « relatif aux nouveaux modes de travail » de Renault SAS en date du 10 juin 2021 résume bien les attentes de chacun post-Pandémie.
« *Même s'il reste essentiellement dicté par des volontés individuelles du fait de raisons personnelles, le télétravail est devenu rapidement pour les salariés et les entreprises parties prenantes un nouveau mode de travail à part entière.*
Cette nouvelle réalité conduit à faire le constat qu'une nouvelle façon de travailler peut s'appliquer à tous, une organisation dite hybride « présentiel-distanciel » *pour laquelle les dispositifs de télétravail existants doivent s'adapter tout en continuant à :*

- *contribuer à la qualité de vie au travail des salariés présents dans les entreprises en améliorant la conciliation entre vie professionnelle/personnelle, la réduction des déplacements et la fatigue qui en découle ;*
- *renforcer l'attractivité des entreprises ;*
- *augmenter la performance organisationnelle au sein des entreprises. Le télétravail est une preuve de confiance envers les salariés qui peuvent y prétendre, dans leur autonomie de gestion et d'organisation de leur activité ;*
- *confirmer et renforcer la politique d'entreprises en matière de protection de l'environnement en limitant les déplacements de ses salariés* ».

CINQ PRINCIPES POUR CE « TRAVAIL À DISTANCE » DÉSORMAIS PLÉBISCITÉ PAR LES SALARIÉS FRANÇAIS... MOINS PAR LEURS *MANAGERS*

Et qui, avec 18 mois de recul et d'expérimentations les plus diverses, organisationnelles et personnelles, fait aujourd'hui l'objet d'un bilan plus équilibré.
1. Il n'est **pas un statut, ni une activité en soi, mais un mode d'organisation percutant la culture à la fois verticale** – la Cour royale – et jalousement égalitaire de l'entreprise à la française. Ce qui signifie très concrètement que ce qui est bon

pour une entreprise ne l'est pas forcément pour une autre, ce qui est bon pour un établissement de l'entreprise ne l'est pas forcément pour un autre. Et ce qui est remplit de joie un collaborateur autonome constitue une catastrophe personnelle et familiale pour un autre.

2. **Le télétravail, ce n'est pas un temps partiel** : les accords d'entreprise d'avant 2020 avaient justement voulu éviter tout conflit activité professionnelle / vie personnelle. Avec par exemple un lieu dédié, ou en évitant le mercredi pour que le télétravailleur ne soit dérangé par ses « proches », beaucoup trop proches, à tous points de vue, lors de la pandémie.

3. Il n'est **ni un droit, ni une obligation** mais, hors pandémie et autres « circonstances exceptionnelles », résulte d'un triple volontariat : entreprise-salarié-cadre de proximité : car c'est lui, et pas la DRH, qui au quotidien va devoir faire face aux problèmes posés.

4. **Il ne constitue ni une faveur** (pour l'amie du manager), **ni une sanction** pour le harceleur envoyé chez lui, ou encore les mal notés devant, eux, rester au bureau (« l'Étage des Nuls »).

5. **L'accès à distance touche le cœur nucléaire de l'entreprise d'aujourd'hui :** l'intégrité de ses systèmes d'information, avec un double risque : piratage et autre virus bien sûr, mais aussi lourde responsabilité en cas de fuite de données personnelles avec le RGPD : jusqu'à 20 millions d'euros ou 4 % du chiffre d'affaires mondial... Alors avant toute négociation avec les syndicats, DRH et DRS doivent d'abord rencontrer le DSI, *a priori* méfiant, pour lui demander quelles sont ses contraintes : un poste télétravaillable mais qui gère des données très sensibles comme les données médicales sera donc exclu, idem pour ceux travaillant avec la Défense nationale : car le si sympathique voisin qui vient prendre un café avec une clef USB... Voilà aussi pourquoi le télétravail dans un espace de convivial de *co-working* est parfois exclu.

L'APPORT DE L'ORDONNANCE DU 22 SEPTEMBRE 2017

1. **Un élargissement de sa définition** en forme de banalisation : le télétravail n'est en effet plus une modification du contrat exigeant un avenant, mais un simple mode d'organisation de l'entreprise. « Toute forme d'organisation du travail dans laquelle un travail qui aurait également pu être exécuté dans les locaux de l'employeur est effectué par un salarié hors de ces locaux en utilisant les technologies de l'information et de la *communication* ».

Le télétravail doit être mis en œuvre d'un commun accord, recueilli par tout moyen à chaque fois qu'il est mis en œuvre : pas besoin donc d'un écrit en double exemplaire pour télétravailler un jour de grève des transports.

2. **Une ébauche de droit au télétravail.** Sans devoir spécialement motiver sa demande, tout salarié *qui occupe un poste éligible* au télétravail dans les conditions prévues par accord collectif ou, à défaut, par une charte, peut en demander à son employeur le bénéfice. L'employeur qui refuse d'accorder le bénéfice du télétravail à son salarié *éligible* doit depuis 2017 motiver sa réponse : le refus ne pourra donc être de principe.

3. Son cadre : en principe, un accord collectif ou, à défaut, une charte élaborée par l'employeur après avis du Comité social et économique qui fixe :

- les conditions de passage en télétravail (ex. : période réciproque d'adaptation : pas moins de deux mois) et les conditions de retour à une exécution du contrat de travail sans télétravail (« *Le responsable hiérarchique pourra mettre fin au télétravail, sous réserve d'un délai de prévenance de 15 jours en cas de non-respect des règles, de changement de domicile rendant impossible le télétravail ou de problème de performance* » Accord SAP, 1er juin 2018) ;
- les modalités d'acceptation par le salarié des conditions de mise en œuvre du télétravail ; si un avenant n'est plus nécessaire, un rappel contractuel des règles collectives est utile ;
- les modalités de contrôle du temps de travail ou de régulation de la charge de travail ;
- la détermination des plages horaires durant lesquelles l'employeur peut habituellement contacter le salarié en télétravail, qui fixent en creux les temps de son droit à la déconnexion, et ont une influence sur l'accident de travail.

4. MAIS cédant aux entreprises voulant garder une totale liberté en ce domaine, la loi de ratification du 29 mars 2018 a cru bon de supprimer l'obligation d'une règle collective (accord d'entreprise ou charte) en ajoutant : « *En l'absence d'accord collectif ou de charte, lorsque le salarié et l'employeur conviennent de recourir au télétravail, ils formalisent leur accord par tout moyen* ». La situation antérieure (la gestion au fil de l'eau de cas particuliers s'additionnant avec le temps) va donc pouvoir *juridiquement* perdurer.

Socialement, c'est autre chose : l'égalité de traitement à la française (la jalousie du jardin du voisin) va, au fur et à mesure de la montée en puissance du télétravail dans chaque entreprise (merci les cheminots au printemps 2018, si utile entrainement au C19) générer du contentieux devant le Conseil des prud'hommes : « *Pourquoi elle a le mercredi, et pas moi ?* » ; « *Pourquoi son abonnement Internet est pris en charge à 50 %, et pas moi ?* » « *Pourquoi il a touché 90 euros de frais d'installation, et pas moi* » ? Avec éventuel alignement judiciaire, souvent contagieux, et toujours vers le haut...

DE « POURQUOI S'Y METTRE ? » (AVANT LE C19) À « COMMENT CONTINUER EN HYBRIDE » ?

Au-delà de de la pandémie de 2020-2021 ayant boosté comme jamais le télétravail et accéléré la transition numérique (si le XXe siècle avait vraiment commencé en 1919... le 21e a commencé en 2021)...

1. La somme de tolérances individuelles au fil des demandes, bref le télétravail au gris parfois ignoré de la DRH elle-même (qui constituait avant 2020 l'essentiel du télétravail salarié) est dépassé. Aujourd'hui, ces centaines de collaborateurs comparent leurs avantages respectifs (ex. : choix des jours, prise en charge de la moitié de l'abonnement Internet). Des règles collectives et consensuelles sont socialement indispensables, y compris pour éviter un contentieux coûteux (rattrapage heures supplémentaires), voire dévastateur (ex. : travail dissimulé).

Car gérer au cas par cas 2 % de télétravailleurs tous cadres autonomes en forfait-jours ne pose pas les mêmes problèmes organisationnels que lorsque 35 % des collaborateurs travaillent de chez eux : or la pandémie C19 a fait exploser les demandes, et surtout provoqué une réflexion peu habituelle avant la crise : pourquoi se rendre au bureau tous les jours, avec la fatigue des transports et le bilan environnemental allant avec, si c'est pour faire le même travail qu'à la maison ? Pour les étudiants l'ayant pratiqué pendant 18 mois en 2020-2021, c'est enfin un droit acquis.

2. Car le cadre légal a bougé... mais pas assez ! « *Le télétravailleur a les mêmes droits que le salarié qui exécute son travail dans les locaux de l'entreprise* » (art. L. 1222-9, 3e al.). L'ordonnance du 22 septembre 2017 a libéralisé son régime, mais hélas sans admettre que le télétravailleur à domicile ne peut se voir appliquer en totalité un Code du travail conçu pour le tout collectif de l'usine ou des bureaux. Principe inapplicable dans la vraie vie, et pourtant hélas repris par l'accord interprofessionnel du 26 novembre 2020 « *pour une mise en œuvre réussie du télétravail* ».

Hypocrisie + Autruche + Questions à 10 000 euros. Chez vous, disposez-vous d'un « *cabinet d'aisance dont le sol et les parois sont en matériaux imperméables permettant un nettoyage efficace* » (donc ni parquet ni papier peint, art. R. 4228-13) ? D'une sortie de secours avec « *respect des normes de dégagement en cas d'incendie, minimum 0,80 m* » (art. R. 4227-5) ? « *D'un air renouvelé pour éviter les élévations exagérées de température, les odeurs désagréables et les condensations* » (art. R. 4222-1) ? etc., etc., etc.

L'entreprise peut-elle être déclarée responsable si le conjoint de la télétravailleuse fume en face d'elle ? Si elle consomme du whisky à 15 h 00, ou si '*les agissements répétés de harcèlement moral qui ont pour effet une dégradation des conditions de travail susceptibles d'altérer sa santé physique ou mentale*' émanent de ses propres enfants ? Si un voisin vient déranger une télétravailleuse en lui tenant des propos limites, l'employeur est-il responsable de ce harcèlement alors qu'il n'a aucun pouvoir sur un domicile, dans lequel personne ne peut rentrer sans votre accord express : ni l'inspecteur du travail, ni a fortiori un membre du CSE ?

Tout petit premier pas, inséré -exclusivement- dans l'article 3.4 sur la santé-sécurité : « *Il doit être tenu compte du fait que l'employeur ne peut avoir une complète maîtrise du lieu dans lequel s'exerce le télétravail et de l'environnement qui relève de la sphère privée* ». Reste à savoir ce qu'en feront les juges.

Cette inadaptation se retrouve, Puissance 4, en matière de contrôle du temps de travail effectif (V. *supra*).

APRÈS L'ANI DU 26 NOVEMBRE 2020...

Le contenu de l'accord interprofessionnel du 26 novembre 2020 « *pour une mise en œuvre réussie du télétravail* » est plus organisationnel que juridique : « *Télétravail*

et préservation de la cohésion sociale interne », « *Communication au sein de la communauté de travail* », « *Adaptation des pratiques managériales* ».
Ce mode d'emploi est donc très pragmatique : ce qui n'est pas un défaut, même en France.
En tenant compte « *des enseignements de la période récente et certaines bonnes pratiques* », il veut modestement « *expliciter l'environnement juridique applicable au télétravail, et proposer aux acteurs sociaux, dans l'entreprise et les branches professionnelles, un outil d'aide au dialogue social et un appui à la négociation* ».
Ce qui permet aujourd'hui aux PME voire aux TPE d'aborder les différents thèmes, avec les points d'attention.
Ce vade-mecum qui a évité de trancher les sujets qui fâchent (ex : coûts, critères d'éligibilité), ce qui a permis d'obtenir l'unanimité des signataires (sauf la CGT), déplait donc aux obsédés textuels ne pensant que normes contraignantes, si possible pénalement sanctionnées : ce qui aurait l'avantage de tuer cette forme d'organisation plébiscitée par les salariés, mais perturbant leur certitudes.
Car franchement, le plus important est-il le coût (marginal) des télécommunications, ou les conséquences à terme de ce tsunami sociétal, organisationnel et familial ?

DÉSORMAIS, 2 + 2 = 4 RÉGIMES DE TÉLÉTRAVAIL

Au-delà de sa première **distinction télétravail régulier / occasionnel** repris par la plupart des accords d'entreprise, avec un plébiscite pour les jours de télétravail occasionnel *choisis par le salarié*, l'ANI du 26 novembre 2020 a ajouté un long article 7 consacré aux deux régimes de **télétravail exceptionnel**, en cas de « *circonstances exceptionnelles ou cas de force majeure* ».
Allant donc au-delà du bon vieil article L. 1222-12 : « *En cas de circonstances exceptionnelles, notamment de menace d'épidémie, ou en cas de force majeure, la mise en œuvre du télétravail peut être considérée comme un aménagement du poste de travail rendu nécessaire pour permettre la continuité de l'activité de l'entreprise et garantir la protection des salariés* ».
Car sans verser dans la sinistrose, il n'est pas exclu que dans les années qui viennent, un virus C32 ou H3N5 mais aussi des événements climatiques impressionnants nous contraignent, volens nolens, à télétravailler à la maison.
État d'urgence sanitaire / État de crise sanitaire. Car le confinement généralisé de mars-mai 2020 a créé une forme inédite de télétravaux forcés + confinés au domicile, permettant de conjuguer protection de la santé des collaborateurs et continuité de l'entreprise : donc obligatoires pour l'employeur mais aussi le salarié, nécessairement confiné à son domicile au nom de l'état d'urgence sanitaire.
Très Rude Saison 1, suivie fin 2020 d'une Saison 2 moins contraignante, mais toujours placée sous le signe d'une contrainte étatique forte qui a fini de banaliser le télétravail. Survendu par la Ministre du Travail, il alors été déclaré « *obligatoire* » : ce qui n'avait pas de fondement textuel, comme l'a confirmé le Conseil d'État dans son ordonnance du 17 décembre 2020 : « *Le protocole a pour seul objet d'accompagner les employeurs dans leurs obligations d'assurer la sécurité*

et la santé de leurs salariés au vue des connaissances scientifiques sur les modes de transmission du SARS-CoV-2. Il n'a pas vocation à se substituer à l'employeur dans l'évaluation des risques et la mise en place des mesures de prévention adéquate dans l'entreprise».

Il faut donc opposer ces deux régimes, fixés par la loi : « ***l'état d'urgence sanitaire*** » : impératif car d'ordre public, avec télé-travaux forcés au domicile : ni l'employeur, ni le salarié n'ont de choix face à une décision gouvernementale s'imposant à eux.

Et « ***l'état de crise sanitaire*** », situation de fortes tensions sanitaires dans lesquelles le Ministère du travail les pressent à passer au maximum en télétravail.

Mais qui va en décider : les pouvoirs publics, ou l'employeur ? Selon le préambule de l'article 7 de l'ANI, « *la décision relève du pouvoir de direction de l'employeur* »... mais « *pour permettre la continuité de l'activité de l'entreprise*, et garantir la protection des salariés ».

Or le qualificatif de télétravail « *obligatoire* » pourrait à l'avenir rendre de grands services aux entreprises si, comme c'est prévisible, des salariés demandent en justice la prise en charge de l'ensemble des frais liés au télétravail (chauffage, location...), lorsqu'ils y sont contraints car ne pouvant travailler dans un bureau de l'entreprise. Cette forte sujétion est certes liée à leur activité professionnelle : mais l'employeur est-il vraiment libre d'en décider, ou se soumet-il simplement à une loi d'ordre public ?

GUERRE DES COÛTS ET BOÎTE DE PANDORE

Voulant banaliser le télétravail, et sachant que hors pandémie ou pollution, il est souvent à l'initiative du salarié, l'ordonnance du 22 septembre 2017 a supprimé du Code du travail l'obligation patronale de prendre en charge les coûts directement liés au télétravail : mais cela ne signifie pas que l'employeur n'a aucune obligation à cet égard.

Remontons donc aux fondamentaux.

- **Le domicile n'est pas un bureau-*bis***, mais le temple de l'intimité de la vie privée de chaque collaborateur Sauf situation tout à fait exceptionnelle (art. L. 1222-10), un employeur ne peut l'obliger à y travailler (CS, 2 oct. 2001) : le servage étant aboli.
- L'employeur doit fournir au salarié **ses instruments de travail** : ordinateur, imprimante et les si onéreux consommables (s'ils sont nécessaires...) sont à sa charge.
- Les **frais professionnels sont pris en charge par l'entreprise** : donc ceux *directement* liés au télétravail. Mais si c'est le salarié qui veut télétravailler et qu'il peut disposer d'un bureau dans l'entreprise, cette prise en charge peut taire l'objet d'une négociation... Après parfois une provocante étude sur les ***non-dépenses*** réalisées par ce collaborateur en télétravail : carburant, amortissement du véhicule (deux-tiers des salariés français vont au travail en voiture), habillement, maquillage, frais de restauration, etc.

En gardant à l'esprit que si guerre des coûts il doit y avoir, avec les inénarrables débats avec l'URSSAF qui sont liés, il n'est pas certain que les salariés en sortent gagnant : l'employeur préférera alors renoncer au télétravail. Car dans la plupart des cas, le coût *marginal exclusivement lié au télétravail* est faible voire nul, si par exemple le salarié utilise un forfait de télécommunications. Et pour le chiffrer exactement, il faudrait calculer le ratio utilisation personnelle / professionnelle d'une ligne généralement utilisée par toute la famille... avec quelques surprises à la lecture des centaines de connexions hebdomadaires.
***Cf.* l'extrême prudence de l'ANI de 2020** : « *Le choix des modalités de prise en charge éventuelle des frais professionnels* peut être, le cas échéant, *un sujet de dialogue social au sein de l'entreprise* ». « Éventuelle », « le cas échéant »...
« *Tout salarié qui accède*, d'un commun accord *avec l'employeur*, au télétravail **régulier** *est informé par écrit des conditions de mobilisation et de mise en œuvre de cette forme de travail, en fonction du lieu d'exercice du télétravail. Ces informations peuvent notamment porter sur* (...) *les équipements, à leurs règles d'utilisation, à leurs coûts et aux assurances* (...), *les règles de prise en charge des frais professionnels, telles que définies dans l'entreprise* » (1.1.2).
Puis 3.1.5. « *Prise en charge des frais professionnels. Le principe selon lequel les frais engagés par un salarié dans le cadre de l'exécution de son contrat de travail doivent être supportés par l'employeur s'applique à l'ensemble des situations de travail. À ce titre, il appartient ainsi à l'entreprise de prendre en charge les dépenses qui sont engagées par le salarié pour les besoins de son activité professionnelle et dans l'intérêt de l'entreprise*, **après validation de l'employeur.**
Sur le versement de l'allocation *forfaitaire* plébiscitée par les entreprises (10 € par jour télé-travaillé, donc 50 € mensuels pour les rares temps plein à la maison), voir la tolérance publiée en avril 2021 sur *le BOSS :* le site du *Bulletin Officiel de la Sécurité sociale*. La conforter par un texte exprès éviterait à l'avenir nombre de contentieux : hier problème marginal avec 22 télétravailleurs en forfait-jours, mais essentiel demain avec la montée statistique du nombre de télétravailleurs, mais aussi de jours travaillés.
Seule certitude : les règles de prise en charge des coûts doivent être identiques pour l'ensemble des collaborateurs afin d'éviter toute comparaison, et donc tout problème d'égalité de traitement en forme de jalousie du jardin du voisin. Au minimum donc par une charte, si possible par un consensuel accord d'entreprise susceptible de limiter le contentieux.
– **Une indemnisation au titre de l'occupation du domicile ?** Voire du chauffage ou de la climatisation ? Ce serait la charge financière la plus importante (93 € mensuels, CS, 21 sept. 2016), pouvant remettre en cause le télétravail lui-même. Mais attention ! Comme l'a indiqué la Cour de cassation le 5 avril 2018, un commercial nomade (donc pas un « télétravailleur », car lui ne dispose d'aucun bureau) doit entreposer ses documents et autre imprimante chez lui. Résultat : « *Le salarié peut prétendre à une indemnité au titre de l'occupation de son domicile à des fins professionnelles, dès lors qu'un local professionnel n'est pas mis effectivement à sa disposition* » : avec abandon de la proratisation de l'indemnité en fonction

du temps qu'il passe à son domicile : le volumineux matériel déposé dans une pièce-bureau reste là en permanence.

Hors confinement, un salarié devant continuer à travailler à temps plein à son domicile car aucun bureau n'est disponible pour lui en raison de la nécessaire distanciation sociale dans son entreprise mais aussi des risques liés aux transports « en commun » pourrait donc demander à bénéficier de cette jurisprudence... Si elle est maintenue, s'agissant aujourd'hui non d'un choix pour l'employeur, mais de l'application de règles sanitaires d'ordre public.

Résumé : utilisons la méga-contre expérience de 2020-2021 pour engranger, puis innover

En termes de flexibilité et de marges de manœuvre, reproduisons en matière de lieu de travail le changement de logiciel opéré la loi Aubry de janvier 2000 créant le forfait-jour pour les cadres autonomes, évitant l'immense hypocrisie qu'aurait été un décompte à la minute près.

En passant d'une suite de contrôle impossibles (à supposer qu'il le veuille, l'inspecteur du travail ne peut pénétrer dans un domicile sans l'accord express du salarié) ou ridicules, au respect des règles d'ordre public à adapter. Mais en contrôlant la charge de travail et le respect des temps de repos.

Il faut donc que la loi autorise des expérimentations par accord d'entreprise afin de créer demain, après un bilan qualitatif et quantitatif, des règles adaptées à cet E.T. du droit du travail.

POUR ALLER PLUS LOIN. Pour comparer les meilleures pratiques et accords

- Pour le droit comparé, et la législation dans les différents pays européens, voir le site Planet Labor : https://www.planetlabor.com/tag/reglementation-du-teletravail/. Et bien sûr le très réactif site IRShare, centré sur le droit communautaire : http://www.irshare.eu/fr – Le site du très réaliste Yves Lasfargue (www.ergostressie.com) régulièrement mis à jour avec les derniers accords, et des comparaisons.
- Enfin le très vivant site d'échanges des télétravailleurs français, avec un MOOC (www.zevillage.net)

354 **En matière de santé-sécurité, deux évolutions rendaient indispensable une réforme** du système ancien conçu pour le mineur ou le métallurgiste : l'évolution des risques professionnels et la révolution jurisprudentielle 2002-2018.

C'est chose faite avec la proposition de loi votée par le Parlement à l'automne 2021 (« *Renforcer la prévention en santé au travail* »), qui reprend l'accord national interprofessionnel du 9 décembre 2020 « *pour une prévention renforcée et une offre renouvelée en matière de santé au travail et conditions de travail* ».

Du coup de grisou du mineur au stress du travailleur du savoir passant en moyenne 5 h 54 par jour devant un écran... hors pandémie. Comme l'a remarqué la CJUE dans l'arrêt Jaeger du 9 septembre 2003, « *le préambule de la Constitution de l'OMS, dont font partie tous les États-membres, définit la santé comme un état complet de bien-être physique, mental et social, et non pas seulement comme un état consistant en une absence de maladie ou d'infirmité* ». Certes ! Mais quittons Oui-Oui au Pays des Coccinelles : la vie en entreprise est aussi faite de contraintes, organisationnelles et humaines. Si les petits chefs et les *reportings* quotidiens sont une véritable calamité, si un employeur assurant un meilleur équilibre vie professionnelle/vie personnelle fidélisera mieux ses meilleurs collaborateurs voulant légitimement « marcher sur deux pieds », laisser penser que produire collectivement des services achetés par des clients amène naturellement à un « *état complet de bien-être physique, mental et social* » relève de la publicité mensongère. L'enfer, c'est les autres.

Mais comme le montre aussi l'accord européen sur le *stress* d'octobre 2004 transposé en juin 2008 par les partenaires sociaux français, ce dernier est difficile à définir *(« le stress est un état accompagné de plaintes ou dysfonctionnements physiques, psychologiques ou sociaux, qui résulte du fait que les individus se sentent inaptes à combler un écart avec les exigences ou les attentes les concernant »,* selon l'accord-cadre européen), et surtout multifactoriel, à l'instar des suicides sur le lieu de travail. En France, un arrêt-maladie de plus de 45 jours sur cinq est lié à des troubles psychosociaux.

Si le salarié importe forcément au bureau le stress de sa vie privée, il exporte aussi celui de sa vie professionnelle dans sa vie personnelle ou familiale. Et des parents tendus – comme en période de crise sanitaire – font rarement des enfants détendus.

355 **« *Allô, patron, bobo ?* » : l'entreprise maternante.** Dans les deux cas, que doit faire l'entreprise ? Leur bonheur grâce à un *Chief Happiness Officer* ? Au nom de leur « bien-être », doit-elle s'intéresser à la vie privée de ses collaborateurs, au mépris de l'article 9 du Code civil : informations sur le diabète, conseils diététiques pour les commerciaux, accompagnement pour arrêter le tabac ou l'alcool, « tickets-psy » pour les déprimés, et « *safe sex* » pour les expatriés ? Mais téléphoner à une salariée en maladie, tout simplement pour prendre de ses nouvelles, a été jugé comme le summum du harcèlement moral...

356 **Bien-être au travail et fierté de son travail : questions d'organisation.** Selon l'institut CSA, quatre salariés sur dix (41 %) se disent stressés, et 13 % très stressés. Ce chiffre atteint 47 % pour les catégories socioprofessionnelles supérieures, voire 57 % pour les cadres supérieurs (la boîte courriel qui se remplit toujours plus vite). La faute au travail exclusivement pour 60 % d'entre eux, mais des causes professionnelles *et* personnelles pour 38 %, dès avant la pandémie. Souvent les répercussions du stress débordent la sphère professionnelle et touchent la sphère personnelle : grosse fatigue, tensions musculaires, difficultés à ne plus penser au travail une fois à la maison, troubles du sommeil et de la sexualité, anxiété, irritabilité : 64 % déclarent avoir ressenti un de ces symptômes, et en moyenne trois sont cités. Inquiétant, car leur cumul conduit à des pathologies plus graves. Et le directeur de l'Anact de déplorer les

« idées reçues : gestion individuelle du stress, numéros verts et autres cellules de soutien psychologique. La prévention, ce n'est pas de savoir comment faire face au stress, mais c'est de faire en sorte qu'une organisation du travail ne génère pas de situations stressantes ».

357 Santé des salariés et santé de l'organisation. L'article L. 4121-1 met à la charge de l'employeur l'obligation de veiller à la santé physique et mentale des salariés. Mais interdire à un fumeur de fumer dans un bureau commun, obliger un salarié du BTP à porter casque et gants de sécurité est une chose. Veiller à ce que chaque manager, lui-même soumis à des objectifs à la limite du réalisable donc du « supportable », ne « mette pas la pression » sur ses collaborateurs n'a pas grand-chose à voir : le harcèlement managérial est une maladie hiérarchiquement contagieuse, comme l'a rappelé le Tribunal correctionnel de Paris dans l'affaire *France Télécom* jugée le 20 décembre 2019.

APRÈS LE JUGEMENT FRANCE TELECOM DU 20 DÉCEMBRE 2019
« *AUCUN HOMME N'EST UNE ÎLE* » (J. DONNE, 1624)

Le harcèlement managérial étant une maladie hiérarchiquement transmissible, il n'est pas étonnant qu'un juge pénal soit appelé à se prononcer sur la responsabilité personnelle des véritables décideurs. Et rien de nouveau dans le constat qu'un acte managérial banal puisse constituer un délit pénal : ainsi d'une discrimination sur le sexe, ou l'appartenance syndicale lors d'une mobilité.

Plus délicat : dans le western qu'est devenue la vie des grandes entreprises soumises à une féroce concurrence, comment séparer, particulièrement en cas d'urgence (hier Kodak restant à l'argentique, Sony et son « Walkman » après l'irruption de l'IPod), les actes managériaux indispensables à la survie de l'entreprise et « *l'infraction pénale de harcèlement moral, constituée par une politique d'entreprise et d'organisation du travail* », pour reprendre les termes de la Procureure de la République ?

Le jugement du Tribunal correctionnel de Paris du 20 décembre 2019 condamnant pour harcèlement moral institutionnel les trois plus hauts dirigeants (PDG, DG, DRH) d'un groupe de plus de 100 000 personnes à une peine de prison de 12 mois (dont 8 avec sursis) fera donc date ; même si ce contentieux se terminera véritablement dans trois ans devant la Chambre criminelle de la Cour de cassation.

D'abord car le procès ne s'est pas tenu devant un conseil des prud'hommes, où la preuve du harcèlement est légalement facilitée, la Chambre sociale de la Cour de cassation ayant dès le 10 novembre 2009 créé le harcèlement managérial « *mis en œuvre par un supérieur hiérarchique* ». Mais devant une juridiction pénale, où quel que soit le tohu-bohu médiatique, doivent régner l'interprétation stricte des textes et la constitutionnelle présomption d'innocence. Le choix de ce terrain était donc risqué, mais en termes médiatiques efficace : pendant les dix années d'une instruction à rebondissements où nombre d'entreprises ont revu leurs politiques de restructurations, mais aussi s'agissant des conséquences sociales et politiques du jugement du 20 décembre.

Ensuite par sa créativité : sortir d'une logique individuelle (dans toute entreprise existent des managers toxiques, et des salariés fragiles) pour constater la mise en place d'une nouvelle organisation collective « *ayant pour objet* ou pour effet *d'altérer la santé physique ou mentale* » (C. pén., art. 222-33-2).
Au-delà du contexte très spécifique de France Telecom rappelé par le jugement (« *dualité des statuts, ouverture à la concurrence, poids de la dette* »), le décalage essentiel réside dans la gestion du temps. Dans une entreprise en difficulté, les dirigeants veulent aller vite, sans toujours penser à l'indispensable accompagnement de ces très rudes changements sur le plan collectif mais aussi individuel, *a fortiori* lorsqu'il s'agit de collaborateurs à forte identité professionnelle. Avec les conséquences humaines dramatiques que l'on connait, et des effets de réputation dévastateurs.
Que faire ? D'abord prévenir, dans l'intérêt bien compris des deux parties, en négociant avec les syndicats un accord sur la qualité de vie au travail : car bien-faire son travail et bien-être au travail sont évidemment liés, avec des effets sur l'absentéisme, le *turn-over*, etc.
A fortiori depuis la loi Pacte du 22 mai 2019 (« *la société est gérée dans son intérêt social, en prenant en considération les enjeux sociaux et environnementaux de son activité* »), mieux former nos étudiants futurs cadres dirigeants aux sciences sociales ; et leur faire vivre une réelle car longue expérience de travail d'exécution, donc de subordination sur le terrain.
Assurer la présence d'un RH, généraliste, dans un périmètre à taille humaine (200 à 300 salariés), avec pour correspondant un « représentant de proximité » des salariés, créé par accord collectif.
Enfin sensibiliser chaque cadre de proximité, celui qui côtoie quotidiennement et physiquement chacun de ses collaborateurs.

358 **Les risques du métier.** Qu'il s'agisse des métiers ou des risques, les « métiers à risques » ont également changé : si l'accident du travail soudain, immédiatement et visiblement lésionnaire du mineur de fond ou la chute du toit du plombier-zingueur (11 % des décès liés à des chutes de hauteur) sont hélas bien connus et depuis longtemps pris en charge par le droit du travail, de la Sécurité sociale, et par les personnes compétentes (médecin du travail, inspecteur du travail). L'irruption, juridique puis médiatique, de la santé *mentale* mais aussi des maladies à effets très différés (amiante, éther de glycol : vingt ans ou trente ans après) pose de nouvelles et difficiles questions aux juristes comme aux juges. La « *charge* (pondérale) *de travail* » de Charlie Chaplin, que l'on retrouve dans les facteurs de l'ex-pénibilité (physique) de 2016 (« *7 500 kg cumulés par jour* ») n'a pas grand-chose à voir avec la charge cognitive, informationnelle et communicationnelle du travailleur du savoir.

Sans parler des troubles musculo-squelettiques (TMS) : dix fois plus en quinze ans, et aujourd'hui 88 % des déclarations de maladie professionnelle. Liés à des mouvements rapides et répétitifs (travail à la chaîne, mais aussi de longue durée sur ordinateur : et avec le travail à domicile...), ils se développent aussi avec le vieillissement du salariat. Or de simples mesures ergonomiques de base (bras posés, pause toutes les 30 minutes, mesures d'étirement) permettent d'en limiter les dégâts s'agissant de frappe sur clavier. Dégâts qui touchent désormais des millions de cadres et dirigeants « secrétarisés » car privés d'assistante, tapotant à un doigt toute la journée, y compris pendant les réunions ou une « *conf-call* ».

En attendant que leur pouce, de SMS en courriel, ne devienne demain une véritable *palme* pour enfin véritablement *surfer* sur Internet.

359 **Des manu-factures aux neurones-factures.** La santé mentale peut aussi être atteinte par la charge informationnelle et communicationnelle qui s'alourdit chaque année pour les travailleurs du savoir, aggravée par l'urgence devenue la norme : on n'ose imaginer le château de Vaux-le-Vicomte ou Notre-Dame de Paris réalisés aux rythmes d'aujourd'hui. Mais aussi par le culte du changement permanent, opportunité pour le fort en thème mais fort déstabilisant pour les non qualifiés, et dont le sens n'apparaît pas toujours clairement dans notre monde « court-termiste » ; par les obligations de résultat avec des *reportings* permanents, empêchant le manager de manager son équipe, et qui font des chers collègues de dangereux concurrents internes. Comme le constate Christophe Dejours : « *Une règle de travail ne se bâtit jamais seulement par rapport à son efficacité instrumentale et son utilité économique, mais aussi par référence à ce qui permet à tous les membres du collectif de vivre ensemble et de travailler ensemble. Car coopérer, ce n'est pas seulement produire, c'est aussi vivre ensemble* » (*cf.* N. Aubert et V. de Gaulejac, *Réussir à tout prix, être performant coûte que coûte : le coût de l'excellence,* Le Seuil, 3e éd., 2012).

360 **La révolution jurisprudentielle de 2002-2016, prélude à la Révolution légale de 2021.** Depuis les arrêts Amiante du 28 février 2002 (Chambre sociale), créant en droit du travail une obligation de sécurité de résultat, puis la banalisation de la faute inexcusable de l'employeur afin de mieux indemniser la victime (2e Chambre civile, en charge du contentieux Sécurité sociale), la Cour de cassation a poursuivi son évolution qui a mis à mal puis à bas le « compromis historique » de 1898 (indemnisation automatique et forfaitaire de l'accidenté contre exclusion des poursuites civiles contre l'employeur).

361 ***Securitas omnia* corrumpit. L'arrêt du 5 mars 2008 a été le couronnement de cette évolution jurisprudentielle :** « *L'employeur est tenu, à l'égard de son personnel, d'une obligation de sécurité de résultat qui lui impose de prendre les mesures nécessaires pour assurer la sécurité et protéger la santé des travailleurs. Dans l'exercice de son pouvoir de direction, il lui est interdit de prendre des mesures qui auraient pour objet ou pour effet de compromettre la santé* (donc physique mais aussi mentale) *et la sécurité des salariés.* »

Certes rendu dans une affaire visant un établissement classé Séveso, où le CHSCT avait désigné un expert avant d'émettre un avis négatif au vu de son rapport, le comité d'entreprise ayant ensuite fait de même, l'arrêt Snecma du 5 mars 2008 restera dans les mémoires comme une mutation génétique de l'obligation de sécurité. D'une part, c'est un syndicat qui a obtenu *en référé,* en l'absence de toute violation d'une obligation particulière de sécurité, de danger grave et imminent, de risque « grave » ou encore « sérieux d'atteinte à l'intégrité physique », bref en amont de la réalisation éventuelle d'un risque professionnel, la suspension de la note de service mettant en place la nouvelle organisation.

362 S'il semble d'autre part assez raisonnable d'interdire au chef d'entreprise *« de prendre des mesures qui auraient pour objet de compromettre la santé des salariés »* (!), lui interdire de prendre des mesures « qui auraient *pour effet* de compromettre leur santé physique et mentale » mérite plus ample examen : car quelle mesure patronale n'aura jamais pour effet de générer du stress chez certains collaborateurs, et donc de porter éventuellement atteinte à leur santé mentale ? Sur le plan collectif un projet de PSE pour les salariés, partants comme restants, sur le plan individuel un projet de mobilité entraîne un fort stress familial et insomnies... et *a fortiori* la convocation à un entretien préalable de licenciement...

Mais il faut alors que le législateur ou la Chambre sociale donnent à l'employeur des moyens simples, y compris disciplinaires, pour faire respecter ces nouvelles règles : or par exemple en matière de contrôle préventif d'alcoolémie ou de drogues, c'est encore loin d'être le cas.

363 **Les deux révolutions en cours.** 1. D'un droit de la *réparation* de l'accident du travail à un droit de la *prévention* des risques dans et hors l'entreprise : le droit des accidents de travail et son financement sortent totalement bouleversés de cette évolution, consacrée par l'ANI du 9 décembre 2020 *« pour une prévention renforcée et une offre renouvelée en matière de santé au travail et conditions de travail »*, puis la loi du 2 août 2021.

2. Du travail punition et souffrance (*« Tu gagneras ton pain à la sueur de ton front »*) à la « qualité de vie au travail » : les entreprises ne doivent pas seulement éviter que leurs collaborateurs tombent malades du fait de leur activité professionnelle. Reprenant la définition de l'OMS (en résumé : la santé n'est pas l'absence de maladie), elles sont aujourd'hui sommées d'assurer leur « bien-être » : une révolution commencée le 2 juillet 2013 avec l'ANI sur la « qualité de vie au travail », devenue nécessité concurrentielle pour les entreprises mondiales voulant attirer les meilleurs jeunes talents.

AU-DELÀ DU PÉNIBLE ÉPISODE C19, SUR L'ENSEMBLE DE LA QUESTION, VOIR :

- L'ouvrage de référence est celui de M. Blatman et P.-Y. Verkindt, *L'état de santé du salarié*, Éditions Liaisons, collection « Droit vivant », 3e éd., juin 2014, et leurs chroniques dans la revue Droit social
- Site de l'Anact (www.anact.fr) avec son blog : qualitedevieautravail.org/blog. Et son Libre Blanc d'octobre 2017 : « Pour apprendre à manager le travail »
- Le site de la Fondation de Dublin (www.eurofound.europa.eu) et son rapport sur « les conditions de vie et de travail en Europe »

Le souci de protection du travailleur contre les risques liés à l'exercice de son activité professionnelle a suscité une réglementation préventive complexe *(Section I)* dont la mise en œuvre s'effectue sous un contrôle particulièrement pressant *(Section II)*.

SECTION I Les normes

§1 Multiplication des sources

364 **Les risques liés à l'activité *industrielle*** sont à l'origine des premières lois du travail au milieu du XIXe siècle. Le législateur a depuis multiplié les prescriptions, et le Code du travail 2021 y consacre des centaines d'articles, en constante évolution. Dans le code Dalloz, 73 pages pour les seules mesures de nature législative, et 340 pour les règlements.

Auxquels il faut y ajouter les textes figurant dans d'autres codes, notamment en matière d'installations classées ou d'immeubles de grande hauteur, les textes non codifiés, enfin les mesures de prévention édictées par les caisses d'assurance maladie. Le *Pluyette,* édité par l'UIMM, y consacre plus de 2 000 pages en petits caractères, et le très complet *Lamy Hygiène-Sécurité* deux tomes entiers, régulièrement mis à jour par Internet.

Si l'on y ajoute les règlements et directives communautaires et autres accords sectoriels multipliés après la directive-cadre du 12 juin 1989 centrée sur la prévention et élargissant la sécurité purement physique aux conditions de travail et à la santé *mentale*, on constate que ce droit fait appel à la quasi-totalité des sources du droit du travail.

Mais ces règles étant *par nature d'ordre public* et non négociables, le législateur a logiquement renvoyé au *règlement intérieur* unilatéral la définition des mesures d'application : conventions collectives et contrat de travail n'abordent pas ces questions. Et la Chambre sociale n'hésite pas à censurer des stipulations encourageant directement ou indirectement les salariés à prendre des risques en matière de sécurité, pour eux *mais aussi pour les tiers :* ainsi conduire plus vite pour gagner plus. Elle a ainsi annulé le 24 septembre 2008 un système conventionnel de rémunération des « *courses* » conduisant à une majoration du salaire en fonction des distances parcourues et des délais de livraison : « *Un tel mode de rémunération de nature à compromettre la sécurité du salarié était prohibé.* » Sans parler de celle des collègues et des tiers...

§2 Un contenu toujours élargi

365 **Hier : faire respecter les règles de prévention. Aujourd'hui : garantir la santé, voire le « bien-être » ?** Cette réglementation semble relever davantage de l'ingénieur que du juriste : dans de nombreux pays européens, la compétence de l'inspection du travail s'arrête d'ailleurs là. Bien que rassemblées depuis 2008 dans la quatrième partie du code (« Santé et sécurité au travail »), les mesures pullulent. Mais le principe général reste posé par l'article L. 4121-1, très classiquement appliqué lors de la pandémie C19 : « *L'employeur prend les mesures nécessaires pour assurer la sécurité et protéger la santé physique et mentale des travailleurs.*

Ces mesures comprennent : 1° des actions de prévention des risques professionnels ; 2° des actions d'information et de formation ; 3° la mise en place d'une organisation et de moyens adaptés. L'employeur veille à l'adaptation de ces mesures pour tenir compte du changement des circonstances, et tendre à l'amélioration des situations existantes ».

366 Responsabilité du chef d'entreprise, ou de son délégataire

L'obligation de respecter, et faire respecter les prescriptions d'hygiène et de sécurité pèse d'abord sur le « chef d'entreprise » (forcément une personne *physique*), devenu avec le code 2008 « l'employeur » (souvent une personne *morale*).

Pour le responsabiliser – au double sens du terme – la jurisprudence affirme qu'il est « *tenu de veiller personnellement à la stricte et constante exécution des dispositions édictées en vue d'assurer l'hygiène et la sécurité des travailleurs* ». Il ne saurait donc invoquer pour sa défense la négligence ou la désobéissance de ses collaborateurs, voire de la victime elle-même.

367 Délégation de pouvoir : Licéité de la DP = C × A × M. Pour s'exonérer de cette lourde responsabilité, l'employeur peut invoquer une délégation de pouvoir. La responsabilité *pénale* de la personne physique délégataire accompagne naturellement l'exercice des pouvoirs ainsi transférés. Afin d'éviter tout détournement de cette procédure, véritable mistigri juridique sinon « patate chaude » car personne ne souhaite se retrouver un jour en garde à vue voire en correctionnelle, la jurisprudence n'admet la validité de cette délégation, prouvée par tous moyens mais dont il est judicieux de garder une trace écrite, que si le délégataire est cumulativement doté de la *compétence* (ex. : stage de formation), de l'*autorité* (pour se faire immédiatement obéir en cas d'urgence) et des *moyens* (financiers et techniques) nécessaires à l'exercice de ces responsabilités : bref, pourra-t-il intervenir efficacement en cas de problème ? S'il manque une condition, l'inspecteur du travail ou le juge remontera au niveau supérieur...

368 Cette obligation de sécurité ne se limite pas à la seule exécution des prescriptions techniques. Se fondant sur les dispositions très générales du Code du travail, la jurisprudence considère que le chef d'entreprise est ici soumis à une obligation de moyens renforcée. Plus de résultat ? La CJUE avait rappelé le 14 juin 2007 que la directive de 1989 n'allait pas « *jusqu'à imposer au chef d'entreprise de garantir un environnement de travail sûr* ». Ce qu'il a fallu parfois rappeler aux précautionnistes de 2020-2021 : rester des mois seul enfermé dans sa chambre-bureau-salle à manger permet en effet d'éviter toute contagion...

369 Même si aucune violation précise des textes ne peut être imputée à l'employeur, il pourra donc être mis en cause si un accident, mais aussi une simple inspection font apparaître qu'il a toléré dans son établissement une situation dangereuse (ex. : tabagisme passif). Et cette obligation de sécurité est *pénalement sanctionnée* puisqu'il s'agit de la santé, voire de la vie des personnes. Même si aucun accident ne s'est produit, l'employeur qui ne respecte pas la réglementation est donc passible de poursuites correctionnelles.

L'entreprise peut également être condamnée, dans les conditions de la responsabilité pénale des personnes morales (C. pén., art. L. 121-2). Pour la Chambre criminelle, la délégation de pouvoir élargit cette responsabilité, le délégataire devenant l'un de ses « représentants » exigé par le texte.

370 L'esprit de prévention impose une certaine *logique normative*. Les textes communautaires imposent ainsi une véritable hiérarchie des mesures de sécurité (art. L. 4121-2) : priorité est donnée aux actions visant à supprimer le risque sur celles qui ne font que le corriger, et aux mesures de protection collective et objective (écran de protection, garde-corps...) sur les mesures de protection individuelles et autres consignes de sécurité. Car la sécurité des travailleurs ne doit pas dépendre de leur bonne volonté à accepter des contraintes pesantes (ex. : gants et tenue de protection), et parfois difficilement compatibles avec les exigences de productivité immédiate, ou un été torride (ex. : casque BTP).

Le législateur a enfin et très légitimement mis l'accent sur le concept de *sécurité intégrée* consistant à tenir compte des problèmes de sécurité dès la conception des locaux ou des machines.

371 Du travail soigné au travail à soigner. À notre époque où le principe de précaution, entré en 2004 dans notre Constitution au sujet du seul *environnement,* est désormais directement évoqué par les juges, la lutte contre les maux imputables au travail se complexifie année après année. Aux risques industriels connus (mais pas toujours : hier, l'amiante était considérée comme un produit miracle ; l'explosion d'AZF-Toulouse de septembre 2001, 31 morts et 2 300 blessés, était due à un problème de stockage et non de production, très surveillée) touchant le corps des salariés, succèdent ceux mettant en cause son cerveau (stress, troubles du sommeil...) : de la physiologie à la psychologie, avec interférence permanente (somatisation : « *J'en ai plein le dos* »/ mal de dos ; « *Ça me prend la tête* »/ migraines). Sans parler des dégâts collatéraux lorsque la charge de travail conduit à ne plus pouvoir déconnecter ses neurones ou débrancher son *Crackberry* pendant le week-end, au grand désespoir des enfants constatant qu'un parent présent peut être absent, car en télétravail.

HARCÈLEMENTS IMMORAUX
L'ENFER PAVÉ DES MEILLEURES INTENTIONS

Issu du verbe herceler (la herse avec ses nombreuses piques), le harcèlement sexuel connaît aujourd'hui un bien triste succès juridique et judiciaire en France et dans l'Union européenne, après avoir fini d'éloigner les deux sexes outre-Atlantique.

Au grand bonheur des universités américaines multipliant les « cursus de genre », parfois en forme de guerre contre le mâle-veillant, sexe *naturellement* porté sur la violence. La guerre pour l'égalité ? En janvier 2015, vingt courageux professeur(e) s de droit d'Harvard constataient que « *pour statuer sur des affaires d'infraction sexuelle présumée, notre Université a adopté des procédures qui dérogent à nos règles de droit les plus fondamentales. Ce système jette par-*dessus *bord toute notion d'équilibre et d'équité* ». Et depuis, la situation a empiré avec la cancel culture.

La règle de droit est-elle la seule à pouvoir réguler une société ?

Est-elle apte à réglementer tous les comportements au sein des entreprises ? Faut-il rappeler qu'en Extrême-Orient, « *le droit est fait pour les Barbares* » ? *Le contentieux*, dont la fonction normative est essentielle aux États-Unis, est-il un mode normal de régulation sociale dans notre grand pays aux 200 000 textes ? La médiatique sanction pénale est-elle la plus adéquate pour des comportements dont les ressorts sont d'une rare complexité ? Ne sert-elle pas aussi parfois de moyen de chantage, au pire, ou de négociation ?

Toujours à l'avant-garde du « politiquement correct », cette insoutenable lourdeur de l'être, l'UE a dans la directive du 5 juillet 2006 portant sur « l'égalité de traitement entre hommes et femmes » presque réussi à atteindre le niveau de la guerre des sexes à l'américaine, dans un joyeux mélange de discrimination, de harcèlement sexuel et de harcèlement tout court.

Définition communautaire du harcèlement sexuel

« *Situation dans laquelle un comportement non désiré* (traduction officielle mais problématique de *unwanted* : ah, la preuve du "désir" en droit ! On attend avec impatience l'embarrassante question préjudicielle posée à la CJUE, puis son application par un juge suédois et un juge italien) *à connotation sexuelle s'exprimant physiquement, verbalement ou non verbalement* (non verbalement ? Un regard ?) *survient, avec pour objet ou pour effet* (donc parfois involontaire) *de porter atteinte à la dignité d'une personne et de créer un environnement intimidant, hostile, dégradant, humiliant ou offensant* » (« *l'atmosphère de complicité de harcèlement* » américaine, qui dans les amphis faisait hurler de rire il y a vingt ans les étudiants des deux sexes). Entre la multiplication des hypothèses de discrimination et l'élargissement permanent des harcèlements, la guerre de tous contre tous : chacun responsable de rien, mais victime de tous.

En sourire ou en soupleurer (J. Renard) ?

Le juriste reste confondu par cette « définition » pouvant désormais entraîner deux ans d'emprisonnement en France et risquant de décrédibiliser les vraies victimes d'un harcèlement bien réel. Mais la violence au travail redécouverte avec l'ANI du 25 mars 2010 est-elle vraiment nouvelle ? La lecture de Dickens ou de Hugo ou, plus près de nous, d'A.-J. Cronin ou S. Weil montrent qu'à l'évidence harcèlement sexuel et harcèlement moral ont toujours existé, particulièrement en entreprise, ce monde clos où un salarié passe plus de temps éveillé qu'avec son conjoint,

où existent des rapports de séduction (des deux côtés, et en particulier dans les pays latins : ce n'est pas encore un crime), mais aussi de perversité.
Ou une organisation du travail peut générer presque naturellement un « harcèlement managérial » : le cadre le nez sur ses objectifs qui est en train de taper son *reporting* hebdomadaire « met la pression » sur ses collaborateurs, qui font de même pour l'étage en dessous. D'où la réaction de la Chambre sociale : « *il appartient au juge de rechercher si les méthodes de gestion mises en œuvre dans le service ne caractérisaient pas un harcèlement moral* » (CS, 10 mai 2012), et le jugement du Tribunal *correctionnel* de Paris du 20 décembre 2019 dans l'affaire *France Télécom*.
Après le harcèlement *sexuel* de 1992 revu en 2016 puis 2018 (**I**), le harcèlement moral (**II**).

I. Les trois harcèlements sexuels après les lois de 2015, 2016 puis 2018
« *Harcèlement sexuel : harceler autrui dans le but d'obtenir des faveurs de nature sexuelle* ». Vingt ans après la première loi du 2 novembre 1992, le Conseil constitutionnel avait déclaré inconstitutionnelle le 4 mai 2012 cette définition tautologique (« redire la même chose »). Résultat paradoxal : la loi du 6 août 2012, avec des peines doublées, et une panoramique définition à l'obscure clarté et à la très floue précision s'inspirant du droit communautaire.
Rappelons qu'il n'est ici question ni de violence, ni *a fortiori* d'agressions sexuelles : 75 000 euros d'amende et cinq ans de prison, *cf.* Cass. crim., 8 juin 2017 : PDG d'un groupe d'hypermarchés condamné à 18 mois d'emprisonnement avec sursis pour agression sexuelle commise par une personne abusant de l'autorité que lui confère sa fonction.
On ne s'étendra pas non plus sur l'argument du patron de BTP condamné le 12 septembre 2017 par la cour de Colmar, évoquant « *le droit d'avoir au sein de mon entreprise un comportement tactile spécifique à mon mode managérial* »...
Au-delà de « l'outrage sexiste » plus connu sous le nom de « harcèlement de rue » issu de la loi du 3 août 2018 :
1. L'agissement sexiste (calendrier Pirelli au bureau) est inclus dans le chapitre « Égalité Professionnelle », et non pas « Harcèlements » : « *Nul ne doit subir d'agissement sexiste, défini comme tout agissement lié au sexe d'une personne, ayant pour objet ou pour effet de porter atteinte à sa dignité ou de créer un environnement intimidant, hostile, dégradant, humiliant ou offensant* » (art. L. 1142-2-1).
2. Le harcèlement sexuel (art. L. 1153-1). « *Aucun salarié ne doit subir des faits : Soit de harcèlement sexuel, constitué par des propos ou comportements à connotation sexuelle* ***répétés*** *qui soit portent atteinte à sa dignité en raison de leur caractère dégradant ou humiliant, soit créent à son encontre une situation intimidante, hostile ou offensante...*
3. ...Soit assimilés au harcèlement sexuel, *consistant en toute forme de pression grave,* ***même non répétée****, exercée dans le but réel ou apparent d'obtenir un acte de nature sexuelle, que celui-ci soit recherché au profit de l'auteur des faits ou au profit d'un tiers* ».

Or comme l'écrit excellemment Maître Éolas sur son blog : « *Que notre société tolère encore des comportements inacceptables envers les femmes est un fait. Mais changer les mœurs à coups de sanctions pénales est une vieille chimère et un fantasme de toute-puissance de la loi dangereux par nature. Je n'aime pas les beaufs des machines à café, mais de là à en faire des délinquants pour leur apprendre les bonnes manières...* »
Portalis, Beccaria, Carbonnier, revenez ! Ils sont devenus fous.

▮ ***Foule sentimentale... Un fait divers = Une modification législative***

– **Suite à l'affaire du député Vert Denis Baupin** et ses lourds, très lourds SMS, la loi du 8 août 2016 a aligné le droit probatoire du harcèlement sexuel celui des discriminations (art. L. 1154-1). « *Le salarié établit des faits qui permettent de présumer* » a donc été remplacé par : « présente *des éléments de fait laissant* supposer » (Le Conseil constitutionnel avait exigé en 2002 « des faits précis et concordants »). « *Au vu de ces éléments, il incombe à la partie défenderesse de prouver que ces agissements ne sont pas constitutifs d'un tel harcèlement et que sa décision est justifiée par des éléments objectifs étrangers à tout harcèlement* ». Comme d'habitude opéré au nom des bons sentiments, et même jugé fort progressiste par de beaux esprits, ce tripatouillage du droit de la preuve nous fait donc revenir à l'Ancien Régime, avec en plus la lapidation symbolique que constitue, sur les réseaux sociaux et avant tout procès, le pilori médiatique du présumé ~~coupable~~ innocent. Si ce régime probatoire ne vise que le juge civil, pas le juge pénal, ce dernier se trouve aujourd'hui mis en cause lorsqu'il décide de relaxer un prévenu médiatiquement définitivement condamné...
– **Suite à l'affaire Weinstein,** la loi du 3 août 2018 a inséré un chapitre « Lutte contre les violences sexuelles et sexistes au travail » : affichage obligatoire des voies de recours civiles et pénales, et dans les entreprises de plus de 250 salariés, création de deux référents, l'un nommé par l'employeur (souvent issu des services RH), l'autre par le CSE parmi ses membres « *chargés d'orienter, d'informer et d'accompagner les salariés en matière de lutte contre le harcèlement sexuel et les agissements sexistes* ». Quand l'on connait l'extrême prudence des syndicats (où la question se pose régulièrement) et même de l'inspection du travail sur ce thème sensible, le choix de ces « référents » va être intéressant (y aura-t-il des hommes ?).

▮ ***Double faute patronale***

Car l'article L. 1153-5 permet d'agir aussi contre l'employeur sur le terrain du manquement à son obligation de sécurité : « *L'employeur prend toutes dispositions nécessaires en vue de prévenir les faits de harcèlement sexuel, d'y mettre un terme et de les sanctionner* », et comme il s'agit d'obligations distinctes, « *lorsqu'elle entraîne des préjudices différents, la méconnaissance de chacune d'elles peut ouvrir droit à des réparations spécifiques* » (double indemnisation, Cass. crim., 8 juin 2017). Même cumul possible en cas de harcèlement moral.

Entre réagir et raisonner, il faut choisir

▮ ***« La victimologie et la thérapeutique ont remplacé le combat social » Jean-Pierre Le Goff, CNRS***

Courage ! Nous allons enfin parvenir à cette société d'individu-e-s vindicatives-ifs et procédurières-riers d'outre-Atlantique, dont nous moquions il y a vingt ans la notion d'« atmosphère de harcèlement ». Mais soyons rassurés : grâce à ces ajouts successifs, quand tous les gros lourds de la cafétéria seront derrière les barreaux, tout ira mieux.

Voir plus généralement, J.-P. Le Goff, « *#Metoo est un mouvement sentimental et victimaire* », Le Monde 10 juill. 2018 p. 25 : « *L'expression débridée de la subjectivité souffrante et la dénonciation ad hominem brouillent la distinction entre sentiments et raison, entre vengeance et justice. L'agressivité qu'on entend combattre et éradiquer au nom de la lutte contre le harcèlement se retrouve dans la véhémence de la dénonciation, qui réduit l'autre au statut de porc, hors du registre de l'humain (...). Le déferlement des témoignages, leur affichage dans l'espace médiatique, l'incitation à la délation finissent par dresser un tableau sordide des rapports homme-femme, marqués par le harcèlement, la violence et le viol (...). Dans un schéma qui oppose un pur salaud à une innocente victime, la complexité des relations affectives, les représentations et les mécanismes inconscients n'ont pas leur place* ».

Mais si le contentieux du harcèlement sexuel reste rare dans nos pays latins où la guerre des sexes n'est pas encore ouvertement déclarée, ce n'est pas le cas du harcèlement moral, qui parfois s'y substitue car nettement plus large, et jugé moins stigmatisant.

Pour aller plus loin : le livre blanc de l'ANDRH « Prévenir le harcèlement sexuel en entreprise-Repères pour les RH » (déc. 2018). Et « Sexiste, vous avez dit sexiste : identifier, prévenir, sanctionner l'humour gaulois et autres agissements et outrages sexistes... » Les Cahiers du DRH, n° 260, janv. 2019.

II. Le harcèlement moral, couteau suisse

Né en janvier 2002 sur une initiative du PCF voulant encadrer le pouvoir de direction, il constitue de ce point de vue un éclatant succès, confirmé par la décision France Télécom du tribunal correctionnel de Paris du 20 décembre 2020 (V. *supra* n° **356**). Avec au plus haut niveau, la mise en examen du PDG de France Télécom, de son DRH et du directeur délégué en juillet 2012, puis leur passage en correctionnel en juin-juillet 2019 et leur condamnation dix ans après les faits à de la prison ferme.

Même prise en compte avec la condamnation à un an de prison avec sursis (le procureur avait requis six mois) le 11 juillet 2018 de la directrice du magasin Tati-Barbès suite au suicide en janvier 2012 de France Javelle, vendeuse de 53 ans et 24 ans d'ancienneté.

Harcèlement managérial (CS, 10 nov. 2009) : « *Peuvent caractériser un harcèlement moral les méthodes de gestion mises en œuvre par un supérieur hiérarchique, dès lors qu'elles se manifestent pour un salarié déterminé par des agissements répétés ayant pour objet ou pour effet d'entraîner une dégradation des conditions de travail susceptibles de porter atteinte à ses droits et à sa dignité, d'altérer sa santé physique ou mentale ou de compromettre son avenir professionnel* ». S'agissant d'un collaborateur harcelé puis licencié pour inaptitude, l'arrêt du 10 novembre 2009, toujours repris depuis, consacre la volonté de la Chambre sociale d'aller chercher en amont les véritables raisons du harcèlement moral, ici des méthodes de gestion caricaturales : « *Pression continuelle, reproches incessants, ordres et contrordres dans l'intention de diviser l'équipe, absence de dialogue caractérisée par une communication par l'intermédiaire d'un tableau Excel* ».

S'il faut que ces méthodes indignes, ces « agissements répétés » – même sur une brève période d'un mois – visent « *un salarié déterminé* », rien n'interdit cependant à ses camarades d'assigner eux aussi, dans une forme inédite de class action individuelle. Car, *a priori*, ils sont soumis à ces mêmes « méthodes de gestion » ; et si elles émanent d'un dirigeant, c'est une hypothèse de responsabilité pénale de l'entreprise en tant que personne morale.

Harcèlement hiérarchiquement transmissible. « Juste à temps » ? « 24 heures chrono » ? Mais à quel prix individuel et collectif ? Nos temps modernes, placés sous le signe de l'urgence et de la compétition permanentes « mettent la pression » sur des salariés qui en ont, littéralement, « plein le dos » de cette « gestion par le stress ». Si pour certains les « charrettes » désormais structurelles relèvent du plaisir de la vitesse voire permettent d'éviter les tensions de la vie familiale ou conjugale en rentrant à 21 h, tout le monde ne peut suivre : problème.

Mais la volonté réelle du législateur du 17 janvier 2002 était justement d'encadrer le pouvoir de direction sur ce terrain médiatisé, donc fort glissant pour un employeur déclaré responsable des errements de ses hiérarchiques. Ce n'est pas un hasard si les procès se sont multipliés en pleine folie financière exigeant des retours sur investissement de 15 % ou 20 %.

Depuis la loi du 6 août 2012, la répression pénale du harcèlement moral est alignée sur celle du harcèlement sexuel, elle-même doublée : donc deux, voire trois ans d'emprisonnement (l'équivalent d'un homicide involontaire), et 30 000 euros d'amende.

Mais hors cas caricatural, l'un des problèmes est de faire la part des facteurs personnels et professionnels... souvent indissociables : le paternalisme de nos grands-pères n'a jamais été jusqu'à se mêler des problèmes psychologiques de leurs salariés : quand on ouvre la boîte de Pandore dans une société française déboussolée, championne de la consommation d'anxiolytiques et autres psychotropes... « *L'homme n'est pas une île* » (John Donne, 1624).

Aujourd'hui une majorité des dossiers prud'homaux relatifs à la rupture pour motif personnel évoque un harcèlement moral, *a fortiori* depuis septembre 2017 afin d'échapper au plafonnement des dommages-intérêts en cas de défaut de cause réelle et sérieuse. Qualification rejetée par les juges d'appel dans sept cas sur dix, et que le salarié doit expressément évoquer dans sa lettre de dénonciation des faits s'il veut être protégé (CS, 21 mars 2018).

Deux définitions panoramiques

Code du travail, article L. 1152-1 : « *Aucun salarié ne doit subir les agissements répétés de harcèlement moral qui ont pour objet ou pour effet une dégradation* *de ses conditions de travail susceptible de porter atteinte à ses droits et à sa dignité, d'altérer sa santé physique ou mentale ou de compromettre son avenir professionnel* ».

Code pénal, article 222-33-2 : « *Le fait de harceler autrui par des propos ou comportements répétés ayant pour objet ou pour effet une dégradation des conditions de travail susceptible de porter atteinte à ses droits et à sa dignité, d'altérer sa santé physique ou mentale ou de compromettre son avenir professionnel, est puni de deux ans d'emprisonnement et de 30 000 € d'amende* ».

Toute la difficulté est la subjectivité de cette définition, *i.e.* le sentiment qu'en a la victime, en droit du travail souvent un subordonné donc soumis au pouvoir de direction de l'employeur, et qui n'a pas à prouver un dommage né et actuel (« *susceptible de porter atteinte...* »). Et l'on souhaite bien du plaisir aux magistrats dans leur recherche de la vérité, ici plurielle (*cf.* en mars 2010, M.-F. Hirigoyen, *Harcèlement moral : démêler le vrai du faux*, remake de son best-seller : « *Il ne faut pas confondre le harcèlement avec les autres risques psychosociaux, et éviter les plaintes abusives car les magistrats sont excédés. Le problème est que nous en parlons aujourd'hui à tort et à travers, et que cela risque de banaliser des souffrances moins visibles* »). Si un harcèlement délibéré, qui « *a pour objet une dégradation des conditions de travail* », est évidemment visé, le comportement « *ayant pour effet* » cette dégradation (et non seulement des conditions de travail dégradées ou dégradantes) est également sanctionné.

Une scène du « Théâtre à la Carte », troupe intervenant en entreprise, démontre de façon frappante cette difficulté : sur un même texte mais sur deux tons opposés, un directeur commercial réprimande vertement l'une de ses jeunes collaboratrices. Dans le premier cas, la porte claque comme les mots, mettant le spectateur mal à l'aise. Dans le second, même texte, mais ton paternel et sourires montrant le recul par rapport aux mots employés : qui y verrait un harcèlement ? Car tout dépend de l'atmosphère dans l'entreprise ou le service, mais aussi du passé comme de l'état psychique de chacun. Gérard Depardieu aurait ainsi quelque difficulté à convaincre les juges d'un comportement harceleur qui, pour une autre personne en situation de faiblesse (y compris passagère : n'embaucher que des Rambo ne résout pas tout, car Rambo peut divorcer et/ou déprimer...), peut être ressenti comme un véritable harcèlement.

Grâce à la politique panoramique de la chambre sociale comme de la chambre criminelle (« *Le délit de harcèlement moral n'implique pas que soient constatés des agissements répétés de nature différente, ni que ces agissements aient initialement eu pour objet ou pour effet une dégradation des conditions de travail susceptible de porter atteinte à la dignité et à la santé de la victime* », Cass. crim., 26 janv. 2016), le harcèlement moral est aujourd'hui omniprésent dans les affaires prud'homales.

Pas nécessairement d'intention de nuire. S'estimant harcelée, une sous-directrice d'agence bancaire avait été en arrêt-maladie pendant trois ans, puis avait demandé la résolution judiciaire de son contrat. La cour d'Aix-en-Provence l'avait déboutée : « *Les agissements dont se plaint Mme M. ne peuvent être considérés comme un harcèlement moral : ils s'inscrivent dans l'exercice du pouvoir de direction de l'employeur tant qu'il n'est pas démontré par la salariée qu'ils relèvent d'une démarche gratuite, inutile et réfléchie destinée à l'atteindre et permettant de présumer l'existence d'un harcèlement* ». Cassation assurée au vu du texte légal (« ayant pour objet ou pour effet ») : « *Indépendamment de l'intention de son auteur, le harcèlement moral est constitué dès lors que sont caractérisés des agissements répétés ayant pour effet une dégradation des conditions de travail* ». Cette obsession textuelle, *a priori* respectable de la part du juge du droit, ne peut cependant que desservir les victimes d'un véritable « harcèlement » noyées dans la masse des plaintes.

Harcelé moralement par un subordonné. Un chef de service se suicide : sa veuve cite directement en Correctionnel l'un de ses ex-collaborateurs, « *qui avait dévalorisé de façon réitérée son action, diffusant à son propos une image d'incompétence dans son milieu professionnel et adoptant un comportement irrévérencieux et méprisant à son égard* ». Le tribunal correctionnel le condamne : « *le dénigrement auquel il s'était livré pendant plusieurs années ayant contribué à dégrader les conditions de travail de M. X..., au point d'altérer sa santé physique ou mentale* ». Mais les juges d'appel le relaxent : « *Subordonné de la victime, le prévenu n'avait ni les qualités, ni les moyens de compromettre l'avenir professionnel de celle-ci* ». Cassation prévisible par la chambre criminelle le 9 décembre 2011 : « *En subordonnant le délit à l'existence d'un pouvoir hiérarchique, la cour a ajouté à la loi des conditions qu'elle ne comporte pas : le fait que la personne poursuivie soit le subordonné de la victime est indifférent à la caractérisation de l'infraction* ».

Harcelé par un délégué syndical. Si de nombreux délégués ont obtenu la condamnation d'un manager pour harcèlement moral, certaines DRH recevant deux lettres RAR + douze courriels + dix coups de téléphone par semaine de leur délégué syndical ont été tenté de lui renvoyer l'ascenseur.

Le 17 mars 2015, la Chambre criminelle a ainsi condamné pour harcèlement moral un délégué syndical « *tenant à ses interlocuteurs des propos injurieux et humiliants, touchant les personnes mêmes de ceux-ci, leur physique, leurs tenues vestimentaires, leur passé professionnel, leur probité, à être très près de leur visage au point qu'ils se sentent physiquement menacés, n'étaient nullement nécessaires pour mener à bien des actions syndicales dans l'intérêt des salariés. Irrespectueux de la personne humaine, de tels comportements répétés, systématiques et inadaptés par rapport à l'exercice normal et loyal de l'action syndicale, étaient à l'évidence volontaires avec pour but d'intimider, déstabiliser et atteindre la personne même des cadres constituant la direction de l'établissement et, par là même, leur porter un préjudice personnel* ».

Une multiplicité d'acteurs. Le législateur n'a pas fait dans le détail : pas moins de cinq acteurs peuvent intervenir. Or la mesure la plus efficace est évidemment une active prévention en amont, avant qu'un classique incident relationnel ne dégénère en « Maillon le plus faible » grandeur nature.

Le médecin du travail devient le personnage central (proposition de mutation… qui peut renforcer le sentiment d'exclusion de la victime), le cas échéant avec l'inspecteur du travail qui tranchera en cas de désaccord. La CSSCT du CSE, chargée de la santé « physique et mentale » des salariés, CSE qui dispose d'un droit d'alerte en matière de libertés publiques étendu à ce nouveau domaine. Enfin, s'ils ont l'accord de l'intéressé, les syndicats pourront agir en justice.

Le pilori du Moyen Âge, mais sans jugement préalable. Mais dans l'hypothèse où le harcèlement se révélerait inexistant, l'ex-harceleur sortira-t-il indemne de cette opération, dans l'entreprise comme dans sa famille ? Une relaxe devant le tribunal correctionnel ne « blanchit » qu'en droit l'ex-prévenu, qui reste stigmatisé par ce type de poursuites aboutissant à une médiatique mise en examen, au-delà de sa nouvelle situation de chômeur, voire de pestiféré.

Mettre fin à l'opposition Cadre trop méchant/ Petit salarié si exemplaire : un éventuel partage des responsabilités ? La Chambre criminelle a cru devoir casser le 27 mai 2015 un arrêt plein de bon sens ayant, sur le plan civil, procédé à un partage de responsabilité, s'agissant d'un pauvre président d'une communauté de communes ayant écarté sa secrétaire générale « *à l'incompétence avérée, qui mettait en péril les intérêts de la communauté, n'acceptait aucune réflexion et avait été à l'origine de l'attitude de son employeur tenu de faire en sorte que la gestion des affaires publiques soit irréprochable, tout en préservant les personnels sous les ordres de Mme X, dont certains ont eu à souffrir du comportement agressif de l'intéressée au point d'en devenir dépressifs* ». Cassation : « Quelle qu'ait été la manière de servir de la partie civile, les faits poursuivis outrepassaient les limites du pouvoir de direction du prévenu et caractérisaient des agissements au sens de l'article 222-33-2 du Code pénal. ».

Alignement côté chambre sociale le 13 juin 2019 : « Les obligations des travailleurs dans le domaine de la sécurité et de la santé morale au travail n'affectent pas le principe de responsabilité de l'employeur. Pour limiter le montant des dommages-intérêts alloués en réparation du préjudice subi du fait des agissements de harcèlement moral, l'arrêt retient que la salariée a contribué par son propre comportement lors des réunions des représentants du personnel à la dégradation des conditions de travail ». Cassation.

Comme souvent, le Conseil d'État se montre plus réaliste, et donc plus équilibré (CE, 11 juill. 2011).

Même roideur côté chambre sociale s'agissant de la réintégration forcée, que la salarié est en droit d'obtenir si son licenciement est lié au harcèlement dont il a fait l'objet. Certains juges du fond, constatant l'immense tension entre les parties et que la situation ne pourra qu'empirer après ce lourd contentieux parfois médiatisé, ne souhaitent pas la prononcer : « *la réintégration est peu opportune car les relations des parties étaient arrivées à un point de non retour* ». Cassation le 14 février 2018 : si le juge du fond a déclaré le licenciement nul, le salarié est en droit d'exiger sa « réintégration » (en droit, la poursuite de son contrat de travail), sans que l'employeur ne puisse s'y opposer, sauf si elle est *matériellement* impossible (ex. : fermeture de l'entreprise).

Et en cas de fausse dénonciation de harcèlement coûtant fort cher (son poste + sa réputation) au soi-disant agresseur ? Là encore, la chambre sociale se montre extrêmement protectrice de la supposée victime... même de mauvaise foi car cette dernière « *doit résulter de la connaissance par le salarié de la fausseté des faits qu'il dénonce* » (CS, 6 déc. 2017). Or il est exceptionnel que la personne concernée le reconnaisse elle-même ! Les très rares cas d'application sont donc caricaturaux. Ainsi dans l'arrêt du 7 février 2018, pour dénoncer un harcèlement moral, une salariée avait transmis au siège un courrier comportant des accusations dont un faux, rédigé sur du papier à en-tête de l'entreprise et soi-disant signé de son supérieur hiérarchique...

La DRH entre deux feux

Les managers l'appellent « l'effet Club Sandwich ». Pris entre les ordres de la direction obsédée par ses reportings financiers et leurs collaborateurs protestant contre des pratiques de harcèlements, que doit faire le service RH ? Dans l'arrêt du 8 mars 2017, la responsable des Ressources Humaines d'un magasin avait été licenciée pour faute car elle était restée inerte alors que le directeur harcelait constamment ses collaborateurs, créant un « *climat de terreur et d'humiliations* ». Estimant « *qu'un salarié ne peut être sanctionné disciplinairement lorsque le manquement qui lui est reproché résulte d'un comportement fautif de l'employeur* », elle saisit la justice. Mais la chambre sociale valide son licenciement : « *En cautionnant les méthodes managériales inacceptables du directeur avec lequel elle travaillait en très étroite collaboration, et en les laissant perdurer, Mme X. avait manqué à ses obligations contractuelles et mis en danger tant la santé physique que mentale des salariés* ».

« Management par la peur » sanctionné hors harcèlement moral (CS, 6 déc. 2017)

Des faits n'entrant pas dans la définition du harcèlement moral peuvent néanmoins être sanctionnés au titre de l'obligation de sécurité et donc de prévention du chef d'entreprise ; et les deux peuvent coexister, avec cumul des indemnisations.

« *L'obligation de prévention des risques professionnels, qui résulte de l'article L. 4121-1 du Code du travail, est distincte de la prohibition des agissements de harcèlement moral instituée par l'article L. 1152-1 du Code du travail et ne se confond pas avec elle ;*

La cour d'appel, qui a relevé qu'il ressortait notamment de divers procès-verbaux d'audition et d'un rapport de l'inspection du travail que de très nombreux salariés de l'entreprise avaient été confrontés à des situations de souffrance au travail et à une grave dégradation de leurs conditions de travail induites par un mode de management par la peur ayant entraîné une vague de démissions notamment de la part des salariés les plus anciens, a caractérisé un manquement de l'employeur à son obligation de prévention des risques professionnels à l'égard de l'ensemble des salariés de l'entreprise ».

III. De la contreproductive obligation jurisprudentielle de sécurité de résultat (CS, 29 juin 2006) à l'obligation de moyens renforcée : le retour à la raison du 1er juin 2016

« *L'employeur est tenu envers ses salariés d'une obligation de sécurité de résultat en matière de protection de la santé et de la sécurité des travailleurs dans l'entreprise ; l'absence de faute de sa part ne peut l'exonérer de sa responsabilité. Il doit également répondre des agissements des personnes qui exercent, de fait ou de droit, une autorité sur les salariés* » (CS, 29 juin 2006). Cette responsabilité automatique car de plein droit n'était pas du tout incitative pour l'entreprise : si quoi qu'elle fasse, elle était toujours condamnée...

Heureux revirement le 1er juin 2016 : « *Ne méconnaît pas l'obligation légale lui imposant de prendre les mesures nécessaires pour assurer la sécurité et protéger la santé physique et mentale des travailleurs, notamment en matière de harcèlement moral, l'employeur qui justifie avoir pris toutes les mesures de prévention prévues par les articles L. 4121-1 et L. 4121-2 du Code du travail et qui, informé de l'existence de faits susceptibles de constituer un harcèlement moral, a pris les mesures immédiates propres à le faire cesser* ».

Prévention. L'article L. 4121-1 évoque « 1. *Des actions de prévention des risques professionnels ; 2. Des actions d'information et de formation ; 3. La mise en place d'une organisation et de moyens adaptés* ».

Deux conditions jurisprudentielles d'exonération. L'employeur doit pouvoir démontrer avoir pris :

1° « *Toutes les mesures de prévention* » : donc pas seulement l'insertion de rudes menaces disciplinaires dans son règlement intérieur.

2° « *Les mesures immédiates propres à faire cesser* » le harcèlement moral ou sexuel signalé. L'arrêt du 13 décembre 2017 montre que la chambre sociale n'a pas baissé la garde : « *l'employeur n'avait pas pris toutes les mesures de prévention notamment n'avait pas mis en œuvre des actions d'information et de formation propres à prévenir la survenance de faits de harcèlement sexuel, et n'avait pas pris toutes les mesures propres à mettre un terme aux faits de harcèlement sexuel dénoncés par la salariée* ».

En cas de problème : réaction rapide, mais pas expéditive. « *L'obligation faite à l'employeur de prendre toutes les dispositions nécessaires en vue de prévenir ou de faire cesser les agissements de harcèlement moral n'implique pas par elle-même la rupture immédiate du contrat de travail d'un salarié à l'origine d'une situation susceptible de caractériser ou de dégénérer en harcèlement moral* » (CS, 22 oct. 2014).

Car une aussi grave accusation nécessite une enquête, permettant parfois de débusquer un règlement de comptes professionnel ou sentimental, comme l'y invite l'accord-cadre européen contre la violence et le harcèlement du 26 avril 2007 indiquant que de fausses accusations devront être sanctionnées. Si le dénonciateur-victime ne peut, sous peine de nullité, faire l'objet d'une sanction disciplinaire, d'un licenciement ou d'une mesure discriminatoire (art. L. 1152-3 / CS 16 juin 2016 : licenciement pour faute lourde deux semaines après sa plainte...), la Chambre sociale a logiquement confirmé le 28 janvier 2015 le licenciement pour faute grave d'une dénonciatrice ayant porté « *des accusations graves, réitérées, voire calomnieuses et objectivement de nature à nuire à leur destinataire ainsi qu'à l'employeur, accusé de laisser la salariée en proie à ce prétendu harcèlement en méconnaissance de son obligation d'assurer sa sécurité et de préserver sa santé* ». Mais le salarié ayant dénoncé des faits de harcèlement moral ne peut être poursuivi pour diffamation (Cass. 1re civ., 28 sept. 2016, évoquant « *des exigences probatoires de nature à faire obstacle à l'effectivité du droit* ») ; mais n'écarte pas la dénonciation calomnieuse si, au moment de la dénonciation, « *le salarié avait connaissance de la fausseté des faits allégués* » : pas facile à prouver !

Du harcèlement moral à l'atteinte à la dignité : éviter la banalisation
Comme le rappelait la CJUE le 14 octobre 2004, « *l'ordre juridique communautaire tend indéniablement à assurer le respect de la dignité humaine en tant que principe général de droit* ».
Et l'article 31 de la Charte des droits fondamentaux de l'Union d'indiquer : « *Tout travailleur a droit à des conditions de travail qui respectent sa santé, sa sécurité et sa dignité* ». De nombreux arrêts accueillent aujourd'hui très largement ces « atteintes à la dignité » : « *qui constituent pour l'employeur un manquement grave à ses obligations* » justifiant la prise d'acte immédiate (CS, 7 févr. 2012).
Mais si l'on veut vraiment protéger de comportements indignes certains salariés fragilisés, il convient de ne pas confondre remarque acide et autre ordre abrupt avec atteinte à la dignité de la personne humaine.

« *Omnes omnium* » Th. Hobbes : la guerre (judiciaire) de tous contre tous ?
« Harcèlement sexuel » élargi aux « agissements sexistes », et « harcèlement moral » à la preuve allégée par la loi du 8 août 2016 ; « violence au travail », et « violences morales » à l'égard du conjoint depuis la loi du 9 juillet 2010, et demain délit de fessée permettant enfin au papa de passer 24 heures en garde à vue, puis de perdre son emploi voire aller en prison suite à la plainte de son fiston.
Tous les problèmes de la vie de l'entreprise, mais aussi de couple et de famille vont bientôt se régler au commissariat local. Mieux : devant le tribunal correctionnel. Enfant, parent, conjoint, salarié, collègue, chacun pourra (enfin !) porter plainte contre tout le monde dans cette « société » que nous construisons pierre après pierre avec un bel entrain : une « société » d'individus vindicatifs et procéduriers.

SECTION II Le contrôle

La bonne exécution des prescriptions de santé et de sécurité par le chef d'entreprise est étroitement surveillée.

Sur le rôle essentiel de la Commission Santé, Sécurité et des Conditions de travail (CSSCT), devenue depuis septembre 2017 une simple commission interne du Comité social et économique, voir *infra* II « Les rapports collectifs de travail ».

Comme l'a vertement rappelé la cour d'appel de Versailles dans son arrêt *Amazon* du 24 avril 2020 concernant la trop large réouverture de centres logistiques, les représentants du personnel doivent être étroitement associés à l'évaluation des risques, comme à la politique générale de prévention de l'entreprise. Sur ce sujet d'intérêt commun comportant beaucoup d'aspects pratico-pratiques, c'est un minimum, par ailleurs source de consensus diminuant le contentieux.

§1 Les services administratifs

372 **Inspection du travail.** S'agissant d'une législation d'ordre public, le rôle essentiel incombe naturellement à l'inspecteur du travail. Les contrôleurs et ingénieurs-conseils des caisses d'assurance maladie exercent une mission similaire, mais prioritairement orientée vers le conseil. Les uns et les autres disposent d'un droit d'entrée et de contrôle dans les établissements, leur permettant d'apprécier le respect des prescriptions légales et, à défaut, d'enjoindre au chef d'entreprise de prendre les mesures correctives nécessaires.

Leurs pouvoirs sont toutefois très différents. Les caisses de Sécurité sociale peuvent infliger une majoration du taux de cotisation accidents aux employeurs fautifs ; l'inspecteur du travail a le pouvoir de dresser un procès-verbal transmis au Parquet pour l'ouverture de poursuites pénales.

Au-delà de la réforme du 7 avril 2016 élargissant ses pouvoirs (demande d'expertises chimiques, amendes administratives, transaction pénale : voir *supra*), l'inspecteur ou le Dreets peut, en cas de risque sérieux d'atteinte à l'intégrité physique des travailleurs, saisir le juge des référés pour voir ordonner, éventuellement sous astreinte, toutes les mesures propres à faire cesser ce risque (mise hors service, immobilisation, saisie des matériels, fermeture temporaire d'un atelier ou chantier), les salariés ne devant ni être licenciés ni subir aucune réduction de salaire de ce fait. Cette procédure est rarement mise en œuvre, la seule menace d'y recourir suffisant généralement. Même dissuasion atomique dans le BTP ou désormais « l'exposition dangereuse à une substance chimique cancérigène, mutagène ou toxique » lorsqu'il menace d'utiliser l'article L. 2331-12 : injonction d'arrêt immédiat de l'activité dangereuse : quand 29 corporations y interviennent en même temps...

§2 Nouvelles missions du médecin du travail

373 La loi du 2 août 2021 lui fixe trois cercles de prévention :

- la prévention primaire en milieu de travail : le repérage des risques professionnels a priori aux fins de leur prévention en amont ;
- la prévention secondaire dont la veille sanitaire qui vise à repérer les risques existants et leurs effets sur la santé des personnes au travail en contribuant à leur communication individuelle et collective ;

- la prévention tertiaire spécifique au milieu du travail et qui induit la prescription d'aménagement du poste de travail individuel, les conseils auprès des employés et des employeurs sur les conditions de travail, les alertes sanitaires sur les risques environnementaux ou psychosociaux.

En ce qui concerne **les consultations médicales**, la proposition de loi donne une périodicité annuelle à la visite obligatoire, actuellement prévue tous les deux ans, pour tous les salariés à l'exception de ceux soumis à une surveillance renforcée, qui restent soumis à une visite annuelle.

§3 Les quatre axes de la loi du 2 août 2021 « *visant à améliorer la santé au travail des salariés et à prévenir les risques professionnels* »

374 **Grande première : c'est une *proposition de loi*** qui a transposé l'accord national interprofessionnel sur la santé au travail conclu le 10 décembre 2020, en veillant au respect des très subtils équilibres trouvés par les partenaires sociaux.

1. Renforcer la prévention au sein des entreprises et décloisonner la santé publique et la santé au travail, notamment en renforçant le contenu du document unique d'évaluation des risques professionnels (DUERP), et étendant les missions des services de santé au travail (SST) à l'évaluation et à la prévention des risques professionnels dans l'entreprise, ainsi qu'à des actions de promotion de la santé sur le lieu de travail, notamment au titre de campagnes de vaccination et de dépistage, et en favorisant la participation de ces services aux structures locales de coopération sanitaire. Dans ce cadre, les services de santé au travail deviennent les « services de prévention et de santé au travail » (SPST).

2. Améliorer la qualité du service rendu par les services de santé au travail, notamment en matière de prévention et d'accompagnement, à travers la mise en œuvre d'une procédure de certification et une révision de leurs règles de tarification, plus transparente et plus équitable pour les petites entreprises. Pour améliorer leur connaissance de l'état de santé des travailleurs, l'accès au dossier médical partagé est ouvert aux médecins du travail et aux infirmiers.

3. Renforcer l'accompagnement de certains publics, notamment vulnérables, et lutter contre la désinsertion professionnelle : dans chaque SPST, une cellule sera dédiée à la prévention de la désinsertion professionnelle. La loi prévoit le développement des pratiques médicales à distance relevant de la télémédecine et de la téléexpertise pour le suivi des travailleurs. Elle introduit également une visite de mi-carrière professionnelle, et le dispositif actuel de pré-reprise est revu afin d'améliorer les conditions de retour de congé maladie de longue durée.

La loi étend le suivi en santé au travail des intérimaires, salariés des sous-traitants ou prestataires : travailleurs indépendants et chefs d'entreprise non-salariés.

4. Réorganiser la gouvernance de la santé au travail, en adaptant l'organisation interne aux SPST, en élargissant les conditions dans lesquelles le médecin du travail peut déléguer une partie de ses missions à d'autres professionnels de santé du service et en renforçant le pilotage national. En particulier, la proposition de loi ouvre la possibilité de recourir à des médecins praticiens correspondants, et consacre au niveau législatif le statut de l'infirmier en santé au travail.

§4 Le salarié acteur de sa propre sécurité, mais aussi de celle d'autrui

375 « *Il incombe à chaque travailleur de prendre soin, en fonction de sa formation et selon ses possibilités, de sa sécurité et de sa santé ainsi que de celles des autres personnes concernées du fait de ses actes ou de ses omissions au travail* ». Transposition de la directive de 1989, l'article L. 4122-1 semble rappeler une règle de bon sens : la sécurité est l'affaire de *tous* les acteurs. Ce que nous a brutalement rappelé le contagieux épisode C19. Mais « *les dispositions du premier alinéa sont sans incidence sur le principe de la responsabilité de l'employeur* ».

Si deux **droits** lui sont reconnus, le droit communautaire puis la Cour de cassation cherchent à responsabiliser le salarié :

- droit à la *formation*, qui s'adresse notamment aux salariés nouvellement embauchés ou changeant de poste, mais aussi aux intérimaires particulièrement concernés par les accidents du travail ;
- droit, et non obligation, d'alerte et de retrait : « *Aucune sanction, aucune retenue de salaire ne peut être prise à l'encontre d'un travailleur ou d'un groupe de travailleurs qui se sont retirés d'une situation de travail dont ils avaient un motif légitime de* penser *qu'elle présentait un danger grave* et *imminent pour chacun d'eux* » (art. L. 4131-3).

CS, 29 janvier 2009 : « *L'employeur, tenu d'une obligation de sécurité de résultat en matière de protection et de sécurité au travail, doit en assurer l'effectivité. Est nul le licenciement prononcé par l'employeur pour un motif lié à l'exercice légitime par le salarié du droit de retrait de son poste de travail dans une situation de danger.* » Il est incontestable que **le respect de l'intégrité physique d'un salarié est le droit fondamental par excellence,** bien davantage que le port d'un bermuda au travail l'été.

Mais comme tout autre, ce légitime droit de retrait ne saurait être utilisé de manière *fautive :* d'abord s'il crée pour autrui une nouvelle situation de danger grave et imminent : mais l'employeur ne peut exiger la rédaction obligatoire d'un écrit. Mais aussi *abusive* (pour un chauffeur de bus, de simples embouteillages), notamment s'il est invoqué sans motif raisonnable pour dissimuler d'autres fins : insubordination, grève sans préavis – et payée – dans les services publics (CS, 17 sept. 2017 : 103 contrôleurs de la SNCF Isère s'étaient retirés de leurs postes à la suite de deux agressions survenues à Annemasse. Les agressions terminées et l'un des agresseurs neutralisé, la direction leur a ordonné de reprendre le travail le lendemain à 19 h 00. N'ayant pas obtempéré, retenue sur salaire.

Pour le conseil des prud'hommes, le droit de retrait n'était pas caractérisé car :

1. ce retrait était concerté, prévu, revendiqué et avait les apparences d'un acte de solidarité plus que d'une action personnelle ;
2. les consignes étaient d'exercer un droit de retrait collectif à l'occasion d'une agression d'un préposé, dans un vague amalgame droit de grève, droit d'alerte et droit de retrait ;
3. si le danger grâce et immédiat était déjà contestable au moment des faits, il devenait inexistant dès lors que l'agresseur était neutralisé.

Pour la chambre sociale le 17 novembre 2017, les agents n'avaient effectivement pas de motif raisonnable de penser que la situation dans laquelle ils se trouvaient *après le 17 décembre 2014 à 19 h 00 présentait* un danger grave et imminent pour leur vie ou leur santé : à compter de cette heure, les retenues étaient justifiées.

376 **Mais cette banalisation de l'exercice collectif du droit de retrait** (enseignants de *tout* un lycée lors du C19, conducteurs de toute la ligne de bus protestant contre une agression ; hôtesses de *toutes* les lignes d'Orient pour la grippe aviaire ou H1N1, et hélas désormais suite à des attentats) pose dans la vraie vie de bien délicates questions à l'employeur.

Certes sur le plan *légal*, un tel arrêt de travail généralisé est *disproportionné* et ne constitue pas un exercice normal, comme l'avait déjà rappelé la chambre sociale le 22 avril 2003 s'agissant de chauffeurs de bus où elle ne l'avait admis *que* pour ceux allant *dans les quartiers* où de graves incidents avaient eu lieu.

Mais en termes de RH ou de *légitimité,* d'éventuelles sanctions patronales seront-elles comprises par les intéressés encore sous le choc de l'agression d'une collègue (dans la Banque, plus de 3 000 « actes d'incivilités » par an), et par l'opinion publique ? Le Droit n'est pas la vie.

La jurisprudence a indiqué qu'en cas d'abus, l'employeur est certes fondé à effectuer des retenues sur salaires en cas d'absence (le plus classique) voire recourir aux mesures de droit commun (sanction disciplinaire, avec procédure). Mais la formulation délibérément très subjective de la loi *(« motif raisonnable de penser que... »)* fait peser la charge, ici très lourde, de la preuve sur le chef d'entreprise : car mieux vaut un abus qu'un accident.

377 **Un équilibre difficile à trouver.** Le salarié a, dans son propre intérêt et en contrepartie de la responsabilité qui pèse sur son employeur, l'obligation de respecter strictement les consignes de sécurité. Toute faute l'expose à des sanctions rigoureuses : il est légitime que l'employeur, pénalement responsable de tout manquement aux règles de sécurité, se voie donner les moyens de les faire respecter : « *En cas de manquement à l'obligation qui lui est faite par l'article L. 4122-1, un salarié engage sa responsabilité, et une faute grave peut être retenue contre lui* » : en l'espèce, un chef de chantier refusant de porter son casque de sécurité se met lui-même en danger ; mais il donne aussi un bien mauvais exemple à ses subordonnés : faute grave (CS, 23 mars 2005). Même motif et même sanction le 30 septembre 2005 pour un

directeur technique : « *Alors même qu'il n'aurait pas reçu de délégation de pouvoir, il répond des fautes qu'il a commises dans l'exécution de son contrat de travail (...). Malgré des instructions précises et circonstanciées de son employeur, il avait persisté à ne pas respecter les consignes de sécurité. La lourde obligation de sécurité de résultat pesant sur l'employeur ne lui permettait pas de tolérer plus longtemps les insuffisances de son directeur technique.* »

Alors que la chambre sociale a grandement élargi le champ de la responsabilité patronale, il est normal que, dans le même temps, elle lui donne les moyens, y compris disciplinaires, de faire respecter les consignes de sécurité.

Car au bout du chemin hélas, il vaut mieux être chômeur que mort.

378 Sécurité d'autrui. La sécurité des personnes qui a valeur constitutionnelle exige que, comme dans la vie de tous les jours, chacun soit attentif à ne pas mettre en danger la sécurité ou la santé *des tiers* : collègues de travail (ex. : harcèlement moral) mais également travailleurs temporaires, sous-traitants, voire clients ou fournisseurs venus chercher leur marchandise dans l'entreprise. Le respect d'autrui *ne s'arrête pas à la relation de travail,* comme l'avait rappelé la directive.

FUMER (ET DÉSORMAIS « VAPOTER ») NUIT GRAVEMENT À L'EMPLOI

L'enfer, c'est les autres

La fumée d'une seule cigarette papier polluant pendant 3 heures l'air d'un bureau de 60 m^2, l'on comprend que 78 % des salariés estiment que l'employeur doit leur garantir un travail sans fumée, 64 % des *fumeurs* préférant eux-mêmes travailler dans une atmosphère sans tabac (Ipsos). Et sur les 60 000 décès directement liés au tabac en France, 1 100 *non*-fumeurs (tabagisme passif).

Plus de quarante ans après la loi du 9 juillet 1976 « relative à la lutte contre le tabagisme » et vingt-huit ans après celle du 10 janvier 1991, il était temps que les non-fumeurs ne soient plus contraints de supporter le tabagisme de leurs collègues si indélicats.

Car « *l'interdiction de fumer dans des lieux affectés à un usage collectif* » devrait d'abord être une règle de courtoisie minimale – à quand son équivalent pour les téléphones portables ? – avant de constituer une *obligation légale* pour les employeurs (CSP, art. R. 3511-8).

A fortiori **depuis la généralisation de l'interdiction le 1er février 2007**, l'employeur saisi par le salarié incommodé ou tout simplement soucieux d'éviter le tabagisme passif ne peut donc se contenter d'apposer un beau panneau d'interdiction de fumer, ou de demander aux fumeurs de le faire quand leur collègue est absent, comme dans l'espèce du 28 juin 2005. Au nom de l'obligation de sécurité qui pèse sur lui, il doit *garantir à l'ensemble* de ses collaborateurs le droit de travailler sans fumée (aucune), droit de facto assuré par le décret du 15 novembre 2006. Et si possible lui-même s'abstenir de fumer au bureau : l'autorité vient de l'exemplarité.

Un décret qui a fait un tabac
Particulièrement nécessaire après l'arrêt de 2005 ayant légitimé la prise d'acte d'une non-fumeuse importunée par son voisin de bureau, puis celui du 21 juin 2006 ayant admis que des subordonnés assignent en *responsabilité civile* leur directeur ayant porté atteinte à leur santé, la réforme opérée par le décret du 15 novembre 2006 a – pratiquement, et c'était le but – interdit de fumer dans tous les lieux de travail. Alors que les textes sur ce sujet avançaient jusque-là à petits pas en multipliant les exceptions pour ne pas braquer les fumeurs et le puissant lobby du tabac source de ressources fiscales, ce simple *décret* – une loi aurait donné lieu à un lobbying destructeur – est très vite entré dans les mœurs car l'opinion publique était prête, et l'angle d'attaque astucieux : si les fumeurs ont à la rigueur le droit de se suicider lentement (aux frais de la CNAM), quid du millier de non-fumeurs contractant chaque année de leur fait un cancer du poumon ?
Ce décret visant à éliminer toute fumée des entreprises a donc fait délibérément compliqué, cher et très exigeant pour les rares exceptions, avec des normes techniques alors très élevées : ainsi la mise en place de « salles fumeurs » est extrêmement coûteuse (un fumoir pour cinq : 50 000 € + 300 €/mois...), aucun service ne devant alors y intervenir, y compris la maintenance.
Beaucoup d'entreprises ont donc légitimement décidé de déclarer zone non-fumeurs la totalité des locaux, les fumeurs invétérés adoptant alors des comportements créatifs (toilettes, 10 minutes pour aller fumer dans la rue où s'étalent 8 526 mégots, etc.).
Si les « *175 000 agents (policiers, gendarmes, inspecteurs du travail) habilités à dresser PV* » ne se sont pas vraiment mobilisés sur ce terrain risqué et peu rentable (amende de 68 € pour le contrevenant, mais de 135 € et plus pour l'employeur), les services juridiques ont fait l'objet de très nombreuses questions sur les fameuses « pauses fumeurs ».

La bien mauvaise idée des « pauses fumeurs »
Licéité ? Douteuse, car elles passeront demain pour une incitation, voire après-demain pour une faute inexcusable (« *L'employeur avait ou aurait dû avoir conscience du danger auquel était exposé le salarié et n'a pas pris les mesures nécessaires pour l'en préserver* »), à l'instar des portables professionnels utilisés plus de 30 minutes sans oreillette.
Paiement ? Pas obligatoire ni même recommandé (V. *supra*) ; mais alors comme toutes les autres pauses, en fonction des pointeuses ou du forfait-jours.
Compenser le temps parti en fumée ? Principe d'égalité – de jalousie du voisin – cher au cœur des Français : « *Françoise s'absente 4 fois 10 minutes par jour, pourquoi pas moi ? Faut-il que je me mette à fumer ?* » Ou comment de rares non-fumeurs sont devenus fumeurs pour s'échapper quelques minutes du bureau... incitant la hiérarchie, quand le temps le permet, à faire des réunions informelles dehors au soleil avec tout le service (Marketing, rarement Juridique).
Mais aussi perte de productivité de *fumeurs* devenus abstinents, moins créatifs ou plus agressifs, voire s'étant mis en arrêt-maladie pour dépression ou montrer

leur mauvaise humeur. Perte de productivité de *non-fumeurs* aussi, avec ces va-et-vient incessants qui détournent du travail et bloquent les ascenseurs.

Même sanction pour l'e-cigarette depuis le 1er octobre 2017
« Vapoter » (*to vape* : inhaler de la vapeur) nuit-il à la santé ? Beaucoup moins que la cigarette classique, *a fortiori* pour le vapotage passif. Mais suite au rapport de l'Afssaps constatant que « *consommer des cigarettes électroniques peut induire une dépendance, et dégage dans l'air des composés organiques volatils et des particules fines* », la loi Santé du 26 janvier 2016 a interdit de vapoter « *dans les lieux de travail fermés et couverts à usage collectif* » (C. santé publ., art. L. 3511-7-1, et décret n° 2017-633 du 25 avril 2017 : locaux fermés et couverts, affectés à un usage collectif recevant des postes de travail, signalisation apparente rappelant le principe de l'interdiction, contravention de 2e classe, 150 euros pour le salarié, 450 pour l'employeur… en théorie), qui peut le rappeler dans son règlement intérieur.

CANNABIS ET RAISONNEMENTS HORS SOL

Mais nombre d'entreprises ont le sentiment que la question du tabac n'est plus essentielle : le cannabis l'a remplacé, avec des effets autrement plus dangereux à l'égard des collègues, des clients, voire des tiers (Trib. corr. Cherbourg, 8 avr. 2014 : prison ferme pour le grutier ayant, sous l'empire du cannabis, mal manœuvré et tué un de ses camarades). Selon la Mission interministérielle de lutte contre les drogues, la France compte 550 000 consommateurs quotidiens de cannabis et 250 000 consommateurs de cocaïne : 17 % parmi les professionnels des arts et du spectacle, 7 % chez les cadres, 6 % chez les étudiants… et 33 % dans la construction.
Au lieu de se battre pour la dépénalisation de drogues qu'ils qualifient de « douces » car le cannabis (illégal) serait moins dangereux que le vin (licite), ces beaux esprits se rappelant sans doute leurs vertes années (mais à l'époque le taux de concentration était cinq fois inférieur aux produits aujourd'hui proposés) capables d'un raisonnement aussi captieux (effets justement de la fumette ?) devront nous expliquer – mais il sera trop tard – ce qu'ils feront lorsque, par exemple, les dealers s'occuperont cette fois très officiellement des collèges et des lycées, bref de nos adolescent(e) s pour le développement desquels la consommation de cannabis est tout simplement redoutable, et souvent associée à l'alcool avant de passer à des choses plus sérieuses. « *C'est une chance que le vide d'idées n'ait pas sur leurs visages le même effet que le vide d'air en physique : ils se comprimeraient admirablement* » (G. C. Lichtenberg, professeur à Göttingen, 1788).

Le Droit n'est pas une science expérimentale.
Permissive en ce domaine où elle veut voir d'abord un acte de vie personnelle, la Chambre sociale a le 27 mars 2012 fait un petit pas en avant, à propos d'un steward de la compagnie Air Tahiti licencié pour consommation de drogues (dures) pendant le temps d'escale entre deux vols long courrier. Rappel habituel : « *Un motif tiré de la vie personnelle du salarié ne peut justifier un licenciement disciplinaire que s'il constitue un manquement de l'intéressé à une obligation découlant de son*

contrat de travail. » En l'espèce, « *le salarié appartenant au personnel critique pour la sécurité se trouvait sous l'influence de produits stupéfiants pendant l'exercice de ses fonctions ; il n'avait pas respecté les obligations prévues par son contrat de travail et avait ainsi fait courir un risque aux passagers* ». Contrairement au tabac, ce n'est donc pas la consommation, en entreprise ou ailleurs, qui est ici en cause, **mais les conséquences (décalées dans le temps) sur l'exécution du contrat** : contre l'alcool ou le haschisch, même combat.

Est-il vraiment scandaleux que lorsque la sécurité de collègues et de tiers est en jeu, comme l'a souligné la loi du 16 août 2015 renforçant le suivi médical des postes à risques l'obligation de sécurité, de l'employeur mais aussi du salarié l'emporte ?

Rappelant « *l'obligation qui incombe à l'employeur d'assurer la sécurité et la santé des salariés dans l'entreprise, en vertu de l'article L. 4121-1 du Code du travail* », le Conseil d'État a donc fort légitimement admis le 5 décembre 2016 que le règlement intérieur d'une entreprise de BTP prévoit des contrôles aléatoires de consommation de substances stupéfiantes par test salivaire, s'agissant des postes dits « hypersensibles drogue et alcool » « *pour lesquels l'emprise de la drogue constitue un danger particulièrement élevé pour le salarié et pour les tiers* » : cet article ne portait donc pas aux droits des personnes et aux libertés individuelles et collectives une atteinte disproportionnée par rapport au but recherché. Mais ces tests salivaires présentant des risques d'erreur, le Conseil reconnaît au salarié ayant fait l'objet d'un test positif le droit à une contre-expertise médicale, à la charge de l'employeur.

379 **Une politique active de sécurité** apparaît donc tout à la fois comme une exigence morale et juridique, mais aussi comme un indicateur de bonne gestion pour l'entreprise.

Plus d'un siècle après la loi fondatrice, mais désormais dépassée du 9 avril 1898 sur les accidents du travail, les progrès sont évidents, tant en ce qui concerne la prévention et la prise en charge financière du salarié qu'en matière de maintien de son contrat, voire son éventuelle réintégration suite à un licenciement pour son « état de santé » : sur ce dernier point qui évite le « *No Future* », la Cour de cassation se montre extrêmement vigilante.

Reste que les risques ont changé (*cf.* les 2 000 agressions annuelles dont sont victimes les agents de la RATP, ou les 1 200 à la SNCF, ou le stress accumulé par des agents submergés du Pôle emploi), en particulier en raison de l'évolution structurelle de la population active… et de l'arrivée de l'IA. De moins en moins d'ouvriers (qui désormais *surveillent* leur machine) et de plus en plus de cadres soumis à des obligations de résultat : le « *Karôshi* » japonais (300 morts par an) et le *burn-out* (mort par épuisement au travail) sont désormais arrivés en France, sans parler des suicides militants sur le lieu de travail. Partout en Europe, on constate des pathologies dues au stress grandissant, sur lesquelles ni le médecin du travail, ni la CSSCT ou l'inspecteur du travail ne sont aussi à l'aise qu'en cas de bon vieux risque industriel. *A fortiori* en cas de travail au domicile…

L'évolution de notre société (ex. : la télé-disponibilité grâce aux mobiles et autres portables) nous invite donc à réfléchir à ce passage de l'accident du travail à la santé mentale, où vie privée et vie professionnelle interfèrent nécessairement.

UN EXEMPLE CONCRET DE DYNAMIQUE DE PRÉVENTION
LE PORT DU MASQUE PENDANT LA PANDÉMIE
INTERVIEW D'HERVÉ LANOUZIÈRE, SEMAINE SOCIALE LAMY, 23 MAI 2020

SSL. Les équipements de protection individuelle doivent être utilisés en dernier recours, notamment les masques. Pouvez-vous nous expliquer cette doctrine ?

H. L. : *Du point de vue des préventeurs, en particulier des membres de la task force qui participent à l'élaboration des guides métiers, le propos n'a pas varié.* ***La protection collective est plus efficace que la protection individuelle****, ne serait-ce que par le fait qu'elle couvre les salariés indépendamment de leur comportement individuel. Elle ne fait pas reposer la protection sur les épaules du seul salarié mais sur l'organisation : le fait de décaler les horaires des équipes conduit de fait à réduire les interactions et les risques de contamination. Le fait de mettre un écran physique entre le salarié et le client ou entre salariés empêche mécaniquement les risques de projection. Les salariés peuvent évoluer sur le lieu de travail sans avoir constamment à y penser.*

En revanche, le port du masque est incontestablement une contrainte et l'on sait que les conditions d'efficacité optimale d'un EPI sont rarement réunies, a fortiori sur de longues durées, ce qui peut induire un faux sentiment de sécurité. On porte la main à la bouche, on réajuste le masque, on l'écarte pour se donner un peu d'air, on le met sous le nez lorsque l'effort empêche de respirer, etc. Bref, on se croit en sécurité sans l'être.

Enfin, le masque induit l'idée qu'il dispense du respect des règles de distanciation physique et conduit à des comportements de rapprochement à risque. ***Tout doit donc être fait pour pouvoir travailler en sécurité sans masque.*** *Mais bien sûr, il n'y a aucune ambiguïté sur le fait que celui-ci s'impose chaque fois que les mesures collectives ne peuvent être garanties ou sont insuffisantes.*

Dans le cas du C19, chaque fois qu'une distance d'au moins un mètre est impossible ou peut être rompue, l'EPI trouve tout son sens. Sur les gants, c'est encore plus clair : le risque de contamination par contact provient du fait de porter une main contaminée au visage. Si le gant est contaminé, il sera à son tour contaminant si la main gantée touche le visage... ***Mais la prévention ne réduit pas une bataille entre protection collective et individuelle. C'est la combinatoire à bon escient des deux qui est souvent gagnante, surtout face à un danger inédit.***

Chapitre 5

Mobilités du salarié

380 ***« Les contrats légalement formés tiennent lieu de loi à ceux qui les ont faits »*** (C. civ., art. 1103). Une jeune maman peut-elle refuser toute modification de ses horaires ? Une mutation dans un autre magasin à deux kilomètres ? Un salarié est-il forcé d'aller s'installer à 450 kilomètres de chez lui en application d'un « accord de performance collective », ou tout simplement d'un plan de sauvegarde de l'emploi avec obligation de reclassement ?

Les « Trente Glorieuses » (1945-1975) l'avaient habitué à la croissance de l'ensemble de ses avantages : il refusait plus rarement une promotion qu'un changement de lieu, une augmentation collective de sa rémunération qu'une augmentation non compensée de son temps de travail. Sur le plan juridique, c'est pourtant la même question qui se pose : si l'une des parties a toujours la possibilité de *proposer* une modification des stipulations contractuelles existantes, peut-elle *imposer* à l'autre une révision unilatérale d'un élément *essentiel* du contrat ?

Mais la métamorphose de notre économie et la restructuration permanente de nos entreprises ont fait passer le droit de la révision du domaine individuel au domaine collectif : il s'agit moins de savoir si M. Dupont va accepter sa mutation de Grenoble à Nancy que de transférer des dizaines sinon des centaines de salariés d'un bout à l'autre de la France voire au-delà, avec de nouvelles conditions de travail.

381 **Jeu de l'Oie.** Les futurs artisans « compagnons » faisaient leur Tour de France : aujourd'hui, nombreux sont les salariés marchant sur leurs traces. Nommés à Toulouse, ils doivent quelques années plus tard rejoindre Marseille puis Levallois, au gré des transferts de sites mais aussi au titre de l'obligation de reclassement en cas de projet de licenciement économique. Selon les entreprises, sont évoqués les « Chaises musicales » ou la « Grande Vadrouille ». Mais nombreux sont ceux qui un jour refusent de continuer à jouer à ce nouveau Jeu de l'oie, prenant alors le risque de perdre leur emploi.

D'autres solutions sont-elles possibles ? Les chefs d'entreprise sont pour leur part soumis à une loi terriblement efficace bien que ne figurant dans aucun code : la loi du marché, qui les contraint parfois à délocaliser leur production pour faire face à la concurrence internationale, ou à restructurer les établissements français. Le droit est la science de l'équilibre, et le droit du travail français ne peut oublier son environnement, y compris communautaire à 27 où la concurrence par le droit social ou fiscal est une triste réalité. *A fortiori* si à 40 kilomètres de la France, Londres devient demain « Singapour-sur-Tamise ».

Ces contraintes ne dispensent pas l'entreprise, comment en dispose la loi du 22 mai 2019, « *de prendre en considération les enjeux sociaux et environnementaux* » liés à ses mobilités. La loi « d'orientation des mobilités » du 24 décembre 2019 a ainsi prévu que la négociation annuelle sur la qualité de vie au travail des entreprises de plus de 50 salariés doit inclure les « *mesures visant à améliorer la mobilité des salariés entre leur lieu de résidence habituelle et leur lieu de travail* », dans une optique de développement durable (télétravail, garages à vélo, places de parking réservées au covoiturage, etc.) avec une « *prime de mobilité durable* » d'un montant maximal de 400 euros annuels pour les trajets domicile-travail effectués à vélo ou en covoiturage. Et dans son volet « Produire et Travailler », plusieurs articles du projet de loi « Climat et résilience » voté le 25 juillet 2021 portent sur la transition écologique, vu côté collectivité de travail.

382 Jeu de lois. Idée force des lois depuis 2015 : anticiper des restructurations parfois imprévues mais jamais imprévisibles, par la négociation obligatoire sur la « gestion des emplois et des parcours professionnels » (GEPP, qui a succédé en 2018 à la GPEC) avec possibilités de mobilité géographique, mais aussi professionnelle. Idée déjà énoncée par l'ANI du 14 novembre 2008 : *« La mobilité professionnelle et géographique doit offrir des possibilités d'évolution de carrière et de promotion sociale des salariés, et doit constituer pour eux une protection contre la perte d'emploi. Elle est d'autant mieux acceptée qu'elle est anticipée, expliquée et accompagnée. »*

383 Flexibilité interne plutôt qu'externe : plus de modifications du contrat pour moins de licenciements économiques. Les restructurations n'étant plus un accident mais un phénomène permanent dû à la mue de notre économie – sans même parler des conséquences du C19 – ces changements continus affectent bien souvent le contrat de travail des salariés, qui devront changer de poste, voire perdre *leur* emploi actuel et parfois déménager – ce qui réjouit toujours leurs adolescents et leur conjoint – pour garder *un* emploi. Car la mobilité interne (un cadre sur cinq chaque année, dont 13 % seulement de promotion) se différencie hélas de moins en moins de la mobilité externe. L'arrivée des nouvelles technologies et notre faible croissance mettent parfois le salarié devant une alternative brutale : être mobile professionnellement et géographiquement, ou être exclu. Les *mutations* économiques et technologiques s'accompagnant de mutations tout court, le Droit ne peut ignorer ces évolutions. La mobilité dépasse le cadre géographique et devient professionnelle, et « l'employabilité » le mot-clef de la loi « pour la liberté de choisir son avenir professionnel » du 5 septembre 2018. Comme tout organisme vivant, l'entreprise doit pouvoir évoluer. Il paraît d'ailleurs inconcevable d'exclure *a priori* toute révision s'agissant d'un contrat à durée indéterminée dont la durée moyenne est de dix ans en France, au sein de l'UE où la liberté de circulation est la règle. Le contrat « à exécution successive » qu'est le contrat de travail retrouve alors son sens premier, *a fortiori* avec les accords de performance collective nés en mars 2018 pouvant porter sur la « mobilité professionnelle ou géographique ». Une clause *conventionnelle* de mobilité obligée, au-delà des clauses *contractuelles* de chacun.

384 Respect des droits fondamentaux. Toute modification du contrat ou simple changement des conditions de travail, par décision patronale mais aussi par accord collectif, doit aujourd'hui tenir compte du passage du droit du travail-droit collectif des travailleurs d'hier, aux droits de la personne au travail d'aujourd'hui, illustré par l'article L. 1121-1. Depuis l'arrêt Stéphanie M. du 14 octobre 2008, centré sur le salarié et donc le retour à une analyse subjective désormais largement intégrée aux textes de 2013-2018, le collaborateur oppose des droits fondamentaux à son employeur voulant le muter, modifier ses horaires... ou l'obliger à travailler à son domicile.

385 Changement ou bougeotte ? Mais la logique de tous ces changements reste parfois d'une obscure clarté : le changement pour... le changement ? La fameuse « résistance au changement » dont les cabinets de conseils exploitant ce filon doré nous rebattent les oreilles n'est souvent qu'une « ré-action » face à des évolutions jugées insensées : « dénuées de sens ». Sans oublier que cette nouvelle religion laïque, qui déstabilise le faible et le peu qualifié, constitue une suite d'opportunités pour le (très) fort qui en vante les mérites urbi et orbi, mais dont la première préoccupation est de pouvoir s'y soustraire : « *Golden Welcome* » à l'entrée et « *Golden Parachutes* » à la sortie, quelles que soient parfois ses performances. Et, ici, sans aucun plafonnement.

VIE RÊVÉE DES SUR-DIPLÔMÉS ET CAUCHEMAR DES PEU QUALIFIÉS

Au-delà du placage de la culture américaine de mobilité par certains de ces cabinets, nombre de dirigeants ayant acquis cette culture dès leur adolescence, mais également certains juristes par ailleurs inamovibles (magistrats du siège, professeurs d'université) ont une vision excessivement optimiste de la mobilité géographique. Ils oublient qu'un salarié français sur deux travaille à moins de huit kilomètres de son domicile, autour duquel il a construit son petit écosystème relationnel comprenant sa vie privée, amicale et familiale (et a dû parfois attendre huit ans pour obtenir un logement HLM) : bref où il a ses racines et qu'il ne quittera donc pas, *a fortiori* depuis que les deux membres du couple travaillent. D'où le retentissant échec des plans négociés de mobilité issus de la loi du 14 juin 2013, et donc leur suppression le 22 septembre 2017. Bref « *sur l'idée qu'on fera passer des salariés de Lille à Marseille ou de Strasbourg à Rennes. Le véritable espace de mobilité qui permet une saine gestion de l'emploi, c'est l'espace de mobilité du salarié. C'est autour de ce territoire que doivent se concentrer les efforts de tous, ce qui passe par une profonde remise en cause des mentalités et des pratiques* » (S. Morel, DRH du Printemps). Cette idée de mobilité, entre différentes entreprises *mais dans le même bassin d'emploi*, est fondatrice des transitions collectives nées début 2021 d'une idée des partenaires sociaux (V. encadré *infra*).

« Bouger is beautiful », « Move On ! »
Ne faut-il pas reconsidérer ces slogans, confondant fin et moyens au profit d'une analyse coûts/avantages de ces politiques de mobilité systématique ?

Quatre exemples
Une mobilité contrainte peut-elle être gagnante pour le salarié ? Et pour l'entreprise ? À moins qu'elle ne veuille y trouver un motif de licenciement.
Sachant qu'il faut un ou deux ans pour qu'un cadre soit pleinement opérationnel, voire trois ou quatre s'agissant d'un cadre supérieur, cette mode de la mobilité est-elle pertinente ?
Que pensent les habitués du bourg ou de l'arrondissement du turn-over permanent de leurs vendeuses ou de leurs conseillers financiers ?
Sans parler des DRS et de leurs délégués syndicaux : *a fortiori* depuis les ordonnances du 22 septembre 2017, les vrais « *deals* » sur les sujets importants ou sensibles ne pouvant intervenir qu'entre professionnels ayant su s'apprivoiser. Or seule la longue durée permet de construire cette nécessaire confiance.

386 Volonté individuelle et volonté collective. *A fortiori* après les réformes de 2015-2020 et le principe de l'accord d'entreprise majoritaire car signé par des syndicats ayant réuni plus de 50 % des suffrages, une très décoiffante question se pose au travailliste estimant naturellement que le contrat individuel de travail, éminemment suspect car simple contrat d'adhésion liée à la subordination, devait évidemment s'effacer au profit de la convention collective assurant une meilleure protection.

Et si ce brave petit contrat se révélait être un efficace rempart contre la flexibilité croissante passant désormais par le droit conventionnel ? Oui, mais... Un salarié peut-il refuser l'application d'une convention... « collective » et ainsi se soustraire aux règles du jeu collectivement définies, y compris lorsqu'il s'agit de sauver l'entreprise et donc la communauté de travail ? Car s'agissant d'une entreprise au bord du dépôt de bilan, la réduction de la masse salariale est une équation simple à trois variables : nombre de salariés x salaire moyen x durée du travail : sur laquelle agir en cas de problème ?

Sur l'ensemble de cette question, refondé en 2017-2020, voir *infra* conclusion du présent chapitre.

BIEN RÉFLÉCHIR AVANT DE DÉCIDER, CAR AU BOUT DU CHEMIN... LA PORTE, OU LA PORTE ?

L'ex-opposition « modification substantielle/non substantielle » a disparu des arrêts de la Cour de cassation comme du Code du travail, devenant une « **MCT** » ou un « **SCCT** ».
Car soit intervient une véritable modification, soit il s'agit de la simple exécution du contrat dans le cadre de l'exercice normal du pouvoir patronal. D'où l'évolution terminologique de la jurisprudence reprise par le Code, essentielle quant à ses effets : l'ex- « modification substantielle » est devenue « ***modification d'un des***

éléments essentiels du contrat » (MCT, ou « modification » tout court), que le salarié peut toujours refuser... tout en sachant que la rupture de son contrat sera possible pour motif économique. S'il s'agit seulement d'un « ***simple changement des conditions de travail*** » (SCCT, ex-« non substantielle »), il doit alors s'y plier au nom du respect du lien de subordination, son éventuel refus constituant une faute disciplinaire.
En résumé, soit **la porte** pour motif économique, soit **la porte** pour faute, et depuis mars 2018 **la porte** pour motif sui generis en cas de refus de l'application d'un accord de performance collective.
Bref, l'inscription à Pôle emploi dans les trois cas.
Voilà pourquoi, en cas de proposition de modification et *a fortiori* de simple changement des conditions de travail, côté salarié la vraie question est moins de savoir si l'on va répondre « oui » ou « non », que de bien, bien réfléchir : « Puis-je vraiment me retrouver demandeur d'emploi dans un mois ? »

Ce chapitre est consacré à l'aspect qui concerne directement le salarié : face à une proposition de son employeur, que doit-il faire ? En premier lieu, il convient de préciser le périmètre exact du socle contractuel *(Section I)*. **À la proposition patronale, le salarié peut exprimer son acceptation** *(Section II)*, **ou son refus** *(Section III)*.

SECTION I La quadrature du socle contractuel

387 ***« Les contrats légalement formés tiennent lieu de loi à ceux qui les ont faits ».* L'article 1103 du Code civil a-t-il la même force en droit du travail ?** Outre le respect de l'ordre public social qui frappe de nullité une clause contractuelle moins favorable qu'un texte supérieur, le juge a appris à se méfier du rapport de force à l'embauche, et de la subordination en cours de contrat (*cf.* Lacordaire, *« Entre le fort et le faible, c'est la liberté qui opprime et la loi qui libère »*). La Cour de cassation fait donc souvent appel à l'article L. 1121-1 du Code du travail, et les accords de performance collective nés le 29 mars 2018 ont repris cette nécessaire conciliation vie professionnelle et vie personnelle, forcément propre à chaque individu.

388 **Quadrature du socle.** Quels sont les quatre éléments formant « le socle contractuel » ? Deux éléments sont par nature contractuels, car déterminants dans l'engagement du salarié : toucher au *salaire contractuel (§ 1)* ou à la *qualification (§ 2)* constitue donc toujours une modification du contrat pouvant donc être refusée par le salarié. Le *temps* de travail *(§ 3)* et le *lieu* de travail *(§ 4)* posent de plus délicates questions : « ça dépend ! ».

§1 Le salaire contractuel

389 ***Salarium -ii* : le salaire faisant le salarié**, payé il y a très longtemps en pains de sel, il est l'élément essentiel, « le donjon du contrat de travail » pour reprendre l'expression du regretté doyen Philippe Waquet Le salarié ne peut imposer une augmentation, l'employeur ne peut modifier le salaire convenu.

Mais encore faut-il savoir de quoi l'on parle exactement.

Si la question du salaire en nature ou en espèces a perdu de son intérêt, la fourniture contractuellement prévue d'un logement, d'une voiture de fonction ou de la prise en charge de frais de déplacement (s'ils sont réellement exposés), ne peut également être remise en cause sans l'accord du salarié, un retrait modifiant à la fois le contrat lui-même et l'équilibre économique de celui-ci.

Mais plutôt que d'aligner treize lignes de cotisations sociales aussi diverses qu'inutiles puisque jamais lues, le bulletin de paie pourrait alors plus utilement différencier par couleurs la source des avantages en question : très inquiétant exercice pour nombre de salariés que cette unique ligne (la première) d'avantages contractuels, donc acquis. Et de quoi les faire réfléchir à une éventuelle contractualisation de ces avantages collectifs, finalement si précaires.

Résumé de vingt ans d'évolution jurisprudentielle en matière de modification du salaire contractuel : totale rigidité et analyse objective.

390 **Intangibilité du niveau du salaire contractuel :** *« La rémunération contractuelle constitue un élément du contrat de travail qui ne peut être modifié, même de façon minime, sans l'accord du salarié »* (CS, 3 mars 1998).

L'arrêt Hertzberg constituait l'aboutissement d'une évolution visant à sécuriser ce qui fait vivre le salarié et sa famille : on ne peut plus toucher « un peu » (côté entreprise), « un peu beaucoup » (« substantiellement » côté salarié) au *niveau* du salaire *contractuel*. D'un centime d'euro ou de cent euros, à la hausse ou à la baisse, peu importe : l'analyse est *objective*, et peu importe désormais qu'il s'agisse d'un Smicard ou d'un cadre supérieur. L'employeur ne peut que *proposer* la modification, en indiquant au salarié qu'il peut la refuser. À moins : 1. qu'il n'y soit légalement, ou conventionnellement, tenu : augmentation du SMIC ou des minima de branche ; mais aussi augmentation de la CSG ou, depuis 2019, du prélèvement fiscal opéré par des employeurs qui n'en demandaient pas tant ; 2. ou que cette somme ne soit pas contractuelle, mais de source par nature collective : usage ou convention collective.

391 **Structure du salaire :** *« Le mode de rémunération contractuel d'un salarié constitue un élément du contrat qui ne peut être modifié sans son accord, peu important que le nouveau mode soit plus avantageux »* (CS, 5 avr. 2012 : prise d'acte ici justifiée). Quittant le niveau lui-même, c'est la structure du salaire que la Cour surveille, toujours d'un point de vue objectif : ni l'employeur, ni le juge ne peuvent se substituer au salarié qui reste maître de son choix, même si le rapport fixe/commissions paraît plus

favorable sur le plan financier s'il y a eu incorporation au fixe, passé de 3 200 euros à 5 400 euros ou que la modification soit microscopique. Idem pour le passage d'une prime versée sur la base d'objectifs individuels à une prime fonction d'objectifs collectifs, ou même la modification du variable des commerciaux pour faire face à une concurrence extrêmement agressive. C'est ce qu'a rappelé l'arrêt du 28 mai 2019 : si n'existe ni difficultés économiques, ni menace sur sa compétitivité, l'entreprise ne peut modifier le système de rémunération variable de ses commerciaux français *« pour les motiver à conquérir de nouvelles parts de marché »* sans risquer d'être condamnée aux prud'hommes pour licenciement sans cause réelle et sérieuse des collaborateurs ayant refusé cette modification, et ayant été licenciés.

392 **Deux remarques :**

- Quand l'employeur propose une telle modification collective, sait-il ce qu'il fera des éventuels refuzniks ? Car on voit mal deux commerciaux bénéficier l'un de l'ancien variable, l'autre du nouveau (égaux et egos). Or ce sont souvent les meilleurs collaborateurs qui peuvent se permettre de refuser...
- S'il choisit de les licencier, ce ne peut être pour cause personnelle mais exclusivement pour motif économique (CS, 28 mai 2019) du moins en l'absence d'accord de performance collective (APC, V. *infra*).

393 **Synthèse :** *« La rémunération contractuelle d'un salarié constitue un élément du contrat de travail qui ne peut être modifié, même de façon minime et quelle qu'en soit la cause, sans son accord. Il en va de même du mode de rémunération prévu par le contrat, peu important que l'employeur prétende que le nouveau mode serait plus avantageux. Lorsqu'un salarié refuse la modification de son contrat, l'employeur doit soit le rétablir dans les conditions initiales de son emploi, soit tirer les conséquences du refus en engageant la procédure du licenciement, le salarié ayant droit jusqu'au licenciement au maintien de son salaire. »*

394 **Égalité de traitement.** Surplombe toutes ces règles le principe partout appliqué par la Chambre sociale : à situation de fait identique, salaire identique sauf justification objective et pertinente démontrée par l'employeur. En cas de modification unilatérale individuelle de la rémunération, à la hausse comme à la baisse, l'employeur doit donc veiller à le respecter sous peine d'alignement futur par le haut, ce qui n'incite guère à augmenter un seul collaborateur particulièrement méritant.

395 **Information-consultation préalable du CSE.** La CJUE a rappelé le 21 septembre 2017 (C. 149/16) *« qu'un employeur est tenu de procéder aux consultations des représentants du personnel lorsqu'il envisage de procéder, au détriment des travailleurs, à une modification unilatérale des conditions de rémunération qui, en cas de refus d'acceptation de la part de ces derniers, entraîne la cessation de la relation de travail »*. Mais ce n'est pas le cas d'un *accord* d'entreprise, comme un accord de performance collective (APC).

396 **Rigidité du salaire *contractuel*, mais flexibilité des avantages *conventionnels***

Pour le salarié, son salaire est souvent tout (trop) simplement le chiffre figurant en bas à droite de sa dernière fiche de paie. Et il pense que ce montant ne peut jamais être modifié sans son accord. Outre d'éventuelles modifications de CSG, CRDS et autre prélèvement de l'impôt à la source sur lesquelles l'employeur, collecteur obligé n'a aucune prise, il devra déchanter. S'agissant du salaire *contractuel*, la signature d'un nouvel accord collectif ne peut entraîner aucun effet sur le salaire si le salarié n'y souscrit pas : *« Un accord collectif ne peut prétendre modifier le contrat de travail. »*

397 **Mais attention !** S'agissant des avantages salariaux *issus du statut collectif* (engagements unilatéraux, usages, accords collectifs), ils ne sont pas *incorporés* au contrat de travail, sauf contractualisation expresse et personnalisée. Si par exemple l'usage portant sur un 13e mois est régulièrement dénoncé, si un avenant à l'accord d'entreprise substitue quelques jours de congés en basse saison à une prime voire supprime fin 2021 le 13e mois figurant dans l'accord de 2012, le salarié ne peut invoquer un quelconque « droit acquis »... qu'il n'a justement pas « acquis » puisqu'il s'agit d'un avantage émanant du statut collectif, qui *régit* son contrat de travail. Et *a fortiori* refuser ce qui ne constitue qu'un simple changement de ses conditions de travail malgré la perte sèche qu'il constate en bas à droite de sa fiche de paie. *« La structure de la rémunération ne résultait pas des contrats de travail mais de la convention collective : la nouvelle structure salariale conventionnelle s'impose aux salariés ».*

398 **Étroite surveillance jurisprudentielle d'éventuels dégâts salariaux collatéraux**

Mise en œuvre d'une clause de mobilité géographique. « *Lorsqu'elle s'accompagne d'une modification de tout ou partie de la rémunération, la mise en œuvre de la clause de mobilité suppose,* nonobstant toute clause contraire, *que le salarié l'accepte* » (CS, 14 oct. 2008). Sans doute, l'affectation dans une unité beaucoup plus petite d'une directrice de magasin dont le salaire varie selon le chiffre d'affaires lui fait-elle perdre de l'argent. Mais, en dehors de ce contexte, quelle mobilité se fait en toute « neutralité salariale » ? *A fortiori* si la Cour parle de « rémunération », terme plus globalisant que le salaire : entre les « primes de région parisienne » et les pratiques et autres éventuels accords collectifs du nouvel établissement, la « rémunération » est presque toujours modifiée.

Idem en cas de **mobilité professionnelle** : « *L'évolution des fonctions du salarié décidée par l'employeur avait une incidence sur les* modalités de calcul de la partie variable de sa rémunération, *et constituait donc une modification de son contrat* » (CS, 6 déc. 2007). Droit au refus.

399 **Refus jurisprudentiel des clauses *de révision* unilatérale de la rémunération.**

Devant cette rigidité complexifiant la gestion des rémunérations et permettant en ces périodes de tension du marché du travail à certains cadres de profiter de cet effet d'aubaine en prenant acte de la rupture, des entreprises avaient eu l'idée de contractualiser leur liberté de gestion : une clause expresse prévoit par exemple que chaque année l'employeur pourrait revoir à son gré tel bonus ou la prime d'objectif. « *Une clause contractuelle ne peut valablement permettre à l'employeur de modifier unilatéralement la rémunération contractuelle du salarié* », a rétorqué la chambre sociale le 16 juin 2004.

Mais sont admises les clauses *de variation* de la rémunération (ex. : clause d'objectifs), si elle repose sur des éléments... objectifs, indépendants de la volonté de l'employeur (CS, 9 mai 2019 : les honoraires servant de base de calcul étaient fixés par la direction), et n'aboutissent pas à une rémunération inférieure aux minima légaux ou conventionnels.

400 **Qui ne dit mot ne consent pas** (sauf art. L. 1222-6 et APC) : « *Le mode de rémunération contractuel d'un salarié constitue un élément du contrat de travail qui ne peut être modifié sans son accord, lequel ne peut se déduire de la poursuite du contrat de travail aux nouvelles conditions* » (CS, 11 déc. 2002). Dans la limite de la prescription triennale des salaires, le salarié pourra donc réclamer un rattrapage global – sauf, là encore, accord de performance collective.

401 **401 Que peut faire le salarié en cas de modification imposée de son salaire contractuel ?**

La poursuite du travail sans rien dire, même sur longue période, ne signifie pas acceptation tacite. Dans la limite des 36 mois, il pourra exiger le différentiel, en référé.

Saisine du juge des référés et remise en l'état : « *La formation de référé prud'homal, qui a relevé que l'employeur avait imposé au salarié une modification unilatérale de sa rémunération contractuelle, a pu décider que cette violation du contrat de travail constituait un trouble manifestement illicite dont la cessation imposait le rétablissement du salaire initial* » (CS, 18 févr. 1998).

Éventuelle prise d'acte, si... : « *L'employeur ayant, sans recueillir l'accord du salarié, modifié sa rémunération contractuelle, peu important que le nouveau mode soit plus avantageux, la prise d'acte de la rupture était justifiée* » (CS, 5 mai 2010)... **Si** la modification est suffisamment importante pour justifier la rupture *(« nouveau système de commissionnement des commerciaux, ni lisible ni fiable »*, CS, 11 mars 2015). Mais un n tel départ est très ennuyeux pour l'entreprise ayant cru pouvoir passer en force en imposant unilatéralement une modification, avec effet d'aubaine pour les meilleurs (parfois déjà débauchés par la concurrence) qui partent en prenant l'initiative de la rupture, mais en l'imputant à l'employeur : indemnités de rupture, et défaut irréfragable de cause réelle et sérieuse en l'absence de lettre de licenciement dûment motivée.

Mais il en va différemment depuis le 29 mars 2018 si la modification du salaire constitue l'application de l'accord collectif issu de l'article L. 2254-2 (V. *infra*, chapitre sur l'accord de performance collective).

§2 La qualification

402 **Contractuelle.** À l'instar du salaire auquel de nombreuses conventions collectives la lient d'ailleurs étroitement, la qualification est par nature contractuelle : si le salarié signe tel contrat avec tel employeur, c'est pour effectuer un travail déterminé à tel niveau hiérarchique. Cette position juridique est également sociale, voire culturelle.

Dans l'entreprise (française en particulier : logique de l'honneur et effet de Cour), elle classe le salarié (les « classifications » des conventions de branche), lui donne parfois accès à un étage particulier ou à un restaurant spécifique. Ces signes extérieurs de *standing* professionnel font parfois l'objet de guerres picrocholines.

À l'extérieur de l'entreprise, sa fonction dont il fait état le valorise ou le dévalorise, d'où la quête de titres moins cassants (« technicien de surface » pour l'ancien « balayeur » ; « assistante » pour l'ex-secrétaire), ou très marketing : « télé-acteurs » pour ces nouveaux OS intellectuels de l'industrie tertiaire répondant aux clients des *hotlines* au bord de la crise de nerfs. Ces anecdotes ont une traduction en termes de contentieux : une mutation dans un poste ou un service équivalents en droit, mais dévalorisés en interne, sera vécue comme une sanction : l'ego des plaideurs donne à cette question un enjeu personnel qui dépasse de loin les arguments juridiques, et qui explique l'acharnement judiciaire de certains d'entre eux.

Il convient tout d'abord de distinguer soigneusement *qualification*, *affectation* et *tâches* (*A*). L'on pourra ensuite envisager la *contractualisation* (*B*) avant de voir dans quelles hypothèses la *modification* de la qualification est possible (*C*).

A. - *Qualification, affectation et tâches*

403 **Arrêt Citrons-Bananes, CS, 10 mai 1999.** « *Dans le cadre de son pouvoir de direction, l'employeur peut changer les conditions de travail d'un salarié. La circonstance que la tâche donnée soit différente de celle qu'il effectuait antérieurement ne caractérise pas une modification du contrat de travail, dès l'instant où elle correspond à sa qualification.* ». Une salariée agricole ayant été mutée de la récolte des citrons à celle des bananes avait refusé de poursuivre son travail. À la cour d'appel de Fort-de-France ayant invoqué « *ce changement de poste qui avait une incidence sur les fonctions de la salariée et apportait une modification substantielle aux conditions d'exécution du contrat de travail* », la Cour de cassation rappelle que le contrat lui-même – ici d'ouvrière agricole – n'est pas touché par un changement d'affectation, « *hors discrimination prohibée ou sanction injustifiée* ». Position constamment reprise depuis.

Ce célèbre arrêt résume l'essentiel du débat opposant la *qualification* du salarié, élément essentiel par nature, à *l'affectation* relevant normalement du pouvoir de direction, qu'il s'agisse d'une ouvrière agricole comme en l'espèce, ou de modification des tâches confiées à un cadre, très chatouilleux sur ce terrain plein d'ego.

404 **En l'absence de stipulations contractuelles** précises ou de modification évidente, toute la question est de savoir à partir de quand le salarié, qui ressent forcément mal le bouleversement de ses conditions quotidiennes de travail, peut prétendre que le contrat lui-même a été modifié,

S'agissant du récurrent problème de la très douloureuse descente dans l'organigramme par ajout d'un niveau intermédiaire entre Dieu et ses Hauts Disciples : « *la seule création d'un échelon hiérarchique intermédiaire entre le salarié et le directeur général n'entraînait aucune modification du contrat, dès lors que les fonctions et les responsabilités du salarié n'étaient pas modifiées* » (CS, 19 oct. 2016).

405 **Placards et détournement du pouvoir de direction** : pour des raisons inavouables bien que souvent connues de tous (du militantisme syndical à la rupture amoureuse, en passant par de vieux règlements de comptes professionnels), l'employeur ou le supérieur hiérarchique, tout en prenant soin de ne toucher ni au salaire ni à la qualification, affecte le salarié à un poste nettement moins valorisant ou physiquement plus dur (sur une chaîne ou dans un magasin, à salaire égal les postes ne se valent pas), voire lui retire lentement mais sûrement ses tâches une par une. Si le salarié prouve le détournement de pouvoir, souvent à l'aide de témoignages car ce comportement est fréquemment récurrent, il pourra obtenir le cas échéant l'annulation de la mesure, des dommages et intérêts, voire agir devant le juge pénal s'il s'agit d'un cas de **discrimination** pénalement réprimée (art. L. 1132-1).

B. - « Contracter, c'est prévoir » : stipulations contractuelles relatives à la qualification

406 **Puissance du droit.** Justement parce que la qualification est un élément essentiel du contrat, chacune des deux parties peut tenter d'en tirer profit.

L'employeur peut souhaiter insérer une clause de *polyvalence* : « vendeuse-caissière » dans un magasin. Cette pratique est aujourd'hui en pleine expansion, pour des raisons de flexibilité interne au jour le jour (remplacement lundi matin de la vendeuse absente), mais aussi afin d'éviter de recourir au travail précaire pour faire face aux nombreux congés (ex. : inflation des RTT). La tentation d'exploiter au maximum cette liberté contractuelle dans le rapport de force déséquilibré caractérisant l'embauche ne doit pas cependant conduire à l'indétermination de l'objet du contrat, sanctionnée depuis 1804 par le Code civil ; « *vendeuse-caissière-magasinière, pouvant être amenée à faire des livraisons ou le ménage en cas de nécessité* » : l'objet du contrat est-il déterminé ou déterminable ? Réponse négative, clause nulle car « ce n'est plus un contrat, mais un malentendu ».

Côté salarié, trois constats :

- la qualification contractuelle permet de refuser toute mobilité professionnelle y portant atteinte : dans l'arrêt du 8 mars 2000, la Cour de cassation approuve un directeur d'hypermarché d'avoir refusé sa mutation sur un poste de directeur de simple supermarché, *« qualification distincte selon la convention collective applicable »*.

- Il peut légitimement refuser d'accomplir une tâche n'ayant aucun rapport avec sa qualification contractuelle. Cette attitude, assimilée dans un premier temps par l'entreprise à une insubordination fautive, est un droit légitime mais aboutit souvent à la rupture, illégitime mais simplement indemnisée. Bref si les tâches demandées au salarié sont étrangères à sa qualification contractuelle, il peut les refuser ; et s'il accepte, les erreurs commises ne pourront lui être imputées à faute.
- Il va enfin de soi que ce n'est pas la seule qualification figurant au contrat signé il y a huit ans qui sera examinée par le juge, *« mais la qualification du salarié au regard des fonctions réellement exercées par lui »* (CS, 19 mars 2008 : chauffeur-livreur devant, six ans après, redevenir employé de reprographie : prise d'acte justifiée).

407 **Ces beaux schémas pèchent cependant par excès de simplisme** : nous ne sommes plus dans les classifications Parodi-Croizat d'après-guerre inspirées de la fonction publique. Alors que le quart des qualifications d'aujourd'hui auront disparu dans cinq ans, les définitions de poste se veulent plus flexibles : on peut penser que la notion même de *qualification* de l'ère industrielle (« Peintre OP3, niveau 4 ») est en train de s'effacer au profit de la notion de *compétence* (*« Au bas du mur, le maçon est qualifié ; en haut du mur, il est compétent »*) : évolution fragilisant cependant le salarié, âgé en particulier. À moins de tomber dans les excès des syndicats catégoriels américains où un électricien peut refuser de ramasser une truelle *(« Not my job ! »)*, il convient de ne pas pousser à l'excès cette vision verticale des tâches dans l'entreprise, même s'il faut s'interroger sur cette politique patronale de contestation systématique du toujours-acquis. Mais dans les PME en particulier, il est difficile de pouvoir faire face à toutes les situations sans envisager des « coups de main » sortant de la qualification *stricto sensu* du salarié... tant qu'ils ne heurtent pas les classifications des conventions collectives.

C. - L'impossible modification unilatérale de la qualification

Puisque la qualification est un élément essentiel du contrat, elle ne peut être modifiée, ni à la hausse ni à la baisse, sans l'accord des deux parties.

408 **Modification à la hausse.** L'hypothèse d'un refus de promotion semble a priori singulière : et pourtant ? Même dans cette hypothèse, le refus n'est pas fautif car certaines promotions n'en sont pas vraiment : placard plus ou moins doré dont toute la profession se gausse (« Directeur Prospective 2035 »), poste à risques dont les derniers titulaires ont été licenciés pour incompétence, ou sont en détention provisoire.

Mais ferait aussi parfois franchir au salarié des seuils fiscaux, mais surtout sociaux (allocation pour garde d'enfant : *cf.* le très complet et très documenté ouvrage d'Emmanuelle Favre et Etty Buzyn, *Le bébé, la nounou et nous*, Albin Michel) aboutissant *in fine* à lui faire perdre de l'argent. Même ici, il conviendra donc de toujours se ménager une preuve écrite de l'acceptation du salarié.

409 **Modification à la baisse.** C'est évidemment l'hypothèse qui donne lieu à 100 % du contentieux, autant d'ailleurs pour des raisons financières que d'ego (*cf.* CS, 12 juill. 1999 : une secrétaire de direction est *affectée* auprès d'un autre directeur nettement moins médiatique ; elle montera jusqu'en cassation pour plaider la déqualification, évidemment refusée). Car certaines fonctions sont affectivement *intuitu personae* : un chauffeur ou une secrétaire savent bien que leur vie quotidienne peut être bouleversée par un simple changement d'*affectation*, et passer du service de la star locale extravertie à celui de l'obscur *has been* fait encourir les lourds sarcasmes des collègues.

RÉTROGRADATION DISCIPLINAIRE : UNE BIEN MAUVAISE IDÉE

Sanction devant être prévue au règlement intérieur, et donner lieu à l'accomplissement de la procédure *ad hoc*, elle aboutit à une double modification du contrat : qualification inférieure – ce qui se révèle particulièrement cruel pour un salarié monté par le rang – conduisant *contractuellement* à une rémunération inférieure. S'agissant de l'exercice du pouvoir disciplinaire, la Cour de cassation a mis longtemps à permettre à un salarié de refuser une sanction par ailleurs justifiée, témoignage concret du lien de subordination.

C'est pourtant ce qu'elle a fait avec l'arrêt du 27 mars 2007

« *Une modification du contrat prononcée à titre de sanction disciplinaire ne peut être imposée au salarié.* » L'arrêt du 9 mai 2019 a achevé cette sanction, aujourd'hui à éviter :

1° l'employeur qui envisage une rétrogradation disciplinaire doit informer l'intéressé de sa faculté d'accepter ou refuser cette modification, sinon annulation ; on imagine la joie de l'employeur devant proposer au salarié fautif un tel choix ;

2° mais en cas de refus de la rétrogradation lors de l'entretien, l'employeur n'est pas tenu de re-convoquer le salarié à un nouvel entretien ***s'il*** ne le sanctionne pas par un licenciement (ex : mise à pied). Mais s'il décide de finalement le licencier (pour la faute initiale, *surtout pas* en raison de son refus d'une modification), il devra reprendre toute la procédure de licenciement ;

3° si l'employeur prudent a immédiatement fait signer au salarié un avenant à son contrat contractualisant cette rétrogradation, « *l'acceptation par le salarié de la modification du contrat de travail proposée par l'employeur à titre de sanction n'emporte pas renonciation de son droit à contester la régularité et le bien-fondé de la sanction* » (CS, 14 avr. 2021). En application du droit commun disciplinaire, le juge pourra donc vérifier la réalité des faits, leur caractère fautif et la proportionnalité de la sanction à la faute ;

4° ajoutons que le rétrogradé démotivé, soumis aux sarcasmes de ses anciens subordonnés et à l'évitement de ses anciens collègues, fait rarement l'affaire à son nouveau poste...

Il semble donc périlleux pour l'employeur de vouloir procéder à une rétrogradation *disciplinaire*, que le salarié peut toujours refuser sans commettre aucune faute : et l'effet pervers de cette évolution apparaît immédiatement. Car nombre d'entreprises préfèrent aujourd'hui se placer tout de suite sur le terrain du *licenciement* pour faute : évidemment *jamais fondé sur le légitime refus* d'une modification du contrat, mais sur la faute initiale, et surtout dans le respect des délais disciplinaires.

410 **S'agissant de l'obligation de reclassement en cas de projet de licenciement économique,** si l'employeur est, en l'absence de tout poste vacant de même qualification, effectivement obligé de proposer des postes moins qualifiés, le salarié reste toujours en droit de refuser cette proposition de modification : or en ce domaine et comme nous le verrons *infra*, reclassement rime souvent avec déclassement. Mais un refus de modification de la qualification – toujours licite, quel qu'en soit le motif – ne peut donc plus ici constituer une cause de *licenciement* pour faute ; et le salarié qui ne l'a pas expressément acceptée pourra, dans la limite de la prescription triennale, réclamer le cas échéant le différentiel de salaire.

La quadrature du socle contractuel = 2 + 2. Si *salaire* et *qualification* constituent des éléments par essence contractuels car essentiels, il n'en va pas de même du *temps* ou du *lieu* de travail.

§3 Le temps de travail

411 **RTTs.** Entre l'époque « *réduction* du temps de travail » (2000 : de 39 h à 35 h) et nos temps de « *rallongement* du temps de travail » (accord de performance collective) sans oublier les TIC permettant de travailler n'importe où, n'importe quand, y compris au domicile, inutile de montrer l'actualité de ce thème, parfois en forme de guerre des temps vie professionnelle/vie personnelle (*cf.* n° spécial *Droit social*, févr. 2014 : « Droit du travail et qualité de vie au travail »).

Comme d'habitude, il convient d'abord de séparer ce qui est expressément contractualisé de ce qui ne l'est pas. En matière de temps de travail, il faut ainsi écarter le *temps partiel* et les *forfaits-jours*, car tout ou presque doit alors être contractualisé.

Il faut ensuite opposer ***horaires** de travail* (*A*) relevant en principe du pouvoir de direction, et ***durée** du travail* constituant en principe un élément essentiel du contrat (*B*). Cette *summa divisio* s'explique par l'impact que peut avoir une réduction du *temps* de travail sur le salaire final.

A. - Les horaires de travail relèvent du pouvoir de direction, mais...

412 **Principe :** « *Le changement d'horaires constitue un* simple changement des conditions de travail *relevant du pouvoir de direction* » (faute disciplinaire si refus)... Mais en application de l'article L. 1121-1 « *sauf atteinte excessive au droit du salarié au respect de sa vie personnelle et familiale, ou à son droit au repos* » (CS, 14 déc. 2016).

Du principe à la casuistique. En ces temps de flexibilisation généralisée des horaires pouvant aboutir à une individualisation des entreprises et des salariés transformant la salle à manger familiale en hall de gare, on imagine les enjeux du débat. Mais le principe reste que cette fixation ressort du pouvoir de direction auquel le salarié doit se plier sous peine de faute disciplinaire.

Mais il peut en aller autrement si le changement porte une évidente atteinte à l'équilibre implicite du contrat, ou bouleverse la vie personnelle, familiale ou le droit au repos du salarié. Car, comme le relève Antoine Mazeaud, s'il existe un secteur géographique, il existe pour les mêmes raisons un « *secteur temporel* » au sein duquel le salarié a organisé son temps personnel et familial. Mais si ces raisons *impérieuses* autorisent le salarié à parfois refuser, il n'en va pas toujours de même, y compris désormais travailler le samedi : « *Décidé dans l'intérêt de l'entreprise, ce changement des conditions de travail n'était pas de nature à perturber la vie familiale de la salariée, qui conservait le bénéfice de ses deux jours de repos hebdomadaire* » (CS, 6 mai 2009).

413 RIP article 1103 du Code civil / Vive l'article L. 1121-1 du Code du travail ! Ces arrêts doivent être rapprochés de l'article L. 3122-12 : « *Lorsque le travail de nuit est incompatible avec des obligations familiales impérieuses, notamment avec la garde d'un enfant ou la prise en charge d'une personne dépendante, le refus du travail de nuit ne constitue pas une faute ou un motif de licenciement, et le travailleur de nuit peut demander son affectation sur un poste de jour.* » Règle que la jurisprudence a étendu le 4 mai 2017 : « Nonobstant toute clause contractuelle ou conventionnelle contraire, *le passage d'un horaire de nuit à un horaire de jour constitue une modification du contrat qui doit être acceptée par le salarié* ». Dans une station-service (par antiphrase) d'autoroute qui doit rester ouverte 24 h/24 h, les salariés de nuit vont devoir le rester car leurs collègues de jour refusent la rotation prévue par l'accord collectif et rappelée dans leur contrat ?

Même motif et même impossibilité de sanction s'agissant d'un passage d'un horaire *continu* à un horaire *discontinu* et *vice-versa*, d'un horaire *fixe* à un horaire *par cycle* (matin la première semaine, après-midi jusqu'à 21 h la seconde semaine) ; ou enfin d'un passage d'horaires variables à un horaire fixe (CS, 24 janv. 2007), alors que le cas inverse n'appelle pas forcément la même solution.

« *La nouvelle répartition de l'horaire de travail avait pour effet de priver M. J. du repos dominical, ce qui constituait une modification de son contrat qu'il était en droit de refuser* » : s'agissant pourtant d'un café-restaurant où la dérogation au repos dominical est de droit depuis longtemps, l'arrêt du 2 mars 2011 montre que la Chambre sociale veille au respect de la vie familiale, sociale voire religieuse du salarié, qui ici n'avait jamais travaillé le dimanche. Étroitement lié à la vie privée, le droit au repos est un droit fondamental, comme l'a rappelé le Conseil constitutionnel en 2005, la Chambre sociale le 3 novembre 2011 puis la CJUE le 14 mai 2019.

Mais dans la limite du contingent annuel, les heures supplémentaires n'entraînent pas modification du contrat et peuvent donc être imposées. À l'inverse, la mise en activité partielle, même totale mais indemnisée ne constitue pas non plus une modification du contrat. Cela a évidemment été le cas lors de la pandémie 2020-2021.

414 Rappelons pour terminer :

1 - un salarié refusant d'effectuer des horaires illégaux (ex. : au-delà de 60 h, ou sans le repos de 11 h consécutives) ne commet aucune faute, pas plus que celui « *ne pouvant accomplir le travail demandé dans un temps compatible avec ses horaires* »... ou les temps obligés de repos (contrôle judiciaire de la charge réelle de travail). Même s'il est en télétravail.

2 - Si un collaborateur est sanctionné pour refus d'obéissance alors qu'il ne faisait que protester contre un bouleversement *imposé* de ses horaires (pas seulement proposé), la sanction sera annulée.

3 - Il faut, en dehors du cas légalement particulier du temps partiel, réserver l'hypothèse d'une *contractualisation* claire, précise et personnalisée d'horaires spécifiques (ex. : « Mercredi, départ à 16 heures pour la sortie de l'école »). Mais à l'instar des clauses de variation discrétionnaire en matière de rémunération, la Cour de cassation refuse d'appliquer les stipulations permettant de faire varier des horaires au seul gré de l'entreprise, et *a fortiori* le *« labour on call »* britannique devenu le « contrat zéro heure » (rester « pendu au téléphone » en attendant l'ordre de venir travailler).

4 - Bénéficiant *« d'un statut exceptionnel et exorbitant du droit commun »*, les représentants du personnel peuvent refuser une modification, mais également un simple changement de leurs conditions de travail. Ce qui paraît singulier s'agissant ici de mesures par nature *collectives* : ainsi de la mise en chômage partiel.

B. - La durée du travail, élément essentiel du contrat

415 De la RETT à la RATT : il y a longtemps, RTT signifiait réduction du temps de travail. Le législateur n'avait pas imaginé l'hypothèse de mai 2007-mai 2012 avec le slogan : *« Travailler plus pour gagner plus »* (RTT = rallongement du temps de travail). Mais passer à 36 heures ou 39 heures réelles constitue de banales heures supplémentaires, tant que la norme légale reste à 35 heures. Si, en revanche, le passage de 35 heures à 39 heures intervient à salaire constant (les « 35 heures *à l'envers* » des accords de performance collective), tout dépend de la source de la modification : si elle émane du seul employeur, pas d'un accord collectif, il s'agit d'une modification devant être *individuellement acceptée* par *chaque* collaborateur.

416 Régime très spécifique en cas d'accord de performance collective. Si la modification est l'application d'un APC (*cf.* art. L. 2254-2), il a le droit de refuser... puis de s'inscrire à Pôle emploi. Car afin de répondre aux nécessités liées au fonctionnement de l'entreprise ou en vue de préserver ou de développer l'emploi, un tel accord peut « *aménager la durée du travail, ses modalités d'organisation et de répartition* ». Les stipulations de l'accord se substituent alors de plein droit aux clauses contraires de chaque contrat, y compris en matière de durée du travail (V. chapitre *infra*).

§4 Changements de lieu de travail

417 **Cultures de mobilité.** Si l'on écarte l'entreprise virtuelle (ex. : réseau mondial d'experts échangeant sur le réseau social interne) visant des télétravailleurs, et promise à un riche avenir depuis l'épisode C19, son lieu de travail quotidien est un élément essentiel… de la vie quotidienne du salarié.

Car dans les grandes métropoles en particulier, les temps de transport (moyenne nationale : 59 min.) ne sont pas « de tout repos ». Se rattache surtout à ce lieu précis toutes ses racines : sa vie privée, amicale, sociale, et familiale : enfants si attachés à leurs copains d'école, mais aussi et de plus en plus parents âgés. Depuis le 22 mai 2019, le nouveau statut du « salarié aidant » lui donne priorité pour télétravailler : mais est-ce une bonne idée que d'assimiler ainsi télétravail et travail à temps partiel, obligeant le salarié à, chez lui, devoir choisir entre son travail et son vieux papa qui l'appelle ? La très pénible expérience des télétravaux forcés + confinés + présence de parent + d'enfants lors du noir printemps 2020 a constitué un véritable contre-exemple.

Quel que puisse être l'intérêt du nouveau job ou des nouveaux pays à découvrir, se voir appliquer une clause de mobilité n'est donc pas seulement changer d'emploi et déménager : c'est aussi vendre son appartement ou son pavillon, changer ses enfants de collège, tenter de trouver un nouveau travail pour son conjoint qui ne souhaite pas forcément lui aussi être mobile, voire ne le peut guère : les clients d'un plombier, d'un commerçant ou d'un dentiste ne vont pas les suivre à 600 kilomètres. Et pour le salarié et toute sa famille se constituer sur place un nouveau réseau amical : parfois un vrai déracinement en forme de déchirement qu'ont quelques difficultés à comprendre quelques *happy fews* surdiplômés ayant fait un stage d'anglais à Yale à 17 ans et une année de césure à Singapour, fanas de Jacques Kerouac et dont le rêve est de « faire enfin la 66 ».

418 **Contractualisation, ou simple information sur le lieu de travail ?** Tout ce qui est expressément contractualisé à l'embauche s'impose aux deux parties au titre du fameux « élément essentiel » : mais pas le reste.

« **La mention du lieu de travail dans le contrat a valeur d'information**, à moins qu'il ne soit stipulé par une clause claire et précise que le salarié exécutera son travail exclusivement dans ce lieu. » L'arrêt du 15 mars 2006 a résolu une vieille question. Énoncer dans le contrat : « *Lieu de travail : 12, place du Panthéon, 75005 Paris* » vaut-il contractualisation de ce lieu, rendant alors illicite une mutation de l'autre côté de la place des Grands Hommes ? Ne pensant pas que les parties aient ainsi voulu interdire toute mutation à 900 mètres, mais voulant aussi encourager une mobilité dans le même secteur géographique afin de garder un emploi, la Cour de cassation a, avec bon sens, décidé que telle n'était pas leur intention ; en l'espèce, licenciement pour faute réelle et sérieuse de la caissière ayant refusé de rejoindre un autre magasin à cinq kilomètres de là. Si, au contraire, elle avait fait expressément contractualiser par une clause claire, précise et si possible personnalisée le magasin initial (« Les parties conviennent qu'en raison des charges familiales de Mme X., son lieu de travail sera le magasin Shopi de

Clohards-Carnoët, 29031 »), elle aurait pu refuser d'aller travailler à 100 mètres de là en invoquant l'article 1103 du Code civil.

419 **Marbre et gestion juridique du contrat.** Un *avenant* signé en cours d'exécution entraîne automatiquement contractualisation de son contenu : si les deux parties ont modifié d'un commun accord une règle antérieure, leur volonté d'en fixer une nouvelle confère une importance considérable à celle-ci. D'où, pour les salariés qui le peuvent (souvent à la suite d'un SOS de l'employeur : coup de main impromptu, remplacement immédiat d'une collègue démissionnaire), la nécessaire renégociation de leur contrat quand leur situation familiale change. Au-delà de la bien banale prime, la réduction de l'étendue de la clause de mobilité, par exemple de « l'international » à « la région parisienne » : **la nécessaire gestion juridique de son propre contrat**.

420 Avant d'examiner la clause de mobilité géographique *(B)*, puis d'étudier la situation du salarié en l'absence de clause *(C)*, puis rappeler la situation particulière du salarié travaillant dans une entreprise ayant signé un accord de performance collective depuis l'ordonnance du 22 septembre 2017 *(D)*, il convient de commencer par la nouveauté des années 2010, qui **sur-plombe** tout le droit de la mobilité, surtout géographique : l'irruption de l'article L. 1121-1 *(A)*.

A. - Libertés du salarié et subordination : l'irruption de l'article L. 1121-1 dans le droit de la mobilité

421 **Nécessaire conciliation.** « *Nul ne peut apporter aux droits des personnes et aux libertés individuelles et collectives des restrictions qui ne seraient pas justifiées par la nature de la tâche à accomplir et proportionnées au but recherché* » (art. L. 1121-1). Vieux débat que la conciliation entre subordination inhérente au contrat de travail et respect des libertés du citoyen. Car à la limite, pour le salarié, devoir se rendre tous les jours au travail dans un lieu précis et à heures fixes emporte des restrictions considérables à la vie personnelle, familiale et sociale de ce citoyen devant se lever à 7 h 05, déjeuner (avec des collègues !) vers 12 h 45, et « n'est libre » qu'après 18 h 30... C'est au salarié lors de l'embauche qu'il appartient de faire cet arbitrage libertés/subordination/salaire. S'il signe ensuite un contrat de travail, c'est qu'il a estimé que ces multiples restrictions étaient pour lui légitimes et supportables : bref justifiées par la nature de la tâche à accomplir, et proportionnées au but recherché.

LA RÉVOLUTION À VENIR : L. 1121-1 REVISITÉ + 1833 DU CODE CIVIL = DROIT AU TÉLÉTRAVAIL AU DOMICILE ?

Symptomatique a été le très, très lent retour au bureau de septembre 2020 puis 2021, pour des raisons présentées comme avant tout sanitaires (La Défense, mais aussi La City désertées). Seulement sanitaires ? Un tel taux de discrets droits de retrait du collectif interpelle nécessairement les entreprises sur l'attractivité des lieux de travail... et l'ambiance au bureau.

Bref, le télétravail reste une somme de pratiques très, très individualisées (ex : équipement, enfants, wifi, localisation du domicile...) percutant directement le collectif, et en particulier l'équipe. Mais le travail du DRH est justement d'assembler ce puzzle : il ne peut se contenter d'exaucer une somme de vœux individuellement souvent très légitimes, mais incompatibles avec la communauté de travail et/ou la performance de l'entreprise.

Or, dans une application novatrice de l'article L. 1121-1, certains jeunes talents bien diplômés de nos grandes métropoles ayant goûté aux charmes du télétravail à leur (confortable) domicile ne se placent plus en tant que salariés sub/ordonnés membre d'une communauté de travail, mais en tant que citoyens du monde.

1. Ils exigent donc que les restrictions apportées par l'entreprise à leurs droits et libertés (vie privée, vie familiale) « *soient justifiées par la nature de la tâche à accomplir, et proportionnées au but recherché* ». Alors venir au bureau le jeudi pour les réunions de service ou aller voir les clients, bien sûr. Mais quitter son domicile tous les matins à 7 h 20 pour le steeple-chase quotidien crèche-collège avant de s'engouffrer ensuite dans les transports en commun bondés ou sa voiture thermique pendant une heure... pour effectuer au bureau (avec parfois quelques collègues), le même travail que celui accompli à la maison, est-ce « *proportionné au but recherché* » ?

2. La transition énergétique devenant centrale et la pression médiatique chaque jour un peu plus forte, ils n'hésitent plus à rappeler le nouvel article 1833 du Code civil : « *La société est gérée dans son intérêt social, en prenant en considération les enjeux sociaux et environnementaux de son activité* ». Y compris s'agissant de télétravail : les événements climatiques inhabituels s'étant multipliés depuis quinze ans pourraient accélérer son développement. Car point n'est besoin de consulter Nostradamus pour comprendre que les entreprises doivent d'ores et déjà tirer toutes les conséquences de ce bien pénible épisode, et s'organiser dès maintenant pour faire face au suivant...

Rappelons pour finir que la mise en télétravail au domicile ne peut se voir appliquer tout ce qui va être ici envisagé : clause de mobilité, mutation dans le même secteur géographique... Car il s'agit alors pour le salarié de travailler dans le temple de l'intimité de sa vie privée, mais aussi familiale. Comme le rappelle l'ordonnance de septembre 2017 puis l'accord national interprofessionnel du 26 novembre 2020, travailler au domicile ne peut donc résulter que d'un commun accord employeur + salarié...

Sauf si le contrat d'embauche prévoyait expressément cette hypothèse, ou que l'employeur n'embauche pas un salarié mais se transforme en donneur d'ordre faisant travailler des free-lances.

Sauf en cas de circonstances exceptionnelles (épidémie) : car le télétravail au domicile est alors considéré comme un simple aménagement du poste pour permettre la continuité de l'activité de l'entreprise, et garantir la protection du salarié (art. L. 1222-11).

Mais une entreprise n'est pas une somme d'atomes libres : elle constitue nécessairement une *organisation* où des personnes doivent travailler ensemble pour produire un bien ou un service, ensuite acheté par un client de plus en plus exigeant. Il reste donc souhaitable qu'ils soient là en même temps, à faire ce qui leur est demandé de faire, dans les délais convenus.

422 « ***Et moi, et moi, et moi*** » (1967). Dans notre société d'individus et notre État de droits (« *Only... me* »), il n'est guère surprenant que des salariés à l'égard desquels l'entreprise a multiplié les mesures d'individualisation (contrat, horaires, salaire...) récusent des règles collectives qu'ils jugent excessivement contraignantes. Or le premier terme de l'article L. 1121-1 (« Nul ») signifie que le texte ne vise pas seulement l'employeur dans l'exercice unilatéral du pouvoir patronal : un contrat individuel, et même une convention collective pourtant signée par des organisations syndicales sont visés par ce texte.

À l'instar de son contrôle des clauses de non-concurrence ou encore d'exclusivité portant atteinte à la liberté du travail, la Cour de cassation examine avec attention des stipulations pourtant régulièrement signées, mais qui pourraient porter une atteinte excessive aux libertés du salarié. Si c'est le cas, est-elle *« justifiée par la nature de la tâche à accomplir et proportionnée au but recherché »* ?

423 Mobilité géographique et vie familiale : retour à l'analyse subjective (arrêt Stéphanie M., CS, 14 oct. 2008)

Effet pas vraiment imprévisible de la montée en puissance jurisprudentielle de l'article L. 1121-1, qui date pourtant de la loi du 31 décembre 1992 : depuis l'arrêt du 14 octobre 2008, le salarié invoquant une grave atteinte à sa vie personnelle ou familiale peut refuser une mobilité géographique pourtant contractuellement prévue. D'où le double et paradoxal visa de cet arrêt de cassation : l'article L. 1121-1 du Code du travail, puis l'ex-1134 du Code civil. Dans cet ordre-là.

L'arrêt Stéphanie M. du 14 octobre 2008 constitue une caricature des pratiques de certaines sociétés de conseil exigeant un *engagement* total (c'est le « contrat psychologique » tacite, disent les gestionnaires), pour lesquelles un cadre à temps partiel est partiellement un cadre, où une mère de famille et *a fortiori* un jeune papa manifestant désormais d'autres centres d'intérêt que son centre de profit voit s'ouvrir toutes grandes les portes de Pôle emploi. Basée à Marseille, notre consultante junior Stéphanie, désormais jeune maman (ce qui tacitement ne se fait guère), avait en outre eu l'outrecuidance de demander un congé parental à temps partiel, puis de refuser une mission de trois mois en région parisienne ; son contrat de consultante prévoyant, tout naturellement pour ce type de fonctions, la *« possibilité de déplacements en France et à l'étranger, certaines missions pouvant justifier l'établissement temporaire de sa résidence sur place »*, elle est licenciée pour faute.

Alors que les (inamovibles) magistrats de la cour d'Aix-Marseille l'avait très classiquement déboutée de sa demande de dommages-intérêts pour licenciement sans cause réelle et sérieuse *(« le déplacement prévu était limité à trois mois, dans une ville située à quelques heures de train ou d'avion de Marseille, la mauvaise foi de l'employeur n'étant pas établie »)*, la Chambre sociale casse au visa apparemment paradoxal de deux articles à la logique bien différente sinon opposée : l'article L. 1121-1 du Code du travail et l'article 1103 du Code civil (dans cet ordre) reprochant aux juges d'Aix de *« n'avoir pas recherché si, comme le soutenait Mme M., la mise en œuvre de la clause contractuelle ne portait pas une atteinte au droit de la salariée à une vie personnelle et familiale, et si une telle atteinte pouvait être justifiée par la tâche à accomplir et était proportionnée au but recherché »*.

424 Article L. 1121-1 et mobilités : une analyse nécessairement subjective

Énoncer que la situation personnelle du salarié peut avoir un impact sur sa mobilité géographique n'est pas vraiment un scoop : même en présence d'une solide clause de mobilité géographique, la plupart des entreprises commencent d'abord par se renseigner sur la situation familiale du collaborateur avant de lui proposer une mutation lointaine. Certes « *une mutation géographique ne constitue pas en elle-même une atteinte à la liberté fondamentale du salarié quant au libre choix du domicile* ».

Mais invoquer la classique bonne foi de l'article L. 1222-1, c'est aller beaucoup moins loin que devoir systématiquement confronter nécessités de l'entreprise et droit du salarié à « une vie privée, personnelle et familiale ». Pour passer de Nice à Lille ou rejoindre une base-vie chinoise, la DRH choisit rarement un père d'une nombreuse famille, ou la jeune maman seule avec ses trois enfants.

425 Retour vers le XXe siècle ?

- **Acte I. Subjectivité et donc casuistique**

Au millénaire dernier, dans les années 1970, la jurisprudence adoptait une analyse très humaine mais conduisant à une casuistique au résultat très aléatoire pour les deux parties : pour chaque salarié visé, la mobilité géographique en cause conduisait-elle à *« un bouleversement de sa vie personnelle, familiale ou sociale »* ? Selon la localisation du domicile du collaborateur, sa situation de famille (officielle/officieuse, et souvent évolutive), les moyens de transport voire les heures des crèches et de maternelles locales, les solutions étaient donc fort diversifiées.

- **Acte II. CS, 4 mai 1999 : analyse objective et naissance du « secteur géographique »**

Revirement avec l'arrêt M. H. du 4 mai 1999 récusant cette vision subjective trop aléatoire car reposant sur l'examen de la situation de chaque sujet de droit concerné : donc guère incitative à accepter cette forme de flexibilité interne que constitue la mobilité. Le changement du lieu de travail *« doit être apprécié de façon objective »* (donc par rapport à **l'entreprise**), les juges du fond devant par ailleurs examiner si le nouveau lieu de travail est situé dans le même ***« secteur géographique »*** : la mobilité doit alors être acceptée. « *Désormais la méthode d'analyse doit être objective. Alors qu'auparavant le caractère substantiel de la modification, en cas de déplacement de l'entreprise était apprécié salarié par salarié en fonction de sa situation personnelle (âge, nombre d'enfants, etc.), il convient, désormais, de statuer de la même manière pour tous* », commentait le doyen Ph. Waquet, souhaitant encourager les salariés à être mobiles pour garder un emploi.

• **Acte III. Subjectivité : le retour *jurisprudentiel***

Retour en force avec la jurisprudence Stéphanie M. Le revirement du 14 octobre 2008 repris mot pour mot le 23 mars 2011 à propos d'Arnaud D., un papa divorcé (V. *infra*) puis le 10 février 2016 s'agissant d'une jeune maman avec un bébé et un enfant en garde alternée, constitue une... modification très substantielle du droit antérieur.

• **Acte IV. Subjectivité : le retour *légal***

Retour en force avec la loi du 14 juin 2013. Comme nous l'avons vu *supra*, le législateur fait désormais grand cas du respect de la vie personnelle de chaque collaborateur visé par un accord collectif, l'ajoutant article après article, à l'instar de la loi du 6 août 2015 s'agissant du travail dominical ou en soirée, puis des accords de performance collective du 29 mars 2018.

426 Résumons

1 – Le pouvoir de direction normalement exercé demeure premier. L'employeur va proposer au salarié une mobilité dans le même secteur géographique, ou dans le cadre défini par sa clause de mobilité. C'est ensuite que le collaborateur pourra éventuellement faire valoir (avec les risques que cela implique) les problèmes que lui pose cette mobilité *a priori* licite. Et ne pas se contenter de grandes généralités sur « *ma vie familiale* ».

2 – « ***La bonne foi contractuelle étant présumée****, il incombe au salarié de démontrer que la décision de l'employeur a été prise, en réalité, pour des raisons étrangères à son intérêt ou que la clause a été mise en œuvre dans des conditions exclusives de la bonne foi contractuelle* ». Abus de droit (mutation à 200 km notifiée 8 jours avant) ou détournement de pouvoir (mutation lointaine suite à une rupture amoureuse) : que du grand classique.

3 – En application de l'article L. 1121-1, en cas de contestation par le salarié, l'employeur d'abord, puis le juge saisi d'une sanction disciplinaire ou plus généralement d'un licenciement pour faute doit répondre à deux questions successives :

- **la mobilité envisagée porte-t-elle une grave atteinte au droit du salarié à sa vie personnelle et familiale ?** Ce qui signifie que l'employeur va devoir entrer dans la vie privée de chaque collaborateur visé, quitte à se mettre en délicatesse avec l'article 9 du Code civil, mais surtout l'article L. 1132-1 pénalement sanctionné : « *Aucune personne ne peut (...) faire l'objet d'une mesure discriminatoire, directe ou indirecte, (...) en raison de sa situation de famille.* » Parmi les 23 consultantes, pourquoi Stéphanie M. ?

- **Une telle atteinte est-elle justifiée** par la tâche à accomplir par ce salarié, et **proportionnée au but recherché** par cette entreprise ? Si la société de consultants était au bord du dépôt de bilan, et que ce gros client avait exigé la collaboration de la spécialiste Stéphanie M. et de personne d'autre ? Entre la situation personnelle du salarié et celle de son entreprise (à supposer que les juges en tiennent vraiment compte), quelles que soient ses vieilles pratiques internes...

Depuis 2017, la Chambre sociale prête attention à la seconde partie : « *et proportionnée au but recherché* »... par l'entreprise. Ainsi dans l'arrêt du 14 février 2018, la maman de deux adolescents de 12 et 17 ans, dont le mari était profession libérale, est mutée en application de sa clause de mobilité de La Rochelle à Toulouse. Refus, licenciement pour faute grave : « *l'employeur justifiant de la nécessité de procéder à la mutation de la salariée en raison de la réduction considérable et durable de l'activité à laquelle elle était affectée sur le site de La Rochelle* (...), *l'atteinte à la vie familiale de l'intéressée était justifiée par la tâche à accomplir et proportionnée au but recherché* » (mais simple cause réelle et sérieuse).

Entre les divorces, les familles décomposées puis recomposées, le mariage pour tous et les vieux parents dépendants, la mobilité géographique du salarié fils-époux-papa-concubin-amoureux devient une très savante mais fort insécure casuistique.

Morale, en forme d'éventuel accident de travail pour les salariés des deux sexes ne voulant pas être mobiles tout en finançant nos retraites : mariez-vous, ayez beaucoup d'enfants, et occupez-vous de vos parents très âgés.

427 Les quatre conséquences de cette évolution dans l'air du temps

1 – Les clauses de mobilité sont plus ce qu'elles étaient. Car par définition, elles ne visent pas un transfert à 20 kilomètres mais plutôt à 100 ou 700 kilomètres : dans la plupart des cas, le maintien du domicile actuel est exclu, et la vie personnelle et familiale forcément largement impactée. Il faut donc beaucoup de perspicacité aux juges du fond, connaissant mal les contraintes économiques et organisationnelles d'une société, pour trouver le bon équilibre entre nécessités de l'entreprise et respect des droits de *chaque* collaborateur.

2 – Même analyse au sein du même secteur géographique, comme avant l'arrêt M. H. de 1999 : cette mobilité *a priori* plus réduite peut néanmoins bouleverser la vie privée et familiale du collaborateur visé. Ainsi du passage d'un bout à l'autre de nos grandes « agglomérations », avec un temps de transport quotidien passant de 15 minutes à 3 heures, ou rendant matériellement impossible le *steeple-chase* quotidien du matin (crèche/TER avec correspondance/collège/métro). Même ici, le juge doit rechercher si « *la décision d'affectation de Mme A.* (à 30 km) *ne portait pas atteinte aux droits de la salariée à la santé et au repos et à une vie personnelle et familiale, et si une telle atteinte pouvait être justifiée par la tâche à accomplir et proportionnée au but recherché* » (CS, 16 nov. 2016).

3 – Et surtout la situation de chaque salarié est évolutive : on est rarement papa à 18 ans ou salarié aidant à 31. Raison pour laquelle la Chambre sociale n'a jamais mis en cause la *validité* même des clauses de mobilité (même « *sur l'ensemble du territoire national* », mais pas « *dans le monde entier* »), mais les *conditions de leur mise en œuvre* : ce qui permet aussi d'éviter le séisme des effets d'une rétroactivité de clauses annulables.

4 – Même s'ils ont tous deux exactement la même clause de mobilité, le Casanova officiellement célibataire du service Marketing est donc plus mobile que sa voisine de bureau également célibataire mais dotée de deux jeunes enfants et s'occupant de son vieux papa. Car l'évolution démographique va multiplier les « raisons familiales impérieuses » (pléonasme), notamment « la garde d'un enfant ou la prise en charge d'une personne dépendante » évoquées pour le travail à temps partiel ou de nuit.

B. - En présence d'une clause de mobilité géographique

428 **Elle est devenue clause de style** dans la plupart des contrats de cadres appartenant à des entreprises travaillant sur plusieurs sites, et *a fortiori* à l'international. Liberté de circulation au sein de l'UE, mais aussi politique volontariste de groupes multinationaux voulant obliger leurs collaborateurs à s'immerger dans d'autres cultures, et les Français à oublier la rigidité présumée de leur droit du travail : l'existence d'une clause de mobilité au périmètre précis et adéquat a aussi un rôle psychologique, et simplifie a priori grandement la tâche du gestionnaire de personnel. Puissance du droit : elle peut transformer une énorme modification du contrat (Paris-Singapour) en simple petit changement des conditions de travail ne pouvant être refusé par le salarié sous peine de licenciement pour faute.

MAIS NE PAS TOUT MÉLANGER

GBA (Grosse bourde absolue)

Parler de « mobilité » en cas de **transfert** partiel ou total d'entreprise, en application de l'article L. 1224-1 (V. *infra*, chapitre 1 de la partie 3)

Clause de mobilité nationale ou internationale ?

Le périmètre géographique de la clause pose peu de problèmes, si l'on écarte la mutation en Guyane d'un cadre pouvant être muté « sur l'ensemble du territoire français », ou le salarié travaillant à Nice muté à Monaco et obtenant la prime conventionnelle d'expatriation. L'obligation de renseignement oblige l'employeur qui désire muter le salarié en dehors du territoire métropolitain à préciser si les DOM-TOM sont visés. *A fortiori* le terme « expatriation » devra explicitement figurer si le collaborateur peut être muté à l'international.

429 **Substantielle évolution des conditions de validité des clauses de mobilité**

Si l'arrêt du 14 octobre 2008 a utilisé l'article L. 1121-1 pour encadrer *la mise en œuvre* des clauses de mobilité, il a toujours pris garde de ne pas les annuler : elles restent valides si « *elles définissent de façon précise leur zone géographique d'application, et ne confèrent pas à l'employeur le pouvoir d'en étendre unilatéralement la portée* » ; et c'est au jour de la mobilité que le juge devra apprécier leur impact sur la vie personnelle ou la santé. Normal si l'on pense à l'évolution d'une carrière, et des souhaits de chaque collaborateur : les fantasmes extrême-orientaux du célibataire de 23 ans sont plus rares pour le père de trois adolescentes, âgé de 57 ans...

La clause de mobilité doit fixer un secteur géographique précis (le vaste « *territoire national* » est licite), toute mutation au-delà de cette zone devenant une modification du contrat. Pour une clause « Région Bourgogne-Franche Comté », travailler un kilomètre plus loin, au sud de la nationale, peut donc entraîner une véritable modification. Mais une clause « au sein des 27 pays membres de l'Union européenne » reste licite si elle est justifiée et proportionnée.

430 **Pratique à risques :** l'insertion d'une clause de mobilité pendant l'exécution d'un contrat n'en comportant pas. Hypothèse banale en cas de fusion et autres restructurations, l'entreprise absorbante souhaitant unifier les contrats de l'ensemble de ses salariés, anciens et nouveaux. S'agissant d'une modification évidente du contrat, le salarié est en droit de refuser cette insertion. L'entreprise la souhaitant (ou l'élargissement d'une clause préexistante : de la région parisienne on passe à la France entière) devra donc procéder avec une infinie délicatesse : il n'est pas question de pouvoir l'imposer sans prendre le risque d'une prise d'acte qui lui sera imputable, ou d'un licenciement économique dont on voit mal la cause réelle et sérieuse. Comment en effet expliquer que cette insertion est vitale pour « *sauvegarder la compétitivité de l'entreprise* » ?

431 **Que faire en cas de refus d'exécution d'une clause de mobilité, *hors application d'un accord de performance collective* ?** Le contentieux n'est pas le Droit, et le Droit n'est pas la vie...

La question ne se pose que dans de rares cas : si l'on écarte les quelques entreprises utilisant la clause de mobilité géographique pour réduire discrètement leurs effectifs ou licencier pour insubordination quelques indésirables bien payés et bien ciblés, l'immense majorité ne propose une lointaine mobilité qu'après en avoir longtemps discuté avec le salarié : il leur paraît en effet parfaitement stupide de le muter d'autorité pour le rapatrier quelques mois plus tard du fait de ses problèmes personnels ou familiaux ; et si c'est un excellent collaborateur, il vaut mieux le fidéliser en n'insistant pas.

En droit, quelle suite donner à un refus de mobilité justifié par d'impérieuses raisons personnelles ou familiales ? En rester là, bien sûr... et cibler un autre collaborateur *a priori* plus flexible sur le plan personnel...

432 **Suites disciplinaires d'un refus :** « *En violation de la clause de mobilité prévue à son contrat et malgré plusieurs lettres de mise en demeure, le salarié avait refusé de*

rejoindre successivement deux nouvelles affectations, et repris son travail qu'après avoir été convoqué à l'entretien préalable au licenciement. Un tel refus, sans aucune justification légitime, caractérisait une faute grave rendant impossible la poursuite du contrat de travail » (CS, 12 janv. 2016).

Cet arrêt ne signifie pas que le seul refus paisible d'une mobilité légitime constitue automatiquement une faute grave Mais dans la vraie vie, les choses s'enveniment vite, et la grave insubordination-faute grave n'est pas loin.

UN SALARIÉ PEUT-IL ÊTRE *TEMPORAIREMENT* AFFECTÉ LOIN DE SON POSTE HABITUEL ?

Deux hypothèses très différentes

- Lorsque « **la spécificité des fonctions implique une certaine mobilité géographique** ». Ainsi dans le BTP : dans l'arrêt du 2 avril 2014, l'assistant chef de chantier qui travaillait habituellement dans l'est de la France refuse sa vingtième mais nouvelle affectation dans le Sud-ouest : « Le déplacement refusé s'inscrivant dans le cadre habituel de son activité, le salarié avait manqué à ses obligations contractuelles » (licenciement pour faute). *Idem* pour un consultant international : « Le déplacement à Alger s'inscrivait dans le cadre habituel de son activité », peu importe l'absence de toute clause de mobilité (CS, 11 juill. 2012). Contracter, c'est prévoir : il est donc souhaitable de rappeler dans le contrat initial qu'une telle mobilité est inhérente aux fonctions, avec le cas échéant des contreparties contractuelles, ou conventionnelles (ex. : indemnités de grand déplacement dans le BTP).
- « **Les circonstances exceptionnelles** », touchant l'entreprise. La mobilité provisoire est ici proposée pour une longue durée à des salariés sédentaires : par exemple pour permettre à l'employeur d'effectuer des travaux d'envergure (hôtels de luxe parisiens ; deux ans), avec retour au poste initial quand ils seront finis. Si cette affectation même provisoire se situe en dehors du secteur géographique antérieur, le collaborateur peut en principe refuser. Mais cette solution conduisant tout droit à des licenciements économiques, la Cour de cassation a donc décidé le 3 mai 2012 que « l'affectation occasionnelle d'un salarié en dehors du secteur géographique où il travaille habituellement peut ne pas constituer une modification de son contrat de travail », mais à trois sévères et cumulatives conditions : 1. cette affectation ne peut être motivée que par l'intérêt de l'entreprise ; 2. doit être justifiée par des circonstances vraiment exceptionnelles (le chômage partiel total existe) ; 3. le salarié doit préalablement, et dans un délai raisonnable, être informé du caractère temporaire de l'affectation, et de sa durée prévisible. Si une seule fait défaut, « le salarié n'a commis aucune faute en refusant de rejoindre sa nouvelle affectation » (CS, 3 nov. 2016, défaut de cause réelle et sérieuse).

Reste que le droit n'est pas la vie, et qu'imposer une telle mutation donne rarement lieu ensuite à des prouesses professionnelles.

C. - *En l'absence de clause, mobilité limitée au même « secteur géographique »*

433 Clause personnalisée de stabilité. Le contrat individuel peut tout d'abord avoir contractualisé un lieu de travail spécifique, par une clause claire et précise, personnalisée et si possible argumentée. Elle entraîne alors une totale immobilité du lieu de travail, une mutation même à 500 mètres étant exclue, et *a fortiori* la mobilité dans le même secteur géographique que devront pourtant accepter tous les collègues. Mais, *à l'embauche*, quel futur salarié peut exiger cette totale immobilité ? Bien peu de candidats. Et l'obtenir encore moins, en raison des risques de contagion/jalousie pour le personnel en place. Mais la contractualisation d'un lieu précis en cours d'exécution du contrat par un avenant particulier fait présumer du caractère essentiel de l'élément ainsi précisé.

Idem en cas de télétravail : « *Lorsque les parties sont convenues d'une exécution de tout ou partie de la prestation de travail par le salarié à son domicile, l'employeur ne peut modifier cette organisation contractuelle du travail sans l'accord du salarié* » : d'où l'importance des clauses contractuelles de réversibilité, avec délai de prévenance réciproque

434 Le contrat ne prévoit rien. Que faire ?

Pendant quarante ans, la jurisprudence avait adopté une attitude très humaine, et donc une casuistique d'une extrême complexité : pour chaque transfert du lieu de travail et pour chacun des salariés visés, elle examinait si « il provoquait un bouleversement dans sa vie personnelle, familiale ou sociale » (l'ex- « *modification substantielle dans ses conditions de vie* »). Selon le domicile du salarié, sa situation de famille (officielle/officieuse, et souvent évolutive), les moyens de transport, voire les heures des crèches et maternelles locales, les solutions étaient très diversifiées.

435 « Simple changement des conditions de travail » si la mobilité intervient dans le même « secteur géographique ». Total revirement avec l'arrêt M. H. du 4 mai 1999 : muté de Versailles à Chartres, un cadre refuse le transfert et se retrouve licencié pour faute grave. Position approuvée par la cour de Versailles qui constate que, pour un cadre, ce changement n'apporte pas de bouleversement à sa vie. Cassation et apport majeur sur ce terrain de l'arrêt du 4 mai 1999 : les juges du fond devaient examiner « *si le lieu de travail où était affecté M. H. était situé dans un* ***secteur géographique*** *différent de celui où il travaillait précédemment* ». Comme le constatait le doyen Waquet, « *l'expression n'est certes pas la meilleure qui soit, et une autre désignation pourrait être trouvée : bassin d'emploi, agglomération urbaine. C'est évidemment aux juges du fond de définir localement le secteur géographique en fonction des facilités de communication, des transports existants, des habitudes culturelles, etc.* ». La politique de la Chambre sociale était claire : inciter les salariés à davantage de mobilité pour garder non leur emploi actuel, mais un emploi dans la même entreprise.

Les trois critères pris en compte ? L'arrêt du 7 juillet 2016 évoque logiquement : 1. la distance, mais évidemment pas un kilométrage précis : 30 kilomètres entre deux banlieues est bien différent de 30 kilomètres entre deux villes reliées par autoroute ou entre deux vallées de Haute-Savoie « *à vol d'oiseau* » : mais 90 kilomètres de tournants, pour les *non-oiseaux* ; 2. les moyens de transport, collectifs ou individuels. Ainsi dans l'arrêt du 4 mars 2020, le nouveau lieu de travail n'était qu'à 31 kilomètres de l'ancien, mais comme le note la Cour de cassation, il s'agissait de « deux bassins d'emplois différents », donc pas du « même secteur géographique » ; 3. la durée supplémentaire des trajets, avec son impact sur la vie personnelle du collaborateur.

En termes de procédures, la simplification saute aux yeux côté entreprise, si du moins elle est sûre de son fait : il s'agit d'un simple changement dans les conditions de travail, puisque la mutation individuelle ou collective intervient dans le même secteur... **et si**, depuis l'arrêt Stéphanie M. du 14 octobre 2008, cette mutation ne se heurte pas à un refus du salarié fondé sur des motifs impérieux fondés sur sa vie personnelle ou familiale. Il sera possible, après information et consultation du comité social et économique, de simplement notifier leur mobilité aux personnes concernées en prenant bien soin de ne pas leur proposer de signer un avenant : cela constituerait l'aveu d'une véritable modification.

436 **Dans la *pratique*, cette jurisprudence favorable à la mobilité pour garder un emploi** ne simplifie que faiblement la vie des gestionnaires de personnel devant, au-delà du régime très spécifique car d'ordre public des représentants du personnel, séparer dans un premier temps les salariés titulaires d'une clause de mobilité (pour lesquels la question ne se pose en principe pas), puis au contraire les très rares ayant fait contractualiser le lieu de travail et enfin tenter de prendre en compte la situation personnelle de ceux ayant exprimé de graves difficultés sur ce terrain.

Pour le transfert d'un service entier sur un autre site, il faudra beaucoup de diplomatie pour expliquer à Marielle qu'elle doit rejoindre dans un mois la banlieue Nord sous peine de licenciement pour faute, alors que son voisin Bruno, mieux inspiré lors de l'embauche puisqu'il avait fait expressément contractualiser « Paris *intramuros* », se verra proposer avec une infinie délicatesse la même mobilité qui, en cas de refus, lui donnera accès à un généreux plan de sauvegarde de l'emploi si dix salariés ont également refusé et sont licenciés. Il pourra d'ailleurs ensuite s'interroger sur la cause réelle et sérieuse de son licenciement, qui ne peut jamais être constituée par son légitime refus : et on souhaite bien du plaisir au DRH voulant démontrer aux prud'hommes que le transfert à 12 kilomètres était indispensable pour sauvegarder la compétitivité de l'entreprise.

ATTENTION AUX APC !

Fait exception à toutes les règles examinées ici la signature d'un « accord de performance collective », qui peut prévoir des mesures de mobilité se substituant aux stipulations contractuelles (V. partie 3 : *Restructurations à froid*).

SECTION II La révision acceptée

437 **Révision acceptée par l'employeur.** La demande de révision peut émaner du salarié lui-même (promotion souhaitée, conjoint muté) : il est d'ailleurs fréquent que le chef d'entreprise accède à sa demande, surtout pour garder ses meilleurs collaborateurs. La jurisprudence l'y incite d'ailleurs très vivement au nom de l'exécution de bonne foi des contrats. Mais le principe jurisprudentiel demeure : *« Un salarié n'a pas un droit acquis à la mutation géographique. »* Et *a fortiori* à une progression de carrière.

438 **Révision acceptée par le salarié.** Dans la plupart des cas, c'est l'employeur qui propose au salarié une mutation professionnelle ou géographique qu'il accepte, *volens nolens*. La courtoisie comme la jurisprudence exigent, même si la mobilité porte sur un élément non essentiel du contrat, une offre patronale précise *(§ 1)*. L'acceptation du salarié doit se manifester clairement, sinon expressément *(§ 2)*. Mais dans de nombreux cas aujourd'hui, *« qui ne dit mot consent »*.

Reste encore ici exclue l'application d'un accord de performance collective, examinée *infra*.

§1 Une offre patronale précise et loyale

439 **Elle ouvre la négociation concernant la révision du contrat**. Pendant toute sa durée, le contrat initial se poursuit sans que le salarié, en l'absence de notification, ne puisse considérer le contrat comme modifié : une prise d'acte trop rapide aurait les effets d'une démission. La loyauté contractuelle, la jurisprudence et souvent les conventions collectives exigent de l'employeur qu'il remplisse son obligation de renseignement, et laisse au salarié un délai de réflexion raisonnable.

440 **Au-delà de la nécessaire concertation** visant à prendre en compte la vie personnelle du salarié, mesure élémentaire de savoir-vivre, l'**obligation de renseignement** pesant sur le chef d'entreprise est parfois minutieusement décrite par les conventions collectives. Ainsi pour les agents de maîtrise de la Métallurgie, l'employeur doit préciser, sous peine d'inopposabilité de la modification, *« l'emploi dans la classification et le coefficient hiérarchique, la rémunération garantie dudit emploi, les appointements réels, le lieu où l'emploi va être exercé et éventuellement l'énumération des avantages en nature »*.

441 **Frais de retour au bercail.** Le salarié prudent et avisé regardera sa convention collective de branche afin de savoir si, en cas de licenciement dans sa nouvelle affectation (ce qui n'est pas exclu), ses frais de retour au pays seront pris en charge, pour lui et sa famille. Ainsi dans la convention Syntec, le déménagement est remboursé si le licenciement a lieu dans les deux ans de la mutation. En l'absence de textes conventionnels, il n'est pas exclu de le prévoir contractuellement. Car un malheur n'arrive jamais seul…

442 **Loyauté : un délai de réflexion raisonnable** doit être laissé au salarié afin de lui permettre d'examiner les conséquences pratiques de la proposition de mobilité, pour lui et sa famille : sa durée sera fonction de la nature et de l'importance du changement proposé. Ce délai de réflexion doit « *lui permettre d'évaluer la portée de la modification proposée et de décider en connaissance de cause* » (CS, 28 mars 2001). Pendant ce délai (ex. : un mois pour l'acceptation d'un reclassement), l'employeur ne peut licencier le salarié resté silencieux avant son expiration : le licenciement serait dépourvu de cause réelle et sérieuse.

§2 Si acceptation : pas de ticket-retour

443 **Exempte de tout vice du consentement**, l'acceptation du salarié à la modification doit en principe être officialisée par la signature d'un avenant dans le mois qui suit, le retour à la situation antérieure n'étant alors plus possible sans un nouvel accord. Sauf clause expresse, le salarié ne dispose donc ni d'un « ticket-retour » ni d'un « droit de repentir » emprunté au droit de la consommation, même si la mobilité géographique acceptée se révèle désastreuse pour le conjoint, ou la belle promotion une splendide voie de garage.

Revenant – comme dans d'autres domaines – à une application plus stricte du droit civil (*« La novation ne se présume point »*), la Cour de cassation indique que « l'employeur ne peut modifier le contrat de travail sans l'accord du salarié. Il lui incombe soit de maintenir les conditions contractuellement convenues, soit de tirer les conséquences du refus opposé par l'intéressé, l'acceptation de celui-ci ne pouvant résulter de la seule poursuite par lui du travail ». À l'employeur donc de provoquer une réponse expresse du salarié, dans un sens ou dans l'autre.

« QUI NE DIT MOT CONSENT » : LE SINGULIER ARTICLE L. 1222-6

« Lorsque l'employeur envisage la modification d'un élément essentiel du contrat de travail pour un motif économique, il en informe le salarié par lettre recommandée avec accusé de réception. La lettre de notification informe le salarié qu'il dispose d'un délai d'un mois à compter de sa réception pour faire connaître son refus. À défaut de réponse dans un délai d'un mois, il est réputé avoir accepté la modification proposée. » Cette horreur juridique (*cf.* droit du mariage) a été légalisée pour obliger les salariés hésitants à prendre rapidement position.

Mais la Chambre sociale n'aime pas l'article L. 1222-6, et a cherché à limiter sa portée

Une formalité... substantielle : « *L'employeur qui n'a pas respecté ces formalités ne peut se prévaloir ni d'un refus ni d'une acceptation de la modification* » (CS, 25 mars 2009). S'agissant du contrat du salarié, il n'est guère surprenant que la Cour s'en tienne strictement au texte. L'article L. 1222-6 a en effet le mérite de souligner l'importance sinon la gravité de la démarche en cause : une LRAR envoyée au domicile ne produit pas la même impression qu'un courriel. « Ni d'un refus ni d'une acceptation » : en l'absence d'exception à la règle « qui ne dit mot

ne consent pas », cette dernière retrouve sa place : *a priori* refus de la modification, à moins qu'un avenant n'ait été signé ensuite.
Si le salarié refuse ou accepte avant la fin de ce délai d'un mois, faut-il en tirer immédiatement les conséquences ? Surtout pas : « *Ce délai constitue une période de réflexion destinée à permettre au salarié de prendre parti sur cette proposition en mesurant les conséquences de son choix. Il en résulte que l'inobservation de ce délai par l'employeur prive de cause réelle et sérieuse le licenciement fondé sur le refus du salarié* » (CS, 3 mars 2009). La création jurisprudentielle de ce droit de repentir pendant tout le reste de la période incite évidemment les entreprises à ne rien entreprendre avant un mois ; car si elle a entamé, par exemple, une procédure de mutation (en principe acceptée), elle devra y renoncer au profit d'une procédure de licenciement (pas pour faute) si le salarié finalement renonce.
L'article L. 1222-6 n'est pas applicable en cas de modification liée à l'obligation de reclassement en matière économique, ni s'il s'agit de la seule application d'un accord de performance collective (V. *infra*, art. L. 2254-2, mais la procédure n'est guère différente).

444 **Le silence du salarié** a donc des résultats *opposés selon la cause* de la modification.

Si elle est personnelle (ex. : rétrogradation disciplinaire), le salarié qui ne l'accepte pas expressément (avenant au contrat) est toujours censé l'avoir refusée, même s'il a travaillé aux nouvelles conditions.

Mais si la modification : 1. touche un élément essentiel du contrat ; 2. a un motif *économique ;* 3. est proposée en dehors du *reclassement* qui doit précéder tout projet de licenciement économique ; 4. et en dehors de l'application d'un accord de performance collective, le salarié ne la refusant pas expressément dans le mois qui suit la réception de la lettre est censé l'avoir acceptée, et ne pourra plus prétendre bénéficier des conditions de son contrat initial.

Mais le mieux est d'obtenir l'accord exprès et écrit du salarié, une réponse positive mais conditionnelle *(« oui bien sûr, mais à* ***condition que*** *»)* **devant être assimilée à un refus.** Cette prudente pratique évitera toute contestation ultérieure, l'exécution du travail aux nouvelles conditions ne caractérisant pas une acceptation.

SECTION III La modification refusée

445 **L'employeur peut refuser une proposition de modification** du contrat émanant *du salarié*, s'il reste de bonne foi. Mais la loi lui impose parfois (femmes enceintes, reclassement des accidentés du travail ou des salariés inaptes, harcèlement moral...), souvent en concertation avec le médecin du travail, des aménagements d'emploi liés à l'état de santé ou à l'aptitude physique du collaborateur concerné (exemple qui monte : priorité pour la mise en télétravail).

À l'inverse, ***certains*** **salariés peuvent refuser** une mobilité proposée par l'employeur, fût-elle minime au nom de leur contrat : ainsi des salariés ayant fait contractualiser un lieu ou un horaire de travail précis et personnalisé ; ou les représentants du personnel, si du moins cette mobilité porte atteinte à l'exercice de leur mandat. Collectivement enfin, les salariés refusant par exemple une délocalisation partielle de l'entreprise pourront se mettre en grève pour tenter d'obtenir leur maintien sur le site.

446 En dehors de ces cas particuliers mais aussi de la jurisprudence Stéphanie M. largement détaillée *supra*, le salarié est-il en droit de refuser une révision **décidée par le seul chef d'entreprise** ? Cherchant un équilibre entre le caractère intangible du contrat énoncé par l'article 1103 du Code civil et la nécessaire évolution de l'entreprise, la jurisprudence se réfère tout d'abord à l'intention des parties (C. civ., art. 1156) en tentant de répondre à la question suivante : cet élément a-t-il été déterminant dans l'acceptation du salarié lors de la signature du contrat ? Si c'est le cas, c'est l'essence, la substance de celui-ci qui est touchée par la mobilité et le salarié est en droit de refuser cette atteinte à la force obligatoire des contrats.

Mais dans l'immense majorité des procès, le juge ne parvient pas à savoir si le consentement du salarié il y a douze ans a été ou non déterminé par l'implantation de l'entreprise à Toulouse ou dans sa banlieue. L'arrêt du 15 mars 2006 a bien séparé ce qui relève de l'*information* du salarié *(« Horaire collectif : 35 heures » ; « Lieu actuel du travail : Saint-Jean-de-Luz »)* et ce qui relève d'une *contractualisation* par une clause claire et précise, donc en principe individualisée et si possible motivée *(« En raison des problèmes familiaux de Mme Y. »)*.

447 **Le choix : la porte, ou la porte ?** Selon la *summa divisio* habituelle, il faut ici différencier deux hypothèses, tout en remarquant que toutes deux conduisent directement à Pôle emploi : seul le motif change. Peut-on alors vraiment parler de choix offert au salarié, *a fortiori* de 50 ans lorsque la France compte 3,3 millions de chômeurs ? Quelles sont les conséquences d'un refus de mobilité unilatérale qui entraînerait une modification du contrat *(§ 1)*, ou qui au contraire ne constitue qu'un simple changement des conditions de travail *(§ 2)*.

448 **Refrain : tout ce qui suit n'est pas applicable** en cas d'accord *collectif* de performance collective… examiné dans la 3e partie du présent ouvrage.

§1 Révision patronale unilatérale entraînant une modification du contrat

449 **Mode d'emploi en quatre arrêts :** « *La modification du contrat de travail par l'employeur, pour quelle que cause que ce soit, nécessite l'accord du salarié, qui ne saurait résulter ni de son silence ni de la poursuite du contrat* » (CS, 13 oct. 2011).

« *L'employeur ne peut modifier unilatéralement le contrat de travail ; lorsque le salarié refuse la modification, l'employeur doit soit le rétablir dans son emploi, soit tirer les conséquences du refus en engageant la procédure de licenciement* » (CS, 5 mai 2009).

« *Le salarié, qui se voit imposer une modification unilatérale de son contrat et qui ne choisit pas de faire constater que cette voie de fait s'analyse en un licenciement, est fondé à exiger la poursuite du contrat aux conditions initiales, et ne peut être tenu d'exécuter le contrat de travail aux conditions unilatéralement modifiées par l'employeur* » (CS, 26 juin 2001).

« *La cour d'appel, qui a fait ressortir que l'employeur n'avait pas renoncé à la modification refusée par le salarié, en a justement déduit que celui-ci était fondé à prendre acte de la rupture de son contrat de travail.* » Cet arrêt du 5 mai 2009 ne doit pas prêter à confusion : le salarié à qui une modification de son contrat est seulement *proposée* ne peut pas prendre acte de la rupture : il ne peut le faire que si l'employeur la lui a déjà imposée, et si elle est assez lourde interdit la poursuite du contrat.

Exception depuis la crise C19 : un employeur ne peut obliger un salarié à télétravailler à son domicile (évidente modification du contrat, et grave atteinte à sa vie privée), sauf en cas de « *circonstances exceptionnelles, notamment de menace d'épidémie ou cas de force majeure* » (art. L. 1222-11). Ou de loi sur l'urgence sanitaire.

450 **Le salarié à qui l'employeur ne peut que *proposer* une modification** est donc toujours en droit de refuser, même pendant le préavis, même en cas *d'augmentation* de salaire et de qualification, même s'il s'agit d'une mutation disciplinaire. Mais qu'il s'agisse de mobilité géographique (mutation) ou professionnelle (reconversion), l'exercice de ce droit n'est pas sans risque : ce refus peut le cas échéant entraîner, sans faute de la part de l'employeur, le licenciement du réfractaire pour motif *économique*. Entre les modifications que continue à connaître la jurisprudence et celles qu'entraînent les changements organisationnels permanents et autres restructurations, quelle peut être l'attitude du salarié, et en réponse celle de l'employeur ?

A. - « Un tiens vaut mieux que deux tu l'auras »

451 Le salarié à qui une véritable modification n'entrant pas dans les prévisions du contrat est *imposée* (ex. : fiche de paie réduite unilatéralement de 5 % sur le salaire *contractuel*), et non pas seulement *proposée*, peut continuer à travailler, ou au contraire **prendre l'initiative de la rupture mais en rejeter l'imputabilité sur l'employeur.**

Le salarié peut **poursuivre le travail aux *anciennes* conditions**, *a priori* considérées comme désormais inacceptables par le chef d'entreprise. Ce comportement ne peut lui être imputé à faute puisqu'il ne fait qu'exécuter les stipulations contractuelles. Cette attitude forcera souvent l'employeur à prendre position : renoncer à la modification, ou licencier le salarié pour motif économique, pas pour faute/insubordination puisque le refus est alors un droit. Ses indemnités de rupture seront calculées sur la base des sommes qu'il aurait dû percevoir si l'employeur n'avait pas touché à son salaire contractuel.

Mais le collaborateur prudent peut également **travailler aux *nouvelles* conditions** fixées par l'entreprise. Si la révision intervient pour motif personnel (ex. : rétrogradation), la seule poursuite du travail n'entraîne pas acceptation tacite d'une révision du contrat initial. Le salarié ne dit mot mais ne consent pas : il pourra dans quelques années, si l'employeur ne rapporte pas la preuve de son acceptation, obtenir réparation du préjudice subi (ex. : rattrapage du différentiel de salaires sur 36 mois). Il n'en va pas de même si la révision intervient pour motif économique : à l'issue du délai d'un mois plein précisé dans la lettre, ne pas répondre à la LRAR de l'employeur équivaut à une acceptation, à moins que cette proposition ne soit faite dans le cadre d'un reclassement pour motif économique.

Dans de nombreuses hypothèses néanmoins, il sera interdit sinon impossible au salarié (fermeture et délocalisation d'un site) de travailler aux anciennes conditions, et il refusera de se plier aux nouvelles, sans qu'un licenciement intervienne.

Il peut engager une *action en exécution* devant le juge prud'homal statuant en référé, lui demandant non pas une explosive « réintégration » puisque le contrat n'est ni en fait ni en droit rompu, mais la simple poursuite du contrat aux conditions antérieures. Mais le but de cette instance est moins d'obtenir sous astreinte la poursuite du contrat que de forcer l'employeur à prendre position.

Si le salarié est *absolument certain* du caractère *essentiel* de la modification, qu'elle est importante et lui a *déjà* été imposée, il pourra enfin *prendre acte*, dans un délai bref. Prenant l'initiative de la rupture *(« le salarié est en droit de se prévaloir de cette faute pour soutenir que son contrat de travail avait été rompu par l'employeur »)*, il en refuse à juste titre l'imputabilité : la prise d'acte de la rupture imputable à la société produit les effets d'un licenciement sans cause réelle et sérieuse. Mais cette prise d'acte exige de la part du salarié une très sérieuse analyse de la « quadrature du socle contractuel », en évitant par exemple de confondre avantages conventionnels et contractuels, ou encore vraie modification du contrat et simple fin d'une tolérance patronale. Car la prise d'acte produit certes les effets d'un licenciement sans cause réelle et sérieuse *si* les graves faits invoqués empêchent la poursuite du contrat de travail. Mais dans le cas contraire ceux d'une démission : le réveil sera alors brutal (V. *infra* : « Autres modes de rupture du contrat de travail »).

En référé – et *a fortiori* du juge du fond – le salarié pourra obtenir la délivrance des documents afférents (lettre de licenciement, certificat de travail), mais également une provision sur les indemnités de rupture (indemnités de préavis et de licenciement) voire *l'intégralité* de celles-ci si le caractère essentiel de la modification imposée ne fait aucun doute.

B. - Réponse patronale au refus du salarié d'accepter une modification unilatérale

452 **Parfois l'employeur renonce purement et simplement** à l'imposer (éviter le départ des meilleurs, coût élevé du licenciement, autres salariés volontaires), et le contrat initial se poursuit donc normalement... ou presque (promotion future ?).

En aucun cas le salarié, qui entre-temps a fait parfois des projets sinon des châteaux en Espagne en comptant sur un généreux plan de départs volontaires, ne pourra alors considérer que la renonciation patronale lui permet de se prétendre licencié : une prise d'acte serait alors assimilée à une démission. Mais dans une grande majorité des cas, cette apaisante solution ne sera pas retenue. Si le salarié a le droit de refuser, le chef d'entreprise conserve son droit de résiliation unilatérale.

453 **La nature de la rupture** ne pose guère de problèmes : c'est un licenciement, jamais une démission. Mais quelle en est **la cause** ? Personnelle ou pour motif économique ?

Cette dernière qualification doit généralement être retenue, comme l'indique l'article L. 1233-3 issu de la loi du 8 août 2016 : « *Constitue un licenciement pour motif économique le licenciement effectué pour un ou plusieurs motifs non inhérents à la personne du salarié* ***résultant d'une suppression ou transformation d'emploi ou d'une modification, refusée par le salarié, d'un élément essentiel du contrat de travail*** »… **consécutives notamment** à des difficultés économiques, à des mutations technologiques ou une réorganisation de l'entreprise nécessaire à la sauvegarde de sa compétitivité.

Le juge remonte donc à la *cause initiale* de la modification (mais pas d'un simple changement des conditions de travail, où un refus constitue une faute disciplinaire) : ce à quoi l'employeur avait rarement pensé lorsqu'il avait simplement revu le variable des responsables de rayon (CS, 22 mai 2019). Que faire ?

454 **CS, 22 mai 2019 : le mode d'emploi.** Trois responsables travaillant dans un grand magasin sont licenciées en raison de leur refus d'accepter la modification de leur taux de commissionnement, modification due à la nouvelle surface de leurs rayons.

- « *Le seul refus par un salarié d'une modification de son contrat de travail ne constitue pas une cause réelle et sérieuse de licenciement ;*
- *la rupture résultant du refus par le salarié d'une modification de son contrat de travail, proposée par l'employeur pour un motif non inhérent à sa personne, constitue un licenciement pour motif économique ;*
- *le motif de la modification du contrat refusée par les salariées résidait dans la volonté de l'employeur de modifier le taux de rémunération variable applicable au sein du magasin de Reims compte tenu de l'augmentation sensible de la surface de vente* ».

Or il n'était pas allégué que cette réorganisation résultait de difficultés économiques, de mutations technologiques ou qu'elle fût indispensable à la sauvegarde de la compétitivité de l'entreprise : le licenciement était sans cause réelle et sérieuse ».

455 Au salarié se retrouvant à la porte pour motif économique après avoir simplement exigé le respect de stipulations contractuelles, et plaidant donc presque naturellement le défaut de cause réelle et sérieuse, la Cour rétorque : « *Si le refus de la modification du contrat oblige l'employeur qui entend maintenir cette modification à licencier le salarié, ce licenciement n'est pas nécessairement dépourvu de cause réelle et sérieuse. Il appartient au juge de rechercher si le motif* (initial) *de la modification*

constitue une cause réelle et sérieuse de licenciement. » Bis : de la cause réelle et sérieuse du *licenciement*, le juge remonte donc à celle de la *modification* initiale, question à laquelle l'employeur avait rarement pensé, mais à laquelle il devra répondre sous peine d'être condamné pour licenciement sans cause réelle et sérieuse.

§2 Refus d'un « simple changement des conditions de travail »

456 Sous réserve de l'application de la jurisprudence Stéphanie M., (art. L. 1121-1), le refus d'un simple changement des conditions de travail constitue en principe une faute, et peut donner lieu à un licenciement disciplinaire : le lien de subordination exige que le salarié se soumette à la volonté de l'employeur, du moins si celui-ci use sans abuser de son pouvoir de direction.

Peu importe alors le motif initial du changement : si le lieu de travail ou les horaires sont légèrement modifiés, c'est dans 99 % pour un motif économique. Mais comme il s'agit d'un simple changement des conditions de travail, le licenciement sera prononcé pour motif disciplinaire, donc personnel.

457 **Avant l'an 2000**, il s'agissait dans la plupart des cas d'une faute *grave* rendant impossible l'exécution du préavis : solution permettant d'évacuer cette délicate question se posant nécessairement en cas de simple cause réelle et sérieuse : puisqu'il s'agit d'un simple changement des conditions de travail, l'employeur peut en effet légitimement exiger que le préavis soit exécuté par le licencié aux *nouvelles* conditions.

458 **Mais là encore, la Chambre très sociale a du cœur :** avec son analyse de plus en plus *subjective* (*i.e.* fonction de chaque sujet de droit visé) des conséquences à en tirer, à l'instar de la personnalisation des peines en droit pénal. Il est apparu en effet choquant de licencier dans les mêmes conditions (faute grave) un voleur de matériel et une mère de famille avec vingt ans d'ancienneté ayant simplement refusé un changement de lieu de travail. Bref, après « la *faute grave* en principe », la Chambre très sociale avait rectifié le tir avec l'arrêt du 9 mai 2001 (« pas nécessairement *une faute grave* ») : ce qui interdisait alors de rompre un CDD avant terme si son titulaire refuse d'aller travailler un km plus loin.

Mais suite au re-revirement de 2015 (Ass. plén., 23 oct. 2015), la chambre sociale s'est réalignée le 12 janvier 2016 : « *Un tel refus, sans aucune justification légitime, caractérisait une faute grave rendant impossible la poursuite du contrat de travail* ». Avec finalement toujours un licenciement conduisant à Pôle emploi.

ET LE PRÉAVIS ?

En cas de faute *grave*, la question ne se pose pas car « interdisant la poursuite du contrat », elle est justement privative du préavis.

Lorsqu'un salarié est licencié pour avoir légitimement refusé une véritable modification, l'employeur ne peut imposer au salarié cette modification pendant son exécution (CS, 3 mai 2016). Ce dernier peut alors cesser de travailler et touchera le reliquat.
Mais s'il s'agit d'un simple changement des conditions de travail, l'exécution du préavis aux nouvelles conditions est licite ; si le salarié s'y refuse, il ne sera pas payé.

459 **Mais, dans la pratique**, il arrive que le salarié refuse de rejoindre son nouveau poste, et ne puisse travailler à l'ancien. Que faire ?

Quatre hypothèses :

1 - *« Le refus de travailler sans invoquer de motif légitime n'entraîne pas à lui seul rupture du contrat de travail »*, a dû indiquer la Cour de cassation, rappelant qu'il n'existe pas de rupture du quatrième type : ni démission, ni licenciement, ni résiliation conventionnelle. L'envoi à l'ancienne d'une lettre de prise d'acte *patronale* ou du certificat de travail est à bannir absolument car sera considéré comme un licenciement : absence évidente de procédure, absence éventuelle de cause réelle et sérieuse si la lettre en question n'évoque bien imprudemment aucun motif pouvant le cas échéant constituer une telle cause en cas de contentieux prud'homal.

2 - Si c'est le salarié qui a quitté l'entreprise en prenant acte, il va devoir initier un procès devant le conseil des prud'hommes afin de voir reconnaître *a posteriori* son droit de refuser (*i.e.* lui a été *imposé* une importante modification). Dans l'attente du résultat judiciaire, sa situation n'est guère éloignée de celle qui suit.

3 - Le salarié ayant envoyé une lettre de démission en bonne et due forme, « cette lettre ne comportant aucune réserve, et le salarié ne justifiant d'aucun litige antérieur ou contemporain de celle-ci avec son employeur » sera a priori démissionnaire : il risque de le regretter lorsqu'il se présentera à Pôle emploi qui n'indemnise en principe que les personnes involontairement privées d'emploi.

4 - **Et si personne ne bouge ?** Le salarié reste chez lui en exigeant le maintien de son ancienne affectation mais se garde bien de démissionner, l'employeur ne voulant pas procéder à un licenciement et ne tirant aucune conséquence de ce non-travail ? *« En l'absence d'une telle décision, le contrat n'a pas été rompu et le salarié ne peut réclamer aucune indemnité de rupture »,* indique la Chambre sociale. En l'absence de travail, l'absence de salaire se fera vite sentir pour ce nouveau « ni-ni » : salarié sans salaire, faux-vrai chômeur sans droit aux allocations chômage. À moins qu'il ne tombe malade.

La Cour de cassation refusant d'obliger l'employeur qui a normalement utilisé son pouvoir de direction à licencier, la situation risque de durer si une porte de sortie honorable n'est pas trouvée : rupture conventionnelle, démission négociée ou saisine du conseil des prud'hommes en résolution judiciaire par le salarié invoquant des manquements patronaux.

460 **La mobilité, la meilleure comme la pire des choses.** Un faible taux de mobilité interne et externe n'est pas signe de dynamisme et d'enrichissement humain pour une entreprise. Mais un fort *turnover* coûte, directement (sélection, embauche...)

et indirectement (formation, savoir-faire transmis au concurrent...), des sommes astronomiques, et incite les jeunes cadres à travailler davantage pour leur future mobilité externe que pour leur entreprise actuelle. Particulièrement en cas de gestion prévisionnelle des emplois et des compétences, et *a fortiori* de plan de sauvegarde de l'emploi, les problèmes juridiques sont ici de peu d'importance face au « déracinement » évoqué par les salariés mutés, mettant en avant les problèmes familiaux (travail du conjoint, études des enfants), puis les questions de logement (départ en cours d'accession à la propriété, vente d'un immeuble dont le prix a baissé de 40 % dans le bassin d'emploi sinistré), enfin la perte de relations amicales ou de voisinage.

La mobilité *professionnelle* qui accompagne souvent la mobilité géographique se heurte pour sa part à des problèmes psychologiques difficilement prévisibles et fort complexes à gérer. On se souvient des mineurs de Lorraine licenciés, ou des verriers de Rives-de-Giers à qui de nombreuses propositions avaient été faites dans les années 1980, attractives sur le plan financier et d'un coût très élevé pour « l'entreprise citoyenne » d'Antoine Riboud ou la collectivité nationale. Or les reconversions réussies sont peu nombreuses (« retourner à l'école » à 48 ans, image forte de l'ouvrier qualifié dans une ambiance de travail difficile – bruit, chaleur, travail de nuit – jugée incompatible avec un passage dans le secteur tertiaire féminisé).

461 **Mobilité immobile.** Les TIC permettre parfois de concilier l'inconciliable : l'entreprise peut évoluer sans que le personnel ne soit contraint à déménager. Un peu libéré par l'ordonnance de septembre 2017, le télétravail a ainsi permis à des parents de garder leur emploi alors que leur entreprise avait changé de région. Avec un code d'accès, leur Mac Book Air Pro et Internet très haut débit, des cadres peuvent réaliser un vieux rêve : avoir le don d'ubiquité. Le souhaitent-ils vraiment ?

Les télétravaux forcés du printemps 2020 ont parfois constitué un beau contre-exemple : télétravailler confiné à côté du conjoint, avec le petit dernier sur les genoux et les ados absorbant 75 % de la bande passante avec leurs jeux vidéo. Mais aussi largement revisitée la question, avec des conséquences multiples : la mort des *open spaces* ? La renaissance de territoires proches des grandes villes et bien couverts par la 4G ? Des appartements conçus avec une pièce pouvant être ré-affectée au télétravail ? Des bureaux de proximité (du collectif, mais moins de transport et de CO_2) aux quatre coins de nos agglomérations ?

QUESTIONNAIRE D'AUTO-ÉVALUATION SUR LA RÉVISION DU CONTRAT DE TRAVAIL

1 – L'insertion d'une clause de mobilité géographique peut à tout moment être proposée à un salarié déjà en poste
VRAI – FAUX

2 – S'il s'agit d'une clause ne modifiant pas les conditions actuelles du travail (ex. : clause de non-concurrence, préavis de licenciement moins long), le salarié ne peut refuser une telle insertion
VRAI – FAUX

3 – Toutes les informations figurant dans le contrat sont par définition contractuelles : ainsi du lieu de travail
VRAI – FAUX
4 – Le salarié refusant la mise en œuvre d'une clause contractuelle peut être considéré comme démissionnaire
VRAI – FAUX
5 – Le niveau de la rémunération est un élément essentiel du contrat : la somme en bas à droite de la fiche de paie ne peut donc varier sans l'accord exprès du salarié
VRAI – FAUX
6 – L'entreprise est en droit de changer le mode de rémunération d'un salarié (ex. : abaissement du fixe, augmentation de la part variable), mais à condition que la nouvelle rémunération soit plus favorable
VRAI – FAUX
7 – Embauchée comme caissière-vendeuse, une salariée ayant été caissière pendant huit ans peut refuser de devenir vendeuse
VRAI – FAUX
8 – Certains salariés peuvent refuser un changement des horaires de travail qui semble minime à l'entreprise (ex. : 20 minutes plus tôt le matin)
VRAI – FAUX
9 – Un salarié embauché pour l'horaire légal peut donc refuser de faire des heures supplémentaires
VRAI – FAUX
10 – Le salarié à temps partiel en revanche est en droit de refuser toute modification de la durée du travail
VRAI – FAUX
11 – L'employeur ne pouvant imposer une modification du contrat, le salarié peut dans ce cas précis prendre acte de la rupture et se considérer comme licencié
VRAI – FAUX
12 – Le salarié ne se présentant plus au travail après un changement de ses conditions de travail ne sera plus payé
VRAI – FAUX
13 – Le refus d'un changement dans les conditions de travail constitue automatiquement une faute grave
VRAI – FAUX
14 – La rétrogradation étant une sanction disciplinaire prévue au règlement intérieur, elle ne peut évidemment pas être refusée par le salarié
VRAI – FAUX
15 – Si un accord de performance collective est signé modifiant les conditions contractuelles de rémunération, un salarié peut refuser de s'y soumettre
VRAI – FAUX
16 – Si un usage (ex. : 13e mois) est régulièrement dénoncé par l'employeur, il disparaîtra sans que les salariés puissent y voir une modification de leur contrat puisqu'il s'agit d'une source collective
VRAI – FAUX

17 – Sauf si l'avantage en cause a fait l'objet d'une contractualisation expresse individuelle
VRAI – FAUX
18 – Une réponse du type « *J'accepte bien sûr ma mutation, mais à condition que...* » constitue en droit un refus
VRAI – FAUX
19 – Les représentants du personnel peuvent refuser un simple changement de leurs conditions de travail
VRAI – FAUX
20 – En cas de modification du contrat suite à un accord de performance collective majoritaire, le salarié est forcé d'accepter
VRAI – FAUX

RÉPONSES

1. VRAI si elle est seulement proposée : cette modification du contrat ne peut être imposée, même si sa mise en œuvre interviendra dans quelques années.

2. FAUX même si dans l'immédiat, le salarié toujours en poste ne voit rien changer, inclure une clause de non-concurrence dans le contrat initial modifie à l'évidence celui-ci.

3. FAUX « *la mention du lieu de travail dans le contrat a valeur d'information, à moins qu'il soit stipulé par une clause claire et précise que le salarié exécutera son travail exclusivement dans ce lieu* » (CS, 15 mars 2006).

4. JAMAIS il n'existe pas de volonté sérieuse et sans équivoque de démissionner, et l'employeur qui procéderait de la sorte prononcerait en droit un licenciement, sans cause réelle et sérieuse : il peut en revanche licencier pour faute.

5. FAUX par sa généralité : si le niveau contractuel ne peut être modifié à la hausse comme à la baisse sans l'accord du salarié, une modification des sources collectives (ex. : nouvel accord collectif d'entreprise réduisant une prime conventionnelle) n'apporte pas de modification au contrat individuel. On peut y ajouter les modifications de cotisations sociales, CSG, CRDS et autres retenues à la source : simple collecteur de cotisations, l'employeur n'y est pour rien. Rappelons que depuis l'ordonnance du 22 septembre 2017, si un accord de performance collective a été signé, l'accord exprès du salarié n'est plus exigé (V. *infra*).

6. FAUX la jurisprudence ne veut pas entrer dans cette analyse complexe et très incertaine à terme pour le salarié si le marché s'effondre, ou si l'âge réduit ses performances. Le salarié est seul juge de son intérêt.

7. FAUX si la qualification est effectivement un élément essentiel du contrat, la polyvalence prévue lors de la signature du contrat reste opposable au salarié jusqu'à la fin de celui-ci, à moins de prouver un détournement de pouvoir.

8. VRAI les horaires relèvent en principe du pouvoir de direction de l'employeur, à moins qu'il ne s'agisse d'un véritable bouleversement (ex. : jour/nuit : mais « *c'est le jour et la nuit* »), en cas d'atteinte excessive au droit du salarié au respect de sa vie personnelle et familiale, ou à son droit au repos. Mais la contractualisation personnalisée d'horaires spécifiques autorise un tel refus, ainsi que, depuis l'arrêt Stéphanie M. du 14 octobre 2008, la preuve d'une perturbation majeure de la vie privée ou familiale du salarié : en l'espèce, le fait de ne plus pouvoir accompagner ses trois enfants à la crèche et à l'école, ou s'occuper d'un enfant handicapé.

9. FAUX la durée légale n'interdit pas les heures « supplémentaires » prévues par la loi : elles ne constituent donc pas une modification. Il en va de même à la baisse avec la mise en « activité partielle » indemnisée qui a connu son heure de gloire en 2020-2021 : il s'agit (aussi) de retenir les meilleurs collaborateurs.

10. EN PRINCIPE OUI... la durée du travail est en principe un élément essentiel du contrat de travail, *a fortiori* à temps partiel car elle impacte alors directement le salaire.

11. VRAI si la modification a été déjà imposée, et non proposée. S'il est certain qu'il s'agit d'une grave modification empêchant la poursuite du contrat de travail, ce départ du salarié aura, après le jugement prud'homal, les effets d'un licenciement, avec application du barème issu des ordonnances de septembre 2017.

12. VRAI en l'absence de travail, absence de salaire ; et en l'absence de licenciement, absence d'indemnités de rupture. Mais à l'inverse, l'employeur doit fournir le travail convenu au salarié.

13. FAUX pas automatiquement. Si le salarié refuse de revenir travailler sans bon motif malgré plusieurs mises en demeure, ce peut être le cas. Dans le cas inverse, il s'agit d'une simple cause réelle et sérieuse qui conduit tout de même à Pôle emploi.

14. FAUX la rétrogradation portant atteinte à la fois à la qualification et au salaire du collaborateur, il peut la refuser sans commettre de faute.

15. VRAI mais il prend alors le risque d'être licencié pour ce seul refus, motif sui generis de son éventuel licenciement, alors présumé fondé sur une cause réelle et sérieuse...

16. VRAI c'est l'opposition classique : rigidité du contrat au nom de l'article 1103 du Code civil, mais flexibilité des sources collectives qui ne s'incorporent pas au contrat.

17. VRAI au nom du principe énoncé ci-dessus : un avantage conventionnel expressément repris dans le contrat individuel n'est plus conventionnel, mais fait partie intégrante de celui-ci.

18. VRAI car imposer une nouvelle condition équivaut à refuser la proposition initiale.

19. VRAI car ils bénéficient d'un « statut exceptionnel et exorbitant du droit commun ». Mais ils ne disposent pas d'un « droit au refus » : en cas de refus d'un simple changement des conditions de travail, l'employeur pourra demander, et obtenir, une autorisation de licenciement pour faute à l'inspecteur du travail compétent si le changement était sans incidence sur l'exercice de leur mandat (voir dernière partie du présent ouvrage).

20. FAUX mais s'il refuse l'application de cet accord majoritaire, après une *procédure de* licenciement personnel, il pourra être licencié avec ses seules indemnités de préavis et de licenciement, la cause réelle et sérieuse étant préconstituée (V. *infra* l'ensemble de la question).

Partie 3

RESTRUCTURATIONS À FROID

Dans notre monde en changement permanent, *a fortiori* avec la Révolution numérique et la Transition énergétique, chaque entreprise, de la TPE au grand groupe, **doit pouvoir s'adapter pour ne pas disparaître.** Mais comment trouver un équilibre entre les préoccupations des détenteurs du capital et l'intérêt des salariés ayant contribué au développement de la société, qui est aussi une « entreprise » devant « prendre en considération les préoccupations sociales » ?

Entreprise qui, comme une personne physique, doit marcher sur deux pieds ?

Il n'est donc pas inutile que la loi du 22 mai 2019 ait rappelé aux premiers que le véritable « capital social » d'une société d'aujourd'hui est aussi composé des neurones et du travail des seconds, qui assument de plus en plus les risques de l'entreprise.

Trois chapitres successifs :

1. une société peut d'abord acheter une autre entreprise ou un établissement de cette dernière, un groupe de sociétés vendre l'une de ses filiales : cette **mobilité du capital** évoqué à l'article L. 1224-1 sera examinée côté salarié dans le *chapitre 1.*
2. **L'accord de performance collective** veut permettre une flexibilité interne négociée afin de s'adapter au marché sans ruptures du contrat de travail : les suites économiques du C19 ont montré toute son utilité. Mais gare au collaborateur refusant l'application de cette règle collective et majoritaire (*Chapitre 2*).
3. Enfin la **rupture conventionnelle collective** du 29 mars 2018, vieux rêve des DRH, veut permettre des départs consensuels sans licenciements économiques ni PSE, donc en dehors de leur régime juridiquement lourd, et médiatiquement désastreux (*Chapitre 3*).

Chapitre 1

Mobilité du capital, transferts d'entreprise et contrat de travail

462 **Article L. 1224-1, article star.** Singulière fortune que celle de l'ex-article L. 122-12 du Code du travail ! Alors que même les juristes spécialisés ne connaissaient pas toujours par cœur les numéros d'articles, chacun avait pu lire dans la presse des commentaires sur « l'article L. 122-12 » – devenu en 2008 l'article L. 1224-1 – ses mérites ou méfaits supposés, et qui fait encore figure d'épouvantail gaulois dans les fonds de pension américains.

On lui prête d'ailleurs souvent plus qu'il ne lui revient, croyant bien à tort qu'il s'agit d'un principe nouveau alors qu'il date de la loi du **19 juillet 1928**, initié par des employeurs lorrains voulant des règles claires pour faciliter la concentration dans la sidérurgie. Son principe a été repris par la directive du 12 mars 2001 *« relative au maintien des droits des travailleurs en cas de transfert d'entreprises ou d'établissements »*.

Article L. 1224-1 : *« Lorsque survient une modification dans la situation juridique de l'employeur, notamment par succession, vente, fusion, transformation du fonds, mise en société de l'entreprise, tous les contrats de travail en cours au jour de la modification subsistent entre le nouvel employeur et le personnel de l'entreprise. »*

463 **Une exception notoire au droit commun.** Car, à l'instar du droit du mariage, le changement de contractant représente en principe une novation du contrat. L'article L. 1224-1 reflète aussi toute l'ambivalence du droit du travail : si les salariés gardent leur emploi malgré ce changement de contractant, le repreneur peut immédiatement poursuivre son activité, en ayant évité la fuite des meilleurs.

En nos temps de restructurations, il est d'application quotidienne : du salon de coiffure cédé par le futur retraité aux collaborateurs d'Alstom devenant salariés de General Electric ou de Siemens à l'insu de leur plein gré, sans oublier le « retour sur notre cœur de métier », avec cession de simples services informatique ou de gardiennage.

464 **Du capitalisme au talentisme.** La loi du 19 juillet 1928 s'est longtemps appliquée exclusivement à des ouvriers et employés, en pratique interchangeables. S'agissant aujourd'hui des très volatiles travailleurs du savoir, la transmission impérative des contrats est vitale pour le nouvel employeur : car ce ne sont pas des bureaux et

les 134 Mac qui constituent son véritable capital, mais la somme des neurones de ses meilleurs collaborateurs *attachés* à l'entreprise, et qui en France ne peuvent profiter du transfert pour se faire licencier. Dans les très divers États-membres de l'Union, l'application des trois directives successives sur les transferts d'entreprises révèle une grande diversité de situations (voir l'Allemagne, avec son droit tout relatif du salarié à refuser son transfert, le conduisant directement au chômage), mais aussi d'appréhension patronale.

Car tout dépend *in fine* du régime du licenciement économique applicable, souvent mis en œuvre après la cession. Alors que notre article L. 1224-1 effraye les investisseurs américains, son équivalent britannique résultant pourtant de la même directive n'avait pas les mêmes effets : le droit du licenciement économique anglais étant nettement moins contraignant, un repreneur reprenait plus facilement. C'est aussi la raison pour laquelle les textes d'août 2016 puis de 2017-2018 ont réformé le nôtre.

465 Ici en particulier, le droit relève davantage de la logique des intérêts que de celle des textes. Avocats (et même magistrats) le savent bien, se préoccupant d'abord de connaître quels effets ils peuvent tirer d'une loi, avant de rechercher par quels biais ils pourraient entrer dans son champ d'application, ou au contraire lui échapper. Pour bien comprendre les controverses auxquelles donne lieu depuis toujours l'article L. 1224-1, il faut donc inverser le schéma traditionnel : ses radicaux effets *(Section I)* suscitent moins de difficultés que la terrible casuistique de ses conditions d'application *(Section II)*.

SECTION I Les radicaux effets de l'article L. 1224-1

466 Transfert automatique de tous les contrats. «...*Tous les contrats de travail en cours au jour de la modification dans la situation de l'entreprise subsistent entre le nouvel employeur et le personnel de l'entreprise.* » L'objet de l'article L. 1224-1 est simple : il s'agit d'écarter le principe général de l'effet relatif des contrats posé par l'article 1199 du Code civil (« Les contrats ne créent d'obligations qu'entre les parties »).

Tous les contrats *de travail* en cours sont donc transférés tels quels, dans tous leurs éléments. Les salariés n'ont aucune démarche à faire, et en droit leur nouvel employeur n'a pour l'instant même pas à leur notifier le transfert de leur contrat. Cela vaut pour les avantages comme l'ancienneté (essentielle pour nombre de droits légaux et conventionnels en droit du travail), la classification, le salaire, mais aussi les sujétions comme les clauses de mobilité, de non-concurrence ou de dédit-formation. Et de façon très humaine mais plus curieuse, pour les usages et les engagements unilatéraux.

En revanche, les accords collectifs d'entreprise ne sont pas transférés, et pas davantage le régime de prévoyance ou de retraite, même s'il figurait dans le contrat de travail. Mais conformément à l'article L. 2261-13 revu par la loi du 8 août 2016, *les effets* de l'accord d'entreprise sont maintenus en vigueur pendant une durée maximale d'un an, afin de permettre une négociation employeur/syndicats aboutissant à un accord « de substitution ».

Sur le plan collectif, les deux comités sociaux et économiques (du cédant et du cessionnaire) devront être informés et consultés sur ces projets.

Mais dans la réalité, lorsqu'il s'agit d'une OPE hostile par exemple, le droit collectif du travail disparaît souvent, les DRH n'ayant pas toujours voix au chapitre. Ce qui s'avère souvent désastreux lorsque l'on fait le bilan un ou deux ans après : alors que la « fusion entre *égaux* » avait été survendue sur le mode de belles synergies « 1 + 1 = 3 ! », toutes choses égales par ailleurs (ce qui n'arrive jamais dans la *vraie* vie), la guerre des *egos* a plutôt conduit à 1 + 1 = 0,5, à cause d'une vaste démobilisation, où tout le monde a perdu ses repères et les meilleurs sont partis à la concurrence, venue faire son marché au bon moment. Une fusion sur trois est un échec, entre autres du fait de cette impréparation sociale : *a fortiori* si elle vise des entreprises étrangères.

467 **Transfert impératif, pour tous les acteurs.** Lorsque les conditions d'application de l'article L. 1224-1 sont réunies, la poursuite des contrats de travail avec le cessionnaire s'impose tant aux employeurs successifs qu'aux salariés. Cette règle s'applique aussi bien au salarié qu'à l'employeur : d'une certaine manière, le collaborateur est attaché à l'entreprise comme autrefois le serf au fonds (*cf.* Alain Supiot, « Les salariés ne sont pas à vendre : en finir avec l'envers de l'article L. 122-12 », *Dr. soc.*, mars 2006, p. 26). Si dans l'avenir, la jurisprudence française devait revirer en donnant aux salariés un droit de refus en cas de transfert, de redoutables questions surgiraient dans notre société du quaternaire. Ainsi l'entreprise qui rachèterait une société de services pourrait constater qu'elle ne vaut plus rien, les meilleurs collaborateurs ayant refusé ce changement d'employeur étant partis un mois avant à la concurrence, bien indemnisés par le cédant (effet d'aubaine). Mais les moins bons l'attendraient de pied ferme.

Deux exceptions : 1. La « clause de restructuration », exclusivement pour les cadres dirigeants (débauchés d'ailleurs, et qui se méfient), légitimée mais aussi encadrée par l'arrêt du 10 avril 2013 : « *la clause contractuelle, qui permet au salarié de rompre le contrat de travail, ladite rupture étant imputable à l'employeur en cas de changement de direction, de contrôle, de fusion-absorption ou de changement significatif d'actionnariat entraînant une modification importante de l'équipe de direction, est licite dès lors qu'elle est justifiée par les fonctions du salarié au sein de l'entreprise et qu'elle ne fait pas échec à la faculté de résiliation unilatérale du contrat par l'une ou l'autre des parties* » ; **2. Ou disposition légale** particulière, comme la clause de conscience des journalistes.

468 **Refus du salarié = un *distinguo* déterminant. Le salarié qui refuse le principe même de son transfert, par exemple** en écrivant en ce sens *au cédant, avant* la vente rompt lui-même son contrat, avec les effets d'une démission : « *En réponse à la lettre de l'association A l'informant du transfert de son contrat à de l'association B, la salariée avait répondu qu'elle refusait absolument que son dossier soit transmis à l'association B.*

Ce refus clair et non équivoque de poursuivre son contrat avec son nouvel employeur produisait les effets d'une démission » (CS, 6 nov. 2019).

Ce n'est évidemment pas le cas d'une opposition collective et radicale au transfert, grève à l'appui.

Mais le collaborateur qui ne vient plus travailler *après* le transfert a déjà bénéficié de l'effet automatique de l'article L. 1224-1. S'il refuse de venir travailler, il pourra être licencié pour faute grave par son *nouvel* employeur, mais gardera les allocations chômage.

Symétriquement, ni l'ancien ni le nouveau chef d'entreprise ne peuvent (plus ou moins discrètement) s'opposer au jeu de l'article L. 1224-1. Le licenciement opéré en fraude de ces dispositions, au seul motif du transfert, serait frappé de nullité (« dénué d'effet », indique pudiquement la jurisprudence).

469 **Le nouveau chef d'entreprise a ensuite les pleins pouvoirs.** La neutralisation de l'article 1199 du Code civil *au jour du transfert* n'emporte pas ensuite neutralisation du pouvoir patronal. Après transfert, le nouvel employeur peut donc procéder aux modifications et aux licenciements qui lui paraissent nécessaires dans l'intérêt de l'entreprise, dans les mêmes conditions que si le salarié avait été à son service depuis l'origine.

L'article L. 1224-1 n'exclut pas davantage des propositions ultérieures de modification des contrats. Voire un plan de sauvegarde de l'emploi juste après la cession : mais sauf clause particulière, le coût des indemnités de rupture pèsera sur le second employeur, qui devra justifier de ces licenciements économiques par la nécessité de la sauvegarde de la compétitivité de l'entreprise... ou ses nouvelles difficultés économiques.

La Chambre sociale a précisé le 27 mars 2019 que si, par l'effet de la loi, le changement d'employeur constitue une modification ne pouvant être refusée par le collaborateur, il n'en va pas de même des autres éléments du contrat comme le lieu de travail : ainsi lorsque l'unique implantation du nouvel employeur est à 200 kilomètres de l'établissement absorbé. Et rappelé que si un licenciement peut être prononcé suite à un refus, il ne peut être que pour motif économique, avec le contrôle judiciaire de sa cause réelle et sérieuse, dans le cadre de la nouvelle entité.

470 **Transfert des dettes patronales, sauf procédures collectives.** Afin que le salarié se trouve face à un seul débiteur, présent et solvable, l'article L. 1224-2 précise que le nouvel employeur est tenu, à l'égard des salariés dont les contrats ont subsisté, des obligations salariales qui incombaient à l'ancien employeur à la date de cette modification, mais a alors un recours contre son prédécesseur. Le nouvel employeur se voit donc transférer la charge du paiement des droits acquis avant le transfert mais dont l'échéance lui est postérieure (indemnité de fin de contrat des CDD, congés payés, prime de fin d'année...) : il n'est donc pas indifférent de racheter une entreprise avant, ou après le mois d'août (congés payés), ou de décembre (prime de fin d'année).

Mais les deux employeurs successifs prévoient donc contractuellement leurs contributions financières respectives : c'est le but des « *data room* ». Cet aspect constitue un élément important de la négociation de reprise, y compris le coût de *golden*-parachutes éventuels insérés *in extremis* par le vendeur, parfois un peu gêné à l'égard de ses proches et hauts collaborateurs dont il devine l'avenir radieux. Ou encore du prix de l'éviction par le cédant il y a six mois d'un représentant du personnel sans aucune autorisation de l'inspecteur du travail, et qui vient demander au repreneur ébahi sa réintégration et 59 mois de salaires (CS, 27 mai 2009).

Mais *in fine* côté entreprises, la question reste souvent celle du coût des probables licenciements économiques prononcés après la cession : les contraintes juridiques et financières créées par la directive de 2001 varient donc selon les contraintes nationales existant en matière de licenciement économique, très différentes au sein de l'Union européenne mais particulièrement complexes en France. La vivacité du débat sur l'article L. 1224-1 s'est donc beaucoup apaisée depuis les réformes du droit du licenciement économique de 2017-2018 (V. *infra*).

SECTION II Conditions d'application de l'article L. 1224-1

471 **L'importance des enjeux financiers et sociaux** explique l'âpreté et la sophistication des débats sur le domaine d'application de l'article L. 1224-1 : au bout du chemin, qui va payer les éventuelles indemnités de rupture ? Mais aussi, en ces temps de « social-spectaculaire », qui va devoir faire face à une éventuelle médiatisation d'un conflit social avec séquestration du DRH et pneus qui brûlent devant l'enseigne ? Pour ces raisons, certains groupes redoutant le sévère contrôle judiciaire en matière d'obligation de reclassement ou de cause réelle et sérieuse utilisent l'article L. 1224-1 *à l'envers* : ils externalisent leur personnel pour éviter un plan de sauvegarde de l'emploi et donc d'éventuels conflits sociaux.

§1 L'article L. 1224-1 à l'endroit

472 **« Entité économique autonome » ?** « *Lorsque survient une modification dans la situation juridique de l'employeur, notamment par succession, vente, fusion, transformation du fonds, mise en société de l'entreprise, tous les contrats de travail en cours au jour de la modification subsistent entre le nouvel employeur et le personnel de l'entreprise.* » Les hypothèses expressément visées par l'article L. 1224-1 sont en pratique les plus importantes : évoquant toutes **un lien de droit**, elles ne prêtent alors guère à difficultés : celui qui rachète la pharmacie du village hérite en même temps du sourire ou de la mine acariâtre de la préparatrice qui y travaille ; tout comme le restaurant, désormais japonais, des serveurs marocains de l'ancien « Délices de Marrakech ».

ATTENTION ! L'ARTICLE L. 1224-1 N'A RIEN À VOIR AVEC :

- La simple *cession* de participations ou le transfert d'actions : ils ne suffisent pas, à eux seuls, à entraîner le transfert d'une entité économique autonome, comme l'a montré le feuilleton à gros rebondissements Veolia / Suez en 2020-2021.
- Le *« transfert »*, en réalité la mobilité d'un cadre supérieur dans les diverses entreprises d'un même groupe en application d'une clause de mobilité intra-groupe : clause nulle car un collaborateur ne peut consentir par avance à un changement d'employeur.
- Les mutations géographiques collectives, bien à tort parfois qualifiées de « transferts de 213 salariés de Nancy à Grenoble », dans le cadre d'un accord de performance collective ou d'un PSE : somme de mobilités individuelles, n'ayant strictement rien à voir avec le transfert d'une entreprise ou d'un établissement.

473 **« EEA ».** Car pour la Chambre sociale qui suit les contorsions successives de la CJUE, l'article L. 1224-1 ne s'applique qu'en cas de transfert d'une *« **entité économique autonome,** constituée d'un ensemble organisé de personnes et d'éléments corporels ou incorporels permettant l'exercice d'une activité économique qui poursuit un objectif propre, dont l'identité est maintenue ; le transfert d'une telle entité ne s'opère que si des moyens corporels ou incorporels significatifs et nécessaires à l'exploitation de l'entité sont repris, directement ou indirectement, par un autre exploitant »*.

C'est donc l'existence de cette entité économique autonome, ne pouvant se résumer à une simple activité, qui entraînera ou non transfert impératif et automatique de tous les contrats de travail en cours au jour de la cession. Et *« si les conditions d'application de l'article L. 1224-1 ne sont pas réunies, le changement d'employeur, qui constitue une novation du contrat de travail, ne peut, sauf dispositions législatives contraires, résulter que d'une acceptation expresse du salarié »* (CS, 8 avr. 2009).

474 **Absence de lien de droit : la casuistique des prestataires de services successifs.** La diversité des situations s'étant accrue depuis 1928, puis le « retour sur le cœur de métier » étant devenu un must pour les financiers n'aimant ni la « masse salariale », ni les « charges sociales », le débat s'est rapidement focalisé sur le « notamment ». Lorsque l'opération porte sur un fonds de commerce (mise en location-gérance et retour du fonds au terme du contrat), l'article L. 1224-1 s'applique certainement, comme en matière de succession.

Mais lorsque l'activité transférée est l'exécution d'une *prestation de services* ? L'hypothèse n'est pas nouvelle, mais ses applications se sont multipliées avec les phénomènes d'extériorisation de l'emploi et d'*outsourcing :* gardiennage, nettoyage, restauration, informatique... Qui va devoir assumer la charge financière sinon psychologique du reclassement des salariés, le paiement des indemnités de rupture en cas de changement de prestataire ou de reprise d'activité par le donneur d'ordres, voire l'occupation des locaux par les salariés littéralement « laissés sur le carreau » ?

Le triste feuilleton parisien, en forme de naufrage industriel des Vélib-Decaux transférés à la société Smovengo en a bien montré les multiples enjeux : juridiques, financiers... et médiatiques. La loi Mobilité de décembre 2019 en a précisé les conditions en cas de changement d'exploitant d'un service de transport public de voyageurs.

475 **L'article L. 1224-1 constitue alors une casuistique à la limite du casse-tête :** « Si la perte d'un marché n'entraîne pas, en elle-même, l'application de l'article L. 1224-1, il en va autrement lorsque l'exécution d'un marché de prestation de services par un nouveau titulaire s'accompagne du *transfert d'une entité économique autonome, constituée d'un ensemble organisé de personnes et d'éléments corporels ou incorporels permettant l'exercice d'une activité économique qui poursuit un objectif propre, dont l'identité est maintenue* ». Dans chaque cas d'espèce, il faut donc s'attacher à apprécier si, compte tenu de l'importance et de la spécificité des éléments transférés (actifs, clientèle, marque) et de l'identité des activités, on se trouve en présence du transfert d'une entité économique autonome, constitutive d'une entreprise au sens de l'article L. 1224-1.

Deux exemples datant du 8 février 2018 : 1. « Dès lors qu'est constaté, pour l'exécution des prestations d'enlèvement et de transport de déchets au sein d'une société de nettoiement, l'existence d'un personnel spécialement affecté depuis de nombreuses années à ces activités, et des moyens matériels significatifs et nécessaires à l'exploitation de ces activités, le transfert d'une entité économique poursuivant un objectif propre est caractérisé »

2. À l'inverse, « l'entité économique ne conserve pas son identité lorsque pour la location de téléviseurs en chambre pour les patients hospitalisés sur le nouveau site de l'hôpital, le CHR a mis en œuvre un système automatisé, fonctionnant sans aucun personnel spécialement affecté à ce service, et sans reprendre aucun élément corporel de la société X ».

Ce distinguo subtil n'ayant rien d'évident, le contentieux a encore de beaux jours devant lui.

MAIS ATTENTION !

Car si, quatre ans après la cession, la cour d'appel estime que l'article L. 1224-1 n'était pas applicable, « *le transfert du contrat de travail du salarié ne pouvait à l'époque s'opérer qu'avec son consentement exprès, et l'article L. 1224-1 ayant été édicté dans le seul intérêt du salarié, sa méconnaissance ne peut être invoquée que par celui-ci* » (CS, 10 avr. 2008). Gros, gros soucis de rétroactivité... et de dizaines de réintégrations chez l'ancien employeur (V. *infra*).

§2 L'article L. 1224-1 à l'envers, ou les limites de l'« externalisation par appartement »

476 **Cas d'école :** un groupe mondialement connu, donc particulièrement attentif aux effets médiatiques de ses décisions sociales : le conflit des Petits Lu d'Évry contre Danone de 2001 a fait réfléchir dans notre société de la réputation. Or la conjoncture

est mauvaise, l'arrêt de certaines activités envisagé. Si l'on trouve un repreneur (si possible au nom imprononçable et venant de fort, fort loin) pour les **secteurs** déficitaires de cette entreprise, c'est lui qui, héritant de tous les contrats de travail, devra le cas échéant « faire le sale boulot », social et littéralement procès-dural s'agissant d'un PSE.

477 **Cinq avantages pour le vendeur de cette « vente par appartement »,** qui ne sera **plus l'employeur** :

- le juge judiciaire, qui ne peut être saisi que par les salariés visés, ni par les syndicats ni par le CSE (CS, 4 nov. 2020), ne peut apprécier le choix de gestion que représente une telle cession partielle d'activité, sauf fraude évidente ;
- 156 postes auront effectivement disparu des effectifs en une seconde. Et pour le vendeur, il ne pourra être question de défaut de cause réelle et sérieuse pour des « licenciements économiques » n'existant pas ;
- prononcés par le cessionnaire, les éventuels licenciements économiques ultérieurs interviendront dans des conditions financières mais aussi de reclassement sans aucune commune mesure avec celles imposées à l'entreprise ou au groupe initial ;
- à ce niveau désormais réduit, les problèmes économiques fondant les licenciements seront beaucoup plus facilement réelles et sérieuses ;
- médiatiquement, les plans de sauvegarde de l'emploi réalisés dans d'obscurs établissements français d'une entreprise désormais taïwanaise ou russe auront lieu de façon nettement plus discrète.

Ainsi instrumentalisé, l'article L. 1224-1 ne sert donc plus à maintenir le contrat de travail à l'occasion d'un transfert : impératif et automatique : ***ce transfert permet d'externaliser non pas une activité, mais un personnel*** jugé soit trop coûteux par sa couverture conventionnelle, soit à problèmes sociaux car en voie de licenciement.

PERRIER-VITTEL FRANCE, 18 JUILLET 2000
RÉACTION JURISPRUDENTIELLE AUX EXTERNALISATIONS MASSIVES

La Cour de cassation a vivement réagi à cette instrumentalisation montante par l'arrêt **Perrier-Vittel France du 18 juillet 2000**, rappelant que l'article L. 1224-1 n'est applicable qu'à l'occasion du transfert « *d'une entité économique autonome constituée d'un ensemble organisé de personnes et d'éléments corporels ou incorporels poursuivant un objectif propre* ». Or en l'espèce, les salariés chargés des palettes de bois tous externalisés vers la société sous-traitante « La Palette rouge » (sic) étaient par exemple amenés à travailler l'été sur les chaînes d'embouteillage : n'existait donc aucun « personnel propre » à l'activité sous-traitée.

Pour mieux déjouer les fraudes, l'arrêt du 10 octobre 2006 a ajouté que « *l'existence d'une entité économique autonome est indépendante des règles d'organisation et de gestion du service au sein duquel s'exerce l'activité économique* ».

Et en cas d'engagement par un accord collectif « de maintenir la stabilité des effectifs du groupe pendant trois ans », suivi un an plus tard de la vente d'une activité ? « La décision de transférer à la société Infomobile le service Client

Grand public, en ce qu'elle emportait exclusion des salariés du groupe SFR, méconnaissait l'engagement spécifiquement pris dans le cadre de l'accord de 2006 et privait les salariés d'une chance de conserver un emploi au sein du groupe » (CS, 8 déc. 2016).

Attention !
La vente d'un établissement ou d'un *site entier*, entité économique autonome, entre en revanche dans le cadre de l'article L. 1224-1. Ce sont les entreprises cédant un de leurs services à un sous-traitant (version entreprise : « *se recentrer sur notre cœur de métier en externalisant notre activité de...* ») qui risquent de voir le juge, un ou quatre ans après, décider que l'article L. 1224-1 n'était pas applicable, avec des conséquences rétroactives difficilement gérables : « *Lorsque les conditions d'application de l'article L. 1224-1 du Code du travail ne sont pas réunies, le transfert du contrat de travail du salarié ne peut s'opérer qu'avec son consentement exprès, qui ne peut résulter de la seule poursuite du contrat sous la nouvelle direction* » (CS, 25 nov. 2009).

478 Les effets cataclysmiques d'une décision judiciaire d'inapplication de l'article L. 1224-1 :

- des mois ou des années plus tard, demande de **retour au bercail**, le cas échéant en référé devant le Conseil des prud'hommes, de la part de nombre des salariés transférés finalement sans leur accord.
- Avec éventuel **rattrapage des avantages individuels** (différentiel de salaires, primes, intéressement... sur trois ans) mais aussi conventionnels dont le transfert les avait privés (plus de 400 salariés ex-Alcatel Marine en juin 2004).
- Leurs postes ayant été entre-temps supprimés, il faudra **soit construire immédiatement une nouvelle usine (rare), soit un plan de sauvegarde de l'emploi,** ce qu'on voulait justement éviter il y a deux ans.
- Enfin justifier **chaque licenciement par une cause économique sérieuse dans le secteur d'activité du groupe ainsi reconstitué, avec des juges encore plus attentifs que d'habitude.**

Dans l'arrêt EADS du 21 juin 2006, la Chambre sociale a ainsi donné satisfaction à 23 salariés : constatant « *l'absence de réelle spécificité du département cédé, dans son activité et dans son personnel* », elle en déduit « *l'absence de transfert d'une entité économique autonome* », et donc l'inapplication avec effet rétroactif de l'article L. 1224-1 (23 licenciements sans cause réelle et sérieuse).

Plus créatif sinon menaçant : « *La société ayant éludé par le transfert litigieux les droits et garanties dont les salariés auraient bénéficié en cas de licenciement pour motif économique, elle a commis une faute au regard de l'exécution loyale du contrat de travail.* » Réparation spécifique, distincte de celle liée à la rupture elle-même.

Fraude classique sanctionnée par la cour de Paris le 7 septembre 2017 : « *La société UPS a organisé la cession d'une activité déficitaire dans des conditions ne permettant pas d'assurer sa pérennité, dans le seul but de se séparer d'une activité non rentable et ce avec les salariés concernés par cette activité, sans assumer les conséquences légales liées à cette décision.* »

479 **Le vendeur, honteux et confus, jure alors, mais un peu tard**… qu'il céderait non plus un service, mais tout l'établissement en cause, qui constitue à l'évidence une *« entité économique autonome poursuivant un objectif propre »*. Menace que n'ignorent pas les représentants du personnel lorsque tout l'établissement en question est en difficulté.

Chapitre 2

Flexibilité *interne* : l'accord de performance collective… pouvant générer des licenciements (art. L. 2254-2)

480 **4 en 1 : fusion de quatre régimes.** Relative au renforcement de la négociation collective, l'ordonnance du 22 septembre 2017 a fusionné à juste titre quatre accords dits « de compétitivité » créés au fil de l'eau et au succès plus que mitigé au profit d'un accord qui ratisse large : « l'accord de performance collective ».

En 2020, seulement 573 APC ont été signés : mais les problèmes économiques créés par la pandémie leur donne un bel avenir.

481 **Priorité à la flexibilité interne, collectivement négociée.** En cas de problème de compétitivité, la réduction de la masse salariale (qui n'est pas le seul poste pouvant être visé : rémunération des dirigeants, actionnaires, mandataires sociaux…) est une équation simple à trois variables : nombre de salariés × salaire moyen × durée du travail : sur laquelle agir en cas de problème ? Comment décourager la flexibilité externe, les départs visant rarement les collaborateurs les plus prometteurs et en pleine santé ?

Mais aussi dans des situations beaucoup plus banales : en cas de fusion voire de simple déménagement, aligner les salaires des commerciaux ou prévoir de vastes mobilités entraîne quasiment automatiquement, en cas de refus par plus de dix salariés, le montage d'un plan de sauvegarde de l'emploi effrayant clients, fournisseurs et autre sous-traitants, alors que l'entreprise se porte comme un charme.

À l'instar de l'accord d'activité partielle de longue durée (APLD) né à l'occasion de la pandémie de 2020 avec lequel il est parfois en balance mais qui nécessite une validation administrative, il s'agit de permettre à l'entreprise de passer une période difficile en permettant la réduction en principe provisoire de la masse salariale ou une plus grande flexibilité, sans procéder à des licenciements économiques. Bref, préserver les emplois et garder les compétences en attendant que la situation se retourne, tout en sécurisant les éventuels licenciements visant les salariés refusant de se plier à la règle collective. L'APC doit donc en principe et logiquement être à durée déterminée : le temps de passer l'obstacle. Mais la loi n'interdit pas qu'il soit à durée indéterminée.

Sur l'ensemble de la question, **particulièrement importante en ces temps de crise économique suite au C19,** voir le n° spécial de *Dr. soc.* juin 2020 : « *Juges et accords de performance collective* » avec les contributions de Pascal Lokiec, Professeur à Paris 1-Sorbonne, Aurélie Cormier Le Goff, avocat au barreau de Paris, et Isabelle Taraud, avocat au Barreau du Val-de-Marne, examinant successivement les conditions de conclusion, le contenu, et enfin la mise en œuvre des APC.

SECTION I Présentation de l'APC

482 **Que dit le Code ?** Il fixe un but, devant figurer dans le préambule, et qui sera le cas échéant contrôlé par les juges : « Afin de répondre aux nécessités liées au fonctionnement de l'entreprise (*donc hors difficultés économiques actuelles ou prévisibles)*, ou en vue de préserver ou de développer l'emploi (*ce qui ratisse très large*), un accord de performance collective peut :

- *aménager* la **durée** du travail, ses modalités d'organisation et de répartition ;
- *aménager* la **rémunération**, dans le respect des salaires minima hiérarchiques de branche (*l'association de ces deux possibilités donne l'accord évoqué par le législateur : le (re)passage de 35 heures à 39 heures, avec maintien du salaire antérieur : soit une baisse de 11 % du salaire horaire. Ou encore sur le site PSA de Vesoul, 8 % d'augmentation du temps de travail, contre 3 % de revalorisation salariale).*
- déterminer les conditions de la **mobilité professionnelle ou géographique** interne à l'entreprise (*on a vu dans le chapitre précédent que le sujet était très sensible, feu les « accords de mobilité » n'ayant d'ailleurs remporté aucun succès*).

L'accord définit *(c'est donc impératif)* **dans son préambule ses objectifs** (*essentiels en terme de légitimité sociale, et légalement pour que l'entreprise bénéficie le cas échéant de la présomption irréfragable de cause réelle et sérieuse : le plus simple est de reprendre le texte légal en spécifiant qu'il s'agit d'un APC*), **et peut** *(rien ici d'obligatoire, ce qui laisse une immense liberté aux négociateurs, mais reste singulier pour le 2e en cas de baisse des salaires*) préciser :

1. les modalités d'information des salariés sur son application et son suivi pendant toute sa durée, ainsi que, le cas échéant, l'examen de la situation des salariés au terme de l'accord ;
2. les conditions dans lesquelles fournissent des efforts proportionnés à ceux demandés aux salariés (*pour un minimum minimorum d'équité*), pendant toute sa durée, les dirigeants salariés exerçant dans le périmètre de l'accord, les mandataires sociaux et les actionnaires dans le respect des compétences des organes d'administration et de surveillance ;

3. les modalités selon lesquelles sont conciliées la vie professionnelle et la vie personnelle et familiale des salariés (*cf. art. L. 1121-1, encore et toujours*).

483 Diagnostic nécessairement partagé, accord co-construit qui peut être gagnant-gagnant. L'APC nécessairement majoritaire n'est par ailleurs acceptable pour les syndicats que s'il repose sur des données économiques incontestables, et fait dès le départ l'objet d'un minimum de consensus parmi le personnel qui voit qu'il fait sens. Certaines entreprises vont même jusqu'à faire en amont des sondages sur son opportunité, voire les concessions possibles et acceptables de part et d'autre.

Vu l'impact que peut avoir un APC sur le contrat individuel de chacun des salariés concernés, transparence et loyauté sont donc impératives tout au long du processus.

L'article L. 2315-92-II prévoit ainsi que *le CSE* peut mandater un expert-comptable afin « *qu'il apporte toute analyse utile aux syndicats pour préparer les négociations* », le coût de cette expertise étant pris en charge à hauteur de 80 % par l'employeur, le CSE en payant 20 % (en principe, car l'employeur peut ici faire un geste). Loyauté et transparence doivent donc perdurer bien au-delà de la négociation, tout au long de l'application de l'accord : comité de suivi paritaire, informations économiques complètes régulièrement transmises, et bien sûr application rapide d'une clause de retour à meilleure fortune, ou de révision de l'accord lorsque certains paramètres économiques contractuellement prévus ont été atteints.

Dans la pratique, la signature d'un APC par des syndicats majoritaires exige socialement la démonstration de problèmes économiques évidents, mais avec des perspectives de redressement. Se traduisant parfois par un abaissement des salaires (ex : société Poclain, mai 2020 : diminution de 20 % de la durée du travail, et de 20 % des salaires mais aussi des rémunérations du Conseil d'administration), il est souvent mal vécu par des salariés souvent endettés qui pourraient régler de vieux comptes aux prochaines élections professionnelles. D'où le succès statistique relatif des APC en 2020-2021... tant que le « Quoi qu'il en coûte » perdure : car si un accord d'activité partielle de longue durée est signé, c'est la collectivité nationale qui peut alors faire alors office d'amortisseur...

LES APC VUS CÔTÉ NÉGOCIATEURS SYNDICAUX (SOURCE : SITE « MIROIR SOCIAL », 25 JUIN 2020)

La négociation d'un APC s'avère très particulière, et « *sur ce sujet, on ne peut pas faire de prêt-à-porter, c'est vraiment du sur-mesure* ».
D'abord car les enjeux sont considérables côté syndicats, l'accord collectif s'imposant ensuite aux salariés... mais l'employeur devant de son côté impérativement obtenir leur signature. Peu sûrs de la réaction du personnel, des syndicats veillent ainsi à ne pas signer un accord majoritaire à 50 %, mais un accord entre 30 % et 50 % : ce qui leur permet alors de demander à l'employeur un référendum pour légitimer cet accord minoritaire, et leur éviter ainsi d'endosser la responsabilité d'une signature lourde de conséquences (« *Travailler plus pour gagner pareil, travailler autant pour gagner moins, ou travailler moins pour gagner moins* »), qui pourrait leur poser problème aux prochaines élections professionnelles.

Justement à cause des effets spécifiques d'un APC, loyauté contractuelle et transparence économique doivent être au rendez-vous, et dès la première réunion. En indiquant clairement qu'il s'agit d'un APC aux conséquences individuelles considérables, mais donnant alors droit à l'assistance d'un expert-comptable : « *Il est essentiel que les négociateurs côté salariés disposent d'informations précises liées à la situation économique et financière de l'entreprise, à ses orientations stratégiques, aux gains escomptés de l'accord, aux solutions alternatives. Et nous sommes très vigilants sur le caractère temporaire des efforts consentis par les salariés. Un APC doit servir à traverser une période de crise, avec l'espoir que l'entreprise se redresse, pour rétablir une durée du travail à 35 heures ou récupérer un 13ᵉ mois auquel on a renoncé* ».

SECTION II Rudes effets individuels de cet accord collectif majoritaire

484 Car depuis mai 2018, tout accord d'entreprise doit être majoritaire : soit syndicalement majoritaire à plus de 50 %, soit majoritaire par référendum si les syndicats signataires ne rassemblaient qu'entre 30 % et 50 % des suffrages exprimés. Mais référendum ici particulièrement risqué, car un cinglant désaveu n'est pas exclu comme l'a montré en mai 2019 le cas de l'Usine Bridgestone de Béthune, ayant accusé un déficit de 17 millions d'euros en 2018. Les syndicats majoritaires ayant refusé de signer l'accord, prévoyant une augmentation du temps de travail et le travail en quatre équipes contre six millions d'euros d'investissements et aucun PSE jusqu'en décembre 2021, contrairement à la CFTC et à la CFE-CGC, un référendum a été organisé auprès des 980 salariés qui ont rejeté l'accord à 60,2 %... L'usine a fermé le 1er juin 2021 (avec une prime moyenne de départ de 106 000 €).

485 **Idée ? Faute de faire plier le contrat, faire plier le salarié.** Ce qui était justifié s'agissant des premiers « accords de compétitivité », où ce sursaut collectif voulait éviter un dépôt de bilan et donc le licenciement de tout le personnel. Mais l'est moins ici, lorsque la survie de l'entreprise n'est pas en cause.

Comment dissuader le salarié de refuser ?

1. En évitant de créer en droit un rapport de force collectif : pas de PSE et donc pas d'information-consultation approfondie du CSE.
2. En enlevant au collaborateur tout avantage monétaire ou effet d'aubaine (ex. : généreux PDV pour un collaborateur déjà sur le départ). Seule obligation : un abondement du compte personnel de formation de 3 000 euros.
3. En lui retirant tout espoir de gain pour l'avenir car la cause réelle et sérieuse de son éventuel licenciement est pré-constituée par son refus individuel de l'accord majoritaire.

486 **Traduction :** « ***Les stipulations de l'accord se substituent de plein droit*** *aux clauses contraires et incompatibles du contrat de travail, y compris en matière de rémunération, de durée du travail et de mobilité professionnelle ou géographique interne à l'entreprise* ». Par exemple des salariés sans clause de mobilité géographique devront se plier à cette clause conventionnelle, différente dans sa conception car elle vise une mobilité dans d'autres établissements voisins (ex. : le Val-de-Seine pour l'Automobile). Et ceux qui avaient une clause restreinte la verront disparaitre au profit de la nouvelle si elle est plus large.

La loi aurait pu d'autorité opérer cette « substitution », et s'arrêter là.

Mais non, car retour à l'individuel : « *Le salarié peut refuser la modification de son contrat de travail résultant de l'application de l'accord* ». Certes, mais il a intérêt à bien, bien réfléchir avant d'envoyer sa lettre de refus, car une autre risque de suivre : une convocation à un entretien préalable de licenciement en provenance de l'employeur.

Procédure de refus : « *Le salarié dispose d'un* ***délai d'un mois*** *pour faire connaître son refus par écrit à l'employeur à compter de la date à laquelle ce dernier a informé les salariés, par tout moyen conférant date certaine et précise, de l'existence et du contenu de l'accord, ainsi que du droit de chacun d'eux d'accepter ou de refuser l'application à son contrat de travail de cet accord.* ». À défaut d'écrit de refus dans ce délai, il y a donc acceptation tacite, comme dans l'article L. 1222-6 examiné *supra*, mais ici non applicable.

487 **Rudes effets du refus, individuel et forcément exprès.** L'employeur, qui n'est jamais obligé de licencier tous les refuzniks (certains accords prévoient même la renonciation patronale à tout licenciement suite à un refus), devra le cas échéant suivre la *procédure* du licenciement pour motif personnel : « *l'employeur dispose d'un* ***délai de deux mois*** *à compter de la notification du refus du salarié pour engager une procédure de licenciement* ».

Cette seule phase *individuelle*, après une négociation collective rarement très rapide vu les enjeux, peut donc durer un mois côté salarié + deux mois côté employeur = trois mois...

« *Ce licenciement repose sur un motif spécifique qui constitue une cause réelle et sérieuse. Ce licenciement est soumis aux seules modalités et conditions définies aux articles L. 1232-2 à L. 1232-14 ainsi qu'aux articles L. 1234-1 à L. 1234-11, L. 1234-14, L. 1234-18, L. 1234-19 et L. 1234-20* ». En clair : convocation par LRAR / Éventuelle assistance par un conseiller du salarié / Entretien préalable / Notification *toujours motivée* par LRAR + Indemnité de préavis et de licenciement + Délivrance du certificat de travail et du reçu pour solde de tout compte.

Car ce licenciement n'est ni économique, ni personnel mais sui generis, n'entraînant aucune des conséquences individuelle (ex. : obligation de reclassement.) ni collective (ex. : montage d'un PSE.) du licenciement économique.

Et il « *repose sur un motif spécifique qui constitue une cause réelle et sérieuse* » : le seul refus de l'application de l'APC constituerait donc le « motif légitime » évoqué par la convention 158 de l'OIT. Mais l'OIT doit se prononcer sur ce point fin 2021, ce qui incite les juristes à la prudence.

A fortiori car « *le caractère réel et sérieux d'un licenciement faisant suite à un refus du salarié d'appliquer à son contrat de travail des stipulations de l'accord* (en l'espèce de mobilité interne) *suppose qu'il soit justifié par l'existence des nécessités du fonctionnement de l'entreprise, ce qu'il appartient au juge d'apprécier* » (Cass. soc., 2 décembre 2020). Bien délicat travail pour ce fonctionnaire juriste, *a fortiori* s'agissant d'un accord collectif signé par des syndicats majoritaires, présumés ne pas vouloir trahir les intérêts de leurs camarades. Sans même parler des effets cataclysmiques de l'éventuelle annulation d'un APC deux ans après, avec ses effets en principe rétroactifs.

Reste évidemment l'hypothèse de choix patronaux discriminatoires dans le choix des salariés licenciés (militants, seniors...). C'est alors l'article L. 1132-1 qui s'appliquera, avec nullité du licenciement et absence de plafonnement des dommages-intérêts (V. *infra*).

488 **Suites du licenciement.** Le salarié peut s'inscrire à Pôle emploi, être accompagné comme demandeur d'emploi et être indemnisé. En l'absence des stipulations légales (« *les modalités d'accompagnement des salariés ainsi que l'abondement du compte personnel de formation au-delà du montant minimal* »), l'employeur abonde le CPF du salarié dans des conditions définies par décret (100 heures sont prévues).

489 **Contrairement aux attractifs accords de rupture conventionnelle collective** faisant l'objet du chapitre suivant, une explosion des accords de performance collective n'est guère prévisible : leur acceptabilité sociale n'est pas aujourd'hui acquise :

1. car les **syndicats sont forcément sensibles au caractère très contraignant pour chacun des membres du personnel** de certaines des stipulations conventionnelles qu'ils pourraient signer : ainsi d'un abaissement du salaire (mais dans le respect du SMIC, et surtout des minima conventionnels), ou de l'hypothèse d'une mobilité lointaine. Car si les salariés-électeurs n'apprécient pas, les signataires pourraient (se faire) descendre aux prochaines élections professionnelles à moins de 10 % et alors disparaître. Grande prudence donc de leur part, aggravée côté syndicats signataires par l'effet de seuil de plus de 50 %.
2. Car l'employeur lui-même n'ignore pas qu'un accord dûment signé mais trop rude conduira, surtout en nos temps de reprise, **ses *meilleurs* collaborateurs courtisés par la concurrence à parfois se réjouir de ce licenciement aubaine.** Leur licenciement est certes « sui generis » : mais ils toucheront cependant indemnité de préavis et de licenciement : pas mal pour un ex-futur démissionnaire !
3. Dans nombre de **PME, où le problème est d'attirer les excellents candidats** très tentés par les multiples avantages, en nature ou espèces des grandes entreprises, puis de fidéliser les salariés.
4. *A fortiori* dans une TPE, où la vie quotidienne partagée entre l'employeur trimant avec ses collaborateurs constitue un puissant amortisseur de radicales remises en cause de ce vrai collectif de travail.

UN EXEMPLE D'APC POST C19 :
L'ACCORD DERICHEBOURG AÉRONAUTICS SERVICES, 12 JUIN 2020

Après l'annonce d'une très lourde baisse d'activité de son donneur d'ordres (Airbus) entraînant une chute de 50 % de son chiffre d'affaires, la société Derichebourg Aéronautics Services a signé le 12 juin 2020 avec le syndicat Force Ouvrière un APC prévoyant par exemple le non versement du 13e mois pour 2020 et une mobilité géographique (volontaire), mais avec une clause de retour à meilleure fortune si l'entreprise retrouve sa profitabilité habituelle de 4 %.

« *La moins pire des solutions face à la menace de 700 suppressions d'emplois* » selon le délégué Force Ouvrière signataire : « *L'APC nous permet d'obtenir qu'aucun licenciement économique n'ait lieu jusqu'en juin 2022, une prime d'incitation à la mobilité, une prise en charge des frais de déménagement et une indemnité supra-légale (voire supra conventionnelle : huit mois de salaires à partir de 60 ans) pour ceux qui refuseraient l'APC et seraient licenciés.* »

En période de crise comme en période de guerre : « *N'existe aucune bonne solution : il n'y a de choix qu'entre de mauvaises solutions* » (Churchill, 1943).

Chapitre 3

Flexibilité *externe* à froid : la rupture conventionnelle collective (RCC)

490 **Les entreprises en rêvaient, Muriel Pénicaud l'a fait.** Croisement du succès colossal de la rupture conventionnelle homologuée et des plans de départs volontaires, la RCC fut la surprise des ordonnances du 22 septembre 2017, même si la loi de ratification du 29 mars 2018 a légitimement renforcé les obligations patronales en matière de reclassement externe.

Se restructurer sans l'épouvantail du PSE. Comment réduire (au pire), restructurer (au mieux) ses effectifs sans entrer dans le très complexe droit du licenciement économique et *a fortiori* du PSE, avec sa lourde procédure une obligation générale de reclassement interne difficile à mettre en œuvre pour un résultat mitigé ? Et surtout, dans notre société de la réputation, des articles de presse et du *bad buzz* sur les réseaux sociaux mettant en cause une entreprise ou un groupe médiatisé en bonne santé ? Sans parler des clients, sous-traitants et fournisseurs inquiets, de chemises déchirées ou des pneus brûlant devant l'usine.

Reposant entièrement sur des départs (vraiment) volontaires, elle permet de conduire dans un climat nettement plus serein des réorganisations pour réduire des sureffectifs, ou effectuer une GPEC accélérée.

En droit, la RCC parait être un miracle pour DRH. De la TPE de 9 salariés (par ratification par le personnel) à la multinationale par accord syndical majoritaire, aucun seuil visant l'entreprise ; aucun chiffre minimum ni maximum de postes supprimés ; aucun motif économique à fournir, ni à la presse ni au juge ; simple information finale du Comité social et économique prévue par l'accord lui-même, et pas d'expert-comptable obligatoirement nommé. Ni obligation de reclassement interne, ni ordre des licenciements, ni priorité de réembauche, et donc possibilité d'embaucher ensuite sur les postes devenus vacants, tout de suite ou dans les mois qui suivent, permettant ainsi de repartir vite si le marché se retourne.

Mais nécessairement formation, validation des acquis de l'expérience, aides à la reprise ou à la création d'activité. Et revitalisation éventuelle du bassin d'emploi pour les entreprises de plus de 1 000 salariés lorsque ces départs « affectent son équilibre par leur ampleur ». Bref, pas seulement des chèques-valises, nous dit-on...

491 **Article L. 1237-17 :** « *Un accord collectif portant (...) rupture conventionnelle collective peut définir les conditions et modalités de la rupture d'un commun accord du contrat de travail qui lie l'employeur et le salarié.*

Ces ruptures, exclusives du licenciement ou de la démission, ne peuvent être imposées par l'une ou l'autre des parties ».

Quoi de nouveau dans cette l'ordonnance voulant sécuriser les « plans de départs volontaires » vus d'un œil de plus en plus exigeant par la jurisprudence obsédée par le droit du licenciement économique ?

✦ **Première condition *sine qua non*** pour l'employeur voulant monter une RCC : **s'engager à ne procéder à aucun licenciement économique** si le nombre de candidats au départ est insuffisant par rapport à ses objectifs. Mais cet engagement est naturellement à durée déterminée, les premiers accords montrant un délai restreint : quelques mois après la fin de la RCC, rarement plus d'un an.

✦ **L'employeur doit ensuite obtenir de ses syndicats un accord collectif majoritaire à 50 %** fixant : le nombre maximal de départs envisagés ; les conditions et les modalités de candidature au départ, qui ne pourra viser des salariés dont l'établissement doit fermer : la porte avec RCC, ou la porte avec PSE ? Leur consentement serait vicié. Les essentiels critères de départage, ici préalablement fixés par accord collectif ce qui limitera le contentieux (l'ordre des licenciements n'est pas applicable) ; le montant de l'indemnité de rupture – mais pas de préavis, en l'absence de licenciement – qui ne peut être inférieure à l'indemnité de licenciement (un quart de mois par année de présence), et dont le régime social et fiscal est très attractif (ex. : absence de forfait social de 20 %.). Mais ce montant est souvent très supérieur au minimum légal, étant essentiel pour le succès de la RCC...

✦ **Enfin obtenir la « validation » par la Dreets, représentant l'intérêt général**

Nécessairement majoritaire, ce qui permet aux syndicats charnières de faire monter les enchères, l'accord est, après simple information du Comité social et économique (et non consultation puisqu'il s'agit d'un accord collectif), transmis à l'administration du Travail que l'employeur aura évidemment tenue au courant dès le début des négociations. Elle a 15 jours pour le valider, son silence au-delà valant validation.

Garante de l'intérêt général, la Dreets veillera par exemple à l'absence de discrimination notamment en raison de l'âge, ou qu'il ne s'agisse pas non plus de discrètes préretraites... à la charge de l'Unedic. Car à l'instar de sa petite sœur la résiliation conventionnelle homologuée (exclue dans le cadre d'une RCC), la formule donne droit aux allocations chômage. L'Administration veille enfin à ce que le « volet indemnité de rupture » ne soit pas disproportionné par rapport au « volet reclassement », bref que la RCC ne se réduise pas à une RCV (Ruptures Chèque-Valise).

Mais dans la vraie vie, les salariés concernés (et souvent endettés) sont avant tout demandeurs du chèque. Et c'est en pratique lui qui fait l'objet de l'essentiel de la négociation.

492 Résumé : trois consentements successifs.

Ce n'est donc pas du tout « open bar » côté entreprise, cet accord collectif majoritaire devant in fine faire l'objet d'une validation de la Dreets. En résumé, la RCC exige un triple consentement : Accord collectif majoritaire + Validation de la Dreets + Adhésion expresse de chaque salarié, exempt de tout vice du consentement, avec un droit de rétractation dont les conditions sont fixées par l'accord. Adhésion-rupture ne constituant donc ni un licenciement (pas de contrôle de la cause réelle et sérieuse), ni une démission. Mais qui sera prise en charge par l'ASSEDIC comme un licenciement : d'où son succès, à l'instar de la rupture conventionnelle homologuée.

LES CONTRÔLES EFFECTUÉS PAR LA DREETS
SOURCE : MINISTÈRE DU TRAVAIL, AVRIL 2018

http://travail-emploi.gouv.fr/droit-du-travail/rupture-de-contrats/article/la-rupture-conventionnelle-collective

1 – L'appel au volontariat peut susciter un immense intérêt chez les salariés âgés y voyant un moyen de partir plus tôt à la retraite. Il conviendra dans ce cas de s'assurer que le volontariat leur permet :

– soit de réaliser, comme tout autre salarié, un projet professionnel réel ;

– soit de liquider leur pension de retraite immédiatement ou de manière différée via un portage financier couvert intégralement par l'entreprise.

Ainsi la RCC ne doit pas être détournée de son objet en faisant peser sur les comptes publics et l'assurance chômage des charges supplémentaires du fait d'un ciblage inapproprié sur les personnes seniors. La Dreets ne validera pas un accord qui ne comporte que le versement d'indemnités de départ visant des salariés sélectionnés sur le seul critère de l'âge ou de l'ancienneté.

2 – La Dreets portera une appréciation globale sur le projet d'accord au regard de l'enjeu porté par l'ordonnance consistant à encourager les dispositifs de mobilité volontaire négociée dans un cadre favorisant l'anticipation à froid des mutations économiques, tout en garantissant des parcours professionnels sécurisés pour les salariés.

Dans ce cadre, la Dreets vérifiera notamment que les mesures prévues dans l'accord sont précises et concrètes au regard de l'objectif d'accompagnement et de reclassement externe des salariés susceptibles de se porter candidats au départ.

Par conséquent, si la négociation d'un accord collectif majoritaire traduit un équilibre dont la Dreets tiendra compte, la seule existence d'un accord ne présume pas de manière automatique que le contenu des mesures de l'accord est conforme aux exigences légales en vue d'assurer le reclassement externe des salariés.

L'employeur veillera à accompagner le volontariat des salariés de manière à permettre la réalisation effective des projets professionnels des salariés. À cet égard, les mesures d'accompagnement doivent être d'autant plus significatives que les projets de départs ne sont pas finalisés. De plus, l'employeur doit tenir compte du profil des salariés concernés : si les salariés les plus employables peuvent être candidats au départ, la situation des salariés les plus fragiles doit faire l'objet d'une attention particulière afin qu'ils bénéficient d'un accompagnement renforcé.

Si la fixation du montant des indemnités de rupture relève du dialogue social interne à l'entreprise, **la Dreets veillera à ce qu'il y ait un équilibre entre les mesures indemnitaires et les mesures d'accompagnement et de reclassement externe.**

En définitive, l'accord ne doit pas faire peser sur la collectivité le coût de ces ruptures qui doivent s'inscrire dans un contexte de responsabilité partagée pour les acteurs.

Mais une session de rattrapage est proposée à l'employeur vraiment mal-comprenant s'étant donc heurté à un refus de validation : « *un nouvel accord peut être négocié, qui tient compte des éléments de motivation accompagnant la décision de l'administration* » (art. L. 1237-19-6).

493 **Très éventuel contentieux : deux juges successivement compétents.**

1 – Juge administratif. « *L'accord collectif, le contenu du plan de départ volontaire et la régularité de la procédure précédant la décision de l'autorité administrative ne peuvent faire l'objet d'un litige distinct de celui relatif à la décision de validation. Ces litiges relèvent de la compétence, en premier ressort, du tribunal administratif qui statue dans les trois mois, à l'exclusion de tout autre recours administratif ou contentieux* ».

Le juge administratif n'est pas débordé : mais tout est conçu pour ! La cour administrative d'appel de Versailles a dû rappeler une évidence le 14 mars 2019 : « *À supposer que les suppressions de postes envisagées dans le cadre de l'accord collectif reposent sur un motif économique, cette circonstance ne fait pas obstacle à la mise en œuvre d'une rupture conventionnelle collective* ».

2 – Juge judiciaire. « *Les litiges relatifs* à l'exécution *du plan de départs volontaires relèvent de la compétence du Conseil des prud'hommes* », avec saisine dans un délai maximum de douze mois à compter de la date de rupture effective du contrat. Exemple : la somme promise n'a finalement pas été versée en totalité.

RCC RÉUSSIE, PUIS MORT DE L'ENTREPRISE ?

Article L. 1237-19-1 : « *L'accord portant rupture conventionnelle collective détermine (...) les conditions que doit remplir le salarié pour en bénéficier, et les critères de départage entre les potentiels candidats au départ* ».

Ce pouvoir de sélection est essentiel à deux titres.

Côté Dreets, car les règles déterminant les salariés éligibles au départ volontaire doivent être « *préalablement définies et objectives* ». L'Administration s'assure en effet que les critères de sélection « *tiennent compte de la viabilité du projet professionnel du salarié. L'accord peut notamment subordonner le départ volontaire d'un salarié à la condition qu'il présente une offre sérieuse de reclassement externe ou un projet sérieux de création ou reprise d'entreprise* ». Sinon, refus de validation.

Mais surtout côté entreprise. Car **quantitativement**, le nombre de volontaires est souvent très supérieur au chiffre souhaité par la direction ; et **qualitativement,** si l'on écarte les collaborateurs proches de la retraite, ce sont les meilleurs qui veulent partir. Sans même évoquer la productivité naturellement décuplée, et l'esprit constructif des candidats recalés : si la RCC est mal cadrée, les 138 volontaires seront obtenus en un mois mais l'entreprise déposera le bilan six mois plus tard, faute d'avoir su maintenir son capital humain, en particulier dans les services essentiels.

Il faut donc trouver des critères, objectifs et licites (donc pas seulement l'âge ou l'ancienneté), qui peuvent être différents de ceux évoqués pour l'ordre des licenciements ne s'appliquant pas ici.

494 **Fracture et facture sociales.** Ces départs triplement consensuels (syndicats majoritaires + Dreets + salariés volontaires) limitant le contentieux peuvent être d'une redoutable efficacité en termes de rapidité et d'absence de conflits.

Mais rarement ciblés sur les jeunes collaborateurs les plus prometteurs et en pleine santé, ils ne correspondent pas toujours à la « gestion des emplois et des parcours professionnels » tant vantée depuis 2005 : « *Faire l'entreprise de demain avec les hommes d'aujourd'hui* ». Ni à la volonté de maintien dans l'emploi de nos coûteux jeunes seniors... dont la plupart il est vrai ne demandent qu'à partir, y compris le cas échéant pour bénéficier, malgré le contrôle administratif, d'une très créative « préretraite ASSEDIC », si coûteuse pour la collectivité.

La loi du 22 mai 2019 a pourtant modifié l'article 1833 du Code civil, en affirmant la nécessité pour une société de « prendre en considération les enjeux sociaux » inhérents à leur activité. Or des deux côtés de la table, nul n'ignore que tout dépend du montant du chèque, et les syndicalistes privilégiant les projets de reclassement externe prennent de grands risques en termes électoraux.

D'où la légitimité de l'intervention de la Dreets pour éviter fracture, et facture sociales.

Partie 4

RUPTURES DU CONTRAT À DURÉE INDÉTERMINÉE

495 **Le contrat de travail n'a pas vocation à l'éternité.** À tout moment le salarié subordonné peut démissionner et ainsi « reprendre sa liberté », le chef d'entreprise pouvant se séparer de lui par un « licenciement », dont l'étymologie renvoie à la même idée de liberté. Article L. 1231-1 : *« Le contrat de travail à durée indéterminée peut être rompu à l'initiative de l'employeur ou du salarié, ou d'un commun accord. »*

Mais outre ces trois formes classiques de rupture, existent en droit du travail de nombreuses hypothèses où le non-spécialiste est souvent embarrassé : du plus simple (refus d'une modification des horaires) au plus compliqué (longue maladie conduisant à l'inaptitude physique totale au poste), en passant par la consensuelle résiliation conventionnelle, individuelle mais aussi collective, ou au contraire la brutale prise d'acte. Pour chaque cas, il convient de rechercher la nature exacte de la rupture, qui détermine une procédure précise dont le non-respect est (parfois pénalement) sanctionné. Car, *« le juge qui constate la rupture du contrat doit dire à qui cette rupture est imputable, et en tirer les conséquences juridiques ».*

A fortiori **après la crise C19 et la rude remontée du chômage**, le licenciement a souvent des conséquences psychologiques, familiales sinon physiologiques importantes (la souffrance du *non*-travail : morbidité des chômeurs supérieure à la moyenne). Et il se passe rarement bien malgré les efforts du droit du travail : procédure longue et indemnisation, pour partir la tête haute. Il représente d'ailleurs aujourd'hui plus de 90 % du contentieux prud'homal, permettant au salarié de poursuivre ce travail de divorce professionnel.

496 **Interactions entre les divers modes de rupture.** Chaque mois avant le C19, ce sont environ 555 000 salariés qui *s'inscrivaient* chaque mois à Pôle emploi : 9 000 suite à leur licenciement économique, 36 000 (soit le quadruple) suite à un licenciement pour motif personnel, 110 000 à l'issue de leur CDD : 30 000 suite à une mission d'intérim et 19 000 après avoir démissionné : deux signes de reprise. Enfin 35 000 ruptures conventionnelles avaient été homologuées par les Dreets. **Mais** toute rupture ne conduit pas forcément à Pôle emploi : ainsi du démissionnaire rejoignant immédiatement son nouvel employeur (le chiffre des inscrits à ce titre est très inférieur à celui de la totalité des démissionnaires), ou du retraité ravi de pouvoir enfin consacrer du temps à ses hobbies.

497 **TSL (« Tout Sauf un Licenciement ») et évasion sociale.** La *« résiliation du contrat à durée indéterminée à l'initiative de l'employeur »* (= licenciement) est le mode de rupture le plus réglementé afin de sauvegarder la dignité du salarié : procédure contradictoire, cause réelle et sérieuse. Mais aussi dans l'intérêt de la société tout entière : des salariés licenciés à 58 ans risquent de rester longtemps à la charge de Pôle emploi, voire devenir « bénéficiaires » du RSA. Or depuis la loi fondatrice du 13 juillet 1973, on a assisté à un phénomène très classique en droit : plus le licenciement, personnel ou économique, était réglementé, plus le nombre de démissions, résiliations conventionnelles (aujourd'hui 3e mode de rupture : le triple des licenciements économiques), a augmenté… cependant moins vite que le travail précaire, voire l'extériorisation de l'emploi.

498 **Vases communicants et interactions.** Car lorsque le contrat à durée déterminée ou de travail temporaire arrive à échéance, il n'y a ni licenciement ni même rupture, mais extinction prévue par les deux parties : l'employeur n'est pas soumis aux contraintes juridiques qu'entraîne un licenciement. Le législateur a donc également dû intervenir pour limiter la croissance du travail précaire, et c'est alors la sous-traitance (version officielle : « *recentrage sur le cœur de métier* »), l'extériorisation (vraie ou fausse) ou les « indépendants » et autres « auto-entrepreneurs » chers à la Gig Economy qui ont pris la relève.

499 **L'équilibre est difficile à trouver,** et l'évasion sociale (comme fiscale : « *les hauts taux tuent les totaux* ») un phénomène que le travailliste ne peut ignorer. Car avec la croissance du nombre de chômeurs, loi et surtout jurisprudence se sont montrées de plus en plus exigeantes à l'égard de l'entreprise. Il s'agit désormais moins de l'exercice du droit de résiliation unilatérale que de lutte contre l'exclusion, dans l'intérêt de la société tout entière : dès avant le C19, les politiques de l'emploi coûtaient 40 milliards d'euros par an, soit deux points du PIB.

500 Au nom de l'intérêt général, le licenciement économique est par exemple devenu la solution ultime, quand tous les reclassements possibles ont été envisagés : comme l'a indiqué le Conseil constitutionnel, la sauvegarde de l'emploi est une exigence de valeur constitutionnelle, mais doit se concilier avec la liberté d'entreprendre (Décision « Florange » du 27 mars 2014).

501 **Tel Gulliver paralysé par des milliers de liens posés par les petits Lilliputiens**, depuis 1946 l'employeur français avait vu se créer chaque année de nouvelles règles sans que d'anciennes disparaissent, rendant difficile sa réactivité face au marché. Les ordonnances du 22 septembre 2017 puis les textes de 2018-2020 ont pris acte de cette nécessaire agilité dans le contexte de la Révolution numérique, menaçant pour l'emploi des peu qualifiés. La liberté d'entreprendre retrouve donc de vives couleurs, sous l'œil bienveillant du Conseil constitutionnel... et la pression de la Commission de Bruxelles, son obsession de la libre concurrence et de son marché sans entrave, nettement calmée par l'irruption du C19.

502 **Mais il n'y a pas d'employés sans employeur.** Et un chef d'entreprise n'embauche pas parce qu'un nouveau contrat vient d'être créé, ou que les dommages-intérêts en cas de licenciement non fondé sont plafonnés. Il faut qu'il ait de nouvelles commandes, de nouveaux clients, de la visibilité et de la sécurité juridique...et judiciaire.

503 **Un CDI à durée de plus en plus indéterminée,** sinon plus brève. L'enquête publiée en janvier 2015 par la DARES (http://travail-emploi.gouv.fr/IMG/pdf/2015-005.pdf) montre que le CDI n'a pas la stabilité attendue : 20 % durent moins de trois mois, et 36 % sont rompus avant un an (46 % pour les moins de 24 ans...) : 16 % par démission (23 % pour les moins de 24 ans), 13 % par rupture d'essai, 4 % pour motif personnel, puis 2 % par résiliation conventionnelle.

RESPONSABILITÉ SOCIALE DES ENTREPRISES : DROIT ET ÉTHIQUE DU LICENCIEMENT

Si ce qui suit se limite au terrain du droit, faut-il rappeler qu'il existe – heureusement – nombre d'autres règles de vie en société ?

Convoquer un ingénieur de 58 ans le 23 décembre en lui annonçant l'entretien préalable le lundi 2 janvier au matin s'agissant d'un licenciement économique qui aurait pu sans doute attendre la fin des congés, est-ce courtois sinon admissible ?

Licencier un collaborateur de 56 ans pour insuffisance, alors que dans les médias l'entreprise se fait la championne de l'employabilité des seniors, est-ce lui faire perdre son emploi ou l'exclure du monde du travail ?

Licencier un cadre malade depuis plus d'un an peut s'avérer indispensable, et cette pratique est admise par le Droit. Mais, s'il est vraiment malade depuis une aussi longue durée, son exclusion de l'entreprise n'aura-t-elle pas un effet très négatif sur l'évolution de sa maladie ?

Jusqu'où peuvent aller les projets d'entreprise ? Dans certains d'entre eux est évoquée l'adhésion à « Nos dix valeurs » en forme de Dix Commandements, dont certaines peuvent parfois toucher la vie privée ou la liberté d'expression des salariés. Un très bon cadre, en désaccord avec sa hiérarchie sur ces thèmes, peut-il être licencié comme cela a déjà été le cas ?

La responsabilité juridique (ces licenciements ont-ils une cause réelle et sérieuse ?) ne peut évidemment être la seule en cause.

Si l'angélisme n'a pas droit de cité dans l'entreprise qui ne peut constituer un hôpital social, le droit du travail pose à l'homme (en pratique surtout à la femme) chargé(e) de son application des questions souvent dérangeantes, surtout au temps de la très médiatique RSE (« Responsabilité sociétale de l'entreprise »), parfois en forme de « markéthique » afin de bien se positionner face à la concurrence sur le marché mondial de la Vertu.

S'il est excellent que des accords de RSE protègent les enfants pakistanais ou birmans, il n'est pas interdit de commencer par les appliquer aux seniors et autres salariés malades de longue durée en voie de licenciement dans les usines et bureaux français.

504 Plan

Ce thème important à tous les points de vue (personnel, économique, contentieux) nécessite l'examen de cinq chapitres successifs, à jour des textes de 2017-2021... Mais ont été écartées de l'étude les lois et ordonnances à durée déterminée spécifiques à la période d'Urgence sanitaire.

Chapitre 1 : « Le licenciement pour motif personnel ». *Chapitre 2* : « Le licenciement pour motif économique ». *Chapitre 3* : « La démission ». *Chapitre 4* : « Les autres modes de rupture ». *Chapitre 5* : « Les suites du licenciement ».

Chapitre 1

Le licenciement pour motif personnel

Le régime du licenciement pour motif *personnel*, donc « *inhérent à la personne* » selon le droit communautaire, a connu de profonds changements avec l'ordonnance du 22 septembre 2017 « *relative à la prévisibilité et la sécurisation des relations de travail* ». Mais la loi fondatrice reste celle du 13 juillet 1973.

505 **Avant 1973**, la seule obligation qui pesait sur l'employeur était l'envoi d'une lettre recommandée notifiant son licenciement au salarié concerné ; sur le fond, il n'avait qu'à répondre de ses abus éventuels.

Votée au début de la fin des Trente Glorieuses et donc en l'absence de nombreux licenciements pour motif économique, la loi du 13 juillet 1973 a rompu avec le passé :

- elle a obligé le chef d'entreprise à mieux respecter la dignité du salarié, en lui permettant de s'expliquer lors d'un entretien préalable. Elle a donc institué une procédure contradictoire *(Section I)* ;
- elle a exigé que tout licenciement repose sur une cause réelle et sérieuse, sous peine de fortes sanctions reconfigurées par l'ordonnance du 22 septembre 2017 *(Section II)*.

ÉVITER LES GB (GROSSES BOURDES)

Le droit du licenciement ne s'applique pas :

- à la rupture de la période d'essai (art. L. 1231-1, 3e al.) ;
- à l'échéance, ou lors de la rupture avant terme d'un contrat à durée déterminée, et d'un contrat de travail temporaire ;
- *a fortiori* d'un contrat d'entreprise (ex. : avec un auto-entrepreneur... tant qu'il n'est pas requalifié).

Ne pas confondre :

- licenciement *individuel* et licenciement pour *motif personnel*. Un seul salarié peut être licencié pour motif économique (l'unique caissière de la Boucherie Sanzot) : ce sera alors la procédure spécifique qui s'appliquera. À l'inverse, plusieurs salariés peuvent être licenciés le même jour pour un même motif personnel (vol de matériel en bande organisée) ;
- licenciement pour *faute* et licenciement *pour cause*. Le premier ne constitue qu'un sous-ensemble du second : l'insuffisance professionnelle ne constitue pas une faute mais, dans les conditions examinées ci-après,

une cause personnelle de licenciement. *Idem* pour la vie privée du salarié (V. *infra*).

Un droit d'ordre public

Si la clause contractuelle limitant le droit par l'employeur de rompre un CDI reste licite dès lors qu'elle ne rend pas impossible la rupture du contrat, « *aucune clause du contrat ne peut valablement décider qu'une circonstance quelconque constituera en elle-même une cause de licenciement* » (CS, 12 févr. 2014) : le juge n'est pas lié par ces dispositions destinées à lui retirer tout pouvoir d'appréciation. Si la loi elle-même énonce parfois des causes réelles et sérieuses présumées, n'existe donc pas en droit français de clauses *contractuelles* permettant de pré-constituer une cause réelle et sérieuse (art. L. 1231-4) : mais elles ne sont pas dénuées d'effet psychologique.

Seul un accord *collectif* de performance collective peut pré-constituer la cause réelle et sérieuse du licenciement du salarié ayant refusé son application, du moins si cet accord a scrupuleusement respecté les prescriptions légales.

SECTION I La procédure de licenciement pour motif personnel

506 **Un acte grave.** Elle peut paraître longue voire complexe, et les classements mondiaux en font souvent le reproche à la France. Pourtant, avant de décider de cet acte si grave, ne faut-il pas que chacun puisse expliquer son point de vue ?

Sa durée (concrètement, au minimum dix jours) permet parfois d'empêcher les coups de tête dans les PME, sur lesquels le chef d'entreprise ne voulait pas ensuite revenir pour ne pas perdre la face. Même si l'ordonnance du 22 septembre 2017 a créé une session de rattrapage en faveur du (petit) employeur.

Elle assure le respect des droits de la défense : le salarié pourra s'expliquer directement, dans une discussion en tête-à-tête. Il s'agit tout à la fois de courtoisie minimale à l'égard de quelqu'un qui a travaillé dans l'entreprise, de vérifier le motif de l'éventuelle rupture, mais parfois aussi de chercher une solution alternative.

On ne peut enfin ignorer que cette procédure se révèle dissuasive à deux points de vue : sa complexité même dissuade le chef d'entreprise de procéder à cette mesure grave. Et l'entretien préalable le fait parfois renoncer à son projet : c'est une chose de signer une lettre de licenciement glissée dans un parapheur ; ç'en est une autre que devoir annoncer directement à un salarié en plein désarroi familial qu'il va être licencié, *a fortiori* pour celui en très longue maladie et qui, contre toute attente, s'est présenté à l'entretien.

Point n'est besoin d'apprendre par cœur cette procédure, qui est chronologique : fixation d'un rendez-vous *(§ 1)* pour un entretien en forme de tentative de conciliation *(§ 2)*. Puis après un nécessaire délai de réflexion, l'employeur prend une décision qu'il notifie, toujours très soigneusement motivée, au salarié *(§ 3)*. Depuis septembre 2017, il bénéficie le cas échéant d'une petite session de rattrapage sur sa motivation *(§ 4)*. Mais comme à l'Université, il a tout intérêt à l'éviter.

§1 Convocation à l'entretien préalable : ultime conciliation ? (art. L. 1232-2)

507 **Aucun seuil d'effectifs, ni d'ancienneté.** Tout projet de licenciement pour motif personnel doit d'abord donner lieu à l'envoi d'une lettre recommandée de convocation à l'adresse donnée par le collaborateur, que l'employeur peut également remettre en main propre au salarié contre récépissé : si ce dernier refuse de la prendre, il faudra utiliser La Poste ou un huissier. Mais pour d'évidentes raisons de dignité mais aussi probatoires, ni Intranet, ni Internet, ni *a fortiori* un courriel ou un SMS.

Cette lettre indique qu'un licenciement est *envisagé* – évidemment pas *décidé* – à l'encontre du salarié, et fixe le jour et l'heure, ainsi que le lieu de l'entretien qui ne peut avoir lieu moins de cinq jours *ouvrables* après la présentation de la lettre de convocation : le salarié ne peut renoncer à ce délai. Cet entretien a en principe lieu sur le temps et le lieu du travail.

Il n'est pas obligatoire d'évoquer dans cette lettre les faits qui justifient le déclenchement de la procédure, car il ne s'agit pas de contentieux. Il est en revanche indispensable de préciser qu'il s'agit d'un éventuel licenciement, et non « *d'une sanction* », ou « *d'une mesure importante vous concernant* » : il faut que le salarié puisse savoir ce qui l'attend exactement, préparer ses arguments et joindre la personne qui pourra, le cas échéant, l'assister lors de cet entretien. Si le terme « licenciement » ne figure pas, la procédure est d'ores et déjà irrégulière.

508 **Assistance (art. L. 1232-4)** : « *Vous pouvez vous faire assister par une personne de votre choix appartenant au personnel de l'entreprise.* » Cette phrase doit figurer sur toute lettre de convocation, et chaque mot compte :

- le salarié *peut*, mais ne doit pas. Si par exemple le cadre souhaite évoquer un départ négocié, ou si le salarié honteux et confus ne souhaite pas donner une publicité certaine à son licenciement pour harcèlement sexuel, il viendra seul lors de l'entretien ;
- « se faire *assister* », au sens physique ou moral du terme : ne pas être seul face au responsable du personnel. Mais non se faire *représenter* par quiconque : avocat, délégué syndical, voire belle-maman. Pour que l'entretien aboutisse à la conciliation souhaitée, le salarié doit venir *en personne*, et l'employeur peut refuser tout représentant, et *a fortiori* toute délégation collective bruyante ;
- par un « *membre* du personnel » ; pas forcément un *représentant* du personnel, bien que ce soit très souvent le cas, ce dernier étant protégé contre une éventuelle réaction patronale. Un ami, un camarade de travail courageux voire téméraire, peut donc venir assister le salarié lors de l'entretien. Il sert de soutien psychologique, mais peut-être aussi à l'avenir de témoin dans un éventuel

contentieux prud'homal : position bien délicate qui calme les ardeurs. Malgré son absence à son travail lors de l'entretien, il devra être payé ;
- « de *l'entreprise* », notion plus large que celle d'établissement : le salarié d'un petit établissement de 9 ou 36 salariés, ne disposant *dans les faits* d'aucun CSE, peut faire appel à un camarade, ou à un délégué d'un autre établissement en disposant.

509 **TPE/ Conseiller du salarié (art. L. 1232-7).** C'est justement cette absence *légale* de délégués, et aujourd'hui de CSE dans les TPE, mais aussi *en fait* dans de nombreuses PME qui a amené le législateur à prévoir la possibilité dans les entreprises ne disposant *en fait* d'aucun représentant du personnel (les TPE de moins de 11 salariés en droit ; mais fréquemment les entreprises de plus de 50 n'ayant pas de Comité social et économique) : le salarié peut alors se faire assister par un *« conseiller du salarié »* extérieur à l'entreprise, inscrit sur une liste dressée par le préfet après proposition des organisations syndicales, où figurent les nom, adresse, profession et éventuelle appartenance syndicale des conseillers pour faciliter le choix du futur licencié.

Dans cette hypothèse des TPE, la lettre de convocation doit alors (*en plus*) indiquer que le salarié peut *également* se faire assister par ce « conseiller », et fournir obligatoirement l'adresse de l'inspection du travail et de sa mairie où il pourra prendre connaissance de la liste fixée tous les trois ans par le préfet. Sinon la procédure sera irrégulière, avec à la clef un mois maximum de salaire.

Dans la limite ici absolue de quinze heures mensuelles, ce conseiller, souvent lui-même salarié voire représentant du personnel dans une grande entreprise (souvent publique), a le droit de s'absenter pour assister les futurs licenciés, et son salaire sera maintenu.

Mais le but était autant d'assister psychologiquement voire juridiquement le salarié, que d'ouvrir discrètement aux syndicats les portes des petites entreprises sans représentation du personnel. Bien faible succès.

510 **Temps minimum de réflexion.** La jurisprudence veille à ce que le salarié convoqué dispose d'un temps « raisonnable » sinon « suffisant » afin de joindre un éventuel assistant et préparer sa défense. Et si le salarié d'une PME compte se faire assister par un conseiller du salarié, il doit disposer d'au moins cinq jours *ouvrables* (dimanche ou jour férié ne comptent pas, mais le samedi non ouvré, si) après la présentation au salarié de la lettre recommandée de convocation ou sa remise en main propre, et doit en informer le petit patron, parfois fort surpris et qui ne dispose pas de la même possibilité : il devra bien préparer cet entretien, car de nombreux conseillers sont militants syndicaux, ont été conseiller prud'homal, et ne dépendent en rien de lui.

Une fois la lettre reçue, le salarié n'est jamais obligé de se rendre à l'entretien préalable, et son absence ne peut jamais lui être imputée à faute. Mais comme il ne peut être question que son absence ou un arrêt-maladie paralysent la procédure (« *L'employeur n'a pas l'obligation de reporter la date de l'entretien préalable d'un salarié malade* », même si un tel report n'est évidemment pas interdit... s'il reste dans les délais), l'employeur constatera devant témoin son absence le jour dit, et pourra la poursuivre.

§2 Entretien individuel préalable, sur temps et lieu de travail

511 **Ultime tentative de conciliation.** « *L'employeur indique les motifs de la décision envisagée et recueille les explications du salarié* » (art. L. 1232-3).

Dans l'esprit du législateur, cet entretien doit chercher à aboutir à une conciliation permettant d'éviter le licenciement. L'employeur informé des faits exacts, et tenant compte de la situation personnelle difficile alors parfois décrite par le salarié, renoncerait à cette mesure définitive ou chercherait des mesures alternatives (ex. : mise à pied, mutation). Mais il en va différemment en pratique : la complexité de la procédure incite à ne convoquer le salarié que lorsque le licenciement semble acquis. Si l'entretien permet de respecter le principe du contradictoire, il aboutit donc très rarement à la conciliation souhaitée.

L'employeur ou le RRH indique au salarié les motifs précis qui l'ont amené à déclencher la procédure (c'est la première fois qu'ils sont ainsi énoncés), puis recueille donc ses explications... et éventuellement celles, parfois plus musclées y compris sur le plan juridique, de la personne qui l'assiste.

Car cette dernière n'est pas qu'un témoin en vue d'un contentieux ultérieur . Souvent habitué à la prise de parole ou à la négociation (ex. : délégué syndical), elle intervient parfois avec beaucoup de conviction et quelques arguments tactiques, surtout lorsqu'elle est extérieure à l'entreprise (conseiller du salarié). La jurisprudence laisse ici une immense liberté d'expression au salarié, sauf abus (ex. : diffamation, injure, vie privée du chef d'entreprise).

512 **L'employeur ou son représentant participe seul à l'entretien.** La Cour de cassation a cependant admis, lorsque cela est indispensable, que soit ponctuellement présent la supérieure hiérarchique du salarié ou toute autre personne nécessaire à son déroulement. Mais il est illicite d'aller au-delà et de multiplier les acteurs, voire les spectateurs du côté patronal afin d'impressionner le salarié et son assistant.

Il est illégal que l'employeur ou le DRH se fasse *représenter* par une personne extérieure ou simplement assister par un avocat. *A fortiori* un simple entretien téléphonique ou un échange de courriels rendent la procédure irrégulière même en cas de pandémie, tout comme une audition commune à plusieurs salariés ayant par exemple commis la même faute.

A fortiori ni un avocat, ni l'expert-comptable de la TPE ne peut conduire l'entretien puis signer la lettre : « *La finalité même de l'entretien et les règles relatives à la notification du licenciement interdisent à l'employeur de donner mandat à une personne étrangère à l'entreprise pour conduire la procédure de licenciement* ».

La durée de l'entretien est très variable : s'il s'agit d'une faute reconnue par le salarié, il est fort bref. Si la faute est contestée ou si la sanction évoquée paraît excessive, il est plus long et peut donner lieu à de véritables négociations (transformation du licenciement en mutation ou mise à pied) : aucune des parties n'a intérêt à aller au contentieux, même si chacun l'évoque.

Et si le salarié ne se présente pas, hors force majeure ou confinement absolu, la procédure continue...

513 **De facto, délai de réflexion minimum de 72 heures.** L'employeur ne peut notifier immédiatement le licenciement à l'issue de l'entretien : afin de lui donner le temps de la réflexion, la loi impose de ne pas envoyer la lettre de notification avant un délai de deux jours ouvrables... souhaitant qu'il s'arrête là et renonce au licenciement. Ce qu'il peut toujours faire, même si le salarié a déjà pris ses dispositions : sauf abus, l'employeur peut renoncer à poursuivre la procédure de licenciement qu'il a engagée sans commettre de faute. S'il n'existe pas de délai légal et général entre l'entretien et la notification (*mais* un mois maximum en cas de licenciement disciplinaire, sauf si une procédure conventionnelle obligatoire a été mise en œuvre dans l'intervalle), il est souhaitable de respecter en pratique ce bref délai afin de ne pas laisser le salarié dans l'incertitude. *A fortiori* en cas de faute grave ou lourde exigeant une rupture rapide.

§3 Notification du licenciement, très précisément motivée (art. L. 1232-6)

514 **LRAR...surtout bien motivée !** Cette notification intervient par lettre recommandée avec accusé de réception, car elle revêt une particulière importance, la rupture se situant à la date où l'employeur a manifesté sa volonté d'y mettre fin, c'est-à-dire au jour de *l'envoi* de la lettre LRAR notifiant la rupture.

Attention ! Elle doit toujours :

- être signée par l'employeur ou son représentant, pas par une personne étrangère à l'entreprise (l'expert-comptable de la TPE qui la rédige : défaut de cause réelle et sérieuse) ;
- énoncer précisément le(s) motif(s) précis, donc réels *puis* sérieux, du licenciement, quelle qu'en soit la cause (faute, cause, motif économique...) : donc ne jamais procéder par renvoi à l'entretien, ou à une sanction antérieure. Le législateur s'est ici placé dans une optique contentieuse : ce document écrit sera essentiel devant le Conseil des prud'hommes, car il lie l'employeur n'ayant pas utilisé les modèles de lettre proposée par le ministère du travail, ni utilisé sa session de rattrapage de septembre 2017 (V. § 4 *infra*).

515 **Esprit ouvert, pas béant.** Mais cette obligation de motivation peut se révéler défavorable au salarié : à l'égard de sa famille par exemple, souhaite-t-il que l'on connaisse le vrai motif de son licenciement (ex. : harcèlement sexuel) ? Lorsqu'il retrouvera du travail, que dira-t-il au nouvel employeur qui lui demandera, parmi d'autres pièces, sa lettre de licenciement où figure le motif : « vols répétés » ? Mais côté patronal, même si le salarié le demande, il ne peut donc être question de ne pas motiver précisément la lettre, voire donner un motif moins rude : devant le juge prud'homal, cela constituerait un défaut de cause réelle et sérieuse.

Mais les risques d'erreurs de motivation devraient aussi diminuer avec l'article L. 1232-6 et ses six modèles de lettre qui sont proposés (pas *imposés*) à l'employeur depuis le décret du 29 décembre 2017. Deux modèles concernent le licenciement personnel : 1. Motif disciplinaire : faute simple, grave ou lourde. 2. Motif non disciplinaire :

insuffisance professionnelle, ou trouble au fonctionnement de l'entreprise en raison de faits commis hors de la sphère professionnelle.

Pour un licenciement classique (vol, retards ou incidents client), ces modèles suffisent amplement.

DÉCRET DU 29 DÉCEMBRE 2017
MODÈLE DE LETTRE DE LICENCIEMENT
POUR MOTIF PERSONNEL DISCIPLINAIRE
FAUTE SÉRIEUSE, GRAVE OU LOURDE

S'agissant d'un licenciement pour motif disciplinaire, l'employeur dispose d'un délai de deux mois à compter de sa connaissance des faits fautifs pour engager la procédure disciplinaire.

Dénomination sociale et adresse du siège social de l'entreprise
Lieu et date
Nom, prénom et adresse du salarié

Objet : notification d'un licenciement pour faute (préciser s'il s'agit d'une faute sérieuse, grave ou lourde)
Lettre recommandée avec avis de réception ou lettre remise contre récépissé (la lettre ne peut être expédiée ou remise en main propre moins de deux jours ouvrables après l'entretien préalable et au plus tard un mois à compter de l'entretien préalable ou, le cas échéant, à compter de l'avis rendu par une instance disciplinaire).
« Madame, Monsieur...,
Suite à notre entretien qui s'est tenu le... (date à compléter), nous vous informons de notre décision de vous licencier pour les motifs suivants :... (énoncer les éléments fautifs de façon précise et objective. Ils doivent être matériellement vérifiables, si possible en précisant les dates, les lieux, le contexte plus général de l'attitude fautive du salarié et être imputables personnellement au salarié. S'il est reproché une faute lourde, mentionner l'intention de nuire à l'entreprise).
Si le salarié ne s'est pas présenté à l'entretien préalable, indiquer : « Nous vous avons convoqué à un entretien préalable en date du... auquel vous ne vous êtes pas présenté. Nous vous informons, par la présente, de notre décision de vous licencier pour les motifs suivants :... » (énoncé des éléments fautifs comme ci-dessus).

Si le salarié est un salarié protégé, ajouter
« Votre licenciement a fait l'objet d'une autorisation de l'inspecteur du travail (ou du ministre du Travail) en date du... » (date à compléter).

Si le salarié est licencié pour faute sérieuse et si vous souhaitez qu'il exécute son préavis
« Vous restez tenu d'effectuer votre préavis d'une durée de... (durée du préavis à compléter), qui débutera à la date de première présentation de cette lettre. »

Si le salarié est licencié pour faute sérieuse et si vous le dispensez d'effectuer son préavis
« Nous vous dispensons d'effectuer votre préavis qui débute le... (date présumée de première présentation de cette lettre à compléter) et se termine le... (date

à compléter selon la durée du préavis), date à laquelle vous quitterez les effectifs de l'entreprise. Votre salaire continuera de vous être versé durant cette période ».

Si le salarié est licencié pour faute grave ou faute lourde
« Compte tenu de la gravité des faits qui vous sont reprochés, votre maintien dans l'entreprise est impossible. Votre licenciement prend donc effet immédiatement, sans indemnité de préavis ni de licenciement ».

Si le salarié est licencié pour faute grave ou lourde et qu'il fait l'objet d'une mise à pied à titre conservatoire au cours de la procédure de licenciement
« Vous avez fait par ailleurs l'objet d'une mise à pied à titre conservatoire qui vous a été notifiée le... (préciser la date). Dès lors, la période non travaillée du... (indiquer la date de début de la mise à pied) au... (indiquer la date de la notification du licenciement) ne sera pas rémunérée. »
Pour l'ensemble des cas, une option...
« À l'expiration de votre contrat de travail, nous tiendrons à votre disposition [ou] nous vous remettrons [ou] nous vous adresserons par courrier votre certificat de travail, votre reçu pour solde de tout compte et votre attestation Pôle emploi. ***Vous pouvez faire une demande de précision des motifs du licenciement énoncés dans la présente lettre, dans*** les quinze jours suivant sa notification par lettre recommandée avec avis de réception ou remise contre récépissé. Nous avons la faculté d'y donner suite dans un délai de quinze jours après réception de votre demande, par lettre recommandée avec avis de réception ou remise contre récépissé. Nous pouvons également, le cas échéant et dans les mêmes formes, prendre l'initiative d'apporter des précisions à ces motifs dans un délai de quinze jours suivant la notification du licenciement ».
Nom, prénom Qualité
Signature

516 La rédaction des motifs doit donc donner lieu à une triple réflexion :

1. sont-ils exactement ceux évoqués lors de l'entretien préalable, évoqués devant le Conseil des prud'hommes par le salarié et la personne qui l'a assisté ? En cas de contradiction (deux retards à l'oral deviennent « insubordination répétée » dans la lettre), le motif du licenciement ne sera pas réel (+ « *le doute profite au salarié* »).
2. S'il y a pluralité de motifs, mais qu'un seul d'entre eux peut conduire à la nullité du licenciement car portant atteinte à une liberté fondamentale (grève, discrimination), *« il n'y a pas lieu d'examiner les autres griefs pour vérifier l'existence d'une cause réelle et sérieuse »* avait indiqué l'arrêt du 3 février 2016 créant le « motif contaminant », frappant de *nullité* le « licenciement-représailles » (assignation aux prud'hommes en requalification de CDD). Mais problème : à s'en tenir à cette jurisprudence, un petit patron ayant reproché à son collaborateur des coups et blessures volontaires sur son collègue, le vol de 36 138 euros de matériel et un vaste détournement de clientèle devrait ensuite le réintégrer sous astreinte s'il avait (bêtement) ajouté : « ...*Et en plus, tu veux me traîner aux prud'hommes !* ».

L'ordonnance du 22 septembre 2017 a donc légitimement créé un article L. 1235-2-1 : « *En cas de pluralité de motifs de licenciement, si l'un des griefs reprochés au salarié porte atteinte à une liberté fondamentale, la nullité encourue de la rupture ne dispense pas le juge d'examiner l'ensemble des griefs énoncés, pour en tenir compte, le cas échéant, dans l'évaluation qu'il fait de l'indemnité à allouer au salarié, sans préjudice des dispositions de l'article L. 1235-3-1* » (nouveau, portant sur le licenciement nul : « *lorsque le salarié ne demande pas la poursuite de son contrat de travail ou que sa réintégration est impossible, le juge lui octroie une indemnité, à la charge de l'employeur, qui ne peut être inférieure aux salaires des six derniers mois* »).

3. Ces motifs peuvent-ils fonder un licenciement sur une cause réelle, *et* sérieuse, *pour le salarié en cause* ? Un salarié âgé n'ayant jamais fait l'objet d'un reproche ne doit pas être traité comme le jeune diplômé multirécidiviste des retards et autres écarts de langage avec les clients.

§4 Éventuelle session de rattrapage (patronale)

517 **Avant 2017, la LRAR fixait définitivement le cadre du litige** éventuel, et le chef d'entreprise ne pouvait à aucun moment ni remettre en cause, ni ajouter d'autre motifs : « *La lettre de licenciement fixant les termes et les limites du litige, le juge ne peut retenir d'autres griefs* ». Devant les nombreux cas où des petits patrons s'étaient fait condamner pour défaut de cause réelle et sérieuse en raison d'une rédaction approximative (et à une époque où le plafonnement n'existait pas), l'ordonnance du 22 septembre 2017 a voulu, au-delà des six modèles de lettre, leur permettre de rectifier le tir. Mais y est-elle parvenue ?

Article L. 1235-2 : « *Les motifs énoncés dans la lettre de licenciement (...) peuvent, après la notification de celle-ci, être précisés par l'employeur, soit à son initiative, soit à la demande du salarié, dans des délais et des conditions fixées par décret en Conseil d'État* ».

La LRAR une fois envoyée, l'employeur peut donc « ***préciser*** les motifs énoncés » : de lui-même ou sur demande du salarié. Bonne idée a priori que cette session de rattrapage pour le patron de TPE/PME ayant peu, ou mal motivé la lettre.

Le décret du 15 décembre 2017 a précisé les règles applicables.

Article R. 1232-13. « *Dans les quinze jours (a priori* calendaires*) suivant la notification du licenciement, le salarié peut, par lettre recommandée avec avis de réception ou remise contre récépissé, demander à l'employeur des précisions sur les motifs énoncés dans la lettre de licenciement.*

L'employeur dispose d'un délai de quinze jours après la réception de la demande du salarié pour apporter des précisions s'il le souhaite. Il communique ces précisions au salarié par lettre recommandée avec avis de réception ou remise contre récépissé.

Dans un délai de quinze jours suivant la notification du licenciement et selon les mêmes formes, l'employeur peut, à son initiative, préciser les motifs du licenciement ».

L'exercice a donc d'étroites limites : 1. L'employeur ne peut ni compléter, ni modifier les motifs énoncés, et *a fortiori* changer de qualification : un licenciement disciplinaire reste disciplinaire, et économique, économique. Il est simplement possible de les *préciser* : « insuffisance professionnelle » est un peu court ? La lettre rappellera les résultats des trois derniers trimestres.

2. Que va penser le juge prud'homal de cette seconde LRAR ? Sur quelle version devra-t-il se prononcer ? La dernière, même si elle ne doit que « préciser » la première ? Il devra mixer les deux pour se faire une opinion, mais « *en cas de doute, il profite au salarié* ».

Cette nouveauté comporte donc quelques aspects tactiques. Si par exemple la lettre n'énonce que des généralités et donc aucune cause réelle *et* sérieuse, le salarié avisé n'a guère intérêt à demander des précisions avant de saisir le Conseil des prud'hommes.

À l'inverse, le salarié connaissant le tempérament sanguin de son (petit) patron enverra le soir même une très vindicative demande d'explications, provoquant en retour une très vive réaction patronale, avec moult ajouts jetant finalement le doute sur les motifs initiaux, bien réels et sérieux...

Côté employeur, la seule solution reste, avant comme après 2017, de soigneusement motiver la lettre initiale. Et si c'est le cas, ne pas répondre à l'éventuelle demande du salarié.

Mais *in fine*, retour à la Case Départ jurisprudentielle : « *La lettre de licenciement, complétée le cas échéant par l'employeur, fixe les limites du litige en ce qui concerne les motifs de licenciement* » (art. L. 1235-2).

§5 Procédure irrégulière : complexification des sanctions en 2017

518 Article L. 1235-2 : un triptyque à l'obscure clarté

- Si le collaborateur n'a fait aucune demande d'explications, « *l'irrégularité que constitue une insuffisance de motivation de la lettre de licenciement ne prive pas, à elle seule, le licenciement de cause réelle et sérieuse et ouvre droit à une indemnité qui ne peut excéder un mois de salaire* ». Solution opposée à celle d'avant 2017, où pour la jurisprudence une motivation insuffisante aboutissait à une absence de motivation et donc un défaut de cause réelle et sérieuse, avec à l'époque six mois minimum de dommages-intérêts...devenus un mois maximum.
- « *Lorsqu'une irrégularité a été commise au cours de la procédure, notamment si le licenciement d'un salarié intervient sans que la procédure requise aux articles L. 1232-2 (entretien), L. 1232-3 (idem), et L. 1232-4 (assistance du salarié) ait été observée, ou sans que la procédure conventionnelle ou statutaire de consultation préalable au licenciement ait été respectée, mais pour une cause réelle et sérieuse, le juge accorde au salarié, à la charge de l'employeur, une indemnité qui ne peut être supérieure à un mois de salaire.* » Qu'il s'agisse d'une procédure conventionnelle (ex. : conseil de discipline, V. *infra*) ou de la procédure légale,

leur violation entraine une sanction maximum d'un mois de dommages-intérêts en cas de cause réelle et sérieuse constatée. *A contrario*, si forme *et* fond ont été violés (ex. : licenciement verbal : « Tu te casses » !), il n'y a pas cumul, l'irrégularité de forme (faiblement sanctionné) étant comme auparavant absorbée par le défaut de cause réelle et sérieuse.
- « *En l'absence de cause réelle et sérieuse du licenciement, le préjudice résultant du vice de motivation de la lettre de rupture est réparé par l'indemnité allouée conformément aux dispositions de l'article L. 1235-3* » avec son nouveau plancher/plafond fonction de l'ancienneté. Là encore non cumul des sanctions forme/fond.

519 **Légitime alignement.** Pour la Chambre sociale, la violation d'une règle importante issue d'une procédure conventionnelle préalable au licenciement (ex. : conseil de discipline) ne constituait pas une irrégularité de forme (un mois au maximum de dommages-intérêts), mais de fond (au minimum six mois avant 2017). Violer la procédure légale, qui pourtant elle aussi « *institue une protection des droits de la défense* », pouvait donc coûter six fois moins cher qu'une procédure conventionnelle : curieux. Heureuse rectification avec l'article L. 1235-2, 5° issu de l'ordonnance du 22 septembre 2017 : que ce soit la procédure légale, ou une procédure conventionnelle ou statutaire (RATP, SNCF) qui n'a pas été respectée, si existe une cause réelle et sérieuse, « *le juge accorde au salarié une indemnité qui ne peut être supérieure à un mois de salaire.* »

520 **Fin du minimum.** Depuis l'arrêt du 30 juin 2016, « *l'existence d'un préjudice et son évaluation relèvent du pouvoir souverain des juges du fond* » : n'existe donc plus ici de préjudice minimum automatique en cas de faute patronale. Et la condamnation à des dommages-intérêts ne peut donc dépasser un mois : peu dissuasif pour le chef d'entreprise ne souhaitant pas faire appel à un conseil afin de se faire expliquer en détail la procédure, qui reste complexe pour les TPE-PME. Les juges ont donc parfois appelé au secours le bon vieux « abus de droit » (V. *infra*), qui leur permet de majorer l'indemnisation « *en raison de l'existence d'un préjudice moral distinct de celui résultant de l'irrégularité de la procédure de licenciement* ». Depuis le plafonnement des dommages-intérêts de 2017, l'abus est, comme les discriminations ou les harcèlements qui permettent d'y échapper, très à la mode.

SECTION II La cause réelle et sérieuse du licenciement (« crs »)

521 **Aucune exception à la justification de la cause réelle et sérieuse.** Article L. 1232-1 : « *Tout licenciement pour motif personnel est motivé dans les conditions définies par le présent chapitre. Il est justifié par une cause réelle et sérieuse* ». En abrégé « crs »... dont le législateur n'a jamais donné de définition. Mais la jurisprudence ayant rendu depuis 1973 des dizaines de milliers d'arrêts à ce sujet – c'est aujourd'hui

85 % du contentieux prud'homal – on cerne mieux cette notion qui permet à l'employeur d'exclure un salarié de son entreprise... et parfois du marché du travail. Et la Cour de cassation se montre aujourd'hui beaucoup plus exigeante qu'en 1973 (des 400 000 chômeurs conjoncturels à nos 3,7 millions de l'été 2021, dont 3 millions depuis plus d'un an, et 980 000 plus de 3 ans, avec la perte d'employabilité allant avec).

Article L. 1235-1, 3e alinéa : « *Le juge, à qui il appartient d'apprécier le caractère réel et sérieux des motifs invoqués par l'employeur, forme sa conviction au vu des éléments fournis par les parties après avoir ordonné, au besoin, toutes les mesures d'instruction qu'il estime utiles. Il justifie dans le jugement qu'il prononce le montant des indemnités qu'il octroie.*

Si un doute subsiste, il profite au salarié. »

Loyauté probatoire = licéité de la preuve. Comme examiné *supra*, il va de soi que l'employeur doit fonder le licenciement sur des preuves légales : information-consultation préalable du comité social et économique, respect des lois Informatique et Libertés du 29 juin 2018 et du RGPD, et loyalement obtenues : pas de stratagèmes, de provocations, ou de caméras cachées, sauf au titre du surplombant pour nos juges droit *à la* preuve (V. *infra*).

Autant la réalité du motif (invoqué lors de l'entretien, décrit dans la lettre de notification, et éventuellement « précisé ») ne pose guère de problème en raison de son caractère objectif (*§ 1*) autant le **sérieux, forcément empreint de subjectivité** d'un côté comme de l'autre (*§ 2*), apparaît comme une notion à géométrie variable malgré les évolutions jurisprudentielles récentes visant à davantage d'*objectivité* : mais l'objectivité dans les rapports humains quotidiens. Restera à envisager **le régime de la preuve, ou plutôt désormais la diversité de ces régimes** (*§ 3*).

§1 Objectivité : la réalité du motif

522 **Un motif précis et vérifiable.** Pour être réel, le motif invoqué dans la lettre de notification doit répondre à trois qualificatifs cumulatifs, sachant qu'*in fine* le doute profitera au salarié :

- il doit être **existant** : ne pas relever d'un rapport inexact de l'agent de maîtrise ou d'une pointeuse défaillante ; ou *a fortiori* reprocher une faute au salarié qui exerce un droit : « abandon de poste » pour le gréviste, ou celui exerçant légitimement son droit de retrait ;
- il doit être **exact** : dix minutes de retard ne sont pas équivalentes à soixante-dix ; de mauvais résultats ne peuvent être imputés à un salarié sur un marché qui s'est effondré ;
- il ne doit pas exister de **contradiction** entre le motif évoqué lors de l'*entretien* (devant l'assistant ou le conseiller du salarié qui pourra en témoigner) et celui figurant sur la *lettre* de licenciement. Ni contradiction, ni évolution spectaculaire comme on peut en constater lorsque le chef d'entreprise, peu sûr de son fait et surpris par la pugnacité du salarié lors de l'entretien, décide de « charger la barque » : deux retards se transforment en insubordination notoire, un incident

oral avec un collègue en « harcèlement moral », voire en « voie de fait » ou « coups et blessures ». Un motif réel de licenciement ne peut donner lieu à ce type de transformation, même si depuis septembre 2017, l'employeur peut désormais « *préciser* » les motifs figurant dans la LRAR reçue par le collaborateur : mais à utiliser avec modération... voire pas du tout en étant *précis* dès le départ : toujours préférable !

Si la réalité du motif de licenciement ne donne pas lieu à un contentieux abondant, il n'en va pas de même du sérieux, subjectif des deux côtés malgré la volonté de la Cour de cassation d'objectiver le licenciement.

§2 Subjectivité. Le sérieux du motif : du droit de résiliation à la lutte contre l'exclusion

523 **Conflit de logiques.** La vision patronale peut ici s'opposer à celle du salarié : si le premier considère qu'il a un motif sérieux de se séparer du collaborateur en cause, ce dernier trouve souvent que ce motif n'est pas assez sérieux pour le contraindre au chômage. Si ce second point de vue peut sembler humainement valable et que de nombreux employeurs en tiennent compte, il n'est pas juridiquement fondé : c'est le licenciement qui doit reposer sur une cause réelle et sérieuse. Mais avec la montée du chômage, la jurisprudence tient largement compte de cette seconde optique de lutte contre l'exclusion (ex. : rôle essentiel de l'âge à travers celui de l'ancienneté, y compris désormais pour l'indemnisation plafonnée d'un licenciement infondé).

Il serait fastidieux de reprendre ici l'ensemble des cas de licenciement fondés sur une cause (réelle et) sérieuse : tout bon Code du travail (annoté : Revue Fiduciaire, Litec, Dalloz) en fournit plusieurs centaines. Les deux motifs les plus classiques sont **la faute du salarié, et l'intérêt de l'entreprise,** que nous examinerons successivement. Dans les deux cas, le motif invoqué « *doit être matériellement vérifiable et ne pas présenter un caractère subjectif* » : ainsi la « *perte de confiance* » ou la « *mésentente avec le reste du personnel* » ne peuvent pas servir de base à un licenciement.

A. - Les trois fautes disciplinaires du salarié, constituant une cause légitime de licenciement

524 **Une faute légère** (un retard) ne pouvant plus justifier un licenciement depuis 1973, il existe désormais une hiérarchie des fautes, avec quatre niveaux (V. tableau *infra*).

En règle générale, « *ne peuvent constituer un motif réel et sérieux d'un licenciement disciplinaire que des griefs imputables au salarié, matériellement vérifiables et énoncés par la lettre de notification* » (CS, 5 juill. 2005)... et éventuellement celle de rattrapage depuis 2017.

Si enfin le juge saisi peut *descendre* dans la hiérarchie des fautes (absence de faute grave, examen de la cause réelle et sérieuse, absence de cause réelle et sérieuse), il ne peut *aggraver* celle invoquée par l'employeur, même si les faits sont confondants.

525 **Faute constituant une cause réelle et sérieuse.** La réitération de fautes légères, ou l'incident clients qui fondent souvent une faute constituant une cause réelle ***et*** sérieuse entraîne le licenciement du fautif avec les deux « indemnités de rupture » (indemnité de préavis s'il en est dispensé + indemnité de licenciement), et son indemnité de congés payés acquise mois après mois, qu'il garde toujours quel que soit le degré de la faute. Dans la pratique, deux facteurs jouent un rôle important dans la qualification de la faute par les juges : le *niveau hiérarchique* du salarié (un cadre montre l'exemple), et surtout son *ancienneté* dans l'entreprise : un salarié irréprochable depuis douze ans ne peut être licencié comme le dernier embauché.

526 **Faute grave.** Elle résulte *« d'un fait ou d'un ensemble de faits imputables au salarié qui constitue une violation des obligations découlant du contrat de travail ou des relations de travail, d'une importance telle qu'elle rend impossible le maintien du salarié dans l'entreprise pendant la durée du préavis ».* Conforme à la Convention 158 de l'OIT (*« Faute d'une nature telle que l'on ne peut raisonnablement exiger de l'employeur qu'il continue à occuper le salarié pendant la période du préavis »*), cette définition jurisprudentielle a l'avantage d'être identique pour les CDD (pour autoriser une rupture avant terme) et les CDI.

IP + IL = IR. Conséquence naturelle : le salarié licencié perdra donc son (indemnité de) préavis (**IP**). L'employeur ne l'en dispense pas : il l'en prive à titre de sanction. Le salarié perd donc également son « indemnité de licenciement » (**IL**), ces deux « indemnités de rupture » (**IR**) allant en principe de pair. Il touchera donc seulement son indemnité de congés payés.

Définie par ses effets, la faute grave est une notion relative, la jurisprudence étant là encore très attentive à l'ancienneté et au passé professionnel du collaborateur en cause. Ainsi du « *salarié s'étant immiscé à plusieurs reprises dans des opérations projetées par des clients, exerçant sur eux des pressions et les dénigrant auprès des tiers* », mais « *exemplaire depuis 31 ans, qui n'avait fait l'objet d'aucune sanction antérieurement et avait obtenu la Médaille Vermeil du travail* » (CS, 23 sept. 2009 : absence de faute grave, mais faute réelle et sérieuse).

Si avoir longtemps toléré un comportement fautif écarte a priori ce niveau de faute, des propos totalement déplacés à l'égard d'une collègue (CS, 3 juin 2020) un harcèlement sexuel ou moral avéré constitue en principe une faute grave, ce qui permet d'écarter rapidement le fautif de l'entreprise. *Idem* pour des propos racistes ou antisémites (CS, 2 juin 2004). Enfin, le collaborateur mettant en cause sa propre sécurité (refus de port du casque...ou du masque), mais aussi celle de ses camarades ou de clients.

527 **Qui vole un œuf ne vole pas un bœuf.** Dans les entreprises françaises, la disparition à chaque rentrée scolaire, de gommes, dossiers cartonnés et papier A4 n'est évidemment pas traitée de la même façon que le vol en bande organisée de pneus neufs. Si le vol de deux pneus ne constitue pas une faute grave (« *l'acte isolé de M. X.*

justifiant d'une ancienneté de plus de dix années n'était pas de nature à rendre impossible son maintien dans l'entreprise », CS, 6 avr. 2011), le client reste roi : *« le vol commis par un salarié au préjudice d'un client caractérise, alors même que l'objet soustrait serait de faible valeur, une faute grave »* (CS, 16 janv. 2007).

De la même façon et contrairement à une idée reçue, l'existence d'une faute grave est indépendante du préjudice qui peut résulter des agissements reprochés au salarié pour l'employeur ou pour des tiers ; il est en effet des comportements inacceptables, même s'ils ne génèrent dans l'immédiat aucun préjudice : règles de sécurité, travail pour la concurrence pendant les congés.

528 Rappelons enfin que la faute grave a également pour effet de permettre :

- la rupture anticipée du contrat à durée déterminée, après avoir accompli la procédure *disciplinaire* (V. *supra*) ;
- la rupture anticipée du contrat de *mise à disposition* signé entre l'agence du travail temporaire et l'utilisateur qui a constaté la faute grave du travailleur temporaire détaché chez lui (V. *supra*) ;
- le licenciement d'une femme enceinte, si du moins *« la faute de l'intéressée n'est pas liée à l'état de grossesse »* ;
- le licenciement d'un salarié accidenté du travail ou victime d'une maladie professionnelle, pendant toute la durée de la suspension de son contrat de travail et même après, si la faute grave a été commise pendant la période de suspension. Le contentieux est ici important, en raison des intérêts psychologiques et financiers en jeu de part et d'autre ;
- enfin de priver également le salarié de son indemnité *conventionnelle* de licenciement, *sauf* stipulation contraire dans l'accord collectif.

529 La preuve de la faute grave pèse entièrement sur l'employeur, en application des principes généraux du droit civil : puisqu'il s'estime dispensé de l'obligation de verser l'IP et l'IL, à lui d'en faire la preuve. *A fortiori*, le doute profitera donc au salarié : la faute ne sera alors pas considérée comme grave par le juge prud'homal, qui ordonnera le versement des indemnités de rupture, puis se penchera le cas échéant sur la cause réelle et sérieuse. *« Il appartient au juge de qualifier les faits invoqués »* : ni le contrat de travail, ni le règlement intérieur, ni même une convention collective ne peuvent lui imposer la qualification de faute grave, relevant de l'ordre public.

530 Mise à pied conservatoire : précaution et privation. *« Lorsque les faits reprochés au salarié ont rendu indispensable une mesure* conservatoire *de mise à pied à effet immédiat, aucune sanction définitive relative à ces faits ne peut être prise sans que la procédure prévue à l'article L. 1332-2 ait été respectée »* (art. L. 1332-3).

En pratique, il n'est pas obligatoire mais fort souhaitable de mettre à pied, à durée indéterminée, le salarié gravement (ou lourdement) fautif de façon conservatoire et pendant la durée de la procédure. « *Mise à pied* » (hier de l'officier de cavalerie) notifiée par remise immédiate d'une lettre en main propre, et en principe à durée indéterminée puisqu'il s'agit d'écarter le collaborateur de l'entreprise en attendant son accomplissement, ou la durée d'une éventuelle enquête pour savoir exactement qui a fait quoi. Point n'est en effet besoin de laisser un informaticien terminer de tripatouiller le logiciel de paye, ou deux mécaniciens s'étant battus à coups de tournevis se revoir en tête-à-tête le lendemain matin.

En l'absence de travail mais en présence d'une faute grave ou lourde, le salarié ne sera pas rémunéré. À l'inverse, un licenciement ultérieur pour simple faute réelle et sérieuse entraînera versement des salaires perdus : sinon, défaut de cause réelle et sérieuse.

Cette procédure express de mise à l'écart, socialement très visible et qui interdit au simple salarié de revenir sur le lieu de travail cause-t-elle un préjudice moral à celui qui en fait l'objet ? Le Code lui-même la prévoyant, sauf circonstances vexatoires (ex. : lettre remise devant les collaborateurs réunis pour l'occasion), ce n'est pas le cas. Mais l'employeur doit rapidement prendre position : 7 jours entre la mise à pied et la convocation, *sans aucune explication*, c'est beaucoup trop long (CS, 14 avr. 2021).

LA GG (GROSSE GAFFE)

Il ne s'agit évidemment pas d'une ***mise à pied disciplinaire,*** prévue par le règlement intérieur et nécessairement à durée déterminée : la même faute ne peut donner lieu à deux sanctions. Aucun fait fautif ne pouvant donner lieu à double sanction, l'employeur qui a ainsi épuisé son pouvoir disciplinaire ne peut prononcer ultérieurement un licenciement pour le même fait, même en cas de faute grave. Le terme « *conservatoire* » doit donc expressément figurer dans la lettre, sinon requalification judiciaire en mise à pied disciplinaire, *non bis in idem*... Suivi du licenciement pour incompétence du RRH.

531 La faute grave en pratique. La faute grave permettant à l'employeur de ne pas verser les indemnités de rupture (IP + IL) souvent importantes (3 à 6 mois de salaire par exemple, et l'indemnité de clientèle pour les VRP), certains chefs d'entreprise ne licencient pas pour une faute réelle et sérieuse, mais attendent leur répétition ou une insubordination notoire pour viser la faute grave. Les avocats qui conseillent les salariés connaissent bien cette pratique, ainsi que celle, moralement et juridiquement douteuse, consistant à toujours viser la faute grave, en espérant que le salarié n'ira pas en justice. À supposer qu'il le fasse, il sera toujours temps, à l'occasion de l'audience de conciliation, de lui verser (plusieurs mois après) l'IL qu'il aurait dû recevoir à l'occasion du licenciement. C'est pour mettre un terme à ces excès de quelques-uns que la Cour de cassation a évolué dans un sens favorable au salarié et reconnaît de moins en moins de fautes graves... ou lourdes.

532 Faute lourde (dolosive pour le civiliste) : retour de la responsabilité civile du salarié, déjà licencié sans indemnités de rupture. « *La faute lourde est caractérisée par l'intention de nuire à l'employeur, laquelle implique la volonté du salarié de lui porter* *préjudice dans la commission du fait fautif, et ne résulte pas de la seule commission d'un acte préjudiciable à l'entreprise* » (CS, 8 févr. 2017).

533 **Attention ! Une faute lourde n'est pas « une faute extrêmement grave », et peu importe le montant du dommage causé : c'est l'intention qui seule compte.** Une *intention* de nuire que l'employeur doit prouver (pas facile), et que la Chambre sociale analyse avec une extrême rigueur, car « *la responsabilité pécuniaire du salarié à l'égard de son employeur ne peut résulter que de sa faute lourde* ».

Ainsi dans l'arrêt du 9 mars 2019, où la responsable d'un organisme de formation ayant falsifié des documents et imité des signatures est licenciée pour faute lourde : « *La commission intentionnelle de plusieurs actes préjudiciables à l'entreprise sont impropres en eux-mêmes à caractériser l'intention de nuire de la salariée* ».

FAIRE PERDRE 4,9 MILLIARDS D'EUROS À SON EMPLOYEUR : FAUTE GRAVE, OU FAUTE LOURDE ? CS, 17 AVRIL 2021 : FIN DU FEUILLETON JÉRÔME KERVIEL / SOCIÉTÉ GÉNÉRALE

« *Ayant pris en 2007 et début 2008 des positions directionnelles sur différents indices boursiers d'un montant sans commune mesure avec la limite de risque de son activité, et les avoir dissimulées de manière frauduleuse, occasionnant ainsi un préjudice considérable à la banque* », un jeune trader ayant spéculé sur près de 40 milliards d'euros et fait perdre 4,9 milliards à la Société Générale avait été licencié le 12 février 2008 pour faute *lourde*. Faute d'intention de nuire, ce qualificatif ne pouvait évidemment pas être retenu.

Mais malgré une lourde condamnation pénale confirmée par la Chambre criminelle, Jérôme Kerviel est remonté jusqu'à la Chambre sociale pour contester l'existence d'une faute réelle et sérieuse, en mettant en avant l'immense tolérance de ses managers face à son immense créativité comptable. On a en effet quelques difficultés à croire qu'un trader moyen puisse spéculer sur 40 milliards d'euros sans que sa hiérarchie ne soit un peu au courant.

Treize années plus tard, la Chambre sociale a clôt l'affaire le 17 mars 2021 : « *Caractérisent des fautes graves les multiples procédés frauduleux utilisés par le salarié pendant de longs mois afin de détourner, à l'insu de l'employeur et dans son intérêt personnel, les moyens techniques et financiers mis à sa disposition, en réalisant clandestinement des opérations hors norme et en dissimulant des positions directionnelles devenues abyssales, faisant ainsi courir à la banque des risques majeurs* ». Mais en ajoutant à destination de son employeur : « *les carences graves du système de contrôle interne de la banque, qui avaient rendu possible le développement de la fraude et ses conséquences financières, ne font pas perdre à la faute du salarié son degré de gravité* ».

534 **Immunité, ou impunité civile ?** Ainsi du directeur d'un fast-food ayant détourné plus de 20 000 euros : pas de faute lourde en l'absence « *d'intention de nuire à l'employeur, qui ne peut résulter de la seule atteinte à l'image ou aux biens de l'entreprise* » (CS, 9 avr. 2014). Idem pour ce pauvre salarié détournant à l'insu de son plein

gré des clients au profit de sa femme gérant une entreprise directement concurrente : le devoir d'entraide entre époux ? (CS, 22 juin 2016). Mais à l'inverse, ce directeur d'usine s'étant attribué à lui-même une prime de six fois son salaire annuel (798 000 €) avait commis des « *agissements procédant d'une intention de nuire caractérisant une faute lourde* » (CS, 2 juin 2017). Mais l'intention de jouir d'une telle prime, est-ce volonté de nuire ?

Délit pénal, le vol ne constitue pas non plus une faute lourde en droit du travail français : le voleur vole pour lui, pas pour nuire à son employeur. Douce France...

535 **Mais attention : côté droit pénal, la chambre criminelle** maintient logiquement sa jurisprudence : « *Le préjudice subi par la partie civile résultant directement du délit commis par le demandeur, la cour d'appel n'avait pas à caractériser une faute lourde à l'encontre de ce dernier* » (Cass. crim., 25 févr. 2015). Ce qui incite l'employeur lésé à porter plainte, en se constituant partie civile : poursuites pénales dont le salarié et sa famille se seraient volontiers passé.

536 **Cet élément intentionnel entraîne deux conséquences**, légitimement sévères pour le collaborateur.

Après mise à pied immédiate à durée nécessairement indéterminée, toujours expressément qualifiée de *conservatoire*, puis accomplissement de la procédure dans les délais, le licenciement évidemment notifié pour faute *lourde* interviendra sans les indemnités de rupture : ni IP ni IL... comme la faute grave. La privation concomitante de l'indemnité de congés payés ayant disparu avec la loi du 8 août 2016, sont-elles alors identiques dans leurs effets ? Que nenni !

Fin de l'immunité civile du salarié. La faute lourde permet à l'employeur de poursuivre le salarié lourdement fautif en dommages-intérêts devant le Conseil des prud'hommes. Mais là encore, ni le contrat de travail ni la convention collective ne peuvent prétendre lier le juge, et il ne peut compenser salaires à verser/futur dommages-intérêts.

Cette double (disciplinaire + civile) et donc lourde responsabilité amène la Chambre sociale à ne voir aujourd'hui des fautes lourdes que dans des cas tout à fait exceptionnels. Mais « *mettre le pouce sous la gorge en simulant le geste de l'égorgement* » constitue encore une telle faute (CS, 4 juill. 2018).

La réforme du droit de la responsabilité civile pourrait modifier demain cette très protectrice jurisprudence : « *Le préposé n'engage sa responsabilité personnelle qu'en cas de faute intentionnelle, ou lorsque, sans autorisation, il a agi à des fins étrangères à ses attributions* » (art. 1249 du projet ; sur cette question voir P. Adam, « *De la responsabilité civile du salarié : à la recherche du préjudice et de la faute* », Dr. soc., 2018 p. 465 : « *La faute intentionnelle ne doit pas devenir un Cheval de Troie permettant de faire tomber la citadelle de l'immunité civile du salarié en reportant sur lui des charges de réparation qui incombent à l'employeur, et donc de modifier les équilibres juridiques structurels, dominés par la théorie du risque-profit et la centralité du lien de subordination* »).

QUATRE GROSSES BOURDES SUR LA FAUTE LOURDE

1 - « La faute lourde, c'est une faute super grave ! ».
Pas du tout, car elle exige la démonstration (toujours difficile à faire) d'une *intention* de nuire, peu importe le préjudice.

2 - « Vu son extrême gravité, la faute lourde permet un licenciement immédiat, sans procédure »
Au contraire ! Le salarié qui risque d'être privé de ses indemnités de rupture (IP plus IL) doit pouvoir s'expliquer.

3 - « La faute lourde est tellement grave qu'elle prive le salarié de l'indemnisation chômage »
L'indemnisation chômage est encore un système d'assurance et/ou de solidarité qui ne prend pas en compte les fautes. Cela évite également qu'un employeur, très mécontent du salarié, prive une famille entière d'allocations chômage.

4 - « Comme depuis 2016, le collaborateur lourdement fautif touche toujours son ICP, peu importe qu'il commette une faute grave ou une faute lourde »
C'est oublier que le chômeur va pouvoir être assigné par son employeur devant le Conseil des prud'hommes en indemnisation du préjudice causé par sa faute délibérée. Et que parfois, il devra ensuite vendre son appartement...

537 Quatre remarques

1. La règle *« non bis in idem »* (pas deux sanctions successives pour la même faute) est appliquée de façon rigoureuse par la jurisprudence : si une faute lourde a été sanctionnée par une simple mise à pied, l'employeur a épuisé son pouvoir disciplinaire.
2. Si le juge constate l'absence de faute lourde, il doit alors examiner si elle est grave ; si non, est-elle réelle et sérieuse... et en tirer les conséquences.
3. Mais il ne peut aggraver la faute évoquée par l'employeur dans la lettre de licenciement.
4. Le degré de la faute est sans incidence sur les droits au chômage, la participation ou l'intéressement, ou le versement de la contrepartie liée à une clause de non concurrence.

538 Tableau récapitulatif des fautes en droit du travail

Degré de la faute	Procédure à suivre	Sanction maximale pouvant être infligée au salarié	Particularités	Régime de la preuve
Faute légère	**Pas de licenciement possible** : donc loi du 4 août 1982 + conventionnelle éventuelle	– La plus forte des sanctions prévues au règlement intérieur, **avant le licenciement** (généralement mise à pied) – Exemples : retard d'une heure ; incident banal avec collègue	Le contrôle judiciaire est large (existence de la faute, régularité de la procédure, non-disproportion faute/sanction) ; et la sanction efficace : *annulation* de la sanction, avec effet rétroactif	Le doute profite au salarié
Faute constituant une cause réelle et sérieuse	Loi du 13 juillet 1973 + conventionnelle éventuelle	– Licenciement possible, mais avec les deux indemnités de rupture : préavis (indemnité si dispense) + de licenciement, et bien sûr congés payés – Exemples : réitération de fautes légères ; incident devant les clients ; refus de changement d'affectation	– Il n'y a pas annulation de ce licenciement par le juge, mais indemnisation en cas de défaut de cause réelle et sérieuse, plafonnée depuis 2017.	Le doute profite au salarié
Faute grave	*Idem* + mise à pied *conservatoire* conseillée + conventionnelle éventuelle	– Licenciement avec maintien de l'ICP mais sans indemnités de rupture : privation du préavis (la faute est si grave qu'il ne peut être question de l'exécuter) et de l'IL – Exemples : insubordination grave ; rixe ; harcèlement moral ou sexuel ; atteinte à la sécurité	Permet la rupture : – du CDD avant son terme, sans IFC – du CTT (remise à disposition) sans IPE – du contrat d'une femme enceinte, ou d'un accidenté du travail – pendant l'exécution du préavis (mais l'IL sera versée)	La charge de la preuve repose sur l'employeur, puisqu'il ne verse pas les indemnités de rupture
Faute lourde	*Idem* + mise à pied *conservatoire* conseillée + conventionnelle éventuelle	– Manifeste *l'intention* de nuire de son auteur – Licenciement sans IP ni IL, mais maintien de l'ICP – Seule la faute lourde de grève permet le licenciement d'un salarié *gréviste* – Exemples : graves délits pénaux : violences physiques, séquestration...	Seule la faute lourde en droit du travail (*dolosive* au sens du droit civil) permet de poursuivre le salarié sur le terrain de sa responsabilité civile. L'employeur obtiendra réparation du préjudice subi, qu'il a démontré devant le conseil des prud'hommes. Mais en cas de délit pénal, des poursuites restent possibles devant les tribunaux répressifs par la victime directe de l'infraction, avec constitution de partie civile.	La charge de la preuve (disciplinaire + responsabilité civile) repose sur l'employeur

LICENCIEMENT DISCIPLINAIRE ET POURSUITES PÉNALES

Nombre de fautes graves ou lourdes constituent également des délits pénaux : harcèlement sexuel, vol, violence, abus de confiance...

Avant 2007, certaines entreprises n'hésitaient pas à porter plainte pour conforter le licenciement prononcé tout en leur permettant de retarder l'issue de l'éventuel procès prud'homal, en application de l'ex-adage d'ordre public « le criminel tient le civil en l'état ».

Depuis la loi du 5 mars 2007, une telle tactique est risquée. Car justement pour prévenir ces pratiques dilatoires, « *la mise en mouvement de l'action publique n'impose pas la suspension du jugement des autres actions exercées devant la juridiction civile, de quelque nature qu'elles soient, même si la décision à intervenir au pénal est susceptible d'exercer, directement ou indirectement, une influence sur la solution du procès civil* ».

En pratique : alors qu'auparavant le juge prud'homal devait surseoir à statuer dans l'attente du jugement du tribunal correctionnel, il n'est désormais plus tenu de le faire ; à moins qu'introduite séparément de l'action publique, l'action civile n'ait « *pour unique objet la réparation du dommage causé par l'infraction* ».

Bref, « si l'alinéa 3 de l'article 4 du Code de procédure pénale dans sa rédaction issue de la loi du 5 mars 2007 n'impose pas la suspension du jugement des autres actions civiles que celles de la partie civile, il n'interdit pas au juge saisi de telles actions de prononcer le sursis à statuer jusqu'au prononcé définitif d'une action publique s'il l'estime opportun » (CS, 17 sept. 2008).

Mais attention...

Une fois le jugement pénal rendu, l'autorité de la chose jugée au pénal s'impose au juge civil quant aux faits constatés et à leur imputabilité au salarié, qui constituent le soutien nécessaire de la condamnation pénale. Si la vendeuse soupçonnée est relaxée, même au bénéfice du doute, et que le seul motif du licenciement énoncé dans la lettre était le vol, il n'y aura alors automatiquement ni faute grave, ni même faute réelle et sérieuse.

Rappelons que contrairement aux autres chambres, extrêmement chatouilleuses sur la loyauté des preuves (*cf.* Assemblée plénière, 7 janv. 2011, écartant un enregistrement téléphonique fait à l'insu de son interlocuteur, V. *infra*), la chambre criminelle indique régulièrement « *qu'aucune disposition légale ne permet aux juges répressifs d'écarter des moyens de preuve remis par un particulier aux services d'enquête au seul motif qu'ils auraient été obtenus de façon illicite ou déloyale et qu'il leur appartient seulement, en application de l'article 427 du Code de procédure pénale, d'en apprécier la valeur probante, après les avoir soumis à la discussion contradictoire* » (Cass. crim., 27 janv. 2010).

Ce qui incite certains employeurs pas très sûrs de la loyauté et donc de la licéité de leurs preuves à se porter d'abord sur le terrain pénal, voire à pratiquer ce que la pratique policière qualifie de « soudure à froid » : c'est ainsi que des gendarmes, procureurs voire des juges d'instruction reçoivent anonymement des photos, films et autre disquettes informatiques aussi confondantes pour le collaborateur qu'illégalement obtenues par l'entreprise.

B. - Le licenciement personnel sans faute : la cause sérieuse de licenciement

539 En dehors de tout comportement fautif de sa part, le salarié peut également être licencié. D'abord pour motif économique (V. chapitre entier *infra*) ; mais également pour insuffisance professionnelle (non fautive) ou parce que la prolongation de sa maladie oblige l'employeur à le remplacer définitivement, *dans l'intérêt de l'entreprise*. Ce motif sera contrôlé par le juge prud'homal, qui vérifiera l'absence de détournement de pouvoir ou d'abus de droit.

Exemple le plus actuel dans notre société de la communication, et donc de la réputation : la vie privée du jeune collaborateur, exposant stupidement sa nudité numérique sur Instagram ou Facebook.

1° Vie privée du citoyen et licenciement du salarié

540 **Du vil paternalisme d'entreprise du XIXe à l'entreprise maternante de 2020.** Cette « grande maison » qu'est l'entreprise serait-elle aussi « une grande famille » avec son *pater/patronus/*patron pouvant sanctionner un salarié pour des faits intervenus dans sa vie privée ? En un siècle, la réponse s'est inversée. Au XIXe siècle, nombre de patrons pratiquaient un paternalisme aussi décrié aujourd'hui qu'apprécié à l'époque par les rares salariés auxquels il s'appliquait (*cf. Le catéchisme du Patron*, Léon Harmel, 1889). Ces prolétaires, habitant des cités ouvrières où la « Rue de la Droiture » croisait l'« Avenue de la Ponctualité », bénéficiaient ainsi d'infirmeries, crèches et autres centres de vacances, « œuvres sociales » dévolues en 1946 au tout récent comité d'entreprise, devenu Comité social et économique.

Ce mélange des genres rejeté par le droit comme par les mentalités revient néanmoins un siècle plus tard, avec les « conciergeries d'entreprise », le « *safe sex* » pour les expatriés et autres « tickets psy ».

TIC et dissolution des frontières. Au-delà du télétravail au domicile, la bonne vieille opposition vie privée/vie professionnelle est-elle aujourd'hui crédible, même après « le droit à la déconnexion » créé le 8 août 2016 ? Sans aller jusqu'au total mélange des genres sur Facebook où le collaborateur a comme « amis » des clients ou autres fournisseurs, rien n'est moins sûr en raison du brouillage de plus en plus important sinon préoccupant entre ces deux temps et ces deux lieux auparavant bien différenciés : hier la sirène du matin et du soir remplaçant l'Angélus ; ou l'importance symbolique des temps d'habillage faisant passer d'un statut à l'autre. Brouillage dû en particulier à l'irruption Internet + smartphone permettant de « travailler où l'on veut, quand on veut », mais également de pouvoir quitter virtuellement son bureau des heures entières pour aller « surfer perso sur le Web avec mes amis de Facebook » (69 min en 2020...). Oui, mais si mon supérieur fait partie de mes « amis » du samedi soir, et qu'il y voit des horreurs sur son style de management ? Ou que l'une de mes « amies » lui transmette une capture d'écran de photos pouvant intéresser la concurrence ? (CS, 30 sept. 2020 : licenciement pour faute grave).

Sans parler des télétravaux forcés des six millions de salariés confinés à leur domicile au printemps 2020 : pour pouvoir *travailler* tranquille, deux tentes Quechua dans le salon, ou résider aux toilettes ?

541 **Quid de dérapages privés sur le flambant neuf réseau social interne ?** J'y suis un pilier de la communauté « Tarte Tatin » : que dire à mon manager me rappelant de plus en plus froidement que *« Wiki-time is work-time »* ? Et à l'inspecteur du travail stupéfait de mes 98 heures de connexion sur le réseau interne d'entreprise vers mi-nuit ? Je m'y branche de chez moi tous les soirs et le week-end : avec des copains, on a créé une très active communauté Photoshop, 656 membres pleins d'idées pour Insta.

Mais en matière de licenciement pour faits – pas fautes – de vie personnelle, l'hypothèse la plus banale est celle des relations sentimentales (et au-delà si affinités) entre salariés de la même entreprise, rarement sans incidence voire incident sur la vie du service. *A fortiori* si la liaison intervient avec l'employeur lui-même : en cas de rupture amoureuse, celle du contrat est proche (*cf.* Ch. Radé : « Amour et travail : retour sur un drôle de ménage », *Dr. soc.*, janv. 2010, p. 35).

542 **Importation de la vie personnelle au bureau/Exportation du travail** à la maison. Plus généralement, et en dehors des pauses officielles où justement le salarié est censé *« pouvoir vaquer librement à des occupations personnelles »*, le temps « de travail effectif » est aussi utilisé dans un but privé : téléphone à la famille, réservations diverses, présentéisme contemplatif à base de Meetic, de *streaming*, jeux passionnants sur Internet ou suivi de la Coupe du Monde de foot, faisant suite à la vieille tradition ouvrière de la « perruque » : utiliser le matériel de l'entreprise pour des travaux personnels. Bref, pour l'employeur – qui s'en passerait volontiers – la vie privée du salarié est omniprésente.

Mais le jeune collaborateur *slasheur* gérant sa propre petite entreprise du bureau de sa grande entreprise ignore que « *constitue le* délit *d'*abus de confiance *l'utilisation, par des salariés, de leur* temps de travail *à des* fins *autres que celles pour lesquelles ils perçoivent une* rémunération *de leur employeur* » (Cass. crim., 3 mai 2018).

543 **« Sous le nom de vie personnelle, la jurisprudence protège aussi bien la vie privée que la vie publique du salarié.** » Dans son ouvrage collectif rédigé avec Yves Struillou et Laurence Pécaut-Rivolier (Pouvoirs du chef d'entreprise et libertés du salarié, Éditions Liaisons, collection « Droit vivant », mars 2014), le regretté doyen Philippe Waquet a consacré de longs développements à cette notion qu'il a créée et qui veut dépasser l'intimité de la vie privée, englobant par exemple le fait, pour la secrétaire d'un garage Renault, de pouvoir s'acheter une voiture Peugeot (CS, 22 janv. 1992). Bref, recouvrant la vie privée du salarié, mais aussi ses libertés civiles et civiques.

Mais cela ne signifie pas que l'intimité de la vie privée ne puisse plus être invoquée : ainsi le célèbre arrêt Nikon du 2 octobre 2001, relatif au contrôle d'un courriel titré « Personnel » d'un collaborateur, a été rendu au visa de l'article 9 du Code civil : « *Le salarié a droit même au temps et au lieu de travail au respect de l'intimité de sa vie privée.* ». Ce qu'a confirmé la CEDH le 5 septembre 2017.

Le terme « vie personnelle du salarié » contient en lui-même la solution jurisprudentielle adoptée : le servage étant aboli et le lien de subordination donc limité au temps et au lieu de travail, l'employeur ne peut en principe reprocher quoi que ce soit au citoyen, libre dans sa vie personnelle, comme l'a rappelé la chambre mixte dans son important arrêt du 18 mai 2007.

544 Trois principes

a) La vie privée du citoyen ne peut en principe fonder le licenciement disciplinaire du salarié...

« *Un motif tiré de la vie personnelle du salarié ne peut, en principe, justifier un licenciement* ***disciplinaire****, sauf s'il constitue un manquement de l'intéressé à une obligation découlant de son contrat de travail* » : l'arrêt du 3 mai 2011 où un ouvrier nettoyeur devant utiliser un véhicule de service s'était vu retirer son permis de conduire après avoir perdu l'ensemble de ses points a fixé la jurisprudence panoramique, et donc très protectrice de la Chambre sociale. En l'espèce : « *Le fait pour un salarié qui utilise un véhicule dans l'exercice de ses fonctions de commettre, dans le cadre de sa vie personnelle, une infraction entraînant la suspension ou le retrait de son permis de conduire, ne saurait être regardé comme une méconnaissance par l'intéressé de ses obligations découlant de son contrat de travail.* »

La vie privée ne concernant pas l'exécution du contrat de travail, l'employeur ne peut donc exercer son pouvoir *disciplinaire* à l'égard d'un collaborateur dont les actes de la vie personnelle lui déplaisent, voire lui posent un réel problème dans notre société de l'image (de marque).

Suite à l'arrêt fondateur de la chambre mixte du 18 mai 2007 à propos du chauffeur d'un PDG s'étant fait adresser dans l'entreprise de volumineuses revues très échangistes et sanctionné de ce fait, le Rapport 2008 précise : « *La Cour de cassation réaffirme avec force le principe de la séparation entre les faits relevant de la vie privée, sur lesquels l'employeur ne peut pas s'appuyer pour prononcer une sanction disciplinaire, et ceux relevant de l'exercice du contrat de travail. Il est cependant important de rappeler que la chambre mixte se situait en l'espèce dans le cadre d'une sanction disciplinaire, qui suppose par hypothèse de caractériser une faute à l'encontre du salarié et non sur le terrain d'un licenciement non disciplinaire qui aurait pu, lui, être justifié par l'existence d'un trouble objectif dans l'entreprise à condition de le démontrer. La notion de trouble objectif, invoquée par l'employeur en l'espèce, ne pouvait à l'évidence pas être accueillie dans ce contexte purement disciplinaire.* »

Bref, comme le notait Ph. Waquet, il est en principe exclu de mettre en œuvre une procédure *disciplinaire* lorsqu'il s'agit de faits relevant de la vie privée : « *Une sanction de cette nature n'est possible que si le salarié a commis une faute, i.e. un fait objectif imputable au collaborateur et constituant une faute au regard des obligations qui pèsent sur lui.* »

b) Mais un licenciement disciplinaire peut intervenir en cas de manquement du salarié à une obligation inhérente au contrat de travail

D'abord le devoir de loyauté, et au premier chef le respect de **l'obligation** de non-concurrence, car on peut pas être collaborateur et concurrent : « *Pendant toute la période de suspension du contrat consécutive à un accident du travail ou une maladie professionnelle, l'employeur peut seulement, dans le cas d'une rupture pour* faute grave, *reprocher au salarié des manquements à l'obligation de loyauté* » (CS, 3 févr. 2021).

Mais aussi des fautes directement liées aux fonctions professionnelles : ainsi du rédacteur en chef encore amoureux mais évincé « *ayant proféré des menaces sur le téléphone personnel d'une collaboratrice, la menaçant de la détruire de façon très professionnelle et de faire circuler des bruits sur elle* » (CS, 10 nov. 2016). Enfin harceler une collègue de bureau, mais exclusivement en dehors de temps et lieux de travail : faute grave, car *une collègue reste une collègue.*

c) Le TOC, en cas d'effets désastreux pour l'entreprise du comportement de vie privée

Un licenciement, forcément *non disciplinaire*, reste possible pour « trouble objectif caractérisé » (TOC), donc pour simple *cause* réelle et sérieuse, bref avec les indemnités de rupture et donc le préavis. Ce trouble objectif tient généralement aux réactions de tiers (perte de clients), au *buzz* sur les réseaux sociaux ou à la montagne de courriels scandalisés aboutissant à une perte économique.

ATTENTION AUX TOC...

Côté employeur, bien choisir son terrain, et s'y tenir

Il ne doit tout mélanger, et licencier « pour faute grave : trouble objectif caractérisé » : horreur car par définition « *un fait de la vie personnelle occasionnant un trouble objectif dans l'entreprise ne saurait justifier un licenciement disciplinaire* » (CS, 9 mars 2011).

Régime probatoire

« *Il appartient à l'employeur, lorsqu'il allègue un trouble objectif causé à l'entreprise par un fait de la vie privée du salarié, d'établir la réalité* (et le caractère suffisamment sérieux) *de ce trouble* » (CS, 28 avr. 2011).

Éventuelle discrimination

L'article L. 1132-1, au régime probatoire très favorable à la supposée victime, exclut expressément tout licenciement fondé sur « *la situation de famille, les mœurs, l'orientation sexuelle, les opinions politiques, les convictions religieuses et, sauf inaptitude constatée par le médecin du travail, l'état de santé ou le handicap du salarié* » : la sanction de cette discrimination est alors la nullité du licenciement.

2° Pratiques religieuses en entreprise Au nom de la loi ? Au nom de ma foi ?

545 **1789.** « ***Nul ne doit être inquiété pour ses opinions, même religieuses.*** » Pour la « fille aînée de l'Église » depuis le sacre de Clovis en 496, l'article 10 de la Déclaration des droits de 1789 constituait une véritable révolution. Et l'adverbe « *même* » résumait d'un mot deux siècles sanglants de l'Histoire de France, qui a connu dans sa chair les guerres les plus atroces : celles de religion. Le peuple français sait donc ce qu'il en coûte de faire passer la religion de chacun au-dessus de la loi de tous ; et n'a pas de leçons à recevoir d'autres nations à l'Histoire fort différente, dont certaines commencent à se poser de sérieuses questions sur leurs choix (ex. : Grande-Bretagne, ou Canada avec ses accommodements de plus en plus déraisonnables).

1905. Un siècle plus tard, le militantisme anticlérical de l'ex-séminariste Émile Combes, voulant d'abord éloigner les jeunes générations de l'enseignement catholique avec sa militante religion laïque, aboutissait en 1905 – l'Islam étant alors totalement absent – à la très politique *« loi de séparation des Églises et de l'État »* défendue par Aristide Briand, puis à l'invention du concept de « laïcité », aujourd'hui unique au monde et souvent intraduisible.

Pendant un siècle, ce « Yalta religieux » s'est appliqué sans grande difficulté aux religions opérant une nette séparation entre préceptes religieux et règles juridiques : *« Rendez à César ce qui appartient à César, et à Dieu ce qui appartient à Dieu »*. Mais il se trouve en difficulté lorsque, comme dans le cas de l'Islam fondé six siècles après Jésus-Christ dans le désert d'Arabie et dans un tout autre contexte par Mahomet, chef religieux à La Mecque puis politique et militaire à Médine, sont édictées des règles communes. *A fortiori* s'agissant parfois de populations en difficulté d'intégration professionnelle mais aussi géographique, se réfugiant donc dans un communautarisme envahissant à l'égard des coreligionnaires.

546 **L'article 9 de la supranationale convention EDH** surplombe aujourd'hui tous les arrêts de la Cour de cassation... mais pas forcément ceux de la CJUE. *« Toute personne a droit à la liberté de pensée, de conscience et de religion ; ce droit implique la liberté de changer de religion ou de conviction, ainsi que la liberté de manifester sa religion ou sa conviction individuellement ou collectivement, en public ou en privé, par le culte, l'enseignement, les pratiques et l'accomplissement des rites. La liberté de manifester sa religion ou ses convictions ne peut faire l'objet d'autres restrictions que celles qui, prévues par la loi, constituent des mesures nécessaires, dans une société démocratique, à la sécurité publique, à la protection de l'ordre, de la santé ou de la morale publiques, ou à la protection des droits et libertés d'autrui. »*

COMMENTAIRE DE LA CEDH SOUS SES QUATRE IMPORTANTS ARRÊTS DU 15 JANVIER 2013

« La Cour souligne l'importance de la liberté de religion, élément essentiel de l'identité des croyants et fondement – parmi d'autres – des sociétés démocratiques pluralistes. La liberté de religion garantie par l'article 9 implique la liberté de manifester sa religion, y compris sur le lieu de travail. Toutefois, lorsque la pratique religieuse d'un individu empiète sur les droits d'autrui, elle peut faire l'objet de restrictions. » That's the question.

547 Double principe du droit français : opposition services publics/entreprise privée (CS, 19 mars 2013, deux arrêts)

1 – Laïcité, et donc absolue neutralité dans la fonction publique et les services publics. Y compris pour les entreprises privées mais assurant la gestion d'un service public depuis l'arrêt CPAM de Seine-Saint-Denis rendu par la Chambre sociale le 19 mars 2013 : « *Les principes de neutralité et de laïcité du service public sont applicables à l'ensemble des services publics, y compris lorsque ceux-ci sont assurés par des organismes de droit privé* (...). *Les agents des CPAM sont soumis à des contraintes spécifiques résultant du fait qu'ils participent à une mission de* service public, lesquelles leur interdisent notamment de manifester leurs croyances religieuses par des signes extérieurs, en particulier vestimentaires peu important que la salariée soit ou non directement en contact avec le public (...). La restriction instaurée par le règlement intérieur de la Caisse était nécessaire à la mise en œuvre du principe de laïcité de nature à assurer aux yeux des usagers la neutralité du service public. »

Ce principe de soumission au principe de laïcité d'agents relevant du droit privé mais participant à un service public doit être légitimement légalisé et étendu fin 2021 par la loi « *confortant le respect des principes de la République* ».

2 – Liberté religieuse dans l'entreprise privée, la laïcité n'y ayant pas sa place : c'est l'État qui est laïc, pas la société. Second arrêt du 19 mars 2013 : « *Le principe de laïcité instauré par l'article 1er de la Constitution n'est pas applicable aux salariés des employeurs de droit privé qui ne gèrent pas un service public ; il ne peut dès lors être invoqué pour les priver de la protection que leur assurent les dispositions du Code du travail.* »

Mais dans l'entreprise, organisation collective de droit privé, un collaborateur doit d'abord se soumettre aux **dispositions légales** : ainsi de l'interdiction du voile intégral dans les entreprises ouvertes au public (loi du 11 octobre 2010, jugée conforme par la CEDH le 11 juillet 2017 car « *proportionnée au but poursuivi, à savoir la préservation des conditions du "vivre ensemble" en tant qu'élément de la protection des droits et libertés d'autrui* »). Et des règles de non-discrimination hommes/femmes.

Idem pour les questions de **santé ou de sécurité** : du salarié lui-même, mais aussi de collègues ou des tiers. L'employeur doit prévoir des limitations justifiées et proportionnées, relevant du règlement intérieur. Le 15 janvier 2013, la Cour de Strasbourg a ainsi légitimé le licenciement d'une infirmière gériatrique ayant refusé de retirer l'ostensible croix qu'elle portait au cou : elle pouvait se blesser, mais aussi blesser des personnes âgées.

Il faut ensuite concilier au cas par cas, la règle étant rappelée par la Chambre sociale le 19 mars 2013, au visa de l'article L. 1121-1, sous l'ombre portée de la CEDH : « *Les restrictions à la liberté religieuse doivent être justifiées par la nature de la tâche à accomplir, répondre à une exigence professionnelle essentielle et déterminante, et proportionnées au but recherché.* » Problème : ces trois exigences successives aboutissent à une démultiplication à l'infini des règles applicables dans chaque entreprise, voire établissement. Et encouragent un contentieux toujours aléatoire, et sensible.

548 **Car comme l'écrivait début 2016 Alain Supiot** dans son avis critique sur la position adoptée par la Commission nationale consultative des droits de l'homme du 26 septembre 2013 reprenant la radicale opposition public-laïcité/privé-liberté de la Chambre sociale : « *Cette opposition tranchée méconnaît la richesse et la complexité du principe de laïcité qui, ne se réduisant pas à la neutralité des services publics, articule le public et le privé plutôt qu'il ne les oppose (...). Ces errements procèdent d'une même incompréhension de la laïcité : elle n'est pas seulement la source de devoirs pour les agents publics et de droits pour les personnes privées, mais le principe sous l'égide duquel des personnes de confessions différentes peuvent constituer une communauté politique, laquelle ne se réduit pas à « vivre ensemble ».*

Une communauté politique n'est pas en effet un troupeau d'individus munis des mêmes droits, *mais suppose le respect de la loi commune qui garantit l'exercice de ces droits (...). Cette question de la constitution d'une communauté politique se pose aussi dans l'entreprise (...). Dans ses rapports avec ses salariés, l'employeur se trouve, comme l'État dans ses relations avec les citoyens, soumis au principe de laïcité : il doit à la fois faire preuve de neutralité religieuse et empêcher que chaque salarié puisse arguer de ses convictions religieuses pour échapper à la loi commune, qui soude la collectivité de travail et permet à l'entreprise de réaliser son objet. Cette mise en œuvre du principe de laïcité dans l'entreprise s'opère sous le contrôle de l'État (juge ou inspecteur du travail) et obéit aux règles générales d'objectivité et de proportionnalité fixées par le Code du travail (...). L'application du principe de laïcité à tous les citoyens sur tout le territoire de la République est la condition de la liberté de conscience reconnue à chacun* ».

La lecture des deux arrêts de la CJUE du 14 mars 2017 semble montrer que ses juges avaient pris connaissance de ce commentaire.

549 **Port du voile et réclamations de la clientèle.** Pour une entreprise classique, c'est la question essentielle car son activité économique en dépend : peut-elle interdire le port de signes religieux lorsque des clients se plaignent, ou encore pour des raisons d'image ?

550 **CEDH, 15 janvier 2013.** S'agissant d'une hôtesse de British Airways portant ostensiblement une croix à son cou et sanctionnée de ce fait, les juges britanniques saisis avaient estimé que le but de l'entreprise, « *véhiculer une certaine image et distinguer sa marque et son* personnel », était légitime. Mais la Cour européenne des droits de l'homme avait pris une position différente le 15 janvier 2013 ; certes, « *vouloir projeter une certaine image commerciale est légitime* ». Mais « *au regard des circonstances où aucune atteinte réelle aux intérêts d'autrui n'a été établie, les tribunaux britanniques n'ont pas suffisamment protégé le droit de Mme X à manifester sa religion* ».

551 **CS, 9 avril 2015 : le mistigri juridictionnel**

Une ingénieure informatique de SSII porte un voile, y compris en clientèle : « *ce port ayant gêné un certain nombre de ses collaborateurs* », une entreprise cliente l'interdisant chez elle exige du prestataire qu'elle le retire. Refus de la salariée, licenciement pour faute, contentieux pour discrimination.

Licenciement non discriminatoire estiment les Prud'hommes, puis la cour de Paris : « *Devant tenir compte de la diversité des clients et de leurs convictions, le prestataire est amené à imposer aux employés qu'il envoie au contact de sa clientèle une obligation de discrétion respectant les convictions de chacun* » ; en application de l'article L. 1121-1, cette restriction est alors « *justifiée par la nature de la tâche à effectuer et proportionnée au but recherché* ». Pourvoi de la salariée : « *La gêne ou la sensibilité de la clientèle d'une société commerciale ne constitue pas un critère légitime justifiant de faire prévaloir des intérêts économiques ou commerciaux sur la liberté fondamentale de Mme Y.* »

Mais comme le rappelle aussi l'article L. 1133-1 issu de la directive du 27 novembre 2000, l'interdiction des discriminations « *ne fait pas obstacle aux différences de traitement, lorsqu'elles répondent à une exigence professionnelle essentielle et déterminante, et pour autant que l'objectif soit légitime et l'exigence proportionnée* ».

Un peu échaudée par le feuilleton franco-gaulois Baby-Loup (cinq juges saisis, cinq positions différentes), c'est sur le terrain communautaire que s'est donc prudemment placée la Chambre sociale de la Cour de cassation, en posant une question préjudicielle un peu téléphonée à la Cour de Luxembourg : « *Constitue une exigence professionnelle essentielle et déterminante, en raison de la nature d'une activité professionnelle ou des conditions de son exercice, le souhait d'un client d'une société de conseils informatiques de ne plus voir les prestations de cette société assurées par une salariée portant un foulard islamique ?* »

552 CJUE, 14 mars 2017, deux arrêts : de la laïcité aux clauses générales de neutralité

Rendus après des attentats en France et en Belgique, et alors que nombre de pays de l'Union (Pays-Bas, France, Allemagne) étaient en pleine campagne électorale autour la crise des réfugiés, ces deux arrêts de Grande chambre, rendus sur des conclusions opposées des deux avocats généraux, sont beaucoup plus importants que notre dépassé feuilleton Baby-Loup, précipité des obsessions françaises (religion/éducation/laïcité).

Ils constituent une excellente nouvelle en termes de sécurité juridique, cette prise de position s'imposant par ailleurs aux 27 pays de l'UE et à tous leurs juges.

Extraits de l'arrêt C-157/15, *Samira A. c. G4S Secure Solutions*, le plus important, concernant la réceptionniste d'une entreprise de sécurité belge. « *L'article 2, paragraphe 2, de la directive 2000/78/CE du Conseil, du 27 novembre 2000, portant création d'un cadre général en faveur de l'égalité de traitement en matière d'emploi et de travail, doit être interprété en ce sens que l'interdiction de porter un foulard islamique, qui découle d'une règle interne d'une entreprise privée interdisant le port visible de tout signe politique, philosophique ou religieux sur le lieu de travail, ne constitue pas une discrimination directe fondée sur la religion ou sur les convictions au sens de cette directive (...). S'agissant du refus d'une travailleuse telle que Mme A. de renoncer au port du foulard islamique dans l'exercice de ses activités professionnelles auprès de clients de G4S, il appartient à la juridiction de renvoi de vérifier si, tout en tenant compte des contraintes inhérentes* *à l'entreprise, et sans que celle-ci ait à subir une charge supplémentaire, il eût été possible à G4S, face à un tel refus, de lui proposer un poste de travail n'impliquant pas de contact visuel avec ces clients, plutôt que de procéder à son licenciement. Il incombe à la juridiction de renvoi, eu égard à tous les éléments du dossier, de tenir compte des intérêts en présence et de limiter les restrictions aux libertés en cause au strict nécessaire.*

En revanche, une telle règle interne d'une entreprise privée est susceptible de constituer une discrimination indirecte s'il est établi que l'obligation en apparence neutre qu'elle prévoit entraîne, en fait, un désavantage particulier pour les personnes adhérant à une religion ou à des convictions données, à moins qu'elle ne soit objectivement justifiée par un objectif légitime, tel que la poursuite par l'employeur, dans ses relations avec ses clients, d'une politique de neutralité politique, philosophique ainsi que religieuse, et que les moyens de réaliser cet objectif ne soient appropriés et nécessaires, ce qu'il appartient à la juridiction de renvoi de vérifier (...).

S'agissant de la condition relative à l'existence d'un objectif légitime, il convient de relever que la volonté d'afficher, dans les relations avec les clients tant publics que privés, une politique de neutralité politique, philosophique ou religieuse doit être considérée comme légitime. En effet, le souhait d'un employeur d'afficher une image de neutralité à l'égard des clients se rapporte à la liberté d'entreprise, reconnue à l'article 16 de la Charte, et revêt, en principe, un caractère légitime, notamment lorsque seuls sont impliqués par l'employeur dans la poursuite de cet objectif les travailleurs qui sont supposés entrer en contact avec les clients de l'employeur ».

553 Le raisonnement de la CJUE est donc en trois temps :

1. Dans l'arrêt n° C-188/15, *Asma Bougnaoui c. Micropole SA* visant l'ingénieure commerciale française en clientèle, elle rappelle d'abord qu'en l'absence de toute règle générale interne interdisant le port de tout signe visible de convictions politiques, philosophiques ou religieuses en vigueur dans l'entreprise à la date des faits, « *la volonté d'un employeur de tenir compte des souhaits d'un client de ne plus voir les services dudit employeur assurés par une travailleuse portant un foulard islamique ne saurait être considérée comme une exigence professionnelle essentielle et déterminante* » au sens de la directive. Le client ne fait pas la loi en matière de discrimination, thèse reprise par la Cour de cassation le 22 novembre 2017, puis le 14 avril 2021.
2. Dans l'affaire belge, n'existe pas de discrimination directe lorsque « *la règle interne de l'entreprise G4S se réfère au port de signes visibles de convictions politiques, philosophiques ou religieuses et vise donc indifféremment toute manifestation de telles convictions. Cette règle traite, dès lors, de manière identique tous les travailleurs de l'entreprise, en leur imposant notamment, de manière générale et indifférenciée, une neutralité vestimentaire. Il ne ressort pas des éléments du dossier dont dispose la Cour que cette règle interne a été appliquée différemment à Mme Achbita par rapport aux autres travailleurs de G4S* ».
3. Mais une discrimination indirecte « *s'il était établi que l'obligation en apparence neutre qu'elle contient aboutit, en fait, à un désavantage particulier pour les personnes adhérant à une religion ou à des convictions données* » ?

Mode d'emploi donné par la Cour : « *Une telle différence de traitement ne serait pas constitutive d'une discrimination indirecte si elle est justifiée par un objectif légitime et si les moyens de réaliser cet objectif étaient appropriés et nécessaires [...]. La Cour relève que la volonté d'un employeur d'afficher une image de neutralité vis-à-vis de ses clients tant publics que privés est légitime, notamment lorsque seuls sont impliqués les travailleurs qui entrent en contact avec les clients. En effet, ce souhait se rapporte à la liberté d'entreprise, reconnue par la Charte des droits fondamentaux de l'UE* ». Cet apport de la liberté d'entreprendre dans la pesée des intérêts en présence doit être souligné ; mais qu'allait faire la Chambre sociale de la Cour de cassation ?

CS, 22 NOVEMBRE 2017
ENFIN UN MODE D'EMPLOI !

Dans l'entreprise privée, des managers demandeurs de règles claires

Dans les entreprises classiques, le manager de terrain souhaite disposer d'une règle commune et carrée ne donnant pas de prise à la négociation face à un individu revendicatif, et *a fortiori* à un groupe obtenant à l'usure un régime particulier alors revendiqué par d'autres.

Car face à la montée des intégrismes, l'immense majorité des salariés souhaite « avoir la paix » avec ses collègues sur ces questions faisant sur-réagir car touchant à des convictions profondes : ***un droit à l'indifférence, en forme de protection du collectif de travail.*** Face à certains collaborateurs revendicatifs et parfois menaçants à l'égard de leurs coreligionnaires y compris les femmes sommées de se soumettre aux rites, l'encadrement est donc laissé bien seul face à cette question pour le moins délicate sur le plan relationnel, mais aussi civil (C. trav., art. L. 1132-1) voire pénal (C. pén., art. 225-1). Certains cadres croient alors devoir rechercher si telle pratique est vraiment obligatoire pour la religion en cause, se transformant en théologiens amateurs... Désastre assuré.

Mais dans l'immense majorité des cas, croyants et managers concilient discrètement pratiques religieuses individuelles et vie nécessairement collective de l'entreprise (ex. : jours de RTT). *A fortiori* dans les groupes internationaux, où les salariés de filiales étrangères sont parfois très réactifs, y compris sur les groupes Facebook ou le réseau social interne. D'où des « chartes sur la diversité » voulant aussi encadrer les pratiques religieuses dans l'entreprise, mais qui parfois ouvrent la porte à des revendications de plus en plus larges. Pourquoi un athée n'aurait-il pas droit lui aussi à des jours d'absence ? Et le membre de l'Église de scientologie ? Et le militant du druidisme, reconnu comme religion en Angleterre en 2013 ?

CS, 22 novembre 2017 : une « prise de position » très importante

Car elle ne se contente pas de transposer classiquement le premier arrêt de la CJUE du 14 mars 2017 visant l'ingénieure française voilée en clientèle. Elle reprend surtout le raisonnement du second arrêt, à propos de l'entreprise belge de sécurité ayant licencié sa réceptionniste gardant son voile malgré l'interdiction figurant dans une règle collective. Quittant l'explosif mélange de la crèche Baby-Loup, elle a évolué et tranche la question intéressant les entreprises classiques : que faire si le port de signes religieux provoque le départ de clients ? En leur donnant un subtil mode d'emploi.

Classique : une discrimination directe
« *La volonté d'un employeur de tenir compte des souhaits d'un client de ne plus voir les services dudit employeur assurés par une travailleuse portant un foulard islamique ne saurait être considérée comme une exigence professionnelle essentielle et déterminante* » autorisant une exception à l'interdiction des discriminations directes issue de la directive du 27 novembre 2000. L'arrêt est ici tout sauf une surprise, car la Chambre sociale était tenue par la réponse que la Cour de Luxembourg avait faite le 14 mars 2017 à sa propre question préjudicielle.
Conséquences concrètes, avec l'arrêt de la cour d'appel de Versailles rendu le 18 avril 2019 sur renvoi après cassation, qui reprend mot à mot l'arrêt de la CJUE puis celui de la Cour de cassation du 22 novembre 2017. Annulation du licenciement, avec l'alternative habituelle à la discrétion de l'ingénieure : saisir le Conseil des prud'hommes d'une demande de « réintégration » sous astreinte (en droit « *de poursuite du contrat qui n'a pu être valablement rompu* »), avec versement d'une indemnité équivalente à tous les salaires qu'elle aurait perçus entre son éviction et cette réintégration : en l'espèce entre juin 2009 et avril 2019 quand la cour de Versailles a statué. Mais la salariée s'était placée sur le terrain indemnitaire.
Ou si elle le souhaite, l'indemnisation due en cas de licenciement nul, outre les IP + IL + ICP. Cette nullité pour cause de discrimination permet aujourd'hui de faire échec au plafonnement des dommages-intérêts.

Novateur : de la laïcité de l'État à la neutralité dans l'entreprise
« *L'employeur, investi de la mission de faire respecter au sein de la communauté de travail l'ensemble des libertés et droits fondamentaux de chaque salarié, peut prévoir dans le règlement intérieur de l'entreprise ou dans une note de service soumise aux mêmes dispositions que le règlement intérieur, en application de l'article L. 1321-5 du Code du travail, une clause de neutralité interdisant le port visible de tout signe politique, philosophique ou religieux sur le lieu de travail, dès lors que cette clause générale et indifférenciée n'est appliquée qu'aux salariés se trouvant en contact avec les clients* ».
En transfigurant l'obligatoire ***laïcité,*** applicable seulement dans les rapports avec la puissance publique, en règle de ***neutralité dans l'entreprise privée*** au nom de la liberté d'entreprendre évoquée par la CJUE, la Cour donne enfin une solution collective à une question judiciairement posée de façon individuelle mais où l'aspect collectif reste essentiel, qu'il s'agisse des co-religionnaires attentifs mais aussi des collègues atterrés par ces tensions.

POUR UN MEILLEUR ÉQUILIBRE...

Et si l'on quittait une seconde les questions posées par un individu sur le port de ses signes religieux, et nous placions du côté de la « communauté de travail » évoquée par la Chambre sociale ? Et pourquoi pas de l'encadrement, toujours en première ligne ? Car comme nous y invite l'arrêt *Kokkinakis* de la CEDH du 25 mai 1993, « il peut se révéler nécessaire d'assortir cette liberté de limitations propres à concilier les intérêts des divers groupes, et assurer le respect des convictions de

chacun »...sans que cette Cour, tout entière centrée sur l'individu et bien peu sur son environnement social, n'en trouve beaucoup.
Or une entreprise privée n'est pas une place publique, mais une organisation et une communauté de travail, comme le rappelait l'avocate générale Julianne Kokott devant la CJUE en 2017 : « Alors qu'un travailleur ne peut pas laisser au vestiaire son sexe, sa couleur de peau, son origine ethnique, son orientation sexuelle, son âge ou son handicap quand il pénètre dans les locaux de son employeur, on peut en revanche attendre de lui une certaine retenue en ce qui concerne l'exercice du culte au travail, que ce soit en matière de pratiques religieuses, de comportements motivés par la religion ou de tenue vestimentaire ».
Quant au manager de terrain souvent laissé bien seul, il trouve certes dans la plupart des cas une solution discrète et consensuelle avec l'intéressé (jours de RTT...). Mais face à un individu inflexible, et *a fortiori* un groupe voulant obtenir à l'usure un régime particulier alors revendiqué par d'autres, il souhaite légitimement une règle claire et carrée.
Or année après année, la casuistique se renforce. Expression licite de « ***convictions** religieuses* » ou « prosélytisme » illégal car envahissant ? Signe religieux « *visible* », « *ostentatoire* » ou « *ostensible* » ?
Avec une possible évolution de la Cour de Strasbourg, centrée sur la liberté religieuse de la supposée victime évoquée par l'article 9 de la CEDH. Mais là encore, son « *juste équilibre* » ignore souvent l'autre partie de l'équation : le chef d'entreprise « *investi de la mission de faire respecter au sein de la communauté de travail l'ensemble des libertés et droits fondamentaux de chaque salarié* » (CS, 14 avr. 2021), responsable de la cohésion de cette « communauté », et ne pouvant non plus ignorer l'évolution de son marché. Bref la liberté d'entreprendre, sans laquelle il n'y a pas d'entreprise et donc de salariés, qui figure dans la Charte des droits *fondamentaux* de l'UE, et à laquelle l'autre Cour suprême, celle de Luxembourg, reste à juste titre un peu moins insensible.

554 Allant donc plus loin que l'espèce française en cause, la Cour de cassation a quitté le 22 novembre 2017 le point de vue exclusif habituel (« *Et moi, et moi, et moi* » : celui de la personne se prétendant discriminée), et a légitimement replacé l'affaire dans son contexte plus général : la « communauté de travail » que constitue aussi une entreprise, où les collègues veulent simplement « avoir la paix » sur ces questions très personnelles faisant vite surréagir, et voyant d'un mauvais œil ce qui peut mettre en cause la santé économique de l'entreprise... et donc leur emploi.

Puis proposé un mode d'emploi combinant habilement jurisprudence communautaire, française avec l'arrêt de l'Assemblée plénière du 25 juin 2014 et notre prémonitoire article L. 1321-2-1 issu de la loi du 8 août 2016 : « *Le règlement intérieur peut contenir des dispositions inscrivant le principe de neutralité et restreignant la manifestation des convictions des salariés* ».

Hors services publics où la laïcité s'applique, les entreprises concernées – mais mieux vaut prévenir que sévir car une telle clause ne peut avoir d'effet rétroactif – doivent donc initier une procédure de modification du règlement intérieur car il s'agit de pouvoir sanctionner disciplinairement.

C'est ce qu'a rappelé la Cour de cassation dans l'arrêt du 8 juillet 2020 mis en ligne avec un long commentaire à propos de la barbe d'un agent de sécurité jugée par l'employeur comme « l'expression des convictions politiques et religieuses de monsieur A. » ; mais en l'absence de clause dans le règlement intérieur, et de justification « de l'objectif légitime de sécurité du personnel et des clients de l'entreprise », discrimination et annulation du licenciement.

Idem avec l'arrêt *Société Camaïeu* du 12 avril 2021, dont les faits sont d'un grand classicisme. À son retour de congé parental, une vendeuse de cette entreprise de prêt-à-porter exclusivement féminin « *avec un positionnement commercial destiné à exprimer la féminité de sa clientèle sans dissimuler son corps et ses cheveux, au moyen de magasins conçus pour mettre en valeur les produits de l'entreprise* » se présente « avec un foulard dissimulant ses cheveux, ses oreilles et son cou ». L'employeur lui demande de le retirer, et la licencie à la suite du refus. Refrain...

1. **Existait-il avant les faits une règle générale et impersonnelle ?** « *Ayant relevé qu'aucune clause de neutralité interdisant le port visible de tout signe politique, philosophique ou religieux sur le lieu de travail n'était prévue dans le règlement intérieur de l'entreprise, ou dans une note de service soumise aux mêmes dispositions, la cour d'appel en a déduit à bon droit que l'interdiction faite à la salariée de porter un foulard islamique caractérisait l'existence d'une discrimination directement fondée sur les convictions religieuses de l'intéressée* »(annulation du licenciement).
2. **Donc seule une exigence professionnelle essentielle et déterminante**, résultant de la nature de l'activité professionnelle ou des conditions de son exercice, était susceptible de justifier le licenciement. « *Or il résulte de la jurisprudence de la CJUE que la notion d'*« exigence professionnelle essentielle et déterminante » *renvoie à une exigence objectivement dictée par la nature ou les conditions d'exercice de l'activité professionnelle en cause. Elle ne saurait, en revanche, couvrir des considérations subjectives, telles que la volonté de l'employeur de tenir compte des souhaits particuliers du client* »...

Du client peut-être pas, mais si la clientèle s'en va... Subjective pour nos juges, cette considération est extrêmement objective pour l'entreprise et ses salariés, pouvant l'inciter à se placer sur le terrain du trouble objectif caractérisé.

555 Lors de la modification du règlement intérieur (à froid, car mieux vaut prévenir que sévir), une gradation doit être rappelée.

Ainsi les risques pour la sécurité des personnes (du salarié, mais aussi des collègues ou des tiers) emportent tout : le casque de chantier doit être porté, sans aucune négociation ni tolérance possible car il en va de la responsabilité pénale du chef d'entreprise ou de son délégataire.

Ainsi des règles d'ordre public, comme l'article L. 1321-2 rappelant que le règlement intérieur doit contenir « *les dispositions relatives aux harcèlements moral et sexuel et aux agissements sexistes prévues par le présent code* », renvoyant à l'article L. 1142-2-1 :

« *Nul ne doit subir d'agissement sexiste, défini comme tout agissement lié au sexe d'une personne, ayant pour objet ou pour effet de porter atteinte à sa dignité ou de créer un environnement intimidant, hostile, dégradant, humiliant ou offensant* ».

S'agissant enfin des signes religieux, toute action en ce sens doit faire l'objet d'une recherche de consensus en amont : des représentants du personnel mais surtout de l'inspecteur du travail, dont l'éventuel désaveu sur une clause de neutralité mal calibrée serait désastreux. Alors, après avoir fait un peu de pédagogie à l'égard du siège mondial si elles appartiennent à des groupes internationaux où ces restrictions vont parfois sembler bien rudes, les entreprises françaises concernées doivent initier une procédure de révision de leur règlement intérieur, dans le cadre de l'article L. 1321-2-1 issu de la loi du 8 août 2016, désormais validé par la CJUE.

556 **L'entreprise reprendra donc simplement la formulation de l'arrêt** : 1. « *En application de l'article L. 1321-2-1...* » 2. Puis légitimera cette restriction : pour la CJUE (mais pas la CEDH), la liberté d'entreprendre légitime « *la volonté d'afficher, dans les relations avec les clients tant publics que privés, une politique de neutralité philosophique, religieuse,* ou politique » : ce qui pourrait être utile à l'occasion des présidentielles de 2022. 3. Ne se limitera pas aux signes religieux, mais ne l'étendra évidemment pas aux sigles syndicaux. 4. Limitera enfin cette clause générale et indifférenciée interdisant tout signe (« visible », pas « ostentatoire ») aux collaborateurs en « *contact visuel* » avec la clientèle avait énoncé la CJUE, « *aux salariés se trouvant en contact avec la clientèle.* » a répété la Chambre sociale le 14 avril 2021.

Ne pas oublier enfin l'information-consultation du Comité social et économique, puis le contrôle approfondi de l'inspecteur du travail, sous le regard du juge administratif qui sera certainement saisi ; mais il est peu probable qu'au bout du chemin, le Conseil d'État adopte une position différente de la Cour de cassation. Car pour l'essentiel cette dernière a transposé les deux arrêts de la CJUE, dont l'interprétation de la directive de 2000 s'impose également à lui.

557 Dans sa pédagogique note explicative, la Cour indiquait en 2017 que sa solution « *ne s'oppose pas à la négociation au sein de l'entreprise de chartes d'éthique portant sur les modalités du "vivre ensemble" dans la communauté de travail. Mais de telles chartes sont dénuées de caractère obligatoire et ne sauraient fonder un licenciement pour motif disciplinaire dans le cas du non-respect par un salarié des préconisations qu'elles comportent.* »

Télétravail, droit à la déconnexion... Les **« Chartes »,** où les règles sont définies par l'employeur, sont décidément à la mode. Mais si elles peuvent rechercher ou constater un consensus (*cf.* la Charte de laïcité du Groupe Paprec, approuvée par référendum auprès de ses 4 000 collaborateurs issus de 56 nationalités), elles ne peuvent en droit du travail servir de fondement à une quelconque sanction.

Un accord collectif ? Il peut être source de consensus... s'il est unanime. Mais une telle démarche est à éviter car : 1. les syndicats n'ont aucune vocation à négocier sur ce thème ;

2. dans certaines entreprises, une telle négociation pourrait pousser certains d'entre eux, sous la pression de leur base, à exiger des accommodements déraisonnables sinon tout à fait opposés ; 3. voire à créer des syndicats ouvertement communautaires, pouvant le cas échéant présenter dans deux ans des listes aux prochaines élections professionnelles.

Le très pragmatique guide rédigé par la direction d'EDF est exemplaire, avec ses questions-réponses et son refrain *« Les questions que vous ne devez pas vous poser »/« Les questions que vous devez vous poser »*. Exemple : « ***La question que vous ne devez pas vous poser*** *: Que dit sa religion ? Pourquoi ? Parce que le salarié ne peut vous livrer que sa propre interprétation subjective. Parce que l'interprétation qu'il fait de sa religion relève de sa liberté de conscience. Parce que peu importe ce que la religion dit, elle ne "fait jamais loi" au sein d'une entreprise.* ***Les questions que vous devez vous poser*** *: Cela entrave-t-il la sécurité ? Cela entrave-t-il la sûreté ? Cela entrave-t-il l'hygiène ? Cela entrave-t-il l'aptitude du collaborateur à réaliser sa mission ?* »

558 **Obsessions.** On espère que ces arrêts seront aussi un coup d'arrêt pour les salariés, comités, observatoires, voire juges finissant par voir du religieux partout. Dernier exemple : une future agent de la RATP refuse de prêter serment (« *Je le jure* »), estimant qu'elle est contraire à sa foi de Témoin de Jéhovah : licenciement pour faute grave. « *Le respect de la liberté de conscience et de religion imposant de permettre à une personne qui prête serment de substituer à la formule "je le jure" une formule équivalente d'engagement solennel* », son refus ne constituait pas une faute : licenciement est sans cause réelle et sérieuse. **Mais pas nul**, l'employeur n'ayant pas décidé ce licenciement en raison de ses croyances religieuses (CS, 7 juill. 2021).

Au pays des tribus gauloises en guerre permanente décrit par Jules César, toujours mettre en valeur ce qui rassemble, et minimiser ce qui divise.

LES SINGULIÈRES PRÉCISIONS DE LA CJUE (GRANDE CHAMBRE), 15 JUILLET 2021 (C-804/18)

« *Une règle interne d'une entreprise, interdisant aux travailleurs de porter tout signe visible de convictions politiques, philosophiques ou religieuses sur le lieu de travail, ne constitue pas*, à l'égard des travailleurs qui observent certaines règles vestimentaires en application de préceptes religieux, *une discrimination* ***directe*** *fondée sur la religion ou sur les convictions, au sens de cette directive,* ***dès lors que cette règle est appliquée de manière générale et indifférenciée*** » (en l'espèce, l'employeur concerné avait également exigé et obtenu d'une employée portant une croix religieuse qu'elle la retire).

« *Une différence de traitement indirectement fondée sur la religion ou les convictions, découlant d'une règle interne d'une entreprise interdisant aux travailleurs de porter* ***tout signe visible*** *de convictions politiques, philosophiques ou religieuses sur le lieu de travail, est susceptible d'être justifiée par la volonté de l'employeur de* ***poursuivre une politique de neutralité politique, philosophique et religieuse à l'égard des clients ou des usagers****, pour autant, en premier lieu, que cette politique réponde à* ***un besoin véritable de cet employeur, qu'il incombe à ce***

***dernier d'établir en prenant notamment en considération les attentes légitimes desdits clients ou usagers** ainsi que les conséquences défavorables que cet employeur subirait en l'absence d'une telle politique, compte tenu de la nature de ses activités ou du contexte dans lequel celles-ci s'inscrivent, en deuxième lieu, que cette différence de traitement soit apte à assurer la bonne application de cette politique de neutralité, ce qui **suppose que cette politique soit suivie de manière cohérente et systématique**, et, en troisième lieu, que cette interdiction soit limitée au strict nécessaire.*
*Une discrimination indirecte (...) ne peut être justifiée que si une telle interdiction **couvre toute forme visible** d'expression des convictions politiques, philosophiques ou religieuses. Une interdiction qui est limitée au port de signes de convictions politiques, philosophiques ou religieuses **ostentatoires et de grande taille** est susceptible de constituer une discrimination directe fondée sur la religion ou les convictions, laquelle ne saurait en tout état de cause être justifiée sur le fondement de cette même disposition ».*
Dans ce domaine déjà passablement complexe, l'existence d'une discrimination dépendrait-elle de la dimension des signes en cause ? La CJUE a-t-elle eu peur de se voir reprocher l'« intersectionnalité » évoquée par le Comité des droits de l'Homme de l'ONU ayant condamné la France le 10 août 2018 dans l'affaire Baby-Loup : une femme, musulmane, soi-disant obligée de porter le voile islamique ? Avec donc, en matière de religion, une hiérarchie entre le voile islamique (ostentatoire), la kippa (moins visible) et la petite-moyenne croix portée en pendentif ?
Si la solution finalement adoptée (« *toute forme visible d'expression des convictions* ») paraît adéquate, cette nouvelle précision nous entraîne encore plus loin dans une complexité sans fin. Et on attend, en matière de convictions philosophiques, le vaste T-Shirt affichant « *J'aime Spinoza !* » versus la casquette avec un petit « *Spinoza, gros nul ! Vive Schopenhauer !* »...

559 Après l'expression de convictions intimes, la mise en scène de Ego SA : l'exposition publique de sa nudité numérique sur Insta ou Facebook.

IDÉE LÉGITIME DE LA JURISPRUDENCE FRANÇAISE : NE PAS ENCOURAGER LES COLLABORATEURS À ÉTALER LEUR VIE PRIVÉE AU BUREAU, MAIS...

Comme le montrent à l'envi les deux arrêts opposés rendus par la Cour européenne des droits de l'homme dans la même affaire Barbulescu (12 janvier 2016 : absence de violation de l'article 8, par six voix contre une ; puis Grande chambre, 5 septembre 2017, violation par onze voix contre six...en 129 342 signes), le contrôle juridictionnel du pouvoir patronal sur les communications électroniques des salariés mérite d'être repensé. En repartant de la jurisprudence française, plus réaliste pour les deux parties.
D'abord pour une raison d'équilibre probatoire, bien expliquée dans l'opinion dissidente émise le 5 septembre 2017 par les six juges minoritaires : « *Si les juridictions internes ont accordé plus de poids au droit pour l'employeur d'assurer le bon fonctionnement de l'entreprise et de surveiller la façon dont les employés accomplissaient leurs tâches qu'au droit du requérant au respect de sa vie privée et*

de sa correspondance, il n'est pas déraisonnable pour un employeur de vouloir vérifier qu'ils accomplissent leurs tâches professionnelles lorsqu'ils font usage sur leur lieu de travail et pendant leurs heures de travail du matériel qu'il met à leur disposition».
Il n'est en effet « pas déraisonnable » de penser que sur temps et lieu de travail, un travailleur travaille. Ce pourrait même constituer une « attente raisonnable » de l'employeur qui le rémunère pour cela.
Or pour la CEDH, cette « *vie privée sociale* » du salarié qu'il faut sauvegarder est « *la possibilité pour l'individu de développer son identité sociale, d'aller vers les autres afin de nouer et de développer des relations avec ses semblables* ».
On préférera à cette phraséologie jargonnante son « juste équilibre entre les intérêts en jeu », initié par notre Chambre sociale dans le prémonitoire arrêt Nikon rendu le 2 octobre 2001.
Résumons : aux temps et lieu de travail, l'activité du salarié est présumée professionnelle, *a fortiori* quand elle passe par les systèmes d'information de l'entreprise. L'employeur peut donc prendre connaissance de leur contenu, exactement comme s'il s'agissait d'un bon vieux dossier carton orange, ou de lettres-missives envoyées à l'entreprise. Car énoncer, sans distinction, que « la notion de correspondance s'applique à l'envoi et à la réception de messages, même depuis l'ordinateur de l'employeur » ; c'est méconnaître le fonctionnement d'une société où des collaborateurs s'absentent ou sont partis... et que le client important appelle.
« L'attente raisonnable du salarié à ce que sa vie privée soit protégée et respectée » (§ 73) **doit donc d'abord dépendre de lui.** S'il veut protéger sa vie privée, la balle est dans son camp et il lui appartient de (simplement) titrer son dossiel ou sa correspondance : « Privé ». Et surtout, partant du réaliste principe que tout ce qui passe par les systèmes d'informations de l'entreprise n'a plus rien de secret pour les informaticiens, utiliser son portable personnel pour tout ce qui touche sa vie privée. Car pleurnicher après ne sert à rien...

560 Stupides facéties sur Facebook ou Instagram. Alors qu'hier les dérapages d'un collaborateur au Café du commerce n'étaient écoutés que par les quatre convives s'empressant de les reprendre à la machine à café (4 × 5 = 20 auditeurs), une page Facebook (en moyenne en France : 180 « amis », soit 32 400 « amis d'amis ») et *a fortiori* un compte Twitter public sont suivis par un nombre très supérieur de personnes, au profil beaucoup plus diversifié. Le caractère viral du Web 3.0 horizontal peut enfin donner à une photo vengeresse sur Instagram ou une vidéo provocante sur You Tube une diffusion nationale voire mondiale.

Problème côté entreprise : dans notre société de la réputation, toute atteinte à son « image de marque » est très mal ressentie, y compris parfois de la part de collègues trouvant ces dérapages dangereux pour leur emploi.

Solution ? Évidemment la même que celle exposée *supra* s'agissant de faits de vie personnelle.

1. **Le salarié n'étant *plus subordonné*** en dehors du temps et lieu de travail, les actes de sa vie privée – ici ses frasques Web – ne constituent pas en principe une *faute disciplinaire*.

Sauf s'il s'agit de comportements contraires aux obligations inhérentes à un contrat de travail. En particulier de la confidentialité : il va de soi qu'un directeur financier n'a pas à se répandre sur Twitter en évoquant de futurs résultats calamiteux. Un licenciement *disciplinaire*, pour faute grave, serait alors légitime. *A fortiori* si le salarié met en ligne des vidéos rigolotes tournées dans l'entreprise avec son smartphone, où l'on voit très distinctement derrière lui le planning du Service R&D.

2. **TOC.** Un licenciement *non disciplinaire* reste possible si ces faits de vie privée ont causé un trouble objectif caractérisé *à*, ou *dans* l'entreprise. De ce point de vue, les TIC facilitent le TOC : ainsi d'un *bad buzz* ou de centaines de véhéments courriels de protestation.

   Encore faut-il que cette *cause, qui doit être démontrée par l'employeur*, soit réelle, et surtout assez sérieuse pour justifier l'éviction du collaborateur.

   Et que l'employeur n'en ait pas eu connaissance par des moyens déloyaux ou portant atteinte à la vie privée (preuve irrecevable, V. *infra*).

3. Injure ? Diffamation ? Publique (15 000 d'amende) ou privée (38 €) ? Ces infractions pénales s'appliquent exactement comme d'habitude.

561 Principe : liberté d'expression dans le cadre de la vie privée. Dans l'entreprise et *a fortiori* en dehors, le salarié-citoyen bénéficie de sa liberté d'expression, grande conquête de la Révolution depuis l'article 11 de la Déclaration de 1789 : *« La libre communication des pensées et des opinions est un des droits les plus précieux de l'Homme. »* Attachement repris le 10 juin 2009 par le Conseil constitutionnel à propos de la loi Hadopi : *« La liberté d'expression et de communication par Internet est d'autant plus précieuse que son exercice est une condition de la démocratie, et l'une des garanties du respect des autres droits et libertés. »* Traduction pour la Chambre sociale, faisant heureusement la différence avec le *« **droit** d'expression direct et collectif »* (art. L. 2281-1) permettant à chaque salarié de s'exprimer sur les temps et lieux de travail sur le contenu et l'organisation du travail : *« Sauf abus, le salarié jouit dans l'entreprise, et en dehors de celle-ci, de sa **liberté** d'expression à laquelle seules des restrictions justifiées par la nature de la tâche à accomplir et proportionnées au but recherché peuvent être apportées. »*

CS, 6 mai 2015. Un salarié poste début 2011 deux billets sur l'excellent site « Miroir social », dont une large partie est ouverte au public : « *un de mes collègues a été sanctionné pour avoir soi-disant mal répondu à son chef d'équipe, motif monté de toutes pièces (...) : ce jeune salarié avait osé revendiquer l'application du Code du travail* ». Il ajoute que lui-même avait subi de la part de la direction « *chantage et menaces déguisés* ». Licencié pour faute grave, il saisit la justice et gagne : « *L'exercice de la liberté d'expression des salariés en dehors de l'entreprise ne peut justifier un licenciement que s'il dégénère en abus ; le fait pour un salarié de s'interroger,* dans le cadre d'une situation de conflit et par la voie d'un site Internet revêtant un caractère quasiment confidentiel, *sur le licenciement de l'un de ses collègues, sans que les propos incriminés soient injurieux* *ou vexatoires, n'excédait pas les limites de la liberté d'expression »* : absence de cause réelle et sérieuse.

Donc attention à vos paramétrages ! *« Éliminons nos patrons, et surtout nos patronnes mal baisées qui nous pourrissent la vie ! » « Sarko devrait voter une loi pour exterminer les directrices chieuses comme la mienne ! »*, avait écrit une vendeuse, licenciée de ce fait. L'arrêt de la première chambre civile du 10 avril 2013 retient une solution d'un grand classicisme : l'existence d'une « communauté d'intérêts » permettant de rester dans la sphère privée : *« Après avoir constaté que les propos litigieux avaient été diffusés sur les comptes ouverts par Mme Y tant sur le site Facebook que sur le site MSN, lesquels n'étaient en l'espèce accessibles qu'aux seules personnes* agréées par l'intéressée, en nombre très restreint, *la cour d'appel a retenu que celles-ci formaient une communauté d'intérêts. Elle en a exactement déduit que ces propos ne constituaient pas des injures publiques. »* Mais contrairement à ce que laisse penser une lecture un peu rapide, cet arrêt signifie que la majorité des comptes Facebook est publique. Problème : des comptes publics sont suivis par quatre « amies » proches, et des comptes privés par 138 699 contacts...

Conseil aux mal-comprenants : bien au-delà du seul aspect probatoire, un salarié avisé limite le nombre de ses « amis » à ses vrais amis, et paramètre son profil en conséquence.

562 La Chambre sociale tient également compte du contexte, produisant donc de délicates casuistiques : *« situation de conflit »* dans l'arrêt du 6 mai 2015, de l'audience potentielle du dérapage *(« site Internet revêtant un caractère quasiment confidentiel »)* : un courriel très offensif adressé à un auditoire très restreint n'est pas du tout traité de la même façon qu'une interview à un quotidien régional ou que la mise en ligne sur un blog public. Enfin du rang hiérarchique du fautif : s'agissant d'un directeur artistique, se laissant aller sur un site par ailleurs public de notation des entreprises (*« Salaire minimum, aucune prime, ni même d'heures sup payées, sauf celles du dimanche pour les téméraires ! Le client est roi, et votre travail sera parfois descendu devant lui. Rien n'incite à la motivation, si ce ne sont que les promesses jamais tenues »*), la Chambre sociale y voit une faute grave, en l'absence de toute injure ou diffamation : *« Ayant relevé le caractère excessif du message qui était publié sur un site* accessible à tout public, *dont les termes étaient* tant déloyaux que malveillants *à l'égard de l'employeur, la cour d'appel a pu en déduire que l'intéressé avait abusé de sa liberté d'expression et que ce manquement rendait impossible le maintien du salarié dans l'entreprise »* (CS, 11 avr. 2018).

La Cour de Strasbourg tient également le plus grand compte du contexte...

CEDH, 15 JUIN 2021 : « LIKER », CE N'EST PAS PARTAGER UN CONTENU, NI *A FORTIORI* COMMENTER

« L'emploi de la mention 'J'aime' sur les réseaux sociaux, considéré comme un moyen d'afficher un intérêt ou une approbation pour un contenu, constitue une

forme courante et populaire d'exercice de la liberté d'expression en ligne». Donc il bénéficie de la protection de l'article 10.
Mais « *il ne peut être considéré comme portant le même poids qu'un partage de contenu sur les réseaux sociaux. Cette mention exprime seulement une sympathie à l'égard d'un contenu publié, et non pas une volonté active de sa diffusion*».
A fortiori commenter un contenu est un acte positif de création nettement plus engageant qu'un like, ou qu'un commentaire.
Le juge saisi doit ensuite examiner deux aspects :
1. « *L'impact potentiel de l'acte litigieux*». Il doit « *évaluer notamment la capacité de ces mentions à provoquer des conséquences dommageables sur le lieu de travail, en tenant compte de la teneur des contenus auxquels elles se rapportent, du contexte professionnel et social dans lequel elles s'inscrivaient, et de leur portée et impact potentiels*».
2. Donc tenir compte de la nature des fonctions : en l'espèce, « *la requérante ne disposant que d'une notoriété et d'une représentativité limitées sur son lieu de travail (...), ses activités sur Facebook ne pouvaient pas avoir un impact significatif*». Licenciement illégitime.

563 **Société de la réputation/Liberté d'expression :** dans ce conflit des logiques, les employeurs se retrouvent fort dépourvus lorsque les réseaux horizontaux bruissent d'injures ou de diffamations. Car comme il s'agit d'infractions de presse – par définition publiées, excluant donc les correspondances privées –, associant rude droit pénal et très subtil droit de la presse, ils jouent souvent à l'employeur arrosé. Et si c'est en réalité l'exercice de la liberté d'expression qui a été sanctionné : licenciement = trouble manifestement illicite, juge des référés prud'homal, « réintégration » sous astreinte.

QI numérique minimum. Plus généralement, la casuistique à laquelle ces arrêts conduisent devrait inciter les collaborateurs à être plus prudents dans leur expression sur les réseaux sociaux externes : un QI numérique minimal est exigé, surtout depuis Twitter ou Instagram (voir le remarquable « Guide du bon sens numérique » d'AXA).

« Les paroles s'envolent, les écrits restent » : il faut rappeler à tous ces inconscients Petits Poucets que même si aucun écho de la très vive discussion d'hier sur le « mur » d'un collègue n'a été transmis à qui que ce soit, les propos en cause, même échangés entre « amis » resteront gravés dans le marbre numérique et pourront ressortir dans quelques mois ou années, dans un tout autre contexte. Faudra-t-il un jour faire apparaître, dès la connexion sur les réseaux sociaux, ce message automatique : « *Tout ce que vous allez écrire pourra être un jour retenu contre vous* » ?

Conclusion sur ces calamiteuses affaires :

1. à l'instar de Guillaume d'Orange : « *Gardez-moi de mes amis...* » ;
2. au lieu de pleurnicher sur les déboires dus à sa détestable *e-réputation*, l'*homo numericus* évite de laisser ses nouvelles empreintes *digitales* partout ;
3. les entreprises les plus médiatisées doivent donc créer des paratonnerres numériques internes (réseau social interne...) mais aussi externes (*blog* un peu décalé

du dirigeant, forums de discussion *ad hoc*) permettant de capter ici le mécontentement des salariés, là des clients ou usagers.

564 **Nudité numérique.** Ces décisions très médiatisées ont eu au moins un aspect positif : mettre en garde sur les risques d'une utilisation laxiste du Web, qui n'est pas une zone de non-droit, *a fortiori* sur temps et lieu de travail.

POUR ALLER PLUS LOIN...

- B. Dabosville, *Communication personnelle en entreprise et surveillance patronale : new deal ou statu quo ?* CEDH, 5 sept. 2017, et CEDH, 22 févr. 2018 », Dr. soc., 2018 p. 455
- G. LOISEAU, « *Liberté d'expression sur les réseaux sociaux : les salariés sont-ils totalement libres des propos qu'ils publient sur internet ? Comment sanctionner les abus ?* », Cahiers du DRH, mai 2021.
- H. Nasom-Tissandier, *L'importance de la charte informatique dans la justification de mesures de surveillance des salariés*, Jurisprudence sociale Lamy, n° 451, 16 avr. 2018
- J.-E. Ray, *Facebook, l'employeur et le salarié*, Dr. soc., févr. 2011, p. 128 ; *Actualités des TIC*, Dr. soc., juin 2015, p. 553
- L'ouvrage de référence est celui de Ph. Waquet, Y. Struillou et L. Pécaut-Rivolier, *Le chef d'entreprise et les libertés du salarié*, Éditions Liaisons, collection « Droit vivant », mars 2014

565 **Non-réalisation d'objectifs et licenciement (CS, 7 mars 2018)**

En cette matière, rien n'est plus comme avant depuis l'arrêt Giraudy du 14 novembre 2000 rappelant que le droit du licenciement est d'ordre public.

1 . Unilatérale ou contractuelle, la fixation d'objectifs **ne peut prétendre préconstituer** une cause réelle et sérieuse de licenciement. « *Aucune clause du contrat de travail ne peut valablement décider qu'une circonstance quelconque constituera une cause de licenciement : il appartient au juge d'apprécier si les faits invoqués par l'employeur peuvent caractériser une cause réelle et sérieuse de licenciement.* »

2 . **Trois sévères conditions** pour constituer une cause réelle et sérieuse : « *L'insuffisance de résultats ne peut constituer en soi une cause de licenciement ; il appartient au juge de rechercher si les objectifs, fussent-ils définis au contrat de travail, étaient réalistes, et si les mauvais résultats procédaient soit d'une insuffisance professionnelle non fautive, soit d'une faute imputable au salarié.* » :

a - pour être valablement utilisés par l'employeur dans le cadre d'un licenciement, les objectifs notifiés au salarié pour lui être opposables doivent être tout d'abord objectifs et réalistes : c'est-à-dire tenir compte d'éléments extérieurs au salarié comme la situation réelle du marché au cours de la période considérée (« raisonnables et compatibles avec le marché »), bref déterminés compte tenu de la situation du marché et des conditions d'exercice de l'activité. L'arrêt du 7 mars 2018 est un cas d'école : un chef des ventes de maison individuelles, affecté sur un secteur géographique difficile avec une équipe commerciale réduite, est licencié pour insuffisance professionnelle : il n'a vendu que 45 maisons au lieu des 94 programmées : « *Les objectifs fixés par l'employeur étant irréalisables, le licenciement était dépourvu de cause réelle et sérieuse* ». Est-il besoin de préciser que l'employeur ne peut augmenter les objectifs en cours d'exercice, si le salarié les a atteint trop rapidement (CS, 8 avr. 2021) ?

b - l'employeur doit lui fournir les moyens nécessaires à l'accomplissement de sa mission, le devoir d'adaptation réapparaissant en cas d'évolution importante. La jurisprudence est par exemple attentive à la situation de cadres dont le temps de travail a été officiellement réduit, mais les objectifs maintenus (« *Le salarié ne pouvait accomplir le travail demandé dans un temps compatible avec ses horaires* », CS, 16 nov. 1999) ;

c - sur le terrain de la cause sérieuse du licenciement enfin, cette non-réalisation justifie-t-elle la rupture du contrat (absence de cause réelle et sérieuse : CS, 3 févr. 2000 : « *les objectifs étant très difficiles à atteindre, et la marge de manœuvre du salarié très faible* » ; CS, 24 juin 2003 : « *Faible écart entre l'objectif fixé et les résultats de la salariée* »).

Tout dépend alors de la durée (rater un client le mois dernier/n'avoir aucune commande depuis trois mois), et de l'importance de cette non-réalisation : faire 5 % de moins que ses camarades même si « *la seule comparaison des résultats d'un salarié avec ceux de ses collègues ne peut caractériser son insuffisance professionnelle* » (CS, 5 févr. 2003), ou 48 % des objectifs fixés : cause réelle et sérieuse, la Cour se plaçant parfois sur le terrain disciplinaire *(« en faute de ne pas les avoir atteints »)*. La « sanction des performances » prend alors tout son sens, sans oublier qu'un collaborateur ayant touché depuis deux ans 20 % de moins que ses collègues est ainsi vivement incité à une mobilité externe, plus ou moins volontaire.

566 Longue maladie et rupture du contrat de travail (hors accident du travail)

- **Principe : article L. 1132-1. Licenciement fondé sur « l'état de santé » = discrimination illégale**

Si le salarié a justifié son absence pour maladie et jusqu'à l'examen de reprise si l'arrêt a duré plus de 21 jours, l'employeur ne peut, sous peine de nullité, licencier un salarié en fonction de son « état de santé », notion plus large que la « maladie » : séropositivité, état dépressif, ce mal des temps modernes plus difficilement identifiable qu'une grosse grippe ou que le C19.

- **Licenciement = Exception à la règle = Quatre strictes conditions cumulatives**

CS, 24 mars 2021 : « *L'article L. 1132-1 du Code du travail, qui fait interdiction de licencier un salarié notamment en raison de son état de santé ou de son handicap, ne s'oppose pas au licenciement motivé, non par l'état de santé du salarié, mais par la situation objective de l'entreprise dont le fonctionnement est perturbé par l'absence prolongée ou les absences répétées du salarié.*

Ce dernier ne peut toutefois être licencié que si les perturbations entraînent la nécessité pour l'employeur de procéder à son *remplacement définitif par l'engagement d'un autre salarié, lequel doit intervenir à une date proche du licenciement ou dans un délai raisonnable après celui-ci,* délai que les juges du fond apprécient souverainement *en tenant compte des spécificités de l'entreprise et de l'emploi concerné* (en l'espèce) :

1. **C'est le fonctionnement de toute *l'entreprise*** qui doit être perturbé, plus seulement le *service* concerné : quelles personnes peuvent prétendre que leur absence perturbe toute leur entreprise ? Dans une TPE, peut-être l'assistante du patron, véritable tour de contrôle, mais les cadres dirigeants dans les autres.
2. **L'embauche, dans un délai raisonnable** (CS, 31 mars 2016 : trois mois pour un ingénieur : trop tardive ; mais cinq mois pour le recrutement de la *directrice* d'une association : raisonnable, CS, 24 mars 2021) d'un autre *salarié*, sous *CDI*, à durée du travail identique, est indispensable.
3. Il faut que ce remplacement soit **effectif** : or il arrive qu'à l'occasion de licenciements économiques, le poste vacant en cause soit supprimé. Motif personnel sur la lettre, mais suppression du poste : défaut de cause réelle et sérieuse.
4. La cause de l'absence ne doit **pas résulter d'une faute patronale** : « *Lorsque l'absence prolongée du salarié est la conséquence du harcèlement moral dont il a été l'objet, l'employeur ne peut se prévaloir de la perturbation que l'absence prolongée du salarié a causé au fonctionnement de l'entreprise* » (CS, 30 janv. 2019).

L'arrêt du 27 janvier 2016 a enfin résolu une vieille question : si l'une de ces quatre conditions fait défaut, s'agit-il d'un licenciement sans cause réelle et sérieuse, ou du retour au principe : une discrimination sur l'état de santé et donc un licenciement nul ? « *À défaut d'éléments de nature à laisser présumer l'existence d'une discrimination en raison de l'état de santé* », il s'agit d'un simple licenciement sans cause réelle et sérieuse.

§3 La preuve de la cause réelle et sérieuse

567 La cause réelle et sérieuse a donc une importance capitale dans le droit du licenciement. Mais tout est-il possible pour prouver (opposabilité) ? Et qui doit prouver quoi (charge et risque) ?

OPPOSABILITÉ DE LA PREUVE : AVEC LES TIC, TOUT EST TECHNIQUEMENT POSSIBLE, TOUT N'EST PAS JURIDIQUEMENT PERMIS

Si la preuve est la rançon du droit, son prix peut être très élevé dans les rapports de travail. Côté employeur, les TIC permettent une traçabilité à peu près totale de toute l'activité du salarié, l'arrêt du 26 novembre 2002 prêtant alors à sourire, s'agissant d'une déléguée médicale ayant fait l'objet d'une surveillance itinérante par son chef de service : entre le GPS de sa voiture et désormais la géolocalisation de sa troisième main, son portable dont elle ne se sépare jamais, cette technique visuelle, fatigante, et coûteuse car chronophage apparaît aujourd'hui dépassée. ***Car traçabilité et mémoire (d'ordinateur) étant inhérentes*** à tous les outils informatiques, les bien involontaires petits Poucets que nous sommes laissons des traces par centaines dès que nous ouvrons un ordinateur, envoyons un SMS ou un courriel même intitulé « Personnel » à l'autre bout du monde. Traces qu'il suffira de remonter le moment venu : rien ne presse, puisque tous ces engins multifonctions ont une mémoire, et plus précisément un historique... d'ordinateur. L'employeur n'a donc plus à rechercher les informations : elles lui sont gracieusement et automatiquement fournies, sur longue période, par chacun de ses Petits Poucets salariés. Avec les TIC où l'essentiel est invisible pour les yeux, en matière probatoire tout devient donc techniquement possible, *a fortiori* avec l'Internet des objets : mais tout n'est pas juridiquement permis. Le salarié a droit au respect de sa vie privée... mais quid de l'employeur, s'estimant en état de légitime défense quand des informations confidentielles quittent l'entreprise sous la forme de courriels soigneusement titrés « Privé » ?

568 **Transparence et procédures d'information préalables internes, collective puis individuelle,** évoquées par la CEDH le 5 septembre 2017. Ainsi l'arrêt de la Chambre sociale du 6 juin 2006 avait rappelé qu'en l'absence d'information préalable du Comité social et économique puis de chaque salarié, une vidéosurveillance est, comme toute autre méthode de contrôle technique, illicite : *« Si l'employeur a le droit de contrôler et de surveiller l'activité de son personnel durant le temps de travail, il ne peut mettre en œuvre un dispositif de contrôle qui n'a pas fait l'objet, préalablement à son introduction, d'une information et d'une consultation du comité social et économique. Le système de vidéosurveillance de la clientèle mis en place par l'employeur étant également utilisé pour contrôler les salariés sans information et consultation préalables du comité d'entreprise, les enregistrements du salarié constituaient un moyen de preuve illicite.* » En l'espèce, existait également un détournement de finalité du système tel que déclaré à la CNIL (avant le RGPD) (300 000 € d'amende potentiels).

569 **Les lois Informatique et libertés font partie intégrante du droit du travail** d'aujourd'hui, surtout après l'entrée en vigueur le 25 mai 2018 du RGPD (règlement communautaire sur la protection des données à caractère personnel de mai 2016) et le vote de la loi du 20 juin 2018. Même si la plupart de ces principes fondamentaux existaient depuis 1978 en droit français.

570 Mais il faut désormais combiner droit communautaire et droit français. Comme tout règlement communautaire, le RGPD s'applique directement et remplace donc la loi nationale sur de nombreux points : droits des personnes, bases des traitements, sécurité, transferts à l'étranger, etc.

Depuis le 1er juin 2019, la loi du 6 janvier 1978 est en vigueur dans une nouvelle rédaction, incluant les modifications apportées par la loi du 20 juin 2018 puis par l'ordonnance du 12 décembre 2018.

571 **Ce qui a changé : de la brave déclaration à la CNIL à l'obligation générale de conformité pesant sur l'employeur.** La loi Informatique et libertés ancienne version prévoyait l'obligation de déclarer les systèmes de surveillance, à défaut de laquelle les informations collectées ne pouvaient être opposées au salarié pour le sanctionner.

Depuis le RGPD, la situation est beaucoup plus floue car ont disparu ces rassurantes notifications ou déclarations à la CNIL. **C'est à l'employeur de vérifier lui-même** que tous ses moyens de contrôle collectant des données directement (pointeuses) ou indirectement personnelles (caméra vidéo) sont conformes aux quatre règles fondatrices : collecte loyale (information préalable) ; finalités déterminées, explicites et légitimes ; ne sont pas traitées ultérieurement de manière incompatible avec ces finalités ; enfin adéquates, pertinentes et non excessives au regard des finalités pour lesquelles elles sont collectées.

De quoi alimenter le contentieux probatoire, au détriment du fond. Même si pour l'essentiel, les décisions antérieures de la CNIL peuvent donner une idée précise de la solution (V. www.cnil.fr). Ainsi de la classique mise en demeure du 4 juillet 2018 exigeant de redimensionner un système de vidéosurveillance en cessant de filmer en permanence et partout le personnel et les enseignants, et supprimer les images enregistrées. Puis le 13 juin 2019 la sanction pécuniaire de 20 000 euros contre une TPE pour vidéosurveillance excessive des salariés : « *la caméra présente dans le bureau des six traducteurs les filmait à leur poste de travail sans interruption* ». Il est vrai que l'entreprise n'avait tenu aucun compte des remarques, puis de la mise en demeure de la CNIL depuis deux ans.

LE DROIT À *LA* PREUVE : CS, 30 SEPT. 2020, SOCIÉTÉ PETIT BATEAU LOYAUTÉ PROBATOIRE, ET FIN DE L'IMPUNITÉ DU FAUTIF (BIEN CONSEILLÉ)

572. Alors qu'en principe les salariés doivent être préalablement avertis des méthodes de contrôle patronal, un supermarché espagnol peut-il mettre en place des caméras cachées filmant des caissières soupçonnées de vol organisé, puis les licencier sur la base des vidéos ? La Cour européenne des droits de l'Homme n'a pas écarté cette preuve le 17 octobre 2019, au titre d'une « *mise en balance entre le droit des intéressées au respect de leur vie privée, et l'intérêt pour l'employeur d'assurer la protection de ses biens et le bon fonctionnement de l'entreprise* ».
Relançant en France le vieux débat loyauté probatoire côté employeur / impunité disciplinaire du salarié fautif, particulièrement mal ressentie chez les petits patrons peu au fait des subtilités juridiques : « *J'ai pour moi la justice, et je perds mon procès* » (Le Misanthrope).
Cette pragmatique conciliation de droits opposés a manifestement inspiré le très important arrêt rendu par la Cour de cassation le 30 septembre 2020 : « *Le droit à la preuve peut justifier la production d'éléments portant atteinte à la vie privée, à la condition que cette production soit indispensable à l'exercice de ce droit, et que l'atteinte soit proportionnée au but poursuivi* ».
En l'espèce, une chef de projet de l'entreprise « Petit Bateau » publie sur son compte fermé Facebook, en avril 2014, des photos de la collection Printemps/Été 2015 : de quoi permettre à la concurrence de se mettre au travail rapidement. Elle est donc licenciée pour faute grave : manquement à son obligation contractuelle de confidentialité....et parmi ses 200 « amis » figuraient aussi...des concurrents.
En justice, la salariée met en cause la loyauté du procédé, et l'atteinte à sa vie privée.

– **« En vertu du principe de loyauté dans l'administration de la preuve,** *l'employeur ne peut avoir recours à un stratagème »* rappelle la Cour. Mais ici c'est l'une de ses « amies » qui avait « *spontanément communiqué*» une capture d'écran à l'employeur. Il en aurait été différemment si ce dernier avait invité une stagiaire, voire un huissier à faire « ami-ami » avec l'intéressée. Mais attention ! Si la faute disciplinaire constitue également une infraction pénale (ex : vol), la Chambre criminelle de la Cour de cassation adopte une position nettement moins raide : « *Aucune disposition légale ne permet aux juges répressifs d'écarter des moyens de preuve remis par un particulier aux services d'enquête au seul motif qu'ils auraient été obtenus de façon illicite ou déloyale. Il leur appartient seulement d'en apprécier la valeur probante, après les avoir soumis à la discussion contradictoire* » (Cass. crim., 27 janv. 2010). Incitant parfois des employeurs à se porter sur le terrain pénal, avec des conséquences dont le salarié se serait volontiers passé.

– **Atteinte à sa vie privée ? Évidemment oui.** Mais en l'espèce justifiée, car étant passée au **triple tamis** jurisprudentiel : 1. **But légitime** : « *l'intérêt de l'employeur à la confidentialité de ses affaires* » ; 2. **Nécessité** : pas d'autre méthode pour démontrer la faute, ici incontestablement gravissime ; 3. **Stricte proportionnalité :** l'employeur n'avait eu accès qu'aux seules photos l'établissant, pas à toutes les informations du compte Facebook.

L'arrêt « Petit Bateau » consacre donc la dangereuse porosité de la frontière vie privée / vie professionnelle sur les réseaux sociaux : Gardez-vous de vos « amis » ! Et marque surtout une importante inflexion : du raisonnement binaire habituel se voulant dissuasif en amont (ex : preuve irrecevable en l'absence d'information préalable des salariés ou du CSE) au très pragmatique principe de proportionnalité, casuistique donnant un immense pouvoir au juge.

Confirmation avec l'arrêt du 25 novembre 2020 : « *En application des articles 6 et 8 de la Convention de sauvegarde de droits de l'homme et des libertés fondamentales*, l'illicéité d'un moyen de preuve, au regard des dispositions de la loi Informatique et libertés du 6 janvier 1978 (...), *n'entraîne pas nécessairement son rejet des débats. Le juge doit apprécier si l'utilisation de cette preuve a porté atteinte au caractère équitable de la procédure dans son ensemble, en mettant en balance le droit au respect de la vie personnelle du salarié et le droit à la preuve, lequel peut justifier la production d'éléments portant atteinte à la vie personnelle d'un salarié à la condition que cette production soit indispensable à l'exercice de ce droit et que l'atteinte soit strictement proportionnée au but poursuivi* ».

A. - Des preuves licites et loyalement obtenues (Ass. plén., 7 janv. 2011)

573 **« Par tout moyen ».** S'agissant en droit du travail de *faits* juridiques, la preuve peut être faite *« par tout moyen »*. Mais pas *« par tous les moyens »*, comme par exemple un stratagème : faire « ami » sur Facebook pour licencier un collaborateur malade affichant de magnifiques photos d'un safari en Tanzanie, démultipliés à l'infini avec les TIC : *« Il incombe à chaque partie de prouver* conformément à la loi *les faits nécessaires au succès de sa prétention* » (C. proc. civ., art. 9).

Y compris côté salarié : pas d'enregistrement secret de conversations téléphoniques, ni de copie intégrale sur un disque dur externe du contenu de l'ordinateur professionnel la veille du départ : à moins que ces documents (papier photocopiés, ou électroniques) ne soient *« strictement nécessaires pour assurer sa défense dans le procès qui l'oppose à son employeur »*.

574 Quelles sont les preuves judiciairement acceptables ?

- **L'aveu,** obtenu dans des conditions normales de température et de pression (ni violence morale, ni stratagème) reste la reine des preuves : *« J.-F. X. a admis que, depuis son arrivée au sein de la société Nortel Europe, il avait utilisé son outil de travail pour des connexions pornographiques sans rapport avec son activité salariée ou celle de l'entreprise »* (abus de confiance, C. crim., 19 mai 2004).
- **Les bonnes vieilles attestations (régulières en la forme)** jouent en justice un rôle important. Plutôt que de s'épuiser en ordonnance sur requête aux fins de saisie ou de duplication du disque dur par un huissier pas toujours au fait de ces difficiles questions et recopiant un fond d'écran appartenant à un tiers, le témoignage de deux salariés passant derrière l'écran ou d'une cliente choquée par des pièces-jointes pornographiques peut suffire à l'affaire. S'agissant de courriels où se posent de difficiles questions de violation des correspondances (V. *infra*), un banal destinataire peut toujours faire état de ce qui lui a été envoyé ; *a fortiori* s'il est excédé par les pratiques de son collègue (Versailles, 11 févr. 2003 : un salarié choqué par des propos racistes avait transmis le courrier électronique en cause à la direction), sans parler des actes manqués (le mari envoyant par erreur à sa femme un courriel très chaud mais aussi très critique sur le Grand Chef, destiné à sa maîtresse travaillant dans la même entreprise, CS, 2 févr. 2011). Reste à prouver qui en est le *véritable* expéditeur, qui n'est pas évidemment toujours le titulaire du poste (les bizutages prennent aujourd'hui de nouvelles formes).
- **Le bon vieux faisceau d'indices** permettra d'emporter la conviction du juge. Comme l'a noté la Chambre sociale le 2 juin 2004 dans l'arrêt Spot-Images s'agissant d'un courriel antisémite : *« Analysant l'ensemble des éléments de preuve soumis à son appréciation et plusieurs attestations, et notamment l'historique des envois électroniques de la société, la cour d'appel a constaté qu'il était établi que M. X. était bien l'auteur du courriel incriminé. »* Mais la valeur probatoire d'un courriel reste très faible, si elle est contestée : *« L'intéressé ne justifie pas des conditions dans lesquelles il avait obtenu ces mails, ces documents n'apparaissant pas dans la boîte mail de M. Y... ; qu'il est possible de modifier un mail existant ou de créer de toutes pièces un mail antidaté ; ces courriels, dont l'authenticité n'était pas avérée, n'étaient pas probants »* (CS, 24 juin 2009).
- **Le recours à un expert qui sait faire (le tri).** CS, 19 juin 2013 : un directeur artistique est soupçonné de concurrence déloyale. En son absence, l'employeur fait ouvrir son disque dur par un expert, en présence d'un huissier et la moisson est confondante : il est licencié pour faute grave. Devant le juge du fond, il plaide l'atteinte à sa vie privée car dans ses dossiels figurait une partie de sa correspondance personnelle qu'il y avait transférée. La cour de Versailles le suit, en insistant sur l'origine privée de ce fichier. Cassation : *« Vu les articles 9 du Code civil et 9 du Code de procédure civile ; les dossiers*

et fichiers créés par un salarié grâce à l'outil informatique mis à sa disposition par son employeur pour l'exécution de son travail sont présumés, sauf si le salarié les identifie comme étant personnels, avoir un caractère professionnel de sorte que l'employeur peut y avoir accès hors sa présence (...). *En statuant ainsi, alors d'une part qu'elle avait constaté que l'expert avait exclu de son rapport les fichiers et dossiers identifiés comme étant personnels au salarié, ce dont il résultait que l'employeur n'y avait pas eu accès, d'autre part que des courriels et fichiers intégrés dans le disque dur de l'ordinateur mis à disposition du salarié par l'employeur ne sont pas identifiés comme personnels du seul fait qu'ils émanent initialement de la messagerie électronique personnelle du salarié, la cour d'appel a violé les textes susvisés.* »

575 **Prudente issue de secours : l'appel au juge.** « *S'il existe un motif légitime de conserver ou d'établir avant tout procès la preuve de faits dont pourrait dépendre la solution d'un litige, les mesures d'instruction légalement admissibles peuvent être ordonnées à la demande de tout intéressé, sur requête ou en référé* » (C. proc. civ., art. 145). Si le TJ veut bien y prêter la main, reste l'obtention d'une ordonnance sur requête : mais cette procédure, non contradictoire car forcément surprise, n'était guère prisée des magistrats, rassurés par l'arrêt du 23 mai 2007 rappelant enfin que la recherche de la vérité permet de porter une atteinte proportionnée à la vie privée.

Communiqué de la Cour sous cet arrêt : « *Apportant à la jurisprudence Nikon une précision importante, la Chambre sociale énonce que le respect de la vie personnelle du salarié ne constitue pas en lui-même un obstacle à l'application de l'article 145 du nouveau Code de procédure civile, dès lors que le juge constate, ce qui était le cas en l'espèce, que la mesure qu'il ordonne procède d'un motif légitime et qu'elle est nécessaire à la protection des droits de la partie qui la sollicite.* »

Cette possibilité doit bien sûr être réservée aux hypothèses de gravissimes dérives du collaborateur : en l'espèce et à l'instar de l'arrêt Nikon, il s'agissait d'un responsable marketing sérieusement soupçonné de créer une société directement concurrente avec deux futurs collègues avec lesquels il entretenait, de son bureau (!), une correspondance régulière. Il n'en irait certainement pas de même d'une demande visant à prendre connaissance de courriels personnels amoureux ou ludiques avec dossiers joints ou vidéos embouteillant le circuit informatique. Bref comme l'indique le communiqué de la Cour : « *Le juge doit constater que la mesure qu'il ordonne procède d'un motif légitime, et qu'elle est nécessaire à la protection des droits de la partie qui la sollicite.* »

1° Où en est-on aujourd'hui en matière de preuve TIC ? Principe : sur outils professionnels = Présomption de caractère professionnel mais CEDH, 5 septembre 2017

576 **Sur temps et lieu de travail, un travailleur est présumé travailler** (pour son employeur). Ce dernier le rémunérant pour cela peut donc appliquer ce roide principe, rappelé par la Cour européenne des droits de l'homme dans son ***premier*** arrêt Barbulescu du 12 janvier 2016, cet ingénieur des ventes roumain licencié pour avoir utilisé, pendant ses heures de travail et sur l'ordinateur de l'entreprise, le ser-

vice de messagerie Yahoo Messenger qu'il avait été invité à ouvrir par son employeur pour répondre aux demandes des clients. Mais pendant toute une semaine, l'entreprise avait surveillé ses communications de messagerie en ligne, puis utilisé les 45 pages de retranscription des conversations très personnelles et autres *tchats* avec son frère et sa fiancée pour le licencier disciplinairement : « *violation du règlement intérieur interdisant l'utilisation de l'ordinateur professionnel à des fins personnelles* ».

1er arrêt CEDH, 12 janvier 2106 (RIP) : « *Il n'est pas abusif qu'un employeur souhaite vérifier que ses salariés accomplissent leurs tâches professionnelles pendant les heures de travail* »... Formule pour le moins prudente, et pourtant non reprise dans l'arrêt de Grande Chambre, rendu en sens inverse le 5 septembre 2017.

2e arrêt CEDH, revirement en Grande Chambre, 5 septembre 2017. Cet arrêt définitif (par onze voix contre six) fixe les principes désormais applicables dans les 47 pays du Conseil de l'Europe. Les communications non professionnelles sur le lieu de travail relèvent de la protection de la vie privée et des correspondances de l'article 8 : « *Ce type de messagerie instantanée sur Internet n'est autre qu'une forme de communications faisant partie de l'exercice d'une vie privée sociale. Par ailleurs, la notion de « correspondance » s'applique à l'envoi et à la réception de messages, même depuis l'ordinateur de l'employeur* ».

577 **Conséquence : pas d'interdiction générale dans le règlement intérieur :** « *Les instructions d'un employeur ne peuvent pas réduire à néant l'exercice de la «* vie privée sociale » *sur le lieu de travail* ». Dans l'inimitable style psycho-sociologisant de la CEDH, « *la possibilité pour l'individu de développer son identité sociale,* la possibilité d'aller vers les autres *afin de nouer et de développer des relations avec ses semblables (...). Des restrictions apportées à la vie professionnelle peuvent tomber sous le coup de l'article 8 lorsqu'elles se répercutent sur la façon dont* l'individu forge son identité sociale par le développement de relations avec autrui *; car c'est dans le cadre de leur travail que la majorité des gens ont beaucoup, voire le maximum, d'occasions de resserrer leurs liens avec le monde extérieur* ».

« ***Le respect de la vie privée et de la confidentialité des communications continue à s'imposer, même si ces dernières peuvent être limitées dans la mesure du nécessaire*** (...). Les autorités nationales n'ont pas correctement protégé le droit de M. Barbulescu au respect de sa vie privée et de sa correspondance, ni ménagé un juste équilibre entre les intérêts en jeu. Elles n'ont pas, d'une part, vérifié si M. Barbulescu avait été préalablement averti par son employeur de la possibilité que ses communications soient surveillées (la France le prévoit depuis 1982, V. *infra*) et pas non plus compte du fait qu'il n'avait été informé ni de la nature ni de l'étendue de cette surveillance, ni du degré d'intrusion dans sa vie privée et sa correspondance.

De surcroît, les juridictions nationales n'ont pas déterminé, premièrement, quelles raisons spécifiques avaient justifié la mise en place des mesures de surveillance, deuxièmement, si l'employeur aurait pu faire usage de mesures moins intrusives pour la vie privée et la correspondance de M. Barbulescu et, troisièmement, si l'accès au contenu des communications avait été possible à son insu. »

COMMENTAIRE DE LA CEDH ELLE-MÊME SUITE À SON *SECOND* ARRÊT BARBULESCU C/ROUMANIE, 5 SEPTEMBRE 2017

Cet arrêt ne signifie pas que les employeurs ne peuvent en aucun cas surveiller les communications de leurs salariés ou qu'ils ne peuvent pas licencier des employés pour avoir utilisé Internet à des fins personnelles sur leur lieu de travail. Cependant, la Cour considère que les États devraient veiller à ce que, lorsqu'un employeur prend des mesures pour surveiller les communications de ses employés, ces mesures s'accompagnent de garanties adéquates et suffisantes contre les abus. **La Cour précise les critères que doivent appliquer les autorités nationales** lorsqu'elles apprécient si une mesure donnée est proportionnée au but poursuivi et si l'employé concerné est protégé contre l'arbitraire. Les autorités devraient en particulier vérifier :

- si l'employé a été informé de la possibilité que son employeur puisse prendre des mesures pour surveiller sa correspondance et ses autres communications, ainsi que de la mise en place de telles mesures. Pour que ces mesures puissent être jugées conformes aux exigences de l'article 8 de la Convention, la notification doit indiquer clairement la nature de la surveillance et être faite à l'avance ;
- l'étendue de la surveillance effectuée par l'employeur ainsi que le degré d'intrusion dans la vie privée de l'employé. À cet égard, il convient d'opérer une distinction *entre la surveillance du flux des communications et celle de leur contenu*. Il importe également de se demander si toutes les communications ou seulement une partie d'entre elles ont été surveillées, et de déterminer si la surveillance a été limitée dans le temps ou concernant le nombre de personnes ayant accès aux résultats ;
- si l'employeur a indiqué des *raisons légitimes pour justifier la surveillance* des communications et l'accès à leur contenu même. La surveillance du contenu des communications constituant une méthode nettement plus intrusive, elle requiert une justification plus sérieuse ;
- s'il aurait été possible de mettre en place un système de *surveillance reposant sur des moyens et des mesures moins intrusifs* que l'accès direct au contenu des communications de l'employé. Les autorités devraient apprécier à la lumière des circonstances propres à chaque affaire si l'employeur aurait pu atteindre le but qu'il poursuivait sans prendre directement connaissance de l'intégralité du contenu des communications de l'employé ;
- les conséquences de la surveillance pour l'employé concerné ainsi que l'utilisation qui a été faite par l'employeur des résultats de l'opération de surveillance, et en particulier si ces résultats ont servi à atteindre le but déclaré de la mesure en cause ;
- si le salarié a bénéficié de garanties adéquates, en particulier lorsque les opérations de surveillance mises en œuvre par l'employeur présentaient un caractère intrusif. Ces garanties devraient en particulier permettre d'empêcher que l'employeur puisse accéder au contenu même des communications concernées sans que l'employé n'ait été préalablement averti d'une telle éventualité.

578 Le système français est donc globalement conforme

- Justification et proportionnalité des contrôles portant atteinte aux libertés figurent à l'article L. 1121-1.
- Obligation d'information préalable du salarié : article L. 1222-4.
- Limitation de l'accès de l'employeur au contenu de la messagerie professionnelle : la jurisprudence ne l'autorise à consulter librement que les messages non identifiés comme « Personnel ». Les messages personnels ne peuvent être consultés à l'insu du salarié, même si une utilisation non professionnelle de la messagerie a été interdite.
- S'agissant du la surveillance portant sur les seuls flux ou leur contenu (§ 121), la Chambre sociale effectue déjà ce contrôle s'agissant des surfs privés sur Internet : si l'employeur peut sanctionner les longs surfs sur des sites en .xxx ou La Redoute (flux), il n'a pas à aller plus loin et en examiner le contenu.

Mais problème…

Car s'agissant du secret des correspondances, contrairement à la *summa divisio* de Chambre sociale, la CEDH semble n'effectuer aucune distinction entre les correspondances professionnelles et privées. Certes des salariés titrent « Personnel » des dossiels n'ayant rien de privé, ce titrage voulant simplement interdire à des collègues voire à l'employeur l'accès à des données 100 % professionnelles, mais qu'ils veulent garder pour eux.

Mais énoncer, sans distinction aucune, que « *la notion de correspondance s'applique à l'envoi et à la réception de messages, même depuis l'ordinateur de l'employeur* » méconnaît tout simplement le fonctionnement d'une société où des collaborateurs s'absentent ou sont partis, et que le client appelle.

579 « L'attente raisonnable du salarié à ce que sa vie privée soit protégée *et respectée* » (§ 73) au bureau doit donc d'abord dépendre de lui. S'il veut protéger sa vie privée, la balle est dans son camp et il lui appartient de (simplement) titrer son dossiel ou sa correspondance « Privé ». Car contrairement aux activités personnelles et conversations téléphoniques privées d'hier, les systèmes d'information sont aujourd'hui le cœur des entreprises, mais un cœur fragile. Sans même évoquer un collaborateur mal intentionné, un salarié effectuant trop librement des expéditions sur le Net, ou cliquant trop facilement sur une proposition faite par mail peut importer des virus et autre *rançonware* pouvant mettre à genoux la PME, et en cause l'emploi de ses camarades.

Car dans son intérêt bien compris, il faut ne pas encourager le collaborateur à s'épancher sur sa vie privée en entreprise. Les bien involontaires Petits poucets que nous sommes laissons nos « empreintes digitales » dès que nous ouvrons un ordinateur, envoyons un SMS ou un courriel, même intitulé « privé ». Et la révolution de l'Internet des Objets commence… Même si en application du RGPD, les services juridiques doivent depuis le 25 mai 2018 passer toutes les collectes de données au fin tamis du principe de minimisation.

Alors oui, ces rudes textes et jurisprudences interdisent à l'employeur d'aller farfouiller dans tous les équipements professionnels... dont il reste le propriétaire ou le titulaire de l'abonnement incluant un GPS. Mais il arrive que des responsables informatiques consultent discrètement dossiels et autres courriels, surtout ceux titrés « Privé » car plus croustillants (CS, 26 juin 2012, n° 11-15310 P+B). Ou aillent chercher les photos mises à la poubelle, que la collaboratrice a pris soin de vider à trois reprises, et qui est donc vide... sur son écran.

Bref, laisser penser au collaborateur que sa vie privée voire intime, qu'il étale bêtement grâce à des (pas « ses ») outils professionnels, restera secrète est donc parfaitement illusoire. Et le smartphone personnel (76 % des Français équipés) rend aujourd'hui beaucoup moins nécessaire l'utilisation du matériel professionnel.

Mais dans son arrêt Libert du 22 février 2018, la CEDH nous rassure un peu : « *La Cour constate que le droit français contient un dispositif visant à la protection de la vie privée. Le principe est que, si l'employeur peut ouvrir les fichiers* professionnels *qui se trouvent sur le disque dur des ordinateurs qu'il met à la disposition de ses employés dans le cadre de l'exercice de leurs fonctions, il ne peut, "sauf risque ou évènement particulier", ouvrir subrepticement les fichiers* identifiés comme étant personnels. *Il ne peut procéder à l'ouverture de fichiers ainsi identifiés qu'en présence de l'employé concerné ou après que celui-ci ait été dûment appelé* ».

À la Cour de cassation de surtout ne rien changer : « *Je maintiendrai* »

Moralité. Comme pour la rédaction de la Charte sur le droit à la déconnexion ou la négociation sur le télétravail banalisé, ces évolutions obligent juristes d'entreprise voire juges à se rapprocher d'informaticiens afin de ne pas passer pour de sympathiques incompétents s'évertuant à poser de nuageuses barrières.

580 **Principe français.** Ainsi les dossiels et courriels « *créés par le salarié à l'aide de l'outil informatique mis à sa disposition par l'employeur pour les besoins de son travail sont présumés avoir un caractère professionnel, en sorte que l'employeur est en droit de les ouvrir hors la présence de l'intéressé, sauf si le salarié les identifie comme étant personnels* ». Idée simple et pas vraiment choquante (en droit) : tout salaire mérite travail.

Sur temps et lieu de travail, le salarié étant censé travailler pour son employeur, ce dernier a donc accès à la production de son collaborateur sans devoir (en droit) l'en informer préalablement, sauf si le règlement intérieur prévoit sa présence. Mais cette règle n'interdit pas un minimum de savoir-vivre, ni de savoir-faire.

2° Cette présomption simple de caractère professionnel cède logiquement dans deux cas

581 1 – Si le salarié utilise son propre matériel, ce qui est de plus en plus fréquent avec la pratique du « BOYD » (« *bring your own* device », mais parfois « *disaster* »), encouragée par les DG mais redoutée des DSI, DJ et DRH. Un dossiel professionnel figurant dans un smartphone ou un MacBook Air privé reste *a priori* hors de portée de l'employeur, qui ne peut ouvrir d'autorité l'ordinateur d'un tiers. *Idem* s'agissant de courriels privés, même très critiques à l'égard de la chef, mais envoyés de la boîte personnelle d'un collègue vers la boîte personnelle d'une collègue : *« courriel purement privé dont il ne pouvait résulter un quelconque manquement à une obligation de loyauté envers l'employeur »* (CS, 26 janv. 2012).

2 – Si le salarié détruit cette présomption en titrant son courriel ou son dossiel « Privé » (plutôt que « Personnel » qui peut renvoyer au service du même nom). Mais en cas de doute, la présomption de caractère professionnel va jouer.

582 **Reprenons les quatre hypothèses les plus classiques,** en précisant qu'il ne faut pas confondre ouverture (licite) et utilisation (parfois illicite) du contenu si *in fine* celui-ci s'avère privé voire intime.

1° Dossiers papier et dossiels

583 **Présomption simple de documents professionnels.** S'il s'agit de dossiers *papier*, et sous réserve évidemment de l'article L. 1221-1 du Code du travail sur la bonne foi contractuelle, le principe fixé par les arrêts du 16 mai 2007 a été repris par celui du 11 juillet 2012 à propos d'un directeur de restaurant dont la fouille du bureau en son absence avait permis de découvrir de solides motifs de licenciement : *« Les documents détenus par le salarié dans le bureau de l'entreprise mis à sa disposition sont, sauf lorsqu'il les identifie comme étant personnels, présumés avoir un caractère professionnel, de sorte que l'employeur peut y avoir accès hors sa présence. »*

S'agissant de fichiers informatiques, second arrêt du 16 mai 2007, rendu au visa des articles 8 de la CEDH, 9 du Code civil et L. 1132-1 : *« Les fichiers dont le contenu était reproché au salarié n'avaient pas été identifiés par lui comme personnels, ce dont il résultait que l'employeur pouvait en prendre connaissance sans qu'il soit présent ou appelé. »* Tout dépend donc d'abord du titrage, non du contenu voire du classement, parfois automatique : « Mes documents » ne fait pas disparaître la présomption de caractère professionnel.

Mais attention : si l'ouverture est licite, l'utilisation du contenu se révélant privé ne l'est pas forcément : *« Si l'employeur peut toujours consulter les fichiers qui n'ont pas été identifiés comme personnels par le salarié, il ne peut les utiliser à son encontre dans une procédure judiciaire s'ils s'avèrent relever de sa vie privée »* (CS, 18 oct. 2011).

584 **Mais si les dossiels sont expressément titrés « Privé » ?** Si le salarié a expressément intitulé son fichier « Personnel », « Privé », ou que le titrage ne laisse absolument aucun doute (« Famille », « Boudchoux »), la présomption simple tombe et la situation est évidemment différente, *a fortiori* après l'arrêt de la CEDH du 5 septembre 2017. L'arrêt du 17 mai 2005 en a donné le mode d'emploi : *« Sauf risque ou événement particulier, l'employeur ne peut ouvrir les fichiers identifiés par le salarié comme personnels contenus dans le disque dur de l'ordinateur mis à sa disposition qu'en présence de ce dernier ou celui-ci dûment appelé. »*

1 – S'il s'agit de dossiers dûment estampillés « Privé », l'employeur peut donc ouvrir le disque dur *« de l'ordinateur mis à la disposition du salarié »* (bref, la propriété de l'entreprise) mais *« en présence de ce dernier ou celui-ci dûment appelé »*. Pour tenter d'éviter toute provocation ou insertion de dossiers compromettants, l'ouverture doit donc en principe se faire en sa présence. Mais cela ne signifie pas que son accord soit requis : s'il est « dûment appelé » mais refuse d'y participer, l'employeur peut tout de même, après s'être ménagé des preuves de cette convocation, faire procéder à l'ouverture des fichiers en question avec l'aide d'un spécialiste de l'informatique s'il veut éviter de se ridiculiser ultérieurement devant le juge.

2 – Reprenant presque mot pour mot l'arrêt du 11 décembre 2001 visant l'ouverture d'armoires personnelles, la Cour de cassation permet à l'employeur dans l'arrêt du 17 mai 2005 de prendre connaissance de dossiers personnels hors la présence de celui-ci, ni même dûment prévenu en cas *« de risque ou d'événement particuliers »*, en réalité tout à fait exceptionnels (V. *infra*). Comme l'on devine l'enthousiasme des salariés conviés à assister à l'ouverture de leurs dossiers très personnels voire à les ouvrir eux-mêmes (problèmes des codes d'accès, et d'éventuelles manipulations destinées à les faire disparaître), la question essentielle devient alors la définition de cet *événement* ou de ce *risque*. Dans cet arrêt, la (miraculeuse) découverte de photos érotiques dans un tiroir du salarié ne permettait pas, selon la Cour, d'ouvrir ensuite le disque dur en dehors de la présence de l'intéressé, disque où avait été pourtant trouvé *« un ensemble de dossiers totalement étrangers à ses fonctions figurant sous un fichier intitulé "perso" »*.

585 La technique plutôt que le règlement intérieur. L'ouverture du disque dur et la lecture des dossiers *identifiés comme personnels par le salarié* ne peuvent constituer qu'une *ultima ratio*, la simple technique informatique permettant d'éviter 99 % des problèmes. S'agissant par exemple de téléchargement illégal de musique (MP3) ou de vidéo (jpeg), le format spécifique de ces flux permet une détection immédiate par le service informatique, à l'entrée comme à la sortie : point n'est besoin d'aller fouiller. Et si l'on veut éviter que Leboncoin, Meetic ou Facebook soient trop présents, il suffit de *blacklister* ces sites, ou par exemple donner un accès limité aux heures de pause (officielle).

Mieux vaut le pouvoir de direction, en amont, que le pouvoir disciplinaire en aval... Ce qui n'empêche pas aujourd'hui le salarié de se connecter directement à son propre opérateur grâce à son smartphone personnel.

2° Courriels

586 Situation très différente des dossiels, car il s'agit en principe d'une correspondance entre personnes. *« Même aux temps et lieu de travail, le salarié a droit au respect de l'intimité de sa vie privée ; celle-ci implique le secret des correspondances. L'employeur ne peut, sans violation de cette liberté fondamentale, prendre connaissance des messages personnels émis par le salarié et reçus par lui grâce à un outil informatique mis à sa disposition pour son travail. »*

L'un des premiers rendus en Europe, l'arrêt Nikon du 2 octobre 2001 avait voulu fixer les grands principes : droit à la vie personnelle sur le lieu de travail, pas d'ouverture des courriels privés, même si le règlement intérieur a interdit l'utilisation de la messagerie à des fins personnelles : règles reprises par l'arrêt de la CEDH du 5 septembre 2017. Mais il avait fait l'objet d'une interprétation très extensive dans l'opinion : tous les courriels émis par le collaborateur de son PC *(« Personal Computer »)* de bureau semblaient bénéficier de cette protection. Le visa de cassation des arrêts du 2 février 2011 confirme un raisonnement *a contrario* : *« Vu l'article 9 du Code civil et le principe du secret des correspondances privées »*, la vie et les correspondances privées sont protégées… car elles sont privées. Or, aux temps et lieu de travail…

587 Courriels a priori professionnels, si dans la boîte professionnelle

Aux temps et lieu de travail, tous les courriels – c'est le terme légitimement employé par les deux arrêts du 2 février 2011 – créés par le collaborateur « à l'aide de l'outil informatique mis à sa disposition par l'employeur pour les besoins de son travail sont présumés avoir un caractère professionnel » : son manager peut (en droit) donc en prendre connaissance sans qu'il soit présent ni même appelé.

L'identification comme élément personnel, *par l'intitulé et non le contenu ou le destinataire*, doit résulter d'un acte du salarié qui détruit cette présomption en affichant clairement sa nature. Rappelons qu'un courriel intitulé « JM » appartienne au dénommé Jean-Marie ne change rien à l'affaire (CS, 21 oct. 2009) : ce titrage ne détruit pas la présomption.

Et si le salarié s'est abstenu de tout titrage (la plaie des « Re » et des « Sans objet ») ? Comme lorsqu'il y a doute, le courriel sera réputé professionnel. C'est ce qu'a confirmé l'arrêt du 3 avril 2019, où la salariée licenciée pour faute grave suite à l'examen par son employeur de plusieurs courriers électroniques professionnels faisait valoir que cet examen n'était pas du tout destiné assurer la continuité du service, mais justement à prouver sa faute : peu importe répond la Chambre sociale : « *les courriels litigieux provenant de la messagerie électronique mise à la disposition des salariés par l'entreprise, avaient un caractère professionnel* » et l'employeur pouvait donc en prendre connaissance.

Cette obligation de devoir titrer « Privé », qui doit figurer dans le règlement intérieur, constitue un bon équilibre : si l'employeur ne peut en prendre connaissance, il pourra néanmoins, et sans porter atteinte à la vie privée du collaborateur, s'étonner du nombre d'envois de cette nature, de leur volume ou de celui des pièces jointes. S'il est fort optimiste, il pourra aussi chercher à éviter une éventuelle mise en cause de sa responsabilité civile en ajoutant automatiquement en fin de mail qu'il s'agit d'un envoi non professionnel, et que donc.

588 Mais pour les courriels titrés « Privé » ?

Dans son importante décision rendue le 18 mai 2007, une chambre mixte a rappelé qu'une missive adressée dans l'entreprise à un salarié, sans la mention « Personnel » mais faisant au contraire état de sa qualité de « Chauffeur de direction », est présumée professionnelle : « *Le pli litigieux était arrivé sous une simple enveloppe commerciale démunie de toute mention relative à son caractère personnel ; en l'état de ces motifs dont il se déduisait que cet envoi avait pu être considéré, par erreur, comme ayant un caractère professionnel, la cour d'appel a exactement décidé que son ouverture était licite.* » Il n'avait donc pas été porté atteinte au secret des correspondances sanctionné par l'article 226-15 du Code pénal.

Ouverture de courriels titrés « Privé » : riposte graduée. L'employeur soupçonne un salarié de transmettre par courriel titré « Privé » des informations confidentielles à la concurrence, ce qui démontre de la part du collaborateur un QI numérique déficient. Peut-il prendre connaissance de courriels titrés « Privé » ?

- Écartons d'abord le cas de collaborateurs demandant eux-mêmes au DSI de faire un grand ménage, ou encore les erreurs d'adressage en forme d'actes manqués, comme le montre l'arrêt du 2 février 2011 : « *Le courriel litigieux ayant été malencontreusement transmis par le salarié en copie à une salariée de l'entreprise, l'employeur en avait eu connaissance par le fait même de l'intéressé.* »
- Afin d'éviter que loyauté probatoire ne rime avec impunité du fautif, la voie du recours au juge des requêtes a été inaugurée par l'arrêt Datacep du 23 mai 2007, rendu au visa des articles 145 du Code de procédure civile, 9 du Code civil et L. 1121-1 du Code du travail : « *Le respect de la vie personnelle du salarié ne constitue pas, en lui-même, un obstacle à l'application des dispositions de l'article 145 du nouveau Code de procédure civile, dès lors que le juge constate que les mesures qu'il ordonne procèdent d'un motif légitime et sont nécessaires à la protection des droits de la partie qui les a sollicitées.* »
- « ***Sauf risque ou événement particulier***, *l'employeur ne peut ouvrir les messages identifiés par le salarié comme personnels contenus sur le disque dur de l'ordinateur mis à sa disposition qu'en présence de ce dernier ou celui-ci dûment appelé.* »

Alignant le régime d'ouverture des courriels sur celui des dossiels, **l'arrêt dit « du Corbeau » du 17 juin 2009** avait attiré l'attention. Des lettres anonymes avaient été adressées à l'entreprise, comportant des renseignements montrant que leur auteur avait eu accès à des informations ultra confidentielles cryptées. La direction avait donc contrôlé les postes informatiques des salariés ayant eu accès à ces informations : identifié puis licencié, l'auteur des courriels avait plaidé la simple application de l'arrêt Nikon pour ses courriels personnels ; la Cour a donc créé une très étroite exception.

Un employeur pouvant démontrer des circonstances extrêmement exceptionnelles peut, sans passer par le juge, procéder à ses risques et périls à l'ouverture de courriels titrés « privé ».

589 **Mais attention !** Pour la Chambre sociale : ***« Sauf risque ou événement particulier »*** = événements exceptionnellement exceptionnels. Dans l'affaire du Corbeau, la fuite de ces documents ultra-confidentiels n'avait pas ainsi été jugée comme telle : il faut remonter à l'arrêt M6 de 2001, avec sa menace d'attentat terroriste, pour en trouver l'unique exemple.

Or dans ces cas extrêmes, de nature criminelle (pédophilie, terrorisme), **l'employeur doit impérativement s'abstenir de toute action** pouvant entraîner la destruction involontaire de preuves, et donc sa propre mise cause pénale ; il doit joindre immédiatement la police judiciaire (la BEFTI à Paris) ou la gendarmerie qui, dans chaque département, dispose d'un service spécialisé.

590 Et les courriels issus de la boîte personnelle du collaborateur, utilisée sur temps et lieu de travail à partir de l'ordinateur professionnel (CS, 7 avr. 2016) ?

La question du secret des correspondances est réapparue avec les arrêts du 26 janvier puis du 7 avril 2016. La directrice d'une association en arrêt maladie reproche à son employeur la consultation, sur son ordinateur professionnel, de courriels non titrés « Privé » car issus de ses deux messageries personnelles consultées sur temps et lieu de travail. La cour d'appel rejette sa demande : les courriels litigieux se trouvant sur une messagerie électronique figurant sur l'ordinateur professionnel mis à la disposition de la salariée sur son lieu de travail, dans l'intérêt de l'entreprise l'employeur pouvait y accéder.

Cassation en deux temps. Rappel du principe Nikon : « Même au temps et au lieu de travail, le salarié a droit au respect de l'intimité de sa vie privée ; celle-ci implique en particulier le secret des correspondances ; l'employeur ne peut dès lors sans violation de cette liberté fondamentale, prendre connaissance des messages personnels émis ou reçus par le salarié grâce à un outil informatique mis à sa disposition pour son travail ». Application : les juges du fond auraient dû rechercher si *« le message électronique litigieux n'était pas issu d'une boite à lettre électronique personnelle, **distincte de la messagerie professionnelle,** dont la salariée disposait pour les besoins de son activité et s'il n'était dès lors pas couvert par le secret des correspondances ». A fortiori « l'envoi du courriel litigieux par le salarié, de sa messagerie personnelle et en dehors du temps et du lieu de travail, à l'adresse électronique personnelle d'un collègue de travail, conférait à ce message un caractère purement privé »* (CS, 26 janv. 2012).

Mais le collaborateur ne doit pas ignorer que : 1. ses connexions sur le site *orange.fr* et donc leur durée sont systématiquement tracées ; 2. Surtout que « *Effacer l'historique* » n'efface rien du tout dans le serveur central.

Et attention à l'employeur arrosé… et aux conséquences pénales avec l'arrêt du 24 mars 2020 de la Chambre criminelle : un commercial licencié pour faute lourde (faits de concurrence) rend son téléphone portable professionnel à son employeur… en oubliant de désinstaller sa messagerie personnelle où ce dernier trouve toutes les preuves des errements du salarié. Mais celui-ci porte plainte pour violation du secret des correspondances. La Chambre criminelle lui donne raison, bien que le règlement intérieur ait interdit l'usage personnel du téléphone professionnel : *« Les messages en cause ayant été échangés entre des tiers et M. J… postérieurement au licenciement de celui-ci, depuis son adresse de messagerie personnelle, les juges ne pouvaient déduire de la seule absence d'un paramétrage spécifique indiquant le caractère privé des courriels que ceux-ci n'étaient pas personnels, sans examiner l'objet des messages utilisés par l'employeur ».*

3° SMS : si les paroles s'envolent, les SMS professionnels restent, texto

591 **Télé-phone et télé-graphe.** « *Si l'enregistrement d'une conversation téléphonique privée, effectué à l'insu de l'auteur des propos invoqués, est un procédé déloyal rendant irrecevable en justice la preuve ainsi obtenue, il n'en est pas de même de l'utilisation par le destinataire de messages écrits téléphoniquement adressés, dits SMS, dont l'auteur ne peut ignorer qu'ils sont enregistrés par l'appareil récepteur* » (CS, 23 mai 2007). Une salariée destinataire de nombreux SMS en avait fait constater le contenu par huissier, puis utilisé cette preuve à l'appui d'une demande de dommages-intérêts pour harcèlement sexuel contre l'auteur des messages : son employeur. Victoire : ces SMS (*Short Message Service*) constituaient une preuve recevable, établissant l'existence d'un harcèlement. Solution *a priori* classique : à l'instar d'une lettre missive, la Chambre sociale estime que de tels messages écrits constituent une preuve admissible par leur destinataire qui en devient propriétaire. Ce qui les différencie évidemment d'éventuelles écoutes ou enregistrements téléphoniques, les deux pourtant issus du même appareil (qui demain fera aussi machine à laver) : il y a donc désormais téléphone-phone et téléphone-graphe.

« Sauf si les SMS sont identifiés comme étant personnels » ? Le titrage « Perso » dans le champ « Objet » est ici rarement possible ! Le collaborateur ne peut donc qu'écrire ce terme en tête de son SMS : si son employeur pourra dans les faits lire la suite, il ne pourra en principe l'utiliser en justice.

4° Contrôle des connexions Internet

592 **La summa divisio professionnel/personnel n'est ici guère opérationnelle** car le salarié ne peut marquer « Privé », à moins d'obtenir une connexion spécifique que les employeurs refusent pour des raisons évidentes, sauf parfois aux représentants du personnel pour des raisons de confidentialité (CS, 4 avr. 2012).

« *Les connexions établies par un salarié sur des sites Internet pendant son temps de travail grâce à l'outil informatique mis à sa disposition par son employeur pour l'exécution de son travail sont présumées avoir un caractère professionnel de sorte que l'employeur peut les rechercher aux fins de les identifier, hors de sa présence* ». Conséquence de cette recherche : « *Le salarié avait usé de la connexion Internet de l'entreprise, à des fins non professionnelles, pour une durée totale d'environ quarante et une heures durant le mois de décembre 2004 ; son comportement rendait impossible son maintien dans l'entreprise et était constitutif d'une faute grave* » (CS, 18 mars 2009). *Idem* le 26 février 2013 : une assistante juridique (pas marketing !) avait consulté près de 10 000 sites extra-professionnels en un mois : « *Une telle utilisation d'Internet pendant le temps de travail présentait un caractère particulièrement abusif, constitutif d'une faute grave* » ; voire un délit pénal s'il s'agit d'une lucrative activité professionnelle pirate : « *L'utilisation, par un salarié, de son temps de travail à des fins autres que celles pour lesquelles il perçoit une rémunération de son employeur constitue un abus de confiance* » (Cass. crim., 19 juin 2013).

Mais l'auteur doit être précisément identifié : problème des ordinateurs en accès libre, mais aussi de l'application de la règle « *le doute profite au salarié* » : de facto, c'est à l'employeur de démontrer que c'était bien le titulaire de l'ordinateur qui s'est lui-même connecté. Chambre sociale du 3 octobre 2018 : « *Les codes d'accès de chacun des ordinateurs consistaient dans les simples initiales de leurs utilisateurs habituels respectifs, et les doubles des clés de l'ensemble des bureaux étaient également accessibles, de sorte qu'il était possible à n'importe quel salarié d'avoir accès au poste informatique de M.* ». Un malheur n'arrivant jamais seul, l'employeur avait ici voulu démontrer la présence du collaborateur à son poste... par géolocalisation interne... non déclarée à la CNIL...

Si c'est le cas et le règlement intérieur parfaitement clair, la faute est caractérisée. Pour les téléchargements et autre streaming de vidéos pornographiques qui ne sont pas illégales en France, l'employeur n'a rien à gagner mais tout à perdre à se placer sur le terrain moral : il invoquera une *cause* réelle et sérieuse. Mais qui peut devenir *faute* grave en cas de contagion par des virus, ou lorsqu'ils sont le fait d'un directeur de deux établissements de l'association caritative Perce-Neige « *se connectant sur Internet pendant les heures de service, au vu et au su du personnel, à des sites pornographiques* » (CS, 10 mai 2012).

593 **Reste évidemment le cas du télétravailleur à domicile utilisant son propre abonnement, ou des connexions à partir de l'iPhone X ou de l'ordiphone** Samsung 5G personnels, auxquels l'employeur n'a évidemment pas accès, alors que les salariés se rencontrent ainsi sur Facebook voire LinkedIn sur temps et lieu de travail. Si l'on écarte les râteliers à portable de certaines entreprises, c'est en termes de temps de travail effectif que l'employeur pourra sanctionner en cas d'abus.

594 **Vieilles pratiques.** Mais d'une part, cette utilisation privative n'est pas vraiment nouvelle, *a fortiori* pendant les pauses : il y a quarante ans, c'était le téléphone, et il y a trente ans le Minitel (rose ou non). Un tel contrôle est d'autre part techniquement difficile et pourrait se révéler contre-productif : car sur Facebook, on trouve aussi des collègues, des clients et des fournisseurs. Enfin et surtout, les collaborateurs visés sont justement ceux qui passent régulièrement des heures le week-end à travailler chez eux : commencer à faire les comptes n'est donc pas toujours une bonne idée. Sans même parler des télétravailleurs pour lesquels la confusion est maximum...

595 **Nudité numérique.** La prudence la plus élémentaire invitait déjà les collaborateurs avisés à ne pas laisser dans leur disque dur professionnel ni même dans leur poubelle, vide à l'écran mais bien pleine ailleurs, des données touchant à l'intimité de leur vie privée. Car au-delà de la fouille patronale officielle et officieuse, les anecdotes ne manquent pas sur les collègues, concurrents indélicats ou facétieux qui, profitant de l'absence momentanée d'un inconscient ayant laissé son ordinateur en session, vont se promener dans ces dossiers forcément intéressants sinon croustillants, et en assurent immédiatement une diffusion générale avec PJ *via* les adresses professionnelles et personnelles.

596 Ni sur les informaticiens discrets qui, parfois sans aucun ordre en ce sens de leur hiérarchie, ont trouvé un moyen pour mieux connaître la vie très privée de telle collaboratrice : l'ouverture à 6 000 kilomètres de distance de son disque dur a remplacé le trou de la serrure.

Pour vivre heureux (en entreprise)...

B. - Charge et risque de la preuve en matière de licenciement

597 **Un régime spécifique.** Nul n'ignore que le salarié, à 98 % demandeur à l'instance, aura de grandes difficultés à produire des documents appartenant à l'employeur, et surtout à faire témoigner ses collègues qui travaillent encore dans l'entreprise. Contrairement au droit commun où la charge de la preuve appartient au demandeur, la loi du 13 juillet 1973 a donc décidé, non pas de renverser la charge de la preuve et de la faire peser sur l'employeur (ce qui est *de facto* aujourd'hui le cas en matière de discrimination, ce qui incite le salarié à se placer sur ce terrain), créant ainsi une très curieuse présomption de faute, mais comme en droit pénal de confier la recherche de la vérité au juge.

Article L. 1235-1 : « *Le juge, à qui il appartient d'apprécier la régularité de la procédure suivie et le caractère réel et sérieux des motifs invoqués par l'employeur, forme sa conviction au vu des éléments fournis par les parties après avoir ordonné, au besoin, toutes les mesures d'instruction qu'il estime utiles* (...).

Si un doute subsiste, il profite au salarié. »

L'employeur explique donc devant le Conseil des prud'hommes la ou les motifs du licenciement (qu'il a pu éventuellement « préciser » depuis septembre 2017), le salarié cherchant à montrer qu'il n'en est rien : dans certains cas, le juge nommera un expert ou se rendra même sur place pour vérifier les dires de chacun, puis se prononcera lors de l'audience.

Mais malgré les règles d'une Direction interne d'éthique, au visa de l'article 6 § 1 et 3 de la CESDH, « *le juge ne peut fonder sa décision uniquement ou de manière déterminante sur des témoignages anonymes* » (CS, 4 juill. 2018), appliquant donc les principes de la CEDH sur le procès équitable, pour un salarié au lourd, très lourd dossier : agressions physiques de collègues, propos à connotation raciste et à connotation sexuelle de manière récurrente, attitudes déplacées à l'égard du personnel féminin.

598 **Le doute profite au salarié.** Mais dans les cas où aucune des parties ne l'aura convaincu (ex. : *« Il m'a frappé » – « Jamais de la vie »,* sans témoin dans une PME ; ou : *« Il est très mauvais sur le plan professionnel » – « Je suis militant syndical, et on m'a affecté à un poste impossible »*), que faire ? En matière de licenciement comme en matière disciplinaire, *« si un doute subsiste, il profite au salarié »* (art. L. 1235-1). Le juge ayant un doute sur le caractère réel et/ou sérieux du motif invoqué par le chef d'entreprise devra déclarer le licenciement non fondé, avec les conséquences indemnitaires (revues et corrigées fin 2017) qui en découlent pour l'employeur.

599 **Lourd fardeau.** Cette évolution ne transfère pas la *charge* de la preuve à l'employeur, comme c'est le cas pour les fautes graves ou lourdes car ce dernier n'a pas versé les indemnités de rupture. C'est seulement le *risque* de la preuve qui pèse sur lui, et non une présomption de culpabilité extrêmement dangereuse à tout point de vue et donc légitimement censurée par le Conseil constitutionnel dans sa décision du 12 janvier 2002. Simplement, le législateur considère que le chef d'entreprise, à l'initiative du licenciement et bénéficiant donc du privilège du préalable, est le mieux à même de convaincre le juge de la réalité et du sérieux de la cause, le doute devant profiter à la partie la plus faible juridiquement, économiquement et technologiquement avec la traçabilité des TIC : comme c'est le cas depuis le 4 août 1982 en matière de sanction disciplinaire.

Dans les entreprises, cet ajout aboutit concrètement à mieux préparer les éventuels licenciements (lettres de rappel, sanctions éventuelles), bref à constituer un dossier de nature à convaincre le juge prud'homal : un licenciement personnel sur quatre arrive *in fine* devant lui.

DEUX BOURDES À ÉVITER

1 – Le doute évoqué par l'article L. 1235-1 n'a rien à voir avec le partage des voix au sein de la juridiction paritaire qu'est le Conseil des prud'hommes. Si deux conseillers pensent qu'il n'existe pas de crs, et que les deux autres pensent l'inverse, il n'y a pas doute : il faut aller en départage.

2 – Le doute ne doit pas résulter de l'inertie ou de la paresse de certains conseillers : s'ils ont un doute au début de l'affaire, ils doivent convoquer des témoins, engager une enquête, envoyer le conseiller rapporteur dans l'entreprise ou demander une expertise. C'est seulement après cette recherche de la vérité que, si un doute « subsiste », il profitera au salarié.

« Le doute n'est pas l'ignorance, mais le stade supérieur de la connaissance », A. Supiot.

SECTION III Sanctions de l'absence de cause réelle ou sérieuse

600 **En nature ou en argent ?** Si l'employeur n'avait pas de cause réelle et sérieuse, il n'aurait pas dû licencier : la réintégration du salarié apparaît comme la mesure la plus équitable et la plus adéquate. Mais annule-t-on un divorce ? Peut-on forcer jour après jour un chef d'entreprise et un ex-salarié passés devant les prud'hommes à travailler côte à côte ? Le salarié ne risque-t-il pas de faire l'objet de mesures vexatoires pour le pousser à la faute ou le contraindre à la démission ? Certes la réintégration forcée aurait un effet dissuasif en amont (*cf.* le cas des représentants du personnel, protégés aussi par le droit pénal), l'employeur ne voulant pas prendre le risque de perdre la face quelques mois après le licenciement. Mais cette réintégration donnant à l'employeur le sentiment de perdre la face serait sans doute la source de nouveaux conflits : comme le droit civil, le droit du travail préfère souvent indemniser la victime, plutôt que de la rétablir dans la situation qui devrait être la sienne.

601 **Mais cette logique indemnitaire cède le pas à une logique de pouvoir** (« *réintégration* » forcée sous astreinte journalière) dans les cas où une liberté publique est en cause : outre le licenciement sans procédure d'un représentant du personnel titulaire d'un *mandat* d'ordre public, l'éviction d'un gréviste parce que gréviste, ou d'un militant syndical parce que militant syndical (art. L. 1132-1) : ces « licenciements » (en droit ces « évictions ») ne sont pas dénués de cause réelle et sérieuse : ils sont nuls. Dans un but dissuasif, ils n'existent pas et n'ont jamais existé. Sauf si le salarié, et lui seul, décide de se placer sur le terrain de l'indemnisation, revu et corrigé le 22 septembre 2017. Et il y aura alors déplafonnement des dommages-intérêts car une telle atteinte ne peut donner lieu à une simple gestion économique des risques juridiques (V. *infra*).

§1 Questions de temps

602 **Deux précisions en 2017**

1. **Réduction du délai de prescription : de deux ans à un an** : « *Toute action portant sur la rupture du contrat de travail se prescrit par douze mois à compter de la notification de la rupture.* » (art. L. 1471-1, 2e al.). Le salarié voulant contester son licenciement, personnel ou économique (art. L. 1235-7), mais aussi sa démission ou une prise d'acte (V. *infra*) devra donc saisir le Conseil des prud'hommes dans un délai maximum d'un an après la réception de sa lettre de licenciement, si celle-ci précise ce délai (il vaut mieux). Mais le délai en matière *d'exécution* du contrat est de deux ans.
2. La lettre de licenciement **initiale** ne fixe plus forcément les limites du litige. Avant 2017, l'employeur qui indiquait des motifs trop généraux dans la lettre de notification au salarié ne pouvait plus les rectifier devant le Conseil des prud'hommes, même s'ils étaient très réels et sérieux voire graves. Comme décrit *supra*, désormais « *les motifs énoncés dans la lettre de licenciement* (...) *peuvent, après la notification de celle-ci, être précisés par l'employeur, soit à son initiative, soit à la demande du salarié, dans des délais et conditions fixées par décret en Conseil d'État. La lettre de licenciement, précisée le cas échéant par l'employeur, fixe les limites du litige en ce qui concerne les motifs du licenciement* » (art. L. 1235-2 nouveau).

§2 Les sanctions après l'avis de la Cour de cassation du 17 juillet 2019

603 **Article L. 1235-3, issu de la loi de ratification de mars 2018** : « *Si le licenciement d'un salarié survient pour une cause qui n'est pas réelle et sérieuse, le juge peut proposer la réintégration du salarié dans l'entreprise, avec maintien de ses avantages acquis.*

Si l'une ou l'autre des parties refuse cette réintégration, le juge octroie au salarié une indemnité à la charge de l'employeur, dont le montant est compris entre les montants minimaux et maximaux fixés dans le tableau ci-dessous ».

Ancienneté du salarié dans l'entreprise (en années complètes)	Indemnité minimale (en mois de salaire brut)	Indemnité *maximale* (en mois de salaire brut)
0	Sans objet	1
1	1	2
2	3	3,5
3	3	4
4	3	5
5	3	6
6	3	7
7	3	8
8	3	8
9	3	9
10	3	10
11	3	10,5
12	3	11
13	3	11,5
14	3	12
15	3	13
16	3	13,5
17	3	14
18	3	14,5
19	3	15
20	3	15,5
21	3	16
22	3	16,5
23	3	17
24	3	17,5
25	3	18
26	3	18,5
27	3	19
28	3	19,5
29	3	20
30 et au-delà	3	20

« En cas de licenciement opéré dans une entreprise employant habituellement moins de onze salariés, les montants ***minimaux*** *fixés ci-dessous sont applicables, par dérogation à ceux fixés au troisième alinéa »* :

Ancienneté dans l'entreprise (en années complètes)	Indemnité minimale (en mois de salaire brut)
0	Sans objet
1	0,5
2	0,5
3	1
4	1
5	1,5
6	1,5
7	2
8	2
9	2,5
10	2,5
11	3 (comme 11 salariés et plus)
12	3 (comme 11 salariés et plus), etc.

« Pour déterminer le montant de l'indemnité, le juge peut *tenir compte, le cas échéant, des indemnités de licenciement versées à l'occasion de la rupture, à l'exception de l'indemnité de licenciement mentionnée à l'article L. 1234-9 »* (indemnité de licenciement légale).

604 Reprenons tout cela...

1. *« Si le licenciement d'un salarié survient pour une cause qui n'est pas réelle et sérieuse, le juge peut proposer la réintégration du salarié dans l'entreprise, avec maintien de ses avantages acquis »* (art. L. 1235-3).

   Ici, rien n'a changé depuis 1973. Le Conseil des prud'hommes ne « doit » pas « imposer » la réintégration : il ne « *peut* » que la « *proposer* », employeur comme salarié pouvant la refuser sans plus d'explications. Ce qui se passe dans l'immense majorité des cas : pas toujours côté patronal d'ailleurs, la réintégration dispensant de l'indemnisation. Mais redoutant l'ambiance tendue qui l'attend, c'est le salarié qui souvent préfère y renoncer. En ira-t-il de même après la forte réduction du plancher des dommages-intérêts (de 6 mois à 3 mois au-delà de deux ans d'ancienneté) ?

2. *« Si l'une ou l'autre des parties refuse cette réintégration, le juge octroie au salarié une indemnité à la charge de l'employeur, dont le montant est compris entre les montants minimaux et maximaux fixés dans le tableau ci-dessous »*.

Ce double barème obligatoire pour le juge était la grande nouveauté de l'ordonnance « relative à la prévisibilité et la sécurisation des relations de travail » du 22 septembre 2017.

Et cristallise une radicale opposition.

Côté entreprises, tout patron de PME ou de TPE a un exemple à citer de collègue qui, pour une faute vénielle dans la lettre de licenciement ou un obscur mécanisme probatoire (ex. : déclaration de caméra à la CNIL) avait été condamné à des dizaines de mois de dommages-intérêts par un Conseil des prud'hommes, et surtout la cour d'appel locale, alourdissant souvent la sanction fixée par l'institution paritaire. De quoi mettre en péril leur petite entreprise, les dégoûter d'embaucher... et privilégier la rupture conventionnelle homologuée, très utilisée par les petits patrons. Rappelons que nos TPE/PME forment l'essentiel du contentieux prud'homal, portant à 90 % sur des licenciements pour motif personnel.

Côté syndicats ou salariés au contraire, peu importe les circonstances : une faute patronale ainsi judiciairement constatée, qui a conduit un collaborateur et sa famille à Pôle emploi mérite évidemment une pleine et entière réparation. *A fortiori* s'agissant d'un collaborateur âgé, pour lequel un licenciement constitue en réalité une exclusion du marché du travail.

En pensant aussi aux somptueux parachutes en or touchés par certains dirigeants après un départ sans panache (8 millions d'euros pour le PDG d'Alcatel-Lucent, 4,5 pour celui de Sanofi), que le Medef avait voulu aussi plafonner. Mais *ici* sans succès.

605 **Le feuilleton durait depuis deux ans.** Dans sa loi du 6 août 2015 « *pour la croissance, l'activité et l'égalité des chances économiques* », un jeune ministre de l'Économie avait déjà prévu de plafonner les dommages-intérêts dus en cas de licenciement non fondé pour ne pas mettre en difficulté les TPE/PME. Mais le 5 août 2015, le Conseil constitutionnel avait censuré sur les seules modalités envisagées, le législateur « *devait retenir des critères présentant un lien avec le préjudice subi par le salarié (...) ; tel n'est pas le cas du critère des effectifs de l'entreprise* ». Mais « *le critère de l'ancienneté est en adéquation avec l'objet de la loi* » : critère donc retenu pour le plafond par l'ordonnance de septembre 2017.

Car sur le principe, le Conseil avait indirectement apporté de l'eau au moulin du ministre d'hier, Président aujourd'hui : « *En aménageant les conditions dans lesquelles la responsabilité de l'employeur peut être engagée, le législateur a entendu assurer une plus grande sécurité juridique et favoriser l'emploi en levant les freins à l'embauche ; il a ainsi poursuivi des buts d'intérêt général* ».

606 Un plancher incompressible en forme de peine privée existait depuis juillet 1973 : au moins six mois de salaire brut en dommages-intérêts pour un collaborateur ayant plus de deux ans d'ancienneté dans une entreprise d'au moins 11 salariés. Plancher approuvé le 13 octobre 2016 par le Conseil constitutionnel : « *en voulant éviter de faire peser une charge trop lourde sur les entreprises qu'il a estimées économiquement plus* *fragiles, (...) le législateur a poursuivi un but d'intérêt général. Il a opéré entre, d'une part, le droit de chacun d'obtenir un emploi et le principe de responsabilité et, d'autre part, la liberté d'entreprendre une conciliation qui n'est pas manifestement déséquilibrée* ».

Mais ce plancher est aujourd'hui fort différent selon le seuil d'effectif.

Dans nos TPE (« *entreprise employant habituellement moins de onze salariés* »), jusqu'à dix ans d'ancienneté, il est fixé beaucoup plus bas que dans les autres (V. tableau *supra*) : un demi mois de dommages-intérêts pour un salarié avec deux ans d'ancienneté, contre trois mois dans les plus grandes. Et ne rejoint le plancher commun de trois mois qu'au-delà de 11 ans d'ancienneté, alors que ce montant est acquis dès deux ans pour les autres.

Enfin pour les salariés avec plus de deux ans d'ancienneté licenciés après septembre 2017, le plancher est divisé par deux : de six mois à trois mois minimum. Quant au salarié licencié (donc hors essai) sans cause réelle et sérieuse la première année, si le tableau indique « sans objet » pour ce plancher, un euro symbolique s'impose, car comme l'a déclaré le Chambre sociale le 13 septembre 2017 : « *la perte injustifiée de son emploi par le salarié lui cause un préjudice dont il appartient au juge d'apprécier l'étendue* ».

607 Les plafonds fixés (de 1 à 20 mois) s'imposent au juge, si d'autres chefs de préjudice ne sont pas retenus (V. *infra* : licenciement abusif, ou atteinte aux « libertés fondamentales »). S'il représente parfois la moitié du *plancher* d'avant 2017 (ainsi du salarié ayant trois ans d'ancienneté : de *minimum* six mois bruts à *maximum* trois mois, ce qui ne l'encourage guère à saisir les Prud'hommes, dont le taux de saisines continue à chuter, énervant forcément les Barreaux), les montants croissants fixés correspondent à la moyenne de ce qu'allouaient les cours d'appel avant 2017 : un mois par année d'ancienneté. Exemple : 10 ans = maximum 10,5 mois. Et avec 15 ou 20 mois de salaire, ce plafond – qui devient *de facto* mais paradoxalement la norme – reste raisonnable.

Ce plafond et ce plancher inciteront-ils à la négociation de départ, chacun sachant mieux à quoi il peut prétendre... ou non ? Mais le Loto, c'est fini.

608 Remboursement automatique des allocations chômage (art. L. 1235-4 maintenu). Seconde sanction liée au constat d'une absence de cause réelle et sérieuse, mais aussi de licenciement nul le remboursement d'office par l'employeur fautif « *aux organismes intéressés*, de tout ou partie *des indemnités de chômage versées au salarié licencié, du jour de son licenciement au jour du jugement prononcé, dans la limite de six mois d'indemnités de chômage par salarié intéressé* ».

Logique, car en l'absence de cause réelle et sérieuse, le licenciement n'aurait pas dû intervenir, le salarié n'aurait pas dû être au chômage, Pôle emploi ne lui aurait donc pas versé d'allocations. Bref le licenciement non fondé a obligé la collectivité à verser des sommes qu'elle n'aurait pas dû verser. Ce reversement fait *donc partie de la sanction* infligée à l'employeur, que le juge peut moduler selon la gravité de son comportement, mais avec un plafond de six mois d'allocations. Sur le plan financier, c'est l'Unedic qui fait les frais de cette modulation judiciaire.

Mieux, et là encore pour ne pas mettre en difficulté nos TPE : « *Ne sont pas applicables au licenciement d'un salarié de moins de deux ans d'ancienneté dans l'entreprise* et *au licenciement opéré dans une entreprise employant habituellement moins de onze salariés, les dispositions relatives au remboursement des indemnités de chômage, prévues à l'article L. 1235-4, en cas de méconnaissance des articles L. 1235-3 et L. 1235-11.*

Donc pas de remboursement des allocations chômage pour *toutes les TPE*, mais aussi pour *toutes les entreprises* ayant licencié fautivement un collaborateur avec moins de *deux ans d'ancienneté*. Là encore, c'est l'Unedic qui perd.

§3 Trois bémols

1. Pas de cumul des sanctions en cas de double violation de la procédure et du fond, comme examiné *supra* : le fond (plafonné) absorbe alors la forme (maximum un mois).
2. « *Pour déterminer le montant de l'indemnité, le juge peut tenir compte, le cas échéant, des indemnités de licenciement versées à l'occasion de la rupture...* ». Inspiré de droits étrangers voulant contenir le coût global d'un licenciement, cette simple possibilité de réduction vise les salariés étant partis avec de somptueuses et *supra-légales* « indemnités de licenciement ». Car la loi de ratification a ajouté « *...à l'exception de l'indemnité de licenciement mentionnée à l'article L. 1234-9* », bref l'indemnité *légale* de licenciement.
3. Si « *cette indemnité est cumulable, le cas échéant, avec les indemnités prévues aux articles L. 1235-12* (non-respect des procédures de consultation à l'occasion d'un PSE), *L. 1235-13* (non-respect de la priorité de réembauche : plus de deux mois avant 2017, un mois depuis) *et l'article L. 1235-15* (absence fautive d'institutions représentatives du personnel), c'est « *dans la limite des montants maximaux prévus au présent article* ». Le plafond inclut donc le défaut de cause réelle et sérieuse, et la sanction de ces trois manquements.

§4 Exception faisant sauter le plafond : les licenciements nuls

609 **Article L. 1235-3-1** : « *L'article L. 1235-3 n'est pas applicable lorsque le juge constate que le licenciement est entaché d'une des nullités prévues au deuxième alinéa du présent article. Dans ce cas,* lorsque le salarié ne demande pas la poursuite de l'exécution de son contrat de travail ou que sa réintégration est impossible, *le juge lui octroie une indemnité, à la charge de l'employeur, qui ne peut être inférieure aux salaires des six derniers mois.*

Les nullités mentionnées au premier alinéa sont celles qui sont afférentes à :

1. la violation d'une liberté *fondamentale* ;
2. des faits de harcèlement moral ou sexuel ;
3. un licenciement discriminatoire dans les conditions mentionnées aux articles *L. 1132-4* et L. 1134-4 ;

4. un licenciement consécutif à une action en justice en matière d'égalité professionnelle entre les femmes et les hommes dans les conditions mentionnées à l'article L. 1144-3, ou à une dénonciation de crimes et délits ;
5. un licenciement d'un salarié protégé ;
6. un licenciement d'un salarié accidenté du travail.

610 Reprenons cette double exception : au plancher, et au plafond

1 – Rien de nouveau dans le fait que la violation d'une « liberté *fondamentale* » ou les atteintes à la dignité de la personne (harcèlements) ne puisse être traitées comme une banale erreur patronale. Problème : la définition de cette « liberté *fondamentale* », ne figure nulle part. Si avec la Chambre sociale et le Conseil d'État, l'on sait qu'existent des libertés non fondamentales (ex. : liberté vestimentaire, CS, 28 mai 2003 : « *le droit de se vêtir à sa guise au temps et au lieu de travail n'entre pas dans la catégorie des libertés fondamentales* ») et donc n'autorisent pas à saisir le juge *des référés*, la Chambre sociale semble y voir les libertés de valeur constitutionnelle : droit de grève, droit syndical, égalité H/F (Lire Jean-Guy Huglo, RDT mai 2018 p. 346 : « *La notion de liberté fondamentale dans la jurisprudence de la Chambre sociale : essai de définition au regard de ses fonctions* »).

Le licenciement alors prononcé n'est donc pas simplement dénué de cause réelle et sérieuse, avec à la clef une simple indemnisation : il sera jugé nul. Le salarié peut donc saisir les Prud'hommes en référé (trouble manifestement illicite), demandant non pas sa « réintégration » puisqu'il est censé n'avoir jamais quitté l'entreprise, mais « *la poursuite de son contrat de travail qui n'a pas été valablement rompu* ». Si le juge constate la violation, il doit alors ordonner cette poursuite du contrat... si elle est matériellement possible. Il va de soi que ce n'est pas à l'employeur de prétendre qu'elle lui est impossible, ou que son personnel n'en veut pas : l'impossibilité s'impose à tous (ex. : fermeture définitive de l'entreprise). Dans cette hypothèse, « *le juge lui octroie une indemnité, à la charge de l'employeur, qui ne peut être inférieure aux salaires des* six *derniers mois* » : voilà pour le **plancher** : donc le double du plancher habituel de trois mois.

Second effet : le plafond de dommages-intérêts disparaît.

Pour le licencié, une forte incitation à se placer sur ces deux terrains aux frontières parfois floues (la définition jurisprudentielle du harcèlement moral...), aux délais de prescription plus longs et au droit probatoire extrêmement favorable au demandeur, car devant seulement « présenter *des éléments de fait* laissant supposer *l'existence d'une discrimination directe ou indirecte* » (art. L. 1134-1), enfin fort redoutés des entreprises car pénalement sanctionnés et souvent médiatisés.

2 – Il en va de même lorsque c'est le salarié lui-même qui renonce à la réintégration, et se place sur le terrain de l'indemnisation : plancher qui ne peut être inférieur aux salaires des six derniers mois, et absence de plafond.

Et comme d'habitude en matière de licenciement nul, cette indemnité est due « *sans préjudice du paiement du salaire, lorsqu'il est dû, qui aurait été perçu pendant la période couverte par la nullité et, le cas échéant, de l'indemnité de licenciement légale, conventionnelle ou contractuelle.* » (art. L. 1235-3-1).

LE BARÈME CONFORME À LA CONVENTION 158 DE L'OIT AVIS DE LA COUR DE CASSATION, 17 JUILLET 2019

Depuis le calamiteux épisode du CNE en 2005-2008, existe en droit du travail français un troisième tour politique et social : l'instrumentalisation de normes internationales de portée pourtant fort différente (ONU, OIT, Charte sociale européenne, UE), interprétées de façon panoramique (ex. : assimiler réparation « *appropriée* » et « *intégrale* »), avec extrapolations créatives de simples avis de divers Comités jouant à la Grenouille aussi grosse que le Bœuf.

Bilan : la loi de la République devient « *une sorte de paillasson sur lequel n'importe quel juge, à l'invitation de n'importe quel justiciable, peut s'essuyer les pieds* » (Guy Carcassonne). Il est vrai que la multiplication des ordres juridiques depuis 1945 finit par faire désordre, avec ces interminables feuilletons juridictionnels qui excitent beaucoup les juristes aimant débattre, mais laissent de marbre le citoyen soucieux de prévisibilité.

Au Royaume des aveugles…

Ainsi, suite à des procès de masse comme en 2018-2020 sur le barème du 22 septembre 2017, sont médiatisées les « *bonnes décisions* ». Si elles vont « *dans le bon sens* » (sinon, elles seront « *timides* » ou « *frileuses* »), dix ou douze décisions prud'homales auront la portée d'un arrêt de la CEDH grâce à une diffusion exceptionnelle donnant l'impression d'un raz-de-marée ; alors que dans des milliers d'autres cas, la question n'a même pas été posée car le salarié avait une bonne ancienneté. Avec les commentaires qu'il faut : à la fois présentée comme objective (« *comment faire autrement ?* »), sur un ton admiratif (« *décision courageuse* »), cette décision dans le vent de l'Histoire émane en plus de petits juges prud'homaux (Effet David contre Goliath) qui « *font de la résistance* ».

Mais n'est pas Jean Moulin qui veut.

Au-delà du débat technique déjà très largement commenté, que le plafonnement soit socialement contestable, en particulier pour les salariés ayant une faible ancienneté, chacun peut évidemment avoir son opinion, y compris nos juges. Mais ils ne statuent pas sur le Bien ou le Mal mais sur le légal ou l'illégal.

Alors si le barème est loin d'être parfait, il n'est pas issu du *pronunciamento* d'un quarteron de généraux en retraite auquel il faudrait « résister ». Il a fait l'objet d'une loi d'habilitation votée par le Parlement suivie d'une décision du Conseil constitutionnel (L. n° 2017-751 DC, 7 sept. 2017 (« *le législateur a entendu renforcer la prévisibilité des conséquences qui s'attachent à la rupture du contrat de travail. Il a ainsi poursuivi un objectif d'intérêt général* »), puis de l'ordonnance n° 2017-1387 du 22 septembre 2017 « *relative à la prévisibilité et la sécurisation des relations de travail* » (!). Ayant elle-même fait l'objet d'un arrêt du Conseil d'État du 7 décembre 2017 certes en référé mais très clair, ordonnance enfin ratifiée par nos élus avec la loi du 29 mars 2018, là encore avec un examen de sa constitutionnalité. Vraiment Le Coup d'État Permanent ?

Les conséquences d'une éventuelle censure judiciaire auraient donc été nécessairement lourdes, y compris dans l'opinion publique, peu au fait des subtilités du contrôle de constitutionnalité et *a fortiori* de conventionnalité où chacun vient désormais faire son marché pour monter son petit syllogisme régressif.

D'autant plus que contrairement à d'autres plafonnements existant dans d'autres pays (Allemagne, Espagne, Belgique, Suède, Suisse), celui de l'ordonnance du 22 septembre 2017 comporte une exception notable : il ne vise pas les licenciements nuls pour atteinte à une liberté *fondamentale*.
Il faut donc approuver les deux avis rendus le 17 juillet 2019 par la Cour de cassation réunie en Formation plénière, mis en ligne sur le site www.courdecassation.fr

Deux avis du 17 juillet 2019 par ailleurs en ligne avec le Conseil constitutionnel et le Conseil d'État
1 – Modifiant sa pratique antérieure, après avoir rappelé que « *la procédure de demande d'avis a pour objectif d'assurer, dans un souci de sécurité juridique, une unification rapide des réponses apportées à des questions juridiques nouvelles* », la Cour a accepté de se prononcer sur les demandes d'avis des prud'hommes de Louviers et de Toulouse, dès lors qu'il s'agit « *d'un contrôle abstrait ne nécessitant pas l'analyse d'éléments de fait relevant de l'office du juge du fond* ».
2 – Et sans faire de distinction TPE/ Autres, elle estime le barème compatible avec l'article 10 de la Convention 158 de l'OIT, car : 1. « *Le terme "adéquat" devait être compris comme réservant aux États parties une marge d'appréciation* ». 2. « *Le juge peut proposer la réintégration du salarié dans l'entreprise. Lorsque la réintégration est refusée par l'une ou l'autre des parties, le juge octroie au salarié une indemnité à la charge de l'employeur dans les limites de montants minimaux et maximaux.* » 3. « *Le barème prévu par l'article L. 1235-3 du Code du travail est écarté en cas de nullité du licenciement* ».
La formation plénière de la Cour de cassation en déduit que « *les dispositions de l'article L. 1235-3 du Code du travail, qui fixent un barème applicable à la détermination par le juge du montant de l'indemnité pour licenciement sans cause réelle et sérieuse et prévoient notamment, pour un salarié ayant une année complète d'ancienneté dans une entreprise employant au moins onze salariés, une indemnité pour licenciement sans cause réelle et sérieuse comprise entre un montant minimal d'un mois de salaire brut et un montant maximal de deux mois de salaire brut, étaient compatibles avec les stipulations de l'article 10 de la Convention n° 158 de l'OIT, l'État n'ayant fait qu'user de sa marge d'appréciation* ».

Ce n'est pas la fin du feuilleton, mais...
Car ce simple avis n'a pas l'autorité de la chose jugée. Mais même s'il s'était agi d'arrêts, en France le juge du fond n'est pas en droit tenu : certains conseils des prud'hommes ont déjà indiqué qu'ils ne plieraient pas, et n'ont pas plié : Troyes, Grenoble. Quelques cours d'appel ont fait de même, souvent dans des affaires où le salarié licencié a un âge avancé, mais une très faible ancienneté. Quand on est licencié à 59 ans, mais avec 3 ans d'ancienneté dans l'entreprise, le plafond de 4 mois quand il s'agit en réalité d'exclusion du marché du travail (V. **cour de Paris, Pôle 6, chambre 11, 16 mars 2021, n° 19/08721** : après une appréciation *in concreto* de la situation de la salariée âgée licenciée, « ce barème doit être écarté car il ne permet pas une indemnisation adéquate et appropriée du préjudice subi, compatible avec les exigences de l'article 10 de la Convention n° 158 de l'OIT ».

La guérilla va maintenant se déplacer du côté de l'OIT (mais aucun comité d'experts n'a censuré un tel dispositif national), ou du Comité européen des droits sociaux, aux réactions aussi éruptives que ses pouvoirs sont limités.
Mais ces deux avis rendus par la formation plénière de la Cour de cassation, parfaitement en ligne avec la position du Conseil constitutionnel et du Conseil d'État ont beaucoup calmé le jeu. Ce qui rend la chose moins excitante... surtout du côté du justiciable, devenu boule de flipper.
Dans une démocratie, si un texte s'avère inadéquat ou inéquitable, il n'appartient pas aux juges d'en juger, mais au législateur d'en changer.

§5 Résumé sur les conséquences des quatre licenciements fautifs

A. - Licenciement irrégulier : violation de la procédure légale, conventionnelle ou statutaire

613 Comme son nom l'indique, c'est l'accomplissement de la *procédure* qui pose ici problème : convocation mal rédigée, entretien inexistant ou bâclé. L'entreprise devra verser une indemnité qui « *ne peut être supérieure à un mois de salaire* », montant peu dissuasif vu aujourd'hui la complexité de cette procédure.

Mais l'article L. 1235-2 nouveau : « *Les motifs énoncés dans la lettre de licenciement (...) peuvent, après la notification de celle-ci, être précisés par l'employeur, soit à son initiative, soit à la demande du salarié, dans des conditions fixées par décret en Conseil d'État* ». C'est seulement après que « la lettre de licenciement, *précisée* (pas « complétée ») le cas échéant par l'employeur, fixe les limites du litige en ce qui concerne les motifs de licenciement ».

Et les sanctions dépendent de ce qui a suivi la notification (art. L. 1235-2, 3e al. et s.) :

1. lorsque le salarié n'a pas présenté de demande à son employeur pour qu'il précise sa lettre de licenciement, mais que ce dernier repose sur une cause réelle et sérieuse, l'irrégularité que constitue une insuffisance de motivation de la lettre de licenciement ne prive pas, à elle seule, le licenciement de cause réelle et sérieuse (gros changement par rapport à avant 2017), mais ouvre droit à une indemnité qui ne peut excéder un mois de salaire.
2. Si le licenciement est déclaré sans cause réelle et sérieuse, le préjudice résultant du vice de motivation de la lettre de licenciement est réparé par l'indemnité allouée conformément aux dispositions des articles L. 1235-3 ou L. 1235-3-1 (plancher / plafond).
3. Lorsqu'une autre irrégularité a été commise dans la procédure de licenciement (légale, conventionnelle ou statutaire) mais qu'il repose sur une cause réelle et sérieuse, le juge accorde au salarié, à la charge de l'employeur, une indemnité qui ne peut être supérieure à un mois de salaire.

B. - Licenciement non fondé sur une cause réelle et sérieuse

614 **C'est ici le motif du licenciement qui est en cause ;** un retard, ça va, trois retards... Avec le barème plancher/plafond, et leurs exceptions depuis 2017 (V. longs développements *supra*).

C. - Licenciement abusif

615 **« Il y a de l'abus ! » disait Mamie.** Peu importe donc la régularité de la procédure, l'existence d'une cause réelle et sérieuse voire d'une faute grave ou lourde. C'est la mise en œuvre du droit de licencier qui est fautive, traduisant légèreté blâmable, intention de nuire, ou atteinte à la dignité du salarié. La Chambre sociale qui l'a créé en 1992 y voyait un moyen discret mais efficace pour dépasser le mois maximal d'indemnisation légale dû en cas de licenciement trop gravement irrégulier. Ainsi en cas d'éviction immédiate : « *Tu prends ton sac et tu te casses !* » ; un mois au titre de la procédure bafouée, mais aussi quelques milliers d'euros au titre du préjudice moral causé par ce licenciement abusif.

616 **Trois exemples concrets.**

- Lorsque le « licenciement est intervenu dans des circonstances particulièrement brutales, dans un contexte de pressions et de propos déplacés de la part de l'employeur ». Résultat : « *réparation du préjudice moral, distinct de celui résultant de l'irrégularité de la procédure de licenciement* » (CS, 18 mai 2017).
- Si se montrer trop créatif dans les comptes constitue certes un motif de licenciement pour le comptable gravement fautif ; mais lui imposer un discours sur la sincérité comptable devant tout le personnel réuni en rangs serrés dans la cantine n'est pas indispensable.
- « *Même lorsqu'il est justifié par une faute grave, le licenciement peut causer au salarié, en raison des circonstances vexatoires qui l'ont accompagné, un préjudice dont il est fondé à demander réparation...* » **Mais** attention : invoquer un « préjudice moral lié à un profond sentiment d'injustice, déstabilisant et finalement handicapant » ne suffit pas : le juge doit « *caractériser un comportement fautif de l'employeur, ayant causé au salarié un préjudice distinct de celui résultant du licenciement* » (CS, 16 déc. 2020).

Dans ces hypothèses très classiques en droit civil, le Code du travail ne prévoit aucune sanction spécifique : si le salarié demandeur fait la preuve de ces « circonstances vexatoires », il obtiendra réparation du préjudice – souvent moral – subi, souverainement apprécié par les juges du fond. Avec le plafonnement des dommages-intérêts de 2017, cet angle d'attaque s'est développé pour le contourner. Mais pas pour le faire sauter, comme le licenciement nul.

D. - Licenciement nul = N'a jamais existé = Poursuite du contrat

617 Depuis l'arrêt du 28 mai 2003 voulant mettre un terme aux dérives de certains juges du fond ayant oublié le principe (l'indemnisation), la nullité ne peut être prononcée qu'en présence d'un texte exprès (accidenté du travail, femme enceinte,

harcèlement sexuel ou moral, état de santé et autres discriminations de l'article L. 1132-1), mais aussi de violation d'une liberté fondamentale (ex. : droit au juge), dont la liste n'est pour l'instant pas d'une aveuglante clarté en droit du travail, ce qui est un peu gênant depuis septembre 2017 car leur violation fait sauter le plafond de dommages-intérêts.

La sanction du licenciement nul varie selon que le salarié demande ou non sa « réintégration », terme techniquement impropre puisque, en droit, le contrat n'a jamais été valablement rompu : il s'agit d'une simple *« poursuite du contrat qui n'a pas été valablement rompu »*, par ailleurs politiquement moins explosive devant une juridiction paritaire. Le salarié est seul juge de ce choix : ni l'employeur ni le juge ne peuvent l'y contraindre.

1 – S'il demande sa « réintégration » au Conseil des prud'hommes statuant en référé, et que celui-ci relève l'existence d'un texte en ce sens ou la violation d'une liberté *fondamentale*, sera rendue une ordonnance de poursuite du contrat au titre de ce « trouble manifestement illicite », souvent accompagnée d'une astreinte destinée à forcer l'exécution. Et le salarié aura droit au paiement d'une « indemnité » (avec cependant versement des charges sociales afférentes, ce qui est encore plus dissuasif) correspondant à la réparation de la totalité du préjudice subi entre son licenciement et sa « réintégration » : salaires, primes, heures supplémentaires... Mais le salarié a parfois touché pendant ce temps des allocations-chômage, ou des salaires dans le cadre de CDD ou de TT ; la Chambre sociale applique-t-elle le droit commun de la responsabilité : *tout* le préjudice, mais *rien* que le préjudice ?

Depuis l'arrêt du 9 juillet 2014, elle distingue le cas du licenciement nul car prononcé en violation d'une liberté *fondamentale* des autres cas d'annulation : *« La Chambre sociale fait évoluer sa jurisprudence qui se plaçait sur le terrain du licenciement sans cause réelle et sérieuse. Elle décide ici que l'indemnisation due au salarié suite à un licenciement discriminatoire ne doit pas être diminuée des revenus de substitution, à l'instar de ce qui est jugé s'agissant des conséquences du licenciement prononcé en violation d'une liberté* fondamentale. »

Tout dépend donc de la nature du droit en question : si c'est un droit *fondamental* qui est en cause (grève, liberté syndicale, licenciement-représailles à une action en justice), l'employeur sera condamné à verser l'ensemble des rémunérations entre la date d'éviction et celle de la réintégration, *« peu important que le salarié ait ou non reçu des salaires ou un revenu de remplacement pendant cette période »* : la pression, et donc la dissuasion est maximale.

Mais s'il s'agit d'un droit *non fondamental* (ex. : liberté vestimentaire, devoir d'adaptation, droit à l'emploi, et même discrimination par l'âge), *« le salarié dont le licenciement est nul et qui demande sa réintégration a droit au paiement d'une somme correspondant à la totalité du préjudice subi au cours de la période qui s'est écoulée entre son licenciement et sa réintégration, dans la limite du montant des salaires dont il a été privé »*. Conséquence : déduction faite « des revenus qu'il a pu tirer d'une autre activité professionnelle, et du revenu de remplacement (allocations-chômage) » pendant cette période.

2 – S'il ne demande pas sa « réintégration », la Chambre sociale veille aussi à une dissuasion financière maximale : idée de *peine* privée plus que de *réparation* classique.

Cette hypothèse est la plus fréquente dans la pratique : mieux vaut être largement indemnisé aujourd'hui que contraint demain de démissionner, ou licencié pour faute grave.

L'arrêt du 2 juin 2004 en a unifié le régime : « *Le salarié victime d'un licenciement nul et qui ne demande pas sa réintégration a droit d'une part aux indemnités de rupture, d'autre part à une indemnité réparant l'intégralité du préjudice résultant du caractère illicite du licenciement, et au moins égale à celle prévue par l'article L. 1235-3.* » En clair, le salarié aura au minimum droit à l'indemnité prévue en cas de défaut de cause réelle et sérieuse : l'inverse aurait été paradoxal.

Le versement des indemnités de rupture (IP + IL) est donc ici automatique, « *sans qu'il soit besoin de statuer sur les motifs de la rupture* », et renchérit donc le coût du licenciement nul : dissuasif en amont, mais incitant financièrement le salarié à ne pas demander sa « réintégration »... évitant ainsi à l'employeur de perdre la face.

618 **Plancher de 6 mois minimum + Déplafonnement.** Rappelons enfin qu'en cas de violation d'une liberté fondamentale, mais aussi des trois cas listés par l'article L. 1235-3-1 (licenciement discriminatoire, les deux harcèlements, protection des représentants du personnel), si le salarié ne demande pas la poursuite de l'exécution de son contrat ou que sa réintégration est impossible, le plafonnement des dommages-intérêts de septembre 2017 ne sera pas applicable, avec un plancher de salaires des six derniers mois.

MINI-CAS PRATIQUE DE SYNTHÈSE

Ayant terminé sa période d'essai depuis cinq ans, M. Boris, jeune cadre au service Marketing des Établissements Hanier (Grenoble, 325 salariés), s'est vivement opposé au directeur général lors d'une réunion des cadres hier matin à 9h30, qui lui reprochait « *une campagne publicitaire nulle, à vrai dire à hauteur de votre compétence, comme je l'ai indiqué ce matin au journaliste du Dauphiné Libéré venu m'interviewer* ».

À 10 h, on lui a interdit l'entrée de son bureau en lui remettant en main propre sa lettre de licenciement ainsi rédigée : « *Suite à l'incident de ce matin, vous comprendrez qu'il n'est plus possible que vous travailliez dans l'entreprise. Veuillez trouver ci-joint votre indemnité de congés payés* ».

Encore sous le coup de cette éviction, il vous demande ce qu'il peut faire, et évoque son adhésion récente au syndicat CFE-CGC : « *Curieuse coïncidence, j'avais distribué des tracts de mon syndicat la veille* ».

Réponse

▮ ***Examen des seuils***

M. Boris est sous CDI, n'est plus en période d'essai (rupture alors possible sans motif ni procédure) ; et il a plus de cinq ans d'ancienneté (pour plancher/plafond) dans une entreprise de plus 11 salariés (pas le barème des moins de 11).

▌ ***La procédure***

Elle a été presque oubliée : ni convocation, ni entretien préalable, et surtout motivation elliptique dans la lettre de notification : son employeur aurait mieux fait de reprendre le modèle de lettre proposé par le ministère du Travail !

Trois hypothèses en 2021

- 1 Si M. Boris n'a fait aucune demande d'explications auprès de l'employeur, « l'irrégularité que constitue une insuffisance de motivation de la lettre de licenciement ne prive pas, à elle seule, le licenciement de cause réelle et sérieuse et ouvre droit à une indemnité qui ne peut excéder un mois de salaire ».
- 2 « Lorsqu'une irrégularité de forme a été commise au cours de la procédure (...) mais pour une cause réelle et sérieuse, le juge accorde au salarié, à la charge de l'employeur, une indemnité qui ne peut être supérieure à un mois de salaire ».
- 3 « En l'absence de cause réelle et sérieuse du licenciement, le préjudice résultant du vice de motivation de la lettre de rupture est réparé par l'indemnité allouée conformément aux dispositions de l'article L. 1235-3 » et son nouveau plancher/plafond fonction de l'ancienneté. Mais non cumul des sanctions forme/fond.

La méthode employée est à l'évidence « abusive » (interdiction de repasser à son bureau, éviction immédiate, « comme un voleur »). Ce type d'indemnisation étant indépendant de la cause de licenciement ou de sa régularité formelle, il pourra obtenir en plus du Conseil des prud'hommes la réparation du préjudice moral subi. Mais à lui d'en évaluer le montant, et d'en faire la preuve devant le juge, avec éventuelle publication, aux frais de l'entreprise, du jugement dans le journal qui avait évoqué « sa compétence nulle » ; bien que non expressément prévu par le Code du travail, ce mode de réparation est adapté.

En lui versant seulement sa seule indemnité de congés payés, l'entreprise Hanier lui reproche implicitement d'avoir commis une faute grave, donc privative des indemnités de rupture (IP + IL) : à elle d'en rapporter la preuve devant le juge. Si M. Boris, qui a plus de cinq ans d'ancienneté, est resté correct au cours de l'incident (contestation des faits, sans injures ni voies de fait), la faute grave n'est pas constituée ; il percevra donc son indemnité de préavis de trois mois (il est cadre) et les congés payés afférents, plus celle de licenciement, légale ou conventionnelle.

M. Boris pourra surtout contester la validité au fond de son licenciement.

La motivation de la rupture est pour le moins elliptique : « suite à l'incident de ce matin ». Depuis 2017, si le salarié a demandé des précisions, finalement peu convaincantes sur ce « vif incident », défaut de faute réelle et sérieuse car une discussion un peu vive fait partie de la vie normale de l'entreprise, *a fortiori* si M. Boris n'a eu aucune attitude désobligeante à l'égard du directeur général. Le Conseil des prud'hommes demandera à entendre les cadres présents, se renseignera sur le passé professionnel de M. Boris. À l'issue de l'audience de jugement, il prendra position sur la présence d'une faute (réalité du motif), suffisamment sérieuse pour fonder le licenciement d'un cadre qui se doit de ne pas rester un simple *« Yes, man » : « Sauf abus résultant de propos injurieux, diffamatoires ou excessifs, le salarié jouit, dans l'entreprise et en dehors de celle-ci, de sa liberté d'expression à laquelle seules des restrictions justifiées par la nature de la tâche à accomplir et proportionnées au but recherché peuvent être apportées* » (CS, 2 févr. 2011).

Si ce n'est pas le cas (*ou en cas de doute*), les Établissements Hanier seront condamnés, outre les indemnités de rupture (IP plus IL) évoquées ci-dessus, à verser à M. Boris les dommages-intérêts prévus par le barème de 2017 pour plus de cinq ans d'ancienneté : minimum trois mois, maximum six mois. Cette somme pourra se cumuler avec les dommages-intérêts obtenus pour licenciement abusif, mais pas avec l'indemnité d'un mois au maximum due en cas de licenciement irrégulier en la forme.

La coïncidence licenciement/adhésion à un syndicat est enfin troublante : la discussion cause de la rupture ne serait-elle qu'un prétexte ? Un peu déçu de son plafond de six mois de 2017 après plus de cinq ans de labeur et voulant pouvoir le dépasser, M. Boris va sans doute se placer sur le terrain des libertés *fondamentales* : il présentera devant le juge des référés prud'homal des éléments laissant supposer que le vrai motif de son licenciement est en réalité son activité syndicale. Le juge, en application de l'article L. 1132-1 sur les discriminations (par ailleurs pénalement sanctionnées), constatera alors la nullité du licenciement et ordonnera, si M. Boris le souhaite, la poursuite de son contrat de travail dans l'entreprise sous astreinte journalière, sa « réintégration dans son poste ». Tant qu'elle ne sera pas effective, l'astreinte pourra être régulièrement liquidée, et les salaires devront être versés à M. Boris même s'il n'a effectué aucun travail.

Mais souhaite-t-il être repris ? Et sa réintégration est-elle matériellement possible ?

Si ce n'est pas le cas : « *L'article L. 1235-3 (le plafond de dommages-intérêts) n'est pas applicable lorsque le juge constate que le licenciement est nul car intervenu en violation d'une liberté fondamentale* » : la liberté syndicale figurant dans le Préambule constitutionnel en est une.

Si M. Boris ne demande pas la poursuite de son contrat de travail ou que sa réintégration est impossible, le juge lui octroiera ses indemnités de rupture (IP + IL) et une indemnité qui ne pourra être inférieure aux salaires des six derniers mois. Indemnité due sans préjudice du paiement du salaire, lorsqu'il est dû, qui aurait été perçu pendant la période couverte par la nullité et, le cas échéant, de l'indemnité de licenciement légale, conventionnelle ou contractuelle.

En droit, voilà quelles sont les actions possibles, au civil, pour M. Boris. Concrètement, il n'est pas certain qu'il saisisse le Conseil des prud'hommes au fond (section de l'encadrement, jugement dans trois ans à Nanterre), voire en référé (s'il s'agit d'une discrimination au titre de l'article L. 1132-1, il peut agir immédiatement et obtenir sa « réintégration » dans le mois). Car spécialement pour un jeune cadre, assigner son employeur n'est pas de nature à faciliter sa carrière future, sauf peut-être dans un service Contentieux. Il est fort probable que son conseil et celui de l'entreprise préféreront négocier, puisque la rupture a été notifiée, une transaction plus discrète pour tout le monde, et beaucoup plus cadrée depuis le barème de 2017. Le contrat ayant déjà été rompu, une résiliation conventionnelle homologuée n'est plus possible.

Chapitre 2

Licenciement pour motif économique : du droit de résiliation à la lutte contre l'exclusion

619 **Du rêve au cauchemar ?** Après la belle reprise économique de 2019 (263 000 créations de postes : + 45 % par rapport à 2018), ce très volumineux chapitre semblait devoir être moins utilisé. Mais depuis le furieux C19, avec son choc à la fois d'offre et de demande au niveau mondial, l'économie française ne pouvant rester par ailleurs éternellement sous perfusion étatique....

Sans oublier que nombre de licenciements ne sont plus liés aux seules difficultés économiques ou aux faillites : avec la fameuse « destruction créatrice d'emplois » de Joseph Schumpeter, les très profondes restructurations dues à la métamorphose de notre appareil productif les ont remplacées. A fortiori depuis la Révolution numérique, en train de devenir la Question sociale du XXIe siècle, mais aussi la transition énergétique qui impacte par exemple les 14 millions de salariés de l'UE travaillant dans l'Automobile.

Alors qu'avant le C19, disparaissaient en France *chaque jour* ouvrable environ 10 000 *emplois* – ce qui est très différent de 10 000 *licenciements* – mais 11 000 étaient créés.

620 **Contre-modèle.** Malgré les lois d'août 2015, du 8 août 2016 puis les textes de simplification de 2017-2020, notre fameux « modèle social français », dont aucun pays ne souhaite vraiment s'inspirer (en droit du travail), conjugue encore procédures abracadabrantesques côté grandes entreprises et grand sentiment d'insécurité sociale côté salariés : un taux identique aux Grecs, pourtant dans une situation autrement plus dramatique.

621 **Le cœur et la raison sociale.** Ne soyons pas naïfs : si la complexité est bien réelle (stratifiés entre 1975 et 2015, ces textes visaient une période critique et limitée dans le temps, alors qu'aujourd'hui les restructurations sont permanentes), que se passerait-il si aucune norme impérative ne s'interposait entre le salarié et le western qu'est devenue aujourd'hui la vie économique ?

Mais la nécessaire conciliation entre droit à l'emploi et liberté d'entreprendre est toujours délicate, comme le rappellent régulièrement le Conseil constitutionnel, et la Cour de cassation : « *Le droit à l'emploi résultant de l'alinéa 5 du Préambule de la Constitution de 1946 n'est pas une liberté fondamentale, mais un droit-créance qui doit être concilié avec d'autres droits ou principes constitutionnels, tels que la liberté d'entreprendre qui fonde, pour l'employeur, le droit de recruter librement ou de licencier un salarié* » (CS, 21 sept. 2017).

Car si le droit du licenciement économique est *ressenti* (même si objectivement ce n'est plus le cas) comme excessivement contraignant par les entreprises, il constitue un frein à l'embauche, et les voies de contournement se multiplient : CDD, TT, sous-traitance, l'article L. 1224-1 à l'envers voire délocalisation, y compris grâce au travail à distance.

622 **Alternatives.** Depuis 2017, la boîte à outils des restructurations à froid, sans licenciement (V. *supra*, n°s 462 et s.), s'est considérablement enrichie : APC, APLD, RCC...

Flexibilité interne. Au-delà de l'obligation de reclassement interne examinée *infra*, existe « l'activité partielle » qui peut être inactivité totale, massivement utilisée en 2020-2021 (32 milliards d'euros en 2020) pour éviter une hécatombe d'emplois : un « *Quoi qu'il en coûte* » légitime, déclinant notre « fraternité ».

Dans cette même ligne, en cas de trou d'air de longue durée mais pour des entreprises viables, « l'activité partielle de longue durée » créée par la loi du 17 juin 2020 autour de l'idée « Travailler moins pour licencier moins », permet de garder en interne des compétences indispensables lorsque le marché se retournera. Même idée de flexibilité interne avec l'accord de performance collective (V. *supra*) permettant de réduire la masse salariale sans procéder à des ruptures de contrat.

Départs volontaires. Au-delà des « départs naturels » (pré-retraites, démissions non remplacées : 60 % des suppressions de postes dans le « plan d'économies » de Renault), c'est le mode de rupture qui change (V. *supra*, Partie 3 Restructurations à froid, n°s 462 et s.) autour de l'idée « Tout sauf un plan de sauvegarde de l'emploi ». PSE devenu épouvantail pour nombre d'entreprises, car juridiquement compliqué et long à mettre en place, socialement lourd avec des grèves et des occupations parfois violentes, et médiatiquement désastreux en termes d'image de marque. Qu'il s'agisse des ruptures conventionnelles collectives (avec nécessaire engagement sur l'emploi, V. *supra*) ou des plans de départs volontaires (V. *infra*, n° 682), le volontariat plus ou moins spontané est à l'honneur, avec à la clef – pour l'essentiel – un gros chèque de départ évitant les conflits collectifs. Encore faut-il que la société en difficulté puisse les financer, et que les partants ne soient pas les forces vives de l'entreprise...

623 **Un millefeuille,** revu presque tous les ans entre 2015 et 2020. Mais à quoi doit-il servir, au-delà des dix pages de procédures consacrées au droit du licenciement économique, refondé le 14 juin 2013 (multiplication des mesures négociées de

prévention à froid) mais aussi à chaud sinon brûlant (PSE négocié) avec, en amont des licenciements, substitution de l'ex-*Direccte* (devenue *Dreets* le 1er avril 2021) au TJ pour contrôler le PSE ?

Car le droit n'est pas une fin, mais un moyen. Le droit du travail doit tout faire pour développer l'emploi de demain en France, où les partenaires sociaux ont compris qu'on est plus intelligent à deux que tout seul : ainsi du nécessaire (mais hélas encore balbutiant) débat employeur / Comité social et économique / Organisations syndicales sur les « orientations stratégiques de l'entreprise », en prenant en compte leurs conséquences environnementales. Car les salariés d'aujourd'hui sont ceux du Bac à 90 %, et souhaitent être informés en temps utile de la direction que compte prendre la Haute Direction, et pourquoi ces choix.

Bref un minimum de « sens » dans les deux sens du terme, dans une organisation dépassée et souvent à bout de souffle, voire jugée « insensée » par ses propres collaborateurs qui se désengagent à tous les étages, sauf Tout En Haut. En témoignent les difficiles retours au bureau de la rentrée 2021, pas tous dus au C19...

ALORS, QUE FAIRE ?

1 – En amont, sécuriser les parcours professionnels : *l'employabilité*

Comme le note Martin Richer : « *On ne peut plus la définir comme un ensemble de compétences permettant d'occuper un emploi. Il faut la comprendre comme un portefeuille évolutif de compétences multiformes, permettant d'évoluer dans son emploi, vers un autre emploi au sein de son entreprise ou encore vers une autre entreprise et cela en évitant les ruptures : périodes de chômage, déqualification, affectation de la santé. Responsabilité conjointe entre le salarié, l'entreprise, les pouvoirs publics et le système de formation et d'orientation, la construction de l'employabilité s'opère par l'acquisition de compétences mais aussi par la confrontation avec le travail. Et la rapidité et l'ampleur des mutations technologiques et de celles du travail imposent une acquisition de compétences continue, y compris pour les seniors dont on prolonge la vie professionnelle tout en continuant à les exclure de la formation. Mais il faut aussi redéployer le contenu des formations pour privilégier les compétences transférables et transversales, celles qui aident les salariés à évoluer, à progresser* » (V. son blog : managementrse.blogspot.com).

Mais dans de nombreux cas, le droit du licenciement économique est hélas trop proche du droit de la faillite pour espérer faire autre chose que sauver les salaires non versés, particulièrement dans les TPE/PME. **Il faut donc remonter en amont, le plus en amont possible** avec la gestion prévisionnelle des emplois et des compétences (GPEC) devenue GEPP en 2018 : « Gestion prévisionnelle de l'emploi *et des parcours professionnels* ». Prévisionnelle ? Sans même parler de l'imprévisible C19 qui a tout changé, faire des prévisions à trois ans en pleine Révolution Numérique de plus en plus associée à la Transition Energétique, dans notre monde « VUCA » (« *Volatile, Incertain, Complexe et Ambigu* »)...

Car en nos temps de métamorphose de notre appareil productif, du matériel à l'immatériel...
Quelle que soit la taille de l'entreprise, les obligations de formation et d'adaptation tout au long de la vie professionnelle constituent autant d'ardentes obligations permettant au salarié, quand la bise sera venue, de pouvoir se reclasser en interne. Mais aussi en externe, parfois grâce au petit sac à dos virtuel qui le suit partout, quels que soient ses statuts successifs (salarié, indépendant, chômeur, en formation...) : *le compte personnel d'activité* créé par la loi du 8 août 2016 et incluant le Compte Personnel de Formation (CPF). Car si le travailleur, surtout le moins qualifié, simple locataire de son poste mais propriétaire de ses compétences, est jeté dans le tourbillon économique sans avoir un parachute qui fonctionne...

Les temps changent. « Pour la liberté de choisir son avenir professionnel »
La loi du 5 septembre 2018 voulait, selon la ministre du Travail « favoriser l'émancipation sociale de nos concitoyens par le travail et l'acquisition de compétences. Dans un monde en pleine mutation avec un marché du travail qui évolue extrêmement vite, *chacun doit pouvoir choisir de se former, être acteur de sa vie professionnelle* et non plus la subir. La compétence est la meilleure des protections. Ce gouvernement est profondément convaincu que l'émancipation passe par le travail. Sans travail, il n'y a pas de production de richesses et pas de système de solidarité solide. Du point de vue sociétal, le travail est la condition de l'autonomie, il constitue un lieu de lien social et développe la fierté individuelle et collective ».

2 – Prévention = en amont, à froid = Questions de temps et de *timing* : formation, adaptation, mobilités internes...
Il est alors nécessaire de donner du temps au temps, ne serait-ce que pour mettre en place des solutions alternatives et voir fonctionner ces multiples mécanismes de reclassement interne. Et subsidiairement externe comme la rupture conventionnelle collective, qui constitue parfois une solution de facilité car externalisant les coûteuses obligations d'adaptation et de reclassement.

3 – Montage du PSE, délais et inquiétudes
Car accompagnés de multiples négociations informelles et d'autant de rumeurs, ces interminables mois d'information-consultation-négociation avec de multiples partenaires (CSE, syndicats souvent ici divisés, Dreets, préfet, conseil général, municipalité, voire directement Gouvernement pour les dossiers médiatiquement sensibles), le droit français donnant à chacun un rôle légal spécifique (monopole de la négociation avec les syndicats, consultation/négociation au sein du CSE), génèrent un climat délétère en interne *(« Je suis sur la liste »)*, les entreprises concurrentes faisant leur marché parmi les meilleurs collaborateurs, mais aussi en externe (immense méfiance de fournisseurs qui ne fournissent plus, créanciers et clients inquiets...) susceptible d'aggraver une situation par définition difficile. Le but légitime de se donner le temps de réfléchir à d'autres solutions s'était parfois transformé en *steeple-chase* juridictionnel, devenu déperdition d'énergies et d'argent s'épuisant dans les prétoires. Faire appel à papa-juge est-il la meilleure solution en matière de gestion de l'emploi ?

4 – Les lois du 14 juin 2013, du 8 août 2016 puis l'ordonnance du 22 septembre 2017 et la loi du 29 mars 2018 ont toutes légitimement voulu privilégier le dialogue interne : on est plus intelligent à plusieurs que tout seul, et les remontées de terrain permettent de trouver des solutions pragmatiques et donc adaptées. Mais aussi faire intervenir, en amont des licenciements, une autorité administrative qui connaît déjà l'entreprise en cause : la Dreets, en première ligne sur les PSE, mais aussi les RCC et l'APLD (« Activité Partielle de Longue Durée » issue de la loi du 17 juin 2020). Avec donc beaucoup moins de contentieux judiciaire, au grand dam des marchands de complexité des deux bords, voyant parfois s'envoler 20 à 30 % de leur chiffre d'affaires.

Effet utile, ou effet contentieux ?
Mais même après ces textes de simplification, quel spécialiste peut prétendre simplement décrire l'ensemble des procédures dans des groupes à structure complexe sans douze schémas, cinquante PowerPoint... ou cent pages du présent ouvrage ? Et surtout faire comprendre à ses interlocuteurs, *a fortiori* étrangers, la fonction, l'effet utile, de chacune de ces phases ? C'est ainsi que commence le divorce entre le monde des juristes et le monde tout court, qui renonce à comprendre l'autisme grandissant du premier : les juges parlent aux juristes commentant les décisions des juges. Un si petit monde.

À moins bien sûr qu'il ne s'agisse de créer des emplois en droit social
Après les lois 35 heures puis anti-35 heures dont les effets bénéfiques en termes de chiffre d'affaire n'étaient plus à démontrer et dont la corporation s'est montrée très satisfaite, ces textes successifs favorisent incontestablement l'embauche de nos étudiants juristes ou de ressources humaines (*cf.* le master professionnel en apprentissage « Développement des ressources humaines et Droit social » de l'École de management Paris I – Sorbonne : http://drh-sorbonne.fr, contact : M2DRH-ems@univ-paris1.fr).

La construction d'un droit du licenciement économique propre à sauvegarder la dignité de chaque salarié, et à donner à tous les partenaires les occasions et le temps d'envisager des solutions alternatives ou d'accompagnement externe reste à faire, malgré de très réels progrès depuis 2015. Toutes les pièces du puzzle sont là, des orientations stratégiques de l'entreprise à la GEPP triennale et au nouveau droit de la formation légitimement revu en septembre 2018, en passant par les PSE négociés et les plans de départs volontaires, que n'a pas tué la rupture conventionnelle collective.
Reste à les assembler, puis les faire vivre : car entre la mise en ligne d'un texte sur www.legifrance.fr et la mise en œuvre concrète dans la PME de Brest, la signature d'un accord et son entrée dans les mœurs sociales....

624 Définition du licenciement « pour motif économique »

Article L. 1233-3 : « *Constitue un licenciement pour motif économique le licenciement effectué par un employeur pour un ou plusieurs motifs non inhérents à la personne du salarié résultant d'une suppression ou transformation d'emploi ou d'une* modification, *refusée par le salarié, d'un élément essentiel du contrat de travail, consécutives notamment :*

1 . à des difficultés économiques (...) ;
2 . à des mutations technologiques ;
3 . à une réorganisation de l'entreprise nécessaire à la sauvegarde de sa compétitivité ;
4 . à la cessation d'activité de l'entreprise.

La matérialité de la suppression, de la transformation d'emploi ou de la modification d'un élément essentiel du contrat de travail s'apprécie au niveau de l'entreprise »

NE PAS CONFONDRE ! LA *QUALIFICATION* DU LICENCIEMENT : (PERSONNEL OU ÉCONOMIQUE ?) AVEC SA *JUSTIFICATION* REPOSE-T-IL SUR UNE CAUSE RÉELLE, ET SÉRIEUSE ?

Cause réelle = *qualificative* du licenciement : un motif *« non inhérent à la personne du salarié »*

On imagine bien que 328 licenciements soient dus à un problème lié à l'entreprise plutôt qu'au comportement de chacun des salariés visés. En cas de doute sur la qualification, *« il convient de s'attacher au motif qui a été la cause première et déterminante ».*

Si la suppression de l'emploi a été longtemps le critère essentiel du motif économique, la définition légale l'a élargi à la transformation de l'emploi (ex. : robotisation d'un poste manuel : le nouveau poste n'a rien à voir avec l'ancien) et surtout à la « *modification d'un élément essentiel* » : l'ancien emploi a *juridiquement* disparu car qualification et salaire sont différents. Donc pas à un simple changement des conditions de travail : opposition pas évidente à expliquer dans le cadre d'une restructuration au salarié muté très loin mais en application de sa clause de mobilité et qui en cas de refus pourra être licencié pour faute, alors que son voisin de bureau, sans clause et pour lequel il s'agit donc d'une véritable modification, sera licencié pour motif économique et pourra bénéficier du généreux PSE-Plan de départs volontaires.

Le juge saisi doit qualifier – et donc parfois requalifier – chaque licenciement (soit personnel, soit économique) avec des effets considérables en matière de procédure et de fond. Sauf bien sûr lorsque la loi elle-même en dispose autrement : ainsi du licenciement sui generis du salarié refusant l'application d'un accord de performance collective.

Cause sérieuse = *justificative* du licenciement prononcé

La source de ces suppressions ou transformations d'emploi ne réside pas seulement dans les *difficultés économiques* de l'entreprise – très souvent hélas la liquidation de TPE-PME –, mais aussi dans les *mutations technologiques* qui peuvent l'affecter, même en l'absence de toutes difficultés économiques : « *Les mutations technologiques constituent un motif économique autonome de licenciement.* » Mais ce fondement est aujourd'hui bien risqué, car le salarié aura beau jeu de retourner la question : « *Qu'avez-vous fait pour me permettre de m'adapter aux nouvelles technologies ?* » (obligation d'adaptation, V. *infra*).

Depuis l'arrêt Vidéocolor du 5 avril 1995, une entreprise *in bonis* peut aussi licencier afin de prévenir de lourdes difficultés à venir (ex. : lancement d'un produit révolutionnaire par la concurrence : le Walkman de Sony détrôné en quelques mois par l'IPod d'Apple) : « *Lorsqu'elle n'est pas liée à des difficultés économiques ou à des mutations technologiques, une réorganisation ne peut constituer un motif économique que si elle est effectuée pour sauvegarder la compétitivité de l'entreprise* ». La loi du 8 août 2016 a intégré au Code cette jurisprudence sur « la sauvegarde de la compétitivité de l'entreprise » (V. *infra*, chapitre sur l'ensemble de la question)

Explication de tous ces changements législatifs ?
D'abord entre 1993 et 2012, l'exceptionnel tropisme de la Cour de cassation en faveur du droit du licenciement économique et des plans de sauvegarde de l'emploi jugés plus protecteurs pour les salariés, mais très lourds – procédures + fond + médias – pour les grandes entreprises ou groupes français en constante restructuration. Ce qui a amené le législateur de 2013-2020 à réagir en cherchant à éviter le juge judiciaire (2013 : pour les PSE, *exit* le TJ au profit de la Direccte de l'époque), voire tout le droit du licenciement économique pour contenir son envahissante jurisprudence : accord de performance collective, rupture conventionnelle collective.

625 **Plan.** Entre 1993 et 2020, jurisprudence et législateur ont uni leurs efforts pour tenter de prévenir les licenciements économiques *(Section I)*. Il faudra ensuite examiner les procédures de licenciement pour motif économique, dont les PSE *(Section II)*, le lecteur non directement concerné pouvant se reporter directement au contrôle judiciaire de la cause réelle et sérieuse, reconfiguré en 2017-2018 *(Section III)*.

626 Rappel : sauf pour certains « juristes » ayant une tête en forme de Code, ce n'est pas un nouveau contrat (feu le CNE, feu le CPE, feu « de génération », contrat-jeune, contrat-vieux, de projet, d'avenir, aidé...) qui crée de nouveaux emplois : c'est la *croissance économique* qui génère de nouveaux clients, donc de nouvelles commandes et donne de la visibilité et de la confiance dans l'avenir pour embaucher.

SECTION I Prévention des licenciements économiques

627 **Protéger les personnes plutôt que les postes fait désormais consensus en Europe.** Il faut donc anticiper en adoptant le plus en amont possible une politique responsabilisante de prévention, pour les deux parties au contrat. Plus facile à dire qu'à faire, et à expliquer à des salariés de 50 ans endettés se voyant subitement privés d'emploi dans un bassin sinistré.

628 **Prévenir, à froid.** L'idée force est de remonter le plus loin possible afin d'anticiper des restructurations parfois imprévues (OPE hostile), mais rarement imprévisibles car elles ne sont plus un accident mais un phénomène permanent. Car il ne s'agit évidemment pas de prévoir l'imprévisible, comme l'a hélas montré l'épisode C19 ; mais plus pragmatiquement de se préparer à gérer l'imprévu.

Or ces changements affectent bien souvent le contrat de travail des salariés en cause, qui devront changer de poste voire perdre *leur* emploi pour garder *un* emploi. Particulièrement complexe et surtout très évolutif en droit français, le droit de la **modification du contrat de travail a donc acquis une place centrale** ; et l'employabilité (formation + mobilités) devient le noyau dur du contrat employeur/salarié.

629 **Anticiper donc... mais en pleine révolution numérique, et transition énergétique.** Est-il scandaleux de multiplier comme l'ont fait les lois d'août 2016 et du 5 septembre 2018 les systèmes d'anticipation d'éventuelles difficultés économiques, donc de formation, associées à des mobilités géographique et professionnelle permettant au salarié de garder non pas « son », mais « un » emploi, et à l'entreprise ses compétences ? Qu'un accord triennal *« accompagne la vision stratégique à moyen et long terme de l'entreprise et contribue à l'évolution de la carrière des salariés, notamment à travers la formation »* ? Car il faut bien reconnaître que la GPEC-GEPP est *« encore méconnue, ou souvent controversée »* : vouloir réveiller cette Belle Endormie est donc une bonne idée... à condition que les mêmes causes ne conduisent aux mêmes conséquences : car pour pré-venir, il faut pré-voir. Or en nos temps de Révolution Numérique qui accélère tout, rendant vite obsolète une qualification hier acquise pour la vie : pour nombre d'entreprises, par les temps qui *courent*, les prévisions au-delà du semestre... La GEEP idéale ? Concilier performance de l'entreprise avec aspirations des salariés, tout en sécurisant l'emploi...à venir.

630 **Synergie de quatre moyens pour prévenir les licenciements** : obligation de négocier, à froid, la gestion prévisionnelle des emplois, mais aussi des compétences *(§ 1)* ; toujours à froid, l'obligation permanente d'adaptation des salariés *(§ 2)*, enfin à chaud l'obligation de reclassement interne en faveur des salariés dont la suppression du poste sont prévues, largement revue en 2017-2019 *(§ 3)*.

§1 Prévention collective, à froid : la gestion des emplois et des parcours professionnels

631 **De la GPEC à la GEPP.** La prévention des licenciements économiques, à froid toujours plus efficace que dans le vaste « Sauve qui peut » d'un PSE, commence par un double échange avec le Comité social et économique, avant de communiquer l'information à chaque salarié afin qu'il ait de la visibilité sur l'avenir de son poste, avec les conséquences à en tirer :

1. **Pré-voir, avec le Comité social et économique (élu)** : échange approfondi employeur/ CSE sur la stratégie à venir. En principe chaque année, le CSE est

consulté sur « les *orientations stratégiques de l'entreprise et leurs conséquences sur l'activité, l'emploi, l'évolution des métiers et des compétences, l'organisation du travail. Cette consultation porte, en outre, sur la gestion prévisionnelle des emplois et des compétences et sur les orientations de la formation professionnelle* » (art. L. 2312-24).

Le CSE émet alors un avis, et peut proposer des orientations alternatives.

Mais pour les grandes entreprises, dans la guerre économique mondiale qui est la nôtre, rendre ainsi quasiment publiques des orientations stratégiques, à l'instar de la vaste « banque de données économiques, sociales et environnementales », support de cette consultation et accessible à tous les représentants du personnel, exige de grandes qualités de loyauté, et de confidentialité. Ces deux excellentes idées restent hélas aujourd'hui peu utilisées.

2. **Pour pré-venir, avec les délégués syndicaux** (désignés). L'employeur va ensuite se tourner vers les syndicats, qui ont en France le monopole de la négociation collective.
3. **Dans les entreprises et les groupes d'entreprises d'au moins trois cents salariés**, l'employeur *doit* engager tous les trois ans, justement sur le fondement des orientations stratégiques examinées avec le CSE, une négociation portant sur :
   - la mise en place d'un dispositif de GEPP, ainsi que sur les mesures d'accompagnement susceptibles de lui être associées : formation redéployée par la loi du 5 septembre 2018, validation des acquis de l'expérience, abondement du compte personnel de formation, bilan de compétences. Depuis mars 2021, pourra être ici négociée ici la mise en place d'un « accord de transitions collectives » (« Transco » : V. encadré *infra*) ;
   - les conditions de la mobilité professionnelle ou géographique interne à l'entreprise ;
   - les grandes orientations à trois ans de la formation professionnelle dans l'entreprise et les objectifs du plan de développement des compétences ; en particulier les catégories de salariés et d'emplois auxquels ce dernier est consacré en priorité, les compétences et qualifications à acquérir pendant la période de validité de l'accord, ainsi que les critères et modalités d'abondement par l'employeur du compte personnel de formation (art. L. 2242-20).

632 **Ni tout nouveau.** La GPEC n'est pas née le 14 juin 2013. Car gouverner, c'est prévoir, et tout employeur la pratiquait en permanence *(« Quel produit vais-je vendre demain ? Avec quels salariés ? Qui devront avoir quelles compétences ? »)*. Cette ardente obligation de maintien de l'employabilité pour faire face à des restructurations figure d'ailleurs dans la directive du 11 mars 2002 relative à l'information et à la consultation des travailleurs, évoquant « *l'anticipation des risques* » et voulant « *promouvoir et renforcer l'information et la consultation sur la situation et l'évolution probable de l'évolution de l'emploi au sein de l'entreprise et les éventuelles mesures d'anticipation à envisager, notamment en termes de formation et de développement des compétences des travailleurs* ».

La redécouverte de la GPEC par le législateur est donc émouvante. Car, à moins de réduire les services Ressources humaines à la fonction Recrutement/Paie/Licenciement, cela fait environ un siècle que nombre de grandes entreprises avaient mis en place, unilatéralement mais aussi conventionnellement, des plans de formation ou de mobilité professionnelle et géographique.

633 **Ni tout beau.** Si les lois du 18 janvier 2005 puis du 14 juin 2013 ont souhaité remonter loin en amont (obligation triennale de négocier), au-delà des dramatiques conséquences économiques du C19 en 2020-2021, l'horizon des entreprises étant parfois réduit aux résultats trimestriels, il n'est pas certain que cette planification à long terme reste réaliste, tant les changements sont rapides dans les structures concernées (fusion, scission, externalisation...). Sans parler des filiales de groupes internationaux n'ayant aucune prise sur la stratégie définie à 3 500 kilomètres, dans un monde en pleine Révolution numérique.

634 **Veille préventive.** Mais cette négociation doit créer un ensemble cohérent. Le plan de formation tel que redéfini par la loi du 5 septembre 2018 est par exemple subordonné à l'objectif d'employabilité interne et externe ; et les sous-traitants informés des orientations stratégiques qui ont parfois un très, très rude effet sur leurs métiers et l'emploi.

635 Bref, pas seulement un « *packaging des outils et des accords déjà existants sur la formation, l'intégration des jeunes, la mobilité, la gestion de carrière..., optimisant ainsi progressivement l'usage des moyens d'adaptation que les entreprises mettent en œuvre, n'impliquant pas nécessairement une volonté de prévenir les inadéquations* » (Xavier Baron). Que la nouvelle GPEC soit l'occasion pour chacun de s'arrêter de tourner de plus en plus vite dans sa cage d'écureuil, et de réfléchir ensemble sur des projets communs. Mais lorsque l'urgence est devenue la culture d'un bon manager, combien d'entreprises vont vouloir trouver le temps de se représenter l'avenir, pas toujours rose mais souvent rosse ? Combien de syndicats voudront signer à froid des accords de GEPP avec mobilité géographique et professionnelle, tout en pensant qu'un accord sur le PSE pourrait suivre, avec une mobilisation plus facile à chaud ?

636 **Problème :** Depuis mars 2018, l'employeur favorise lorsqu'il le peut la rupture conventionnelle collective, pour éviter le tristement médiatique PSE (V. *supra*, partie 3 : Restructurations à froid)

Poussés, voire nettement au-delà, par les nombreux salariés désireux de quitter l'entreprise à des conditions financières qui pourraient ne pas durer, les délégués syndicaux n'ont parfois guère le choix. « Chèques-valise » certes plébiscités, mais à l'opposé de la GEPP tant vantée comme de la volonté de maintien dans l'emploi de nos coûteux seniors... dont la plupart ne demande qu'à partir, permettant parfois l'embauche de juniors. Rien n'est simple.

637 Même si obligation de négocier ne veut pas dire obligation de signer, le bilan statistique de la loi de 2005 reste donc modeste en 2021, en quantité et en qualité. Car celle du 14 juin 2013 n'a pas réussi à réveiller cette Belle au Code Dormant. Sachant que la GPEC-GEPP doit aussi parfois dépasser l'entreprise : territoires, métiers et branches peuvent ainsi mutualiser des moyens, permettant la transférabilité des compétences. Vous avez dit « compétences transférables » ? Transférables chez qui ? Le concurrent ? Paradoxe de l'employabilité : bonne image employeur, donc attractivité. Mais aussi prime à l'infidélité : car une fois formés, ce sont les meilleurs qui partent.

2021 : UNE EXCELLENTE IDÉE, MAIS UNE MISE EN ŒUVRE COMPLEXE LES « TRANSITIONS COLLECTIVES » (TRANSCO) VUES PAR LE MINISTERE DU TRAVAIL

Issu du plan « France Relance » de 2020 (500 millions d'euros sur 2 ans), le dispositif «Transitions collectives » a pour objectif de favoriser les reconversions professionnelles de salariés dont l'emploi est menacé au sein d'entreprises en mutation ou en difficulté, vers des métiers porteurs disponibles dans des entreprises *du même territoire* rencontrant des difficultés de recrutement : ainsi de l'accord gagnant-gagnant Monoprix / Groupe Korian de mai 2021 : caissières pouvant devenir aides-soignantes en EHPAD, *dans le même bassin d'emploi.*
Salaire et contrat de travail sont maintenus pendant toute la durée de la formation (prise en charge étatique pouvant aller jusqu'à 100 %), avec possibilité à son issue de réintégrer son poste dans l'entreprise.
Pour les entreprises de plus de 300 salariés **déjà dotées d'un accord GEPP**, l'instruction ministérielle précise qu'il peut être pris en compte sans engager une nouvelle négociation, s'il comporte une liste des emplois fragilisés. En pratique, les partenaires sociaux se remettront autour de la table pour conclure un avenant.
Pour les entreprises de moins de 300 salariés, non tenues par la négociation obligatoire de GEPP, un accord est obligatoire, mais peut consister en une liste des emplois identifiés comme fragilisés au sein de l'entreprise.
Comme tout accord, l'accord de GEPP sera déposé sur la plateformewww.teleaccords.travail-emploi.gouv.fr., permettant à la Dreets d'informer les acteurs institutionnels locaux.

Côté salarié, les cinq conditions pour recourir aux Transco

– Être concerné par un métier dont l'avenir est incertain, et choisir de vous tourner vers un métier porteur sur votre territoire.
– Être en CDI, non concerné par une décision de rupture de contrat de travail, ou en CDD.
– Avoir au moins 24 mois, consécutifs ou non, en qualité de salarié, dont 12 mois dans l'entreprise.
– Être accompagné dans votre projet par un conseiller en évolution professionnelle (CEP).
– Avoir formalisé un accord avec votre employeur afin de vous engager dans une démarche de Transitions collectives et bénéficier de son autorisation d'absence au titre du congé de transition professionnelle.

Les quatre étapes du parcours de reconversion

1. Une réunion d'information vous est proposée par votre entreprise. Vous pouvez aussi contacter votre service des ressources humaines (RH) ou un conseiller en évolution professionnelle (CEP) qui vous accompagnera dans la définition et la construction de votre parcours de reconversion.

2. Avec le CEP, vous élaborez votre parcours de reconversion avec une formation adaptée, en fonction des métiers identifiés comme porteurs sur votre territoire. Vous déposez votre demande auprès de l'association Transitions Pro de votre région.

3. Vous bénéficiez d'une validation des acquis de votre expérience ou d'une formation certifiante financée par l'État correspondant à vos besoins, d'une durée maximale de 24 mois, tout en conservant votre rémunération.

4. À l'issue de votre formation, vous concrétisez votre projet au sein du secteur professionnel identifié dans le cadre de votre parcours de reconversion, ou réintégrez votre poste de travail au sein de votre entreprise.

§2 Prévention individuelle, toujours *à froid* : la double obligation d'adaptation

638 Devoir d'exécution de bonne foi. Rendu au visa de l'article 1134 évoquant la loyauté contractuelle, le créatif arrêt du 25 février 1992 avait une portée générale, dépassant largement le cadre du licenciement économique : *« Tenu d'exécuter de bonne foi le contrat de travail, l'employeur a le devoir d'assurer l'adaptation des salariés à l'évolution de leurs emplois. »* Car comme le remarque très justement Jean-Yves Kerbouc'h, *« lorsqu'elle n'est pas entretenue, la capacité professionnelle se consume sans que le salarié s'en aperçoive immédiatement : c'est à l'occasion d'un licenciement économique qu'il découvrira que sa qualification est devenue obsolète et qu'aucun employeur ne veut s'attacher ses services »*. Surtout en nos temps de Révolution numérique, où des études évoquant trois millions d'emplois supprimés à court terme.

639 Cette obligation s'applique en permanence, à tout employeur, petit ou grand. Article L. 6321-1, issu de la loi du 5 septembre 2018 : *« L'employeur assure l'adaptation de ses salariés à leur poste de travail* (avec maintien de la rémunération). *Il veille au maintien de leur capacité à occuper un emploi, au regard notamment de l'évolution des emplois, des technologies et des organisations. Il peut proposer des formations qui participent au développement des compétences, y compris numériques ainsi qu'à la lutte contre l'illettrisme »* (en tout ou partie en dehors du temps de travail, et en application d'un accord écrit entre l'employeur et le salarié), *notamment des actions d'évaluation et de formation permettant l'accès au socle de connaissances et de compétences défini par décret.*

Les actions de formation mises en œuvre à ces fins sont prévues, le cas échéant, par le plan de développement des compétences, et peuvent permettre d'obtenir une partie de certification professionnelle, classée au sein du répertoire national des certifications professionnelles visant à l'acquisition d'un bloc de compétences ».

640 **Locataire de son poste mais propriétaire de ses compétences,** chaque salarié doit désormais être acteur de sa propre employabilité, dans une dynamique gagnant/gagnant. Mais proposer une formation à un cadre naturellement porté à se former ne se heurte pas du tout aux mêmes réticences que pour un agent d'exécution, *a fortiori* senior. Comme le notait le CEREQ en juillet 2017, « *Le* souhait *et la* demande *de formation sont deux réalités bien distinctes. Si la majorité des salariés partagent le* souhait *de se former dans les 5 années à venir, avec peu de différences selon le niveau de qualification, les demandes de formation exprimées au cours de la dernière année concernent 31 % des salariés, mais sont très inégalement réparties : ceux occupant les emplois les moins qualifiés sont ceux qui ont formulé le moins de demandes de formation dans les 12 derniers mois : 19 % des ouvriers contre 50 % des cadres* ». Et de poser une délicate question : « *Rendre le salarié acteur de sa propre formation contribue-t-il à creuser les inégalités entre qualifiés et peu qualifiés ?* » (« *La formation en entreprise face aux aspirations des salariés* » Jean-Marie Dubois et Ekaterina Melnik-Olive. Céreq Bref n° 357, 2017).

Les chiffres publiés par l'APEC en juin 2019 (deux tiers des cadres en poste prévoiraient un changement professionnel dans les trois années à venir, soit par changement de poste en interne, par changement d'employeur ou pour créer son entreprise) doivent donc être pris avec précaution.

Mais problème plus général de la formation en France : des cadres aux chômeurs en passant par les simples salariés, sa réalité décroît au fur et à mesure qu'elle s'approche des populations qui en auraient le plus besoin.

UN PEU D'OXYGÈNE...
« ÊTRE COMPÉTENT » HIER, MAIS DEMAIN ? DU STOCK AUX FLUX
« *ILS SAVENT TOUT, MAIS RIEN D'AUTRE* » (CLÉMENCEAU)

La compétence était un stock de compétences techniques démontrables (« hard skills » en bon français). Mais avec la Révolution numérique, elle devient un flux, et dans l'économie horizontale du quaternaire, les « soft skills » deviennent essentielles, a fortiori avec le travail à distance. « *L'employabilité d'un salarié a de plus en plus à voir de nos jours avec les « soft skills ». Ces compétences sont par nature plus durables, plus difficiles à acquérir : capacité à coopérer, empathie, écoute, résilience, capacité de curation digitale ; et compétences informatives : sélectionner la bonne information, les capacités créatrices et disruptives, la capacité à penser de manière systémique, penser la complexité. Ce n'est pas la fin des hard skills – car la vérité est dans* l'ambidextrie *: la capacité à combiner des compétences de nature différente – mais à la valorisation de salariés possédant de solides compétences humaines associées à quelques compétences techniques pointées mais qu'il faudra renouveler sans cesse. Selon l'OCDE, en 2060 nous passerons 10 % de notre temps hebdomadaire à apprendre* ». (Michel Barabel, responsable du M2 GRH de l'IAE Gustave Eiffel, Paris).

La loi du 5 septembre 2018 « pour la liberté de choisir son avenir professionnel » a voulu recentrer les 32 milliards de dépenses de formation sur ceux qui en ont le plus besoin : moins pour HEC et plus pour le chômeur de longue durée, dans une très légitime démarche d'assurance-qualité pour les organismes de formation via une certification. Car le chômage est parfois un lucratif marché.

641 **Un devoir nécessairement symétrique.** Comme l'avait indiqué l'arrêt du 5 décembre 2007, le devoir d'adaptation est légitimement symétrique : « *En l'absence de motif légitime, refuser de participer à une formation organisée dans l'intérêt de l'entreprise peut constituer une faute.* » Changement de braquet avec celui du 3 décembre 2008, à propos d'un ingénieur informatique en période d'inter-contrats ayant à plusieurs reprises refusé de se rendre en formation : « *Cette formation étant destinée à adapter l'intéressé aux évolutions technologiques de son emploi, elle constituait une* modalité d'exécution du contrat de travail *et répondait à l'intérêt de l'entreprise* » (*faute* réelle et sérieuse). *Idem* en cas de départ en cours de formation, qui a lieu sur temps de travail.

642 **Obligation permanente *à froid*,** en dehors de tout licenciement économique. Quatre « garçons de cuisine » maliens faisaient valoir qu'aucune formation ne leur a été proposée depuis plus de vingt ans, notamment pour combattre leur illettrisme ; ils n'avaient donc pu évoluer au sein de l'entreprise : 10 000 euros de dommages-intérêts chacun (CS, 2 mars 2010).

Le maintien de l'employabilité de chaque collaborateur – y compris des seniors – n'est donc pas seulement un slogan pour la Cour de cassation. Et peu importe que le poste n'ait pas évolué, que le salarié n'ait jamais rien demandé (CS, 19 mai 2021), ou que cette carence n'ait pas eu d'incidence sur l'exercice de ses fonctions : l'absence de formation cause nécessairement un préjudice au salarié.

L'obligation d'adaptation a donc deux buts complémentaires :

- employabilité *interne*, en assurant certes au salarié la possibilité d'évoluer avec son poste, mais aussi de faire carrière dans l'entreprise ;
- mais, de façon beaucoup plus créative pour le chef d'entreprise concerné, également employabilité *externe*, *a fortiori* si un licenciement économique est envisagé : si le salarié se trouve demain sur le marché du travail, est-il compétent pour postuler sur un emploi ailleurs ? Pour s'installer comme auto-entrepreneur ? La sanction de ce manquement sera alors constituée par des dommages-intérêts pouvant, le cas échéant, *s'ajouter* au défaut de cause réelle et sérieuse. Dissuasif, et habilement incitatif.

LE SUIVI PATRONAL OBLIGATOIRE DE L'OBLIGATION D'ADAPTATION (ART. L. 6315-1)

Tous les deux ans, chaque salarié bénéficie d'un entretien professionnel avec son employeur consacré à ses perspectives d'évolution professionnelle, notamment en termes de qualifications et d'emploi. Cet entretien ne porte *pas sur l'évaluation du travail du salarié.* Il comporte également des informations relatives à la validation des acquis de l'expérience, à l'activation par le salarié de son compte personnel

de formation, aux abondements de ce compte que l'employeur est susceptible de financer, et au conseil en évolution professionnelle.
Tous les six ans, cet entretien professionnel fait un état des lieux récapitulatif du parcours professionnel du salarié. Il permet de vérifier que le salarié a bénéficié au cours des six dernières années des entretiens professionnels, et d'apprécier s'il a :
1° suivi au moins une action de formation ;
2° acquis des éléments de certification par la formation ou par une validation des acquis de son expérience ;
3° bénéficié d'une progression salariale ou professionnelle.

643 Devoir *à chaud* en cas de projet de licenciement économique. « *Le licenciement pour motif économique d'un salarié ne peut intervenir que lorsque tous les efforts de formation et d'adaptation ont été réalisés* » (art. L. 1233-4)

Une opératrice avec une ancienneté de sept ans est licenciée pour motif économique et assigne l'employeur pour défaut de cause réelle et sérieuse ; mais n'ayant bénéficié d'aucune formation, elle invoque *aussi* un *préjudice distinct* dû au manquement patronal à l'obligation d'adaptation. L'employeur répond que son poste de travail n'avait subi aucune évolution nécessitant une formation d'adaptation, et qu'il lui appartenait de demander à bénéficier d'un congé individuel de formation, ce qu'elle n'avait jamais fait. « *La salariée étant présente dans l'entreprise depuis sept ans et n'ayant bénéficié d'aucun stage de formation continue, la cour d'appel a caractérisé un manquement de l'employeur à l'obligation de veiller au maintien de la capacité de la salariée à occuper un emploi au regard notamment de l'évolution des emplois, des technologies et des organisations* » (préjudice *distinct* de la rupture : 6 000 euros, CS, 7 mai 2014).

Car « *le seul manquement de l'employeur à son obligation d'adaptation du salarié n'a pas pour effet de priver de cause réelle et sérieuse le licenciement pour motif économique* » : il cause un préjudice spécifique, qui doit être réparé (CS, 12 sept. 2018).

644 Une simple adaptation, pas une reconversion, car une entreprise n'est ni le CNAM, ni un centre de formation professionnelle : « *Si l'employeur a l'obligation d'assurer l'adaptation des salariés à l'évolution de leur emploi, au besoin en leur assurant une formation complémentaire, il ne peut lui être imposé d'assurer la formation initiale qui leur fait défaut* » (CS, 17 mai 2021).

Mais avec la Révolution numérique, quelles sont aujourd'hui les frontières de l'obligation d'adaptation ? Poussé au bout de sa logique, l'article L. 1233-4 pourrait aboutir à suspendre tout licenciement économique : car quel employeur peut démontrer qu'il a réalisé « tous les efforts de formation et d'adaptation » ? Or dans les bassins d'emploi mono-industrie par exemple, ce n'est pas la courte formation résultant du seul devoir d'adaptation (les ouvriers représentent chaque année environ 40 % des salariés licenciés pour motif économique) qui pourra donner accès à un nouvel emploi. Ainsi dans les secteurs du textile, de la chaussure voire du petit électroménager où moins de 50 % des reclassements effectués interviennent dans la même activité productive, où par ailleurs les travailleurs sont très peu mobiles pour des raisons familiales et surtout financières.

645 **C'est donc d'une véritable reconversion qu'il doit parfois s'agir, spécialement pour les non-qualifiés.** Or pour ces salariés, parents ou grands-parents gardant souvent un bien mauvais souvenir de l'école et sans culture de formation ni de mobilité, un tel réapprentissage est souvent perçu comme une régression, et surtout l'antichambre d'une future mobilité géographique ou professionnelle.

Côté entreprise, et au-delà de l'aspect financier qu'il faut pouvoir assumer, ces formations lourdes s'avèrent doublement coûteuses surtout pour les TPE-PME : il faut d'abord et avant tout pouvoir faire face à de longues absences, et les meilleurs risquent ensuite de s'en aller. Car malgré d'éventuelles clauses de dédit-formation, réservées aux très coûteuses formations de certains cadres, existent de réels risques de « braconnage » par la concurrence pour l'entreprise développant des compétences transférables.

646 **Impacts collatéraux.** Cette obligation permanente d'adaptation rend enfin plus délicats les licenciements pour *motif personnel* fondés sur l'insuffisance professionnelle. Les rares licenciements pour *motif économique* prononcés sur le fondement de « *mutations technologiques* », sont également risqués, car réponse du salarié : à qui la faute ? À moins que le nouveau poste exige une complète réorientation (poste manuel répétitif/totalement informatisé avec niveau BTS ou DUT).

647 **Sécurisation du parcours professionnel : droit à l'emploi et employabilité.** Dans un monde en évolution permanente, le contrat de travail, contrat « à exécution successive », trouve donc un sens nouveau : le droit à l'emploi, figurant dans le préambule constitutionnel de 1946 et constitutionnalisé par le Conseil le 10 juin 1998, implique des efforts communs pour assurer la stabilité du rapport contractuel.

648 Problème : tous les accords GEPP du monde, beaux, généreux mais forcément impersonnels, ne convaincront pas Samantha ou Roger, qui gardent souvent un souvenir cuisant de tout ce qui se rapporte à l'école, d'aller se former. À l'enthousiasme très mesuré de leur hiérarchie (absence assurée/mobilité externe possible) répond donc la faible motivation de salariés restés vingt ans immobiles géographiquement et professionnellement à développer une autonomie très relative, cette passivité étant souvent encouragée car permettant de fixer la main-d'œuvre. Allez expliquer au paisible *factotum* du service Courrier que le métier de commercial est enthousiasmant aux temps du client-tyran. C'est individuellement, personne après personne (d'où l'individualisation de la formation portée par la loi du 5 septembre 2018), qu'il faut convaincre chacun des collaborateurs qu'il a tout à gagner à entrer dans cette logique… et qu'il pourrait aussi perdre demain son emploi en cas de refus.

649 **« Faire l'entreprise de demain avec les hommes d'aujourd'hui »** n'est plus seulement socialement souhaitable, mais constitue désormais un impératif démographique. Or les salariés taylorisés les plus performants dans le système ancien, ceux qui ont désappris à apprendre, ne seront pas les premiers à demander à bénéficier du

« Compte personnel d'activité », et auront de grandes difficultés à s'adapter à leur nouvel emploi : formation continue et formation continuée, avec le sac à dos virtuel que constitue le CPA lié à la personne du travailleur tout court, au-delà du seul salariat. Ce devoir d'adaptation n'est pas enfin sans conséquences sur le plan de formation de l'entreprise, mais également sur la politique de recrutement : l'aptitude au changement devient un critère déterminant (la tête bien faite ; et après le C19, le manager sachant gérer ses équipes à distance), et son appréciation ne se limite pas à des tests purement techniques.

Avec l'intelligence artificielle que se développe partout, y compris dans le monde juridique, une tête bien pleine peut aujourd'hui être remplacée par un abonnement à 25 euros mensuels, sans charges sociales, 35 heures ni congés.

À LIRE

- Les excellentes chroniques de J.-P. Willems (willemsconsultants.hautetfort.com) et de J.-M. Luttringer, sur l'agence AEF (http://www.aef.info)
- Le numéro spécial de Droit social, avril 2016 : « *Droit du travail, croissance et emploi : que faire ?* » Sp. p. 319 : « Le droit du travail à l'épreuve de l'emploi », débat entre P. Lokiec, P. Cahuc et O. Favereau
- Y. Algan, P. Cahuc et A. Zylberberg, *La fabrique de la défiance... et comment s'en sortir*, Albin Michel, 2012

§3 Prévention, à chaud, des licenciements économiques : l'obligation de reclassement interne

650 Licenciement économique = *ultima ratio*, car constat d'échec du reclassement. L'obligation de reclassement s'impose pour tout projet de licenciement économique, individuel ou collectif : même dans une TPE de trois salariés ou une PME, le licenciement est l'*ultima ratio*, lié au constat d'échec des tentatives de reclassement interne, même en cas de PSE négocié par des syndicats à plus de 50 %, puis validé par la Dreets.

Mais pas en cas de plan de départs (*vraiment*) volontaires car il n'y a pas licenciement, qu'il s'agisse du bon vieux PDV dans un PSE, et *a fortiori* de la rupture conventionnelle collective (RCC) écartant délibérément tout le droit du licenciement économique (V. partie 3 *supra*).

651 Texte de l'article L. 1233-4 : « *Le licenciement pour motif économique d'un salarié ne peut intervenir que lorsque tous les efforts de formation et d'adaptation ont été réalisés, et que le reclassement de l'intéressé ne peut être opéré sur les emplois disponibles,* situés sur le territoire national dans l'entreprise ou les autres entreprises du groupe *dont l'entreprise fait partie et dont l'organisation, les activités ou le lieu d'exploitation assurent la permutation de tout ou partie du personnel.*

Le reclassement du salarié s'effectue sur un emploi relevant de la même catégorie que celui qu'il occupe ou sur un emploi équivalent assorti d'une rémunération équivalente. A défaut, et sous réserve de l'accord exprès du salarié, le reclassement s'effectue sur un emploi d'une catégorie inférieure.

L'employeur adresse de manière personnalisée les offres de reclassement à chaque salarié **ou** *diffuse par tout moyen une liste des postes disponibles à l'ensemble des salariés, dans des conditions précisées par décret.*

Les offres de reclassement proposées au salarié sont écrites et précises ».

A. - *Présentation générale de l'obligation de reclassement*

Créée par la jurisprudence en 1992 puis légalisée en 2002, l'obligation de reclassement interne est une excellente idée, un élément concret de cette responsabilité sociétale de l'entreprise. On parle beaucoup, mais on en voit nettement moins, surtout en temps de crise.

652 **« Reclassement » ? Polysémie et marketing social.** Ce terme socialement très positif est devenu au fil des lois une *véritable auberge espagnole* :

- il est utilisé pour désigner aussi bien les effets d'un accord de GEPP que la mobilité d'un salarié en voie de licenciement pour motif économique ;
- le Code lui-même mélange allègrement reclassement interne et reclassement externe (*cf. infra* le plan de sauvegarde de l'emploi avec ses deux parties), pourtant fort différents car dans le premier cas le contrat est maintenu. À juste titre, la Chambre sociale continue à les opposer : sauf plan de départs (vraiment) volontaires, le reclassement *externe est pour elle nécessairement subsidiaire*, seulement quand le reclassement en interne s'est révélé impossible. Normal.
- en cas de problèmes économiques, coexistent deux reclassements, aux sanctions différentes sans qu'on en voie bien la logique : l'obligation de reclassement *individuelle*, automatiquement examinée par le Conseil des prud'hommes en cas de contestation de la cause réelle et sérieuse d'un licenciement prononcé. Et l'obligation *collective* lorsque plus de dix salariés sont visés : le plan de reclassement doit être intégré à chaque PSE dont il constitue d'ailleurs le noyau dur, et qui sera examiné avec attention par la Dreets.

653 **Chercher à maintenir dans un emploi, et ainsi éviter l'exclusion** des salariés les plus vulnérables contribue à la légitime réduction de la fracture, mais aussi de la facture sociale. Mais cette obligation connaît bien naturellement des résultats très variables (il est des entreprises dans lesquelles il vaut mieux rester, il est des bassins d'emploi très dynamiques et d'autres fort peu, il est des familles qui ont d'autres projets de vie depuis le C19, etc.), *a fortiori* en pleine crise locale ou régionale réduisant notoirement les possibilités de reclassement externe.

654 **Une obligation panoramique.** Les possibilités de reclassement s'apprécient, au plus tard, à la date du licenciement. L'employeur est donc libéré de l'obligation de faire des offres de reclassement au salarié dont il envisage le licenciement pour motif économique lorsque l'entreprise ne comporte aucun emploi disponible en rapport avec ses compétences, au besoin en le faisant bénéficier d'une formation d'adaptation. Cette obligation ne vise évidemment que les postes *vacants disponibles*, à la date où l'employeur notifie le licenciement.

655 **Une obligation permanente, et triplement prioritaire** :
- permanente : la procédure de PSE pouvant durer des mois, l'obligation de reclassement ne peut se limiter aux possibilités de reclassement prévues par le plan de sauvegarde de l'emploi ; l'employeur doit donc poursuivre ses recherches et ses propositions de reclassement jusqu'à la notification du licenciement ;
- triplement prioritaire : 1. L'ouverture d'un PSE gèle la mobilité interne; les futurs licenciés passent obligatoirement avant. Paralysie pouvant durer plusieurs mois et posant donc quelques problèmes dans un groupe français avec 24 filiales. 2. *A fortiori* en cas de concours entre un salarié à reclasser et un candidat venant de l'extérieur : le premier a priorité. 3. Il n'est enfin pas question de pouvoir laisser l'entreprise ou l'établissement d'accueil faire son marché, et *a fortiori* imposer aux salariés en cause une période d'essai ou même une période probatoire.

656 **Un reclassement « à rémunération équivalente ».** Article L. 1233-4 : *« Le reclassement du salarié s'effectue sur un emploi relevant de la même catégorie que celui qu'il occupe ou sur un emploi équivalent assorti d'une rémunération équivalente. À défaut, et sous réserve de l'accord exprès du salarié, le reclassement s'effectue sur un emploi d'une catégorie inférieure ».*

657 **En termes probatoires, qui doit prouver quoi ?** Si la preuve de *l'exécution* de l'obligation de reclassement incombe à l'employeur qui licencie, le salarié contestant la *consistance ou le périmètre* du groupe de reclassement retenus par l'entreprise devra apporter des éléments fondant sa demande.

658 **« T'as voulu voir Vesoul ? »** L'arrêt « Canon » du 14 décembre 2005 a montré l'insistance de la Chambre sociale voulant assurer le constitutionnel droit à l'emploi. Un employeur ayant pratiqué fort en amont la GPEC s'était heurté à un refus de mobilité géographique de la part d'un salarié ; quelques mois après, il le licencie pour motif économique, mais n'ose pas lui proposer une seconde fois la *même* modification, cette fois au titre du reclassement. Faute : *« Le refus par le salarié d'une proposition de modification de son contrat ne dispense pas l'employeur de son obligation de reclassement. »*... et donc *« de lui proposer éventuellement le même poste dans l'exécution de cette obligation »* a ajouté l'arrêt du 4 mai 2017.

Vesoul, Saison 2 : le fameux humour juridique.

659 **Obligation de plan de sauvegarde de l'emploi ou non, licenciement économique individuel ou collectif,** peu importe : l'entreprise doit chercher de façon sérieuse mais aussi loyale (mutation de deux conjoints à plus de 800 kilomètres l'un de l'autre : faute, CS, 16 juin 2016) à reclasser individuellement chaque salarié qui le souhaite.

Ce texte s'applique donc à tous les reclassements. Le lecteur aura compris que le débat ne porte évidemment pas sur l'obligation *pour le salarié d'accepter ou non un reclassement*, avec un salaire inférieur : il a toujours eu le droit de le refuser au titre d'une modification de son contrat, qu'il s'agisse du niveau ou de la structure de sa rémunération.

PLAN DE RECLASSEMENT : DEUX JUGES COMPÉTENTS
PSE-MACRO = JUGE ADMINISTRATIF / CRS-MICRO = JUGE JUDICIAIRE

Depuis 2013, le plan de reclassement, figurant nécessairement dans la première partie du PSE, conduit à une homologation ou une validation par la Dreets.
Donc contentieux administratif, *cf.* CE, 22 juillet 2015 : les mesures contenues dans le PSE doivent être « *précises, concrètes et de nature à satisfaire l'objectif de maintien dans l'emploi et de reclassement des salariés, en tenant compte des efforts de formation et d'adaptation déjà réalisés par l'employeur et des moyens dont disposent l'entreprise et, le cas échéant, l'unité économique et sociale et le groupe* ». Avec, en cas de refus administratif, la nullité des licenciements prononcés si l'employeur a eu la bien, bien, mauvaise idée de passer outre. On lui souhaite alors bien du courage dans ses rapports futurs avec l'inspection du travail aux très larges pouvoirs, ou la Dreets devant demain se prononcer sur une très sensible rupture conventionnelle collective ou un futur PSE.

B. - Étendues de l'obligation de reclassement

660 Principe de subsidiarité. En cas d'entreprise à établissements multiples, mais aussi de groupe avec ses filiales en France, la Cour de cassation applique le principe de subsidiarité. L'employeur doit rechercher les postes vacants dans l'ensemble des établissements de l'entreprise, en commençant par le plus proche, puis des sociétés de l'éventuel groupe.

661 Étendue *géographique*. 1995-2017 : l'ubris judiciaire « urbi et orbi ». Avec l'arrêt Vidéocolor du 5 avril 1995, la Chambre sociale avait étendu l'obligation de reclassement aux établissements de l'entreprise sur le territoire français (normal). Mais aussi aux dizaines, voire aux centaines de filiales d'un groupe situées n'importe où à l'étranger.

Devait-on vraiment demander à Sandra, si attachée à son terroir où elle a toutes ses attaches et qui, après 7 ans d'anglais au lycée ne sait toujours pas si Brian est dans la cuisine, si elle accepterait d'aller en Écosse, à Berlin voire en Azerbaïdjan ou en Chine, pour 269 euros mensuels et 55 heures par semaine ?

Pouvait-on demander au directeur d'une usine bavaroise, américaine, catalane ou lituanienne, où des centaines de chômeurs locaux se pressent à sa porte, si un poste d'OS en congé maternité est vacant pour y muter un Frenchy ? Nombre de ces responsables étaient d'abord un peu étonnés de devoir, sur leur territoire, exécuter une exigence du droit français. Et ensuite peu enthousiastes à l'idée de devoir embaucher ces Français mangeurs de grenouilles aux 35 heures, alors que leurs propres compatriotes cherchaient désespérément du travail.

Même sur le territoire français, le projet d'une réduction d'effectifs dans un site entraîne parfois de rapides embauches dans les autres, par CDD le cas échéant et dans une touchante unanimité locale : enfants et ami(e)s du personnel attendent pour travailler au pays, surtout en nos temps de crise. Et les DRH des sites d'accueil ne sont pas certains que leur collègue en plein PSE va leur envoyer ses meilleurs collaborateurs...

LA RÉALISTE DOUBLE CORRECTION DE L'ORDONNANCE DU 20 DÉCEMBRE 2017...

1. Nationalisation du périmètre géographique

Reclassement « *...dans les emplois disponibles, situés sur le territoire national dans l'entreprise ou les autres entreprises du groupe...* ». Simple réalisme : exit donc toute obligation de reclassement à l'international, même si rien n'interdit évidemment à un groupe de proposer les postes vacants à Londres, Berlin, Macao ou Kyoto...

2. La notion jurisprudentielle et très panoramique de « groupe » spécifique au droit du reclassement

Elle-même différente du périmètre d'analyse de la cause réelle et sérieuse du même licenciement économique... au profit de celui du groupe au sens du Code de commerce (!) : « *Pour l'application du présent article, la notion de groupe désigne le groupe formé par une entreprise appelée entreprise dominante et les entreprises qu'elle contrôle dans les conditions définies à l'article L. 233-1, aux I et II de l'article L. 233-3 et à l'article L. 233-16 du Code de commerce* ».

Résumé

Pour déterminer le périmètre d'appréciation du groupe de reclassement, le juge judiciaire doit d'abord caractériser l'existence d'un groupe au sens capitalistique ; ensuite identifier à l'intérieur de ce groupe les entreprises « ***dont l'organisation, les activités ou le lieu d'exploitation assurent la permutation de tout ou partie du personnel*** ».

662 Étendue *professionnelle* de l'obligation de reclassement

L'employeur doit proposer au salarié dont le licenciement est envisagé « *des emplois disponibles de même catégorie ou, à défaut, de catégorie inférieure, fût-ce par voie de modification des contrats, en assurant au besoin l'adaptation de ces salariés à une évolution de leur emploi* » : là encore, tous les emplois vacants, y compris ceux très (trop) déqualifiés ? Dans l'arrêt du 15 mai 2001, la Chambre sociale avait par exemple reproché à une PME de ne pas avoir osé proposer à un directeur administratif et financier un poste d'employé. Mais, conformément à son habitude s'agissant de mobilité géographique, la Cour veut laisser le salarié menacé de perdre son emploi seul juge de son intérêt : il n'est jamais forcé d'accepter une déqualification. L'employeur doit donc proposer tous les postes – salariés – compatibles. Dans certains cas le salarié finit par accepter dans son intérêt bien compris (ex. : collaborateur à quelques mois de la retraite, à qui il manque quelques trimestres de cotisations).

Re-classement se conjugue donc souvent avec dé-classement. Mais subsidiarité toujours : il va de soi qu'avant de proposer un éventuel déclassement, l'employeur « *doit avoir recherché, au sein du groupe auquel appartient l'entreprise, s'il n'existait pas des emplois correspondant à la qualification et aux compétences du salarié* ».

663 Modalités concrètes de la proposition de reclassement

Article L. 1233-4, 4e alinéa : « *L'employeur adresse de manière personnalisée les offres de reclassement à chaque salarié,* **ou** *diffuse par tout moyen une liste des postes disponibles à l'ensemble des salariés, dans des conditions précisées par décret* » (V. encadré *infra*).

Même si elle n'est évidemment pas exclue, exit l'obligation de faire une proposition individualisée à chacun des 432 collaborateurs visés. Une liste des *postes* vacants (pas des profils des *salariés* visés, V. *infra*) suffisamment détaillés (qualification, salaire, lieu...) pourra donc être affichée ou mise en ligne sur l'intranet. Ce qui simplifie drastiquement les obligations patronales, et tue tout contentieux sur le défaut de propositions individualisées. Mais cet auto-reclassement est-il scandaleux au pays des 79 % de bacheliers, pas tous incapables majeurs ?

Autre simplification, en forme de revirement, apportée par la Chambre sociale le 17 mars 2021 : « *Les recherches de postes disponibles dans les sociétés* du groupe *auquel appartient l'employeur qui envisage un licenciement économique collectif, n'ont pas à être assorties du profil personnalisé des salariés concernés par le reclassement*». Cette précision n'est d'ailleurs pas forcément défavorable aux salariés concernés : car certains profils seraient dissuasifs pour les DRH des filiales en cause, par ailleurs tiers au contrat.

Côté entreprise, il convient d'indiquer que ces propositions, « écrites et précises » pour être valables, ne valent pas contractualisation pour l'avenir. Et se ménager à la fois la preuve des postes proposés, mais aussi celle des éventuels refus.

Très classiquement, la Chambre sociale contrôle enfin la loyauté des propositions : il est des collaborateurs dont l'employeur ne souhaite guère qu'ils acceptent. Ainsi de la mutation séparée de deux époux à 800 kilomètres, l'un en Allemagne, l'autre en Belgique, avec pour chacun une obligation de résidence (CS, 16 juin 2016).

Certaines sociétés spécialisées (parmi les meilleures : Alixio, LHH, Altedia, BPI) n'assurent pas seulement le reclassement professionnel du salarié, mais également son insertion dans sa nouvelle ville d'implantation : voyage sur place avec sa famille, inscription des enfants dans les écoles adéquates, recherche de l'appartement, branchement EDF, y compris parfois sur le plan relationnel (présentation à des familles d'accueil, inscription à tel club prestigieux ou telle association, etc.)

LA PROCÉDURE DE RECLASSEMENT EN PRATIQUE (ART. D. 1233-2-1)

Des offres précises

Qu'il s'agisse d'offres personnalisées ou de diffuser une liste, elles doivent préciser l'intitulé du poste et son descriptif ; le nom de l'employeur ; la nature du contrat de travail ; la localisation du poste ; son niveau de rémunération et sa classification.

Si l'employeur choisit de diffuser une liste, il doit indiquer l'ensemble des postes disponibles au sein de l'entreprise, mais aussi des autres entreprises du groupe, ainsi que les critères de départage entre salariés en cas de candidatures multiples sur un même poste.

Qui ne dit mot ne consent pas

Chaque offre doit indiquer le délai de réponse dont dispose le salarié pour présenter sa candidature écrite, qui ne peut être inférieur à quinze jours francs à compter de la publication de la liste. L'absence de candidature écrite du salarié à l'issue de ce délai, mais aussi une acceptation conditionnelle (« *Oui, j'accepte, mais à condition que mes frais...* ») valent ici refus.

Un licenciement économique prononcé pendant ce nécessaire délai de réflexion laissé au salarié sera dénué de cause : il faut donc attendre son expiration avant d'en tirer les conséquences.

664 **Des sanctions curieusement très différenciées** en cas de violation de l'obligation de reclassement. Sans oublier « l'effet Mathieu » bien connu en droit du travail : mieux vaut être licencié par un puissant groupe *in bonis* que par son sous-traitant en difficulté, et *a fortiori* par le boucher de quartier en liquidation.

Sur le plan **individuel**, en l'absence d'obligation de monter un plan de sauvegarde de l'emploi (ex. : « petits licenciements économiques »), seule l'indemnisation est possible. Indemnisation au titre du défaut de cause réelle et sérieuse reconfigurée avec le plafonnement du 22 septembre 2017, *même si le licenciement lui-même a objectivement une cause économique très réelle et extrêmement sérieuse* (ex. : suppression du poste suite à la perte du principal client). Difficile à expliquer à nos amis étrangers.

S'agissant de « **grands licenciements** » (plus de dix sur trente jours) devant donner lieu au montage d'un PSE, si c'est le plan de reclassement qui est insuffisant, la Dreets pourra refuser d'homologuer le PSE en cause. Ce qui arrive très rarement (V. *infra*), car le téléphone a beaucoup fonctionné en amont entre l'employeur et l'Administration, et le PSE finalement proposé est souvent celui qui a déjà été recadré officieusement deux fois par la Dreets. Ce qui est parfaitement légitime s'agissant de cette obligation essentielle pour le collaborateur, l'Unedic et les finances publiques.

Mode d'emploi. Dans son arrêt du 15 mai 2016, le Conseil d'État a donné le mode d'emploi en cas de PSE : « *Il revient à l'autorité administrative de s'assurer que le plan de reclassement intégré au PSE est de nature à faciliter le reclassement des salariés dont le licenciement ne pourrait être évité. À cette fin, l'employeur doit avoir identifié dans le plan l'ensemble des possibilités de reclassement des salariés dans l'entreprise. Lorsque l'entreprise appartient à un groupe,* l'employeur, seul débiteur de l'obligation de reclassement, *doit avoir procédé à une recherche sérieuse des postes disponibles pour un reclassement dans les autres entreprises du groupe ; pour l'ensemble des postes de reclassement ainsi identifiés, il doit avoir indiqué dans le plan leur nombre, leur nature et leur localisation* ».

SECTION II Les procédures légales de licenciement économique

665 Le terme « légales » doit en effet être précisé, car peuvent s'y ajouter d'autres contraintes d'origine *conventionnelle*, *a fortiori* depuis la faveur de la loi de 2013 pour le PSE négocié, qui remporte un succès aussi grand qu'inattendu : dans les entreprises in bonis, les deux tiers des PSE.

Trois procédures légales distinctes doivent être successivement examinées :

- le licenciement ***individuel*** pour motif économique ne pose guère de problèmes sociaux. Son régime est presque identique à celui du licenciement pour motif personnel *(§ 1)* ;
- le ***« petit licenciement collectif »*** (de 2 à 9 salariés sur une période de 30 jours) constitue un problème plus grave nécessitant l'intervention du CSE, s'il existe *(§ 2)* ;
- le ***« grand licenciement », ou « plan de sauvegarde de l'emploi »*** (10 salariés et plus sur 30 jours) est grave pour une entreprise, voire tout son bassin d'emploi *(§ 3)*. Il exige une étroite concertation avec le CSE, toute la procédure étant, en temps réel, sous l'œil attentif de la Dreets.

Mais alors que l'essentiel des licenciements économiques interviennent hors PSE (liquidation judiciaire, petits licenciements dans les TPE/PME), le législateur s'en désintéresse : ils ne sont pas médiatiques, et l'on n'a jamais vu les deux vendeurs d'une charcuterie bloquer une autoroute ou un aéroport. Il est certes légitime de s'intéresser aux licenciés chez Conforama, Danone ou Alstom. Mais si le droit du travail veut protéger le plus faible, il devrait aussi tourner son regard vers les salariés des sous-traitants desdites entreprises, statistiquement beaucoup plus nombreux et qui ont pour tout PSE un licenciement sec, accompagné de leurs seules indemnités de rupture.

§1 Le licenciement *individuel* pour motif économique

666 **Curieux.** À première vue, cette pratique peut paraître singulière, car l'idée de licenciement économique est liée (à tort) au licenciement *collectif*. Or tous les jours en France, une PME de six salariés supprime un seul poste, ou le boulanger-pâtissier en difficulté procède au licenciement de son unique salariée : la vendeuse-caissière. Dans les grosses structures, en revanche, un licenciement économique unique paraît singulier, et cache souvent un motif très inhérent à la personne : donc défaut de cause réelle.

667 La procédure est ici presque semblable à celle du licenciement pour motif personnel (art. L. 1233-11) :

- *convocation* à un entretien préalable : même forme (délais, assistance...) ;
- *entretien préalable :* son déroulement concret est ici différent, le salarié ayant moins d'arguments à développer puisque la rupture est par définition *« non inhérent à sa personne »*. Dans le cas d'un licenciement pour cause personnelle, le but

est que les explications données permettent d'éviter la rupture. Cette fonction de conciliation est par nature moins présente en matière économique. C'est donc moins l'éventualité de la rupture que ses modalités qui sont en cause : reclassement, primes de départ… Lors de cet entretien, l'employeur va proposer au salarié de bénéficier de mesures d'accompagnement spécifiques ;

- *notification motivée du licenciement*. En matière économique, l'employeur ne peut envoyer cette lettre moins de sept jours ouvrables (15 jours ouvrables pour un cadre) après l'entretien préalable (art. L. 1233-15). Dans tous les cas, la lettre de notification (LRAR) doit indiquer précisément le double motif du licenciement : à la fois les raisons économiques (difficultés économiques, mutations technologiques, sauvegarde de la compétitivité tel que revue en 2016 puis 2017 : V. *infra*), mais aussi leur incidence sur l'emploi ou le contrat de travail du salarié concerné (suppression du poste).

Elle doit en outre préciser que :

- le salarié bénéficie d'une priorité de réembauchage durant un délai d'un an à compter de la date de la rupture du contrat. En cas de non-respect, un mois les dommages-intérêts minimum ;
- il dispose d'un délai maximal de douze mois pour contester son licenciement.

L'éventuelle session de rattrapage (LRAR 15 jours /15 jours LRAR) permettant à l'employeur de « préciser » le motif a été déjà examinée *supra*. Mais il vaut évidemment mieux ne rien avoir à « préciser » !

Simple information de l'administration. Une fois le licenciement prononcé, l'employeur doit en *informer* la Dreets dans les huit jours (art. L. 1233-19) : ni autorisation préalable ni même notification, cette simple information est uniquement destinée à assurer le suivi statistique des licenciements économiques.

§2 Le « *petit licenciement économique* » : moins de dix salariés sur trente jours

668 **Ce licenciement est à la charnière** du licenciement individuel pour motif économique et du grand licenciement collectif (10 salariés et plus sur 30 jours : PSE) : il emprunte au premier son caractère *individuel* (procédure contradictoire habituelle), et au second son caractère *collectif* (information et consultation du CSE), mais en écartant toute intervention administrative. Logiquement, l'employeur doit d'abord consulter le CSE, avant de terminer par les procédures visant chaque salarié devant être licencié.

669 **Information-consultation du CSE… s'il existe**

Le Comité social et économique est réuni et consulté sur le projet. L'employeur lui communique auparavant les raisons économiques, financières ou techniques du projet de licenciement : le nombre de licenciements envisagé ; les catégories professionnelles concernées et les critères proposés pour l'ordre des licenciements ; le nombre de salariés, permanents ou non, employés ; le calendrier prévisionnel des licenciements ; les mesures de nature économique envisagées ; le cas échéant, les conséquences des licenciements projetés en matière de santé, de sécurité ou de conditions de travail.

Le CSE rend son avis, dans un délai qui ne peut être supérieur à un mois à compter de la date de la première réunion. Et en l'absence d'avis rendu dans ce délai, pour éviter tout blocage, il est réputé avoir été consulté.

Car il ne s'agit pas d'une cogestion à l'allemande, et cet avis ne lie pas le chef d'entreprise. Mais cette consultation va sans doute provoquer une vive discussion, où seront recherchées des solutions alternatives (reclassement interne, mise en activité partielle), que le comité portera à la connaissance du personnel, ce dernier ne restant pas toujours sans réaction. Cet avis sera transmis à la Dreets, qui ne dispose ici d'aucune compétence spécifique, du moins si aucun représentant du personnel n'est visé. On ne sera pas vraiment étonné que l'avis du comité soit dans plupart des cas négatif : des militants vont-ils voter pour le licenciement d'autres salariés ? Il s'intéressera néanmoins à la discussion qui l'aura précédé, où ont pu être abordées des questions relevant de sa compétence habituelle (recours massif à des travailleurs temporaires dans des conditions curieuses, nombreuses heures supplémentaires...).

670 Procédure individuelle de licenciement (art. L. 1233-11)

Après l'entretien collectif que constituait la phase de consultation des élus, le chef d'entreprise va convoquer par LRAR les salariés finalement retenus, procéder aux entretiens individuels en proposant l'adhésion au « contrat de sécurisation professionnelle » (CSP) puis notifier le licenciement dans les conditions examinées *supra* (motivation doublement précise, énonciation de la priorité de réembauche, délai maximal de 12 mois pour assigner...).

671 Information de l'administration (art. L. 1233-19)

L'employeur informe enfin la Dreets des licenciements prononcés pour le suivi statistique. Mais en y joignant le PV de la réunion du CSE qui aura pu faire de désagréables remarques qui attireront son attention : « *Pourquoi neuf licenciements chaque mois, depuis quatre mois ?* ». Voir l'article L. 1233-26 : « *Lorsqu'une entreprise ou un établissement a procédé pendant trois mois consécutifs à des licenciements économiques de plus de dix salariés au total, sans atteindre dix salariés dans une même période de trente jours, tout nouveau licenciement économique envisagé au cours des trois mois suivants est soumis aux dispositions* »... du PSE ! Dissuasif.

§3 Le plan de sauvegarde de l'emploi reconfiguré (2013-2020)

672 Dégâts collatéraux. En droit communautaire comme en droit français, ce type de licenciement est particulièrement encadré en raison de l'impact qu'il a sur l'entreprise, mais également bien au-delà : *ordre public* lorsque 523 métallos de plus de 50 ans, qui n'ont donc plus rien à perdre sont visés : le préfet responsable des

« forces de l'ordre » peut s'inquiéter. *Moyens à mettre en œuvre* d'urgence à l'agence Pôle emploi locale devant tripler ses capacités d'accueil. Mais aussi *finances locales et publiques* : qui prendra en charge les licenciés ? Car un tel licenciement collectif affecte bien au-delà des salariés licenciés : avec ses effets sur plusieurs départements et une trentaine de collectivités territoriales, la fermeture de PSA-Aulnay a été un cas d'école, aujourd'hui fort réussie de « revitalisation » du site, obligation légale d'ailleurs élargie par l'ordonnance de septembre 2017 à la rupture conventionnelle collective.

Dans de nombreux pays européens, l'employeur ne peut donc librement procéder à de tels licenciements : en Allemagne, le conseil d'entreprise dispose d'un droit de veto ; en Espagne ou en Belgique, une négociation complexe doit intervenir avec ces syndicats ; aux Pays-Bas, une autorisation préalable est en principe nécessaire. La directive communautaire du 20 juillet 1998 évoque la consultation des représentants du personnel *« en vue d'aboutir à un accord »*, et des *« mesures d'accompagnement visant l'aide au reclassement ou à la reconversion des travailleurs licenciés »*.

673 **Mais qui est vraiment protégé ?** Si l'on regarde trente ans en arrière, époque où les « licenciements secs » étaient la règle, le progrès en termes de protection est considérable, avec en particulier les obligations de reclassement d'abord interne et subsidiairement externe : la lutte contre l'exclusion a pris le pas sur le droit de licencier. Mais il convient de relativiser ces progrès : concentrés sur les PSE, ils ont abouti à une grande complexité : créatrice d'emplois pour les marchands de complexité et les jeunes juristes en droit social, elle est totalement incompréhensible pour le non-initié... et parfois les partenaires sociaux eux-mêmes, malgré les heureuses simplifications apportées par les textes d'août 2015 et surtout de 2017-2018.

674 **Évitements du PSE.** Dans tous les cas, il vaut mieux prévenir que tenter de rompre : c'est le but de la première partie d'un plan qualifié de « *sauvegarde de l'emploi* ». Mais son régime étant resté fort complexe et médiatiquement toujours risqué, les lois les plus récentes ont toutes cherché l'évitement du PSE, adoré par la Chambre sociale mais chiffon rouge pour les investisseurs étrangers : rupture conventionnelle homologuée de 2008 pour les « petits licenciements » (11 – 2 ou 12 – 3 = 9), mais surtout accord de performance collective (APC) et autres RCC (ruptures conventionnelles collectives) de 2018.

675 **Plan : quatre points essentiels.** Au-delà de la prévention générale des licenciements économiques déjà examinée (double obligation d'adaptation à froid, puis de reclassement à chaud), la loi oblige l'entreprise à présenter aux représentants du personnel un « *plan de sauvegarde de l'emploi* » qui a parfois du mal à porter son nom *(A)*, puis à mener avec eux une étroite *concertation (B)* en leur donnant les moyens de connaître mais *surtout de comprendre la situation économique (C)*, le tout désormais *sous le contrôle très attentif de la Dreets (D)*, lui-même contrôlé par le juge administratif.

Toute la procédure se place donc sur le plan collectif, et les salariés n'ont pas en principe ici d'entretien préalable : ils recevront individuellement, *in fine*, leur lettre de licenciement dûment doublement motivée.

A. - Un « plan de sauvegarde de l'emploi » doit « sauvegarder l'emploi »

676 Un « PSE » ne doit évidemment pas se limiter à un « PLC » (plan de licenciements collectifs). Mais il est rarissime qu'il mérite son nom en sauvant *tous* les emplois en cause : il reste paradoxal de présenter au CSE et surtout aux salariés concernés un « plan de sauvegarde de l'emploi »...conduisant à 523 licenciements. Seule sa première partie (« *Mesures destinées à éviter les licenciements* ») est donc un vrai « PSE ».

677 **Quand construire un PSE ?** Toute *entreprise* (c'est à ce niveau, non à celui de chaque établissement ou celui du groupe qu'il faut décompter le nombre des ruptures) de plus de 50 salariés ayant un CSE et envisageant de rompre pour motif économique le contrat de dix salariés ou plus, sur une période de trente jours, doit construire un *projet de* PSE.

678 **Modification du contrat et licenciements** : « *Lorsqu'au moins dix salariés ont refusé la modification d'un élément essentiel de leur contrat de travail proposée par l'employeur et que leur licenciement est envisagé, celui-ci est soumis aux dispositions applicables en cas de licenciement collectif pour motif économique.* » (art. L. 1233-25). Le montage du PSE n'est donc pas lié au seul constat de plus de dix modifications, ou de dix refus : l'employeur doit envisager plus de dix *licenciements* sur trente jours. Et comme ce sont souvent les meilleurs qui se payent le luxe de refuser, il pourra le cas échéant renoncer à sa proposition de modification. Exemple : suite à un projet de déménagement 21 salariés refusent : pour préserver l'emploi, l'employeur modifie son projet de réorganisation, ne licenciant finalement que huit collaborateurs : l'employeur n'est évidemment jamais forcé de licencier tous les refuzniks. Mais il aurait pu aussi signer un accord de performance collective.

Car comme examiné *supra*, les 11, 27 ou 143 salariés refusant l'application d'un accord de performance collective n'ont rien à attendre d'un futur PSE ou PDV alléchant. En écartant les charmes vénéneux de tout le régime du licenciement économique et *a fortiori* d'un PSE/PDV, le législateur a voulu les inciter à se plier à l'accord collectif.

Mais contrairement à un PSE, le but d'un APC ne peut être des suppressions de postes (V. *supra*, partie 3 : Restructurations à froid).

679 **Contenu minimal du PSE, qu'il soit unilatéral ou négocié**

Dans les entreprises d'au moins cinquante salariés, l'employeur établit et met en œuvre un *plan de sauvegarde de l'emploi* pour éviter les licenciements, ou en limiter le nombre.

Ce plan intègre un *plan de reclassement* visant à faciliter le reclassement sur le territoire national des salariés dont le licenciement ne pourrait être évité, notamment celui des salariés âgés ou présentant des caractéristiques sociales ou de qualification rendant leur réinsertion professionnelle particulièrement difficile (art. L. 1233-61).

Le PSE prévoit des mesures telles que :

1. des actions en vue du reclassement interne sur le territoire national, des salariés sur des emplois relevant de la même catégorie d'emplois ou équivalents à ceux qu'ils occupent ou, sous réserve de l'accord exprès des salariés concernés, sur des emplois de catégorie inférieure. Ou favorisant la reprise de tout ou partie des activités en vue d'éviter la fermeture d'un ou de plusieurs établissements ;
2. des créations d'activités nouvelles par l'entreprise ;
3. des actions favorisant le reclassement externe à l'entreprise, notamment par le soutien à la réactivation du bassin d'emploi ;
4. des actions de soutien à la création d'activités nouvelles ou à la reprise d'activités existantes par les salariés ;
5. des actions de formation, de validation des acquis de l'expérience ou de reconversion de nature à faciliter le reclassement interne ou externe des salariés sur des emplois équivalents ;
6. des mesures de réduction ou d'aménagement du temps de travail ainsi que des mesures de réduction du volume des heures supplémentaires réalisées de manière régulière lorsque ce volume montre que l'organisation du travail de l'entreprise est établie sur la base d'une durée collective manifestement supérieure à trente-cinq heures hebdomadaires ou 1 600 heures par an et que sa réduction pourrait préserver tout ou partie des emplois dont la suppression est envisagée (art. L. 1233-62).

« GROUPE DE RECLASSEMENT » ET « GROUPE DE MOYENS » (CONSEIL D'ÉTAT, 7 FÉVR. 2018)

Article L. 1233-57-3

La validité du PSE est appréciée par la Dreets « *en fonction des moyens dont disposent l'entreprise, l'unité économique et sociale,* ***et le groupe*** » : **oui, mais lequel ?**

Le groupe capitalistique auquel appartient l'entreprise, « *quel que soit le lieu d'implantation du siège de ces entreprises* » a précisé le Conseil d'État le 7 février 2018, rejoignant ainsi la position de la Cour de cassation du 16 novembre 2016.

L'examen juridictionnel du groupe est donc différent

– ***Le « groupe de reclassement*** » a été considérablement réduit en 2016-2018, et limité au territoire national : il s'agit « *des emplois disponibles situés sur le territoire national dans l'entreprise ou les autres entreprises du groupe dont l'entreprise fait partie et dont l'organisation, les activités ou le lieu d'exploitation assurent la permutation de tout ou partie du personnel* ».

– ***Le « groupe de moyens »***, c'est le périmètre capitalistique qui va devoir contribuer au financement du PSE d'une filiale française en difficulté. Ce sont toutes les entreprises du groupe, y compris celles situées à l'étranger, qui vont financer les mesures d'accompagnement des salariés menacés de licenciement dans l'une des entités françaises du groupe. « *Les moyens du groupe s'entendent des moyens,*

notamment financiers, dont dispose l'ensemble des entreprises placées sous le contrôle d'une même entreprise dominante dans les conditions définies à l'article L. 233-1, aux I et II de l'article L. 233-3 et à l'article L. 233-16 du Code de commerce, ainsi que de ceux dont dispose cette entreprise dominante, quel que soit le lieu d'implantation du siège de ces entreprises » (CE, 24 oct. 2018).
À la grande joie des salariés français concernés, mais aussi des Français tout court pas mécontents de voir les groupes étrangers (Ford, General Electric) devoir ainsi passer à la caisse. Ce qui pourrait calmer leurs ardeurs de fermeture en France... mais aussi leurs projets d'investissement.
Au risque de désespérer le lecteur, ajoutons que s'agissant du **contrôle judiciaire de la cause et sérieuse** des licenciements ensuite prononcés, *rien de tout ce qui vient d'être dit n'est applicable* : le Conseil des prud'hommes doit limiter son analyse au territoire français, et au « secteur d'activité » du groupe le cas échéant (V. *infra*).

680 **Il n'existe donc aucun modèle unique et photocopiable de PSE.** Tout dépend des moyens financiers et humains de chaque entreprise visée, et/ou de son appartenance à un groupe florissant, ou au contraire en pleine déconfiture.

Son contenu, fonction de la créativité du service Ressources humaines et de la situation économique de l'entreprise ou du groupe contient, nous dit-on, *deux parties*.

Il serait plus judicieux de parler d'une **partie unique** (éviter les licenciements = véritable plan de *sauvegarde de l'emploi*), **puis d'une partie subsidiaire** : aider au reclassement externe. Un vrai « plan de sauvegarde de l'emploi » ne comporte donc pas de seconde partie, et peut alors porter son nom : les 138 salariés dont les *postes* sont supprimés seront *tous* été reclassés en *interne*.

Seul véritable « plan de sauvegarde de l'emploi », la première partie du PSE constitue la base de la concertation avec le CSE puis du contrôle de la Dreets, mais aussi la pièce maîtresse de la lutte contre l'exclusion : que compte faire concrètement l'employeur pour limiter les licenciements ? Les grandes déclarations sur la responsabilité sociale de l'entreprise (en Chine ou au Brésil) trouvent alors un bon champ d'expérimentation à Gandrange, Amiens ou Belfort. Ce véritable « PSE », dont la raison d'être est d'éviter *in fine* le maximum de licenciements, sera nécessairement examiné avec une attention toute particulière par la Dreets : en particulier le plan dans le plan, c'est-à-dire le plan de reclassement, interne et subsidiairement externe, qu'il doit nécessairement contenir.

1° Première partie d'un vrai « PSE » : « Éviter les licenciements ou en limiter le nombre »

681 **Qu'il soit unilatéral ou négocié,** ce plan *doit* prévoir des actions de reclassement interne dans l'entreprise, mais aussi le groupe tel que nationalisé par l'ordonnance du 22 septembre 2017.... y compris désormais par recours au travail à distance. Il *peut* prévoir des mesures d'activité partielle, de *job sharing* (très apprécié des générations voulant avoir un bon équilibre vie privée/vie professionnelle), de formation,

de réduction ou d'aménagement du temps de travail ainsi que de réduction du volume des heures supplémentaires (art. L. 1233-62). Très optimiste, la loi y a ajouté des actions de soutien à la création d'activités nouvelles et de validation des acquis ou de reconversion.

La Dreets vérifiera, en temps réel et toujours en fonction des moyens humains et financiers de l'entreprise ou du groupe, que tout a été tenté pour limiter le nombre des ruptures, le noyau dur du contrôle étant aujourd'hui concentré sur le reclassement interne. À l'issue de cette première partie, les « 456 postes supprimés » sont parfois devenus *« 221 salariés sans solution de reclassement interne identifiée »*.

2° Forcément subsidiaire, l'éventuelle seconde partie du PSE : « Faciliter le reclassement externe du personnel dont le licenciement ne pourrait être évité »

682 **Après le reclassement interne, le reclassement externe,** toujours apprécié par le juge en fonction des moyens de l'entreprise, ou le cas échéant du groupe. Ce que peut faire un puissant groupe *in bonis* n'a donc pas grand-chose à voir avec les possibilités plus que limitées de la boucherie Sanzot en dépôt de bilan.

Là encore, aucun modèle : tout dépend des possibilités financières (du groupe, y compris international), mais aussi de la créativité du service RH local : aide au retour pour les travailleurs immigrés volontaires ; cellule de reclassement réellement financée, et pas seulement avec de jeunes stagiaires ; formation à la recherche d'emploi pendant le préavis ; départs volontaires ou assimilés (V. *infra*) ; *outplacement* (l'entreprise paie une société spécialisée, qui assure le reclassement externe du licencié, mais c'est elle qui demeure débiteur) ; essaimage individuel ou collectif (aide financière, juridique ou technologique donnée à d'anciens salariés afin de s'établir à leur compte) ; rachat d'entreprise destinée à accueillir les futurs licenciés ; achat de pages de journaux spécialisés afin de vanter les mérites de ces derniers ; financement d'une cellule de conversion prenant en charge pendant un an ces salariés qui n'ont pas démérité ; etc. Mais ces possibilités créatives restent réservées concrètement aux grandes entreprises *in bonis*.

LES DEUX PLANS DE DÉPARTS VOLONTAIRES APRÈS L'ORDONNANCE DU 22 SEPTEMBRE 2017 (PSE-PDV)… DÉSORMAIS EN CONCURRENCE AVEC LA RCC ?

Air France, IBM, Société générale, PSA, Renault, Michelin… Pourquoi tant de plans de départs volontaires (PDV) en France, demandent nos amis étrangers, alors que votre droit du licenciement économique reste le plus sophistiqué (définition : « *raisonnement dont le but est uniquement l'efficacité persuasive et non la vérité, et contient des vices logiques bien qu'à première vue cohérents* ») d'Europe tant au niveau des procédures qu'au fond ? Mieux : pourquoi ces groupes internationaux à forte visibilité médiatique préfèrent cette voie, nécessairement très onéreuse pour être attractive ?

1 – « Pour vivre heureux, vivons caché »

Dans notre société de la réputation, un bon plan de suppression de postes est celui dont personne ne parle, où le terme « licenciement économique » n'est même pas prononcé : ce qui est désormais le cas avec la « rupture conventionnelle collective ». Bref l'inverse des usines à feu et à sang, avec le DRH couchant sous son bureau présentées à chaque journal de BFM voire CNN. Qui eût cru, qui eût dit il y a seulement dix ans que Renault aurait pu en six mois sortir de ses effectifs 4 400 salariés, sans trois mois d'occupation, des centaines de pneus qui brûlent, six TGI et deux cours d'appel statuant en urgence ?

Pourquoi un tel calme ?

Sur le plan individuel, des salariés souvent endettés et n'ayant guère d'illusions sur leur éventuel reclassement, voire hélas l'avenir de leur site, préfèrent un solide chèque tout de suite pour passer à autre chose. Mais à quoi au juste dans un bassin d'emplois aujourd'hui sinistré, avec un pavillon qu'ils n'ont pas fini de payer mais qui a perdu 40 % de sa valeur depuis la fermeture de l'usine voisine ? Au plan collectif, les syndicats sont ici mal à l'aise et souvent divisés, à tous leurs niveaux (*cf.* La Redoute en février 2014, où le délégué syndical local CFDT ayant refusé de signer, c'est le représentant de sa fédération qui l'a fait). « *Se battre jusqu'au bout pour garder nos emplois* » attire la bienveillance des médias et donc de l'opinion, elle-même confrontée à cette terrible question. Mais négocier ensuite comme des marchands de tapis le montant du chèque, pratique la plus courante à l'étranger, est nettement moins populaire (les 50 000 € nets des Conti puis les 300 000 € maximum de la Société générale ont retourné l'opinion), voire contreproductif pour des syndicalistes responsables. Car depuis les généreux chèques-valises des mineurs lorrains des années 1970, ils n'ignorent pas ce qu'il advient ensuite : désendettement, consommation, puis inscription de longue durée à Pôle emploi.

2 – D'où depuis 2013 l'intervention de la Dreets en amont des ruptures, que le PDV figure au sein du PSE, ou qu'il s'agisse de rupture conventionnelle collective

Comme l'indique pudiquement l'instruction du 26 juin 2013 : l'administration devra veiller à ce que « *le montant des indemnités de rupture ne pèse pas exagérément au détriment des mesures actives de reclassement qui doivent être privilégiées* » (ainsi du refus de validation de l'accord Chantelle, où les seniors non qualifiées étaient surtout visés). Il vaudra mieux qu'il le fasse en amont des annonces, car en cas de refus d'homologation et *a fortiori* de validation d'un accord très alléchant, il a intérêt à prévoir de solides sas d'accès à ses propres locaux.

3 – Huit ans après la loi de juin 2013…

Hors redressement ou liquidation judiciaires, le nombre de PSE (569 en 2018, 529 en 2019, mais 871 en 2020, et le chiffre 2021 devrait être élevé) ayant donné lieu à un accord collectif est, hors procédures collectives, de 65 % : ce succès aussi considérable qu'inattendu a une part d'explication dans l'existence de nombreux PDV, nécessairement coûteux mais assurant à l'entreprise célérité et calme social.

Mais à l'impossible nul n'est tenu
Mis sous pression par leurs propres militants voire un écrasant référendum, mais aussi désormais sur un mur Facebook voire le très réactif réseau social interne, les syndicalistes voulant voir plus loin que leur grève ne peuvent guère résister. *A fortiori* à quelques mois des élections professionnelles, depuis que l'audience électorale est devenue le critère de la représentativité.
« *On a dû gérer une double pression : celle de certains salariés à bout qui voulaient leur chèque et nous reprochaient d'avoir contesté le plan en justice, et celle de ceux qui voulaient sauver leur emploi* », expliquait par exemple le délégué syndical CGT de Cap Gemini Outsourcing ayant obtenu le blocage du PDV en justice... mais ayant dû le débloquer un mois plus tard devant la fureur de nombreux salariés sur le départ. *Idem* pour le contentieux Renault, où FO, CFE-CGC et CFTC sont par exemple volontairement intervenues devant les juges pour expliquer que le PDV contesté par la CGT était une excellente idée, et ont finalement gagné.

4 – Vu l'état actuel de la jurisprudence...
Obligation de reclassement même pour remplacer un congé maternité, et surtout cause réelle et sérieuse au niveau de l'entreprise ou du secteur d'activité du groupe français, le juge se réservant le droit de vérifier qu'il s'agissait bien de sauvegarder sa compétitivité... Même après le net recadrage de 2017-2018 (périmètres de l'obligation de reclassement et de la cause réelle et sérieuse désormais sur le seul territoire national), ces groupes sont à peu près sûrs de se retrouver devant le Conseil des prud'hommes local pour l'examen approfondi de la cause réelle et sérieuse, et devoir payer des mois de dommages-intérêts par salarié licencié. Sans parler de la médiatisation des rapaces sociaux faisant une apparition de 5 minutes à 13h 02 ou 20h 03 devant l'usine en grève pour conforter leur image.
Il n'apparaît donc pas stupide de préférer donner tout cet argent tout de suite aux personnes concernées : ce qui évite aussi d'y ajouter le surcoût des multiples *lawyers* et autres experts de toute nature ayant ainsi trouvé de quoi faire face aux frais fixes de leur cabinet.
En termes de gestion des risques médiatiques, juridiques et du coût final de l'opération, *si des postes doivent être supprimés* (ce qui exclut donc un APLD, ou un accord de performance collective), un plan de départs volontaires (ou désormais une RCC) est donc un choix réaliste. Encore faut-il que ce but soit atteint, pour les deux PDV possibles : les PDV/PSE et le PDV hors PSE, donc « autonome ».

683 Les risques du PDV classique, inclus dans la seconde partie du PSE

Le risque contentieux majeur n'est évidemment pas la question de la nécessité de monter un PSE comprenant dans sa seconde partie ce DPV prévoyant plus de dix ruptures (oui) ; ni de l'ordre de licenciements n'existant pas (non) ; ni la priorité de réembauchage (non).

1. Pas d'obligation de reclassement interne, sauf si... a rappelé la Chambre sociale le 19 mai 2016 : « *Lorsque les départs volontaires prévus dans un PSE s'adressent aux salariés dont le licenciement est envisagé en raison de la réduction des* *effectifs, sans engagement de ne pas licencier si l'objectif n'est pas atteint au moyen de ruptures amiables des contrats de travail des intéressés, l'employeur est tenu, à l'égard de ces salariés, d'exécuter au préalable l'obligation de reclassement prévue dans le plan, en leur proposant des emplois disponibles et adaptés à leur situation personnelle, dans les sociétés du groupe dont les activités, l'organisation ou le lieu d'exploitation leur permettent la permutation de tout ou partie du personnel* ». En un mot : pour éviter un plan de reclassement, l'employeur doit prendre très officiellement (devant le CSE, ou dans l'accord) l'engagement de ne prononcer aucun licenciement économique s'il s'avère que le nombre des candidats au départ est finalement inférieur au nombre de postes dont la suppression est envisagée. Sinon, l'adhésion du salarié au PDV sera sans effet sur l'obligation générale de reclassement, dont il pourra dénoncer l'inexécution (défaut de cause réelle et sérieuse). L'exercice est donc délicat côté entreprise, qui doit prévoir des sommes particulièrement alléchantes. Mais depuis 2018, elle préfère souvent quitter tout le droit du licenciement économique et ses effets délétères sur le plan médiatique au profit d'une rupture conventionnelle collective.

2. Maintien de l'obligation de reclassement externe. Dans le cadre de ce PDV-PSE, mais aussi du PDV autonome (ou d'une RCC) l'employeur doit offrir aux salariés qui y adhèrent des mesures concrètes d'accompagnement de ce départ, même volontaire, de nature à leur permettre un réemploi ou leur permettre la réalisation d'un projet personnel pour éviter une période de chômage. Cette légitime volonté jurisprudentielle de ne pas se contenter de donner un chèque pour rejouer « *Take the money and run* » est très étroitement surveillée par la Dreets chargée du contrôle des PSE : ainsi, l'accord majoritaire sur un PSE/PDV signé fin novembre 2013 par la CGT dans la société Chantelle n'a pas donné lieu à validation, car centré sur les seniores.

3. Déstabilisations : quantitative avec la désorganisation de l'entreprise, et qualitative avec l'hémorragie de compétences les plus recherchées : comme pour les RCC, ce sont souvent les meilleurs (ou les proches de la retraite) qui partent, surtout quand le marché de l'emploi repart. En nos temps de surplus systématique de volontaires (ce qui en dit long sur le plaisir ou la réalisation au travail, qu'il faut panser et repenser), un PDV (mais aussi une RCC) à guichets ouverts ou tout simplement mal ciblé peut déstabiliser toute l'entreprise en faisant partir des personnes ou des services vitaux pour elle, seuls restant ceux initialement visés ; or il est des collaborateurs dont on souhaite qu'ils aillent enfin plomber la concurrence. Mais tout praticien peut citer des salariés déprimés et dispensés de préavis qui, la semaine suivante, sont en poste chez un concurrent, voire financent avec leurs collègues une PME très réactive car très au courant des produits et du marché.

Quantité + Qualité : comme la RCC, l'exercice PSE/PDV reste donc délicat. L'accord doit cibler les services visés tout en se laissant le choix de refuser certains départs (mais refus très démotivant pour tout le monde), sans pour autant désigner indirectement des personnes (« les services marketing », où travaillent trois personnes TTC), ou enfin porter atteinte à l'égalité de traitement, voire commettre une discrimination directe ou indirecte (femmes, seniors). Les critères doivent être objectifs et vérifiables (ancienneté, situation de famille) : le contentieux naissant est celui du refus de départ, ou d'engagements non tenus par les sociétés de reclassement externe, dont l'employeur reste responsable.

Mais contrairement aux prévisions, la création des ruptures conventionnelles collectives n'a pas eu d'effet massif sur le nombre de PSE soumis aux Dreets.

684 **Une forte incitation légale, mais aussi tactique au PSE négocié.** Il y a belle lurette que des entreprises avaient négocié leur PSE avec les syndicats ; fondée sur la relance du dialogue social en entreprise (GPNEC, accord de mobilité ou de maintien dans l'emploi) mais pour aussi déjudiciariser nos gauloises relations de travail, la loi du 14 juin 2013 a voulu encourager cette pratique pour les PSE, qui avaient baissé de moitié en six ans : 975 en 2013, 749 en 2014, 889 en 2015, 730 en 2016, 569 en 2018, 529 en 2019.... Avant que la crise C19 ne voit les chiffres s'envoler : 871 en 2020, et ce chiffre ne devrait guère baisser pour 2021.

Comme l'indique l'instruction du 26 juin 2013 : « *Si le choix entre un accord collectif majoritaire et une décision unilatérale de l'employeur relève de la responsabilité de l'employeur et des organisations syndicales, la Dreets doit encourager les partenaires sociaux à s'engager dans la première voie, qui constitue une alternative positive à l'élaboration unilatérale d'un projet de licenciement.* » Et pour être parfaitement compris, le ministre poursuit en évoquant le contrôle léger de la Dreets sur l'accord collectif majoritaire (la très *light* « validation » V. *infra*), mais le contrôle approfondi de l'administration en cas d'acte unilatéral (« l'homologation », V. *infra*). Mais fallait-il aller jusqu'à une obligation de négocier voire une co-décision à l'allemande ? Ce n'est pas le choix qui a été fait, et à juste titre car dans nombre d'entreprises négocier de futurs licenciements reste impensable pour certaines organisations syndicales.

En attendant l'information-consultation-*négociation* avec le nouveau « conseil d'entreprise » issu de la fusion CSE + Délégués syndicaux si ces derniers y consentent (*cf.* art. L. 2320-1 : « *Le conseil d'entreprise (...) est compétent pour négocier, conclure et réviser les conventions et accords d'entreprise* »). Une *co-détermination* sur un PSE n'est plus une hypothèse vraiment exclue (V. 4e partie).

3° La voie doublement privilégiée par le législateur : un accord collectif, majoritaire

685 Article L. 1233-24-1 : « *Dans les entreprises de cinquante salariés et plus, un accord collectif* peut *déterminer* le contenu *du plan de sauvegarde de l'emploi (...) ainsi que les* modalités de consultation *du CSE et de* mise en œuvre *des licenciements. Cet accord est signé par une ou plusieurs organisations syndicales représentatives ayant recueilli au moins 50 % des suffrages exprimés en faveur d'organisations reconnues représentatives au premier tour des dernières élections des titulaires au CSE, quel que soit le nombre de*

votants. L'administration est informée sans délai de l'ouverture d'une négociation en vue de l'accord précité. »

Mais la question se pose rarement ainsi dès le départ, car sauf PDV il est rare que des syndicalistes soient immédiatement partants pour en cogérer les conséquences. Et la loi de 2013 ne crée pas une nouvelle obligation de négocier, ni même une priorité obligée qui mettrait les syndicats dans la délicate position de devoir refuser toute participation à la « sauvegarde de l'emploi ». L'employeur commence donc souvent à l'ancienne par monter un projet de plan unilatéral, la procédure d'information-consultation du Comité social et économique pouvant *de facto* déboucher sur une négociation, mais avec les syndicats représentatifs au niveau considéré.

686 Double encouragement. Côté entreprise, la voie négociée est aussi vivement encouragée par ses vastes possibilités de dérogations :

- Procédures (art. L. 1233-21) : par dérogation aux règles habituelles, un accord d'entreprise ou de groupe peut fixer les modalités d'information et de consultation du CSE, les conditions dans lesquelles il est réuni et informé de la situation économique et financière de l'entreprise, peut formuler des propositions alternatives au projet économique, enfin obtenir une réponse motivée de l'employeur à ses propositions.
- Fond (art. L. 1233-24-2) : outre le contenu habituel du PSE (V. *infra*), l'accord collectif peut également porter sur la pondération et le périmètre d'application des critères d'ordre des licenciements, leur calendrier, ou le nombre de suppressions d'emploi et les catégories professionnelles concernées, les modalités de mise en œuvre des mesures de formation, d'adaptation et de reclassement.

687 Ce qui reste interdit : l'accord ne peut déroger à l'obligation d'effort de formation, d'adaptation et de reclassement incombant à l'employeur ; aux règles générales d'information et de consultation du Comité social et économique ; à l'obligation de proposer aux salariés le contrat de sécurisation professionnelle ou le congé de reclassement ; à la communication aux représentants du personnel des renseignements prévus aux articles L. 1233-31 à L. 1233-33.

688 Un franc succès. Hors redressement ou liquidation judiciaires, 65 % des PSE ont fait l'objet d'un accord collectif en 2020, et le taux est très stable depuis 2016.

Mais comme d'habitude, tout dépend de l'état antérieur du dialogue social dans l'entreprise, qui devient un élément de compétitivité avec l'essor de la négociation collective à ce niveau, nettement renforcée par les ordonnances de 2017. Reste que sur un sujet aussi sensible que des licenciements économiques, le seuil de plus de 50 % « en faveur d'organisations reconnues représentatives », au jour de la signature de l'accord reste parfois difficile à atteindre… sauf en cas de PDV vraiment alléchant : moins de risques de dérapages, contrôle plus léger de l'Administration, qui délivre ici une simple validation : « *Il n'appartient pas à la Dreets de s'immiscer dans les choix faits par les signataires de l'accord* » (TA Limoges, 30 mars 2015).

Et c'était avant les « ruptures conventionnelles collectives » qui, elles, ne doivent pas être justifiées par des difficultés économiques ou la sauvegarde de la compétitivité.

Mais à l'impossible nul n'est tenu. Si aucune majorité syndicale ou référendaire (si l'accord PSE n'a été signé que par des syndicats représentant entre 30 % et 50 % des suffrages exprimés) ne peut se dégager dans l'entreprise pour signer un accord PSE, l'employeur peut malgré tout procéder à des suppressions de postes. Il en va de même lorsqu'il a échoué à signer un accord de rupture conventionnelle collective majoritaire.

4° Le bon vieux PSE unilatéral, à l'ancienne

689 Article L. 1233-24-4 : « *À défaut d'accord, un document élaboré par l'employeur après la dernière réunion du CSE fixe le contenu du plan de sauvegarde de l'emploi et précise les éléments prévus aux 1° à 5° de l'article L. 1233-24-2, dans le cadre des dispositions légales et conventionnelles en vigueur.* »

Soit directement, soit suite à l'échec des négociations, l'employeur va construire son PSE selon les règles examinées *supra*, sans possibilités de dérogation mais avec l'inquiétante certitude que le contrôle administratif sera beaucoup plus poussé qu'en cas d'accord.

690 Il faut donc avoir un QI-RH faible pour penser que l'employeur va construire son PSE dans son coin, passer à la phase information-consultation du Comité social et économique, recueillir son avis, aller déposer son gros dossier à la Dreets puis attendre sa réponse à grands renforts de Lexomil.

Il va de soi qu'au contraire, bien avant la première notification officielle intervenant le lendemain de la première réunion du comité, le chef d'entreprise s'en est rapproché dès le début de son pré-projet de PSE : pour évoquer par exemple un éventuel recours au chômage partiel (pardon, à « l'activité partielle » passée de 180 *millions* d'euros et 60 000 salariés en 2018 à... 32 *milliards* et 13 millions de salariés, pour une moyenne de 440 heures en 2020), la Dreets lui vantant alors les mérites de l'activité partielle de longue durée (APLD) en cas de baisse provisoire d'activité ; ou ses projets en matière de revitalisation du site. S'ensuivent de nombreux échanges, plus ou moins formels, les syndicats et le CSE ne restant pas eux-mêmes inactifs sur ce terrain.

Remarques de la Dreets sur par exemple un taux surprenant de seniors, un plan de reclassement interne limité à la région ? « Propositions » de l'administration suite à un PSE étique malgré l'excellente santé du groupe ? L'employeur ne restera évidemment pas les bras croisés et, avant le dépôt officiel, se remettra rapidement à l'ouvrage...

B. - Étroite concertation avec le Comité social et économique, force de proposition

691 Confronté à un problème de sureffectif, le chef d'entreprise doit transmettre toute une série d'informations au CSE avant les réunions, pour permettre de confronter les avis ou mettre en œuvre les suggestions faites par les représentants du personnel, qui peuvent se faire assister d'un expert-comptable.

Après cette nécessaire et loyale information-consultation le projet de restructuration entraîne en principe deux phases de consultation distinctes et successives du CSE :

- au nom de la marche générale de la société, l'article L. 2323-6 oblige l'employeur à informer et consulter en temps utile le CSE sur les problèmes économiques constatés, en lui laissant un délai suffisant pour exprimer un avis éclairé ;
- puis au nom de ses attributions spécifiques relatives aux licenciements économiques, une seconde phase de consultation elle-même divisée en deux réunions s'impose au titre du projet de *ruptures pour motif économique*, conséquence de la nécessaire restructuration évoquée.

Au minimum trois jours avant la première réunion, l'employeur doit transmettre au CSE toutes les informations utiles sur son projet, et notamment les raisons économiques, financières ou techniques, le nombre de salariés dont le licenciement est envisagé, les catégories professionnelles concernées, le calendrier prévisionnel des licenciements, etc. (art. L. 1233-31). Mais il devra en plus lui soumettre « *le plan de sauvegarde de l'emploi qu'il envisage de mettre en œuvre pour éviter les licenciements ou en limiter le nombre* », et pour faciliter le reclassement interne puis subsidiairement externe du personnel dont le licenciement ne pourrait être évité (art. L. 1233-61).

Il est possible que ces deux phases interviennent au cours de la même réunion du CSE, mais toujours bien séparées, tant pour la convocation de l'instance que dans le procès-verbal du CSE rédigé après la réunion.

Si le licenciement porte sur au moins 10 salariés sur 30 jours, le comité doit tenir au moins deux réunions espacées d'au moins 15 jours. Il doit rendre son avis dans un délai maximum, à compter de la première réunion, de deux mois si le nombre de licenciements est inférieur à 100 ; trois mois entre 100 et 250 ; enfin quatre mois au-delà.

Pour éviter les blocages antérieurs, si le CSE ne rend pas – ou refuse de donner – un avis dans ces délais maximaux, il est réputé avoir été consulté.

Le Conseil d'État, qui se prononce non sur le PSE, mais sur l'acte administratif le visant, au jour où il a été rendu, a estimé le 22 mai 2019 que « *lorsque la demande est accompagnée des avis rendus par le comité d'entreprise, la circonstance que le CSE ait rendu ses avis au-delà des délais qu'elles prévoient est par elle-même sans incidence sur la régularité de la procédure d'information et de consultation du CSE* ». L'Administration ne regarde pas tout le film, elle statue pragmatiquement à la date de sa décision sur la fin du film.

Et le Conseil d'en profiter pour donner aux Dreets un petit mode d'emploi. Lorsque le CSE n'a rendu aucun avis, l'administration ne peut homologuer ou valider le PSE, que si : 1. le comité a été mis à même, avant la demande d'homologation ou de validation, de rendre ses deux avis en toute connaissance de cause dans les conditions qui ne sont pas susceptibles d'avoir faussé la consultation ; 2. le délai dans lequel le comité doit rendre son avis est échu à la date de transmission de la demande d'homologation ou de validation du PSE.

Sécurisation. Ces modes d'emploi successifs donnés par le Conseil d'État expliquent le taux aujourd'hui extrêmement faible de contentieux devant la juridiction administrative (entre 5 % et 7 % des décisions administratives), les TA et les CAA les confirmant pour les trois quarts, et s'alignant rapidement derrière les arrêts du Conseil : belle sécurité juridique pour les intéressés, dans ce domaine plein de chausse-trapes.

692 Pour le CSE : comprendre la situation économique et les enjeux du PSE. Le CSE est rarement surpris. Car très en amont de ce PSE, il a en principe été informé des orientations stratégiques de l'entreprise et de l'évolution économique et sociale de l'entreprise, tous les trimestres puis tous les ans.

Avec l'arrêt du 22 juillet 2015 puis du 29 juin 2016, le Conseil d'État a fixé avec pragmatisme les règles de procédure (V. *supra*). L'administration doit s'assurer que la procédure d'information et de consultation du CSE, qui doit avoir été mis à même d'émettre régulièrement un avis, sur l'opération projetée et ses modalités d'application, puis sur le plan de sauvegarde de l'emploi. Puis l'employeur a adressé au CSE, avec la convocation à sa première réunion (ainsi que, le cas échéant, en réponse à des demandes exprimées par le comité), tous les éléments utiles pour qu'il formule ces deux avis en connaissance de cause.

Lorsque l'entreprise appartient à un groupe et que l'employeur est amené à justifier son projet au regard de la situation économique du secteur d'activité de ce groupe tel que redéfini par l'ordonnance de septembre 2017 (V. *infra*), les éléments d'information adressés au CSE doivent porter non seulement sur la situation économique du secteur d'activité (lui aussi redéfini) qu'il a lui-même pris en considération, mais aussi sur les raisons qui l'ont conduit à faire reposer son analyse sur ce secteur d'activité.

L'employeur convoque enfin le Comité pour une seconde et en principe dernière réunion, qui peut durer longtemps voire parfois se terminer mal pour son Président (s'asseoir près d'une porte gardée, prévoir sac de couchage, pyjama, boules Quiès, sandwichs, eau minérale, plusieurs téléphones portables chargés, trousse de toilette et médicaments usuels). Chacun fait valoir ses arguments, économiques ou sociaux. Lorsque l'ordre du jour est épuisé, un vote intervient pour donner l'avis du CSE : il est souvent négatif car il est difficilement pensable de voter pour le licenciement d'autres salariés, quelles que soient les mesures d'accompagnement ou le niveau des primes de départ, qui sont souvent à la hausse par rapport à la première réunion. Rappelons qu'un dernier incident de séance ou le refus de rendre un avis est sans effet si les délais maximaux sont atteints.

C. - L'essentiel : le rôle de tiers facilitateur de la Dreets

693 Le recours systématique au juge judiciaire est-il la solution naturelle pour des « partenaires sociaux » ? Ce qui a été légitimement remis en cause par la loi du 14 juin 2013 : 1. le recours systématique à ce Papa-tiers lors des grands PSE, traduisant un manque de dialogue social en interne ; 2. les conséquences d'une décision judiciaire aux effets nécessairement décalés dans le temps et forcément dans le « tout ou rien », pas toujours adéquats sinon socialement négatifs. Car sans parler du coût global de toutes ces procédures (mais constituant un revenu pour d'autres), quel en est le bilan social et humain ? Alors plutôt que de faire annuler six mois voire un an plus tard un PSE jugé insuffisant par un tribunal (parfois désavoué deux ans après par la cour d'appel, qui elle-même en cassation…), n'était-il pas préférable de le faire contrôler en temps réel et avant tout licenciement par un fonctionnaire déjà connaisseur de l'entreprise, du droit du travail et des éventuelles mesures de soutien (ex. : activité partielle, revitalisation), et qui pourra donc peser en amont sur le respect des procédures et sur son contenu ?

Conseil, puis contrôle : c'est l'administration du travail, à un haut niveau, la Dreets (et non l'inspecteur du travail, qui reste compétent pour autoriser le licenciement des représentants du personnel concernés), qui *« doit être personnellement l'autorité signataire des décisions »*, et va intervenir pour suivre et inciter à enrichir en temps réel le PSE, en amont des licenciements, dans une politique au niveau national pilotée conjointement par la DGT et la DGEFP.

DES REPROCHES UN PEU RAPIDES…

Le dessaisissement du TGI au profit de la Direccte (devenue **Dreets** en mai 2021) en 2013, sur les procédures comme sur le fond du PSE, a bouleversé le vaste et lucratif marché du contentieux lié aux PSE, qui faisait vivre – dans les deux camps – nombre de marchands de complexité. Si la Cour de cassation a impeccablement appliqué le bloc de compétences hautement affirmé par la loi de 2013, se déclarant toujours incompétente malgré des angles d'attaque toujours renouvelés (communication de pièces, désignation de l'expert-comptable), on comprend alors mieux que ce texte ne fasse pas l'objet d'un encensement excessif, comme les ordonnances de septembre 2017 voulant mettre un terme au dévoiement des expertises en tous genres sur un très lucratif marché.

1 – « La Dreets n'a les moyens ni humains, ni techniques pour vraiment suivre les PSE »

Certes en notre période de rude austérité budgétaire, les moyens des Dreets et de la DGEFP n'ont pas brusquement augmenté ; et elles ne vont pas stopper les contrôles sur les chantiers de BTP pour suivre les PSE. Dans la pratique enfin, toutes les Dreets ne sont pas au même régime : à Paris, Lyon, Marseille ou Toulouse, il ne faut pas chômer. Mais c'est loin d'être le cas partout en France.

2 – « Des délais ridiculement courts »…

…la Dreets ayant seulement quinze jours ou trois semaines pour se prononcer ? Rappelons que ces délais courent après la notification officielle du PSE par l'employeur. Or l'administration sera saisie bien en amont (*de facto* quatre mois si plus de 250 salariés sont en cause). Les mauvaises langues disent d'ailleurs que la première et la plus rude négociation se fera avec la Dreets, qui aura – *en off, of course* – la primeur des projets patronaux.

3 – « Scandale des scandales : ces délais passés, il y aura validation ou homologation tacites ! »

En droit, oui. Mais dans la vraie vie, imagine-t-on une Dreets laisser passer ces délais, ou refuser de prendre position ? Dix cas de cette nature, et c'est toute la loi du 14 juin 2013 qui aurait été médiatiquement et socialement remise en cause.

L'instruction du ministre du 26 juin 2013 insiste au contraire à plusieurs reprises sur *« la nécessité de prendre des décisions explicites, et motivées »*. Cette question des délais se posait en revanche pour les cinq jours dont dispose la Dreets s'agissant de son pouvoir d'injonction relatif aux violations de procédure. Mais huit ans plus tard, rien de grave à signaler.

1° Premier contrôle de l'Administration : le respect des procédures : « observation » et « injonction »

694 Pour la Dreets, deux moyens de veiller au respect de l'information-consultation du CSE

a - « L'observation ». Le lecteur français averti appréciera la finesse politique et sociale de l'article L. 1233-57-6 : « *À tout moment en cours de procédure, l'administration peut faire toute observation ou proposition à l'employeur concernant le déroulement de la procédure ou les mesures sociales. Elle envoie simultanément copie de ses observations au comité d'entreprise ou, à défaut, aux délégués du personnel et, lorsque la négociation de l'accord est engagée, aux organisations syndicales représentatives dans l'entreprise. L'employeur répond à ces observations et adresse copie de sa réponse aux représentants du personnel et, le cas échéant, aux organisations syndicales.* » Et l'instruction du 26 juin 2013 incite la Dreets « *à engager le dialogue avec les entreprises dès l'annonce d'un projet de licenciement, notamment en expliquant la nouvelle procédure et en faisant part de ses recommandations* ».

« **Observations** » de la Dreets sur par exemple un taux surprenant de seniors, ou un plan de reclassement interne limité à la région ? « **Propositions** » de l'administration suite à un PSE étique malgré l'excellente santé du groupe ? L'employeur ne restera évidemment pas les bras croisés et, avant le dépôt officiel, aura intérêt à se remettre rapidement à l'ouvrage. Car au bout du chemin, un refus d'homologation l'attend, qui fera vraiment désordre : devoir re-proposer quelques semaines plus tard, après moults quolibets du CSE, des syndicats victorieux et de la presse locale, un plan acceptable et donc accepté (50 % des cas après un premier refus).

b - « L'injonction » de la Dreets à l'entreprise, contrepartie en 2013 de la suppression du contentieux judiciaire sur les procédures (art. L. 1233-57-5). Délais non respectés entre les réunions, communication de pièces refusée, attente du résultat de l'expertise... C'était l'essentiel du contentieux avant la loi de 2013, où les TGI étaient saisis à répétition (un PSE sur 4), ce qui entraînait des procès-dures contentieuses sans fin.

La Dreets – et seulement elle : *exit* le TJ même en amont de toute décision administrative – peut être saisi par les élus du CSE, et en cas d'accord collectif, les syndicats estimant par exemple insuffisantes les informations données avant la transmission de la demande d'homologation ou de validation.

L'Administration doit alors statuer en cinq jours, ce qui peut être redoutable vu les enjeux.

Si elle décide de faire droit à la demande, elle adresse une injonction à l'employeur par tout moyen permettant de lui conférer une date certaine, en lui demandant de fournir des éléments d'information relatifs à la procédure en cours, ou de se conformer aux règles de procédure applicables, avec copie de cette injonction à l'auteur de la demande, au comité d'entreprise, et aux syndicats en cas de négociation d'un accord.

Ce dernier n'a guère intérêt à faire la sourde oreille : car au bout du chemin, il pourrait bien se heurter à un refus de l'administration...

695 **Huit ans après la loi de 2013,** syndicats et CSE se saisissent volontiers de cette procédure, rapide et gratuite, pour peser dans le rapport de force en cours, puis éventuellement montrer ensuite au juge administratif les multiples défaillances de l'employeur.

Effet utile. Comme l'a rappelé le Conseil d'État le 23 mars 2016 à une cour administrative d'appel excessivement procédurière, un détail fautif dans la procédure d'information-consultation ne doit pas conduire à l'annulation aux effets cataclysmiques. Le juge administratif doit « *procéder à une appréciation globale de la régularité de la procédure d'information et de consultation du comité d'entreprise* », et ne sanctionner que les violations n'ayant pas permis aux institutions représentatives du personnel de se prononcer en connaissance de cause.

2° Second contrôle de l'Administration : le fond. L'examen administratif des demandes de validation, ou d'homologation du PSE

Dans les deux cas, la demande est effectuée par tout moyen, y compris électronique, permettant de conférer une date certaine.

696 **Délais.** Départ : à compter de la réception par la Dreets du dossier complet. C'est-à-dire « comprenant les informations permettant de vérifier le contenu du plan de sauvegarde de l'emploi, les modalités d'information et de consultation du comité d'entreprise, la pondération et le périmètre d'application des critères d'ordre des licenciements, le calendrier des licenciements, le nombre de suppressions d'emploi et les catégories professionnelles concernées, et les modalités de mise en œuvre des mesures de formation, d'adaptation et de reclassement, et (en cas d'accord) les informations relatives à la représentativité des organisations syndicales signataires ». Fin des délais : la Dreets doit envoyer sa décision au plus tard le dernier jour (15 ou 21 jours).

Pas de contrôle du motif économique lui-même. Comme l'a rappelé le Conseil d'État en assemblée le 22 juillet 2015, la Dreets n'a pas à se prononcer sur le motif économique lui-même, et *a fortiori* son caractère réel et sérieux en l'absence tout licenciement encore prononcé : « *L'administration n'a pas à se prononcer, lorsqu'elle statue sur une demande d'homologation d'un document fixant un plan de sauvegarde de l'emploi, sur le motif économique du projet de licenciement collectif, dont il n'appartient qu'au juge du licenciement, le cas échéant ultérieurement saisi, d'apprécier le bien-fondé.* »

697 **Le Conseil d'État a fixé le 12 mai 2017 le contenu minimum** de la décision administrative : « *Aux termes de l'article L. 1233-57-4 du Code du travail : « L'autorité administrative notifie à l'employeur la décision de validation (...) et la décision d'homologation. Elle la notifie au comité d'entreprise et, si elle porte sur un accord collectif, aux organisations syndicales représentatives signataires. La décision prise par l'autorité administrative est motivée ;*

Si le respect de cette règle n'implique ni que l'administration prenne explicitement parti sur tous les éléments qu'il lui incombe de contrôler, ni qu'elle retrace dans la motivation de sa décision les étapes de la procédure préalable à son édiction, il lui appartient, toutefois, d'y faire apparaître les éléments essentiels de son examen.

Doivent ainsi y figurer ceux relatifs à la ***régularité de la procédure*** *d'information et de consultation des instances représentatives du personnel, ceux tenant au* ***caractère suffisant des mesures*** *contenues dans le plan au regard des moyens de l'entreprise et, le cas échéant, de l'unité économique et sociale ou du groupe ainsi que, à ce titre, ceux relatifs à la recherche, par l'employeur, des postes de reclassement. En outre, il appartient, le cas échéant, à l'administration d'indiquer dans la motivation de sa décision tout élément sur lequel elle aurait été, en raison des circonstances propres à l'espèce, spécifiquement amenée à porter une appréciation* » ».

DANS LA VRAIE VIE,
QUEL EST LE RÔLE RÉEL DE L'ADMINISTRATION ?

Comme le constatait en février 2021 Rémi Bourguignon dans sa belle étude (« *Les plans de sauvegarde de l'emploi permettent-ils de sauvegarder l'emploi ?* ») commandée par la CFDT et publiée par l'IRES, « *si les PSE qui mènent à une* **réduction du nombre** *de licenciements sont rares, il est plus fréquent que cette procédure permette d'obtenir des* **conditions d'accompagnement** *de qualité. Deux configurations.*
La première combine compétences syndicales et stratégie conflictuelle. Mais s'y ajoute une seconde, plus fréquente, où l'Administration du travail intervient bien plus largement dans la procédure pour contraindre l'employeur à négocier. Elle se donne alors pour mission de garantir la loyauté de la négociation, notamment dans un contexte où la direction de l'entreprise est sous pression d'une gouvernance financiarisée.
Cela tient pour partie au management des entreprises. Le DRH qui prend en charge la négociation au titre de l'employeur détient quelques marges de manœuvre sur les dispositifs d'accompagnement, qu'il ne détient pas sur le projet économique décidé par la Direction générale.
Cela tient aussi au rôle de la Dreets : elle ne se prononce pas sur le motif économique mis en avant par l'employeur. Les PSE ne peuvent pas être annulés pour motif économique insuffisant. L'employeur n'est alors nullement contraint de débattre du bien-fondé économique du PSE, et encore moins à réviser son plan de restructuration conjointement avec les représentants du personnel ».

698 **Deux contrôles administratifs bien différenciés** : le but est de mettre la pression sur les employeurs pour qu'ils recherchent un accord collectif, majoritaire depuis 2018 : ce qui met la pression sur la direction pour y parvenir.

a) « Validation » / Contrôle léger s'agissant d'un accord d'entreprise majoritaire sur le PSE (art. L. 1233-57-2)

699 L'autorité administrative **valide l'accord majoritaire** après s'être assurée de : 1. sa conformité aux règles de la négociation collective : négociateurs valablement désignés, seuil des syndicats signataires à plus de 50 % , avec un refus automatique si ce n'est pas le cas. 2. la régularité de la procédure d'information et de consultation du CSE ; 3. la présence dans le PSE du contenu minimal : mesures destinées à éviter les licenciements ou à en limiter le nombre, et du plan de reclassement visant à faciliter le reclassement des salariés dont le licenciement ne pourrait être évité ; 4. l'existence des modalités de suivi de la mise en œuvre effective des mesures contenues dans le plan de reclassement.

S'agissant d'un PSE négocié ayant donné lieu à un accord positivement majoritaire, **le contrôle est donc léger** : mais que les entreprises n'y voient pas un blanc-*seing* automatique côté administration. Exemple : un accord unanime car prévoyant un plan de départs volontaires exceptionnellement attractif, que les syndicats soumis à une très forte pression de leur base ont ratifié *volens nolens*. Si curieusement il apparaît que les seniors y seront fort nombreux (*cf.* PDV de Chantelle, novembre 2013), et/ou que les « aides à la création d'entreprise » cachent de gros chèques-départ avec inscription un peu différée à Pôle emploi pour des salariés de 56 ans non qualifiés, la Dreets pourra légitimement refuser que la collectivité nationale prenne ainsi en charge ces futurs chômeurs de longue durée. Mais on conseille alors à ce responsable empêcheur de licencier en rond d'éviter les abords de l'usine pendant quelques mois.

La Dreets a ici quinze jours pour prendre position : au-delà, son silence vaut décision tacite de validation. Hypothèse très théorique vu les enjeux, et la très ferme prise de position du ministre : pas de décision tacite sur un sujet aussi sensible. *A fortiori* en cas de PSE unilatéral.

b) « Homologation » / Contrôle approfondi de l'Administration sur le PSE unilatéral

700 **L'employeur ne peut ici bénéficier d'aucune dérogation, ni sur la procédure ni sur le fond,** et sera soumis à contrôle administratif attentif du contenu du PSE : notamment les efforts faits pour limiter le nombre de départs, les mesures proposées pour faciliter le reclassement interne et externe des salariés, et la proportionnalité du tout aux moyens de l'entreprise ou du groupe, y compris international.

En l'absence d'accord collectif (mais aussi en cas d'accord ne portant pas sur l'ensemble des points mentionnés à l'article L. 1233-24-2), la Dreets va « **homologuer » le document élaboré par l'employeur** après avoir vérifié la conformité de son contenu aux dispositions législatives et aux stipulations conventionnelles, la régularité de la procédure d'information et de consultation du CSE, le respect par le plan de sauvegarde de l'emploi des articles L. 1233-61 à L. 1233-63 en fonction : 1° des moyens dont disposent l'entreprise, l'unité économique et sociale et le groupe ; 2° des mesures d'accompagnement prévues au regard de l'importance du projet de licenciement ; 3° des efforts de formation et d'adaptation.

La Dreets a ici 21 jours pour prendre position… sur un document sur lequel il aura souvent officieusement travaillé depuis plusieurs mois avec le DRH suite aux coups de téléphone, visites, courriels et autres demandes d'injonction des syndicats, ou du CSE. Au-delà des 21 jours, décision tacite – mais toujours rarissime – d'homologation. Les salariés sont informés par voie d'affichage sur les lieux de travail de la décision, explicite ou implicite.

DES TAUX D'HOMOLOGATION, ET *A FORTIORI* DE VALIDATION LOGIQUEMENT SOVIÉTIQUES

Les chiffres relatifs aux « validations » des PSE négociés ou aux « homologations » sont supérieurs à 80%.

Ces taux soviétiques d'acceptation sont-ils le signe d'une grande paresse, d'un lâche laisser-aller de l'Administration, ou au contraire d'une intervention efficace en amont du dépôt officiel du plan finalisé ? Il faut avoir un QI-RH limité pour penser que l'employeur va construire son PSE dans son coin, passer à la phase information-consultation du CSE recueillir son avis, aller déposer ces deux documents au directeur de la Dreets puis attendre sa réponse à coups de Lexomil. Bien au contraire, et bien avant la première notification officielle intervenant le lendemain de la première réunion du comité, le chef d'entreprise s'en rapprochera pour lui demander conseil sur le montage du PSE. S'ensuivront de nombreux échanges, plus ou moins formels voire musclés, les syndicats et le CSE ne restant pas eux-mêmes inactifs sur ce terrain, incitant l'Administration à faire des observations voire prononcer une injonction en cas de problème de procédure.

Bref l'autorité administrative aura suivi *ab initio*, parfois jour après jour toute la procédure interne (y compris l'éventuelle négociation), demandant ici – *de facto* exigeant, car quelle entreprise pourra se payer le luxe d'un futur refus ? – la reprise de la procédure d'abord courtoisement, ensuite par voie d'injonction pour les DRS mal-comprenants, ou une meilleure prise en compte des seniors. Et vérifiant en règle générale si l'obligation de reclassement interne a été bien mise en œuvre, et que toutes ces mesures sont proportionnées aux moyens de l'entreprise ou du groupe.

Les Dreets sont désormais en première ligne, et c'est là que se passe désormais l'essentiel d'une négociation, en réalité tripartite.

1 – Et en cas de refus de l'Administration ?

En cas de refus de validation ou d'homologation, il faut d'abord licencier pour incompétence le DRS, qui n'a pas compris que depuis 2013 un PSE commence, et finit devant la Dreets.

Puis ne surtout pas se précipiter devant la juridiction administrative pour contester cet acte qui a fait grief : mais reprendre le PSE sur la base des remarques faites.

Recommencer toute la procédure à zéro ? Que nenni : « *En cas de décision de refus de validation ou d'homologation, l'employeur, s'il souhaite reprendre son projet, présente une nouvelle demande après y avoir apporté les modifications nécessaires et consulté le CSE* » (art. L. 1233-57-7).

2 – Contentieux 100 % administratif

Faible contentieux. En 2020, 7,5 % des PSE ont été contestés devant le juge administratif, avec un taux de confirmation supérieur à 70 %. La décision administrative de validation ou d'homologation faisant nécessairement grief, les recours devront intervenir directement (pas de recours hiérarchique) devant la juridiction administrative. Ce qui n'encourage guère à faire un recours, mais c'est conçu pour : le juge judiciaire écarté, il fallait éviter que le juge administratif ne le remplace dans des contentieux sans fin.

Car c'est l'Administration, pas le juge administratif, qui a remplacé en 2013 le juge judiciaire !

Bloc de compétences : procédures + fond

« *L'accord collectif ou le document élaboré par l'employeur mentionné à l'article L. 1233-24-4, le contenu du PSE, les décisions prises par l'administration au titre de l'article L. 1233-57-5 et la régularité de la procédure de licenciement collectif ne peuvent faire l'objet d'un litige distinct de celui relatif à la décision de validation ou d'homologation mentionnée à l'article L. 1233-57-4.*

Ces litiges relèvent de la compétence, en premier ressort, du tribunal administratif, à l'exclusion de tout autre recours administratif ou contentieux. Il statue dans un délai de trois mois. Si, à l'issue de ce délai, il ne s'est pas prononcé ou en cas d'appel, le litige est porté devant la cour administrative d'appel, qui statue dans un délai de trois mois. Si, à l'issue de ce délai, elle ne s'est pas prononcée ou en cas de pourvoi en cassation, le litige est porté devant le Conseil d'État. »

Comme c'est prévisible (plus de consensus = moins de contentieux), les trois-quarts des quelques dizaines de contentieux annuels portent sur des homologations. Ces recours peuvent être formés par les syndicats, le CSE, mais aussi les salariés *directement concernés* par le PSE (CE, 22 juill. 2015).

Peu banal en droit administratif : quasiment aucun contentieux sur des décisions de refus : l'employeur a compris qu'il valait mieux reprendre son PSE recalé et en présenter un nouveau, enrichi sur la base du listing de ses insuffisances figurant dans la décision nécessairement motivée de refus…

Mais côté entreprise, mieux vaut que l'Administration fasse son travail à fond comme le montre l'arrêt du 13 janvier 2021. Car sinon, plusieurs années après, l'employeur va se trouve confronté à un arrêt du tribunal administratif ou d'une cour administrative d'appel annulant une décision de validation ou d'homologation, les conséquences financières et sociales pouvant être cataclysmiques. « *L'annulation par la juridiction administrative d'une décision ayant procédé à la validation de l'accord collectif déterminant le contenu du PSE au motif de l'erreur de droit commise par l'administration en validant un accord* qui ne revêtait pas un caractère majoritaire *n'est pas de nature à entraîner la nullité de la procédure de licenciement collectif pour motif économique* » : avec donc l'annulation rétroactive de tous les licenciement prononcés, et réintégration *forcée* des salariés le souhaitant, trois ans après....

C'est l'article L. 1235-16 qui s'applique : « *L'annulation de la décision de validation ou d'homologation pour un motif autre que l'absence ou l'insuffisance du plan de sauvegarde de l'emploi donne lieu*, sous réserve de l'accord des parties, *à la réintégration du salarié dans l'entreprise, avec maintien de ses avantages acquis. À défaut, le salarié a droit à une indemnité qui ne peut être inférieure aux salaires des six derniers mois* ». Ce qui se révèle tout de même un peu onéreux si 433 salariés avaient été licenciés, après validation de la Dreets.

3 – Si l'employeur passe outre un refus et licencie quand même ?

On lui souhaite d'abord bien du plaisir pour les trois ans à venir dans ses rapports avec la Dreets et les inspecteurs du travail qui, eux, vont statuer sur le licenciement économique des représentants du personnel, son règlement intérieur, ses dépassements d'horaires... Et ces licenciements seront nuls : « *Il ne peut procéder, à peine de nullité, à la rupture des contrats de travail avant la notification de cette décision d'homologation ou de validation ou l'expiration des délais* » (art. L. 1233-39).

Statistiquement très faible, le contentieux du *PSE* relève donc exclusivement du juge administratif (qui statue sur les *décisions administratives*), la Cour de cassation ayant respecté la volonté du législateur de 2013 de créer un tel bloc de compétences.

701 **Suivi de l'exécution du PSE.** Dans le Code, le bilan de la mise en œuvre doit être transmis à la Dreets, démontrant que le PSE ne lui a pas été survendu. Mais dans la vraie vie, il n'est pas certain que ce bilan soit vraiment transmis, puis analysé...

- nombre de mobilités, de reclassements internes, de départs volontaires, de licenciements économiques, mesures d'accompagnement à la mobilité externe : formations, aides à la création d'entreprise, aide à la mobilité, etc. ;
- nombre de personnes en CDI, en CDD de 6 mois et plus, en CDD de moins de 6 mois, en formation, en retraite, sans emploi.

Comme vu *supra*, le contentieux des ***mesures*** individuelles d'*exécution* du PSE relève des juridictions *judiciaires*.

D. - Notification individuelle du licenciement motivé aux salariés

702 **Cette dernière phase est le seul aspect individuel du « grand licenciement »** s'il existe des institutions représentatives du personnel. Seulement après réception de la notification par l'administration de sa décision (validation ou homologation) et sous peine de nullité, envoi de la lettre LRAR de notification, dont le contenu est le même que pour l'ensemble des licenciements économiques (V. *supra*, licenciement individuel) :

- lettre énonçant précisément le double motif du licenciement, même en cas d'adhésion à un CSP : non seulement énonciation des difficultés économiques, mais également des incidences de cette situation sur l'emploi (suppression) ou le contrat de travail (modification) du salarié licencié. Une entreprise s'étant contenté d'indiquer « *Suppression de votre emploi* », ou encore « *Graves raisons d'ordre financier* » dans la lettre de licenciement sera condamnée pour licenciement sans cause réelle et sérieuse en l'absence de motivation suffisante... sauf si elle s'est réveillée à temps en utilisant l'ordonnance du 22 septembre 2017 permettant de « préciser » les motifs dans les quinze jours. Mais s'il s'agit de 342 salariés ayant fait l'objet d'un licenciement collectif dans le cadre d'un PSE, il est évidemment risqué de « préciser » le motif à la demande de l'un d'entre eux...

- énonciation de la priorité de réembauche, et de ses conditions (art. L. 1233-45). En cas de non-respect, le juge accordera au salarié une indemnité ne pouvant être inférieure à *un* mois de salaire ;
- rappel du délai maximal de douze mois : « *Toute contestation portant sur le licenciement pour motif économique se prescrit par douze mois à compter de la dernière réunion du Comité social et économique ou, dans le cadre de l'exercice par le salarié de son droit individuel à contester le licenciement pour motif économique, à compter de la notification de celui-ci. Ce délai n'est opposable au salarié que s'il en a été fait mention dans la lettre de licenciement* » (art. L. 1235-7) ;
- dans les dix jours de son départ de l'entreprise, le salarié peut demander à l'employeur par LRAR les critères retenus pour l'ordre des licenciements, ce dernier disposant d'un délai équivalent pour répondre.

Comme en matière de licenciement pour motif personnel, l'employeur dispose ici :
1. de modèles de lettre qu'il peut utiliser pour procéder à la notification du licenciement, et qui rappellent les droits et obligations de chaque partie (art. L. 1233-42 nouveau).
2. D'un droit à la rectification de ses éventuelles erreurs de rédaction : « *Les motifs énoncés dans la lettre de licenciement peuvent, après la notification de celle-ci, être précisés* (...) *dans des conditions fixées par décret en Conseil d'État. La lettre de licenciement, complétée le cas échéant par l'employeur, fixe les limites du litige en ce qui concerne les motifs de licenciement* » (art. L. 1235-2 nouveau).

Sur les difficultés d'application de ces nouveaux textes (particulièrement importantes en matière de licenciement collectif où la motivation des 368 LRAR est identique...), voir *supra* le licenciement pour motif personnel.

DÉCRET DU 29 DÉCEMBRE 2017
MODÈLE DE LETTRE / LICENCIEMENT ÉCONOMIQUE

La lettre de licenciement ne peut être adressée avant la notification de la décision d'homologation ou de validation de l'autorité administrative ou dans le silence de l'autorité administrative, à l'expiration du délai de quinze jours (validation) ou de vingt et un jours (homologation).

Dénomination sociale et adresse du siège social de l'entreprise
Lieu et date
Nom, prénom et adresse du salarié
Objet : notification d'un licenciement pour motif économique

Lettre recommandée avec avis de réception ou lettre remise contre récépissé
Madame, Monsieur...,
Nous vous informons de notre décision de vous licencier **pour le(s) motif(s) économique(s) suivant(s)** dans les conditions posées à l'article L. 1233-3 du Code du travail :

- ***énoncer de manière précise et objective*** les raisons économiques : soit les difficultés économiques, soit la réorganisation de l'entreprise nécessaire à la sauvegarde de la compétitivité, soit les mutations technologiques, soit la cessation d'activité de l'entreprise.
- ***Préciser les incidences sur l'emploi ou le contrat de travail*** : soit la suppression d'emploi, soit la transformation d'emploi refusée, soit la modification d'un élément essentiel du contrat de travail refusée.

Sur l'impossibilité de reclassement
En dépit des recherches que nous avons effectuées au sein de notre (entreprise ou groupe le cas échéant) conformément à l'article L. 1233-4 du Code du travail, nous n'avons pas trouvé de poste de reclassement (le poste de reclassement proposé doit correspondre à un emploi de catégorie équivalente à celui précédemment occupé par le salarié ou à un emploi de catégorie inférieure sous réserve que le salarié ait donné son accord exprès).

Si l'entreprise comprend moins de 1 000 salariés (C. trav., art. L. 1233-65 et s.)
Lors de notre entretien préalable ou à l'issue de la dernière réunion des représentants du personnel en date du... (date à compléter), nous vous avons proposé le bénéfice du contrat de sécurisation professionnelle. Par lettre du... (date à compléter), vous nous avez fait connaître votre refus d'adhérer au dispositif (en cas d'absence de réponse du salarié dans un délai de vingt et un jours à compter de la remise des documents relatifs au CSP, indiquez : « N'ayant pas reçu dans un délai de vingt et un jours votre décision d'adhérer ou non au contrat de sécurisation professionnelle, vous êtes considéré comme ayant refusé le bénéfice du dispositif »).
Si vous ne dispensez pas le salarié d'effectuer son préavis. Vous restez néanmoins tenu d'effectuer votre préavis d'une durée de... (durée du préavis à compléter), qui débutera à la date de la première présentation de cette lettre.
Si vous dispensez le salarié d'effectuer son préavis
Nous vous dispensons d'effectuer votre préavis qui débute le... (date présumée de première présentation de cette lettre à compléter) et se termine le (date à compléter selon la durée du préavis), date à laquelle vous quitterez les effectifs de l'entreprise. Néanmoins, votre salaire continuera de vous être versé durant cette période.
Vous pouvez bénéficier d'une priorité de réembauche pendant une durée d'un an à compter de la date de prise d'effet de votre licenciement, si vous en faites la demande par écrit dans ce même délai.
À l'expiration de votre contrat de travail, nous tiendrons à votre disposition ou nous vous remettrons ou nous vous adresserons par courrier votre certificat de travail, votre reçu pour solde de tout compte et votre attestation Pôle emploi.

Vous pouvez faire une demande de précision des motifs du licenciement énoncés dans la présente lettre, dans un délai de quinze jours suivant sa notification par lettre recommandée avec avis de réception ou remise contre récépissé. Nous avons la faculté d'y donner suite dans un délai de quinze jours après réception de votre demande, par lettre recommandée avec avis de réception ou remise contre récépissé. Nous pouvons également, le cas échéant et dans les mêmes formes, prendre l'initiative d'apporter des précisions à ces motifs dans un délai de quinze jours suivant la notification du licenciement.
Nom,
Qualité
Signature

703 Le droit français se rapproche ainsi du droit communautaire : « *consultation en vue d'aboutir à un accord* ». Mais jamais en France avec le CSE, qui est pourtant l'interlocuteur naturel en matière d'information-consultation : avec les syndicats. Que du bonheur pour les amants de complexité. Sans oublier que si le PSE relève de l'Administration, la cause réelle et sérieuse des licenciements prononcés reste de la compétence exclusive du Conseil des prud'hommes.

SECTION III Le contrôle *judiciaire* de la cause réelle et sérieuse du licenciement économique en 2021

704 **Faible contentieux, mais médiatisé.** Bien que le taux de recours au juge soit ici six fois inférieur (4 %) à celui du licenciement pour motif personnel (25 %), et ne représente in fine que 2 % du contentieux prud'homal, le Conseil des prud'hommes reste aujourd'hui très présent et médiatisé : car lorsque les 675 salariés licenciés gagnent et touchent chacun, même après le plafonnement de septembre 2017, en moyenne dix mois de salaire sous forme de dommages-intérêts, le directeur financier demande sa mutation… ou dépose le bilan.

705 **Il existe en droit français trois défauts possibles de cause réelle et sérieuse**

- La première surprend toujours les étrangers : l'inertie fautive en matière de reclassement interne, même si l'entreprise est en dépôt de bilan, même si la Dreets a homologué ou validé le PSE.
- L'absence de difficultés économiques, de sauvegarde de la compétitivité, etc. tel que recadrée en 2017-2018 (V. *infra*) ;
- Enfin la cause économique, réelle et sérieuse, mais de la *modification* refusée par des salariés dont l'employeur n'avait pas envisagé une seconde l'éviction lors de la proposition initiale. *Cf.* le mode d'emploi donné le 11 juillet 2018 : 1. « *Le seul refus par un salarié d'une modification de son contrat de travail* ne constitue pas

une cause réelle et sérieuse *de licenciement ;* 2. *La rupture résultant du refus par le salarié d'une modification de son contrat de travail, proposée par l'employeur* pour un motif non inhérent *à sa personne, constitue un licenciement pour motif* économique *;* 3. *Le motif de la modification du contrat de travail refusée par le salarié résidant dans la volonté de l'employeur de réorganiser le service financier de l'entreprise alors qu'il n'était pas allégué que cette* réorganisation résultait de difficultés économiques ou de mutations technologiques ou qu'elle fût indispensable à la sauvegarde de la compétitivité de l'entreprise, *le licenciement était sans cause réelle et sérieuse* ».

Toute contestation portant sur le licenciement pour motif économique se prescrit par douze mois (art. L. 1235-7).

Plan : Existe (en principe) une procédure spécifique *(§ 1)*, l'essentiel à tout point de vue restant le contrôle de la cause réelle (facile), et sérieuse *(§ 2)*.

§1 Procédure (en principe) accélérée

706 **Des délais plus brefs sont imposés** mais dépourvus de toute sanction : un mois au maximum entre la saisine du conseil et la séance de conciliation ; six mois au maximum entre la date de renvoi du bureau de conciliation au jugement lui-même. Dans la vraie vie, dans les conseils surchargés (ce qui n'est pas du tout le cas de tous), compter plutôt plusieurs années.

707 **Pièces.** « *En cas de recours portant sur un licenciement pour motif économique, l'employeur* doit communiquer *au juge tous les éléments qu'il a fournis aux représentants du personnel* », dans les huit jours qui suivent sa convocation devant le bureau de conciliation. La tâche du salarié contestant la régularité ou le motif de son licenciement en sera facilitée, puisque l'inertie de l'entreprise pourra fonder un défaut de cause réelle et sérieuse.

§2 Le contrôle judiciaire de la cause réelle et sérieuse du licenciement économique

708 **Colossales.** Pour le chef d'entreprise comme pour les salariés (dont 3 sur 4 sont licenciés hors PSE), le contrôle de la cause réelle et sérieuse du licenciement constitue un point essentiel en raison des sommes en cause : des mois de salaire pour *chaque* salarié, certes désormais soumis au plafonnement depuis l'ordonnance du 22 septembre 2017, mais sans oublier pour l'employeur le remboursement des allocations-chômage à l'Unedic. On attend par exemple de voir la facture finale du jugement du conseil de prud'hommes d'Amiens en date du 28 mai 2020 pour les 832 licenciements déclarés sans cause réelle et sérieuse de l'usine Goodyear d'Amiens-Nord, fermée en... janvier 2014.

Car existe ici une **différence fondamentale avec le licenciement pour motif personnel.** Comme son nom l'indique, ce dernier type de rupture est par définition unique, fonction des aptitudes actuelles, du passé professionnel de chaque individu : son cas n'est guère transposable à d'autres salariés. En revanche, si l'employeur a licencié 347 salariés en raison de la perte d'un marché à l'exportation, et que le juge ne reconnaît pas le motif invoqué dans les 347 LRAR comme une cause réelle et sérieuse pour trois d'entre eux qui ont engagé un procès, les 344 autres seront fortement incités à faire de même... avec des conséquences financières identiques pour l'entreprise ; plusieurs milliers de mois de salaire à verser *au minimum*, et au maximum plusieurs milliers de mois de remboursement d'allocations-chômage à l'Unedic : ce qui provoque parfois la liquidation de l'entreprise...

709 S'inspirant du modèle *supra*, la lettre LRAR doit donc être rédigée avec un maximum d'attention, et mentionner d'abord un motif réel, puis un motif sérieux, l'appréciation judiciaire de cette cause réelle et sérieuse se faisant à la date de la notification du licenciement, non à celle du début de la procédure devant le CSE.

Et l'employeur devant faire face à des demandes de « *précisions* » par plusieurs des licenciés en application du nouvel article L. 1235-2 (« *Les motifs énoncés dans la lettre de licenciement peuvent, après la notification de celle-ci, être précisés* ») devra évidemment veiller à leur apporter une réponse cohérente, et unique. Ou ne rien répondre du tout, s'il pense que sa première motivation est parfaitement dans les clous.

710 Cause **qualificative** : la **réalité** du motif économique est rarement contestée, à moins que derrière la mesure de l'employeur ne se cache un licenciement inhérent à la personne visée. Un arrêt a ainsi mis en scène un danseur des Folies Bergères, *seul* licencié pour motif économique : or l'enquête menée par le Conseil des prud'hommes a montré qu'il avait été écarté en raison de son âge, motif éminemment personnel (CS, 24 mars 1990). L'employeur doit prouver la suppression du poste (ex. : externalisation), ou la modification du contrat du salarié si salaire ou qualification ont changé... du moins hors application d'un accord de performance collective.

711 Cause **justificative** : le **sérieux** de la cause du licenciement économique pose des problèmes autrement plus épineux, que la Cour de cassation avait résolus avec son dynamisme sinon sa créativité habituels (*cf.* Ph. Waquet, « Emploi et profit », *RJS*, mai 2006). Car en créant la « cause réelle et sérieuse », le législateur de 1973, avec les 380 000 chômeurs de l'époque, avait pensé au licenciement pour *faute* : les prud'hommes pouvaient se faire rapidement une opinion sur le comportement fautif de tel salarié en entreprise. Mais sont-ils capables de décider que l'échec du dernier produit lancé nécessitait 16, 28 ou 41 licenciements ? Jusqu'où doit aller leur contrôle ? Contrôle opéré, Conseils des prud'hommes mis à part, par des *fonctionnaires* pas toujours à l'aise avec « l'argent » (pire : le « profit »), et *magistrats* des cours d'appel puis de la Cour de cassation ayant compris depuis le CM2, comme de nombreux professeurs de droit, que maths, stats et compta n'étaient pas vraiment leur tasse de thé.

712 **Chacun son rôle.** « *Dès lors que le PSE a été homologué par l'administration, le juge judiciaire ne peut retenir une insuffisance des dispositions du PSE relatives au reclassement pour juger les licenciements sans cause réelle et sérieuse* » (CS, 21 nov. 2018). Normal : si le juge judiciaire peut se prononcer sur le cas individuel de Mme Z, il ne peut, même indirectement se prononcer sur le PSE, acte collectif dont la légalité relève de la Dreets, et très éventuellement du juge administratif.

713 **Ubris.** Car à compter de l'année 1993 et son franchissement du seuil symbolique des trois millions de chômeurs, la Cour de cassation avait adopté une position très (trop) avancée, s'éloignant définitivement du principe posé en 1956 par l'arrêt Brinon : « *L'employeur est seul juge de la gestion de son entreprise* ». Le juge juge aujourd'hui la gestion du chef d'entreprise, qui fait l'objet d'un examen, sinon d'un jugement sévère dont le coût peut s'avérer dissuasif puisqu'il s'agira au minimum de défaut de cause réelle et sérieuse, pour *chacun* des salariés licenciés : plafonné depuis 2017, mais restant de nature à émouvoir, en amont du plan, le directeur financier. Émotion qui facilitera le travail du DRH voulant monter, conformément à la loi, un PSE proportionné aux moyens de l'entreprise, ou du groupe (de moyens).

NIVEAU DE RENTABILITÉ DE L'ENTREPRISE ET STABILITÉ DE L'EMPLOI

1 – Interdiction du contrôle judiciaire sur les choix de gestion du chef d'entreprise

Ni en amont (CS, 3 mai 2012, Vivéo), ni en aval, Assemblée plénière, 8 décembre 2000, SAT : « *Attendu que pour décider que les licenciements étaient dépourvus de cause économique réelle et sérieuse, la cour d'appel a retenu que la pérennité de l'entreprise et le maintien de sa compétitivité étant assurés dans les trois hypothèses envisagées de réorganisation, l'entreprise en choisissant la solution du regroupement d'activités à Montereau et de la fermeture du site de Riom n'a pas intégré dans ses calculs, comme elle en avait cependant l'obligation, le concept de préservation de l'emploi et a donc excédé la mesure de ce qui était nécessaire à la sauvegarde de la compétitivité du secteur considéré de l'entreprise ;*
Attendu cependant que les licenciements ont une cause économique réelle et sérieuse lorsqu'il est établi que la réorganisation de l'entreprise, qui entraîne des suppressions d'emplois, est nécessaire à la sauvegarde de la compétitivité de l'entreprise ou du secteur d'activité du groupe auquel elle appartient ; Qu'en statuant comme elle a fait alors, d'une part qu'elle reconnaissait que cette condition était remplie dans les trois hypothèses de réorganisation envisagées initialement par l'employeur alors, d'autre part qu'il ne lui appartenait pas de contrôler le choix effectué par l'employeur entre les solutions possibles, la cour d'appel a violé les textes susvisés. »
Et l'Administration, après la loi de 2013 ? Extraits du rapport annuel du Conseil d'État, mai 2016 : « *Ni l'administration, ni le juge administratif ne contrôlent le*

motif économique du licenciement. Un salarié qui souhaite contester son licenciement économique, prononcé après élaboration et approbation d'un PSE, doit, comme auparavant, introduire un recours devant le Conseil de prud'hommes. Lui seul est compétent pour apprécier si le licenciement économique repose sur une cause réelle et sérieuse, c'est-à-dire si la situation économique de l'entreprise justifie la rupture du contrat de travail.

De même, lorsque l'employeur présente au comité d'entreprise une analyse de la situation économique justifiant la réorganisation de l'entreprise restreinte à un secteur d'activité particulier, l'administration doit seulement s'assurer que l'employeur a expliqué les raisons de ce choix et fourni des éléments d'information sur la situation de l'entreprise dans ce secteur d'activité, sans porter d'appréciation sur le choix du secteur».

2 – Position confortée le 12 janvier 2002 par le Conseil constitutionnel, qui s'est ensuite rappelé au bon souvenir du législateur en censurant sur le même fondement une partie de la loi Florange le 27 mars 2014, puis Hamon le 17 juillet 2015

Le Conseil a relevé que l'article 1 permettait un refus de cession de l'établissement en cas d'offre de reprise sérieuse seulement lorsque ce refus est motivé par la « *mise en péril de la poursuite de l'ensemble et l'activité de l'entreprise cessionnaire* ». Il a jugé que cela prive l'entreprise de sa capacité d'anticiper des difficultés économiques et de procéder à des arbitrages économiques.

3 – Respect de la liberté d'entreprendre donc... mais aussi de la stabilité de l'emploi – *Contrôle approfondi : CS, 1er décembre 1999 (Miko).*

« *Attendu que la société Miko a licencié Mme Schaffer en 1992, en invoquant la nécessité d'ajuster sa production à ses ventes et de diminuer ses effectifs permanents ;*

Attendu qu'il est fait grief à l'arrêt d'avoir dit que ce licenciement était sans cause réelle et sérieuse, alors, selon le moyen, que lorsqu'elle n'est pas liée à des difficultés économiques, la réorganisation de l'entreprise constitue un motif économique de licenciement dès lors qu'elle procède du souci d'améliorer la rentabilité de celle-ci et, partant, permet de sauvegarder sa compétitivité vis-à-vis des entreprises concurrentes ; qu'ainsi, en estimant au contraire que, compte tenu du contexte économique favorable pour la société Miko, la suppression de plusieurs emplois permanents, dont celui de Mme Schaffer, en permettant de réaliser une réduction de la charge salariale, répondait moins à une nécessité économique qu'à la volonté de l'employeur de privilégier le niveau de rentabilité de l'entreprise au détriment de la stabilité de l'emploi, pour en déduire que le licenciement économique litigieux était dépourvu de cause réelle et sérieuse, la cour d'appel a omis de tirer les conséquences légales de ses propres constatations et violé, par fausse application, l'article L. 321-1 du Code du travail ;

Mais attendu** que la cour d'appel après avoir constaté que le chiffre d'affaires de la société était en nette progression en 1991, a retenu que la **suppression des emplois permanents à laquelle elle s'était livrée répondait moins à une nécessité économique qu'à la volonté de l'employeur de privilégier le niveau

de rentabilité de l'entreprise, au détriment de la stabilité de l'emploi ; *qu'ayant ainsi fait ressortir que la réorganisation n'avait été décidée que pour supprimer les emplois permanents de l'entreprise et non pour sauvegarder sa compétitivité, elle a pu décider que le licenciement n'était pas justifié par un motif économique.* »

4 – Mais gérer une entreprise, c'est aussi savoir prendre des risques (CS, 4 nov. 2020). « *Si la faute de l'employeur à l'origine de la menace pesant sur la compétitivité de l'entreprise rendant nécessaire sa réorganisation est de nature à priver de cause réelle et sérieuse les licenciements consécutifs à cette réorganisation,* ***l'erreur éventuellement commise dans l'appréciation du risque inhérent à tout choix de gestion ne caractérise pas à elle seule une telle faute*** »

En résumé, comme le note la Cour de cassation à la suite de cet arrêt :

– « *Quel que soit le motif économique du licenciement, la Chambre sociale reste vigilante à ce que, sous couvert d'un contrôle de la faute, les juges du fond n'exercent pas un contrôle sur les choix de gestion de l'employeur* ».

– Mais sous peine de défaut de cause réelle et sérieuse, « l'employeur ne peut se prévaloir d'une situation économique résultant d'une «*attitude intentionnelle et frauduleuse*» de sa part, ou « *d'une situation artificiellement créée résultant d'une attitude frauduleuse* ». Mais aussi d'une légèreté blâmable (CS, 22 sept. 2015), voire d'agissements fautifs allant au-delà des seules erreurs de gestion (CS, 24 mai 2018).

Problème, évidemment au-delà du droit pénal des affaires : la limite, appréciée par les juges trois ans après les faits, entre l'agissement fautif et l'erreur de gestion. Surtout quand la Cour de cassation indique que « *si le motif économique s'apprécie à la date du licenciement, le juge peut tenir compte d'éléments postérieurs* » (CS, 11 déc. 2019). Il est vrai que les prévisions rétrospectives sont plus faciles.

A. - Que doit contrôler aujourd'hui le juge judiciaire ?

714 **Article L. 1233-3.** « *Constitue un licenciement pour motif économique le licenciement effectué par un employeur pour un ou plusieurs motifs non inhérents à la personne du salarié résultant d'une suppression ou transformation d'emploi ou d'une modification, refusée par le salarié, d'un élément essentiel du contrat de travail,* consécutives notamment :

1. à des difficultés économiques *caractérisées soit par l'évolution significative d'au moins un indicateur économique tel qu'une baisse des commandes ou du chiffre d'affaires, des pertes d'exploitation ou une dégradation de la trésorerie ou de l'excédent brut d'exploitation, soit par tout autre élément de nature à justifier de ces difficultés* (*cf.* la crise C19 en 2020...)

Une baisse significative des commandes ou du chiffre d'affaires est constituée dès lors que la durée de cette baisse est, en comparaison avec la même période de l'année précédente, au moins égale à :

a) un trimestre pour une entreprise de moins de onze salariés ;

b) deux trimestres consécutifs pour une entreprise d'au moins onze salariés et de moins de cinquante salariés ;

c) trois trimestres consécutifs pour une entreprise d'au moins cinquante salariés et de moins de trois cents salariés ;

d) quatre trimestres consécutifs pour une entreprise de trois cents salariés et plus ;

2. à des mutations technologiques ;

3. à une réorganisation de l'entreprise nécessaire à la sauvegarde de sa compétitivité ;

4. à la cessation d'activité de l'entreprise.

La matérialité de la suppression, de la transformation d'emploi ou de la modification d'un élément essentiel du contrat de travail s'apprécie au niveau de l'entreprise. »

Et l'ordonnance du 22 septembre 2017 a ajouté à cette longue liste deux choses essentielles : le périmètre de l'analyse de la cause réelle et sérieuse, et la définition du « secteur d'activité » d'un groupe de sociétés (V. *infra*).

715 Reprenons

1. La source des suppressions de postes ne réside pas seulement dans les ***difficultés économiques*** de l'entreprise : souvent la liquidation pure et simple de la TPE ou PME, hypothèse hélas banalisée avec la crise C19.
2. Mais aussi dans les ***mutations technologiques***, motif autonome qui peut l'affecter en l'absence de toutes difficultés économiques. Mais il s'agit alors d'un exercice périlleux car le salarié aura beau jeu de retourner la question : « *Qu'avez-vous fait pour me permettre de m'adapter aux nouvelles technologies ?* » (V. *supra* l'obligation d'adaptation).
3. La Chambre sociale avait créé un troisième cas : la *cessation totale et définitive de l'entreprise*, ou la dissolution de l'association, reprises au 4e alinéa : « ***cessation d'activité de*** l'entreprise », pas d'un *établissement,* et pas forcément si elle appartient à un groupe (V. *infra*).
4. Plus de vingt ans après sa création par la Chambre sociale, le Code a intégré le 8 août 2016 « ***la réorganisation de l'entreprise nécessaire à la sauvegarde de sa compétitivité*** », qui ne doit pas être confondue avec les « *difficultés économiques* », dont elle est pourtant bien proche côté gestionnaires. Car depuis l'arrêt Vidéocolor du 5 avril 1995, une entreprise qui gagne de l'argent pouvait aussi licencier, mais exclusivement afin de prévenir de lourdes difficultés à venir (ex. : lancement d'un produit révolutionnaire par le concurrent : hier le Walkman de Sony détrôné en quelques mois par l'IPod d'Apple, ou l'irruption de Free sur la concurrence) : « *Lorsqu'elle n'est pas liée à des difficultés économiques ou à des mutations technologiques, une réorganisation ne peut constituer un motif économique que si elle est effectuée* pour sauvegarder la compétitivité de l'entreprise ».

B. - Mais « sauvegarder sa compétitivité », c'est quoi au juste ?

716 Sauvegarder = Sauve-qui-peut. La jurisprudence a mis, et maintient la barre très haut. Il faut que la réorganisation de l'entreprise soit indispensable à sa survie à court ou moyen terme. L'employeur ne peut donc se contenter de grandes généralités sur la montée de la concurrence, ou la dureté des temps comme : « *notre activité s'effectuant* *dans un secteur fortement concurrentiel, la forte progression des techniques oblige à une adaptation permanente* ». Réponse : « *En statuant ainsi par des motifs d'ordre général impropres à caractériser l'existence d'une menace pesant sur la compétitivité du* secteur des activités fusionnées, *la cour a violé l'article L. 321-1* » (CS, 21 févr. 2007). « *Regrouper le poste unique d'infographie basé à Metz au sein du département existant de conseil ingénierie et développement au Luxembourg constitue une optimisation des moyens au sein de l'entreprise, devant permettre, à terme, une meilleure rentabilité et participer à sauvegarder la compétitivité de l'entreprise* » avait indiqué la cour d'appel. Cassation : il lui fallait « *caractériser* l'existence d'une menace *pesant sur la compétitivité de l'entreprise, ou du secteur d'activité du groupe dont elle relève* » (CS, 16 sept. 2020).

Plus généralement, la Cour de cassation réfute **toute augmentation de cette compétitivité**, mais aussi les fameux « licenciements boursiers » destinés à faire plaisir aux actionnaires, actuels ou futurs. Une entreprise a-t-elle cependant le droit de prétendre vouloir simplement maintenir sa compétitivité ? La Chambre très sociale semble aujourd'hui l'admettre du bout des lèvres : ce qui est le minimum... si l'on s'entend sur ce qu'est vraiment « la compétitivité » : car rester compétitif en ces temps de *benchmark* permanent sans fin et sans fond qui tirent forcément le prix de la main-d'œuvre vers le bas...

C. - Quel périmètre pour l'appréciation judiciaire de la cause réelle et sérieuse ?

717 **À quel niveau apprécier** la sauvegarde de la compétitivité ou les difficultés économiques lorsque le licenciement intervient dans un établissement d'une entreprise florissante, ou dans la filiale en grande difficulté d'un groupe qui marche très fort ? L'établissement à problèmes ? L'entreprise ? La filiale ? Le groupe ? Français... Mondial ?

Si par exemple le groupe américain General Electric licencie 115 collaborateurs à Belfort (France), le Conseil des prud'hommes local saisi de la cause réelle et sérieuse peut-il exiger les comptes de ses 1 117 filiales, dont 785 hors territoire américain ?

– S'agissant d'une **entreprise mono-établissement** (« SARL Boucherie Sanzot et Fils, depuis 1932 »), sa compétitivité locale suffira au bonheur du Conseil des prud'hommes local. Mais s'il s'agit d'un établissement d'une entreprise en comprenant vingt et un ? Les vingt autres vont très bien, seul celui-là va très mal, ou voit arriver de gros nuages en provenance du Brésil ?

– **Au niveau de l'entreprise tout entière, jamais en dessous** répond la Chambre sociale reprise par la loi, estimant que c'est à ce niveau (juridique : personne morale, et économique : comptes) que tout se décide. Ce qui peut aboutir à de surprenants résultats humains et économiques lorsqu'un seul établissement va très mal, mais que l'entreprise elle-même va très bien : défaut automatique de cause réelle et sérieuse pour tous les licenciés de l'établissement économiquement moribond car le C19 l'a privé de 85 % de sa clientèle.

– **Et si l'entreprise appartient à un groupe de sociétés ?** Le contrôle judiciaire se place alors ni tout en haut (le groupe), ni tout en bas (la filiale en cause), mais au niveau du « **secteur d'activité du groupe »** auquel elle appartient

Ainsi le groupe Bouygues dont la division « BTP » est en plein essor pourrait parfaitement licencier pour motif économique vingt collaborateurs de LCI si sa Division « Audiovisuel » connaît de graves problèmes de compétitivité depuis l'arrivée de la TNT gratuite, ou les pratiques agressives de BFM à propos des Gilets Jaunes.

718 **Mais de la théorie à la pratique...** L'arrêt du 28 février 2012 pose frontalement le problème : la filiale de Montauban d'un groupe français perd son unique client. Que faire, sachant que son chiffre d'affaires est désormais égal à zéro, et que les reclassements n'ont pas donné grand-chose ? L'employeur faisait valoir que *« les pertes colossales de la société Aixor Logistics et l'impossibilité de continuer à employer les 101 salariés du site de Montauban privés de toute activité compte tenu de la perte de son client unique étaient de nature à atteindre la compétitivité de l'activité logistique du groupe Norbert Dentressangle et à justifier la fermeture du site de Montauban et les licenciement subséquents »*.

Réponse classique côté Cour de cassation, mais toujours aussi surprenante côté gestionnaires : « *Une réorganisation, si elle n'est pas justifiée par des difficultés économiques ou par des mutations technologiques, doit être indispensable à la sauvegarde de la compétitivité de l'entreprise ou, si celle-ci appartient à un groupe, du secteur d'activité de ce dernier. Ayant relevé que le secteur d'activité du groupe auquel la société appartenait avait une excellente rentabilité, avec une marge opérationnelle qui conservait un haut niveau, la cour d'appel a fait ressortir que la réorganisation invoquée par l'employeur dans la lettre de licenciement n'était pas justifiée par la nécessité de sauvegarder la compétitivité du secteur d'activité du groupe auquel elle appartient.* »

719 À l'inverse, ce qui avait permis dans l'affaire Vidéocolor de 1995 de déclarer sans cause réelle et sérieuse les licenciements effectués dans une filiale lyonnaise qui allait mal car, au-dessus, le secteur d'activité du groupe n'allait pas trop mal, devait un jour connaître l'hypothèse inverse, choquante pour les salariés. C'est chose faite avec l'arrêt du 28 novembre 2007 : « *Les difficultés économiques évoquées pour justifier des licenciements économiques s'appréciant au niveau du secteur d'activité du groupe auquel appartient l'entreprise qui licencie, la cour d'appel n'avait pas à rechercher si les résultats de la société procédant aux licenciements étaient bénéficiaires.* » Voilà donc les salariés d'une très florissante filiale française d'une société belge, qui voyaient chaque année le chiffre d'affaires et le bénéfice de leur entreprise exploser, valablement licenciés pour motif économique.

720 **« Payer sa faute ».** Bref, le principe jusqu'à présent appliqué pour sanctionner – ou peut être, dans une vision judéo-chrétienne, conçu pour mieux indemniser des salariés qui n'y sont pour rien : l'employeur qui a commis une faute morale en licenciant des collaborateurs doit « payer sa faute » – des licenciements réalisés au sein d'entreprises subissant des difficultés économiques ou connaissant de graves problèmes de compétitivité mais appartenant à des groupes en bonne santé économique reste applicable quand c'est le *secteur d'activité français* de leur groupe qui se trouve mal. Secteur que le juge peut redéfinir lui-même, car « *il lui appartient de vérifier le caractère réel et sérieux des difficultés économiques invoquées au regard du secteur d'activité pertinent pour son appréciation, peu important le périmètre retenu par l'employeur dans la lettre de licenciement* » (CS, 17 mai 2017).

721 **Tout irait mieux si la notion de « secteur d'activité » était claire.** Stupéfaction pour les groupes *étrangers* avant 2018, et français aujourd'hui encore : la nécessité de devoir ouvrir les comptes parfois top secret de son « secteur d'activité », bref de sa Division « Semi-conducteurs » ou « Machines agricoles » pour s'expliquer sur les 14 licenciements opérés à Arles (France, Europe). Stupéfaction parfois suivie d'un refus catégorique, entraînant *ipso facto* le défaut de cause réelle et sérieuse. La nouvelle définition de l'article L. 1233-3 (« *Le secteur d'activité permettant d'apprécier la cause économique du licenciement est caractérisé,* notamment, *par la nature des produits biens ou services délivrés, la clientèle ciblée, ainsi que les réseaux et modes de distribution, se rapportant à un même marché* ») n'apporte guère de lumières.

Ajouté par l'ordonnance du 22 septembre 2017, l'article L. 1233-3 a supprimé ce chiffon rouge pour les investisseurs étrangers : les difficultés économiques, les mutations technologiques ou la nécessité de sauvegarder la compétitivité de l'entreprise s'apprécient au niveau de cette entreprise si elle n'appartient pas à un groupe et, dans le cas contraire, au niveau du secteur d'activité commun à cette entreprise et aux entreprises du groupe auquel elle appartient, **établies sur le territoire national,** sauf fraude.

Pour l'application du présent article, **la notion de groupe** désigne le groupe formé par une entreprise appelée entreprise dominante et les entreprises qu'elle contrôle dans les conditions définies à l'article L. 233-1, aux I et II de l'article L. 233-3 et à l'article L. 233-16 du Code de commerce.

Avec une réserve classique : la fraude, qui corrompt tout. Car si un groupe use de manœuvres frauduleuses pour créer artificiellement des difficultés économiques dans sa filiale française (ce qui n'est pas hors de portée en termes de comptabilité), l'examen du juge pourra alors dépasser le territoire national. La fraude ne se présumant pas, ce sera au demandeur de la prouver. Mais s'il le fait, double sanction : dépassement du territoire national + responsabilité délictuelle.

722 **CS, 24 mai 2018 : responsabilité délictuelle, légitime sanction suite au pillage organisé d'une filiale.** Sur ordre du fond d'investissement Sun Partners Inc., la filiale Lee Cooper France « *avait financé le groupe pour des montants hors de proportion avec ses moyens financiers* » ; le droit d'exploiter la licence Lee Cooper « *avait été transféré à titre gratuit à une autre société du groupe, mais les redevances dues au titre du contrat de licence étant facturées à la société Lee Cooper France* », etc. La société mère avait donc pris, « *par l'intermédiaire des sociétés du groupe, des décisions préjudiciables dans son seul intérêt d'actionnaire qui avaient entraîné la liquidation partielle de la société Lee Cooper France* ». Sun Capital Partners Inc. « *avait donc, par sa faute, concouru à la déconfiture de l'employeur et à la disparition des emplois qui en*

est résultée » : pas co-emploi groupe-filiale (qui a disparu des arrêts de la Chambre sociale, sauf caricature, une totale « *confusion d'intérêts, d'activité et de direction* » : au quotidien, la mère décide pour sa filiale, de tout, et au-delà), mais *responsabilité extracontractuelle*, avec indemnisation des salariés pour la perte de leur emploi.

Mais le *Conseil de prud'hommes* est alors incompétent pour statuer sur l'action en responsabilité engagée par des salariés contre l'actionnaire de la société-mère ayant, par ses décisions dommageables, commis une faute ayant abouti au licenciement des intéressés (CS, 13 juin 2018).

723 **Si l'on ajoute que « le doute profite au salarié »,** et qu'un licenciement économique touche souvent plusieurs dizaines de personnes (pouvant donc obtenir des mois de salaires bruts chacune), cette jurisprudence extensive incite les entreprises à favoriser, au sein d'un PSE, les départs volontaires préservant la paix sociale, ou monter une rupture conventionnelle collective les faisant alors totalement échapper à l'ensemble du droit du licenciement économique. Mais ces « chèques-valises » très appréciés du personnel *(« de toute façon, j'étais sur la liste... »)* et en particulier des meilleurs qui retrouveront un emploi, sont vite dépensés et font passer leur bénéficiaire à côté de tous les systèmes de reclassement et de réinsertion prévus. En bout de chaîne, c'est Pôle emploi qui héritera de ces salariés, souvent âgés ou fragiles.

Le droit du licenciement économique supporte mal les slogans. Sur qui par exemple doit peser la charge des dizaines de milliers de travailleurs aujourd'hui difficilement employables en raison de leur passé trop spécialisé dans des tâches déqualifiées et répétitives ? Ou demain chassés de leur emploi par la montée de l'automatisation ? Sur l'entreprise qui en a pris la responsabilité ? Sur la collectivité ? Laquelle ? Collectivité nationale ? Assurance-chômage ? Territoriale ? Le débat est loin d'être clos. *A fortiori* après l'épisode C19 où la Puissance publique a dépensé près de 50 milliards d'euros en 2020-2021 pour éviter une hécatombe d'emplois. Tout ça pour quoi ? On peut penser qu'à l'avenir, le contrôle des Dreets sur les PSE et les RCC va nettement se resserrer...

Idem pour notre jurisprudence franco-française sur la cause réelle et sérieuse du licenciement économique, qui reste même après les ordonnances de 2017 l'une des plus favorables du monde pour le salarié licencié. Mais son bilan est-il finalement positif pour l'emploi en France ?

Malgré son nom, la science économique est, comme la science juridique, plus un art qu'une science. En nos temps d'avidité économique totalement libérée et sans limite humaine ni morale pour certains, la nécessaire protection due aux salariés ne doit cependant pas entraver de façon excessive la liberté de gestion du chef d'entreprise français sous peine d'effets pervers majeurs : précarité, externalisation, l'article L. 1124-1 à l'envers et autres délocalisations ou surtout non-localisations. C'est ce qu'ont compris les textes de 2017-2018.

Effet utile et effet contentieux. Si la complexité de notre droit du licenciement économique crée manifestement des emplois pour les juristes en droit social, il était néanmoins souhaitable que cette immense énergie – aux coûts non négligeables pour toutes les parties – soit mieux employée qu'au contentieux. Reclasser en amont (grâce au maintien de l'employabilité, des seniors en particulier) sous le regard attentif de la Dreets vaut mieux que l'ancien immense jeu de lois d'avant juin 2013, réservé aux seuls initiés, aux avocats ou magistrats depuis toujours immergés et donc parfaitement à l'aise dans la procédure.

C'était le pari de la loi du 14 juin 2013, gagné huit ans plus tard pour les PSE ; mais les trois quarts des licenciements économiques sont aujourd'hui prononcés hors PSE.

QUESTIONNAIRE D'AUTO-ÉVALUATION SUR LE DROIT DU LICENCIEMENT ÉCONOMIQUE APRÈS LES ORDONNANCES DE 2017 ET LA LOI DE RATIFICATION DU 29 MARS 2018

1 – Un licenciement économique est forcément un licenciement collectif, donc montage obligé d'un PSE	**VRAI – FAUX**
2 – Si le salarié travaille dans une entreprise appartenant à un groupe de sociétés, l'employeur doit lui proposer tous les postes vacants, dans le monde entier	**VRAI – FAUX**
3 – Le salarié est fautif quand il refuse une offre valable de reclassement dans le cadre du licenciement économique	**VRAI – FAUX**
4 – Depuis la loi du 14 juin 2013, le juge judiciaire ne peut plus intervenir dans le contentieux du licenciement économique	**VRAI – FAUX**
5 – Si la Dreets est compétente pour homologuer un PSE unilatéral, elle ne l'est pas pour la procédure d'information-consultation du CSE, qui relève du Tribunal Judiciaire	**VRAI – FAUX**
6 – Si l'employeur passe outre un refus d'homologation de la Dreets sur son PSE et licencie quand même les salariés, ces derniers peuvent saisir le juge administratif pour demander leur réintégration	**VRAI – FAUX**
7 – Une entreprise qui se porte bien financièrement peut tout de même procéder à des licenciements économiques	**VRAI – FAUX**
8 – L'analyse judiciaire de la sauvegarde de la compétitivité de l'entreprise se situe, comme l'obligation de reclassement, au niveau du groupe de sociétés	**VRAI – FAUX**
9 – Lorsque le juge administratif annule une homologation, les salariés concernés peuvent exiger leur réintégration	**VRAI – FAUX**
10 – « Le taux d'homologation étant proche de 90 %, ce nouveau contrôle administratif, c'est du bidon »	**VRAI – FAUX**

RÉPONSES

1 – ARCHI-FAUX : d'une part la boucherie Sanzot peut licencier son unique vendeuse ; et n'existe aucune obligation de monter un PSE si moins de 10 salariés sont licenciés.

2 – FAUX, DEPUIS L'ORDONNANCE DU 22 SEPTEMBRE 2017. L'obligation de reclassement est limitée au territoire national.

3 – JAMAIS mais l'employeur ayant exécuté son obligation de reclassement, il ne pourra être condamné sur ce fondement par le Conseil des prud'hommes.

4 – FAUX, le Conseil des prud'hommes reste compétent pour apprécier la cause réelle et sérieuse de chaque licenciement prononcé.

5 – FAUX : il fallait à tout prix éviter un double contentieux devant deux juges différents sur le même sujet : le PSE. La Dreets est donc compétente pour contrôler le respect des deux *procédures* (y compris avec son pouvoir d'injonction dans les 5 jours de la demande), et le *contenu* du PSE, dont les RPS : l'homologation englobe les deux.

6 – TOUT FAUX : passer outre un refus d'homologation témoigne déjà d'un QI juridico-RH proche de zéro. Et les salariés n'ont pas à saisir le juge administratif, mais le Conseil des prud'hommes, y compris en référé car en l'absence de tout document écrit d'homologation de la Dreets, le trouble manifestement illicite est patent (ordonnance de « réintégration »).

7 – VRAI : ainsi en cas de *mutations technologiques*... aujourd'hui dangereux en raison du devoir d'adaptation. Mais aussi s'agissant de la *sauvegarde de la compétitivité* : l'entreprise peut dégager aujourd'hui de l'argent, mais voir arriver des nuages qui la mettront en dépôt de bilan dans un an : pensez à Sony, roi du monde avec ses Walkman en 1990, qui voit arriver le MP3 puis l'IPod.

8 – FAUX : si depuis septembre 2017, le cadre de l'obligation de reclassement et celui de la cause réelle et sérieuse est celui du groupe, la cause réelle et sérieuse doit être recherchée au niveau du seul secteur d'activité du groupe (s'il en existe plusieurs).

9 – TOUT DÉPEND DU MOTIF DE L'ANNULATION 1. En cas d'annulation *en raison d'une absence ou d'une insuffisance de PSE*, les licenciements sont nuls (art. L. 1235-14). Si le salarié *l'exige*, le juge *prud'homal* – certainement pas administratif – ordonnera donc la réintégration, sauf si elle est impossible : fermeture du site, absence d'emploi disponible, notamment. L'annulation *pour un motif autre* (ex. : procédures, accord pas majoritaire) *peut* donner lieu à la réintégration du salarié, *mais sous réserve de l'accord de l'employeur*. Mais depuis 2017, chacun des salariés aura droit à une indemnisation d'au moins six mois de salaires.

10 – FAUX, ET C'ÉTAIT CONÇU POUR. Au-delà de la première notification *officielle et obligatoire* le lendemain de la première réunion du CSE, le chef d'entreprise se rapprochera de la Dreets dès le début du montage de son PSE : pour évoquer par exemple un éventuel recours à l'activité partielle, ou ses projets en matière d'obligation de reclassement. S'ensuivront de nombreux échanges, plus ou moins formels et rudes, les syndicats et le CSE ne restant pas eux-mêmes inactifs. Bref dans l'immense majorité des cas, la Dreets aura suivi pas à pas toute la procédure interne, *demandant* ici – de facto *exigeant* car quelle entreprise pourra se payer le luxe d'un refus ? – la reprise de la procédure, d'abord courtoisement ensuite par voie d'injonction pour les mal-comprenants, là une meilleure prise en compte des seniors. Et la Dreets se prononcera *in fine* et très officiellement (par « *validation* » ou « *homologation* ») sur ce PSE... âprement négocié avec *ses services*.

Chapitre 3

La démission

724 Définition. « *La démission est un acte unilatéral par lequel le salarié sous contrat à durée indéterminée manifeste de façon claire et non équivoque sa volonté de mettre fin au contrat de travail.* » Si le droit des licenciements occupe plusieurs dizaines de pages du Code du travail, son symétrique apparent, la résiliation à l'initiative du salarié titulaire d'un CDI n'a droit qu'à trois maigres articles : L. 1237-1 et s.

Reprendre sa liberté. Avant le C19, en moyenne 19 000 salariés s'inscrivaient chaque mois à Pôle emploi (deux fois plus que les licenciements économiques) car ils avaient « dé-missionné » et donc « *repris leur liberté* ». Mais la plupart des démissionnaires ne s'y inscrivent pas : un des principaux motifs de démission est d'avoir trouvé un emploi ailleurs : 70 % des *cadres* retrouvaient ainsi un emploi pérenne dans le mois suivant leur démission, mais moins de la moitié des *ouvriers quatre* mois après.

Mais ce motif est loin d'être le seul : mutation du conjoint, carrière compromise ou ennui infini dans l'entreprise actuelle, situation intenable après un conflit individuel, mais aussi collectif.

Attention ! Un CDD ne peut ni démissionner, ni prendre acte : il peut « rompre avant terme » son contrat, s'il peut prouver une faute grave de l'employeur.

725 **Droit et RH.** En termes de ressources humaines, le taux de démissions est examiné avec beaucoup d'attention par les entreprises. Un taux proche de zéro (banques, assurances) ne veut pas forcément dire attachement à la culture maison : il peut également signifier confort douillet peu propice aux initiatives et à la prise de risques. À l'inverse, une forte mobilité externe (30 % voire 90 % par an : hôtellerie, restauration rapide) pose un problème d'identité à l'entreprise, qui n'arrive pas à garder ses meilleurs éléments. Un malheur n'arrivant jamais seul, non seulement les plus mauvais CDI ne démissionnent jamais, mais les excellents rejoignent souvent la concurrence, une fois formés et donc opérationnels.

Le talentisme ayant souvent remplacé le capitalisme (pour une entreprise du savoir, son capital humain est plus important que le capital dit social), et les talents étant rares, la fidélisation visant à dissuader les meilleurs de démissionner est aujourd'hui une question problème dans nombre de sociétés ayant été elles-mêmes infidèles pendant la crise : *stock-options*, mais aussi suivi de carrière très personnalisé et autres fleurs, sans oublier les chaînes : clause de non-concurrence, de dédit-formation le cas échéant.

726 **Fausse symétrie.** Par rapport au licenciement, la démission présente juridiquement quelques avantages pour le salarié, mais surtout de nombreux inconvénients.

Avantages : le salarié sous CDI n'a aucun motif à invoquer, aucune procédure longue ou complexe à respecter, sinon l'envoi d'une lettre si la convention collective le prévoit pour fixer la date exacte de la rupture. Liberté du travail oblige, l'employeur ou le manager qui ressent parfois la démission de son (jeune) protégé comme une trahison personnelle et professionnelle *(« Je lui ai tout donné ! »)*, ne peut s'y opposer, même si elle intervient à une période cruciale pour lui. Quelles que soient les circonstances, il devra verser l'indemnité de congés payés que le salarié a acquise mois après mois.

Inconvénients : auteur de la rupture, c'est le collaborateur qui doit un préavis à l'entreprise, et il ne touche évidemment aucune indemnité de licenciement. Et surtout ne sera pas, en principe, pris en charge par le système d'assurance-chômage qui n'est pas une caisse de congés payés et n'indemnise, sauf exception mais légitimement, que les salariés « *involontairement* privés d'emploi ». Même si en application de la loi du 5 septembre 2018, le décret du 26 juillet 2019 a nettement modifié les choses à compter du 1er novembre 2019... avec de très solides – donc délibérément dissuasives – conditions pour limiter les dépenses : cinq ans *continus* d'affiliation, projet de reconversion réel et sérieux approuvé par la Commission paritaire interprofessionnelle régionale, suivi d'une formation. Présentant enfin un caractère réel et sérieux attesté par la commission paritaire interprofessionnelle régionale. Deux ans plus tard, le but est atteint : peu de demandes, et encore moins d'acceptations.

Il pourra cependant aussi démontrer le « motif légitime » de sa démission à la commission paritaire de l'Unedic : mariage, mutation du conjoint, non-paiement des salaires, harcèlement avec plainte déposée (V. accord Unedic du 14 avril 2017). Mais il faut en être certain et ne pas démissionner trop tôt : si la mobilité du conjoint est finalement reportée, la rétractation d'une démission ou d'une prise d'acte dépend exclusivement de la bonne volonté patronale.

Faut-il alors, comme le suggérait une copie d'étudiant se voulant progressiste, *« interdire la démission pour vraiment protéger le salarié »* ? Le servage a été aboli...

LA DÉMISSION AUJOURD'HUI : PEAU DE CHAGRIN ET PEAU DE LAPIN

1 – Peau de chagrin

Depuis 2008, la rupture conventionnelle homologuée (35 000 en moyenne chaque mois en 2021) donnant automatiquement droit à une indemnité de rupture mais surtout aux allocations-chômage a dissuadé nombre de collaborateurs prudents et avisés de démissionner. Ils préfèrent proposer à leur employeur cette résiliation consensuelle indemnisée. Et en nos temps post C19 de suppressions de postes et de plans de départs volontaires, ce départ individuel discret, sans procédures ni procès sur la cause réelle et sérieuse, est souvent accepté « sans autre forme de procès ». Mais aux frais de l'Unedic, qui a donc nettement allongé le délai de carence, en particulier pour les cadres : mais sans effet notoire sur les chiffres. Et c'était avant la rupture conventionnelle collective de 2018, donnant également lieu à indemnisation.

2 – Peau de lapin

« *Lorsque le salarié remet en cause sa démission en raison de faits ou manquements imputables à son employeur, le juge doit, s'il résulte des circonstances antérieures ou contemporaines de la démission qu'à la date à laquelle elle a été donnée celle-ci était équivoque, l'analyser en une prise d'acte de la rupture qui produit les effets d'un licenciement sans cause réelle et sérieuse si les faits invoqués la justifiaient, ou, dans le cas contraire, d'une démission.* » Le revirement jurisprudentiel du 9 mai 2007 permettant à un collaborateur ayant envoyé une lettre titrée « Démission » en bonne et due forme, de faire requalifier quelques mois après celle-ci en prise d'acte (V. *infra*) limite encore davantage le champ de notre bien classique démission.

La démission n'est plus ce qu'elle était.

727 Protection judiciaire. La Cour de cassation est depuis toujours extrêmement attentive à ce que l'employeur, qui cherche souvent pour les raisons examinées *supra* à éviter tout licenciement, ne provoque pas la démission du salarié : elle exige donc une *« volonté claire, sérieuse et sans équivoque de démissionner » (Section I)*. Le salarié démissionnaire doit par ailleurs respecter le délai-congé, d'usage ou conventionnel *(Section II)*. Il ne doit pas enfin abuser du droit dont il dispose *(Section III)*.

SECTION I « Volonté claire, sérieuse et non équivoque de démissionner »

728 La démission ne se présume pas. Elle suppose une *« volonté claire, sérieuse et non équivoque de démissionner »* : en cas de contestation (rare), elle devra être prouvée par l'employeur qui l'invoque. Mais si elle a été valablement donnée, elle ne pourra être rétractée qu'avec l'accord exprès de celui-ci. Côté chef d'entreprise, il ne sert donc à rien de prendre acte de la réception d'une lettre de démission : le contrat de travail est déjà rompu, et comme il n'existe pas de rupture au carré...

729 La GG (Grosse Gaffe) : la prise d'acte patronale d'une démission inexistante. Au fur et à mesure que le droit du licenciement se complexifiait, les praticiens étaient saisis de plus en plus de demandes patronales relatives à la démission (provoquée, négociée...) : le juge doit souvent se prononcer sur la nature exacte de la rupture des relations contractuelles. Absence de trois semaines non justifiée, retour tardif de congés-payés : certains employeurs « prenaient acte » d'une démission virtuelle car non déposée, ce qui devait leur permettre d'éviter toute procédure, toute indemnisation et surtout toute recherche de la cause réelle et sérieuse du licenciement : or c'est exactement l'inverse qui s'est produit avec feu l'auto-licenciement (V. *infra* chapitre 4, section I : « La prise d'acte »).

730 **Mais il convient également de protéger parfois contre lui-même le salarié colérique ou déprimé.** Après un incident avec un supérieur hiérarchique, il claque la porte en disant : « *Puisque c'est comme ça, je m'en vais !* », puis envoie immédiatement un courriel vengeur, titré « *Ma démission !!!* », au DRH qui n'en demandait pas tant. Pour des raisons d'amour-propre, il ne se présente pas les jours suivants à son travail. Faut-il le considérer comme démissionnaire et lui faire perdre indemnités de rupture, mais aussi allocations-chômage pour lui et sa famille ? En l'absence de textes légaux, la Cour de cassation exige, pour qu'il y ait résiliation imputable au salarié, que ce dernier manifeste une volonté sérieuse et sans équivoque (tautologie ?) de quitter *définitivement* son emploi, et bien sûr aucun vice de son consentement (violence morale, voire physique).

§1 Volonté sérieuse

731 **Une lettre manuscrite, datée et signée par le salarié,** rédigée à froid à son domicile, et postée par LRAR (la longue attente à La Poste porte conseil), témoigne de cette volonté si elle n'est pas remise en cause dans les jours qui suivent. À l'inverse, un départ précipité suite à un incident ne montre pas que le salarié voulait réellement démissionner, *a fortiori* s'il n'a pas prononcé le mot fatidique : « *Je démissionne* » n'est pas équivalent à « *Je quitte cette maison de fous !* ».

Vices. Dans le cas où l'employeur aurait volontairement menti sur les conséquences de la démission pour l'obtenir, il s'agit alors d'un vice du consentement « de nature à entraîner l'annulation de la démission ». Conformément au droit commun, c'est alors au salarié de démontrer ce vice. Grand classique que l'arrêt du 23 janvier 2019 : l'employée d'un supermarché se fait prendre à la sortie avec des produits du magasin. Elle rédige immédiatement une lettre de démission, mais la conteste huit jours après, et gagne : « *l'acte de démission avait été rédigé en même temps qu'un écrit de reconnaissance des faits qui lui étaient reprochés, en présence du directeur, dans un contexte de grande fatigue, après que le directeur ait indiqué qu'il allait appeler les gendarmes et porter plainte* ».

Mais dans la pratique, l'annulation judiciaire d'une démission donnée il y a onze mois a les effets d'un licenciement sans cause réelle et sérieuse.

732 **Méfiance.** Les juges sont légitimement réservés sur les démissions envoyées par *courriel*. Outre l'identité exacte du rédacteur de ce curieux message, ce médium oral-écrit instantané suscite leur méfiance : tout dépend donc de l'attitude adoptée ensuite par le collaborateur. Si aucune nouvelle ne parvient à l'employeur dans les semaines qui suivent, l'attitude du salarié montre une volonté sérieuse de ne plus travailler. Mais cette attitude reste équivoque, même en présence de mises en demeure réitérées.

EN PRATIQUE

Le salarié coléreux mais bien conseillé envoie le lendemain de l'incident s'étant transformé en démission orale un certificat maladie, dont le but est triple : 1) jeter le doute sur son état psychique ; 2) prouver qu'il ne veut pas démissionner puisqu'il avertit ainsi l'employeur de son absence dans les formes légales ; 3) ne pas perdre la face vis-à-vis de collègue-e-s désormais très admiratives attendant le retour de Bayard le lendemain matin avec un grand intérêt : « *X, qui a tenu tête à son chef l'irascible Y, va-t-il s'excuser platement ?* » Au bout de huit jours, l'incident sera clos.

Un « départ-coup de tête » (honneur professionnel, rivalité amoureuse) ne constitue donc pas pour la jurisprudence une volonté sérieuse de quitter *définitivement* son emploi. Il peut cependant constituer une absence fautive, cause de licenciement pour motif personnel, voire de faute grave si cette insubordination patente et non fondée a eu lieu en présence de tiers. Le salarié perdra, comme en cas de démission, ses indemnités de rupture et ne touchera donc que ses congés payés. ***Mais il pourra prétendre à l'assurance-chômage :*** nuance d'importance, surtout aujourd'hui !

§2 Volonté non équivoque de démissionner

733 **Employeur arrosé.** C'est d'abord la délicate question de l'absence prolongée, sans explications, qui doit être abordée. Hypothèse fréquente lors des retours de congés payés, après un simple changement de conditions de travail, ou en cas de maladie : pendant plusieurs semaines, et malgré les appels téléphoniques, des courriels et lettres de rappel, aucune nouvelle du salarié. Peut-il être considéré comme *implicitement* démissionnaire ? Jamais ! L'absence injustifiée du salarié, même de longue durée, ne peut caractériser une volonté non équivoque de démissionner. Même si le salarié abandonne son poste après avoir dit « *Ne compte plus sur moi* », et ne donne aucune nouvelle ni explication pendant *deux ans* malgré plusieurs mails de relance (CS, 25 nov. 2020).

Si la Cour de cassation n'exclut nullement que des sanctions pouvant aller jusqu'au licenciement pour faute grave (abandon de poste) soient prises, elle n'accepte pas que ces absences soient constitutives d'une démission afin de préserver les droits aux allocations-chômage du salarié qui fait vivre une famille. Pour leur part, les juges saisis *doivent* désigner l'auteur de la rupture (ex. : « *Si tu continues, je me casse !* » « *Pas cap !* » « *T'as ma dem. !* »). En l'absence de volonté sérieuse et sans équivoque de démissionner, le couperet risque alors de tomber… sur l'employeur qui a constaté une rupture n'étant finalement pas imputable au salarié : licenciement, avec indemnités de rupture (IP + IL) et défaut de cause réelle et sérieuse faute de lettre motivée, soumis au barème de 2017.

§3 Liaisons dangereuses : démission ou prise d'acte, et démission-prise d'acte

734 La jurisprudence est très attentive lorsque la démission invoquée résulte du comportement patronal, gravement fautif ou manifestant une volonté de provoquer la démission du salarié. L'hypothèse ici examinée n'a cependant rien à voir avec les effets d'une prise d'acte non fondée, qui aboutit aux effets d'une démission.

FAUSSE DÉMISSION MAIS VRAIE PRISE D'ACTE

La démission expressément motivée par des manquements patronaux, même en post-scriptum après un courrier enthousiaste constitue en droit une véritable prise d'acte : « *La démission ayant été donnée en raison de griefs faits à l'employeur* (surcharge de travail et inadaptation de son poste), *il en résultait qu'elle s'analysait en une prise d'acte à ses torts, peu importe que cette lettre ait été suivie d'une autre lettre de démission dans laquelle le salarié n'évoque plus ces manquements* » (CS, 28 mai 2013).

Verre à moitié plein côté entreprise : malgré la volonté pour le moins équivoque de véritablement démissionner de la part du collaborateur, il ne s'agit pas automatiquement d'un licenciement, inévitablement sans cause réelle et sérieuse faute de lettre de notification motivée.

Verre à moitié vide : tout démissionnaire a désormais intérêt à invoquer d'éventuelles sinon de très hypothétiques fautes patronales, au cas où. Le lecteur aura compris que le « démissionnaire » passant à la concurrence, mais aussi le futur entrepreneur qui se lance *(« Enfin ouvrir ce petit restaurant en Avignon, dont toute la famille rêve depuis 15 ans »)* peut tenter d'ainsi se constituer un petit parachute ventral, au cas où les clients ne seraient pas rapidement au rendez-vous : la démission-prise d'acte à réaction (un peu) différée.

Mais attention !

Cette prise d'acte doit intervenir rapidement après les errements patronaux pour pouvoir espérer conduire aux effets d'un licenciement sans cause réelle et sérieuse.

735 « **Du fait de circonstances antérieures ou contemporaines** », la démission peut s'analyser en prise d'acte. « *Lorsque le salarié, sans invoquer un vice du consentement de nature à entraîner l'annulation de sa démission, remet en cause celle-ci en raison de faits ou manquements imputables à son employeur, le juge doit, s'il résulte de circonstances antérieures ou contemporaines de la démission qu'à la date à laquelle elle a été donnée celle-ci était équivoque, l'analyser en une prise d'acte de la rupture qui produit les effets d'un licenciement sans cause réelle et sérieuse si les faits invoqués la justifiaient ou dans le cas contraire d'une démission.* »

Les quatre arrêts rendus le 9 mai 2007 invitent le juge saisi par un salarié ayant démissionné sans invoquer *à l'époque* aucun grief particulier à raisonner en trois temps :

1. au moment où la démission a été donnée, des *« circonstances antérieures ou contemporaines à la rupture »* la rendait-elle équivoque ? Exemples tirés d'arrêts : virulente contestation visant le *« temps de travail, les congés payés et le repos compensateur »* ; *« cette situation avait été signalée à l'inspection du travail »* ; *« modification unilatérale de sa rémunération consistant en une suppression d'une partie de ses commissions »*. Si c'est le cas, le juge peut donc *« analyser la démission en une prise d'acte de la rupture »* : ce qui ne veut pas dire que le salarié ait gagné les effets d'un licenciement sans cause réelle et sérieuse.

   Mais la Chambre sociale ne s'en laisse plus compter : ainsi de cette commerciale demandant la requalification par une lettre expédiée six mois après sa démission

« en réclamant la rémunération d'heures supplémentaires étayée par aucun élément, la teneur des mails adressés à ses collègues ne révélant nullement une rupture dans un contexte conflictuel mais témoignant d'une démission pour rejoindre une nouvelle fonction » : « rien ne permettait donc de remettre en cause la manifestation de sa volonté claire et non équivoque de démissionner » (CS, 8 juin 2017).

2. Mais attention : le désormais faux démissionnaire n'a pour l'instant rien gagné. Le Conseil des prud'hommes va devoir examiner *« si les faits invoqués* (*in extremis*, mais pas trop, car ils doivent « empêcher la poursuite du contrat ») *justifiaient la rupture »*.
3. La ci-devant démission désormais requalifiée produira donc « soit les effets d'un licenciement sans cause réelle et sérieuse si les faits invoqués la justifiaient, soit dans le cas contraire ceux d'une démission ». Dans cette dernière hypothèse, retour à la Case départ pour le salarié démissionnaire.

736 Alternative obligée. Mais le salarié ne peut invoquer à la fois un vice de consentement pouvant entraîner l'annulation de sa démission, et demander en même temps que celle-ci soit analysée en une prise d'acte. Soit il soutient que sa volonté de démissionner n'était pas libre car il y a été contraint (= vice du consentement), soit il demande que sa démission produise les effets d'une prise d'acte justifiée, en raison des manquements de son employeur,

Si l'un exclut l'autre, on comprend facilement pourquoi il choisit la seconde solution : entre une « réintégration » un an après dans l'ambiance que l'on devine, et le versement de l'équivalent d'une dizaine de mois de dommages-intérêts… mais désormais plafonnés.

737 Démission provoquée. Certains employeurs cherchent, plus discrètement mais tout aussi efficacement, à pousser le salarié à partir : s'ils parviennent souvent à leurs fins, le réveil sera brutal si ce dernier a su se ménager des moyens de preuve.

Mutation vexatoire sous les ordres de son ancien subordonné, mise en cause de la vie privée, nouvelles attributions provoquant la risée des collègues (un maître-chien voyant son gros Doberman remplacé par un caniche) : les arrêts ne manquent pas en la matière, surtout après une fusion et donc des doublons. Sur le mode de la guerre psychologique ou du harcèlement moral, l'entreprise va contraindre le collaborateur au départ, sous les apparences de la démission. Mais si le salarié arrive à convaincre le Conseil des prud'hommes des manœuvres dolosives ou encore de violences morales ou physiques de l'employeur, la sanction va être lourde, sans parler d'un éventuel contentieux civil et pénal.

Au-delà de ce *« vice du consentement de nature à entraîner l'annulation de sa démission »* évoqué par les mêmes arrêts du 9 mai 2007 (mais *en pratique*, la « réintégration » sur ordonnance judiciaire qui pourrait s'ensuivre apparaît bien théorique), le salarié préférera la requalification de la fausse démission en vrai licenciement, qui entraîne une longue série d'effets : versement des indemnités de rupture (IP plus IL), cause réelle et sérieuse automatiquement absente en l'absence de lettre de licenciement dûment motivée (mais avec le nouveau plancher/plafond), abus de droit à l'occasion de la rupture (comportement vexatoire : dommages-intérêts proportionnels au préjudice subi et prouvé). Pour un salarié ayant dix ans d'ancienneté, l'employeur regrettera de n'avoir pas procédé à un vrai licenciement lorsqu'il devra payer l'équivalent de quinze mois de salaire : la sanction est à la hauteur de la faute commise.

Mais la faute peut également venir du salarié (réellement) démissionnaire.

SECTION II Respect par le salarié du préavis de démission

738 **« Celui qui rompt doit un préavis ».** En cas de démission et afin de permettre à l'employeur de pourvoir à son remplacement, le salarié en CDI (après essai) doit, sans notification particulière, respecter un « préavis de démission ». Mais justement : en cas de démission, son exécution pose de multiples problèmes pratiques, au salarié comme à l'employeur : au mieux quelle efficacité demander à un travailleur du savoir déjà sur le départ ? Au pire ne va-t-il pas être tenté de s'attirer les bonnes grâces de son futur employeur avec ces merveilleux disques durs externes qui permettent d'emporter discrètement l'équivalent de deux camions de vingt tonnes bourrés de documents plus ou moins confidentiels ?

§1 Durée du préavis ?

739 « *En l'absence de dispositions légales, de convention ou d'accord collectif de travail, l'existence et la durée du préavis résultent des usages pratiqués dans la localité et la profession* » (art. L. 1237-1). Mis à part les journalistes et les VRP, la loi ne fixe aucune durée légale concernant le préavis de démission, contrairement à son homonyme concernant le licenciement. Il convient donc de se reporter à la convention collective applicable à l'entreprise ou à la branche : même si la durée fixée s'avère plus longue que les usages, c'est elle qui sera appliquée. En règle générale : environ deux semaines pour les ouvriers, un mois pour les employés, trois mois pour les cadres.

740 **Durée supérieure à la convention collective = plus, ou moins favorable ?** Le contrat de travail ne peut lui-même prévoir de dispositions moins favorables que celles de la convention collective applicable, même si cette dernière l'y autorise. Comme l'a rappelé la Chambre sociale le 1er juillet 2008 à un démissionnaire ayant déposé un préavis de... neuf mois au lieu de trois (le but n'étant évidemment pas « *par respect de mes équipes* » mais que l'employeur l'en dispense en le payant intégralement), *« en cas de résiliation du contrat de travail à l'initiative du salarié, aucune des deux parties n'est fondée à imposer à l'autre un délai-congé différent de celui prévu par la loi, le contrat, la convention collective ou les usages ».*

§2 Exécution du préavis ?

741 **Obligation.** Dû par le salarié (sauf femme enceinte, ou après un congé maternité), ce préavis est une obligation légale : « *L'obligation de le respecter s'impose aux parties au contrat de travail, sans mise en demeure préalable.* » Si la maladie ou l'accident non professionnels n'en suspendent pas l'exécution, lorsque le salarié a démissionné pendant ses congés, il ne court qu'à partir de la date de son retour.

Et un salarié peut démissionner pendant son préavis de licenciement : il devra néanmoins – et théoriquement – continuer à travailler pour une période plus courte, correspondant à la nouvelle rupture.

742 **Dispense payée/Non-paiement si inexécution.** Mais tout salarié prudent et avisé démissionne non pour chercher du travail, mais parce qu'il a déjà signé un nouveau contrat, et sa future entreprise souhaite souvent bénéficier de ses services avant la fin du délai-congé. Rien n'empêche alors le collaborateur de demander à son actuel employeur de bien vouloir accepter qu'il n'exécute pas le reliquat de son délai-congé. Cela lui sera souvent accordé (quel travail réel accomplirait-il ?), mais ne donnera lieu à aucune indemnisation : logique contractuelle : « Pas de travail, pas de salaire ».

Il ne s'agit ici ni d'une *dispense* de préavis (classique mais payée), ni d'une *privation*, mais d'un accord amiable très courant en pratique, dans l'intérêt bien compris des deux parties mais qui doit donner lieu à la rédaction d'un écrit parfaitement clair daté, signé, en double exemplaire.

Le salarié quittant immédiatement l'entreprise commet une faute (art. L. 1237-2). L'employeur pourrait lui demander réparation du préjudice devant le Conseil des prud'hommes, dont il devrait démontrer l'existence et le montant. Mais si l'hypothèse a été *expressément prévue* par la convention collective ou le contrat de travail, un départ précipité peut donner lieu au versement, au profit de l'entreprise, d'une indemnité équivalant aux salaires restant à courir, même en l'absence de préjudice. Mais l'employeur ne pourra de lui-même effectuer une compensation entre les salaires qu'il doit au salarié et cette somme : il devra le demander au juge.

EN PRATIQUE : RUMEURS ET CHUCHOTEMENTS

Certains salariés, fins psychologues et qui ont déjà trouvé du travail ailleurs dans quelques semaines, font courir le bruit qu'ils comptent démissionner, ajoutant immédiatement qu'ils veulent ab-so-lu-ment effectuer, malgré le caractère stratégique de leur poste, l'in-té-gra-lit-é de leur préavis « par attachement à mes équipes », « pour la Maison qui m'a si bien formé », « par courtoisie la plus élémentaire à l'égard de Y, mon manager à qui je dois tout ». Séquence émotion, puis admiration. Cette nouvelle, heureuse et normale en droit mais catastrophique en fait pour des raisons d'ambiance de travail ou de concurrence, amène certains jeunes DRH inexpérimentés (ne sortant donc pas du Master professionnel

en apprentissage « Développement des ressources humaines et Droit social » de l'École de Management de Paris I – Sorbonne, (https://www.facebook.com/m2drh.sorbonne ; contact : M2DRH-ems@univ-paris1.fr) à tomber dans le piège qui leur est tendu.
Convoquant le futur démissionnaire, ils le remercient avec effusion de sa droiture et de sa remarquable fidélité, puis le dispensent immédiatement d'effectuer son délai-congé de deux ou trois mois, donc en le payant intégralement, comme s'il avait vraiment travaillé : brillante opération financière pour le démissionnaire partant le jour suivant à la concurrence (en l'absence de CNC) avec un gros chèque. Ce qui suscite des vocations chez d'autres collègues. Rarement les pires.

SECTION III La démission abusive

743 **« Y a de l'abus ! » (Mamie).** Article L. 1237-2 : *« La rupture d'un contrat de travail à durée indéterminée à l'initiative du salarié ouvre droit, si elle est abusive, à des dommages-intérêts pour l'employeur.* » Titulaire d'un droit de résiliation unilatérale, le titulaire d'un contrat à durée indéterminée peut parfois en abuser : L. 1237-2 n'apporte donc rien au droit commun de la responsabilité car tout abus ouvre droit à réparation.

Liberté du travail : l'abus ne peut provenir du motif du départ, considéré par exemple comme illégitime par l'employeur s'estimant trahi : le salarié n'a d'ailleurs aucun motif à donner, et être embauché par le concurrent est licite, même si évidemment l'entreprise n'apprécie guère : *« La démission pour exercer une activité concurrente ne constitue pas* en soi *un abus du droit de démissionner.* » Mais l'éventuelle clause de non-concurrence devra bien sûr être respectée, comme le remboursement figurant dans l'éventuelle clause de dédit-formation.

Le non-respect du délai-congé **ne caractérise pas à lui seul l'abus :** l'employeur peut seulement, comme nous venons de le voir, obtenir une indemnité équivalant aux salaires restant dûs **si cela est prévu par la convention collective ou le contrat.**

744 Il y a abus lorsque les conditions du départ manifestent ***l'intention de nuire, ou une légèreté blâmable***. L'arrêt Christian Dior reste célèbre (CS, 19 juin 1959) : une mannequin-vedette avait volontairement attendu la veille du défilé pour indiquer par télégramme qu'elle ne viendrait pas présenter la Collection d'hiver, causant ainsi un préjudice important à la société. Démission également abusive que celle de tous les commerciaux d'une entreprise, le même jour et à la veille du lancement d'un nouveau produit.

Dans les deux cas, **nul ne conteste le droit aux salariés de démissionner :** c'est le départ *immédiat, ET sans respect* d'aucun préavis, associé à une volonté de *nuire* qui caractérisent l'abus. Le salarié fautif devra donc en répondre devant le Conseil des prud'hommes compétent, et pourra être condamné à d'importants dommages-intérêts si le chef d'entreprise fait la preuve de son préjudice ; c'est l'un des très rares cas où le juge prud'homal est saisi par l'employeur et non par le salarié.

745 **Débauchage immédiat par un nouvel employeur** (art. L. 1237-3). Au-delà d'une clause de non concurrence (V. *infra*), si un salarié s'est rendu coupable de démission abusive pour se faire embaucher ailleurs, son nouvel employeur est considéré par la loi comme solidairement responsable du dommage causé au premier, mais à une triple condition :

- si ce dernier démontre que le concurrent est intervenu dans la rupture par des agissements frauduleux et dans un but déterminé : détournement de clientèle, violation de secrets de fabrication ;
- si le nouvel employeur a embauché le salarié en sachant très bien qu'il était encore lié par un contrat de travail avec le précédent ;
- s'il a continué à occuper le salarié après avoir appris qu'il était encore lié par un contrat de travail.

S'il n'a pas peur du ridicule, ce concurrent malheureux, qui a vu tous ses commerciaux embauchés sans respect du préavis par l'entreprise voisine pourra, quittant le Code du travail, se placer sur le terrain de la **concurrence déloyale** et tenter d'obtenir réparation devant le tribunal de commerce, réputé plus compréhensif à l'égard des entreprises.

746 **Le cocu magnifique.** Mais il existe très peu de contentieux sur ce terrain, malgré la réalité quotidienne du débauchage abusif devenu vaste Mercato de Rentrée, et l'intérêt que représente la responsabilité solidaire du nouvel employeur en termes de solvabilité.

Car à l'instar du mari trompé hésitant à faire connaître son infortune à la justice et donc au monde, l'entreprise délaissée, et *a fortiori* le DRH ici présumé fautif, ne tient pas vraiment à faire savoir que ses meilleurs commerciaux l'ont quittée.

Chapitre 4

Autres modes de rupture

747 **Ruptures de troisième type.** Licenciement et démission sont les modes les plus classiques d'extinction du rapport contractuel. Mais ils sont aujourd'hui loin d'être les seuls : si les fins de CDD représentent plus du double du nombre *total* des licenciements, la conflictuelle « prise d'acte » constitue un mode autonome de rupture reconnu par le Code *(Section I)*. Mais les parties préfèrent beaucoup plus souvent se séparer sans conflit, par la consensuelle résiliation conventionnelle homologuée au phénoménal succès *(Section II)*. Enfin, feue la force majeure vient bien rarement rompre elle-même le contrat, la Chambre sociale estimant qu'elle veut cacher des licenciements économiques *(Section III)*.

Rappel : « *Lorsque l'employeur et le salarié sont d'accord pour admettre que le contrat de travail a été rompu, chacune des parties imputant à l'autre la responsabilité de cette rupture, il incombe au juge de trancher ce litige en décidant quelle est la partie qui a rompu* »...et en tirer les conséquences.

SECTION I Conflit : la prise d'acte, mode autonome de rupture

748 **Un droit de retrait unilatéral, et définitif.** Constatant que le salarié n'est pas venu travailler depuis six mois sans aucune explication, un employeur peut-il « prendre acte de la rupture », c'est-à-dire constater que le contrat a été ainsi, *de facto*, rompu par l'autre partie ? La collaboratrice harcelée par son manager, jugeant la situation in-supportable et voulant donc quitter l'entreprise, « prendre acte » ?

La « prise d'acte » est devenue mode autonome de rupture même si, comme vu *supra*, la frontière entre démission et prise d'acte reste poreuse.

749 **Grosse Bourde : la prise d'acte patronale** = licenciement sans cause réelle et sérieuse. Dans l'arrêt « La Clé des Champs » le bien-nommé, la Cour de cassation avait affirmé le 13 novembre 2002 qu'un employeur prenant acte de la soi-disant démission d'un salarié ne se présentant plus à son travail prononçait en droit une rupture d'origine patronale : donc un licenciement, irréfragablement sans cause réelle et sérieuse faute de lettre motivée, et donc irrattrapable, même après septembre 2017. Jurisprudence

constamment reprise depuis. S'il veut rompre, le chef d'entreprise doit initier une procédure de licenciement pour faute (absence sans motif), avec lettre dûment motivée.

GB (GROSSE BOURDE)

Inutile donc d'évoquer plus avant la GB (Grosse Bourde) que constitue toute prise d'acte patronale : même si elle est prévue par une bien vieille convention collective en cas de très longue absence ou de faute lourde avérée, cette rupture d'origine patronale sera systématiquement requalifiée en licenciement par les juges, qui ajouteront automatiquement aux indemnités de rupture (IP + IL) celle due en cas de défaut de cause réelle et sérieuse en l'absence de motivation dans la lettre de rupture transformée en lettre de licenciement.

§1 Prise d'acte par le salarié : une pièce en trois actes

750 **Pure création jurisprudentielle** ne figurant à l'origine nulle part dans le Code, la prise d'acte a connu trois périodes successives en forme de lent retour au réel.

- **Acte I. CS, 25 septembre 2002 : création de l'auto-licenciement**

Faut-il donner à un démissionnaire potentiel connaissant bien la filmographie de Woody Allen *(« Take the money and run ! »)* le droit de choisir son terrain, et de s'auto-licencier quand bon lui semble en prenant acte d'une rupture fondée sur des griefs minimes voire imaginaires ? C'est pourtant ce qu'avait admis le calamiteux arrêt du 25 septembre 2002 : *« Une démission ne peut résulter que d'une volonté sérieuse et sans équivoque, laquelle n'est pas caractérisée lorsque le salarié prend acte de la rupture de son contrat de travail en reprochant à l'employeur de n'avoir pas respecté ses obligations contractuelles même si, en définitive, les griefs ne sont pas fondés. »* Un salarié imaginatif pouvait partir dans la journée, sans devoir invoquer un grief sérieux ni respecter le moindre préavis, tout en étant assuré de bénéficier des conséquences d'un licenciement (indemnité de préavis + indemnité de licenciement), par ailleurs sans cause réelle et sérieuse... puis toucher l'Unedic : **l'auto-licenciement était né !**

- **Acte II. L'indispensable revirement du 25 juin 2003 : plus un droit, un risque**

« Lorsqu'un salarié prend acte de la rupture de son contrat de travail en raison de faits qu'il reproche à son employeur, cette rupture produit les effets *soit d'un licenciement sans cause réelle et sérieuse si les faits invoqués la justifiaient, soit dans le cas contraire d'une démission. »*

Nécessaire contrôle judiciaire. Saisi par un salarié ayant pris l'initiative de rompre mais en imputant la responsabilité de la rupture à son employeur en invoquant des griefs que ce dernier conteste souvent, le juge ensuite forcément saisi par le collaborateur-chômeur doit donc vérifier que ces griefs existaient à la date de la rupture, qu'ils soient d'abord *réels* : d'où l'importance de se constituer des preuves (loyales) avant le départ. À éviter donc la prise d'acte prématurée, par exemple à l'occasion d'un simple *projet* de réduction des salaires ou d'une *future* rétrogradation. Ensuite des griefs « *suffisamment graves* ».

• **Acte III. CS, 26 mars 2014 : relégitimation de la prise d'acte**

Onze ans après ce revirement de 2003, la croissance des prises d'acte reflétait d'abord l'exercice d'un droit de retrait particulier car définitif, en forme de licenciement... de l'employeur : « *Maintenant, ça suffit !* » Mais démontrait aussi parfois le solide réalisme de salariés souvent haut placés, docteurs ès-rupture : hier, ils auraient démissionné, mais estimaient avoir tout à gagner et rien à perdre à prendre acte, y compris sur le dos de l'Unedic. Ce qui explique, outre la démultiplication des contentieux, le revirement du 26 mars 2014. « *La prise d'acte permet au salarié de rompre le contrat de travail en cas de manquement suffisamment grave de l'employeur* ***empêchant la poursuite du contrat***. » Avec cet arrêt, la Chambre sociale a relégitimé la vraie prise d'acte : estimant que sa situation est devenue littéralement « in-supportable », le salarié rompt.

1. **Pédagogique symétrie CDD/CDI.** En retenant le « *manquement suffisamment grave de l'employeur empêchant la poursuite du contrat de travail* », la Cour reprend la faute grave patronale – bien sûr non disciplinaire ! – évoquée à l'article L. 1243-1 pour le contrat à durée déterminée, qui « *ne peut être rompu avant l'échéance qu'en cas de faute grave ou de force majeure* ».

2. **Louable réalisme.** En adoptant un contrôle léger et en abandonnant l'idée qu'il existe des hypothèses la justifiant automatiquement au profit des conséquences concrètes de la faute patronale, la Chambre sociale s'est alignée sur les autres chambres civiles, mais a choqué les faiseurs de systèmes. Mais être bon juriste n'exclut pas un minimum de bon sens : la modification unilatérale d'une prime de 3 euros ou le non-versement ponctuel de trois heures supplémentaires justifiaient-ils une rupture, hors effet d'aubaine ?

Mieux : l'explosif mariage des deux créatures jurisprudentielles que sont la prise d'acte et l'obligation de sécurité de résultat devait-il permettre à une salarié bien conseillée de quitter l'entreprise quand bon lui semblait si un client avait fumé dans des locaux où elle n'était jamais (non, CS, 15 juin 2019), ou si son ex-visite annuelle a pris du retard faute de médecin du travail disponible ?

751 Des effets logiquement opposés

Le Conseil des prud'hommes est ici toujours saisi par le salarié (au chômage), car l'employeur conteste systématiquement ses griefs ou leur gravité. Si le juge estime « *les manquements suffisamment graves de l'employeur et empêchant la poursuite du contrat* » (modification importante du contrat, problème de sécurité), la prise d'acte aura alors **les *effets* d'un licenciement sans cause réelle et sérieuse**. Versement automatique des indemnités de rupture (IP + IL), y compris conventionnelles. Et licenciement irréfragablement dénué de cause réelle et sérieuse, sans toutefois remboursement des allocations-chômage à l'Unedic mais dans la fourchette légale plancher/plafond de septembre 2017.

Mais si ce n'est pas le cas, la rupture, qui dans tous les cas est consommée et a entraîné la cessation immédiate du contrat de travail, « ***produit*** **les effets** ***d'une démission*** » : il fallait éviter de remettre en cause la jurisprudence sur la nécessaire « volonté sérieuse et non équivoque ». Le salarié n'aura ici droit à rien : et c'est lui qui devra verser à son ex-employeur la réclamant l'équivalent d'une indemnité de préavis.

Finis désormais ces départs opportunistes de collaborateurs souvent haut placés, invoquant d'inqualifiables fautes patronales commises il y a vingt mois.

Raison garder. Ce légitime recadrage jurisprudentiel est-il un désastre pour les salariés ? La prise d'acte, une panacée ? Fallait-il ouvrir toujours plus grandes les portes de cette gravissime décision conduisant directement à Pôle emploi (en principe sans indemnisation), puis un an plus tard devant les prud'hommes, avec le risque des effets d'une démission faute de preuves suffisantes (40 % des cas devant la Cour de cassation) ?

§2 Mise en œuvre de la prise d'acte

A. - Forme : « La prise d'acte de la rupture n'est soumise à aucun formalisme »

752 **Seule exigence : que l'employeur soit directement averti** de cette rupture : *« si la prise d'acte n'est soumise à aucun formalisme et peut valablement être présentée par le conseil du salarié, c'est à la condition qu'elle soit adressée directement à l'employeur »* : la seule saisine de la juridiction prud'homale ne vaut pas prise d'acte (CS, 29 mars 2017).

753 **Contrairement à la LRAR de licenciement, la lettre de prise d'acte ne fixe pas les limites du litige** : *« L'écrit par lequel le salarié prend acte de la rupture du contrat de travail en raison de faits qu'il reproche à son employeur ne fixe pas les limites du litige, et le juge est tenu d'examiner les manquements de l'employeur invoqués devant lui par le salarié. »* (CS, 28 nov. 2018). D'où le contentieux examiné *supra* sur une démission antérieure apparemment valide puisque n'évoquant aucun grief, mais pouvant être contestée ensuite, voire « analysée en une prise d'acte s'il résulte de circonstances antérieures ou contemporaines qu'elle était équivoque à la date où elle a été donnée ».

Surprise pour certains employeurs voyant leur ex-salarié officiellement démissionnaire plaider plusieurs mois après devant le Conseil des prud'hommes de nombreux manquements patronaux qui ne figuraient nulle part à l'époque, et qu'il n'avait même pas signalés à qui que ce soit : un « guet-apens » auquel les arrêts de mars 2014 voulaient mettre un terme.

Mais la Chambre sociale refuse légitimement de condamner pour défaut de procédure de *licenciement* un employeur se retrouvant devant le « fait accompli » d'une prise d'acte, *« procédure qui ne pouvait être accomplie »*.

B. - Effets : « La prise d'acte entraîne la cessation immédiate du contrat de travail »

Tirons les conséquences de cette « cessation immédiate » aux conséquences irrattrapables, sauf si l'employeur compatissant accepte de mettre à la poubelle la vindicative lettre reçue du salarié ayant réalisé l'étendue des dégâts :

- il ne peut plus y avoir démission, licenciement, résiliation conventionnelle après. *A fortiori* des faits fautifs ultérieurs ne peuvent servir de base à une sanction ;

- l'employeur doit délivrer l'attestation Unedic, sans pouvoir cocher la case « Démission » : sinon le salarié pourra agir en référé pour l'obtenir. Mais sauf cas extrêmes (violences, non-paiement du salaire), il n'a pas droit aux allocations-chômage en attendant la décision judiciaire, rendue (en principe) en urgence ;
- la prise d'acte mettant fin aux obligations de l'employeur, fin des complémentaires maladie ou prévoyance ;
- la même date fixe la fin de la période de calcul du droit aux congés payés ;
- en cas de clause de dédit-formation, le remboursement devra intervenir si la prise d'acte est assimilée à une démission.

POUR CALMER LE JEU : UNE MISE EN DEMEURE OBLIGATOIRE ? HÉLAS, NON (AVIS CHAMBRE SOCIALE, 3 AVRIL 2019)

Pour éviter cette rupture immédiate et irrattrapable, à l'issue judiciaire toujours lointaine et souvent aléatoire – surtout pour le collaborateur-chômeur de bonne foi n'ayant donc pas anticipé son départ avec la collecte de multiples preuves en amont – ne fallait-il pas exiger au moins une mise en demeure préalable, à l'instar du nouveau droit des contrats : « le créancier peut, à ses risques et périls, résoudre le contrat par voie de notification. Sauf urgence, *il doit préalablement mettre en demeure le débiteur défaillant de satisfaire à son engagement dans un délai raisonnable* » (C. civ., art. 1226 nouveau) ?

Que nenni, a répondu la Chambre sociale dans son avis du 3 avril 2019 : « *Les modes de rupture du contrat de travail, à l'initiative de l'employeur ou du salarié, sont régis par des règles particulières, et emportent des conséquences spécifiques, de sorte que les dispositions de l'article 1226 du Code civil ne leur sont pas applicables* ». Dont acte.

C. - Procédure prud'homale accélérée

754 **Délai de prescription de 12 mois** à compter de la notification de la rupture (art. L. 1471-1). Et l'article L. 1235-3-2 indique expressément que « *le montant de l'indemnité octroyée est déterminé selon les règles fixées à l'article L. 1235-3, sauf lorsque cette rupture produit les effets d'un licenciement nul afférent aux cas mentionnés au 1° à 6° de l'article* L. 1235-3-1 ». Bref, est soumis aux nouveaux plafonds de dommages-intérêts, sauf si la prise d'acte est fondée sur une discrimination, un harcèlement, etc.

755 **Jugement rapide.** S'inspirant de la requalification judiciaire du CDD, la loi du 1er juillet 2014 a voulu ne pas laisser le salarié dans l'incertitude : « *Lorsque le Conseil de prud'hommes est saisi d'une demande de qualification de la rupture du contrat de travail à l'initiative du salarié en raison de faits que celui-ci reproche à son employeur, l'affaire est directement portée devant le bureau de jugement, qui statue au fond dans un délai d'un mois suivant sa saisine* » (art. L. 1451-1). Si l'absence de la phase de conciliation n'est pas surprenante s'agissant d'une situation aussi conflictuelle, on peut s'interroger aujourd'hui sur la réalité de ce très bref délai.

756 **Droit probatoire : retour au droit commun.** Ne s'agissant pas d'un licenciement, le droit commun de la preuve s'applique : c'est donc au salarié-demandeur de prouver la réalité, et la suffisante gravité des faits qu'il allègue. Et s'il subsiste un doute sur leur réalité, le juge considère qu'il n'a pas établi pas les faits et le débouter de ses demandes.

Sauf si le salarié est bien conseillé, et sait se placer sur un terrain où le régime probatoire s'inverse : discrimination, ou harcèlements et autres atteintes aux « libertés fondamentales » qui, depuis l'ordonnance du 22 septembre 2017, permettent également de faire sauter le plafond de dommages-intérêts. De quoi chercher à changer de terrain, en se constituant des contondantes preuves avant ce fracassant départ.

D. - Fond : haut niveau de gravité du manquement patronal

757 CS, 26 mars 2014 : « *La prise d'acte permet au salarié de rompre le contrat de travail en cas de manquement suffisamment grave de l'employeur* ***empêchant la poursuite du contrat***. »

Tout le monde est d'accord pour estimer qu'une faute vénielle (24 h de retard pour la paye) ne permet pas au salarié de prendre acte. Mais quel degré de gravité exiger pour un acte aussi grave ?

Depuis le légitime revirement opéré par les arrêts du 26 mars 2014, la notion de « *manquement suffisamment grave de l'employeur empêchant la poursuite du contrat* » renvoie indirectement à la « faute grave » patronale permettant au salarié de rompre avant terme le CDD.

Fini l'automatisme et ses effets d'aubaine. « *La modification appliquée par l'employeur n'ayant pas exercé d'influence défavorable sur le montant de la rémunération perçue par le salarié pendant plusieurs années, cette modification unilatérale n'était pas de nature à empêcher la poursuite du contrat de travail* » : avec l'arrêt du 12 juin 2014, la Cour de cassation a confirmé son évolution : il n'existe plus de manquement permettant automatiquement de prendre acte. Alors par exemple qu'auparavant toute modification du contrat de travail imposée l'autorisait, quelle qu'en soit l'importance, il faut maintenant que cette modification imposée « empêche la poursuite du contrat » : ce qui n'est pas le cas d'une perte minime.

Selon l'intéressant décompte effectué par Sylvain Niel dans son offensif article « Réagir à l'instrumentalisation d'une prise d'acte » (Cahiers du DRH, mai 2020), sur les 7 702 arrêts rendus à ce sujet par la Cour de cassation, 67 % visent la violation d'un droit fondamental comme le paiement des salaires ou des congés. Dans l'ordre : salaires non versés : 2 564 arrêts ; violation des droits aux congés payés : 1854 ; non-paiement des heures supplémentaires : 786 ; harcèlement moral ou sexuel : 499 ; discrimination : 361 ; menaces proférées par des collègues : 332 ; promotion freinée ou évolution bloquée : 323 ; égalité de traitement : 296 ; violences physiques : 266 ; violation de l'obligation de sécurité : 207 arrêts ; temps de repos non respectés : 110.

§3 Suites de la prise d'acte

758 **Préavis et prise d'acte : un oxymore ?** « *La prise d'acte entraînant la cessation immédiate du contrat de travail, le salarié n'est pas tenu d'exécuter un préavis* » (CS, 26 mai 2010).

Normal, *a fortiori* depuis le 26 mars 2014 : si le salarié rompt ainsi immédiatement et avec fracas, c'est que sa situation est devenue à ses yeux littéralement « insupportable », et qu'en principe il ne pourrait donc la supporter deux ou trois mois de plus.

Mais la Chambre très sociale ne veut pas brusquer un salarié très prudent, ou de bonne foi : « *Si la prise d'acte entraîne la cessation immédiate du contrat de travail, de sorte que le salarié n'est pas tenu d'exécuter un préavis, l'exécution de celui-ci est sans incidence sur l'appréciation de la gravité des manquements invoqués à l'appui de la prise d'acte* » (CS, 1er juill. 2014) : seuls les griefs comptent.

Mais :

1. si les faits justifiaient la rupture, le juge doit, quoi qu'il arrive (ex. : salarié tombé malade à cette époque), lui accorder l'indemnité de préavis et les congés payés afférents : indemnité fondée sur le salaire qu'il aurait touché s'il avait travaillé pendant cette période.
2. À l'inverse, lorsque la prise d'acte produit les effets d'une démission, le salarié peut être condamné à indemniser l'employeur pour non-respect du préavis.

MINI-CAS PRATIQUE COMMUN DÉMISSION + PRISE D'ACTE

Dans l'entreprise Jalapin (Métallurgie, 2 543 salariés dans huit établissements en France), l'ambiance n'est plus au beau fixe depuis que son principal client a été déclaré en faillite fin novembre. « Pour l'instant, ça va bien, mais je prévois pour 2022 une chute d'un tiers de mon chiffre d'affaire : il faut agir vite et fort ! » vous explique son DG.

« J'envisage de muter dans deux mois de Paris à Lyon 123 salariés du siège de Paris : là, pas de problème car ils ont tous une clause de mobilité : mais comme il y a eu des fuites sur cette mobilité, je viens de recevoir huit lettres LRAR parfaitement identiques "*prenant acte de la rupture de votre fait suite à la mobilité forcée que vous nous faites subir*" et me réclamant, sans rire, entre 15 et 25 mois de salaire... Pour des démissionnaires ayant trois ou quatre ans d'ancienneté, c'est un peu fort, non ? Que leur répondre ?

Quant à Mme Rambard, elle avait annoncé à toute son équipe qu'elle allait démissionner, et n'est plus venue travailler pendant deux jours. Or elle vient de m'écrire que « *Tout bien réfléchi, je n'ai jamais eu l'intention de démissionner, simplement prendre du champ : je serai donc là demain* ». Je compte immédiatement prendre acte de sa démission ! »

Résolution

▮ ***« Prise d'acte » des huit collaborateurs ayant envoyé leur LRAR prenant acte de la rupture « de votre fait suite à la mobilité forcée que vous nous faites subir »***

Ils n'ont aucune chance d'obtenir gain de cause aux prud'hommes, car on ne peut prendre acte suite à une simple rumeur d'entreprise ou d'un projet patronal non encore public, ni finalisé. Donc effets d'une démission, problème du préavis non effectué, etc., etc.

Quant aux 15 ou 25 mois de salaire demandés, ils ne sont pas à verser puisque cette prise d'acte non fondée aura les effets d'une démission. Et même si elle avait eu les effets d'un licenciement sans cause réelle et sérieuse, à moins que ces huit collaborateurs aient une énorme ancienneté (ce qui n'est pas le cas : « 3 ou 4 ans »), cette somme paraît tout à fait excessive, même si elle comprenait l'indemnité de préavis, et légale ou conventionnelle de licenciement.

▮ ***Démission de Mme Rambard ?***

Là encore cas fort simple, car elle n'a jamais annoncé à son *employeur*, mais à son équipe qu'elle « *allait* démissionner ». L'employeur ne dispose d'aucun élément pour prouver sa volonté sérieuse et sans équivoque (« VSSE ») de démissionner... « *Immédiatement prendre acte de sa démission* » est donc une énorme GG (« Grosse Gaffe »). Car le contrat n'ayant pas été rompu par Madame Rambard faute d'une volonté sérieuse et sans équivoque qui devra être prouvée par l'employeur, il sera en revanche rompu par la prise d'acte patronale de cette démission n'existant pas. Madame Rambard gagnera devant les prud'hommes les effets d'un licenciement sans cause réelle et sérieuse : indemnités afférentes (ICP, préavis, indemnité de licenciement), et dommages-intérêts pour défaut de cause réelle et sérieuse, fonction du barème du 22 septembre 2017.

Mais son absence sans motif de deux jours autorise une sanction disciplinaire, pouvant aller jusqu'au licenciement.

NE SURTOUT PAS CONFONDRE
EX-ARTICLES 1134, 1184 ET 2044 DU CODE CIVIL...

La Cour de cassation fait une très nette distinction entre la ***résiliation*** conventionnelle, qui est un mode de rupture, et la transaction, « *contrat par lequel les parties terminent une contestation née ou préviennent une contestation à naître* », transaction alors nulle – pas la RCH ! – puisque signée avant notification de la rupture.

Plutôt que de prendre acte de la rupture à ses risques et périls, le salarié prudent, hésitant par exemple depuis le 26 mars 2014 sur la qualification à donner à sa mobilité forcée, préfère parfois saisir ainsi le Conseil des prud'hommes.

Résiliation conventionnelle (RC) et résolution judiciaire (RJ)

La première intervient en dehors de tout contentieux, alors que la résolution (ex-art. 1184 du Code civil) est nécessairement prononcée par le juge judiciaire, en cas d'inexécution de ses obligations par l'une des parties, « si cette inexécution présente une gravité suffisante, rendant ainsi impossible la poursuite du contrat de travail » (CS, 12 juin 2014) : **exactement comme la prise d'acte, les deux régimes étant aujourd'hui identiques...** mais ici le salarié devra continuer à travailler pendant toute la durée du procès en cas de résolution judiciaire. Ce qui pour les CDI demeure rare puisque les parties peuvent le résilier à tout moment, unilatéralement ou conventionnellement. Si elle a les effets d'une résiliation car la rétroactivité est ici difficile à mettre en œuvre (rendre les salaires versés, et le travail fourni ?), elle exige de faire un procès à l'issue toujours aléatoire mais à la durée certaine. La jurisprudence a décidé qu'elle est interdite à l'employeur en dehors des cas expressément prévus par la loi (ex. : contrat d'apprentissage). Et celui qui passerait outre le regrettera vite : « *L'exercice de cette action s'analyse en une manifestation de sa volonté de rompre le contrat de travail valant licenciement sans cause réelle et sérieuse, à la date de la saisine de la juridiction prud'homale* ». Comme c'est au jour de leur décision que les juges doivent apprécier les manquements imputés à l'employeur, la durée du procès lui permet de mettre un terme aux griefs du salarié, qui perdra donc son procès en RJ : « si les manquements constatés ont disparu à la date du jugement, en raison de leur régularisation par l'employeur » (CS, 29 janv. 2014).

Si le Conseil des prud'hommes refuse la demande, rien n'est (en théorie) changé puisque le salarié a, et va continuer à travailler… dans l'ambiance que l'on devine. Si la résolution judiciaire est prononcée aux torts de l'employeur (CS, 18 mars 2020 : manquer de respect de façon réitérée bafoue le « droit au respect du salarié ») elle produit les effets d'un licenciement sans cause réelle et sérieuse, à l'instar d'une prise d'acte justifiée : IP + IL + ICP + défaut de cause réelle et sérieuse…

Le matin aux prud'hommes contre l'employeur, l'après-midi au travail avec lui ? Dans la vraie vie, il reste exceptionnel que le salarié demandeur d'une RJ et l'employeur assigné se supportent encore pendant plus d'un an (durée de la procédure prud'homale) : si le collaborateur n'est pas en arrêt-maladie, il démissionne souvent, ou prend acte.

SECTION II Consensus : la résiliation conventionnelle homologuée

759 « *Les conventions légalement formées tiennent lieu de loi à ceux qui les ont faites. Elles ne peuvent être révoquées que de leur consentement mutuel* », indiquait depuis 1804 l'article 1134 de notre Code civil, reprenant le vieil adage : « *Ce que les parties ont fait, elles peuvent le défaire.* »

760 **Une rupture conventionnelle spécifique au droit du travail.** Issue d'une idée elle-même consensuelle des partenaires sociaux, la loi du 25 juin 2008 a d'abord modifié l'article L. 1231-1 du Code du travail : « *Le contrat de travail à durée indéterminée peut être rompu à l'initiative de l'employeur ou du salarié,* ou d'un commun accord ». Troisième forme voulant banaliser ce type de rupture, destinée à contrer le tropisme – l'obsession – jurisprudentiel à l'égard du droit du licenciement.

Puis elle a créé dans le Code une section spécifique : « Rupture conventionnelle », lui donnant ainsi ses lettres de noblesse : « *L'employeur et le salarié peuvent convenir en commun des conditions de la rupture du contrat de travail qui les lie. Exclusive du licenciement ou de la démission, la rupture conventionnelle ne peut être imposée par l'une ou l'autre des parties* » (art. L. 1237-11).

761 Cette « RCH » de 2008 n'a rien à voir avec sa fille naturelle, la « rupture conventionnelle collective » (RCC) de 2018. L'ordonnance sur la RCC précise d'ailleurs que toute RCH classique est alors exclue.

Depuis toujours, il était admis que tout contrat de travail (CDD comme CDI) pouvait faire l'objet d'une résiliation conventionnelle. Mais les règles spéciales dérogeant aux règles générales, la création de cette résiliation conventionnelle spécifique dans le Code du travail, avec des règles de procédure très protectrices, exclut désormais ce recours au droit commun, sauf dispositions légales contraires.

UN EXCEPTIONNEL SUCCÈS STATISTIQUE : PLUS DE 4 MILLIONS EN DOUZE ANS

Grâce à la jurisprudence très ouverte de la Chambre sociale, la rupture conventionnelle homologuée est rapidement entrée dans les mœurs sociales avec un succès remarquable : de 254 654 homologations en 2010 à 390 800 en 2016, 444 000 en 2019 et 428.000 en 2020, année Covid 19. En moyenne, un tiers des CDI est aujourd'hui rompu par une RCH. Mais ce succès à un prix pour l'ASSEDIC : environ 8 milliards d'euros par an.

Outre un taux incompressible de 1 % à 2 % de demandes irrecevables (dossier incomplet), le taux moyen de refus d'homologation est passé de 20 % en 2009 à 3 % en 2020 (au moins un entretien, indemnité supérieure au minimum légal, respect du délai de rétractation...) : le régime est maintenant clair, et la machine rodée. Et trois RCH sur quatre sont signées dans des entreprises de moins de 50 salariés, TPE/PME où tout est fait pour éviter le contentieux. Mais plus de trois-quarts des signataires s'inscrivent directement au chômage, bénéficiant automatiquement des allocations Unedic. Alors que l'indemnité médiane chez les cadres s'élève à 0,33 mois de salaire par année d'ancienneté, celle-ci est proche de 0,2 mois chez les employés et les ouvriers, ce qui correspond au minimum légal. L'indemnité médiane des cadres s'élève à 5 500 euros, contre un peu moins de 1 000 euros pour les employés.

Enfin, logiquement le contentieux reste infinitésimal : 0,2 %, soit cent fois moins qu'un licenciement personnel : 48 % des salariés disent que le choix était vraiment commun, 29 % estiment qu'il s'agissait d'un choix patronal).

Deux problèmes aujourd'hui :

– l'alliance objective de l'employeur voulant éviter un PSE et de seniors voulant partir avant la date fatidique : la signature bien positionnée d'une RCH lui permet de financer sa propre petite pré-retraite, mais aux frais de l'Unedic qui va l'indemniser pendant trois ans. S'ils sont nombreux, le risque de fraude au droit du licenciement économique est fort. Mais existe désormais la rupture conventionnelle collective.

> – dans le secteur de la Tech, le premier Business Angel de France s'appelle...Pôle emploi : quand des surdiplômés signent une RCH au bout de trois ans avec une leur start-up leur permettant de bénéficier immédiatement d'un petit capital, puis de longues allocations chômage...

762 **La RCH est exclue dans deux cas** (art. L. 1237-16) :
- n'étant pas des CDI, les CDD et autres contrats d'apprentissage ne peuvent faire l'objet d'une rupture conventionnelle ;
- dans le cadre d'un *accord collectif* de GPEC, d'un PSE, et depuis le 22 septembre 2017 d'une rupture conventionnelle collective. *A contrario*, en l'absence d'accord collectif...

Mais l'opération est fort risquée si elle frôle les dix ruptures par mois, comme l'a rappelé l'arrêt du 9 mars 2011 : « *Lorsqu'elles ont une cause économique et s'inscrivent dans un processus de réduction des effectifs, les ruptures conventionnelles* (homologuées, pas les demandées) *doivent être prises en compte pour déterminer la procédure d'information et de consultation, ainsi que les obligations de l'employeur en matière de PSE.* »

763 **Liberté contractuelle.** Cette liberté reste la règle car il ne s'agit pas ici d'une rupture patronale, même s'il reste risqué de conclure une rupture conventionnelle avec une femme enceinte ou un accidenté du travail, voire un salarié en inaptitude (CS, 9 mai 2019 : « *sauf cas de fraude ou de vice du consentement, une convention de rupture pouvait être valablement conclue par un salarié déclaré inapte à son poste à la suite d'un accident du travail* »), ou faisant l'objet d'un harcèlement moral : « *En l'absence de vice du consentement, l'existence de faits de harcèlement moral n'affecte pas, en elle-même, la validité de la convention de rupture* » (CS, 23 janv. 2019).

Plus généralement, le juge respecte la volonté du législateur qui était de favoriser une rupture non conflictuelle qui a fait chuter le nombre d'assignations aux prud'hommes, donnant au collaborateur parti la tête haute, droit aux allocations chômage.

Du divorce pour faute au consentement mutuel : l'éminente spécialiste du contentieux social aime cette résiliation pacifiée. Et elle a bien raison.

§1 Conditions de cette séparation amiable : sécuriser l'entreprise

764 **Un triptyque, en trois temps.** Comme l'indiquait l'ANI de 2008 : « *Ce processus fait l'objet d'un formulaire type reprenant les trois étapes : première discussion entre les parties, signature de la convention, homologation de l'accord par la Direccte.* » (depuis avril 2021 :« *Dreets* »).

Cette valse à trois temps comporte donc une procédure légale, et un formulaire obligatoire à remplir en ligne https://www.telerc.travail.gouv.fr/RuptureConventionnellePublic/public/EditerDemandeEdit-.action.

Oublions donc l'idée d'un départ-minute à l'américaine. Entre cinq et sept semaines sont nécessaires pour ce départ pacifié, dans lequel on ne doit s'engager qu'avec la quasi-certitude d'aboutir : car lorsque l'employeur a proposé une rupture, ou le salarié souhaité partir et qu'ils doivent finalement continuer à travailler ensemble...

« SÉPARONS-NOUS, FOLLEVILLE ? » (CS, 23 MAI 2013)

CS, 23 mai 2013 : « *Si l'existence, au moment de sa conclusion, d'un différend entre les parties au contrat de travail n'affecte pas par elle-même la validité de la convention de rupture conclue en application de l'article L. 1237-11 du Code du travail, la rupture conventionnelle ne peut être imposée par l'une ou l'autre des parties* ».
Pourquoi l'arrêt du 23 mai 2013 est-il parfaitement justifié ?

1 – S'agissant des vices du consentement
La rupture conventionnelle homologuée n'a rien à voir avec la résiliation conventionnelle d'hier, parfois signée sur un coin de bureau dans une atmosphère tendue : cette longue procédure en trois temps est délibérément conçue pour les éviter.
Le salarié se rend à un ou plusieurs rendez-vous dans ce but ; il dispose ensuite de quinze jours pour réfléchir, se renseigner sur ses droits voire se faire conseiller. La RCH donne enfin lieu à une homologation administrative, le fonctionnaire en charge lui téléphonant s'il a des doutes sur les conditions de température et de pression de son départ. Du moins en théorie, s'il n'est pas submergé.

2 – S'agissant de différends antérieurs
Oui bien sûr il en existe souvent, plus ou moins tacites ou carrément explicites. C'est justement cette détérioration existante ou à venir des rapports quotidiens de travail que veut parfois solder la rupture conventionnelle, à la demande de l'employeur certes mais aussi du salarié. Comme dans d'autres domaines, l'un veut souvent plus que l'autre : mais s'ils s'aimaient encore si fort, penseraient-ils à cette séparation par consentement mutuel ?
Avec sa jurisprudence permissive, la Chambre sociale est sensible au fait que la RCH est née d'une idée des partenaires sociaux avec l'ANI du 18 janvier 2008 avant d'être légalisée. Mais aussi aux nombreux effets positifs de ce mode pacifié de rupture a priori consensuel, plébiscité par les personnes visées. Enfin aux redoutables conséquences pratiques d'un éventuel arrêt de mort de ce mode de séparation désormais totalement entré dans les mœurs sociales, à côté de la démission ou du licenciement.

Mais attention
Dans ce même arrêt du 23 mai 2013, la Cour a fini par annuler la RCH en cause, pour une excellente raison évoquée par la loi elle-même (art. L. 1237-11 : « *La rupture conventionnelle ne peut être imposée par l'une ou l'autre des parties* »), le très classique vice du consentement : la situation de violence morale dans laquelle se trouvait la salariée du fait du harcèlement moral dont elle était victime constituait un vice justifiant l'annulation (donc effets d'un licenciement sans cause réelle et sérieuse, voir *infra*).

765 La conclusion d'une RCH : une pièce en 4 actes

Acte I. Entretien(s). « *Les parties au contrat conviennent du principe d'une rupture conventionnelle lors d'un ou plusieurs entretiens.* » (art. L. 1237-12).

Un seul entretien apparaît très optimiste (tomber d'accord, sur tout, en une fois ?), voire dangereux, même si le 3 juillet 2013 la Chambre sociale n'a pas annulé une RCH signée à l'issue d'un unique entretien. Car « *la nuit porte conseil* » : pour éviter tout vice du consentement ou rétractation au 14e jour, deux entretiens donc, avec des preuves de leur tenue, le salarié restant évidemment payé. Dans l'intérêt commun, la fixation de la date du premier entretien sera accompagnée d'une notice complète sur les conditions précises, et les effets de ce type de rupture (sort de la clause de non-concurrence, portabilité des droits à mutuelle et prévoyance, mais aussi assurance « Perte d'emploi » en cas de prêt immobilier : voir le site du ministère du Travail).

766 Assistance des deux parties

Le salarié peut se faire assister par les mêmes personnes que pour un entretien de licenciement. Soit par une personne de son choix appartenant au personnel de l'entreprise, qu'il s'agisse d'un salarié titulaire d'un mandat syndical, d'un membre d'une institution représentative du personnel ou de tout autre salarié. Soit, en l'absence de représentant du personnel dans l'entreprise, par un conseiller du salarié choisi sur une liste dressée par l'autorité administrative.

Deux remarques : 1. Il ne s'agit pas d'un licenciement, mais d'une rupture *conventionnelle* où une assistance psychologique est moins nécessaire qu'une assistance juridique, car l'on va forcément parler argent. 2. Contrairement au licenciement, il n'existe pas ici de convocation obligatoire par l'employeur avec énonciation de la possibilité d'assistance : vu le fort tropisme jurisprudentiel vers le licenciement, il faut même éviter tout ce qui y ressemblerait (car initiative/imputabilité). Nombre de salariés ignoreront donc qu'ils ont le droit d'être assistés, et viendront seuls : mais l'employeur ne pourra alors lui-même se faire assister… du moins lors des entretiens. Dans les faits, 8 % des salariés seulement se font assister.

Curiosité : l'employeur a également la faculté de se faire assister, si le salarié le fait lui-même : il doit alors en informer son employeur auparavant. Si ce dernier souhaite aussi se faire assister (3 % le font), il en informe à son tour son futur ex-collaborateur.

Son assistant est « *une personne de son choix appartenant au personnel de l'entreprise* ». Si le juriste local risque d'être sollicité (parfois aussi par le salarié…), il n'est plus question, comme le prévoyait l'ANI de 2008, de personnes extérieures (expert-comptable ou avocat) : l'assistance aurait été effectivement trop déséquilibrée. Mais dans les entreprises de moins de 50 salariés, l'assistant pourra être « *une personne appartenant à son organisation syndicale d'employeurs* » (*cf.* les juristes si pointus de l'UIMM), ou « *par un autre employeur relevant de la même branche* ». Mais « *l'assistance* (non prévue) *de l'employeur ne peut entraîner la nullité de la rupture que si elle a engendré une contrainte ou une pression pour le salarié s'étant présenté seul à l'entretien* » (CS, 5 juin 2019).

Question très pratique : si les pourparlers échouent, pourra-t-on en rester là ? Continuer à travailler ensemble après avoir négocié une séparation n'est guère facile, et un autre mode de rupture sera sans doute envisagé par au moins l'une des deux parties : car l'une d'entre elles veut toujours plus que l'autre la séparation.

1 – Depuis 2011, tous les arrêts ont confirmé que la Chambre sociale veut accompagner ce mode de rupture consensuelle dans sa conception comme dans son exécution : si sont pourchassés fraudes et vrais vices du consentement (ex. : suite à une erreur de caisse de deux euros, alternative dans la journée : faute grave ou RCH), les petites irrégularités de forme n'entachent pas le fond ; ni l'oubli de la faculté d'assistance, ni une erreur de 24 heures sur la date du délai de rétractation n'entraînent la nullité de la RCH.

2 – Mais tel n'est pas le cas de l'absence d'entretien oral, ou de date précise de signature, le salarié étant alors dans l'impossibilité de connaître le délai de rétractation. Annulation garantie, effets d'un licenciement sans cause réelle et sérieuse.

767 Acte II. Rédaction commune de la résiliation conventionnelle homologuée

Un écrit est techniquement obligatoire, et le formulaire Cerfa à la fois chronologique et pédagogique doit être impérativement utilisé, sinon la Dreets la déclarera irrecevable et le salarié n'aura donc pas droit aux allocations chômage.

Le mieux ? Remplir le formulaire en ligne sur www.telerc.travail.gouv.fr, qui permet par exemple de connaitre les délais à respecter.

Car « *la validité de la convention est subordonnée à son homologation* ». Ce formulaire de demande d'homologation disponible sur Internet contient la convention de rupture : il se suffit donc à lui-même, même s'il peut être accompagné d'une annexe explicative. Il va de soi que l'employeur doit, sous peine d'annulation, vérifier date et signatures, et en remettre un exemplaire au salarié.

768 Indemnité spécifique. Article L. 1237-13 : « *La convention de rupture définit les conditions de celle-ci, notamment le montant de l'indemnité spécifique de rupture conventionnelle qui ne peut pas être inférieur à celui de l'indemnité prévue à l'article L. 1234-9. Elle fixe la date de rupture du contrat de travail, qui ne peut intervenir avant le lendemain du jour de l'homologation.* »

La somme versée devra donc être égale au minimum *légal* des 1/4 de mois par année de présence, *mais aussi conventionnel.* Et pour les collaborateurs ayant plus de dix ans d'ancienneté, 1/3 de mois de salaire par an à partir de la 11e année.

Ce niveau joue d'ailleurs un rôle majeur dans un éventuel refus d'homologation par la Dreets, puis une éventuelle contestation ; mais si la résiliation conventionnelle est annulée, le salarié devra commencer par rendre la somme en question : de quoi réfléchir avant d'assigner...

769 La convention doit fixer la date de prise d'effet de la rupture, qui doit être assez lointaine pour tenir compte du délai de rétractation et surtout d'homologation (pour les représentants du personnel : droit commun de l'autorisation, jusqu'à 2 mois). Mais les droits du salarié sont calculés en fonction de la date prévue pour la rupture du contrat, et non celle de la demande d'homologation.

Le cas échéant seront ici réglés les problèmes liés à la protection complémentaire (en principe maintenue pendant un an), à la voiture de fonction, aux portables et autres CPF ou *stock-options*.

Entracte. Écarter tout vice du consentement : délai de réflexion / Droit de rétractation (art. L. 1237-13)

« *À compter de la date de sa signature par les deux parties, chacune d'entre elles dispose d'un délai de quinze jours calendaires pour exercer son droit de rétractation. Ce droit est exercé sous la forme d'une lettre adressée par tout moyen attestant de sa date de réception par l'autre partie.* » À l'instar du droit de la consommation ? Pas vraiment puisqu'ici ce droit est ouvert aux deux parties, manifestement de plus en plus égales. Or pendant toute cette procédure qui dure donc au *minimum minimorum* cinq semaines, les deux partenaires continuent en principe à travailler ensemble : il ne s'agit pas d'un départ-minute, et un départ prématuré du salarié pensant que tout est réglé sera considéré comme une absence sans motif. Mais il est effectivement important que le collaborateur puisse faire à froid le bilan coût/avantages de cette opération. Il doit donc être impérativement respecté, même s'il s'agit d'une seconde demande après un premier refus de la Dreets. Qu'il s'agisse de l'employeur ou du salarié, la date à prendre en compte est celle de l'envoi de la lettre de rétractation.

Quid du salarié revenant sur sa décision au bout de 14 jours, ayant dit lors des deux entretiens des choses qu'il n'aurait jamais abordées avec son employeur ? *Quid* surtout, sauf abus manifeste ou intention de nuire, de l'employeur revenant sur sa décision au bout de 10 jours ? Des salariés imprudents peuvent avoir demandé à leur conjoint de démissionner pour chercher un nouvel emploi, mis en vente leur appartement : aucun recours.

En résumé : rien ne bouge pendant ces 15 jours... mais aussi les 17 ou 20 (le joli mois de mai) qui suivent. Bref, si l'on ajoute la durée de la négociation, le délai de rétractation puis d'homologation : RCH = au minimum un mois et demi TTC, pendant lequel les relations ne sont pas toujours au beau fixe, et qu'il faut savoir gérer collaborateur par collaborateur.

770 Acte III. Homologation, expresse ou tacite, par la Dreets

Article L. 1237-14 : « *À l'issue du délai de rétractation, la partie la plus diligente adresse une demande d'homologation à l'autorité administrative, avec un exemplaire de la convention de rupture. L'autorité administrative dispose d'un délai d'instruction de quinze jours ouvrables, à compter de la réception de la demande, pour s'assurer du respect des conditions prévues à la présente section et de la liberté de consentement des parties. À défaut de notification dans ce délai, l'homologation est réputée acquise et l'autorité administrative est dessaisie. La validité de la convention est subordonnée à son homologation.* »

En pratique, dès réception de la demande d'homologation, la Dreets va délivrer un récépissé envoyé aux deux parties qui sert de preuve du dépôt, et fixe le départ du délai de quinze jours ouvrables accordé à la Dreets pour statuer, qui commence à courir le lendemain de la réception de la demande.

771 **Quel est le rôle de l'administration,** qui constate 1 à 2 % d'irrecevabilité et refuse aujourd'hui l'homologation dans 3 à 4 % des cas (contre 20 % en 2009 : la machine est rodée) ? Le motif le plus classique est le versement d'une somme inférieure au minimum prévu (40 %), le non-respect des délais de rétractation et autres bien classiques conventions bêtement antidatées. Mais il existe aussi des départements où, vu la montée des RCH des homologations sont tacites (en août).

772 **Que doit faire en principe la Dreets ?** Article L. 1237-14, 3e alinéa : « *S'assurer du respect des conditions prévues à la présente section et de la liberté de consentement des parties.* »

D'abord vérifier que la procédure a été respectée, et que le consentement du salarié n'a pas été vicié. Mais cette seule légalité, ou aussi un peu d'opportunité ? Exemple : que faire si la somme versée par l'entreprise – qui doit obligatoirement figurer – semble certes respecter le minimum conventionnel, mais reste bien faible vu les circonstances ? Par exemple, dans le cas où l'employeur semble manifestement à l'origine de la résiliation finalement amiable *(« Tu veux de l'argent tout de suite, ou payer ton avocat pour un résultat judiciaire aléatoire dans cinq ans ? »)*, et que le salarié ne touche que le minimum : alors qu'en cas de licenciement, il aurait eu droit en plus au préavis (*a priori* ici exclu, mais pas interdit), et à une indemnisation de dix mois maximum au titre du défaut de cause réelle et sérieuse ?

À l'inverse, que doit faire la Dreets si cette soi-disant résiliation conventionnelle sent à plein nez la fraude d'un véritable démissionnaire avec bien peu d'ancienneté mais ayant trouvé l'oreille attentive de son employeur pour obtenir une RCH sur le dos de l'Unedic ? Et si, à ancienneté et niveau hiérarchique équivalents, la somme versée à Mlle Z est le double de celle versée à Mme Y, pour des raisons que la morale réprouve ? Il n'est pas inutile d'insérer dans la RCH une clause de confidentialité pour éviter un effet boule de neige.

773 **Quoi qu'il arrive, quinze jours ouvrables après la réception** « *l'homologation est réputée acquise et l'autorité administrative est dessaisie* », tout recours hiérarchique étant exclu. En cas de refus d'homologation (forcément motivé), une nouvelle -demande est possible, mais il faudra reprendre la procédure à zéro.

774 **Acte IV. Départ du salarié, aux conditions et à la date prévues par la résiliation conventionnelle**

Avec au minimum une somme équivalant à l'indemnité légale ou conventionnelle de rupture, calculée sur la totalité de la période de contrat, et pas seulement jusqu'à la date d'homologation.

§2 Un contentieux très logiquement exceptionnel (0,2 %)

775 Contrairement à ce que pensaient les nombreux amants de la complexité et du contentieux, l'avalanche de procès annoncée après la loi de 2008 n'a évidemment jamais eu lieu :

1. il s'agit *a priori* d'une rupture *« d'un accord commun »*, non d'un licenciement générant souvent, à l'instar du divorce, de vieux comptes à régler.
2. L'essentiel du contentieux portant sur la validité de la convention, son annulation peut avoir des effets inattendus pour le salarié demandeur : d'abord restitution de la somme (*« la nullité de la convention de rupture emporte obligation à restitution des sommes perçues en exécution de cette convention »*, CS, 30 mai 2018), et problèmes éventuels avec l'Unedic . La Cour de cassation y est sensible : si l'indemnité de rupture est inférieure au minimum légal, pas d'annulation de la convention, mais condamnation judiciaire au versement de complément.
3. Côté employeur, les juges ont comme d'habitude transfiguré cette nullité en licenciement sans cause réelle et sérieuse : IP + IL (il a déjà touché son ICP), plus dommages-intérêts. Résumé du 30 mai 2018 : *« La rupture conventionnelle était nulle, la cour d'appel, qui a condamné la société au paiement d'une indemnité pour licenciement sans cause réelle et sérieuse dont elle a évalué le montant, en a exactement déduit, sans méconnaître l'objet du litige, que la salariée devait restituer à l'employeur les sommes versées dans le cadre de cette convention »*.
4. En termes de liberté du consentement, la procédure en deux phases (délai de rétractation, puis homologation par l'administration constituant déjà un premier contrôle) est très protectrice. Pour les cadres, des départs négociés sinon « minute » existaient avant la loi du 25 juin 2008, dans des conditions parfois hasardeuses pour le salarié : de ce point de vue, la RCH est une réelle amélioration.

Mais sur les 428 000 RCH homologuées en 2020, l'arbre mal planté ne doit pas cacher la belle forêt.

776 **Bloc de compétence judiciaire** : « *Tout litige concernant la convention, l'homologation ou le refus d'homologation* relève de la compétence du Conseil des prud'hommes, *à l'exclusion de tout autre recours contentieux ou administratif. Le recours juridictionnel doit être formé, à peine d'irrecevabilité, avant l'expiration d'un délai de douze mois à compter de la date d'homologation de la convention.* »

L'article L. 1237-14 enferme donc le contentieux dans un délai de douze mois à compter de la date de l'homologation, ce qui semble raisonnable et en ligne avec celui de toute rupture depuis 2017.

Et s'avère très créatif en ce qui concerne le juge compétent. Puisque *« l'homologation par la Dreets ne peut faire l'objet d'un litige distinct de celui relatif à la convention »*, le juge administratif aurait pu également intervenir, retardant de quelques années l'issue du litige. Le législateur a donc donné monopole de compétence au Conseil des prud'hommes pour statuer, *« à l'exclusion de tout autre recours contentieux ou administratif »*, *« l'homologation ne pouvant faire l'objet d'un litige distinct de celui relatif à la convention »*.

Ce bloc exclusif de compétences en forme de blindage légal ne dit cependant pas ce que doit faire le Conseil des prud'hommes, puis la cour d'appel ne se trouvant pas du tout dans la configuration habituelle (ce sont parfois l'employeur et le salarié qui, la main dans la main, le saisissent ensemble pour contester un refus d'homologation), mais face à une résiliation *conventionnelle*, expressément ou tacitement approuvée par un haut fonctionnaire spécialisé, ressentant comme un désaveu très déplacé une annulation judiciaire.

Deux certitudes :

- un évident vice du consentement (qui aurait dû être détecté en amont par la Dreets...) conduit à l'annulation, avec les conséquences d'un licenciement sans cause réelle et sérieuse ;
- malgré quelques exemples pour le moins créatifs, le juge *judiciaire* qui peut ici annuler le refus d'homologation est évidemment incompétent pour accorder lui-même une homologation *administrative*. La Dreets sera tout simplement à nouveau saisie par les parties, et statuera sur leur nouvelle RCH convenablement reformatée.

Pour les représentants du personnel, une véritable autorisation administrative, papier. « *Les salariés bénéficiant d'une protection mentionnés aux articles L. 2411-1 et L. 2411-2 peuvent bénéficier des dispositions de la présente section. Par dérogation aux dispositions de l'article L. 1237-14, la rupture conventionnelle est soumise à l'autorisation de l'inspecteur du travail.* » (art. L. 1237-15). Comme lorsque qu'une rupture conventionnelle collective sera signée, et qu'un représentant du personnel est candidat au départ...

777 Sécuriser la sécurisation en signant dans le même temps une transaction ? Appliquant sa jurisprudence classique, la Chambre sociale qui n'aime guère la transaction en droit du travail a rappelé le 16 juin 2021 qu'elle doit, sous peine de nullité :

- intervenir *postérieurement à l'homologation* de la rupture conventionnelle par l'autorité administrative ;
- avoir pour seul objet « *de régler un différend relatif non pas à la rupture du contrat, mais à son exécution sur des éléments non compris dans la convention de rupture* » (ex. : heures supplémentaires, primes...).

PETIT BENCHMARK JURIDIQUE
QUITTER RAPIDEMENT L'ENTREPRISE POUR SE PROTÉGER

Que peut faire un salarié à bout estimant sa situation littéralement « insupportable », du fait par exemple d'un harcèlement moral ou sexuel ?
Au-delà des recours habituels possibles (représentants du personnel, inspection du travail, plainte au pénal...), dans certains cas pour rompre avec le passé, il veut rompre son contrat. Les choses sont alors bien différentes de ce qui est parfois présenté, laissant parfois le chômeur déjà pas au mieux de sa forme dans une situation inextricable.

Démissionner ?
C'est perdre son indemnité de licenciement et ses allocations chômage (il ne va sans doute pas se lancer dans le *steeple chase* des très rares démissions indemnisées), tout en étant débiteur du préavis de démission. Pour éviter de devoir le payer un jour, il peut bien sûr proposer à son employeur de l'effectuer : mais s'il n'en est pas dispensé, c'est un à trois mois de travail à effectuer, dans l'ambiance que l'on devine.

Une prise d'acte ?
Souvent présentée comme remède miracle car permettant de partir du jour au lendemain, sans préavis ? Une simple lettre reprochant par exemple à l'employeur un harcèlement moral suffit à rompre immédiatement le contrat. Mais si le salarié prend l'initiative de cette rupture (il est donc chômeur, non indemnisé), il en impute la responsabilité à l'entreprise ayant ici gravement manqué à son obligation de sécurité. Se considérant comme licencié, il demande donc le versement de son préavis et de son indemnité de licenciement, mais aussi les dommages-intérêts dus en cas de licenciement sans cause réelle et sérieuse. Mais très peu d'employeurs répondent favorablement à cette demande dont ils contestent le fondement, ou la gravité. Le chômeur doit donc saisir les Prud'hommes, censés statuer dans le mois mais parfois un an après. Deux conséquences si le salarié, qui avant son départ aura pris soin de réunir des preuves, peut prouver des « *manquements suffisamment graves empêchant la poursuite du contrat de travail* ». 1. L'entreprise sera condamnée à lui verser ses indemnités de préavis et de licenciement, plus les dommages-intérêts prévus en cas de défaut de cause réelle et sérieuse, plafonnés depuis le 22 septembre 2017... sauf harcèlement moral ou sexuel, où par ailleurs le régime de la preuve lui est très favorable. 2. La rupture n'étant plus réputée de son fait, il pourra alors prétendre au versement des allocations chômage.

Une prudente résolution judiciaire demandée au Conseil des prud'hommes ?
Sur les mêmes griefs (faute patronale avérée), il saisit les prud'hommes afin qu'ils prononcent la résolution de son contrat, avec en cas de succès, comme pour la prise d'acte, les effets d'un licenciement sans cause réelle et sérieuse. Mais en attendant, il perçoit son salaire car il travaille, et ne prend, en droit, aucun risque. Car si sa demande est rejetée, le contrat se poursuivra comme avant : un an après, retour donc à la Case Départ, mais avec un employeur qui n'a guère apprécié ce petit passage aux Prud'hommes. Et pendant les longs mois de la procédure, l'ambiance que l'on imagine entre les désormais plaideurs : dans de très nombreux cas, une démission, un licenciement pour faute ou une prise d'acte interviennent avant l'audience...

Une rupture conventionnelle homologuée ?
Elle ferme certes la porte à un contentieux sur les motifs de la rupture, mais donne droit à l'équivalent de l'indemnité de licenciement et aux allocations chômage. Rapide (un gros mois), cette issue permet une sortie apaisée à une personne épuisée ne voulant pas se lancer dans un procès.

SECTION III Feue la force majeure en droit du travail

778 **« Il y a plus fort que l'éléphant, il y a la brousse. ».** Depuis que les forces de la Nature se sont avérées immensément supérieures à celle de l'Homme (pour un exemple très concret d'une « force » vraiment « majeure », regarder sur YouTube les vidéos du tsunami japonais de 2011), ce dernier a dû constater qu'à l'impossible, nul n'est tenu : « *Il y a force majeure en matière contractuelle lorsqu'un événement échappant au contrôle du débiteur, qui ne pouvait être raisonnablement prévu lors de la conclusion du contrat et dont les effets ne peuvent être évités par des mesures appropriées, empêche l'exécution de son obligation par le débiteur. Si l'empêchement est définitif, le contrat est résolu de plein droit et les parties sont libérées de leurs obligations.* » (C. civ., art. 1218). Souvent d'ailleurs, l'événement est tellement majeur que les éventuels plaideurs ont eux-mêmes disparu, ce qui allège beaucoup le contentieux (*cf.* Pompéi en 79 après J.-C.).

779 **Une jurisprudence très restrictive.** « *La force majeure permettant à l'employeur de s'exonérer de tout ou partie des obligations nées de la rupture d'un contrat de travail s'entend de la survenance d'un événement extérieur, imprévisible lors de la conclusion du contrat et irrésistible dans son exécution* » (CS, 16 mai 2012). Mais notre Chambre sociale soupçonnant instinctivement l'employeur de vouloir ainsi échapper au droit du licenciement économique, la force majeure a presque disparu comme motif de rupture. Elle est parfois invoquée par certains chefs d'entreprise pour se délier de leurs obligations, temporairement ou définitivement : ce qui leur évite d'appliquer le droit du licenciement économique et surtout de verser les indemnités correspondantes. Ainsi ni le décès de l'acteur vedette d'un feuilleton, ni un cyclone ayant détruit 80 % d'un hôtel aux Caraïbes ne constituent un tel cas ; *a fortiori* l'inaptitude physique totale et définitive du salarié, l'incarcération de l'employeur pour proxénétisme aggravé ou, pour un agent d'Air France, le retrait par la police de l'air de son habilitation à pénétrer dans une zone aéroportuaire (CS, 9 avr. 2015). Il faut alors licencier pour cause économique (cyclone), ou cause (et pas faute) personnelle (= retrait habilitation). *A fortiori* s'agissant des graves conséquences économiques de la pandémie C19.

780 **Exception confirmant la règle** : l'arrêt *Francofolies* du 31 octobre 2006 l'a acceptée s'agissant d'intermittents *extérieurs* au spectacle, ayant empêché *manu militari* en juillet 2003 le célèbre festival de La Rochelle. « *La force majeure permettant à l'employeur de s'exonérer de tout ou partie des obligations nées de la rupture du contrat de travail s'entend de la survenance d'un événement extérieur irrésistible, ayant pour effet de rendre impossible la poursuite dudit contrat.* »

Les rarissimes cas de force majeure restant peuvent aboutir soit à la suspension, soit à la rupture du contrat de travail.

§1 Force majeure et suspension du contrat de travail

781 « **Si l'empêchement est temporaire, l'exécution de l'obligation est suspendue** ». Terrible « inondation du siècle » (mais la 3e en 10 ans), grave incendie, volcan islandais qui se réveille et désormais attentats conduisent dans la plupart des cas à la suspension, associée aux mécanismes modernes d'assurance pour l'entreprise et de couverture de l'« activité partielle » pour le salarié. Ils obligent l'employeur à fermer temporairement l'entreprise et à mettre ses collaborateurs en chômage technique sans que cela puisse lui être reproché, s'il peut prouver que ces événements étaient à la fois *imprévisibles* et *irrésistibles* pour lui. Mais ce n'est pas toujours le cas ; ainsi en cas de grève-bouchon, la fermeture *immédiate* de *toute* l'entreprise est injustifiée, car aucun de ces critères n'est présent : il devra donc verser le salaire convenu aux non-grévistes ayant subi ce *lock-out* (V. *infra*).

§2 Force majeure et rupture du contrat de travail

782 **Mais il reste des cas tout à fait exceptionnels** où la force majeure (*cf.* Twins Towers en 2001, tsunami japonais en 2011, Ouragan Irma à St Martin en septembre 2017) pourrait entraîner la rupture de plein droit de *tous* les contrats (si leur titulaire est encore vivant) lorsqu'elle vise *toute* l'entreprise : ainsi du tremblement de terre ou de l'incendie détruisant totalement les installations, toute exploitation future étant manifestement exclue. L'employeur, qui n'y est strictement pour rien, n'a à sa charge ni l'initiative ni l'imputabilité de la rupture, et n'a donc aucune procédure à respecter. Mais il doit verser au salarié *« une indemnité compensatrice »* correspondant à la somme de l'indemnité de préavis et de l'indemnité de licenciement. Le CDD bénéficie du même régime : versement des salaires à courir et de l'IFC. L'indemnité de congés payés aussi, car étant due en dehors de toute rupture.

Mais ni le décès de l'employeur (application de l'article L. 1224-1, V. *supra*) ni la fermeture définitive de l'entreprise, voire la condamnation du salarié à vingt ans de prison ferme pour meurtre ne constituent des cas de force majeure en droit du travail.

GB (GROSSE BOURDE)

« *Le licenciement pour cas de force majeure* » constitue une grossièreté juridique. Car si toute l'entreprise a été dévastée par un incendie rendant toute reprise impensable, cet événement irrésistible entraîne rupture de plein droit des contrats, sans construction d'un plan de sauvegarde de l'emploi.

Chapitre 5

Les suites du licenciement

Les conséquences de la démission ou de la prise d'acte ayant déjà été évoquées, il ne sera ici question que des suites *du licenciement*.

783 **En principe, à compter de l'envoi de la lettre de notification** par LRAR, le salarié est licencié. Mais il n'est pas encore au chômage. Bien avant que la loi de 1958 n'institue le préavis, les usages et les conventions collectives obligeaient l'employeur à respecter un certain délai (« *les huit jours de la bonne* » dès le XVIIIe siècle), avant de rendre la rupture effective. Il fallait permettre au salarié de chercher un autre emploi ; et en matière de démission le « délai-congé » du salarié permet à l'employeur de chercher un remplaçant sans que le poste ne soit vacant.

Quatre conséquences. Sauf faute grave et *a fortiori* lourde, le salarié licencié va effectuer son *préavis (Section I)*, et touchera son indemnité de *licenciement (Section II)* ainsi que celle de *congés payés (Section III)*. Son départ entraînera l'application de son éventuelle clause de non-concurrence *(Section IV)*.

SECTION I Le préavis (art. L. 1234-1)

784 **Une période difficile, pour tout le monde.** Lié à la rupture du contrat à durée indéterminée, le « pré-avis » pose en pratique beaucoup de problèmes : car le salarié est déjà *congédié*, il sait qu'il devra quitter l'entreprise dans quelques semaines ou quelques mois, quoi qu'il arrive car il s'agit d'un délai préfix. Mais sur le plan juridique, c'est seulement à cette date que le contrat prendra fin.

Quelle motivation au travail attendre d'un salarié dans cette situation ? Pis : ne risque-t-il pas de régler de vieux comptes par intranet ou Internet interposés, de transférer le fichier clients sur son IPad personnel (CS, 31 mars 2015 : la veille du départ, copie de tout l'ordinateur professionnel sur un disque dur externe), ou se renseigner sur une étude importante en cours voire la photographier avec son portable, toutes choses qui intéresseront beaucoup son futur employeur ? Peut-on raisonnablement lui demander de former son successeur ? Vis-à-vis de sa famille, il est souhaitable de rester discret tant que le salarié n'a pas retrouvé de travail.

Période donc bien délicate pour tout le monde (salarié, collègues, hiérarchie...).

Seule et curieuse exception à cette obligation générale visant à permettre au cocontractant de se retourner : la prise d'acte par le salarié « *entraînant la cessation immédiate du contrat de travail* », elle oblige l'employeur à lui remettre attestation Unedic et certificat de travail, sans qu'il puisse attendre la fin théorique du préavis.

785 **La durée du préavis *légal* minimum** (art. L. 1234-1) est fonction de l'ancienneté du salarié : cette dernière s'apprécie au moment de la notification du licenciement, qui est également le point de départ du préavis sauf usages ou convention collective contraires :

- si le salarié a *moins de six mois* d'ancienneté, la loi ne fixe aucune durée minimale et renvoie aux conventions collectives, usages de la profession ou de la localité ; sans parler de la courtoisie la plus élémentaire ;
- pour une ancienneté comprise entre *six mois et deux ans*, le salarié a droit à un préavis d'un mois au minimum ;
- s'il a *plus de deux ans* d'ancienneté, deux mois au minimum.

786 Ces durées s'imposent quelle que soit la durée du travail prévue au contrat ; un salarié à mi-temps ayant trois ans d'ancienneté aura droit à deux mois de préavis, effectué comme d'habitude à mi-temps.

S'il est habituellement admis que « *les cadres ont droit à un préavis de trois mois* », cette affirmation peut se révéler inexacte car la loi n'en dit mot ; mais en application de l'ordre public social, les conventions collectives, les usages ou le contrat de travail peuvent fixer des durées supérieures aux durées légales prévues. La plupart des conventions collectives prévoient trois mois pour les cadres.

787 **Parachute (en coton) : le préavis *contractuel*.** Certains cadres supérieurs et surtout dirigeants ont négocié une stipulation spécifique : un préavis contractuel d'une durée très supérieure pouvant aller jusqu'à six ou douze mois, qui bien sûr n'est pas destinée à être effectué mais être transformée en indemnité. *Golden-parachute* sympathique, mais chargé et fiscalisé à 100 %, pour ces quelques *happy fews* obtenant même que leurs six mois deviennent neuf lors du départ, les trois mois supplémentaires pré-payant le fisc...

Si la Cour de cassation a dû rappeler le 1er juillet 2008 à un facétieux salarié ayant unilatéralement décidé d'effectuer un préavis de neuf mois au lieu de trois « *qu'aucune des deux parties n'est fondée à imposer à l'autre un délai-congé différent de celui prévu par la loi, le contrat ou la convention collective* », l'arrêt du 24 juin 2009 indique que, même contractuellement, tout n'est pas possible : « *la clause prévoyant douze mois de préavis interdisait de fait toute résiliation unilatérale des relations contractuelles et que son caractère exorbitant n'était justifié ni par la spécificité de l'emploi du salarié ni par la carrière de celui-ci* » (réfaction de 12 à 6 mois de préavis).

Qu'il s'agisse du préavis ou de l'indemnité de licenciement contractuels, les « parachutes en or » se révèlent en France parfois en coton.

788 **Le préavis est un délai préfix.** Il est donc en principe insusceptible d'être prolongé ou suspendu. Que le salarié se mette en grève ou tombe malade, il quittera de toute façon l'entreprise à la date indiquée sur sa lettre de licenciement ; la même solution doit être adoptée si l'entreprise est mise en activité partielle. Les seuls cas de suspension éventuelle, outre bien sûr l'accord des parties ou une convention collective plus favorable, sont ceux de l'accident du travail et des congés payés : leur durée ne pouvant pas être imputée sur celle du préavis, le salarié licencié le 19 juillet, avec préavis de deux mois, partira comme prévu en vacances le 1er août pour quatre semaines : le préavis est alors suspendu. Le salarié reprendra le travail le 30 août en même temps que ses collègues et accomplira alors le reliquat de son préavis.

La durée du préavis ainsi fixée, deux situations peuvent se présenter : le salarié exécute *(§ 1)*, ou n'exécute pas *(§ 2)* son préavis, mais en principe au choix *de l'entreprise*.

§1 Principe : exécution du préavis par le salarié

789 **Les risques de l'exécution en nature.** C'est la norme en droit du travail, et le salarié licencié doit l'exécuter si aucune décision expresse n'émane du chef d'entreprise : « *L'obligation de respecter le délai-congé* s'impose *aux parties au contrat,* sans *mise en demeure préalable.* » Sa situation est alors exactement celle de ses camarades de travail (durée de travail, augmentation de salaire, électeur, éligible), et il conserve son emploi mais aussi tous ses autres avantages (ordinateur, voiture...).

790 **Services Marketing, R&D.** Mais il est fréquent que l'employeur veuille l'affecter à un poste moins sensible pendant cette période délicate. Si un simple changement des conditions de travail reste possible, une modification du contrat serait illicite et pourra être refusée par le salarié qui prendra acte de la rupture si elle empêche la poursuite du contrat, et pourra obtenir en justice versement du reliquat de l'indemnité de préavis.

L'exécution, même partielle, du délai-congé interdit à l'employeur d'invoquer ultérieurement la faute grave. À l'inverse, cette même faute commise pendant l'exécution du préavis permet à l'employeur de rompre avant le terme : mais alors simple procédure *disciplinaire*, car il n'existe pas de licenciement au carré.

§2 Inexécution du préavis : *trois* hypothèses *très* différentes

A. - *Inexécution fautive du préavis par le salarié*

791 **Départ impromptu.** Le salarié a trouvé du travail ailleurs et n'accomplit pas le reste de son préavis. Il commet une faute contractuelle car alors il *démissionne* sans respecter le délai-congé alors dû par lui, démissionnaire. Non seulement le chef d'entreprise ne lui paiera pas l'indemnité résiduelle de préavis, mais il pourra le poursuivre devant le Conseil des prud'hommes et obtenir réparation du préjudice (spécial et démontré) que ce brusque départ lui a causé. Mais il ne pourra pas d'autorité effectuer une compensation entre les salaires et l'indemnité de préavis de démission que lui devrait le salarié : il doit la demander en justice.

792 **Mais dans la vraie vie**, l'employeur est rarement mécontent du départ anticipé d'un salarié déjà parti ailleurs dans sa tête : le travail accompli laisse parfois à désirer, les rapports avec les supérieurs (souvent à l'initiative du licenciement) sont tendus... et ce départ lui évite finalement de dispenser le salarié de l'exécution du préavis.

B. - Dispense d'exécution du préavis par l'employeur = IP

793 **Le chef d'entreprise peut donc décider, par une manifestation de volonté non équivoque,** de dispenser le salarié d'exécuter tout, ou partie du préavis. Mais en payant intégralement les salaires, heures supplémentaires ou primes que ce dernier aurait touchés s'il avait travaillé : « *La dispense par l'employeur de l'exécution du travail pendant le préavis ne doit entraîner, jusqu'à l'expiration de ce délai, aucune diminution des salaires et avantages que le salarié aurait perçus s'il avait accompli son travail* » (art. L. 1234-5) ; donc maintien de la voiture *de fonction* et autres TIC de même nature, pourtant en l'absence de tout travail. Une renonciation individuelle serait sans portée : « *Le salarié ne peut renoncer par avance à se prévaloir des règles qui régissent la rupture du contrat de travail à durée indéterminée.* »

794 **Deux salaires à temps plein ?** Cette solution a donc évidemment les faveurs du salarié, qui peut ainsi gagner deux à trois mois de salaire sans avoir à fournir un quelconque travail : il peut même cumuler pendant cette brève période deux salaires à temps plein s'il en a retrouvé ailleurs, ce qui réjouit l'Urssaf.

Mais elle est coûteuse pour l'entreprise qui, sauf dans le cas où la dispense est de droit (licenciement collectif pour motif économique, d'un accidenté du travail car impossibilité de reclassement, femme enceinte, clause de conscience des journalistes...), préfère parfois demander l'exécution intégrale du préavis en espérant secrètement qu'au bout de quelques semaines le salarié viendra informer son directeur qu'il a trouvé du travail, et demandera à quitter immédiatement l'entreprise : ce qui lui sera accordé, dans une grande satisfaction réciproque.

Si l'employeur *dispense* le salarié d'effectuer tout ou partie de son préavis (à ne pas confondre avec la *privation*, V. *infra*), il doit lui verser une indemnité compensatrice, qui a la nature juridique d'un salaire (charges sociales). Elle est calculée sur la rémunération brute du salarié, pas théorique mais celle qu'il aurait touchée s'il avait travaillé : heures supplémentaires, majoration pour travail le dimanche où il a dormi toute la journée, astreintes.

Pendant son préavis, le salarié peut-il préparer la création une entreprise concurrente (ex : immatriculation) sans en avertir son employeur ? On imagine que cette pratique scandalise ce dernier, qui continue à le payer. Mais comme l'a précisé la chambre sociale le 23 septembre 2020 : « *le salarié qui crée une entreprise concurrente à celle de son employeur pendant son préavis ne manque pas à son obligation de loyauté, dès lors que l'exploitation de cette entreprise a débuté après la fin du contrat de travail* ». À moins bien sûr qu'il n'ait signé une clause de non concurrence...

795 **La dispense de préavis étant l'exception, elle ne se présume donc pas** et doit résulter d'une manifestation de volonté claire et non équivoque de l'employeur. En cas de litige, il reviendra au salarié d'en apporter la preuve.

Pratiquement, l'exécution ou la dispense de préavis figure dans la lettre de notification du licenciement. S'il en est dispensé, le salarié n'est plus à la disposition de son employeur : ce dernier ne peut le faire revenir ponctuellement dans l'entreprise, ou lui demander de rester à sa disposition pendant cette période. En l'absence de clause de non-concurrence, le salarié pourra donc se faire *immédiatement* embaucher ailleurs, sans qu'il soit possible de réduire son indemnité compensatrice. Mais attention : « *l'inexécution du préavis de licenciement n'a pas pour conséquence d'avancer la date à laquelle le contrat prend fin* » (art. L. 1234-1) : le salarié n'est donc pas indemnisé au titre du chômage pendant cette durée.

C. - La privation de préavis en cas de faute grave, et a fortiori lourde

796 **Sanction pécuniaire pas illégale, car légale.** La *privation* est radicalement différente de la *dispense* puisque, si dans les deux cas le salarié n'exécute pas son préavis, ici il ne sera pas payé : il ne percevra aucune indemnité compensatrice, ni d'ailleurs l'indemnité de licenciement allant avec. La privation de préavis constitue donc une sanction disciplinaire liée à une faute grave (ou lourde) : la définition de celle-ci étant celle qui rend impossible et impensable de garder le salarié dans l'entreprise pendant la durée du préavis (même quelques jours), il est logique que cette faute entraînant l'absence de travail entraîne l'absence du salaire correspondant, l'indemnité compensatrice de préavis. Voulant atténuer les rudes effets d'une faute qualifiée de grave par l'employeur, la Chambre très sociale a décidé le 27 septembre 2007 que « *l'employeur pouvait se prévaloir de la faute grave, peu important qu'il ait accordé au salarié le bénéfice d'indemnités auxquelles il n'aurait pu prétendre en raison de cette faute* ». Mais outre son caractère peu tactique (si l'employeur doute lui-même de la gravité de la faute, se pose aussi la question de la privation corrélative de l'indemnité de licenciement), cette solution brouille les pistes : rappelons par exemple que l'exécution d'un seul jour de préavis vaut renonciation patronale à invoquer la faute grave.

797 **Qui prouve quoi ?** Il revient à l'employeur, puisqu'il ne verse pas une indemnité à laquelle le salarié a en principe droit, d'apporter la preuve de cette faute grave ou lourde. *A fortiori* le doute profitera au salarié, qui pourra obtenir du juge les indemnités de rupture (IP + IL) dont il avait été privé.

D. - Conditions d'exécution du préavis suite à une révision du contrat

798 **Le salarié la refuse, et licencié de ce fait : quid du préavis ?** Comme d'habitude, tout dépend de l'étendue de cette révision.

S'il s'agit d'un simple **changement des conditions de travail** (mobilité dans le même secteur géographique, application d'une clause de mobilité...), l'employeur est en droit d'imposer l'exécution du préavis aux nouvelles conditions... que le salarié a justement refusées, et qu'il continue généralement à refuser : « *Le refus de poursuivre l'exécution de son contrat en raison d'un simple changement des conditions de travail décidé par l'employeur dans l'exercice de son pouvoir de direction rend ce salarié responsable de l'inexécution du préavis qu'il refuse d'exécuter aux nouvelles conditions, et le prive des indemnités compensatrices de préavis et de congés payés afférents* ».

S'il s'agit d'une **véritable modification** (ex. : baisse du salaire contractuel), l'employeur ne peut évidemment pas lui *imposer* d'exécuter son préavis aux nouvelles conditions. L'inexécution étant alors imputable à l'entreprise, il sera fait droit à la demande d'indemnité compensatrice de préavis du salarié, et des congés allant avec.

GB (GROSSES BOURDES)

- L'indemnité de préavis a la nature juridique de salaire (assujettissement à 100 %), et fiscalement déclaration IRPP et DAS : moins attirant, pour les deux parties, que l'IL, avec sa nature de dommages intérêts (V. *infra*).
- L'employeur doit indiquer au salarié licencié ses droits en matière de CPF (compte personnel de formation). Et pendant le préavis, le salarié peut effectuer tout ou partie d'une action de bilan de compétences ou de validation des acquis (art. L. 933-6).
- Si le salarié tombe malade avant le préavis et qu'il ne peut donc l'effectuer, il ne sera pas payé. En revanche, s'il en a été dispensé et qu'il tombe malade, l'employeur lui doit l'intégralité de l'IP.
- La dispense de préavis entraînant l'absence de tout travail, il est prudent de demander au salarié restitution immédiate des badges d'accès, du téléphone portable ou de la voiture de *service*, *si* ces deux avantages en nature étaient exclusivement professionnels. Mais s'ils pouvaient servir aussi à titre personnel, le salarié pourra prétendre à leur maintien, même si le contrat stipulait l'inverse (CS, 11 juill. 2012). Le don généreux de l'ordinateur portable professionnel au partant sera, dans les cas douteux, utilement précédé d'un solide compactage en bonne et due forme pour éviter que l'équivalent de 9 mètres cubes de documentation confidentielle puisse ainsi partir à la concurrence... si ce n'est déjà fait. Mais il faudra donner le temps au salarié de retirer d'éventuelles dossiers personnels.
- Sauf s'il est lié par une *clause* de non-concurrence, qui en cas de dispense de préavis prend effet dès le départ effectif du salarié, le dispensé n'est plus lié par *l'obligation* de non concurrence, et peut passer immédiatement à la concurrence.

SECTION II L'indemnité de licenciement (IL)

799 Alors que le préavis est dû de façon symétrique par celui qui prend l'initiative de la rupture, l'indemnité de licenciement (IL) n'est versée... qu'en cas de licenciement : ni démission, ni prise d'acte finalement assimilée à une démission, ni *a fortiori* rupture du contrat à durée déterminée car à l'échéance de celui-ci, le salarié touche une indemnité de fin de contrat. Bien avant que la loi du 13 juillet 1967 ne la légalise, de nombreux usages ou conventions collectives en prévoyaient le versement. À une époque où l'indemnisation du chômage était faible, voire inexistante, elle voulait atténuer le choc financier, mais aussi psychologique du licenciement : s'il y a rupture, c'est avec les honneurs des deux indemnités de rupture (IP et IL), qui disparaîtront en cas de faute grave ou lourde. Son calcul étant fondé sur l'ancienneté du salarié dans l'entreprise, ce mécanisme protège également dans une certaine mesure les salariés anciens sinon âgés.

800 **L'ancienneté minimale** dont le salarié doit disposer auprès d'un même employeur pour en bénéficier est passée de 12 à 8 mois par l'ordonnance du 22 septembre 2017. Lorsque la durée de service du salarié est inférieure à douze mois, est retenue la moyenne mensuelle de la rémunération de tous les mois précédant le licenciement.

Et en cas d'année incomplète, l'IL est calculée proportionnellement au nombre de mois complets réalisés : si un salarié a travaillé douze ans, sept mois et vingt jours, on retiendra douze ans et sept mois pour la calculer.

NE PAS CONFONDRE IL ET ILNF

L'indemnité de licenciement (IL) est souvent confondue avec l'indemnité de licenciement non fondé (ILNF) sur une cause réelle et sérieuse, nécessairement octroyée par le juge judiciaire et désormais barémisée. Grave erreur ! Sauf faute grave ou lourde, l'IL est automatiquement due par l'employeur qui licencie, en dehors de tout procès, et elle est proportionnelle à l'ancienneté.
Nécessairement décidée par un juge, l'ILNF est versée en l'absence de cause réelle et sérieuse de licenciement, et n'a donc rien à voir avec l'IL.

§1 Nature juridique

801 **Dommages-intérêts.** La nature de l'indemnité de licenciement est à l'opposé de celle du préavis : l'IL légale ou conventionnelle ne constitue pas un salaire différé ou capitalisé, mais une indemnisation forfaitaire compensatrice du préjudice subi par le salarié du fait de la rupture. Elle suit donc le même régime que les dommages-intérêts : en principe non assujettie en matière de Sécurité sociale, mais aussi exclue de l'assiette de l'impôt sur le revenu. Mais des restrictions continues grignotent peu à peu ces exonérations avec des plafonnements (CSG-CRDS + cotisations sociales)... beaucoup, beaucoup plus élevés que celui du licenciement sans cause réelle et sérieuse.

§2 Montant de l'indemnité de licenciement

802 **Une seule !** Il n'en est versé qu'une seule au salarié, donc ne jamais dire « *les indemnités de licenciement* » au lieu « des indemnités *de rupture* » = IP + IL. Mais ce sera la plus favorable qui sera versée : au minimum l'indemnité légale, dans 90 % des cas l'indemnité conventionnelle (branche ou entreprise plus favorable), et pour quelques cadres supérieurs et dirigeants une indemnité contractuellement prévue, alors versée aux conditions stipulées (V. *infra*).

803 **IL légale.** Contrepartie politique à la création du plafonnement des dommages-intérêts, son montant est passé de un cinquième à un quart de mois par année d'ancienneté, mais reste donc d'un montant modeste (10 ans d'ancienneté = 2,5 mois d'équivalent salaire).

Il est désormais fixé à :

- 1/4 de mois de salaire par année de service ininterrompue auprès du même employeur jusqu'à dix ans d'ancienneté : 25 % du salaire mensuel ;
- 1/3 de mois de salaire par année d'ancienneté à partir de dix ans d'ancienneté ;
- et calculé sur la base du douzième de la rémunération des douze derniers mois.

Sauf si elle est commise au cours du préavis, la faute grave, et *a fortiori* la faute lourde, est privative des indemnités de rupture, et donc du préavis mais aussi de l'indemnité légale de licenciement.

804 **L'indemnité conventionnelle de licenciement.** Son montant varie beaucoup selon les branches (le maximum pour les journalistes : un mois par année de présence), et le niveau hiérarchique du salarié licencié.

Mais la Cour de cassation interdit aux juges du fond de réduire celles qui leur paraîtraient manifestement excessives, la fraude semblant ici exclue. C'est d'ailleurs souvent par rapport au niveau prévu par la convention collective que la jurisprudence qualifie de manifestement excessives certaines indemnités *contractuellement* prévues, qui ne peuvent en revanche s'avérer dérisoires puisqu'en application de l'ordre public social, elles doivent être supérieures au montant légal et conventionnel, sans possibilité de renonciation individuelle.

805 **« Golden parachute » :** l'indemnité contractuelle de licenciement. Nombreux sont les cadres dirigeants qui ont fait inclure dans leur contrat de travail (parfois avant une OPE risquée pour leur siège au Siège) le versement d'une telle indemnité, pouvant atteindre deux ou trois ans de salaire en cas de rupture d'initiative patronale. Cette clause est licite, si du moins « *elle n'est pas de nature à faire échec à la faculté de résiliation unilatérale qui constitue un élément essentiel du contrat de travail* ». Pour une PME en particulier, devoir ainsi verser, en plus du préavis et des congés payés, l'équivalent de vingt-quatre mois d'un salaire élevé en application d'une clause de ce type ferait en effet obstacle à tout licenciement, même en dehors de la faute grave si cela est prévu.

Car la Cour de cassation admet ici son versement en cas de faute même grave (CS, 21 sept. 2017 : neuf mois pour un directeur général).

806 **Mais attention : clause pénale !** « *Lorsqu'elle est prévue par le contrat de travail, l'indemnité de licenciement a le caractère d'une clause pénale : elle peut être réduite par le juge si elle présente un caractère* manifestement *excessif* » (CS, 16 mars 2016 : adieu les 288 765 €). Cette indemnité contractuelle pourra donc, même d'office, être modérée par nos juges (beaucoup moins payés) en application du droit civil qui leur donne le droit de réduire les clauses pénales « manifestement excessives ». Ainsi le 3 décembre 2002, la Cour de cassation réduisait de 200 000 euros à 50 000 euros l'indemnité d'un cadre supérieur, en application de l'ex-article 1152 du Code civil. Mais elle rappelait aussi aux juges du fond le 1er avril 2003 que s'ils peuvent modérer son montant, c'est à la double condition qu'il soit *manifestement* excessif, et qu'il *soit « supérieur à celui prévu par la loi et la convention collective »*. Ainsi certains journalistes peuvent quitter une chaîne cryptée avec des sommes astronomiques, mais ce ne sont que l'application de leur convention collective prévoyant une indemnité d'un mois de salaire par année de présence : et si leur rémunération mensuelle était de 56 000 euros...

L'argent aide à supporter la pauvreté.

SECTION III L'indemnité compensatrice de congés payés (ICCP)

807 **ICP.** Depuis 1936, le salarié qui travaille acquiert mois après mois un droit à congé, en France pris en grande partie l'été. Il perçoit alors une indemnité de congés payés (ICP) destinée à financer ce *repos*, qui doit être réellement pris ; à ne pas confondre avec les jours de RTT qui ne sont pas soumis à ce régime *légal*, mais dépendent de la rédaction de l'accord de branche ou d'entreprise l'ayant créé.

Sauf mode de calcul plus favorable au salarié prévu dans son contrat, l'ICP est calculée selon deux modes, le montant le plus avantageux pour le salarié étant dû :

1. l'indemnité est égale à 1/10e de la rémunération brute totale perçue par le salarié au cours de la période de référence ;
2. maintien de salaire : l'ICP est égale à la rémunération que le salarié aurait perçue s'il avait continué à travailler.

808 **ICPP. Si le contrat est rompu *avant* cette prise de congés**, l'employeur doit, en cas de licenciement mais également de démission ou de prise d'acte, une indemnité *compensatrice* (ICCP) dont le montant est calculé comme l'ICP, et a la nature juridique de salaire (cotisations sociales, IRPP...). L'indemnisation par l'Unedic ne commence donc qu'après.

Rappelons que depuis la loi du 8 août 2016, l'ICP reste due même en cas de faute lourde du salarié.

SECTION IV La clause de non-concurrence : un statut jurisprudentiel de défiance

809 **Être quitté est pénible, être trompé plus encore.** Pour officiellement éviter la fuite de savoir-faire à la concurrence, mais en pratique surtout pour dissuader les meilleurs salariés de quitter l'entreprise en leur fermant le marché sur lequel ils ont le plus de chances de se reclasser à un meilleur prix, le contrat contient parfois, notamment pour les cadres ou les commerciaux, une clause de non-concurrence à l'exceptionnelle particularité : elle n'est pratiquement efficace qu'à la mort du contrat qui l'a fait naître.

NE PAS TOUT CONFONDRE !

L'horreur : confondre *obligation* et *clause* de non-concurrence
La *clause* de non-concurrence vise exclusivement l'après-contrat. *L'obligation* de non-concurrence s'impose naturellement au salarié pendant toute l'exécution du contrat : on ne peut être à la fois collaborateur et concurrent, même sur le Web et dans sa vie privée en dehors des heures de bureau, sous peine de faute grave (CS, 5 juill. 2017 : « *la salariée, chef d'équipe, avait exercé pendant ses congés des fonctions identiques à celles occupées chez son employeur pour le compte d'une société directement concurrente qui intervenait dans le même secteur d'activité et dans la même zone géographique : elle avait ainsi manqué à son obligation de loyauté en fournissant à cette société, par son travail, les moyens de concurrencer son employeur : sans avoir à caractériser l'existence d'un préjudice particulier subi par l'employeur, ces agissements rendaient impossible le maintien de l'intéressée dans l'entreprise* »), voire lourde si l'intention de nuire est manifeste.

Obligation de non concurrence...
Elle-même à ne pas confondre avec clause d'exclusivité, en principe interdite s'agissant de travailleurs à temps partiel (CS, 24 mars 2021, car temps partiel = salaire partiel), applicable elle aussi pendant la seule exécution du contrat, et non après la rupture. Elle peut être licite, mais aux sévères conditions fixées par l'arrêt du 16 mai 2018 : « *rédigée en termes généraux et imprécis ne spécifiant pas les contours de l'activité complémentaire qui serait envisagée par le salarié, activité bénévole ou lucrative, professionnelle ou de loisirs et qu'ils ne permettaient pas dès lors de limiter son champ d'application ni de vérifier si la restriction à la liberté du travail était justifiée et proportionnée* », la clause d'exclusivité était en l'espèce illicite. Mais licite celle « *justifiée par la nature des fonctions confiées à l'intéressée touchant à des éléments essentiels et confidentiels de la vie de la société, donc indispensable à la protection des intérêts légitimes de la société et proportionnée au but recherché* » (CS, 29 sept. 2016).

Manœuvres de contournement
Des entreprises ayant cherché à contourner sa jurisprudence de 2002 créant une contrepartie financière en créant des clauses voisines, la Chambre sociale a dû préciser que :

- une « *clause de non-dépôt de brevet* » n'est pas assimilable à celle de non-concurrence. L'engagement du salarié, après la rupture du contrat de travail, à ne déposer aucun brevet pour des créations inventées pendant l'exécution de son contrat ainsi que son engagement à ne publier aucun article scientifique et à ne diffuser aucune information commerciale ni aucun renseignement technique, relatifs à la société, ne sont pas assimilables à une clause de non-concurrence, n'ouvre pas droit au paiement d'une contrepartie financière (CS, 23 mai 2018).
- *Idem* pour une « *clause de discrétion* », car cette clause obligeant le salarié, après la rupture, à respecter la confidentialité des informations qu'il détient concernant son précédent employeur, ne porte pas atteinte au libre exercice d'une activité professionnelle (CS, 15 oct. 2014).
- La Chambre commerciale a soumis le 27 mai 2021 au régime de la CNC la « clause de non sollicitation », dont le fonctionnement est cependant très différent : ici, des entreprises s'engagent entre elles à ne pas embaucher les salariés d'une autre (*cf.* il y a 10 ans les GAFA dans la Silicon Valley). « *Conclue entre entreprises concurrentes, la clause litigieuse portait atteinte à la liberté du **travail** des personnes qui étaient contractuellement liées à ces entreprises, ainsi qu'à la liberté **d'entreprendre** de ces dernières, la cour d'appel devait rechercher si ces atteintes étaient proportionnées aux intérêts légitimes que la clause était censée protéger* ».

En raison de l'atteinte qu'elle porte aux principes constitutionnels de liberté du travail et/ou la liberté d'entreprendre et avec nos 3,7 millions de chômeurs, depuis son revirement du 10 juillet 2002 la jurisprudence n'admet qu'avec de plus en plus de réticence la validité d'une telle clause, pouvant contraindre le collaborateur au chômage forcé pendant plusieurs mois.

§1 Les cinq conditions cumulatives de licéité de la CNC

810 Au visa ***« du principe fondamental de libre exercice d'une activité professionnelle*** (ce qui vise aussi bien un travail salarié qu'indépendant) *et de l'article L. 1121-1 du Code du travail »*, la Cour de cassation sensible à la montée du chômage a fixé le 10 juillet 2002 cinq conditions cumulatives auxquelles sont désormais soumises ces clauses, dont le Code du travail ne dit pas un mot ou presque.

Outre bien sûr une acceptation claire et non équivoque de la clause, nécessairement écrite et signée par le salarié.

« Une clause de non-concurrence *n'est licite que si* :

1 . *elle est indispensable à la protection des intérêts légitimes de l'entreprise* ;

2 . *limitée dans le temps* (rarement plus d'un an) ;
3 . *limitée dans l'espace*. Une CNC portant sur tout le territoire national n'est pas automatiquement illicite, a rappelé la Chambre sociale le 15 novembre 2009 à propos d'un consultant de haut vol : « *Il appartient au juge de rechercher si l'intéressé se trouve dans l'impossibilité d'exercer une activité conforme à sa formation, à ses connaissances et à son expérience professionnelle* » . Mais sachant que tout le monde n'est pas client d'Elon Musk, la CNC « *limitée au niveau mondial* » (qui ne vise donc ni la Lune, ni Mars), n'est pas limitée dans l'espace (CS, 8 avr. 2021).
4 . *elle tient compte des spécificités* de l'emploi *du salarié* (actuel, pas celui de son embauche il y a 13 ans) ;
5 . *et comporte l'obligation pour l'employeur de verser au salarié une contrepartie financière.* »

811 **Ces arrêts restrictifs car de défiance** *(« la CNC n'est licite que si »)* avec leurs cinq conditions cumulatives conduisent naturellement à une interprétation stricte, et à une réduction considérable de leur nombre : *« Apportant une restriction au principe de la liberté du travail, une clause de non-concurrence est d'interprétation stricte et ne peut être étendue au-delà de ses prévisions »* (CS, 26 mai 2010). Au nom de la lutte contre le chômage, des pays de l'UE la limitent voire l'interdisent.

812 **Même si la convention collective applicable n'en prévoit pas**, les parties au contrat peuvent décider d'adopter une telle clause. À l'inverse, si la convention collective en prévoit automatiquement une, le seul renvoi à cette dernière suffit à imposer la non-concurrence si la convention a été remise au salarié lors de l'embauche.

- Si le contrat prévoit que la clause s'applique même pendant la période d'essai, l'employeur qui rompt doit alors verser la contrepartie financière prévue. À l'inverse, si l'accord collectif applicable stipule que l'interdiction de concurrence ne sera applicable qu'après trois mois de travail, la rupture intervenue avant cette date ne permet pas au salarié de réclamer l'indemnité compensatrice.
- L'insertion d'une CNC pendant l'exécution du contrat (ex. : suite à une fusion, volonté d'unification du statut du personnel) constitue une modification de celui-ci que le salarié est en droit de refuser : mais quelle cause réelle et sérieuse pour l'éventuel licenciement économique ? *A fortiori*, la stipulation contractuelle permettant à l'employeur d'imposer discrétionnairement une CNC après la rupture du contrat est nulle.
- Une clause ne peut réserver à l'employeur la faculté de renoncer à tout moment, avant ou pendant la période d'interdiction, aux obligations qu'elle fait peser sur le salarié : le collaborateur étant alors laissé dans l'incertitude quant à l'étendue de sa liberté de travailler, elle est globalement nulle. Et en l'absence de disposition conventionnelle ou contractuelle fixant valablement le délai de renonciation à la clause de non-concurrence, l'employeur ne peut être dispensé de verser la contrepartie financière de cette clause que s'il libère le salarié de son obligation de non-concurrence dans un délai raisonnable, qui court à compter de la date à laquelle il a connaissance de la rupture du contrat à l'initiative du salarié (CS, 1er mars 2017)

- En cas de rupture du contrat de travail sans exécution d'un préavis, la date à partir de laquelle le collaborateur est tenu de respecter **l'obligation** de non-concurrence, celle d'exigibilité de la contrepartie financière de la clause de non-concurrence, est celle à compter de laquelle doit être déterminée la période de référence pour le calcul de cette indemnité sont celles du départ *effectif* de l'entreprise (CS, 2 mars 2017). Qui n'est pas à la discrétion de la salariée démissionnaire devant l'exécuter, mais s'en dispensant elle-même : la notification de la levée de la CNC faite en cours de préavis était valable (CS, 21 mars 2018).

§2 Si une condition fait défaut : annulation de la CNC, ou simple réfaction ?

813 **Cela dépend.** L'important arrêt Gan du 18 septembre 2002 a donné au juge un pouvoir considérable... pour protéger l'entreprise : plutôt que d'annuler les CNC non conformes aux cinq conditions cumulatives, il limite la *nullité* à l'absence soit d'intérêt légitime, soit de contrepartie financière. Et autorise le juge du fond, à l'instar de ce qu'il peut faire si la clause contractuelle dépasse les limites fixées par la convention collective, à simplement *limiter* sa durée ou son champ d'application géographique : « *Même si la CNC est indispensable à la protection des intérêts légitimes de l'entreprise, le juge peut, lorsque cette clause ne permet pas au salarié d'exercer une activité conforme à sa formation et à son expérience professionnelle, en restreindre l'application en en limitant les effets dans le temps, l'espace, ou ses autres modalités.* » Ce qui évite que le collaborateur ne puisse s'installer en face de son ancien employeur.

814 **Nécessaire contrepartie financière proportionnée**

Absence de contrepartie = annulation. Le juge doit *annuler* une CNC ne comportant aucune contrepartie financière (CS, 2 oct. 2019).

- Preuve et rumeur. Même si l'entreprise « entend parler » d'une éventuelle concurrence, une rumeur ne suffit pas à priver le salarié de la contrepartie : il incombe à l'employeur, qui se prétend délivré de l'obligation de payer la contrepartie financière, de faire la preuve de la violation réelle de cette clause par le salarié ; *solliciter* seulement des emplois à la concurrence ne constitue pas une violation de la CNC, ni préparer pendant dix-huit mois sa petite entreprise qui démarrera *le lendemain* de l'échéance.
- SMIC de la loyauté. Si la violation intervient en cours d'interdiction, le salarié peut néanmoins prétendre à son versement pendant le temps où il l'a respectée.
- Mais la contrepartie n'est pas une clause pénale, donc pas de réfaction judiciaire. S'agissant d'une créance de nature salariale, non d'une clause pénale, le juge ne peut la réduire même s'il l'estime manifestement excessive : c'est le cas de nombreuses clauses constituant en réalité de plus discrets parachutes en or (CS, 17 nov. 2015 : 24 mois de salaire à 100 %, soit plus de 160 000 euros pour une CNC à l'étendue géographique ridicule... mais 10 000 euros en cas de violation : « *Cette clause avait pour objet non pas d'assurer une réelle protection de l'entreprise contre la concurrence d'un cadre commercial salarié, mais de lui faire*

bénéficier immédiatement d'une somme particulièrement importante en cas de rupture de son contrat de travail, quelles qu'en soient les conditions » : annulation). Mais une contrepartie manifestement dérisoire (10 e/mois) étant l'équivalent de l'absence de contrepartie, entraînera l'annulation de la CNC.

815 Régime de la nécessaire contrepartie financière

Nature = salaire. Toute clause de non-concurrence implique une contrepartie financière spécifique, d'ordre public bien que jurisprudentielle, quelle que soit la qualification contractuelle donnée par les parties. Cette contrepartie a la curieuse nature d'une indemnité *compensatrice de salaire* dont l'action en paiement se prescrit donc par trois ans. Des conventions collectives la prévoyaient depuis longtemps (métallurgie : maintien de 50 % du salaire pendant toute la durée de l'obligation).

Renonciation. L'employeur peut se réserver contractuellement la faculté de délier le salarié de cette obligation au moment de la rupture – pas avant : CS, 11 mars 2015 – s'il considère que cette charge excède l'intérêt qu'il a à la non-concurrence de son futur ex-salarié : il est des collaborateurs dont on ne peut que souhaiter qu'ils aillent rapidement plomber la concurrence.

Mais en l'absence d'une telle clause, l'indemnité devra être versée même si le salarié est totalement libre, et ne subit aucun préjudice.

816 Versement de la contrepartie

Son paiement ne peut intervenir avant la rupture : tout versement en cours d'exécution du contrat rend donc nulle la CNC, l'employeur ne pouvant alors obtenir restitution des versements mensuels ayant constitué des compléments de salaire.

Si l'employeur n'a pas versé la contrepartie prévue, « *le salarié est délié de l'obligation contractuelle de non-concurrence* » : normal.

« *L'obligation de payer la contrepartie, qui est liée à la cessation d'activité du salarié, au respect de la CNC et à l'absence de renonciation de l'employeur, ne peut être affectée par les circonstances de la rupture du contrat et la possibilité pour le salarié de reprendre, ou non, une activité concurrentielle* » : ainsi en cas de préretraite ou si le salarié a immédiatement retrouvé un emploi non concurrentiel.

Mais l'employeur peut ne pas la verser, s'il lève expressément et dans *le délai contractuellement prévu* la CNC :

- « *La clause de non-concurrence est stipulée dans l'intérêt de chacune des parties au contrat ; l'employeur ne peut, sauf stipulation contraire, renoncer unilatéralement à cette clause* au cours de l'exécution *de cette convention* » (CS, 2 oct. 2019).
- Règle d'ordre public : « *L'employeur qui dispense le salarié de l'exécution de son préavis doit, s'il entend renoncer à l'exécution de la clause de non-concurrence, le faire au plus tard à la date du départ effectif de l'intéressé de l'entreprise*, nonobstant toutes stipulations ou dispositions contraires. »

Pas de modulation de la contrepartie selon le cas de rupture, car le salarié lié par une clause de non-concurrence doit bénéficier d'une contrepartie financière ; les parties ne peuvent dissocier les conditions d'ouverture de l'obligation de non-concurrence de celles de son indemnisation (CS, 18 janv. 2018) : la clause du contrat mais aussi conventionnelle prévoyant qu'il en sera privé en cas de faute grave ou lourde est donc inapplicable.

Ni de minoration possible. Ni en cas de RCH, ni en cas démission, que cette minoration soit contractuelle mais aussi conventionnelle (CS, 14 avr. 2016 : 50 % du salaire en cas de licenciement, 33 % pour une démission). Ni en fonction de la faute à l'origine du licenciement. Mais la clause elle-même n'est pas nulle !

Si les deux parties ont expressément exclu la mise en œuvre de la clause en cas de rupture du contrat de travail à l'initiative de l'employeur, la CNC ne s'applique donc pas au salarié licencié. Mais à l'inverse, ni le contrat de travail ni la convention collective ne peuvent la limiter à une rupture patronale, mais aussi à une rupture du fait du salarié.

§3 En cas de violation d'une CNC licite

817 **Éventuelle clause pénale contractuelle sanctionnant l'inexécution de la clause**, à ne surtout pas confondre avec la contrepartie financière obligatoire examinée *supra*.

En cas de violation de la clause, qui prend effet à la date du départ effectif de l'entreprise, nombre de contrats incluant une CNC prévoient le versement automatique par l'ex-salarié d'une somme forfaitaire : créée avant tout dans un but de dissuasion de départ à la concurrence, elle est parfois très élevée et délibérément disproportionnée au préjudice subi. Mais s'agissant d'une clause pénale, en application du Code civil, le juge peut la réduire si son montant est « *manifestement* excessif », et pas seulement *excessif* : il faut être dissuasif. Le montant de la clause pénale doit donc être soigneusement étudié pour chaque collaborateur : beaucoup trop élevé, il pourra faire l'objet d'une réfaction par le juge ; trop bas, il n'est pas dissuasif... voire incitatif par sa prévisibilité.

818 **Référé prud'homal.** En cas de violation d'une CNC ***licite***, le juge des référés prud'homal peut prendre toute mesure (y compris astreinte) pour faire cesser **cette activité illicite de concurrence professionnelle** (trouble manifestement illicite, CS, 8 avr. 2021).

Même en l'absence de clause, son départ de l'entreprise ne signifie pas que l'ex-salarié retrouve une liberté absolue. S'il a naturellement le droit de tirer parti de l'expérience acquise, il reste tenu d'une obligation de confidentialité et ne doit pas non plus se livrer à des actes de concurrence déloyale (détournement de fichiers, de clientèle ou de personnel) vis-à-vis de son ex-employeur.

Défiance jurisprudentielle en nos temps de chômage. Le contrôle très étroit de sa licéité, associé à l'obligation d'une contrepartie financière proportionnée aux sujétions qu'elle fait naître s'avérant très dissuasifs, nombre d'entreprises ont depuis 2002 soit renoncé à ce type de clause, soit ciblé celle-ci sur des populations restreintes à très hauts risques concurrentiels... Mais elle n'est pas morte ! Alors que nos aïeux avaient occupé 2,7 emplois au cours de leur vie professionnelle, la Génération Alpha du XXIe siècle devrait, elle, changer treize fois d'emploi...

Titre 2

LES RELATIONS COLLECTIVES DE TRAVAIL

Quittant les rivages bien connus du tête-à-tête individuel employeur-salarié, le juriste classique se trouve ici un peu perdu. Outre l'usage d'un vocabulaire étranger au droit civil (représentant « du personnel », convention « collective »), il constate que l'attitude standard de la « personne prudente et avisée » fait souvent place aux rapports de force, que sur le terrain la *légitimité* de l'action est parfois plus importante que sa *licéité* : car dans notre société de la réputation, l'opinion publique est souvent devenue juge suprême. Qu'en pratique, la connaissance de la sociologie, de la science politique, de la psychologie des groupes, et de la communication depuis l'irruption d'Internet et des réseaux sociaux, peut s'avérer dans la vraie vie plus efficace qu'un apprentissage minutieux des volumineux codes existants. Bref, que les rapports de force sont tout aussi importants à maîtriser que les rapports de droit.

Méta-morphose. Ce particularisme ne doit pas faire oublier que nous ne sommes plus en 1946, date de la création du comité d'entreprise et des délégués du personnel conçus pour les mines de Lorraine et les *manu*-factures de l'industrie française.

La tertiarisation de nos économies et la concentration des sociétés ont obligé le droit du travail à s'adapter à ces nouvelles structures (un salarié français sur huit est employé par un groupe international), et le syndicalisme avec lui. Non sans difficultés à une époque où les ONG, mais aussi « Indignés » et autres « Gilets Jaunes » savent si bien occuper le terrain médiatique, certaines ONG obtenant parfois en quelques semaines ce que les syndicats tentaient d'obtenir depuis dix ans grâce à une campagne créative sur Facebook ou Twitter (*cf.* Nike, Walmart...).

Il est donc essentiel de bien connaître les voies empruntées par le législateur et la jurisprudence afin d'assurer l'indispensable médiation des rapports de travail : car très concrètement, un employeur ne peut négocier individuellement avec ses 381 salariés. Mais également une certaine participation des salariés à la gestion de l'entreprise : idée gaullienne de l'association capital/travail, reprise par les lois de 2013-2020.

Il convient d'examiner en premier lieu le **droit syndical** (*Partie 1*) ; historiquement le premier présent dans l'entreprise, le syndicalisme reconfiguré par les lois de 2008-2018 joue un rôle déterminant dans le fonctionnement des **institutions représentatives du personnel, fusionnées depuis 2018 dans l'unique Comité social et économique** (*Partie 2*), en essayant de tirer les conclusions du tsunami qu'a été la pandémie pour les partenaires sociaux. Il faudra enfin examiner le régime juridique des **conflits collectifs, puis de la négociation collective,** base de notre droit du travail depuis les années 2000 (*Partie 3*).

Dans ces trois domaines, les spécificités du fameux « modèle social » français sont considérables. L'exemple phare ? Un des trois plus *faibles taux de syndiqués* des trente pays de l'OCDE (8 % dans le privé), mais un des quatre *plus fort taux de couverture conventionnelle* (97 %) : incompréhensible pour des salariés étrangers, même au sein de l'UE.

Mais chaque nation a sa propre histoire sociale (récusant tout collectif, la loi Le Chapelier a créé en juin 1791 le délit de coalition), et sa propre culture juridique. Ainsi des « conventions collectives » : simple *constat* d'un rapport de force à un moment donné, ou *contrat* devant être loyalement exécuté, excluant donc tout conflit pendant son exécution ?

Une fois encore, comparaison n'est pas raison.

Partie 1

LE DROIT SYNDICAL

819 **Du passé, ne pas faire table rase.** Il est aujourd'hui de bon ton de critiquer les syndicats : c'est oublier un peu vite deux siècles d'Histoire. Car ils ont rendu leur dignité à des millions de « prolétaires » au sens premier (Jaurès : « *Il n'a rien, il ne possède rien, que son titre d'Homme* »), au travail de l'enfance à la mort. Et permis une exceptionnelle solidarité ouvrière face aux événements graves de la vie (*cf.* Dickens, Zola avec Germinal, mais aussi Hugo et sa métaphore de Jean Valjean sortant des égouts de Paris).

Tout en faisant vivre le troisième terme de la devise de la République, dernier arrivé suggéré par Louis Blanc mais souvent oublié dans notre société d'individus : *la fraternité*. Ils ont enfin permis à de nombreux militants de sortir de leur ghetto, et gardent aujourd'hui cette fonction de lien et de promotion sociale pour de nombreux travailleurs immigrés.

820 **Les syndicats, premières ONG.** Comme beaucoup d'institutions et de « corps intermédiaires », ces premières « organisations non gouvernementales » reconnues par l'OIT en 1919 sont aujourd'hui en crise. Mais n'y a-t-il pas faute de la victime ? Très attachés à leur passé glorieux devenu iconographie (mines, sidérurgie, textile, secteurs drastiquement affectés par les mutations économiques brutalement accélérées par la pandémie, et aujourd'hui Banques et Assurances avec le Numérique), nos syndicats aux militants vieillissants souvent issus des services publics se sont désintéressés des nouvelles entreprises (tertiaire, quaternaire) comme des nouveaux travailleurs : 1 % des CDD sont syndiqués, et le nombre de « partenaires » d'Uber s'étant syndiqués après la loi du 8 août 2016 les encourageant à le faire est resté très, très limité. Alors qu'ils ont créé les premiers réseaux (vraiment) sociaux lors de la Révolution industrielle, les syndicats sont presque absents de la Révolution Numérique, et par exemple des réseaux comme LinkedIn ou Facebook (V. encadré *infra*).

Le mineur de Lorraine et l'ouvrier qualifié de Renault-Billancourt ont été licenciés, et la vendeuse à temps partiel du McDo, le jeune titulaire de « petits boulots » abonné au « précariat », et *a fortiori* l'auto-entrepreneur VTC ou le webmaster multi-statuts leur renvoient une image qu'ils connaissent mal. « *Notre nombre d'adhérents stagne, notre présence nous met au contact de 4,2 millions de salariés, soit un peu plus du quart d'entre eux. Nous sommes davantage présents là où les effectifs décroissent, et faibles là où l'activité se développe, et ce constat s'étend à la fonction publique. Il nous devient de plus en plus difficile, sauf à se payer de mots, de prétendre représenter l'ensemble des salariés.* » Repris presque au mot près lors du Congrès de Marseille d'avril 2016, le rapport interne à la CGT de janvier 2009 était d'une brutale franchise ; et les chiffres de représentativité publiés en juin 2021 corrobore ce constat.

CGT ET CFDT AUJOURD'HUI : COMBIEN DE DIVISIONS ?

Remarquons d'abord que les partis politiques français sont mal placés pour se gausser du faible nombre d'adhérents des syndicats : CGT ou CFDT en ont, chacune, plus que tous leurs partis réunis. Mais il est également vrai que l'IG Metall allemande a, à elle toute seule, autant d'adhérents que toutes nos confédérations réunies : 2,3 millions.

Avec la publication de leurs comptes depuis 2016, les confédérations ont dû présenter des chiffres beaucoup plus réalistes sur leur effectifs. Ainsi la CFDT revendiquait 625 525 adhérents en 2020, dont 51 % de femmes ; deux tiers des adhérents issus du secteur privé, un tiers du public, 11 % des cadres, et 6,3 % des retraités. Âge moyen : 50 ans.

Alors que la CGT *revendiquait* 5 850 000 adhérents en 1946 (CFDT et FO n'étaient pas nées), elle annonçait 640 000 adhérents en 2020, dont 46 % de femmes. Mais avec des pertes spectaculaires dans ses fiefs habituels : la Fédération de la Métallurgie aurait perdu 43 % des adhérents depuis 2015, celle du Commerce serait passée de 45 000 à 22 000.

En France, le taux de syndicalisation (déclaré) a été divisé par trois depuis 1949 : 30,1 % / 1959 : 17,2 % / 1969 : 20 % / 1979 : 17,3 % / 1989 : 10,2 % / 1999 : 10,8 % / 2016 : 10,8 % (Dares, 2017).

Une pyramide des âges très préoccupante

Sans aller jusqu'au cas italien, où le nombre d'adhérents *retraités* des trois principales confédérations (CGIL, CISL et UIL) est égal à celui des adhérents actifs, les syndicats français sont confrontés à un papy-boom sans précédent : « *Entre 1983 et 2013, la part des plus de 50 ans parmi les syndiqués a augmenté de 18 points, contre 7 pour l'ensemble des salariés. Leur âge médian a ainsi augmenté de 8 ans sur la période (de 38 ans à 46 ans) contre six. Ils sont insuffisamment nombreux pour remplacer les départs à la retraite des générations nées entre 1945 et 1955, qui ont connu des taux de syndicalisation plus précoces et plus durables au cours de carrières professionnelles plus linéaires* » (Dares, mars 2017).

Or les moins de 30 ans, arrivant de plus en plus tard dans la vie active et la commençant souvent par un « parcours d'insertion » en forme d'enchaînement de CDD, sont rares dans les syndicats (6 %), et *a fortiori* dans leurs appareils, ce qui ne facilite pas l'identification. Habitués à la précarité, ils récusent les « choix de vie » définitifs, ne sont plus prêts à se sacrifier pour La Cause, font appel aux syndicats en fonction de leurs besoins du moment, et pratiquent volontiers le nomadisme syndical. Cette très pragmatique génération se méfie de « l'adhésion », au sens coller à un tout, et pour toujours.

Mais elle continue à s'engager plus ponctuellement pour des raisons très variées, y compris parfois le profil nécessairement très altruiste du CV à présenter pour entrer dans une grande école. Mais sur l'échantillon des 6 600 élèves de terminale sondés au printemps 2018 pour le Conseil national d'évaluation du système scolaire, 12 % se déclaraient investis dans la politique, et 44 % dans des organisations humanitaires ou environnementales : un taux d'engagement parmi les plus élevés d'Europe.

De quoi ré-générer nos syndicats...

Car « *le syndicalisme est mortel : ce qui s'est passé pour les partis politiques traditionnels peut arriver aux syndicats* » déclarait le 3 novembre 2018 L. Berger (CFDT), juste avant l'éruption Gilets Jaunes, et reprenant Paul Valéry en 1919 : « *Nous autres, civilisations, nous savons maintenant que nous sommes mortelles [...]. Nous apercevons à travers l'épaisseur de l'Histoire, les fantômes d'immenses navires qui furent chargés de richesse et d'esprit. Nous ne pouvions pas les compter. L'oscillation du navire a été si forte que les lampes les mieux suspendues se sont à la fin renversées. Mais ces naufrages, après tout, n'étaient pas notre affaire».*

La pandémie 2020-2021, opportunité pour se reconnecter aux jeunes générations ? L'optimiste Fédération syndicale européenne de l'Industrie remarquait en avril 2021 que « *les nouvelles formes de communication ont permis aux syndicats de s'engager auprès d'un plus grand nombre de travailleurs, d'écouter leurs préoccupations. C'est donc aussi une opportunité pour se renouveler, en capitalisant sur des nouvelles méthodes, en acquérant de nouvelles compétences de communication* ». Mais la pandémie a vu aussi fleurir sur Facebook ou WhatsApp de jeunes collectifs aussi informels que réactifs, ne faisant parfois pas de cadeaux aux syndicats-boomers en place.

POUR ALLER PLUS LOIN...

- Le très complet numéro spécial de Droit social, mars 2019 : « Quelle place pour les syndicats dans le nouveau modèle social ? »
- J-E. Ray : « Éruptions et représentation », Dr. soc. mars 2019, p. 188
- M. Grignard : « Des Gilets Jaunes aux ordonnances Travail », p. 217
- J.-C. Sciberras, « Comment renforcer le dialogue social en France ? Analyse et propositions à la lueur de la crise des Gilets jaunes » p. 224
- Sur la communication syndicale en direction des moins de 30 ans : P. Boullier, « Quel espace numérique pour les syndicats ? », sp. III. « Comment ré-engager la jeunesse dans les mouvements syndicaux » ? Dr. soc. 2019, p. 220 (V. conclusion du chapitre)
- Et le passionnant ouvrage de G. Groux, M. Noblecourt et J.-D. Simonpoli, « Le dialogue social en France, entre blocages et Big Bang », Odile Jacob, nov. 2018

821 Éclatement du monde du travail. En 2021, les syndicats doivent-ils organiser les seuls salariés ? Avec la croissance des plateformes, les travailleurs indépendants (3,6 millions, dont 1,7 million de micro-entrepreneurs), les *crowdworkers* et autres « travailleurs du clic » comme le fait l'IG Metall allemande, avec un succès certes mitigé ? Doivent-ils défendre leurs seuls adhérents qui seraient alors, comme dans la plupart des pays étrangers, les seuls à bénéficier des avantages figurant dans les accords que le syndicat a signés en vertu de ce mandat de simple *représentation*, assurant ainsi un retour sur investissement (cotisation/avantages conventionnels) incitant à adhérer ? Tous les salariés ? « L'intérêt collectif de la profession », comme l'énonce notre Code du travail ? Et nos 3,7 millions de chômeurs ?

822 La fin de l'exception Trente Glorieuses. L'effondrement des effectifs ne doit pas cependant faire croire à un rejet massif des syndicats. Les résultats consolidés de toutes les élections dans les entreprises privées depuis 2008 publiés en juin 2021 font apparaître un taux de 85 % des suffrages *exprimés* en entreprise pour les cinq grandes centrales représentatives... mais avec une baisse continue de la participation : le taux moyen est ainsi passé de 63 % pour le cycle 2013-2016 à 57 % pour 2017-2020. Et selon les chiffres publiés par le ministère du Travail en juin 2021, dans les élections professionnelles, malgré une nette augmentation du nombre des inscrits (750 000), la CGT a perdu 150 878 voix depuis le cycle 2017, la CFTC, 82 740, FO, 53 241, et la CFDT, 39 591...

Le taux français des *adhésions* est effectivement le plus faible en Europe : de 68 % en Suède à 11 % en France, (mais les trois Fonctions publiques comprises : 8 % dans le seul secteur privé), en passant par 67 % au Danemark, 50 % en Belgique, 33 % en Italie, 28 % en Autriche, 25 % au Royaume-Uni et 18 % en Allemagne : mais le droit du travail y a sa part puisqu'il favorise les comportements d'auto-stoppeur.

Les syndicats continuent à pouvoir mobiliser les salariés sur les sujets essentiels. Mais pour quels résultats ?

Car si leur légitimité *institutionnelle* est indéniable au sommet (Unedic, APEC, retraites complémentaires), leur légitimité à la base est nettement moins forte voire faible dans notre société d'individus : d'où la courageuse « Position commune » CGT-CFDT du 9 avril 2008 qui voulait *« remettre le syndicalisme sur ses pieds »* (B. Thibault), devenue loi du 20 août 2008 portant « rénovation de la démocratie sociale » déterminant la représentativité de chacun à partir des élections professionnelles d'entreprise, et non plus de l'État.

D'une culture de contestation offensive et populaire au temps des Trente Glorieuses ayant financé ces progrès sociaux (« *avantages* »), les syndicats ont dû parfois dû passer à une négociation donnant-donnant (« *contreparties* »), voire de régression sur le plan individuel (ex. : accord de performance collective de 2018 pouvant impacter les salaires *contractuels*) : beaucoup moins attractif, sinon répulsif pour nombre de salariés. Sans même évoquer le rejet de tout corps intermédiaire institué, et donc dans « Le Système » honni côté Gilets Jaunes, travailleurs méprisés de nos grandes banlieues, chauffeurs Uber ou cyclistes Deliveroo.

« *Et nous, les petits, les obscurs, les sans-grades, nous qui marchions fourbus, blessés, crottés, malades. Nous qui marchions toujours et jamais n'avancions, trop simples et trop gueux pour que l'espoir nous berne* » (L'Aiglon). La sécession en cours menaçant nos démocraties représentatives n'est donc pas seulement politique (*cf.* les 66 % d'abstention aux Régionales de juin 2021, avec un taux en corrélation directe avec les revenus du ménage).

823 **Mais dans tous les pays du monde, y compris les plus syndiqués**, se pose la même inquiétante question : à côté des « groupes-noyaux » (services publics et industrie lourde), les jeunes qui sont les premiers à subir la crise (salaires à l'embauche, contrats précaires, *last in/first out* en cas de problème économique), dont le mode de vie comme les valeurs (ex : transition énergétique) sont à la fois différents de leurs aînés et très différenciés, se tournent massivement vers des organisations nouvelles

(ONG, éphémères « Collectifs »). Sans passé parfois lourd à porter, mais sans structure pérenne pouvant les faire vivre et agir dans la durée, et à la culture adolescente de contestation festive qui surprend tant les vieux militants : du « S.O. » de la CGT d'antan (« Service d'Ordre » très musclé à qui il valait mieux ne pas se frotter) à la « Commission Sérénité » de « Nuit debout »...

En l'absence de tout encadrement lors de l'éruption « Gilets Jaunes », puis avec les très violents débordements des Black Blocks allant désormais avec toute manifestation, a été redécouverte la loi Waldeck-Rousseau de 1884 qui, en légalisant les syndicats, leur avait également donné pour mission d'encadrer des mouvements sociaux, à l'époque souvent violents.

824 **Trente Nuances de Jaunes et de Verts.** Ces nouveaux chevaliers blancs, demandant des comptes à tout le monde mais ne voulant en rendre à personne, sont essentiellement centrés sur leur objet politique et social, au détriment de la nécessaire *gestion de la complexité qu'exige la recherche de l'intérêt général.* Sont-ils à même de participer à la régulation du social, à côté des confédérations dont les plus responsables se livrent en permanence à ce vital exercice d'équilibriste ?

Comme l'a bien montré l'épisode Gilets Jaunes de 2018-2019 aboutissant aux élections européennes de mai 2019 où leurs listes ont obtenu en tout et pour tout moins de 2 % des suffrages, quelle est, *in fine*, la représentativité exacte de leurs médiatiques tribuns sachant si bien utiliser l'effet démultiplicateur des réseaux sociaux, la posture simpliste par excellence (Nous-Les-Petits-Si-Gentils / Eux-Les-Trop-Trop-Méchants), et attirer les chaînes d'information en continu à qui elles offrent un happening hebdomadaire idéal en termes d'audience... Acte 1... Acte 2...Quel teasing !

Or la présence médiatique est parfois sans rapport avec celle sur le terrain. Les résultats interprofessionnels de SUD sur la base des élections professionnelles ont par exemple mis les pendules à l'heure dans les rapports de force intersyndicaux : en juin 2021, 3,7 % des suffrages exprimés dans le privé, avec 184 513 suffrages sur 5 398 796, et 6,4 % dans les trois Fonctions publiques.

825 **Le « modèle français » ? Le moins de syndiqués (8 %) et le plus de syndicats (5 !).** S'agissant des personnes, *le papy-boom* frappe aujourd'hui très durement les confédérations : quels syndicats, fédérations (mais aussi conseils des prud'hommes) pourraient tourner sans leurs très nombreux retraités ? Et les départs massifs de ces prêtres laïcs qui avaient épousé une fois pour toutes la cause syndicale, de ces militants aguerris connaissant les difficultés de la lente construction d'un consensus pourraient être bientôt regrettés par les entreprises.

Des chefs d'entreprise éclairés, mais aussi soucieux de flexibilité interne qui en droit du travail français est de plus en plus négociée au niveau de l'entreprise cherchent à favoriser l'implantation des syndicats vraiment représentatifs (chèque syndical d'AXA, remboursement partiel des cotisations chez Solvay France : V. *infra*). Signe des temps : depuis 1989, la cotisation syndicale peut donner lieu à un important abattement fiscal (66 % en 2021), montrant ainsi le caractère d'intérêt général d'un syndicalisme fort (1,5 million de déclarants et 130 millions d'euros de déductions ; avantage moyen : 80 €).

Et dans les grandes entreprises, des accords prévoient des subventions patronales directes ou indirectes aux organisations syndicales. Impensable il y a trente ans, ce bouche-à-bouche financier ne repose pas sur un altruisme singulier. Pour gérer une entreprise comme un pays, il convient de préserver des canaux de régulation économique et sociale (les corps « intermédiaires »). Donc avoir des interlocuteurs représentatifs et bien formés, qui ont encore des perspectives de carrière afin d'éviter toute radicalisation personnelle : c'est aussi le but des ordonnances du 22 septembre 2017, avec par exemple des entretiens de début et de fin de mandat pour les représentants du personnel.

826 Constituant un délit pénal entre 1791 et 1864, laissant donc le salarié seul face à son employeur, la « coalition » syndicale fut légalisée par la loi Waldeck-Rousseau de 1884, les Républicains étant soucieux de s'attacher les suffrages de ces nouveaux électeurs, mais aussi d'encadrer les conflits collectifs du travail : elle permit la libre constitution des « organisations syndicales » : encore aujourd'hui, un syndicat « organise » le personnel, car l'union fait la force. Cette liberté ne devint droit constitutionnel qu'en 1946, mais les syndicats eux-mêmes n'avaient pas droit de cité dans l'entreprise. Les événements de 1968 et l'arrivée des « gauchistes » firent céder les employeurs, préférant à tout prendre la contestation plus prévisible des grandes confédérations.

827 La Grande Peur de mai 1968. Si l'abolition du délit de coalition date de 1864 et la légalisation des syndicats de 1884, ils n'ont pu concrètement s'implanter *dans l'entreprise* (délégués syndicaux, locaux...) que depuis décembre 1968, à la suite des engagements pris en juin lors des accords de Grenelle. Jusqu'à cette date, la plupart des employeurs ne souhaitaient guère accueillir une CGT en position de quasi-monopole, par ailleurs alignée sur le PCF. Et pourquoi accepter la présence d'un contre-pouvoir plus contestataire et plus autonome que celui des organes élus (comité d'entreprise) depuis 1946 ? La Grande Peur de mai 1968 les a fait évoluer : la loi du 27 décembre 1968 a permis aux syndicats représentatifs de constituer des « sections syndicales » dans toutes les entreprises et de désigner, dans celles de 50 salariés et plus, un délégué syndical, pivot et phare de la présence du syndicat dans l'entreprise et qui y a le monopole de la négociation collective.

Après les débordements de mai-juin, dans un total consensus social et politique, il fallait permettre aux cinq grandes centrales traditionnelles d'encadrer et de réguler les rapports sociaux, tout en contenant l'extrême gauche. Afin que les adhérents de la section ne puissent acquérir une autonomie excessive, celle-ci ne dispose donc pas de la personnalité juridique, même si les syndiqués peuvent décider de fonder un véritable syndicat d'entreprise (*cf.* la CGT). Et comme il ne pouvait être question que les nouvelles structures soient la proie des « gauchistes », le délégué syndical n'est donc pas élu par les membres de la section, mais désigné par le syndicat qui peut le révoquer de façon discrétionnaire, même après les lois d'août 2008 puis 2018. Bref pour écarter de l'entreprise le « spectre gauchiste », il fallait favoriser l'implantation des cinq confédérations nationales : elles ont donc entre 1968 et 2008 bénéficié d'une présomption *irréfragable* de représentativité. Cette faveur exceptionnelle et bien française, en forme de cadeau empoisonné car elle n'incitait guère les délégués à garder le contact avec la base, a parfaitement rempli son rôle dans les années 1970-1990. Elle a disparu depuis la loi du 20 août 2008.

828 **Syndicats, RSE et développement durable.** Situation que l'on retrouve aujourd'hui avec la nébuleuse du « mouvement social » dont le nombre d'adhérents est vingt voire cent fois inférieur à celui de la CGT ou de la CFDT, mais qui a parfaitement intégré puissance des TIC, coups médiatiques et travail en réseau. Avec certaines ONG signant, sans même avoir consulté les syndicats présents, des accords de RSE directement avec la haute direction, qui elle-même n'a pas consulté le CSE sur ce sujet qui le concerne, surtout depuis la loi « portant lutte contre le dérèglement climatique » votée le 25 juillet 2021.

1er MAI 2020 : CRÉATION DU PREMIER ÉCO-SYNDICAT

La nécessaire « transition énergétique » frappe aujourd'hui nombre d'entreprises dans leur cœur de métier : le moteur thermique dans le secteur automobile, les forages dans le Pétrole. Cette transition est d'autant plus problématique qu'elle se conjugue avec la révolution numérique elle aussi porteuse de suppressions d'emplois, que l'on voit beaucoup plus vite que les créations.

« ***Si le choix pour sauver la planète, c'est de perdre son boulot, le discours syndical va être*** **compliqué** », confiait le 20 janvier 2020 le secrétaire général de la CGT, s'alliant en juin 2021 à 130 organisations pour préparer la COP26 (Glasgow, novembre 2021). L'opposition emplois/environnement est en effet un obstacle majeur auquel sont désormais confrontés décideurs et syndicalistes : dans l'UE par exemple, ce sont aujourd'hui 14 millions de salariés qui produisent des voitures thermiques. Mais se réapproprier ce thème permet aussi aux syndicats de se reconnecter aux jeunes générations, souhaitant un ***syndicalisme de citoyens au travail plutôt que de simples salariés.*** Et aux entreprises de co-construire leur « raison d'être » en organisant, sur le terrain, des groupes de travail sur ce thème d'intérêt général : conduite écologique, gaspillage énergétique et alimentaire... y compris côté CSE pour les voyages, ou les menus à la cantine.

Le 1er mai 2020, le « Printemps écologique » (https://printemps-ecologique.fr) a créé une « *organisation interprofessionnelle de type nouveau : un écosyndicat, pour permettre un rôle actif des salariés dans la défense des intérêts environnementaux* ». *Il veut* « *investir les élections professionnelles pour être représenté puis représentatif en entreprise, au niveau branche, puis national, en s'appuyant sur les réalités de terrain. L'organisation syndicale est en effet la seule forme juridique susceptible d'engager localement des revendications dans chaque organisation et les graver dans le marbre en signant des accords collectifs contraignants* (...). *Nous ferons* prévaloir l'urgence écologique *et la justice sociale au cœur des négociations en accompagnant le rôle actif des salariés dans la conversion écologique* ».

Qu'en dit le Droit ? Rien n'empêche des salariés de déposer les statuts d'un syndicat porteur d'un tel message, s'il inclut des revendications sociales : salaire, conditions de travail décentes, pour respecter le principe de spécialité. Mais s'il veut négocier des accords d'entreprise « verdissants » (co-voiturage, télétravail), le jeune éco-syndicat devra devenir représentatif. Donc présenter des candidats aux élections professionnelles, et y obtenir au minimum 10 % des suffrages exprimés. Mais comme l'ont montré les élections *municipales* du 28 juin 2020, cela ne devrait pas être hors de portée : Tout beau, Tout nouveau, Tout Écolo... Il disposera alors d'élus au Comité social et économique, dont la loi « portant lutte contre le dérèglement climatique » de l'été 2021 incorpore dans toutes ses attributions les enjeux environnementaux ; élus qui pourront s'investir au sein de la Commission « santé, sécurité et conditions de travail », et pourquoi pas « Développement durable » conventionnellement créée. Ils s'intéresseront aux orientations stratégiques de l'entreprise, au plan de mobilité, à la formation professionnelle et à la gestion des parcours professionnels.
Une bonne idée, cet éco – syndicat ? Pas sûr du tout. Car créé à côté des anciens, il renforce encore ce que les Français appellent avec fierté « pluralisme », mais les étrangers notre « division syndicale », avec ses surenchères. Car le propre d'un syndicat responsable est de faire la synthèse d'intérêts contradictoires : dans l'entreprise, l'obsession écologique d'un syndicat créé dans ce but risque de provoquer plus de gauloises radicalités que de consensus. « *Patrimoine commun des êtres humains* » (Conseil constitutionnel, 31 janv. 2020), l'environnement est une chose trop sérieuse pour être laissée aux seuls écologistes. Depuis le Grenelle de l'environnement puis la COP21, les acteurs sociaux se diversifient, et dans notre société de la réputation ce mouvement général de verdissement (voire de *greenwashing* : entreprises communiquant sur leurs avancées en termes de développement durable et de responsabilité sociétale des entreprises mais sans actions réelles) ne fait que commencer. Mais le juriste est là pour différencier omniprésence médiatique et représentativité réelle.

« ***Non, Sire, pas une crise : une métamorphose de notre appareil productif***. » Avec la vaste mutation initiée dans les années 1980, la chute des effectifs syndicaux s'est transformée en saignée : si la loi du 28 octobre 1982 a multiplié les avantages en faveur des cinq grandes centrales, elles commençaient déjà à avoir d'importantes difficultés en matière d'adhésion et *a fortiori* de militantisme, particulièrement chez les jeunes. Or c'est précisément à cette époque que le législateur leur confie le redoutable pouvoir de signer des accords dérogatoires à la loi, élargissant le pouvoir de direction du chef d'entreprise en matière de temps de travail par exemple. Puis le 4 mai 2004, le pouvoir de signer des accords d'entreprise dérogeant *in pejus* aux accords de branche : lourde responsabilité. *A fortiori* depuis les lois du 20 août 2008, 14 juin 2013, 17 août 2015 et surtout les ordonnances du 22 septembre 2017, comme partout en Europe où les accords d'entreprise règnent en maître.

Nous sommes en pleine (r)évolution normative.

Chapitre 1

Les syndicats en France

829 **La loi fondatrice de 1884** avait légalisé une vision autant économique que sociale des syndicats : l'ancien article L. 411-1 évoquait ainsi « *la défense des intérêts économiques et industriels* », permettant aux syndicats *patronaux* de se montrer très actifs. Ils le demeurent aujourd'hui, y compris en droit du travail (Ass. plén., 7 mai 1993, acceptant qu'un syndicat patronal agisse pour faire respecter l'interdiction du travail le dimanche), connaissant d'ailleurs la même faiblesse d'effectifs et les mêmes divisions que leurs *alter ego* salariés.

Dans les deux cas, leur institutionnalisation (Unedic, Prud'hommes, CESE et autres mandats locaux) s'est révélée dévoreuse d'énergies et de temps : mais heureusement les retraités y sont très présents. Pour le patronat, 35 000 mandataires se partagent les 80 000 mandats existants ; et les syndicats de salariés s'en partagent près de 100 000, avec un risque de « permanentisation syndicale » éloignant les militants du terrain. Mais si le paritarisme était adapté au partage du gâteau de la croissance, il est nettement moins valorisant et surtout efficace lorsqu'il s'agit de prendre des mesures aussi nécessaires qu'impopulaires. D'où en 2019-2022 le grand retour de la puissance publique dans l'assurance-chômage ou les retraites, mettant en péril notre cher paritarisme… à vrai dire un couple à trois depuis fort longtemps.

SECTION I Statut des syndicats

830 **Loi de 1884 : assignation à résidence professionnelle.** « *Les syndicats professionnels ont exclusivement pour objet l'étude et la défense des droits ainsi que des intérêts matériels et moraux, tant collectifs qu'individuels, des personnes mentionnées par leurs statuts* » (art. L. 2131-1). L'adverbe « exclusivement » visait à limiter leur action politique, ressentie comme une dangereuse concurrence par les partis de l'époque : une assignation à résidence professionnelle.

Ici comme ailleurs, revient-il à l'employeur de juger de la légitimité d'un tract ou d'une réunion ? Le passé a montré que les salariés se détournaient des syndicats alignés sur un parti, quittant ainsi le terrain de l'entreprise (*cf.* B. Thibault décrochant habilement la CGT du PCF avant sa déroute électorale de 2002). En matière syndicale, le **principe de spécialité** est autant une question de légalité que de légitimité. Or le noyau dur des militant-e-s très motivé-e-s a tendance à oublier le salarié-électeur, si important depuis 2008 : ainsi en juin 2016, la CGT-Monoprix qui avait centré sa campagne électorale sur son opposition à la loi Travail est passée de 52 % à 33 % des suffrages exprimés.

« *Tout salarié, quels que soient son sexe, son âge, sa nationalité, peut librement adhérer au syndicat de son choix* » : cette reprise du Préambule constitutionnel de 1946 édicte un principe de liberté syndicale positive (adhérer), ouverte aux salariés mineurs, ou étrangers. Depuis 1884, le syndicat est une personne morale (art. L. 2132-1), qui peut donc agir en justice ès qualité et ne s'en prive guère (*Section III*), mais peut donc également être assignée (ex. : responsabilité civile, voire pénale).

SYNDIQUER LES PROLÉTAIRES DU NUMÉRIQUE ?

La loi du 8 août 2016 a créé une « responsabilité sociale des plateformes » pour les « travailleurs indépendants recourant, pour l'exercice de leur activité professionnelle, à une plateforme de mise en relation par voie électronique » lorsque celle-ci « détermine les caractéristiques de la prestation de service fournie ou du bien vendu et fixe son prix » (art. L. 7341-1).

Article L. 7342-6 : « *Ces travailleurs bénéficient du droit de constituer une organisation syndicale, d'y adhérer et de faire valoir par son intermédiaire leurs intérêts collectifs* » : la liberté syndicale pour ces non salariés.

Non salariés ? Même la loi « d'orientation des mobilités » du 24 décembre 2019 n'a pas été jusqu'à garantir les plateformes contre tout procès en requalification. Un chauffeur VTC ou autre *crowdworker* (travailleur numérique effectuant des micro-tâches mis en ligne) régulier peut donc obtenir du Conseil des prud'hommes une requalification en contrat de travail s'il démontre une subordination juridique permanente, non une simple dépendance économique (CS, 4 mars 2020, *Uber*).

Mais ce droit de constituer un syndicat est tout sauf une surprise

« *La liberté syndicale n'est pas un droit indépendant, mais un aspect particulier de la liberté d'association reconnue par l'article 11 de la Convention* » : dans son arrêt du 16 juin 2015, « Les Cultivateurs Directs de Roumanie », la CEDH avait censuré une loi roumaine interdisant à des travailleurs indépendants de se syndiquer.

Ainsi en Allemagne comptant plus d'un million de *crowdworkers* indépendants, le syndicat IG Metall a lancé une campagne « Façonnons le monde du travail de demain », avec site « www.faircrowdwork.org », hotline permettant de bénéficier d'une aide juridique, mais aussi de noter (chacun son tour !) les conditions de travail ou de rémunération du donneur d'ordre (ex. : Mechanical Turk d'Amazon).

Il s'agit aussi pour les syndicats de sortir du noyau dur habituel (agents publics, salariés des grandes entreprises) et s'ouvrir à ces jeunes travailleurs. Partie difficile, car la vie collective quotidienne des usines ou des bureaux fait défaut pour ces auto-employeurs ; mais les réseaux sociaux facilitent la communication et l'organisation d'actions collectives (« There is strength in numbers », devise de « Working America »). Au-delà de la requalification systématique en travailleur subordonné en forme de Juridic Park, comment organiser les travailleurs des plateformes, ce (souvent jeune) « cybertariat » n'aimant ni la subordination, ni les corps intermédiaires, remettant en question la culture syndicale classique ?

Mais avec le développement du travail de plateformes et la croissance de l'emploi indépendant (+ un million d'auto-entrepreneurs en 2020), la question est importante pour l'avenir du syndicalisme. Comme le constatait la CES fin 2019 : « *Le renouvellement des pratiques de recrutement et d'organisation des syndicats est une question de survie : afin de devenir attrayants pour les travailleurs de l'économie numérique, les syndicats doivent modifier leurs principes et pratiques* ».

Voir le passionnant rapport du Conseil national du numérique publié le 3 juillet 2020 : « *Le travail à l'ère des plateformes* » : « *Comment créer du collectif chez les travailleurs des plateformes ? Comment représenter des travailleurs dont les modes d'engagement dans l'activité diffèrent (activité secondaire ou principale) ? Quels sont les acteurs représentatifs de part et d'autre du dialogue ? Comment créer les conditions d'un équilibre entre les parties, nécessaire à la négociation ? Les autres parties prenantes du marché multi-faces (clients, restaurateurs) doivent-ils être intégrés ? Comment articuler plusieurs niveaux de dialogue social : local, de branche et par plateforme ? Comment dépasser les difficultés nées du statut ? Quels types d'instances doivent être mises en place ? Comment exploiter les possibilités du numérique en matière de démocratie participative ?* »

Des réponses dans les conclusions de la « Mission Frouin », remis au Premier ministre le 3 décembre 2020, préconisant le recours au portage salarial ou aux coopératives d'activité et d'emploi pour les travailleurs des plateformes de mobilité... ainsi *assimilés à* des salariés. La très optimiste ordonnance du 22 avril 2021 « *relative aux modalités de représentation des travailleurs indépendants recourant pour leur activité aux plateformes* » sera examinée dans le chapitre sur la négociation collective (V. *infra*, Titre 3).

SECTION II Les deux faces de la liberté syndicale

831 Fondement du droit du travail dans le monde entier car directement liée à la négociation collective, la liberté syndicale est énoncée par tous les textes internationaux (ONU, OIT), européens ou communautaires. Reprenant la CEDH qui a reconnu le 16 juin 2015 le droit des travailleurs indépendants à se syndiquer (« *la liberté syndicale n'est pas un droit indépendant mais un aspect* particulier de la liberté d'association reconnue par l'article 11 de la Convention »), la Charte des droits fondamentaux de l'UE évoque « *le droit pour toute personne de fonder avec d'autres des syndicats et de s'y affilier pour la défense de ses intérêts* » *(art. 12, « Liberté de réunion et d'association* »).

Avec la loi du 20 août 2008, elle est revenue sur le devant de la scène avec son corollaire : la liberté d'organisation interne des organisations syndicales (adhésion, désaffiliation, voire nomadisme syndical encouragés par les nouvelles règles).

§1 Liberté syndicale positive

832 **Elle est doublement protégée** en droit français : au plan civil, l'article L. 1132-1 frappe de nullité la sanction ou le licenciement prononcé en raison des « *activités syndicales* » du salarié : le militant est donc protégé. Le simple adhérent l'est également par l'article L. 2141-5 qui a créé un délit pénal spécifique de « *prise en considération* » de l'appartenance à un syndicat en matière d'embauche, de conduite ou de répartition du travail, de formation professionnelle ou d'avancement, de mesures de discipline ou de congédiement. Et la sanction est *la nullité* de l'acte discriminatoire : « *les dispositions de L. 2141-5 ne font pas obstacle à ce que le juge ordonne le reclassement d'un salarié victime de discrimination syndicale* » (CS, 31 janv. 2007). Bref, le juge peut, après avoir constaté une discrimination en matière d'avancement, reclasser le salarié au niveau de classification qu'il aurait dû avoir : une promotion judiciaire.

833 **Sanctions civiles.** Ce passage d'une logique d'indemnisation à celle d'une remise en l'état est à tout point de vue plus dissuasive. Elle ne vise pas seulement le licenciement ou les sanctions disciplinaires, comme le prouve l'arrêt du 23 juin 2004 où un militant ayant été privé de son camion 15 tonnes a pu obtenir sa restitution sous astreinte : « *M. X. ayant fait l'objet d'une discrimination, il convenait de le rétablir dans ses conditions de travail antérieures.* »

834 **Sanctions pénales.** En cas de *discrimination* de la part de l'employeur, l'article L. 1132-1 peut entraîner l'application des sanctions pénales prévues aux articles L. 2135-2 du Code du travail et 225-1 du Nouveau Code pénal (3 ans et 45 000 euros d'amende) : ce délit peut alors se cumuler avec celui d'*entrave au droit syndical* si le comportement vexatoire de l'employeur a par exemple empêché un délégué syndical d'exercer ses fonctions, voire avec le délit de harcèlement moral. Mais le salarié a souvent des difficultés à établir que, derrière une mesure disciplinaire trop lourde, se cache une volonté de répression syndicale.

Voulant protéger très efficacement les militants qui se font rares, mais respectueuse de la décision du Conseil constitutionnel du 12 janvier 2000, la Chambre *sociale* se refuse légitimement à reporter *la charge* de la preuve sur l'employeur, qui aurait alors été présumé coupable ; au juge de former sa conviction. Le grand classique est le conflit de logiques entre le manager (« *Avec tous tes mandats, tu n'es jamais là pour les clients* ») et le représentant du personnel (« *Tu ne peux pas mal me noter à cause de ça* »).

Résultat bien résumé par l'arrêt du 1er juillet 2009 : « *Le salarié n'avait bénéficié d'aucune promotion individuelle depuis 1987 et ses fiches d'évaluation, au vu desquelles la direction arrêtait ses choix de promotion, faisaient référence à ses activités prud'homales et syndicales et aux perturbations qu'elles entraînaient dans la gestion de son emploi du temps : ces éléments laissaient supposer l'existence d'une discrimination syndicale* ». *A fortiori* lorsque le militant a subi « *quatorze sanctions, non-paiement des heures de délégation, déclassement professionnel, discrimination salariale, harcèlement* *moral lié à l'activité syndicale et fourniture insuffisante de travail* » ; comme d'habitude, la Chambre sociale a rappelé le 25 mars 2020 que le juge ne doit pas regarder photo après photo mais l'ensemble du film : il doit « *prendre en considération l'ensemble des éléments invoqués* ».

Enfin, comme elle l'a admis le 31 mars 2021 pour une déléguée syndicale nommée en 1977 et s'estimant depuis discriminée, mais ayant saisi la juridiction prud'homale lors de son départ en retraite, le 10 avril 2012, « *l'action* en réparation *d'une discrimination ayant débuté pendant une période atteinte par la prescription* (5 ans) *peut être jugée recevable si les agissements discriminatoires se sont poursuivis tout au long de la carrière du salarié jusqu'à son départ à la retraite* ». Bref, si une partie des faits n'est pas atteinte par la prescription, le militant obtiendra réparation pour la totalité. Sur trente ans, on imagine l'addition finale : dissuasive.

§2 Liberté syndicale négative

835 Livre et Dockers CGT. À l'instar de nombreux pays étrangers, la loi du 27 mars 1956 a cherché à protéger le salarié contre les mesures *patronales*, mais aussi contre d'éventuelles mesures de rétorsion *syndicales*, à la suite des excès commis par le Syndicat du Livre ou celui des Dockers en matière de monopole d'embauche, aujourd'hui en principe aboli. La CJUE, que l'on a connue plus pugnace contre les monopoles, a estimé le 11 février 2021 que le sélectif accès à la profession de docker (belge) ne posait pas de problème si « *l'épreuve finale, confiée à l'organisation d'employeurs et aux syndicats des ouvriers portuaires chargés d'effectuer de tels examens, tests ou épreuves n'était pas de nature à remettre en cause le caractère transparent, objectif et impartial de ces derniers* ». Bon, mais sur les quais....

L'article L. 2134-1 interdit deux pratiques, courantes aux États-Unis : le *check-off* (qui interdit à tout employeur de prélever les cotisations syndicales sur les salaires), ainsi que le *closed-shop* et l'*union-shop*, contraires à la Convention européenne des droits de l'homme car obligeant le salarié à adhérer avant son embauche ou quelque temps après (CEDH, 11 janv. 2006). Un employeur licenciant un salarié parce qu'il n'est *plus* syndiqué (en l'espèce au Syndicat du Livre CGT) commet une faute civile et une infraction pénale (*cf.* cour d'appel de Paris, 9 mai 1971, D. 1972, p. 11 : Roger/*Le Monde*).

836 Absolue neutralité patronale. Le chef d'entreprise doit donc rester parfaitement neutre à l'égard de toutes les organisations syndicales (questionnaire d'embauche finalisé, mutation discriminatoire) : ni favoritisme (qui rendrait le syndicat concerné non représentatif faute d'indépendance, V. *infra*) ni rejet (sanctions civiles et pénales). Et surtout ne pas céder à la forte tentation pouvant naître chez lui à l'occasion des élections professionnelles ; car à la marge, il ne lui est pas indifférent que tel syndicat bien peu collaboratif fasse moins de 10 % des voix (il ne peut plus négocier), ou que le contestataire systématique obtienne les 51 % des suffrages lui permettant de s'opposer à tout accord collectif dans l'entreprise... « *L'obligation de neutralité de l'employeur* *est un principe essentiel du droit électoral* » (CS, 27 mai 2020) : neutralité absolue donc, sous peine d'annulation totale des élections, devenues la base de la représentativité de chaque syndicat. Très lourde peine !

SECTION III Action en justice des syndicats

Disposant de la personnalité civile, les syndicats régulièrement déclarés mais pas forcément représentatifs peuvent agir en justice *pour leur propre compte*. Mais pas seulement.

837 **Un Ministère public *bis*.** Ils peuvent aussi agir devant toutes les juridictions civiles, pénales ou administratives, « *si des faits portent un préjudice direct ou indirect à l'intérêt collectif de profession qu'ils représentent* ». La jurisprudence apprécie de façon très panoramique cet intérêt : au-delà de sa légalité, un syndicat peut ainsi agir en justice pour le respect d'un accord collectif, même non étendu (CS, 20 janv. 2021) ; plus étrange, car ouvrant la porte à des comportements trop tactiques : en exécution d'un accord collectif dont il n'est même pas *non-signataire* (CS, 11 juin 2013). Il peut aussi contester la régularité de la désignation des institutions représentatives du personnel. Mieux : saisir le juge des référés pour que l'employeur convoque le CSE, alors que ce dernier possède également la personnalité juridique, et qu'il n'a rien demandé.

838 **Nul ne plaide par procureur ?** Pensant que la présence et l'action syndicales sont en pratique les meilleurs garants du respect du droit du travail dans l'entreprise, le législateur a multiplié les exceptions à cette règle, le syndicat pouvant dans les cas expressément visés par la loi engager une action en justice *en lieu et place du salarié* : travailleurs à domicile, titulaires d'un contrat de travail temporaire ou à durée déterminée, travailleurs étrangers ou salariés victimes de marchandage, salariés licenciés pour motif économique, harcèlements, fraude au détachement.

839 **Mandat de représentation, ou représentativité ?** Dans la plupart des pays du monde, **nulle « représentativité », mais un banal mécanisme de représentation** puisque seuls les adhérents au syndicat signataire bénéficient des avantages conventionnels. En France au contraire, la signature d'un accord collectif d'entreprise entraîne automatiquement la « couverture conventionnelle » de 100 % du personnel, syndiqués ou non. La représentativité est donc la notion clé des rapports collectifs de travail (*Chapitre 2*) : un syndicat qui vient de se fonder (*cf.* quelques Gilets Jaunes hier, « éco-syndicat » aujourd'hui), mais ne peut démontrer les quatre critères faisant de lui un syndicat qualifié est en France dans la même situation que les syndicalistes au XIXe siècle : il n'a pas droit de cité dans l'entreprise. *To be, or not to be.*

840 **2013-2018 : fin de partie.** Issue de la Position commune signée le 9 avril 2008 par la CGT et la CFDT, le Medef et la CGPME, la révolution opérée par la loi du 20 août 2008 voulant relégitimer syndicats et délégués syndicaux grâce à un score minimal de 10 % des voix aux élections professionnelles voulait accroître cette sélection : elle a effectivement restructuré – parfois sans ménagement – le syndicalisme français. Depuis 2008, toutes les entreprises ont organisé au minimum trois fois leurs élections professionnelles, dont les résultats ont été consolidés au fur et à mesure par le ministre du Travail, pour aboutir aux arrêtés de mai 2013, juin 2017 puis juillet 2021 fixant pour les quatre ans à venir les syndicats représentatifs de salariés au niveau national interprofessionnel, et dans chaque branche professionnelle. Avec la loi du 5 mars 2014 s'étant occupée de la représentativité des organisations patronales, un système totalement rénové de relations professionnelles est aujourd'hui en vigueur.

Douze ans plus tard, la boucle initiée en 2008 était bouclée.

Chapitre 2

Refondation de la représentativité et du droit syndical (2008-2018)

841 **Représentation des salariés et représentativité des syndicats.** Question commune à tous les pays industrialisés et très présente au sein de l'Union européenne, côté patronal comme côté salariés : quelle organisation peut prétendre « représenter » (« rendre présent celui qui est absent ») telle profession ou les salariés de telle entreprise ? L'auto-proclamation, l'omniprésence médiatique, la simple reconnaissance mutuelle sont-elles suffisantes ? Au niveau communautaire, le dialogue social interprofessionnel (CES, Business Europe, CEEP et UEAPME) et sectoriel connaît ces mêmes questions de représentativité des acteurs, *a fortiori* dans l'Union à 28-27.

Les réponses varient beaucoup, car il faut aussi faire preuve de pragmatisme.

Faut-il à l'instar des partis politiques accepter un pluralisme total, au risque de permettre au chef d'entreprise de diviser facilement pour régner tranquillement ? À l'inverse, face à un interlocuteur patronal unique, faut-il créer à l'américaine un porte-parole unique des salariés, donc fort redouté de l'employeur mais qui risque de connaître quelques problèmes de légitimité avec sa base, elle-même très pluraliste sinon divisée, surtout au pays des tribus gauloises ?

Pluralisme tempéré. Classique au pays de Montesquieu, le choix français est celui d'un pluralisme tempéré : plusieurs syndicats pourront représenter le personnel de l'unité considérée, mais pour ne pas émietter excessivement la représentation salariale, la sélection s'est légitimement accrue depuis 2008.

QUAND AVANTAGES CONVENTIONNELS RIMENT (NATURELLEMENT) AVEC ADHÉSION AU SYNDICAT SIGNATAIRE...

Cour suprême danoise, 4 juin 2015 : « *Sont illégaux les accords exigeant l'appartenance à un syndicat déterminé pour entrer dans l'entreprise et son licenciement en cas de départ de ce syndicat. Mais le droit danois n'interdit pas une discrimination en cours d'emploi en raison de l'appartenance à un syndicat (signataire de l'accord collectif en cause) plutôt qu'à une autre.* » En l'espèce, un complément de salaire très élevé pendant les arrêts-maladie accordé par la convention collective aux seuls membres des syndicats signataires. « *Si on ne veut pas adhérer à un vrai syndicat, ce choix a des conséquences sur les conditions de travail : ne pas bénéficier de tous les avantages des conventions collectives signées par ce syndicat. C'est ça aussi, le modèle danois* », expliquait la présidente de LO, principale confédération danoise.

Le 15 avril 2015, le Tribunal fédéral du travail allemand a reconnu la licéité d'avantages salariaux négociés par l'IG Metall dans le cadre d'un plan social et réservés aux seuls adhérents du syndicat (prime de 10 000 euros + prise en charge pendant un an du salaire à 80 % des syndiqués licenciés, et non à 70 %).

Comme le note l'excellent site www.planetlabor.com : « *Cette confirmation de la légalité de la clause dite de "différenciation simple" est d'autant plus importante qu'avec les mutations qui touchent le monde économique, la désyndicalisation et la concurrence entre syndicats augmentent dans les entreprises. Le droit d'offrir quelque chose de plus à ses adhérents est devenu un facteur important pour les organisations syndicales.* »

842 **Crainte révérencielle.** Les nombreuses sources supranationales du droit syndical (OIT, CEDH), placées sous le signe d'une grande liberté d'organisation interne, expliquent l'immense retenue de la Chambre sociale lorsqu'elle statue sur la vie interne des syndicats.

OUVRAGE DE RÉFÉRENCE

G. Bélier, H.-J. Legrand et A. Cormier, *La négociation collective, acteurs et accords* Éditions Liaisons, collection « Droit vivant », 6e éd., mars 2018

Et pour un constat d'un réalisme cruel : « *Travail et ambition sociale, Plaidoyer pour une refondation du syndicalisme* » Éditions l'Autreface, 2021. Paul Santelmann y évoque une « *extrême division n'ayant plus que des justifications historiques douteuses qui échappent à l'entendement des salariés*, soulignant « la *domination du syndicalisme de secteur public, protégé, financé et corporatisé, qui a marqué durablement les structures et méthodes de défense des salariés (...). Les principaux responsables syndicaux, les cadres des mouvements, sont issus du public ou des grandes entreprises publiques : ils ont une culture économique "a-économique" et une culture de gestion des ressources humaines assimilée à la gestion des avancements, grades et indices du public. Et sont donc peu enclins à prendre en compte les considérations économiques et les transformations mondiales, ni à rechercher des compromis avec les chefs d'entreprise ou leurs représentants* ».

SECTION I De la représentativité descendante de 1968 à la représentativité ascendante de 2008

843 **D'une conception militante à une conception électorale.** Ce tournant capital peut être ainsi résumé : la règle de concordance revient en force. À chaque niveau d'appréciation (établissement, entreprise, groupe, branche, interprofessionnel), chaque syndicat doit désormais faire la preuve de sa représentativité dans le périmètre concerné. Comment ? Avec de nouveaux critères passés de cinq à sept, dont l'un a bouleversé depuis 2008 la donne sociale dans nombre de sociétés françaises au fur et à mesure des élections professionnelles : l'audience électorale.

Mais un syndicat peut-il vivre avec seulement des électeurs, des *followers* ou des « *likes* » ?

§1 Feue la présomption irréfragable de représentativité (descendante)

844 **Une PIR portant bien son nom.** Avant la loi du 20 août 2008, les syndicats affiliés à l'une des cinq centrales nationales interprofessionnelles déterminées par l'arrêté de 1966 (CGT, CFDT, CGT-FO, CFTC, enfin CFE-CGC ne pouvant négocier qu'au nom de l'encadrement) bénéficiaient d'une présomption *irréfragable* de représentativité à tous les niveaux, et donc aussi dans l'entreprise.

Conséquence : même si le nombre de leurs militants était bien faible ou leur audience électorale ou au sein du personnel fort limitée, ils pouvaient néanmoins automatiquement et dans toute entreprise **désigner un délégué syndical habilité à négocier pour 100 % du personnel**, constituer une section et disposer de locaux et de panneaux d'affichage. Et personne ne pouvait leur contester cette représentativité de droit, par exemple en la comparant à leur implantation réelle dans le cadre considéré (branche, groupe, entreprise, établissement), y compris lorsque leurs militants se comptaient sur les doigts d'une seule main : car cette présomption était irréfragable. Née en 1968 pour contenir l'extrême gauche puis élargie en 1982, cette faveur exceptionnelle en forme de baiser de la mort a incontestablement facilité l'implantation voire la survie du Club des Cinq, tout en assurant une exceptionnelle permanence des acteurs dans les entreprises françaises puisqu'elle était inattaquable.

845 **Arrêté d'en haut et légitimité d'en bas.** Mais le terme même de « représentativité *irréfragablement* présumée » était un oxymore faisant sourire les étrangers y voyant un exemple supplémentaire des beaux restes de la Royauté française. De Paris, le souverain désignait discrétionnairement les interlocuteurs sociaux à tous les niveaux, personne ne pouvant mettre en cause ce choix divin donc infaillible.

Or par sa nature même, la représentativité relève moins du droit que de la sociologie, car c'est la capacité concrète à représenter autre chose que soi-même ou quelques camarades. **Elle ne peut donc se décréter d'en haut, mais doit se démontrer d'en bas, du terrain.** C'est le très légitime choix de la révolution effectuée par la loi du 20 août 2008. Mais qui n'est pas sans inconvénients en termes de stabilité des négociateurs : alors que la présomption irréfragable de représentativité assurait au DRH des interlocuteurs d'une exceptionnelle stabilité en forme d'inertie *s'agissant des cinq confédérations*, chaque opération électorale fait désormais tous les quatre ans quitter ou entrer à la table des négociations de nouveaux délégués syndicaux. Or établir un bon dialogue social repose sur la confiance, et la confiance a besoin de temps pour s'installer.

846 **Dictature du cycle électoral.** De façon responsable et pragmatique, la Chambre sociale veille à ce que le fragile édifice ne soit pas remis en cause : en cas d'élection partielle voire de restructuration avec transfert, le score reste acquis pour les quatre ans du cycle, dans un « *objectif de stabilité de la mesure de la représentativité pour toute la durée d'un cycle électoral, afin de permettre l'effectivité de la négociation collective au sein de l'entreprise* » (CS, 16 juin 2021), évitant une déstabilisation continue des acteurs, avec un risque d'invalidation des accords. Sauf bien sûr si un élément constitutif d'un véritable syndicat (valeurs républicaines, indépendance, transparence financière) vient à manquer en cours de route, et a été judiciairement constaté.

§2 Loi du 20 août 2008. Une nouvelle logique : la représentativité ascendante

847 **« Remettre le syndicalisme sur ses pieds » (B. Thibault). La principale nouveauté** est la mort de la présomption irréfragable de représentativité, conception descendante de la représentativité opposée à cette nouvelle conception ascendante. C'est bien la nuit du 20 août (2008), et **la fin des privilèges** : la loi veut obliger les représentants du personnel français à retourner « sur le terrain », à être « à l'écoute de la base » : moins dans l'idéologie, plus dans le pragmatisme : aujourd'hui la seule solution pour enrayer leur déclin.

Un délégué syndical ne peut plus par exemple se contenter de mettre en avant la présomption irréfragable de représentativité du syndicat qui l'a désigné pour une durée indéterminée, voire indéfinie. Il doit être au moins candidat à chaque élection professionnelle (certes pas forcément élu : mais quel futur prétendant délégué syndical va se présenter s'il sait qu'il ne dépassera pas 3 % ?), et obtenir à chaque fois *sur son propre nom* au moins 10 % des suffrages : de quoi le rapprocher du terrain, de mieux *coller* aux préoccupations de ses *adhérents*, bref le contraindre à être... représentatif.

848 **La curieuse présentation de l'article L. 2121-1 : sept critères de représentativité ? Non ! 4 + 3**

« *La représentativité des organisations syndicales est déterminée d'après les critères cumulatifs suivants :*

1° le respect des valeurs républicaines ;
2° l'indépendance ;
3° la transparence financière ;
4° une ancienneté minimale de deux ans s'appréciant à compter de la date du dépôt légal des statuts »...

Or ces quatre premiers critères n'ont pas grand-chose à voir avec la recherche d'une quelconque représentativité (re-présentare : « *rendre présentes des personnes absentes* »). Ils permettent en revanche de qualifier l'organisme qui s'en prévaut de véritable syndicat, de syndicat authentique, ou **qualifié**. L'arrêt du 14 novembre 2013 en a déduit que ces critères fondateurs devaient être satisfaits de façon permanente : un syndicat dont un concurrent démontrerait en justice qu'il est devenu dépendant de l'employeur perdrait immédiatement sa représentativité.

Seuls les trois critères qui suivent sont donc relatifs à la *représentativité* d'un syndicat :

1 - « *L'audience établie selon les niveaux de négociation ;*
2 - *l'influence, prioritairement caractérisée par l'activité et l'expérience ;*
3 - *les effectifs d'adhérents et les cotisations.* »

Ces critères-là acquis pour toute la durée du cycle électoral : une baisse exceptionnelle des effectifs (et donc des cotisations) est par exemple sans effet pour le reste des quatre ans.

849 **Quatre épreuves d'admissibilité, puis trois d'admission.** La radicale nouveauté de 2008 : la séparation dans l'entreprise entre *droit syndical* et droit de la *négociation collective* auparavant confondus, aboutissant à deux niveaux successifs d'analyse :

1 - Un syndicat ayant déposé ses statuts devient **qualifié** s'il répond aux quatre premiers critères : il peut alors s'implanter dans toute entreprise : section syndicale, représentant de la section syndicale, tracts, affiches... Mais est privé de tout délégué syndical, et donc du droit essentiel et valorisant de négocier et signer des accords collectifs.
2 - Si ce syndicat *qualifié répond* **en plus** *aux trois derniers critères,* et a donc reçu en particulier l'onction du suffrage universel car sa liste a obtenu plus de 10 % des suffrages exprimés aux dernières élections au CSE, il devient syndicat **représentatif,** pouvant alors négocier au niveau considéré : établissement, entreprise, groupe...

850 **Des critères cumulatifs, mais...** Cette nouvelle représentativité est déterminée « *d'après les critères cumulatifs suivants* ». Si le terme « cumul » a un sens, l'article L. 2121-1 signifie que le juge devra tenir compte de tous les (sept) critères.

Cumulatifs, ces sept critères sont parfois redondants (adhérents/audience/influence ; expérience/activité ; indépendance/cotisations/adhérents). Mais c'est sans doute pour mieux vérifier l'effectivité de la présence syndicale *sur le terrain*.

851 **Mode d'emploi fixé par l'arrêt du 29 février 2012.** Avant 2008, les juges appliquaient les critères de façon globale : l'un pouvait compenser l'autre. *Quid* avec l'exigence légale de cumul posée par l'article L. 2121-1 ? Réponse en deux parties le 29 février 2012 :

- trois critères, relatifs à la définition d'un syndicat qualifié, sont appréciés de manière autonome : « *Si les critères de représentativité syndicale posés par l'article L. 2121-1 du Code du travail doivent être tous réunis pour établir la représentativité d'un syndicat, ceux tenant au respect des valeurs républicaines, à l'indépendance et à la transparence financière doivent être satisfaits de manière autonome.* » Un seul critère manque : fini.
- Mais les quatre autres le sont de manière globale, l'un pouvant compenser l'autre : « *Les critères relatifs à l'influence prioritairement caractérisée par l'activité et l'expérience, aux effectifs d'adhérents et aux cotisations, à l'ancienneté dès lors qu'elle est au moins égale à deux ans et à l'audience électorale dès lors qu'elle est au moins égale à 10 % des suffrages exprimés, doivent faire l'objet d'une appréciation globale.* »

Dans l'espèce en cause, l'influence et le nombre d'adhérents auraient dû « *faire l'objet d'une appréciation globale avec l'ancienneté du syndicat, qui était au moins égale à deux ans, et avec l'audience électorale, qui était de 16 %* ».

Des critères d'ordre public absolu. Bien dans la ligne de la loi de 2008 enfin, « *les critères et le cadre de la représentativité étant d'ordre public, il ne peut y être dérogé par accord collectif* » : impossible par exemple de descendre le seuil d'ancienneté à 18 mois, ou d'admettre seulement 9,5 % des suffrages exprimés.

PLAN. Pour pouvoir entrer dans l'entreprise et se présenter aux élections, tout syndicat doit d'abord **se qualifier** : réunir quatre critères cumulatifs en forme d'admissibilité (*Section II*). Mais pour s'asseoir à la table des négociations et pouvoir engager le personnel par sa signature, l'épreuve d'admission – devenir **représentatif** – comporte trois critères supplémentaires dont le premier, l'audience électorale, a tout emporté (*Section III*).

SECTION II Épreuve d'admissibilité : quatre critères cumulatifs pour être un syndicat « qualifié »

Constitué en véritable « syndicat » au sens juridique (dépôt des statuts), il doit se « qualifier » pour pouvoir s'installer dans l'entreprise et bénéficier d'avantages en matière de droit syndical : locaux, affiches, tracts, candidats au premier tour des élections désormais si importantes, mais aussi désignation du « *représentant de la section syndicale d'entreprise* », qui « bénéficie des mêmes prérogatives que le délégué syndical, *à l'exception du pouvoir de négocier des accords collectifs* » (V. *infra*, art. L. 2142-1-1).

Quels sont ces quatre critères fondateurs, donc non compensables entre eux ?

§1 Respect des valeurs républicaines

852 Dans la ligne de l'arrêt FN-RATP (Cass. ch. mixte, 10 avr. 1998, *FN-Police*) qui visait l'extrême droite mais pourrait viser l'extrême gauche, le « *respect des valeurs républicaines* » a légitimement remplacé « *l'attitude patriotique pendant l'Occupation* » de la loi de 1950. Mais la loi de 2008 n'a pas repris la petite explication de texte de la Position commune : « *Cela implique le respect de la liberté d'opinion, politique, philosophique ou religieuse ainsi que le refus de toute discrimination, de tout intégrisme et de toute intolérance.* » Beau sujet de dissertation que ce thème des « *valeurs républicaines* », à l'évidence plus françaises que les seules « *valeurs démocratiques* ».

L'idée ? Que ces corps intermédiaires, qui veulent désormais coproduire la loi du travail avec la « négociation légiférante », s'inscrivent dans une démocratie politique, devant eux-mêmes montrer l'exemple sur les valeurs de la République. Mais comme un syndicat est présumé les respecter, il appartiendra au contestataire de démontrer ce non-respect. Les rares tribunaux d'instance saisis de cette fort délicate question ont les idées larges : « *Le fait pour le syndicat CNT de préconiser l'action directe, c'est-à-dire une forme de lutte décidée, mise en œuvre et gérée directement par les personnes concernées* (sic), *n'est nullement contraire aux valeurs de la République, mais participe d'une action revendicative propre à l'action syndicale* ». Le 13 octobre 2010, la Chambre (prudente et) sociale n'a pas cassé cette créative décision, « *la preuve n'étant pas rapportée que le syndicat CNT*, en dépit des mentions figurant dans les statuts datant de 1946, *poursuive dans son action un objectif illicite* ». Que les statuts d'un syndicat déposés il y a cinquante ans contiennent des mentions contraires aux valeurs républicaines ne suffit donc pas à le disqualifier si, aujourd'hui, il ne poursuit pas un objectif illicite dans ses actions.

853 **Non discrimination.** L'arrêt Syndicat des travailleurs corses (STC) du 12 décembre 2016 a été, enfin, plus explicite sur le contenu : « *Méconnaît les valeurs républicaines un syndicat* ***qui prône des discriminations directes ou indirectes****, en raison de l'origine du salarié* ». Mais « *c'est à celui qui conteste le respect, par une organisation syndicale, des valeurs républicaines, d'apporter la preuve de sa contestation* ». Or « *en l'espèce, la preuve n'était pas rapportée que l'action syndicale du STC prônait des distinctions fondées sur l'origine* ».

§2 Indépendance (par rapport à l'employeur)

854 **Lutte contre les « syndicats-maison ».** Existant depuis 1950, cette indépendance ne se juge pas par rapport aux partis politiques mais par rapport à l'employeur, futur partenaire social : la ventriloquie juridique (ex. : création d'un syndicat maison) n'est pas admise en France. Un syndicat dit « libre », mais par exemple seul bénéficiaire de faveurs patronales singulières (locaux, facilités de déplacement, subventions indirectes) ne remplira pas son rôle. Là aussi, la dépendance doit être prouvée par celui qui conteste (employeur, mais souvent syndicat concurrent) : car comment prouver son indépendance ?

Mais si la dépendance est constatée par le juge, peu importe alors les autres critères : la représentativité disparaît.

Les mécanismes novateurs du « chèque syndical » et autres subventions patronales ne sont pas censés porter atteinte à cette indépendance, si du moins ils profitent à *toutes* les organisations syndicales, sans aucune distinction.

FINANCEMENT PATRONAL DES SYNDICATS : UNE BONNE IDÉE ?

Le « chèque syndical » d'Axa France, avec la Charte sur la reconnaissance du parcours syndical dans le développement de la carrière et l'évolution professionnelle : « *Avec les organisations syndicales, Axa souhaite aujourd'hui mieux reconnaître le parcours syndical dans le développement de la carrière et l'évolution professionnelle.* » « L'accord assimile d'une façon novatrice le parcours syndical à une partie intégrante et indissociable du parcours professionnel. C'est un pas décisif vers la reconnaissance du fait syndical comme indispensable à l'entreprise », se félicitait la Fédération des services CFDT.

Axa est souvent cité en exemple car son premier accord sur le « bon de financement syndical » date de 1990, système de subvention patronale indirecte aux syndicats : sur les six organisations syndicales, seule FO le refuse. Chaque entreprise française du groupe adresse au domicile des 21 600 salariés une lettre-bon *précisant les résultats de la précédente collecte*, accompagnée d'un bon d'une valeur de 54 euros en 2019. Chaque année, et pendant les six semaines que dure la collecte, chaque salarié peut, de façon anonyme ou avec ses coordonnées, remettre ce bon directement aux militants faisant alors activement la quête, ou dans la boîte aux lettres de l'organisation syndicale de son choix… mais forcément représentative. Bilan : le taux de retour reste étonnamment bas : 51 % en 2015. Un salarié sur deux a donc refusé de donner, anonymement, son bon (qui ne lui coûte rien) à une organisation syndicale quelconque : de quoi préoccuper ces dernières… mais aussi sans doute la direction.

Mais la Chambre sociale veille à ce qu'un éventuel (et opportun ?) financement patronal respecte le principe d'égalité entre syndicats, et ne porte pas, directement ou indirectement, atteinte à leur indépendance.

Dans l'arrêt Solvay du 27 janvier 2021, elle a ainsi fixé quatre conditions : « *Un accord collectif peut instituer des mesures de nature à favoriser l'activité syndicale dans l'entreprise, et dans ce cadre, en vue d'encourager l'adhésion*

des salariés de l'entreprise aux organisations syndicales, prévoir la prise en charge par l'employeur d'une partie *du montant des cotisations syndicales annuelles,* **dès lors que** *le dispositif conventionnel : 1. Ne porte aucune atteinte à la liberté du salarié d'adhérer, ou de ne pas adhérer au syndicat de son choix. 2. Ne permet pas à l'employeur de connaître l'identité des salariés adhérant aux organisations syndicales. 3. Bénéficie tant aux syndicats* représentatifs *qu'aux syndicats* non représentatifs *dans l'entreprise ». 4. « Le montant de la participation de l'employeur ne doit pas représenter la totalité du montant de la cotisation due par le salarié, le cas échéant après déductions fiscales, au regard du critère d'indépendance visé à l'article L. 2121-1 du Code du travail ».*
Question : après la présomption irréfragable de représentativité ayant éloigné les délégués de leur mandants, ce bouche-à-bouche financier largement relayé au niveau étatique (V. *infra*) sert-il à terme la cause des syndicats ?

§3 Transparence financière

855 **Une exigence qui ne se limite pas aux entreprises.** Depuis fort longtemps, tous les spécialistes, y compris les trésoriers des confédérations ou des fédérations (CGT-Cheminots : budget de 3,8 millions d'euros), s'inquiétaient de l'irruption de la roide justice dans un système parfois à la limite de la légalité (ex. : mise à disposition gracieuse de permanents par les entreprises) : ce qui faisait de plus en plus désordre pour des acteurs se posant en concurrent du législateur et qui, loi après loi, se voient remettre les clefs de la régulation sociale : la femme de César... Alimenté par une contribution obligatoire pour les entreprises (0,016 % de la masse salariale, soit 99,2 millions d'euros en 2019), le « *Fonds de financement du dialogue social* » national a versé 19,4 millions d'euros à la CGT, 20,1 à la CFDT, 15,8 à FO, 13,5 à la CFE-CGC et 12,1 à la CFTC en 2019. Côté syndicats non représentatifs : UNSA : 3,9 millions, Solidaires : 2,8 millions.

Principe : l'exigence de publication des comptes, approuvés par l'assemblée générale des adhérents ou par un organe collégial de contrôle.

Mais seuil permissif de 230 000 euros. Les syndicats dont les ressources sont comprises entre 2 000 et 230 000 euros devant simplement produire un bilan, un compte de résultats et une annexe simplifiés. Et un syndicat au budget de 235 501 euros ayant oublié ces contraintes pendant un exercice s'est vu absout (CS, 23 juin 2021).

Ce critère doit évidemment être rapproché de ceux visant les adhérents et les cotisations, mais aussi de l'indépendance financière à l'égard de l'employeur.

Comme l'expliquent G. Bélier, A. Cormier et H.-J. Legrand dans l'ouvrage de référence : « *C'est un moyen de preuve de l'origine de ses ressources et de la conformité du financement du syndicat à la morale civique commune. Elle est de nature à accréditer son indépendance, particulièrement à l'égard des employeurs et de leurs propres groupements* » (« La négociation collective », Éditions Liaisons, févr. 2018).

Dans sa décision QPC du 30 avril 2020, le Conseil constitutionnel a légitimé cette exigence : « *le législateur ayant entendu ainsi permettre aux salariés de s'assurer de l'indépendance, notamment financière, des organisations susceptibles de porter leurs intérêts* (...), *les dispositions contestées ne méconnaissent ni la liberté syndicale, ni le principe de participation des travailleurs* ».

§4 Ancienneté minimale de deux ans

856 **Critère anti-nouveaux.** « *Une ancienneté minimale de deux ans à compter de la date du dépôt légal des statuts, dans le champ professionnel et géographique couvrant le niveau de négociation.* »

Ce critère de l'ancienneté du *syndicat* (*pas de ses membres* venant par exemple d'en quitter un autre) veut vérifier une certaine assise sociale, une inscription dans la durée pour éviter la création de listes de circonstances (ex. : à la veille d'un plan social pour être protégé), sinon à but ludique (*cf.* la sympathique tradition universitaire, où les enjeux ne sont pas de même nature), enfin dissuader d'éventuelles dissidences. Sur ce seul critère, quelques listes « Gilets Jaunes » n'ont pu se présenter au 1er tour des élections professionnelles d'entreprise en 2019.

Ce seuil minimum, couperet rigide et objectif de deux ans, devait également servir à réfréner les ardeurs de petits nouveaux ; mais dès l'annonce du projet de loi, SUD-Solidaires avait par exemple commencé à déposer ou à réviser des statuts pour gagner quelques mois. Pour les syndicats déjà affiliés à une confédération représentative depuis 1966 en revanche, cette règle des deux ans d'existence est sans portée : ce qui incite de trop jeunes syndicats (y compris à vocation écologique) à y adhérer pour contourner l'obstacle.

Mais au nom de la liberté d'organisation syndicale, la Chambre sociale admet qu'un syndicat quitte la CFTC (valeurs chrétiennes) pour l'UNSA (valeurs laïques) sans que puisse être remise en cause son ancienneté car il ne s'agissait pas d'un nouveau syndicat. Même s'il a changé d'affiliation, de dénomination, de domiciliation mais aussi d'objet et modifié l'ensemble de ses statuts (CS, 17 avr. 2013) !

Enfin, ***« dans le champ professionnel et géographique »*** **considéré** : il n'est pas vraiment surprenant que l'UD-CGT de l'Isère ne puisse désigner un délégué syndical dans le département du Rhône. Ni que la Fédération de la Métallurgie se voit interdire d'aller chasser sur les terres de celle de la Chimie.

Une contestation devant le tribunal judiciaire peut aujourd'hui intervenir même après les élections visant à déterminer les syndicats *représentatifs*. Et l'arrêt du 14 novembre 2013 a précisé qu'ils devaient être satisfaits de façon permanente, pendant tout le cycle électoral : ce qui n'est pas le cas des trois critères d'une véritable représentativité qui sont acquis sur la durée du cycle, même en cas de transfert d'entreprise.

SECTION III Épreuve d'admission : les trois critères supplémentaires pour devenir un syndicat représentatif, qui peut négocier

857 **Une fois réussi l'examen d'admissibilité** des quatre critères cumulatifs examinés ci-dessus, le syndicat « qualifié » peut entrer dans l'entreprise, y désigner un représentant de la section syndicale, ses militants distribuer des tracts, agir en justice et présenter des candidats aux prochaines élections professionnelles : onction démocratique à hauteur d'un minimum de 10 % des suffrages exprimés désormais nécessaire pour être admis à négocier un accord collectif d'entreprise.

§1 L'audience électorale, clef de voûte de tout le nouveau système

858 **Liens forts et liens faibles : du militant à l'électeur.** « *Il s'agit finalement de transposer en matière de démocratie sociale une partie des règles de la démocratie politique : c'est le vote des électeurs et non l'importance des adhésions aux partis politiques, ou l'action de ces derniers qui détermine leur aptitude à gouverner* » (J.-M. Béraud, conseiller-doyen à la Chambre sociale). Autre interprétation, plus pragmatique : vu la redoutable chute des adhésions, il fallait asseoir sur d'autres critères la représentativité des syndicats français, désormais habilités à co-produire la loi au niveau interprofessionnel, et négocier des accords d'entreprise pouvant déroger à leur convention collective de branche, et parfois s'imposer aux contrats individuels de travail.

Clé de voûte. L'audience électorale est devenue depuis 2008 à la fois **le sésame de la représentativité à tous les niveaux, et la clef de voûte de tout le nouveau système** : 10 % minimum au niveau entreprise, la représentativité dans les branches puis au niveau interprofessionnel étant accordée aux syndicats ayant recueilli plus de 8 % des suffrages exprimés dans l'ensemble des entreprises françaises, TPE comprises, avec un scrutin supra-entreprises particulier, qui a eu lieu début avril 2021.

Quels sont les seuils-couperet à chaque niveau ? Entreprise ou établissement distinct (10 %), groupe (10 %), branche (8 %), interprofessionnel (8 %).

A. - Audience électorale au niveau de l'entreprise ou d'un établissement distinct

« ***Dans l'entreprise ou l'établissement**, sont représentatives les organisations syndicales qui satisfont aux critères de l'article L. 2121-1 et ont recueilli au moins 10 % des suffrages exprimés au premier tour des dernières élections des titulaires au Comité social et économique, quel que soit le nombre de votants* » (art. L. 2122-1).

Ce seuil de 10 % est d'ordre public absolu, ne laissant aucune place à une négociation collective fixant un autre niveau, ou une interprétation souple d'un juge. Brutal, ce couperet ? C'est le propre d'un seuil que de fixer un chiffre qui tranche, au-dessus et en dessous. Il serait par ailleurs extraordinaire que s'agissant du cœur même de la loi du 20 août 2008, la Cour ait laissé chaque juge d'instance de France et de Navarre (qui a parfois ses propres opinions syndicales) décider ici que 9,8 % c'est presque 10 %, et là que 10,1 % ce n'est pas assez vu le nombre d'adhérents. Quelle insécurité juridique, et sociale !

NE PAS CONFONDRE SCORE (BRUT) POUR *NÉGOCIER* ET SCORE (NET) POUR *SIGNER*...

Si le seuil de 10 % est maintenu tel quel pour le calcul de la représentativité, le périmètre de référence a discrètement changé en 2018, afin de faciliter le passage à l'accord majoritaire à plus de 50 %.

Ne sont donc plus pris en compte « *les suffrages exprimés au premier tour des dernières élections des titulaires CSE* » mais, pour les **signataires de l'accord d'entreprise** les suffrages exprimés « *en faveur d'organisations représentatives au premier tour* » (art. L. 2232-12) : on ne tient donc plus compte des suffrages exprimés en faveur des organisations ayant recueilli moins de 10 %. Effet mécanique : une augmentation magique du score des syndicats à plus de 10 %, parfois dans des proportions non négligeables.

Hypothèse haute : les 30 % peuvent devenir... 50 % !

Ainsi des élections de novembre 2018 à la RATP : SUD a tout perdu avec deux listes concurrentes à 6,4 % et 3,3 % ; FO : 6,9 % ; CFDT : 3,7 % ; SAT-RATP : 6,5 %. Ces cinq syndicats n'ont donc pas accès à la table des négociations, ni leurs 26 % de suffrages exprimés. Mais du coup l'UNSA avec son score brut de 31 % passe à 42,7 % nets, la CGT de 30,1 % à 42,6 %, enfin la CFE-CGC de 10,4 % à 14,7 %.

À BNP-Paribas, en janvier 2019, le SNB passe ainsi de 51 % bruts à 66 % nets, et la CFDT de 26,5 % à 34 %...

Au niveau interprofessionnel, avec 13 % de suffrages exprimés en faveur de syndicats finalement non représentatifs, la CFDT était ainsi passée en juin 2017 de 26,4 % à 30,3 %, la CGT de 24,8 % à 28,6 %. Et la CFTC de 9,48 % à 10,9 % : pas sans effet sur le plan symbolique, mais aussi pour le droit d'opposition à ce niveau.

859 **Concordance/Différences.** Problème enfin des entreprises à établissements distincts, que connaissait bien la SNCF suite aux élections du 20 mars 2014 : sur le plan *national de l'entreprise SNCF, exit* FO (9,4 %) et CFTC (0,3 %) ; restaient représentatifs CGT, UNSA, SUD, et de justesse la CFDT alliée à la FGAAC. Mais dans certains *établissements*, la situation peut être fort différente : les pauvres exclus gardent des délégués locaux car ils ont fait un bon score local, et les inclus aucun car ils sont, ici ou là, tombés sous la barre des 10 %.

L'intelligence consistant aujourd'hui à choisir entre de grands inconvénients, la Chambre sociale a très légitimement décidé le 13 février 2013 que la représentativité des syndicats dans un périmètre donné est établie pour toute la durée du cycle électoral.

Proposition : à l'instar des trois fonctions publiques (*cf.* celles de décembre 2018 : rien que pour la fonction publique étatique, 7 000 instances renouvelées), *une période électorale unique pour toutes les entreprises,* qui existe déjà à l'étranger (Allemagne), favorisant la mobilisation et permettant d'obtenir une photo en forme de score global, serait la bienvenue. Mais il faudrait qu'elles aient toutes un cycle électoral de quatre ans...

B. - Calcul de l'audience au niveau du groupe : concordance

860 La représentativité des organisations syndicales au niveau de tout ou partie du groupe est appréciée conformément aux règles relatives à la représentativité syndicale au niveau de l'entreprise, *par addition de l'ensemble des suffrages obtenus dans les entreprises ou établissements concernés* (art. L. 2122-4)

C. - Audience au niveau de la branche : au minimum 8 %

861 **La mesure de l'audience s'effectue tous les quatre ans par consolidation** des résultats des élections professionnelles en entreprise : 65 000 procès-verbaux d'élections professionnelles recueillis puis consolidés branche par branche, puis syndicat par syndicat.

La dernière liste des heureux élus est parue en juillet 2021 avec plus de 350 arrêtés publiés. Mais au prochain cycle électoral publié en 2024, il devrait n'en rester qu'environ 220.

La CFDT est au-dessus de 8 % des suffrages exprimés dans 327 branches, la CGT dans 322, FO dans 280, la CFTC dans 155, l'UNSA dans 85 (+ 4), et Solidaires dans 28 (+ 2). Sur le périmètre catégoriel des cadres, la CFE-CGC, qui continue à monter du fait de l'évolution de la structure de la population active, serait représentative dans 255 branches. Être déclaré représentatif emporte parfois des avantages *conventionnels* considérables : ainsi dans la généreuse Branche des Industries Electriques et Gazières, l'accord du 4 février 2021 accorde aux syndicats 321 700 heures de délégation par an, et une dotation forfaitaire de 27 000 euros pour chacun d'entre eux.

D. - Audience au niveau interprofessionnel : au minimum 8 %

862 **Sont représentatives** au niveau national et interprofessionnel les organisations syndicales qui : 1° satisfont aux critères de l'article L. 2121-1 ; 2° sont représentatives à la fois dans des branches de l'industrie, de la construction, du commerce et des services (pour être vraiment interprofessionnelles) ; 3° ont recueilli au moins 8 % des suffrages exprimés résultant de l'addition au niveau national et interprofessionnel des suffrages exprimés au premier tour des dernières élections des titulaires aux comités sociaux et économiques (plus de 65 000 PV examinés à chaque cycle) quel que soit le nombre de votants + des suffrages exprimés au scrutin concernant les entreprises de moins de onze salariés + des suffrages exprimés aux élections des membres représentant les salariés aux chambres départementales d'agriculture (art. L. 2122-8).

863 Représentativité au niveau national. Résultats du cycle n° 3, publiés en juillet 2021

Corps électoral : 14 118 287 inscrits (contre *13 244 736* pour le cycle précédent).

Suffrages *valablement* exprimés : 5 398 796 (*5 243 128*), soit un taux global de participation plus faible : 38 %. Plombé il est vrai par les 5,4 % (*7,35 %*) de participation au scrutin spécial TPE (moins de 11 salariés) d'avril 2021 : sur 4 888 296 inscrits (dont 200 000 apprentis et 850 000 salariés du particulier-employeur), seulement 265 762 salariés et employés à domicile ont pris part à ce scrutin électronique sur liste, donc peu attractif...mais à 22 millions d'euros.

Représentativité syndicale au niveau national interprofessionnel (arrêté juill. 2021) *en italique, les chiffres du cycle 2013-2016*				
	Nombre de suffrages exprimés	Audience		Poids relatif
CFDT	1 343 056	26,79	*26,39 %*	31,51 %
CGT	1 151 897	22,98	*24,85 %*	26,59 %
CGT-FO	764 329	15,24	*15,60 %*	17,64 %
CFE-CGC	597 778	11,92	*10,69 %*	13,77 %
CFTC	476 564	9,50	*9,48 %*	11,00 %

S'agissant du collège des cadres (5,7 millions d'inscrits, 3,1 millions de votants), la CFDT creuse son avance avec 27,5 %, la CGT recule de plus de 2 % à 17,1 %, FO d'un point à 12,5 % ; la catégorielle CFE-CGC passe de 19,3 % à 20,7 %.

Organisations syndicales ayant obtenu une audience inférieure à 8 %

Organisations syndicales	Nombre de suffrages valablement exprimés	% de voix obtenues
UNSA	300 391	5,99
Solidaires	184 513	3,68
Autres listes (< 1 %)	190 896	3,81

Surprise : le « Club des Cinq » défini par l'arrêté de 1966 est resté le même : tout ça pour ça ?

En apparence, oui. En réalité, pas du tout car l'arrêté de 1966 ne disposait d'aucun chiffre fiable (ni des adhérents, ni des électeurs), et avait voulu multiplier les syndicats représentatifs pour contourner la CGT proche du PCF et en opposition constante, et dans une moindre mesure la très jeune, et donc remuante CFDT née en 1964. Aujourd'hui, les cinq confédérations ainsi désignées ont fait la preuve de leur représentativité *réelle*, sur la base des élections professionnelles, dans chaque entreprise française.

Informel, mais intéressant : l'audience cumulée totale privé + public : l'UNSA, cinquième organisation. Si l'on croise les résultats de juin 2021 avec ceux des trois fonctions publiques de fin 2018, la CFDT obtient 24,3 %, la CGT 22,6 %, FO 16,2 %, CFE-CGC : 9,1 %...UNSA 7,7 % et CFTC 7,4 %, SUD 4,6 %.

Deux évolutions préoccupantes, malgré cette stabilité apparente :

1 - **Problème pour nos démocraties *représentatives*.** Dans les entreprises ayant élu des délégués, le taux de participation aux élections *professionnelles* est passé de 63 % (cycle 2013-2016) à 57 % (2017-2020). Score nettement plus élevé que celui des élections *politiques* (*cf.* Régionales juin 2021 : 34 %, soit -15 % en 5 ans). Mais dans les deux cas une chute régulière, et presque censitaire en termes de démocratie sociale et politique. Car le taux de participation est quasiment indexé sur le niveau professionnel, ou des revenus du ménage. Au bout du chemin, la CFDT a donc fait 26 % des 38 % du corps électoral s'étant exprimés, et la CGT 23 % de 38 %....

   Bon. Mais dans l'immédiat, il faut faire avec, car tout notre droit de la négociation collective repose sur le score électoral de chacun ; et sans négociateurs, comment fait-on ?

2 - **Le duo de tête reste le même,** la CFDT confortant son avance sur la CGT... mais surtout du fait de la chute de celle-ci. Car malgré l'importante augmentation du nombre des inscrits (+ 873 551), **quatre de nos cinq confédérations ont perdu des voix :** - 39 591 voix pour la CFDT, - 150 878 pour la CGT. Idem pour FO : - 53 240 voix, et pour la CFTC : - 20 796.

En résumé, malgré cette forte augmentation du corps électoral, seules l'UNSA (+19 837 voix, avec la troisième place au scrutin TPE), et la CFE-CGC (38 793), deux syndicats réformistes, ont augmenté leur score brut.

Explications un peu faciles. Alors bien sûr, au-delà de la pandémie C19 intervenue mi-2020 donc en toute fin de cycle mais qui a impacté le scrutin TPE, on peut invoquer la répression antisyndicale, ou les réformes de septembre 2017 ayant par exemple supprimé les délégués de proximité qu'étaient les délégués du personnel. Mais c'est un peu court, surtout après l'éruption Gilets Jaunes. Le refus français de s'orienter vers un syndicalisme de services qui aboutit aux taux soviétiques des pays nordiques, l'adoption d'une position systématiquement contestataire (*cf.* CGT), ou la guérilla médiatique inter-syndicale sont aussi importants.

Sans même parler, dans notre société d'individus, de l'effet « *erga omnes* » de la signature d'un accord d'entreprise en droit français, encourageant les comportements d'auto-stoppeur : le salarié ne payant pas de cotisation syndicale et ne prenant aucun risque en matière de grève doit automatiquement et impérativement bénéficier des avantages obtenus par ses camarades. Nombre de commentateurs étrangers sourient en nous voyant nous interroger longuement sur la faiblesse des troupes syndicales en France...

EFFETS PAS TOUJOURS ATTENDUS DE LA PRISE EN COMPTE DE L'AUDIENCE ÉLECTORALE DANS L'ENTREPRISE

Pour les syndicats ayant obtenu aux élections professionnelles précédentes un score proche de 10 %, les élections ressemblent désormais à une guillotine, y compris pour les membres du Club des Cinq, tel que défini en juillet 2021... et tous les quatre ans. Car ne bénéficiant plus du confortable filet de protection de la présomption irréfragable de représentativité, pour une poignée de voix manquantes, ils peuvent du jour au lendemain disparaître de la table des négociations.

Rien ne s'est passé comme prévu.

Comme l'avait pudiquement indiqué Bernard Thibault : *« Tout le monde devra faire la démonstration de son adéquation avec les exigences des salariés »*... y compris les signataires de la Position Commune (CGT ou la CFDT), disparues parfois de grandes entreprises voire de certaines branches.

La restructuration syndicale, que l'on attendait au sommet mais qui n'est hélas pas intervenue, a commencé à la base, avec des fiançailles voire des mariages inattendus sinon contre nature (ex. : CFDT + FGAAC corporatiste à la SNCF, CNT anarcho-syndicaliste + CGT ailleurs). Certains syndicats et délégués syndicaux n'ayant plus aucun espoir de franchir seuls la barre des 10 % font ainsi liste commune pour sauver les meubles du local syndical, mais aussi leur propre mandat, les heures de délégation et la protection qui va avec. D'autres ont renoncé à se présenter, plutôt que de devoir mesurer leur audience réelle auprès de ceux qu'ils étaient censés représenter.

Avec des résultats faisant parfois, en plus ou en moins, des bonds de 10 % à 40 % en fonction de l'attitude du syndicat en cause trois mois auparavant, lors du dernier PSE ou proposition de travail le dimanche à 200 % + 3 jours de repos.

Référendum quadriennal

Les élections constituent désormais un véritable référendum social quadriennal, les salariés ne votant (en principe) plus seulement pour une organisation et ses leaders, mais aussi sur leurs choix stratégiques face à ceux de la direction : et en premier lieu en fonction des accords qu'ils ont, ou non, signés. Tout en continuant à classer les syndicats représentatifs dont certains sont désormais nettement plus égaux que d'autres ; et à éliminer automatiquement les non représentatifs, les « moins 10 % ». Ce qui encourage une chasse aux voix parfois un peu démagogique et peu favorable à l'unité syndicale.

Il faut donc toujours dépouiller le premier tour, même si le seuil des 50 % des inscrits est loin d'être atteint. Cela ne servira à rien pour la désignation des représentants du personnel au CSE puisqu'un second sera nécessaire ; mais c'est lui et seulement lui qui servira de base au calcul de l'audience de chaque syndicat : normal puisqu'il est réservé aux syndicats... et plus seulement à ceux qui sont représentatifs... puisqu'il s'agit justement de déterminer s'ils le sont !

Effet « Tartine beurrée »

Car curieusement depuis 2008, le seuil de 10 % est souvent frôlé à quelques voix près par de nombreux syndicats. On imagine facilement que des perdants si proches du but et ainsi publiquement désavoués saisissent facilement le tribunal judiciaire pour contester le scrutin. Ainsi lors des élections de novembre 2010 à la RATP, FO et CFDT étant sur le fil du rasoir, la direction n'a pas dû être mécontente du score final : 10,1 % pour la CFDT, 10,06 % pour FO. Ouf !

Image emblématique de la classe ouvrière, l'usine Renault-Douai avec plus de 4 500 électeurs et un fort taux de participation. Après les élections du 16 juin 2010, où deux listes concurrentes CGT s'affrontaient (enclumes/modernistes), la CGT avait perdu sa représentativité puisque ses deux listes avaient fait ensemble 15 %, mais l'une 9 % et l'autre 6 % ; FO perdait plus de 10 % et tombait à 29 % (donc moins de 30 % pour signer toute seule) au profit de SUD, créé en 2007 et qui atteignait 21 %.

Autour des 10 % fatidiques, et malgré les regroupements censés additionner les voix (mais 6 % + 7 % font parfois... 8 % lorsque cette union purement tactique a choqué les électeurs des deux camps), la bataille électorale est rude... parfois un peu démagogique, voire carrément corporatiste pour grappiller les quatre, dix ou la centaine de voix estimées manquantes.

Ces voix seront d'ailleurs plutôt celles des collègues sous CDI que les CDD : le délégué lui aussi se recentre sur son cœur de mandat (qui est d'abord local), et découvre le syndicalisme de services. Parfois, comme chez Accenture, la section CGT locale se relooke : abandonnant toute référence à la centrale de Montreuil, elle s'y présente désormais sous le nom « DCLIC ».

MECCANO SYNDICAL
« DÉSORMAIS, CHAQUE DS PÈSE LE POIDS DE SES GODASSES » (B. THIBAULT)

Côté DRH, tous ces scores sont donc immédiatement passés à la loupe : en souriant ici, ou en soupleurant là, on compte les départs et les arrivées, à partir du score respectif de chacun. Pour ensuite se livrer à un véritable meccano syndical pour savoir qui va pouvoir signer pour atteindre le seuil des 50 % si possible, 30 % au minimum, quelles alliances sont possibles pour signer, mais aussi s'opposer ; alliances par ailleurs variables selon les sujets.

Car avant 2008, quand tous les syndicats théoriquement se valaient comme signataires, Hélène (CFDT) valait Sandra (CGT), qui valait Louis (CFTC) ou Souad (FO). Mais depuis le 1er mai 2018 et l'accord majoritaire à 50 %... Si Sandra a fait 51 % des suffrages (nets), Hélène 31 %, Louis 10 % et Souad 11 %, on voit qui va être prioritaire pour les câlins sociaux. Tout en faisant attention aux 31 % des *inscrits* qui n'ont pas voix au chapitre, soit car ils ne se sont pas déplacés au premier tour, soit car ils ont voté pour des listes dont aucune n'a atteint les 10 % : *exit* leur délégué syndical pouvant les représenter aux négociations.

Il faut donc embaucher au service RH de vrais professionnels, excellents en droit du travail et au sens tactique aiguisé : par exemple du Master 2 professionnel en apprentissage « *Développement des ressources humaines et Droit social* » de Paris I – Sorbonne ; tél. : 01 40 46 29 83, https://fr-fr.facebook.com/pg/m2drh.sorbonne/posts/?ref=page_internal

SIX LOURDES CONSÉQUENCES DE CETTE PROFONDE REDISTRIBUTION DES CARTES

1. Le calendrier social de l'entreprise se cale sur les échéances électorales

Un employeur prudent ne décide pas, six mois avant les élections au CSE, de lancer un vaste PSE qui sera vilipendé par tout le monde et conduira à une surenchère en forme de radicalisation propice à un futur bon score électoral au pays des Gaules. À l'inverse, une habile augmentation de salaire peut asseoir l'audience d'un syndicat qui risquait de tomber sous la barre des 10 %. Mais ouvrir la négociation obligatoire deux mois avant est un pari risqué.

Côté syndical, il n'est pas impossible qu'un représentant de section syndicale visant les 10 %, qui n'a donc plus rien à perdre mais tout à gagner, déclenche un mois avant un solide conflit sur des revendications ratissant large pour se rappeler, au bon moment, au bon souvenir des électeurs. *A fortiori* dans les entreprises ayant adopté un rythme plus court (3 ans), la campagne électorale commence souvent au lendemain des élections précédentes : désastreux.

2. Les élections ont changé de fonction...

Elles ne servent plus seulement à désigner Pierre à la commission Formation, Hanz comme haut responsable de l'arbre de Noël et des colos, et Tom le juriste qui sait si bien tenir tête au DRS comme membre du CSE. Les élections vont indirectement désigner les syndicats qui vont pouvoir – ou non – signer un « accord de performance collective » pouvant impacter les contrats individuels. Tout en servant à classer les syndicats représentatifs et à éliminer automatiquement les autres, les « moins 10 % ».

Problème : treize ans plus tard, les électeurs n'ont pas toujours intégré ce changement de fonction.

3. Nomadisme syndical des personnes

Car en pratique, les élections restent très *intuitu personae*, l'étiquette syndicale important moins que la réputation des têtes de listes *(« Pour les colos, Didier c'est le meilleur »)*. Ces leaders charismatiques, syndicalement parfois nomades car désormais très recherchés, permettent désormais à leur liste de dépasser les 10 % ou les 50 % fatidiques.

4. Nomadisme des syndicats entre confédérations

Les rats quittant le navire qui va sombrer – avec les mandats – à moins de 10 %, on constate de nombreuses désaffiliations de syndicats en perte de vitesse, suivies de ré-affiliations, généralement à une autre confédération devant faire largement plus de 10 %. Si les statuts du syndicat en cause ont été respectés (majorité, unanimité...), pas de problème : c'est un aspect de la liberté syndicale. Mais les quatre arrêts du 18 mai 2011 ont précisé que le syndicat en cause ne pouvait alors plus invoquer le score électoral qu'il avait obtenu sous l'ancienne bannière : *« L'affiliation confédérale sous laquelle un syndicat a présenté des candidats au premier tour des élections constitue un élément essentiel du vote des électeurs ».*

5. « Verdict d'invisibilité » pour les moins de 10 %

Comme le constatait l'étude de la DARES de juillet 2011 à propos d'une section CFTC tombée en dessous de 10 % : « *Moins d'un an après la perte de la représentativité, tout se passe comme si la section échappait au cadre des relations entre les syndicats, les organisations représentatives entérinant le verdict d'invisibilité rendu par les urnes. La RSS CFTC subit le contrecoup d'être évincée des lieux de négociation, et se voit privée de l'accès à ce qui constitue des arènes institutionnalisées d'information, mais aussi de prise de parole.* »
En effet, « *Pourquoi les contacter ?* », justifie un responsable CGT trésorier du CSE. « *Ils ne représentent plus rien ! Ils ne font plus partie des instances, ni des négociations.* »
Dans certaines entreprises, cela signifie qu'entre 10 et 30 % des électeurs ayant voté au premier tour pour ces moins de 10 % n'y seront pas représentés.

6. Une attention patronale renouvelée, mais risquée

Côté employeur qui en est responsable, les opérations électorales désormais en forme de guillotine font l'objet d'une extrême attention : sociale évidemment avec la désignation des futurs partenaires à la négociation. Mais aussi juridique : protocole d'accord préélectoral millimétré (bon courage, vu les nouvelles règles), décompte des effectifs et des sièges à pourvoir irréprochable, campagne parfaitement égalitaire (y compris sur l'intranet ou via la messagerie vrais isoloirs et urnes inviolables, suivi attentif des votes par correspondance ou par Internet avec le développement massif du télétravail à domicile) ... Car on peut facilement imaginer qu'un syndicat ayant fait 9,97 % des voix se révèle ensuite très pugnace sur le plan contentieux, avec à la clef une éventuelle annulation du scrutin provoquant de nombreux arrêts-maladie-dépression au service juridique.

À LIRE

H.-J. Legrand, G. Bélier et A. Cormier-Le Goff, *La négociation collective : acteur et accords*, Éditions Liaisons, févr. 2018, dans une collection vivante

864 Que penser de cette nouvelle conception (électorale) de la représentativité ?

Si l'on voit bien quel était le but de la Position commune du 9 avril 2008 (en caricaturant : côté deux gros syndicats signataires, rassembler autour d'eux tout en obligeant les représentants du personnel à revenir sur le terrain ; côté patronal, donner une meilleure légitimité aux négociateurs, y compris pour des accords difficiles ou dérogeant aux normes supérieures), treize ans après la loi d'août 2008 personne ne sait vraiment ce qui va se passer à long terme : entreprises et syndicalistes ont encore parfois l'impression d'essuyer les plâtres. *A fortiori* après l'épisode Gilets Jaunes et cette mobilisation violente qui a fait céder en deux mois un gouvernement qui avait résisté pendant six mois à la grève SNCF de 2018, puis l'épisode C19 qui a parfois redéfini les rapports au travail.

Mais comme le remarquait en mai 2009 Alain Olive, responsable de l'UNSA particulièrement concernée par ce grand chambardement qui lui donnait accès à toutes les entreprises, alors qu'avant 2008 elle avait fait l'objet de plus de 1 100 contentieux : « *Il s'agit d'un mouvement de fond : à partir du moment où l'entreprise est le cœur de la négociation et de la légitimité syndicale, la légitimité devient montante depuis l'entreprise : l'idéologie passe au second plan par rapport aux problèmes locaux, avec recomposition du paysage syndical et un risque d'avoir des alliances baroques au sein des entreprises.* »

Ce qui est certain :

- **Représentativité à éclipses.** Tous les quatre ans au maximum, les négociateurs syndicaux peuvent considérablement varier. Cette représentativité à éclipses (battu à 9,5 % en 2017, retour à 11 % en 2021...) fait parfois regretter notre bonne vieille présomption irréfragable de représentativité avec sa stabilité hors du commun en forme d'inertie. Il faut donc féliciter la Chambre sociale qui, au fil des arrêts, assure la stabilité des résultats pendant toute la durée du cycle électoral, qu'il s'agisse d'élections partielles voire de transfert d'entreprise.
- **Retour au terrain,** en phase avec les ordonnances du 22 septembre 2017 donnant primauté à l'accord d'entreprise. Si l'audience électorale peut produire des dérives (corporatistes en particulier, parfois soutenues par le législateur lui-même : journalistes en août 2008, pilotes d'avion en juillet 2009), la nouvelle et double légitimité des délégués syndicaux a un effet bénéfique de retour vers la base, et pas seulement vers les camarades-militants habituels : le syndicat ne peut plus être un « fer de lance », bien loin devant ses troupes. Avec l'irruption des réseaux sociaux externes puis internes, c'est même parfois l'inverse.
- **Doivent parfois rendre de rudes comptes les jusqu'au-boutistes** et autres délégués aux mains blanches ne signant jamais rien tout en vitupérant les signataires car ils savent que l'accord collectif va s'appliquer à tous, y compris à leurs propres militants. Si par exemple une augmentation négociée par la direction n'est pas mise en place faute d'atteindre le seuil de 50 % nécessaire à la validité de l'accord du fait de leur refus, les électeurs pourraient s'en souvenir au prochain (premier) tour.

§2 Deuxième critère de représentativité : « L'influence, notamment caractérisée par l'activité et l'expérience »

865 Critère là encore un peu redondant avec les adhérents, l'audience mais aussi l'ancienneté de deux ans au minimum. L'idée est de vérifier que le syndicat en cause existe vraiment sur le terrain : une réelle activité, dont la Position commune indiquait « *qu'elle s'apprécie au regard de la réalité des actions menées par le syndicat considéré, et témoigne de l'effectivité de la présence syndicale* » ; et connaissance des problèmes de l'entreprise avec l'expérience. Mais il peut également s'agir de mesurer la capacité de mobilisation de l'impétrant à l'égard du personnel, y compris en termes de conflits collectifs. Ce qui l'amène parfois à déclencher des « grèves de représentativité » sur des thèmes fédérateurs, sans de réelles revendications puisqu'il s'agit avant tout de se compter aujourd'hui, ou afin de compter demain aux élections professionnelles. D'où parfois, à quelques mois des élections professionnelles, ces rhumatismes sociaux récurrents à la RATP ou la SNCF relançant les locations de Velib'. Mais ce critère peut être compensé par un bon score aux élections. Il en va de même pour le dernier.

§3 Troisième et dernier critère de représentativité : effectifs d'adhérents et cotisations

Des « camarades syndiqués » aux « électeurs ». Septième critère légal, mais le premier dans l'ancienne loi et la Position commune : *« les effectifs d'adhérents et les cotisations »*.

Ce qui fait deux critères qui, multipliés l'un par l'autre, donnent un certain budget synonyme d'une certaine *indépendance*, en toute *transparence financière*...

866 **Des effectifs suffisants d'adhérents** pour parler au nom d'autrui. Sachant que le taux moyen de syndicalisation dans le privé tourne autour de 7-8 % avec de très forts écarts types, la France ne connaît aucun seuil obligatoire (5 %, 10 %, 25 % du personnel). Le tribunal judiciaire se détermine donc en fonction des taux existant dans la profession (distribution alimentaire : moins de 2 %...), ou dans l'entreprise chez les syndicats concurrents. La crise du syndicalisme l'a amené à se montrer de moins en moins exigeant sur ce point.

Adapté au militantisme ouvrier masculin des Trente Glorieuses, ce critère semble aujourd'hui moins pertinent ; mais un syndicalisme seulement d'électeurs, destiné à couvrir un cruel manque d'adhérents et de militants, est voué à l'échec car semi-virtuel : voter n'est pas adhérer, pas plus que soutenir une manifestation virtuelle d'un clic de souris n'est pas manifester : un syndicalisme de *followers*...

Alors combien d'adhérents au minimum dans la section ? Deux : le SMIC du collectif !

Comment faire la preuve de ces deux adhérents minimum dans l'entreprise, *y compris* le RSS ou le délégué syndical contesté (mais la Chambre sociale veut faciliter l'implantation syndicale dans les PME) en respectant à la fois le principe du contradictoire, la liberté syndicale et la vie privée du salarié ? « *L'adhésion du salarié à un syndicat relève de sa vie personnelle et ne peut être divulguée sans son accord. À défaut d'un tel accord, le syndicat qui entend créer ou démontrer l'existence d'une section syndicale dans une entreprise, alors que sa présence y est contestée, ne peut produire ou être contraint de produire une liste nominative de ses adhérents* » (CS, 8 juill. 2009). Au nom de la liberté syndicale et de la vie personnelle, si un adhérent n'a pas donné son accord ou a gardé le silence, ces éléments personnels ne pourront être communiqués qu'au tribunal judiciaire, qui vérifiera la sincérité des éléments contradictoirement apportés, mais ne devra pas communiquer les noms à l'employeur.

867 **Des cotisations significatives.** Tout est ici relatif, car il est logique qu'un syndicat demandant une cotisation mensuelle égale à 1 % du salaire net (*cf.* CGT, CFDT) ait moins d'adhérents que celui qui l'a fixée à dix euros annuels.

Le lecteur aura compris que parmi ces sept critères en principe cumulatifs (en fait onze), certains sont nettement plus égaux que d'autres. En particulier l'audience électorale, à tous les niveaux, et qui tient en haleine le monde du travail tous les quatre ans (cycle électoral entreprises + vote quadriennal spécifique pour les TPE).

Surtout depuis la réforme 2014-2016 sur la représentativité patronale, qui a bouclé la boucle initiée le 20 août 2008 et nous a donné un panorama social complet depuis juin 2017.

Sur l'ensemble du bilan des ordonnances Macron voir le « Rapport intermédiaire du Comité d'évaluation des ordonnances » publié par France Stratégie le 20 juillet 2020.

« ***Il faut aussi réinventer la vie syndicale.*** *Tous les salariés ne seront plus présents sur site et nous nous devons de* ***réinventer les relations sociales et le militantisme.*** *Nous proposons par exemple aux syndicats de réaliser des vidéos pour se présenter aux collaborateurs, d'intégrer leurs présentations dans le pack d'intégration et de développer davantage les communications digitales. En tant que direction, nous devons aussi jouer le jeu et moderniser notre dialogue social et permettre aux organisations syndicales de pouvoir toucher les salariés qui ne sont plus sur site* » (*DRS de la Mutuelle Générale, juin 2021*).

Évolution de la couverture au niveau entreprise par des délégués syndicaux (DS) ou au moins une instance élue

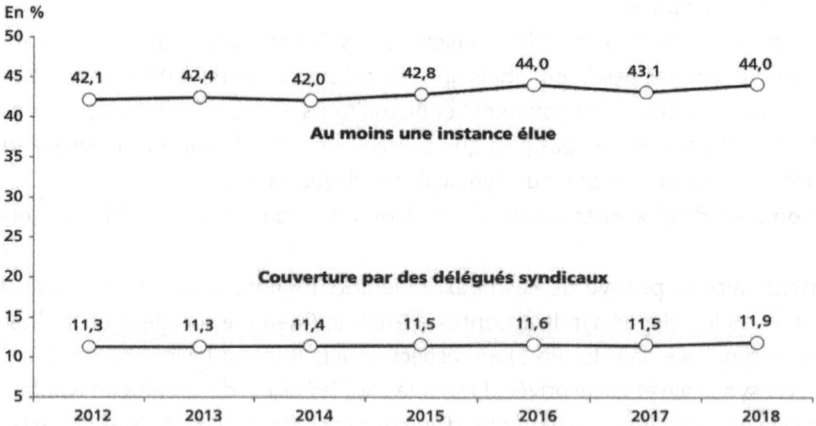

Chapitre 3

Le droit syndical dans l'entreprise

La section syndicale (*Section I*) regroupe les adhérents du syndicat, sous la houlette du « *représentant de la section syndicale d'entreprise* » né en 2008 si le syndicat n'est pas représentatif, ou du délégué syndical s'il l'est. Elle dispose de nombreux moyens d'action : local, tracts, affichage, et peut avoir accès à la messagerie électronique et l'intranet de l'entreprise si un accord collectif a été signé en ce sens. Problème depuis la pandémie, et la démocratisation du télétravail, qui rend indispensable la création de nouveaux modes de communication syndicale.

Le délégué syndical (*Section II*), qui cumule souvent cette fonction avec d'autres mandats de représentation et doit désormais subir l'épreuve des urnes, a pour sa part un rôle essentiel et qui dépasse de très loin les quelques lignes qui lui sont consacrées dans le code.

SECTION I La section syndicale d'entreprise

875 **Groupement de fait.** Créée en application des accords de Grenelle par la loi du 27 décembre 1968, la section syndicale d'entreprise (SSE) regroupe tous les adhérents du syndicat, lui personne morale qualifiée au sens des quatre premiers critères de la loi de 2008. Il en décide la constitution, mais aussi la dissolution éventuelle en cas de problème.

Réécrit quarante ans après, l'article L. 2142-1 énonce : « *Dès lors qu'ils ont plusieurs adhérents dans l'entreprise, chaque syndicat affilié à une organisation syndicale représentative au niveau national et interprofessionnel, ou chaque organisation syndicale qui satisfait aux critères de respect des valeurs républicaines et d'indépendance et est légalement constituée depuis au moins deux ans dans l'entreprise et dont le champ professionnel et géographique couvre l'entreprise concernée, peut constituer au sein de l'entreprise ou de l'établissement une section syndicale qui assure la représentation des intérêts matériels et moraux de ses membres* ».

Conformément à la volonté des grandes confédérations en 1968, la section n'a pas la personnalité juridique (*§ 1*). Étrange nouveauté depuis la loi de 2008, un syndicat non représentatif peut désigner un représentant de la section syndicale d'entreprise, simple animateur privé du pouvoir de négocier (*§ 2*). La section syndicale d'entreprise dispose enfin de moyens d'actions variés (*§ 3*) sans que le législateur n'ait ici prévu un quelconque seuil : deux salariés seulement permettent de constituer une section (en théorie).

§1 Absence de personnalité juridique

876 **Reprise en main post-Mai 1968.** Il ne s'agit pas d'un oubli de la part du législateur : après les événements de mai-juin 1968, il convenait de reprendre en main les militants tentés par le « gauchisme ». Tout comme le délégué syndical (DS) ou le représentant de la section syndicale (RSS), qui ne sont pas élus par les membres de la section mais désignés d'en haut par le syndicat, la SSE ne bénéficie d'aucune autonomie par rapport à ce dernier, qui peut à tout moment en décider la constitution mais aussi la dissolution : en retirant leur label à certaines de leurs sections contestant la ligne confédérale, la CFDT ou FO ont ainsi entraîné parfois la création de sections SUD ou UNSA. Mais rien n'interdit à une section importante de se constituer en véritable syndicat de base : ce qui est fréquent à la CGT, permettant à cette personne morale d'agir en justice comme demandeur... mais également d'être assignée comme défendeur.

Regroupant les adhérents, pratiquement les militants voire aujourd'hui parfois les seuls délégués, la SSE constitue donc un simple *groupement de fait*.

La constitution d'une section ne donne lieu à aucune formalité particulière : dans la pratique, elle se traduit soit par la désignation d'un délégué syndical par un syndicat *représentatif*, soit d'un RSS par un syndicat par définition *non représentatif*. Cette désignation constitue de facto l'acte de naissance officiel de la SSE.

877 **Section d'entreprise ou section d'établissement ?** C'est au choix du syndicat, qui doit tout de même tenir compte des seuils d'effectifs légaux (RSS comme DS : en principe plus de cinquante salariés), mais aussi de ses propres effectifs. Car au nom du légitime principe de concordance, il doit avoir au moins deux adhérents au niveau considéré... dont le RSS ou le délégué syndical contesté, indique la Chambre sociale voulant en faciliter l'implantation dans les PME. Futur délégué + un *unique* camarade : le minimum *minimorum* d'un collectif...

§2 Le « représentant de la section syndicale » (RSS)

878 **Séparation droit syndical/négociation collective.** Ce nouveau personnage a été la grande nouveauté de la loi du 20 août 2008. Car jusqu'à cette date :

- le mandat de délégué syndical valait automatiquement pour les deux fonctions : droit syndical (heures de délégation, liberté de circulation, tracts...), mais aussi pouvoir de négocier des accords collectifs ;
- dans l'entreprise, le terme « syndicat représentatif » était une tautologie, car seuls les syndicats représentatifs pouvaient y constituer une section, bénéficier de ses moyens de communication et désigner un DS.

Mais puisque la représentativité désormais s'acquiert – ou se perd – à chaque élection professionnelle, il a semblé nécessaire au législateur, ne voulant pas se mettre à dos les petites confédérations, de permettre à un syndicat non encore, ou qui n'est plus *représentatif* faute d'avoir atteint les 10 % fatidiques, mais toujours *qualifié* (valeurs républicaines, indépendance, deux ans d'ancienneté...), de s'implanter ou de demeurer dans l'entreprise en bénéficiant des avantages qui vont avec : local, affichage, tracts...

879 **Mais sans l'essentiel : le pouvoir de négocier**, toujours réservé aux seuls syndicats ***représentatifs***, ayant donc obtenu plus de 10 % des suffrages exprimés aux élections, et qui seuls peuvent désigner un délégué syndical habilité à négocier un accord collectif.

Le RSS est donc exclusivement réservé aux syndicats qualifiés, mais par définition non représentatifs :

« *Chaque syndicat qui constitue une section syndicale au sein de l'entreprise ou de l'établissement d'au moins cinquante salariés peut, s'il n'est pas représentatif dans l'entreprise ou l'établissement, désigner un représentant de la section pour le représenter au sein de l'entreprise ou de l'établissement.*

Le représentant de la section syndicale exerce ses fonctions dans le cadre des dispositions du présent chapitre. Il bénéficie des mêmes prérogatives que le délégué syndical, à l'exception du pouvoir de négocier des accords collectifs.

Le mandat du représentant de la section syndicale prend fin, à l'issue des premières élections professionnelles suivant sa désignation, dès lors que le syndicat qui l'a désigné n'est pas reconnu représentatif dans l'entreprise. Le salarié qui perd ainsi son mandat de représentant syndical ne peut pas être désigné à nouveau comme représentant syndical au titre d'une section jusqu'aux six mois précédant la date des élections professionnelles suivantes dans l'entreprise » (art. L. 2142-1-1).

À l'exception du pouvoir – essentiel dans la vie sociale d'une entreprise – de négocier des accords collectifs, le RSS bénéficie des mêmes prérogatives que le délégué syndical. Mais, malgré son titre, il ne « représente » pas sa section en droit. Ainsi, en cas d'affichage diffamatoire ou de tracts injurieux, ce n'est pas lui qui doit être assigné mais toujours le syndicat, personne morale qui a constitué la SSE.

A. - Désignation du RSS

Il doit être âgé de plus de 18 ans, et travailler depuis au moins un an dans l'entreprise. Sa désignation est réservée aux syndicats *non* représentatifs, ayant valablement constitué une section (minimum deux adhérents), au niveau considéré.

880 **Entreprise** *ou* **établissement de plus de 50 salariés.** « *Si les niveaux de représentation ne peuvent se cumuler, un syndicat non représentatif peut choisir de désigner un RSS pour l'ensemble de l'entreprise, plutôt que de désigner un représentant dans le cadre des établissements où sont implantés des comités d'établissement* » (CS, 20 juin 2012) ; au syndicat de choisir le niveau de désignation (ex. : il est plus facile d'avoir plusieurs adhérents au niveau de l'entreprise), mais le cumul des niveaux est exclu. Et en cas de désignation de plusieurs RSS car il existe plusieurs établissements distincts avec une section dans chacun d'entre eux, contrairement au délégué syndical central, le syndicat ne pourra désigner un RSS central… qui n'existe pas.

Seuls les syndicats n'ayant pas pu encore faire la preuve électorale de leur représentativité, ou à l'inverse ayant été désavoués par les électeurs avec un score inférieur à 10 % des suffrages exprimés aux dernières élections, peuvent désigner un RSS :

- il ne peut donc y avoir à la fois un DS *et* un RSS du même syndicat ;
- ni, contrairement au délégué syndical dont le nombre croît avec les effectifs, deux RSS du même syndicat, quel que soit le nombre de salariés en cause dans l'établissement mais aussi l'entreprise : donc un seul RSS par périmètre, quel que soit l'effectif ;
- les dispositions conventionnelles prévoyant des dispositions plus favorables sur le nombre de délégués syndicaux au profit des syndicats représentatifs ne peuvent être étendues au nombre de RSS.

C'est à la LRAR de désignation du RSS de préciser ce périmètre (qui sera alors celui de l'éventuel DS), sachant qu'il doit s'agir d'un site « *regroupant des salariés placés sous la direction d'un représentant de l'employeur et constituant une communauté de travail ayant des intérêts propres, susceptibles de générer des revendications communes et spécifiques* » (CS, 31 mars 2021).

La désignation de cet animateur de la section syndicale (forme + fond) intervient dans les mêmes conditions et le même cadre géographique que le délégué syndical. *Idem* pour le contentieux devant le tribunal judiciaire, et sa protection contre toute rupture d'origine patronale (autorisation expresse de l'inspecteur du travail, V. *infra*).

881 Et dans les entreprises entre 11 et 50 salariés ? À supposer qu'un syndicat veuille s'y implanter et y trouve deux adhérents au minimum pour constituer une section (très rare en pratique), « *les syndicats* non représentatifs *dans l'entreprise qui constituent une section syndicale peuvent désigner, pour la durée de son mandat, un membre de la délégation du personnel au CSE comme représentant de la section syndicale. Par disposition conventionnelle, ce mandat de représentant peut ouvrir droit à un crédit d'heures. Le temps dont dispose le membre de la délégation du personnel au CSE pour l'exercice de son mandat peut être utilisé dans les mêmes conditions pour l'exercice de ses fonctions de RSS* » (art. L. 2142-1-4).

B. - Exercice des fonctions de RSS

882 Notre RSS, pas encore délégué syndical mais aspirant à le devenir aux prochaines élections qui constituent son indépassable horizon, bénéficie donc d'un régime créatif. S'il « *dispose d'un temps nécessaire à l'exercice de ses fonctions* », ce temps est « *au moins égal à quatre heures par mois* ». Alors qu'en général le montant légal ne peut être dépassé hors circonstances exceptionnelles, serait-ce ici un plancher… sans plafond ? Reste que 4 heures par mois pour (ré)animer une section affaiblie… Car à l'inverse du délégué syndical, ce montant ne croît pas au rythme des effectifs : qu'il s'agisse d'une usine de 4 325 salariés ou d'un établissement de 69 collaborateurs, un seul RSS par syndicat qualifié, avec quatre heures par mois : nettement moins que le délégué syndical.

Pendant ses heures de délégation, ce non-délégué peut librement circuler dans et hors l'entreprise, et prendre contact avec des salariés au travail sur les chaînes ou dans les bureaux. Mais aussi se rendre dans le local syndical... s'il existe. Car ce n'est pas une obligation dans les entreprises de moins de 200 salariés ; et entre 200 et 1 000, les syndicats existants devront lui faire un peu de place dans le local commun (V. *infra*).

883 **Faut-il inviter aux négociations** ce militant qui aspire à pouvoir négocier bientôt comme délégué syndical ? S'il ne peut pas signer disent les uns, ce petit entraînement lui sera très utile disent les autres, ajoutant qu'il vaut mieux que l'opinion de son syndicat à 9 % soit prise en compte à cette occasion plutôt qu'il organise ensuite la résistance à l'accord. Réponse négative : car en droit, la séparation est totale, le RSS restant cantonné au droit syndical. En fait, il paraît évident que, vu sa fonction et ses espérances, il risquerait fort de ne pas rester muet ou inerte pendant les négociations, et *a fortiori* après.

884 **Franco-français.** Souvent très critique pour se valoriser en vue des prochaines élections qui le verront promu DS ou disparaître, le RSS est donc absent de la table des négociations. Mais sans doute pas de l'esprit des négociateurs, surtout ceux ayant obtenu autour de 10 % des suffrages exprimés aux élections précédentes, et qui font rarement de cadeau à ce concurrent potentiel sur le marché des voix, désormais très concurrentiel.

C. - Fin du mandat du RSS

Le mandat de RSS peut d'abord prendre fin dans les cas habituels évoqués pour le délégué syndical : démission, révocation, transfert (art. L. 2142-1-2). Mais ce n'est pas tout.

885 **Un mandat à durée déterminée.** L'article L. 2142-1-1 rappelle l'effet guillotine des élections professionnelles, d'ailleurs légitimement étendu par la Chambre sociale à tous les mandats (DS, CSE, RSCE) puisque désormais tous en dépendent, directement ou indirectement : « *Le mandat du RSS prend fin, à l'issue des premières élections professionnelles suivant sa désignation* (en clair, le lendemain du premier tour), *dès lors que le syndicat qui l'a désigné n'est pas reconnu représentatif dans l'entreprise. Le salarié qui perd ainsi son mandat de représentant syndical ne peut pas être désigné à nouveau comme représentant syndical au titre d'une section jusqu'aux six mois précédant la date des élections professionnelles suivantes dans l'entreprise.* »

Effet guillotine. À l'instar de nos radars automatiques ne laissant aucune place à la négociation et peu au contentieux (d'où leur efficacité), le seuil minimal de 10 %

aux élections a donc pour le RSS (et tous les délégués) un effet couperet : il n'est pas « *mis fin* » au mandat, il « *prend fin* » tout seul. Bref, le RSS n'a pas à être révoqué par le syndicat : son mandat tombe de lui-même lorsque le syndicat qui l'a désigné n'a pas obtenu 10 % des suffrages exprimés au premier tour, qu'il faut donc toujours dépouiller. Et si c'est le cas, la promotion RSS/DS n'est pas automatique : il faut d'abord que le RSS se soit présenté aux élections et que, sur son nom cette fois, il ait obtenu les 10 % fatidiques, puis qu'il soit enfin officiellement désigné délégué syndical.

Solution conforme à la logique générale : **une remise générale et automatique des compteurs à zéro à chaque élection.** Tous les mandats, des élus (CSE, représentants de proximité) mais aussi des désignés (DS, RSS), sont alors remis en cause, exigeant une réélection ou une re-désignation, qui fait donc courir une nouvelle possibilité de contestation devant le tribunal judiciaire.

886 **En cas d'échec à ce double examen de passage**, la carrière du RSS dans l'entreprise ne ressemblera pas à un long fleuve tranquille : ce qui pourrait faire réfléchir des salariés peu populaires mais souhaitant bénéficier pendant quelques années de sa protection statutaire contre le licenciement.

– À l'instar du délégué syndical, il bénéficie de douze mois de protection, mais s'il a douze mois de mandat derrière lui.

– Sinon, le RSS ne bénéficie ès qualité d'aucune protection spécifique s'il n'a pas obtenu les 10 % fatidiques : c'est au titre de simple ancien candidat aux élections qu'il sera protégé pendant six mois. Mais en tant que militant, il reste protégé au titre de ses activités syndicales (art. L. 1132-1).

Pour éviter qu'un RSS ayant fait la preuve de sa non-représentativité (-10 %) ne puisse se faire indéfiniment redésigner par le même syndicat (ou un autre) le lendemain de son échec aux élections et garder ainsi avantages et statut, la loi du 20 août 2008 a ajouté que le même salarié ne pourra être redésigné, quel que soit le niveau (ex. : glissement du RSS d'établissement au RSS d'entreprise) qu'au mieux six mois avant les élections suivantes : il sera donc privé de ce mandat pendant 48 mois – 6 = 42 mois. Mais un autre salarié membre de la même section pourra prendre sa place... ce qui permettra à un syndicat ayant pourtant fait la preuve électorale de son défaut de représentativité de rester présent en permanence dans l'entreprise en question, dans une position nécessairement contestataire par rapport aux négociateurs.

887 **En droit : le RSS, une fausse bonne idée ?** Nombreux sont les chefs d'entreprise, mais aussi des syndicalistes n'appréciant guère cette curieuse créature permettant à des syndicats ayant pourtant démontré leur non-représentativité de durer indéfiniment en faisant tourner leurs quelques militants (désormais protégés) comme RSS. Tout en adoptant nécessairement des positions rudes sinon systématiquement « contre » (l'employeur, les accords signés, les syndicats signataires...) afin d'apparaître comme Bayard mâtiné de Saint Just indigné, forcément indigné, avant les prochaines élections. Car pour se faire sa place sur notre nouveau marché des voix, il vaut mieux en France être « radicalement contre » : comme en matière politique, la Vertu siège dans l'Opposition.

888 **En fait : on achève bien les RSS.** Mais les enquêtes montrent aussi qu'il faut distinguer le dynamique petit nouveau RSS qui vient s'implanter un an avant les élections, et le délégué syndical qui, venant de subir un rude désaveu des électeurs avec un score largement en dessous de 10 % (s'il a osé se présenter), voit ses troupes le quitter plus ou moins rapidement. Quatre ans entre les deux élections, c'est long : peu de sections résistent à ce désaveu électoral, entraînant dans leur chute le RSS désavoué.

§3 Moyens d'action de la section syndicale créée par un syndicat, même non représentatif

889 Percevoir les cotisations (*A*), disposer d'un local (*B*) pour assurer la communication entre les salariés et le syndicat (*C*), organiser des réunions internes (*D*), ou avec des invités extérieurs (*E*) : les moyens d'action de la SSE sont importants, et l'expression concrète d'un contre-pouvoir source de conflits avec l'employeur. Le 27 mai 2008, la Chambre sociale a rappelé qu'en application de l'ordre public social « *les dispositions d'un accord collectif ne peuvent restreindre les droits syndicaux que les représentants des salariés tiennent des lois et règlements en vigueur* ». Il paraît en effet évident que personne (employeur, autre syndicat, accord collectif) ne peut interdire à un syndicat d'avoir ses propres panneaux ou de distribuer des tracts papier. Mais cette application du principe de faveur s'avère parfois délicate, comme nous le verrons *infra* s'agissant de l'accès du syndicat à la messagerie de l'entreprise... en particulier pour les télétravailleurs depuis la pandémie.

A. - Collecte des cotisations syndicales

890 « *La collecte des cotisations syndicales peut être réalisée à l'intérieur de l'entreprise* » (art. L. 2142-2). N'importe quel membre de la section a donc théoriquement le droit de passer dans les services pendant le temps de travail pour collecter.

Mais la loi ne lui donnant pas le droit de s'absenter de son propre travail, un militant du poste de jour doit venir collecter pendant le poste de nuit. En pratique, c'est donc le délégué syndical ou le RSS disposant tous deux d'un crédit d'heures qui procéderont à la collecte : il peut prendre contact avec les salariés dans les bureaux et surtout à la cafétéria : lorsqu'ils sont plus disponibles pour l'écouter, et ont de l'argent sur eux.

Mais dans la vraie vie, la « collecte » proprement dite n'existe quasiment plus : l'institutionnalisation des syndicats (les cotisations représentent entre le sixième et les deux tiers des recettes des confédérations) et surtout les virements automatiques ont rendu cette préoccupation moins forte. Problème : c'était un moyen simple et utile pour discuter avec les salariés, leur faire connaître les positions du syndicat, et recueillir leurs souhaits ou revendications avant leurs cotisations.

B. - Local syndical : les trois seuils

891 **Moins de 200.** L'article L. 2142-8 n'oblige l'employeur à mettre un local à la disposition de toutes les sections qu'à partir de 200 salariés. Dans la grande majorité des entreprises mais aussi établissements français n'existe donc aucun local syndical, même commun puisqu'y travaillent moins de 200 collaborateurs : ce qui réjouit les cafés environnants. En l'absence de local, l'employeur se verra demander par la section de mettre une salle à sa disposition (ex. : cantine) : il pourra bien sûr accepter mais également refuser, sans jamais rompre la nécessaire égalité de traitement entre syndicats, sauf pour la réunion mensuelle interne.

892 **Au-delà de 200,** « *l'employeur met à la disposition des sections syndicales un local commun convenant à l'exercice de la mission de leurs délégués* ». Parfois conflictuelle (état du local commun après le convivial mais chahuté pot de retraite du délégué FO), son utilisation doit être égalitaire et donc indépendante du score de chacun : quand existe cinq sections, en pratique chacune a donc son jour d'occupation. Les modalités d'aménagement et d'utilisation des locaux sont fixées par accord avec l'employeur.

893 **C'est seulement à compter de 1 000 salariés** que chaque section doit avoir son propre local « *convenable, aménagé et doté du matériel nécessaire à son fonctionnement* », alors qu'elle n'a pas de budget comme le CSE. Le nouveau RSS et sa jeune section y ont-ils droit ? Non, car ce local spécifique est réservé aux **syndicats *représentatifs* dans l'entreprise ou l'établissement.**

En clair, dans les entreprises ou établissements de plus de 1 000 salariés : un local *commun* pour tous les RSS et leurs sections, mais un local *particulier* pour chaque syndicat ayant fait la preuve de sa représentativité.

Certains accords collectifs prévoient l'installation et la maintenance par l'employeur d'une ligne téléphonique, d'un fax, d'un micro-ordinateur et d'un accès intranet et Internet, l'adresse électronique du délégué syndical étant installée dans le local syndical, et non pas sur son propre poste de travail pour bien séparer temps du contrat/temps du mandat.

LE BEURRE SANS L'ARGENT DU BEURRE ?

Quels syndicats peuvent exiger le bénéfice d'un accord collectif ?

La réponse dépend du contenu de l'accord. S'il est acquis que tous les *salariés* bénéficient en France des avantages figurant dans un accord collectif signé par un seul syndicat (mais à 50 % au minimum), en va-t-il de même s'agissant des *syndicats* ? L'aspect financier (*cf.* chèque syndical chez Axa) et tactique (le beurre sans l'argent du beurre : les contreparties sans la responsabilité de la signature) de cette question est loin d'être négligeable. Plus généralement, en matière sociale comme ailleurs, il faut veiller à ne pas favoriser ce que les économistes appellent un « comportement d'auto-stoppeur », laissant aux autres charges et responsabilités.

La loi du 20 août 2008 a certes modifié la donne, en séparant exercice du droit syndical (ouvert aux syndicats légalement constitués ayant constitué une section), et droit à la négociation collective (qui demeure le monopole des syndicats représentatifs). Car avant 2008, les syndicats non représentatifs n'avaient tout simplement pas accès à l'entreprise.

Tout dépend aujourd'hui du contenu de l'accord : s'il vise le droit syndical *stricto sensu* (lié à la section : panneaux, subventions), il doit bénéficier à tous les syndicats qualifiés : représentatifs ou non, signataires ou non. Mais s'il vise le droit de la négociation collective (ex. : nombre de délégués syndicaux), une distinction doit être faite entre syndicats représentatifs et les autres.

Droits liés à la section syndicale : en bénéficient tous les syndicats, représentatifs ou non, signataires ou non.

La Cour de cassation a pris une position très ferme le 29 mai 2001 (donc bien avant la loi de 2008), au prestigieux visa de la Déclaration de 1789 et du Préambule constitutionnel de 1946, qu'elle a depuis reprise dans les mêmes termes.

« *Vu les articles L. 412-21, L. 426-1, L. 438-10 du Code du travail, l'article 6 du Préambule de la Constitution du 27 octobre 1946, les articles 1-5-6 de la Déclaration des droits de l'homme et du citoyen, l'article L. 412-2 du Code du travail ; Il résulte des trois premiers textes susvisés que les dispositions d'une convention ou d'un accord collectif qui tendent à améliorer l'exercice du droit syndical dans les entreprises ou les institutions représentatives du personnel sont applicables de plein droit à tous, et en particulier aux syndicats représentatifs sans qu'il y ait lieu de distinguer entre ceux qui ont signé ou adhéré à la convention ou à l'accord collectif et ceux qui n'y ont pas adhéré. De plus, le principe d'égalité, de valeur constitutionnelle, ne permet pas à un employeur de subventionner un syndicat représentatif et non un autre, selon qu'il a signé ou non une convention ou un accord collectif.* »

Si l'on comprend la volonté de la Cour d'éviter toute discrimination ou ostracisme, il n'en demeure pas moins que le syndicat non signataire, qui n'a donc pris aucun engagement ni aucune responsabilité, gagne sur tous les tableaux. L'exception syndicale française qui, à l'instar des non-syndiqués bénéficiant de tous les avantages consentis aux syndicats, n'incite guère à adhérer.

Dans l'arrêt Cap Gemini du 12 septembre 2011, la Chambre sociale a estimé que l'horizon indépassable des syndicats non représentatifs étant les élections professionnelles, il paraissait difficile de les écarter des moyens de communication modernes dont bénéficient les syndicats en place. Si un accord autorise les syndicats *représentatifs* à utiliser la messagerie interne, au nom du principe d'égalité, tous les syndicats ayant constitué une section doivent donc en bénéficier, et pas seulement ceux ayant obtenu leur brevet de représentativité : « *Les stipulations d'un accord collectif visant à faciliter la communication des organisations syndicales ne peuvent, sans porter atteinte au principe d'égalité, être limitées aux seuls syndicats représentatifs et doivent bénéficier à tous les syndicats qui ont constitué une section syndicale.* »

Mais le syndicat non représentatif devenant alors bénéficiaire de l'accord, il doit en respecter les limites conventionnelles, à l'instar de celui qui suit.

Idem pour le syndicat représentatif, mais non signataire de l'accord. S'il en réclame le bénéfice au nom du principe d'égalité, ce même principe exige qu'il en respecte les stipulations, comme l'a décidé le TGI de Nanterre le 31 mai 2002 dans son jugement CGT Métallurgie/Renault : « *La CGT doit en bénéficier indépendamment de son absence de signature, mais comme les signataires elle se doit de l'appliquer telle qu'il est, jusque dans les contraintes convenues en contrepartie des droits reconnus dans le souci légitime de la préservation des intérêts de chacune des parties à l'accord.* »

MAIS pour les droits liés à la négociation, ou au délégué syndical : exclusivement les syndicats représentatifs

Il faut se garder de voir dans les arrêts précédents un quelconque problème de discrimination, ni un principe général et absolu. Car s'agissant non plus de droit syndical, mais d'avantages liés au droit de la négociation collective ou aux délégués syndicaux, domaine réservé aux syndicats représentatifs : « *Au titre du principe constitutionnel d'égalité, des syndicats non représentatifs ne peuvent revendiquer un traitement identique à celui réservé aux seuls syndicats représentatifs auxquels la loi confère des prérogatives différentes de celles des syndicats non représentatifs* » (CS, 5 avr. 2011).

C. - Communication syndicale

Depuis la loi du 4 mai 2004 – mais Facebook et l'IPhone sont nés en 2007 – les TIC sont entrées dans le Code du travail. Aux braves tracts et affiches papier est donc venue s'adjoindre, pas se substituer à la communication par voie électronique, revue et corrigée par la loi du 8 août 2016... en attendant la prochaine, car le travail à distance a largement modifié la donne.

1° Communication papier classique = droit à...

894 **Panneaux réservés.** « *L'affichage des communications syndicales s'effectue librement sur des panneaux réservés à cet usage, distincts de ceux affectés aux communications du CSE. Un exemplaire des communications syndicales est transmis à l'employeur, simultanément à l'affichage. Les panneaux sont mis à la disposition de chaque section syndicale suivant des* modalités fixées par accord *avec l'employeur* » (art. L. 2142-3).

– Chaque section syndicale, d'un syndicat représentatif *ou non,* peut obtenir de l'employeur un panneau particulier, dont la dimension et la localisation font l'objet de longues négociations. Mais le chef d'entreprise de mauvaise foi ou facétieux (panneau de 2 m × 2 m mais à 8 m du sol, situé au fond d'un couloir, voire derrière d'avides plantes carnivores) court le risque d'être poursuivi pour délit d'entrave au droit syndical.

– **Heures d'entrée et de sortie.** « *Les publications et tracts de nature syndicale peuvent être librement diffusés aux travailleurs de l'entreprise dans l'enceinte de celle-ci, aux heures d'entrée et de sortie du travail* » (art. L. 2142-4).

Tous les membres de la section peuvent donc, en théorie, vendre les publications du syndicat (mais aujourd'hui...) ou distribuer les tracts dans l'enceinte de l'entreprise ; mais seulement « *aux heures d'entrée et de sortie* ». Or où trouver le personnel à ces moments-là, sinon *à l'entrée* de l'entreprise, que le militant doit atteindre le premier bien que ne disposant d'aucun crédit d'heures particulier ? La jurisprudence interprète strictement ce texte : ni l'heure des repas, ni les pauses ne constituent pour elle une « *heure d'entrée ou de sortie du travail* », et mettre les tracts sous enveloppe pour tenter de contourner cette limite légale ne change rien à l'affaire.

– **Dedans / Dehors.** Lorsque plusieurs entreprises travaillent sur un même site (ex. : tour de grande hauteur), la distribution ne peut se faire dans le hall d'entrée commun, où passent également d'autres salariés et surtout des clients. Mais la distribution de tracts en dehors de l'entreprise, à l'instar des sites Internet syndicaux (V. *infra*), ne relève plus de l'application du Code du travail et donc du pouvoir de l'employeur.

– **Le contrôle patronal du contenu** de ces tracts et affiches est évidemment limité : il est « *librement déterminé par l'organisation syndicale, sous réserve de l'application des dispositions relatives à la presse* » (art. L. 2142-5). Donc sous réserve de l'injure, de la diffamation, du respect de la vie privée, mais aussi le cas échéant d'une évidente confidentialité. Et comme l'a rappelé la Première chambre civile le 17 mars 2011, même une rude campagne électorale n'autorise pas un syndicat à injurier ou diffamer : droit de la presse classique.

895 Un important contentieux était intervenu avant 1982 concernant l'affichage politique (CGT/PCF, en particulier). Si très tôt les juges avaient indiqué que l'employeur ne pouvait se faire justice à lui-même en arrachant l'affiche *si* elle était apposée sur un panneau syndical, de nombreuses directions voyaient littéralement rouge et contestaient son caractère syndical dès qu'elles en avaient connaissance. Aujourd'hui, il appartient au syndicat de prendre ses responsabilités : s'il reste libre d'afficher un texte politique malgré le principe de spécialité, on peut s'interroger sur ses effets parmi le personnel, qui lit à vrai dire assez peu les panneaux, et de toute façon n'aime guère le mélange des genres.

896 **Transmission préventive.** « *Un exemplaire des communications syndicales doit être transmis à l'employeur simultanément à l'affichage* ». Si l'affiche est injurieuse, diffamatoire ou porte atteinte à la vie privée (« *Au lieu de nous surveiller avec ses caméras miniatures, notre DRH Mme X. ferait mieux de surveiller son mari !* »), l'employeur doit avant tout en demander le non-affichage ou le retrait à son auteur, en lui rappelant que de tels faits constituent une infraction pénale dont la victime (agent de maîtrise ou lui-même) pourrait lui demander réparation. En cas de refus, outre d'éventuelles sanctions disciplinaires si l'auteur est clairement identifié, il conviendra alors de saisir le président du tribunal judiciaire statuant en référé, de prouver le trouble manifestement illicite (et pas simplement un ton bien polémique) que constitue l'affiche, et lui demander une ordonnance d'arrachage, qui sera effectuée par un huissier.

897 **Procédure complexe, sinon risquée** (violente polémique syndicale et trouble *manifestement* illicite devant un juge des référés parfois tenté par Ponce Pilate...), au résultat judiciaire aléatoire mais médiatique assuré : l'affiche, que seuls quelques militants avaient lue, aura alors un succès considérable dans l'entreprise (Buzz Big Brother assuré sur Facebook et Twitter), après son passage à FR3 ou dans *Ouest-France* ; et lors de l'arrachage, le syndicat en cause pourra mobiliser ses adhérents pour protester contre « *cette atteinte inadmissible aux libertés fondamentales* ». Une négociation informelle avec le délégué syndical ou le RSS vaut mieux qu'un bon procès, même si rien n'empêche ultérieurement la victime – et elle seule – de porter plainte au pénal, en se constituant partie civile.

Outre la peine d'amende (faible car, au sein de l'entreprise, il s'agit d'une injure ou diffamation *non publique*) infligée au fautif, le tribunal peut ordonner l'affichage du jugement sur le panneau syndical. Il en va de même pour les sites syndicaux.

2° Communication syndicale par voie électronique interne

898 **SBF.** En nos temps d'éclatement géographique et temporel de la collectivité de travail dans de nombreuses entreprises du tertiaire et du quaternaire, il faut aussi joindre tous les travailleurs, de plus en plus nomades, des télétravailleurs post C19 aux commerciaux itinérants. Comment faire si l'entreprise comporte des dizaines d'agences, en France ou à l'étranger ? Tous ces SBF (Sans-Bureau-Fixe) restent accessibles partout grâce à leur téléphone mobile et/ou leur adresse électronique. Et le militantisme syndical n'est plus ce qu'il était : rédiger, reproduire et distribuer des tracts papier exige de nombreux militants ; mais un seul peut en cinq minutes rédiger et envoyer un courriel syndical à de nombreux sympathisants. Cette diffusion risque de conduire à un syndicalisme tout aussi virtuel. Car à l'instar du *e-learning* et autre Zoom qui, utilisé seul, constitue pour l'élève et l'enseignant une catastrophe pédagogique, le syndicalisme 3.0 ne peut à l'évidence se résumer à un courriel mensuel et à des « like » sur Facebook.

899 **Que pensent les syndicalistes de cette irruption des TIC ?** « *Outre le peu d'attrait des nouvelles générations pour le tract qui fait peser sur l'action syndicale des risques très évidents de désaffection, la conséquence principale de cette évolution dans la vie militante en entreprise concerne les prises de décision. Là où nous avions l'habitude de soumettre un texte, d'en débattre collectivement, voire de voter en Assemblée Générale, l'usage systématisé des messageries électroniques a entraîné l'apparition d'autres formes moins achevées de consultations. La possibilité offerte par les messageries de s'adresser à une liste complète de destinataires et que ces personnes puissent "Répondre à tous" ouvre inévitablement des "forums sauvages", voire des pseudo-référendums répondant implicitement à une question du type : "Êtes-vous favorable à la signature par la CFDT de l'accord collectif ?" Reconnaissons, bien que cela ne nous fasse pas forcément plaisir, que nous avons cédé à ce genre de pratiques. Elles sont plus proches de la démocratie directe dont certains rêvaient, mais elles relèguent le débat traditionnel, pièce essentielle* *de la démocratie, à une place nettement amoindrie.* » (Délégué central CFDT Thalès, dans son article titré « Debout sur le tonneau 2.0 ? », revue Cadres CFDT, « Opportunités numériques », juillet 2012).

ACCÈS DES SYNDICALISTES AUX TIC

A fortiori avec le télétravail qui se développe après la méga-expérimentation de 2020-2021, il paraît légitime que le droit du travail ne limite pas la communication syndicale aux tracts ou à l'affiche papier, même si aujourd'hui sur le terrain, ils constituent encore l'essentiel.

1. Loi du 4 mai 2004 : un accord collectif, sinon rien (en droit)

En matière de communication syndicale, avec la loi du 4 mai 2004 le Code du travail était passé du premier millénaire (dzibao chinois) au...Web 1 : « *Un accord d'entreprise peut autoriser la mise à disposition des publications et tracts de nature syndicale, soit sur un site syndical mis en place sur l'intranet, soit par diffusion sur la messagerie électronique de l'entreprise* » (art. L. 2142-6 ancien). Le Conseil constitutionnel avait estimé le 27 septembre 2013 que ce passage obligé en forme de donnant-donnant (accès, aux strictes conditions conventionnelles) était légitime : « *En confiant à un accord d'entreprise le soin d'autoriser la mise à disposition des publications et tracts de nature syndicale, soit sur un site syndical mis en place sur l'intranet de l'entreprise, soit par diffusion sur la messagerie électronique de l'entreprise, le législateur n'a pas opéré de conciliation manifestement déséquilibrée entre, d'une part, la liberté de communication des syndicats et, d'autre part, la liberté tant de l'employeur que des salariés* ».

Mais cette loi de 2004, bien avant Facebook et les réseaux sociaux, n'avait pas engendré de multiples accords en raison de la peur de nombreuses directions de donner ainsi l'arme atomique aux syndicats en cas de conflit collectif dur : la puissance de feu communicationnelle des TIC (nombre + duplication + envoi gratuit à l'autre bout du monde) n'est pas vraiment comparable à la maigre affiche apposée à côté des locaux syndicaux.

D'où des accords étonnant un peu la Génération Z, surfant depuis le CE1 sur Facebook : à durée déterminée d'un an, excluant souvent toute utilisation de la principale qualité des TIC (l'interactivité), prévoyant enfin des sanctions très efficaces en cas d'abus ou d'illicéité : suppression immédiate des pages en cause, suspension voire fermeture immédiate du site lui-même. La position patronale *semblait* ainsi bien assurée puisque l'article L. 2142-6 permet de déclarer aux syndicats qu'à défaut d'un tel accord collectif, qui exige d'abord l'accord de l'employeur, tout accès leur sera interdit.

Mais depuis ce texte de 2004, année de la réalisation à Harvard d'un trombinoscope (« Facebook »), les réseaux sociaux ont envahi nos vies...

2. Loi du 8 août 2016, aujourd'hui applicable : un accord collectif, sinon l'affichage Intranet seul

▮ ***« Un accord d'entreprise peut définir les conditions et les modalités de diffusion des informations syndicales au moyen des outils numériques disponibles dans l'entreprise »***

Changement : l'accord n'a plus à « *autoriser* », il « *peut définir* » les conditions et modalités de diffusion. « *Au moyen des outils numériques disponibles dans l'entreprise* » : plus seulement la messagerie et l'intranet cités en 2004. Mais il n'oblige pas non plus l'employeur à créer dans sa PME un Intranet ou un réseau social interne si un syndicat fait une demande en ce sens.

Un tel accord s'intègre parfaitement dans le chemin tracé par la loi du 8 août 2016, et *a fortiori* les ordonnances du 22 septembre 2017 ayant voulu banaliser l'utilisation des TIC : un dialogue social actif dans l'entreprise passe difficilement – dans tous les sens du terme – par l'interdiction préalable de toute communication syndicale électronique interne et externe, à supposer que cette interdiction générale et impersonnelle soit conforme aux textes internationaux et constitutionnels (*cf.* décision Hadopi du Conseil constitutionnel, 10 juin 2009, sur l'accès à Internet). *A fortiori* lorsque 98 % des collaborateurs ont un portable *personnel* leur donnant accès à Internet, y compris sur temps et lieu de travail. En ce domaine, parfois très nouveau pour certains négociateurs seniors des deux côtés de la table, l'importance des stipulations conventionnelles n'est pas à démontrer, avant comme après la loi du 8 août 2016. Des règles du jeu communes et légitimes sont indispensables, seule la négociation permettant de coller aux préoccupations réelles des usagers : l'utilisation des TIC dans une SSII, avec des collaborateurs nés une « Game Boy » à la main et utilisant le Net trente fois par jour depuis le CM2, *a fortiori* dans une PME de nomades ou de télétravailleurs très pointus, n'est pas la même que dans une usine de production de chaussures. Certes dans les usines existent parfois des terminaux en accès libre. Mais la consultation, où tout le monde se bouscule, se fait au vu de tous.

Avec l'apparition de réseaux sociaux externes, puis internes à l'entreprise où le partage est la règle, il paraît contre-productif d'interdire de tels échanges avec les syndicats, et de voir leurs courriels rabaissés par le pare-feu de l'entreprise au niveau des messages « indésirables »

▮ ***« À défaut d'accord, les organisations syndicales présentes dans l'entreprise et satisfaisant aux critères de respect des valeurs républicaines et d'indépendance, légalement constituées depuis au moins deux ans peuvent mettre à disposition des publications et tracts sur un site syndical accessible à partir de l'intranet de l'entreprise, lorsqu'il existe »***

L'accès est donc limité aux syndicats « *présents dans l'entreprise* » : donc qualifiés, mais pas forcément représentatifs (qui eux sont les seuls à pouvoir *négocier* l'accord...) : normal en termes d'égalité de traitement pour les élections professionnelles.

« *Mettre à disposition des publications et tracts sur un site syndical accessible à partir de l'intranet de l'entreprise, lorsqu'il existe* ». En l'absence d'accord – la pression demeure en ce sens, et c'est une bonne chose – chaque collaborateur pourra donc se connecter sur la page Intranet du syndicat, que l'employeur doit mettre à disposition : le droit à l'affichage virtuel, en pull, dont le succès pratique demeure très, très limité : aller chercher l'information syndicale, au risque d'être identifié par les systèmes informatiques...

Mais toujours pas de « droit à » l'accès à l'interactivité de la messagerie ou au réseau social interne, dont l'accès demeure comme avant possible par accord collectif, aux conditions définies par celui-ci.

▮ ***Accord ou non, les limites légales...et conventionnelles***

Conventionnelles. La négociation sur l'accès aux TIC commence donc souvent par le dernier article, essentiel pour l'employeur et qui est rarement négociable : il prévoit qu'en cas d'actes illicites (injure, diffamation, atteinte à la vie privée, diffusion d'informations confidentielles), de simple abus ou plus généralement de non-respect des conditions conventionnellement fixées, l'accord autorise l'entreprise à en suspendre provisoirement l'accès. La préoccupation de l'employeur est en effet de trouver des sanctions rapides, efficaces (ex : suspension pour un mois de l'accès à la première infraction) et surtout sans recours au juge : le temps du juge, même des référés, n'est pas celui des TIC. Et l'action judiciaire, avec son grand déballage voire la présence de médias, aboutit parfois à l'opposé du résultat souhaité, donnant une publicité inespérée à d'éventuelles dérives.

Légales. « *L'utilisation par les organisations syndicales des outils numériques mis à leur disposition doit satisfaire l'ensemble des conditions suivantes : Être compatible avec les exigences de bon fonctionnement et de sécurité du réseau informatique de l'entreprise ; Ne pas avoir des conséquences préjudiciables à la bonne marche de l'entreprise ; préserver la liberté de choix des salariés d'accepter ou de refuser un message.* »

– « Être compatible avec les exigences de bon fonctionnement et de sécurité du réseau informatique de l'entreprise »

De façon légitime, l'article L. 2142-6 insiste sur le respect impératif des consignes de sécurité informatique, plus importantes que la bonne vieille sécurité incendie : ainsi l'actualisation des pages ne pourra se faire qu'avec un matériel *ad hoc*, lui-même sécurisé, si possible à partir d'un local de l'entreprise. Ce qui évitera aux 5 647 collaborateurs les facéties du fiston du délégué syndical voulant « *Lol, s'amuser un peu, Mdr* » grâce à l'ordinateur paternel, dont les codes d'accès confidentiels figurent sur le Post-It à droite de l'écran familial.

A fortiori depuis le RGPD de 2018 et ses écrasantes sanctions, une harmonisation est donc ici impérative entre les différentes règles d'accès et d'utilisation (Charte, règlement intérieur, contrat individuel de mise à disposition) sous peine d'ennuis techniques et juridiques majeurs : il va de soi que le DSI et le délégué aux données personnelles doivent être associés à la négociation. Cette absolue nécessité est encore renforcée s'il s'agit d'ouvrir le réseau interne sur l'extérieur en permettant la réception de messages entrants : le World Wild Web 3.0 est particulièrement dangereux.

– « Préserver la liberté de choix des salariés d'accepter ou de refuser un message » Bien dans l'esprit du RGPD, le texte insiste sur la nécessaire liberté de choix des salariés. À l'instar du tract du matin que l'on peut prendre ou laisser, chaque collaborateur doit en effet pouvoir indiquer s'il souhaite ou non recevoir des messages syndicaux (« *opt-in* »). Même si, faute d'intention lucrative, un tel courriel n'est pas assimilable au « pourriel » des *spammeurs*, le principe reste que les messages non sollicités en nombre sont *a priori* exclus. Le titrage doit donc à notre sens faire apparaître la source, chaque syndicat devant constituer sa liste de diffusion dont la confidentialité reste forcément relative, comme toute connexion sur le site syndical. Et comme il s'agit de listes nominatives et de données sensibles, il devra comme gardien de ce fichier respecter, et faire respecter la loi Informatique et Libertés telle que réécrite en 2018-2020 (www.cnil.fr).
Mais quelle est la régulation de très loin la plus efficace ? Les très, très vifs sinon injurieux courriels en MAJUSCULES immédiatement renvoyés par les collègues exaspérés car déjà submergés de mails...

SYNDICATS ET RÉSEAUX SOCIAUX INTERNES

Le réseau social interne d'entreprise veut encourager les échanges horizontaux, « hors hiérarchie » dans tous les sens du terme. Nombre de managers ne maîtrisent alors plus l'accès à l'information interne mais aussi externe, et y sont parfois l'objet de critiques. Mais ce même sentiment mitigé existe chez des représentants du personnel ou des syndicalistes souvent seniors, gênés par ces forums et autres référendums permanents remettant parfois en cause leur représentativité réelle et la présomption pour eux irréfragable d'être le « porte-parole » des salariés. Mais dix ans après leur naissance, les réseaux sociaux internes comme instrument de libération de la parole ont beaucoup, beaucoup déçu.

« RÉSEAU SOCIAL INTERNE » ET « REPRÉSENTANTS DU PERSONNEL » UN OXYMORE ?

Se pose d'abord la question de la stratégie : si un réseau social interne, non exclu par la loi du 8 août 2016, peut faciliter la communication employeur/organisations syndicales (ne serait-ce que pour tenter de ré-internaliser les vifs débats qui ont lieu sur les réseaux externes), doit-il également viser à développer la communication organisations syndicales/salariés ? À l'instar des panneaux sur l'intranet de la loi de 2004, l'employeur n'est pas toujours partant... et les syndicats pas forcément non plus ; le discours langue de bois n'est pas le monopole des entreprises : âge du capitaine + Maîtrise des outils + Crainte de dérapages + Remarques pas toujours agréables voire très agressives + Temps qu'il va falloir y consacrer... Quand 12 militants, puis 35 puis 54 s'expriment très librement sur un forum, et se répondent de plus en plus vivement car des militants d'une autre tendance, voire d'une autre organisation se sont invités au débat... Le modérateur doit-il modérer ? Retirer des propos discriminatoires ou manifestement manipulatoires ? D'Alcatel-Lucent à la RATP en passant par Orange, les entreprises les plus innovantes en matière de réseaux sociaux internes ont commencé par installer des systèmes de mise en commun de l'information (accords applicables, mais aussi adresses mails de responsables RH changeant souvent de fonctions ou de site), évitant les kilos de documents papier qui circulent mais ne sont pas toujours les mêmes pour tous, et rarement à jour. Se pose alors l'éternelle question des personnes habilitées, codes d'accès à la clef. Tout dépend du type d'informations, *de facto* ou *de jure*. S'il s'agit des menus de la cantine, pas de problème majeur. Mais de l'avancée des négociations avec les syndicats, parfois diffusée en direct sur Twitter ? Chez Orange, a été créé début 2011 le réseau social interne « Plazza » (40 000 membres) : boîtes à outils personnelles (blog, documents partagés, gestion d'un réseau de contacts...), mais aussi communautés librement créées à l'initiative de la direction ou des salariés. Or l'une des premières communautés apparues sur le réseau a été... SUD-PTT. Que faire côté DRH ? Au pays du collaboratif et de l'expression libre, commencer par censurer un site syndical...

La démocratisation du télétravail au domicile depuis 2020 va-t-elle changer la donne, et provoquer le Grand Bond En Avant de notre droit collectif du travail conçu pour l'usine Ford avec son unité de temps, de lieu et d'action ? D'abord raison garder : si selon l'Insee, 58 % des cadres et professions intermédiaires télétravaillaient fin 2020, seulement 20 % des employés et 2 % des ouvriers. Et existent encore des chaines de production et des grands magasins...

L'ANI du 26 novembre 2020 « pour une mise en œuvre réussie du télétravail » a fait le service minimum minimorum : « *Le développement du télétravail régulier, occasionnel ou en cas de circonstances exceptionnelles ou de force majeure, nécessite d'adapter les conditions de mise en œuvre du dialogue social dans l'entreprise afin que celui ci puisse s'exercer dans des conditions efficaces et satisfaisantes pour tous – employeur, salariés et leurs représentants. À titre d'exemple, certaines entreprises ont mis en place un « local syndical numérique », des panneaux d'affichage numérique, etc.*

Qu'ils soient dans les locaux de l'entreprise ou en télétravail, les représentants élus du personnel et les mandataires syndicaux, lorsqu'ils existent, bénéficient en vertu de la loi de moyens de fonctionnement équivalents. Afin de leur permettre de maintenir le lien avec les salariés en télétravail, il est utile de préciser par accord collectif, ou à défaut par une charte, les modalités adaptées d'utilisation des outils numériques à destination des acteurs du dialogue social dans l'entreprise ».

Accord unanime, Mutuelle Générale, 11 mai 2021 : « *L'entreprise s'engage à adapter le dialogue social, en faisant connaître les représentants du personnel et organisations syndicales, par un kit remis au nouveaux arrivants et par la promotion de leurs outils numériques. Un budget de 2 000 euros sera prévu par la DRH pour former chaque organisation syndicale à la communication en ligne. Pour deux vidéos par an, les syndicats pourront bénéficier des moyens techniques de l'entreprise* ».

Sur l'accès des syndicats à la messagerie professionnelle des télétravailleurs à leur domicile... et donc de tous les salariés, sujet aujourd'hui le plus sensible car très efficace en termes de communication mais aussi de mobilisation, l'accord **Renault du 10 juin 2021 va plus loin, mais balise bien** : « *Le passage à un mode de travail hybride présentiel/distanciel induit également des effets sur les modes de communication des organisations syndicales qui doivent continuer à pouvoir*

informer les salariés qui le souhaitent. Aussi, il est convenu par le présent accord d'ouvrir la possibilité aux organisations syndicales centrales de communiquer aux salariés sur leur adresse professionnelle des e-tracts ***dès lors que ceux-ci ont préalablement donné leur accord****.*
Les organisations syndicales sont dans ce cadre ***responsables du traitement*** *des données recueillies et doivent veiller à l'application des règles RGPD/CNIL et doivent veiller au consentement préalable du salarié.*
À défaut et après un rappel à l'ordre*, tout non-respect du volontariat préalable des salariés peut entrainer des sanctions disciplinaires ou en cas de non identification de l'auteur au sens personne physique, un blocage pendant 3 mois de l'adresse mail émettrice.*
Afin de promouvoir cette nouvelle possibilité, la Direction s'engage à en faire état dans différents supports de communication : création d'un encart dans le Sharepoint télétravail sur la communication syndicale avec la possibilité de cliquer sur des liens permettant d'accéder au site de chaque organisation syndicale centrale et ainsi, s'inscrire pour recevoir leurs tracts ; mise en place d'une page dans le workflow télétravail que les salariés doivent obligatoirement visionner lors de leur inscription et qui permet, comme le Sharepoint d'accéder aux sites des organisations syndicales ».

Qui l'eût cru, qui l'eût dit ?

Près de 40 ans après la loi Auroux du 4 août 1982, le Web 3.0 ressuscite le défunt droit d'expression direct et collectif, destiné à rapprocher nos syndicats très idéologiques des problèmes bien concrets du terrain, et relancé par l'ordonnance du 22 septembre 2017 : « *L'accès de chacun au droit d'expression collective peut être assuré par le recours aux outils numériques, sans que l'exercice de ce droit ne puisse méconnaître les droits et obligations des salariés dans l'entreprise* » (art. L. 2281-1).
Si la puissance de feu communicationnelle de ces nouveaux médias mondiaux, pour des sociétés obsédées par le contrôle de leur « image de marque », rend certes intranet et surtout la messagerie socialement fort chatouilleux en interne, littéralement « tous comptes faits », mieux vaut laver son linge sale en famille que d'en faire profiter des voisins pas toujours bien intentionnés.

SUR L'ENSEMBLE DE LA QUESTION

- J.-E. Ray, « CGT, CFDT, CNT, CE et TIC. Rapports collectifs de travail et NTIC », Dr. soc., n° 4, avril 2012
- M. Richer, « Unions 2.0 : le syndicalisme à l'ère du numérique », deux chroniques des 1er et 15 juin 2015, sur l'excellent site http://www.metiseurope.eu.

Extrait : « **Les syndicats donnent l'impression de bouder les réseaux sociaux.**
Comment, dans un pays où l'on se plaint du faible taux d'adhésion au fait syndical, ne pas être tenter d'exploiter ce formidable outil de lien, de communauté ou d'adhésion que représente le Web ?
Pourquoi les syndicats, qui se plaignent tant d'être malmenés par les médias, ne s'emparent pas d'un espace de communication qu'ils pourraient maîtriser ?

Pourquoi n'exploitent-ils pas le potentiel d'engagement du Web pour appuyer leurs revendications ?
Les syndicats sont en capacité de s'emparer des réseaux sociaux car ils ont une culture du réseau : le "réseau militant" est quelque chose qui a été inventé par le syndicalisme ! Mais il y a un besoin d'accompagnement et de conseil à aller chercher en dehors de l'univers syndical. Les réseaux sociaux peuvent être les "Bourses du Travail" du XXIe siècle : ce serait un bel hommage de la modernité à l'histoire du syndicalisme.
Rien n'interdirait aux syndicats, aux États-Unis comme ailleurs, de connaître le même succès d'adhésion que le réseau Facebook, à condition d'adopter les 5 principes qui caractérisent ce dernier : simplicité d'utilisation pour un coût très bas ; extensibilité (plateforme commune qui convient aux individus comme aux groupes nombreux) ; coûts d'entrée et de sortie (apprentissage, etc.) très bas ; effets réseaux (plus les membres sont nombreux, plus les bénéfices qu'ils peuvent tirer du réseau sont importants). »

D. - Les trois réunions internes

900 **Réunion interne mensuelle.** « *Les adhérents de chaque section peuvent se réunir une fois par mois dans l'enceinte de l'entreprise en dehors des locaux de travail, suivant des modalités fixées par accord avec le chef d'entreprise (...). Cette réunion a lieu en dehors du temps de travail des participants, à l'exception des représentants du personnel qui peuvent se réunir sur leur temps de délégation* » (art. L. 2142-10).

Très peu connue et donc peu pratiquée, cette réunion à laquelle tout salarié peut se rendre en l'absence de contrôle possible des adhésions, a donc lieu une fois par mois : soit dans le local syndical, soit dans une salle mise à disposition par l'employeur, mais en dehors du temps de travail, sauf bien sûr pour les délégués eux-mêmes qui disposent d'heures de délégation. Le thème de cette réunion *interne* est à la discrétion du syndicat, qui ne peut cependant pas provoquer un arrêt de travail à l'heure dite à seule fin de permettre à des salariés d'y participer sans encourir de sanctions (« mouvement illicite »).

E. - Réunion avec invitation de personnalités extérieures à l'entreprise

901 **Personnalité syndicale, ou non ?** Le législateur de 1982 avait voulu, pour la section comme pour l'ex-comité d'entreprise, régler les nombreux problèmes qu'avait posés auparavant l'entrée de permanents syndicaux ou de personnalités politiques dans l'entreprise. L'article L. 2142-10 : « *Les sections syndicales peuvent inviter des personnalités syndicales extérieures à participer à des réunions organisées par elles (dans le local syndical), ou avec l'accord du chef d'entreprise, dans des locaux mis à leur disposition. Des personnalités extérieures autres que syndicales peuvent être invitées, sous réserve de l'accord du chef d'entreprise, par les sections syndicales à participer à une réunion. Ces réunions ont lieu en dehors du temps de travail des participants* » (*idem* pour le CSE).

Deux types de réunions, aux régimes fort différents, sont donc prévus.

902 Réunion avec des **personnalités *syndicales* extérieures.** Il s'agit de permettre aux responsables et permanents des unions locales (UL), départementales (UD) ou régionales (UR) voire des Fédérations de rencontrer dans l'entreprise les militants pour se coordonner ; *a fortiori* les secrétaires généraux des confédérations en tournée en province. Mais un militant, voire le délégué syndical d'une entreprise voisine ne constitue pas une « *personnalité* » syndicale, quelle que soit sa valeur personnelle ou son tempérament. Bien qu'étrangères à l'entreprise, ces personnalités peuvent donc être invitées et se rendre *dans le local syndical*, sans accord de l'employeur, pour une réunion intervenant en dehors du temps de travail des participants.

Encore faut-il que ce local existe. Et dans les entreprises de plus de 200 salariés, la dimension habituelle du local syndical ne permet guère de telles manifestations : là encore, seul l'employeur peut prêter une salle de dimension adéquate. Mais il ne peut alors s'opposer à l'entrée de Laurent Berger ou Philippe Martinez qui, connaissant l'exiguïté du local, se promèneront longuement dans l'entreprise avant d'y parvenir. Sauf si le local syndical a été récemment ré-implanté à côté de l'entrée de l'usine : la créativité de chaque partenaire est ici infinie.

903 Réunion avec des **personnalités extérieures *autres que syndicales* : nécessaire accord patronal.** Que la réunion ait lieu dans le local syndical ou en dehors, il convient ici dans tous les cas d'obtenir *l'accord de l'employeur* pour inviter le maire, le conseiller général, un chanteur (engagé) ou une personnalité politique. L'importance acquise par les collectivités territoriales depuis la décentralisation doit inciter le chef d'entreprise à réfléchir avant de leur opposer un – légal mais bien peu médiatique, sinon légitime – refus : les plus habiles d'entre eux ont vite compris tout l'intérêt médiatique d'une telle opération de relations publiques.

WEB 3.0 EXTERNE ET PRATIQUES SYNDICALES

« *Le syndicalisme est aujourd'hui soutenu par les moyens de communication améliorés, créés par l'industrie moderne et qui permettent aux ouvriers d'être en contact mutuel* », écrivait en 1848 dans *Le Manifeste du Parti communiste* un grand barbu allemand faisant allusion aux TIC de l'époque : la télégraphie Morse inventée dix ans auparavant.

Mais le Web 3 n'est pas la version 3 du Web 1, où comme depuis toujours l'information descendait des sachants : journalistes dans la presse, direction dans l'entreprise, mais aussi représentants du personnel et délégués syndicaux, hier « fer de lance de la classe ouvrière ». Il s'agit d'encourager les échanges horizontaux, « hors hiérarchie » dans tous les sens du terme : donc aussi en dehors du canal syndical. Pratique en parfaite stéréo avec la culture des adolescents de la génération Z qui ont connu peu de manifestations d'autorité, ont toujours baigné dans Facebook, où tout le monde est « ami » avec tout le monde (MSM = Mathusalem, *Second Life* = préhistorique), et arrivent aujourd'hui dans les entreprises avec leurs habitudes de multiconnexions permanentes.

Au 1er juillet 2021, sur Twitter, Laurent Berger (CFDT) avait 29 400 suiveurs, Y. Veyrier (FO) 3 314 et Ph. Martinez (CGT) 1 018... Que L. Berger ou Philippe Martinez ne twittent pas toutes les heures, qui songerait à le leur reprocher ? Car sous peine de devenir lui aussi virtuel, le syndicalisme ne peut se contenter de ces liens faibles, de tous ces faux « amis » certes prompts à ajouter leur nom en bas d'une pétition d'un coup de souris mais bien incapables du moindre geste de soutien dans la vie réelle. Qui eût dit qu'un « camarade » serait un jour plus proche qu'un « ami »... façon simple contact Facebook, c'est-à-dire même pas une « connaissance » ?

Mais peuvent-ils ignorer ce qui se passe sur Facebook, YouTube ou Instagram voire Snapchat, au-delà des jeunes et parfois bien inexpérimentés militants affichant bien imprudemment compter tel célèbre syndicaliste parmi leurs « amis » ? Peuvent-ils ignorer qu'avec les réseaux sociaux, les directions d'entreprise mais aussi les syndicats peuvent faire un sondage express en 24 heures parmi l'ensemble du personnel ? Que leur expansion met en difficulté les corps intermédiaires : managers de proximité, mais aussi leurs représentants du personnel ? Que ce qui était à la mode en l'an 2000 (« *J'ai monté mon site !* ») devient aujourd'hui vitale nécessité ? Quand le quart du personnel est nomade et le tiers en télétravail, que les 123 militants tractant hier au petit matin sont devenus 12 délégués multi-casquettes, que le papy-boom frappe massivement la base militante et que l'employeur ne souhaite pas signer d'accord sur l'accès des syndicats aux TIC, comment contacter les salariés-électeurs si importants depuis la loi du 20 août 2008, et dont certains ne sont joignables que sur leur portable ou leur adresse courriel ?

Très délicate pour une entreprise se voulant ouverte et communicante, la question aujourd'hui est celle de la présence de communautés syndicales sur les réseaux sociaux externes, permettant parfois de contourner l'absence d'accord d'entreprise sur l'accès aux TIC. Mais aussi des délégués qui twittent en direct pendant une négociation pour demander conseil, ou rédiger à distance et en temps réel un tract vengeur (Ah, la folie de la « transparence totale » en matière de négociation collective...) qui sera distribué dès la sortie et que les cadres concernés liront immédiatement pour connaître une actualité qui leur sera diffusée officiellement dans trois jours...

Quelles sont les spécificités des TIC par rapport à la communication syndicale classique ? D'abord la transparence : un message approximatif ou inexact conduit à une catastrophe en retour. Puis la nécessaire réactivité : attendre une réponse plus de 24 heures est impensable, et un site ou un blog avec des informations datant de plus de huit jours fait figure de site moribond. Est-ce à dire qu'il se passe toujours quelque chose dans les syndicats ? Bien sûr que non : mais il faut jouer le jeu de ce médium exigeant, en mettant « sans arrêt » en ligne des informations récentes. Car « *wiki-time is work-time* », ou ici imputable sur les heures de délégation. Mais pour quelle rentabilité syndicale ? Les cinq *geeks* du Marketing ?

DÉLÉGUÉ, MILITANT, CAMARADE, AMI, FOLLOWER, CONTACT...

Parlons clair : une communication 3.0 signifie un lien direct interactif avec tous les salariés, et pas seulement les militants (il faut aussi recruter), sur tous les

thèmes autour du travail : donc des militants et/ou des représentants du personnel réactifs et à disposition en quasi-permanence. Qu'il s'agisse des fédérations, des UD ou des UL et *a fortiori* des sections d'entreprise, qui peut aujourd'hui offrir ce service ? Et pour quels effets ? Nombre de forums de discussion tournent vite en rond, n'aboutissant à rien sinon à des prises à partie par le troll de service. Alors bien sûr, comme dans les réunions d'équipe sur Zoom pendant le télétravail de 2021, des adhérents qui n'auraient jamais osé prendre la parole devant 132 personnes s'expriment par ce médium écrit-oral. Mais ces très libres discussions mettant parfois en cause les managers sur le ton fleuri propre à la génération Z n'oublient pas toujours les représentants du personnel, déstabilisés par ce référendum permanent les privant de leur rôle naturel de « porte-parole » ; et parfois même désavoués par un référendum éclair sur Facebook ou un message assassin sur Twitter.
Nés avec l'iPhone, les contestataires – pas forcément syndicaux – ont parfois un sens inné de la communication : il n'est donc pas rare que la mise en scène frappe au cœur l'internaute, puis le grand public grâce à la reprise par les grands médias d'une séquence, photo-choc sur Facebook ou Insta, belles réparties sur Twitter voire vidéo-choc sur YouTube. Dans notre société de l'émotion, la vidéo d'un blême enfant pakistanais vacillant sous les vapeurs de colle avec le commentaire adéquat enfonce en une seconde tous les discours économiques.

QUEL DROIT APPLICABLE AUX SITES SYNDICAUX EXTÉRIEURS ?

Sans même parler de droit international privé si le site est hébergé en dehors de l'Union européenne, le travailliste ne quittant jamais son Code du travail, tout comme le DRS habitué à négocier en interne, sont ici désorientés : pas un mot sur Internet dans le Gros Livre Rouge. « Immense vide juridique » alors que le premier medium véritablement mondial qu'est la Toile s'est imposé dans l'immense majorité des entreprises ? Pas du tout, mais au contraire complexe trop-plein, car il faut appliquer la loi pour la confiance dans l'économie numérique du 21 juin 2004, le RGPD du fait de l'existence de données personnelles, et bien d'autres encore (les deux lois Hadopi de 2009, droit des marques...), sans parler d'autres textes supranationaux.

Principe : liberté d'expression, et de communication

– Article 1 de la LCEN de 2004 : *« La communication au public par voie électronique est libre. L'exercice de cette liberté ne peut être limité que dans la mesure requise par le respect de la liberté et de la propriété d'autrui. »*

– Dans sa décision Hadopi 1 du 10 juin 2009, le Conseil constitutionnel a constitutionnalisé l'accès au Web 2 en protégeant la dimension active de cette liberté d'expression et de communication, *« d'autant plus précieuse que son exercice est une condition de la démocratie et l'une des garanties du respect des autres droits et libertés » : « En l'état actuel des moyens de communication et eu égard au développement généralisé des services de communication au public en ligne ainsi qu'à l'importance prise par ces services pour la participation à la vie démocratique et l'expression des idées et des opinions, ce droit implique la liberté d'accéder à ces services. »*

– Côté Chambre sociale, rien de nouveau depuis 1999 : « *Si, à bon droit, la cour d'appel a jugé que l'acte reproché au salarié ne pouvait se rattacher au droit d'expression des salariés sur le contenu, les conditions d'exercice et l'organisation de leur travail qui s'exerce seulement dans le cadre de réunions collectives organisées sur les lieux et pendant le temps de travail, elle a méconnu que, sauf abus, le salarié jouit, dans l'entreprise et en dehors de celle-ci, de sa liberté d'expression : il ne peut être apporté à celle-ci que des restrictions justifiées par la nature de la tâche à accomplir et proportionnées au but recherché* » (CS, 14 déc. 1999).

Mais libertés de communication et d'expression ne sont évidemment pas sans limite.

– **Côté juge pénal, rien de spécial.** Ne confondant pas esprit ouvert avec esprit béant, la chambre criminelle de la Cour de cassation refuse légitimement de relaxer les (souvent médiatiques et voulant le rester) délinquants « ne s'interdisant rien » (!) au nom de leurs convictions. Elle a ainsi rappelé le 6 février 2002 à José Bové que, de façon générale, « *la lutte syndicale ne peut s'exercer que dans le respect de la loi pénale* ». Idem avec son arrêt du 10 mai 2005, à la suite de la mise en ligne par SUD-PTT d'un tract impliquant un directeur de La Poste qualifié de « givré » et de « dingue doublé d'un sadique » : « *Si le langage syndical justifie la tolérance de certains excès à la mesure des tensions nées de conflits sociaux ou de la violence qui parfois sous-tend les relations du travail, ces termes excèdent la mesure admissible dans un tel cadre* » (injure). Simple rappel d'un État de droit, même si la chambre criminelle a indiqué le 10 septembre 2013 qu'une personne morale, et en l'espèce un syndicat, ne pouvait être pénalement poursuivi pour des infractions de presse.

– **Réunie en Grande chambre,** la CEDH elle-même a accepté le 12 septembre 2011 des sanctions disciplinaires à l'égard de syndicalistes espagnols car « *l'article 10 de la Convention ne garantit pas une liberté d'expression illimitée ; la protection de la réputation ou des droits d'autrui constituent un but légitime permettant de restreindre cette liberté d'expression* ». Mais dans notre monde de la réputation, où le rapport de force passe souvent de l'interne à l'externe, une victoire judiciaire peut se transformer en défaite médiatique.

904 **Comme l'a enfin indiqué la Première chambre civile le 8 avril 2008 dans un contentieux Greenpeace France/Société Areva,** cassant au visa des articles 1382 du Code civil et 10 de la Convention européenne des Droits de l'Homme l'arrêt de la cour d'appel de Paris ayant condamné cette association à payer un euro à titre de dommages et intérêts : « *Cette association, agissant conformément à son objet, dans un but d'intérêt général et de santé publique, par des moyens proportionnés à cette fin, n'avait pas abusé de son droit de libre expression.* » L'objet légal des syndicats étant « *la défense des droits et intérêts matériels et moraux, tant collectifs qu'individuels, des personnes mentionnées dans leur statut* » (art. L. 2131-1), leur liberté est donc immense s'ils agissent « *par des moyens proportionnés à cette fin* ».

905 **Mais se sont également multipliés à l'infini** les Pages Facebook ou *blogs* de simples militants (*cf.* le site revendicatif « Blogofnac »), cette interactivité sociale proche de la base mettant souvent en difficulté et parfois en colère les syndicats officiels, avec en fond d'écran des luttes intra ou intersyndicales passant par divers pseudos (V. le site « Jeredoutelaredoute »). Sans parler de blogs et autres comptes Twitter, discrets cache-nez de syndicats ne voulant pas apparaître comme tels pour attirer le chaland, mais à la riposte rapide et bien argumentée pour répondre à des propositions gouvernementales ou patronales (V. les conflits SNCF).

Dans notre monde très chahuté, cette libération de la parole où tout un chacun peut se prendre pour PPDA ou Gorge Profonde, associée à un (faux) sentiment d'impunité grâce à l'utilisation de pseudos ou l'anonymat, peut avoir des effets dévastateurs pour autrui, personnes physiques ou personnes morales. Si l'information est vraiment croustillante (un SMS très privé) ou sensible (rumeur d'OPE), elle échappe dans l'heure à son auteur en étant reprise sur des centaines d'autres sites et blogs : effet boule de neige puissance 1 000, auquel ne peut guère prétendre le bon vieux tract papier plus facile à prendre qu'à lâcher.

Certes les animateurs des sites et blogs syndicaux effectuent généralement une modération, excluant également toute attaque personnelle ou visant un autre syndicat, comme le montre excellemment le site « www.miroirsocial.com » créé par le journaliste Rodolphe Helderlé. Ils ont compris que, dans la guerre économique qui est la nôtre, mettre en ligne des informations vraiment confidentielles était ouvrir la porte à un PSE : « *Je ne diffuse jamais des informations relatives à des dysfonctionnements commerciaux. Je sais parfaitement que nos parts de marché représentent des emplois* », explique le délégué syndical CFTC d'HP. Quant au forum syndical CFDT d'Oracle, « *une charte interdit toute citation de chiffre, de nom de collaborateurs et a fortiori de membres de la direction. Les messages qui y contreviennent sont soit modifiés soit supprimés* ».

EN CAS DE DÉRAPAGE, QUE FAIRE CÔTÉ ENTREPRISE ?

Un site externe (Fédération syndicale, syndicat non représentatif, ONG...) dérape : que faire ?

L'employeur ès-qualité ne peut intervenir, à moins que l'un de ses salariés ou délégués ayant expressément reconnu sa faute ait créé et/ou anime un site dénigrant sa propre société, révèle des secrets de fabrique ou lui fait ouvertement concurrence sur son propre créneau. Ou encore que sur son blog très personnel ou Facebook, il se laisse aller à des confidences techniques ou sentimentales perturbant gravement le fonctionnement de l'entreprise. Car le fait que l'expéditeur soit un syndicat auquel appartient le délégué, et le caractère singulier de la coïncidence entre par exemple le refus patronal de diffuser un courriel en interne et l'envoi en externe ne permettent pas d'infliger une sanction disciplinaire à ces délégués non expressément identifiés (sauf aveu) comme étant les expéditeurs. Or en cas de doute... Bref, une sanction disciplinaire semble exclue.

***A fortiori* depuis le mur qu'a voulu ériger la chambre mixte avec l'arrêt du 18 mai 2007** : la mise en ligne intervenant a priori dans la vie privée du citoyen, elle ne peut servir de base pour sanctionner un salarié (CS, 6 mai 2015 : « *Le fait pour un salarié de s'interroger, dans le cadre d'une situation de conflit et par la voie d'un site internet revêtant un caractère quasiment confidentiel sur le licenciement de l'un de ses collègues, sans que les propos incriminés soient injurieux ou vexatoires, n'excède pas les limites de la liberté d'expression* »). À moins que l'information ait été par exemple soustraite frauduleusement à l'entreprise qui pourrait alors sanctionner le voleur... s'il est identifié à coup sûr. Reste le « trouble objectif caractérisé » permettant un licenciement pour *cause* réelle et sérieuse, qui se verra opposer la liberté d'expression du salarié « dans et hors de l'entreprise ». Ce n'est donc plus l'employeur, mais le chef d'entreprise qui peut agir contre la personne physique ou morale s'étant déclarée responsable du site.

Site Internet syndical : le cadre fixé par l'arrêt Secodip du 5 mars 2008

La Fédération CGT des sociétés d'études avait ouvert début novembre 2004 un site Internet dédié à l'une de ses sections avec neuf rubriques. Jugeant que plusieurs d'entre elles portaient atteinte à la nécessaire confidentialité (évolution des salaires, chiffre d'affaires des panels et profitabilité des créations publicitaires, salaires de chaque catégorie de personnel, primes, évolutions des salaires de 1996 à 2003), la société TNS Secodip avait assigné le 23 novembre la Fédération en référé afin d'en obtenir la suppression.

L'arrêt rendu par la Chambre sociale le 5 mars 2008 était très attendu, car le premier à prendre position sur l'étendue exacte de la liberté d'expression et de communication des sites Internet syndicaux, en se prononçant sur le décoiffant arrêt de la cour d'appel de Paris ayant benoîtement énoncé le 15 juin 2006 : « Comme tout citoyen, un syndicat a toute latitude pour créer un site Internet pour l'exercice de son droit d'expression direct et collec*tif. Aucune restriction n'est apportée à l'exercice de ce droit et aucune obligation légale de discrétion ou confidentialité ne pèse sur ses membres.* » Droit d'expression direct et collectif de l'article L. 2281-1 tout à fait étranger au débat, exclusion de quelque restriction que ce soit *s'agissant de l'exercice d'un droit* (« *Il est interdit d'interdire* » ?) : la cassation était inévitable.

L'arrêt a le mérite de bien résumer le volumineux droit existant, aujourd'hui bien loin du vide juridique dont on nous rebat les oreilles. Si effectivement tout syndicat peut créer – comme n'importe qui – un site Internet et utiliser largement sa liberté d'expression consacrée par l'article 10 de la CESDH et la Charte des droits fondamentaux de l'Union européenne, c'est dans le respect de deux lois françaises : loi sur la presse de 1881, et celle pour la confiance dans l'économie numérique de 2004. Exit donc le Code du travail.

L'arrêt du 5 mars 2008 est dans cette même logique, même si, en l'espèce, il s'agit moins de « presse » que de communication électronique. Il reprend la problématique, sinon la phraséologie de la CEDH : « *Si un syndicat a le droit de communiquer librement des informations au public sur un site Internet, cette liberté peut être limitée dans la mesure de ce qui est nécessaire pour éviter que la divulgation d'informations confidentielles porte atteinte aux droits des tiers. En omettant de rechercher si les informations litigieuses avaient un caractère confidentiel, et si ce caractère était de nature à justifier l'interdiction de leur divulgation au regard des intérêts légitimes de l'entreprise, la cour d'appel n'a pas donné de base légale à sa décision.* »

Bref un site syndical sur Internet est traité comme n'importe quel site, personnel ou institutionnel : si la liberté d'expression reste évidemment la règle, il ne doit pas porter atteinte aux droits des tiers : entreprise, encadrement, autres syndicats à l'occasion par exemple d'élections au couteau. Rien de nouveau puisque depuis l'article 11 de la Déclaration de 1789, c'est même le droit commun de la liberté d'expression : « *La libre communication des pensées et des opinions est un des droits les plus précieux de l'homme : tout citoyen peut donc parler, écrire, imprimer librement, sauf à répondre de l'abus de cette liberté dans les cas déterminés par la loi.* » Ainsi la chambre criminelle a-t-elle condamné le 7 décembre 2010 un délégué syndical CGT à 2 500 euros d'amende pour injures publiques : il avait, sur le site Internet du syndicat CGT de l'usine Goodyear d'Amiens, gravement injurié le directeur, qui l'avait fait citer directement en correctionnelle.

Condamnation d'un délégué syndical pour injure publique sur Facebook (T. corr. Paris, 17e ch., 17 janv. 2012)

À la suite du suicide d'une collègue proche, un délégué syndical par ailleurs membre du CHSCT d'un centre d'appel publie sur le mur Facebook de son syndicat : « *Journée de merde, temps de merde, boulot de merde, boîte de merde, chefs de merde (...). J'aime pas les petits chefaillons qui jouent aux grands* ». L'employeur et sa supérieure hiérarchique le citent alors directement en correctionnelle pour injure publique. Le délégué, qui avait déjà fait l'objet d'une mise à pied disciplinaire de cinq jours, a été le 17 janvier 2012 condamné à 500 euros d'amende avec sursis, et à verser à chacune des parties civiles un euro de dommages-intérêts pour préjudice moral, mais aussi à l'affichage du jugement sur le panneau syndical : « *Les expressions incriminées excèdent les limites de la critique admissible, y compris lorsqu'elle s'exerce dans un cadre syndical, par l'utilisation de mots ou de termes insultants ou injurieux, voire vexatoires, démontrant en eux-mêmes l'intention de nuire et portant clairement atteinte à la dignité des personnes.* »

UNE PROCÉDURE DÉPASSÉE, POUVANT ÊTRE CONTRE-PRODUCTIVE

L'arrêt du 5 mars 2008 a été rendu quarante-deux mois après les faits : le temps d'Internet, celui de l'éclair, n'est manifestement pas celui du juge, même des référés. Outre un droit de réponse ici un peu décalé, la loi du 21 juin 2004 a donc prévu une **procédure spécifique évitant le juge** : mise en demeure officielle de l'hébergeur, avec demande de retrait du texte contesté. Si l'hébergeur ne fait rien, il pourra alors voir sa responsabilité civile mise en jeu s'il y avait effectivement injure, diffamation, atteinte à la vie privée ou divulgation d'informations confidentielles. Or ce fournisseur sait que le revenu minime généré par l'hébergement d'un blog ou d'un site syndical est sans commune mesure avec le risque financier et judiciaire que présente une entreprise appuyée par un service juridique rompu à ce type de contentieux. Reste, côté syndicats, le recours à des fournisseurs

d'hébergement ne se laissant pas facilement impressionner comme le R@S (Réseau associatif et syndical).
Travailleurs de tous les pays, connectez-vous !

SECTION II Le délégué syndical (DS)

906 Homme-orchestre. Depuis sa naissance le 27 décembre 1968, le délégué syndical joue un rôle central à tous points de vue dans l'entreprise. Interlocuteur obligé de l'employeur en matière de négociation collective, il représente le syndicat aux yeux de ses camarades, et constitue les listes de candidats au premier tour des élections pour le CSE : leur rang est loin d'être négligeable, côté protection future contre le licenciement. Élections auxquelles il doit désormais obligatoirement se présenter, et obtenir sur son nom au moins 10 % des suffrages exprimés pour être redésigné délégué syndical. Dans les grandes entreprises, c'est donc un homme-orchestre omniprésent.

Mais dans les PME, le terme de « désert syndical » reste vrai : 53 % des entreprises ou établissements de 50 à 99 salariés, 29 % de 100 à 200, 15 % de 200 à 299 et 5 % d'au moins 300 salariés déclarent n'avoir aucun délégué syndical : d'où la multiplication des solutions de secours pour négocier (élus, mandatés...).

Évolution de la couverture au niveau entreprise par des délégués syndicaux (DS) ou au moins une instance élue

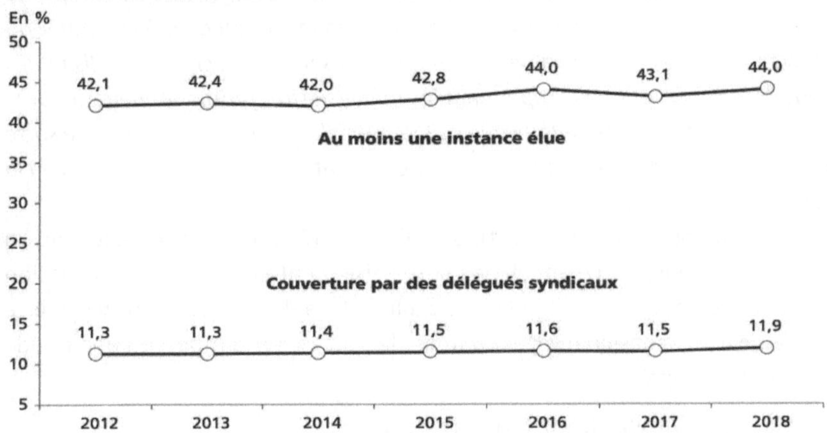

Seront successivement examinées la désignation du délégué syndical (*§ 1*), la présentation des divers mandats, de la PME de moins de 50 salariés à celle dépassant les 2 000 (*§ 2*), et enfin les missions que le Code lui confie (*§ 3*).

§1 Désignation du délégué syndical (DS)

Quelles sont les conditions communes aux 40 000 délégués syndicaux d'aujourd'hui ?

907 **Âgé d'au moins 18 ans et travaillant dans l'établissement ou l'entreprise** depuis au moins un an (art. L. 2143-1 : il faut qu'il connaisse les problèmes de l'intérieur), sans être de par son rang hiérarchique assimilé à l'employeur (ex : pas une DRH), le délégué syndical est désigné par LRAR, un double étant envoyé à l'inspecteur du travail, et les nom et prénom du délégué affichés sur le panneau syndical. Mais ces formalités n'ont été édictées qu'à titre probatoire : il suffit que soit rapportée la preuve que l'employeur a eu connaissance de façon certaine de la désignation (ex. : un courriel non contesté).

908 **Périmètre de la désignation.** Un *établissement* distinct d'une entreprise peut aussi constituer le cadre pertinent de la désignation d'un DS, si l'effectif est supérieur à 50 salariés, « *regroupés sous la direction d'un représentant de l'employeur, et constituant une communauté de travail ayant des intérêts propres, susceptibles de générer des revendications communes* et spécifiques ». Rappelée par la Cour de cassation le 31 mars 2021, cette définition fonctionnelle du cadre de la désignation du DS n'est pas la même que celle du Comité social et économique. En l'espèce, les sept magasins Fnac de la région parisienne ne constituaient pas des établissements distincts (donc pas 7 délégués syndicaux CGT, mais un seul) : « *Tous les salariés étaient soumis aux même statut collectif, au même règlement intérieur et chartes de conduite des affaires, de bon usage des systèmes d'information, enfin aux mêmes conditions de travail que ce soient en terme de métier, d'outil d'évaluation professionnelle, ou d'aménagement du temps de travail; l'activité était par ailleurs commune, les magasins commercialisant les mêmes produits aux mêmes tarifs, appliquant les mêmes offres promotionnelles et pratiquant les mêmes ventes privées quelle que soit leur localisation géographique, de sorte qu'aucune différence n'existe sur les conditions d'exploitation, le statut des salariés ou la nature des produits vendus* ».

L'employeur ou toute personne justifiant d'un intérêt à l'action, qu'elle soit ou non membre d'un syndicat présent dans l'entreprise, peut contester la désignation du délégué en saisissant le tribunal judiciaire du lieu de la désignation dans les quinze jours. Passé ce délai, « la désignation est purgée de tout vice », à moins qu'une fraude ne soit découverte qu'après.

A. - Légitime double légitimité de principe...

Depuis la loi du 29 mars 2018 voulant éviter une condamnation de la France par l'OIT suite à un recours de FO estimant que l'exigence d'un minimum de légitimité électorale (les 10 % des suffrages exprimés) portait atteinte à la liberté d'organisation des syndicats (recours montrant, hélas, l'état du syndicalisme français), le principe démocratique, clair, unique et simple de 2008, a disparu. Avec des alternatives calamiteuses en termes de crédibilité syndicale.

909 **Principe.** Chaque syndicat, nécessairement *représentatif* dans l'entreprise (ou l'établissement) d'au moins cinquante salariés (qui a donc constitué une section syndicale et obtenu plus de 10 % des suffrages exprimés), peut désigner *parmi les candidats aux élections professionnelles qui ont recueilli à titre personnel et dans leur collège au moins 10 % des suffrages* exprimés au premier tour des dernières élections au CSE, quel que soit le nombre de votants, un ou plusieurs délégués syndicaux pour la représenter auprès de l'employeur.

Si un accord collectif peut prévoir un délégué syndical *suppléant*, la chambre sociale a estimé le 25 mars 2020 qu'il devait alors répondre aux mêmes conditions d'ordre public (ses 2 × 10 %), que le délégué syndical titulaire.

B. - ...mais d'abracadabrantesques exceptions

910 **Car si...**

- aucun des candidats présentés par le syndicat aux élections professionnelles n'a obtenu les 10 % ;
- ou s'il ne reste plus aucun candidat aux élections professionnelles qui remplit les conditions mentionnées au même premier alinéa ;
- ou si l'ensemble des élus qui remplissent les conditions renoncent par écrit à leur droit d'être désigné délégué syndical (CS, 9 juin 2021 : 21 personnes !) ;

...le syndicat peut alors désigner un délégué syndical parmi les autres candidats...

- ou, à défaut, parmi ses adhérents au sein de l'entreprise ou de l'établissement ;
- ou parmi ses anciens élus ayant atteint la limite de durée d'exercice du mandat au CSE (3 mandats maximum).

Les salariés-électeurs apprécient beaucoup cette méthode, si transparente, s'agissant de la désignation du leader du syndicat en cause.

911 **Le grand changement de 2008 reste donc la double légitimité** – en principe – exigée d'un délégué syndical.

1. **Toujours désigné.** Comme auparavant, il est *désigné* par un syndicat nécessairement *représentatif* ayant constitué une section syndicale d'entreprise ou d'établissement avec au moins deux adhérents (dont lui). Erreur à ne pas commettre : dire que « *le délégué syndical est démocratiquement élu par ses camarades de la section syndicale* ». Car comme nous l'avons vu *supra*, depuis 1968 et la grande peur de l'extrême gauche, le délégué est à l'instar de la section dans la main du syndicat, qui peut le révoquer à tout moment.

2. **Mais aussi, en principe, au moins candidat aux élections et ayant obtenu au moins 10 %.** Depuis 2008, il doit également avoir recueilli *sur son nom*, donc à titre personnel et dans son propre collège, au moins 10 % des suffrages exprimés au premier tour des dernières élections au comité d'entreprise, quel que soit le nombre de votants. Bref le syndicat n'a plus un choix discrétionnaire comme auparavant : le délégué syndical doit avoir reçu une onction minimale du suffrage universel. Ne pouvant plus se contenter de mettre en avant la présomption irréfragable de représentativité du syndicat qui l'a désigné il *doit*, sauf exceptions de 2018, avoir affronté l'épreuve de sélection en étant

candidat à chaque élection professionnelle, dans le périmètre où il veut être ensuite désigné. Certes pas forcément élu : mais quel futur prétendant délégué syndical va se présenter s'il sait qu'il ne dépassera pas les 3 % ?

On imagine que le syndicat a intérêt à présenter des personnalités populaires, au détriment de militants plus obscurs mais maîtrisant mieux les dossiers : bien vieux débat que démocratie/démagogie. Si l'ex-futur délégué syndical n'a pas atteint ce score, le couperet tombe automatiquement, sans aucune intervention judiciaire ou administrative, comme l'indique l'article L. 2143-11 : « *Le mandat de délégué syndical prend fin au plus tard lors du premier tour des élections de l'institution représentative du personnel renouvelant l'institution dont l'élection avait permis de reconnaître la représentativité de l'organisation syndicale l'ayant désigné.* »

912 **Ce mandat à durée déterminée** s'oppose à l'immense stabilité – inertie ? – de la situation antérieure, où par exemple les Cinq Grands pouvaient nommer, une bonne fois pour toutes et jusqu'à sa retraite, un délégué syndical qui à la limite pouvait être tout seul, et n'avait besoin d'aucune légitimité électorale alors qu'il signait pour 100 % du personnel. Tous les quatre ans désormais, tous les délégués syndicaux voient – comme tous les autres – leur mandat automatiquement remis en cause. Ce qui signifie, côté entreprise, que des négociateurs devront quitter la table des négociations et que d'autres exigeront d'y siéger : des relations sociales à durée déterminée, sur un rythme quadriennal.

SUR L'ENSEMBLE DE LA QUESTION

- G. Bélier et H.-J. Legrand, *La négociation collective en entreprise : acteurs et accords*, 6e éd., Éditions Liaisons, févr. 2018
- P. Lokiec, G. Loiseau, L. Pécaut-Rivolier, P.Y. Verkindt, *Droit de la représentation du personnel 2019-2020*, Dalloz Action, 2019

§2 Les divers mandats de délégué syndical

Outre le délégué syndical « classique » (entreprise de plus de 50 salariés), la loi a voulu renforcer la présence syndicale à tous les niveaux.

913 **Article L. 2143-6 : syndiquer les PME entre 11 et 50 salariés ?** Les syndicats représentatifs peuvent désigner, pour la durée de son mandat, un membre de la délégation du personnel au mini-CSE comme délégué syndical. Sauf disposition conventionnelle, ce mandat n'ouvre pas droit à un crédit d'heures. Mais le temps dont dispose le membre du CSE pour l'exercice de son mandat peut être utilisé dans les mêmes conditions pour l'exercice de ses fonctions de délégué syndical.

En pratique, cette disposition ne connaît que fort peu d'application, la syndicalisation y étant très faible, tout comme le nombre de CSE constitués

914 **Nombre croissant de délégués syndicaux.** Contrairement à l'unique RSS, lorsque la taille de la société croît, le nombre de délégués par syndicat augmente en proportion :

50 à 999 salariés	1 DS
1 000 à 1 999 salariés	2 DS
2 000 à 3 999 salariés	3 DS
4 000 à 9 999 salariés	4 DS
Au-delà de 10 000	5 DS

Dans les unités très importantes, il est donc courant de totaliser, pour 4 000 salariés, 4 délégués × 6 syndicats représentatifs = 24 DS, en dehors des délégués cadres ou centraux. Dans les entreprises à établissements multiples de plus de 50 salariés, ce chiffre peut être parfois supérieur, à effectif global constant.

Mais sauf accord collectif plus favorable, « *une confédération syndicale et les organisations syndicales qui lui sont affiliées ne peuvent désigner ensemble un nombre de délégués syndicaux supérieur à celui prévu par la loi* », peu important l'existence de catégories particulières de personnel dans l'entreprise (ex : CGT + UGICT-CGT).

915 **Délégué syndical central (DSC, art. L. 2343-5).** Dans les entreprises d'au moins 2 000 salariés, comportant au moins deux établissements d'au moins cinquante chacun, chaque syndicat représentatif peut désigner un délégué syndical central d'entreprise, distinct des délégués syndicaux d'établissement.

Ce DS Central est désigné par un syndicat qui a recueilli au moins 10 % des suffrages exprimés au premier tour des dernières élections des titulaires au CSE, quel que soit le nombre de votants, en additionnant les suffrages de l'ensemble des établissements compris dans ces entreprises.

§3 La mission du délégué syndical

La loi est particulièrement laconique : « *Il représente le syndicat auprès de l'employeur* » (art. L. 2143-3).

La réalité est très différente.

916 **Négociateur.** Le délégué syndical est l'interlocuteur obligé de l'employeur à l'occasion des négociations, et particulièrement de la négociation obligatoire qui ne peut intervenir qu'avec lui. Ce monopole n'a jamais été remis en cause : la possibilité de signer avec les élus au CSE ou subsidiairement le salarié mandaté (V. *infra*) reste toujours exclue si un délégué syndical a été désigné ; sur les 61 340 accords d'entreprise signés en 2020, 47 550 l'ont été par des délégués syndicaux.

917 **Leader syndical.** Représentant le syndicat et négociateur obligé des accords d'entreprise, le délégué syndical ne reste pas inactif à l'occasion des conflits collectifs, même si la loi ne lui donne à ce sujet aucun rôle particulier : services publics mis à part, la grève n'est pas en France un droit syndical mais individuel, même si pour de très concrètes raisons d'organisation, dans la pratique l'essentiel d'entre elles est d'origine syndicale.

918 **Animateur de la section.** En tant que membre éminent sinon charismatique de la section, même s'il n'en est pas responsable au sens juridique, le délégué s'y montre extrêmement actif : affiches, tracts, courriels, réunions internes et externes, liens avec l'UD… Car par rapport aux autres membres, il dispose d'un crédit d'heures lui permettant de quitter son travail pour prendre contact avec des salariés au travail… y compris chez eux s'ils l'acceptent. Mais également pour sortir de l'entreprise et aller voir son Union locale ou l'inspecteur du travail : la Cour de cassation lui donne une liberté d'action presque totale, et donc très supérieure à celle des élus du CSE, dont le mandat est plus étroit.

*

* *

919 *A fortiori* depuis les textes de 2017-2020 et le règne du « Tout négociation d'entreprise », les entreprises ont besoin de trouver en face d'elles des interlocuteurs formés et informés, malgré le papy-boom qui frappe rudement aujourd'hui les sections syndicales, sans relève visible. Plus généralement, l'iconographie du sacerdoce syndical vivotant au rythme des rentrées aléatoires de cotisations est remise en cause : pourquoi cotiser si l'employeur assure lui-même le fonctionnement matériel de la section ? Chez Orange, l'ensemble des syndicats et leurs 900 permanents se partageaient chaque année une somme de 3,7 millions d'euros, et deux millions d'heures de délégation.

920 **Si les crises du syndicalisme (culturelle, idéologique et démographique)** appellent des solutions novatrices, et c'est en France certainement le cas, il n'est pas certain que cette générosité renforce les liens des syndicalistes avec les salariés qu'ils sont censés représenter : chez Axa, la moitié seulement des chèques syndicaux distribués par la direction sont remis aux syndicats, et la collecte des cotisations n'a plus lieu d'intervenir alors qu'elle constituait dans la pratique un moyen aisé de rester en contact avec le personnel. Ces accords d'états-majors facilitent incontestablement les discussions au sommet. Pour l'encadrement devant faire face aux absences de ces délégués comme pour les salariés ne pouvant quitter leur travail, il n'est pas certain qu'il en soit de même. D'où le nécessaire retour vers le terrain et les électeurs… y compris les plus jeunes, avec les moyens adéquats.

QUEL ESPACE NUMÉRIQUE POUR LES SYNDICATS ?
PIERRE BOULLIER, 25 ANS, CO-FONDATEUR DE HUMAN MOTION
(EXTRAIT DE DR. SOC. MARS 2019)

« Les syndicats plaçant les réseaux sociaux au cœur de leur arsenal conversationnel sont de plus en plus nombreux et écoutés. Il est en effet de moins en moins rare de voir émerger des prises de paroles de la part de petits syndicats sur les réseaux sociaux. 2017 a vu par exemple l'apparition de nouveaux syndicats sur Twitter. Par exemple, le Syndicat National du Jeu Vidéo (SNJV) et le Syndicat des Travailleurs et Travailleuses du Jeu Vidéo (STJV) s'emparent du sujet de la défense des entreprises et des professionnels de leur industrie à travers de nombreux hashtags. Le SNJV relaie son baromètre annuel à travers le hashtag #BaromètreJV afin de notamment

dénoncer la trop faible part de femmes travaillant au sein des studios de développement. Le STJV quant à lui soutient une grève des employés d'un studio parisien à travers une levée de fonds grâce à une cagnotte en ligne (...).

Une autre caractéristique de ces approches puissantes d'un nouveau genre est particulièrement disruptive pour le monde syndical : elles n'engagent pas nécessairement l'identité de ceux qui y participent. Plus encore : leurs auteurs n'affichent pas forcément d'appartenance syndicale. Ces deux pistes permettent d'expliquer les scores encourageant des enquêtes « Parlons Travail » et « Parlons Retraites » de la CFDT ayant respectivement recueilli 200 000 et 120 000 réponses. Les plateformes de ces enquêtes n'affichent que très discrètement le logo de la CFDT, et ne requièrent pas d'action visible sur les réseaux sociaux pour y participer. Engager la participation d'un public large, sans qu'il ait besoin de révéler son identité auprès de son réseau est certainement l'une des raisons du succès de ces deux initiatives syndicales (...).

Les syndicats font aujourd'hui face à un défi de taille : renouer avec une génération forte de convictions et d'engagements, mais qui désintermédie le monde dans lequel elle vit. Elle a désintermédié l'industrie musicale, l'industrie des transports, l'industrie agroalimentaire ; bref elle désintermédie tout, tout le temps. Et c'est aujourd'hui de la désintermédiation de sa représentation dans le dialogue social dont il est question. L'avenir du syndicalisme se jouera donc face à ce défi, dans de nouveaux codes et de nouveaux espaces numériques. »

921 **Vers un syndicalisme de services.** C'est un euphémisme : le droit du travail français n'encourage guère à se syndiquer le salarié, à la fois rationnel (l'*homo economicus* faisant le rapport investissement = cotisation/retour sur investissement = quoi au juste ? Aux États-Unis, le salaire hebdomadaire moyen dans les entreprises syndiquées est de 886 $, contre 691 $ pour les non syndiquées), mais aussi prudent et avisé : l'*homo juridicus* se comportant en bon père de famille ne voulant guère mettre en danger son emploi.

L'adhésion, source d'avantages conventionnels ? Faut-il alors, à l'instar de certains pays étrangers, en revenir à l'effet relatif des contrats et réserver les avantages des conventions collectives aux syndiqués, qui plus est appartenant aux syndicats signataires ? Si les 3 % d'augmentation leur sont réservés, nul doute que les adhésions et les finances syndicales iraient mieux. Mais cette solution juridiquement fragile est contraire à la culture sociale française (le syndicat « fer de lance » se bat pour tous), et poserait de très délicates questions aux DRH devant augmenter M. X. adhérent de la CFDT signataire, mais pas Mme Y., adhérente de la CGT non signataire, et jamais Mlle Z., non syndiquée : une bien singulière et quasi ingérable individualisation. Outre le nomadisme de salariés opportunistes adhérant la veille de la signature au bon syndicat (parfois choisi par l'employeur), mais aussi la passivité de ces simples consommateurs de manne syndicale, une telle loi risquerait une censure constitutionnelle. *A fortiori* l'adhésion obligatoire parfois évoquée.

Tout à fait différente et nettement plus réaliste est donc la proposition d'un syndicalisme de services hors l'entreprise, à l'instar des pays du Nord aux taux de syndiqués quasi soviétiques (entre 65 et 85 %), pour des raisons très raisonnables car alimentaires et assurantielles (assurance chômage, soutien juridique, caution bancaire, aide à la recherche d'emploi...). C'est le cas, en France, du côté patronal, où l'adhésion entraîne l'accès à des services variés (formation, consultations juridiques...).

922 **La loi du 20 août 2008 a voulu contribuer à cette évolution,** les électeurs d'aujourd'hui, et en particulier les jeunes, étant moins sensibles au « Grand Soir » qu'aux facilités assumées au quotidien ; même si le militant classique se voit comme un combattant, et refuse radicalement ce qui ressemble à du marketing voire du clientélisme. Mais quand le noyau dur des militants perd de vue la réalité du travail de leurs camarades....

Si en France, il n'est guère question de vouloir concurrencer le CSE (spectacles à prix réduit, voyages, colonies...) ou Pôle emploi (ex-ANPE et Assedic), serait une première piste la délivrance de conseils économiques (en liaison avec les associations de consommateurs proches du syndicat : UNSA/ADEIC) ou juridiques (par des conseillers prud'homaux ou autres permanents spécialisés), y compris pour assister le salarié syndiqué lors des entretiens préparant sa résiliation conventionnelle homologuée devant les prud'hommes, ou tout simplement pour remplir son dossier de CPA ou de VAE.

Avec pourquoi pas, vu l'étendue des compétences requises, une mutualisation intersyndicale. On peut rêver.

POUR ALLER PLUS LOIN

- Les très dynamiques et interactifs sites : pour une vision européenne, http://www.metiseurope.eu/ ; miroirsocial.com ; ou encore clesdusocial.com
- Et sur les aspects communautaires, européens et internationaux, www.planet-labor.com

QUESTIONNAIRE D'AUTO-ÉVALUATION SUR LE DROIT SYNDICAL

1. Un délégué syndical peut être désigné par toute section syndicale constituée dans une entreprise de 50 salariés et plus	**VRAI – FAUX**
2. L'une des cinq grandes confédérations peut procéder à cette désignation sans avoir à faire la preuve de sa représentativité	**VRAI – FAUX**
3. Si la loi prévoit une LRAR, la désignation d'un DS est néanmoins valide si l'employeur reconnaît en avoir eu connaissance par d'autres voies	**VRAI-FAUX**
4. Le représentant de la section syndicale ou le délégué syndical ont le monopole de la négociation collective dans l'entreprise considérée	**VRAI – FAUX**
5. Le RSS ou DS sont disciplinairement et civilement responsables d'un éventuel affichage diffamatoire	**VRAI – FAUX**

6. Avec le développement du télétravail, un syndicat peut exiger d'avoir accès à la messagerie électronique	**VRAI – FAUX**
7. Un militant syndical peut à tout moment envoyer de son poste de travail un courriel à tous les salariés	**VRAI – FAUX**
8. Un syndicat peut créer un site Internet, régi par les règles habituelles du Code du travail concernant les distributions de tracts et affiches	**VRAI – FAUX**
9. Dans toute entreprise de plus de 200 salariés, l'employeur doit mettre à disposition de chaque section un local aménagé avec téléphone, répondeur, PC bien équipé et accès Internet	**VRAI – FAUX**
10. La section peut inviter une personnalité extérieure à l'entreprise sans l'accord de l'employeur	**VRAI – FAUX**

RÉPONSES

1. FAUX le DS n'est jamais désigné par la section, mais par un syndicat, et représentatif.

2. FAUX depuis 2008 ; mais c'était toute la puissance de la défunte présomption irréfragable de représentativité conférée au Club des Cinq.

3. VRAI la LRAR est imposée *ad probationem* : un courriel effectivement reçu par l'employeur vaut par exemple désignation. Mais il va de soi que la bonne vieille LRAR est toujours préférable.

4. FAUX car le RSS n'a en principe aucun pouvoir de négocier. Mais vrai pour le vrai DS s'il existe. Si les textes de 2017-2018 ont permis de négocier avec les membres élus du CSE, c'est toujours à la condition que n'existe aucun DS dans l'entreprise. Si un DS a été désigné, aucun autre négociateur n'est possible, sous peine de délit d'entrave au droit syndical. Et le texte signé n'aura aucun des puissants effets d'un « accord collectif ».

5. FAUX contrairement à sa dénomination pour le « RSS », et à une idée très répandue pour le DS, ni l'un ni l'autre ne sont responsables, au sens juridique, des faits et fautes des membres de la section : dans le Code – et c'est délibéré – tracts et affiches relèvent de la section, groupement de fait non assignable en justice. Le DS ne pourra donc être mis en cause que s'il a *personnellement*, en tant que simple membre de la SSE, été l'auteur ou le complice identifié d'un affichage fautif. Même

	remarque pour le représentant de la section syndicale : malgré son titre, il ne représente pas en droit la section. Dans les deux cas, c'est le syndicat personne morale qu'il faudra assigner, devant le TJ et pas le CPH. Plus exigeant à tout point de vue.
6. FAUX	Si le nombre de télétravailleurs et le nombre de jours télétravaillés a considérablement augmenté, c'est toujours la loi d'août 2016 qui reste applicable : si elle a supprimé l'exigence d'un accord collectif préalable pour l'accès à l'*Intranet* syndical, un accord d'entreprise (donnant-donnant) reste nécessaire pour l'accès à la messagerie. Mais sans oublier qu'il existe également des réseaux sociaux externes à l'entreprise, largement repris par la presse...
7. FAUX	pour les mêmes raisons que *supra* : contrairement à la diffusion d'un tract *papier*, n'existe pas de « droit à » la messagerie. Une telle diffusion générale est par ailleurs surprenante : il n'est pas certain que tous les salariés visés soient ravis de voir leur boîte ainsi embouteillée : une liste de diffusion est nécessaire. Il est enfin curieux qu'une telle diffusion générale soit techniquement possible : convoquez le DSI !
8. FAUX	si effectivement un syndicat, même non représentatif, voire n'importe quel salarié, peut comme n'importe quel quidam créer son site, son blog ou son compte Twitter, le droit applicable n'est pas le droit du travail (CS, 5 mars 2008), mais le droit de l'Internet créé en France par la LCEN du 21 juin 2004 (ex. : responsabilité de l'hébergeur s'il n'a pas promptement retiré des pages manifestement illicites après notification précise : Cass. civ., 17 févr. 2011).
9. FAUX	si l'entreprise occupe moins de 1 000 salariés, c'est un local *commun* que l'employeur doit mettre à disposition de toutes les sections. L'équipement informatique évoqué relève de la négociation collective... et des cotisations des adhérents.
10. ÇA DÉPEND :	Vrai, s'il s'agit d'une personnalité *syndicale*, qui sera en principe invitée dans le local syndical. Faux, si c'est une personnalité *autre que syndicale* (culturelle, politique) : il faut alors avoir l'autorisation expresse de l'employeur.

Partie 2

INSTITUTION(S) REPRÉSENTATIVE(S) DU PERSONNEL

924 **Empilement.** Depuis 1869 et la désignation, dans une usine en grève, des premiers « *délégués du personnel* » réclamés par des *employeurs* afin de pouvoir négocier collectivement la fin du conflit sans devoir passer par 694 négociations individuelles donc interminables, les « *institutions représentatives du personnel* » (toujours la même question de la *représentation* de salariés nombreux) s'étaient multipliées au fil des lois : légalisation des « délégués du personnel » (DP) par Léon Blum en juin 1936, création des « comités d'entreprise » (CE) le 22 février 1945 par le Général de Gaulle, enfin du « comité d'hygiène de sécurité les conditions de travail » (CHSCT) devenu autonome en novembre 1982. Sans parler du délégué syndical *désigné* depuis la loi du 27 décembre 1968...

« Effet utile ». Mais avant 2017, nombre d'employeurs, et parfois de délégués, avaient le sentiment de répéter plusieurs fois la même chose, souvent devant les mêmes personnes, du fait du cumul des mandats en raison de la crise des vocations militantes. La loi d'août 2015 avait donc déjà limité ce mille-feuilles en « *simplifiant les règles du dialogue social dans l'entreprise, pour gagner en densité et en richesse du dialogue social ce qu'elles perdront en formalisme* ». Une excellente idée si l'on part du principe que le respect pointilleux des procédures avec moults procès n'est pas dans l'entreprise l'alpha et l'omega de la protection des salariés. Certes une mauvaise nouvelle pour les « petits chefs » juristes, nouveaux Inspecteurs Javert obsédés textuels pensant que « *peu importe l'ivresse* » (un dialogue social créatif), « *pourvu qu'on ait le flacon* » (le strict respect des procédures).

« Coopération conflictuelle ». Or la qualité du dialogue social ne résulte pas du nombre de réunions, du nombre de délégués et d'heures de délégation, et même du nombre d'accords signés (parfois creux, ou mal appliqués), mais du résultat final : les salariés ont-ils le sentiment d'avoir été écoutés ? Entendus ? Compris ? En quittant la passion triste franco-gauloise du « *gagnant/perdant* » (ce que l'autre a gagné, je l'ai forcément perdu), cette co-construction de règles internes légitimes, qui n'ignore évidemment pas les rapports de force, a-t-elle trouvé le bon équilibre entre les intérêts des salariés et ceux de l'entreprise ? Exemple emblématique aujourd'hui : la mise en place du télétravail. Comment trouver un nouvel équilibre entre les marges de manœuvre légitimement demandées par les salariés et l'attractivité mais aussi la compétitivité de l'entreprise ? Que de très nombreux accords d'entreprise soient ici unanimes montre qu'existe une place pour des accords gagnant-gagnant.

925 **Fusion impérative au 1er janvier 2020.** Cette même idée d'effet utile a présidé à la création de l'unique **Comité social et économique** créé par l'ordonnance du 22 septembre 2017 « *relative à la nouvelle organisation du dialogue social et économique dans l'entreprise* ».

Véritable tremblement de terre pour les syndicats et les représentants du personnel en poste : le ciel leur est tombé sur la tête. Car depuis 70 ans, dans les entreprises françaises de plus de 50 salariés, ces trois institutions faisaient partie du paysage social français (en particulier avec les activités sociales et culturelles du comité d'entreprise, auxquelles l'ordonnance n'a *évidemment* pas touché), permettant aussi d'avoir un nombre important de représentants du personnel avec des heures de délégation, donc autant de militants protégés contre le licenciement. En 2016, existaient environ 650 000 mandats : si l'on retient que tous syndicats confondus (privé + public), ils comptaient deux millions *d'adhérents*... un sur trois détenait un mandat.

Mais ces trois institutions ont disparu au plus tard le 1er janvier 2020 : et selon les entreprises, entre 25 % et 45 % des mandats ont suivi, sans parler d'un baptême du feu parfois violent pour ces très jeunes CSE : la pandémie C19 percutant toutes leurs attributions : professionnelles, économiques, et bien sûr santé au travail.

926 **« Think différent ! »**. L'accord collectif fondateur (ACF) puis le protocole d'accord pré-électoral (PAP) des premières élections au nouveau « CSE » pouvaient constituer une occasion de remettre à plat un dialogue social souvent formel, voire centré sur le respect des procédures au détriment du fond, en inventant une représentation du personnel au plus près du terrain, fonction des configurations géographiques ou opérationnelles. Mais aussi permettre à cette instance unique de disposer d'une vision à 360° des projets de l'entreprise : car avant, les projets étaient saucissonnés selon les prérogatives de l'instance en cause DP, CE ou CHSCT : stratégique, organisationnelle, RH, santé, sécurité et conditions de travail : la pandémie C19 a montré l'intérêt d'une instance unique, avec une vision transversale. Mais au risque, avec désormais un unique CSE, de l'addition des sujets et des réunions sans fin, donc avec des choix en forme de sacrifice. Car côté salariés, quand il faut choisir entre l'Arbre de Noël et les investissements à long terme...

Chapitre 1

Le Comité social et économique

927 **Feu notre bon vieux « comité d'entreprise »** était de loin l'institution la plus appréciée des salariés... pour des raisons que le droit du travail voulait de plus en plus ignorer. Institué par l'ordonnance gaullienne du 22 février 1945 pour la reconstruction du pays, afin de se substituer aux « comités de gestion » apparus ici et là et menant la vie dure à certains dirigeants accusés d'avoir collaboré pendant l'Occupation, à l'époque « *le comité d'entreprise coopère avec la direction* » (art. 2). Il détient des attributions sociales, héritées du paternalisme d'entreprise, et économiques (information et consultation : ébauche de participation à la gestion, évoquée par le 8e alinéa du Préambule de 1946 : « *Tout travailleur participe,* par l'intermédiaire de ses délégués, *à la détermination collective des conditions de travail ainsi qu'à la gestion des entreprises* ».

Singulier chassé-croisé entre le droit et le fait. Pourtant entre 1947 et 1980, la Guerre Froide et l'omniprésence de la CGT, compagne de route du PCF, en feront dans les grandes entreprises davantage un instrument de contestation mensuelle de la politique économique de l'entreprise qu'un lieu de coopération, comme souhaité par son acte de naissance. Mais à partir des années 1980, la crise économique et le déclin des idéologies l'ont amené en revanche à plus de concertations, particulièrement à l'occasion des licenciements collectifs pour motif économique : soixante ans après, l'ordonnance de 1945 a fini par avoir raison.

928 **Le Comité social et économique est une institution élue** par l'ensemble des collaborateurs. Et si le seuil est franchi, il appartient à l'employeur de le constituer sous peine du « *délit d'entrave à la constitution du CSE ou à la libre désignation* de ces membres », passible d'une peine d'emprisonnement d'un an et d'une amende de 7500 €. Sans parler des dommages-intérêts que pourront réclamer à l'avenir des salariés s'il ne peut pas produire de procès-verbal de carence (ex : absence totale de candidats) ; car son abstention ou son inertie constitue « *une faute causant* automatiquement *un préjudice aux salariés, privés d'une possibilité de représentation et de défense de leurs intérêts* » (CS, 9 juin 2021).

929 **Paradoxe de la révolution** du 22 septembre 2017 ayant créé cette institution représentative du personnel unique : si la **fusion est d'ordre public**, **tout le reste est**

conventionnel afin que les partenaires sociaux puissent créer (ou adapter en 2021-2022) une instance adaptée à *leur* entreprise : les problèmes d'une usine métallurgique de 1 350 ouvriers ne sont pas exactement les mêmes que ceux d'un centre de recherche de 168 ingénieurs ou du boucher en gros local. Bref, faire du sur-mesure, être « *les architectes de notre dialogue social* » comme l'indique l'accord BHV du 2 juillet 2018, pour créer « *un dialogue social efficient, agile et proche* » (accord Renault du 17 juillet 2018).

En opposition totale à la situation antérieure où la mise en place, mais aussi le fonctionnement des DP comme du comité d'entreprise faisaient l'objet de dizaines d'articles du Code du travail entrant dans les moindres détails par ailleurs d'ordre public, les partenaires sociaux disposent donc d'une immense liberté conventionnelle sur le périmètre, le fonctionnement, voire la création ou les attributions de nouvelles instances. Ainsi des « *représentants de proximité* », proches du terrain et des petits établissements et qui se sont révélés si utiles lors de la pandémie. Si le Code les a simplement évoqués, c'est qu'il appartient à l'accord collectif fondateur du CSE de les créer : sinon, en l'absence de dispositions supplétives, il n'y en aura pas. Mais aussi de prévoir leurs attributions et leurs moyens d'action : communication, heures de délégation... (V. encadré *infra*). Dans certaines entreprises, ont aussi été créées des commissions « Développement durable et RSE », dès avant la loi sur la transition climatique de l'été 2021.

TROIS CSE, DANS LA VRAIE VIE BIEN DIFFÉRENTS

1. Les CSE fondés sur le minimum légal
Ils sont régis par les seules dispositions d'ordre public ou supplétives du Code du travail, donc assez homogènes entre eux en raison de ce nivellement par le bas.

2. Les CSE conventionnels
Ils sont déterminés par les négociateurs dans leur accord de refondation sociale : les règles peuvent y être extrêmement diversifiées.

3. Le Mini-CSE-PME dans les entreprises de 11 à 49 salariés (V. *infra*)
Dans ces petites entreprises, le CSE n'est obligatoire « *que si l'effectif d'au moins onze salariés est atteint pendant douze mois* consécutifs » : un seul mois en dessous remet donc les compteurs à zéro.

930 **Vertige de la liberté conventionnelle.** Dans ce domaine où la moindre règle était depuis des lustres d'ordre public et millimétrée, nos partenaires sociaux n'étaient, ni l'un ni l'autre, pas du tout, du tout, habitués à cette immense liberté conventionnelle, qui leur a parfois donné le vertige.

Au 1er juin 2020, soit six mois après l'échéance légale, 81 371 CSE avaient été constitués. Les résultats *quantitatifs* sont ceux attendus : mais un dialogue social de qualité dépend-il exclusivement du nombre de CSE, de délégués et du volume de leurs heures de délégation ? Les résultats *qualitatifs* sont quant à eux extrêmement divers, les accords signés montrant **trois groupes** d'entreprise, bien différents.

Premier groupe : le « CSE Lampedusa ». Les très nombreuses entreprises où, dans un grand consensus tacite sur le très formaliste et ronronnant écosystème politique et social antérieur, le Comte de Lampedusa règne en maitre : « *Tout changer, pour que tout reste comme avant* ». Les facultatifs « représentants de proximité » ressemblent comme des frères aux anciens « délégués du personnel », et dans les entreprises de plus de 300 salariés la nouvelle « Commission, santé, sécurité et conditions de travail » (CSSCT) ressemble comme une sœur au défunt CHSCT… alors qu'elle n'a plus la personnalité morale, ne peut nommer elle-même aucun expert car restant une simple commission dans la main du CSE. Mais comment rénover le dialogue social avec des institutions proches et des représentants du personnel identiques ?

Les premiers CSE de 2018 arrivant aujourd'hui en fin de mandat, leur renouvellement donnera-t-il lieu à davantage de créativité, maintenant que l'on a davantage de recul…et la rude expérience du C19 ?

Deuxième groupe : la créativité des « architectes de leur dialogue futur », des entreprises voyant l'immense intérêt de pouvoir refonder leurs relations sociales : avec d'abord une vaste remise à plat. Après un état des lieux paritaire sans concession sur les forces, faiblesses et formalisme du fonctionnement antérieur, l'accord refondateur sur le passage à l'unique CSE a permis de faire du sur-mesure : créer une instance adaptée à l'entreprise en cause et à son secteur d'activité, tant sur le plan des moyens que des compétences du CSE. Ainsi des six accords signés le 12 octobre 2018 dans le groupe Airbus, avec une « *pierre angulaire* » : celui « *relatif à la refondation du dialogue social* » pour « *un dialogue social efficient, agile et proche* » (accord Renault).

Avec parfois, légèrement en amont, un **généreux accord sur le droit syndical** (ce sont les délégués syndicaux qui vont signer les deux accords à venir), cet entre-soi n'étant pas toujours apprécié par le reste du personnel. Ici des « *désignés* de proximité » au mandat à durée limitée, là des « représentants de vie sociale » eux aussi désignés, heures de délégation et subventions en hausse. Mais aussi reclassement des futurs ex-représentants, et construction de parcours favorisant les allers-retours entre prise de mandat et vie professionnelle : pour que ces délégués restent en phase avec l'entreprise et les aspirations de leurs mandants, mais aussi attirer de jeunes collaborateurs légitimement soucieux de ne pas couler leur carrière. Cette fluidité permettant enfin de ne pas les pousser à une radicalisation politico-syndicale : car s'ils savent qu'ils n'ont plus aucun avenir *professionnel…*

Troisième groupe : le « CSE low-cost ». Il s'agit simplement ici de réduire le coût du dialogue social, coût financier parmi d'autres. Même radicale mise à plat, mais cette fois basée sur les dispositions supplétives de l'ordonnance du 22 septembre 2017. Au-delà de certaines entreprises publiques à l'extrême générosité au fil des ans et des conflits, revenant simplement dans la norme, beaucoup moins de représentants du personnel, pas de suppléants (donc moins de salariés protégés), de réunions, d'heures de délégation, d'experts, etc. Politique comptable se révélant littéralement « payante » à court terme, mais plombant les négociations des années à venir tout en se méprenant sur les bénéfices sociaux, mais aussi économiques d'un bon dialogue social, porte d'entrée nécessaire à la flexibilité.

De très nombreux CSE vont terminer leur premier mandat en 2021-2022. Afin de créer un CSE plus adapté, les partenaires sociaux doivent en profiter pour en dresser ensemble un bilan approfondi, mais aussi des pratiques nouvelles issues de la pandémie, du développement du télétravail et de la nécessaire transition énergétique.

LE MINI-CSE-PME DANS LES ENTREPRISES DE 11 À 49 SALARIÉS

Ici, l'ordonnance s'est contentée de reprendre l'essentiel des attributions des ex-délégués du personnel : donc pas grand-chose à voir avec celle du CSE classique. Élue comme d'habitude tous les quatre ans, la « délégation du personnel » des 34.000 CSE-PME a pour mission de présenter « *les réclamations individuelles ou collectives relatives aux salaires, à l'application du Code du travail et des autres dispositions légales concernant notamment la protection sociale, ainsi que des conventions et accords applicables dans l'entreprise* ».

Il contribue aussi à promouvoir la santé, la sécurité et les conditions de travail dans l'entreprise, réalise des enquêtes en matière d'accidents du travail ou de maladies professionnelles. Mais les travailleurs conservent le droit de présenter eux-mêmes leurs observations à l'employeur.

Le CSE-PME est très différent de son grand frère : il n'a pas la personnalité civile, ne peut donc agir en justice et ne dispose d'aucun budget : ni de fonctionnement, ni pour d'éventuelles activités sociales et culturelles, même si à l'évidence l'employeur peut lui en fournir un.

Réunions ?

À l'instar des ex-DP, ses membres sont *reçus collectivement* par l'employeur ou son représentant au moins une fois par mois, et sur leur demande en cas d'urgence.

Avec une procédure fort détaillée... comme avant 2017.

Sauf circonstances exceptionnelles, les membres du CSE remettent à l'employeur une note écrite exposant l'objet des demandes présentées deux jours ouvrables avant la date à laquelle ils doivent être reçus.

L'employeur répond par écrit à ces demandes, au plus tard dans les six jours ouvrables suivant la réunion.

Demandes et réponses motivées de l'employeur sont soit transcrites sur un registre spécial, soit annexées à ce registre.

Ce registre est tenu à la disposition des salariés de l'entreprise désirant en prendre connaissance, pendant un jour ouvrable par quinzaine et en dehors de leur temps de travail.

Il est également tenu à la disposition de l'inspection du travail.

Les membres du CSE sont également reçus par l'employeur, sur leur demande, soit individuellement, soit par catégorie, soit par atelier, service ou spécialité professionnelle selon les questions qu'ils ont à traiter.

L'employeur met enfin à la disposition des membres du CSE le local nécessaire pour leur permettre d'accomplir leur mission, et se réunir.

Les développements suivants ne concerneront donc que les entreprises employant 50 salariés et plus. Mais comment calculer ce seuil ?

931 Calcul des effectifs : comment décompter ?

Sont pris *intégralement* en compte les salariés sous CDI à temps plein (incluant évidemment les télé-travailleurs à leur domicile).

Et en *proportion de leur temps de présence* au cours des douze mois précédents : CDD, salariés temporaires et ceux mis à la disposition de l'entreprise par une entreprise extérieure et présents dans les locaux de l'entreprise utilisatrice depuis au moins un an.

Quelle que soit la nature de leur contrat, les temps partiel sont pris en compte en divisant la somme des horaires inscrits dans leurs contrats par 35 heures.

Mais attention ! Il s'agit ici du simple calcul des *effectifs,* **non pas** des critères pour être *électeur*, ou *a fortiori éligible*.

932 Divergence entre Code et vécu des salariés. Depuis 1982, le législateur s'est légitimement désintéressé des ex- « œuvres sociales ». Ne voulant pas remplacer une forme de paternalisme par une autre et surtout très inquiet de la montée du chômage, il a centré toute son attention sur les attributions économiques de feu le CE. Or les salariés, et donc leurs représentants au comité, ne se sentent pas toujours aptes à en débattre, voire intéressés par ce domaine complexe et pour eux moins valorisant à court sur le plan syndical et électoral.

Or c'est justement à ce moment que la loi du 28 octobre 1982 a fait disparaître le terme « coopération ». Le CE « *a pour mission d'assurer une expression collective des salariés permettant la prise en compte permanente de leurs intérêts dans les décisions relatives à la gestion et à l'évolution économique et financière de l'entreprise, à l'organisation du travail, à la formation professionnelle et aux techniques de production* ».

933 Cette « ***expression collective des salariés, permettant la prise en compte permanente de leurs intérêts*** » ne signifie pas que le CSE puisse prétendre représenter le personnel, y compris en justice. Si lui (et désormais seulement lui), a la personnalité juridique, il ne tient d'aucune disposition légale le pouvoir d'exercer une action en justice au nom des salariés lorsque ses intérêts propres ne sont pas en cause. À l'inverse, un syndicat peut agir en justice au titre de l'article L. 2132-3 (défense de l'intérêt collectif de la profession) pour obtenir le respect des prérogatives d'un CSE qui n'a parfois rien demandé.

Personne morale, le CSE peut agir devant le tribunal correctionnel en délit d'entrave à son bon fonctionnement (7 500 € d'amende), ou exiger du tribunal judiciaire statuant en référé que ses attributions soient respectées (ex. : GEPP, PSE). Mais pas en exécution d'un accord collectif d'entreprise, dont il ne peut être en principe signataire.

Dans la même ligne de ses attributions limitées à la simple information-consultation, l'arrêt Snecma du 5 mars 2008 avait rappelé que la France n'est pas l'Allemagne, avec son système de codétermination : « *Le tribunal, qui n'en avait pas le pouvoir, n'a pas imposé à l'employeur de négocier les modalités d'organisation du travail, ni subordonné l'exercice de son pouvoir de direction à l'accord des institutions représentatives du personnel.* »

C'était avant le révolutionnaire **« conseil d'entreprise » (« CE »)** né le 22 septembre 2017 : un super CSE doté du pouvoir de négocier. S'il n'a connu presque aucun succès (30 ?) son idée de discrète co-détermination est porteuse.

LE NOUVEAU « CONSEIL D'ENTREPRISE », SUPER CSE HABILITÉ À NÉGOCIER

Quatre en un, mais pas seulement...
Créé par accord d'entreprise majoritaire à durée indéterminée ou par accord de branche étendu pour les PME dépourvues de DS, le nouveau « conseil d'entreprise » est en effet « *seul compétent pour négocier, conclure et réviser les accords d'entreprise* ». Exit ici notre opposition à la française : institutions *élues* avec leurs attributions *consultatives* / délégués syndicaux *désignés* ayant le monopole de la *négociation* collective. Composé d'élus, ce nouveau « CE » tout conventionnel est un véritable couteau suisse social.

Paradoxe
Car il revient aux délégués syndicaux de créer, ou non, cet E.T. les laissant subsister mais qui, en leur retirant l'essentiel de leurs attributions, les rabaisse à celles d'un brave représentant de section syndicale. Quatre Confédérations sur cinq ont donc immédiatement opposé un refus de principe.
Mais à gauche de la gauche, on se réjouit que des DS quittent enfin leur habit de partenaire social prudent et avisé dédiés à la signature d'accords collectifs donnant-donnant, au profit de leur mission revendicative prenant-prenant ou d'offensives actions en justice. Ne plus s'asseoir à la table des négociations facilite aussi les postures et la radicalité des mains pures.

Pourquoi cet apparent hara-kiri syndical ?
L'avis du Conseil d'État du 30 juin 2017 avait d'abord rappelé la convention n° 135 de l'OIT : « *la présence de représentants élus ne peut servir à affaiblir la situation des syndicats ou de leurs représentants* ». Mais pourquoi diable des DS participeraient ainsi à leur propre affaissement ?
Car souvent l'unique délégué syndical dans la PME de 100 personnes (la cible) ne veut plus porter tout seul la responsabilité d'accords socialement difficiles. Mais aussi en raison des contreparties très concrètes offertes par l'employeur : subventions au « CE » en hausse, valorisation des parcours syndicaux... et pourquoi pas inclusion des DS au sein du « CE ».

Le deal politique : fusion totale, contre ébauche de co-détermination
Le nécessaire accord majoritaire instituant le conseil d'entreprise doit en effet « *fixer la liste des thèmes soumis à l'avis conforme du conseil d'entreprise. La formation professionnelle constitue un thème obligatoire* » (art. L. 2321-3).

« Avis conforme » ?
Résurrection inattendue de l'alinéa 8 du Préambule de 1946 : « *Tout travailleur participe, par l'intermédiaire de ses délégués, à la détermination collective des conditions de travail ainsi qu'à la gestion des entreprises* ». Donc pas la co-détermination du Betriebsrat allemand, car l'employeur reste ici entièrement décisionnaire. Mais beaucoup plus que notre simple information-consultation

habituelle, et souvent formelle. Car dans les domaines fixés par l'accord constitutif (outre la minimum obligatoire *formation*, si importante en nos temps de révolution numérique : demain la qualité de vie, voire la gestion prévisionnelle de l'emploi ?), l'employeur ne pourra passer outre ce droit de veto.
D'où alors sa nécessaire recherche de consensus en amont avec des élus du CE, là encore en forme d'information-consultation-décision partagée-négociation... non plus collective mais inter-individuelle pour obtenir un vote favorable de leur part.
Mais côté entreprise, il faut bien réfléchir avant de se lancer dans cette opération. Car si négocier avec des élus à travers ce « CE » ne rebute pas forcément nombre d'employeurs, les modalités de validité des accords en son sein (signature par la majorité des membres titulaires élus, *ou* par les membres titulaires ayant recueilli plus de 50 % des suffrages exprimés, art. L. 2321-9), associé à son droit de veto sur les thèmes ainsi définis, exigent une fine étude préalable sur la future composition, syndicale mais aussi personnelle, de cette E.T. qui concentre tous les pouvoirs côté salariés.
Au 1er juin 2021, une trentaine d'entreprises avaient fait ce Grand Bond. Mais 1. Le choc du passage au CSE est déjà suffisamment fort pour ne pas multiplier les sources de conflit. 2. L'infusion (sociale) prend du temps.

À LIRE

- A. Cormier-Le Goff et J. Krivine, *De la négociation sur le CSE à celle du conseil d'entreprise, seul habilité à négocier*, Dr. soc., mars 2019 p. 204
- R. Chiss, *Le conseil d'entreprise : remarques prospectives*, JCP S 2018. 1228, n° 2
- P. Rémy, *Le conseil d'entreprise : un premier pas vers le conseil d'établissement allemand ?*, Dr. soc. 2017. 1050
- Plus généralement, l'ouvrage de référence : P. Lokiec, G. Loiseau, L. Pécaut-Rivolier, P.Y. Verkindt, *Droit de la représentation du personnel 2019-2020*, Dalloz Action.

934 **Montée en puissance légale + jurisprudentielle.** Loi après loi depuis 1982, le comité d'entreprise s'était vu confier un rôle de plus en plus important, sur lequel la jurisprudence a veillé, et veille avec une extrême attention. C'en est bien fini du CE-chambre d'enregistrement des décisions patronales des années 1950-1980, comme l'a montré fin 2020 l'assaut très médiatisé de la société Veolia sur Suez, stoppé net par la justice : en référé, le tribunal judiciaire de Paris a ordonné le 9 octobre 2020 « *la suspension de l'opération résultant de l'offre d'acquisition par Veolia des actions de Suez détenues par Engie et l'OPA de Veolia sur Suez, tant que les CSE concernés n'auront pas été informés et consultés sur les décisions déjà prises* », ordonnance novatrice confirmée par la Cour de Versailles le 15 avril 2021 (V. *infra*).

Chambre sociale et Chambre criminelle unissent en effet leurs forces pour donner un « effet utile » à son information et sa consultation, forcément préalables à la décision de l'employeur, et veillent désormais au respect pointilleux des prérogatives de ce (petit) contre-pouvoir également source d'intelligence collective.

935 Réguler les interférences *consultation* avec les élus au CSE / *négociation* avec les délégués syndicaux désignés. *A fortiori* depuis les ordonnances du 22 septembre 2017, dans notre monde de la négociation d'entreprise facteur de consensus interne mais aussi de compétitivité externe, l'information-consultation du CE sur un projet d'accord collectif – pas sur un acte patronal unilatéral – avait été rendu obligatoire par la Chambre sociale en 1998. Mais que faire si le comité exprimait sa méfiance à l'égard du projet d'accord ? Recommencer à négocier un accord déjà bouclé ? Qu'en penseront les signataires syndicaux ? Le législateur a donc légitimement mis fin à cette curiosité. La future signature d'un accord collectif n'oblige plus le chef d'entreprise à cette très déstabilisante information-consultation du CSE : les projets d'accord collectif (mais aussi leur révision ou leur dénonciation) n'ont plus à être soumis à son avis.

POUR ALLER PLUS LOIN

- M. Cohen et L. Millet (CGT), *Droit des CSE et des comités de groupe*, LGDJ, 2021
- P. Lokiec, G. Loiseau, L. Pécaut-Rivolier, P.Y. Verkindt, *Droit de la représentation du personnel 2020*, Dalloz Action
- Et bien sûr, le très pratique « Questions /Réponses » du ministère du Travail mis en ligne actualisé en septembre 2020

SECTION I Présentation générale du CSE

936 Plan. Seront successivement envisagés la composition (*§ 1*) puis le fonctionnement des CSE des entreprises **de 50 collaborateurs et plus** (*§ 2*), élus tous les quatre ans par 5,4 millions de salariés sur un total de dix-neuf. Et dont le score électoral au premier tour est devenu la base de la représentativité des syndicats, à tous les niveaux.

IMPORTANTE PRÉCISION...

Pour permettre aux entreprises d'être les plus réactives possible pendant la pandémie C19 tout en maintenant le dialogue social malgré les confinements puis les règles de « distanciation sociale », une centaine de textes (lois, ordonnances, décrets, circulaires, Questions-Réponses du ministère du Travail), évolutifs en fonction de l'évolution de la pandémie, ont vu le jour entre mars 2020 et juin 2021 : permettant les réunions à distance (visio-conférence, conférence téléphonique voire messagerie électronique), réduisant les délais de consultation (de un mois à huit jours) autorisant même parfois à consulter le CSE...une fois la mesure mise en place (ex : activité partielle). Normal en ces circonstances absolument exceptionnelles de guerre sanitaire, prévues par les textes communautaires. Mais en principe retour à ~~l'anormal~~ la normale le 30 décembre 2021.
Ces textes provisoires ne seront donc pas examinés ici.

§1 Composition *tripartite* du CSE

937 **Singularité maintenue en septembre 2017.** Organisme tripartite depuis 1946, le CSE français est donc très singulier vu de l'étranger. Au lieu d'être homogène car exclusivement composé de salariés élus par le personnel, il comprend en plus des représentants *désignés* par les syndicats.

Mieux : c'est le chef d'entreprise qui préside ce contre-pouvoir ! *A priori* singulier au pays de Montesquieu (séparation des pouvoirs), ce système pragmatique qui permet un dialogue oral immédiat car oral et de personne à personne a été depuis repris par l'UE pour le comité d'entreprise européen, et bien sûr notre CSE.

938 **Le chef d'entreprise, président de droit du CSE**

Certains employeurs disent même qu'il n'est que cela, cette fonction ne lui donnant en effet aucune prééminence particulière : ni vote double, ni décision en cas de partage des voix. Il convoque seulement les membres du comité pour la réunion prévue par l'accord collectif et subsidiairement la loi, sur un ordre du jour qu'il fixe conjointement avec le secrétaire du CSE. Il préside les réunions au sens premier : répartit la parole, et veille à la régularité des votes.

S'il peut se faire *représenter* par le DRS, il peut également se faire *assister* par deux collaborateurs au maximum appartenant à l'entreprise (ex. selon l'ordre du jour, directeur financier ou des services généraux). Ces derniers n'ont pas voix délibérative, mais simple voix consultative.

L'employeur n'a aucun pouvoir de contrôle particulier sur le CSE, et ne dispose que de sa propre voix. Mieux : dans les très nombreuses hypothèses où il serait juge et partie (ex. : règlement intérieur, horaires, licenciement d'un délégué), ce singulier président ne peut même pas voter. Idem en matière de gestion des activités sociales.

939 **La « délégation du personnel » est élue,** pour quatre ans maximum et deux ans minimum. Désignés par l'ensemble du personnel, les membres élus du CSE au premier tour (monopole syndical), ou au second tour si la moitié des inscrits ne se sont pas déplacés (candidatures libres), forment la « délégation du personnel », dont le nombre varie selon l'effectif de l'entreprise… et l'accord signé.

Sont électeurs les salariés des deux sexes, âgés de seize ans révolus, travaillant depuis trois mois au moins dans l'entreprise.

Sont éligibles les électeurs âgés de plus de dix-huit ans, travaillant dans l'entreprise depuis au moins un an, à l'exception des conjoint, partenaire d'un PACS, concubin, ascendants, descendants, frères, sœurs et alliés de l'employeur.

Les salariés mis à disposition peuvent être y être *électeurs* s'ils sont présents dans l'entreprise utilisatrice depuis douze mois *consécutifs*.

Représentation équilibrée H/F. Pour chaque collège électoral, les listes comportant plusieurs candidats doivent être composées d'un nombre de femmes et d'hommes correspondant à la part de femmes et d'hommes inscrits sur la liste électorale, les listes étant composées alternativement d'un candidat de chaque sexe jusqu'à épuisement des candidats d'un des sexes.

Mais cette règle parfaitement légitime conduit sur le terrain à d'immenses difficultés, y compris côté syndicats. Car dans de nombreuses entreprises, le délégué syndical a aujourd'hui déjà beaucoup de mal à trouver un nombre de candidats suffisants... et *a fortiori* de candidates. Alors – *horresco referens* – nombre de listes aujourd'hui présentées sont illégales, et personne ne bouge. Mais si c'est le cas, la Chambre sociale saisie directement après le tribunal judiciaire (pas d'appel) est raide comme la Justice, pouvant aller jusqu'à l'annulation de l'élection du candidat surnuméraire.

940 **Depuis septembre 2017, c'est à l'accord collectif fondateur** (ACF) de fixer le nombre d'élus. Sinon, ce sont les règles supplétives légales minimum ci-dessous qui s'appliquent.

Effectif de l'entreprise	Nombre de délégués
50 à 74 salariés	3 titulaires / 3 suppléants
75 à 99 salariés	4 titulaires / 4 suppléants
100 à 399 salariés	5 titulaires / 5 suppléants
400 à 749 salariés	6 titulaires / 6 suppléants
750 à 999 salariés	7 titulaires / 7 suppléants
1 000 à 1 999 salariés	8 titulaires / 8 suppléants
2 000 à 2 999 salariés	9 titulaires / 9 suppléants
3 000 à 3 999 salariés	10 titulaires / 10 suppléants
4 000 à 4 999 salariés	11 titulaires / 11 suppléants
5 000 à 7 499 salariés	12 titulaires / 12 suppléants
7 500 à 9 999 salariés	13 titulaires / 13 suppléants
À partir de 10 000	15 titulaires / 15 suppléants

Seuls les membres **titulaires élus ont voix délibérative**. Les suppléants, qui ne sont plus légalement obligatoires, dépendent entièrement de l'accord signé. En principe, ils n'assistent plus aux réunions (règle très appréciée par leur manager de proximité), mais « suppléent » quand le titulaire est absent.

Pour éviter les mandats à vie qui éloignent les délégués de leurs mandants et rendent difficile leur réinsertion dans un poste, le nombre de mandats successifs est limité à trois, excepté pour les entreprises de moins de cinquante salariés. Pour celles dont l'effectif est compris entre cinquante et trois cents salariés, l'ACF peut faire d'autres choix.

941 **Patron véritable du CSE : son secrétaire.** Lors de la première réunion, est désigné parmi les élus titulaires le véritable « patron » du CSE : le secrétaire, personnage clef de l'entreprise, qui fixe avec l'employeur l'ordre du jour des réunions (pas toujours innocent, dans « l'ordre » comme sur le fond, ex. : « Questions diverses » en fin de

réunion mais remettant tout en cause), et rédige les procès-verbaux (pas innocents non plus, ex. : réponse patronale évasive devenant engagement unilatéral, absence de contestation d'une acerbe remarque économique de l'expert-comptable).

Dans la vie courante, il représente le CSE qui peut lui-même être directement employeur (ex. : Orange : 650 salariés, Air France 450 *avant le C19*, RATP : 450) ; mais pour une action en justice, il doit être expressément mandaté. Son élection est donc un événement important, qui donne accès à un poste très convoité, avec de très substantiels moyens financiers à la clef, plusieurs dizaines de millions d'euros annuels dans les très grandes entreprises : 89 millions d'euros à la SNCF, 54 millions à la RATP, 40 à Orange, et 407 à EDF (V. *infra*).

La forte présence des non-syndiqués (élus au deuxième tour), qui représentaient avant 2018 un cinquième des suffrages exprimés mais 55 % des élus, avait modifié cependant la pratique des comités : peu formés et sans encadrement, les « sans étiquette » (« *élus Arbre de Noël* ») délaissent le terrain économique en s'attachant aux chronophages activités sociales, tellement plus rentables en termes électoraux.

942 **RSCSE désignés.** Les « représentants syndicaux au comité d'entreprise » (RSCE) existaient depuis 1945. Craignant que des employeurs ne fassent élire des délégués-maison, la CGT avait obtenu que, même si les syndicats n'avaient aucun élu, ils puissent être présents lors des réunions grâce à un membre désigné par eux. Alors que la situation a beaucoup changé, les ordonnances du 22 septembre 2017 l'ont pourtant conservé.

Selon l'effectif, deux situations fort différentes.

Entreprise de plus de 300 salariés. La désignation du RSCSE (à ne pas confondre avec le RSS, le « représentant de la section syndicale » examiné *supra*) est fixée par l'article L. 2324-2 : chaque syndicat *représentatif* peut y nommer un représentant, qui assiste aux séances avec voix *consultative* mais peut faire partie des commissions du CSE. Choisi parmi les membres du personnel, il doit remplir les conditions d'éligibilité au CSE (art. L. 2314-2).

Entreprise de moins de 300 salariés (art. L. 2143-22). Afin de ne pas multiplier les crédits d'heures et les salariés protégés, le RSCSE est ici obligatoirement le délégué syndical. Comme RSCSE, il est donc destinataire des informations fournies au CSE. Le syndicat représentatif ne peut donc désigner une autre personne (ex. : RSS), même si elle en remplit les conditions (membre du personnel + être éligible).

Tous les quatre ans, le syndicat doit donc renouveler le mandat du RSCE. Comme pour le délégué syndical, cette désignation intervient par LRAR ou par lettre remise au chef d'entreprise contre récépissé. Et son syndicat peut à tout moment le révoquer, et lui désigner un successeur.

Mais attention : pas de cumul Membre *élu* + RSCE *désigné*. Ne pouvant en même temps exercer des fonctions délibératives en sa qualité d'élu, et les fonctions consultatives liées à son mandat de représentant syndical désigné, un salarié ne peut siéger simultanément comme membre élu (titulaire, mais aussi suppléant) + RSCE, même si un accord collectif le prévoit (CS, 22 janv. 2020).

LES « REPRÉSENTANTS DE PROXIMITÉ » (« RPROX ») UNE INSTITUTION DE TERRAIN 100 % CONVENTIONNELLE

La disparition de nos ex-230 000 délégués du personnel proches du terrain car élus à compter de onze salariés, suite à la création de l'unique CSE, faisaient courir le risque d'une super institution faîtière déconnectée des problèmes locaux. Tout dépend donc ici de la structure de l'entreprise : pour la PME mono-site de 120 salariés avec son propre CSE, la question ne se pose pas... Dans une banque de guichets avec ses 80 établissements entre 12 et 60 collaborateurs en revanche...
L'ordonnance du 22 septembre 2017 n'impose rien, mais propose aux partenaires sociaux de négocier du sur-mesure, en fonction du périmètre retenu pour fixer les établissements distincts : sites en dessous de 11, mais surtout plus grands sans CSE d'établissement.
La pandémie C19 de 2020-2021 ayant montré l'importance d'avoir des délégués sur le terrain, il est possible que lors du renouvellement des premiers CSE en 2022-2023, les (rares) représentants de proximité se banalisent.

Qui ?
L'accord d'entreprise fondateur, syndicalement à plus de 50 %, *peut* mettre en place ces représentants, « *soit membres du CSE, soit désignés par lui, pour une durée qui prend fin avec celle du mandat des membres élus du CSE* ». Il définit également leur nombre, les modalités de désignation et de fonctionnement (ex. : heures de délégation, liberté de circulation).
Mais
1. Craignant qu'ils servent surtout à recaser les anciens délégués du personnel ou ex-DS, la loi a voulu éviter la mainmise des syndicats : l'accord ne peut donc prévoir qu'ils les désignent eux-mêmes. Mais dans certaines entreprises, l'ACF prévoit que les syndicats *proposent* des listes, sur lesquelles le CSE choisit les représentants de proximité : chez EDF, le CSE désigne un RProx par syndicat *représentatif* dans l'établissement...
2. Afin d'éviter qu'ils aient une légitimité électorale indépendante de celle du CSE dont ils sont les simples correspondants locaux (s'ils n'en sont pas membres), ils ne peuvent être élus par les salariés du périmètre concerné.

Pour faire quoi ? Les effets utiles de cette « proximité »
Là encore, tout dépend de l'accord qui peut les faire naître... ou pas. La proximité et donc l'informel, encore et toujours, comme l'indique par exemple l'accord Décathlon : « *Les échanges entre le leader du magasin et le représentant de proximité doivent se faire prioritairement au quotidien et de vive voix. Si, et seulement si la réponse n'a pas été apportée par le biais des échanges réguliers et de vive voix, il formule ses questions dans un document partagé type* ».
Mais la filiation avec feu les DP reste prégnante, même si n'existe aucune obligation de réunion périodique : les réclamations individuelles ou collectives dans les différents sites géographiques de l'entreprise, à transmettre aux managers locaux afin de ne pas embouteiller le CSE qui, mal calibré, se retrouve parfois avec 368 questions à l'ordre du jour. Mais aussi les questions locales de santé-sécurité (physique, mentale, harcèlements...).

Ce même accord refondateur fixe les conditions d'exercice de leur mandat. Rien de spécial s'ils sont membres du CSE : ils peuvent ainsi utiliser leurs heures de délégation de membre pour exercer leurs fonctions de RProx.
Mais lorsqu'ils n'en sont pas membres, la loi vaut encore éviter une quelconque autonomie : ils ne bénéficient pas des mêmes droits que ceux reconnus aux membres du CSE. À l'accord de prévoir les moyens dont ils pourraient bénéficier, notamment leur éventuelle participation aux réunions du CSE.
Qui s'agisse de santé-sécurité ou de mise en place locale du télétravail, la pandémie a montré l'intérêt commun à avoir des délégués proches du terrain : vers une relance des RProx dans les accords 2022-2023 de renouvellement du CSE ?

Protection

Last, but not least côté syndicats : les RProx sont des « salariés protégés » : leur licenciement ne peut intervenir qu'après autorisation expresse de l'inspecteur du travail (V. chapitre *infra*).
Voir là encore le très pratique « Questions /Réponses sur le CSE » du ministère du Travail.

§2 Périmètre de la désignation : entreprise, ou établissements « distincts » ?

Comme le nom « CSE » l'indique, le cadre de la désignation est le périmètre de **l'entreprise** en cause : ce qui ne pose guère de problème pour la PME de 60 salariés, sur un site unique. Mais quid de l'entreprise avec plusieurs « **établissements distincts** » de plus de 50 salariés ?

Attention ! *« **Établissements** » appartenant à la même entreprise, et non « **filiales** » appartenant au même groupe, elles-mêmes **nécessairement des entreprises**. La constitution d'un **« comité de groupe »** est alors possible* (art. L. 2331-1), dont la présidence est alors assurée par le dirigeant de l'entreprise dominante.

Emportées par la tentation de limiter le nombre de comités économiques et sociaux d'établissement, des entreprises ont voulu le limiter drastiquement. Ce qui évidemment n'a pas été du goût de syndicats, perdant un nombre considérable de délégués (donc aussi de militants protégés) et d'heures de délégation ; mais aussi en termes d'efficacité : lorsque plusieurs centaines de sujets remontent chaque mois au CSE du siège…

Là encore, c'est à l'accord fondateur de fixer ce périmètre (art. L. 2313-2). Mais après avoir loyalement, mais vainement, tenté de négocier un accord, l'employeur peut « *fixer unilatéralement le nombre et le périmètre des établissements distincts, compte tenu de l'autonomie de gestion du responsable de l'établissement, notamment en matière de gestion du personnel* ». On imagine que les contestations n'ont pas manqué : or en termes de séparation des pouvoirs, le contentieux est ici abracadabrantesque.

Locke, Montesquieu, réveillez-vous… Car dans un premier temps, il revient à l'Administration (Dreets) de vérifier la conformité de ce périmètre aux fonctions de l'institution. Et rien n'est ici acquis d'avance : car il est des établissements qui ont une grande autonomie, sociale mais aussi économique, et d'autres qui doivent prendre leur téléphone pour que le siège autorise la moindre embauche sous CDD. Mais en cas en cas de contestation sur ce choix très sensible côté syndicats (ici, rassembler pour dissoudre ; là, multiplier pour éparpiller), c'est au Tribunal Judiciaire d'examiner l'ensemble des contestations, qu'elles portent sur la légalité externe ou la légalité interne de la décision *administrative*. Si elles sont non fondées, le juge judiciaire la confirmera ; et s'il les accueille, il statuera par une décision qui se substituera alors à celle de l'autorité administrative. Contentieux singulier, se terminant devant la Chambre sociale de la Cour de cassation...

Qui, après une remarquable concertation avec la Direction générale du travail et le Conseil d'État pour éviter un cafouillage désastreux pour tout le monde (mais un « *magnifique nid de contentieux* » pour certains atteints de contentiose), a fixé les règles dans ses deux importants arrêts de cassation du 9 juin 2021 : le TJ doit examiner « *au regard des éléments produits, tant par l'employeur que par les organisations syndicales... 1. Si les responsables des établissements concernés ont* effectivement *une autonomie de décision suffisante en ce qui concerne la gestion du personnel et l'exécution du service* ». En l'espèce, la centralisation de fonctions support et l'existence de procédures de gestion définies au niveau du siège n'excluaient pas automatiquement cette autonomie de gestion des chefs d'établissement. *2.* « *Si la reconnaissance à ce niveau d'établissements distincts pour la mise en place des CSE est de nature à permettre* ***l'exercice effectif des prérogatives de l'institution représentative du personnel*** ». Nouveauté conjuguant la volonté de la Chambre d'assurer la représentation de tous les salariés de l'entreprise, mais aussi l'effet utile des prérogatives économiques des comités.

La répartition en établissements distincts n'est donc pas forcément la même, s'agissant de la désignation de délégués syndicaux (voir supra), pour la constitution de CSE d'établissement (CSET), ou le périmètre retenu par les partenaires sociaux pour désigner des représentants de proximité.

Si plusieurs CSET ont été constitués, devra alors être constitué au niveau de l'entreprise un **comité social et économique central**, présidée par son chef : ce CSEC exerce les attributions concernant la marche générale de l'entreprise, qui excédent les limites des pouvoirs des chefs d'établissement (art. L. 2316-1).

En matière économique (ex : orientations stratégiques), c'est évidemment à ce dernier niveau que l'essentiel se passe.

§3 Fonctionnement du CSE : d'abord l'ACF

943 **La révolution du 22 septembre 2017**. Alors qu'auparavant l'essentiel relevait de règles d'ordre public millimétrées, l'essentiel du fonctionnement du CSE relève aujourd'hui de l'accord collectif fondateur qui peut définir :

- le contenu, la périodicité et les modalités des consultations récurrentes du CSE ;
- la liste et le contenu des informations nécessaires à ces consultations ;
- le nombre de réunions annuelles, mais qui ne peut être inférieur à six ;

- les niveaux auxquels les consultations sont conduites et, le cas échéant, leur articulation ;
- les délais dans lesquels les avis du comité sont rendus.

Si les règles légales et désormais surtout conventionnelles sont parfois d'une extrême précision, au-delà de l'immense créativité pratiquée pendant la pandémie (où l'on s'est aperçu que des règles ancestrales polluaient plutôt le dialogue social), la pratique reste souvent d'une immense créativité, sinon d'un laxisme aussi consensuel que total en dehors des moments de rapport de force (conflit collectif) où se met à planer le spectre du **délit d'entrave *au bon fonctionnement du CSE*** : « *Le fait d'apporter une entrave au fonctionnement régulier du CSE est puni d'une amende de 7 500 €* ».

A. - Réunions

Refrain : l'ordonnance du 22 septembre 2017 a tout bouleversé : priorité à l'accord collectif, à défaut règles légales supplétives.

944 Périodicité

Principe. À l'accord fondateur conclu par des délégués syndicaux majoritaires de fixer le nombre de réunions. Et en l'absence de tout délégué syndical, un accord entre l'employeur et le CSE, adopté à la majorité des membres titulaires, peut définir le nombre de réunions annuelles.

Mais périodicité d'ordre public : 1. des réunions du CSE : il ne peut être inférieur à six par an. 2. Santé-sécurité : au moins quatre de ces réunions doivent porter (en tout ou partie) sur les attributions du nouveau CSSCT (V. *infra*). Voire plus fréquemment en cas de besoin, notamment dans les branches présentant des risques particuliers (BTP).

En l'absence d'accord sur ce point, le CSE se réunit sur convocation du chef d'entreprise qui envoie à tous ses membres, au moins trois jours avant, l'ordre du jour qu'il a fixé conjointement avec le secrétaire.

945 Ordre du jour. Principe : il est arrêté par l'employeur *et* le secrétaire. Mais « *les consultations rendues obligatoires par une disposition législative, réglementaire ou par un accord collectif de travail sont inscrites de plein droit à l'ordre du jour par le président ou le secrétaire.* » Or à part le très libéré pot de départ en retraite du secrétaire, peu de réunions sont festives et donc facultatives. Le texte permet donc au chef d'entreprise, président du CSE, après avoir vainement et loyalement tenté de fixer un ordre du jour commun, de passer outre un refus du secrétaire et d'envoyer les convocations. Mettant ce dernier dans une position doublement difficile : 1. s'il veut agir, il est demandeur à l'instance devant le tribunal judiciaire. 2. Que peut-il demander au juge de l'urgence ? De constater que la réunion prévue constitue un trouble manifestement illicite, et qu'il convient donc de l'interdire ? Difficile à expliquer aux salariés.

946 Visioconférence Zoom ? **Audio-conférence ?** En nos temps de réduction de CO_2, de déplacements source de fatigue et très coûteux, mais aussi de systèmes d'écrans géants recréant une vraie salle de réunion virtuelle (à 360° mais 360 000 €), est-il raisonnable de faire venir des cinq coins du pays des délégués qui, dans leur vie privée, discutent régulièrement et gratuitement sur Skype ou Zoom avec leur famille parfois dispersée dans le monde entier, et peuvent de leur propre lieu de travail échanger dans des salles équipées d'écrans ?

La visioconférence peut donc être autorisée par accord entre l'employeur et les membres élus du CSE. Mais en l'absence d'accord, son recours est limité à trois réunions par année civile.

Sauf pendant la période d'urgence sanitaire, où cette limite avait disparu pour des raisons évidentes de contagion. À défaut : audio-conférences, avec de délicates questions d'identification des membres lors de la discussion, mais surtout lors des votes. Lorsque ni l'un, ni l'autre n'était possible, le recours de la messagerie instantanée a été alors admis. Mais tout devrait prendre fin le 30 décembre 2021, et c'est mieux comme cela.

Car au-delà de la transmission de messages liés à l'expression (ex. : l'écran fait écran à l'émotion ; même avec les méga-écrans d'aujourd'hui, tout le monde ne voit pas tout le monde), dans la vraie vie sociale, quel est le plus important dans la réunion d'un CSE (et *a fortiori* d'un comité d'entreprise européen) ? La réunion formelle, ou le café commun et les deux suspensions de séance où se règlent de multiples questions de toute nature, où sont noués des contacts informels aussi discrets qu'utiles ?

Si en 2022 est renégocié l'accord fondateur pour s'adapter à la démocratisation du télétravail mais aussi prévoir de futures périodes de difficultés liées à un virus C34 ou H2N3, afin qu'une dynamique de groupe puisse intervenir et pas une suite d'interventions individuelles, priorité doit être donnée aux réunions en présentiel *total :* car un mix accumule ici les défauts des deux techniques.

Mais tout dépend là encore de la configuration de l'entreprise. Si la question ne se pose guère pour une PME de 70 salariés sur un site unique et à l'ordre du jour simple, pour les entreprises multi-établissements répartis sur tout le territoire, des solutions alternatives peuvent être retenues. Les réunions importantes listées (ex : bilan économique, orientations stratégiques) doivent intervenir en présentiel ; mais les réunions de routine peuvent utilement intervenir en distanciel, avec des gains de temps de transport, de fatigue et d'argent, mais aussi un bilan carbone nettement moins négatif.

947 **Votes.** Nécessairement à bulletin secret pour les scrutins relatifs aux personnes, les procurations n'étant pas admises. Les résolutions sont prises à la majorité des membres élus *présents*, ce qui cause quelques désagréments à ceux qui se sont absentés, ou qui ont quitté la salle de façon spectaculaire pour protester.

L'employeur-président ne participe pas au vote lorsqu'il consulte les membres élus du comité en tant que délégation du personnel : 99 % des cas, reste 1 % : les modalités de fonctionnement interne du CSE.

948 **Procès-verbal.** Chaque réunion doit (en pratique *devrait*, *cf.* PME) donner lieu à la rédaction d'un procès-verbal par le secrétaire (PVCSE), approuvé au début de la réunion suivante et que le comité peut décider d'afficher sur ses propres panneaux.

Sur des sujets sensibles (ex. : PSE), il convient de le relire avec soin : il pourra par exemple servir ultérieurement à prouver en justice un engagement unilatéral. Ses délais et ses modalités de transmission sont prioritairement définis par l'accord. À défaut, le secrétaire a quinze jours pour transmettre ce PV à l'employeur, qui fait connaître lors de la réunion du comité suivant cette transmission sa décision motivée sur les propositions qui lui ont été soumises.

Après avoir été adopté, ce PV peut être affiché ou diffusé dans l'entreprise par le secrétaire, selon des modalités précisées par le règlement intérieur du CSE.

949 **Heures de délégation.** L'employeur laisse à chacun des membres titulaires du CSE le temps nécessaire à l'exercice de leurs fonctions.

Mais aussi aux RSCSE dans les entreprises d'au moins 501 salariés : donc en dessous, ils n'en disposent pas.

En principe fixé par l'accord fondateur, le nombre d'heures de délégation des membres élus ne peut être inférieur à dix heures par mois dans les entreprises de moins de 50 salariés, et à 16 heures dans les autres entreprises (V. chapitre *infra*).

B. - Les moyens attribués au CSE pour son fonctionnement

950 **Moyens financiers.** Le montant minimum de la **subvention de *fonctionnement*** devant être versée chaque année par l'entreprise dépend de la taille de l'entreprise : de 0,2 % de la masse salariale brute dans les entreprises de 50 à 2 000 salariés, à 0,22 % au-delà. Ce montant s'ajoute à la subvention destinée aux activités sociales et culturelles.

Ces chiffres peuvent paraître faibles. Mais dans certaines grandes sociétés, le standing informatique et de téléphonie du CSE est bien supérieur à celui de la pauvre DRH : cette subvention représentait 204 euros par agent à La Poste, 113 à la RATP, 101 chez Areva, 90 chez Orange et 59 à la SNCF. Pour quelques grandes entreprises, une contribution discrète mais efficace à la paix sociale... permettant aussi à certains CSE largement dotés de faire largement appel à de très renommés avocats et autres très onéreux experts pour contester en justice, jusqu'à la Cour de cassation, les décisions patronales.

951 **Experts internes.** Ce budget permet le cas échéant au comité de faire appel à un expert-comptable ou à tout autre expert de son choix (ex. : nouvelles technologies, juridique), mais sur ses propres deniers. Il servira également à financer la formation économique de ses membres (V. *infra*, les attributions économiques). Dans les deux cas, il s'agit de donner les moyens au comité de sortir des activités sociales pour se pencher sur la gestion de l'entreprise, et à compter de 2022 sur les conséquences environnementales de l'activité de l'entreprise.

La gestion financière des comités (globalement 11 milliards d'euros annuels avant la crise C19, qui va également affecter leurs propres budgets en cas de baisse d'effectifs) est d'ailleurs parfois source de tensions, voire de contentieux intersyndical (*cf.* SNCF, Air France). Mais aussi avec l'employeur qui, en tant que président, doit évidemment avoir accès aux comptes, mais préférait souvent s'en garder avant 2018 (V. *infra*, transparence).

Dans la vie, on n'est pas ce qu'on dit, mais ce qu'on fait. Un CSE peut-il revendiquer l'amélioration des conditions de travail des collaborateurs des groupes florissants, tout en participant à la précarisation des salariés de ses propres fournisseurs ? Payer au minimum syndical ses propres collaborateurs, et surtout tirer vers le bas les prix de ses sous-traitants mis en sévère concurrence...

952 Transparence financière. Certains ex-CE, extrêmement exigeants sur ce terrain à l'égard de la comptabilité de l'entreprise, n'ouvraient leurs propres comptes qu'avec beaucoup de retenue... L'ordonnance du 22 septembre 2017 a voulu légitimement y mettre bon ordre. Le règlement intérieur du CSE doit prévoir les modalités selon lesquelles les comptes sont arrêtés par les membres élus, et chaque comité établir ses comptes annuels sous la responsabilité du trésorier, lui aussi désormais obligatoire. Mais les 80 % de CSE ayant moins de 153 000 euros de ressources annuelles peuvent établir une comptabilité ultra-simplifiée : montants et origine des dépenses réalisées et recettes perçues.

Le CSE doit porter ses comptes à la connaissance des salariés, accompagnés de son rapport d'activité et de gestion. Et le méfiant article L. 2315-68 de bien préciser : « Les comptes annuels du CSE sont arrêtés par des membres élus du CSE désignés par lui et au sein de ses membres élus. Ils sont approuvés par les membres élus réunis en *séance plénière. La réunion au cours de laquelle les comptes sont approuvés porte sur ce seul sujet*. Elle fait l'objet d'un *procès-verbal spécifique* ».

953 Moyens matériels. L'employeur met enfin à la disposition du CSE un local aménagé et le matériel nécessaire à l'exercice de ses fonctions. Sur son budget de fonctionnement, le CSE fait ensuite ses propres choix pour les équipements qu'il estime indispensables : photocopieuse, téléphonie, accès Internet, et à l'intranet de l'entreprise après étroite concertation avec le DSI. Mais parfois aussi de nombreux abonnements à des revues syndicales voire politiques, pas forcément très lues.

Le CSE personne morale, peut embaucher enfin son propre personnel, devenant parfois un employeur important... donc soumis aux exigences habituelles du droit du travail. Avec par exemple à compter de 50 collaborateurs, la constitution d'un CSE de CSE, ou la désignation par des syndicats de délégués syndicaux parfois très vindicatifs à l'égard des camarades-patrons.

954 Réunions d'information. Le CSE peut organiser dans son local des réunions d'information, internes au personnel, portant notamment sur des problèmes d'actualité.

Mais aussi y inviter des personnalités extérieures, syndicales ou autres, dans les mêmes conditions que la section syndicale d'entreprise (V. *supra*). Ces réunions doivent avoir lieu en dehors du temps de travail des participants, ce qui limite leur audience ; mais les membres du CSE peuvent se réunir sur leur temps de délégation.

UTILISATION TRÈS CRÉATIVE DES FONDS DU CSE

Le 27 mars 2012, la Chambre sociale a dû rappeler que « *si le CE décide librement de l'utilisation de son budget de fonctionnement, ses dépenses doivent s'inscrire dans le cadre du fonctionnement du CE et de ses missions économiques. Le TJ, statuant en référé, a le pouvoir d'ordonner la suspension des décisions du comité d'entreprise dont l'illégalité caractérise un trouble manifestement illicite* » : en l'espèce, des formations et des revues exclusivement syndicales, sans rapport avec les missions de l'ex-CE.

– Mais pour la même **Chambre sociale**, la gestion très créative voire carrément délictueuse de fonds par un membre du CSE (dépenses très personnelles de la trésorière payées par la trésorière, voyages en famille au Canada du secrétaire, pour étudier l'implantation d'un très hypothétique centre de vacances) ne permet pas à l'employeur d'y voir une faute disciplinaire de la part du membre du CSE en cause : car étant alors forcément dans le cadre de son mandat, il n'est plus sous la subordination de l'employeur. Solution semblant bien curieuse aux salariés de l'entreprise, électeurs oubliant rarement ces dérapages.

– Statuant sur la nécessaire autorisation administrative de licenciement d'un délégué, le **Conseil d'État** a pris une position plus réaliste dans son arrêt du 15 décembre 2010 : absence de faute du salarié, oui. Mais « *il appartient à l'inspecteur du travail de rechercher si les faits en cause sont établis, et de nature, compte tenu de leur répercussion sur le fonctionnement de l'entreprise, à rendre impossible le maintien du salarié dans l'entreprise, eu égard à la nature de ses fonctions et à l'ensemble des règles applicables au contrat de travail de l'intéressé* ».

Idem côté **Cour administrative d'appel de Nantes, 9 juillet 2019** : « *Ces malversations financières ont affecté le dialogue social dans l'entreprise et ont donc indirectement perturbé son fonctionnement ; les membres du CSE ont, à plusieurs reprises, manifesté leurs inquiétudes quant aux répercussions du comportement de l'intéressé sur l'évolution de leurs relations professionnelles avec les salariés et quant à la réaction des collègues de travail (...). Compte tenu de la répercussion des condamnations sur le fonctionnement de l'entreprise, celles-ci rendaient impossible le maintien du salarié au sein de cette dernière, eu égard à la nature de ses fonctions* ».

– La **chambre criminelle** n'hésite pas à condamner un membre ayant confondu intérêt général avec le sien ou celui de ses proches. Ainsi, le 7 mars 2012, du président d'une commission Voyages, voyageant effectivement beaucoup, avec quelques amis et toute sa famille, le tout aux frais du comité : délit d'abus de confiance.

§4 Les commissions internes au CSE

955 **Refrain.** À l'accord fondateur de prévoir les commissions à créer, de la commission « Vacances » à la Commission « Sports » ou « Développement durable », surtout avec la loi « Climat et résilience » votée le 25 juillet 2021.

Mais vu l'importance de certains sujets, la loi a prévu **l'obligation** de créer :
- une « commission santé, sécurité et conditions de travail » (CSSCT, qui succède au CHSCT) qui doit être mise en place dans les entreprises d'au moins 300 salariés (V. encadré *infra*) ;
- une « commission des marchés » lorsque le nombre de salariés, les ressources annuelles ou le total du bilan du CSE dépasse, pour au moins deux de ces trois critères, les seuils de l'article L. 2315-64.

956 **En l'absence d'accord,** les dispositions **légales supplétives** prévoient la création, au sein du CSE et n'ayant donc aucune latitude propre, de :
- une « commission économique » dans les entreprises d'au moins 1 000 salariés chargée d'étudier les documents économiques et financiers, et correspondante de l'expert-comptable du CSE (V. *infra*) ;
- et trois commissions supplémentaires dans les entreprises de plus de 300 : de la formation (art. L. 2315-49), d'information et d'aide au logement (art. L. 2315-50), de l'égalité professionnelle (art. L. 2315-56).

LA COMMISSION « SANTÉ, SÉCURITÉ ET CONDITIONS DE TRAVAIL » AVEC SON RUDE BAPTÊME DU FEU EN 2020 : LA PANDÉMIE C19

La CSSCT a pris la suite du CHSCT... en lui faisant retrouver sa place d'avant 1982 : une simple commission interne, sans pouvoirs propres. Car c'est par délégation du CSE qu'elle se voit confier tout ou partie des attributions du comité relatives à la santé, à la sécurité et aux conditions de travail : une simple répartition du travail.

Donc pas du tout « un mini CHSCT » !

Simple commission technique du CSE, elle n'a pas la personnalité juridique ni statut délibératif, et ne peut émettre un avis au nom du CSE. Ne pouvant nommer elle-même aucun expert (principale dérive des ex-CHSCT), elle doit forcément passer par le CSE pour agir sur les questions de santé et de sécurité : se retrouvant alors parfois en concurrence (de temps, mais aussi d'argent) avec les problématiques liées aux activités sociales ou culturelles, ou économiques.

Dans les grandes entreprises, cet allongement de la chaîne ascendante puis descendante devient problématique, même si la présence de représentants de proximité s'avère souvent efficace grâce au dialogue noué avec le responsable local. *A fortiori* pendant la pandémie C19, et la démocratisation du télétravail au domicile demain.

Mise en place de la CSSCT

Dans les entreprises **de plus de 300 salariés** ou dans chaque établissement distinct d'au moins 300 constitué lors de la mise en place du CSE, une CSSCT (au moins) **doit** être mise en place.

Entreprises et établissements distincts **de moins de 300 salariés.** Sa création **peut être décidée** par accord d'entreprise majoritaire (pas de validation d'un accord minoritaire par référendum) ou, en l'absence de tout DS, par accord entre l'employeur et le CSE adopté à la majorité des membres titulaires élus.

Mais lorsque cette mesure est nécessaire, l'inspecteur du travail peut aussi imposer la création d'une CSSCT : nature des activités, agencement ou équipement des locaux (art. L. 2315-37).
En l'absence d'accord, l'employeur peut mettre en place unilatéralement une ou plusieurs CCSCT au niveau de l'entreprise, ou d'un ou plusieurs établissements distincts.
Règle d'ordre public : la désignation des membres d'une CSSCT, conventionnelle ou légale, résulte d'un vote des membres du CSE à la *majorité des voix des membres présents* lors du vote.

Composition de la CSSCT
Présidée par l'employeur, elle comprend au minimum trois membres représentants du personnel, dont au moins un du second collège, nécessairement choisis *parmi les membres* du CSE (titulaires ou suppléants).
L'employeur peut se faire assister par des collaborateurs choisis en dehors du CSE (ex. : ingénieur-sécurité), mais appartenant à l'entreprise, qui ne peuvent être en nombre supérieur à celui des représentants du personnel titulaires.
Le médecin du travail, le responsable interne du service de sécurité et des conditions de travail, l'inspecteur du travail ainsi que les agents des services de prévention des organismes de sécurité sociale sont *invités* aux réunions de la commission. Sauf le médecin du travail dans les grandes entreprises, tous n'y viennent pas, loin de là.
Le nombre de membres est défini par l'accord d'entreprise. En l'absence de DS, par accord entre l'employeur et le CSE, adopté à la majorité des membres titulaires élus. À défaut d'accord, il est défini par le règlement intérieur du CSE (art. L. 2315-44).

Fonctionnement de la CSSCT (refrain)
Accord. Les missions déléguées et leurs modalités d'exercice et de fonctionnement, la formation et les moyens de la commission sont prévus par l'accord d'entreprise majoritaire. Ou, en l'absence de délégué syndical pour négocier, par accord entre l'employeur et le CSE, adopté à la majorité des membres titulaires élus.
À défaut d'accord, ces modalités sont définies par le règlement intérieur du CSE. Mais sauf accord de l'employeur, il ne peut comporter des clauses lui imposant des obligations ne résultant pas de dispositions légales.

957 **Souvent prévenu par un membre de la CSSCT, le CSE lui-même doit être réuni :**
1 - à la suite de tout accident ayant entraîné ou ayant pu entraîner des conséquences graves ;
2 - en cas d'événement grave lié à l'activité de l'entreprise ayant porté atteinte ou ayant pu porter atteinte à la santé publique ou à l'environnement ;
3 - à la demande motivée de deux de ses membres, sur les sujets relevant de la santé, de la sécurité ou des conditions de travail.

958 **Le CSE lui-même, pas la CSSCT, peut faire appel à un expert habilité :**
1 - lorsqu'un risque grave, identifié et actuel, révélé ou non par un accident du travail, une maladie professionnelle ou à caractère professionnel est constaté dans l'établissement ;

2 - en cas d'introduction de nouvelles technologies ou de projet important modifiant les conditions de santé et de sécurité ou les conditions de travail ;
3 - dans les entreprises d'au moins trois cents salariés, en vue de préparer la négociation sur l'égalité professionnelle (art. L. 2315-94) nécessairement menée avec... les délégués syndicaux.

Les frais d'expertise sont alors pris en charge par l'employeur.

959 **La nécessaire formation des membres** de la commission est organisée sur une durée minimale de cinq jours dans les entreprises d'au moins 300 salariés, trois jours dans les entreprises de moins de 300.

SECTION II Triple attribution du CSE

Parce qu'elles sont les plus anciennes et qu'elles constituent pour les salariés l'image la plus positive du CSE, il convient d'abord d'examiner les *activités sociales et culturelles* (*§ 1*) avant de voir les très étendues attributions professionnelles (*§ 2*). Enfin celles que le législateur n'a légitimement cessé de renforcer : les attributions *économiques* (*§ 3*), si importantes en temps de crise. La loi de l'été 2021 « *portant lutte contre le dérèglement climatique et renforcement de la résilience face à ses effets* » a prévu de confier au CSE de nouvelles attributions environnementales, mais par simple ajout à ses attributions actuelles.

§1 Monopole de la gestion des activités sociales et culturelles (ASC)

960 **Deux milliards d'euros par an** de subventions patronales gérés par des militants syndicaux, quinze milliards d'euros de chiffre d'affaires générés par les ci-devant CE : avec un budget moyen de 150 euros par salarié, les ex- « œuvres sociales » se portent bien. Même si l'individualisme et le consumérisme contemporains ont transformé les « colos » et les villages-vacances où l'on retrouvait les « camarades », en chèques-cadeaux à Noël, chèques-vacances en août, et billetterie pour Disneyland le reste de l'année. Cette marchandisation des ASC démobilise légitimement nombre de militants représentants du personnel, souvent bons négociateurs mais pas toujours bons gestionnaires, et qui doivent dans les très gros CSE se transformer en patron d'une petite PME.

Mais les salariés y voyant souvent un complément de salaire y sont extrêmement attachés, au grand dam de syndicalistes qui préféreraient ne plus s'occuper de l'arbre de Noël (823 cadeaux très ciblés, par âge et par sexe) et *a fortiori* de la cantine, objet de contestation permanente en France et donc source de multiples tracas, y compris en droit du travail : CSE du CSE au-delà de 50, voire désignation d'un délégué syndical et grève pour contester la politique de ce patron *new-look* (V. le feuilleton du

CSE de la RATP). Sans parler des contrôles Urssaf de plus en plus serrés, ou de la CNIL exprimant en janvier 2021 son inquiétude sur le laisser-aller des CSE en matière de données personnelles.

961 Voilà pourquoi les CSE restent souvent inertes face aux entreprises maternantes (montée des conciergeries, crèches et autres *ticket-psy*), dont ils pourraient parfois revendiquer la gestion : ils ont rarement les moyens humains et surtout juridiques de les faire tourner, malgré les 80 salariés du ci-devant comité de la Caisse des Dépôts ou les 4 700 de son équivalent chez EDF.

Certes depuis 1982, les « *œuvres sociales* » de 1945, qui rappelaient les « *bonnes œuvres* », ont disparu au profit des « *activités sociales et culturelles* ». Mais ce changement de dénomination mis à part, le législateur de 1982 s'est désintéressé de ce qu'il considérait comme un nouveau paternalisme.

962 **Mais à ce désintérêt légal répond, dans l'entreprise, un intérêt évident.**

De la part des salariés pouvant ainsi, selon l'appartenance syndicale du secrétaire du CSE, aller en famille au Maroc mais aussi le dimanche au Parc Astérix à des prix défiant toute concurrence. Voire en soirée dans des « théâtres-engagés-très-engagés-avec-des-acteurs-se-mettant-en-danger » : la classe ouvrière ne doit pas se détendre avec le théâtre bourgeois de Sacha Guitry ou d'Alexis Michalik : elle doit souffrir jusqu'au bout.

Mais également de la part des syndicats. Car outre cette forme indirecte de syndicalisme de services, il n'est pas inintéressant d'être élu secrétaire et d'avoir ainsi la haute main sur un budget pouvant aller jusqu'à 7 % de la masse salariale brute. Dans les grandes entreprises, un syndicat majoritaire peut ainsi disposer de plusieurs millions d'euros et d'une infrastructure (personnel, reprographie, informatique, salles de réunion...) parfois plus moderne que celle dont disposent les responsables du personnel.

Article L. 2312-78 : « *Le CSE assure, contrôle ou participe à la gestion de toutes les activités sociales et culturelles établies dans l'entreprise, prioritairement au bénéfice des salariés, de leur famille et des stagiaires, quel qu'en soit le mode de financement* »

Article L. 2312-80 : « *Le CSE assure ou contrôle la gestion des activités physiques ou sportives et peut décider de participer à leur financement* ». Du foot au tennis.

L'enjeu est donc de taille, et la vigueur des campagnes électorales n'est pas exclusivement due au seuil de 10 % des suffrages exprimés, ou aux luttes purement idéologiques. La définition exacte de « *l'activité sociale et culturelle* » (*A*) a donc une grande importance pratique, car elle détermine les sources de financement (*B*).

A. - Définition de l'ASC

963 **Tactique.** Définir ce qu'est exactement une ASC a une grande importance pratique, à un double point de vue : si l'activité en question (ex. : vidéothèque) entre dans cette définition, le CSE peut à tout moment en revendiquer la gestion, et l'obtiendra sous peine de délit d'entrave à son bon fonctionnement. *Ipso facto*, l'employeur devra donc lui confier le budget correspondant, tout en sachant qu'il ne sera pas utilisé exactement de la même façon par des syndicalistes (*cf.* les abonnements aux journaux et revues ne sont pas du tout les mêmes), qui pourront d'ailleurs décider ultérieurement de supprimer cette ASC moribonde, mais en garder le budget pour créer d'autres activités bien dans la ligne.

964 **La loi n'en donne aucune définition légale,** un obscur décret évoquant seulement les institutions sociales de prévoyance et d'entraide, les cantines, les coopératives de consommation, les jardins ouvriers, les cercles d'études, les cours de culture générale ou d'enseignement ménager.

Après avoir indiqué que cette liste n'était pas limitative, la jurisprudence a défini l'ASC comme « *toute activité non obligatoire légalement, quels que soient sa dénomination, la date de sa création et son mode de financement, exercée principalement au bénéfice du personnel de l'entreprise, sans discrimination, en vue d'améliorer les conditions collectives d'emploi, de travail et de vie du personnel au sein de l'entreprise* ».

Il est logique que les juges interdisent à l'employeur de faire transiter par le CSE, dans le grand consensus frauduleux à la française, des primes ou indemnités qu'il doit verser aux salariés, ce détour évitant de payer les charges sociales afférentes. Rêve suivi d'un solide contrôle Urssaf, puis assujettissement de toutes les sommes versées par le CSE, à l'exception des secours immédiats aux personnes en difficulté, *l'employeur* payant les cotisations, mais pouvant se retourner contre le comité. En nos temps de déficit croissant, l'Urssaf assujettit chaque année davantage les sommes versées par les CSE.

965 **Utilisation des fonds.** Le budget du CSE doit être utilisé « *principalement* » en faveur des membres du personnel de *l'entreprise* : en amont (les retraités), en aval (les enfants : colonies, crèches) peuvent également en bénéficier. Mais tout soutien à des personnes physiques ou morales extérieures était en principe illégal : versement à des syndicats, à des grévistes d'une entreprise extérieure pouvant le cas échéant faire l'objet d'une condamnation pour abus de confiance (Cass. crim., 30 juin 2010). Dans ce cas, l'employeur peut saisir le tribunal judiciaire en référé pour obtenir la suspension de la mise en œuvre de la résolution en question.

Mais en pratique, ce type d'action est rare :

- si quelqu'un doit protester, ce sont plutôt les salariés de l'entreprise. Et ils le feront volontiers par exemple lors des élections-couperet tous les quatre ans...
- Sur le plan de la légitimité, est-il vraiment judicieux de s'opposer à un secours de 30 000 euros accordé aux victimes d'un tsunami lointain ou d'une inondation proche ? Avec la crise, quelques CSE particulièrement responsables ont estimé que les très coûteuses activités sociales devaient être réorientées, que les programmes d'aide aux licenciés du dernier PSE passaient avant les billets de théâtre, les cours de tennis ou les voyages en Italie de ceux qui avaient un emploi. Position téméraire : les électeurs du CSE, ce sont ceux qui restent...

966 **Le CSE ne peut évidemment effectuer aucune discrimination** en faveur, ou au détriment, de certains salariés. L'exemple le plus courant, car les membres du CSE sont souvent des militants : celui d'avantages procurés au syndicat auquel appartient

la majorité des élus : prêt de salle, reprographie gratuite, discrète priorité à la crèche... Ce comportement est à l'évidence illégal, tout comme celui favorisant plusieurs syndicats représentatifs (généralement ceux de la majorité au CSE) au détriment d'autres.

Il en va de même en matière politique, pour des raisons voisines : le CSE ne peut ni subventionner tel candidat à la mairie, ni l'inviter à s'exprimer sans avoir un comportement identique à l'égard des autres partis. Le contentieux concernant les activités politiques de certains CE avant 1982 était important. En ajoutant « culturelles » à « sociales », J. Auroux en a volontairement éliminé une grande partie : le citoyen-salarié a donc droit à la culture, y compris politique. Mais si le pluralisme est respecté.

967 Contre-productif. Mais, comment en matière syndicale, est-il judicieux pour une entreprise de saisir le tribunal judiciaire statuant en référé pour faire interdire la réunion que doit tenir la semaine prochaine le candidat du PCF ou J.-L. Mélenchon à la cantine, gracieusement prêtée par un CSE à majorité CGT ou SUD ?

Outre la publicité inespérée donnée à cet événement, l'employeur est-il le mieux placé pour s'en plaindre ? Les années 1970-1990 ont montré que les salariés se détournaient des syndicats alignés sur un parti politique. Dans l'entreprise, les électeurs n'apprécient pas du tout le mélange des genres opéré par leur CSE, surtout si c'est leur argent qui est ainsi dépensé. Il en ira de même pour une éventuelle discrimination opérée par le CSE entre grévistes et non-grévistes : s'il est humain que des militants volent au secours de familles de grévistes engagés dans un mouvement déclenché par eux en votant un secours financier, le seul état de « gréviste » ne peut suffire à justifier une allocation de la part du CSE ; et les non-grévistes (souvent majoritaires) s'en souviendront là encore aux prochaines élections (couperet).

968 ASC, *or not* ASC ? Certaines activités appartiennent incontestablement au CSE : arbre de Noël, colonies de vacances (en chute libre, même hors C19), voyage pour les retraités de l'entreprise, sports de toute nature, billetterie de théâtre.

D'autres nécessitent un examen plus approfondi. Ainsi du journal interne publié par l'entreprise : si son contenu se limite aux informations concernant la cantine, les horaires d'ouverture de la vidéothèque ou des cours de tennis, il s'agit bien d'une ASC dont le CSE pourra revendiquer la gestion, et donc le budget. Si au contraire ces informations occupent une faible place, l'essentiel étant consacré aux nouveaux produits et marchés, l'employeur pourra en refuser le transfert. La « *soirée annuelle festive destinée à assurer la cohésion des équipes* » au sein de l'entreprise ? « *Éléments de gestion* », pas ASC (CS, 9 juill. 2014).

B. - Financement des ASC (art. L. 2312-81)

969 Subvention patronale. Il est fréquent et normal que les salariés participent à une partie du financement en payant une partie des dépenses engagées (ex. : voyages lointains...malgré la transition écologique vue côté CSE ?). Mais l'essentiel des recettes provient d'une subvention patronale, distincte du budget de **fonctionnement** interne du comité (0,2 % ou 0,22 % de la MSB, V. *supra*).

N'existe ici aucun taux obligatoire fixé par la loi : en pratique, ce taux varie de 0 % (c'est-à-dire 0 € par an) à 7 % de la masse salariale brute. La dotation moyenne par salarié s'établit à 150 euros, avec de très importants écarts types en forme d'effet Mathieu : ce sont les entreprises les plus riches qui ont les budgets les plus élevés, pour des ingénieurs et cadres en CDI qui ne sont déjà pas les plus mal lotis en termes de rémunération.

970 **Loi du 29 mars 2018 : l'accord collectif, encore.** La contribution ASC versée chaque année par l'employeur : 1. est en principe fixée par un accord d'entreprise ; 2. à défaut, le rapport de cette contribution à la masse salariale brute ne peut être inférieur au même rapport existant pour l'année précédente.

Ce n'est donc pas la somme elle-même qui est reconduite : c'est le rapport à la masse salariale brute. Et si cette dernière chute suite à un vaste PSE dans l'entreprise comme c'est aujourd'hui le cas après le C19, certains gros CSE doivent à leur tour construire un petit PSE...

§2 Attributions professionnelles du CSE

Empilement depuis 1946, petit regroupement en 2015-2018. Le comité d'entreprise devait être *informé* au minimum, généralement *consulté* dans une multitude de domaines, *avant* que le chef d'entreprise ne prenne sa décision définitive. Mais chaque loi depuis 1970 ayant ajouté une nouvelle compétence, en établir une liste exhaustive aujourd'hui nécessiterait le recopiage d'une trentaine de pages du code. Alors résumons.

971 **Principe général.** Les *décisions* de l'employeur visant la *collectivité* du personnel sont *précédées* de l'information (loyale et complète), puis de la consultation du CSE. Donc les projets *d'accord* collectif, leur révision ou leur dénonciation n'y sont pas soumis. À chacun ses responsabilités, et pas question pour un CSE opposant de tirer ainsi le tapis sous les pieds de syndicats signataires.

972 **Effet utile.** Dans son arrêt du 18 juin 2003, la Chambre sociale a rappelé sa volonté de donner un **effet utile** à cette information-consultation, c'est-à-dire ni trop tôt dans le processus de décision ni surtout trop tard, quand le projet entièrement monté n'est pratiquement plus modifiable : « *Si une décision s'entend d'une manifestation de volonté d'un organe dirigeant qui oblige l'entreprise, il ne s'en déduit pas qu'elle implique nécessairement des mesures précises et concrètes. Un projet ou des orientations, même formulés en des termes généraux, doivent être soumis à consultation du comité d'entreprise lorsque leur objet est assez déterminé pour que leur adoption ait une incidence sur l'organisation, la gestion et la marche générale de l'entreprise, peu important qu'ils ne soient pas accompagnés de mesures précises et concrètes d'application dès lors que la discussion ultérieure de ces mesures n'est pas de nature à remettre en cause dans son principe le projet ou les orientations adoptés.* » Saisie d'éventuels délits d'entrave au bon fonctionnement du CSE, la Chambre criminelle ne fait pas Chambre à part : elle veille au respect scrupuleux de ses prérogatives.

A. - *Informations au fil de l'évolution de l'entreprise*

973 **À chaque réunion du CSE, en fonction des projets patronaux,** le CSE est informé puis consulté sur les questions intéressant l'organisation, la gestion et la marche générale de l'entreprise, notamment : les mesures de nature à affecter le volume ou la structure des effectifs, la modification de son organisation économique ou juridique, les conditions d'emploi, de travail, dont la durée du travail, la formation professionnelle, l'introduction de nouvelles technologies, tout aménagement important modifiant les conditions de santé et de sécurité ou les conditions de travail et enfin sur les mesures prises en vue de faciliter la mise, la remise ou le maintien au travail des accidentés du travail, des travailleurs handicapés notamment sur l'aménagement des postes de travail (art. L. 2312-14).

B. - *Consultation annuelle sur la politique sociale de l'entreprise, les conditions de travail et l'emploi*

974 Cette information-consultation porte sur l'évolution de l'emploi, les qualifications, le programme pluriannuel de formation, les actions de formation envisagées par l'employeur, l'apprentissage, les conditions d'accueil en stage, les actions de prévention en matière de santé et de sécurité, les conditions de travail, les congés et l'aménagement du temps de travail, la durée du travail, l'égalité professionnelle entre les femmes et les hommes et les modalités d'exercice du droit d'expression des salariés.

Le CSE peut se prononcer par un avis unique portant sur l'ensemble des thèmes énoncés, ou par des avis séparés organisés au cours de consultations propres à chacun de ces thèmes.

975 **Pour préparer cette information-consultation,** l'employeur met à la disposition du CSE :

1 - les informations sur l'évolution de l'emploi, des qualifications, de la formation et des salaires, sur les actions en faveur de l'emploi des travailleurs handicapés, sur le nombre et les conditions d'accueil des stagiaires, sur l'apprentissage et sur le recours aux contrats de travail à durée déterminée, aux contrats de mission conclus avec une entreprise de travail temporaire ou aux contrats conclus avec une entreprise de portage salarial ;

2 - les informations et les indicateurs chiffrés sur la situation comparée des femmes et des hommes au sein de l'entreprise ;

3 - les informations sur le plan de formation de l'entreprise ;

4 - les informations sur la mise en œuvre des contrats et des périodes de professionnalisation et du compte personnel de formation ; Les informations sur la mise en œuvre des entretiens professionnels ;

5 - les informations sur la durée du travail portant sur :

a - les heures supplémentaires accomplies dans la limite et au-delà du contingent annuel applicable dans l'entreprise,

b - à défaut de détermination du contingent annuel d'heures supplémentaires par voie conventionnelle, les modalités de son utilisation et de son éventuel dépassement,

c - le bilan du travail à temps partiel réalisé dans l'entreprise,
d - le nombre de demandes individuelles formulées par les salariés à temps partiel pour déroger à la durée hebdomadaire minimale,
e - la durée, l'aménagement du temps de travail, la période de prise des congés payés, les conditions d'application des aménagements de la durée et des horaires lorsqu'ils s'appliquent à des salariés à temps partiel, le recours aux conventions de forfait et les modalités de suivi de la charge de travail des salariés concernés.

6 - Les informations sur les mesures prises en vue de faciliter l'emploi des accidentés du travail, des invalides de guerre et assimilés, des invalides civils et des travailleurs handicapés, notamment celles relatives à l'application de l'obligation d'emploi des travailleurs handicapés ;
7 - les informations sur l'affectation de la contribution sur les salaires au titre de l'effort de construction ;
8 - les informations sur les modalités d'exercice du droit d'expression des salariés ;
9 - les informations relatives aux contrats de mise à disposition conclus avec les entreprises de travail temporaires, aux contrats d'accompagnement dans l'emploi, aux contrats initiative emploi, à des contrats de mission conclus avec une entreprise de travail temporaire ou à des contrats conclus avec une entreprise de portage salarial.

On imagine que cette réunion annuelle a un ordre du jour très chargé, et pas toujours respecté.

976 **Rapports annuels.** Dans le cadre de la préparation de cette consultation annuelle sur la politique sociale, l'employeur présente également au CSE, et en particulier à sa CSSCT si elle existe :

1 - un rapport annuel écrit faisant le bilan de la situation générale de la santé, de la sécurité et des conditions de travail dans l'entreprise et des actions menées au cours de l'année écoulée dans ces domaines. Les questions du travail de nuit et de prévention des effets de l'exposition aux facteurs de risques professionnels ;
2 - un programme annuel de prévention des risques professionnels et d'amélioration des conditions de travail. Ce programme fixe la liste détaillée des mesures devant être prises au cours de l'année à venir qui comprennent les mesures de prévention des effets de l'exposition aux facteurs de risques professionnels, ainsi que, pour chaque mesure, ses conditions d'exécution et l'estimation de son coût.

Le procès-verbal de la réunion du comité consacrée à l'examen du rapport et du programme est joint à toute demande présentée par l'employeur en vue d'obtenir des marchés publics, des participations publiques, des subventions, des primes de toute nature ou des avantages sociaux ou fiscaux.

C. - Consultation finale du CSE

977 Après avoir été ainsi informé par l'employeur, le CSE « émet des avis et des vœux dans l'exercice de ses attributions consultatives ». Il dispose à cette fin d'un délai d'examen suffisant et d'informations précises et écrites mises à disposition par l'employeur, et de la réponse motivée de ce dernier à ses propres observations.

S'il estime ne pas disposer d'éléments suffisants, le CSE peut saisir le président du tribunal judiciaire statuant selon la procédure accélérée *au fond*, afin qu'il ordonne la communication par l'employeur des éléments manquants. Le juge statue dans un délai de huit jours.

Mais l'article L. 2323-4 indique que cette saisine « *n'a pas pour effet de prolonger le délai dont dispose le comité pour rendre son avis* », afin d'empêcher des actions judiciaires d'un CSE pour retarder la mise en œuvre des projets objet de la consultation. Le juge pouvant décider de la prolongation du délai « *en cas de difficultés particulières d'accès aux informations nécessaires à la formulation de l'avis motivé du CSE* ».

En citant la directive du 11 mars 2002 (« *L'information s'effectue à un moment, d'une façon et avec un contenu appropriés, susceptibles notamment de permettre aux représentants des travailleurs de procéder à un examen adéquat et de préparer, le cas échéant, la consultation* (...). *Les États membres prévoient des sanctions* (...) *qui doivent être effectives, proportionnées et dissuasives* »), **la Cour de cassation en a tiré quatre conséquences :**

1 - le CSE doit obligatoirement *saisir* le tribunal judiciaire dans le délai légal qui lui est imparti pour donner son avis (CS, 27 mai 2020, Carrefour). Mais en revanche, peu importe que le délai de consultation soit expiré au jour où le TJ *rend* sa décision : ce n'est pas au CSE de faire les frais des lenteurs de la justice.

2 - Le délai à l'expiration duquel le CSE est réputé avoir donné un avis court à compter de la date à laquelle il a reçu une information le mettant en mesure d'apprécier l'importance de l'opération envisagée. Logique, mais donnant au juge une large marge de manœuvre...

3 - Il ne court donc pas lorsque des documents, dont la loi ou l'accord collectif prévoit la communication, et notamment ceux relevant de la base de données économiques et sociales (V. *infra*) n'ont pas été mis à la disposition du CSE.

4 - Si le tribunal judiciaire constate l'insuffisance de l'information permettant au CSE de se prononcer utilement, il peut alors prolonger le délai de consultation (CS, 26 févr. 2020).

NE PAS CONSULTER LE CSE = TRIPLE FAUTE

Des employeurs omettent, volontairement ou non, de procéder à l'une de ces dizaines de consultations préalables, légalement obligatoires. Triple erreur :

- le CSE, qui a la personnalité juridique, pourrait agir sur le *terrain pénal* : délit *d'entrave à son bon fonctionnement* (7 500 €). Mais il ne dispose pas du pouvoir d'exercer une action en justice au nom des salariés.
- Beaucoup plus dissuasif car très pratique : la décision patronale prise sans consultation préalable du CSE ne sera *pas opposable* aux salariés, puisqu'elle est irrégulière. L'exemple le plus classique est celui des heures supplémentaires : à défaut de consultation préalable du CSE, les salariés pourront refuser de les effectuer car elles sont alors illégales. Il en va de même pour des modifications de clauses disciplinaires du règlement intérieur : elles ne seront pas opposables au fautif, tout comme les *surfs* sur des sites Internet pas très professionnels et autres poses de caméras-vidéo

destinées à la surveillance des salariés n'ayant pas donné lieu à cette même consultation.
- Lorsque l'intervention de l'inspecteur du travail doit suivre la consultation, ce dernier *doit refuser la demande patronale*, quel qu'en soit le bien-fondé par ailleurs. Ainsi la demande de licenciement d'un membre élu du CSE (même ayant commis une faute *lourde*) donnera lieu automatiquement à un refus d'autorisation si l'entreprise n'a pas joint à sa demande le procès-verbal de la séance du CSE.

Les attributions professionnelles du CSE sont extrêmement nombreuses ; mais il semble logique que ces représentants du personnel puissent donner leur *avis* sur une mesure patronale qui va s'appliquer à tous les salariés.

§3 Attributions économiques du CSE

978 **Métamorphoses.** Loi après loi depuis 1982, le comité s'est vu confier un rôle de plus en plus important en matière économique : ce qui justifie la présence du chef d'entreprise à sa tête, puis la création de structures permettant aux représentants du personnel d'avoir le cas échéant comme interlocuteur le *véritable décideur* (comité de groupe, comité d'entreprise européen).

De façon paradoxale, depuis la Libération ces attributions ont passionné le législateur et les juristes, mais beaucoup moins les salariés eux-mêmes, plus intéressés par les activités sociales et culturelles. La loi du 28 octobre 1982, puis trente ans plus tard celles du 14 juin 2013, d'août 2015 et enfin les ordonnances du 22 septembre 2017 ont voulu tout recentrer sur l'emploi, pour faire face à la grande transformation du Numérique (employabilité), et prévenir les licenciements économiques : **sujet d'actualité en 2021-2022 avec la crise économique liée au C19**.

Ici comme ailleurs, l'intelligence collective est plus créative, surtout quand elle vient de personnes proches du terrain où les grandes envolées idéologiques et autres postures à la Française se heurtent aux problèmes très concrets de la perte du client X ayant déposé le bilan suite au C19, donc de la fermeture du service Y, avec d'éventuelles suppressions de postes visant directement Souad, Hervé, Isabelle, Hadrien et 67 de leurs camarades.

Faut-il à chaque loi réclamer à l'employeur d'autres documents comptables, d'autres informations financières ? Il ne suffit pas de permettre au CSE de *connaître* (*A*) la situation économique de l'entreprise, il fallait surtout lui donner les moyens de *comprendre* (*B*) : pas toujours *plus*, mais *mieux*.

Sur le plan communautaire, l'importante directive sur « l'information et la consultation des travailleurs » du 11 mars 2002 a généralisé, dans une logique de prévention des licenciements économiques, un processus jusqu'à présent ponctuel (directive sur les transferts d'entreprise, les licenciements collectifs...).

A. - Connaître

Depuis la loi du 29 mars 2018, il faut séparer informations-consultations *récurrentes*, et *spécifiques sur certains sujets*.

1° *Informations-consultations* récurrentes

979 **En principe chaque année, le CSE est consulté** sur :

1 - les orientations stratégiques de l'entreprise définies par l'organe chargé de l'administration ou de la surveillance de l'entreprise, avec évidemment leurs conséquences sur l'activité, l'emploi, l'évolution des métiers et des compétences, l'organisation du travail, le recours à la sous-traitance, à l'intérim, à des contrats intérimaires et à des stages ;

2 - la situation économique et financière, la politique de recherche et de développement technologique de l'entreprise ;

3 - la politique sociale de l'entreprise, les conditions de travail et l'emploi (vue *supra* au titre des attributions professionnelles).

Ces consultations doivent avoir lieu chaque année (quand les comptes ont été bouclés), *sauf si l'accord fondateur en dispose autrement*.

Car cet accord peut aussi définir le contenu, la périodicité et les modalités de ces consultations récurrentes, ainsi que la liste et le contenu des informations nécessaires à ces consultations, les délais dans lesquels les avis du comité sont rendus. Il peut également prévoir la possibilité pour le CSE d'émettre un avis unique portant sur tout ou partie des thèmes de consultation prévus par la loi.

Mais la périodicité des consultations prévue par l'accord ne peut être supérieure à trois ans.

2° *Informations-consultations* spécifiques

980 **Le CSE doit obligatoirement être consulté sur les moyens de contrôle de l'activité des salariés** (traçage informatique, pose caméras vidéo : art. L. 2312-38) ; la restructuration et compression des effectifs, sauf en cas *d'accord* collectif portant sur la gestion prévisionnelle des emplois et des compétences, ou une rupture conventionnelle collective ; le licenciement collectif pour motif économique ; les opérations de concentration les offres publiques d'acquisition ; les procédures de sauvegarde, de redressement et de liquidation judiciaire

L'accord d'entreprise fondateur du CSE peut aussi définir le contenu des informations ponctuelles du CSE, en respectant les dispositions d'ordre public sur les délais dans lesquels les avis du comité sont rendus.

**WEB 3, DISCRÉTION ET CONFIDENTIALITÉ
BEL OXYMORE ET CONFLIT DE LOGIQUES**

« *Les membres de la délégation du personnel du CSE sont tenus au secret professionnel pour toutes les questions relatives aux procédés de fabrication* » (avec des sanctions pénales).

« *Les membres de la délégation du personnel du CSE et les représentants syndicaux sont tenus à une obligation de discrétion à l'égard des informations revêtant un caractère confidentiel et présentées comme telles par l'employeur* » (art. L. 2315-3).

Si l'on comprend bien que l'entreprise cherche à ne pas voir étalés sur la place publique (mondiale avec Internet : V. *infra*) des documents ou données confidentiels, le représentant du personnel doit aussi remplir son rôle et informer ses mandants, souvent fort inquiets et donc très demandeurs d'informations en nos temps de PSE.

C'est ce qu'a légitimement rappelé la pourtant stricte loi sur le secret des affaires du 30 juillet 2018 : « *À l'occasion d'une instance relative à une atteinte au secret des affaires, le secret n'est pas opposable lorsque : 1. l'obtention du secret des affaires est intervenue dans le cadre de l'exercice du droit à l'information et à la consultation des salariés ou de leurs représentants ; 2. la divulgation du secret des affaires par des salariés à leurs représentants est intervenue dans le cadre de l'exercice légitime par ces derniers de leurs fonctions, pour autant que cette divulgation ait été nécessaire à cet exercice* » (C. com., art. L. 151-9).

Heureusement plus attentive qu'hier à la véritable guerre économique dans laquelle se trouvent les entreprises françaises, la Chambre sociale a rappelé le 6 mars 2012 l'importance de cette obligation, soumise à une triple condition.

Intérêt de l'entreprise. En juin 2008, un délégué syndical par ailleurs membre du comité d'entreprise fait l'objet d'une mise à pied disciplinaire pour avoir divulgué à un organe de presse, en les déformant, des informations qui lui avaient été transmises par l'employeur en sa qualité de membre du comité d'entreprise et dont le caractère confidentiel lui avait été précisé. « *La sanction de mise à pied prise par l'employeur, dans le cadre de l'exercice de son pouvoir disciplinaire, était justifiée* » car : 1. « *Le salarié, en sa qualité de membre du comité d'entreprise et dans le cadre des réunions de ce comité, notamment d'un comité extraordinaire, avait eu connaissance par l'employeur d'informations expressément présentées comme confidentielles, sous la forme d'une note, portant un tampon rouge indiquant sa confidentialité et une mention rappelant ce caractère confidentiel et que cette note ne pouvait "faire, à ce titre, l'objet d'une diffusion extérieure".* » 2. « *Il est établi qu'en sa qualité de délégué syndical, ce même salarié a divulgué ces informations à la presse.* » ; 3. « *De plus en les déformant, ce qui était de nature à nuire aux intérêts de l'entreprise.* » Résultat : « *manquement à l'obligation de discrétion préjudiciable aux intérêts de l'entreprise* », mise à pied justifiée (CS, 6 mars 2012), ce qui n'est pas cher payé.

INTERNET ET CONFIDENTIALITÉ CÔTÉ ENTREPRISE *« AVANT JE LUI DISAIS TOUT. MAINTENANT JE NE LUI CACHE RIEN »* (JULES RENARD, DANS SON MERVEILLEUX *JOURNAL*)

S'agissant cette fois d'un site CGT ayant mis en ligne des informations confidentielles, l'arrêt Secodip rendu le 5 mars 2008 a le mérite de bien résumer le droit existant, bien loin aujourd'hui du vide juridique dont on nous rebat les oreilles. « *En ne recherchant pas si les informations litigieuses avaient un caractère confidentiel, et si ce caractère était de nature à justifier l'interdiction de leur divulgation au regard des intérêts légitimes de l'entreprise, la cour d'appel n'a pas donné de base légale à sa décision.* » Cette pesée en deux temps des intérêts en présence paraît adéquate, même si le débat judiciaire, donc public sinon médiatisé sur « *le caractère confidentiel des informations litigieuses* », peut paraître surréaliste. Sans parler de l'effet manifestement contreproductif de cette assignation médiatisée donnant aux internautes envie d'aller voir ce que dit ce petit site contesté et qui sait si bien se mettre en valeur.

1. « Le juge doit rechercher si les informations litigieuses avaient un caractère confidentiel. »
Ce premier exercice peut s'avérer délicat : si, par exemple, les informations en cause proviennent manifestement d'une réunion du CSE pour laquelle l'employeur avait expressément requis une totale confidentialité (avec dépôt des téléphones portables, interdiction d'utiliser les ordinateurs en mode vidéo, information exclusivement orale), et que ce dernier démontre à la barre le bien-fondé de cette limitation, le juge n'aura guère de difficultés. Mais à côté de ces données hautement confidentielles car stratégiques dont on peut d'ailleurs se demander si l'employeur prendrait dans d'autres pays le risque de les divulguer (*cf.* art. 6-2 de la directive générale du 11 mars 2002 : « *Dans des cas spécifiques et des limites fixées par les législations nationales, l'employeur n'est pas obligé de communiquer aux représentants du personnel des informations ou de procéder à des consultations lorsque leur nature est telle que, selon des critères objectifs, elles entraveraient gravement le fonctionnement de l'entreprise ou lui porteraient préjudice* »), il existe aussi, dans notre société de la réputation, des informations pas toujours économiques mais vraiment sensibles qui, sorties de l'entreprise et de son contexte, pourraient coûter très cher en termes d'image : ainsi du vif débat en octobre 2007 entre les membres du CHSCT de Renault-Guyancourt et la direction sur le rapport rendu par un cabinet d'expert après les trois suicides de l'année 2007. Juridiquement, aucun texte n'interdit leur diffusion, et donc leur médiatisation.

2. Le caractère confidentiel de l'information étant acquis...
« *Était-il de nature à justifier l'interdiction de leur divulgation au regard des intérêts légitimes de l'entreprise* » ? Ce second examen en forme de contrôle de proportionnalité (liberté d'expression et de communication/protection des intérêts vitaux de l'entreprise) peut paraître étrange. Car si le mot confidence a encore un sens (« *sous le sceau du secret* »), on voit mal un juge énoncer successivement que ces informations étaient hautement confidentielles pour ensuite admettre qu'un site Internet, fût-il syndical, les mette en ligne et donc à la disposition du monde entier. Le très réaliste article 6 de la directive de 2002 énonce que « *les représentants du personnel, ainsi que les experts qui les assistent éventuellement, ne sont pas autorisés à révéler aux travailleurs ou à des tiers des informations qui, dans l'intérêt légitime de l'entreprise, leur ont été expressément communiquées à titre confidentiel. Cette obligation subsiste quel que soit le lieu où ils se trouvent, même après l'expiration de leur mandat* ».
Gestion des risques juridiques. Entre le droit boursier, l'AMF et le Grand Gendarme américain, les entreprises cotées qui ont des doutes ne les ont pas longtemps, et préfèrent courir le risque d'un délit d'entrave au bon fonctionnement du CSE (7 500 €). Les syndicalistes concernés restant judiciairement peu agressifs sur ce terrain : car si des fuites avaient lieu, faisant capoter l'OPA et perdre 500 emplois...

POUR ALLER PLUS LOIN...

- L. Pécaut-Rivolier, *La confidentialité : droit ou obligation du représentant du personnel ?*, Dr. soc., mai 2012, p. 469
- J.-E. Ray, *Protéger l'information, aujourd'hui et demain : secret, confidentialité, discrétion, loyauté*, Dr. soc., mars 2013
- B. Bursztein et D. Guillouet, *Le renforcement de la protection du secret des affaires : quel impact sur l'exercice des missions des représentants du personnel ?* RDT 2019 p. 13
- D. Liault et G. Bordier, *Loi sur le secret des affaires : quelles implications dans les relations avec les salariés ?* Semaine sociale Lamy n° 1837, 19 nov. 2018

981 **Les rudes crises de 2008 puis de 2020-2021 ont fait évoluer les deux partenaires**. L'employeur a saisi l'occasion qui lui était donnée de convaincre les élus de la difficulté de la situation, et ainsi d'éviter les conflits en ces temps de réorganisations (au mieux), et de restructurations ou d'*outsourcing* permanentes (au pire). Évolution de l'entreprise et chute des idéologies aidant, les syndicats ont compris que le temps était venu d'utiliser pleinement ce que la loi leur permettait d'obtenir ; les vagues successives de licenciements économiques ont obligé les partenaires à chercher à se comprendre, à poser un diagnostic partagé pour trouver ensemble des solutions alternatives, à être créatifs en matière d'emploi (*cf.* GEPP, accord de performance collective, APLD...), sous l'œil attentif de la Dreets, mais aussi de la jurisprudence sociale et criminelle qui veulent faire du CSE un acteur à part entière, à même de se faire respecter.

B. - Comprendre

Cinq moyens essentiels : une vision de l'avenir, avec une information sur les orientations stratégiques de l'entreprise et une Banque de données économiques, sociales et environnementales (BDESE) constamment mise à jour ; une formation économique des membres ; un recours élargi à l'expert-comptable ; la création d'une commission économique dans les entreprises de plus de 1 000 salariés.

1° Pré-voir pour pré-venir : les orientations stratégiques

982 **Pour prévenir d'éventuels licenciements économiques.** Le CSE est consulté sur les orientations stratégiques de l'entreprise, définies par l'organe chargé de l'administration ou de la surveillance de l'entreprise, et sur leurs conséquences sur l'activité, l'emploi, l'évolution des métiers et des compétences, l'organisation du travail, le recours à la sous-traitance, à l'intérim, à des contrats temporaires et à des stages. Cette consultation porte, en outre, sur la gestion prévisionnelle des emplois et des compétences, sur les orientations de la formation professionnelle et sur le plan de développement des compétences.

Le CSE émet un avis sur les orientations stratégiques de l'entreprise et peut proposer des orientations alternatives. Cet avis est transmis à l'organe chargé de l'administration ou de la surveillance de l'entreprise, qui formule une réponse argumentée. Le comité en reçoit communication et peut y répondre » (art. L. 2312-24)

Cette consultation est donc particulière : 1. à supposer qu'elles existent, les « orientations stratégiques » n'attendront pas l'avis du CSE : elles ont déjà été « définies » par le conseil d'administration : consultation, ou simple information ? 2. Le va-et-vient qui suit entre le conseil d'administration et le CSE est plutôt rare... 3. Un recours à un expert-comptable-pédagogue (V. *infra*) est ici prévu.

2° La « Banque de données économiques, sociales et environnementales » (BDESE depuis la loi de l'été 2021)

983 **La BDESE, ce n'est pas seulement la consolidation la plus pédagogique possible** des nombreux chiffres et tableaux devant être régulièrement transmis au CSE.

Tout sur la table. Associée à l'information-consultation sur les orientations stratégiques de l'entreprise, la BDESE veut, dans notre cher et vieux pays ne détestant ni les conflits, ni les slogans, créer *« un nouveau modèle économique et social »* en favorisant un **diagnostic partagé** sur la situation économique de l'entreprise afin de mieux prévoir d'éventuelles restructurations et de mieux prévenir les licenciements économiques.

Obligatoire pour les entreprises d'au moins 50 salariés, la BDESE comprend toutes les données collectées au niveau de *l'entreprise,* pas par établissement.

Cette base régulièrement mise à jour, rassemble un très, très vaste ensemble d'informations que l'employeur met en permanence à disposition des membres du CSE, ainsi qu'aux délégués syndicaux.

Refrain. En l'absence d'accord, les informations minimum figurant dans la base de données portent sur les thèmes suivants :

1 - **investissements** : investissement social (emploi, évolution et répartition des contrats précaires, des stages et des emplois à temps partiel, formation professionnelle, évolution professionnelle et conditions de travail), investissement matériel et immatériel et les informations en matière environnementale ;

2 - **égalité professionnelle entre les femmes et les hommes au sein de l'entreprise :** diagnostic et analyse de la situation comparée des femmes et des hommes pour chacune des catégories professionnelles de l'entreprise en matière d'embauche, de formation, de promotion professionnelle, de qualification, de classification, de conditions de travail, de sécurité et de santé au travail, de rémunération effective et d'articulation entre l'activité professionnelle et la vie personnelle et familiale, analyse des écarts de salaires et de déroulement de carrière en fonction de l'âge, de la qualification et de l'ancienneté, évolution des taux de promotion respectifs des femmes et des hommes par métiers dans l'entreprise, part des femmes et des hommes dans le conseil d'administration ;

3 - **fonds propres et endettement ;**

4 - ensemble des éléments de la rémunération des salariés et dirigeants ;

5 - activités sociales et culturelles ;

6 - rémunération des financeurs ;

7 - flux financiers à destination de l'entreprise, notamment aides publiques et crédits d'impôts ;
8 - sous-traitance ;
9 - le cas échéant, transferts commerciaux et financiers entre les entités du groupe ;
10 - *ajoutées à l'été 2021* : les conséquences environnementales de l'activité de l'entreprise.

984 **Lieu virtuel mais temps réel.** Régulièrement mise à jour par l'employeur, la BDESE doit être doublement accessible : 1. « *Les entreprises devront classer et présenter les informations de la manière la plus intelligible, simple et dynamique pour que les élus les exploitent facilement* » (circ. DGT). 2. Elle doit être accessible en permanence (mais pas forcément 24/7/365) aux membres du CSE, mais également et pour la première fois aux délégués syndicaux et donc aux syndicats en tant qu'acteurs de la négociation collective (GPEC, PSE, RCC, accord de performance collective, APLD du 17 juin 2020...), sous le double signe de la **loyauté et de la transparence.**

985 **2 + 1 = 3.** Destinées à préparer la consultation en principe annuelle du CSE « *sur les orientations stratégiques de l'entreprise* », ces informations portent donc sur les deux années précédentes mais aussi l'année en cours, et intègrent des perspectives sur les trois années suivantes (*cf.* le rythme de la GEPP). Ce sont en effet davantage les évolutions à moyen terme que les chiffres bruts qui seront intéressantes à suivre ; mais on peut aussi imaginer que les projets de PSE seront moins surprenants, avec une intervention en amont, et une baisse espérée du contentieux.

986 **Papier ou intranet ?** Papier : certaines très prudentes entreprises ont fait le choix d'une *data room*, avec code d'accès personnel et sans appareil photo, dans laquelle les multiples classeurs sont mis à jour. Problème : actualiser en permanence des centaines de données ? L'intranet n'a rien d'obligatoire, mais est pour cette raison souvent privilégié : un nouveau marché de logiciels *ad hoc* s'est ouvert. Mais il faut veiller à la sécurisation des accès, le cas échéant mandat par mandat (code d'accès nominatif, tout tirage papier portant le nom de la personne), et se demander s'il faut systématiquement tout archiver.

L'idéal est évidemment d'ouvrir cette phase nouvelle en négociant l'accord BDESE souhaité par l'ordonnance du 22 septembre 2017. Comme le remarque l'éminent doyen Paul-Henri Antonmattéi : « *Sa mise en place est un acte majeur en vue d'un nouveau dialogue social car on fait entrer les comités d'entreprise dans le cockpit de l'avion : cela suppose des discussions nourries en amont avec les IRP.* » Qu'il s'agisse de PSA ou de Cap Gemini, des chefs d'entreprise ont voulu aller au-delà de la règle, et jouer le jeu à fond en y mettant aussi les PV de réunions, les rapports RSE, les rapports des experts... et les présentations des dirigeants.

987 **Discrétion.** Les délégués ayant accès à la BDESE « *sont tenus à une obligation de discrétion à l'égard des informations contenues dans la base de données revêtant*

un caractère confidentiel et présentées comme telles par l'employeur ». Différence avec celles données sur *Powerpoint* lors d'une réunion physique du CSE : dans les grandes entreprises, ce sont plusieurs centaines de personnes qui y ont accès, et chaque élection en apporte des nouvelles. Il est donc souhaitable de les mettre à disposition selon plusieurs niveaux de confidentialité, mais bien paramétrés : car la solution simple consistant à indiquer que tout est confidentiel constitue évidemment un trouble manifestement illicite.

988 **Six ans après, le bilan de la BDESE reste hélas modeste**, aux torts partagés. Peu d'entreprises ont déployé de gros efforts financiers (son coût est réel), ni de pédagogie gigantesque pour rendre vivante cette masse de chiffres, dont certains peuvent être sensibles. Et côté délégués, à part les membres de la Commission économique du CSE dans les entreprises importantes, la consultation de la BDESE reste souvent modeste, très modeste... ce qui n'incite guère le service Ressources humaines à être réactif et créatif. Et le petit ajout par la loi de l'été 2021 des « conséquences environnementales de l'activité de l'entreprise » ouvre de très (trop) grandes perspectives.

Une excellente idée, qui n'a pas tout donné.

3° Formation à l'économie, pour comprendre

989 Tous les membres élus du CSE peuvent bénéficier d'un stage de formation économique d'une durée maximale de cinq jours, pris sur le temps de travail, et non déduit de leurs heures de délégation, cette formation pouvant être renouvelée après quatre ans de mandat. Le financement du stage lui-même est assuré sur le budget de fonctionnement du CSE. Pour des étudiants économistes ou des gestionnaires, cette très brève formation peut prêter à sourire. C'est oublier que cette courte période ne vise pas à faire des spécialistes pointus, mais à donner aux membres élus les mécanismes élémentaires leur permettant de comprendre les comptes qui leur seront présentés. Et les militants motivés poursuivent chez eux, ou grâce au congé de formation économique, sociale et syndicale (entre deux et douze jours par an) les études ainsi entreprises.

4° Recours à l'expert-comptable

990 **Bien sûr pas de l'expert-comptable de la société !** Si le choix de la profession d'expert-*comptable* est compréhensible (niveau technique, déontologie), est souhaitée une vision plus pédagogique, dynamique ou prospective proche de l'*audit*. Ce recours est possible pour l'ensemble des CSE personnes morales, quelles que soient la taille et la forme juridique de l'entreprise.

Celui à qui le CSE fait appel (cabinets souvent proches du syndicat majoritaire : *www.secafi.com* pour la CGT : 560 collaborateurs ; *www.syndex.fr* pour la CFDT : 410 collaborateurs) a le titre d'expert-comptable, mais un rôle essentiel de *pédagogue*. S'il a accès aux mêmes documents que le commissaire aux comptes, sa mission est fondamentalement différente : il doit permettre aux membres du comité de préparer la réunion annuelle, et d'y poser les questions pertinentes. Son exposé lors d'une séance préparatoire la veille au soir avec les membres du CSE, mais aussi son rapport auront permis de montrer les forces et faiblesses de la situation économique de l'entreprise, parfois même de proposer des solutions alternatives judicieuses. Y compris en matière environnementale depuis la loi de fin 2021 : or il ne semble pas que cela soit la compétence principale d'un expert-comptable.

Les ordonnances de septembre 2017 puis la loi du 29 mars 2018 ont nettement recadré l'intervention de l'expert-comptable.

991 Recours (art. L. 2315-78 et s.)

Par un vote auquel l'employeur-président ne peut participer, le CSE peut y faire appel :

- pour les consultations récurrentes : orientations stratégiques de l'entreprise et situation économique et financière, mais aussi sur la politique sociale de l'entreprise, les conditions de travail et l'emploi ;
- mais un accord peut déterminer, sur une ou plusieurs années, le nombre d'expertises dans le cadre de ces consultations récurrentes ;
- pour les consultations ponctuelles : droit d'alerte économique, opérations de concentration, licenciements collectifs pour motif économique, mais aussi l'assistance des syndicats pour négocier un accord de performance collective ou un PSE.

À compter de la désignation de l'expert par le CSE, ses membres notifient à l'employeur un cahier des charges. Puis l'expert notifie à l'employeur le coût prévisionnel, l'étendue et la durée d'expertise.

L'employeur devant lui fournir les informations nécessaires à l'exercice de sa mission ; il est évidemment tenu aux obligations de secret et de discrétion (art. L. 2315-84)

992 Qui paye (ce qui n'est pas sans incidence sur le recours) ? Ça dépend

- l'employeur à 100 % pour les consultations récurrentes sur la situation économique et financière et sur la politique sociale de l'entreprise, les conditions de travail et l'emploi, et les consultations ponctuelles en cas de licenciements collectifs pour motif économique ;
- le CSE sur son propre budget de fonctionnement à hauteur de 20 % (discrètement dissuasif), et l'employeur pour 80 % s'agissant des orientations stratégiques, opérations de concentration, exercice du droit d'alerte économique, offres publiques d'acquisition, introduction de nouvelles technologies, aménagement important modifiant les conditions de travail ;
- mais le CSE peut aussi faire appel à tout type d'expert pour la préparation de ses travaux... s'il le rémunère lui- même à 100 %. Bien peu le font.

CONTESTATIONS EN JUSTICE DES HONORAIRES DE L'EXPERT

Dans l'arrêt du 10 février 2000, la Cour de cassation a voulu calmer la soif financière parfois excessive de certains cabinets : alors qu'étaient demandés 30 000 euros d'honoraires, car selon le pourvoi de l'expert, *« il ne s'agit pas d'une activité purement comptable, mais d'une fonction critique d'appréciation de la situation de l'entreprise se rapprochant plutôt d'une activité d'audit et de conseil »*, la Cour accepte 10 000 euros, *« la mission de l'expert portant sur les éléments nécessaires à l'intelligence des comptes de l'entreprise et à l'appréciation de la situation de celle-ci »*.

Reste à savoir si cette contestation patronale est tactiquement astucieuse, par exemple, lors d'un PSE : la comptabilité est plus un art qu'une science.
L'employeur peut contester devant le tribunal judiciaire : 1. la délibération du CSE s'il conteste sa nécessité même le choix de l'expert ; 2. le coût prévisionnel, l'étendue ou la durée de l'expertise ; 3. la notification de son coût final.
Le juge statue en urgence, en premier et dernier ressort, dans les dix jours suivant sa saisine. Saisine qui suspend l'exécution de la décision du CSE, et les délais dans lesquels il est consulté jusqu'à la notification du jugement.
En cas d'annulation définitive par le juge de la délibération initiale, les sommes perçues par l'expert sont remboursées par ce dernier à l'employeur. Mais le CSE peut, à tout moment, décider de les prendre en charge : mais cela ponctionnera alors d'autant son propre budget de fonctionnement.

« Cela est si beau, que je n'y entends goutte » *(Le Médecin malgré lui)*. Dans tous les cas, l'employeur ne doit pas ignorer que les rapports de l'expert-comptable sont souvent utilisés en justice. Et que les magistrats, classiques professionnels du droit donc fâchés avec les maths depuis le CE1, sont toujours impressionnés par les exploits des professionnels du chiffre.

5° Une « commission économique », dans les grandes entreprises (art. L. 2315-46)

993 **Elle est créée dans les entreprises de plus de *mille salariés*.** Composée d'au maximum cinq membres dont un cadre, tous forcément membres du CSE, elle se réunit au moins deux fois par an sous la présidence de l'employeur.

La mission de ces élus spécialisés est de suivre la situation économique de l'entreprise (rapports trimestriels, rapport annuel, suivi BDESE) ; et c'est avec eux que l'expert-comptable du CSE travaille, année après année.

Là encore, une structure si légère pour des entreprises de plus de 1 000 salariés peut prêter à sourire. C'est oublier que les membres du CSE sont souvent réélus, et restent donc longtemps en place. Le membre de la commission présent depuis huit ans, qui a suivi les divers stages possibles de formation à l'économie, eu des contacts fréquents et féconds avec l'expert-comptable désigné par le CSE, assuré un suivi des principaux problèmes évoqués au fil des 80 réunions passées et se connectant régulièrement sur la BDESE s'est auto-formé, sinon pris au jeu : la discussion avec le chef d'entreprise n'est plus du tout la même qu'il y a vingt ans.

LE CSE ET LA LOI SUR LA TRANSITION ÉNERGETIQUE DE 2021

En tant qu'institution, le CSE est lui-même directement concerné par cette transition : voyages très, très lointains qu'il finance pour les familles du personnel, menus à la cantine pour des centaines de collaborateurs, voire choix de ses fournisseurs ou de ses sous-traitants. Alors pourquoi ne pas créer une commission *« Développement durable »* ? Avec la participation de salariés non élus mais connaissant bien le sujet, dans des groupes de travail composés de volontaires de tous niveaux, et pas seulement de cadres des grandes agglomérations. De quoi aider à sensibiliser, puis embarquer les autres collaborateurs... mais aussi les membres du CSE, souvent plus favorables au compromis fordiste qu'à la croissance raisonnée.

« *Portant lutte contre le dérèglement climatique et renforcement de la résilience face à ses effets* », la loi de l'été 2021 a confié au CSE de nouvelles attributions environnementales, mais par ajout systématique à ses attributions actuelles : ce qui n'est pas déplacé s'agissant d'une question aussi transversale. Mais sans formation spécifique donnée à ses membres, sans heures de délégation supplémentaires pour travailler ce nouveau thème.

QUELS SONT LES PRINCIPAUX APPORTS DE LA LOI ?

Dans le cadre de sa mission générale d'expression collective des salariés, le CSE doit « prendre en compte les conséquences environnementales des décisions de l'employeur ».

La consultation sur les *orientations stratégiques* porte sur tous les éléments d'ordre économique, financier, social ou environnemental nécessaires. Et là, il y a du grain à moudre sur les choix à deux ou trois ans qui engagent l'entreprise.

La mission de l'expert-comptable sur la situation économique et financière serait complétée « *par les éléments d'ordre environnemental nécessaires à la compréhension des comptes et à l'appréciation de la situation de l'entreprise* ».

La formation dont peuvent aujourd'hui bénéficier les salariés appelés à exercer des fonctions syndicales est renommée « formation économique, sociale, environnementale et syndicale ». Et la formation économique des membres titulaires du CSE peut désormais porter sur les conséquences environnementales de l'activité des entreprises.

Le comité social et économique, quatre ans et un C19 plus tard

Le lecteur se reportera au passionnant « Rapport intermédiaire du Comité d'évaluation des ordonnances du 22 septembre 2017 » (France Stratégie, juillet 2020).

Impensable il y a seulement six ans, ce rude big-bang *quantitatif* n'a guère fait de vagues dans les entreprises en dehors du petit cercle des délégués. Car d'une part l'affaissement syndical avait déjà fait largement cumuler les mandats, la fusion ne faisant parfois que constater cette situation. D'autre part les délégués syndicaux ne se voyaient pas lancer une grève sur le respect des mandats, et l'ordonnance du 22 septembre 2017 a bien pris soin de ne pas toucher aux si populaires activités sociales et culturelles.

Sur le plan *qualitatif*, il faudra attendre 2022 et le résultat définitif des études lancées par le comité d'évaluation indépendant pour mieux savoir ce qui s'est exactement passé. Mais beaucoup d'entreprises n'ont pas voulu bouleverser l'existant, voire leur ronronnant dialogue social respectant à la lettre les procédures du code mais peu productif sur le fond. Bref, passer de « ***Faut-il consulter, et à quelle date exacte pour les délais mon CSE*** ? » à « ***À quoi va servir cette consultation ? L'avis du CSE va-t-il être utile ? Utilisé ?*** », et en tirer les conséquences dans l'accord refondateur pouvant être renégocié lors du renouvellement de 2021-2022.

Comme c'était prévisible, dans l'immense majorité des cas la constitution du CSE a été le reflet du dialogue social dans l'entreprise. Alors qu'associée à la loi Pacte du 22 mai 2019 évoquant la « raison d'être » de cette personne morale, cette refondation sociale reste une belle occasion de construire ensemble un avenir commun.

« Le courage, c'est d'aller à l'idéal
et de comprendre le réel »

Jean Jaurès, Discours à la jeunesse, Albi, juin 1903

Chapitre 2

Le statut des représentants du personnel

994 **Contractant de droit privé + Statut d'ordre public.** Quels que soient leur mode de désignation ou leurs missions spécifiques, les ci-devant représentants du personnel se partageaient avant 2018 environ 760 000 mandats : 250 000 de DP, 170 000 au comité d'entreprise, 158 000 CHSCT, 65 000 DUP et 116 000 DS. Ce nombre a très nettement baissé depuis l'irruption des CSE : une chute estimée à environ 300 000 *mandats* (pas *délégués*, en raison des très nombreux cumuls).

995 **Mais leur statut n'a pas changé**. Le membre du CSE ou le délégué syndical continue par exemple de bénéficier d'un « *statut exceptionnel et exorbitant du droit commun* », indique le Conseil constitutionnel, reprenant mot pour mot les termes des arrêts Perrier de la chambre mixte de la Cour de cassation du 21 juin 1974. Au-delà du *contractant* salarié qu'il demeure et qui reste subordonné, en tant que (littéralement) « *représentant / du personnel* » élu ou désigné, il bénéficie d'un statut d'ordre public, pénalement protégé, lui permettant de remplir sa mission en toute indépendance.

Chambre sociale, Chambre criminelle et Conseil d'État (qui contrôle les autorisations de licenciement délivrées par l'inspection du travail) y veillent comme le lait sur le feu.

996 **Un véritable statut pour le représentant.** S'inspirant du dernier état de la négociation interprofessionnelle sur le dialogue social ayant échoué fin janvier 2015, la loi du 17 août 2015 (« *Valorisation des parcours professionnels des élus et des titulaires d'un mandat syndical* ») a voulu avancer. Alors que ce fameux « statut exceptionnel » visait surtout les ruptures d'origine patronale, elle a voulu à la fois encourager les vocations qui se tarissent en luttant contre d'éventuelles discriminations, mais aussi fluidifier les passages poste de travail à temps plein / mandat de délégués n'ayant pas épousé La Cause et n'imaginant plus faire carrière dans le syndicalisme. D'abord lors du passage de simple salarié à représentant du personnel, avec un entretien de début de mandat puis des garanties concernant sa rémunération. Mais aussi le retour à la vie normale du représentant du personnel ayant souvent cumulé les mandats faute de vocations nouvelles : entretien de fin de mandat, et valorisation des parcours syndicaux

(V. encadré *infra*). Ce qui permet aussi d'éviter la radicalisation d'un délégué comprenant qu'il n'a plus d'avenir professionnel dans l'entreprise.

997 **Lien dialogue social / Compétitivité de l'entreprise après les textes de 2017-2018.** Car : 1. ces textes ont privilégié l'accord d'entreprise pour adapter la production aux aléas du marché, avec un Comité social et économique conventionnel mieux adapté aux spécificités de l'entreprise. 2. Tout employeur doit s'inspirer de l'intelligence collective rendant les entreprises plus performantes : un travailleur, du savoir en particulier, veut savoir où il va, et avoir un travail qui a du sens. Profondément rénové entre le 20 août 2008 et les textes de 2018-2020, le dialogue social dans l'entreprise participe à un renouveau inattendu du 8e alinéa du Préambule de 1946 : « *Tout travailleur participe, par l'intermédiaire de ses délégués, à la détermination collective des conditions de travail ainsi qu'à la gestion des entreprises* », ce consensus participatif pouvant aussi limiter le contentieux.

998 **Un *représentant* du personnel doit être réellement *représentatif*** : il doit donc pouvoir facilement entrer en contact avec les salariés. Et dispose donc des moyens nécessaires à l'exercice de sa mission (*Section I*).

Le rôle important, parfois conflictuel, que lui confère le droit du travail le fait sortir de la masse des salariés et l'expose parfois à une réaction patronale de discrimination voire d'éviction. Ces salariés dits « *protégés* » car *exposés* bénéficient donc d'une protection spécifique contre toute rupture d'origine patronale (*Section II*) ; discrimination positive appliquée avec rigueur par la Cour de cassation, toutes chambres confondues, justifiée par « *les difficultés que présente l'exercice de leurs fonctions, protection découlant d'exigences constitutionnelles* » (CE, 20 juillet 1988).

SECTION I Statut pour l'exercice de la mission

999 **Pour maintenir un contact constant avec ses mandants** (les salariés), le « *représentant* » du « *personnel* » doit pouvoir les joindre sur les lieux du travail, même si cette conception industrielle (l'usine avec son unité de lieu, de temps et d'action) est aujourd'hui remise en cause pour les nombreux salariés nomades et surtout désormais les télétravailleurs. Il dispose donc d'un crédit d'heures refondu en 2017-2018 (§ *1*) et d'une grande liberté de circulation, à l'intérieur comme à l'extérieur de l'entreprise, et désormais par mail sur les autoroutes de l'information : depuis l'épisode C19, un salarié sur quatre télétravaille (§ *2*).

Dans la pratique, l'exercice de ce statut d'ordre public, en forme de parenthèse dans le rapport de subordination est source de tensions avec l'employeur, mais surtout avec les managers peu habitués à la non-subordination d'un salarié qu'il prend parfois pour une insubordination. Ces incidents constituent un bon *thermomètre*, mais aussi un excellent *baromètre* des relations collectives dans une entreprise, sinon des rapports de pouvoir au sein de celle-ci.

§1 Le crédit d'heures après les ordonnances du 22 septembre 2017

Depuis que les délégués existent, ils disposent d'« heures de délégation » qui leur donnent le droit de quitter leur travail sans autorisation, tout en voyant leur rémunération intégralement maintenue.

1000 **Attention ! Plus rien n'est comme avant depuis les textes de 2017-2018**

D'abord car les trois anciennes institutions (DP, CE et CHSCT) ont disparu au profit de l'unique CSE. Ensuite car le protocole d'accord pré-électoral permet par exemple de créer, ou non, des représentants de proximité, et de leur donner, ou non, un crédit d'heures. Enfin car les rigides règles d'utilisation d'avant 2018, mais carrées et faciles à appliquer, ont été flexibilisées / complexifiées : prêt à un autre délégué, report d'un mois sur l'autre...

Seront successivement examinés les multiples montants de crédits d'heures (*A*), leur utilisation (*B*), enfin leur paiement (*C*).

A. - Les multiples montants de crédits d'heures

La loi fixe un minimum légal d'ordre public... mais flexible par accord (*1°*), montant qui ne peut être dépassé qu'en cas de « *circonstances exceptionnelles* » (*2°*) : ainsi de la pandémie C19 ?

1° Montant légal, et nouvelles flexibilités conventionnelles

1001 **Membres du Comité social et économique.** Bénéficient d'un crédit d'heures les membres *titulaires* du CSE, et les représentants syndicaux au CSE dans les entreprises d'au moins 500 salariés. Pour chaque tranche d'effectif, l'article R. 2314-1 fixe le nombre d'heures de délégation dont chacun dispose pour exercer ses fonctions... et un inattendu « Total » important pour la suite.

Montant légal en l'absence de stipulations dans le protocole d'accord préélectoral

Effectif (nombre de salariés)	Nombre de titulaires	Nombre mensuel d'heures de délégation	Total des heures de délégation
11 à 24	1	10	10
25 à 49	2	10	20
50 à 74	4	18	72
75 à 99	5	19	95
100 à 124	6	21	126
125 à 149	7	21	147
150 à 174	8	21	168
200 à 249	10	22	220

Effectif (nombre de salariés)	Nombre de titulaires	Nombre mensuel d'heures de délégation	Total des heures de délégation
250 à 299	11	22	242...
400 à 499	12	22	264
500 à 599	13	24	312...
700 à 799	14	24	336...
900 à 999	16	24	384...
1750 à 1999	21	26	546...
2250 à 2499	23	26	598...
3000 à 3249	25	26	650...
5000 à 5249	29	29	841...
7000 à 7249	32	30	960...
8000 à 8249	32	32	1024...
10 000	35	34	1190

Mais le protocole préélectoral peut modifier le nombre de sièges et/ou le volume des heures individuelles de délégation, **à condition que** le volume global des heures soit au moins égal à celui résultant des dispositions légales (art. L. 2314-7).

Exemple. Une entreprise de 165 salariés est normalement tenue de mettre en place un CSE comprenant 8 titulaires, disposant chacun de 21 heures de délégation mensuelles. TTC : 168 heures mensuelles.

Mais un accord peut diminuer le nombre mensuel d'heures à 14, *s'il* augmente le nombre d'élus titulaires à 12 : le volume global d'heures reste à 168 heures. Le même accord peut aussi fixer le nombre mensuel d'heures à 28 heures, *s'il* diminue le nombre de membres à 6 : le volume global mensuel reste toujours à 168 heures (*Cf. 100 Questions / Réponses, DGT*).

1002 Bénéficient également d'heures de délégation :

- les représentants syndicaux au CSE, si l'entreprise a plus de 500 salariés : vingt heures par mois. Mais rien d'obligatoire en dessous ;
- les élus au nouveau « conseil d'entreprise » : 12 heures par mois dans les entreprises jusqu'à 149 salariés ; 18 heures de 150 à 499, 24 heures au-delà. Mais comme ce nouveau « CE » a aussi le droit de négocier, chacun de ses membres bénéficie en plus de 12 à 24 heures de délégation supplémentaires par mois pour ce faire ;
- les représentants de proximité bénéficient en principe des heures de délégation liées à leur mandat de membre du CSE. Sinon d'aucun crédit spécifique, à moins que l'accord qui les a créés n'en dispose autrement. Ce qui est souvent le cas : 91 % des premiers accords, dont la moitié entre 6 heures et 10 heures par mois ;
- les délégués syndicaux : 12 heures entre 50 à 150 salariés, 18 heures entre 151 à 499, 24 heures au-delà ;
- les quatre heures du RSS. Le représentant de la section syndicale d'entreprise, pas encore ou plus délégué syndical mais aspirant à le (re)devenir aux prochaines

élections, bénéficie d'un régime créatif : s'il « dispose d'un temps nécessaire à l'exercice de ses fonctions », ce temps est « au moins égal à quatre heures par mois » (art. L. 2142-1-3) ;
- le conseiller du salarié chargé dans les PME d'assister les salariés convoqués à l'entretien préalable au licenciement : quinze heures par mois maximum, dans son entreprise d'origine.

Dans ces deux derniers cas, il s'agit d'un plafond ne pouvant être dépassé, contrairement à la règle habituelle.

1003 **Tous ces montants peuvent paraître faibles.** Mais c'est oublier que ces heures ne correspondent pas aux absences totales du salarié.

Ainsi est également payé comme temps de travail effectif le temps passé en réunion par les membres du CSE, sans pouvoir en principe être déduit des heures de délégation. Mais pour éviter (surtout) des réunions internes à rallonge, ou parfois du CSE lui-même ce qui est très nouveau, le temps passé par les membres du CSE à ces deux types de réunions sera déduit si leur durée globale annuelle dépasse 30 heures pour les entreprises entre 300 et 1 000 salariés, et 60 heures pour les plus de 1 000. Toujours à défaut d'accord d'entreprise plus favorable en ce sens.

Ne sont pas non plus décomptées les heures passées par les membres du CSE à la recherche de mesures préventives dans toute situation d'urgence et de gravité, notamment lors de la mise en œuvre de la procédure de danger grave et imminent.

1004 **Deux nouveautés de 2017** ne simplifient pas la gestion des heures de délégation des membres du CSE.

Mutualisation entre délégués. Les membres titulaires du CSE peuvent chaque mois se répartir entre eux, mais aussi avec leurs suppléants, le crédit d'heures dont ils disposent (art. L. 2315-9). Ce qui signifie que les représentants de proximité titulaires de l'un de ces deux mandats peuvent ainsi bénéficier à ce titre d'heures de délégation.

Cette répartition ne peut cependant conduire le bénéficiaire à disposer dans le mois de plus d'une fois et demie le crédit d'heures dont il devrait disposer (art. R. 2315-6). S'il a par exemple droit à 16 heures mensuelles, son plafond est donc de 16 + 8 = 24 heures maximum.

Et en cas de mutualisation, les membres titulaires du CSE doivent en informer l'employeur au plus tard huit jours avant la date prévue pour leur utilisation, dans un écrit précisant l'identité et le nombre d'heures mutualisé pour chacun d'eux (art. R. 2315-6), que gardera soigneusement le service RH : car quand existent 23 titulaires et 23 suppléants… Que du bonheur pour le Service Paye, et peut être aussi quelques « règlements de comptes » lorsqu'il s'agira de « redonner » le mois suivant à René les six heures « empruntées » par Françoise. Mais dans la pratique, cette nouvelle flexibilité semble utilisée avec beaucoup, beaucoup de retenue.

Report d'un mois sur l'autre. Ces heures de délégation peuvent être utilisées cumulativement, dans la limite de douze mois maximum (art. R. 2315-5). Mais pour éviter qu'un délégué facétieux n'aimant pas les embouteillages estivaux n'en prenne aucune à compter du 1er janvier et parte le 3 juillet au lieu du 1er août comme ses camarades, cette possibilité donnée aux membres du CSE de « reporter » leurs heures ne peut conduire le délégué à disposer dans le même mois de plus de une fois et demie le crédit d'heures dont il bénéficie. Là encore, il doit informer l'employeur de l'utilisation cumulée de ses heures de délégation au plus tard huit jours avant la date prévue pour leur utilisation (art. R. 2315-5).

2° Variations du montant des heures de délégation

Le montant ci-dessus n'est pas un forfait automatique : il peut varier parfois à la baisse, plus souvent à la hausse.

1005 **À la baisse.** Nombreux sont les délégués qui n'utilisaient pas entièrement leur crédit d'heures : dimension de l'entreprise, peu de problèmes sociaux, parfois pression patronale en ce sens. Mais entre la nette réduction du nombre des mandats pour effectuer les mêmes missions, et les nouvelles possibilités de prêt ou de report, cette pratique très appréciée des managers de proximité semble en diminution.

Mais l'employeur lui-même ne peut jamais diminuer d'autorité le montant du crédit, même si l'entreprise ferme trois semaines (août), ou si les élections ont eu lieu en milieu de mois (double crédit, si le délégué les utilise).

1006 **À la hausse.** Il est fréquent que le délégué dépasse le montant légal examiné ci-dessus. Deux raisons peuvent rendre ce dépassement licite :

1. **Ordre public social.** Le volume global d'heures de délégation des membres du CSE est un plancher. Le protocole d'accord préélectoral pour les suppléants ou les représentants de proximité, un accord collectif de droit commun, un usage ou un engagement unilatéral de l'employeur peut toujours fixer un nombre d'heures de délégation supérieur. Ainsi le secrétaire du CSE, personnage clef, dispose souvent de cinquante voire quatre-vingts heures et plus par mois. L'employeur ne peut alors parler de « dépassement » puisqu'il s'agit de norme conventionnelle ou parfois d'un usage, sur lesquels il peut revenir le cas échéant (dénonciation).

2. Mais l'hypothèse la plus classique de dépassement du montant légal ou conventionnel sont les « ***circonstances exceptionnelles*** ». Comme leur nom l'indique, il est des cas dans lesquels le délégué, après épuisement de son crédit (donc jamais en début de mois), doit pouvoir continuer sa mission. Pour un DS ou un RSS : un conflit collectif ; pour un membre du CSE : un plan de sauvegarde de l'emploi important, ou de sa CSSCT : la pandémie C19 puis D32. Il pourra en toute licéité dépasser, ce mois-là, son crédit tout en étant intégralement payé.

Il va de soi que ce caractère exceptionnel s'oppose à la mission prévisible (accompagner les enfants en colonie début juillet) et *a fortiori* faisant partie intégrante des fonctions habituelles : rédaction du PV pour le secrétaire du CSE. Le dépassement constaté devra enfin être proportionné à l'événement en cause (ex. : quelques heures pour un petit conflit collectif) ; et sera examiné mandat par mandat en cas de cumul.

B. - Utilisation du crédit d'heures

1007 Pas un forfait d'absences. Il ne s'agit pas d'un forfait d'absences rémunérées, mais d'un crédit finalisé : le délégué est payé pour remplir la mission qui est la sienne, laquelle varie selon les types de mandats. Faut-il rappeler avec la Chambre sociale le 19 mai 2010 que « *si le représentant du personnel peut librement exercer son mandat pendant son temps de travail, il ne peut, sans faute de sa part, unilatéralement modifier ses horaires de travail pour l'exercice de ses fonctions sans l'accord de son employeur* » ? Bref le délégué demeure un salarié, même s'il peut prendre des heures de délégation sur son temps de travail, mais aussi en dehors s'il doit par exemple aller voir ses collègues du poste de nuit. Mais le représentant du personnel imputant sur ses heures de délégation une absence précipitée de l'entreprise pour aller rattraper son perroquet évadé peut être sanctionné (mise à pied de trois jours, CS, 13 janv. 2021).

1008 Le départ en délégation exige une simple information – pas une autorisation – du supérieur hiérarchique. À moins qu'il ne s'agisse des nouveaux reports ou échanges créés fin 2017, et soumis à un préavis légal de huit jours. Quelles que soient les circonstances (ex. : période de très lourde charge), personne ne peut s'opposer à ce départ sauf évidemment menace pour la sécurité (conducteur de métro laissant sa rame en rade à la station Châtelet). Ni le soumettre à certaines conditions (délai de prévenance, finir le travail prévu, *a fortiori* justifier de sa future absence) sous peine de délit d'entrave aux fonctions. Mais lorsque les rapports sociaux sont harmonieux dans le service, le délégué prévient quelques jours à l'avance de son absence voire de sa durée prévisible, sans toutefois être lié par cette marque de courtoisie.

1009 Dans la pratique, les « bons de délégation » sont largement utilisés. Se présentant sous la forme de carnets à souches individualisés, ou de plus en plus virtuels sur l'intranet, y compris pour les délégués en télétravail, ils comportent, outre le nom du RP et le mandat en cause, deux lignes : « *Heure de départ* », « *Heure du retour* », délégué et responsable hiérarchique apposant à chaque fois leur signature. La Cour de cassation a reconnu leur licéité, s'ils font d'abord l'objet d'une négociation collective.

Mais ils portent mal leur nom, car ils ne doivent servir qu'à décompter de façon fiable et contradictoire les heures de délégation. Et en aucun cas permettre un contrôle *a priori* de leur utilisation, ou un refus de paiement *a posteriori*. Ils peuvent enfin servir de titre de circulation dans l'entreprise au titre du mandat.

Cette information légalement prévue au moment du départ a un double but :

1 - faire bénéficier le cas échéant le délégué absent de son poste du régime accident du travail : ce qui l'incite beaucoup à exécuter cette modeste obligation ;

2 - pourvoir à son remplacement éventuel, ou plus souvent répartir la charge de travail entre les salariés restants, qui se montreront à son retour exigeants sur l'utilisation correcte du crédit.

1010 Crédit normal : présomption simple de bonne utilisation. L'utilisation du crédit d'heures doit être conforme au(x) mandat(s) détenu(s) ; mais le délégué bénéficie d'une présomption simple de bonne utilisation. Si les activités personnelles (sommeil le lundi matin) sinon carrément ludiques sur temps de travail (exemples contentieux : concours régional de pétanque à Marseille, chasse à courre en Sologne) sont bien sûr exclues, le délégué doit par ailleurs respecter la distinction existant entre chaque mandat ; la fonction de membre du CSE (suivi du PSE) ne se confond pas avec celle de délégué syndical (conflit collectif).

Mais cette séparation est particulièrement difficile à mettre en œuvre lorsqu'un représentant cumule plusieurs mandats en raison du manque de vocations. *A fortiori* depuis la loi du 20 août 2008 obligeant chaque délégué syndical à se présenter comme candidat aux élections professionnelles : certains sont évidemment élus et cumulent donc mandat et heures de délégation. En cas de « cumul de casquettes », le RP doit en principe pouvoir rendre compte mandat par mandat, et crédit par crédit.

1011 Prévenir les discriminations directes et indirectes à l'égard des représentants du personnel. Résultat du manque de vocations dans notre société d'individus, le fréquent cumul de mandats – surtout si leur montant *conventionnel* est important – peut aboutir à la création de « délégués lourds » (ex. : mi-temps) voire de véritables permanents ne travaillant plus du tout à leur poste. Pour ceux qui ne sont pas très éloignés de 152 heures par mois (ex. : 130 heures), l'entreprise préfère d'ailleurs leur donner les heures restantes : la gestion quotidienne de ce poste serait trop complexe pour le manager, voire source d'un délit d'entrave à fonctions ou de discrimination. Paradoxe *apparent* : certains syndicats (ex. : SUD) ne sont guère favorables à ces délégués permanents qu'on voit de moins en moins dans l'entreprise, et qui perdent peu à peu de vue les contraintes quotidiennes auxquelles sont soumis leurs camarades, souvent critiques à leur égard. Les entreprises généreuses sur ce terrain n'indiquent pas forcément leurs motivations réelles, contribuant à la création de « fonctionnaires du social » ne renforçant pas l'image du syndicalisme dans l'entreprise.

Justice immanente, pas forcément immédiate. Car ce sont justement ces délégués éloignés de leurs troupes qui ont connu quelques déboires depuis la loi de 2008 les obligeant à se présenter tous les quatre ans aux suffrages de leurs camarades, qui ne leur font pas de cadeaux s'ils n'ont pas fait leur job de représentant du personnel.

1012 Tout « comme si que ». Chambre criminelle et Chambre sociale rappellent régulièrement qu'en droit, l'absence au poste qui résulte de l'exercice d'un mandat est assimilée à un temps de travail effectif, qu'il s'agisse de la rémunération, des primes d'objectifs ou de promotion, ces absences ne devant pas entraîner une quelconque discrimination (y compris en matière de formation à temps plein malgré des mandats à temps plein), ni un retard de carrière du délégué en cause.

Comme l'indique le très pragmatique accord SKF du 17 mai 2017 : « *Le dialogue social ne doit pas être abordé sous un angle exclusivement juridique. Il se vit au quotidien dans chaque relation managériale, et dépasse le dialogue institutionnel entre la direction et les partenaires sociaux. L'objectif est de ne plus entendre* : « Il n'est pas là, il est en délégation », *mais* « Il est là, mais en délégation ».

Comme l'a enfin répété la Chambre sociale le 23 octobre 2019, mentionner simplement sur une fiche d'évaluation les absences d'un salarié liées à ses heures de délégation (« *faible temps de présence dans l'entreprise, absences fréquentes et non prévisibles liées à l'exercice de ses mandats* ») fait présumer une discrimination. Car « *sauf application d'un accord collectif visant à en assurer la neutralité ou à le valoriser, l'exercice d'activités de représentation ne peut être pris en considération dans l'évaluation professionnelle d'un salarié.* »

1013 **Pour les « délégués lourds » car hier souvent multi-casquettes (DP + CE + CHSCT) des grandes entreprises** consacrant plus de 50 heures par mois à leurs mandats, la loi du 17 août 2015 a eu la bonne idée de s'attaquer à ce serpent de mer. En l'absence d'accord collectif de branche ou d'entreprise déterminant des garanties d'évolution de leur rémunération, lorsque le nombre d'heures de délégation sur l'année dépasse 30 % de la durée de travail fixée dans leur contrat de travail ou, à défaut, de la durée applicable dans l'établissement, ces salariés **bénéficient d'une évolution de rémunération**, au moins égale, **sur l'ensemble de la durée de leur mandat**, aux augmentations générales et à la moyenne des augmentations individuelles perçues pendant cette période par les salariés relevant de la même catégorie professionnelle et dont l'ancienneté est comparable ou, à défaut de tels salariés, aux augmentations générales et à la moyenne des augmentations individuelles perçues dans l'entreprise (art. L. 2141-5-1).

1014 **Sur le casse-tête français de l'évaluation des représentants du personnel** souvent absents de leur poste de travail mais devant être évalués exactement comme leurs camarades bien qu'en pratique, ils ne puissent être évalués comme des salariés classiques, voir la fiche-conseil de Sylvain Niel : « Représentants du personnel : concilier mandat et activité professionnelle », *Les Cahiers du DRH*, octobre 2012 ; « Négocier sur la carrière des syndicalistes ». Et depuis 2017, « *afin que la négociation collective d'entreprise soit efficace, les directions ont besoin d'interlocuteurs syndicaux de plus en plus compétents* (*cf.* le parcours certifiant de Sciences Po Paris, destiné aux syndicalistes). *De leur côté, les syndicats ont besoin d'attirer de nouveaux militants. Syndicats et directions ont donc un intérêt commun à encadrer la carrière professionnelle des mandatés et à valoriser les compétences acquises dans ce cadre. Deux difficultés principales : adapter les objectifs du mandaté, créer un référentiel de compétences reconnu dans l'entreprise et à l'extérieur.* »

Voir l'enquête réalisée pour *Miroir social* en mars 2014 par Oasys, qui a interrogé DRH et recruteurs, mais aussi représentants du personnel sur le capital de compétences acquis par un engagement syndical, et la possibilité de le valoriser dans l'emploi ou lors d'un recrutement. Dans leurs réponses, DRH et RP confirment que les responsabilités syndicales apportent une capacité à s'engager, à négocier, à gérer les relations sociales et une connaissance du droit du travail. Mais se divisent sur la capacité acquise à la gestion de projets, au management, au *leadership* comme à la gestion des risques professionnels. (http://www.miroirsocial.com/uploads/documents/Etude-Miroir-Social-OasYs.pdf).

1015 **Le contrôle patronal des heures de délégation.** La loi du 28 octobre 1982 a institué une présomption *simple* de bonne utilisation, que la Chambre sociale n'a cessé d'élargir. Ainsi lorsque les nécessités du mandat le justifient, les heures de délégation peuvent être utilisées en dehors de l'horaire de travail du salarié, et donc au-delà du temps de travail effectif : ces heures au choix du délégué bénéficient toujours de la présomption d'utilisation conforme. Il lui appartiendra donc de prouver, après et seulement après les avoir payées devant le Conseil des prud'hommes, leur utilisation non conforme, ce qui se révèle difficile lorsque le représentant sort de l'entreprise comme il en a le droit.

Cette présomption de bonne utilisation paraît cependant doublement justifiée :

a) il était singulier de voir un chef d'entreprise contrôler heure après heure si le délégué avait correctement rempli sa mission, ce dernier se faisant parfois morigéner comme un enfant dans le cas contraire ;

b) si quelqu'un doit contrôler l'utilisation des heures, c'est avant tout celui qui a désigné le délégué : le syndicat pour le DS, les électeurs pour le CSE, mais aussi indirectement pour les DS eux-mêmes puisque depuis 2008 ils doivent avoir obtenu *sur leur propre nom* au minimum 10 % des suffrages. Or les salariés rivés à leur poste de travail se montrent à juste titre fort sévères à l'égard d'un délégué étant allé prendre un café, voire au cinéma sur heures de délégation.

Cette présomption se retrouve logiquement pour le paiement des heures.

C. - Paiement du crédit d'heures

« *Le temps passé en délégation est de plein droit considéré comme temps de travail, et payé à l'échéance normale. L'employeur qui entend contester l'utilisation faite des heures de délégation saisit le juge judiciaire* ».

Cette présomption de bonne utilisation entraîne paiement automatique des heures (*1°*). Mais en cas de dépassement du crédit normal, légal ou conventionnel (*2°*) ?

1° Heures prises sur le contingent normal : paiement automatique à l'échéance normale

1016 **Dans la limite des heures prévues par le Code ou désormais l'accord,** l'employeur doit 1. *intégralement* verser le salaire habituel (y compris primes, tickets-restaurant, mais évidemment pas une somme « *destinée à compenser, même de manière forfaitaire, une dépense supportée par le salarié en raison des conditions d'exercice de son activité, qui constituent des frais professionnels* » : CS, 19 mai 2016) ; 2. à l'échéance *normale*, c'est-à-dire sans décalage de paye.

Synthèse : « *le représentant du personnel ne doit subir aucune perte de rémunération du fait de l'exercice de sa mission* ». Avec une lourde sanction côté entreprise en cas de lourde répétition : le délégué peut alors prendre acte de la rupture, avec des conséquences indemnitaires catastrophiques (36 mois...), « *l'employeur ayant commis un manquement rendant impossible la poursuite du contrat de travail* ».

Pour les délégués à temps partiel, les heures prises en dehors du temps de travail normal sont rémunérées en heures *complémentaires*.

1017 Dans le contingent normal, aucune exception au paiement à l'échéance normale. Même si le chef d'entreprise détient une preuve confondante d'une utilisation non conforme (photo du délégué à la Une du quotidien régional en tant que gagnant de la *Finale* de pétanque un mercredi à 15 h 00), il ne peut différer, et *a fortiori* suspendre le paiement des heures en cause : le délégué pourrait obtenir du Conseil des prud'hommes, statuant en référé, versement des sommes dues.

Mais **après avoir payé,** et sans que la mention « heures de délégation » et autres « heures rémunérées » ne puisse figurer sur la fiche de paie pour ne pas tracer ensuite les délégués, l'employeur pourra saisir le Conseil des prud'hommes. Et s'il apporte la preuve de l'utilisation irrégulière, il obtiendra le remboursement des sommes indûment versées. Mais sauf pour des questions de principe ou faire connaître de graves dérives, rares sont les employeurs engageant un procès pour 28,43 euros, surtout dans la mesure où la jurisprudence les oblige à demander auparavant au délégué « d'*indiquer* (pas de justifier) ses activités » ; au besoin devant le juge des référés prud'homal à qui le RP « doit *indiquer l'utilisation faite du temps pour lequel il a été payé* ».

Mais le ridicule tue, et la sanction la plus efficace et légitime viendra des électeurs eux-mêmes, *a fortiori* depuis la loi de 2008 conçue pour ce contrôle quadriennal par les électeurs du travail accompli par leurs délégués.

2° Paiement en cas de dépassement du crédit en raison de « circonstances exceptionnelles » : fin de la présomption de bonne utilisation

1018 Pas de « droit à l'absence ». Il peut arriver que le délégué ne réclame pas le paiement des heures en question pour des raisons qui le regardent : l'employeur n'a donc pas à payer une somme non considérée par le représentant lui-même comme liée aux heures de délégation. Il pourrait même sanctionner le cas échéant ce qui apparaît alors comme une absence injustifiée : car le crédit d'heures et un crédit de fonction, pas de rémunération.

S'il en réclame le paiement, le délégué devra *ici* prouver l'existence des « *circonstances exceptionnelles* » qui l'ont contraint à dépasser le crédit légal ou conventionnel qui lui était normalement alloué (ex : pandémie C19 pour un membre du CSE / *a fortiori* de la CSSCT), et ensuite la correcte utilisation de celui-ci (proportionnalité à l'événement en cause). Et si ces « *circonstances exceptionnelles* » l'ont amené à dépasser 35 heures, il pourra prétendre à des heures supplémentaires, y compris « *pour les temps de trajet pris en dehors de l'horaire normal de travail effectués en exécution de ses fonctions représentatives* » (CS, 27 janv. 2021).

1019 Opposition. L'employeur peut donc effectuer une différenciation : dans le cadre du crédit normal, il doit payer intégralement le délégué. Mais pour les heures prises au-delà, il peut lui demander avant la paye de faire la preuve des circonstances exceptionnelles. Si l'explication fournie le convainc, l'ensemble des heures sera donc payé à l'échéance normale. Dans le cas contraire, il est fondé à ne pas payer les heures contestées, prises *au-delà* du crédit normal : donc pas en début de mois. Il appartiendra alors au délégué de réclamer au Conseil des prud'hommes versement des heures contestées. Mais une attitude patronale systématiquement négative à l'égard de circonstances exceptionnelles pourrait cependant donner lieu à des poursuites pénales (délit d'entrave à fonctions).

1020 **Résumé : absent, mais présent.** L'employeur – et surtout son manager soumis à des objectifs ambitieux en fonction du nombre de ses collaborateurs – doit se plier à la logique légale, paraissant souvent illogique au manager en cause : pendant son temps de délégation, qui dépasse ses seules heures de délégation (ex : réunions), le représentant est censé être à son poste de travail. Et même s'il doit signaler son départ, il n'a pas à justifier de son absence : il appartient à l'entreprise de prouver que celle-ci n'a pas été utilisée conformément au mandat détenu.

Il n'est pas certain qu'à terme cette attitude – coûteuse pour l'employeur – ne desserve pas les délégués eux-mêmes. Si les martyrs sont admirés, la grande latitude – payée – laissée à certains représentants ne les grandit pas aux yeux des salariés, qui s'en souviennent aux prochaines élections, y compris pour les délégués syndicaux qui doivent être au moins candidats et avoir fait 10 %.

Certains accords collectifs édictent même un principe *général* d'utilisation conforme : ainsi l'accord Axa-Assurances, où l'employeur renonce à tout contrôle, laissant le syndicat et/ou les électeurs seuls juges. N'est-ce pas la régulation la plus légitime, et la plus efficace ? Les camarades qui sont au travail depuis 8 h 00 ne supportent pas que leur délégué arrive régulièrement le lundi vers 10 h 30, et ces électeurs s'en souviennent longtemps...

Conçues pour les délégués ouvriers allant voir leurs camarades sur les chaînes de production, les heures de délégation semblent peu adaptées à l'ingénieur membre du CSE discutant sur WhatsApp avec ses camarades en télétravail à leur domicile. C'est pourtant le cas depuis longtemps dans nombre d'entreprises du quaternaire avec un fort taux de salariés nomades, mais aussi en cas d'urgence sanitaire où la distanciation sociale se marie mal avec la liberté de circulation du délégué et son droit de prendre contact...

§2 La liberté de circulation

A. - Les représentants du personnel peuvent se déplacer dans et hors de l'entreprise

1021 **Liberté.** « *Pour l'exercice de leurs fonctions, les membres élus de la délégation du personnel du CSE et les représentants syndicaux au comité peuvent, durant les heures de délégation, se déplacer hors de l'entreprise.*

Ils peuvent également, tant durant les heures de délégation qu'en dehors de leurs heures habituelles de travail, circuler librement dans l'entreprise et y prendre tous contacts nécessaires à l'accomplissement de leur mission, notamment auprès d'un salarié à son poste de travail, sous réserve de ne pas apporter de gêne importante à l'accomplissement du travail des salariés. »

Comme en matière de crédit d'heures, le principe est celui de l'autonomie des représentants : la liberté de circulation est la règle, tant dans l'entreprise qu'à l'extérieur. Si cette dernière possibilité ne gêne guère l'employeur, il n'en va pas toujours de même pour la première... qui sent bon les *chaînes* de production : le consultant de 24 ans ou le *Webmaster* élu au CSE est tout étonné de lire qu'il a désormais le droit de « *circuler librement dans l'entreprise* ».

Liberté de circulation sur les autoroutes de l'information. Surtout quand le mode courant de communication est le courriel, le portable ou le chat : entre l'éclatement des sites, les nombreux télétravailleurs post-Pandémie 2021 et les collaborateurs nomades, la liberté de circulation – « dans et hors l'entreprise » – de nombreux RP s'exerce sur les autoroutes de l'information, alors qu'ils restent physiquement à leur poste de travail : la répartition temps de travail/heures de délégation se fait alors par simple déclaration.

1022 **Liberté.** Le délégué peut se rendre où il le souhaite dans le cadre de sa mission, partout dans l'entreprise, même s'il doit pouvoir justifier le cas échéant de sa qualité (ex. : bon de délégation), ou s'équiper en conséquence dans certaines zones dangereuses (casque, masque, gants...). Il peut donc également se rendre dans les « zones réservées », avec cartes magnétiques permettant l'accès à des salles de recherche, où en principe ne peuvent travailler que des personnes spécialement habilitées.

Comme le remarquait la CNIL à propos de la multiplication des contrôles d'accès par badge électronique : « *Ces contrôles ne doivent pas entraver la liberté d'aller et de venir des salariés protégés dans l'exercice de leurs fonctions* ». Et la chambre criminelle a rappelé le 12 avril 2016 qu'un délégué travaillant de jour devait obtenir un badge d'accès jour-nuit en cas de travail de nuit (Cass. crim., 12 avr. 2016).

EN PRATIQUE

Si les secrets de Défense nationale permettent d'interdire l'accès de ces zones à qui que ce soit (y compris dans les zones spécifiques de nombre d'entreprises privées : Thalès, Safran), certaines sociétés de pointe (informatique, aviation, automobile) éprouvent quelques difficultés à concilier secrets de fabrication et liberté de circulation des délégués, surtout dans la mesure où leurs fonctions peuvent les amener à prendre contact avec des salariés d'entreprises extérieures travaillant sur le site : l'espionnage industriel est une réalité. Il reste possible, si le délégué veut s'entretenir avec un salarié, de faire sortir ce dernier de la zone réservée.

B. - Le représentant peut prendre tous les contacts nécessaires à sa mission

« *Le représentant peut prendre tous contacts nécessaires à l'accomplissement de sa mission, notamment auprès d'un salarié à son poste de travail, sous réserve de ne pas apporter de gêne importante à l'accomplissement du travail des salariés.* »

1023 **Limite légale :** le représentant ne doit pas « *apporter de gêne importante à l'accomplissement du travail* » ; si la discussion apporte forcément une certaine gêne, à partir de quand celle-ci devient-elle « importante » ? Managers et syndicalistes divergent souvent sur ce point… Provoquer un arrêt de travail pour signer une pétition constitue à l'évidence une gêne importante… tant qu'il ne s'agit pas du droit de grève. Mais discuter quinze minutes sur un poste n'exigeant aucune continuité de production ou profiter du doux présentéisme contemplatif dans les bureaux vers 14 h 15 est licite. Sur ce terrain, la jurisprudence voulant faciliter les contacts délégués/base se montre extrêmement tolérante. Et s'agissant aujourd'hui de conversations par portables ou des longs échanges sur le réseau social interne, la preuve de la « *gêne importante* »…

1024 **Limite pratique : pour échanger, il faut être au minimum deux.** Si le délégué dispose de temps pour s'entretenir même longuement avec un salarié au travail, ce dernier ne peut pas toujours en faire autant. Cela signifie concrètement que s'il n'encourt aucune sanction disciplinaire en discutant avec un représentant, la quantité et la qualité de sa production ne doivent pas s'en trouver affectées : des primes liées à la quantité ou à la qualité existent souvent qui dissuadent le simple salarié de discuter trop longuement. Constatons enfin que pour l'immense majorité du personnel, se faire régulièrement remarquer par de longs conciliabules avec les délégués est une pratique réservée aux militants.

La pandémie C19 a évidemment limité cette liberté de circulation : car « *prendre contact* » n'est guère compatible avec la nécessaire « *distanciation sociale* », qui pourrait revenir un jour. Comme l'a constaté le tribunal judiciaire de Saint-Étienne le 27 avril 2020 saisi par un délégué syndical CGT en télétravail : « *La limitation de la liberté de circulation des représentants doit s'apprécier dans le cadre de l'ordre juridique* exceptionnel et provisoire *résultant de l'état d'urgence sanitaire limitant,* de façon générale, *la liberté de circulation.* »

1025 **Double délit.** La liberté de circulation et de prise de contact est, au quotidien, source de conflits de pouvoir sinon de logique dans l'entreprise (ex. : délégués/agents de maîtrise/chefs de rayon submergés). Le principe étant celui de la liberté pour les représentants du personnel, l'employeur ou le cadre adoptant systématiquement une attitude restrictive risque de se voir poursuivi pour délit d'entrave aux fonctions, mais aussi pour harcèlement moral si les conditions en sont réunies, « *ces deux infractions sanctionnent la violation d'intérêts distincts* » (Cass. crim., 6 févr. 2007).

1026 **Pas de géolocalisation d'un RP en délégation, ni surveillance des communications électroniques des RP.** « *Pour l'accomplissement de leur mission légale et la préservation de la confidentialité qui s'y attache, les salariés protégés, au nombre desquels se trouvent les membres du conseil et les administrateurs des caisses de sécurité sociale, doivent pouvoir disposer sur leur lieu de travail d'un matériel ou procédé excluant l'interception de leurs communications téléphoniques et l'identification de leurs correspondants.* » Alors que la loi du 4 mai 2004 avait ouvert, par accord collectif, l'accès à la messagerie électronique et à l'intranet aux syndicats, l'arrêt du 4 avril 2012 a donné des sueurs froides à nombre d'administrateurs réseau et autres DSI ; arrêt manifestement inspiré de la CNIL : « *Pour les institutions représentatives du personnel, des mesures de sécurité particulières devraient être définies afin d'assurer la confidentialité des informations échangées* » (V. son site : www.cnil.fr).

Il va en effet de soi que le contenu des courriels échangés entre représentants du personnel, s'ils sont titrés par exemple « RP », bénéficie d'une protection identique à celle des correspondances personnelles, l'employeur ne pouvant donc prendre connaissance de leur contenu. À moins que le syndrome du Gros Doigt fasse envoyer par erreur la chronologie détaillée de la prochaine grève au DRH lui-même (exemple réel).

Encore faut-il que cette liberté de circulation pour prendre contact avec ses mandants ne soit pas détournée de son but, portant atteinte aux droits des tiers : libre circulation d'autres salariés, vie privée des clients. C'est ce qu'a rappelé l'arrêt du 11 février 2021, où des délégués d'un hôtel de luxe passaient tous les jours dans les couloirs avec force sifflets et mégaphones, interpellant des salariés non-grévistes, distribuant des tracts aux clients voire entrant de force dans une chambre occupée.

Rappel du principe : « *La liberté de circulation des représentants du personnel au sein de l'entreprise est un principe d'ordre public, qui ne peut donner lieu à restrictions qu'au regard d'impératifs de santé, d'hygiène ou de sécurité ou en cas d'abus. Elle s'exerce de la même façon en cas de mouvement de grève* ».

Mais en l'espèce, abus : « *Au regard de ces comportements qu'elle estime abusifs, la cour d'appel a pu dire justifiées et proportionnées aux abus constatés les restrictions provisoires imposées par l'employeur, consistant dans un premier temps dans l'interdiction d'accès à l'hôtel, puis, après quelques jours, à conditionner l'accès à l'absence d'utilisation de matériel sonore et d'entrée dans les chambres de l'hôtel* ».

SECTION II Protection statutaire contre toute rupture d'initiative patronale

1027 Sortis de la masse des salariés, circulant dans l'entreprise afin de rendre compte au personnel de l'illégitimité supposée d'une mesure patronale, souvent leaders des conflits collectifs, les « *représentants du personnel* » (terme générique) prennent parfois de grands risques, dans le secteur privé :

– risques en termes de *carrière* du fait de leurs absences, malgré la volonté exprimée par la loi ;

– risques *financiers* (ex. : non-paiement d'heures de délégation excédentaires) ;

– enfin risques d'*éviction* de la part d'un employeur qui supporte difficilement ce contradicteur institué par la loi, et qui lui ressemble parfois : autorité naturelle sinon charisme, dynamisme.

1028 **Des affaires célèbres** au bon vieux temps de la lutte des classes (dans le petit monde des spécialistes : Pierre Fleurence, ce comptable par ailleurs délégué CFDT contraint dans les années 1970 de diviser chaque salaire des Établissements Furnon par 3,14116, dans les ex-toilettes extérieures reconverties en bureau) ont montré au législateur de 1982 qu'il convenait de modifier les textes pour construire une protection efficace des délégués en matière de licenciement. **Ce statut d'ordre public n'assure pas la protection du salarié,** *mais celle d'un mandataire qui représente le personnel : c'est à ce titre qu'elle est « exceptionnelle et exorbitante du droit commun ».*

En matière de *licenciement*, tout représentant du personnel bénéficie d'une protection civile et pénale (« *délit d'entrave* » passible d'une peine d'emprisonnement d'un an et d'une amende de 7 500 €) extrêmement efficace ; donc extrêmement dissuasive pour un employeur désireux de l'évincer de l'entreprise... mais aussi parfois attractive pour un salarié peu travailleur cherchant à se protéger contre un éventuel licenciement. Mais depuis 2008, il faut qu'il se présente aux élections, et obtienne au minimum 10 % des suffrages exprimés.

L'écart existant entre le simple salarié et le délégué en matière de rupture est si important qu'il contribue à creuser le fossé entre salariés « normaux » et salariés « *protégés* », car *exposés*. Ce fossé existe également entre délégués : entre les ex-1 500 permanents syndicaux de France Télécom, ceux de la SNCF ou d'Axa et les membres du CSE élus au second tour dans une PME de 55 salariés, un véritable gouffre culturel.

1029 **Ce statut « *exceptionnel et exorbitant du droit commun*** *qui interdit à l'employeur de poursuivre par d'autres moyens la résiliation du contrat de travail* » (Ch. mixte, 21 juin 1974, *Perrier*) allie aujourd'hui droit privé, droit pénal et droit administratif : bel exercice de style pour étudiant !

Avant 2020 et l'obligatoire Grande Fusion des IRP, entre 18 000 et 30 000 représentants du personnel (dont les deux tiers de non syndiqués, donc élus du second tour) faisaient l'objet d'une demande patronale d'autorisation de licenciement auprès de l'inspection du travail : au-delà des alternances politiques, cette autorisation était accordée dans plus de 80 % des cas.

En 2019, 25 211 décisions administratives ont été rendues : plus d'un tiers pour autoriser une rupture conventionnelle, un cinquième pour motif économique, 9 % pour motif disciplinaire.

7 % des décisions ont donné lieu à un recours hiérarchique ou contentieux : chiffre très faible vu le contexte parfois très conflictuel dans lequel ces décisions sont rendues.

Avec, comme avant les réformes de 2017, 85 % d'autorisations.

Ce chiffre soviétique, parfois reproché à tort aux inspecteurs du travail, a plusieurs explications.

1. La montée en puissance de la rupture conventionnelle visant des délégués l'a mathématiquement augmenté. Car quand l'employeur et le représentant du personnel sont d'accord pour se séparer (avec une indemnité souvent très supérieure au commun des mortels), s'il l'on écarte d'évidents vices du consentement, un refus d'autorisation visant cette séparation amiable est compliqué à gérer pour tout le monde.

2. S'agissant des licenciements *économiques*, lorsqu'une PME à établissement unique est liquidée, on voit mal comment justifier un refus pour les membres du CSE ou les DS : depuis toujours, plus de 90 % d'autorisations en matière économique.

3. S'agissant de licenciement *pour faute*, le volumineux car très complet dossier constitué *très spécifiquement* par l'employeur ne voulant surtout pas perdre la face suite à un refus d'autorisation n'est pas comparable à la brève lettre de motivation d'un simple salarié : témoignages, constats d'huissier, photos voire vidéos, listings sur six mois... L'inspecteur vérifiera, mais il est prévisible que l'autorisation soit souvent délivrée.

4. Au-delà de la rupture conventionnelle au franc succès, il arrive enfin que ce soit le RP lui-même qui demande à l'inspecteur d'autoriser son licenciement ; soit pour suivre le sort de ses camarades licenciés pour motif économique, ou toucher le même chèque-départ dans le cadre d'un PSE ; soit parce qu'il a négocié son départ avec l'employeur, mais que ce dernier, légitimement méfiant, exige une autorisation avant, et signera une transaction après. Pour le Conseil d'État le 2 juillet 2014, « *l'inspecteur ne peut se fonder sur la volonté de l'intéressé de quitter l'entreprise* » s'agissant d'une autorisation de licenciement reposant sur un statut d'ordre public. Bon...

1030 **Mais aucune immunité.** Tous ces chiffres ne correspondent pas à l'image du « délégué inlicenciable » véhiculée par certains syndicats patronaux. Mais il est par ailleurs légitime que protection ne se confonde pas avec immunité, source d'irresponsabilité.

SUR CE VASTE ET TRÈS CONFLICTUEL SUJET :

– La Bible de Hubert Rose et Yves Struillou, *Droit du licenciement des salariés protégés*, 5e éd., 2018, Economica.

– Pour les professionnels, le très détaillé « *Guide relatif aux décisions administratives en matière de rupture ou de transfert du contrat de travail des salariés protégés* » publié par la DGT, https://travail-emploi.gouv.fr

1031 **Plan :**

- § 1 : Étendue de la protection statutaire ;
- § 2 : Procédure de licenciement d'un représentant ;
- § 3 : « *Licenciement* » sans autorisation (en droit « illégale *éviction* »).

§1 Étendue de la protection statutaire

Il convient d'envisager deux questions :

- Qui est protégé ? C'est-à-dire les bénéficiaires de la protection (A) ;
- Dans quel cas ? Les hypothèses donnant lieu à protection (B).

A. - Les bénéficiaires de la protection (art. L. 2411-1)

Ce sont tous les salariés s'étant singularisés pour représenter leurs camarades, qu'ils soient titulaires ou suppléants : ils doivent être protégés car ils ont pris des risques en sortant ainsi de la masse. Mais la liste des 22 bénéficiaires figurant à l'article L. 2411-1 montre que cette protection a le dos large : l'administrateur d'une caisse de sécurité sociale ou le membre du conseil d'administration d'une mutuelle n'ont pas pris des risques équivalents au délégué syndical.

Si l'on s'en tient à l'entreprise classique, chronologiquement :

1032 **Les candidats aux élections** mais qui n'ont pas été élus, qu'ils se soient présentés au premier tour (monopole syndical) ou à l'éventuel second tour, si moins de 50 % des électeurs inscrits se sont déplacés.

Les candidats au CSE bénéficient d'une durée de protection de six mois après la publication des listes de candidatures, le temps de se faire oublier (art. L. 2411-7). *Idem* pour le représentant de proximité conventionnel (6 mois à partir du dépôt de sa candidature).

Le salarié ayant demandé à l'employeur d'organiser des élections (ex. : franchissement du seuil des 50 salariés et inertie patronale) a également pris des risques : il bénéficie donc de la protection pendant une durée de six mois, *si* une organisation syndicale l'a suivi en envoyant une lettre en ce sens au chef d'entreprise. Cette protection ne bénéficie qu'à un seul salarié par syndicat.

Dans les six mois suivant les élections, l'employeur doit donc être très attentif, surtout en cas de vaste licenciement collectif pour motif économique : le nombre de « salariés protégés » très peu connus car non délégués peut être important, et l'oublier en les licenciant sans autorisation le mener devant le tribunal correctionnel.

1033 **Les représentants en cours de mandat, titulaires et éventuels suppléants.** Membres élus du CSE mais aussi RSCSE, délégués syndicaux et RSS sont les plus classiques. Il convient d'y ajouter les représentants de proximité, le délégué syndical central, l'éventuel salarié mandaté, le représentant des salariés de l'entreprise en difficulté...

Sans oublier les 14 512 conseillers prud'hommes et les 6 000 « conseillers du salarié », dont le propre employeur n'est hélas toujours pas destinataire de l'arrêté préfectoral de nomination.

Les délégués conventionnels ? Ils ne bénéficient de cette protection statutaire que si l'institution est de même nature que celle prévue par le Code : ainsi des suppléants conventionnels au CSE, ou d'un délégué syndical suppléant. Mais ce n'est pas le cas pour les membres d'un « conseil de discipline », ou du « comité de suivi » d'un accord : « *les institutions créées par voie conventionnelle doivent, pour ouvrir à leurs membres le bénéfice de la procédure spéciale protectrice, être de même nature que celles prévues par le Code du travail. Tel n'est pas le cas des commissions internes à une entreprise compétentes en matière de procédure disciplinaire* » (CS, 22 janv. 2020).

1034 **Les anciens représentants.** Les délégués élus titulaires d'un mandat continuent à bénéficier de la protection statutaire pendant *six* mois à compter de la cessation effective de leurs fonctions (CSE, représentants de proximité...) : le temps de se faire oublier.

Désigné par le syndicat, le délégué *syndical* ou le RSS ultérieurement remplacé ou révoqué court des risques supérieurs ; il continuera donc à bénéficier du statut pendant *douze* mois *si* son mandat a duré au moins un an. La très protectrice loi protège pour la même durée le salarié mandaté pour une négociation *particulière* dans les PME.

Mais *a contrario*, le délégué syndical ou le RSS révoqués par le syndicat moins d'un an après sa désignation (ex. : utilisation cinématographique des heures de délégation) ne bénéficie plus d'aucune protection statutaire, sauf le cas échéant en tant qu'ex-candidat aux élections.

1035 « Personnes protégées », bien que non « déléguées ». Ainsi du défenseur syndical et des membres désignés de la CPRI (Commission paritaire interprofessionnelle, instituée au niveau régional afin représenter les salariés et les employeurs d'entreprises de moins de onze salariés). Mais aussi le conseiller du salarié, et le défenseur syndical. Enfin et surtout le conseiller prud'homme : car il n'est guère recommandé de se mettre à dos l'institution locale à laquelle il appartient.

Enfin administrateur d'une caisse de sécurité sociale, membre du conseil d'administration d'une mutuelle : or les risques que ces derniers prennent au quotidien ne sont pas exactement les mêmes que l'unique délégué syndical d'une PME...

S'agissant de la protection de ces **titulaires d'un mandat *extérieur*** à l'entreprise, que l'employeur peut ignorer de bonne foi (conseiller du salarié, défenseur syndical), et donc licencier sans autorisation à l'insu de son plein gré, le Conseil constitutionnel a mis un terme à une situation choquante, et la Chambre sociale dû suivre : « *Il appartient au salarié qui se prévaut du statut protecteur lié à un mandat extérieur à l'entreprise d'établir qu'il a informé son employeur de l'existence de ce mandat lors de l'entretien préalable, ou que celui-ci en avait connaissance* ». *A fortiori* en cas de cession d'entreprise : il appartient au salarié qui se prévaut d'une telle protection d'établir qu'il a informé son *nouvel* employeur de l'existence de son mandat, au plus tard lors de l'entretien préalable au licenciement.

Rappel : le « *délégué aux données personnelles* » (le DPO du RGPD) n'est pas un « salarié protégé » au sens du droit du travail, mais la CNIL doit être saisie d'un projet de rupture ; ce qui se révèle au moins aussi dissuasif côté entreprise, rarement à l'aise avec le RGPD.

B. - Hypothèses donnant lieu à protection

1036 Toute rupture d'origine patronale. Si la loi parlait de *licenciement* avant la loi du 25 juin 2008 ayant ajouté la rupture conventionnelle homologuée spécifique au RP, la jurisprudence a élargi cette protection à *toute rupture d'initiative patronale*.

Le *licenciement* d'un délégué, quelle qu'en soit la cause (faute, cause, personnelle ou économique), individuel ou collectif, doit donner lieu à l'application de la protection statutaire, même en cas de liquidation judiciaire. Mais aussi la rupture d'essai, ou *avant terme* d'un CDD, quelle que soit la durée de celui-ci.

Sinon plane le délit d'entrave (un an d'emprisonnement, 3 750 € d'amende), comme l'a rappelé la **chambre criminelle** le 14 novembre 2006 à propos du départ négocié d'un RP, en dehors de toute autorisation : « *Les dispositions législatives soumettant à des procédures particulières le licenciement des salariés investis de fonctions représentatives* *ont institué à leur profit, et dans l'intérêt de l'ensemble des travailleurs qu'ils représentent, une protection exceptionnelle et exorbitante du droit commun qui interdit à l'employeur de poursuivre par d'autres moyens la résiliation des contrats de travail.* »

Idem pour la Chambre sociale : « *La protection exceptionnelle et exorbitante du droit commun des salariés investis de fonctions représentatives a été instituée non dans leur seul intérêt, mais dans celui de l'ensemble des salariés. Est atteinte d'une nullité absolue d'ordre public la transaction conclue avec l'employeur avant la notification du licenciement, lequel ne peut avoir lieu qu'après obtention de l'autorisation administrative* » (CS, 15 mars 2012 ; dans le même sens, CE, 2 juill. 2014).

1037 **Et pour la rupture conventionnelle, ici *autorisée-homologuée*** par l'inspecteur du travail (art. L. 1237-15) ? En cas de rupture du contrat d'un élu, l'avis du CSE, souvent un peu gêné de se prononcer sur un départ largement monnayé que nombre de ses camarades militants récusent, doit précéder la signature de convention de rupture. Outre la liberté de consentement, la Dreets doit s'assurer de l'absence de toute pression de l'employeur se rattachant notamment à l'exercice du mandat, sa décision devant constater l'absence de lien avec celui-ci. Contrairement à la RCH classique, ici le téléphone est fort utilisé.

Bloc de compétences administratif. Exit le CPH, contrairement à la RCH habituelle : l'éventuel recours hiérarchique sera formé devant le ministre, puis contentieux devant le tribunal administratif : « *En présence d'une autorisation administrative accordée à l'employeur et au salarié protégé pour procéder à la rupture conventionnelle, le juge judiciaire ne peut apprécier la validité de ladite rupture, y compris lorsque la contestation porte sur la validité du consentement du salarié* » (CS, 26 mars 2014).

Mais le juge judiciaire retrouve son pouvoir si la décision administrative n'existe plus car elle a été annulée par le ministre, et que l'employeur n'en tire pas toutes les conséquences : réintégration immédiate, sinon effets d'un licenciement nul pour violation du statut protecteur (144 693 € de dommages-intérêts, CS, 15 mai 2019).

Même respect obligatoire de la procédure statutaire pour une *mise* à la retraite (pas un *départ*) ou une inaptitude totale et définitive dûment constatée par le médecin du travail.

LE CAS TRÈS DÉLICAT DE LA RÉVISION DU CONTRAT

S'agissant de délégués, Cour de cassation et Conseil d'État divergent sur le principe. Pour la Cour de cassation, peu importe qu'il s'agisse d'une modification du contrat ou d'un simple changement des conditions de travail : l'employeur est présumé vouloir porter atteinte au mandat. Plus pragmatique comme à son habitude, le Conseil d'État s'intéresse quant à lui au résultat : le délégué était-il fondé à refuser ? **En matière** *de périmètre* **de mobilité géographique,** le Conseil s'est presque aligné le 29 juin 2020 sur la jurisprudence de la Chambre sociale : 1. « *En l'absence de mention contractuelle du lieu de travail, la modification du lieu de travail constitue un simple changement des conditions de travail, dont le refus par le salarié est susceptible de caractériser une faute de nature à justifier son licenciement lorsque* *le nouveau lieu de travail demeure à l'intérieur d'un même secteur géographique, lequel s'apprécie, eu égard à la nature de l'emploi de l'intéressé, de façon objective, en fonction de la distance entre l'ancien et le nouveau lieu de travail ainsi que des moyens de transport disponibles »* ;

2. *« Sous réserve de la mention au contrat d'une clause de mobilité, ou de fonctions impliquant par elles-mêmes une mobilité, constitue une modification du contrat tout déplacement du lieu de travail (qui doit être distingué de déplacements occasionnels) dans un secteur géographique différent du secteur initial ».*

3. *« Les juges du fond apprécient souverainement si les fonctions d'un salarié impliquent, par elles-mêmes, une mobilité pouvant justifier un déplacement du lieu de travail dans un secteur géographique différent du secteur initial non constitutif d'une modification du contrat de travail ».*

Normal s'il s'agit d'une véritable modification du **contrat** de travail... mais attention, ici éventuellement aussi du **mandat** : ainsi de la mutation d'un membre du CSE à deux kilomètres, mais dans un autre *établissement* : il peut être alors coupé de son corps électoral, et n'est alors pas fautif de refuser.

Mais que faire alors en cas de refus par le délégué d'un simple changement de ses conditions de travail ? *« L'employeur doit alors poursuivre le contrat de travail aux conditions antérieures, ou engager la procédure de licenciement en saisissant l'autorité administrative d'une demande d'autorisation de licenciement pour faute »* (CS, 5 mars 2008). Cette demande d'autorisation de licenciement (*jamais* de mutation, ni de mobilité) devra donc être faite en cas de refus, même si le changement est minime : l'inspecteur examinera alors si la mutation en cause pouvait porter atteinte au mandat, puis au contrat. Si ce n'est pas le cas, le refus est injustifié, et une faute disciplinaire constituée.

N'existe donc aucun « droit au refus » pour le délégué en cas de simple changement des conditions de travail. Il prend au contraire le risque d'être licencié pour faute, après autorisation administrative : *« Le refus opposé par un salarié protégé à un changement de ses conditions de travail décidé par son employeur en vertu, soit des obligations souscrites dans le contrat de travail, soit de son pouvoir de direction,* **constitue, en principe, une faute.**

En cas d'un tel refus, l'employeur, s'il ne peut directement imposer au salarié ledit changement, doit, sauf à y renoncer, saisir l'inspecteur du travail d'une demande d'autorisation de licenciement à raison de la faute qui résulterait de ce refus. Après s'être assuré que la mesure envisagée ne constitue pas une modification du contrat de travail de l'intéressé, il appartient à l'autorité administrative, sous le contrôle du juge, d'apprécier si le refus du salarié constitue une faute d'une gravité suffisante pour justifier l'autorisation sollicitée, compte tenu de la nature du changement envisagé, de ses modalités de mise en œuvre, et de ses effets, tant au regard de la situation personnelle du salarié, que des conditions d'exercice de son mandat. En tout état de cause, le changement des conditions de travail ne peut avoir pour objet de porter atteinte à l'exercice de ses fonctions représentatives. »

Sauf s'il existe une atteinte à son mandat, le représentant du personnel est donc ici en principe fautif, et l'employeur peut en tirer les conséquences en déposant une demande d'autorisation pour faute.

Mais attention ! Cette faute bien réelle n'est pas automatiquement « d'une gravité suffisante » pour que l'inspecteur délivre une autorisation. En tout cas, l'employeur ne peut rien imposer, et « *l'acceptation par un salarié protégé d'une modification du contrat de travail ou d'un changement de ses conditions de travail ne peut résulter ni de l'absence de protestation de celui-ci, ni de la poursuite par l'intéressé de son contrat de travail* ». Dans l'immédiat, il s'agira d'un trouble manifestement illicite (référé/réintégration dans le poste).

« Faute d'une gravité suffisante », mais pas forcément une « faute grave » privative des indemnités de rupture. Car l'inspecteur n'est pas l'employeur : si le premier délivre une autorisation administrative, il appartient au second de qualifier la faute de réelle et sérieuse, grave ou lourde. Et malgré des termes proches, le refus par le salarié protégé d'une modification que l'autorité administrative a qualifiée de simple changement de ses conditions de travail, justifiant d'accorder à l'employeur l'autorisation de licenciement, ne caractérise pas à lui seul une faute grave. Par exemple, une simple faute réelle et sérieuse de licenciement.

Une clause de mobilité, contractuelle ou conventionnelle (accord de performance collective), ne saurait enfin faire échec à un statut d'ordre public : elle est donc suspendue pendant la durée du mandat.

1038 Deux cas spécifiques, avec vérification de la seule non-discrimination. Le non-renouvellement du contrat à durée déterminée, mais aussi les très nombreux transferts *partiels* d'entreprise au titre de l'article L. 1224-1 incluant un délégué (« vente par appartement ») nécessitent également lieu à autorisation administrative.

CDD. Il ne s'agit évidemment pas ici de la rupture patronale avant terme d'un CDD, y compris pendant sa brève période d'essai : la procédure statutaire habituelle doit évidemment être suivie.

Mais du cas où l'employeur n'envisage pas de renouveler un CDD comportant une clause de renouvellement. Il doit alors saisir avant le terme l'inspecteur du travail, qui vérifiera seulement que le délégué ne fait pas l'objet d'une mesure discriminatoire : dans la plupart des cas, une comparaison avec le sort des CDD embauchés à la même époque et pour le même motif. L'inspecteur doit statuer avant le terme, et s'il a constaté une discrimination, le CDD devra être renouvelé, se transformant alors en CDI en application des règles habituelles.

Mais hormis certains rares secteurs où le recours aux CDD d'usage est massif (audiovisuel), cette hypothèse est très rare : peu de CDD ont l'ancienneté nécessaire pour se faire élire ou désigner, et de plus les électeurs sous CDI n'ont pas une tendance naturelle à voter pour eux. À supposer qu'un syndicat les présente ou les désigne...

Ce n'est pas le cas du transfert partiel d'entreprise, qui donne lieu à plusieurs milliers d'autorisations par an.

1039 Transfert partiel d'entreprise. Il ne s'agit pas ici de la vente *de l'ensemble* de l'entreprise : le risque de discrimination à l'égard des seuls délégués étant alors quasi nul. Mais de la cession de l'un de ses services : l'hypothèse la plus banale est l'extériorisation du Service restauration ou Informatique. Car il peut être tentant d'y affecter un peu avant certains délégués extrêmement actifs, et de s'en séparer ainsi sans aucun licenciement par le simple effet impératif de l'article L. 1224-1.

Là aussi, l'inspecteur doit limiter son contrôle à une éventuelle discrimination patronale, commençant généralement par une simple règle de proportionnalité : s'il y a 8 % de délégués dans l'entreprise mais 22 % dans le service transféré...

En cas d'autorisation de transfert, « *en application de la loi des 16-24 août 1790 et du décret du 16 fructidor an III, le juge judiciaire ne peut, sans violer le principe de la séparation des pouvoirs, remettre en cause la décision de l'autorité administrative ayant fait application de l'article L. 1224-1 du Code du travail* », même si manifestement elle a été donnée à tort. Il faudra commencer par en obtenir l'annulation devant le juge administratif.

Mais si l'autorisation de transfert est refusée, l'employeur doit proposer au délégué un emploi similaire dans un autre établissement ou une autre partie de l'entreprise, assorti d'une rémunération équivalente.

L'AUTOLICENCIEMENT (PRESQUE) NUL D'UN REPRÉSENTANT DU PERSONNEL

Bénéficiant d'un « *statut exceptionnel et exorbitant du droit commun* » pénalement protégé, un délégué peut-il prendre acte **comme n'importe quel salarié,** demandait benoîtement un employeur dans son pourvoi jugé par la Cour de cassation le 10 février 2010 : « *Si la procédure de licenciement du salarié titulaire d'un mandat électif ou de représentation est d'ordre public, ce salarié ne peut être privé de la possibilité de prendre acte de la rupture, en raison de faits qu'il reproche à son employeur.* »

Compétence judiciaire

Un représentant du personnel peut donc prendre acte, et le juge saisi, forcément *judiciaire* puisque l'inspecteur du travail n'est pas intervenu, devra apprécier les manquements patronaux « *en tenant compte de l'ensemble des règles applicables au contrat de travail de l'intéressé* (ex : harcèlement moral) ...*et des exigences propres du mandat* » (ex : refus répété du paiement des heures de délégation). Et depuis les arrêts du 26 mars 2014 pour les simples salariés, la Chambre sociale exige que le manquement suffisamment grave de l'employeur « *empêche la poursuite de ce contrat* », ce qui oblige le délégué à ne pas attendre trop longtemps, avant de pouvoir prouver lui-même la gravité du manquement.
Mais si c'est le cas...

Redoutables conséquences côté employeur

« *Lorsqu'un salarié titulaire d'un mandat représentatif prend acte de la rupture de son contrat de travail en raison de faits qu'il reproche à son employeur, cette rupture produit soit les effets d'un licenciement nul pour violation du statut protecteur lorsque les faits invoqués par le salarié la justifiaient, soit d'une démission dans le cas contraire. Le représentant du personnel licencié* (auto-licencié ?) *sans autorisation administrative a droit à une indemnité forfaitaire pour violation du statut protecteur égale à la rémunération qu'il aurait dû percevoir depuis la date de la rupture jusqu'à l'expiration de la période de protection en cours* » (CS, 16 févr. 2011).

En clair, effets habituels au titre du contrat : IP + IL + ICP + défaut de cause réelle et sérieuse : soit au minimum l'équivalent d'une dizaine de mois de salaire. Et s'agissant de la violation de droits fondamentaux, le barème Macron ne s'applique pas : le plancher est doublé (de 3 à 6 mois de salaires), et le plafonnement disparaît.
Mais aussi, au titre du statut outragé, versement d'une indemnité équivalente à l'ensemble des rémunérations que le délégué aurait touché jusqu'à la fin de la période de protection, certes **plafonnée par la Cour de cassation** à 24 mois de mandat + 6 mois = 30 mois (V. *infra*). Y compris en cas de coïncidence un peu curieuse comme dans l'arrêt du 12 avril 2012 : prise d'acte le 6 juin puis embauche le 11 juin suivant par le concurrent : avec à l'époque 45 mois de salaire, soit 107 334 euros.
Mieux : le 22 janvier 2021, la cour de Toulouse a admis la prise d'acte d'un cadre délégué syndical CFE-CGC lentement marginalisé suite à sa prise de mandat. Avec les effets cumulés : 1. Du licenciement nul du salarié (45 000 €) ; 2. De l'indemnité pour violation du statut protecteur du RP (168 000 €) ; 3. Et des indemnités conventionnelles : plus de 300 000 euros.
L'argent aide à supporter la pauvreté.
Or c'est le contractant-salarié qui peut prendre acte de la rupture de son contrat, le délégué disposant lui d'un véritable arsenal pénal et civil pour faire respecter son statut : si l'employeur a certes fauté, ce n'est pas sur le terrain de l'éviction illégale d'un délégué, et la large indemnisation au titre du seul contrat paraît alors suffisante.
À faute patronale exactement équivalente (ex. : non-versement d'une importante prime), pourquoi Sandra, simple salariée, toucherait 10 mois d'indemnisation alors que Françoise, voisine de bureau mais déléguée, pourra en obtenir 30 du seul fait de son statut ?
Toujours plus fort. Puisqu'il s'agit des effets d'un licenciement nul, le représentant du personnel peut-il demander sa réintégration... quitte à re-prendre acte ensuite ? Non, a estimé le 29 mai 2013 la Chambre sociale, sur laquelle souffle un louable vent de réalisme : « *La prise d'acte de la rupture par un salarié en raison de faits qu'il reproche à son employeur entraîne la rupture immédiate du contrat de travail et ne peut être rétractée. Il en résulte qu'un salarié protégé qui a pris acte de la rupture de son contrat de travail ne peut ultérieurement solliciter sa réintégration dans son emploi.* » Devant précisant le 11 juillet 2016 que malgré les effets d'un licenciement nul, l'employeur n'avait pas non plus à le licencier pour s'en séparer...

Auto-délit d'entrave ?

Espérons que la Chambre criminelle, saisie de cette scandaleuse éviction à l'insu du plein gré patronal et donc de cet incroyable auto-délit d'entrave à fonctions, réponde qu'il est rare que la victime puisse ainsi, à tout moment, provoquer l'infraction.
Contrairement à nombre de juges du fond, s'agissant de délégués la Chambre sociale se montre fort compréhensive dans l'appréciation des manquements patronaux : quel effet d'aubaine pour certains pouvant à tout moment monnayer leur statut. Mais quel désastre pour l'image d'un représentant du personnel rejouant « *Take the money and run* ».

§2 Procédure statutaire de licenciement

1040 **Exorbitante du droit commun.** « *Les dispositions relatives au licenciement des salariés investis de fonctions représentatives instituent au profit de ces salariés, et dans l'intérêt de l'ensemble des travailleurs qu'ils représentent, une protection exceptionnelle et exorbitante du droit commun qui interdit à l'employeur de rompre le contrat de travail sans respecter le dispositif destiné à garantir cette protection.* » Depuis les arrêts Perrier (Ch. mixte, 21 juin 1974, interdisant le recours à la résolution judiciaire par l'employeur), ce statut repose sur l'inspecteur du travail.

Dans tous les cas, y compris la rupture conventionnelle homologuée (un tiers des ruptures autorisées) **l'inspecteur, pivot de cette protection,** devra donner son autorisation expresse avant que le chef d'entreprise ne puisse rompre le contrat du délégué. Ce contrôle externe de légalité intervient après un examen interne de la légitimité de la mesure projetée par l'employeur : consultation du Comité social et économique *(A)* puis autorisation nécessairement expresse de l'inspecteur du travail *(B)*.

Attention ! Ces phases visant le RP doivent intervenir après la phase individuelle visant *le salarié qu'il est toujours* : convocation puis entretien préalable, même en cas de licenciement collectif ; à défaut, refus automatique de l'IT. Point n'est en effet besoin d'avoir recours à cette procédure complexe si, après l'entretien, l'employeur renonce à son projet. L'inspecteur devra également examiner si les règles de procédure d'origine *conventionnelle préalables à sa saisine ont été observées* : ainsi lorsqu'il existe un « conseil de discipline » (CE, 29 mai 2020), ou une « commission d'enquête » en cas de harcèlement moral.

Et pendant cette double donc longue procédure (compter 2 à 3 mois), il appartient à l'employeur « *de maintenir tous les éléments de rémunération que le salarié protégé perçoit tant que l'inspecteur du travail n'a pas autorisé son licenciement* » (CS, 20 mai 2020), quelle que soit la gravité de la faute qu'il a pu commettre.

A. - Consultation préalable expresse du CSE

1041 **Levée d'immunité parlementaire.** Toute rupture d'initiative patronale visant un représentant *élu* ou un RSCSE (donc ni un DS, ni un RSS, s'ils n'ont pas de mandat électif) doit préalablement donner lieu à la consultation du CSE : procédure inspirée de la levée de l'immunité parlementaire. À l'issue d'une réunion souvent animée, le comité émet un simple *avis* par vote à bulletins secrets : avis souvent négatif, car des militants ne votent pas pour l'éviction d'un des leurs. L'intérêt de cette consultation ne réside donc pas dans son résultat souvent connu d'avance. Mais elle permet :

1 - d'ouvrir un débat public dans l'entreprise (tracts, prises de parole, voire grève de solidarité), et au sein du CSE. Le délégué, qui doit être entendu, pourra s'expliquer ;

2 - d'éclairer l'inspecteur du travail, qui doit recevoir le procès-verbal de la séance, sur les (véritables) raisons du licenciement ou les solutions alternatives qui pourraient être trouvées (ex. : mutation). En l'absence de consultation du CSE, l'inspecteur *devra* automatiquement refuser l'autorisation demandée, et l'employeur pourra être poursuivi pour délit d'entrave au bon fonctionnement du comité.

Pour le licenciement d'un délégué syndical, du RSS (donc désignés), ou autres nombreux mandats extérieurs, l'employeur n'a pas à consulter le CSE : il peut déposer sa demande à l'IT deux jours après l'entretien préalable.

B. - Autorisation expresse de l'inspecteur du travail

1042 **L'inspecteur du travail est le pivot de la protection des délégués**, sauf si ces derniers prennent acte de la rupture : l'inspecteur est alors *incompétent* pour statuer sur cette rupture consommée. En cas de licenciement collectif pour motif économique, l'employeur doit donc transmettre son projet de plan de sauvegarde de l'emploi à la Dreets, mais la demande d'autorisation de chaque RP à l'*inspecteur* compétent. Mais inspecteur et Dreets se concertent évidemment.

1° Examen de la demande patronale d'autorisation de licenciement

1043 L'inspecteur, ayant reçu par LRAR une demande d'autorisation énonçant le cas échéant tous les autres mandats détenus, les motifs détaillés du licenciement envisagé sans renvoi à d'autres pièces, en séparant bien motif personnel (disciplinaire, *ou* non disciplinaire, V. *infra*) et économique, enfin le PV du CSE, dispose d'un délai de deux mois pour statuer. Il doit se livrer à une enquête contradictoire (audition du délégué, visite sur place... sauf confinement total), sur laquelle le Conseil d'État, éventuellement saisi *in fine* en cassation, se montre très vigilant (ex. : respect du contradictoire, pas d'entretien par téléphone ou par courriel). Outre le respect des *procédures* légales (entretien préalable, au moins cinq jours après la réception de la lettre de convocation) et éventuellement conventionnelles (commission paritaire), l'inspecteur doit se livrer à un contrôle très approfondi.

a) Quel que soit le motif du licenciement, que doit faire l'inspecteur ?

1044 **Tout premier contrôle : une éventuelle discrimination.** Il doit vérifier que la rupture n'est pas en rapport avec les fonctions représentatives *normalement exercées*, ni avec l'appartenance syndicale de l'intéressé. Ce contrôle d'une éventuelle discrimination est premier et déterminant car, dès ce premier stade et quel que soit le motif invoqué (donc même en cas de faute lourde avérée), il doit conduire l'inspecteur à délivrer un refus d'autorisation.

1045 **Tout dernier contrôle : l'intérêt général, pour refuser.** L'inspecteur peut, *in fine*, refuser une autorisation qu'il s'apprêtait à donner pour faute ou pour motif économique, *en présence « de motifs d'intérêt général, sous réserve qu'une atteinte excessive ne soit portée à l'un ou l'autre des intérêts en présence »*. Pour le Conseil d'État, cet intérêt général existe dans deux cas : 1. lorsque le licenciement du délégué priverait l'entreprise d'institutions représentatives, cas de certaines PME où un représentant particulièrement actif cumule mandat de DS et de secrétaire du CSE, constituant l'élément moteur des diverses institutions. 2. Lorsque, après un conflit, et alors que le travail a repris, le licenciement du leader du mouvement mettrait un terme à une paix sociale difficilement retrouvée.

Mais cette possibilité ultime de refus n'est ouverte à l'inspecteur que si elle ne porte pas une atteinte *excessive* aux intérêts de l'employeur et de l'encadrement. Elle est par exemple exclue pour un délégué ayant participé à une séquestration : l'impunité n'est donc jamais assurée, légitimement dans un État de droit où le mobile n'a pas tous les droits. Dans le même sens, le Conseil constitutionnel avait, le 20 juillet 1988, refusé la réintégration après une loi d'amnistie aux représentants ayant commis une faute lourde.

b) S'il s'agit d'un licenciement pour motif personnel, tout dépend de l'existence d'une faute disciplinaire, ou d'une cause non liée à l'exécution du contrat de travail

1046 Demande d'autorisation pour **faute disciplinaire** : *« Il appartient à l'inspecteur du travail de rechercher si les faits reprochés au salarié sont* ***d'une gravité suffisante*** *pour justifier son licenciement, compte tenu de l'ensemble des règles applicables au contrat de travail de l'intéressé, et des exigences propres à l'exercice normal du mandat dont il est investi »* ; l'inspecteur devra d'abord vérifier que les faits relèvent bien de la vie *professionnelle*. Puis s'ils sont d'une *gravité suffisante* pour justifier l'autorisation de licenciement, compte tenu de **l'ensemble des règles applicables au *contrat* de travail** (ex. : nombreux retards ; harcèlement moral) mais aussi **des exigences propres à l'exécution normale du *mandat*** (ex. : larges dépassements, répétés et injustifiés, du crédit d'heures).

FGS. Cette « faute *d'une gravité suffisante* » ne se confond pas avec la faute grave, notion de droit privé privant le salarié de ses indemnités de rupture. L'inspecteur examine si la faute commise est suffisamment grave pour justifier *l'autorisation* de licenciement du représentant (ex. : « faux pointage mutuel destiné à dissimuler retards et absences »). Une fois l'autorisation expresse accordée, il appartiendra à l'employeur de qualifier la faute de sérieuse, grave ou lourde, en versant, ou non les indemnités de rupture. Ce n'est qu'en cas de grève que la « *faute d'une gravité suffisante* » devra constituer une faute *lourde de grève*, en application de l'article L. 2511-1 : ce que contrôle évidemment l'inspecteur du travail.

1047 Demande d'autorisation pour **des faits relevant de la vie personnelle du salarié**, ou de l'**exercice du mandat** du représentant du personnel en cause : *« Dans le cas où la demande de licenciement est motivée par un acte ou un comportement du salarié qui, ne méconnaissant pas les obligations découlant pour lui de son contrat de travail, ne constitue pas une faute, il appartient à l'inspecteur du travail de rechercher si les faits en cause sont établis et de nature, compte tenu de leur répercussion sur le fonctionnement de l'entreprise, à rendre impossible le maintien du salarié dans l'entreprise, eu égard à la nature de ses fonctions et à l'ensemble des règles applicables au contrat de travail de l'intéressé. »* Conseil d'État 15 décembre 2010 : *« Le fait, pour un salarié recruté sur un emploi de chauffeur, de commettre, dans le cadre de sa vie privée, une infraction de nature à entraîner la suspension de son permis de conduire, ne saurait être regardé comme* *une méconnaissance par l'intéressé de ses obligations contractuelles à l'égard de son employeur.* ». *Idem* le 2 mars 2020, s'agissant d'un délégué syndical ayant détourné des fonds, déposés dans sa propre banque, au détriment de son syndicat.

Le Conseil d'État s'est donc – hélas – presque aligné sur la Chambre sociale : « *Une sanction disciplinaire ne peut être prononcée qu'en raison de faits constituant un manquement du salarié à ses obligations professionnelles envers l'employeur.* » Exemple : un trésorier de CSE détournant des fonds le fait forcément dans le cadre de son mandat, et non de son contrat ; il ne s'agit donc pas « *d'obligations découlant pour lui de son contrat* » (Conseil d'État) ou « *d'un manquement de l'intéressé à ses obligations professionnelles envers l'employeur* » (Cour de cassation). Mais en l'espèce, pour le Conseil d'État, « *les faits en cause sont de nature, compte tenu de leur répercussion sur le fonctionnement de l'entreprise, à rendre impossible le maintien du salarié dans l'entreprise* » : autorisation de l'inspecteur du travail sur la base de ce trouble objectif caractérisé (TOC) nécessairement suivie d'un licenciement pour *simple cause* réelle et sérieuse, donc avec les deux indemnités de rupture.

SANCTION À L'EGARD D'UN REPRÉSENTANT DU PERSONNEL : DEUX JUGES COMPÉTENTS

Car en cas de simple sanction (ex : blâme, mise à pied) et non de licenciement, le conseil des prud'hommes reste compétent en l'absence de toute nécessité d'autorisation administrative. C'est ainsi que la Chambre sociale a jugé le 11 décembre 2019 que « *sauf abus, le représentant du personnel ne peut être sanctionné en raison de l'exercice de son mandat pendant son temps de travail* ».

Or l'avertissement en question était motivé par des propos limites tenus par le délégué lors d'une réunion commerciale avec des clients, **mais** « *en sa qualité de représentant du personnel pour défendre une collaboratrice sanctionnée* », juge la Cour : « *l'employeur ne démontrant pas un abus du salarié dans l'exercice de son mandat, la sanction se rattachait à l'exercice des fonctions représentatives du salarié et était donc discriminatoire* ».

DEMANDE D'AUTORISATION POUR FAUTE DISCIPLINAIRE, *OU* CAUSE PERSONNELLE ?

L'employeur ne doit surtout pas se tromper de terrain, et il est parfois glissant comme le démontrent trois arrêts du Conseil d'État.

Conseil d'État, 22 mars 2015 (1er arrêt)

Lors d'une suspension de séance du comité d'établissement, un DS-RSCE assène un violent coup de tête à un autre délégué (fracture et incapacité temporaire de travail de trente jours) : violation de l'obligation de sécurité, *faute* d'une gravité suffisante.

Conseil d'État, 29 juin 2016 : harcèlement syndical

Un délégué syndical central en conflit permanent avec son délégué syndical adjoint se voit accusé de harcèlement moral. S'agissant là encore d'incidents entre deux titulaires de mandats, son employeur un peu trop prudent renonce à demander une autorisation pour faute, et se place sur le terrain non fautif de l'impossibilité de maintien de son contrat. Double erreur.

1. « *Un salarié protégé qui se rend coupable de harcèlement moral sur son lieu de travail méconnaît, y compris lorsque ces actes sont commis dans l'exercice des fonctions représentatives, son obligation de ne pas porter atteinte, dans l'enceinte de l'entreprise, à la santé et à la sécurité des autres membres du personnel, laquelle découle de son contrat de travail ; que de tels faits sont ainsi, en principe, de nature à constituer le fondement d'une demande de licenciement pour motif disciplinaire* ».
2. « *Si l'employeur fonde sa demande d'autorisation de licenciement sur la circonstance que le comportement du salarié est par lui-même, indépendamment de sa qualification de harcèlement, de nature à rendre impossible son maintien dans l'entreprise, il lui appartient d'établir que les répercussions effectives du comportement du salarié sur le fonctionnement de l'entreprise sont, eu égard à la nature de ses fonctions et à l'ensemble des règles applicables à son contrat de travail, de nature à justifier son licenciement* ». Or en l'espèce, « *le fonctionnement des instances représentatives du personnel n'en était pas sérieusement affecté, et les principaux effets imputables au comportement de M. B... sur le fonctionnement de la société consistaient en un arrêt de travail de la personne avec laquelle il avait été en conflit et en la nécessité de déplacer cette dernière sur un autre poste* » : refus d'autorisation.

Conseil d'État, 22 mars 2015 (2e arrêt) : Stakhanove
Notre courageuse à l'époque DP + CE + DS + CHSCT se servait en effet de ses heures de délégation (105 heures TTC) pour exercer un autre emploi salarié dans une autre entreprise : manquement à l'obligation de loyauté, faute d'une gravité suffisante, autorisation. Le minimum syndical pour les camarades-électeurs scandalisés.

Mais la frontière faute / TOC reste souvent floue
Ainsi, le 10 juillet 2019, le Conseil d'État décidait que « *le fait de s'introduire dans la messagerie d'une collègue et d'y détourner des messages identifiés comme personnels traduit une méconnaissance par l'intéressé des obligations résultant de son contrat de travail, peu importe qu'ils aient été commis hors du temps et du lieu de travail* ». Et « *ces faits, commis par un salarié exerçant des fonctions d'encadrement* » étaient d'une gravité de nature pour justifier son licenciement.

c) S'il s'agit d'un licenciement pour motif économique

1048 L'inspecteur examine deux points, sensibles depuis la loi du 14 juin 2013 ayant écarté des PSE le juge judiciaire au profit de la Dreets. Si cette dernière homologue en effet le PSE, mais que l'inspecteur refuse les licenciements des représentants du personnel faute d'offres de reclassement suffisantes... sérieuse concertation obligatoire !

1049 « ***La possibilité d'assurer le*** **reclassement** *du salarié dans l'entreprise ou le groupe auquel appartient cette dernière.* » Gros travail que celui dévolu à l'inspecteur qui doit en principe passer en revue tous les postes disponibles ou susceptibles de l'être dans la qualification du salarié au niveau de l'établissement, de l'entreprise, voire du groupe, mais sur le seul territoire français depuis 2017. Et comme on imagine l'enthousiasme très relatif des directeurs d'établissement ou des filiales à reclasser chez eux un délégué très actif, pour établir que l'obligation à sa charge a été remplie au sein du groupe, l'employeur ne peut se borner à faire état des seules mesures d'ordre général mises en œuvre pour favoriser le reclassement de ces salariés au sein du groupe.

1050 **La situation économique de l'entreprise justifie-t-elle le licenciement du délégué ?** Dans les conditions définies par les ordonnances du 22 septembre 2017, son examen devra être étendu le cas échéant à la situation économique de l'ensemble des sociétés du groupe œuvrant dans le même secteur d'activité, implantées sur le territoire français. Comme pour la Cour de cassation, l'examen administratif doit porter sur la situation économique des sociétés du groupe intervenant dans le même secteur d'activité. Ainsi la société fabriquant des produits finis à l'usage des fumeurs ne relève pas du même secteur d'activité que celle faisant de la papeterie (CE, 29 juin 2020).

Puisqu'il appartient, en amont, à l'inspecteur du travail de vérifier ces deux aspects, le Conseil des prud'hommes est ensuite incompétent pour en juger : il ne peut que constater l'existence d'une cause réelle et sérieuse, le respect de l'obligation de reclassement et des éventuelles procédures *conventionnelles* allant avec. Le représentant qui conteste ces points devra d'abord obtenir l'annulation de la décision administrative.

1051 **Ce double contrôle effectué (général, puis spécifique au motif de la demande),** l'inspecteur va accorder ou refuser, par une décision motivée, l'autorisation demandée. Son éventuel silence équivaut à un refus puisqu'il n'existe aucune autorisation tacite.

Si l'autorisation est délivrée (depuis 20 ans, tous motifs confondus, entre 75 et 85 % des demandes,), l'employeur achèvera la procédure en envoyant au salarié la lettre habituelle de notification du licenciement, qui renverra à la décision administrative *ou* aux motifs précisément décrits. Il va de soi que le licenciement d'un salarié protégé ne peut être prononcé que pour les faits qui ont motivé l'autorisation.

2° Recours contre la décision de l'inspecteur

1052 **Recours hiérarchique.** Dans les deux mois à compter de la notification de la décision, le salarié mais en fait surtout le chef d'entreprise (deux tiers des recours) peut former un recours hiérarchique auprès du ministre du Travail.

Le ministre doit se prononcer dans les quatre mois qui suivent, et son silence vaudra rejet de la demande. l'objet La plupart des recours hiérarchiques émanent des entreprises, recours pas toujours bien ressenti par l'inspecteur du travail car son Administration lui demande alors de s'expliquer très précisément. Si sa décision est annulée par le ministre, ce qui n'est pas exceptionnel, ce désaveu pourra également être mal vécu par l'intéressé, tant sur le plan professionnel que vis-à-vis des partenaires sociaux pour lesquels il est « l'homme qui dit le droit ». Le ministre ne peut annuler ou réformer la décision de l'inspecteur que pour des motifs de légalité.

1053 **Recours contentieux.** Dans les deux mois suivant la décision (explicite ou implicite) du ministre, la partie perdante peut effectuer un recours contentieux devant le tribunal administratif, la cour administrative d'appel, puis éventuellement le Conseil d'État en cassation. Cette procédure longue (4 ans), mal connue et en pratique coûteuse, est beaucoup moins utilisée que le recours hiérarchique, rapide et gratuit. Mais dans les deux cas, l'opportunité d'un tel recours doit être examinée avec soin, particulièrement vis-à-vis de l'inspecteur du travail en cause, dont l'autorisation en cette matière est loin d'être la seule compétence.

Si une autorisation administrative de licenciement a été délivrée, même si elle paraît surprenante (CS, 12 juill. 2010 : pour *inaptitude*, conséquence d'une discrimination et d'un harcèlement moral), en application de la séparation des pouvoirs, le Conseil des prud'hommes ne peut plus être saisi du principe de la rupture : compétence du juge administratif : *« En l'état d'une autorisation administrative accordée à l'employeur de licencier un salarié protégé, le juge judiciaire ne peut, sans violer le principe de la séparation des pouvoirs, apprécier ni le caractère réel et sérieux des motifs retenus pour justifier le licenciement ni la régularité de la consultation du comité d'entreprise »*. Mais il reste compétent pour les indemnités de rupture et autres heures supplémentaires ou de délégation non payées.

§3 L'éviction nulle d'un représentant sans autorisation administrative, ou après refus

1054 Involontairement (ex. : très obscur candidat libre aux élections d'il y a 2 mois et n'ayant obtenu qu'une voix, ancien RSS ayant raté les 10 % il y a 11 mois), ou en connaissance de cause (éviction immédiate du leader de la grève), certains employeurs procèdent au « *licenciement* », en droit à *l'éviction* illégale, d'un délégué sans avoir obtenu la nécessaire autorisation administrative. Mieux : après une décision de refus.

À défaut d'autorisation administrative forcément expresse, ce « licenciement » est frappé de *nullité*, et cette *éviction* censée n'avoir jamais été prononcée : le salarié peut exiger d'être immédiatement « réintégré » dans le poste qui est le sien *(A)* ou, s'il le préfère (et il le préfère souvent), très largement indemnisé *(B)*. Le tout évidemment devant le juge judiciaire, car par définition n'existe aucune autorisation administrative.

A. - La « réintégration » forcée

1055 **Vous avez dit « réintégration » ?** Ce terme est techniquement inadéquat puisqu'il laisse supposer que la rupture a pu valablement intervenir. Le salarié va seulement demander au juge prud'homal des référés *« la poursuite du contrat de travail illégalement rompu »*. Après avoir constaté le trouble manifestement illicite (réalité du mandat + absence d'autorisation administrative de licenciement : les plaidoiries sont brèves), le juge rendra une ordonnance de poursuite du contrat, sous astreinte journalière. Le fait de devoir verser intégralement le salaire du délégué depuis son éviction irrégulière, ajouté à l'astreinte qui augmente jour après jour, suffit généralement à convaincre l'employeur qui proposera rapidement au délégué de reprendre son travail, au même poste.

1° Aspects civils

1056 Le licenciement d'un salarié protégé, prononcé sans autorisation administrative ou malgré un refus d'autorisation est **nul**. Il ouvre droit, pour le salarié qui demande sa réintégration pendant la période de protection, au versement d'une indemnité égale au montant de la rémunération qu'il aurait perçue entre son licenciement et sa réintégration ; Il n'y a **pas lieu de déduire de cette indemnité les revenus qu'il a pu percevoir de tiers au cours de cette période**, comme les allocations-chômage ou la rémunération d'un CDD. Dissuasif pour l'employeur récalcitrant qui, pour des raisons d'incompatibilité d'humeur ou de rapport de pouvoir (cas des conflits collectifs), préfère payer des sommes considérables (salaires + astreinte) plutôt que de perdre la face en réintégrant immédiatement le délégué. Et la Chambre sociale ne lui fait aucun cadeau : l'opposition d'une partie du personnel de travailler avec le RP harceleur « *ne caractérise pas une impossibilité absolue de réintégration* » (CS, 24 juin 2014).

2° Aspects pénaux

1057 **Délit d'entrave aux fonctions.** Le RP fera constater (par huissier, ou directement par l'inspecteur du travail) que, malgré la notification de l'ordonnance, il ne peut réintégrer son poste de travail. Puis il portera plainte par voie de citation directe (le fautif est connu, l'infraction également) devant le tribunal correctionnel contre le chef d'entreprise pour délit d'entrave à ses fonctions (jamais pour « *refus de réintégration* », délit qui n'existe pas). En l'absence d'enquête judiciaire (les faits sont patents : l'ordonnance du Conseil des prud'hommes n'est pas exécutée), celui-ci ou plus souvent le DRS délégataire se trouvera dans les jours ou les semaines qui suivent en correctionnelle sur le banc des prévenus, et condamné pour délit d'entrave à ses fonctions (7 500 euros et/ou un an d'emprisonnement). Malgré une grande retenue dans les condamnations sur ce terrain, le juge pénal hésite de moins en moins à prononcer une peine de prison, certes avec sursis dans l'immense majorité des cas. Mais l'éventualité d'une condamnation pénale, avec la publicité qui s'y attache, incite le chef d'entreprise à « réintégrer » avant l'audience, où il devrait s'expliquer devant les magistrats.

1058 **Si non-réintégration = > délit *continu*, et donc récidive.** Si, au contraire, malgré *l'astreinte* civile et *l'amende* pénale, sans parler du salaire intégral qui continue à courir depuis le jour de l'éviction illégale, l'employeur refuse toujours de reprendre le salarié, il commet une seconde fois le même délit d'entrave aux fonctions, *car ce délit est continu* : tant que le trouble n'a pas cessé, après la première condamnation, la victime peut porter plainte à répétition pour les mêmes faits : exceptionnel en droit pénal.

Constatant la récidive, le tribunal correctionnel n'hésitera pas à doubler l'amende, mais surtout à condamner cette fois l'employeur à une peine de prison avec sursis. Si ce dernier refuse toujours de réintégrer le salarié, ce multirécidiviste en col blanc sait ce qui l'attend en troisième semaine (prison *ferme*, durée : un an).

Surnommée « La Totale » dans les Services RH, cette hypothèse est en effet unique en droit du travail. N'existe en effet *aucune issue* pour le chef d'entreprise qui devra « réintégrer » un salarié même lourdement fautif (ex. : séquestration) s'il a été irrégulièrement évincé, et cela se révèle en amont fort dissuasif ; pourquoi courir le risque de se voir publiquement désavoué ?

1059 **Au bout du chemin : « réintégration » ou large indemnisation ?** Encore faut-il que le délégué évincé réclame sa « réintégration ». Or c'est rarement le cas :

- il devine sans vraiment se tromper que son employeur se souviendra très, très longtemps de ce très, très, très pénible épisode judiciaire, surtout en cas d'intervention du juge pénal ;
- la contre-publicité faite à l'entreprise le frappera également s'il cherche demain un emploi dans la région : Google fait de graves victimes collatérales, de longues années après ;
- l'indemnisation à laquelle il peut prétendre à défaut de « réintégration » est très substantielle. Ce qui, paradoxalement pour les défenseurs des grands principes, l'incite souvent à choisir l'indemnisation par ailleurs déplafonnée.

B. - À défaut de « réintégration » exigée par le salarié, double et dissuasive indemnisation

Le représentant du personnel illégalement évincé se place alors sur deux terrains : le représentant du personnel *(1°)*, puis le salarié *(2°)* : avec pour chacun une indemnisation spécifique, les deux se cumulant.

1° Indemnisation forfaitaire et automatique au titre du statut de représentant du personnel : maximum 30 mois

1060 Il ne s'agit pas ici des salaires continuant à courir et des fiches de paie à tomber pendant toute la durée de l'éventuel procès en réintégration, ni de la transaction que sont souvent amenés à négocier *postérieurement* les conseils des deux parties, et qui varie entre un et quatre ans de salaire. Ce chiffre correspond à la pratique judiciaire : en effet, la Cour de cassation évalue les sommes à verser au délégué ne souhaitant pas être réintégré au montant de *« tous les avantages directs et indirects qu'il aurait perçus jusqu'à la fin de la période de protection »* : logique et réaliste, car c'est à l'issue de cette période que l'employeur aurait pu le licencier sans autorisation.

1061 **Véritable *peine privée automatique et forfaitaire*,** cette indemnisation obligatoire est indépendante des fautes éventuellement commises par le délégué en cause. Mais, plus étrange en droit de la responsabilité, également indépendant du préjudice réellement subi par le délégué. Logique : puisque l'employeur n'aurait pu le licencier sans autorisation jusqu'à la fin du mandat, à laquelle il faut ajouter la durée de la protection assurée par la loi aux *anciens* représentants. *Avant* 2015, cette durée *pouvait atteindre*, pour un membre du comité d'entreprise récemment élu : 48 mois + 6 mois de protection = 54 mois, au titre *du seul statut.*

24 + 6 = 30 mois *au maximum*. Les deux arrêts du 15 avril 2015 ont légitimement retenu un plafond moins attrayant : « *Le représentant du personnel qui ne demande pas la poursuite du contrat de travail illégalement rompu a droit à une indemnité pour violation du statut protecteur égale à la rémunération qu'il aurait perçue depuis son éviction jusqu'à l'expiration de la période de protection, dans la limite de deux ans, durée minimale légale de son mandat, augmentée de six mois.* » Donc 30 mois maximum à ce titre, confirmés pour le DS et le RSS.

1062 Idem pour les *conseillers du salarié* ou les médecins du travail dont le mandat n'a pas de durée légalement déterminée, pour les conseillers prud'hommes et autres administrateurs de caisses de Sécurité sociale dont l'indemnisation aurait pu dépasser soixante mois de salaire puisque le mandat légal est de cinq ans ; la Cour de cassation a logiquement fixé la même peine privée : une indemnité correspondant à *24 mois* + *6 mois* de salaire.

Le 3 mai 2007, la Chambre sociale avait enfin beaucoup déçu un représentant du personnel cumulant plusieurs mandats réclamant le cumul des indemnisations : « *La sanction de la méconnaissance du statut protecteur, même lorsque cette violation est multiple, doit être égale au moins au montant des salaires dont le salarié a été privé depuis la date de son éviction jusqu'à la fin de la période de protection* qui expire la dernière. »

Voilà les rudes sanctions encourues pour la seule violation du mandat du représentant du personnel... R**este le contrat illégalement rompu du salarié qu'il est resté.**

2° Large indemnisation du salarié évincé, au titre du contrat

1063 Ces dommages-intérêts dus au titre du *statut* se cumulent en effet avec les indemnités de rupture légales ou conventionnelles (IP + IL) + ICP automatiquement dues au *salarié*. À défaut d'autorisation administrative, le juge judiciaire n'a pas à examiner la présence parfois bien réelle d'une faute grave : il doit ordonner le versement des deux indemnités de rupture au RP, même s'il a commis une faute lourde (ex. : séquestration du DRH) ayant justement entraîné son éviction immédiate, mais illégale faute d'autorisation administrative.

Last but not least : le représentant du personnel ne demandant pas la poursuite de son contrat de travail illégalement rompu a droit non seulement aux indemnités de rupture, mais également « *à une indemnité réparant l'intégralité du préjudice résultant du caractère illicite du licenciement* » ; soit l'indemnité légale due en cas de défaut de cause réelle et sérieuse après les ordonnances du 22 septembre 2017 : donc barémisée ?

Que nenni !

Déplafonnement + Plancher de 6 mois minimum (art. L. 1235-3-1). Le barème « *n'est pas applicable lorsque le juge constate que le licenciement est entaché d'une nullité afférente au licenciement d'un salarié protégé en raison de l'exercice de son mandat* ».

Donc aucun plafond, mais un plancher impératif : « *le juge octroie une indemnité, à la charge de l'employeur, qui ne peut être inférieure aux salaires des six derniers mois* ».

1064 **Régime fort dissuasif en amont.** Devoir payer, pour l'éviction d'un RP *en début de mandat,* 24 + 6 = 30 mois + 2 (IP) + 2 (IL) + 1 (ICP) + défaut automatique de crs, soit parfois 40 mois de salaire quelle que soit la faute commise apparaît très sévère pour l'entreprise... mais aussi très attractif pour le délégué ainsi incité à ne pas demander sa « réintégration ». De quoi liquider judiciairement des PME mal conseillées, mais aussi éviter de perdre la face pour les grosses structures négociant (en dehors des règles) le départ de certains RP à hauteur de deux à trois ans de salaire. Nombre d'entreprises ne se plaignent plus aujourd'hui de cette issue de secours, pourtant fort onéreuse ? Car quand il s'agit de rapports de pouvoir, plaie d'argent n'est jamais mortelle.

SUR L'ENSEMBLE DE LA QUESTION

V. le très complet « Guide relatif aux décisions administratives en matière de rupture ou de transfert du contrat de travail des salariés protégés » publié par la DGT : https://travailemploi.gouv.fr/

*

* *

Éléments indispensables de médiation des rapports de travail dans l'entreprise, les représentants du personnel méritent donc bien le terme générique qui les désigne parfois : « salariés protégés », car exposés. Cette protection – légitime car dans le secteur privé, ils prennent des risques – ne doit pas cependant en faire, comme dans certaines entreprises du secteur public en particulier, des « *fonctionnaires du social* » (P. Rosanvallon) déconnectés du travail réel de leur camarades.

La loi « sur la démocratie sociale » du 20 août 2008 y a veillé en mettant un terme à la rente de situation de la présomption irréfragable de représentativité. Tous les quatre ans, tous les compteurs sont remis à zéro, et « *chaque délégué pèse le poids de ses godasses* », fonction de son score électoral. Normal.

Réveil. Mais englués dans leurs multiples tâches institutionnelles (Unedic, Sécurité sociale, comités locaux...), et dans l'entreprise par de multiples information-consultations dont les mutations économiques ont multiplié les difficultés auparavant amorties par la croissance, nos délégués sont de moins en moins sur le terrain (principal risque du CSE unique, et volontiers « en haut » sinon perché), *a fortiori* pour les permanents syndicaux accaparés par des problèmes d'appareil. Pas toujours sûrs de leur représentativité sinon de leur légitimité, ils se retranchent fréquemment derrière « la consultation de la base », voire demandent eux-mêmes un référendum banalisé dans les faits, et désormais en droit avec l'ordonnance du 22 septembre 2017 (V. *infra*, la négociation collective dans les PME).

Or le principe même de la démocratie représentative est de permettre d'éviter cette permanente et enfantine « démocratie directe » placée sous le signe de l'émotion et des réseaux sociaux, plus que de la raison et d'un compromis honorable pour les deux parties.

Partie 3

CONFLITS ET NÉGOCIATION

1065 **Régulation.** Si le Droit vise à réguler, et pour les plus optimistes à supprimer les rapports de force, le droit du travail est né au milieu du XIXe siècle de conflits souvent violents, parfois de mouvements insurrectionnels. Puis 1936, 1946, 1968... : les grandes dates sociales du XXe siècle montrent que, comme dans d'autres domaines, « *la Force précède souvent le Droit* » (Bismarck).

Mais un conflit collectif de travail ne constitue-t-il pas un échec du droit ? Alors que le législateur a multiplié les mécanismes de régulation des tensions dans l'entreprise (droit syndical, CSE conventionnel, PSE et RCC négociés), le bon vieux rapport de force semble en France imposer sa loi aux rapports de droit, devenus naturellement la norme dans les sociétés civilisées.

1066 **« Enfant naturel qui mourra célibataire ».** Le juriste classique ne peut donc se départir d'une certaine défiance à l'égard du jeune « droit de grève ». S'il a reçu droit de cité dans l'ordre juridique français en octobre 1946, puis communautaire en 2010 avec la Charte des droits fondamentaux de l'Union, il continue à faire un peu désordre : des salariés refusent momentanément la subordination qui détermine leur état, des travailleurs ne travaillent pas, et causent *volontairement* un préjudice à leur cocontractant...qui plus est collectivement. Le ci-devant standard du Code civil (*« le bon père de famille prudent et avisé »*) semble céder la place à son antithèse décrite par Stendhal : au pays du droit des contrats, de la propriété et de la responsabilité représentés par le chef d'entreprise, le gréviste apparaît alors comme *« un enfant naturel qui mourra célibataire »*.

Reste que la grève des bras, très efficace dans le tout-collectif du monde industriel (lieu + temps + action) référence du Constituant de 1946, disparaît peu à peu au profit de celle des neurones des travailleurs du savoir, de plus en plus télétravailleurs à domicile depuis l'épisode C19 et s'organisant sur Facebook, Twitter ou WhatsApp. Sur le marché mondial de la Vertu, la vulnérabilité des sociétés médiatisées est forte : le rapport de force a changé de forme dans notre société de la réputation. En 2018-2019, l'irruption-éruption des Gilets Jaunes a enfin montré de remarquables capacités de mobilisation, à côté, voire contre les corps intermédiaires que sont les syndicats. Mais pour en faire quoi, sinon penser aux grèves ayant abouti à la loi...Waldeck-Rousseau de 1884 ?

Dématérialisation. Les mouvements sociaux récents montrent que les rapports de force sont en train de se modifier: la cessation collective et concertée du travail avec tractage dans l'entreprise, rapport de force bien visible et parfois occupation pour attirer la presse locale voire TF1, fait parfois place à une contestation collective et concertée sur les réseaux sociaux externes, dont l'effet viral assure une médiatisation nationale voire un *« bad buzz »* fort dommageable dans notre société de l'émotion : clients, mais aussi fournisseurs ne veulent pas être assimilés au Méchant.

Comme le proposait Alain Supiot il y a...vingt ans, il faut donc *« Revisiter les droits d'action collective »* (*Dr. soc.*, juill.-août 2001, p. 687), et constater le lent passage, pour les grandes entreprises médiatiques, *« De la grève interne à l'action collective externalisée* » (*cf.* J.-E. Ray, « De nouveaux conflits collectifs dans notre société de la réputation », *Sociologie du travail*, juin 2011 p. 11).

Sans même parler, après le C19, de la grève du télétravailleur avec obligation de résultat, seul dans sa cuisine, et *a fortiori* du chauffeur Uber ou du cycliste Deliveroo (pour l'immense majorité, encore travailleurs indépendants) qui s'arrêtent de travailler... Comme le constatait le CNNum dans son rapport de juillet 2020 : « *Les déconnexions concertées sont des formes d'action collective où les travailleurs se déconnectent simultanément de l'application mobile, le plus souvent à une heure où la demande est très élevée de manière à ce que la plateforme soit privée de travailleurs et ne puisse plus assurer son service dans les conditions d'expérience-client exceptionnelles auxquelles elle prétend (livraison de repas en un temps record, prise en charge par un chauffeur quasi instantanée...). Mais pour que ces actions aient un réel impact, il faut réussir à mobiliser un nombre important de travailleurs. Et il arrive que les plateformes répliquent en augmentant les incitations financières (bonus...) de manière à ce que de nouveaux travailleurs assurent le service malgré la mobilisation* ».

1067 **Plan**. Le très spécifique droit de grève à la française reste donc à géométrie jurisprudentiellement variable, bien qu'il s'agisse depuis 1946 d'un droit constitutionnel *(Chapitre 1)*.

Le chef d'entreprise n'est cependant pas privé de tous moyens pour y faire face *(Chapitre 2)*.

Mais les belligérants restent des « *partenaires sociaux* » : à chaud ou à froid, la négociation collective est en France bien vivante, *a fortiori* depuis le véritable tremblement de terre juridique et social qu'ont constitué les lois du 20 août 2008 puis les ordonnances du 22 septembre 2017, les répliques sismiques de ces textes refondateurs se faisant sentir bien au-delà *(Chapitre 3)*. Devenu centre de gravité de notre droit du travail, la négociation collective *dans l'entreprise* fera l'objet du *Chapitre 4*.

Chapitre 1

Le droit constitutionnel de grève

1068 **Pression, mais aussi expression.** Délit pénal jusqu'en 1864 puis faute contractuelle jusqu'en 1946, la grève n'a pas vu du jour au lendemain sa nature réelle changer à compter du Préambule constitutionnel du 27 octobre 1946 qui, parmi d'autres principes « *particulièrement nécessaires* à notre temps », énonce dans son septième alinéa : « *Le droit de grève s'exerce dans le cadre des lois qui le réglementent.* »

Mais dans le contexte de la Guerre froide, les premières grèves menées par la CGT dès 1947 furent souvent très violentes et ouvertement politiques, comme auparavant où elles constituaient autant un moyen d'*expression* politique que de *pression* sociale. Mais son insertion dans l'ordre juridique exigeait désormais de séparer « *l'exercice normal du droit de grève* », qui bénéficiait de l'immunité liée à l'exercice d'un droit constitutionnel, et les « *mouvements illicites* » (terme ayant remplacé depuis 1991 celui de « *grève illicite* ») qui constituent au contraire autant de fautes pour chaque « gréviste »... qui en droit n'en est pas un.

1069 **La grève en grève ?** Faut-il se réjouir de la chute du nombre de journées perdues du fait des grèves sur le long terme *dans le secteur privé* ? Après le fort pic de 2010 dû aux multiples grèves nationales à propos des retraites (contrairement aux conflits limités à une entreprise, tout mouvement de cette envergure entraîne mécaniquement une forte augmentation des statistiques : les deux tiers pour 2019), le nombre de jours de grève a été divisé par deux : 318 jours de grève pour mille salariés en 2010, 66 en 2012 (le moins élevé depuis 30 ans), mais 107 journées en 2018 avec la grève sans fin de la SNCF, puis 161 en 2019. Avec de très forts écarts selon les secteurs : pour 2019, 4 journées perdues dans la Construction, mais 1 038 dans les Transports (SNCF, RATP...), 281 dans l'Industrie et 309 dans le Commerce.

Mais tous ces chiffres doivent être analysés avec beaucoup de prudence. 1. Car ils dépendent parfois d'événements extérieurs : ainsi en 2020, très peu de grèves en raison du confinement...et de l'activité partielle. 2. Les conflits extérieurs aux entreprises (Gilets Jaunes) ne sont pas pris en compte ; 3. Issus des remontées du terrain, ils restent très aléatoires. 4. En France, l'essentiel des journées perdues pour fait de grève est imputable à un conflit d'envergure nationale (feuilleton des retraites), sur lequel l'employeur en cause n'a aucun pouvoir.

Démobilisation individuelle et collective. Pour les juristes les plus optimistes, cette baisse sur longue période en forme de dialogue social apaisé est l'effet bénéfique de la remarquable croissance du droit du travail français. Mais *« les salariés mécontents protestent moins qu'ils ne se résignent ou se mettent en retrait »*, note le *think tank* patronal *Entreprise et Personnel*, constatant un désenchantement dû à la financiarisation (profit à court terme, *reportings* permanents) qui entraîne une perte de sens ; mais aussi la réelle coupure des salariés avec le haut management qui, avec ses stocks de stock-options conçues pour et ses tableaux de *reporting* faisant perdre de vue le travail réel, a épousé les intérêts court-termistes de nombre d'actionnaires. Démobilisation se retrouvant dans le taux d'abstention aux élections des CSE (-5 % en 4 ans), par ailleurs directement indexée sur le salaire familial.

DES JEUNES MOINS ENGAGÉS, OU ENGAGÉS DIFFÉREMMENT ?

Ces très pragmatiques générations « Restos du Cœur » (« *On vous promettra pas / Les Toujours du Grand Soir / Mais juste pour l'hiver / À manger et à boire ! / J'ai pas de solution pour te changer la vie / Mais si je peux t'aider quelques heures, Allons-y !* ») se méfient de « l'adhésion », au sens coller à un tout, et pour toujours. Mais elles continuent à s'engager, pour des raisons très variées.
Comme le constate Claude-Emmanuel Triomphe suite à une enquête approfondie (« Les dynamiques de l'engagement », Tribune Fonda, n° 239, sept. 2018) : « *Aujourd'hui, l'engagement s'énonce et se structure différemment. Contrairement aux opinions qui ne voient en eux que des individualistes forcenés, les jeunes Français de 18-35 ans voient leur participation active à des activités sociales, sportives ou culturelles croître à raison de 10 % depuis 2010, faisant de cette génération l'une des plus engagées de l'histoire du pays. Ce phénomène rend paradoxalement l'engagement moins exceptionnel, plus banal : il devient une pièce admise, voire requise d'un parcours de vie contemporain. C'est particulièrement clair chez les jeunes : le "faire" » prime désormais absolument sur « l'appartenir ». Le succès des actions informelles en est une illustration. Les propositions d'engagement volontaire ou bénévole sans adhésion aux structures qui les portent en sont une autre. Il s'agit d'être utile rapidement, de mener des actions concrètes, et d'en mesurer les impacts pour les autres et pour soi-même. Et si le long terme n'est pas exclu, loin de là, le court terme importe beaucoup. L'engagement sacrificiel et les promesses de Grand Soir sans que les lendemains immédiats soient un peu meilleurs n'ont plus la cote* ».

1070 **Enfin, la *« grève froide »*** que nombre d'entreprises connaissent aujourd'hui, somme de comportements individuels de retrait (retards, arrêts-maladie et autre présentéisme contemplatif ou absentéisme moral... voire certains télétravailleurs ne se pressant pas du tout pour revenir au bureau en septembre 2021) est cent fois plus difficile à gérer qu'un bon vieil arrêt collectif de travail que l'employeur peut voir venir, et dont les deux partenaires maîtrisent le déroulement asymptotique et l'issue. Comment développer une entreprise dans laquelle les deux-tiers des salariés se disent désengagés ? Si l'on y ajoute l'irruption de jeunes militants socialement peu expérimentés et volontiers dans le « *Tout, tout de suite !* » et autre « *On ne cèdera rien !* » façon Gilets Jaunes qui constituent l'exacte antithèse d'une négociation (résultat : quel est le partenaire qui va perdre la face...ça sent l'avenir radieux), nombre de DJ (Directeurs Juridiques) ou DRS qui ne font parfois qu'appliquer des décisions d'un groupe sur lesquelles ils n'ont aucune prise, et donc bien peu de marges de manœuvre, en viennent à regretter les bonnes vieilles grèves d'antan : rudes, mais loyales et finalement prévisibles.

SECTION I Définition (jurisprudentielle) de la grève

1071 ***« Le droit de grève s'exerce dans le cadre des lois qui le réglementent. »*** Malgré le souhait du Constituant de 1946 régulièrement rappelé par le Conseil constitutionnel, hors services publics le législateur est fort peu intervenu pour réglementer le droit de grève, sinon pour le retirer aux personnels indispensables au maintien de l'ordre public : ainsi est-elle totalement interdite à l'armée, aux CRS, aux gardiens de prison ou encore aux magistrats *en juridiction*.

Au nom de sécurité des personnes et des biens, de la continuité des services publics mais aussi du simple respect des usagers (rester des heures à 7 h du matin sur le quai d'une gare de grande banlieue en espérant qu'un train arrive...), la loi générale du 31 juillet 1963, puis celles du 21 août 2007 (transports terrestres) et du 19 mars 2012 (transport aérien), pour les seuls transports publics de voyageurs, sont légitimement venues encadrer ce droit.

Cette passivité volontaire et qui transcende les courants politiques a eu un effet prévisible : saisi par des salariés sanctionnés à la suite d'un conflit, le juge judiciaire (et administratif pour les grèves dans la fonction publique) a dû, dès 1950, effectuer une différenciation entre les mouvements constituant à ses yeux *l'exercice normal du droit de grève,* donc insusceptibles de sanctions quelles qu'elles soient, et les *mouvements illicites* ne bénéficiant d'aucune protection.

Alors que, *pour le salarié*, une « grève perlée » (ex : faire une pièce sur deux), du zèle ou un refus des heures supplémentaires constituent une grève, le droit considère comme fautives ces « actions collectives *sans arrêt* de travail ».

Définition évolutive. La définition de la vraie « grève » en droit, qui reste en France exclusivement jurisprudentielle, a donc une importance redoutable, en forme de tout (droit constitutionnel) ou rien (faute) : et entre les deux, rien du tout. Depuis 1990, la Cour de cassation a évolué dans un sens très favorable au gréviste, qui n'est plus absent de son poste mais exerce une liberté publique fondatrice du droit du travail : le courage d'un petit électricien moustachu polonais des chantiers de Gdansk dans les années 1980, Lech Walesa, qui a contribué à mettre à bas les dictatures de l'Est, a beaucoup marqué.

Ce « *droit à la transformation du Droit* » (T. Grumbach) constitue d'ailleurs aujourd'hui un critère efficace pour sélectionner les véritables démocraties dans le monde : une petite minorité.

CJUE : une liberté fondamentale, mais ... On ne peut cependant ignorer que le droit de grève (tout comme le droit du travail) participe aussi du droit de la concurrence. Ainsi de l'emblématique affaire Laval mettant aux prises syndicats suédois et entreprise lituanienne. L'arrêt de la CJUE du 18 décembre 2007 a certes consacré « *le droit de mener une action collective, y compris le droit de grève, en tant que droit fondamental faisant partie intégrante des principes généraux du droit communautaire dont la Cour assure le respect* ». Mais ce droit n'était pas aussi fondamental que d'autres, qui le surplombent manifestement au sein de l'ex Communauté *économique* européenne.

Car la CJUE a immédiatement vérifié que l'exercice de ce droit est justifié et proportionné, puisque se trouvant en conflit avec la liberté d'établissement ou de prestations de services: « *Le droit des organisations syndicales d'un État-membre de mener des actions collectives, par lesquelles les entreprises établies dans d'autres États-membres peuvent se voir contraintes de négocier pendant une durée indéterminée afin de connaître les taux de salaire minimal et d'adhérer à une convention collective dont les clauses vont au-delà de la protection minimale assurée par la directive 96/71/CE, est susceptible de rendre moins attrayante, voire plus difficile, pour ces entreprises l'exécution de travaux de construction sur le territoire suédois et* ***constitue donc une restriction à la libre prestation des services*** (...). *Or une restriction à la libre prestation des services ne saurait être justifiée* que si elle poursuit un objectif légitime *compatible avec le traité*, et se justifie par des raisons impérieuses d'intérêt général, *pour autant, en pareil cas, qu'elle soit propre à garantir la réalisation de l'objectif poursuivi et qu'elle n'aille pas au-delà de ce qui est nécessaire pour l'atteindre. À cet égard, la Cour relève que* ***le droit de mener une action collective ayant pour but la protection des travailleurs de l'État d'accueil contre une éventuelle pratique de*** **dumping social** ***peut constituer une raison impérieuse d'intérêt général.***

Dans ce contexte, un blocus de chantiers engagé par une organisation syndicale de l'État-membre d'accueil, visant à garantir aux travailleurs détachés dans le cadre d'une prestation de services transnationale des conditions de travail et d'emploi fixées à un certain niveau, relève de l'objectif de protection des travailleurs.

Toutefois, *au vu des obligations spécifiques liées à l'adhésion à la convention collective du bâtiment que les organisations syndicales cherchent à imposer aux entreprises établies dans d'autres États-membres par une action collective,* ***l'entrave que cette action comporte ne saurait être justifiée au regard d'un tel objectif****. En effet, s'agissant des travailleurs détachés dans le cadre d'une prestation de services transnationale, leur employeur est, par l'effet de la coordination réalisée par la directive 96/71/CE, tenu d'observer un noyau de règles impératives de protection minimale dans l'État-membre d'accueil.* »

La très vigoureuse action collective déclenchée par les syndicats suédois voulant faire appliquer leur convention aux travailleurs lettons détachés sur leur territoire (soit + 40 %) ne répondait donc pas à ces critères.

Mais depuis ce strict contrôle de proportionnalité peu favorable aux grévistes, le vent a un peu tourné à Luxembourg....

La directive du 28 juin 2018 sur le détachement de travailleurs dans le cadre d'une prestation de services a ainsi précisé qu'elle « *ne porte en aucune manière atteinte à l'exercice des droits fondamentaux reconnus dans les États membres et au niveau de l'Union, notamment le droit ou la liberté de faire grève, ou d'entreprendre d'autres actions prévues par les systèmes de relations du travail propres aux États membres* ».

Et l'arrêt du 23 mars 2021 (C-28/20) constitue une inflexion de la CJUE, qui semblait faire systématiquement prévaloir les libertés économiques des entreprises sur les droits des salariés. Une grève des pilotes de la compagnie aérienne SAS constituait-elle une « *circonstance extraordinaire* » l'exonérant de tout remboursement ? On imagine l'enjeu économique pour les compagnies : SAS avait en l'espèce annulé plus de 4 000 vols, touchant plus de 380 000 passagers, et tenter de démontrer qu'une grève dans le transport aérien international n'est pas aussi facile à gérer que celle dans la fonderie de Montauban.

Mais la Cour de justice banalise le recours à la grève, qui constitue une péripétie prévisible dans les relations collectives de travail. Elle évoque la Charte des droits fondamentaux de l'Union, sans toutefois estimer que le conflit collectif ne peut être que l'*ultima ratio* : « *Selon une jurisprudence constante, la notion de "circonstances extraordinaires" désigne des événements qui, par leur nature ou leur origine* », ne sont pas inhérents à l'exercice normal de l'activité du transporteur aérien concerné et échappent à la maîtrise effective de celui-ci, *ces deux conditions étant cumulatives et leur respect devant faire l'objet d'une appréciation au cas par cas* (...). ***Une grève dont l'objectif se limite à obtenir d'une entreprise de transport aérien une augmentation du salaire des pilotes et une modification de leurs horaires de travail constitue un évènement inhérent à l'exercice normal de l'activité de cette entreprise***, *en particulier* lorsqu'une telle grève est organisée dans un cadre légal ». Or en l'espèce, les syndicats de pilotes avaient résilié dans les formes la convention collective, la compagnie ne pouvait ignorer un conflit à venir, un préavis ayant ensuite été déposé régulièrement. « ***À l'instar de tout employeur***, *un transporteur aérien confronté à une grève de son personnel, motivée par des revendications liées aux conditions de travail et de rémunération, ne saurait prétendre qu'il n'a aucun contrôle sur ce mouvement* ».

Position favorable au gréviste renforcée le 10 juin 2021 par l'autre Cour suprême, celle de Strasbourg (n° 45487/17) dans une affaire de boycott menée par des dockers dans un port norvégien : « *Pour qu'une action collective atteigne son but, elle peut être amenée à interférer avec les libertés du marché intérieur telles que celles en cause* (...). *Du point de vue de l'article 11, la liberté d'établissement dans l'Espace économique européen* ne constitue pas un contrepoids au droit fondamental de la liberté d'association, *mais plutôt un élément, bien qu'important, à prendre en considération dans l'évaluation de la proportionnalité* ». Mais à Strasbourg, les libertés économiques sont secondaires depuis longtemps...

1072 CJUE + CEDH + Conseil Constitutionnel : aucun droit n'est absolu. La CEDH a indiqué le 17 juillet 2007, dans un raisonnement de type nordique ou américain, que *« le droit de grève* (ne figurant pas dans la Convention de 1950) *représente sans nul doute l'un des plus importants des droits syndicaux »*. Ce qui n'est pourtant pas le cas dans le secteur privé français, italien ou espagnol : ce droit y appartient à chaque salarié, et non aux syndicats. Mais dans l'arrêt Turquie du 21 avril 2009, l'habituellement toujours plus individualiste Cour de Strasbourg a ensuite précisé que *« le droit de grève n'a pas un caractère absolu »* : l'article 11 n'empêche pas des limitations, certes précises et circonstanciées, à celui-ci ; en l'espèce, interdire toute grève à tous les fonctionnaires turcs était disproportionné.

Attractivité et devoir de paix. En nos temps de « juste à temps » et de « flux tendus » extrêmement sensibles à tout arrêt de travail dans l'ensemble du processus, un investisseur ira plus facilement s'implanter dans un pays connaissant par exemple le « devoir de paix » : devoir à la fois moral et juridique, interdisant tout conflit collectif pendant la durée de la convention collective, au nom de l'achat triennal de la paix sociale aux États-Unis, ou de l'exécution de bonne foi des contrats en Allemagne. Mais inconnu en France où une convention collective est moins un *contrat* que le *constat* d'un rapport de force à moment donné.

ACTION COLLECTIVE (MÉDIATISÉE) ET TÉLÉTRAVAIL AU DOMICILE ÉMISSION DE CUISINE ET COURS DE GYMNASTIQUE, À LA PLACE DES SIFFLETS ET DES TRACTS EN ALLEMAGNE

Une tasse d'huile d'olive, 2 oignons, 2 poivrons rouges... Ces ingrédients tirés d'une recette végétarienne ne figurent pas dans un livre de cuisine mais sur le site internet du puissant syndicat allemand de la métallurgie IG Metall. Vendredi 12 mars 2021, les télétravailleurs de la métallurgie ont été en effet invités à cuisiner avec Roman Zitzelsberger, le négociateur en chef d'IG Metall en personne... durant leur temps de travail. Depuis l'expiration de la clause de paix sociale, l'IG Metall a lancé une série de grèves d'avertissement d'un genre inédit pour appuyer ses revendications lors des négociations collective. Ne pouvant organiser de rassemblements devant les usines en raison de la pandémie, le syndicat a décidé de recourir à des formes de mobilisation exceptionnelles : défilés de voitures, ciné-parc... Mais il s'adresse aussi aux salariés en télétravail. Ces derniers ont ainsi participé via leur ordinateur portable à la première grève d'avertissement virtuelle lancée par l'IG Metall. D'une durée de deux heures, elle a été retransmise en direct sur une page web dédiée (www.streik-alarm.de), et sur les comptes Facebook et YouTube du syndicat. Outre l'émission de cuisine, les télétravailleurs en grève ont aussi participé à des débats, écouté un concert ou suivi un cours de gymnastique. (Source : *Planet Labor*)

§1 Intérêt de la distinction exercice normal du droit de grève /mouvement illicite

Elle est en droit primordiale, même si le procès-verbal de fin de conflit peut décider d'en éliminer les conséquences les plus fâcheuses (licenciements).

1073 **Au niveau individuel,** *« l'exercice normal du droit de grève »* rend illégale et donc nulle toute réaction patronale sur le terrain disciplinaire, de la plus petite sanction au licenciement pour faute. Et la Chambre sociale y inclut d'éventuels débordements commis à cette occasion, du moins s'ils ne constituent pas une faute lourde. La grève créant par ailleurs un préjudice à l'entreprise (perte de production), le salarié bénéficie également d'une immunité totale en matière de responsabilité civile, malgré le préjudice qu'il a volontairement causé.

Si le collaborateur se situe en revanche en dehors de la définition jurisprudentielle de la grève (parfois sans le savoir), il commet donc une faute. Il pourra être sanctionné voire licencié, et l'employeur pourra même parfois lui demander réparation du préjudice subi s'il prouve son intention de nuire (V. *infra,* Titre 2 : « La réaction patronale à la grève »). Il n'existe pas de grève « un peu licite » ou « légèrement illicite » : c'est tout ou rien.

1074 **Reste « l'abus des salariés dans l'exercice de leur droit de grève »**, parfois évoqué mais jamais constaté par la Chambre sociale, voire l'Assemblée plénière pour des comportements *individuels* (Ass. plén., 23 juin 2006 : absolution pour un commandant de bord d'Air France abandonnant passagers et équipage à 5 000 km et rentrant tout seul chez lui par un vol régulier), ou *collectifs* (CS, 7 juin 2006 : dépôt de 30 préavis en liasse en début de mois dans les services publics : *« aucune disposition légale n'interdit l'envoi de préavis de grève successifs »*) pour le moins créatif, et marquant une superbe ignorance du respect d'autrui comme de l'esprit des textes.

Même si un ou deux arrêts *évoquent* chaque année cette notion si banale en droit commun, aucun jusqu'à présent n'a trouvé manifestation d'un quelconque abus dans les espèces concernées. Faudra-t-il attendre qu'un enfant de 7 ans s'aperçoive que « le roi est nu » ? Si la Cour de cassation indiquait – ici – ne vouloir à aucun prix se substituer au législateur, seul compétent en cette matière, elle est parvenue à ses fins : s'agissant des transports publics de voyageurs, son exceptionnelle permissivité et le sacrifice de la dignité des usagers a été l'une des causes principales des lois du 21 août 2007 puis du 19 mars 2012.

1075 **Au niveau collectif,** l'employeur peut réagir aux mouvements illicites (ex. : licenciements). En l'absence de texte légal définissant l'exercice normal du droit de grève, les juges cherchent ici à établir des règles de conduite loyale, d'où l'équité n'est pas toujours absente : une réaction patronale à un mouvement illicite ne sera pas examinée avec une sévérité excessive. Mais à l'inverse, un comportement patronal inadmissible peut légitimer des actions à la licéité *a priori* douteuse.

« L'INSÉCURITÉ JURIDIQUE DU GRÉVISTE » ?

Souvent dénoncée par les syndicats, « l'insécurité juridique du gréviste » est réelle : en l'absence de loi dans le secteur privé et en raison de l'évolution toujours possible de la jurisprudence, ce qui était illicite hier (ex. : revendications manifestement déraisonnables) peut devenir licite aujourd'hui et vice versa, ce qui est plus grave pour lui.

Mais qui souhaite réellement de la sécurité à cet égard ? Qui, parmi les syndicats comme parmi les employeurs, souhaite que le législateur définisse précisément « l'exercice normal du droit de grève », comme l'y a invité pourtant et à plusieurs reprises le Conseil constitutionnel ? Cette définition légale, et donc rigide, n'est souhaitée par personne : elle explique aussi l'absence de délit d'entrave au droit de grève faute d'élément légal de l'infraction. Car chacun préfère – tout en s'en offusquant officiellement – la situation actuelle qui permet dans le secteur privé de ne pas trancher dans le vif (grève légale, ou illégale), et de négocier plus facilement. Le cas échéant, on s'érigera en procureur de la jurisprudence de la Cour de cassation, accusée de tous les maux. Évolue-t-elle ? Elle est fluctuante et incertaine. N'évolue-t-elle pas ? Excessivement rigide, elle ne tient pas compte des réalités sociales.

§2 L'exercice normal du droit de grève

1076 **Arrêt après arrêt depuis 1946,** les juges ont défini cette notion qui fut vivement contestée en raison de son caractère (forcément) restrictif, forcément « liberticide ».

Mais comment aurait-il pu en être autrement ? Le juge saisi doit juger même en l'absence de texte, et l'on voit mal pourquoi un conflit collectif du travail causant nécessairement un préjudice à autrui ne connaîtrait aucune limite. Aucun droit n'est absolu : comme tout droit, le droit de grève est susceptible d'abus, des actes délictueux (violences, séquestration) ne pouvant par ailleurs prétendre bénéficier de l'immunité qu'il confère, même s'ils sont habilement médiatisés.

Aujourd'hui, le droit de grève en France reste fort différent de ce qui existe dans la plupart des pays du monde. Droit individuel exercé collectivement *(A),* il consiste en une cessation du travail *(B)* en vue de la satisfaction de revendications professionnelles que le chef d'entreprise peut en principe satisfaire *(C)*.

A. - *Droit individuel, mais exercé collectivement*

1077 **Génie français.** Avec l'ex- « chômage partiel total » ou le contrat « à durée déterminée à durée incertaine », le droit de grève français reste pour la plupart de nos amis étrangers une énigme. Car il appartient individuellement à chaque *salarié* (la grève étant liée à la subordination, parler de grève d'étudiants, de médecins ou de routiers indépendants est donc spécieux), seul titulaire de ce droit constitutionnel. Mais s'il fait grève tout seul, il est en principe fautif car ce droit doit être exercé collectivement. Dans la pratique, et logiquement pour de simples raisons d'organisation, l'essentiel des conflits sont dans le secteur privé déclenchés par des syndicats. Mais l'éruption Gilets Jaunes, après d'autres « Coordinations » montrent aussi qu'ils ne sont plus tout seuls à pouvoir mobiliser, les réseaux sociaux permettant « d'organiser » très largement et à coût nul.

1078 **Pas de grève solitaire.** *Un seul* salarié mécontent de ses conditions de travail ne peut prétendre faire grève tout seul : il doit convaincre certains de ses camarades de le suivre, sur des revendications *collectives*. Peu importe le nombre de grévistes en droit français, s'il atteint le SMIC du collectif : deux. Une grève, même ultra-minoritaire, demeure donc licite : mais est-elle légitime, et surtout vouée au succès ? Point n'est non plus besoin de réunir un certain pourcentage de salariés ou d'organiser un référendum avant de la déclencher, comme dans d'autres pays (Allemagne, Grande-Bretagne). Mais la logique majoritaire et électorale de la loi du 20 août 2008, et depuis 2017 la banalisation du référendum pourrait faire évoluer les choses.

1079 **Deux exceptions** (minimes) :

1. Un seul salarié peut faire grève s'il répond à un mot d'ordre qui dépasse l'entreprise : ainsi l'unique cadre peut cesser le travail, répondant à l'appel national lancé par la CGC-CFE concernant les retraites complémentaires.
2. Dans les entreprises n'ayant qu'un seul salarié, ce dernier dispose malgré tout du droit de grève : une position inverse aurait en effet privé du droit de grève des millions de salariés.

Mais que ce droit doive être exercé collectivement ne signifie pas que la France ait adopté, sauf dans les services publics, une conception organique de la grève, principe habituel dans la plupart des pays étrangers.

1080 **Droit individuel ou syndical ? Dans le secteur privé,** il ne peut y avoir, comme dans la plupart des pays étrangers, de « *grève sauvage* » puisque aucune intervention syndicale, dans le déclenchement comme le déroulement du mouvement, n'est en droit exigée : même si dans la pratique l'essentiel des conflits sont évidemment « organisés » par des syndicats.

Pour les mêmes raisons, la notion de « *grève surprise* » est inconnue en France, puisqu'aucun préavis légal n'existe : ce qui se révèle difficile à gérer pour les entreprises en flux tendus. À tout moment, et même si un accord d'entreprise prévoit un délai de prévenance qui ne peut viser *que les signataires* (donc des syndicats, et *non les salariés* : CS, 7 juin 1995), une grève peut être déclenchée par quelques collaborateurs : elle est licite, si elle ne porte pas atteinte à la sécurité des personnes et des biens.

B. - Une cessation franche du travail

1081 **Grève « perlée ».** Peu importe la durée de la grève (une minute ou une journée) : mais tout ralentissement des cadences ou de la production (« *grève perlée* ») est depuis toujours illicite. Or la frontière entre les deux est parfois ténue : un arrêt d'une minute toutes les six minutes peut avoir les mêmes effets qu'une grève perlée : mais « *quelque dommageables qu'ils soient pour la production, des arrêts de travail courts et répétés ne peuvent être considérés comme un mouvement illicite* » (CS, 25 janv. 2011). Mais une action collective consistant à oublier un geste manipulatoire, ou encore la grève des seules astreintes en seraient un. Contrairement aux services publics, les « *grèves tournantes* » (chaque atelier s'arrête à tour de rôle) ne sont pas illicites dans le secteur privé, même si elles sont répétées régulièrement : la totale désorganisation *de la production* est assurée, mais c'est l'effet prévisible d'un mouvement revendicatif.

1082 **Grève devenant abusive.** Il ne faut pas en revanche que, par la multiplicité des arrêts à des moments particulièrement bien choisis, les grévistes parviennent à désorganiser *l'entreprise* elle-même, ce qui rendrait la grève abusive : mais si la Chambre sociale l'évoque parfois, elle n'en a jamais constaté malgré une immense créativité des grévistes.

C. - Des revendications professionnelles, dont l'employeur a connaissance

Ce critère jurisprudentiel est proche de l'exigence allemande du « partenaire social adéquat ». Il paraît en effet peu souhaitable de permettre à des salariés de se mettre en grève alors que leur interlocuteur naturel ne peut satisfaire leurs revendications, sauf pour des grèves d'ampleur nationale. La Chambre sociale a ainsi rappelé le 30 juin 2015 à des salariés ayant commencé par bloquer les portes de l'entreprise que *« l'exercice normal du droit de grève n'est soumis à aucun préavis, sauf dispositions législatives le prévoyant ; il nécessite seulement l'existence de revendications professionnelles collectives dont l'employeur doit avoir connaissance au moment de l'arrêt de travail, peu important les modalités de cette information »* : tractage la veille, courriel envoyé à la direction, prise de parole sur le parking... Et il est rare qu'un DRH plaide l'absence de toute connaissance de cette nature, aveu de sa propre incompétence.

1083 **La « grève » *politique*** (« *Pour la victoire de X aux municipales* ») est depuis toujours illicite, car le chef d'entreprise n'est pas en mesure d'avoir quelque influence que ce soit sur un scrutin, même s'il est lui-même candidat. Reste une question épineuse de légitimité, comme ce fut le cas lorsque des grévistes furent licenciés pour avoir, comme les y avait invités le Premier ministre d'alors, cessé le travail après le putsch des généraux d'Alger pour soutenir le gouvernement Debré (CS, 15 juin 1963 : « Mouvement de civisme »...). Dans le secteur privé, une revendication macrosociale (« *Pour la défense des retraites* ») permet aussi à la jurisprudence d'oublier que l'employeur en cause n'y peut rien.

UNE GRÈVE POUR LE CLIMAT EST-ELLE LICITE ?

Dans de nombreux pays, de puissantes manifestations ont eu lieu fin 2019 contre le dérèglement climatique (« Fridays For Future »). Elles pourraient se reproduire, toujours un vendredi...Mais en droit français, un salarié peut-il faire grève sur ce thème ?

De nature politique, un mouvement *exclusivement* fondé sur le changement climatique n'est donc pas licite...à moins que ses organisateurs n'y ajoutent, ce qui n'est pas trop compliqué, des revendications sociales : qualité de vie au travail, télétravail...

Et dans nos sociétés de la réputation, l'entreprise médiatisée licenciant un collaborateur sur ce terrain aurait sans doute judiciairement raison, mais médiatiquement tort : en interne, mais aussi dans le tonitruant concert des réseaux sociaux.
Nombre d'employeurs préfèrent donc fermer les yeux sur cette dynamique collective, et consensuelle de RSE. Certains encouragent même leurs salariés à y participer: engagement de ne prendre aucune sanction, d'accorder un jour de congé, ou de payer intégralement le salaire ce jour-là...si ce n'est pas tous les vendredis !

1084 Les deux grèves de solidarité, aux effets opposés

• Malgré son caractère altruiste, la grève de solidarité *externe* est pour les mêmes raisons illicite : l'employeur A ne dispose d'aucun moyen juridique pour amener l'employeur B à par exemple réintégrer un salarié licencié. La solidarité pourra être financière, mais le mouvement chez A est illicite.

• La grève de solidarité *interne* est en revanche licite, même si elle intervient au niveau d'un établissement de l'entreprise, ou d'une société du groupe : un décideur unique est en mesure de satisfaire les revendications (ex. : soutien aux salariés en cours de licenciement économique)... y compris afin de soutenir d'ex-grévistes menacés de sanctions.

Encore faut-il que les revendications soient licites :

- soutenir un délinquant pénal avéré (ex. : vol avoué) est contraire aux intérêts de la société tout entière (mouvement illicite) ;
- soutenir un salarié dont le geste lourdement fautif, donc impardonnable et « indéfendable », est également illicite (jet délibéré de peinture sur agent de maîtrise : CS, 30 mai 1989).

1085 La question des *« revendications manifestement déraisonnables »* a longtemps divisé les magistrats. Piloter à trois un avion techniquement conçu pour voler à deux, obtenir une augmentation de 25 % pour tous : voilà des revendications que l'employeur ne peut satisfaire sur le plan économique. Mais sur le plan juridique ? Si l'Assemblée plénière avait décidé le 4 juillet 1986 que des revendications *manifestement* déraisonnables disqualifiaient une grève de pilotes en trouble manifestement illicite, dans deux arrêts très remarqués du 27 janvier 1988 concernant la même question (pilotage à 3), la Cour de Paris avait indiqué en revanche que *« le juge de l'ordre judiciaire n'a ni qualité ni compétence pour apprécier le bien-fondé et, par suite, la légitimité des revendications d'ordre professionnel présentées par l'une ou l'autre des parties au conflit »*. Cette prudente position (en début de conflit, chacun adopte une position de négociation et met donc la barre très haut ; un magistrat est-il par ailleurs apte, sur le plan économique sinon comptable, à fixer où commence le déraisonnable ?) a été confirmée par l'arrêt de la Cour de cassation du 2 juin 1992, qui fait désormais jurisprudence.

Mais de son côté, la CJUE applique ce critère de proportionnalité.

1086 ***« L'autosatisfaction des revendications »*** constitue l'aboutissement du raisonnement précité. Refusant d'effectuer une récupération un samedi matin ou voulant pouvoir regarder le match final de l'Euro le mercredi soir, des salariés craignant des sanctions disciplinaires individuelles pour absence injustifiée décident collectivement de faire grève, très précisément à ces heures-là. Cessation franche du travail, revendication professionnelle (temps de travail)... mais l'employeur est incapable de négocier quoi que ce soit puisque les grévistes *auto-satisfont leurs revendications* (CS, 23 nov. 1978) : ce mouvement est en principe illicite, faute de donner au chef d'entreprise une marge de négociation. Mais il redeviendra licite si d'autres revendications sont astucieusement avancées, ou si la période de grève est légèrement plus large que le temps contesté : dans la pratique, les militants bien conseillés savent ce qu'il suffit de faire pour éviter toute disqualification.

Pour que l'employeur puisse satisfaire les revendications des grévistes, elles doivent enfin exister (la « grève » ne doit pas cacher une absence collective fautive), et il doit les connaître. Les services publics mis à part (le préavis doit en faire état), la jurisprudence n'a jamais exigé de règles formelles à cet égard. *« L'employeur avait été informé avant l'arrêt de travail des revendications des salariés, peu important les modalités de cette information » :* l'arrêt du 28 février 2007 rappelle ainsi qu'une grève commence rarement sans prise de parole, réunions, tracts ou délégation auprès du directeur du personnel. Ce dernier ne peut donc prétendre tout ignorer des revendications présentées : c'est même sa mission que de savoir les gérer en amont.

SECTION II Effets de l'exercice normal du droit de grève

Refus momentané de la subordination caractérisant pourtant le travail salarié, l'exercice du droit de grève entraîne deux conséquences : la suspension de l'exécution du contrat *(§ 1)*, et l'absence de rémunération *(§ 2)*.

§1 Suspension de l'exécution du contrat de travail

1087 Depuis 1950, *« l'exercice du droit de grève ne peut justifier la rupture du contrat de travail, sauf faute lourde imputable au salarié »* (art. L. 2511-1). Si le contrat lui-même semble suspendu pendant la durée du mouvement, techniquement seule l'exécution de l'obligation de fournir le travail convenu est visée : le salarié demeure lié par des obligations de loyauté, de non-concurrence, etc.

Cette suspension a quatre conséquences.

1088 **Suspension du pouvoir disciplinaire à l'égard des « grévistes » en droit**

Aucune sanction ne peut être prise à leur encontre sous peine de nullité (art. L. 1132-1, V. *infra*, la réaction patronale).

1089 Conflits de suspensions

Solution chrono-logique, la première hypothèse entraîne détermination du régime juridique applicable :

- un gréviste tombant malade reste, à l'égard de l'employeur, gréviste : il ne pourra donc en principe bénéficier des allocations complémentaires maladie. À l'inverse, un malade qui est généralement gréviste ne peut se voir suspendre ces mêmes prestations sous prétexte qu'il aurait comme toujours participé au conflit : l'entreprise ne peut préjuger de son attitude. Mais si, par solidarité, le malade écrit qu'il se joint au mouvement, il devient alors gréviste.
- Le principe de la suspension étant acquis, c'est l'ensemble de la période qui ne sera pas payé, même si elle inclut des jours chômés et normalement payés. À moins que, très opportunément, le gréviste ait fait savoir à sa hiérarchie qu'il suspendait la grève et donc la suspension quelques minutes avant le début d'un très long week-end de mai : incontestablement, le lundi matin est un meilleur choix que faire grève le vendredi soir.

1090 Pas de report des délais préfix : échéance normale d'un CDD, du préavis

En ce qui concerne la période d'essai, il s'agit de juger le travail effectif du salarié : en principe, elle sera donc allongée d'une durée équivalente. Hypothèse très théorique, car le cas ne se pose que pour les mal-comprenants. En matière d'ancienneté enfin, la grève ne pouvant entraîner de discriminations en matière d'avantages sociaux (art. L. 122-45), l'ancienneté continue à courir. Rappelons que la durée moyenne des grèves est bien inférieure à deux jours...

1091 Suspension du contrat, mais maintien du mandat d'ordre public des représentants du personnel grévistes

Les délégués peuvent donc pénétrer dans l'entreprise à ce titre, et y accomplir leur mission habituelle sur leurs heures de délégation : or, s'ils y viennent, c'est rarement pour faire du tricot au local syndical... Mais de lourds abus permettront à l'employeur d'agir. À propos de délégués grévistes d'un hôtel de luxe qui passaient tous les jours dans les couloirs avec sifflets et mégaphones, interpellant des salariés non-grévistes et distribuant des tracts aux clients voire entrant de force dans une chambre occupée, l'arrêt du 11 février 2021 a rappelé le principe : « *La liberté de circulation des représentants du personnel au sein de l'entreprise est un principe d'ordre public, qui ne peut donner lieu à restrictions qu'au regard d'impératifs de santé, d'hygiène ou de sécurité ou en cas d'abus. Elle s'exerce de la même façon en cas de mouvement de grève* ». Mais en l'espèce, « *au regard de ces comportements qu'elle estime abusifs, la cour d'appel a pu dire justifiées et proportionnées aux abus constatés les restrictions provisoires imposées par l'employeur, consistant dans un premier temps dans l'interdiction d'accès à l'hôtel, puis, après quelques jours, à conditionner l'accès à l'absence d'utilisation de matériel sonore et d'entrée dans les chambres de l'hôtel* ».

Le CSE doit également être normalement convoqué et réuni aux dates habituelles, même si les circonstances ne semblent guère s'y prêter car ses membres sont souvent les leaders du mouvement. Mais il faut constater que cette obligation très, très ritualisée peut permettre aux belligérants de se retrouver dans un cadre moins conflictuel, et de renouer ainsi les fils d'un dialogue – y compris à l'occasion d'une opportune suspension de séance – sans que personne n'ait le sentiment de perdre la face en demandant l'ouverture de négociations.

§2 Grève et rémunérations

1092 **L'argent est le nerf de la grève**, tant pour l'entreprise que pour les grévistes. Un volumineux contentieux existe donc sur ce terrain, malgré l'apparente simplicité contractuelle de l'équation : absence de travail = absence de salaire. Si elle s'avère exacte pour le salaire de base *(A)*, il n'en va pas de même pour certaines primes *(B)*.

A. - *Effet sur le salaire de base*

1093 **Pas de travail = pas de salaire, sauf si...** L'absence de travail qui caractérise la grève entraîne, sur le plan contractuel et en dehors de tout aspect disciplinaire, l'absence de salaire et corrélativement de ses accessoires (ex. : remboursement de frais n'ayant par définition pas été exposés).

Pas de salaire donc, sauf si *« le mouvement de grève a été motivé par un manquement grave* et *délibéré de l'employeur à ses obligations »* (grève suite au non-paiement d'heures supplémentaires : oui ; mais suite à une erreur du syndicat patronal : non). Cette grève-citoyenne sera alors intégralement indemnisée, ce qui peut se révéler dissuasif en amont.

L'abattement sur le salaire doit être strictement proportionnel à la *durée* de la grève, et non au *préjudice* causé à l'entreprise : une retenue supérieure pourra être considérée comme une amende illégale. Il doit être calculé sur l'horaire mensuel des salariés, et ne doit pas figurer sur la fiche de paie : comme les heures de délégation, des heures de grève figurant ès qualité sur un document parfois demandé lors de l'embauche desservent l'impétrant. Enfin ne pas constituer une discrimination, directe ou indirecte.

1094 **Intéressement aux pertes ?** L'abattement peut-il être fonction de la perte finale subie par l'entreprise ?

- Avant 1988, en cas de ralentissement concerté de la production, l'employeur pouvait procéder à un abattement sur le salaire des grévistes équivalant à la perte finale de production. Cet intéressement des grévistes aux pertes de l'entreprise a aujourd'hui disparu en raison de l'application du droit disciplinaire : la « grève perlée » constitue certes une faute : mais l'employeur n'a pas le droit de sanctionner pécuniairement un collaborateur. Cette solution se voulant protectrice peut en fait se révéler défavorable puisque l'employeur est alors tenté de procéder à des sanctions disciplinaires classiques (ex. : mise à pied entraînant une perte de salaire très supérieure), le mouvement restant illicite.

- **Quel abattement exactement ?** Dans certains secteurs, un arrêt de travail de quelques dizaines de minutes peut entraîner une perte de production journalière proche de 100 % : déclenché par exemple entre 20 heures et 21 heures dans les théâtres, les restaurants, ou la presse quotidienne si un mouvement empêche la distribution à temps. Les grévistes ne doivent-ils subir qu'un abattement strictement proportionnel à la durée de la grève (donc minime), ou participer à la perte globale de production ?
- Constatant qu'un travail normal était intervenu avant et après, mais oubliant la malice des grévistes, la Cour de cassation a choisi la première solution, qui se révèle très coûteuse pour l'entreprise. Dans le même ordre d'idées mais dans des secteurs très différents, l'arrêt d'une machine nécessite parfois plusieurs heures, comme ensuite sa remontée en puissance. Un gréviste l'arrêtant 10 minutes à 8 heures ne pourra donc s'en servir efficacement avant midi. Sur quelle base le rémunérer ? En fonction de l'absence de travail (10 minutes) ou de l'absence de production (quatre heures) ? Constatant là encore que les salariés n'avaient déclaré être en grève que dix minutes et que la perte finale n'était que la conséquence de contraintes techniques, la Cour de cassation n'admet que l'abattement fonction de *l'absence de travail*, si la grève est licite. La solution passe donc ici par le respect du règlement intérieur qui interdit au salarié *d'arrêter lui-même* sa machine, pour des raisons de sécurité.

Mais dans ces deux hypothèses, on peut penser que la répétition jour après jour de ces pratiques déloyales de travail risque de désorganiser l'entreprise elle-même, rendant le mouvement abusif sinon illicite, et les salariés alors passibles de sanctions disciplinaires classiques (mais toujours pas pécuniaires).

DROIT DE GRÈVE OU LIBERTÉ D'EXPRESSION : ATTENTION !

Lorsque le rapport de force intervient sur les réseaux sociaux ou par blogs interposés, n'existe alors pour le juriste ni « grève », ni « grévistes ». Ces salariés (s'ils le sont...), souvent très efficaces en terme de communication externe et générant donc de lourdes pertes, directes (clients sur le départ) ou indirectes (image de l'entreprise), ne doivent donc subir ni perte de salaire, *a fortiori* de prime d'assiduité. Mais en matière disciplinaire, s'ils bénéficient bien sûr de leur constitutionnelle *liberté* d'expression (pas du *droit* d'expression), ils ne bénéficient pas de l'immunité due au « gréviste » qu'ils ne sont pas (V. *infra*). Et ils doivent bien réfléchir aux effets à terme de leurs actions : si le boycott est banalisé aux Etats-Unis, les syndicats français sont beaucoup, beaucoup plus réticents. On les comprend.

B. - Prime d'assiduité ou prime antigrève ?

1095 Afin de lutter contre les absences de courte durée (ex. : gros retard ou brève maladie du lundi), des employeurs ont très tôt eu l'idée de créer, à côté du salaire de base, des primes dites d'assiduité. La perte strictement proportionnelle se révélant insuffisamment *dissuasive* (arrêt de travail de 5 minutes = 80 centimes d'euro), leur caractéristique principale est la *disproportion volontaire* existant entre l'abattement effectué et la durée de l'absence.

La grève faisant partie des « absences » entraînant un abattement sur la prime en question, un gréviste pouvait *contractuellement* perdre 100 euros pour 5 minutes d'arrêt de travail. De quoi le dissuader d'y avoir recours, particulièrement en fin de période de référence s'il n'a jamais été absent (versement souvent trimestriel). Le coût parfois exorbitant de l'exercice de ce droit constitutionnel amena le législateur à réagir : l'article L. 2511-1 interdit *« les mesures discriminatoires, notamment en matière de rémunérations et d'avantages sociaux »*. Mais la légitime différenciation présents/absents constitue-t-elle une discrimination prohibée grévistes/non-grévistes ? La Cour de cassation lutte habilement contre les primes *directement* antigrève : *« Si pour le paiement d'une prime, l'employeur peut tenir compte des absences, même motivées par la grève, c'est à la condition que toutes les absences, hormis celles qui sont légalement assimilées à un temps de travail effectif, entraînent les mêmes conséquences sur son attribution »* (CS, 7 nov. 2018). Or, lorsqu'elles voulaient dissuader seulement les grévistes, les entreprises multipliaient les cas de maintien de la prime (maternité, formation, accident du travail...). Ce principe du tout ou rien retenu par la Cour de cassation élimine donc les primes anti-grève, tout en ne condamnant pas les primes d'assiduité.

1096 Décoiffant droit communautaire. *« La Charte des droits fondamentaux,* légalement contraignante, *confirme les droits fondamentaux garantis par la Convention européenne des Droits de l'Homme et des libertés fondamentales et tels qu'ils résultent des traditions constitutionnelles communes aux États-membres. »* Décoiffant article 28 intitulé « Droit de négociation et d'actions collectives » : *« Les travailleurs et les employeurs, ou leurs organisations respectives, ont, conformément au droit communautaire et aux législations et pratiques nationales, le droit de négocier et de conclure des conventions collectives aux niveaux appropriés et de recourir, en cas de conflits* d'intérêts, *à des* actions collectives *pour la défense de leurs intérêts, y compris la* grève. »

Cet article a de quoi surprendre un lecteur franco-français : le terme « *droit* de grève » n'est pas prononcé, et la « grève » évoquée tout en fin d'article, semble subordonnée au droit de la négociation collective. À l'instar de l'analyse de la CEDH, elle constitue en effet une modalité parmi d'autres des « actions collectives », autorisées par ailleurs seulement en cas de conflit *d'intérêts* : donc pas pour les conflits *de droit* (ex. : paiement des heures supplémentaires) devant naturellement être tranchés par le juge.

« L'action collective », issue de la Charte sociale européenne, peut donc largement dépasser notre « exercice normal du droit de grève », en y incluant les mouvements illicites... les déconnexions massives de chauffeurs voire les boycotts ou désormais les *flashmobs* filmés en direct puis mis en ligne ? (V. le bel article de Linxin He : « *Dynamique des droits d'action collective* », Mélange offerts à Pierre Rodière, LGDJ juin 2019 p. 101)

Enfin et surtout, ce *« droit à des actions collectives (...) y compris la grève »* est reconnu aux *« travailleurs et aux employeurs »*, sur le modèle allemand de la parité des armes, très différent de la conception française. Bref la légitimation du *lock-out,* même si dans l'immédiat ce texte ne change rien : le *lock-out* reste une faute contractuelle en droit français. Mais cet article donnant priorité à la négociation collective et évoquant seulement *in fine* la grève correspond aux pratiques, socialement civilisées, d'une large majorité des États-membres de l'Union.

QUESTIONNAIRE D'AUTO-.ÉVALUATION : QU'EST-CE QU'UNE GRÈVE EN DROIT ?

1 – « L'exercice normal du droit de grève » est défini par la loi	**VRAI – FAUX**
2 – Un ralentissement collectif du travail ne constitue jamais une grève	**VRAI – FAUX**
3 – Cinq salariés sur 654 peuvent en France faire grève tout seuls	**VRAI – FAUX**
4 – Dans le secteur privé, les revendications doivent avoir été officiellement présentées à l'employeur avant le déclenchement du mouvement	**VRAI – FAUX**
5 – Les revendications ne peuvent être exclusivement politiques	**VRAI – FAUX**
6 – Une grève de solidarité interne est licite, alors qu'une grève de solidarité externe (avec une entreprise voisine) ne l'est pas	**VRAI – FAUX**
7 – Les revendications ne doivent pas être déraisonnables	**VRAI – FAUX**
8 – Dans le secteur privé, un salarié non syndiqué peut déclencher un mouvement de grève immédiat	**VRAI – FAUX**
9 – Les arrêts de travail de courte durée et répétés sont illicites	**VRAI – FAUX**
10 – Alors qu'avant 1982, les salariés se mettaient en grève pour obtenir de meilleures conditions de travail, ils préfèrent aujourd'hui exercer collectivement leur droit de retrait s'ils peuvent invoquer un danger grave et imminent pour leur santé ; ils seront ainsi payés, mais doivent alors rester à la disposition de l'employeur	**VRAI – FAUX**

RÉPONSES : 1/F ; 2/V ; 3/V ; 4/F ; 5/V ; 6/V ; 7/F ; 8/V ; 9/F ; 10/V.

1097 Comme l'a constaté le Conseil constitutionnel, le droit de grève est donc un droit d'une nature bien particulière : son exercice coûte au salarié, et cause délibérément et collectivement un préjudice à l'employeur.

Mais ce dernier peut-il s'opposer à l'exercice d'un droit constitutionnel ?

Chapitre 2

La réaction patronale à la grève

1098 **Rapport de force et rapport de droit.** Lorsqu'un conflit touche sa société, un chef d'entreprise reste rarement inactif ; d'ailleurs le pourrait-il ? La grève interne ne constituant pas en droit un cas de force majeure, *il doit continuer à exécuter ses obligations à l'égard des autres cocontractants* : non-grévistes très majoritaires, mais aussi clients, fournisseurs, rapidement touchés en nos périodes de flux tendus. Mais la réaction patronale a aussi d'autres fondements, moins juridiques : la grève étant d'abord un rapport de force, l'employeur va mettre en œuvre les pouvoirs qu'il détient pour en sortir vainqueur, et en tout cas ne pas perdre la face.

Peut-il lutter contre ce droit constitutionnel ? À l'évidence non de façon directe s'il s'agit de l'exercice *normal* du droit de grève : ainsi de la dénonciation d'un usage uniquement motivée par le dépôt d'un préavis, la Cour de cassation veillant à ce que l'entreprise *« ne se livre à aucun agissement répréhensible de nature à faire échec au libre exercice du droit de grève »*.

1099 **Mais absence de délit pénal d'entrave au droit de grève.** Car il n'existe pas en droit français de *délit pénal* de discrimination à l'égard d'un *gréviste*, et pas davantage d'entrave au droit de grève faute d'élément légal : une définition précise de ce dernier. La sanction d'une riposte patronale illicite se limite donc souvent à l'indemnisation de la victime (ex. : *lock-out*/indemnisation de la journée de salaire), ce qui apparaît peu dissuasif lorsque l'on connaît le coût financier et en termes *d'image* d'un conflit du travail dans notre société de la réputation. Rapport de force mais aussi rapport de droit depuis 1946 : les deux faces de la grève sont toujours en interaction, et la gestion économique du risque juridique est donc très présente côté patronal.

LÉGALITÉ ET LÉGITIMITÉ DE L'ACTION PATRONALE
VICTOIRE JUDICIAIRE, DÉFAITE MÉDIATIQUE

Le conflit Danone de 2001 est resté un véritable cas d'école

Soit une entreprise à la réputation sociale bien établie transmise de père en fils, vendant des produits surtout destinés à l'enfance et développant donc une image de convivialité et de force tranquille. Et brusquement devenue en mai 2001 un « grand groupe mondial mettant sur le carreau des centaines de P'tits Lu » (du nom des biscuits en cause : syndrome Astérix contre l'Empire, toujours apprécié

des Français), bafouant les libertés fondamentales en voulant bâillonner les sites contestataires appelant à boycotter ses produits. Paradoxe ? Plus une grande entreprise est soucieuse de son image, ouverte au dialogue social, vante sa RSE, plus elle est vulnérable sur ce terrain : la sordide affaire Metaleurop, nettement plus désastreuse pour ses salariés que Danone, a-t-elle par exemple attiré autant de mouches du coche Internet ?
Limites du marketing social inversé dans notre économie de la réputation.
Si la *licéité* des actions envisagées reste aujourd'hui bien sûr essentielle, pour de grands groupes mondiaux au siècle des mass médias leur *légitimité* l'est au moins autant, l'issue de la grève dépendant de plus en plus d'un facteur extérieur à l'entreprise : « l'opinion publique » dans les conflits médiatisés, plus rapidement convaincue par un émouvant reportage que par des arguments juridiques ou économiques, aussi pertinents soient-ils. Les consommateurs présents et futurs, français et étrangers constituent en effet un enjeu essentiel, et attirer leur attention à travers les nouveaux médias par des actions spectaculaires est souvent plus efficace que la grève interne des 45 délégués : dans notre société de l'image le rapport de force a changé de terrain : il s'est externalisé. Uber ou Deliveroo en savent quelque chose.
Ainsi de la manifestation virtuelle de milliers de salariés d'IBM-Italie fin 2007 au sympathique *« lip dub »* (clip vidéo décalé) posté sur Dailymotion par des grévistes d'AOL pastichant « L'amour à la française » des Fatals Picards, ou encore par la CFDT d'Oracle sur le refrain *« What a wonderful word »* pour protester contre un PSE. La panoplie est vaste, et les TIC les multiplient : hier sur Second Life, aujourd'hui sur Twitter ou Facebook. La très longue grève à la SNCF de 2018 a montré une ahurissante multiplication des prises de position 3.0 : ici un blog d'origine syndicale, mais sans aucun sigle et affichant une apparente neutralité, là des usagers très actifs sur Twitter pour signaler les trains ne partant pas, là un conducteur utilisant un pseudo pour raconter sa vie quotidienne de non-gréviste... Si cette sur-réactivité étonne – énerve – les plus de 50 ans, elle plaît manifestement à la génération Y, née avec Internet et trouvant les sites institutionnels tout simplement mortels.

« Effet Wikileaks »

L'origine universitaire du Net mondialisé en a fait un lieu d'intense liberté d'expression, où le rappel de règles juridiques est malvenu, et l'appel au juge vécu comme une énorme bourde par la communauté : l'autorégulation y est la règle, et le troll se fait sortir rapidement. Avec les réactions *ad hoc* : ainsi lorsqu'il fut question de fermer en 2011 le site Wikileaks après ses troublantes révélations, des dizaines de sites miroirs sont apparus sur la Toile. Sans parler des Anonymous qui chassent en meute *(« They govern the IRL, we govern the Internet »)*, pouvant créer des dégâts techniques (ex. : saturation d'un site), mais aussi d'image considérables.

Hacktivism

Si l'emploi de moyens externes destinés à populariser le conflit a toujours existé (*cf.* manifestation à base de purin devant la préfecture ou de pneus brûlés devant le siège parisien), il était plus rare que leurs auteurs restent inconnus des principaux acteurs concernés. S'agissant de peser sur une image destinée à l'extérieur, ce bon vieux jeu *à deux*, conflictuel mais somme toute prévisible, est dépassé : associations sociétales les plus diverses et autres ONG environnementales s'invitent parfois à la table des négociations.

SUR L'ENSEMBLE DE LA QUESTION :

J.-E. Ray : « De la négociation collective interne au dialogue sociétal externe », *Dr. soc.*, mars 2013 ; « Actualités des TIC », *Dr. soc.*, juin 2015, p. 516.

SECTION I Exercice du pouvoir disciplinaire par l'employeur

1100 **Un titre paradoxal.** Comment l'exercice d'un droit constitutionnel pourrait donner lieu à des sanctions disciplinaires, *a fortiori* un licenciement ? Le délit de coalition (1791-1864) est loin, et la grève ne constitue plus une faute contractuelle (1865-1945). Le Code du travail a d'ailleurs créé dans son Livre premier un article spécifique pour protéger contre toute discrimination ce droit fondateur du droit du travail (art. L. 1132-2).

Pourtant la presse nous montre des exemples de sanctions prises à l'occasion d'un conflit collectif : pourquoi ? D'une part en raison de la différence (examinée *supra*) entre la notion jurisprudentielle de grève et la vision des salariés. Ainsi, en cas de « grève perlée », il ne s'agit pas de « l'exercice normal du droit de grève » pour lequel le gréviste bénéficie d'une immunité civile et disciplinaire, mais d'un « mouvement illicite » et donc d'une faute classique passible de sanctions.

D'autre part un conflit collectif donne parfois lieu à la commission de fautes lourdes ne pouvant lui être rattachées : séquestrations, violences, voies de fait et autres destructions (même médiatiquement requalifiées de « démontage » ou d'« Opération Robin des Bois ») ne peuvent constituer l'exercice d'un droit dans un État de droit, où « Nul ne peut se faire justice à lui-même », où le mobile n'a pas tous les droits, où n'existe pas de *gentille* ou de *méchante* victime.

On ne peut enfin ignorer que la grève, qui *suspend* en principe l'exécution du contrat de travail, *surprend* aussi le chef d'entreprise et surtout le manager de terrain habitué à une subordination constante des salariés. Le refus momentané de celle-ci passe alors pour une véritable insubordination qui doit être sanctionnée, particulièrement dans le rapport de force en cours.

Encore faut-il que ce soit le salarié qui agisse, et non le citoyen. Ainsi une « grève virtuelle » consistant à lancer une pétition sur Internet ou mener de rudes assauts sur un compte Twitter ou un groupe WhatsApp ne relève pas du droit de grève, mais de la liberté d'expression. Le salarié se pensant protégé par l'exercice normal du droit de grève risque gros : car il n'en bénéficie évidemment pas et peut donc être licencié pour simple cause réelle et sérieuse, par exemple un trouble objectif caractérisé, suite aux 654 courriels menaçant de ne plus fournir ou acheter, reçus par la direction si le *bad buzz* continue.

1101 **Seuil légal : la faute lourde de grève.** « *L'exercice du droit de grève ne peut justifier la rupture du contrat de travail, sauf faute lourde imputable au salarié* » (art. L. 2511-1).

Distinct de la classique intention de nuire, inhérente à toute grève, la faute lourde *de grève* acquiert donc une importance remarquable puisqu'il n'est plus question de sanctionner ou de licencier un *gréviste* en dehors de celle-ci : donc même par un simple avertissement, même en cas de faute grave avérée. L'idée ? Un conflit collectif donne lieu à des actes sans doute répréhensibles dans la vie courante (bousculades, invectives), mais inévitables dans cette improbable dynamique de groupe. La riposte patronale la plus lourde (la rupture) ne pourra donc intervenir que lorsque les lois de la lutte sociale (et non pas de la guerre : nul ne souhaite ici la disparition de l'autre) sont dépassées.

Paralysé en deçà de la faute lourde de grève *(§ 1)*, le pouvoir disciplinaire de l'employeur retrouve toute sa rigueur au-delà *(§ 2)* car il ne s'agit plus alors de l'exercice d'un droit, mais d'actes détachables de celui-ci.

§1 Suspension du pouvoir disciplinaire en l'absence de faute lourde

Article L. 2511-1 : « *L'exercice du droit de grève ne peut justifier la rupture du contrat de travail, sauf faute lourde imputable au salarié.*

Tout licenciement prononcé en absence de faute lourde est nul de plein droit ».

1102 À l'occasion de la grève, non seulement l'exercice normal du droit de grève ne peut à l'évidence donner lieu à une quelconque sanction et *a fortiori* un licenciement (art. L. 1132-2) ; mais la commission par un gréviste de fautes qui, dans la vie normale de l'entreprise, seraient pourtant considérées comme sérieuses ou graves ne peut être sanctionnée *(A)*.

Si l'employeur prononce une sanction malgré cette interdiction, cette dernière est frappée de *nullité* : ce qui concrètement signifie qu'un gréviste illégalement licencié peut, s'il n'a pas commis de faute lourde, être « réintégré » par décision de justice *(B)*.

A. - *Immunité disciplinaire, en dehors de la faute lourde de grève*

1103 **Tout, ou rien.** À l'exercice *normal* du droit constitutionnel s'attache naturellement une immunité disciplinaire. En matière de grève, la jurisprudence a été plus loin, en raison du caractère inhabituel et collectif de ce mouvement. Si un salarié n'allant pas travailler car se déclarant gréviste ne peut se voir sanctionné, il béneficie de la même protection s'il commet des fautes non lourdes (et donc réelles et sérieuses voire graves), c'est-à-dire considérées comme excusables à l'occasion d'un conflit collectif de travail, où la courtoisie et l'urbanité ne sont pas des qualités déterminantes.

À l'inverse, une séquestration ou des violences physiques entraîneront un licenciement pour le simple gréviste comme pour le délégué (après autorisation de l'inspecteur du travail), sans aucune indemnité puisque *forcément* ici fondé sur une faute lourde **de grève.**

Ainsi une bousculade entre grévistes et non-grévistes, une occupation d'entreprise ou un blocage ponctuel de camions sans coups ni voies de fait (CS, 9 mai 2012) constituent pour leurs instigateurs une faute. Mais elle ne peut être qualifiée de lourde : en application de l'article L. 2511-1, il est donc exclu de les licencier (le licenciement serait alors *nul*, *V. infra*). **Mais aussi de leur infliger une quelconque sanction** : avertissement, mise à pied. Bref, c'est tout ou rien, et entre les deux, rien du tout.

1104 Vision panoramique. L'arrêt du 5 juillet 2018 montre enfin la volonté jurisprudentielle de maximiser la protection d'un « gréviste », alors plus ou moins virtuel ; s'agissant d'un collaborateur ayant distribué des tracts vengeurs aux clients qu'il interpellait sur le parking d'une jardinerie et licencié de ce fait : *« La nullité du licenciement d'un salarié n'est pas limitée au cas où le licenciement est prononcé pour avoir participé à une grève, mais s'étend à tout licenciement prononcé à raison d'un fait commis au cours de la grève et qui ne peut être qualifié de faute lourde »* (donc réintégration de ce *non gréviste*).

B. - « Réintégration » du gréviste illégalement évincé

1105 D'une logique d'indemnisation... Il n'est pas exceptionnel qu'à l'occasion d'un conflit collectif un chef d'entreprise licencie des salariés grévistes qui n'ont pourtant commis aucune faute lourde de grève. Le respect du droit passant parfois loin derrière le rapport de force en cours, il espère que cette mesure, illégale mais exemplaire, frappera les nombreux indécis qui reprendront alors le travail. Parfois même ces licenciements sont effectués en vue des négociations futures : réintégration des exclus contre arrêt du mouvement. Les syndicats n'obtiennent alors en fait qu'une contrepartie illusoire, mais qui leur permettra de sauver la face si la grève est un échec.

Entre 1950 et 1985, ce licenciement ouvertement contraire au Droit ne fut que faiblement sanctionné. La Cour de cassation refusait en effet de le frapper de nullité puisque la loi elle-même ne le faisait pas. Ce licenciement illégal devenait simplement illicite, c'est-à-dire *in fine* non fondé sur une cause réelle et sérieuse. Le salarié touchait donc l'indemnité de l'époque de six mois au minimum de salaires, mais ne retrouvait jamais *son* emploi, et souvent *un* emploi (listes noires ou téléphone). *Cette logique d'indemnisation* parut insuffisamment dissuasive : que sont dix ou quinze mois de salaires par rapport au préjudice quotidien causé à l'entreprise par une grève ? Il était à la limite rentable de licencier les meneurs, du moins non-représentants du personnel.

Gestion économique des risques juridiques ici tout à fait condamnable sur le plan des principes puisqu'elle permettait à l'employeur d'acheter indirectement l'exercice d'un droit constitutionnel : or certains juristes manifestement psychorigides continuent à penser que, même aujourd'hui, *tout n'est pas à vendre*.

1106 À une logique de pouvoir. C'est la raison pour laquelle deux lois successives de 1985 modifièrent les articles L. 1132-2 et L. 2511-1.

• À la longue liste des libertés (politique, religieuse, syndicale...) énoncées par le premier, le législateur ajouta « *l'exercice normal du droit de grève* » (art. L. 1132-2). Légalisant d'une part la construction jurisprudentielle, il permettait aussi la « réintégration » du gréviste, puisque L. 1132-4 précise : *« Toute disposition ou tout acte pris à l'égard d'un salarié est nul. »* Or un acte nul étant censé n'avoir jamais existé...

• **Nullité de plein droit de cette éviction illégale.** Dans le même temps, fut ajouté un troisième alinéa à l'article L. 2511-1 : *« Tout licenciement prononcé en l'absence de faute lourde est nul de plein droit »* ; cet article frappe donc de nullité un licenciement prononcé à la suite d'une faute sérieuse ou grave, mais non lourde commise par un (vrai) gréviste. *« Les grévistes, dont les licenciements étaient nuls et dont les contrats n'avaient pas été rompus, avaient droit au paiement d'une indemnité égale au montant de la rémunération qu'ils auraient dû percevoir entre leur éviction et leur réintégration, peu important les salaires et revenus de remplacement qu'ils ont reçus pendant cette période »* (CS, 2 févr. 2006).

1107 Référé « réintégration ». Le salarié en grève illégalement évincé de l'entreprise pendant le conflit peut donc saisir le juge prud'homal des référés et obtenir une ordonnance de « réintégration » dans son poste, ou plus exactement de « *poursuite du contrat de travail illégalement rompu* », sous astreinte journalière puisqu'en droit il n'a jamais été licencié. Cette logique de pouvoir et non plus d'indemnisation se révèle dissuasive en amont pour un chef d'entreprise ne voulant pas être désavoué par un juge en plein conflit.

1108 Mais en pratique, cette remarquable efficacité en forme de dissuasion préventive, reste souvent théorique :

1. Le salarié ne souhaite pas toujours obtenir sa réintégration forcée, craignant à juste titre une vie professionnelle future difficile : s'il le demande – lui et lui seul – la nullité se traduira alors, devant le juge du fond, par l'allocation de substantiels dommages-intérêts. Cette solution est facilitée par la charge de la preuve, qui incombe à l'employeur puisque le mouvement est en principe licite. Si la preuve de la faute lourde de grève n'est pas rapportée, la Cour de cassation considère que le licenciement est nul.
   À défaut de demander sa « réintégration », le salarié touchera une indemnité pour défaut de cause réelle et sérieuse... mais déplafonnée conformément à l'ordonnance du 22 septembre 2017. L. 1235-31 : le barème « *n'est pas applicable en cas de violation d'une liberté fondamentale* », dont fait évidemment

partie le droit de grève. Elle ne sera donc *pas soumise au plafond* légal, mais au contraire à un *plancher incompressible doublé : six mois* de dommages-intérêts. Seront aussi automatiquement versées ses indemnités de rupture (IP + IL), même s'il a commis une faute grave : rare en droit du travail (V. *supra*, Partie 1 : les sanctions d'un licenciement nul).

2 . Tant que le conflit dure, l'employeur qui ne veut pas perdre la face préfère parfois payer intégralement le salaire du gréviste illégalement évincé ainsi que l'astreinte journalière à laquelle le Conseil des prud'hommes statuant en référé l'a condamné plutôt que de devoir le « réintégrer ». Cette solution coûteuse financièrement lui paraît plus économique en termes de pouvoir. Le droit de grève n'étant pas pénalement protégé, il n'encourt aucune sanction de cette nature qui est, dans ces situations conflictuelles, la seule véritablement efficace (*cf.* le licenciement irrégulier de représentants du personnel : délit continu d'entrave à fonctions). Bref un employeur prêt à payer cher pour ne pas perdre la face en plein conflit ne peut être contraint de « réintégrer » le gréviste illégalement évincé : il n'existe pas en droit français de délit britannique de « *Contempt of court* ».

1109 **Attention !** Tout ce qui vient d'être énoncé s'applique seulement en cas d'exercice normal du droit de grève. En cas de mouvement illicite, le « gréviste » en fait n'est pas gréviste en droit : ce salarié est simplement insubordonné, et pourra se voir infliger des sanctions classiques pouvant aller jusqu'au licenciement.

§2 Licenciement du gréviste

1110 En matière de grève, le Capitole (droit constitutionnel) est proche de la roche Tarpéienne (faute), tant la frontière entre exercice normal du droit de grève et mouvement illicite est ténue, et jurisprudentiellement mouvante.

Il importe donc d'examiner ce qu'est un comportement fautif commis à l'occasion d'un conflit collectif *(A)* avant d'en examiner les effets *(B)*.

A. - Faute lourde de grève, ou participation fautive à un mouvement illicite ?

Sur ce terrain, la jurisprudence a considérablement évolué : il convient là encore d'opposer grève à mouvement illicite.

1111 **L'exercice normal du droit de grève,** par son caractère nécessairement collectif et conflictuel, donne parfois lieu à de graves débordements de la part de certains grévistes : menaces, violences, séquestration, etc. Comme l'a légitimement rappelé la chambre criminelle le 6 février 2002 à un médiatique syndicaliste paysan moustachu, *« la lutte syndicale ne peut s'exercer que dans le respect de la loi pénale, surtout s'agissant d'atteintes aux personnes qui sont les plus graves »*. Car tous ces actes en forme de graves délits pénaux n'ont rien à voir avec l'exercice d'un droit, ils sont totalement « détachables » de celui-ci diraient les publicistes.

Ils constituent donc autant de fautes lourdes de grève, qui doivent être imputés à *chacun* de leurs auteurs. Ainsi *« s'interposer de façon agressive aux non-grévistes et leur interdire l'accès de l'entreprise »* constitue une faute lourde de grève (CS, 14 juin 2005), tout comme *« avoir personnellement participé à une action collective au cours de laquelle le DRH a été retenu dans son bureau pendant plus de trois heures, dont il n'a pu sortir qu'après l'évacuation par les forces de l'ordre »* (CS, 2 juill. 2014).

Mais pas plus qu'il n'existe de faute lourde collective, cette somme de comportements individuels dûment identifiés ne sauraient disqualifier la grève elle-même en mouvement illicite. Dans cette hypothèse, seuls les grévistes lourdement fautifs et précisément identifiés pourront être, en application de l'article L. 2511-1, licenciés sans aucune indemnité après accomplissement de la procédure.

1112 Il en va tout différemment en cas de *mouvement illicite*. Ainsi en cas de ralentissement collectif et concerté de la production par exemple (« grève perlée »), les faux « grévistes » ne peuvent prétendre à la protection de l'article L. 2511-1 puisqu'ils n'exercent pas le droit de grève.

Considérés comme insubordonnés, leur licenciement est possible en dehors de la faute lourde. L'employeur pourra donc les sanctionner ou les licencier exactement comme dans la vie normale de l'entreprise (mise à pied, cause réelle et sérieuse, faute grave : versement ou non des indemnités de rupture).

B. - De très lourds effets pour le gréviste lourdement fautif

En cas de faute lourde *de grève*, le gréviste perd toute immunité, sur le plan disciplinaire mais aussi civil : ce qu'il ignore souvent.

1113 Il peut être licencié sans aucune indemnité de rupture (ni IP ni IL), gardant sa seule indemnité compensatrice des congés payés. Mais la procédure de licenciement disciplinaire doit être strictement respectée, le salarié pouvant être mis à pied de façon *conservatoire* afin de l'éloigner de l'entreprise durant cette période, du moins s'il n'est pas représentant du personnel.

• La pratique « sociale » consistant à lui verser tout de même son préavis peut se retourner contre son auteur. En lui versant officiellement cette indemnité, l'employeur semble en effet reconnaître que la faute n'est pas vraiment lourde. Le salarié pourrait donc, le cas échéant, prétendre qu'en l'absence de faute lourde de grève (aveu patronal), il doit obtenir sa réintégration ou une large indemnisation. Mais la Chambre sociale ne veut pas non plus *automatiquement* interdire à l'employeur de se montrer social.

• *« Seule la faute lourde peut justifier une sanction disciplinaire à l'encontre d'un salarié gréviste » :* une simple cause réelle et sérieuse, voire une faute grave ne peut donc entraîner même une simple mise à pied voire un banal avertissement. Le seuil de riposte patronale est la faute lourde *de grève*, très strictement appréciée par la Cour de cassation : *« proférer des injures en dehors de toute violence ne constitue pas une telle faute »*, ni *« le blocage d'un camion n'entravant pas le travail des salariés ne participant pas au mouvement de grève et n'entraînant pas une désorganisation de l'entreprise »* (CS, 9 mai 2012). En revanche, *« constitue une faute lourde justifiant le licenciement d'un gréviste l'atteinte à la liberté du travail »* (CS, 15 mai 2001 : blocage très musclé des accès d'un hôtel, empêchant non-grévistes, fournisseurs et clients d'y accéder).

1114 Tout le monde ou personne ? Sur vingt-trois grévistes lourdement fautifs, l'employeur ne souhaite pas toujours procéder au licenciement de *tous* les membres du groupe. Il peut donc, à l'instar du droit pénal et en fonction de la gravité des fautes commises et du passé professionnel de chacun d'entre eux, individualiser les sanctions (mise à pied, rétrogradation...). Mais il devra néanmoins se montrer prudent car les fautifs ont souvent eu *tous* le *même* comportement : les sanctions différenciées ne doivent faire apparaître aucune discrimination interdite (ex. : militants syndicaux seuls licenciés : délit pénal, et refus automatique de l'inspecteur du travail si des représentants du personnel sont visés).

1115 Responsabilité civile. La faute lourde de grève, constituant ici souvent une infraction pénale, est aussi en droit du travail le seuil de la recherche de la responsabilité civile du salarié. Si l'employeur peut prouver son intention de nuire, le gréviste déjà licencié pourra donc se voir en outre réclamer par l'employeur devant le Conseil des prud'hommes réparation du préjudice qu'il a *personnellement* causé, et qui dépasse souvent ses capacités financières ; ainsi la commission de graves délits pénaux (ex. : destruction de pointeuses, entrave musclée à la liberté du travail).

Souvent leaders du mouvement, les représentants du personnel sont les premiers visés : mais ils bénéficient d'un statut protecteur examiné *supra*, et l'inspecteur du travail devra expressément autoriser leur licenciement. Le Conseil d'État se montre cependant plus rigoureux que la Cour de cassation : il exige d'eux un « rôle modérateur » si des actes illicites sont commis, ce qui ne correspond pas toujours à leur tempérament, ni aux nécessités du moment.

Si le contrôle juridictionnel est très approfondi en matière de pouvoir *disciplinaire* de l'employeur (mais *a posteriori*), il est nécessairement plus restreint en matière de pouvoir de direction par le chef d'entreprise.

SECTION II Exercice du pouvoir de direction par le chef d'entreprise

1116 Pour le chef d'entreprise, un *arrêt de production* est souvent catastrophique, particulièrement en nos temps de juste-à-temps et autres flux tendus : clients et fournisseurs se plaignent, voire l'assignent en responsabilité contractuelle, l'image de l'entreprise est atteinte. La *grève* est encore plus mal vécue car d'autres contractants interviennent : en particulier les non-grévistes, statistiquement largement majoritaires (environ 75 %) mais directement touchés.

À l'égard de tous ces contractants, l'employeur doit malgré la grève continuer à exécuter ses obligations. **Elle ne constitue pas en effet un cas de force majeure**, voir CJUE, 23 mars 2021 (C-28/20) : « *Une grève dont l'objectif se limite à obtenir d'une entreprise de transport aérien une augmentation du salaire des pilotes et une modification de leurs horaires de travail constitue un* évènement inhérent à l'exercice normal de l'activité de cette entreprise, *en particulier* lorsqu'une telle grève est organisée dans un cadre légal ». Or en l'espèce, les syndicats de pilotes ayant résilié dans les formes la convention collective, la compagnie ne pouvait ignorer un conflit à venir, un préavis ayant ensuite été déposé régulièrement. « *À l'instar de tout employeur, un transporteur aérien confronté à une grève de son personnel, motivée par des revendications liées aux conditions de travail et de rémunération, ne saurait prétendre qu'il n'a aucun contrôle sur ce mouvement* ».

L'exercice normal du droit de grève n'est ni donc imprévisible, ni irrésistible en droit (satisfaction des revendications), ni *a fortiori* extérieure aux parties si la grève est interne.

Au nom de la liberté d'entreprendre, mais aussi de l'exécution de ses obligations contractuelles, le chef d'entreprise cherche donc à assurer malgré tout le bon fonctionnement de sa société : « *Il n'est pas* interdit *à l'employeur d'organiser l'entreprise pour assurer la continuité de son activité* », a rappelé de façon curieusement négative la Chambre sociale le 11 janvier 2000. Dans le rapport de force en cours, il ne sera par ailleurs pas vraiment mécontent de limiter ainsi l'efficacité du mouvement.

Il va donc chercher à poursuivre la production *(§ 1)* ou au contraire parfois cesser toute activité : *lock-out* ou chômage technique *(§ 2)* ?

§1 Poursuivre l'activité

Les moyens employés peuvent porter sur les personnes *(A)* ou la production *(B)*.

A. - Action sur les personnes

1117 Recours aux contrats précaires ? Sous peine de sanctions pénales mais aussi de requalification en CDI, l'article L. 1251-10 interdit d'avoir recours à des contrats *à durée déterminée ou à des travailleurs temporaires* pour remplacer les grévistes. L'arrêt du 2 mars 2011 a voulu lui donner un effet maximum, indiquant *« qu'il a pour objet d'interdire à l'employeur de recourir au travail temporaire dans le but de remplacer des salariés en grève, et de priver leur action d'efficacité ».* Condamnation de la société n'ayant pas fait remplacer les grévistes, mais seulement fait accomplir aux travailleurs temporaires, en plus de leur travail habituel, celui de salariés grévistes, leur amplitude horaire ayant été augmentée.

1118 Mutations internes ? Mais l'employeur peut muter des non-grévistes aux postes des grévistes : ces derniers commettraient une faute lourde en s'y opposant physiquement (entrave à la liberté du travail). Mais dans la vraie vie, cette possibilité est délicate à mettre en œuvre : le non-gréviste ne souhaite pas forcément s'opposer à son camarade gréviste, parfois son voisin de palier. Mieux : si la grève est un succès, il en bénéficiera aussi, et n'est donc pas très motivé pour travailler sur un autre poste que le sien, parfois sous les quolibets des grévistes et risquant de voir demain son armoire peinte en jaune vif.

1119 **Subordination.** Comme il ne peut cependant pas refuser d'exécuter un ordre, le non gréviste pourra alors rejoindre le mouvement en se mettant également en grève. Ou, si le poste proposé lui paraît dangereux, exercer son droit de retrait en cas de danger grave et imminent : il sera alors payé, mais doit rester à la disposition de l'employeur.

Plus généralement, les arrêts-maladie se multiplient en période de conflit long, permettant d'éviter de devoir prendre parti en faveur de l'un ou de l'autre camp.

B. - Action sur la production

1120 **Sous-traitance ?** L'employeur peut passer par la *sous-traitance* ou le transfert des activités concernées dans d'autres établissements du groupe, en France mais également à l'étranger. Nombre de multinationales ont ainsi mis en place des systèmes de substitution en cas de grève dans des établissements stratégiques (souvent déjà délocalisés dans des pays peu gréviculteurs), et les syndicats internationaux ont beaucoup de difficultés (langue, idéologie, intérêts divergents) à y faire face malgré l'irruption de communautés syndicales sur Internet, et du *globish* allant avec. Sans parler de télétravail lointain pour des travaux intellectuels.

En pratique cependant, le transfert de production ou la sous-traitance physiques se heurtent à de nombreuses difficultés *techniques* (capacité de production, transfert de savoir-faire, qualité des produits) et *tactiques* (possibilité d'extension de la grève, légitimité contestable). S'agissant au contraire d'activités intellectuelles, les TIC, et en particulier Internet depuis le très haut débit, rendent l'opération facile, voire finalement rentable : expérience dangereuse à terme pour les grévistes en ces temps de délocalisations. Et la Révolution numérique, où la distance est sans importance, a été boostée par l'épisode C19...

1121 **Heures supplémentaires ?** Le chef d'entreprise préfère donc parfois agir sur les horaires de travail, après consultation du CSE.

Pendant le conflit, il peut demander aux non-grévistes d'effectuer des heures supplémentaires : mais souvent réticence de la part de ces derniers et fort absentéisme.

Récupérer, non. Après le conflit, peut-il faire *récupérer* – au taux normal – les journées perdues ? La loi lui interdit de le faire, afin de ne pas porter atteinte au droit de grève.

Rattraper, oui. Mais il pourra toujours *rattraper* la production en faisant travailler tous les salariés (ex-grévistes et non-grévistes) en heures supplémentaires, donc mieux payées. Cette dernière formule, plus coûteuse que la récupération illégale, a cependant deux avantages : elle est volontiers acceptée par la majorité des ex-grévistes soucieux de compenser leur perte de salaire. Et surtout elle ne fait pas perdurer l'opposition grévistes/non-grévistes.

Que l'employeur cherche par tous moyens à assurer le bon fonctionnement de l'entreprise malgré la grève n'est guère surprenant à tout point de vue. Mais il peut arriver également qu'il ferme volontairement tout ou partie de l'établissement.

§2 Cesser l'activité : *lock-out* illicite, ou mise en chômage technique licite ?

1122 **Entre les deux, le juriste doit choisir.** Il ne s'agit pas ici de la fermeture définitive de l'entreprise à la suite d'un conflit dur : ce qui arrive en nos temps de délocalisation vers des pays moins chers, ou moins gréviculteurs. La grève désorganisant gravement la production, l'employeur préfère seulement fermer pour quelques heures ou quelques jours. Il invoque alors l'obligation de mettre en *chômage technique* (licite) les non-grévistes, ne pouvant assurer une production normale en quantité ou qualité. Les syndicats dénoncent en revanche ce *lock-out* (illicite). Au juriste de qualifier correctement cette fermeture.

La France ne connaît pas « l'égalité des armes » allemande ni le *« droit de lock-out »* évoqué par le traité d'Amsterdam puis indirectement évoqué par le symétrique article 28 de la Charte des droits fondamentaux : le « droit à l'action collective » des employeurs. En Allemagne, une grève patronale (= fermeture momentanée) peut légitimement répondre à une grève des salariés si elle est proportionnée : ce qui met les syndicats ayant déclenché le mouvement dans une situation financière difficile car ils doivent alors statutairement indemniser ces derniers.

En droit français, le *lock-out* constitue une faute contractuelle *(A)*, sauf si le chef d'entreprise peut prouver qu'il ne pouvait faire autrement *(B)*. Quittant le terrain classique du droit des obligations, la Cour de cassation a vu dans un *lock-out préventif* une atteinte illicite au droit de grève le 27 juin 1989 *(C)*.

A. - Le lock-out reste une faute contractuelle en droit français

1123 **Contrairement à une idée reçue**, le *lock-out* ne vise pas, en droit, les grévistes : en tant que tels, ils ne perçoivent déjà aucun salaire. Fermer momentanément l'entreprise aboutit à priver de toute rémunération les non-grévistes, s'accommodant assez bien de l'absence totale ou partielle de travail tout en restant payés. Mais le but final poursuivi par l'employeur est justement que les non-grévistes effectuent une pression de plus en plus forte sur les grévistes (généralement minoritaires) afin qu'ils cessent leur mouvement, et que le travail reprenne pour tout le monde.

L'entrave au droit de grève n'étant pas pénalement sanctionnée, le non-gréviste privé de travail et donc de salaire va pouvoir saisir le Conseil des prud'hommes en versement d'une indemnité équivalente aux salaires perdus du fait de l'attitude patronale, fautive sur le plan contractuel. Si ce dernier ne fournit pas la preuve du cas de force majeure ou des circonstances l'ayant contraint à fermer, il sera condamné.

Solution à vrai dire peu dissuasive puisque l'entreprise paiera, un an après et hors charges sociales, une somme qu'elle aurait dû verser en salaire douze mois plus tôt, pendant le conflit. Dans tous ces cas, la fermeture totale ou partielle devra être précédée (sauf urgence : rixes) d'une consultation *préalable* du CSE.

B. - Du droit au devoir de fermeture : la mise en chômage technique

1124 **La classique force majeure** exonère momentanément le contractant de l'exécution de ses obligations. Cette règle s'applique bien sûr en cas de conflit... majeur. Ainsi en cas d'occupation, mais seulement lorsque l'employeur a obtenu du juge des référés une ordonnance d'expulsion que le préfet refuse d'exécuter : il se trouve alors face à un cas de « force majeure » car il a fait tout ce qui était en son pouvoir pour exécuter ses obligations, et l'inexécution ne lui est plus imputable, elle est littéralement irrésistible. En droit privé, seul un événement irrésistible et insurmontable permet de suspendre ses obligations. Ainsi, une grève-bouchon (10 salariés bloquant toute la chaîne en aval) n'est pas pour le juge judiciaire insurmontable puisque, si l'employeur accède aux revendications des grévistes, le mouvement cessera immédiatement.

La force majeure *stricto sensu* se révélant excessivement coûteuse voire mortelle (grève-bouchon minoritaire avec paiement indéfini des 95 % de non-grévistes à ne rien faire), la jurisprudence a forgé une notion qui permet de fermer provisoirement l'entreprise, mais à des conditions aujourd'hui d'une extrême sévérité.

1125 **Situation contraignante.** L'employeur peut en effet fermer s'il peut apporter la preuve de la « situation contraignante de nature à le libérer de son obligation de fournir du travail » : *« la Cogema s'était trouvée, du fait de la grève totale du secteur de production, dans une situation contraignante qui ne lui était pas* imputable *et rendait impossible la fourniture de travail aux non-grévistes »* (CS, 4 juill. 2000).

Quantité, ou qualité. Ainsi l'entreprise démontrant au juge prud'homal qu'après la grève-bouchon commencée hier à 8 heures, elle a poursuivi la production en aval jusqu'à épuisement des stocks ; et en amont, jusqu'à ce que ces derniers occupent tout le bâtiment : elle se voit donc contrainte d'arrêter la chaîne *en cause*. Il en sera de même lorsque la qualité du produit se révèle nettement insuffisante.

À l'inverse, une fermeture concomitante au déclenchement du mouvement ne peut être qualifiée de mise en chômage technique licite puisque l'employeur ne pourra prouver qu'un arrêt immédiat de toute production était justifié, cette fermeture totale visant par ailleurs des personnels qui auraient pu continuer à travailler (ex. : services administratifs).

Des circonstances de fait, le juge déduit donc au cas par cas si la fermeture est subie (mise en chômage technique, toujours licite) ou offensive (*lock-out*, par définition illicite). Dans cet exercice, la Cour de cassation se montre extrêmement exigeante à l'égard de l'employeur, tenu de donner du travail aux non-grévistes et prié de négocier rapidement et loyalement l'issue du conflit.

1126 ***Securitas omnia corrumpit*** **(CS, 17 déc. 2013) ?** En cas de risque pour **l'ordre et la sécurité** des personnes et des biens, l'employeur a non seulement le droit de fermer, mais le ***devoir*** de le faire pour éviter tout accident grave. Du plan contractuel individuel, on passe alors au niveau des rapports collectifs. Ainsi en cas de rixes grévistes/non-grévistes, il *devra* rapidement fermer toute l'entreprise afin de ne pas donner d'autres occasions aux combattants de se retrouver. Cette possibilité, qui visait initialement les personnes, a parfois été étendue aux biens : des détériorations volontaires ou des vols répétés permettent à l'employeur d'interdire l'entrée de l'entreprise à quiconque. Comme dans les deux cas précédents, il appartiendra *à l'entreprise* débitrice de l'obligation de fournir du travail de faire la preuve des événements susceptibles de l'exonérer. Ainsi, dans ce dernier cas, de très hypothétiques violences futures seront considérées comme insuffisantes. Mais un tract appelant *« à montrer aux Jaunes du bâtiment 3 de quel BOIS on se chauffe dès demain matin 6 h 30 »* permettra de fermer préventivement. Sans consultation préalable du CSE vu l'urgence.

Mais comme à son habitude, la Chambre sociale cherche d'abord à protéger l'exercice du droit de grève ; ainsi dans l'arrêt Michelin du 17 décembre 2013 où l'employeur invoquait des atteintes à la liberté du travail et à la sécurité des personnes commises par les 72 grévistes, et mettait en avant son obligation de sécurité de résultat pour justifier la fermeture de l'établissement : *« Aucune voie de fait ne pouvant être tenue pour constituée, ni aucune situation d'insécurité ou d'atteintes aux personnes n'étant établie, la fermeture de l'entreprise était illicite et constitutive d'une entrave à l'exercice du droit de grève justifiant l'octroi de dommages-intérêts »* (380 € chacun). Faut-il attendre des heurts pour agir ?

Très illégitime au XIXe siècle (« affamer les familles ouvrières »), le *lock-out* n'a toujours pas droit de cité en France, mais la crise économique et certaines grèves minoritaires dans des secteurs stratégiques particulièrement bien choisis ont modifié l'attitude de l'opinion publique. La Charte des droits fondamentaux de l'UE évoquant le droit à « l'action collective des employeurs » pourrait à terme faire évoluer le droit français.

C. - Le lock-out préventif, atteinte illicite au droit constitutionnel de grève

1127 **Cas très, très spécifique.** Dans l'arrêt du 27 juin 1989, la Cour de cassation a adopté une logique novatrice, confirmée par l'arrêt du 17 décembre 2013, mais dans une hypothèse très particulière. À la suite de l'annonce d'une grève nationale CGT, une entreprise craignant d'être privée d'électricité EDF annonce qu'elle n'ouvrira pas ses portes ce jour-là, une récupération ultérieure étant prévue. Quittant le domaine classique des obligations contractuelles, la Cour se place sur celui des libertés publiques :

« En fermant l'entreprise, la direction avait privé les salariés qui souhaitaient suivre le mot d'ordre national d'un droit constitutionnellement reconnu. »

Cette dernière idée est susceptible de dissuader les employeurs d'avoir recours à ce *lock-out*, puisque le salarié pourrait prétendre non seulement à l'indemnisation des salaires perdus, mais également à la réparation du préjudice moral subi et, pourquoi pas, à la réouverture forcée des portes de l'entreprise ordonnée par le juge des référés, sous astreinte.

Mais ce futur et éventuel gréviste, pour l'instant virtuel, pourra-t-il convaincre le président du tribunal judiciaire d'ordonner à sa demande l'ouverture des portes de l'entreprise... précisément afin de pouvoir *ne pas aller travailler* ? Si, sur le plan conceptuel, cet arrêt est essentiel, il reste fort peu utilisé en pratique même si manifestement les juges hésitent de moins en moins à forcer la main patronale.

SECTION III Règlement des conflits collectifs de travail

1128 **Situation paradoxale.** Le Code du travail décrit très longuement et minutieusement trois procédures légales de règlement : conciliation (art. L. 2522-1 et s.) ; médiation (art. L. 2523-1 et s.) et arbitrage (art. L. 2524-1 et s.). Or aucune des trois n'est vraiment utilisée à l'occasion des conflits hormis les cas emblématiques (conflits des Intermittents), les partenaires évitant dans la mesure du possible de faire appel à un tiers.

Reste la conciliation et la médiation judiciaires, permises par la loi du 8 février 1995 en dehors de toute demande d'expulsion : soumises à l'accord des deux parties, leurs résultats restent jusqu'à présent extrêmement modestes.

1129 **Mais la loi de programmation pour la justice du 23 mars 2019** pourrait faire évoluer les choses. Voulant promouvoir les modes alternatifs de règlement des litiges, elle donne au juge, y compris des référés, la possibilité *d'imposer* aux parties de rencontrer un médiateur qu'il désigne. Faculté désormais ouverte en tout état de la procédure, s'il n'a pas recueilli l'accord des parties mais estime qu'une résolution amiable du litige est possible : situation justement très classique dans un conflit collectif, où aucun des belligérants ne veut demander l'ouverture de négociations, puisqu'il apparaîtrait alors en état de faiblesse.

**LES CLÉS D'UNE MÉDIATION RÉUSSIE
EXTRAITS DU « BILAN DE LA NÉGOCIATION COLLECTIVE EN 2009 », DGT JUIN 2010**

« La réussite des actions de médiation suppose plusieurs prérequis :

- savoir-faire dans l'articulation des services du travail avec les autres acteurs publics (inspection du travail, sous-préfecture et préfecture, procureur,

juge des référés, collectivités locales et élus) : les cas analysés démontrent l'importance d'une coordination entre les actions des services du travail et les actions souvent déjà engagées auprès de la justice. Ce constat est particulièrement vrai dans les conflits portant sur la mise en œuvre de PSE, qui conduisent souvent à des contestations devant le juge judiciaire pour obtenir leur suspension ;
- faculté à établir et maintenir une relation de confiance indispensable entre les différents services en charge du suivi du conflit, principalement entre le préfet et l'inspection du travail ;
- possession d'une connaissance et d'une expertise dans le domaine des relations sociales, des secteurs professionnels et des bassins d'emplois ;
- maîtrise des textes et des procédures, tant dans les domaines de l'emploi que du travail ;
- capacité à mesurer les enjeux du conflit pour les différentes parties et de leurs marges de manœuvre respectives ;
- implication totale dans la médiation pour qu'elle permette un retour à « la normale » des négociations : mise à disposition des locaux, participation à des réunions y compris du comité d'entreprise ;
- discrétion, en particulier vis-à-vis de la presse. »

1130 Les pièges du procès-verbal de fin de conflit (PVFC)

Négociateurs habilités. S'il veut avoir la force d'un véritable accord collectif de travail, le traditionnel PVFC doit être signé par des délégués syndicaux légalement désignés ; et doit s'appliquer indistinctement aux grévistes et aux non-grévistes. Attention donc lorsqu'une éphémère « coordination » ou autre « comité de grève » ont été les partenaires de l'employeur à 3 heures du matin : le texte signé ne peut être qualifié d'accord collectif au sens du Code. À moins que parmi la délégation n'aient plus ou moins discrètement figuré un ou plusieurs délégués syndicaux qui ont signé, il s'agira d'un simple *engagement unilatéral* de l'employeur.

Règles de validité des accords. Quelles que soient ses conditions de température et de pression, s'il veut être un accord collectif le PVFC est soumis aux règles habituelles concernant les *syndicats* signataires : d'abord être représentatifs à +10 %, et avoir obtenu ensemble au moins 50 % des suffrages exprimés en faveur des syndicats représentatifs. Ces derniers seront néanmoins attentifs aux résultats d'un éventuel référendum pouvant démontrer leur défaut de représentativité sur ce point. À terme enfin, attention au principe jurisprudentiel d'égalité : l'augmentation obtenue à Nancy pourrait être contagieuse.

Vices. La même nullité peut également frapper dans quelques mois le PVFC obtenu sous la contrainte (ex. : séquestration) en application des vices du consentement de l'article 1111 du Code civil : *« violence morale ou physique, de nature à faire impression sur une personne raisonnable et pouvant lui inspirer la crainte d'exposer sa personne à un mal considérable et présent »*. Mais pendant toute la procédure judiciaire subsistera le PVFC signé, contenant des engagements connus de tout le personnel mais qu'il ne faut pas exécuter pour éviter toute confirmation : la victoire judiciaire peut donc parfois se transformer en grave défaite sociale.

Promesses. Attention enfin au PVFC stipulant le retrait des sanctions disciplinaires ou des plaintes pénales.

- Retrait des *sanctions* : l'employeur paraphant cette clause ne pense souvent qu'aux sanctions disciplinaires classiques, pas toujours aux licenciements prononcés pour faute lourde de grève dûment constatée. En l'espèce, il devra alors réintégrer ses éventuels séquestrants...
- Retrait des *plaintes* : si au civil les parties sont maîtres de l'instance, s'agissant de droit pénal, seules les plaintes de l'entreprise (donc pas pour séquestration) pourront être retirées. Pas forcément donc celle de la victime directe de l'infraction, le séquestré pouvant seul porter plainte : or ce cadre ainsi humilié veut parfois « aller jusqu'au bout ». Par ailleurs, malgré ces retraits réciproques, le procureur de la République peut décider de poursuivre quand même au nom de l'ordre public : sentiment de trahison de la part des signataires syndicaux. En pratique cependant, le ministère Public a la délicatesse d'arrêter toute poursuite quand le conflit est terminé. Ainsi dans l'affaire Kléber-Toul, où en février 2008 deux cadres avaient été séquestrés quatre jours et trois nuits, le parquet de Nancy avait fait procéder à 42 auditions par la gendarmerie... et classé l'affaire cinq mois après.

DE LA GRÈVE INTERNE À L'ACTION COLLECTIVE VIRTUELLE EXTERNALISÉE

Outre un évident effet de mode et le fait que la grève-arrêt de travail est Nettement plus adaptée à l'ouvrier métallo qu'au travailleur du savoir, on constate une externalisation croissante des conflits dans les grandes entreprises, grâce à Facebook, Twitter ou YouTube en particulier.

Un #géonpi ne fait pas le printemps

En France, le conflit qui a fait la Une des médias fin 2012 invitait à la réflexion sur les nouveaux rapports de force en nos temps de Web 2.0 : l'opération des « Pigeons », ces patrons de *start-up* protestant via les réseaux sociaux contre un nouveau régime fiscal des plus-values, qui ont fait – en partie – plier Bercy en dix jours. Clin d'œil de l'Histoire : ce mouvement collectif et concerté, avec sa manifestation (aussi publique que virtuelle) de 73 654 personnes (chiffres cette fois vérifiables) dont les revendications ont été si rapidement prises en compte n'est pas venu de deux puissants syndicats représentatifs à l'occasion de la fermeture d'un site automobile important, mais de la rencontre sur le Net le 26 septembre 2012 au soir de trois jeunes patrons de *start-up* dispersés dans le monde entier. Professionnels de la communication, ils ont su trouver une métaphore transparente (le pigeon que l'on plume mais qui peut s'envoler ailleurs), un graphisme proche d'un jeu très populaire (*Angry Birds*), et naturellement montrer une belle maîtrise des réseaux sociaux : pages Facebook mais aussi et surtout, pour les journalistes et les décideurs, un compte Twitter vite suivi par de très médiatiques personnalités. Cette agitation branchée a fait sur-réagir le gouvernement, qui a ainsi donné aux Pigeons un coup d'aile inespéré.

Cette démocratie directe en forme de jacquerie à l'envers (*cf.* les Bonnets rouges en 2014, puis Gilets Jaunes de 2019) ne peut à l'évidence constituer un modèle dans une démocratie politique ou sociale. Des « Indignés » en Europe aux « Occupy Wall Street », problème pour ces mouvements Web 2 égalitaires et sans chef qui plaisent tant aux jeunes générations mais aussi aux trente nuances de Gilets Jaunes : *« Ils éclosent comme des fleurs, mais meurent aussi vite car ils n'ont ni racines, ni plans à long terme. C'est merveilleux d'être horizontaux et démocratiques, mais ces principes doivent être compatibles avec le dur labeur de construire des structures et des institutions solides »* (Naomi Klein). Mais les révolutions arabes, les élections américaines et désormais tout conflit social de quelque importance montrent qu'avec le Web 3.0, horizontal et surtout naturellement viral, les techniques de contestation et de mobilisation ont changé de forme, pour deux raisons.
1 – Dans notre village mondial Web 3, pour une grande entreprise internationale sa réputation est un actif aussi important que son capital... social : d'où de nouveaux rapports de force. Après l'occupation d'usine banalisée depuis 1936, puis les actions type Cellatex (menace de pollution délibérée) ou Caterpillar (séquestration de cadres provoquant la prompte venue de la presse audiovisuelle), la médiatisation d'un conflit social passe désormais aussi par les réseaux sociaux. Grâce à la Révolution numérique, externaliser le conflit en créant un rapport de force externe, sur un tout autre terrain (l'image de la marque), est souvent plus efficace, moins coûteux... mais aussi parfois l'unique solution.
2 – Car dans nombre d'entreprises la chute du militantisme syndical ne permet souvent plus, à travers un arrêt de travail devenu trop minoritaire (*cf.* « les grèves de délégués »), de créer aujourd'hui une pression suffisante. Cette faiblesse en interne oblige à évoluer vers d'autres formes d'action aussi plus économes en moyens humains et matériels (ex. : grève d'avertissement, pétitions...), mais aussi plus efficientes lorsqu'il s'agit de groupes dispersés sur toute la planète. Même si à l'évidence l'un n'exclut pas l'autre. Problème : l'immunité disciplinaire et civile liée à l'exercice normal du droit de grève, interne à l'entreprise, disparaît.

Puissance des liens faibles démultipliés
Nombre de camarades syndiqués se gaussent de ces « manifestations » et autres cybergrèves d'« amis » en robe de chambre dans leur salon, se donnant bonne conscience avec leur souris ; léger vol de moineaux qui prétend remplacer une solide et centenaire organisation pouvant mener des tractages avec appel à la grève à 7 h du matin dans cinq établissements puis assumer le contact parfois viril avec les gens d'en face. Mais c'est justement car l'implication des cliqueurs est beaucoup plus faible que celle des militants que leur nombre devient rapidement si « impressionnant » pour la marque en cause. En termes d'efficacité ? Jamais 8 délégués ou 83 militants associatifs n'auraient pu inonder de tracts vengeurs toute une ville, une région voire un pays entier, voire l'Europe et l'Amérique du Nord s'ils parlent anglais ; chercher et parfois obtenir en quelques jours une solidarité régionale sans l'aide du quotidien local ou de FR3, ou bloquer la production (informationnelle) d'un groupe mal préparé à cet épisode social-sociétal inédit. À mi-chemin entre pirates et altermondialistes, les « hacktivistes » ont de quoi

terroriser les multinationales : car le slogan des Anonymous (*« They govern the IRL, we govern the Internet »*) n'est pas tout à fait faux. Dans notre monde de la consommation et donc de la réputation, dans une société où les préoccupations sociétales ou écologiques augmentent verticalement, les rapports de force changent de lieu et d'acteurs dans les pays développés.

Car dans notre société sentimentale où l'image est reine, des photos ou de courtes vidéos discrètement prises sur place grâce à un simple téléphone portable sont mises en ligne sur YouTube (*cf.* l'enfant pakistanais fabriquant des Nike et manifestement enivré par les odeurs de colle) ; rarement par des syndicalistes, surtout par des militants associatifs ou écologistes voulant montrer le gouffre existant entre la belle Charte de Responsabilité sociale des entreprises (RSE) abondamment médiatisée par l'employeur-élève-modèle-du-développement-durable et les réalités du terrain. Au point que certaines entreprises éprises de RSE ou de « raison d'être » commencent à réfléchir à l'effet boomerang de ce militantisme patronal très souvent médiatisé : qu'un lointain sous-traitant ne respecte pas vraiment les engagements en cause était hier de peu d'effet.

Avec le Web 3.0 et son effet viral, un petit film haché de 45 secondes mis en ligne peut poser des problèmes mondiaux ; car en 2021 aucune entreprise d'importance ne peut consacrer des dizaines voire des centaines de millions d'euros à développer son image en faisant l'impasse sur ce que les réseaux sociaux disent d'elle.

Pour certaines ONG et autres éphémères « collectifs » n'ayant donc pas accès à l'intérieur de l'entreprise, un groupe Facebook, WhatsApp ou un site Internet bénéficiant d'un solide réseau avec multiples liens hypertextes à la clé, création de sites miroirs pour décourager toute action patronale de suppression, donne une visibilité sociale et médiatique sans commune mesure avec un « *sit-in* à l'appel de 48 collectifs et associations » rassemblant 63 personnes devant l'usine concernée. Depuis plusieurs années en effet, le « mouvement social », ce « Mundial » de l'antimondialisation avec ses myriades d'associations et autres « collectifs » en réseau plutôt centrés sur la Cité et désormais surtout l'environnement, investit le monde du travail, s'intéressant directement aux entreprises... et au droit du travail (V. *supra* les « éco-syndicats » nés le 1er mai 2020).

Il vient ainsi concurrencer les syndicats, y compris internationaux, qui s'aperçoivent, non sans déplaisir ni choc culturel, que ces nouveaux venus ciblant à l'américaine quelques entreprises leaders soigneusement sélectionnées, réussissent à faire plier en quelques mois de campagne médiatique remarquablement orchestrée des firmes internationales depuis toujours socialement très arrogantes en interne : Nike en 2007, Nestlé et ses barres KitKat explosé par la vidéo de Greenpeace pour la défense des orangs-outans en 2010.

L'art de la guerre sur le Web 3.0

Paradoxe : sur le Net, la lutte n'est pas égale. Et n'est pas – toutes proportions gardées ! – sans rappeler la guerre du Vietnam : le roi du monde et son armée professionnelle suréquipée face à une guérilla sans longue chaîne de commandement, réactive, qui connaît mieux le terrain et est immergée dans une population qui lui est *a priori* favorable.

À côté de sa cellule d'alerte, qui suit 24 h sur 24 tout ce qui est dit – écrit – sur l'entreprise grâce à des logiciels *ad hoc* et très polyglottes, la constitution d'une cellule de crise dédiée à ce type d'attaques est donc une nécessité. Elle doit nécessairement intégrer des collaborateurs-*geeks* de la génération Z, pouvant expliquer à des dirigeants ébahis par tant de haine les curieux usages, et coutumes surprenantes de ce monde pour eux interstellaire. Et surtout éviter les « juristes » avec une tête en forme de Code, prompts à la plainte ou à l'assignation : descente aux enfers assurée.

Dans un premier temps, la réponse sur le Net – pas la surréaction montrant soit une agressivité déplacée, soit le début de plaidoirie d'un présumé coupable – viendra des blogs de l'entreprise et de ses fans (parfois stipendiés), de ses pages Facebook ou de son compte Twitter, et devra avoir un visage humain : un seul, et très humain pour répondre à des internautes qui sont chez eux, dans leur environnement familier, pas dans la rue face à 253 CRS en tenue de combat.

Pour le juriste du travail, l'externalisation n'est pas vraiment une nouveauté

Le problème – ou plutôt l'excitation nouvelle – est que ces nouveaux acteurs intervenant *à l'extérieur de l'entreprise, exit* l'ensemble du droit du travail, comme l'a indiqué la Cour de cassation dans l'arrêt Secodip/CGT du 5 mars 2008… 49 mois après les faits. Le temps du juge et celui d'Internet.

Mais heureusement, « *le Droit est la plus puissante des écoles de l'imagination* » (J. Giraudoux).

POUR ALLER PLUS LOIN…

- Linxin He, « *Dynamique des droits d'action collective* », Mélanges offerts à Pierre Rodière, LGDJ, juin 2019 p. 101
- J.-E. Ray, « *De la grève interne à l'action collective externalisée* », Sociologie du travail, Numéro du cinquantenaire, juin 2011 ; « *De la négociation collective interne au dialogue sociétal externe* », Dr. soc., mars 2013
- J. Rognetta, F. Tardy et J. Jammot, *La République des réseaux : périls et promesses de la révolution numérique*, Éditions Fayard, septembre 2012.
- F. Pisani et D. Piotet, « *Comment le Web change le monde : l'alchimie des multitudes* », *Pearson/L'Atelier*, 2010
- A. Supiot, « *Revisiter les droits d'action collective* », *Dr. soc.*, juillet-août 2001, p. 687
- Les deux passionnants numéros de la revue *Cadres CFDT* intitulés « Opportunités numériques », 1/mars 2012, 2/juillet 2012, permettant d'« *amplifier l'action syndicale* » (L. Mahieu, juillet 2012, p. 7)

QUESTIONNAIRE D'AUTO-ÉVALUATION : LES POUVOIRS DE L'EMPLOYEUR À L'OCCASION DE LA GRÈVE

1 – Un salarié participant à une grève exerce un droit : il ne peut jamais être sanctionné	**VRAI – FAUX**
2 – Des « grévistes » ralentissant les cadences peuvent faire l'objet de sanctions disciplinaires	**VRAI – FAUX**
3 – En cas de mouvement illicite, l'employeur doit appliquer la règle : « Tout le monde ou personne » ; il ne peut différencier les sanctions	**VRAI – FAUX**
4 – Le gréviste illégalement licencié peut porter plainte pour entrave au droit de grève, et obtenir la condamnation pénale de l'employeur	**VRAI – FAUX**
5 – Si un gréviste a commis une faute lourde, il peut se voir réclamer des dommages-intérêts égaux à la totalité du préjudice subi par l'employeur	**VRAI – FAUX**
6 – Il est interdit de remplacer les grévistes par des non-grévistes	**VRAI – FAUX**
7 – Si la qualité de la production est gravement mise en cause par une grève, l'employeur peut procéder au lock-out	**VRAI – FAUX**
8 – Il peut également procéder à la mise en chômage technique s'il sait que le nombre de grévistes risquant d'être important, aucune production ne sera possible	**VRAI – FAUX**
9 – Le procès-verbal de fin de conflit peut obliger tout le monde à retirer assignations et plaintes	**VRAI – FAUX**
10 – Toute sanction pécuniaire étant illégale, l'employeur ne peut amputer le salaire des grévistes	**VRAI – FAUX**

RÉPONSES

1 – « JAMAIS » : EST DE TROP : s'il commet une faute *lourde de grève*, il pourra être sanctionné.

2 – VRAI car ils ne sont pas en droit « grévistes », mais fautifs.

3 – FAUX à l'instar du droit pénal (personnalisation des peines), l'employeur peut *différencier* les sanctions, mais certainement pas *discriminer* (ex. : militants syndicaux seuls visés : nullité de la sanction + délit pénal).

4 – HORREUR : il n'existe pas de délit d'entrave au droit de grève.

5 – FAUX la faute lourde de grève prouvée par l'employeur permet sans doute de le poursuivre en réparation devant le Conseil des prud'hommes, mais uniquement en réparation du dommage qu'il a *personnellement causé*.

6 – FAUX en droit (il ne s'agit pas d'une modification du contrat, mais d'un simple changement d'affectation), mais peu éloigné de la vérité dans les faits (solidarité + rétorsion + risque accident du travail).

7 – QUESTION PIÈGE ! Si la qualité est mise en cause, cette situation contraint l'employeur à cesser toute production : il s'agit donc d'une mise en chômage technique *subie*, et non pas d'un *lock-out* forcément *offensif*.

8 – FAUX il ne peut y avoir de fermeture préventive licite en dehors de risques réels et sérieux pour la sécurité des personnes : il s'agirait donc d'un *lock-out* illicite.

9 – FAUX d'une part car le procès-verbal de fin de conflit ne peut par exemple obliger un cadre séquestré à retirer sa plainte pénale : lui seul, victime directe de l'infraction, est libre de le faire, ou non. Si d'autre part les actions civiles (TJ, Conseil des prud'hommes) sont effectivement dans la main des parties qui peuvent à tout moment arrêter la machine judiciaire, il n'en va pas de même sur le terrain pénal : même si la victime a retiré sa plainte, le ministère Public peut continuer les poursuites, ou les initier à la fin du conflit. Mais dans la pratique, il est rarissime que le procureur poursuive quand les victimes ont retiré leurs plaintes.

10 – FAUX l'abattement sur le salaire est la conséquence contractuelle de *l'absence de travail*. Mais en cas de mouvement illicite, donc fautif, un versement partiel du salaire constituerait alors une sanction pécuniaire, donc illégale.

Chapitre 3

2008-2018 : un nouveau droit de la négociation collective

1131 **Subsidiarité sociale.** Dans la plupart des pays développés, l'essentiel du droit du travail n'est pas d'origine légale : les partenaires sociaux l'ont construit eux-mêmes, dans leur branche professionnelle ou l'entreprise. Au pays de Colbert et de Napoléon, pays du Droit vertical où l'on pense volontiers que *« quand on est fort, on décide ; quand on est faible, on négocie »*, le « petit droit » (le droit conventionnel) a pris depuis 1982 lentement mais sûrement sa revanche sur le « grand Droit » : le droit légal du travail. La négociation n'a cessé de monter en puissance, la loi se faisant plus discrète, sauf bien sûr pour les textes politiquement emblématiques (35 h en 2000), ou sur les thèmes non négociables (ex. : santé/sécurité, voire ordre public sanitaire : mars 2020-sept. 2021).

1132 **Négocier la loi du travail ?** La loi se voit même parfois ramenée à une simple fonction de super-arrêté d'extension d'accords nationaux interprofessionnels (ANI) signés quelques mois auparavant : ainsi du volumineux ANI du 11 janvier 2013 conduisant à l'importante « loi sur la sécurisation de l'emploi » du 14 juin 2013. Comme si sa légitimité ne pouvait être suffisante si elle était le seul fait du Parlement. Mais les partenaires sociaux représentent-ils l'intérêt général, ou celui des salariés occupés et des entreprises ? Le législateur a-t-il le monopole des usines à gaz normatives (ex. : pénibilité) ? Un style à la très obscure clarté est-il le seul fait des cabinets ministériels et des commissions parlementaires ?

Pour que la France épouse son temps, elle devait rejoindre les nombreux pays où les partenaires sociaux ont pris en main la rédaction d'un droit du travail pour l'essentiel conventionnel, en vertu d'un nouveau principe de concordance : face à la diversification et la complexité des questions posées (*cf.* IA, automatisation, mais aussi après la pandémie, reprise du travail avec démocratisation du télétravail), il faut privilégier les solutions négociées donc consensuelles, au plus près du terrain. Surtout en France où, au plus haut niveau, de roides positions idéologiques aboutissent à des postures et des petites phrases bien calibrées pour le 20h00, qui ne font rien avancer nulle part.

MAIS ATTENTION !

Si depuis 2012 par exemple la CGT n'a paraphé qu'un seul (petit) accord national interprofessionnel (sur l'encadrement le 26 février 2020), elle a signé 37 % des accords de branche en 2020 (40 % en 2019), et 85 % des accords d'entreprise quand un délégué syndical CGT y est présent (74 % pour SUD...).
Les chaînes en continu, cette téléréalité sociale en direct avec pneus qui brûlent, manifestations violentes et prises de bec de leaders syndicaux nationaux ne reflètent pas la réalité de la vie sociale et de la négociation collective en France, au plus près des salariés.

1133 **Quantité et qualité.** C'est la grande faiblesse des statistiques : s'il y a *beaucoup* d'accords signés, mais qu'ils se limitent à la paraphrase voire au copier-coller du Code ou de la convention de branche, cela n'a guère d'intérêt. C'est le *contenu* des accords qui compte : d'où l'intérêt de leur mise en ligne systématique par le ministère du Travail, sauf les accords de performance collective pour des raisons de confidentialité. De quoi inspirer les négociateurs créatifs (*cf.* les milliers d'accords télétravail)... et éviter les chausse-trappes.

Peu importe l'ivresse, pourvu qu'on ait le flacon ? Mais les évolutions ne se font pas en un jour, ni même en quatre ans : les lois en matière de dialogue social (*cf.* l'ordonnance du 22 septembre 2017 « *relative au renforcement de la négociation collective* ») ne sont pas encore entièrement « entrées dans les mœurs ».

Car le Droit n'est pas la vie (sociale). Même pour un juriste, la négociation collective ne peut se résumer à la description du droit de la négociation : la culture des acteurs, leur confiance réciproque sont primordiales. Or cette culture de la négociation, et donc nécessairement du *compromis* (terme parfois péjoratif en France), ne peut résulter de lois, aussi bonnes soient-elles. C'est un état d'esprit qu'il faut acquérir tôt, du collège à l'enseignement supérieur : respect des positions de chacun, des engagements passés (la CFE-CGC retirant sa signature du Pacte de responsabilité trois mois après à cause du différé de l'assurance-chômage...) ; tourné vers la recherche de solutions les plus consensuelles possibles, sans la passion triste que ce qui est donné à l'un est forcément arraché à l'autre. L'inverse de la posture facile, ou de la médiatique position bravache à la française exaspérant nos amis étrangers.

1134 **Mais comme l'a montré à l'envi le feuilleton 2018-2021 de l'assurance-chômage en principe paritaire, l'État reste extrêmement présent.** Par ses lois empilant obligations de négocier et désormais sanctions financières (les « 1 % » seniors, égalité), mais aussi par son ferme cadrage des négociations interprofessionnelles : « feuille de route » avec « documents d'orientation », thèmes à aborder et calendrier d'exécution, interventions plus ou moins discrètes pendant la négociation sur les lignes à ne pas dépasser. Vive l'autonomie des partenaires sociaux ! De quoi conforter la caricature décrite par nos amis anglais, allemands ou américains sur cette gauloise cour de récréation où des élèves indisciplinés et m'as-tu-vu se chamaillent sans fin en attendant le coup de sifflet de la fin de la récré.

1135 Métamorphise (métamorphose de notre appareil productif + crise) => *« Penser différemment »* !

Plus facile à dire qu'à faire. Construit en 1950 sur le modèle Trente Glorieuses, période de croissance économique forte finançant un progrès social ininterrompu sur le principe de l'ordre public du même nom, le droit de la négociation collective a dû considérablement évoluer depuis. Nombre de nos décideurs politiques et syndicaux de tous bords sont évidemment nostalgiques de ces **négociations d'acquisition** de nouveaux avantages pendant cette période littéralement exceptionnelle sur le plan économique, qui a façonné notre Code du travail sur le modèle industriel Renault Boulogne-Billancourt, du Concorde puis du TGV, mais aussi leur façon de penser le monde. Bien sûr regrettons-nous cette répartition quantitative et peu conflictuelle des fruits d'une croissance entre 4 % et 7 % en volume, avec 380 000 chômeurs conjoncturels.

Négociation de concession. Sans même évoquer la crise de 2020-2021 et la mise sous respiration artificielle de la moitié de l'économie française, c'est un tout autre exercice que de devoir négocier les retraites du social avec une faible croissance, alors qu'en deçà de 1,5 % réduire le chômage est difficile à cause de notre croissance démographique, ou d'assurer le maintien de l'employabilité de millions de salariés dont les remarquables compétences sont aujourd'hui dépassées avec la Révolution numérique, mais aussi la transition écologique. Ni notre Code du travail, ni notre mode de pensée ne sont « conçus pour ». Mais nous avançons : ainsi du compte personnel d'activité, attaché au salarié et non au statut ou à l'entreprise, prenant acte de la fin du CDI à vie mais en compte les nombreuses ruptures professionnelles que connaît un collaborateur aujourd'hui.

NÉGOCIATION À LA FRANÇAISE ET RÉVOLUTIONS SOCIALES EN COURS

Comme l'écrit le sociologue Guy Groux (ScPo) : « *Face aux changements présents, beaucoup d'acteurs politiques et sociaux se réfugient dans des postures du passé ; mais il s'agit de refuges très précaires. Faute de capacités des acteurs à définir de façon durable de nouveaux systèmes de régulation, le risque est que les transitions en cours s'imposent d'elles-mêmes à eux, au-delà de leur propre volonté* » (CFDT Cadres, mars 2020).

Même constat de Jean-François Naton, membre CGT du Conseil économique, social et environnemental : « *Nous, organisations syndicales, serons-nous au rendez-vous de l'Histoire afin que dans l'action, nous puissions proposer d'autres perspectives que le seul commentaire critique du travail des autres, ou l'enfermement dans la posture d'illusionniste du Grand Soir ? Nous allons devoir ne pas nous désunir du traitement de toutes les urgences afin de ne pas retomber dans les oppositions trop faciles : le social et l'économique, l'emploi contre le travail, la santé et l'environnement...* »

Synthèse avec Christian Thuderoz, sociologue, membre du conseil scientifique de l'Anact

« *Le problème est que notre système social, non contractuel, est un système stable et cohérent. Caractérisons-le à gros traits. Il est fondé sur :*

> – *la réticence à s'engager et nouer des compromis ;*
> – *la préférence pour une régulation légale plutôt que contractuelle, par l'accord collectif ;*
> – *l'intérêt porté à la décision unilatérale plutôt qu'à la délibération collective : il est facile de dénoncer la première, moins facile de décider à plusieurs ;*
> – *la disqualification de l'adversaire, sa diabolisation permettant d'éviter toute coopération ;*
> – *la surenchère des prétentions et des revendications, car le but est de vaincre, pas de convaincre ;*
> – *l'amour, partagé, pour l'affrontement et sa mise en scène expressive ;*
> – *une pratique craintive, scolaire même, de la négociation collective ;*
> – *la difficulté à la concevoir comme un mode approprié de résolution de problèmes.*
>
> ***Le tout fait système, et d'une grande stabilité*** *: les comportements de chacun étant prévisibles, les préférences communes et les rituels partagés, le jeu perdure, quels que soient les moments, les individus et les gouvernements ».*

Mais la négociation collective n'est plus ce qu'elle était. Si le mot reste le même, il ne s'agit plus de la même chose : thèmes, fonctions et acteurs ont changé.

1 – Ses thèmes ont notoirement évolué. Faute de grain à moudre sur le plan quantitatif (salaires) dans des entreprises en difficulté, syndicats et employeurs ont cherché à parer au plus pressé pour éviter de nouveaux licenciements : formation, évolution des carrières, GPEC et employabilité de chacun, mais aussi les 65 % de PSE donnant lieu à un accord d'entreprise validé. Or discuter de 4 % d'augmentation est nettement plus facile que négocier un plan de sauvegarde de l'emploi, ou un accord de performance collective avec baisse des salaires et renonciation aux 35 heures. Mondialisation et crise ayant entraîné un *benchmarking* sans fin et sans fond, les revendications ont changé de camp : elles viennent de plus en plus des entreprises (flexibilité, réduction du coût du travail) cherchant au mieux à sauvegarder leur compétitivité, au pire à cajoler des actionnaires à l'immense volatilité. Conçu par et pour des temps de croissance forte, notre droit du travail a beaucoup de mal à passer à ce droit de l'emploi. L'emploi à quel prix ?

Destruction destructrice. Car la Révolution numérique fait aujourd'hui disparaître des centaines de milliers de postes (*cf.* les caissières de supermarché), et la Transition énergétique bouscule toute la filière Automobile (14 millions d'emplois dans l'UE) sans que pour l'instant la « destruction créatrice d'emplois » de J. Schumpeter soit encore bien visible. Si les entreprises de la Nouvelle Économie écrasent en valorisation boursière toutes les anciennes valeurs (mise au tombeau de la « vieille économie », l'industrie polluante du compromis fordiste ne faisant guère rêver, ni les caissières du tertiaire), elles ne sont pour l'instant que faiblement créatrices d'emplois : l'ensemble des *startups* françaises dont on parle tant n'emploie que 350 000 collaborateurs.

2 – Les fonctions de la négociation collective ont radicalement changé depuis 1982, les lois du 20 août 2008 puis de 2017-2018 ayant logiquement tiré les conséquences de cette évolution.

Avant 1982, on parlait classiquement de plancher légal, au-dessus duquel les partenaires sociaux pouvaient construire une maison conventionnelle. Article L. 2251-1 : *« Une convention ou un accord peut comporter des dispositions plus favorables aux salariés que celles des dispositions légales en vigueur »*, définissant ainsi l'ordre public *social*. Mais continuons à lire : *« Ils ne peuvent déroger aux dispositions qui revêtent un caractère d'ordre public. »*

Or ce noyau dur, en droit du travail *indérogeable* sauf *in melius* (c'est-à-dire dans un sens plus favorable au salarié), se trouve désormais doublement limité autour d'un terme passe-partout : la « flexi-sécurité », nouvel équilibre entre les besoins de l'entreprise et les droits des salariés, entre efficacité économique et justice sociale.

1136 ***« Et moi, et moi, et moi ! »*** Dès 1967, J. Dutronc anticipait l'individualisation croissante de notre société où chacun ressent de plus en plus mal les règles collectives. Pourquoi les entreprises auraient-elles échappé à un mouvement aussi général et profond ? *« Only... me » ?* Elles aussi ont des besoins spécifiques, et depuis 1982 ont gagné à chaque loi nouvelle un peu sur ce terrain de l'autonomie, voire de l'autonormie depuis les ordonnances du 22 septembre 2017. D'abord par rapport à la loi ; puis par rapport à ce qui constituait la loi économique puis sociale de la profession : la convention collective de branche.

1137 **1982. Flexibilité par rapport à *la loi*.** Depuis l'ordonnance de janvier 1982, la négociation *dérogatoire* (« *déroger* » : faire *différent* de la règle) a permis aux partenaires sociaux de creuser des galeries conventionnelles en dessous ou à côté du plancher légal, remettant en cause la stabilité de l'ensemble de l'édifice. Par les accords « donnant-donnant », au nom de l'emploi, les salariés obtiennent désormais des *« contreparties »* et non plus uniquement les *« avantages »* caractéristiques de l'ordre public social.

Grâce aux accords dérogatoires (mais toujours collectifs, jamais individuels, de gré à gré), les syndicats signataires permettent à l'employeur de rendre certaines dispositions du code supplétives, lui donnant ainsi une liberté d'organisation à laquelle il n'aurait même pas rêvé il y a vingt ans. Et l'application du principe de faveur, du « plus favorable au salarié », est ici vaine : l'accord est littéralement *« dérogatoire »*, parce qu'il est *différent* de la loi.

Ainsi le forfait-jours constitue une évidente dérogation aux règles légales (décompte horaire et hebdomadaire, heures supplémentaires) : est-il plus, ou moins favorable ? Il n'existe pas de réponse générale et impersonnelle à cette question. Si, en théorie, certains peuvent travailler jusqu'à treize heures par jour six jours sur sept, les sondages nous indiquent aussi que cette population pourtant loin des 35 heures en est la plus satisfaite ; nombre de ces cadres travaillent autant qu'avant, mais ont obtenu une semaine, voire quinze jours de congés supplémentaires. C'est donc aujourd'hui entreprise par entreprise qu'on a la réponse : car la dérogation à la loi par accord collectif a abouti depuis 1982 à une diversification considérable des temps et horaires de travail, sinon à une véritable individualisation des rythmes des entreprises...bien avant l'explosion du télétravail.

Mais avant 2004, cette individualisation était solidement encadrée par les normes collectives supérieures, et en particulier les conventions de branche.

1138 Flexibilités au sein du *champ conventionnel*

• **4 mai 2004 / Supplétivité.** La loi du 4 mai 2004 avait permis aux accords inférieurs de déroger aux normes conventionnelles supérieures, plus seulement *in melius* (ordre public social), mais pas forcément non plus *in pejus* : simplement de faire différent. Et donc en particulier aux accords d'entreprise de déroger aux conventions de branche, du moins si celles-ci ne l'interdisent pas expressément. Cette décentralisation sociale en forme de supplétivité a donné aux entreprises pourvues de négociateurs une flexibilité – certes restée très théorique dans la vraie vie – impensable auparavant.

• **22 septembre 2017 / Autonomie de l'accord d'entreprise, et subsidiarité de la convention de branche.** Inversant la hiérarchie conventionnelle habituelle, l'ordonnance du 22 septembre 2017 a posé un nouveau principe : l'accord d'entreprise est prioritaire, la branche intervenant « à défaut » ; ce qui signifie qu'il peut librement s'affranchir des normes qu'elle avait édictées, la pyramide conventionnelle classique étant alors inversée.

Bref, priorité au terrain : l'accord d'entreprise devenant auto-norme. Il n'est pas évident que les PME trouvent leur compte dans ces possibilités de *dumping* social au sein d'un même secteur. *A fortiori* si tout le droit de la durée de travail devait devenir dérogeable, y compris le dimanche : pas certain que les familles, amis, membres d'associations et autres sportifs puissent encore se retrouver. Or une société civilisée exige un minimum de synchronie sociale, sinon de concordance des temps de chacun. D'où le maintien de l'autorité affichée de la convention de branche dans les « blocs » 1 et 2 (V. *infra*)

De la norme 1.0 à la norme 3.0. Certes, cette autonomie normative toujours accrue de l'entreprise (car on ne peut résoudre concrètement les problèmes, de plus en plus diversifiés, d'emploi ou de télétravail, qu'au niveau où ils se posent) se retrouve partout en Europe. Et ce passage de la pyramide-hiérarchie d'hier où les ordres tombaient naturellement d'en haut, au réseau-articulation en forme de décentralisation sociale avec ces accords de proximité est parfaitement dans l'air du temps : du Web 1 (l'information tombe d'en haut) au Web 3 (la communication horizontale).

1139 Deux avantages collatéraux. En favorisant le tout-négociation collective (GPEC, PSE, rupture conventionnelle collective, accord de performance collective, APLD de juin 2020, CSE tout conventionnel depuis 2017...), les lois de 2013-2020 espèrent aussi que cette recherche d'un consensus collectif :

- **diminuera le contentieux**. En cause ? Le coûteux recours, en temps et en argent, à Papa-Juge, traduisant dans la majorité des cas un manque de dialogue social interne (caricature : le feuilleton judiciaire Amazon / CGT et SUD en juin 2020). Mais aussi les conséquences d'une décision judiciaire aux effets décalés dans le temps et nécessairement dans le « tout ou rien » ; enfin pas toujours adéquats sinon socialement négatifs en matière d'emploi ;
- **rendra les entreprises françaises plus réactives**. Les pays qui réussissent aujourd'hui sont ceux qui ont un dialogue social harmonieux, davantage dans la recherche d'un consensus honorable que de gauloises postures ou de passions tristes (« *une négociation, c'est forcément perdant /gagnant* »). Une entreprise sachant créer les conditions d'un bon dialogue social interne a aujourd'hui un avantage compétitif déterminant.

1140 ***Mais ces évolutions ont rapidement posé trois rudes questions.***

– **La légitimité réelle des acteurs** de la négociation collective. Au temps du monopole de l'ordre public social, la représentativité réelle des syndicats signataires importait finalement assez peu : *au pire, c'était mieux* que le niveau légal, et + 3 % de salaire pour tous est toujours bon à prendre, même si d'autres syndicalistes (qui en bénéficiaient) prétendaient que, eux, ils auraient certainement obtenu plus. Mais quand il s'agit désormais d'un accord d'annualisation faisant perdre les majorations pour heures supplémentaires ou que l'accord de performance collective peut remettre en cause des avantages *contractuels,* la représentativité des signataires, qui en France engagent tout le personnel et non les seuls syndiqués, importe beaucoup plus.

D'où le contrôle accru de la représentativité *réelle* par la loi du 20 août 2008 : légitimation par le vote des salariés, accord signé par des syndicats représentatifs ayant par ailleurs obtenu au moins 50 % des suffrages exprimés.

– **Le conflit volonté collective / volonté individuelle, bref des rapports convention collective/contrat individuel.** Avec le couple croissance à 5 % + inflation à 8 %, au temps des Trente Glorieuses tout augmentait au même rythme : pas de problème. Mais quand la négociation collective – majoritaire – devient source de flexibilité des horaires voire de régression salariale, le salarié est-il obligé de se soumettre à la norme collective ? En principe non...s'il s'agit d'une véritable modification de son contrat : mais la liste des exceptions s'allonge chaque année. La question plus large flexibilité interne négociée/flexibilité externe unilatérale est celle des années à venir, et donc celle des rapports de plus en plus conflictuels convention collective /contrat. Si les lois de 2000-2017 avaient tourné autour du pot, celle du 29 mars 2018 sur l'accord de performance collective est plus abrupte (V. chapitre *supra*) : le salarié refusant de se voir appliquer l'accord majoritaire peut être licencié pour un motif ni personnel ni économique, et son licenciement est présumé fondé sur une cause réelle et sérieuse. De quoi convaincre le refuznik de se plier à la règle collective...

– **Le rôle du juge judiciaire dans ce nouveau paysage *conventionnel* qui, à aucun point de vue, ne lui est familier**. Si à l'évidence le juge reste compétent pour faire la chasse aux discriminations ou faire respecter les dispositions d'ordre public absolu (santé, sécurité), il ne doit pas se comporter comme un éléphant dans un magasin de porcelaine en perdant de vue que le contentieux individuel qui lui est soumis répond à une norme collective couvrant parfois des centaines de milliers de salariés. Avec une très française défiance à l'égard des partenaires sociaux et de la négociation collective qui tombe bien mal : car ce contrôle peut fragiliser les accords collectifs formant un tout indivisible, aujourd'hui souvent donnant-donnant, et régissant par définition une collectivité plus ou moins vaste, du petit accord d'établissement au vaste accord de branche.

SUR CE SENSIBLE SUJET :

- Voir le passionnant numéro spécial de « Droit Social », juin 2020 : « Juges et accords collectifs ».
- L. Berger, « *Cette légitimité des négociateurs est aussi liée à ce qu'est un acteur social en entreprise. Elle n'est donc pas qu'une question technique, mais aussi de pratique. Lorsqu'on est représentant du personnel, on a la légitimité de la connaissance du travail, de son secteur, de la relation avec les collègues. Ce ne sont pas des spécialistes du droit du travail qui négocient, ce sont d'abord des travailleurs qui ont la légitimité que leur confère l'élection, mais qui connaissent aussi les conditions de travail et la situation économique de l'entreprise* »

À l'instar de la démocratie politique ne se résumant pas en effet au dépôt d'un bulletin de vote à intervalles réguliers, la légitimité des négociateurs d'entreprise ne se résume pas à leur score aux dernières élections professionnelles, devenues référendum quadriennal sur leurs actions passées.

- J.-D. Combrexelle, « Accords collectifs : Les responsabilités partagées des partenaires sociaux et des juges »

« *En France les relations de travail sont appréhendées avec un fort tropisme juridique. Une part des relations sociales échappe au radar du juge. Les relations du travail sont plus larges que le droit du travail, et le droit du travail est plus large que le contentieux du travail. Il ne faut jamais assimiler les relations de travail au seul contentieux du travail.*

Même si cela n'est jamais verbalisé, reconnaissons que pour beaucoup de juges, il y a d'abord un problème de légitimité des acteurs que sont les partenaires sociaux à créer de la norme. La raison en est double.

D'abord, le juge, qu'il soit judiciaire ou administratif, a le culte de la loi : l'accord collectif lui apparaît parfois comme une source de droit dégradée.

Ensuite, confier les clefs de la création du droit à des acteurs étrangers à ce monde du droit n'est pas naturel (...).

Pour avoir participé à de nombreuses négociations, je peux témoigner que la complexité, la technicité et la subtilité de certaines d'entre elles n'ont rien à envier à la complexité, la technicité et la subtilité de certains délibérés. Un accord collectif est, par nature, un compromis. Ce qui pourra apparaître pour le juge comme une erreur de droit ou une maladresse grave de rédaction portera souvent sur une stipulation de ce compromis qui lui échappe, dans son contenu et sa portée (...).

> *L'accord collectif n'est pas un acte juridique comme un autre. Par ses acteurs, par son contenu, par son objet, ce n'est ni un acte unilatéral, même s'il est étendu par le ministre du travail, ni un contrat de droit privé classique et encore moins un contrat d'adhésion.* ***C'est un acte spécifique qui doit être appréhendé comme tel par le juge*** ».

1141 Les acteurs eux-mêmes commencent également à évoluer :

- **Monopole syndical.** Syndicats et délégués syndicaux continuent certes à avoir le monopole de la négociation collective. Mais en leur absence, les élus du CSE peuvent valablement négocier un accord collectif. Par ailleurs ces mêmes délégués syndicaux, négociateurs désignés, doivent désormais se présenter aux élections professionnelles et y obtenir plus de 10 % et seront donc parfois élus membre du CSE. Le brouillage élus-consultés/désignés négocient, hier déjà réel en raison du cumul des mandats et de plus en plus illisible côté salariés, s'accroît. Mais faut-il regretter le bon vieux temps de la présomption irréfragable de représentativité où parfois un unique militant se faisait désigner délégué syndical à vie et pouvait alors signer des accords collectifs couvrant 100 % du personnel ?
- **Syndicats, ONG, associations et développement durable.** Dans certains conflits, d'autres acteurs cette fois, extérieurs à l'entreprise comme des ONG environnementales commencent à investir le terrain social. Rappelons que c'est l'association américaine Human Rights Watch qui a dénoncé les entraves au droit syndical chez WalMart (1,3 million de salariés), avec un retentissement mondial alors que l'AFL-CIO luttait depuis dix ans. Que l'entreprise Nike a beaucoup plus de mal avec les associations de consommateurs évoquant les conditions de travail chez ses sous-traitants qu'avec ses syndicats, même internationaux.

  Dans notre société de la réputation et sur le marché mondial de la vertu, une grande entreprise doit être en permanence attentive à son image, et les réseaux sociaux ont tout changé : elle risque donc préférer demain discuter RSE et donc droit du travail avec une ONG ultra-médiatisée qu'avec ses syndicats affaiblis. « *Les syndicats ont bradé les problèmes environnementaux pour remporter des victoires sociales* », déclarait en septembre 2007 le représentant de l'ONG « Écologie sans frontière » lors du Grenelle de l'Environnement, proposant que « *les ONG intègrent les comités d'entreprise, avec un collège de salariés élus représentant les ONG* ». La loi du 16 avril 2013 a été plus modeste en créant un droit d'alerte pour le Comité social et économique, lorsqu'existe « *un risque grave pour la santé publique ou l'environnement* » ; et la loi « Climat et Résilience » de l'été 2021 a légitimement écarté cette idée source d'incompréhensions voire de surenchères, au profit d'un élargissement des attributions des comités sociaux et économiques.

Mais dans notre société de la réputation, nombre d'entreprises peu verdissantes ont de gros soucis médiatiques à se faire.

1142 Le droit, art de l'équilibre. La position centrale de la négociation collective en droit communautaire, associée en France au retrait de la puissance publique qui ne veut plus « réglementer » mais seulement « réguler » le marché, exige un équilibre des forces en présence, un examen de leur représentativité réelle et un minimum d'égalité des armes (ex. : expertises) pour réduire l'asymétrie d'informations.

Si le choix des lois de 2004-2008 (gouvernements de droite) puis 2013-2015 (de gauche) et enfin 2017-2020 (ailleurs) consistant à privilégier l'accord d'entreprise ne correspond pas toujours à ces exigences, l'idée de résoudre les questions au niveau où elles se posent réellement avec les acteurs concernés, plutôt que de réfléchir tout en haut à des problèmes qui pourraient se poser et chercher à les résoudre de façon générale relève du bon sens.

« *Une démocratie ne peut fonctionner que dans la mesure où l'on ne discute pas trop d'idées abstraites, car sur les idées abstraites on ne s'entend jamais. Or, les Français n'aiment, dans la politique, que les idées qui sont le moins possible souillées par les considérations vulgaires qui touchent au monde réel* » (R. Aron, Introduction à la philosophie politique, 1954).

Mais cette période de grave crise d'effectifs et idéologique côté syndicats, la mise en avant de l'accord d'entreprise et la découverte du rôle essentiel qui serait le sien aujourd'hui ferait peut être sourire Candide.

1143 Le tsunami social et syndical du 20 août 2008, puis des ordonnances du 22 septembre 2017. Révolution normative mais aussi sociale que la loi du 20 août 2008 portant tout simplement « rénovation de la démocratie sociale », elle-même issue de la « Position commune » du 9 avril 2008, finalement assez peu commune puisque signée par les seules CGT et CFDT. Elle a revisité la fonction des élections professionnelles devenues clef de voûte de la représentativité, modifié celle des acteurs à tous les niveaux, et pour la première fois édicté un seuil minimum de représentativité (30 % des suffrages exprimés) pour les signataires d'accords collectifs.

Sur le plan technique, ces révolutions coperniciennes ressemblent au mariage, qui simplifie la vie mais complique la journée : elles simplifient à terme mais compliquent dans l'immédiat. Cependant, juges puis partenaires sociaux se sont approprié les nouvelles règles, et la boucle est bouclée depuis 2017 avec le contrôle de la représentativité réelle côté patronat.

POUR ALLER PLUS LOIN...

- G. Bélier, A. Cormier-Le Goff, H.-J. Legrand, « *La négociation collective : acteurs et accords* », Éditions Liaisons, collection « Droit Vivant », 6e édition, mars 2018.
- O. Dutheillet de Lamothe, ancien membre du Conseil constitutionnel, « L'accord collectif, une source constitutionnelle du droit du travail », *Semaine sociale Lamy, juin 2019 : « La norme négociée présente en droit du travail quatre atouts décisifs par rapport à la norme unilatérale légale ou réglementaire : 1. Parce qu'elle émane des acteurs mêmes de l'entreprise, elle est mieux adaptée à la réalité de chacune ; 2. Parce qu'elle émane des partenaires sociaux, elle est souvent plus novatrice ; 3. Dans la mesure où les acteurs de la négociation s'approprient la norme qu'ils*

édictent, elle est souvent mieux appliquée que la norme légale. 4. Enfin et surtout, la norme négociée est beaucoup plus stable que la norme légale qui, étant dans notre pays très politisée, change avec chaque changement de majorité. »

- Y. Struillou, « La place de la négociation dans la hiérarchie des normes de droit », *Semaine sociale Lamy, janvier 2013, évoquant « la nécessité pour le juge de définir un nouveau référentiel compatible avec le nouveau monde ».*
- Le toujours actualisé *Lamy Négociation collective*, sous la direction de P.-H. Antonmattéi.

SECTION UNIQUE La négociation collective en France

1144 Bien antérieure au Code du travail. Dès les années 1870, dans une fabrique touchée par un conflit, le chef d'entreprise voulait négocier avec les « grévistes » la fin du mouvement. Comme il ne pouvait être question pour lui de conclure avec chacun d'entre eux, il fit élire des représentants pour parler en leur nom, les « re-présenter » (les *« délégués »* du *« personnel »* étaient nés), et signer à leur place les nouvelles conditions auxquelles le travail reprendrait pour tous (naissance de la convention *« collective »*). D'où 150 années plus tard, l'échec prévisible des Gilets Jaunes récusant toute représentation. Et quelle publicité pour les corps intermédiaires !

Les lois de 1864 (abolition du délit de coalition) et de 1884 (liberté de constitution des syndicats) voulaient aussi faciliter cette indispensable médiation, que le Préambule constitutionnel de 1946 consacra : *« Tout travailleur participe, par l'intermédiaire de ses délégués, à la détermination collective des conditions de travail »*. Mi-individuel, mi-collectif à l'instar de son complice le droit de grève à la française, le droit à la négociation était né, et confié en 1968 aux délégués syndicaux désignés dans les entreprises. Entreprises auparavant tenues à l'écart de négociations car depuis 1950 la branche professionnelle devait régner en maître, pour des raisons d'abord économiques (réguler les conditions de la concurrence), puis sociales.

1145 Refondation sociale. Le droit de la négociation collective en France n'a aujourd'hui plus grand-chose à voir avec la situation d'avant août 2008. Pour développer la négociation d'entreprise, il fallait re-légitimer ses acteurs pour légitimer ces accords pouvant aujourd'hui s'imposer aux accords de branche, mais aussi aux contrats individuels de travail.

JEAN-DENIS COMBREXELLE : « LA NÉGOCIATION COLLECTIVE, LE TRAVAIL ET L'EMPLOI » (SEPTEMBRE 2015) « *CONFIANCE, RESPONSABILITÉ, VOLONTÉ D'AGIR* »

Auteur du rapport ayant conduit aux réformes ici examinées, et dont la lecture devrait être obligatoire pour toutes les personnes s'intéressant aux rapports collectifs de travail, le Président de la Section du contentieux du Conseil d'État et ancien Directeur général du travail pendant 13 ans posait dès l'introduction

les questions essentielles : « *La négociation collective est-elle un bon outil de régulation économique et sociale ? A-t-elle encore un sens et surtout une portée effective dans une société gravement affectée par le chômage et par la baisse de compétitivité des entreprises ? Dans laquelle les marges de négociation se réduisent de même que le lien de confiance ?*
A-t-elle encore un avenir dans une économie en pleine transformation imposant une extrême rapidité de la part des entreprises ? Est-elle encore adaptée aux besoins, demandes et exigences d'une société – et notamment de ses jeunes générations – gagnée par l'individualisme et volontiers sceptique sur les modes d'organisation collective ?
Si les réponses sont affirmatives, comment faut-il faire évoluer cette négociation et quelles sont les conditions de cette évolution ? Faut-il développer ou aménager le champ global de négociation par rapport à la loi ? Comment concilier le besoin d'une régulation de proximité avec l'exigence de principes qui cimentent les relations sociales ?
Comment sortir d'une logique purement juridique, formelle et institutionnelle, trop fréquente dans notre pays, pour donner très concrètement aux acteurs le goût, la volonté et la capacité, non de négocier, puisqu'ils le font déjà, mais de faire de la négociation un vrai levier de transformation au service de l'emploi et de la compétitivité des entreprises ? »
Et de conclure page 143 : « *À l'issue de ce rapport, rien ne serait pire que de laisser croire que la rédaction habile par le gouvernement et le Parlement de tel ou tel article du Code du travail sur les rapports entre accords d'entreprise et accords de branche serait suffisante pour créer le dynamisme, l'innovation et le progrès social. C'est d'abord de confiance, de responsabilité, de volonté d'agir dont il faut parler* ».

1146 Plan. Depuis 2004, les niveaux de négociation se sont multipliés *(§ 1)*, l'ancienne hiérarchie étant supplantée depuis la loi de 2008 et surtout l'ordonnance du 22 septembre 2017 par une *articulation* de plus en plus complexe *(§ 2)*. La faiblesse des syndicats français associée à leur capacité de signer des accords dérogatoires a remis en cause les mécanismes classiques de *validité (§ 3)* comme d'*application* des conventions collectives *(§ 4)*.

De quoi parle-t-on ? La négociation collective en France (2001-2020)

2001	39 accords et avenants nationaux interprofessionnels	897 accords de branche et surtout avenants	34 000 accords d'entreprise ou d'établissement*
2006	48 (13 ANI et 35 avenants)	1 096	24 895
2008	26	1 117	22 115
2010	25	1 136	24 355
2012	26	1 236	31 310
2014	28	951	30 965
2018	13	1 288	39 034
2020	11 (dont 2 ANI)	959	38 960

** Seulement les accords signés par des délégués syndicaux.*

§1 Les quatre niveaux de négociation et leurs négociateurs

1147 **Pour négocier, il faut être deux.** Les niveaux de négociation sont donc calqués sur les structures de représentation des employeurs et des salariés. Depuis 2008 existent quatre niveaux, où rapports de force, professionnalisme des négociateurs mais surtout effets *normatifs* de l'accord (ANI et CCB) et/ou *contractuels* (entreprise et établissement) sont très différents : le choix d'un niveau par le législateur n'est donc pas innocent.

Car chacun remplit des *fonctions différentes*, et très variées : ainsi l'ANI, hier devenu soit une pré-loi soit un quasi-règlement, répugne aujourd'hui à se vouloir normatif. Bien différent de la convention de branche, loi économique et sociale de la profession, et permettant de couvrir voire d'ouvrir les portes de la flexibilité aux PME du secteur. Thèmes, négociateurs, enjeux : elle peut difficilement être comparée à la négociation d'entreprise.

1148 **Non-signature = pas forcément échec.** Pour certains « juristes » avec une tête en forme de Code (le Code du travail serait la vie sociale), une négociation ne se terminant pas par un accord est un « lamentable échec ». C'est faire bien peu de cas de l'aspect pédagogique, du balayage des thèmes puis du déblayage – voire du déminage – du terrain effectués par les partenaires sociaux, préparant ainsi les négociations futures. Voire pour un ANI avorté, un projet de loi reprenant les seuls points ayant fait consensus.

A. - L'accord national interprofessionnel (ANI), en pleine évolution

1149 **L'ANI est le plus médiatique**, au point que l'absence de négociation interprofessionnelle, forcément terminée à 4 heures du matin pour montrer la ténacité des négociateurs, fait croire à l'homme de la rue que la politique contractuelle se meurt malgré une intense activité dans les branches et surtout au niveau des entreprises. Logiquement, il traite de sujets d'intérêt commun : vrais ANI, mais surtout nombreux avenants Unedic ou retraites complémentaires : 9 en 2020, dont celui du 26 novembre 2020 « *pour une mise en œuvre réussie du télétravail* », puis celui « *pour une prévention renforcée et une offre renouvelée en matière de santé au travail* » du 9 décembre 2020, repris pour l'essentiel par une *proposition* de loi définitivement votée le 24 juillet 2021.

Mais si tomber d'accord est facile pour le gagnant-gagnant accord télétravail ou le peu engageant accord sur l'encadrement (février 2020), c'est évidemment plus difficile sur des sujets qui fâchent : échec sur les restructurations fin 2004, échec du dialogue social... sur le dialogue social dans l'entreprise le 23 janvier 2015. D'où peut-être la perte de normativité des ANI récents, évitant soigneusement les sujets qui fâchent afin d'avoir des signataires.

Comme ses deux adjectifs successifs l'indiquent, l'A.N.I. est négocié par les syndicats représentatifs implantés sur tout le territoire national, et qui représentent au moins 8 % de suffrages exprimés au cours du dernier cycle électoral de quatre ans.

1150 **Trois négociateurs côté patronal.** La loi du 5 mars 2014 ne voulait pas, et n'a donc pas modifié le paysage. Ont le monopole de la négociation au niveau national interprofessionnel : le Medef (*Mouvement* des *entreprises* de France), effectivement toujours en mouvement : non plus seulement réactif aux revendications syndicales, mais proactif avec ses propres revendications.

La *Confédération* des petites et moyennes entreprises (CPME), qui ne veut plus être cantonnée au rôle de fidèle second.

L'ex-Union professionnelle artisanale, devenue en 2016 « *Union des entreprises de proximité* » (U2P) suite à sa fusion avec l'Union nationale des professions libérales (UNAPL). Qui fait preuve d'une grande indépendance et de pugnacité, y compris judiciaire, à l'égard de ses deux puissants voisins.

Arrêté de représentativité (août 2021), côté employeurs

	Nombre de salariés	Nombre d'entreprises adhérentes	Audience salariés
MEDEF	9 367 164	125 929	66 %
CPME	4 044 821	243 397	29 %
U2P	709 852	203 715	5 %

1151 **Côté des salariés du *secteur privé*,** sont donc seules autorisées à négocier avec le Medef, l'U2P et la CPME, le Club des Cinq confédérations nationales interprofessionnelles ayant obtenu plus de 8 % des suffrages exprimés par consolidation de toutes les élections au CSE sur le dernier cycle électoral de 4 ans (pour de plus amples développements, voir supra le chapitre sur le droit syndical).

Résultats du cycle 2017-2020, valables pour la période 2021-2025, publiés le 7 juillet 2021

Représentativité syndicale au niveau national interprofessionnel (arrêté juill. 2021) *en italique, les chiffres du cycle 2013-2016*				
	Nombre de suffrages exprimés	Audience		Poids relatif
CFDT	1 343 056	26,79	*26,39 %*	31,51 %
CGT	1 151 897	22,98	*24,85 %*	26,59 %
CGT-FO	764 329	15,24	*15,60 %*	17,64 %
CFE-CGC	597 778	11,92	*10,69 %*	13,77 %
CFTC	476 564	9,50	*9,48 %*	11,00 %

1152 **Article L. 1. La négociation légiférante.** Hier souvent repris par une loi, l'ANI lui assure une application plus facile du fait de cette double légitimité sociale puis politique, mais aussi une stabilité accrue lui évitant des modifications permanentes en cas d'alternance. Mais cette « négociation légiférante » en amont existait déjà *de facto* : ANI, puis loi de 1990 sur le CDD, ANI du 23 septembre 2003 sur la formation devenue loi du 4 mai 2004, ANI sur la modernisation du marché du travail du 11 janvier 2008 devenu loi du 25 juin 2008.

1153 Même si elle a une forte valeur symbolique au pays de Colbert et du général de Gaulle, la loi du 31 janvier 2007 sur la « modernisation du dialogue social » a inséré un article L. 1, en tête du Code du travail donc, légitimement modeste : *« Tout projet de réforme envisagé par le gouvernement qui porte sur les relations individuelles et collectives du travail, l'emploi et la formation professionnelle (...) fait l'objet d'une concertation préalable avec les organisations syndicales de salariés et d'employeurs (...) en vue de l'ouverture éventuelle d'une telle négociation. »*

FAUT-IL CONSTITUTIONNALISER LA NÉGOCIATION LÉGIFÉRANTE (ART. L. 1)

Ce légitime processus doit-il être constitutionnalisé, comme le souhaitait le *candidat* François Hollande ? Notre président social-démocrate voulait certes rendre hommage aux « corps intermédiaires ». Mais aussi essayer de les impliquer – les mouiller – dans des réformes pas forcément toujours populaires : retraites, chômage, régimes de Sécurité sociale... En 2021, l'Histoire bégaie.

Une fausse bonne idée, car...

1 – Aujourd'hui, les rythmes de la décision politique et de la négociation sociale sont fort différents, surtout en période de crise.

2 – Depuis juin 2013, un ANI est valide s'il est signé côté confédérations à plus de 30 %. Déraisonnable minorité en l'espèce, même sans évoquer le droit d'opposition à plus de 50 % : car on voit mal la légitimité d'une loi reprenant un accord minoritaire (ex. : CFDT + CFTC = 42 % en 2021), promettant des amendements sévères en forme de troisième round à l'Assemblée nationale, et donc peut-être un rude désaveu des signataires qui jureront, mais un peu tard... Comme l'ont bien montré les péripéties de l'ANI du 11 janvier 2013, le score minimum de la négociation légiférante est l'accord réellement majoritaire, à plus de 50 %.

3 – Rêve social et cauchemar démocratique ? En cas d'accord unanime, *de jure* rien ne change : mais les partenaires sociaux pourront *de facto* imposer leur loi au législateur ; si l'accord n'est pas strictement transposé, politiquement ce sera une autre affaire.

4 – Si le gouvernement « oublie » cette première phase sociale (mais le *« sauf urgence »* lui laisse quelque marge), le Conseil constitutionnel pourrait désormais recaler, sur ce seul motif, une loi entière de droit du travail.

1154 **Les ANI ne sont plus ce qu'ils étaient.** Ayant hier créé de véritables institutions (retraite des cadres en 1947, assurance-chômage en 1958 et ses avenants permanents depuis), les ANI ne sont plus ce qu'ils étaient. Contrairement à la pratique classique de négociation interprofessionnelle voulant lancer une dynamique conventionnelle dans les branches et les entreprises, tout en l'encadrant :

- **l'ANI signé dans le cadre d'une négociation légiférante** est un Objet Juridique Non Identifié : il prévoit de très profondes modifications du Code du travail lui-même (*cf.* ANI du 11 janvier 2013 : disparition du contrôle judiciaire des PSE, modification des procédures d'information-consultation du comité d'entreprise, délais de prescription, etc.) mais n'a aucun effet par lui-même. Cet ANI-Chenille ne naissant que pour devenir Loi-Papillon n'avait donc plus rien à voir avec l'ANI classique d'hier. Lui-même en pleine évolution.
- **Les syndicats patronaux ne voulant pas créer davantage de nouvelles normes, les ANI récents** ressemblent davantage à une somme de recommandations autour de bonnes pratiques. Ainsi celui (facilement unanime) du 28 février 2020 « portant diverses orientations pour les cadres ».

  Et *a fortiori* celui du 26 novembre 2020 « *pour une mise en œuvre réussie du télétravail* », négocié par visio-conférence par des partenaires sociaux eux-mêmes en télétravail contraint. « *Télétravail et préservation de la cohésion sociale interne* », « *Communication au sein de la communauté de travail* », « *Adaptation des pratiques managériales* » : plus gestionnaire que juridique, ce mode d'emploi est donc très pragmatique, ce qui n'est pas un défaut. En tenant compte « *des enseignements de la pandémie et de certaines bonnes pratiques* », il veut « *expliciter l'environnement juridique applicable au télétravail, et proposer aux acteurs sociaux, dans l'entreprise et les branches professionnelles, un outil d'aide au dialogue social et un appui à la négociation* ». Ce qui permet aujourd'hui aux PME voire aux TPE de pouvoir dérouler les différents sujets, avec les points d'attention.
- **Depuis les années 2010, les divisions syndicales** mais aussi les affaires successives à la CGT (en pleine crise structurelle d'effectifs et d'électeurs, mais aussi idéologique) puis à FO ont considérablement affaibli ces nécessaires corps intermédiaires ayant regardé passer les TGV des « Gilets Jaunes » ne les connaissant pas du tout. La dynamique poursuivie par les ordonnances du 22 septembre 2017 (la proximité, le terrain) n'est aujourd'hui guère favorable à la négociation d'un ANI contraignant, et plus généralement au paritarisme (ex. : formation professionnelle, assurance-chômage). Lorsqu'il s'agit de décider de mesures bien peu populaires, la Puissance Publique reprend la main.

À LIRE IMPÉRATIVEMENT

G. Groux, M. Noblecourt, J.-D. Simonpoli : *Le dialogue social en France, entre blocages et Big Bang*, Éditions O. Jacob, nov. 2018

B. - Les conventions de branche, en pleine restructuration

Article L. 2232-5-1 : « *La branche a pour missions : 1. de définir les conditions d'emploi et de travail des salariés ainsi que les garanties qui leur sont applicables dans les matières mentionnées aux articles L. 2253-1 et L. 2253-2* (*cf.* Bloc 1 et Bloc 2, V. *infra*) ; 2. ***de réguler la concurrence*** *entre les entreprises relevant de son champ d'application* ».

1° Une négociation économique, et sociale

Dans les *grandes branches*, qui en ont donc les moyens financiers et humains, la négociation est le fait de professionnels chevronnés, mais plus forcément très proches du terrain. Et loin de BFM et TF1, elle échappe aux pressions politiques et médiatiques (du haut) mais aussi aux menaces de délocalisations et autres PSE (en bas).

La CCB assure un rôle de régulation économique anti-dumping social interne et de discipline sociale essentiel, en France comme dans de nombreux pays d'Europe, évitant ainsi d'excessives distorsions de concurrence préjudiciables à tous : les meilleurs collaborateurs vont-ils être attirés par ce secteur industriel aux salaires minima ridicules par rapport au marché ?

En France, 1 380 accords et avenants ont été signés en 2018, et 950 en 2020, dont 68 Covid-19.

1155 Véritable *loi économique et sociale* de la profession concernée (Automobile : 431 000 salariés, Chimie : 519 000), l'accord de branche signé au niveau national (79 % en 2020, restent 11 % au niveau régional et 10 % au niveau local) a un rôle primordial en droit français.

1. **Grâce à son extension** par le ministère du Travail, 95 % des salariés français sont couverts, alors que les conventions d'entreprise en couvrent à peine 30 %. Chiffres incompréhensibles à l'étranger : comment des syndicats ayant seulement 7 % d'adhérents, et surtout présents dans les entreprises de plus de 50 salariés peuvent parvenir à en couvrir 95 % ? Le droit du travail français n'est pas pour rien dans le petit nombre d'adhésions à nos syndicats.

2. **Elle peut donner accès à la flexibilité aux PME dépourvues de délégués syndicaux**: forfait-jours, annualisation... Un accord de branche peut ainsi comporter, sous forme d'accord-type indiquant les différents choix laissés à l'employeur, des stipulations spécifiques pour les PME de moins de cinquante salariés très souvent dépourvues de délégué syndical, voire de tout CSE. Après en avoir informé les salariés par tout moyen, l'employeur de la PME peut ainsi appliquer cet accord-type au moyen d'un document unilatéral indiquant ses choix.

Ainsi, les accords de branche sur « l'activité partielle de longue durée » (APLD) issus de la loi du 17 juin 2020 ont permis aux TPE et PME sans représentants du personnel d'avoir accès à ce mécanisme nécessairement conventionnel de flexibilité interne. Idem, et depuis fort longtemps pour avoir accès au forfait-jours.

1156 **10 % des conventions de branches = 70 % des salariés.** Au-delà du nombre exceptionnel – ou plutôt ridicule – des branches en France (712 en 2014, avant la Grande Restructuration des moins de 5 000 salariés), la CCB doit tenir compte de l'extrême hétérogénéité de certains secteurs : de la riche et très structurée branche Métallurgie avec ses experts très pointus en droit social de l'UIMM couvrant 1,2 million de salariés, à celle des Banques (201 306), Bureaux d'études techniques (dite Syntec : 565 977), Chimie (519 000), Hôtels-Cafés-Restaurants (454 715), Automobile (431 000), Transports routiers (420 320), Propreté (319 413), mais aussi Meunerie (9 707), Ganterie de peau (2 000 salariés), Golf (2 820) Jardineries-Graineteries ou Ports de plaisance (951), ou enfin le « *Rouissage et teillage du lin* » (235 salariés) à ne surtout pas confondre avec celle des « *Coopératives de teillage du lin* » ; une branche a parfois la dimension d'une grosse PME, ou de la totalité de la population du Luxembourg.

En 2019, plus de 200 branches couvraient encore moins de 5 000 salariés, avec souvent des négociateurs bien peu qualifiés pour ce niveau de responsabilité, et manquant cruellement d'experts (juristes, économistes). Ce sont elles qui sont dans le collimateur de la grande restructuration actuelle, les lois récentes leur ayant confié le suivi de dossiers à la fois complexes et sensibles. Le but est donc de les concentrer fortement pour leur donner une masse critique.

Espoir : passer des 357 branches encore recensées lors du dernier cycle de représentativité (2017-2020) à 230, chiffre jugé incompressible : ce qui reste encore beaucoup si l'on regarde à l'étranger.

MAIS ATTENTION !

1. Dans la vraie vie sociale, existe des petites branches bien structurées et à l'activité économique très homogène dont le mariage avec une plus grande peut être contreproductif.
2. Il faut éviter d'en arriver à des branches à gros effectifs, mais tellement hétérogènes que la négociation s'y limitera au *minimum minimorum*.

1157 **Qui négocie dans les branches ? Les organisations syndicales représentatives dans ce cadre** : généralement les Fédé(rations), qui : 1. satisfont aux critères de l'article L. 2121-1 (valeurs républicaines, indépendance, transparence financière...) ; 2. disposent d'une implantation territoriale équilibrée ; 3. ont recueilli au moins 8 % des suffrages exprimés suite à la consolidation des résultats des élections professionnelles dans toutes les entreprises de la branche. Inférieur aux 10 % dans les entreprises, ce seuil minimum de 8 % (repris pour les ANI), a été obtenu à l'arraché par la CFTC en 2008, dont c'était l'étiage. Et qui s'est révélé payant pour elle.

Après chaque cycle électoral de quatre ans, le ministère du Travail publie donc, branche par branche, des centaines d'arrêtés relatifs au score électoral de chacune, les moins de 8 % devant quitter la table des négociations. Et des syndicats non affiliés aux cinq grandes confédérations (UNSA, SUD, ou autonomes), spécifiques voire corporatistes, peuvent avoir un pouvoir important : chez les « *Navigants personnels des essais* » : 100 % pour le SNPNAC. Chez les 856 059 « *Assistants maternels Particulier employeur* » ...mais 82 250 votants : 13,75 % pour le SPAMAF, 18,61 % pour CSAFAM. Chez les 28 566 journalistes : 40,4 % Solidaires-SNJ ; CGT 20,1 % ; CFDT : 21,7 %, enfin FO à 7,51 % (a donc disparu de la table des négociations, avec des conséquences financières parfois très importantes).

Mais ces chiffres cachent parfois un taux d'abstention tout à fait considérable, remettant parfois en cause l'idée même d'une *réelle* « représentativité » des syndicats déclarés...représentatifs car à plus de 8 % : si dans la Restauration rapide, la CFDT a obtenu 22,8 %, la CGT 24,3 % et FO 27,4 %, sur les 124 637 inscrits, 13 121 électeurs se sont exprimés...

Selon les premiers résultats publiés par la Direction générale du travail en juillet 2021, pour les quatre prochaines années, aucune organisation syndicale n'est représentative dans les 357 branches.

La CFDT l'est dans 327, la CGT 322, FO 280, CFTC 155, l'UNSA 85 et Solidaires dans 28. Dans le périmètre catégoriel des cadres, la CFE-CGC est représentative dans 255 branches.

1158 Quels syndicats signent ? Pour le cycle 2017-2020, CGT 37,3 % (*29,6 %* en 2012) ; 86,5 % pour la CFDT (*76 %*) ; 65,6 % FO (*72 %*), et 53% (*73 %*) pour la CFTC, qui a parfois disparu faute d'avoir atteint les 8 % fatidiques.

Côté employeur, dans 85 % des cas, une seule organisation...qui en a fait justement une branche !

1159 TGV pour les grandes entreprises, mais omnibus pour les PME. Malgré leurs critiques, les PME et TPE restent très attachées à ce niveau, qui limite le *dumping* social entre celles se portant bien et les autres, peut leur donner accès à la flexibilité quand elles n'ont pas de représentants du personnel, et leur permettent enfin de ne pas tout négocier elles-mêmes, tâche pour laquelle l'improvisation n'est guère conseillée. Bref, une bonne CCB devrait être en France un TGV pour les grandes entreprises ayant en interne compétences et négociateurs, et un omnibus pour les PME. Y compris pour ne pas créer de distorsions de concurrence au sein du même secteur.

2° L'extension administrative systématique, remise en cause en 2018

1160 « *L'extension* » par le ministère du Travail est un phénomène singulier. Par arrêté publié au *JO*, elle lui permet littéralement « d'étendre », et donc d'imposer à un employeur non syndiqué au syndicat patronal signataire une couverture conventionnelle qu'il n'a pas choisie car il n'avait donné aucun mandat (son adhésion) pour le représenter : or seul un employeur sur trois est syndiqué en France.

Mais l'extension s'avère indispensable d'un point de vue social (homogénéisation évitant le *dumping*) et donc économique (égalisation des conditions de la concurrence), sinon politique. C'est d'ailleurs grâce à l'extension des conventions de branche que les salariés français sont couverts à 95 %, alors que 5 millions le sont par un accord d'entreprise. Et que moins de 8 % sont syndiqués, dit-on à l'étranger où c'est l'adhésion qui entraîne la couverture.

1161 **Extension systématique avant 2017.** Afin de ne pas encourager les chefs d'entreprise à éviter toute couverture conventionnelle, le ministère du Travail avait adopté une politique d'extension systématique. À l'inverse, un refus d'extension de sa part est presque un arrêt de mort pour la (trop petite) profession en question, qui devra aller chercher un puissant protecteur.

Le droit du travail français, qui désincite les salariés à se syndiquer en favorisant les « comportements d'auto-stoppeur » (disent les économistes), renforce donc en revanche les syndicats patronaux. Car pour une entreprise puissante, mieux vaut adhérer et ainsi peser avec ses propres experts sur les négociations de sa branche en amont, plutôt que se voir imposer six mois plus tard ses contraintes (parfois négociées par un gros concurrent astucieux) à la suite de l'extension ministérielle.

L'arrêté une fois publié, les stipulations de la convention « étendue » aux employeurs non syndiqués vont s'appliquer à toutes les entreprises du secteur professionnel concerné : leur non-respect est passible non seulement de sanctions civiles (ex. : rattrapage de salaire), mais également de sanctions pénales dans certains domaines.

1162 **Volonté de restreindre les extensions en 2018.** Suite aux vifs reproches de talentueux économistes (J. Tirole, P. Cahuc, M. Ferracci) estimant que la convention de branche permettait aussi aux grosses entreprises (sur-représentées dans les commissions sociales des branches) de limiter la concurrence en fermant aux (petits) entrants leur marché naturel, la loi du 29 mars 2018 a décidé que le ministre du Travail « *peut refuser, pour des motifs d'intérêt général, notamment pour atteinte excessive à la libre concurrence ou au regard des objectifs de la politique de l'emploi, l'extension d'un accord collectif* », avec la création d'une Commission *ad hoc*. Mais fin 2021, des effets encore très, très limités.

C. - Montée en puissance de l'accord de groupe

1163 **Il existe en France plus de 35 000 groupes** employant environ 8 millions de salariés. Plus intéressant : les 32 000 groupes de moins de 500 salariés emploient deux millions de collaborateurs, soit environ 65 salariés par groupe : ce qui remet à leur place quelques idées reçues sur les (méchants) « grands groupes ». Le « groupe de sociétés » est devenu le modèle d'organisation juridique des entreprises françaises... parfois aussi pour tenter de contourner les seuils du droit du travail, et/ou faire preuve de créativité sur le plan fiscal.

Ce niveau n'était donc pas inconnu : depuis 1982 on connaissait le comité de groupe et ses attributions consultatives. En cas de licenciement économique, l'obligation de reclassement se situe à ce niveau, comme celui de la recherche des difficultés économiques ou de la sauvegarde de la compétitivité, mais dans le secteur concerné.

Et depuis 1996 existait le comité d'entreprise ou de groupe européen, dont certains montraient déjà un curieux exemple en France en négociant avec le président de l'entreprise dominante des accords de méthode avant la lettre.

Mais le code ignorait l'accord de groupe : ce n'est plus le cas, suite au rapport Combrexelle de 2015 remarquant que « *c'est dans les groupes que se trouve l'innovation en matière sociale, et que sont imaginés les nouveaux dispositifs notamment en matière d'emploi, d'égalité hommes/femmes ou de responsabilité sociale des entreprises* ».

1164 **Le champ d'application de l'accord** est « *constitué de tout ou partie des entreprises constitutives du groupe* » (art. L. 2232-30). Cette liberté – y compris tactique : savante définition du périmètre permettant d'écarter ici SUD, là de favoriser la CFE-CGC – laissée aux partenaires sociaux est donc considérable, mais légitime puisqu'ils ne sont pas forcés de reprendre le périmètre maximal légalement défini pour le comité de groupe. Logique, si l'on veut que la négociation porte sur des sujets d'intérêt commun : dans le groupe Bouygues par exemple, les problèmes du BTP ne sont pas exactement ceux de TF1, même si, en termes de prévoyance, des accords à ce niveau peuvent participer à un sentiment d'appartenance au groupe.

1165 **Partenaires à la négociation (art. L. 2232-31) :**

- côté direction, c'est « *l'employeur de l'entreprise dominante, ou un ou plusieurs représentants, mandatés à cet effet, des employeurs des entreprises concernées* ». Les négociateurs patronaux devront donc en principe continuer à détenir un mandat exprès du responsable de chaque société visée, même si l'hypothèse d'un directeur de filiale récusant sur la place publique l'application d'un accord signé par la Direction centrale des ressources humaines du groupe prête à sourire ;
- côté salariés, principe de concordance : « *les organisations syndicales représentatives dans l'ensemble du groupe ou dans l'ensemble des entreprises concernées par le champ de la convention ou de l'accord* » (art. L. 2232-31).

Les règles de représentativité sont logiquement alignées sur celles visant désormais l'entreprise : « *La représentativité des organisations syndicales au niveau de tout ou partie du groupe est appréciée conformément aux règles définies aux articles L. 2122-1 à L. 2122-3 relatifs à la représentativité syndicale au niveau de l'entreprise, par addition de l'ensemble des suffrages obtenus dans les entreprises ou établissements concernés* » (art. L. 2122-4) : outre les critères habituels, en clair au minimum 10 % des suffrages exprimés dans toutes les entreprises du secteur ou de la Division concernés.

La loi de 2004 a permis aux syndicats représentatifs de désigner des « *Coordinateurs syndicaux de groupe* » (CSG), existant souvent déjà *de facto*, spécialement habilités pour négocier et signer l'accord et choisis parmi les délégués syndicaux du groupe. Si l'on voit bien l'utilité concrète de ces super-délégués syndicaux très centraux sinon centralisateurs, ne risquent-ils pas d'être bien loin des réalités de terrain ? Ce sont d'ailleurs les Fédérations syndicales qui jouent souvent le rôle essentiel à ce niveau, et certains accords prévoient une dotation financière officielle à leur égard.

1166 Principe de concordance et conditions de validité de l'accord de groupe depuis 2018. La validité d'un accord conclu au sein de tout ou partie d'un groupe est appréciée selon les conditions prévues aux articles L. 2232-12 et L. 2232-13 (principe de l'accord syndicalement majoritaire à 50 % ; si entre 30 % et 50 %, possibilité d'un référendum). Les taux de 30 % et de 50 sont appréciés à l'échelle de l'ensemble des entreprises ou établissements compris *dans le périmètre de cet accord.* La consultation des salariés, le cas échéant, est également effectuée dans ce périmètre.

1167 Domination éventuelle de l'accord de groupe sur les accords d'entreprise actuels... et futurs

- Malgré le principe d'équivalence accord d'entreprise/accord de groupe posé par la loi, *si l'accord de groupe le prévoit expressément,* ses stipulations *se substituent* aux stipulations ayant le même objet des accords, conclus antérieurement ou *postérieurement* dans les entreprises comprises dans son périmètre.

  Exceptionnelle puissance ainsi conférée à l'accord de groupe, qui non seulement peut décider que ses propres règles s'imposeront aux accords d'entreprise existants, mais aussi aux accords *à venir*. Ce qu'ignorent beaucoup des négociateurs à ce dernier niveau, et qui nécessite donc une étroite coordination entre négociateurs au niveau du groupe et ceux au niveau des entreprises, rarement ravis de devoir ainsi plier à un accord supérieur dont leur syndicat n'est pas forcément partie prenante. Mais la loi a prévu que les organisations représentatives dans chacune des entreprises comprises dans le périmètre de l'accord doivent être préalablement informées de l'ouverture d'une négociation au niveau du groupe. De chaudes négociations *intra-syndicales* en vue...
- Second symbole de cette montée en puissance, l'article L. 2232-33 indiquant que l'ensemble des négociations obligatoires au niveau de l'entreprise peuvent être engagées, et conclues au niveau du groupe dans les mêmes conditions.

D. - L'accord d'entreprise, centre de gravité du droit conventionnel du travail depuis 2017

1168 Concordance. L'accord d'entreprise est négocié directement par l'employeur – en fait souvent le DRS ou le DRH – et les syndicats *représentatifs* dans l'unité considérée : les « + 10 % des suffrages exprimés ». Bénéficiant d'un environnement juridique et idéologique extrêmement favorable, cette négociation de proximité paraît la mieux adaptée. Proche des réalités concrètes, souple et réactive, elle semble par ailleurs devoir être mieux appliquée. Car comme le note L. Berger : « *Cette légitimité des négociateurs est aussi liée à ce qu'est un acteur social en entreprise. Elle n'est donc pas qu'une question technique, mais aussi de pratique. Lorsqu'on est représentant du personnel, on a la légitimité de la connaissance du travail, de son secteur, de la relation avec les collègues. Ce ne sont pas des spécialistes du droit du travail qui négocient, ce sont d'abord des travailleurs qui ont la légitimité que leur confère l'élection, mais qui connaissent aussi les conditions de travail et la situation économique de l'entreprise* » (*Dr. soc.* juin 2020).

Mais le miracle promis peut se transformer en mirage : malgré les 38 690 accords signés par des délégués syndicaux en 2020, seulement cinq millions de salariés sur dix-neuf sont aujourd'hui couverts par un accord *d'entreprise* : toutes les TPE (moins de 11), et la majorité des PME françaises sont en effet dépourvues de délégué syndical, rendant toute négociation difficile malgré les lois récentes ayant largement ouvert la négociation aux élus. Dans les autres, le manque de formation des délégués et la menace de licenciements économiques peuvent les amener à signer des accords parfois très défavorables aux salariés, donnant-donnant car donnant deux fois (*« Tu me donnes ta montre, je te donne l'heure »*), accroissant l'hétérogénéité économique et sociale des entreprises : l'existence d'accords de branche fixant des limites aux négociateurs souvent souhaitées par les deux parties, peut parfois faire de la résistance.

Le législateur alourdissant chaque année la barque des négociations obligatoires, et fixant désormais des objectifs à la négociation d'entreprise avec de solides pénalités financières à la clé (on n'est donc pas loin de l'obligation de conclure), la négociation d'entreprise fait à elle toute seule l'objet du très vaste chapitre 4, *infra*.

QUELQUES CHIFFRES SUR LES ACCORDS D'ENTREPRISE EN 2020 (SOURCE : DGT, JUILLET 2021)

38 690 ont été signés par des délégués syndicaux, 8 890 par des représentants élus du personnel ou mandatés, 8 120 par des élus non mandatés. Et 23 240 (contre 12 880 en 2017) à la majorité des 2/3 des salariés votants (V. *infra*).
Ceux abordant le droit syndical et les instances représentatives du personnel avaient atteint en 2019 le 4e rang avec 13,1 % des accords... mais essentiellement imputable aux ordonnances de 2017 instaurant le CSE : en 2020, chute à 2,5 %...
Autres thèmes : épargne salariale (44 %), salaires et primes (20 %), temps de travail (24 %), égalité professionnelle (6 %), conditions de travail (5 %) et enfin emploi (3,8 %).
Dans les entreprises où elles sont représentatives, et ont désigné un DS, la CFDT a signé 93 % des accords en 2020, CFE-CGC 92 %, CFTC 92 %, FO 91 %, UNSA 90 %, *CGT 85 % et Solidaires 74 %* : la France sociale n'est pas la France médiatisée.

§2 ANI, convention de branche, accord d'entreprise : de la hiérarchie à la subsidiarité (1982-2018)

1169 De la hiérarchie 1.0 à l'articulation 3.0. Dérogation aux niveaux supérieurs contre accord majoritaire : le *deal* politique Medef/CFDT sur lequel reposait la loi du 4 mai 2004 constituait une double révolution : sociale avec le *principe* de l'accord majoritaire (mais légalisé au 1er mai... 2018) voulant conduire à une reconfiguration du paysage syndical français, et juridique avec une nouvelle articulation des sources conventionnelles, et d'elles seules. À une hiérarchie simple, fondée sur l'ordre public social (*« Plus on descend, plus ça monte » :* plus on descend dans les conventions – ANI/CCB/Accord d'entreprise/Accord d'établissement – plus les avantages montent), hiérarchie adaptée à la croissance des Trente Glorieuses comme à l'autorité et une subordination qui hier tombaient naturellement d'en haut, s'est lentement substituée une *articulation* en forme de vaste décentralisation sociale touchant la plupart des pays d'Europe. Inaugurée en France par la gauche avec les accords dérogatoires *à la loi* de 1982, et ensuite poursuivie dans une continuité politique exceptionnelle : en dernier lieu l'ordonnance du 22 septembre 2017.

Le principe de proximité, loi après loi. La loi du 20 août 2008 avait déjà retenu la *primauté* de l'accord d'entreprise sur l'accord de branche, mais seulement dans trois petits domaines relevant de la durée du travail.

Dans ce même domaine nécessairement proche du terrain, la loi du 8 août 2016 en a fait le principe avec son refrain sur la douzaine de thèmes relatifs au temps de travail et ou temps de repos, chaque article étant composé de trois paragraphes : « § 1. Ordre public » (donc indérogeable *in pejus*) ; « § 2. Champ de la négociation collective : « *En application de l'article L. xxxx-xx, un accord d'entreprise ou d'établissement ou, à défaut, un accord de branche, peut définir...* » ; « § 3. Dispositions supplétives » (fixées par la loi) : « *À défaut d'accord...* » (V. *supra*, Partie 1 : les sources du droit du travail).

Le cœur des réformes de 2017-2018 figure dans l'ordonnance du 22 septembre 2017 « *relative au renforcement de la négociation collective* », dans son Titre I (« Place de la négociation collective »), chapitre 1 : (« *Rapports entre accords d'entreprise ou d'établissement et accords couvrant un champ territorial ou professionnel plus large, notamment de branche* »), qui répartit les compétences de chaque niveau en trois blocs (V. *supra*, les sources du droit du travail). Mais le principe (la primauté de l'accord d'entreprise) figure prudemment dans le 3e bloc, pour ne pas heurter de front la CGT et obtenir la neutralité de FO fin 2017, après les nombreuses et parfois violentes manifestations des deux confédérations contre la loi El Khomri en 2016. Les deux premiers blocs veulent afficher que, non, non, non, mais-pas-du-tout, la Branche garde un rôle essentiel, à défaut de n'être plus centrale. Ce qui reste le cas fin 2021.

Mais comme d'habitude, le terme guerrier « OU » en forme d'opposition (Convention de branche **OU** Accord d'entreprise) est certes médiatique, mais ne résout rien : **car il s'agit d'abord de trouver le niveau pertinent de régulation sociale.** Or il n'est pas le même pour le télétravail (chaque entreprise a ses propres problèmes, parfois même au niveau des établissements), et la formation continue où il est souhaitable de mutualiser les moyens.

Alors, la convention de branche, pleine de créativité et d'innovation sociales *versus* accord d'entreprise à la main de l'employeur ? Outre le mépris des négociateurs syndicaux que révèlent ces termes, ceux qui ont pris la peine de prendre connaissance de nombreuses conventions de branches savent que c'est loin d'être toujours le cas : bien peu de mécanismes innovants, beaucoup de paraphrase du Code. Ce qui n'est pas forcément inutile si l'on part du principe que ce niveau conventionnel a également un but pédagogique de transmission des règles juridiques dans le secteur concerné : un patron de TPE ou de PME ne lit guère le Code du travail, mais il prend connaissance de sa convention collective de branche.

Quelques rappels (*rappel : les exceptions figurant dans les textes limités à l'état d'urgence sanitaire, donc en principe à durée limitée entre mars 2020 et septembre 2021, ne seront pas traitées*).

A. - Bloc 1. « L'ordre public professionnel » lié à un secteur économique (art. L. 2253-1)

1170 **Ici, la branche garde la main**, la liste passant même de 6 thèmes en 2016 à 13 en 2017. Mais parfois en trompe-l'œil, car en matière de renouvellement de CDD ou d'essai par exemple, c'est la loi elle-même qui jusqu'alors décidait.

Article L. 2253-1 – *La convention de branche définit les conditions d'emploi et de travail des salariés.* Elle peut en particulier définir les garanties qui leur sont applicables dans les matières suivantes :

1. les salaires *minima hiérarchiques ;*
2. les classifications ;

   (La présence de ces deux thèmes étroitement liés dans le Bloc 1 est essentielle pour éviter tout dumping social interne à la Branche. Aucune entreprise ne peut donc en principe négocier des salaires minima inférieurs, ce qui évite une spirale vers le bas pouvant abîmer l'image de la Branche, assimilée aux Thénardier. Solution nécessaire en termes de recrutement, mais également de fidélisation des *meilleurs* collaborateurs qui seraient tentés d'aller voir ailleurs).
3. *la mutualisation des fonds de financement du paritarisme ;*
4. la mutualisation des fonds de la formation professionnelle ;
5. les garanties collectives complémentaires ;
6. *les mesures relatives à la durée du travail, à la répartition et à l'aménagement des horaires ;*
7. *les mesures relatives aux contrats de travail à durée déterminés et aux contrats de travail temporaire énoncées aux articles L. 1242-8, L. 1242-13 ;*
8. *les mesures relatives au contrat à durée indéterminée de chantier énoncées aux articles L. 1223-8 du présent code ;*
9. l'égalité professionnelle entre les femmes et les hommes ;
10. *les conditions et les durées de renouvellement de la période d'essai mentionnés à l'article L. 1221-21 du Code du travail ;*
11. *les modalités selon lesquelles la poursuite des contrats de travail est organisée entre deux entreprises lorsque les conditions d'application de l'article L. 1224-1 ne sont pas réunies ;*
12. *les cas de mise à disposition d'un salarié temporaire auprès d'une entreprise utilisatrice mentionnés aux 1° et 2° de l'article L. 1251-7 du présent code ;*
13. *la rémunération minimale du salarié porté, ainsi que le montant de l'indemnité d'apport d'affaire, mentionnée aux articles L. 1254-2 et L. 1254-9 du présent code ».*

Ne pas couper la branche sur laquelle on est assis. Sur ces 13 thèmes du Bloc 1, la Branche décide donc des règles communes au secteur considéré, sauf si...

1171 **Autorité parfois relative de la CCB : les « GAME ».** Car même dans ce Bloc 1, « *les stipulations de la convention de branche* (...) *prévalent sur la convention d'entreprise conclue antérieurement ou postérieurement à la date de leur entrée en vigueur, sauf lorsque la convention d'entreprise assure des* ***garanties au moins équivalentes*** » (G.A.M.E.) : donc pas forcément « plus favorables » au sens de l'ordre public social. Mais la loi de ratification du 29 mars 2018 ayant ajouté que « *cette équivalence des garanties s'apprécie par ensemble de garanties se rapportant à la même matière* », on se rapproche de l'ordre public social : la très large liberté conventionnelle initiale (ex. : 10 jours de congés supplémentaires par accord d'entreprise contre suppression de la prime de branche de 900 € pour des jeunes collaborateurs ne voulant pas perdre leur vie à la gagner) est réduite à pas grand-chose : un salaire minimum mensuel inférieur aux minima de branche, mais compensé par une prime garantissant une rémunération annuelle supérieure... Quatre ans plus tard, on compte bien, bien peu d'accords d'entreprise ayant utilisé les GAME.

Mais étaient déjà interdits de GAME les domaines relevant exclusivement de la Branche de par la loi: durée minimale du travail à temps partiel, taux de majoration des heures complémentaires, conditions et durée des renouvellements de la période d'essai. Enfin durée totale des CDD, et nombre des renouvellements (que les textes sur l'urgence sanitaire ont fait descendre, *en principe jusqu'au 30 septembre 2021*, au niveau de l'accord d'entreprise).

B. - Bloc 2. La branche peut décider de garder la main, si... (art. L. 2253-2)

Sur quatre thèmes, nettement moins emblématiques que les salaires minima ou les classifications, **la branche peut garder la main, mais elle doit le dire expressément**, son silence valant permission.

« Dans les matières suivantes, lorsque la convention de branche le stipule expressément, la convention d'entreprise conclue postérieurement à cette convention ne peut comporter des stipulations différentes de celles qui lui sont applicables en vertu de cette convention ***sauf lorsque la convention d'entreprise assure des garanties au moins équivalentes*** :

« 1 – la prévention des effets de l'exposition aux facteurs de risques professionnels (*ex-pénibilité*) ;

« 2 – l'insertion professionnelle, et le maintien dans l'emploi des travailleurs handicapés ;

« 3 – l'effectif à partir duquel les délégués syndicaux peuvent être désignés, leur nombre et la valorisation de leurs parcours syndical ;

« 4 – les primes pour travaux dangereux ou insalubres ».

Là encore, par accord d'entreprise, des GAME (V. *supra*) sont censées permettre de fixer des règles différentes de la Branche : mais quatre ans plus tard avec un succès très, très mitigé.

C. - Bloc 3 : Le principe nouveau : primauté de l'accord d'entreprise, et supplétivité de la convention de branche (art. L. 2253-3)

« *Dans les matières autres que celles mentionnées aux articles L. 2253-1 et L. 2253.2, les stipulations de la convention d'entreprise conclue antérieurement ou postérieurement à la date d'entrée en vigueur de la convention de branche prévalent sur celles ayant le même objet prévues par la convention de branche. En l'absence d'accord d'entreprise, la convention de branche s'applique* ».

Donc en dehors des 13 + 4 = 17 thèmes limitativement énumérés dans les deux articles examinés *infra*, dont certains sont certes essentiels (salaires *minima* de branche) mais d'autres nettement moins (mutualisation des fonds de financement du paritarisme, primes pour travaux dangereux...), « *les stipulations de la convention d'entreprise prévalent sur celles ayant le même objet prévues par la convention de branche* ».

Là réside la seule « inversion des normes » des trente dernières années. Pour les éléments essentiels de la vie d'un salarié (primes, RTT), c'est l'accord d'entreprise désormais largement auto-norme qui fait la loi, « *quelle que soit la date d'entrée en vigueur* » de la convention de branche : donc même si elle est postérieure.

QUELLES CONCLUSIONS TIRER DE CETTE NOUVELLE INTERACTION DES NORMES CONVENTIONNELLES ?

1 – En matière sociale, un texte nouveau n'entraine pas toujours les conséquences (rapides) prévues par ses auteurs

La loi du 4 mai 2004 autorisant déjà l'accord d'entreprise à *déroger* à sa convention de branche n'avait ainsi donné lieu treize ans plus tard qu'à très, très peu d'accords dérogatoires : chiffon rouge pour les syndicats que cette sortie de la loi économique et sociale de leur profession, et peu attractifs pour les employeurs ne voulant pas passer pour les esclavagistes de la profession.

Et l'entrée dans nos mœurs sociales de textes aussi novateurs prend beaucoup plus de temps que sa publication sur le site www.legifrance.fr. Il faut que les partenaires sociaux les connaissent, se les approprient, puis souhaitent négocier et conclure, sur des thèmes parfois fort sensibles (ex. : renouvellement ou délai de carence des contrats précaires). Deux à quatre ans, comme le prouve la lente montée en puissance en 2019-2020 des accords de performance collective.

2 – Complexité de ces nouvelles articulations branche/entreprise...

Elle fait dans un premier temps la joie des marchands de contentieux, puis a donné aux juges une place essentielle dans l'application de la réforme. Car pour les deux premier Blocs, c'est à eux de décider si l'accord d'entreprise, souvent donnant-donnant, « *assure des garanties au moins équivalentes* » à celles de la convention de branche.

3 – Mais légitimes restrictions depuis la loi de ratification du 29 mars 2018...

En droit, l'éventuel contestataire de l'accord d'entreprise signé devra vite agir devant le TJ (art. L. 2262-14 : dans les deux mois de la publication de l'accord), et il lui appartiendra d'en démontrer l'illégalité : en cas de doute du juge, il sera

donc validé (art. L. 2262-13), à moins que... À moins que, bien sûr contrainte et forcée par le rude joug communautaire selon l'arrêt du 3 avril 2019, la Chambre sociale lui fasse un bien funeste sort (*cf.* J.-E. Ray, *Une motion de défiance à l'égard de la négociation collective : à propos de l'arrêt Cass. soc., 3 avril 2019*, Dr. soc., juin 2019).
En fait, on peut imaginer que si un accord vraiment majoritaire a été signé, le personnel n'était pas opposé à cette évolution. En cas d'annulation judiciaire (qui n'est plus forcément rétroactive, art. L. 2262-15), le syndicat ou le délégué contestataire aura donc des comptes à rendre à ses petits camarades très remontés. Surtout si la convention collective elle-même indique qu'elle constitue un tout indivisible : quand l'annulation du petit article 14 entraîne la remise en cause de huit jours de RTT...

§3 Le choc des accords majoritaires

1172 1982 : le tremblement de terre des accords dérogatoires, et les répliques sismiques de 2004 et 2008. Les lois du 4 mai 2004 puis du 20 août 2008 constituaient les répliques sismiques prévisibles du tremblement de terre juridique opéré par les lois Auroux de 1982.

Auparavant en effet, la question de la représentativité *réelle* des signataires ne se posait guère, l'accord collectif ne pouvant qu'être *plus favorable* que la loi et les accords supérieurs en raison du monopole de l'ordre public social. En cette période de solide croissance et de forte inflation, « *+ 6 % pour tous* » était toujours bon à prendre, y compris pour les adhérents des syndicats non signataires voire très opposés à l'accord *(« On aurait pu avoir 10 % ! »)*, qui pouvaient alors se draper dans une posture contestataire à la gauloise *(« Indignez-vous ! »)* car d'autres signaient et donc 100 % du personnel – dont eux – bénéficiaient de ces « avantages ». Et si l'on se remémore que dans les années 1950, en pleine guerre froide, la CGT cousine du PCF et sur une ligne de refus de toute « collaboration de classe » obtenait 70 % des voix aux élections professionnelles, la loi fondatrice du 11 février 1950 ne pouvait retenir l'obligation d'une quelconque majorité sociale, à l'instar de la majorité politique.

1173 Et grâce à la division syndicale française appelée pluralisme (scission CGT/FO en 1947, scission CFTC/CFDT en 1964, et 30 ans plus tard fuite de certains militants CFDT vers SUD, et de FO vers l'UNSA), puis à l'arrêté de 1966 fixant un sort très enviable aux cinq confédérations bénéficiant en 1968 d'une présomption *irréfragable* de représentativité quelle que soit leur implantation réelle dans l'entreprise, chacun y a trouvé son intérêt *tant que la croissance a pu financer le progrès social.* En contournant ainsi la CGT, la puissance publique a permis une politique conventionnelle active, les entreprises pouvant toujours trouver un syndicat pour signer un accord, et les Cinq Grands bénéficiant d'une rente de situation ne les incitant guère à rester proches du terrain.

1174 Des très consensuels « *avantages* » aux controversées « *contreparties* ». Car vint le choc pétrolier des années 1970, et surtout la *grande métamorphose* des années 1980 : bref les « Quarante Pâteuses ». Jean Auroux en 1982 avec la création des accords dérogatoires (besoin de flexibilité en matière de temps de travail, avec la croissance verticale du secteur tertiaire asservi au client), puis Martine Aubry en 1992 avec l'avenant de régression (réduction du coût du travail) ont bouleversé la donne, au nom de choix légitimes que l'on retrouve avec les accords de performance collective de 2018 : mieux vaut une *flexibilité interne collectivement* négociée qu'une flexibilité interne *unilatérale ou individualisée* (avenant négocié en tête-à-tête), et *a fortiori externe* (licenciements économiques et PSE), source d'exclusions de toutes sortes.

« Avant 1982, au pire, c'était mieux. » Mais depuis, avec la possibilité de déroger par accord collectif, la fonction de délégué syndical a radicalement changé. Du toujours plus d'*« avantages »* source de popularité, on est passé à la négociation de *« contreparties »* dans des accords dits « donnant-donnant », voire à un nouvel accord moins favorable (accord de performance collective : 39 heures payées 35, renonciation à des RTT).

Évolution parfois nécessaire mais souvent mal comprise par des permanents syndicaux fréquemment issus du secteur public, et mal acceptée par des salariés voyant leur prime conventionnelle de 13e mois réduite, ou l'annualisation faire disparaître de la fiche de paie de généreuses heures supplémentaires tout en les obligeant à faire face à de nouveaux frais de crèche.

1175 **Accord dérogatoire et légitimité des signataires.** S'est alors naturellement posée la question de la nécessaire *légitimité des acteurs de ces nouveaux accords* fondamentalement *différents*. Car plus un accord est socialement difficile, plus il est fragile sur le plan juridique (contestation judiciaire de sa validité plusieurs années après si le personnel le rejette), mais aussi social car la légalité n'est pas tout : il faut que les salariés appliquent la nouvelle règle, et les syndicats non signataires parfois très remontés occupent le terrain et l'usine. Quelques entreprises (Axa, RATP, Thalès) avaient déjà conventionnellement prévu un seuil de validité pour leur accord ; et la plupart avaient depuis longtemps intégré cette notion de majorité sociale, soit en signant effectivement avec des organisations syndicales majoritaires, soit après s'être assurées de leur bienveillante inertie :

- car soucieuses de montrer aux salariés qui demeurent *in fine* l'enjeu décisif que rien ne se fait sans l'accord (indirect) du plus grand nombre ;
- par simple réalisme social, car un accord collectif (trop) minoritaire devient vite un solublème, créant parfois plus d'ennuis qu'il n'en règle. Comme dans la vie elle-même, la licéité est une chose, la légitimité source d'application consensuelle en est une autre. Et nul n'ignore, du moins en France, que refuser de signer des accords ne rime pas toujours avec désaccord : on peut justement se permettre de ne pas signer car on sait que d'autres vont le faire, et ainsi tout le monde sera couvert.

1176 **Gaulois.** Car au pays des Gaules, un Front du Refus est rapidement constitué, sans autre lien entre les opposants que ce Non à Tout. Mais qui, entre eux, ne sont souvent d'accord sur rien (*cf.* l'éruption Gilets Jaunes). Pour ne pas entraîner une période de glaciation conventionnelle, mais aussi pour ne pas se fâcher à l'époque avec les trois petites confédérations, François Fillon avait donc préféré en 2004 reprendre le très prudent système d'opposition majoritaire en forme de mise en jambes sociale avant la grande réforme de 2008. Car en France, la Vertu siège dans l'Opposition.

1177 **Le tiercé de la loi du 20 août 2008 : 10/30/50 %.** La loi du 20 août 2008 a réellement porté *« rénovation de la démocratie sociale »*. Comme examiné *supra*, dans les entreprises c'est essentiellement le couperet d'ordre public absolu des 10 % au minimum d'audience électorale qui détermine désormais la représentativité de chaque organisation syndicale, et donc sa capacité à négocier puis signer. Sans aller *à l'époque* jusqu'à l'accord positivement majoritaire (50 %, pouvant bloquer la négociation en donnant un droit de veto à la CGT ou CGT-SUD dans certaines entreprises), la loi de 2008 avait exigé pour *tous les niveaux* de négociation :

1. des syndicats négociateurs *représentatifs*, ayant donc déjà recueilli plus de 10 % des voix aux dernières élections professionnelles en entreprise, et 8 % au niveau des branches, et interprofessionnel
2. un seuil minimal de *signatures* pour la validité de l'accord : les signataires devaient avoir recueilli en tout sous leur nom au moins 30 % des voix aux élections professionnelles : seuil d'ordre public absolu (CS, 4 févr. 2014) ;
3. à l'époque, l'absence d'opposition d'un ou plusieurs syndicats représentatifs ayant recueilli plus de 50 % des suffrages exprimés.

1178 **2008-2017.** Le ministère du Travail a re-commencé à collecter les PV de la deuxième vague puis à les consolider pour préparer les résultats proclamés en juin 2017, aux deux mêmes niveaux, publiés en même temps que les arrêtés de représentativité visant cette fois les syndicats patronaux (*cf.* le site www.elections-professionnelles.travail.gouv.fr).

Mais rien ne s'est vraiment passé comme prévu. En résumé : au niveau interprofessionnel, rien ne bouge avec l'arrêté de juillet 2021 confortant le Club des Cinq *(A)*. Nettement plus de changement au niveau des branches, par ailleurs en pleine restructuration *(B)*. Au niveau de l'entreprise *(C)* au contraire, le changement intervient à chaque élection professionnelle, en principe tous les quatre ans.

A. - Accord national interprofessionnel et règle dite « majoritaire » : 30 % au minimum pour, pas plus de 50 % contre

Article L. 2232-2. « *La validité d'un accord interprofessionnel est subordonnée :*
- *à sa signature par une ou plusieurs organisations syndicales de salariés représentatives ayant recueilli (...) au moins 30 % des suffrages exprimés en faveur d'organisations reconnues représentatives à ce niveau, quel que soit le nombre de votants ;*
- *et à l'absence d'opposition d'une ou plusieurs organisations syndicales de salariés représentatives ayant recueilli la majorité des suffrages exprimés en faveur des mêmes organisations à ces mêmes élections, quel que soit le nombre de votants.*

L'opposition est exprimée dans un délai de quinze jours à compter de la date de notification de cet accord. »

Un ANI n'est donc aujourd'hui valide que si :

1. il est signé par des confédérations appartenant au Club des Cinq, qui ensemble dépassent les 30 % fatidiques. *En droit*, la CFDT pourrait donc aujourd'hui signer seule avec ses 31 % en juin 2021 : mais il ne peut en être question sur le plan politique. Même alliée à la CFTC (11 %), elle n'atteint pas l'accord majoritaire à plus de 50 % qui paralyserait par définition toute opposition avec la CGT à 26,59 %, FO à 17,64 % et la CFE-CGC à 13,77 %. CFE-CGC qui, comme les partis-charnière au Parlement, fait l'objet de beaucoup d'attention...
2. Car dans les quinze jours de la signature, des syndicats représentatifs *et* ayant recueilli plus de 50 % des suffrages exprimés dans les mêmes conditions ne doivent pas s'y opposer. Hypothèse un peu théorique vu le score de chacun, *a fortiori* associée au nouveau seuil minimum de validité à 30 %. Mais peut servir d'épouvantail pendant la négociation, sur le mode *« Retiens-moi, ou !»*.

1179 **Droit et réalités.** Mais l'ANI étant parfois une pré-loi, ce seuil de 30 % apparaît en cette occurrence encore moins raisonnable, sans même évoquer une éventuelle opposition. Car on voit mal la légitimité d'une loi reprenant un accord minoritaire (ex. : CFDT + CFTC = 42 %), promettant des amendements sévères en forme de troisième round à l'Assemblée nationale, et donc peut-être un rude désaveu des signataires qui jureront, mais un peu tard... Comme l'ont bien montré les péripéties de l'ANI du 11 janvier 2013, le SMIC de la négociation légiférante est l'accord réellement majoritaire, donc à plus de 50 % (*cf.* J.-E. Ray, *Une mue nécessaire pour que la France épouse son temps*, *Dr. soc.*, sept. 2013, p. 5).

B. - Règle dite « majoritaire » et validité des accords de branche

1180 **Refrain 8/30/50.** Pour chacune des branches françaises, il a fallu aussi attendre les résultats des trois vastes consolidations nationales successives pour sélectionner en mai 2013, juin 2017 puis août 2021 les organisations représentatives, car à plus de 8 % des suffrages exprimés en faveur d'organisations reconnues finalement représentatives.

Niveau de consolidation techniquement très périlleux en raison de l'immense porosité des frontières entre des branches souvent très proches (ex. : Papier-Carton-*Production* / Papier-Carton-*Transformation*), du nomadisme plus ou moins volontaire ou involontaire des entreprises entre les unes et les autres, et du progrès technique provoquant l'irruption d'entreprises que le statisticien est bien en peine de classer.

1181 **Classique double verrou 30/50.** Article L. 2232-6 : « *La validité d'une convention de branche est subordonnée :*

- *à sa signature par une ou plusieurs organisations syndicales de salariés représentatives, ayant recueilli, aux élections prises en compte pour la mesure de l'audience prévue au 3° de l'article L. 2122-5 ou, le cas échéant, dans le cadre de la mesure de l'audience prévue à l'article L. 2122-6* (pour les TPE) *: au moins 30 % des suffrages exprimés en faveur d'organisations reconnues représentatives à ce niveau, quel que soit le nombre de votants ;*

- et à l'absence d'opposition d'une ou plusieurs organisations syndicales de salariés représentatives ayant recueilli la majorité des suffrages exprimés en faveur des mêmes organisations à ces mêmes élections ou, le cas échéant, dans le cadre de la même mesure d'audience, quel que soit le nombre de votants.

L'opposition est exprimée dans un délai de quinze jours à compter de la date de la notification de cet accord ou de cette convention. »

1182 **Pour la très choyée CFE-CGC, concordance. Article L. 2232-7 :** « *La représentativité reconnue à une organisation syndicale catégorielle affiliée à une confédération syndicale catégorielle au titre des salariés qu'elle a statutairement vocation à représenter lui confère le droit de négocier toute disposition applicable à cette catégorie de salariés.*

Lorsque la convention de branche ou l'accord professionnel ne concerne qu'une catégorie professionnelle déterminée relevant d'un collège électoral, sa validité est subordonnée à sa signature par une ou plusieurs organisations syndicales de salariés représentatives ayant recueilli, aux élections prises en compte pour la mesure de l'audience prévue au 3° de l'article L. 2122-5 ou au moins 30 % des suffrages exprimés dans ce collège en faveur d'organisations reconnues représentatives à ce niveau, quel que soit le nombre de votants, et à l'absence d'opposition d'une ou plusieurs organisations syndicales de salariés représentatives ayant recueilli dans ce collège la majorité des suffrages exprimés en faveur des mêmes organisations à ces mêmes élections ou, le cas échéant, dans le cadre de la même mesure d'audience, quel que soit le nombre de votants. »

En réponse à une QPC, le Conseil constitutionnel n'a rien trouvé à redire le 9 octobre 2010 à cette inégalité entre syndicats, y compris catégoriels pour ceux non affiliés à la CFE-CGC. Il faut maintenant espérer que demain un comité Théodule et surtout un autre juge, national ou international, ne dise qu'elle est non conforme aux normes internationales. Effets cataclysmiques garantis sur la vie conventionnelle française.

C. - Accord d'entreprise *et majorités depuis le 1er mai 2018 : le tiercé 10/30/50*

1183 **À ce niveau désormais central**, la loi du 20 août 2008 a tout changé. Car à chaque élection professionnelle, et pour tout le cycle électoral, une nouvelle sélection des acteurs recommence tous les quatre ans avec la sélection des syndicats *représentatifs*, seuls habilités à négocier. Et dans le même temps, celle des délégués syndicaux négociateurs, forcément au moins candidats, et à plus de 10 % !

Le principe : majorité syndicale. À défaut : majoritaire référendaire.

1184 **Principe : accord syndicalement majoritaire à plus de 50 %** La validité d'un accord d'entreprise ou d'établissement est subordonnée à sa signature par une ou plusieurs organisations syndicales de salariés représentatives **ayant recueilli plus de**

50 % des suffrages exprimés en faveur d'organisations représentatives au premier tour des dernières élections des titulaires au Comité social et économique, quel que soit le nombre de votants.

DE LA REPRÉSENTATIVITÉ *BRUTE* À LA REPRÉSENTATIVITÉ *NETTE*
LE DISCRET COUP DE POUCE LÉGAL POUR ATTEINDRE LES 50 % FATIDIQUES

De peur de paralyser la négociation d'entreprise à cause de la barre de validité désormais vraiment majoritaire à 50 %, le législateur a eu recours à une petite astuce comptable ne simplifiant pas la lisibilité du nouveau droit de négociation. En ajoutant aux 50 % des suffrages « ***en faveur d'organisations représentatives*** *au premier tour des dernières élections des titulaires au CSE* », elle peut faire notoirement augmenter le score des signataires, en particulier si de nombreux syndicats ont fait moins de 10 %. Deux exemples concrets de ce gros coup de pouce.

Élections à BNP-Paribas, avril 2019
Résultats *bruts* : SNB : 51 % des suffrages exprimés, CFDT 26,5 %.
Quatre syndicats doivent quitter la table des négociations faute d'avoir atteint les 10 % : CGT à 7,5 %, FO à 6,27 %, l'UNSA à 5,67 %, enfin la CFTC à 3,33 % : 23 % des suffrages exprimés ne seront donc pas représentés, et donc...
...Résultats *nets* : une fois « recalculé », le SNB passe de 51 % à 65,7 %, et la CFDT de 26,5 % à 34,3 % (plus de 30 %...)

Élections à la RATP, 29 novembre 2018
Représentativité *brute* : UNSA 31 % des suffrages exprimés, CGT 30,1 %, CFE-CGC 10,4 %.
Suite à une scission SUD perd 6,4 points : 8,95 % contre 15,4 % ; FO à 6,9 %, SAT-RATP à 6,5 %, CFDT à 3,7 %, enfin « Solidaires Groupe RATP » à 3,27 % : 28 % des électeurs ont voté pour des syndicats finalement non représentatifs.
La représentativité *nette* propulse le résultat de l'UNSA de 31 % à 42,7 %, de la CGT de 30,1 % à 42,6 %, la CFE-CGC passant de 10 % à 14,8 % : ce syndicat-charnière aura donc un rôle essentiel pour les quatre ans qui suivent.

1185 Session de rattrapage si plus de 30 %, mais moins de 50 % : la possibilité d'un référendum

Le texte. *Si l'accord d'entreprise a été signé par des syndicats ayant recueilli plus de 30 % des suffrages exprimés en faveur d'organisations représentatives au premier tour, une ou plusieurs de ces organisations ayant recueilli plus de 30 % des suffrages disposent d'un délai d'un mois à compter de la signature de l'accord pour indiquer qu'elles souhaitent* ***une consultation des salariés visant à valider l'accord.***

Au terme de ce délai, l'employeur peut demander l'organisation de cette consultation, en l'absence d'opposition de l'ensemble de ces organisations.

Si, à l'issue d'un délai de huit jours à compter de cette demande ou de l'initiative de l'employeur, les éventuelles signatures d'autres organisations syndicales représentatives n'ont pas permis d'atteindre le taux de 50 %, cette consultation est ***organisée dans un délai de deux mois.***

La consultation des salariés, qui peut être organisée par voie électronique, se déroule dans le respect des principes généraux du droit électoral et selon les modalités prévues par un ***protocole spécifique*** *conclu entre l'employeur et une ou plusieurs organisations syndicales représentatives ayant recueilli plus de 30 % des suffrages exprimés en faveur d'organisations représentatives au premier tour des élections, quel que soit le nombre de votants. Participent à la consultation les salariés des établissements couverts par l'accord et électeurs.*

L'accord est valide s'il est ***approuvé par les salariés à la majorité des suffrages exprimés****. Faute d'approbation, l'accord est réputé non écrit.*

1186 **Comment va fonctionner ce référendum** si les signataires à plus de 30 % ne parviennent pas à convaincre rapidement d'autres organisations à signer pour atteindre le seuil fatidique de 50 % ?

Véritable 49-3 de la négociation d'entreprise, ce référendum non plus consultatif mais décisionnaire se déroule en **trois actes**, dans la main des syndicats signataires à plus de 30 % mais moins de 50 %. Mais aussi depuis 2018 éventuellement de l'employeur, en l'absence d'opposition de *l'ensemble des organisations* signataires (le risque est faible).

Acte I. Elles ont un délai d'un mois à compter de la signature pour indiquer à l'employeur qu'elles souhaitent une consultation des salariés visant à valider l'accord.

Mais par définition minoritaires, ces signataires vont-ils systématiquement demander cette consultation directe ? Pas forcément : car ils ne peuvent prendre le risque de se faire publiquement désavouer. On peut même penser que l'essentiel se passera en amont de la signature...

Il n'y a donc de signataires (réalistes) à plus de 30 % et moins de 50 % que s'ils sont certains que le référendum à venir sera un plébiscite.

Dans les PME de 60 ou 300 salariés, une telle prévision n'est pas hors de portée pour des militants aimant la marche à pied et le mégaphone. Et côté employeur, un sondage un peu poussé auprès des managers donne des résultats excellents. Mais dans les très grandes entreprises, voire les groupes soumis au même régime ? Un opportun sondage effectué par une entreprise spécialisée comportera, parmi beaucoup d'autres, une ou deux pertinentes questions pour parvenir au même but : **un plébiscite, sinon rien**.

Car il est socialement impensable d'arriver à la caricature du feuilleton Smart de septembre 2015 : seulement 56 % des salariés se prononcent en faveur du plan patronal (donc en l'espèce moins de la moitié des inscrits), avec un plébiscite côté encadrement (74 %) mais un désaveu côté principaux concernés : les ouvriers (39 %).

Avec son référendum du 8 juin 2016, la société Haribo a mieux compris les enjeux. Alors que la CGT à 47 % et la CFDT à 11 % avaient dit en comité d'entreprise tout le mal qu'elles pensaient de son « Plan 2020 », la direction « *a souhaité vérifier que le refus opposé par la principale organisation syndicale était partagé par la base* ». Participation de 88 % des 750 salariés (avec envoi des bulletins de vote *au domicile*), et 65 % d'approbation.

Résumé : s'ils décident de demander un référendum qui devient alors obligatoire pour l'employeur, les signataires 30-50 au QI social minimum auront déjà une idée précise du résultat. Ce qui ne devra pas les empêcher de faire beaucoup, beaucoup de pédagogie pour contrer la démagogie.

Acte II. Si, à l'issue d'un délai de huit jours à compter de cette demande faite au maximum un mois après la signature, « les éventuelles signatures d'autres syndicats n'ont pas permis d'atteindre le taux de 50 % et si les conditions mentionnées au deuxième alinéa sont toujours remplies, cette consultation est organisée dans un délai de deux mois ». Quèsaco ? Le but est toujours le même : essayer d'éviter le recours au référendum, en allant chercher une organisation syndicale à plus de 10 % qui permettrait de passer le cap des 50 %.

Si les signataires échouent (les plus prudents n'auront signé qu'assurés de cette session de rattrapage), l'employeur est tenu d'organiser la consultation « *qui peut être organisée par voie électronique, se déroule dans le respect des principes généraux du droit électoral et selon les modalités prévues par un protocole spécifique conclu entre l'employeur et une ou plusieurs organisations syndicales représentatives ayant recueilli plus de 30 % des suffrages exprimés en faveur d'organisations représentatives au premier tour des élections. Participent à la consultation les salariés des établissements couverts par l'accord et électeurs* ».

Après avoir négocié ce « protocole spécifique » à cette opération (question posée essentielle, modalités de la campagne, en suivant pointilleusement les très strictes conditions juridiques du scrutin, sous peine d'annulation), l'employeur a deux mois maximum pour organiser le référendum, en forme d'aveu d'échec de la majorité syndicale. Mais premier appel au peuple, en direct.

Acte III. « *L'accord est valide s'il est approuvé par les salariés à la majorité des suffrages exprimés. Faute d'approbation, il est réputé non écrit* ».

« *Approuvé à la majorité des suffrages exprimés* » : revoilà les 50 % minimum, et l'accord syndicalement minoritaire redevenu majoritaire est alors validé. Mais si le résultat est négatif, il disparaît purement et simplement, malgré la signature des DS ayant obtenu entre 30 % et 50 % des suffrages exprimés. Les syndicats les ayant désignés pourraient d'ailleurs se poser des questions sur leurs compétences tactiques et stratégiques.

1187 **Analyse. On voit bien l'intérêt tactique et pragmatique de ce passage de la majorité syndicale à la majorité référendaire,** en forme de CGTExit... Mais :

1 . cette banalisation de la démocratie directe dans un système de démocratie représentative, qui a depuis le 20 août 2008 un fondement démocratique (le suffrage universel direct de tous les salariés) n'est pas une bonne idée. Elle remet en cause l'astucieuse machine 30/50, en privant de leur légitimité des syndicats parfois très politiques mais objectivement majoritaires. Mais qui souhaitant le rester, n'ignorent pas non plus qu'un mauvais choix tactique pourra les faire passer de 53 % à 22 % aux prochaines élections professionnelles.

2. **Mais** représentatif un jour, représentatif toujours ? Il est vrai que dans nombre d'entreprises où le turn-over est fort (20 % à 60 % par an : restauration) les salariés de fin 2021 ne sont plus du tout les électeurs de fin 2018. Sans oublier aussi que dans d'autres (ex. : SSII), le taux de participation lors des élections professionnelles, structurellement en baisse en France, tombe parfois très en dessous de 50 %.
3. Dans une grande entreprise, un référendum – même par voie électronique – exige une telle logistique et coûte si cher financièrement et socialement (il oppose frontalement syndicats signataires et non signataires, avec une chaude campagne électorale laissant souvent des traces) que, sans le vouloir, le législateur a donné un bon coup de main aux syndicats. Demandez à un employeur important s'il préfère organiser un référendum après une campagne au couteau, ou lâcher un petit peu plus pour obtenir la signature d'un syndicat à 11 % qui permettrait d'atteindre les fatidiques 50 %...
4. Car sans même parler du calamiteux Brexit voire du référendum de 1969 sur le Sénat aboutissant au départ du général de Gaulle, les électeurs répondent rarement à la question officiellement posée. *A fortiori* s'ils doivent se prononcer sur un mode binaire (oui/non) sur un accord donnant-donnant de 34 pages, où chaque camp ira à la pêche de quelques extraits soigneusement choisis.

Résumé : on ne gère pas socialement une entreprise à coup de référendum. Il ne peut être l'issue normale à chaque signature d'accord minoritaire, y compris pour des raisons bassement financières ou pratiques. Il reste en revanche utile lorsqu'il s'agit de refonder une entreprise, en s'assurant de la légitimité d'un projet commun.

AUDIENCE ÉLECTORALE ET NÉGOCIATION COLLECTIVE D'ENTREPRISE DÉSORMAIS EN INTERACTION PERMANENTE

L'audience électorale est devenue la clef de voûte de la représentativité pour négocier, mais aussi celle de la validité des accords d'entreprise.
Sept conséquences qu'il vaut mieux voir venir que devoir subir, des deux côtés de la table des négociations :

1 – Référendum quadriennal

Les élections constituent désormais un référendum social quadriennal, les salariés ne votant en théorie plus seulement pour une organisation et ses leaders, mais sur leurs choix stratégiques face à ceux de la direction : et en premier lieu en fonction des accords qu'ils ont, ou non, signés. Tout en continuant à classer les syndicats représentatifs dont certains sont désormais nettement plus égaux que d'autres (les plus de 30 %, et *a fortiori* de 50 %), et à éliminer automatiquement les non représentatifs, les « moins 10 % ». Ce qui encourage une chasse aux voix parfois un peu démagogique et surtout peu favorable à l'unité syndicale.

2 – Abstentionnistes + Moins de 10 % : de nombreux salariés finalement *non représentés* à la table des négociations

Alors qu'auparavant, du moins en droit, une seule signature suffisait à la validité de l'accord et que tout le monde se valait, peu importe désormais le nombre de signataires : parfois un seul suffit s'il a obtenu plus de 50 % des suffrages exprimés.

Mais parfois aussi quatre ne suffisent plus car aucun des anciens signataires n'a passé le seuil fatidique des 10 % : ils ne sont donc même plus convoqués à la table de négociations. Dans certaines entreprises, cela signifie qu'entre 10 et 30 % des électeurs *ayant voté* au premier tour n'y seront pas représentés, augmentant d'autant la représentativité *nette* des syndicats à plus de 10 %.

3 – Le tempo social de l'entreprise

Il se cale désormais sur ses échéances électorales, voire un contexte préélectoral permanent. Pour un employeur prudent et avisé, il est par exemple risqué de lancer six mois avant les élections une vaste négociation sur un PSE qui sera vilipendée par tout le monde et conduira, au pays des Gaules, à une surenchère en forme de radicalisation propice à un bon score futur des opposants. À l'inverse : une augmentation de salaire habilement positionnée peut asseoir l'audience d'un syndicat frôlant les 10 %, et un refus de signature un peu vite exercé supprimant 3 % pour tous ou des préretraites maison en couler un puissant autre.

4 – Les relations sociales en entreprise deviennent à durée déterminée sur un rythme quadriennal...

...et permanentes les interactions négociation/élections/négociation. Ainsi ouvrir la négociation annuelle obligatoire un mois avant est un pari risqué pour de futurs signataires... qui pourraient donc oublier leur stylo cette année-là.

Rappelons que pour l'employeur, qui en aurait parfois été très fier avant 2008, il ne sert à rien de signer avec deux syndicats ayant rassemblé 29,8 % des votants : « l'accord » n'est pas valide, et ne pourra avoir les effets d'un accord collectif. Ces règles sont d'ordre public (CS, 4 févr. 2014) : c'est en effet le propre d'un seuil de définir des effets au-dessus, et d'autres en dessous. À l'instar des 10 % de suffrages exprimés, eux aussi d'ordre public absolu (CS, 18 mai 2011), celui de 30 % comme de 50 % des *suffrages exprimés* sont, en termes *d'inscrits*, un minimum *minimorum* (autour de 23 % ou 35 % des inscrits).

5 – Le Big Bang syndical...

...que l'on attendait au sommet n'est pas intervenu (le Club des Cinq est en 2021 le même qu'en 2008), mais il a commencé à la base, avec des fiançailles houleuses, des Pacs ponctuels ou des mariages pour tous parfois inattendus (ex. : CFDT + FGAAC corporatiste à la SNCF ; CFE + UNSA ; CNT + CGT parfois). Certains syndicats et délégués syndicaux n'ayant aucun espoir de franchir seuls la barre des 10 % (et en règle générale les syndicats catégoriels n'ayant pas la puissance du SNJ ou du SNPL et ayant obtenu leur loi sur mesure) font ainsi liste commune pour sauver les meubles du local syndical, mais aussi leur propre mandat et la protection qui va avec. À la SNCF, le résultat catastrophique de la CFTC en 2011 (1 % contre 5,4 % en mars 2009, mais plus de 10 % dans certains établissements) l'a privée de l'équivalent de 40 permanents syndicaux par an, et a conduit à des guerres fratricides avec la création par d'anciens leaders CFTC du syndicat « First » par antiphrase (« Fédération indépendante du rail et des syndicats des transports ») aujourd'hui disparu. Or quelle va être l'attitude du délégué syndical à 10,2 % lors des négociations qui commencent dans deux mois... et trois mois avant les élections ? Signer fera peut-être passer la barre des 50 % à l'accord, mais *quid* de sa barre à lui ? Les grands principes, l'idéologie et les consignes des Fédérations sont ici de peu d'importance. Sauve qui peut !

6 – Mercato syndical

Dans la vraie vie, les élections restent professionnelles restent très *intuitu personae*, l'étiquette syndicale important moins que la réputation des têtes de listes. Des leaders charismatiques, syndicalement parfois nomades car désormais très recherchés, permettent en effet à leur liste de dépasser les 10 %, voire les 30/50 % fatidiques. Dans nombre de grandes entreprises, des syndicats en difficulté recherchent donc l'équivalent d'un Daniel Cohn-Bendit sur le plan politique : un militant plein de charisme et de verve, bon client des médias locaux, et qui sur son seul nom rassemblera bien au-delà de l'étiquette qu'il porte.

7 – Mort aux diviseurs

En juin 2010, à Renault-Douai (plus de 5 100 inscrits), la présentation de deux listes concurrentes CGT a abouti à 8,7 % et 5,7 % pour chacune d'entre elles : la CGT avait donc perdu sa représentativité, retrouvée en juin 2014 avec cette fois une liste unique mais avec seulement 12,7 %.

RATP, élections du 29 novembre 2018 : suite à une scission, SUD passe de 15,4 % à 8,95 %, et « Solidaires Groupe RATP » est à 3,27 % : les deux ont dû quitter la table des négociations.

1188 CS, 2 juillet 2014 : la CFE-CGCadres peut-elle signer *seule* un accord *intercatégoriel* ? « En application du principe de spécialité, un syndicat représentatif catégoriel ne peut négocier et signer *seul* un accord d'entreprise intéressant l'ensemble du personnel, quand bien même son audience électorale rapportée à l'ensemble des collèges électoraux est supérieure à 30 % des suffrages exprimés. » Sur un moyen de pur droit, la Cour de cassation a rappelé le 2 juillet 2014 qu'on ne peut pas avoir le beurre et l'argent du beurre : faire le plein de voix dans le collège cadre, et ensuite prétendre parler au nom de tous les salariés ; même si un score soviétique dans son collège, ou une très forte proportion de cadres dans l'entreprise lui fait atteindre plus de 50 % des suffrages exprimés, recalculé tous collèges confondus. Mais il va de soi que la CFE-CGC, si elle a fait plus de 50 % dans le collège considéré, **peut continuer à signer seule des accords *visant exclusivement les cadres*** (ex. : forfait-jours).

1189 Treize ans plus tard, on mesure mieux les rudes effets de la loi du 20 août 2008. Remettant automatiquement les compteurs à zéro dans toutes les entreprises chaque soir du premier tour, pour tous les mandats sans exception (CSE, représentants de proximité, DS et RSS), elle perturbe nombre d'employeurs et de DRH ; mais aussi de syndicalistes n'ayant toujours pas compris la révolution copernicienne qu'elle a induit tant du côté des acteurs que des accords.

Mais il était prévisible qu'un tel séisme juridique et social entraîne de sérieuses répliques.

POUR ALLER PLUS LOIN...

- Sur ces changements radicaux : G. Bélier, A. Cormier-Le Goff, H.-J. Legrand, *« Le nouveau droit de la négociation collective : acteurs et accords »* Éditions Liaisons, collection « Droit vivant », 6e éd., mars 2018
- Pour un commentaire par chacun des acteurs concernés treize ans après la loi du 20 août 2008, voir le rapport du ministère du Travail publié en juillet 2021, « La négociation collective en 2020 »

§4 L'application de la convention collective

1190 Vous avez dit « convention *collective* » ? Pour un juriste civiliste classique, la « convention *collective* » fait figure de monstre : contrairement au principe essentiel de la vie en société énoncé à l'article 1199 du Code civil (« *Le contrat ne crée d'obligations qu'entre les parties* » : l'effet relatif des contrats), *« elle a le corps d'un contrat, mais l'âme d'une loi ».* Car en France elle s'applique indistinctement à tous les salariés, adhérents ou non, ce qui n'incite évidemment pas à se syndiquer *(A)*. Côté employeur, au contraire, l'article 1165 est respecté *(B)*, à moins que le ministre du Travail ne procède à l'extension de la convention *(C)*.

A. - Couverture conventionnelle automatique de tous les salariés (art. L. 2254-1)

1191 Syndicalisation minimale et couverture conventionnelle maximale. En France, dans le secteur *privé*, moins de 8 % des salariés adhèrent à un syndicat, mais 95 % sont couverts par une convention collective : écart unique au monde, et incompréhensible pour beaucoup d'étrangers pour lesquels le taux de personnes couvertes est *grosso modo* celui de syndiqués.

Exception culturelle française. Si un seul syndicat, représentatif et ayant recueilli plus de 50 % des suffrages exprimés, signe une convention collective d'entreprise, 100 % des salariés sont en effet « couverts » par celle-ci, sans pouvoir la refuser ni y renoncer. Paradoxalement, le droit ne se préoccupe donc absolument pas de la situation personnelle de ceux qu'il veut protéger.

Dans de très nombreux pays, c'est un mécanisme classique de **représentation** qui s'applique : *l'affiliation* au syndicat signataire vaut mandat entraînant en retour *l'application* des normes conventionnelles : le salarié a donc tout intérêt à se syndiquer s'il veut bénéficier de ces avantages. Ce syndicalisme alimentaire (augmentations de salaire, primes) ou assuranciel (ici le syndicat protège d'abord ses adhérents en cas de licenciement économique, là il gère les caisses de chômage, les aide à rédiger leur CV ou les coache pour les entretiens d'embauche, ailleurs cautionne leurs prêts bancaires) explique les très forts taux des pays nordiques : de 60 % à 85 % de syndiqués.

Comportement d'autostoppeur. Ce n'est pas le cas en France : que le salarié adhère à un syndicat non signataire, qu'il soit syndiqué ou non importe peu, il est automatiquement couvert. Cette règle, édictée à une époque où la convention était forcément plus favorable, n'a guère posé de problèmes jusqu'à l'irruption des accords dérogatoires. Mais en n'incitant ni les salariés à une adhésion coûteuse à tous points de vue, ni les syndicats à prendre leurs responsabilités en signant une convention dans les années 1950-1982, puisque leurs adhérents en bénéficiaient de toute façon.

1192 **APE.** « *La convention collective applicable aux salariés d'une entreprise est celle dont relève* ***l'activité principale exercée*** *par l'employeur, peu important les fonctions assumées par le salarié.* »

L'activité professionnelle du salarié est donc indifférente, seule l'activité de l'entreprise (« l'activité principale exercée » : code APE-SIREN) étant prise en compte. Ainsi le conducteur de poids lourds transportant les produits d'une usine chimique ne pourra pas obtenir l'application de la convention du Transport routier, pourtant mieux adaptée à sa vie quotidienne. Il en sera de même pour l'agent de propreté d'un grand magasin qui ne pourra obtenir l'application de la convention du Nettoyage... à moins que l'activité Nettoyage ne soit externalisée. Car l'extériorisation de l'emploi au profit du « cœur de métier » vise parfois à sortir les salariés des grandes entreprises d'une couverture conventionnelle jugée en très haut lieu excessivement favorable et donc trop coûteuse... expliquant en partie la croissance du secteur tertiaire au détriment du secteur secondaire.

Exceptions : les VRP et les journalistes. Mais aussi le cas d'un établissement d'une entreprise, géographiquement et professionnellement distinct, *« où des salariés exercent une activité nettement différenciée dans un centre autonome »* (CS, 24 mai 2004).

1193 **À la grande satisfaction des chefs d'entreprise et surtout des DRS**, loi et jurisprudence ont toujours favorisé cette unité du statut collectif : l'effet *« erga omnes »* qui évite balkanisation complexe et jalousies morbides.

Si la convention a le **corps d'un contrat** (négociation, engagements, vice du consentement, signature), elle a donc **l'âme d'une loi** car elle s'applique en France de façon générale et impersonnelle à tous les salariés compris dans son champ d'application géographique et/ou professionnel.

B. - Soumission personnelle de l'employeur (syndiqué)

1194 **Effet relatif des contrats : le retour.** Cette solution est évidente s'agissant d'entreprise ou d'établissement : l'employeur est à la fois sujet, et partie signataire à l'accord. Mais pour les niveaux supérieurs (Branche, ANI) ?

Conformément cette fois à l'effet relatif des contrats énoncé à l'article 1199 du Code civil, le principe est qu'un employeur ne peut être lié que s'il l'a voulu.

Un chef d'entreprise n'adhérant à aucun syndicat patronal (2 sur 3, y compris les TPE) n'est donc en principe soumis à aucune convention collective de branche (*sauf extension,* V. *infra*).

Si, en revanche, il adhère à un syndicat de branche (Union des Industries Métallurgiques : 40 000 entreprises industrielles, 1,6 million de salariés), UITextile, UIChimie, dont la vocation est loin d'être exclusivement sociale, et où l'adhésion pas grand-chose à voir avec le militantisme CGT mais d'abord avec l'intérêt très concret d'un syndicalisme de services (conseils juridiques, formation au nouveau CSE, *lobbying*...), les conventions signées par les représentants mandatés de celui-ci s'appliquent à lui de plein droit. Il en va de même au niveau national interprofessionnel, lorsque, par exemple, le syndicat de branche auquel il a adhéré est lui-même adhérent du Medef : le chef d'entreprise est censé avoir mandaté les négociateurs à ce niveau, par fédération patronale interposée.

Seule la démission du syndicat patronal entraîne, uniquement pour l'avenir, la non-application des avenants futurs à son entreprise.

1195 Frontières ténues. De très délicats problèmes de frontières entre activités économiques se posent parfois en raison des divisions du monde patronal : ainsi le secteur du Commerce compte près de 300 syndicats d'employeurs. Et c'est un crime de lèse-majesté que de confondre les conventions Charcutiers-*traiteurs*/Charcutiers *tout court*. Problème considérable côté ministère du Travail pour la « mesure de l'audience de la représentativité syndicale » (MARS) chargé de consolider tous les quatre ans les résultats des élections professionnelles par branche. Mais la vaste offensive de restructuration des branches lancée par le ministère du Travail en 2014 (but : 220 fin 2022) contraint à d'indispensables fusions, afin d'atteindre une masse critique permettant une réelle expertise dans la négociation, et la proposition de services fiables aux adhérents : en particulier à destination des TPE/PME.

Mais on avance : le 31 janvier 2019, la « Boyauderie » (IDCC 1543) a rejoint la « Salaisons et Charcuterie en gros » (IDCC 158).

1196 Interdiction du nomadisme conventionnel. L'entreprise ne peut évidemment pas faire son marché conventionnel, en allant chercher la convention lui paraissant la plus adaptée à ses besoins, ou la moins onéreuse. Ce nomadisme conventionnel ne peut résulter que d'un changement de son activité économique, ce qui n'est pas une hypothèse d'école en raison de la multiplicité de petites conventions très voisines (ex. : « Vitrerie-miroiterie » ou « Négoce du verre » ?).

C. - L'extension des conventions par le ministère du Travail (rappel, car déjà examinée supra)

1197 À ne pas confondre avec l'*élargissement* (à des activités voisines, nouvelles et non couvertes), l'extension d'une convention collective par le ministre du Travail est un phénomène singulier : elle permet « d'étendre » littéralement, et donc d'imposer à un employeur non syndiqué au syndicat patronal signataire une couverture conventionnelle qu'il n'a pas choisie. Mais elle s'avère indispensable d'un point de vue social (homogénéisation évitant le *dumping*) et donc économique (égalisation des conditions de la concurrence) sinon politique.

L'extension intervient donc essentiellement au niveau de la branche, mais peut aussi viser un ANI. Ainsi celui relatif au télétravail du 26 novembre 2020 a été étendu par l'arrêté du 2 avril 2021 : il est donc applicable à toutes les entreprises appartenant à un secteur représenté par les trois organisations patronales signataires : Medef, CPME et U2P. Mais le lecteur attentif sait aussi que par accord d'entreprise, les partenaires sociaux peuvent faire des choix différents puisque le télétravail appartient au Bloc 3, où l'accord d'entreprise prévaut.

Après avoir recueilli l'avis de la Commission nationale de la Négociation collective, le ministre du Travail étend *aux employeurs non syndiqués au syndicat patronal signataire* la convention ou l'avenant signés quelques mois plus tôt, par arrêté publié au *JO*. Afin de ne pas encourager les chefs d'entreprise à éviter toute couverture conventionnelle, le ministère du Travail avait adopté une politique d'extension systématique pour les branches importantes, dans les mois qui suivent la signature. À l'inverse, un refus d'extension de sa part est presque un arrêt de mort pour la (trop petite) profession en question, qui devra aller chercher un puissant protecteur. C'est aujourd'hui le levier utilisé pour provoquer la fusion de petites branches.

1198 **Paradoxe.** Le droit du travail français, qui désincite les salariés à se syndiquer en favorisant les « comportements d'auto-stoppeur » renforce en revanche les syndicats patronaux. Car pour une entreprise puissante, mieux vaut adhérer et ainsi peser avec ses propres experts sur la négociation de sa branche en amont plutôt que se voir imposer six mois plus tard ses contraintes à la suite de l'extension ministérielle.

L'arrêté une fois publié, les stipulations de la convention « étendue » aux employeurs non syndiqués vont s'appliquer à toutes les entreprises du secteur professionnel concerné : leur non-respect est passible non seulement de sanctions civiles (ex. : rattrapage de salaire), mais également de sanctions pénales dans certains domaines.

1199 **Une, sur trois.** Cette extension est la seule prévue par la loi. Mais il existe également deux autres formes « d'extension » ne disant pas leur nom :

1. Celle, automatique et à la française, permettant de faire bénéficier des salariés non représentés (ex. : l'*homo economicus* prudemment non syndiqué) des avantages prévus par une convention à travers l'unité du statut collectif : l'effet « erga omnes ».
2. La transposition législative d'un ANI négocié en amont opère une « extension » encore plus puissante à l'égard de l'ensemble des employeurs français, qui doivent désormais appliquer une loi (ANI du 11 janvier 2013/loi du 14 juin 2013). Mais le législateur n'est évidemment jamais contraint de reprendre l'ANI tel quel.

POUR ALLER PLUS LOIN...

- *Droit de la représentation du personnel*, G. Loiseau, P. Lokiec, L. Pécaut-Rivolier, P.-Y. Verkindt, Dalloz, janv. 2019

Chapitre 4

La négociation dans l'entreprise après les réformes de 2017-2018

1200 **Longtemps oubliée voire méprisée entre 1950 et 1968, la négociation d'entreprise** a pris une éclatante revanche. Alors qu'avant 1968 son rôle se confondait souvent avec la négociation de fin de conflit (négociation à chaud sur sujets imposés), la possibilité pour les syndicats de désigner des délégués syndicaux dans les entreprises de plus de 50 salariés a donné le 27 décembre 1968 un interlocuteur obligé aux employeurs.

Puis en créant l'obligation de négocier annuellement, sur des thèmes qu'elle ouvrait par ailleurs à la dérogation, la loi du 13 novembre 1982 lui a ouvert une voie royale : 8 550 accords signés par des délégués syndicaux en 1995, 26 827 en 2011 et 38 690 en 2020 (ministère du Travail, juin 2021).

Mais fin 2021, accords d'entreprise et d'établissement ne couvrent toujours que 5 millions de salariés sur 19 : l'arbre des grandes entreprises au statut conventionnel enviable ne doit pas cacher l'immense forêt des PME – et *a fortiori* les 4,9 millions de salariés des TPE, mais là c'est moins étonnant – sans couverture conventionnelle propre, mais qui bénéficient de l'extension des conventions de branche : c'est conçu pour.

1201 **Droit et sociologie et cultures.** La négociation d'entreprise a toujours existé, d'abord sous la pression des conflits collectifs. Et si l'aspect juridique est à l'évidence important, il demeure cependant sur le terrain moins utile que de solides connaissances sociologiques sinon tactiques (ordre du jour, suspension de séance, fausse sortie, utilisation des médias : voir le passionnant et très pratique ouvrage de D. Labbé et B. Reynaud, *La Négociation collective en entreprise,* Éditions Liaisons, collection « Droit vivant », et J. Rojot, *La Négociation,* Vuibert).

« LES SIX CONDITIONS DU DIALOGUE SOCIAL » H. LANDIER, CONSULTANT (SOURCE : AGENCE AEF, 8 JUIN 2010)

1 – Dépasser les préjugés que l'on porte en soi, consciemment ou non, sur ses interlocuteurs

Il n'y a pas de dialogue possible si l'image de l'autre est figée de façon intangible. Le dialogue conduit au contraire à découvrir qu'il n'est pas ce que l'on croyait qu'il était, compte tenu de son étiquette sociale ou syndicale ; c'est cette découverte qui permettra d'élargir le champ des possibles et de construire quelque chose qui ne sera pas une simple reproduction du passé.

2 – S'exprimer dans un langage commun

Il importe d'abord de s'accorder sur le sens des mots. Or, ceux-ci sont chargés de connotations, positives ou négatives, qui résultent de l'expérience de chacun et qui sont donc très différentes d'une personne à une autre. Ces connotations sont fortement liées à l'image de la personne qui les emploie. Pour le manager, la « lutte des classes » est un concept idéologique, mais pour le syndicaliste, il se peut que ce soit une évidence qu'il considère comme une réalité ; inversement, il entendra comme un argument idéologique « la menace de la concurrence chinoise » qui, pour le manager, relève de l'évidence. Il s'agira ainsi, au fil des échanges, de se construire peu à peu un vocabulaire commun.

3 – Se reconnaître sur un pied d'égalité

Le dialogue de celui qui croit être détenteur du vrai avec celui qu'il tient pour un fou ou un ignorant n'est pas un dialogue. Le dialogue de celui qui détient le pouvoir avec celui qui se trouve sous sa dépendance est nécessairement biaisé. L'échange, pour être vrai, suppose que soient laissées de côté la condition sociale et les relations de dépendance existant éventuellement entre les interlocuteurs. Alexandre est tout-puissant par rapport à Diogène : « Ôte-toi de mon soleil », lui répond celui-ci.

4 – Se donner des objectifs communs

Le dialogue social se réduirait à une simple conversation de café s'il ne visait pas une finalité bien précise : mettre fin à un conflit, trouver une solution ou imaginer un dispositif nouveau. Il suppose donc une reconnaissance de la nature de cet objectif commun, qui demande à être formulé d'une manière qui soit mutuellement acceptable. La reconnaissance progressive de cet objectif commun fait partie intégrante du dialogue ; elle exprime en effet une vision partagée de l'avenir qui attend les interlocuteurs.

5 – Respecter des règles mutuellement acceptées

La première est le respect de l'autre. À cela s'ajoute le respect de conventions. Le dialogue s'inscrit dans les relations entre interlocuteurs partageant, au moins en partie, une même culture. Il n'y a pas de dialogue possible, au moins dans un premier temps, avec le sauvage, dont on ignore les codes et les références. Une première étape du dialogue avec un inconnu sera ainsi de rechercher ce qui fait sens pour lui afin de s'appuyer sur ce préalable afin d'avancer.

6 – Respecter la parole donnée
Quel que soit par ailleurs le degré d'accord ou de désaccord que l'on a avec eux, il y a des interlocuteurs fiables et d'autres qui ne le sont pas. Le dialogue doit s'inscrire dans la durée. Il n'est pas possible avec l'individu « sans foi ni loi » qui est prêt à renier ses engagements dès que les circonstances le lui permettent. Compte tenu de ce qui vient d'être dit, peut- on parler de dialogue social quand il s'agit seulement de se mettre en valeur en instrumentalisant son interlocuteur, quand on se fait définitivement de lui une image négative, quand on le considère a priori comme un « inférieur », quand le débat que l'on a avec lui n'est qu'une simple manœuvre en attendant de pouvoir s'en passer ?

Plan du chapitre. *Section I :* Qui négocie côté salariés ? *Section II :* Thèmes de la négociation d'entreprise. *Section III :* Nécessaire loyauté de la négociation. *Section IV :* Durées des accords d'entreprise

POUR DES DÉVELOPPEMENTS PLUS APPROFONDIS SUR L'ENSEMBLE DE CES QUESTIONS

Voir l'ouvrage de référence de G. Bélier, A. Cormier-Le Goff et H.-J. Legrand, *Le nouveau droit de la négociation collective : acteurs et accords*, Éditions Liaisons, collection « Droit vivant », 6e édition, mars 2018

SECTION I Qui négocie côté salariés ?

Car du côté patronal, pas de problème : l'employeur lui-même, ou le cadre désigné par lui (souvent le DRS). Mais qui peut représenter les salariés ? Les élus du CSE ? Les délégués syndicaux désignés ? Les mandatés par un syndicat ?

1202 **Enjeux.** On conçoit facilement l'enjeu bien réel de ce très vieux débat : un délégué syndical parfois féru de droit du travail, s'il a été formé à la négociation et à ses tactiques par son syndicat, sera moins malléable que son collègue ingénieur élu du CSE au second tour, voyant parfois le social comme une somme de comportements rationnels, dans cette transparence réciproque et totale si appréciée de la Cour de cassation. Or l'accord d'entreprise, toujours plus autonome par rapport à la loi et désormais à sa convention de branche, peut aujourd'hui donner à l'employeur une flexibilité impensable il y a vingt ans. *A fortiori* depuis les ordonnances du 22 septembre 2017, avoir un dialogue social actif car loyal et transparent donne de réels avantages en termes de réactivité et de flexibilité internes, donc de compétitivité.

Le Code du travail 2021 est pédagogique : il oppose le principe (« *Entreprises pourvues d'un ou plusieurs délégués syndicaux* » : art. L. 2332-12 à L. 2232-20) aux exceptions (« *Dérogations dans les entreprises dépourvues de délégué syndical ou de conseil d'entreprise* » : art. L. 2232-21 à L. 2232-29-2).

§1 Principe maintenu : monopole du délégué syndical… s'il existe dans les faits

1203 **Démocratie.** Le droit français a fait un choix qui surprend à première vue, y compris nos amis étrangers adorant nos rudes leçons de démocratie sociale : il a écarté *a priori* de la table des négociations les représentants *élus* par le personnel. Les membres du CSE ne peuvent donc en principe négocier, et *a fortiori* signer un accord… qui serait non valide.

Seuls les délégués syndicaux, donc désignés par une organisation extérieure à l'entreprise, peuvent signer : 38 690 accords en 2020.

1204 **Maintien.** Les lois de 2008 puis 2017-2018 n'ont pas touché à ce monopole. Certes élargie, la possibilité de signer avec les élus n'est toujours prévue qu'en l'absence de tout délégué syndical au jour de la signature.

Mais rappel : la double onction du délégué syndical. Depuis 2008, est donc habilité pour négocier chaque syndicat, représentatif (4 + 3 critères), ayant désigné son délégué syndical, qui a dû se présenter comme candidat aux élections et avoir obtenu sur son nom au moins 10 % des suffrages exprimés. Sinon, point de salut : *« Si un accord conclu avec des représentants du personnel n'est pas nécessairement constitutif d'un délit d'entrave à l'exercice du droit syndical et comme tel nul, il n'a ni la valeur ni les effets d'un accord collectif de sorte qu'il n'est pas opposable aux salariés. »*

La délégation de chaque syndicat représentatif comprend le DS. Mais chacun peut compléter sa délégation par des salariés de l'entreprise, dont le nombre est fixé par accord entre l'employeur et l'ensemble des organisations. À défaut d'accord, le nombre de salariés qui complète la délégation est au plus égal, par délégation, à celui des délégués syndicaux de la délégation.

L'objet et la périodicité des négociations ainsi que les informations nécessaires à remettre préalablement aux délégués syndicaux de l'entreprise sont fixés par accord entre l'employeur et les organisations représentatives dans l'entreprise. Enfin le temps passé à la négociation est rémunéré comme temps de travail, à l'échéance normale.

La question de l'identité des négociateurs est donc en droit vite réglée… **là où existent des délégués syndicaux.**

Propension à signer en 2020 par organisation syndicale en %
(Source DGT, juin 2021)

Organisations syndicales	Taux de signature (%)	Propension à signer (%)
CFDT	55,9%	93%
CFE-CGC	32,8	92%
CFTC	19,7	92%
CGT	41,9	85%
FO	32,2	90%
Autres syndicats	22,1	89,6%
dont SOLIDAIRES	4,4	73,6%
dont UNSA	9,2	90,2%

Lecture : en 2020, 41,9 % des accords et avenants **signés par des délégués syndicaux** *comportent la signature de représentants de la CGT ; lorsqu'elle est présente, elle est signataire des accords dans 85 % des cas*

Mais comment signer des accords collectifs dans les TPE de moins de 11 salariés ? Et dans celles entre 11 et 50, dont 5 % avaient un délégué syndical en 2019 ? Bref dans l'immense majorité des PME françaises ?

« *Si les organisations syndicales ont vocation naturelle à assurer, notamment par la voie de la négociation collective, la défense des droits et intérêts des travailleurs, elles n'ont pas pour autant un monopole de la représentation des salariés en matière de négociation collective* » (Cons. const., 21 mars 2018, n° 2018-761 DC).

§2 Le serpent de mer de la négociation collective dans les TPE et PME dépourvues de tout délégué syndical

1205 Tant que le rôle de la négociation collective était marginal, les désirs de flexibilité des PME pouvaient être facilement exaucés par leur convention de branche étendue : TGV pour les grandes, omnibus pour les petites. Accès simple car ne demandant aucune expertise particulière, égalitaire en termes de concurrence, et très économique en temps et en conflits divers. Mais la négociation collective d'entreprise devenant un élément central de flexibilité interne, et donc de compétitivité, chaque loi successive avait créé entre 2000 et 2017 son propre petit système de négociation destiné aux très nombreuses PME sans délégué syndical.

Unification... sans simplification en 2017-2019. Idée : faciliter la négociation (souvent de flexibilité) dans les TPE/PME en élargissant les possibilités de négocier en l'absence de délégué syndical. On peut aussi penser qu'à terme cette large ouverture à la négociation avec les élus ne sera pas sans influence sur les plus grandes entreprises... le nouveau Conseil d'entreprise en est un bon exemple.

A. - Négociation moyennement collective dans les entreprises de moins de onze salariés... voire vingt

1206 **Dans les entreprises dont l'effectif habituel est inférieur à onze salariés** (donc la petite entreprise d'électricité avec ses huit salariés mais sans aucun CSE, ou le boucher-charcutier avec sa caissière et ses deux vendeurs, bref une TPE où tout le monde se connaît très bien car travaillant ensemble tous les jours y compris l'employeur, où les vies professionnelles et personnelles sont étroitement imbriquées), l'employeur peut **proposer un projet d'accord aux salariés. De facto, cette nouvelle procédure est aussi applicable dans la plupart des entreprises entre 11 et 20,** en l'absence de tout CSE.

La consultation du personnel (les 6 ou 8 collaborateurs) est organisée à l'issue d'un délai minimum de quinze jours à compter de la communication à chaque salarié du projet d'accord. L'employeur, à qui incombe l'organisation matérielle définit les modalités d'organisation de la consultation et de transmission aux salariés du texte ; de la question posée ; lieu, date et heure de la consultation, organisation et déroulement de la consultation. Se déroulant en l'absence de l'employeur, la consultation a lieu pendant le temps de travail, le caractère personnel et secret étant garanti. Lorsque le projet d'accord est approuvé à la **majorité des deux tiers** du personnel, il est considéré comme un accord d'entreprise valide.

Le succès statistique de cette **créative procédure** est chaque année plus important : 23 240 en 2020, contre 12 880 en 2017.

1207 **Mais en droit, elle fait un peu désordre.** À commencer par la notion « *d'accord collectif* » : car il n'y a pas eu de négociation collective sur un accord, mais ratification d'un texte unilatéral par une somme d'individus, dont les rapports avec l'employeur, souvent le pater-patron, sont quotidiens et extrêmement proches. Enfin, cet accord validé prime désormais sur la convention collective de branche : or il n'est pas certain qu'un dirigeant de TPE ne bénéficiant pas de conseils en mesure toute la portée. Certes...

1208 **Mais comment faire** si l'on veut que les TPE accèdent à la flexibilité, alors que les conventions de branche jouent hélas rarement leur rôle en leur proposant, comme la loi le souhaite expressément (art. L. 2232-10-1) des accords-types à décliner dans les TPE ? Mais il est vrai qu'en ces temps de profonde restructuration, beaucoup d'entre elles ont la tête ailleurs, ne voulant pas disparaître.

La lourde procédure millimétrée de l'article L. 2232-21 est touchante par sa naïveté, peut-être feinte. Car traitant d'une TPE comme d'une mini-grande entreprise, elle décrit extrêmement précisément une procédure qui dans la vraie vie ne se passe pas exactement comme cela. Qui peut penser que les quatre salariés Roger, Sandra, Hervé et Souad vont se voir transmettre un beau matin le texte de l'accord ? Se côtoyant tous les jours, l'employeur leur en a parlé bien en amont, et l'a éventuellement rectifié suite à l'une de leurs remarques. Et malgré le caractère « *personnel et secret* » du scrutin (pour 5 salariés travaillant ensemble depuis 10 ans et se côtoyant chaque jour...), tous savent à la voix près le résultat : cela fait deux semaines qu'ils en parlent tous les jours lors des déjeuners voire des pauses.

Les syndicats en sont totalement absents ? Oui, **mais** 1. « *Ces dispositions ne peuvent trouver à s'appliquer dans des entreprises comptant à la fois des représentants syndicaux et des représentants élus du personnel. Par suite, elles ne méconnaissent pas les stipulations de l'article 5 de la convention internationale du travail n° 135* » (CE, 16 nov. 2017) ; 2. la loi a supprimé la possibilité d'un salarié mandaté par les syndicats ? Mais comme nous allons le voir maintenant, ils ont déjà d'immenses difficultés à s'occuper des entreprises entre 11 et 50... et parfois même au-delà.

B. - Négociation collective dans les entreprises entre vingt et cinquante salariés

1209 **En l'absence de délégué syndical dans l'entreprise**, les accords peuvent être négociés, conclus **dans l'ordre** :

1. **soit par un ou plusieurs salariés, membre ou non du CSE, expressément mandatés** par une ou plusieurs organisations syndicales représentatives dans la branche (voir les centaines d'arrêtés de représentativité de 2017) et à défaut, par une ou plusieurs organisations syndicales représentatives au niveau national interprofessionnel (le Club des Cinq). La validité d'un tel accord conclu avec un salarié mandaté, s'il n'est pas membre de la délégation du personnel du CSE, *est subordonnée à leur approbation par les salariés à la majorité des suffrages exprimés, dans le respect des principes généraux du droit électoral.*
2. **Soit par un ou des membres titulaires de la délégation du personnel du CSE**

La validité des accords conclus avec un ou des membres de la délégation du personnel du CSE, mandaté ou non, est subordonnée *à leur signature par des membres du CSE représentant la majorité des suffrages exprimés en* faveur des membres du CSE lors des dernières élections professionnelles.

UNE EXCELLENTE IDÉE DE TERRAIN POUR AIDER AU DIALOGUE DANS LES TPE/PME « L'OBSERVATOIRE DÉPARTEMENTAL D'ANALYSE ET D'APPUI AU DIALOGUE SOCIAL ET À LA NÉGOCIATION » (ART. L. 2234-4)

Depuis septembre 2017, un « observatoire d'analyse et d'appui au dialogue social et à la négociation » doit être créé au niveau départemental pour « favoriser et encourager le développement du dialogue social et la négociation collective au sein des entreprises de moins de cinquante salariés ». Composé de membres salariés et employeurs désignés ayant leur activité dans la région (ancrage local) mais aussi de représentants de l'État, il établit un bilan annuel du dialogue social dans le département, est saisi de toutes difficultés rencontrées dans le cadre d'une négociation, et apporte son concours et son expertise juridique aux entreprises de son ressort dans le domaine du droit social.

C. - En l'absence de tout délégué syndical, modalités de négociation dans les entreprises employant plus de cinquante salariés

1210 **Priorité *aux salariés élus* et *mandatés*.** Les membres titulaires de la délégation du personnel du CSE peuvent conclure des accords collectifs de travail **s'ils sont expressément mandatés** à cet effet par une ou plusieurs organisations syndicales représentatives dans la branche. Ou, à défaut, par une organisation du club des Cinq.

Les syndicats représentatifs dans la branche dont relève l'entreprise ou, à défaut, les organisations syndicales représentatives au niveau national interprofessionnel sont informées par l'employeur de sa décision d'engager des négociations. La validité de ces accords **est subordonnée à leur approbation par les salariés à la majorité des suffrages exprimés,** dans le respect des principes généraux du droit électoral.

1211 ***En l'absence de membre élu du CSE + mandaté,*** les membres élus titulaires du CSE peuvent négocier et conclure. La validité de ces accords est subordonnée à leur signature par des membres de la délégation du personnel du CSE représentant la majorité des suffrages exprimés en faveur des membres du CSE lors des dernières élections professionnelles.

1212 **Comment procéder pour respecter cette subsidiarité élu + mandaté / élu tout court ?**

L'employeur fait connaître son intention de négocier au CSE par tout moyen permettant de lui conférer une date certaine. Les élus qui souhaitent négocier le font savoir dans un délai d'un mois, et indiquent s'ils sont mandatés. À l'issue de ce délai, la négociation s'engage avec les salariés qui ont indiqué être mandatés ou, à défaut, avec des salariés élus non mandatés.

Si aucun titulaire du CSE n'a manifesté son souhait de négocier, les accords peuvent être conclus par un ou plusieurs salariés expressément mandatés par une ou plusieurs organisations syndicales représentatives dans la branche ou, à défaut, par une ou plusieurs organisations syndicales représentatives au niveau national et interprofessionnel. Les organisations syndicales représentatives dans la branche ou, à défaut, les organisations syndicales représentatives au niveau national et interprofessionnel sont informées par l'employeur de sa décision d'engager des négociations.

L'accord signé par un salarié mandaté doit avoir été approuvé par les salariés à la majorité des suffrages exprimés, dans le respect des principes généraux du droit électoral.

POUR ALLER PLUS LOIN...

- P. Lokiec, *Démocratie représentative et démocratie directe, la vogue du référendum*, Dr. soc., mars 2019
- « Le référendum dans l'entreprise : nouveau mode de dialogue social ? » Dossier coordonné par F. Petit, Dr. soc., mars 2018, en particulier V. Cohen-Donsimoni, *Le référendum comme mode de validation d'un accord collectif*, Dr. soc. 2018, 422

- B. Baudin, *La négociation collective dans les entreprises de moins de 50 salariés*, Dr. soc. 2018, 682
- G. Gourgues et K. Yon, *Référendums d'entreprise et conflictualité sociale. Éléments pour un bilan des réformes du droit du travail*, RDT 2018, 838

SECTION II Les thèmes de la négociation d'entreprise

§1 Liberté contractuelle

Les négociateurs ont ici une grande liberté. Seule limite à cette autonomie contractuelle : l'ordre public absolu, comprenant entre autres les seuils de validité de l'accord lui-même.

1213 En pratique, ces thèmes sont souvent imposés soit par un conflit collectif (= revendications), soit par incitation de la part de la branche et surtout de la loi (négociations obligatoires, V. § 2). Parfois sous peine de pénalité financière, donc avec un bond statistique de ces accords dans l'année qui suit. Ils ont beaucoup évolué, passant du *quantitatif* bien maîtrisé par tous les partenaires (salaires) au *qualitatif* (emploi, formation qualifiante, seniors, compétitivité, égalité H/F).

§2 Négocier à froid pour éviter les conflits : les négociations obligatoires

1214 Depuis plus de 80 ans, le droit du travail américain connaît le « *duty to bargain* » qui permet d'éviter des conflits collectifs coûteux pour les deux parties, en les obligeant à se rencontrer périodiquement pour négocier, sans bien sûr d'obligation de conclure. J. Auroux a repris le même dispositif avec la loi du 13 novembre 1982 : plutôt que de devoir déclencher une grève pour négocier ensuite à chaud, ne serait-il pas plus économique pour les deux parties de se retrouver annuellement sur les principaux sujets habituels de litige ?

Depuis 1982, le législateur français a multiplié les thèmes devant faire l'objet de l'ouverture de négociations.

1215 **Ouverture de la négociation.** Dans les entreprises où sont constituées une ou plusieurs sections syndicales d'organisations représentatives, l'employeur engage au moins une fois tous les quatre ans : 1. une négociation sur la rémunération, notamment les salaires effectifs, le temps de travail et le partage de la valeur ajoutée dans l'entreprise ; 2. une négociation sur l'égalité professionnelle entre les femmes et les hommes, portant notamment sur les mesures visant à supprimer les écarts de rémunération, et la qualité de vie au travail. Dans les entreprises et les groupes d'entreprises d'au moins trois cents salariés, l'employeur engage, au moins une fois tous les quatre ans, une négociation sur la gestion des emplois et des parcours professionnels.

1216 **Si possible, signer un accord de méthode**. À l'initiative de l'employeur ou à la demande d'une organisation représentative, peut être engagée une négociation précisant le calendrier, la périodicité, les thèmes et les modalités de négociation dans le groupe, l'entreprise ou l'établissement.

1217 **À défaut d'accord de méthode, l'employeur engage :**

1. chaque année, une négociation sur la rémunération, le temps de travail et le partage de la valeur ajoutée dans l'entreprise ;
2. chaque année, une négociation sur l'égalité professionnelle entre les femmes et les hommes et la qualité de vie au travail ;
3. tous les trois ans, dans les entreprises d'au moins 300 salariés, une négociation sur la gestion des emplois et des parcours professionnels.

À défaut d'une initiative de l'employeur depuis plus de douze mois pour chacune des deux négociations annuelles, et depuis plus de trente-six mois pour la négociation triennale, suivant la précédente négociation, cette négociation s'engage obligatoirement à la demande d'une organisation syndicale représentative.

La demande de négociation formulée par l'organisation syndicale est transmise dans les huit jours par l'employeur aux autres organisations représentatives.

1218 **Pendant la négociation, interdiction des pratiques déloyales de travail.** Afin d'éviter d'éventuelles manœuvres patronales visant à s'octroyer le mérite exclusif des mesures sociales ou à diviser les syndicats, *tant que la négociation est en cours,* l'employeur ne peut arrêter de décisions unilatérales dans les matières traitées concernant la collectivité des salariés, sauf si l'urgence le justifie.

Bien que cette paralysie momentanée du pouvoir de direction ne vise que les thèmes de la négociation obligatoire, et uniquement les mesures collectives, elle se révèle source de trois difficultés :

- ainsi, l'augmentation du SMIC au 1er janvier, ou une convention de branche prévoyant une augmentation générale des salaires au premier du mois suivant : il n'est pas question pour l'employeur, bien qu'il soit en pleine négociation, de s'y soustraire.
- Si l'« urgence » est évoquée (ainsi en cas de conflit collectif), une commande supplémentaire amenant l'entreprise à augmenter les horaires peut-elle constituer une exception au principe ?
- Le législateur avait pensé que la négociation durerait quelques jours ou quelques semaines : il était normal d'interdire les pratiques déloyales de travail pendant cette durée limitée. Or, si la date de départ de l'interdiction énoncée à l'article L. 2242-3 est claire (à compter de la première réunion, la négociation est « en cours »), une négociation obligatoire dure parfois des mois, et dans les grandes entreprises à structure complexe, un semestre. Il est alors impensable d'appliquer à la lettre l'interdiction énoncée : le juge des référés appréciera s'il y a urgence.

1219 Issue de la négociation obligatoire : accord, ou procès-verbal de désaccord

Succès. Si la NAO se déroule dans de bonnes conditions, un accord (souvent partiel) sera finalement conclu : deux fois sur trois en moyenne.

Signé par l'employeur et au moins un délégué syndical, ce sera un accord collectif classique, soumis aux règles de majorité (50 %). Il ne faut plus consulter le CSE en amont de sa signature.

Mais, dans un tiers des cas, aucun accord sur aucun point n'est possible. La loi prévoit alors de façon apparemment surprenante la rédaction d'un ***procès-verbal de désaccord*, ici obligatoire**, « *dans lequel sont consignées, dans leur dernier état, les propositions respectives des parties et les mesures que l'employeur entend appliquer unilatéralement* » (art. L. 2242-4).

Échec : « l'accord de désaccord total » évoqué par le regretté Coluche ? Rédigé en pratique par le seul employeur mais signé si possible par les syndicats, ce curieux document va faire le point, thème par thème, sur les dernières propositions de la direction et des délégués, à l'issue de la dernière réunion.

Quintuple utilité :

1. **Mettre un terme officiel à la négociation obligatoire,** l'employeur retrouvant son pouvoir de direction sur les thèmes traités.
2. **Clarifier, et donc parfois rapprocher,** les positions de chacun : vraiment aucun accord, sur aucun point ? Si l'employeur proposait *in extremis* 2,2 %, et la CGT était prête à céder à 2,4 %, voir ces deux chiffres côte à côte et par écrit relance parfois la négociation à 2,3 %.
3. **Permettre au personnel de les connaître :** ce document ne reste pas secret, il est soumis aux mêmes formalités de dépôt qu'une convention collective.
4. **Valoriser les syndicats :** même en l'absence d'accord, « *les mesures que l'employeur entend appliquer unilatéralement* » pourront montrer – si elles existent – que les négociations ont malgré tout été utiles pour les salariés.
5. **De façon plus subtile,** le dernier état des propositions patronales ne lie pas l'employeur pour le futur… mais seulement en principe. Si, par exemple, il était prêt à augmenter les salaires de 2 %, ce chiffre clé sera bien présent lors d'un prochain conflit collectif. Et le chef d'entreprise aura quelques difficultés à faire comprendre qu'il est excessif, car de son point de vue et en contrepartie il aurait par exemple obtenu, contre ces 2 %, un considérable aménagement du temps de travail

SECTION III L'indispensable loyauté de la négociation

1220 « *Les contrats doivent être négociés, formés et exécutés de bonne foi. Cette disposition est d'ordre public* » (C. civ., art. 1103). En droit des contrats, la loyauté est omniprésente. Idem en droit du travail, et en particulier dans les rapports collectifs de travail, où la Cour de cassation y veille avec une extrême attention.

Constatant l'importance normative nouvelle des accords collectifs, dès avant les accords de performance collective ou plan de sauvegarde de l'emploi négociés où tout doit être sur la table, législateur et jurisprudence ont conjugué leurs efforts pour garantir la loyauté de la négociation.

– La loi du 23 mars 2006 sur l'égalité homme/femme en a donné un petit mode d'emploi : « *Négocier sérieusement et loyalement* » implique au minimum de « *communiquer aux organisations syndicales les informations nécessaires pour leur permettre de négocier en toute connaissance de cause* » ; puis de répondre « *de manière motivée à leurs éventuelles propositions* ».

– L'ordonnance du 22 septembre 2017 a expressément rappelé les bases d'une négociation se voulant la plus équilibrée possible... pour les seules PME : « *La négociation entre l'employeur et les membres de la délégation du personnel du CSE, mandatés ou non, ou les salariés de l'entreprise mandatés se déroule dans le respect des règles suivantes :*

1. *indépendance des négociateurs vis-à-vis de l'employeur ;*
2. *élaboration conjointe du projet d'accord par les négociateurs ;*
3. *concertation avec les salariés ;*
4. *faculté de prendre l'attache des organisations syndicales représentatives de la branche.*

Par ailleurs, les informations à remettre aux membres de la délégation du personnel du Comité social et économique, mandatés ou non, ou aux salariés mandatés préalablement à la négociation sont déterminées par accord entre ceux-ci et l'employeur » (art. L. 2232-29)

– Plus généralement : l'accord lui-même *peut définir la méthode permettant à la négociation de s'accomplir dans des conditions de loyauté et de confiance mutuelle,* en précisant la nature des informations partagées entre les négociateurs, notamment, au niveau de l'entreprise, en s'appuyant sur la BDESE. Cette convention ou cet accord définit les principales étapes du déroulement des négociations et peut prévoir des moyens supplémentaires ou spécifiques, notamment s'agissant du volume de crédits d'heures des représentants syndicaux ou des modalités de recours à l'expertise, afin d'assurer le bon déroulement de l'une ou de plusieurs des négociations prévues. **Mais prudence...** Sauf si la convention ou l'accord en stipule autrement, la méconnaissance de ses stipulations n'est pas de nature à entraîner la nullité des accords conclus *dès lors qu'est respecté le principe de loyauté* entre les parties (art. L. 2222-3-1).

1221 Pas de négociations séparées. « *Un accord collectif ne peut être conclu ou révisé sans que l'ensemble des organisations syndicales* représentatives *dans l'entreprise, ou le cas échéant dans l'établissement, aient été invitées à la négociation* » (CS, 8 juill. 2009). Très sourcilleuse sur le terrain de la loyauté car prenant en compte l'importance nouvelle de la négociation collective d'entreprise, la Chambre sociale oblige l'employeur à convoquer *tous* les syndicats *représentatifs*, sous peine de suspension par le TJ de la négociation (trouble manifestement illicite), voire d'annulation de l'accord, les négociations (officiellement) séparées n'ayant pas droit de cité. Or nul besoin de souligner les effets dévastateurs voire parfaitement ingérables de l'annulation judiciaire et donc avec effets rétroactifs d'un accord d'entreprise dérogatoire (modulation, forfait-jours) deux ou quatre ans plus tard.

1222 **Et même – et surtout – pour l'accord refondateur du passage CE + DP + CHSCT / CSE,** l'arrêt du 17 avril 2019 a rappelé à un employeur qu'il est « *tenu d'engager des* **négociations sincères et loyales** *concernant le nombre et le périmètre de ces établissements afin de permettre aux parties d'envisager l'élection de CSE d'établissements* ». Explication de la Cour : « *Au regard de la prévalence accordée par le législateur à la négociation collective pour la détermination du processus électoral et de l'importance particulière, à cet égard, de la détermination du périmètre de mise en place des IRP, ce n'est qu'après avoir loyalement, mais vainement, tenté de négocier un accord sur le nombre et le périmètre des établissements distincts que l'employeur peut les fixer par décision unilatérale* ».

Idem le 13 janvier 2021 en matière de recours au vote électronique : « *Ce n'est que lorsque, à l'issue d'une* ***tentative loyale de négociation****, un accord collectif n'a pu être conclu, que l'employeur peut prévoir par décision unilatérale la possibilité et les modalités d'un vote électronique.* » (CS, 13 janv. 2021).

SECTION IV La durée des accords d'entreprise (art. L. 2222-4)

Deux changements notoires avec la loi du 8 août 2016.

1 – **Durée de l'accord : l'inversion.** La norme depuis 1950 était, comme le contrat de travail, l'accord à durée indéterminée. Si les partenaires sociaux peuvent évidemment toujours en conclure (et c'est encore très souvent le cas), l'accord à durée déterminée (norme à l'étranger) devient la règle, avec une durée de principe de cinq ans si l'accord lui-même n'en dit rien.

2 – **Effets de l'expiration** de l'accord à durée déterminée. Avant 2016, sauf clause expresse, l'accord à durée déterminée continuait à produire ses effets comme un accord à durée indéterminée. Inversion : « *Lorsque l'accord arrive à expiration, il cesse de produire ses effets* » (art. L. 2222-4) : extrêmement incitatif pour les syndicats à entrer en négociation bien en amont de la date fatidique...

Cette nouvelle règle veut aussi et légitimement encourager les accords expérimentaux : ainsi du télétravail, où la situation peut évoluer. Plutôt que d'avoir recours à la déclaration de guerre sociale que constitue la dénonciation d'un accord à durée indéterminée, faire le point au bout d'un an, puis se fixer éventuellement d'autres règles apparait plus adapté.

Conclusion générale

« Tout ce qui était n'est plus,
tout ce qui sera n'est pas encore.
Ne cherchez pas ailleurs le secret de nos maux ».

Alfred de Musset, 1836, Confession d'un enfant du siècle

Ne pas entrer dans l'avenir à reculons. Notre droit d'un travail manuel et très subordonné conçu au début du XXe siècle pour la *manu*-facture *militaro*-industrielle avec son unité de lieu, de temps et d'action générant naturellement du collectif, était le reflet de l'autorité naturelle structurant alors la Famille (ex. : la « *puissance paternelle* »), l'École et la Société. Il n'est plus adapté à notre économie, brutalement entrée en 2021 dans le XXIe siècle en raison de la pandémie. Et *a fortiori* au monde qui vient.

Mais en nous obligeant à réexaminer les fondements de notre système productif, révolution numérique et transition énergétique n'auront-elles pas à terme des effets positifs ?

Le modèle hiérarchique fordiste a permis la parenthèse enchantée des Trente Glorieuses avec une croissance supérieure à 5 % par an faisant aujourd'hui rêver. Mais sa forte subordination, critère du contrat de travail, est désormais contreproductive dans le secteur quaternaire : on ne fait pas travailler les neurones d'un travailleur du savoir comme les bras de l'homme-robot Charlie Chaplin.

« *Times are changing* » chantait en janvier 1964 Bob Dylan. Notre article L. 1121-1, qui a mis en valeur la personne et le citoyen à côté du salarié subordonné, n'a fait qu'accompagner un mouvement mondial de remise en cause de l'autorité d'hier, lui-même aujourd'hui accompagné par la révolution numérique pour l'instant nettement plus destructrice que créatrice d'emplois *salariés*.

APRÈS LES CONFINEMENTS, RETOUR À L'ANORMAL ?

D'abord raison garder face aux fortes déclarations d'un quart des Français déclarant vouloir tout changer dans leur vie professionnelle mais aussi personnelle: s'installer à la campagne, télétravailler comme travailleur indépendant...

Mais il n'est pas sûr que le « nouveau normal » soit le retour à la situation antérieure, pas seulement pour des raisons de distanciation sociale maintenues dans les transports en commun, ou d'entreprises où le masque resterait conseillé. Car les déconfinements ont montré que les « décrocheurs » n'existaient pas seulement chez les lycéens : nombre de collaborateurs, y compris chez les cadres, ont pris goût au travail à distance, sans open space bruyant ni collègues envahissants. Mais aussi goûté à un meilleur équilibre vie privée / vie professionnelle grâce aux « marges de manœuvres » liées la disparition des temps de transport dans nos grandes « agglomérations ».

C'est l'aspect le plus troublant, mais prévisible depuis la loi du 4 août 1982 sur « *les libertés des travailleurs dans l'entreprise* ». Car dans notre société d'individus, elle a fait passer notre droit du travail **d'un droit collectif des travailleurs aux droits individuels du citoyen au travail.** Droits que certains collaborateurs réclament désormais haut et fort, qu'il s'agisse de port de signes religieux ou de refus de mobilité, de liberté vestimentaire ou d'expression.

Dans une application très novatrice de l'article L. 1121-1, le co-llaborateur talentueux ne se place plus en tant que salarié sub/ordonné membre d'une communauté de travail, mais en tant qu'individu-citoyen. Exigeant que les restrictions apportées par l'employeur à ses droits et libertés (vie privée, vie familiale) « *soient justifiées par la nature de la tâche à accomplir, et proportionnées au but recherché* ».

Alors venir au bureau le jeudi pour les réunions de service ou aller voir les clients, bien sûr. Mais quitter son domicile tous les matins à 7h20 pour le *steeple-chase* quotidien crèche-collège avant de s'engouffrer ensuite dans les transports (très) en commun ou sa voiture thermique pendant une heure...pour effectuer au bureau le même travail que celui accompli à la maison, est-ce « *proportionné au but recherché* » ? Et en termes de transition énergétique, est-ce même raisonnable ?

« Les Temps modernes, 3.0 »
Le lent suicide du droit du travail-autruche ?

Cela tombe bien car pour les jeunes collaborateurs arrivés au collège en même temps que Facebook à Harvard (2004), leur vertical « N+1 » ne devient leur « supérieur » que lorsqu'il a fait la preuve de son expertise et son exemplarité : un manager inspirant. Ils ne se connectent pas mais vivent connectés, et travailler en mobilité est pour eux naturel, surtout après 18 mois de télé-Université. Ils ont acquis une culture du travail « Atawad », et d'échanges permanents grâce aux réseaux dits « sociaux ».

La Générations X et Y ne veulent pas « *changer le monde* » : comme la rose de Ronsard, elles ont simplement toujours vécu comme cela.

Le CDI à vie dans la même entreprise ne les fait pas rêver, venir tous les jours au bureau à heures fixes et être lié par une obligation de moyens relève pour nombre d'entre eux – les meilleurs dans la chasse mondiale aux talents – de Juridic Park : donc contreproductif pour un employeur soucieux de rentabilité. Dans notre société de l'immatériel donnant au travail le don d'ubiquité, l'essentiel est-il en effet de « venir au bureau », ou « d'être au travail », et que ce travail soit fait, bien fait, en quantité et en qualité ? Alors arriver dans un *open space* aux 876 sonneries matinales après une heure d'embouteillage, est-ce bien raisonnable ? Qu'il s'agisse de fatigue des collaborateurs ou de développement durable, le télétravail au domicile quelques jours par semaine mais aussi les « tiers lieux » deviennent un devoir : un francilien sur trois passe plus de 90 minutes par jour dans les trajets...

Il est donc temps que nous avancions sur la libération du travail à distance, et pas seulement au domicile.

Et que les travaillistes cessent de jouer à l'autruche en refusant de voir l'évolution profonde et irréversible des modes de travail, et de la subordination. Comme l'indiquait le 11 juillet 2018 le responsable parisien du CLAP (« Collectif des Livreurs à Vélo Parisiens ») aux obsédés de la requalification en contrat de travail : « *la requalification en salariat n'est pas notre première revendication* ». Demandez à votre prochain chauffeur Uber si devenir un salarié classique avec petit chef et horaires est son principal fantasme.

Horresco referens (« *Je tremble en l'évoquant* »). Dans la vraie vie mais à côté du Code, existent des collaborateurs en forfait-jours allant chercher leurs enfants à la Maternelle à 16 h 30, s'occupant d'eux jusqu'à 20h30 (quelles économies de psychanalyse, pour les deux, vingt ans plus tard !) puis se remettant au travail de 21h00 à 23h00 sans penser une seconde remplacer Cosette de Hugo ou Jacques Lantier de Zola.

Ils n'ont rien contre la flexibilité, mais partagée et collectivement régulée.

Alors si le droit du travail, de plus en plus ponctuellement contourné (télétravail au gris), voire globalement évité (ex. : le modèle économique d'Uber) continue à mettre sa tête dans le sable en voulant maintenir son modèle militaro-industriel, il se suicide. Car arrive un moment où l'éthique de conviction devient irresponsabilité devant un si vertigineux chantier, qui peut devenir un tsunami social.

Mais raison garder

Si les cadres et autres professions intellectuelles principalement concernés représentent 19 % de la population active, ouvriers (21 %) et employés (28 %) en constituent encore près de la moitié. Et au-delà des métiers de contact physique (télé-coiffure, télé-garagiste...) ces premiers de corvée n'ont pas des TIC la vision terriblement optimiste des technophiles branchés ayant accès aux médias.

150 ans après le début de la Révolution industrielle, l'irruption du Web horizontal déstabilise enfin les corps intermédiaires : managers, syndicats et représentants du personnel littéralement « court-circuités ».

Et la révolution numérique génère deux mondes du travail, aux effets opposés en forme d'effet Mathieu très préoccupant pour l'avenir.

Deux mondes en train de diverger

→ Autonomie encore accrue pour les travailleurs du savoir. Exemple : l'obligation de résultat confiée au « leader » d'une équipe-projet internationale, où c'est la co-labeuration hors rang hiérarchique qui est source de productivité, peu important le lieu d'exécution (France, Japon, Canada) mais aussi le statut juridique (salarié, free-lance...).

Oui, mais... au-delà d'une totale traçabilité de tous les échanges, le travail en équipe-projet génère parfois une **sub/organisation** au collectif parfois très contraignante. Au-delà des questions de fuseaux horaires (mieux vaut habiter l'Europe...), le collaborateur est pris dans une chaîne où toute l'équipe dépend de l'avancement du travail de chacun, les remarques aimables puis plus acides de collègues que l'on n'a jamais vus et à la culture fort différente faisant regretter à certains le supérieur hiérarchique unique, avec lequel il était possible de discuter, voire de s'opposer individuellement ou collectivement avec succès.

Sans parler de leur « charge de travail », aujourd'hui informationnelle, communicationnelle et cognitive, dont la mesure et le suivi sont un peu plus délicats que les « *40 kg maximum, brouette comprise* » de l'article R. 4541-9 ou le « *port cumulé de 7 500 kg par jour* » de l'ex-compte Pénibilité.

→ **Mais sur-subordination pour les déjà subordonnés.** L'informatique et ses dérives, en forme d'autisme quantitatif si répandu aujourd'hui, permettent de tout contrôler en direct et à distance. À des ingénieurs qualifiés, hier autonomes, est imposée une division du travail que Taylor n'aurait même pas imaginée : ainsi dans la Gig-Économie, de ces méga-projets découpés en centaines de micro-tâches effectuées de façon répétitive par des « travailleurs du clic » plus ou moins indépendants, dans le monde entier (ex. : Mechanical Turk d'Amazon).

Sans parler des nouveaux OS travaillant dans certains centres d'appel, ou des métiers rudes mais bénéficiant dans le passé d'une réelle liberté (routiers, taxis) désormais télécommandés à distance.

Non, non, le droit du travail protecteur de la partie faible au contrat n'est pas mort.

Mais je vous parle d'un temps que les plus de 50 ans ont du mal à comprendre. Parmi les jeunes générations, les éléments les plus dynamiques font aussi deux constats qui les détournent du droit du travail.

1 – Le CDI à vie ne fait plus envie à ces vrais « insoumis » refusant la subordination juridique permanente.

Hier obtenu juste après le diplôme, le contrat à durée indéterminée garantissait un emploi à vie ou presque, une solide protection sociale et une confortable retraite. Qu'en reste-t-il aujourd'hui ?

Sans même parler des trois demandeurs d'emploi sur quatre n'ayant pas le niveau Bac, même pour certains diplômés obtenir un CDI est souvent l'issue d'un « parcours d'insertion » fait d'une suite de « jobs » puis de « petits boulots » et autres contrats à durée déterminée ou missions de travail temporaire : dans le secteur privé, plus de la moitié des moins de 24 ans sont aujourd'hui sous CDD. Et si le CDI reste effectivement la norme en droit du travail (85 %), il est devenu à durée *extrêmement indéterminée*. Nombre de jeunes ont enfin eu sous les yeux un violent contre-exemple : celui de leurs parents ayant surinvesti leur vie professionnelle au détriment de leur vie familiale mais brutalement « réengeneerés » à 58 ans et se demandant s'ils n'ont pas « raté leur vie ».

2 – « *Ne pas perdre sa vie à la gagner* » : le slogan de la CFDT des années 1970 parle aux jeunes générations. Et dès avant la pandémie, vu l'état de notre croissance à moins de 2 % associée aux destructions d'emplois liées à la montée du numérique (robotisation dans l'industrie, lecteurs optiques dans le commerce, intelligence artificielle dans les services...), l'idée que « *l'emploi salarié va repartir* » est de l'ordre de l'autosuggestion. Notre chômage structurel et massif n'est pas prêt de disparaître, avec toutes les conséquences que l'on devine sur le financement de notre protection sociale, mais aussi en termes de place des syndicats.

Dit brutalement : le salariat ne sera plus le grand intégrateur qu'il a été, car le travail salarié, pour tous, c'est fini. Est-ce une mauvaise nouvelle ? « *La subordination à vie n'est pas un idéal insurpassable* » (Alain Supiot).

« Capital social ». Entre les investissements hier nécessaires pour monter la moindre entreprise et ceux dont ont disposé les fondateurs de Facebook connectant aujourd'hui plus de 2,8 milliards d'êtres humains ou Snapchat en reliant 500 millions, le capital social d'une entreprise du quaternaire est la somme cumulée des neurones de chacun de ses collaborateurs, démultipliée par la confrontation physique de leurs meilleures idées : le « *demain, tous télétravailleurs à temps plein* » est une absurdité.

Une entreprise est une organisation collective qui a besoin de salariés compétents car formés et motivés, l'usage excessif de précaires nuisant à sa performance. Comment motiver un collaborateur s'il se sait jetable ? Et tous veulent du sens, et de la confiance : normal, mais aujourd'hui vaste programme.

Nous vivons une époque formidable !

Un siècle après la création du droit d'un travail manuel au périmètre bien défini (refrain : « *aux temps et lieux de travail* »), une opportunité historique pour penser puis créer le droit d'un travail immatériel, aux frontières géographiques et professionnelles nécessairement différentes, dans une vision rénovée de l'entreprise avec toutes ses parties prenantes.

Les meilleurs étudiants d'aujourd'hui vivent donc une époque formidable : ils n'ont pas à dupliquer le passé en imaginant que c'est l'avenir, et les plus talentueux vont participer à la construction de ce nouveau droit, afin de ne pas entrer dans l'avenir à reculons.

Veinards !

« La civilisation veut marcher.
Essayons les théories, les systèmes, les améliorations,
les inventions, les progrès.
L'essai ne coûte rien, ou coûte peu.
Essayer n'est pas adopter.
Mais avant tout, prodiguons la lumière.
Tout commence par une large ouverture des fenêtres.
Ouvrons les intelligences toutes grandes.
Aérons les âmes »

V. Hugo, « Shakespeare », 1864, III/2

Index

Renvoi aux numéros d'articles de l'ouvrage

A

B

C

D

E

F

N

O

P

Q

R

Principales abréviations

ANACT	Agence nationale pour l'amélioration des conditions de travail
ANI	Accord national interprofessionnel
Ass. plén.,	Assemblée plénière
CA	Cour d'appel
Cass. crim.	Chambre criminelle de la Cour de cassation
C. civ.	Code civil
CE	Conseil d'État
CEDH	Cour européenne des droits de l'Homme
CESDH	Convention européenne de sauvegarde des droits de l'Homme
CJUE	Cour de justice de l'Union européenne
CNC	Clause de non concurrence
CPH	Conseil des prud'hommes
C. pén.	Code pénal
C. proc. civ.	Code de procédure civile
CS	Chambre sociale de la Cour de cassation
C. trav.	Code du travail
Direccte	Direction régionale des entreprises, de la concurrence, de la consommation, du travail et de l'emploi
Dreets	Direction régionale de l'économie, de l'emploi, du travail et des solidarités
DS	Revue « Droit social »
GEPP	Gestion des emplois et des parcours professionnels
GPEC	Gestion prévisionnelle des emplois et des compétences
ICCP	Indemnité compensatrice
IL	Indemnité de licenciement
ILNF	Indemnité de licenciement non fondé
IP	Indemnité de préavis
LRAR	Lettre recommandée avec accusé de réception
MCT	Modification du contrat de travail
QPC	Question prioritaire de constitutionnalité
RCC	Rupture conventionnelle collective
RCH	Rupture conventionnelle homologuée
RDT	Revue de droit du travail
RGPD	Règlement général sur la protection des données
SCCT	Simple changement des conditions de travail
TA	Tribunal administratif
TGI	Tribunal de grande instance
TI	Tribunal d'instance
TJ	Tribunal judiciaire
TMS	Troubles musculo-squelettiques
T. corr.	Tribunal correctionnel

Table des matières

PARTIE 2 L'EXÉCUTION DU CONTRAT DE TRAVAIL

Mise en page : NORD COMPO
Achevé d'imprimer en août 2021
sur les presses de l'imprimerie ISI PRINT
Dépôt légal : août 2021
Imprimé en France